Lernbücher Jura
Allgemeines Verwaltungsrecht mit Verwaltungsprozessrecht
Steffen Detterbeck

Allgemeines Verwaltungsrecht

mit Verwaltungsprozessrecht

von

Dr. Steffen Detterbeck

o. Professor an der Philipps-Universität Marburg
Richter am Hessischen Staatsgerichtshof

14. Auflage 2016

www.beck.de

ISBN 978 3 406 68980 2

© 2016 Verlag C. H. Beck oHG
Wilhelmstraße 9, 80801 München
Druck: Druckerei C. H. Beck Nördlingen
(Adresse wie Verlag)

Satz: DTP-Vorlagen des Autors
Institut für Öffentliches Recht
Universitätsstraße 6, 35037 Marburg

Gedruckt auf säurefreiem, alterungsbeständigem Papier
(hergestellt aus chlorfrei gebleichtem Zellstoff)

Vorwort

Dieses Buch ist vor allem für Studenten geschrieben, die sich das erste Mal mit dem Allgemeinen Verwaltungsrecht beschäftigen (müssen) oder sich auf Prüfungen in diesem Rechtsgebiet vorbereiten. Großer Wert wurde auf eine klare und leicht verständliche Sprache gelegt, um den Zugang zu dem bisweilen als unangenehm empfundenen Allgemeinen Verwaltungsrecht nicht unnötig zu erschweren. Zahlreiche Übersichten, Prüfschemata, textliche Hervorhebungen und prüfungsbezogene Hinweise lenken den Blick immer wieder auf das Wesentliche und ermöglichen den raschen optischen Zugriff auf besonders prüfungsrelevante Fragestellungen.

Trotz dieses didaktischen Anliegens beschränkt sich das Buch nicht auf die Vermittlung vordergründigen Prüfungswissens. Die Aufbereitung der Grundstrukturen des gesamten Allgemeinen Verwaltungsrechts soll das Verständnis für die Gesamtzusammenhänge wecken und die rechtliche Einordnung neu auftretender Probleme ermöglichen. Aus diesem Grunde wurden auch das Recht der öffentlichen Sachen und die Verwaltungsvollstreckung, denen erfahrungsgemäß keine große Prüfungsrelevanz zukommt, die aber gleichwohl klassische Teilgebiete des Allgemeinen Verwaltungsrechts sind, in die Darstellung einbezogen.

Der verwaltungsprozessuale Teil orientiert sich an den Anforderungen des Pflichtstoffs der Ersten Juristischen Prüfung. Die einschlägigen Prüfungsordnungen verlangen lediglich Kenntnisse der Grundzüge des Verwaltungsprozessrechts. Hierauf beschränkt sich das Buch. Die letzten dogmatischen prozessualen Feinheiten sind nicht Prüfungsstoff, ihre Vermittlung ist nicht Anliegen dieses Buches.

Meine Sekretärin Frau Petra Kühn hat mit großer Sorgfalt mein nicht immer leicht zu lesendes Manuskript datentechnisch erfasst.

Es wird eine gemäßigte neue Rechtschreibung verwendet. Orthographische Grausamkeiten wie z.B. drei aufeinanderfolgende gleichlautende Konsonanten werden vermieden.

Hinweise auf Fehler, Anregungen und vor allem Verbesserungsvorschläge aus dem Leserkreis sind mir wiederum sehr willkommen. Sie erreichen mich unter folgender Adresse: Prof. Dr. Steffen Detterbeck, Institut für Öffentliches Recht, Philipps-Universität Marburg, Universitätsstraße 6, 35 032 Marburg oder detterbeck@staff.uni-marburg.de.

Marburg, im Februar 2016 *Steffen Detterbeck*

Inhaltsverzeichnis

	Rn.	Seite
Verzeichnis der Übersichten und Prüfschemata		XXVII
Abkürzungsverzeichnis		XXIX
Literaturverzeichnis		XXXVII

	Rn.	Seite
Kapitel 1. Grundlagen und Grundbegriffe	1	1
§ 1. Begriff der Verwaltung	1	1
– Übersicht 1: Die Verwaltung im Gefüge der staatlichen Gewalten	3	1
§ 2. Verwaltungsrecht als Teilgebiet des öffentlichen Rechts ..	11	7
I. Der Standort des Verwaltungsrechts	11	7
– Übersicht 2: Gegenstände des öffentlichen Rechts	15	8
II. Die Unterscheidung zwischen öffentlichem Recht und Privatrecht	16	9
§ 3. Rechtsquellen des Verwaltungsrechts	86	10
I. Geschriebenes Recht	87	10
1. Formelles Verfassungsrecht	87	10
2. Formelle Gesetze	88	10
3. Materielle Gesetze	89	11
a) Begriff	89	11
b) Rechtsverordnungen	90	11
c) Satzungen	94	12
4. Verwaltungsvorschriften	100	13
II. Ungeschriebenes Recht	105	14
1. Gewohnheitsrecht	105	14
2. Ungeschriebenes Verfassungsrecht	108	15
3. Allgemeine Grundsätze des Verwaltungsrechts	109	15
4. Richterrecht	112	16
III. Rangordnung der Rechtsquellen	115	17
1. Normenhierarchie und Normenpyramide	115	17
2. Normenkollision	118	18
3. Verwerfungs- und Nichtanwendungskompetenz der Verwaltung	124	19
IV. Völkerrecht	137	25
1. Allgemeine Regeln des Völkerrechts	138	25
2. Sonstiges Völkerrecht	140	25
V. Europäisches Unionsrecht	141	27

		Rn.	Seite
1. Primäres EU-Recht		143	26
a) Die Gründungsverträge		143	26
b) Die gewohnheitsrechtlichen Rechtssätze und ungeschriebenen Rechtsgrundsätze des EU-Rechts		144	26
c) Rechtswirkung		145	27
2. Sekundäres EU-Recht		146	27
a) Verordnungen, Art. 288 II AEUV		147	27
b) Richtlinien, Art. 288 III AEUV		148	27
c) Beschlüsse, Art. 288 IV AEUV		158	32
d) Empfehlungen und Stellungnahmen, Art. 288 V AEUV		159	32
3. EU-rechtsinterne Rangordnung		160	32
4. EU-Recht und nationales Recht		161	32

§ 4. Die Verwaltungsverfahrensgesetze ... 164 ... 35

I. Bedeutung	164	35
II. Bundesverwaltungsverfahrensgesetz und Landesverwaltungsverfahrensgesetze	166	36
III. Unanwendbarkeit der Verwaltungsverfahrensgesetze	167	36

§ 5. Organisation der Verwaltung ... 175 ... 38

I. Träger der Verwaltung	175	38
1. Unmittelbare und mittelbare Staatsverwaltung	175	38
– Übersicht 3: Unmittelbare – mittelbare Staatsverwaltung	177	39
– Übersicht 4: Bundes- und Landesverwaltung	178	39
2. Die einzelnen Verwaltungsträger	180	40
a) Juristische Personen des öffentlichen Rechts	180	40
aa) Körperschaften des öffentlichen Rechts	182	41
(1) Gebietskörperschaften	183	41
(2) Personalkörperschaften	184	41
(3) Realkörperschaften	185	41
(4) Verbandskörperschaften	186	42
bb) Anstalten des öffentlichen Rechts	188	42
cc) Stiftungen des öffentlichen Rechts	190	42
– Übersicht 5: Juristische Personen des öffentlichen Rechts	191	43
b) Beliehene	192	43
aa) Begriff	192	43
bb) Abgrenzungen	194	44
c) Privatrechtlich organisierte Verwaltungsträger	196	45
II. Behörde, Amt, Organ	199	46
1. Behörde	199	46
a) Behörde im materiellen (funktionellen) Sinn	200	47
b) Behörde im formell-organisatorischen Sinn	202	47
2. Amt und Amtswalter	204	48
3. Organ und Organwalter	208	49
III. Verwaltungsaufbau	213	50
1. Bundesverwaltung	213	50
a) Unmittelbare Bundesverwaltung	213	50

Inhaltsverzeichnis IX

	Rn.	Seite
b) Mittelbare Bundesverwaltung	216	51
2. Landesverwaltung	219	51
a) Unmittelbare Landesverwaltung	219	51
b) Mittelbare Landesverwaltung	223	53
– Übersicht 6: Aufbau der Bundes- und Landesverwaltung..	225	54

§ 6. Wichtige Handlungsgrundsätze 226   56

   I. Grundsatz der Bestimmtheit, Vorsehbarkeit und Messbarkeit des Verwaltungshandelns 227   56

  II. Grundsatz der Verhältnismäßigkeit 229   57
     – Übersicht 7: Rechtseingriff 231   58
    1. Schritt: Zweck- und Mittelprüfung 232   58
    2. Schritt: Geeignetheit 234   60
    3. Schritt: Erforderlichkeit 236   60
    4. Schritt: Angemessenheit 239   61

 III. Willkürverbot, Gleichbehandlungsgrundsatz 246   63

 IV. Grundsatz von Treu und Glauben und Verbot unzulässiger Rechtsausübung 248   64

  V. Grundsatz des Vertrauensschutzes 249   65

 VI. Koppelungsverbot 251   66

VII. Gebot des Gemeinwohlbezuges 252   66

VIII. Effizienzgebot 255   67

§ 7. Gesetzmäßigkeit der Verwaltung 256   68

   I. Grundsatz des Vorrangs des Gesetzes 257   69

  II. Grundsatz des Vorbehalts des Gesetzes 259   70
    1. Begriff 259   70
    2. Abgrenzungen 262   71
      a) Grundrechtliche Gesetzesvorbehalte 262   71
      b) Organisationsrechtliche Gesetzesvorbehalte 263   71
      c) Wesentlichkeitstheorie 264   72
      d) Parlamentsvorbehalt 272   74
    3. Reichweite des Vorbehalts des Gesetzes und Regelungsdichte.. 276   76
      a) Allgemeine Aussagen 276   76
      b) Sachgebiete 285   78
        aa) Leistungsverwaltung 285   78
          – Übersicht 8: Vorbehalt des Gesetzes und Subventionsvergabe 292   82
        bb) Verwaltungsrechtliche Sonderbeziehungen (besondere Gewaltverhältnisse) 293   82
          – Übersicht 9: Vorbehalt des Gesetzes in verwaltungsrechtlichen Sonderbeziehungen 296   85
        cc) Behördliche Warnungen 297   86
        dd) Verwaltungsorganisation und Verwaltungsverfahren 301   91

	Rn.	Seite
§ 8. Ermessen, Beurteilungsspielraum und unbestimmter Rechtsbegriff	303	93
I. Gebundene und nichtgebundene, gesetzesfreie und gesetzesabhängige Verwaltung	303	93
– Übersicht 10: Gesetzesabhängige und gesetzesfreie, gebundene und nichtgebundene Verwaltung	310	95
II. Ermessen	311	95
1. Gesetzliche Einordnung	311	95
– Übersicht 11: Gebundene Verwaltung – Ermessensverwaltung	313	96
2. Einräumung von Ermessen	316	97
a) Durch Gesetz expressis verbis	317	97
b) Aus dem gesetzlichen Gesamtzusammenhang	318	97
c) Durch gesetzliche Umschreibung	319	97
d) Soll-Vorschriften	320	97
3. Das sog. intendierte Ermessen	322	98
4. Grenzen des Ermessens und gerichtliche Kontrolldichte	324	99
a) Gesetzliche Vorgaben	324	99
b) Fallgruppen möglicher Ermessensfehler	328	100
aa) Ermessensnichtgebrauch (Ermessensunterschreitung)	328	100
bb) Ermessensüberschreitung	329	101
cc) Ermessensfehlgebrauch	330	101
(1) Zweckverfehlung	331	101
(2) Abwägungsdefizit	332	101
(3) Ermessensmissbrauch	333	102
dd) Verstoß gegen Grundrechte und allgemeine Rechtsgrundsätze	334	102
ee) Missachtung einer Ermessensreduzierung auf Null	336	102
c) Folge von Ermessensfehlern	337	103
aa) Anfechtungsklage	337	103
bb) Verpflichtungsklage	345	105
III. Unbestimmter Rechtsbegriff	348	106
1. Bedeutung	348	106
2. Gesetzliche Einordnung	352	107
3. Grundsatz: Unbestimmte Rechtsbegriffe ohne Beurteilungsspielraum	354	107
4. Unbestimmte Rechtsbegriffe mit Beurteilungsspielraum (Fallgruppen)	362	110
a) Prüfungs- und prüfungsähnliche Entscheidungen	362	110
b) Beamtenrechtliche Eignungs- und Leistungsbeurteilungen	371	113
c) Höchstpersönliche Akte wertender Erkenntnis	372	113
d) Prognose- und Risikoentscheidungen, insbesondere im Umwelt- und Wirtschaftsrecht	376	114
5. Grenzen des Beurteilungsspielraums und gerichtliche Kontrolle – Parallele zur Ermessensproblematik	377	115
6. Folgen von Beurteilungsmängeln	379	115
IV. Überschneidungen	380	116
V. Sonderfälle	386	118

Inhaltsverzeichnis XI

	Rn.	Seite
VI. Anspruch auf ermessens- und beurteilungsfehlerfreie Entscheidung	390	118

§ 9. Subjektives öffentliches Recht und Verwaltungsrechtsverhältnis ... 394 ... 121

	Rn.	Seite
I. Das subjektive öffentliche Recht	394	121
1. Die Unterscheidung zwischen objektivem und subjektivem Recht	394	121
2. Die Bedeutung der Grundrechte	403	124
3. Die praktische Bedeutung des subjektiven öffentlichen Rechts	410	125
II. Das Verwaltungsrechtsverhältnis	413	126
1. Begriff	413	126
2. Erscheinungsformen	414	126
3. Rechtliche und praktische Bedeutung	415	127
4. Rechts- und Pflichtennachfolge	417	128

Kapitel 2. Handlungsformen der Verwaltung ... 419 ... 133

§ 10. Der Verwaltungsakt ... 420 ... 134

	Rn.	Seite
I. Begriff und Bedeutung	420	135
II. Die Begriffsmerkmale des § 35 S. 1 VwVfG	425	136
1. Behörde	427	136
2. Hoheitliche Maßnahme	431	138
a) Maßnahme	433	138
b) Hoheitlich	435	139
3. Auf dem Gebiet des öffentlichen Rechts	443	141
4. Regelung	445	142
a) Begriff	445	142
b) Abgrenzungen	449	143
aa) Realakte	450	143
bb) Vorbereitende Maßnahmen und Teilakte	453	143
cc) Rechtserhebliche behördliche Willenserklärungen ohne Anordnungscharakter	456	145
5. Einzelfall	458	146
a) Die Bedeutung der Merkmale konkret-individuell und abstrakt-generell	458	146
b) Allgemeinverfügungen, § 35 S. 2 VwVfG	464	147
– Übersicht 12: Allgemeinverfügung	473	152
c) Abstrakt-individuelle Regelungen	474	152
– Übersicht 13: Einzelfall – Rechtsnorm	478	153
d) Abgrenzungsschwierigkeiten	479	154
6. Außenwirkung	483	155
– Übersicht 14: Dienstliche Weisungen	493	159
– Übersicht 15: Verwaltungsakt-Merkmale (§ 35 VwVfG)	496	161
III. Arten von Verwaltungsakten und artverwandte Begriffe	497	161
1. Befehlende, gestaltende und feststellende Verwaltungsakte	498	162
2. Begünstigende und belastende Verwaltungsakte	503	163

	Rn.	Seite
3. Repressive Verbote mit Befreiungsvorbehalt und präventive Verbote mit Erlaubnisvorbehalt	504	163
4. Verwaltungsakte mit Dritt- oder Doppelwirkung	505	164
5. Einseitige und mitwirkungsbedürftige Verwaltungsakte	506	164
6. Einstufige und mehrstufige Verwaltungsakte	507	165
7. Personenbezogene und dingliche Verwaltungsakte	512	166
8. Gebundene und nichtgebundene Verwaltungsakte	514	166
9. Vollstreckbare und nichtvollstreckbare Verwaltungsakte	515	167
10. Dauerverwaltungsakte	516	167
11. Zusage und Zusicherung	517	167
12. Vorbescheid und Teilgenehmigung	525	169
a) Vorbescheid	525	169
b) Teilgenehmigung	527	170
13. Vorläufiger und vorsorglicher Verwaltungsakt	528	170
a) Vorläufiger Verwaltungsakt	528	170
b) Vorsorglicher Verwaltungsakt	536	172
IV. Existenz, Erlass, Wirksamkeit, Bekanntgabe und Bestandskraft von Verwaltungsakten	537	172
1. Existenz von Verwaltungsakten	537	172
2. Erlass, Wirksamkeit und Bekanntgabe von Verwaltungsakten	540	174
a) Erlass	540	174
b) Wirksamkeit	542	174
– Übersicht 16: Rechtliche Existenz, äußere und innere Wirksamkeit von Verwaltungsakten	548	176
c) Bekanntgabe	551	177
3. Bestandskraft	563	185
V. Rechtmäßigkeitsvoraussetzungen	569	186
1. Ermächtigungsgrundlage	570	186
2. Formelle Rechtmäßigkeit	573	187
a) Zuständigkeiten	573	187
aa) Örtliche Zuständigkeit	574	187
bb) Sachliche Zuständigkeit	575	188
cc) Instantielle Zuständigkeit	576	188
dd) Funktionelle Zuständigkeit	577	188
b) Verfahren – Verfahrensvorschriften	579	188
c) Form	580	189
d) Ordnungsgemäße Bekanntgabe	581	189
e) Begründung	584	190
f) Rechtsbehelfsbelehrung	586	190
g) Weitere formelle Rechtmäßigkeitsvoraussetzungen?	587	191
3. Materielle Rechtmäßigkeit	588	191
a) Verfassungsmäßige formell-gesetzliche Grundlage	588	191
b) Erfordernis einer Ermächtigungsgrundlage	589	192
aa) Eingriffsverwaltung	590	192
bb) Leistungsverwaltung	591	192
c) Verwaltungsaktbefugnis (VA-Befugnis)	592	193
d) Tatbestandsmäßigkeit des Verwaltungsakts	603	197

Inhaltsverzeichnis

	Rn.	Seite
e) Beachtung von Ermessensgrenzen	604	198
f) Übereinstimmung mit sonstigem höherrangigen Recht	605	198
g) Verhältnismäßigkeitsprinzip	606	199
h) Bestimmtheitsgrundsatz	607	199
i) Tatsächliche und rechtliche Möglichkeit der Befolgung des Verwaltungsakts	608	199
– Übersicht 17: Rechtmäßigkeit eines Verwaltungsakts (Prüfschema)	610	200
VI. Der rechtswidrige Verwaltungsakt	611	201
1. Allgemeines	611	201
2. Nichtigkeit	613	202
3. Anfechtbarkeit und Aufhebbarkeit	621	203
a) Anfechtbarkeit	621	203
b) Aufhebbarkeit	626	205
c) Teilrechtswidrigkeit, Teilanfechtbarkeit und Teilaufhebbarkeit	627	205
d) Heilung oder Unerheblichkeit bestimmter Verfahrens- und Formfehler, §§ 45, 46 VwVfG	629	206
aa) Heilung von Verfahrens- und Formfehlern gem. § 45 VwVfG	632	207
bb) Unerheblichkeit bestimmter Verfahrens- und Formfehler, § 46 VwVfG	635	209
e) Umdeutung rechtswidriger Verwaltungsakte, § 47 VwVfG	640	211
VII. Nebenbestimmungen zu Verwaltungsakten	643	212
1. Bedeutung	643	212
2. Arten von Nebenbestimmungen	645	213
a) Befristung, § 36 II Nr. 1 VwVfG	646	213
b) Bedingung, § 36 II Nr. 2 VwVfG	647	213
c) Widerrufsvorbehalt, § 36 II Nr. 3 VwVfG	650	214
d) Auflage, § 36 II Nr. 4 VwVfG	651	214
e) Auflagenvorbehalt, § 36 II Nr. 5 VwVfG	654	214
3. Rechtsnatur	655	215
4. Unterscheidung zwischen echter und modifizierender Auflage	657	215
5. Zulässigkeit von Nebenbestimmungen	660	216
a) Verwaltungsakte, auf deren Erlass ein Anspruch besteht, § 36 I VwVfG	661	216
b) Verwaltungsakte, auf deren Erlass kein Anspruch besteht, § 36 II VwVfG	662	217
c) Allgemeingültige Aussagen	663	217
6. Rechtsschutz gegen Nebenbestimmungen	665	218
a) Unterscheidung nach der Art der Nebenbestimmung	666	218
b) Unterscheidung nach der Art des Hauptverwaltungsakts	668	219
c) Grundsätzlich Anfechtungsklage	669	219
d) Grundsätzlich Verpflichtungsklage	670	220
e) Stellungnahme	671	220
VIII. Aufhebung von Verwaltungsakten, §§ 48–50 VwVfG	673	221
1. Allgemeines	673	221

	Rn.	Seite
a) Begriff der Aufhebung	673	221
– Übersicht 18: Aufhebung von Verwaltungsakten nach §§ 48, 49 VwVfG	678	223
b) Rechtmäßig – rechtswidrig	679	223
c) Belastend – begünstigend	686	227
2. Rücknahme rechtswidriger belastender Verwaltungsakte	690	228
3. Rücknahme rechtswidriger begünstigender Verwaltungsakte	694	230
a) Rücknahmeverbot gem. § 48 II VwVfG	695	231
– Übersicht 19: Rücknahmeverbot gem. § 48 II VwVfG (Prüfschema)	696	231
b) Rücknahme nach § 48 I 1, III VwVfG	704	236
aa) Rücknahme nach § 48 I 1 VwVfG	704	236
bb) Ausgleichsanspruch nach § 48 III VwVfG	707	237
c) Rücknahmefrist des § 48 IV VwVfG	712	239
d) Behördenzuständigkeit	714	240
4. Widerruf rechtmäßiger belastender Verwaltungsakte	715	241
5. Widerruf rechtmäßiger begünstigender Verwaltungsakte	718	243
a) Widerruf gem. § 49 II VwVfG	719	243
b) Widerruf gem. § 49 III VwVfG	725	246
6. Erstattungspflicht nach § 49 a VwVfG	729	247
7. Rechtsschutz	734	250
a) Grundfälle	734	250
b) Verwaltungsakt mit Dritt- oder Doppelwirkung	739	252
– Übersicht 20: Subvention im Dreiecksverhältnis	739	252
– Übersicht 21: Anwendungsvoraussetzungen von § 50 VwVfG (Prüfschema)	748	256
8. Rücknahme EU-rechtswidriger Verwaltungsakte	749	257
a) Rücknahme begünstigender Verwaltungsakte	749	257
aa) Problemstellung	749	257
bb) Lösung unter Berücksichtigung des EU-Rechts	752	259
cc) Missachtung des Durchführungsverbots (Art. 108 III 3 AEUV)	759	261
b) Rücknahme belastender Verwaltungsakte	763	266
IX. Wiederaufgreifen des Verfahrens, § 51 VwVfG	766	268
1. Bedeutung von § 51 VwVfG	766	269
2. Tatbestandsvoraussetzungen von § 51 VwVfG	769	269
– Übersicht 22: Prüfungsaufbau von § 51 VwVfG (Prüfschema)	769	270
3. Begünstigende Verwaltungsakte mit belastender Drittwirkung	771	275
4. Wiederholende Verfügung und Zweitbescheid	772	276
a) Wiederholende Verfügung	772	276
b) Zweitbescheid	773	277
5. Rechtsschutz	774	278
§ 11. Der öffentlich-rechtliche Vertrag nach §§ 54 ff. VwVfG	**775**	**280**

Inhaltsverzeichnis XV

	Rn.	Seite
I. Abgrenzungen	775	281
1. Völkerrechtliche Verträge	776	281
2. Verfassungsrechtliche Verträge	778	281
3. Staatsverträge	779	282
4. Verwaltungsabkommen	780	283
5. Staatskirchenverträge	782	284
6. Verwaltungsrechtliche Verträge gem. §§ 54 ff. VwVfG	783	284
– Übersicht 23: Arten öffentlich-rechtlicher Verträge	783	285
II. Begriffsmerkmale	784	285
1. Vertrag	784	285
2. Auf dem Gebiet des öffentlichen Rechts	785	286
3. Begründung, Änderung oder Aufhebung eines Rechtsverhältnisses	787	287
III. Vertragsarten	788	288
1. Subordinationsrechtliche und koordinationsrechtliche Verträge	789	288
2. Vergleichsverträge	795	290
3. Austauschverträge	799	291
IV. Rechtmäßigkeitsvoraussetzungen	803	295
1. Zulässigkeit der Vertragsform	804	295
2. Formelle Rechtmäßigkeit	806	297
a) Zuständigkeiten	806	297
b) Form	807	297
c) Zustimmung	809	298
3. Materielle Rechtmäßigkeit	810	299
4. Rechtsfolgen der Rechtswidrigkeit	812	300
a) Unterscheidung zwischen Rechtswidrigkeit und Nichtigkeit	812	300
b) Nichtigkeitsgründe des § 59 II VwVfG	814	301
c) Nichtigkeitsgründe des § 59 I VwVfG	815	301
5. Folgen der Nichtigkeit oder Unwirksamkeit	820	304
6. Abwicklung wirksamer Verträge	821	305
7. Rechtsweg	823	305
§ 12. Rechtsverordnungen	824	308
I. Begriff	824	308
II. Ermächtigungsgrundlage	826	309
III. Formelle Rechtmäßigkeitsvoraussetzungen	830	310
1. Zuständigkeit	830	310
2. Verfahren und Form	832	311
3. Zitiergebot, Art. 80 I 3 GG	833	311
IV. Materielle Rechtmäßigkeit	835	312
1. Existenz einer verfassungsmäßigen formellen gesetzlichen Ermächtigungsgrundlage	835	312
2. Vereinbarkeit der Rechtsverordnung mit der gesetzlichen Ermächtigungsgrundlage	836	313
3. Ermessen	837	313
4. Übereinstimmung mit sonstigem höherrangigen Recht	838	314

	Rn.	Seite
V. Rechtswidrigkeit von Rechtsverordnungen	839	314
§ 13. Satzungen	844	316
I. Begriff	844	316
II. Ermächtigungsgrundlage	846	316
III. Rechtmäßigkeitsvoraussetzungen	849	318
IV. Rechtswidrigkeit	850	318
§ 14. Verwaltungsvorschriften	852	320
I. Begriff und Rechtsnatur	852	320
II. Erscheinungsformen	855	321
1. Organisations-, Verfahrens- und Dienstvorschriften	855	321
2. Gesetzesauslegende (norminterpretierende) Verwaltungsvorschriften	857	322
3. Gesetzeskonkretisierende Verwaltungsvorschriften	858	322
4. Ermessenslenkende Verwaltungsvorschriften	860	323
5. Gesetzesvertretende Verwaltungsvorschriften	861	323
III. Erlass und Rechtmäßigkeit von Verwaltungsvorschriften	863	323
IV. Rechtswirkungen und Rechtsschutz	867	325
1. Der Grundsatz der fehlenden unmittelbaren Außenwirkung	867	325
2. Mittelbare Außenwirkung von entscheidungslenkenden Verwaltungsvorschriften	870	325
a) Die Bedeutung von Art. 3 I GG	870	325
b) Materiell-rechtliche und prozessuale Konsequenzen	875	327
c) Unmittelbare Außenwirkung gesetzeskonkretisierender Verwaltungsvorschriften im Umweltrecht?	878	329
– Übersicht 24: Verwaltungsvorschriften	884	331
§ 15. Realakte	885	332
I. Begriff und Abgrenzungen	885	332
II. Rechtmäßigkeit und Rechtsschutz	889	333
§ 16. Pläne	891	335
§ 17. Privatisierung der Verwaltung – privatrechtliches Handeln	895	337
I. Privatisierung der Verwaltung	895	337
II. Privatrechtliches Handeln der Verwaltung	903	342
1. Erscheinungsformen und typologische Besonderheiten	903	342
2. Die Zweistufentheorie	909	348
a) Grundidee	909	348
b) Anwendungsbereiche	911	349
aa) Subventionswesen	911	349
– Übersicht 25: Subventionen in Form verlorener Zuschüsse	912	350

Inhaltsverzeichnis   XVII

	Rn.	Seite
– Übersicht 26: Subventionen in Form von Darlehen ..	914	351
bb) Benutzung kommunaler öffentlicher Einrichtungen	919	353
cc) Sonstige Anwendungsfälle	927	358
3. Die Vergabe öffentlicher Aufträge	936	364

Kapitel 3. Das Verwaltungsverfahren 940 368

§ 18. Grundzüge 940 368
    I. Begriff und Bedeutung 940 368
    II. Verfahrensarten des VwVfG 942 370
        1. Nichtförmliches (einfaches) Verwaltungsverfahren 942 370
        2. Förmliches Verwaltungsverfahren 943 370
        3. Planfeststellungsverfahren 944 371
    III. Verfahrensablauf 947 372
        1. Einleitung des Verfahrens 947 372
        2. Verfahren vor der behördlichen Sachentscheidung 948 372
            a) Die Beteiligten 948 372
            b) Untersuchungsgrundsatz 949 373
            c) Wichtige Verfahrensrechte der Beteiligten 950 373
                aa) Anhörungsrecht, § 28 VwVfG 950 373
                bb) Recht auf Akteneinsicht, § 29 VwVfG 951 374
                cc) Beratungs- und Auskunftsrecht, § 25 VwVfG ... 954 375
                dd) Wiedereinsetzung in den vorigen Stand, § 32 VwVfG .. 955 375
            d) Verfahren über eine einheitliche Stelle 957 376
        3. Verfahrensabschluss 959 377
    IV. Rechtswidrigkeit und Rechtsschutz 960 377

Kapitel 4. Recht der öffentlichen Sachen 961 379

§ 19. Grundzüge 961 379
    I. Begriff der öffentlichen Sache 961 379
    II. Entstehung, Aufhebung und Änderung öffentlicher Sachen 964 380
        1. Entstehung 964 380
        2. Aufhebung 967 381
        3. Änderung 968 381
    III. Rechtliche Bedeutung und Einordnung der öffentlichen Sache 969 382
        1. Modifiziertes Privateigentum 969 382
            a) Geltung der Privatrechtsordnung 969 382
            b) Öffentlich-rechtlicher Status 970 382
        2. Öffentliches Eigentum 972 384
    IV. Arten der öffentlichen Sachen 973 384
        1. Öffentliche Sachen im Gemeingebrauch 973 384
            a) Begriff 973 384
            b) Sondernutzung von Sachen im Gemeingebrauch 976 385
                aa) Begriff und Bedeutung 976 385
                bb) Fallgruppen 979 386
                cc) Erteilung von Sondernutzungserlaubnissen 989 389

	Rn.	Seite
2. Öffentliche Sachen im Sondergebrauch	992	391
3. Öffentliche Sachen im Anstaltsgebrauch	995	391
4. Öffentliche Sachen im Verwaltungsgebrauch	1001	393
– Übersicht 27: Öffentliche Sachen	1003	394

Kapitel 5. Verwaltungsvollstreckung 1005 395

§ 20. Grundzüge 1005 395

	Rn.	Seite
I. Begriff und Bedeutung	1005	395
II. Rechtsgrundlagen	1007	396
III. Allgemeine Vollstreckungsvoraussetzungen	1009	397
IV. Vollstreckung von Geldforderungen	1014	398
1. Vollstreckungsverfahren	1014	398
2. Rechtsschutz	1017	399
a) Rechtsschutz gegen den Leistungsbescheid (Grundverfügung)	1018	399
b) Rechtsschutz gegen Vollstreckungsmaßnahmen	1021	399
V. Die Erzwingung von Handlungen, Duldungen oder Unterlassungen	1028	402
1. Vollstreckungsverfahren	1028	402
a) Allgemeine Voraussetzungen	1028	402
b) Zwangsmittel	1030	403
– Übersicht 28: Ersatzvornahme	1032	403
c) Dreistufiger Ablauf des Zwangsverfahrens	1038	405
d) Sofortiger Vollzug (§ 6 II VwVG)	1041	405
2. Rechtsschutz	1046	407
– Übersicht 29: Verwaltungsvollstreckung	1051	410

Kapitel 6. Staatshaftung 1052 411

§ 21. Amtshaftungsanspruch, § 839 BGB, Art. 34 GG 1053 412

	Rn.	Seite
I. Begriff und Bedeutung	1053	412
II. Anspruchsvoraussetzungen	1055	413
1. Handeln (Unterlassen) in Ausübung eines öffentlichen Amtes	1055	413
2. Verletzung einer drittgerichteten Amtspflicht	1064	417
a) Amtspflicht	1065	418
b) Drittrichtung der Amtspflicht	1066	418
c) Verstoß gegen die Amtspflicht	1076	426
3. Verschulden	1079	427
a) Allgemeines	1079	427
b) Besonderheiten	1081	427
aa) Zweifelhafte Rechtslage	1081	427
bb) Bestätigung durch ein Kollegialgericht	1082	428
cc) Organisationsverschulden	1083	428
4. Schaden	1084	429
5. Kausalität	1085	429
6. Kein Haftungsausschluss	1086	430

	Rn.	Seite
a) Subsidiaritätsklausel (Verweisungsprivileg) des § 839 I 2 BGB	1086	430
b) Richterspruchprivileg des § 839 II 1 BGB	1088	431
c) Nichtergreifen von Rechtsmitteln, § 839 III BGB	1090	433
7. Art und Umfang des Schadensersatzes	1093	434
8. Verjährung	1095	435
9. Der haftende Hoheitsträger	1096	435
III. Prozessuale Anschlussfragen	1098	440
1. Zivilrechtsweg	1098	440
2. Prüfungsumfang des Zivilgerichts	1099	440
IV. Konkurrenzen	1101	441
– Übersicht 30: Amtshaftung, § 839 BGB, Art. 34 GG (Prüfschema)	1102	441
V. Haftung bei privatrechtlichem Handeln von Trägern öffentlicher Gewalt	1103	443
– Übersicht 31: Haftung bei Pflichtverletzungen von Amtsträgern	1107	444
§ 22. Entschädigungsansprüche für Eigentumseingriffe	1108	447
I. Anspruch auf Enteignungsentschädigung	1110	448
1. Öffentlich-rechtliches Handeln	1112	449
2. Eigentumseingriff	1113	449
3. Hoheitlicher Rechtsakt mit Enteignungscharakter	1117	450
4. Gemeinwohlinteresse	1125	453
5. Gesetzliche Entschädigungsregelung	1126	453
6. Rechtmäßigkeit des Eigentumseingriffs im übrigen	1128	453
7. Art und Umfang der Entschädigung	1130	454
8. Verjährung	1130	454
9. Anspruchsgegner	1131	454
10. Rechtsweg	1132	455
II. Anspruch aus enteignungsgleichem Eingriff	1133	455
1. Begriff und Rechtsgrundlage	1133	455
2. Öffentlich-rechtliches Handeln (Unterlassen)	1137	456
3. Eigentumseingriff	1139	457
4. Unmittelbarkeit des Eingriffs und der Eingriffsfolgen	1141	457
5. Rechtswidrigkeit	1145	459
6. Sonderopfer	1146	459
7. Gemeinwohlbezug	1147	459
8. Anspruchsausschluss für legislatives Unrecht	1148	460
9. Rechtsgedanke des § 254 BGB	1154	463
a) Vorrang des Primärrechtsschutzes	1154	463
b) Sonstiges Mitverschulden	1156	464
10. Art und Umfang der Entschädigung	1157	464
11. Verjährung	1158	464
12. Anspruchsgegner	1159	464
13. Rechtsweg	1160	465
14. Konkurrenzen	1160	465
III. Anspruch aus enteignendem Eingriff	1161	465
1. Begriff und Rechtsgrundlage	1161	465
2. Öffentlich-rechtliches Handeln, Eigentumseingriff, Unmittelbarkeit des Eigentumseingriffs	1164	466

	Rn.	Seite
3. Rechtmäßigkeit des öffentlich-rechtlichen Handelns	1167	467
4. Sonderopfer	1170	468
5. Anspruchsausschluss für legislative Folgen	1172	468
6. Rechtsgedanke des § 254 BGB	1174	469
7. Sonstige Anspruchsvoraussetzungen und Rechtsfolgen	1175	469
IV. Anspruch aufgrund ausgleichspflichtiger Inhalts- und Schrankenbestimmung	1176	469
– Übersicht 32: Entschädigungsansprüche für Eigentumseingriffe (Prüfschema)	1180	470
§ 23. Aufopferungsanspruch	**1181**	**473**
I. Begriff	1181	473
II. Rechtsgrundlage	1185	474
III. Tatbestandsvoraussetzungen und Rechtsfolge	1186	474
1. Öffentlich-rechtliches Handeln	1186	474
2. Eingriff in ein immaterielles Recht	1187	474
3. Unmittelbarkeit des Eingriffs und der Eingriffsfolgen	1190	475
4. Gemeinwohlbezug des Eingriffs	1191	475
5. Vermögensschaden	1192	475
6. Sonderopfer	1193	475
7. Rechtsgedanke des § 254 BGB	1194	476
8. Haftungsausschluss für legislative Folgen?	1195	476
9. Art und Umfang der Entschädigung	1196	477
10. Verjährung	1197	477
11. Anspruchsgegner	1198	477
12. Rechtsweg	1199	477
IV. Konkurrenzen	1199	477
– Übersicht 33: Aufopferungsanspruch (Prüfschema)	1200	478
§ 24. Folgenbeseitigungsanspruch	**1201**	**479**
I. Begriff und Differenzierung	1201	479
II. Rechtsgrundlage	1204	480
III. Tatbestandsvoraussetzungen und Rechtsfolgen	1205	480
1. Öffentlich-rechtliches Handeln	1205	480
2. Rechtseingriff	1206	481
3. Unmittelbarkeit der Folgen des öffentlich-rechtlichen Handelns	1207	482
4. Rechtswidrigkeit der Folgen	1209	483
5. Rechtsgrundlosigkeit der Folgen	1210	483
6. Möglichkeit der Folgenbeseitigung	1213	484
7. Zumutbarkeit der Folgenbeseitigung	1216	487
8. Rechtsgedanke des § 254 BGB	1219	488
9. Prinzipieller Ausschluss von Folgenentschädigung	1221	489
10. Normatives Unrecht	1223	491
11. Verjährung	1225	492
12. Anspruchsgegner	1226	492
IV. Prozessuale Durchsetzung	1227	492
V. Konkurrenzen	1233	495

Inhaltsverzeichnis XXI

	Rn.	Seite
– Übersicht 34: Folgenbeseitigungsanspruch (Prüfschema)	1234	496
§ 25. Öffentlich-rechtlicher Erstattungsanspruch	1235	497
I. Begriff	1235	497
II. Rechtsgrundlage	1238	498
III. Tatbestandsvoraussetzungen und Rechtsfolgen	1240	498
1. Vorrang spezieller Vorschriften	1240	498
2. Vermögensverschiebung	1241	499
3. Öffentlich-rechtliche Rechtsbeziehung	1242	499
4. Ohne Rechtsgrund	1247	500
5. Erstattungsumfang	1249	501
6. Ausschluss des öffentlich-rechtlichen Erstattungsanspruchs	1250	501
7. Verjährung	1254	503
IV. Prozessuale Durchsetzung	1255	504
V. Konkurrenzen	1260	506
– Übersicht 35: Allgemeiner öffentlich-rechtlicher Erstattungsanspruch (Prüfschema)	1261	507
§ 26. Schadensersatzansprüche aus öffentlich-rechtlichen Schuldverhältnissen	1262	508
I. Begriff und Rechtsgrundlagen	1262	509
II. Fallgruppen	1266	511
1. Öffentlich-rechtlicher Vertrag	1266	511
2. Öffentlich-rechtliche Benutzungs- und Leistungsverhältnisse	1269	512
3. Öffentlich-rechtliche Verwahrung	1272	515
4. Öffentlich-rechtliche Geschäftsführung ohne Auftrag (GoA)	1274	515
a) Begriff	1274	515
b) Fallgruppen	1276	516
c) Anwendbarkeit der GoA-Regeln	1278	517
d) Unterscheidung zwischen öffentlich-rechtlicher und privatrechtlicher GoA	1283	519
5. Beamtenverhältnis und sonstige personenbezogene Schuldverhältnisse	1285	521
a) Beamtenverhältnis	1285	521
b) Sonstige personenbezogene Schuldverhältnisse	1290	524
6. Rechtsweg	1291	524
III. Konkurrenzen	1293	526
§ 27. Polizei- und ordnungsrechtlicher Ausgleichsanspruch	1294	527
I. Anwendungsbereich	1294	527
II. Die Unterscheidung zwischen rechtmäßigem und rechtswidrigem Handeln	1295	528
III. Unmittelbarkeit der Folgen	1298	530
IV. Das Kriterium der Zielrichtung behördlichen Handelns	1299	531
V. Anscheins-, Verdachtsstörer und unbeteiligter Dritter	1300	532
1. Anscheins- und Verdachtsstörer	1300	532
2. Unbeteiligter Dritter	1303	533

	Rn.	Seite
VI. Konkurrenzen	1304	534
– Übersicht 36: Polizei- und ordnungsrechtliche Ausgleichsansprüche gem. §§ 64 ff. HSOG (Prüfschema)	1304	535
§ 28. EU-rechtlicher Staatshaftungsanspruch	1305	537
I. Ausgangssituation	1305	537
II. Begriff und Rechtsgrundlage	1308	538
III. Anspruchsstruktur	1312	540
IV. Konkurrenzen	1313	540
V. Tatbestandsvoraussetzungen und Anspruchsaufbau	1314	541
– Übersicht 37: EU-rechtlicher Staatshaftungsanspruch (Prüfschema)	1315	541
Kapitel 7. Verwaltungsprozessrecht	1316	545
§ 29. Einführung	1316	545
§ 30. Allgemeine (gemeinsame) Zulässigkeitsvoraussetzungen	1319	548
I. Zulässigkeit des Verwaltungsrechtsweges	1319	549
1. Aufdrängende Sonderzuweisungen	1319	549
2. Die allgemeine Rechtswegbestimmung des § 40 I VwGO	1320	549
a) Öffentlich-rechtliche Streitigkeit	1321	550
aa) Eindeutige Fälle	1321	550
bb) Abgrenzungstheorien	1323	551
(1) Subordinationstheorie (Über-Unterordnungs-Theorie)	1323	551
(2) Sonderrechtstheorie (Zuordnungstheorie, modifizierte Subjektstheorie)	1324	553
(3) Interessentheorie	1324	556
cc) Problematische Fälle	1325	556
(1) Tatsächliches Handeln	1325	556
(2) Rechtshandlungen	1325	559
dd) Zweistufentheorie	1326	560
b) Nichtverfassungsrechtliche Streitigkeit	1327	561
c) Keine anderweitige gesetzliche Zuweisung	1329	563
II. Gerichtszuständigkeiten	1331	564
1. Sachliche Zuständigkeit	1331	564
2. Örtliche Zuständigkeit	1332	565
III. Richtiger Beklagter	1333	565
1. § 78 VwGO als Regelung der passiven Prozessführungsbefugnis	1333	565
2. Hinweise für die Fallbearbeitung	1338	567
3. Der Anwendungsbereich von § 78 VwGO	1342	569
IV. Beteiligungsfähigkeit	1344	570

	Rn.	Seite
V. Prozessfähigkeit und Prozessvertretung	1347	572
VI. Allgemeines Rechtsschutzbedürfnis	1349	573

§ 31. Die Klagearten und ihre besonderen Zulässigkeitsvoraussetzungen – Begründetheit

	Rn.	Seite
§ 31. Die Klagearten und ihre besonderen Zulässigkeitsvoraussetzungen – Begründetheit	1350	575
I. Die Anfechtungsklage	1350	575
1. Besondere Zulässigkeitsvoraussetzungen	1350	575
a) Statthaftigkeit	1350	575
b) Klagebefugnis	1351	576
c) Vorverfahren	1354	577
aa) Das Vorverfahren als Prozessvoraussetzung	1354	578
bb) Das Vorverfahren als Verwaltungsverfahren	1359	581
(1) Zulässigkeit des Widerspruchs	1360	582
(2) Begründetheit des Widerspruchs	1368	585
(3) Reformatio in peius	1373	587
– Übersicht 38: Erfolgsaussichten eines Widerspruchs (Prüfschema)	1375	590
d) Klagefrist	1376	591
2. Begründetheit	1377	591
II. Verpflichtungsklage	1379	592
1. Besondere Zulässigkeitsvoraussetzungen	1379	592
a) Statthaftigkeit	1379	592
b) Klagebefugnis	1382	593
c) Vorverfahren	1384	594
d) Klagefrist	1386	595
2. Begründetheit	1387	596
III. Allgemeine Leistungsklage	1390	596
1. Besondere Zulässigkeitsvoraussetzungen	1390	597
a) Statthaftigkeit	1390	597
b) Klagebefugnis	1392	598
c) Sonstige Zulässigkeitsvoraussetzungen	1393	599
2. Begründetheit	1394	600
IV. Feststellungsklage	1395	601
1. Besondere Zulässigkeitsvoraussetzungen	1395	601
a) Statthaftigkeit	1395	601
b) Subsidiarität	1399	607
c) Feststellungsinteresse	1402	608
d) Sonstige Zulässigkeitsvoraussetzungen	1403	609
2. Begründetheit	1404	610
V. Normenkontrolle nach § 47 VwGO	1405	610
1. Allgemeines	1405	610
2. Besondere Zulässigkeitsvoraussetzungen	1407	612
a) Statthaftigkeit	1407	612
b) Antragsgegner	1411	616
c) Beteiligtenfähigkeit, Prozessfähigkeit und Prozessvertretung	1412	616
d) Antragsbefugnis	1413	616
e) Frist	1415	617

	Rn.	Seite
f) Rechtsschutzbedürfnis	1416	618
3. Begründetheit	1417	618
– Übersicht 39: Aufbau einer verwaltungsgerichtlichen Klage (Prüfschema)	1420	620

§ 32. Sonderformen des Rechtsschutzes ... 1421 ... 626

	Rn.	Seite
I. Die Fortsetzungsfeststellungsklage	1421	626
1. Besondere Zulässigkeitsvoraussetzungen	1421	626
a) Statthaftigkeit	1421	626
b) Klagebefugnis	1425	630
c) Feststellungsinteresse	1426	632
aa) Wiederholungsgefahr	1426	632
bb) Rehabilitationsinteresse	1427	632
cc) Vorbereitung einer Amtshaftungs- oder Entschädigungsklage	1427	632
dd) Verwaltungsakte, die sich typischerweise kurzfristig erledigen	1427	633
ee) Tiefgreifende Grundrechtseingriffe	1427	633
d) Vorverfahren	1428	633
e) Klagefrist	1432	636
2. Begründetheit	1435	638
– Übersicht 40: Fortsetzungsfeststellungsklage (Prüfschema)	1436	639
II. Klage sui generis	1437	641
III. Normerlassklage	1438	642
IV. Vorbeugender Rechtsschutz	1443	646
1. Besondere Zulässigkeitsvoraussetzungen	1443	646
a) Statthaftigkeit	1443	646
b) Klagebefugnis	1447	648
c) Besonderes Rechtsschutzbedürfnis	1449	648
2. Begründetheit	1451	649
– Übersicht 41: (Vorbeugende) Unterlassungs- und Feststellungsklage (Prüfschema)	1452	650
V. Verwaltungsrechtliche Organklagen	1453	652
1. Begriff und Bedeutung	1453	652
2. Eröffnung des Verwaltungsrechtsweges	1457	653
3. Klageart	1461	654
4. Klagebefugnis	1468	659
5. Richtiger Beklagter (passive Prozessführungsbefugnis)	1471	661
6. Beteiligungs- und Prozessfähigkeit	1472	661
– Übersicht 42: Verwaltungsrechtliche Organklagen (Prüfschema)	1474	663

§ 33. Vorläufiger Rechtsschutz ... 1475 ... 666

	Rn.	Seite
I. Vorläufiger Rechtsschutz gegen Verwaltungsakte	1476	666
1. Aufschiebende Wirkung von Widerspruch und Anfechtungsklage	1476	666
a) Begriff der aufschiebenden Wirkung	1476	666

Inhaltsverzeichnis XXV

	Rn.	Seite
b) Voraussetzungen der aufschiebenden Wirkung	1480	668
c) Ausnahmen vom Eintritt der aufschiebenden Wirkung	1482	670
2. Die behördliche Anordnung der sofortigen Vollziehung und die behördliche Aussetzung der Vollziehung	1483	670
a) Anordnung der sofortigen Vollziehung nach § 80 II 1 Nr. 4 VwGO	1483	670
aa) Formelle Rechtmäßigkeitsvoraussetzungen	1483	671
(1) Behördenzuständigkeit	1483	671
(2) Kein Anhörungserfordernis	1484	671
(3) Begründung der Anordnung der sofortigen Vollziehbarkeit, § 80 III 1 VwGO	1485	671
bb) Materielle Rechtmäßigkeitsvoraussetzungen	1486	672
cc) Vollzug von EU-Recht durch deutsche Behörden	1489	673
b) Behördliche Aussetzung der Vollziehung nach § 80 IV VwGO	1490	674
c) Verwaltungsakte mit Doppelwirkung, § 80a VwGO	1493	675
3. Die gerichtliche Anordnung oder Wiederherstellung der aufschiebenden Wirkung und die gerichtliche Anordnung der sofortigen Vollziehung	1496	676
a) Die gerichtliche Anordnung oder Wiederherstellung der aufschiebenden Wirkung nach § 80 V 1 VwGO	1496	676
aa) Zulässigkeit eines Antrages nach § 80 V 1 VwGO	1497	676
bb) Begründetheit eines Antrags nach § 80 V 1 VwGO	1501	679
(1) Die Unterscheidung zwischen der summarischen Prüfung in der gerichtlichen Praxis und der vollen Rechtsprüfung in Prüfungsarbeiten	1501	679
(2) Anträge gem. § 80 V 1, 1. Alt. VwGO gegen die sofortige Vollziehbarkeit von Verwaltungsakten nach § 80 II 1 Nr. 1–3, 2 VwGO (auf gerichtliche Anordnung der aufschiebenden Wirkung)	1505	682
(3) Anträge gem. § 80 V 1, 2. Alt. VwGO gegen die behördliche Anordnung der sofortigen Vollziehbarkeit von Verwaltungsakten nach § 80 II 1 Nr. 4 VwGO (auf Wiederherstellung der aufschiebenden Wirkung)	1507	683
(4) EU-rechtliche Besonderheiten	1512	684
(5) Gerichtliche Anordnung der Aufhebung einer Vollziehung	1515	686
cc) Die analoge Anwendung von § 80 V VwGO beim (drohenden) rechtswidrigen faktischen Vollzug des Verwaltungsakts	1517	687
dd) Verwaltungsakte mit Doppelwirkung	1518	688
b) Die gerichtliche Anordnung der sofortigen Vollziehbarkeit	1520	689
– Übersicht 43: Antrag auf gerichtliche Anordnung oder Wiederherstellung der aufschiebenden Wirkung nach §§ 80 V 1, 80a III 2 VwGO (Prüfschema)	1522	690
II. Die einstweilige Anordnung nach § 123 VwGO	1523	693
1. Begriff und Bedeutung der einstweiligen Anordnung	1523	693

	Rn.	Seite
2. Zulässigkeit eines Antrags	1525	693
a) Eröffnung des Verwaltungsrechtswegs	1525	693
b) Statthaftigkeit des Antrags	1526	694
c) Antragsbefugnis analog § 42 II VwGO	1529	695
aa) Möglichkeit eines Anordnungsanspruchs	1530	695
bb) Möglichkeit eines Anordnungsgrundes	1531	696
d) Sonstige Zulässigkeitsvoraussetzungen	1532	697
3. Begründetheit eines Antrages	1534	698
– Übersicht 44: Antrag auf Erlass einer einstweiligen Anordnung nach § 123 VwGO (Prüfschema)	1538	703
III. Vorläufiger Rechtsschutz gegen Rechtsverordnungen und Satzungen nach § 47 VI VwGO	1539	704
1. Abgrenzung	1539	704
2. Zulässigkeit eines Antrags nach § 47 VI VwGO	1540	705
3. Begründetheit eines Antrags nach § 47 VI VwGO	1546	708
§ 34. Rechtsmittel und Wiederaufnahme des Verfahrens	**1548**	**709**
Sachverzeichnis		711

Verzeichnis der Übersichten und Prüfschemata

		Rn.	Seite
Übersicht 1:	Die Verwaltung im Gefüge des staatlichen Rechts	3	1
Übersicht 2:	Gegenstände des öffentlichen Rechts	15	8
Übersicht 3:	Unmittelbare – mittelbare Staatsverwaltung	177	39
Übersicht 4:	Bundes- und Landesverwaltung	178	39
Übersicht 5:	Juristische Personen des öffentlichen Rechts	191	43
Übersicht 6:	Aufbau der Bundes- und Landesverwaltung	225	54
Übersicht 7:	Rechtseingriff	231	58
Übersicht 8:	Vorbehalt des Gesetzes und Subventionsvergabe	292	82
Übersicht 9:	Vorbehalt des Gesetzes in verwaltungsrechtlichen Sonderbeziehungen	296	85
Übersicht 10:	Gesetzesabhängige und gesetzesfreie, gebundene und nichtgebundene Verwaltung	310	95
Übersicht 11:	Gebundene Verwaltung – Ermessensverwaltung	313	96
Übersicht 12:	Allgemeinverfügung	473	152
Übersicht 13:	Einzelfall – Rechtsnorm	478	153
Übersicht 14:	Dienstliche Weisungen	493	159
Übersicht 15:	Verwaltungsakt-Merkmale (§ 35 VwVfG)	496	161
Übersicht 16:	Rechtliche Existenz, äußere und innere Wirksamkeit von Verwaltungsakten	548	176
Übersicht 17:	Rechtmäßigkeit eines Verwaltungsakts (Prüfschema)	610	200
Übersicht 18:	Aufhebung von Verwaltungsakten nach §§ 48, 49 VwVfG	678	223
Übersicht 19:	Rücknahmeverbot gem. § 48 II VwVfG (Prüfschema)	696	231
Übersicht 20:	Subvention im Dreiecksverhältnis	739	252
Übersicht 21:	Anwendungsvoraussetzungen von § 50 VwVfG (Prüfschema)	748	256
Übersicht 22:	Prüfungsaufbau von § 51 VwVfG (Prüfschema)	769	270
Übersicht 23:	Arten öffentlich-rechtlicher Verträge	783	285
Übersicht 24:	Verwaltungsvorschriften	884	331
Übersicht 25:	Subventionen in Form von verlorenen Zuschüssen	912	350
Übersicht 26:	Subventionen in Form von Darlehen	914	351
Übersicht 27:	Öffentliche Sachen	1003	394
Übersicht 28:	Ersatzvornahme	1032	403
Übersicht 29:	Verwaltungsvollstreckung	1051	410
Übersicht 30:	Amtshaftung, § 839 BGB, Art. 34 GG (Prüfschema)	1102	441
Übersicht 31:	Haftung bei Pflichtverletzungen von Amtsträgern	1107	444
Übersicht 32:	Entschädigungsansprüche für Eigentumseingriffe (Prüfschema)	1180	470
Übersicht 33:	Aufopferungsanspruch (Prüfschema)	1200	478

	Rn.	Seite
Übersicht 34: Folgenbeseitigungsanspruch (Prüfschema)	1234	496
Übersicht 35: Allgemeiner öffentlich-rechtlicher Erstattungsanspruch (Prüfschema)	1261	507
Übersicht 36: Polizei- und ordnungsrechtliche Ausgleichsansprüche gem. §§ 64 ff. HSOG (Prüfschema)	1304	535
Übersicht 37: EU-rechtlicher Staatshaftungsanspruch (Prüfschema)	1315	541
Übersicht 38: Erfolgsaussichten eines Widerspruchs (Prüfschema)	1375	590
Übersicht 39: Aufbau einer verwaltungsgerichtlichen Klage (Prüfschema)	1420	620
Übersicht 40: Fortsetzungsfeststellungsklage (Prüfschema)	1436	639
Übersicht 41: (Vorbeugende) Unterlassungs- und Feststellungsklage (Prüfschema)	1452	650
Übersicht 42: Verwaltungsrechtliche Organklagen (Prüfschema)	1474	663
Übersicht 43: Antrag auf gerichtliche Anordnung oder Wiederherstellung der aufschiebenden Wirkung nach §§ 80 V 1, 80 a III 2 VwGO (Prüfschema)	1522	690
Übersicht 44: Antrag auf Erlass einer einstweiligen Anordnung nach § 123 VwGO (Prüfschema)	1538	703

Abkürzungsverzeichnis

a. A.	anderer Ansicht
a. a. O.	am angegebenen Ort
AbgG	Abgeordnetengesetz
Abs.	Absatz
AcP	Archiv für die civilistische Praxis (Zeitschrift)
a. E.	am Ende
AEUV	Vertrag über die Arbeitsweise der Europäischen Union
a. F.	alte(r) Fassung
AG	Aktiengesellschaft
AGBG	Gesetz zur Regelung des Rechts der Allgemeinen Geschäftsbedingungen
Alt.	Alternative
Anh.	Anhang
AO	Abgabenordnung
AOK	Allgemeine Ortskrankenkasse
ArbGG	Arbeitsgerichtsgesetz
AöR	Archiv des öffentlichen Rechts (Zeitschrift)
arg. e.	Argument aus
Art.	Artikel
AS	Amtliche Sammlung von Entscheidungen der Oberverwaltungsgerichte Rheinland-Pfalz und Saarland
AsylVfG	Asylverfahrensgesetz
AtomG	Atomgesetz
Aufl.	Auflage
AufenthG	Aufenthaltsgesetz
BauGB	Baugesetzbuch
BauO	Bauordnung
BaWü	Baden-Württemberg
BaWüGO	Gemeindeordnung für Baden-Württemberg
BaWüKrO	Landeskreisordnung für Baden-Württemberg
BaWüAGVwGO	Baden-Württembergisches Gesetz zur Ausführung der Verwaltungsgerichtsordnung
BaWüLPlG	Landesplanungsgesetz für Baden-Württemberg
Bay.	Bayern, bayerisch
BayAGVwGO	Bayerisches Gesetz zur Ausführung der Verwaltungsgerichtsordnung
BayEnteignG	Bayerisches Enteignungsgesetz
BayGO	Gemeindeordnung für den Freistaat Bayern
BayLKrO	Landeskreisordnung für den Freistaat Bayern
BayObLGE	Entscheidungen des Bayerischen Obersten Landesgerichts
BayPAG	Gesetz über die Aufgaben und Befugnisse der Bayerischen Staatlichen Polizei (Polizeiaufgabengesetz)
BayStrWG	Bayerisches Straßen- und Wegegesetz
BayVBl.	Bayerische Verwaltungsblätter (Zeitschrift)

BayVerf.	Bayerische Verfassung
BayVerfGH	Bayerischer Verfassungsgerichtshof
BayVerfGHE n. F.	Amtliche Sammlung von Entscheidungen des Bayerischen Verfassungsgerichtshofs (neue Folge)
BayVerfGHG	Gesetz über den Bayerischen Verfassungsgerichtshof
BayVwZVG	Bayerisches Verwaltungszustellungs- und Vollstreckungsgesetz
BBergG	Bundesberggesetz
BBG	Bundesbeamtengesetz
Bbg.	Brandenburg, brandenburgisch
Bd.	Band
BdiszG	Bundesdisziplinargesetz
BeamtStG	Beamtenstatusgesetz
BeckRS	Beck-Rechtsprechung (über beck-online abrufbar)
Begr.	Begründer
BetrAVG	Gesetz zur Verbesserung der betrieblichen Altersversorgung
BFHE	Entscheidungen des Bundesfinanzhofs
BGB	Bürgerliches Gesetzbuch
BGBl. I	Bundesgesetzblatt Teil I
BGH	Bundesgerichtshof
BGHZ	Entscheidungen des Bundesgerichtshofs in Zivilsachen
BGSG	Bundesgrenzschutzgesetz
BHO	Bundeshaushaltsordnung
BImSchG	Bundes-Immissionsschutzgesetz
Bln.	Berlin
BNotO	Bundesnotarordnung
BPolG	Bundespolizeigesetz
BrandbVwGG	Brandenburgisches Verwaltungsgerichtsgesetz
BRAO	Bundesrechtsanwaltsordnung
BremAGVwGO	Gesetz zur Ausführung der Verwaltungsgerichtsordnung für Bremen
BremStGH	Staatsgerichtshof der Freien Hansestadt Bremen
BremVerf.	Bremische Verfassung
BRHG	Bundesrechnungshofgesetz
BRRG	Beamtenrechtsrahmengesetz
BRS	Baurechtssammlung, Rechtsprechung des BVerwG, der OVGe der Länder und anderer Gerichte zum Bau- und Bodenrecht
BSG	Bundessozialgericht
BSGE	Entscheidungen des Bundessozialgerichts
BSHG	Bundessozialhilfegesetz
BT-Drs.	Drucksachen des Deutschen Bundestages (Wahlperiode u. Nummer)
BtMG	Betäubungsmittelgesetz
BVerfG	Bundesverfassungsgericht
BVerfGE	Entscheidungen des Bundesverfassungsgerichts
BVerfGG	Bundesverfassungsgerichtsgesetz
BVerfGK	Kammerentscheidungen des Bundesverfassungsgerichts
BVerfSchG	Bundesverfassungsschutzgesetz
BVerwG	Bundesverwaltungsgericht
BVerwGE	Entscheidungen des Bundesverwaltungsgerichts
BVFG	Gesetz über die Angelegenheiten von Vertriebenen und Flüchtlingen (Bundesvertriebenengesetz)

BWahlG	Bundeswahlgesetz
BWaStrG	Bundeswasserstraßengesetz
BWVPr.	Baden-Württembergische Verwaltungspraxis (Zeitschrift)
c.i.c.	culpa in contrahendo
DAR	Deutsches Autorecht (Zeitschrift)
ders.	derselbe
dies.	dieselbe, dieselben
DJ	Deutsche Justiz (Zeitschrift)
DÖD	Der öffentliche Dienst (Zeitschrift)
DÖV	Die öffentliche Verwaltung (Zeitschrift)
DV	Die Verwaltung (Zeitschrift)
DVBl.	Deutsches Verwaltungsblatt (Zeitschrift)
EAGV	Vertrag zur Gründung der Europäischen Atomgemeinschaft
EG	Europäische Gemeinschaft(en)
EGGVG	Einführungsgesetz zum Gerichtsverfassungsgesetz
EGKSV	Vertrag zur Gründung der Europäischen Gemeinschaft für Kohle und Stahl
EGV	Vertrag zur Gründung der Europäischen Gemeinschaft
Einl. PrALR	Einleitung zum Allgemeinen Landesrecht für die Preußischen Staaten von 1794
Erl.	Erläuterung
ESVGH	Entscheidungssammlung des Hessischen und des Baden-Württembergischen Verwaltungsgerichtshofs
EU	Europäische Union
EuGH	Gerichtshof der Europäischen Gemeinschaften (Europäischer Gerichtshof)
EuGH Slg.	Sammlung der Rechtsprechung des Gerichtshofs der Europäischen Gemeinschaften
EUR	Euro
EuR	Europarecht (Zeitschrift)
EUV	Vertrag über die Europäische Union
EuZW	Europäische Zeitschrift für Wirtschaftsrecht
EWiR	Entscheidungen zum Wirtschaftsrecht
EWS	Europäisches Wirtschafts- und Steuerrecht (Zeitschrift)
FBA	Folgenbeseitigungsanspruch
FGG	Gesetz über die Angelegenheiten der freiwilligen Gerichtsbarkeit
FGO	Finanzgerichtsordnung
Fn.	Fußnote
FS	Festschrift
FStrG	Bundesfernstraßengesetz
GastG	Gaststättengesetz
Gbl.	Gesetzblatt
GemH	Der Gemeindehaushalt (Zeitschrift)
GewArch.	Gewerbearchiv (Zeitschrift)
GewO	Gewerbeordnung
GG	Grundgesetz
ggf.	gegebenenfalls
GjSM	Gesetz über die Verbreitung jugendgefährdender Schriften und Medieninhalte
GKÖR	Grundkurs Öffentliches Recht
GmbH	Gesellschaft mit beschränkter Haftung

GmS-OGB	Gemeinsamer Senat der Obersten Gerichtshöfe des Bundes
GoA	Geschäftsführung ohne Auftrag
GOBT	Geschäftsordnung des Deutschen Bundestages
GrlVwR	Grundlagen des Verwaltungsrechts, Bd. I-III, 2. Aufl. 2012/13 (Hrsg. Hoffmann-Riem, Wolfgang/Schmidt-Aßmann, Eberhard/Voßkuhle, Andreas)
GrdstVG	Grundstücksverkehrsgesetz
GVBl.	Gesetz- und Verordnungsblatt
GVG	Gerichtsverfassungsgesetz
GWB	Gesetz gegen Wettbewerbsbeschränkungen
HPflG	Haftpflichtgesetz
HambVerf.	Hamburgische Verfassung
HambVerfGG	Hamburgisches Verfassungsgerichtsgesetz
HambWegeG	Hamburgisches Wegegesetz
HBO	Hessische Bauordnung
Hess.	Hessen, hessisch
HessAGVwGO	Hessisches Gesetz zur Ausführung der Verwaltungsgerichtsordnung
HessBG	Hessisches Beamtengesetz
HessGO	Hessische Gemeindeordnung
HessVGH	Hessischer Verwaltungsgerichtshof
HGrG	Haushaltsgrundsätzegesetz
HHG	Hessisches Hochschulgesetz
HKO	Hessische Landeskreisordnung
HkWP1	Thomas Mann/Günter Püttner (Hrsg.), Handbuch der kommunalen Wissenschaft und Praxis, Bd. 1, 3. Aufl. 2007
HLPG	Hessisches Landesplanungsgesetz
h. L.	herrschende Lehre
h. M.	herrschende Meinung
Hrsg.	Herausgeber
HS	Halbsatz
HSchG	Hessisches Schulgesetz
HSOG	Hessisches Gesetz über die öffentliche Sicherheit und Ordnung
HSGZ	Hessische Städte- und Gemeindezeitung
HStR	Handbuch des Staatsrechts, Bd. I–IX, 3. Aufl. 2003 ff. (Hrsg. Isensee, Josef/Kirchhof, Paul)
HwO	Handwerksordnung (Bundesgesetz)
i. d. F.	in der Fassung
i. E.	im Ergebnis
IfSG	Infektionsschutzgesetz
i. V. m.	in Verbindung mit
JA	Juristische Arbeitsblätter (Zeitschrift)
JuSchG	Jugendschutzgesetz
Jura	Juristische Ausbildung (Zeitschrift)
JuS	Juristische Schulung (Zeitschrift)
JZ	Juristenzeitung (Zeitschrift)
krit.	kritisch
KritV	Kritische Vierteljahresschrift für Gesetzgebung und Rechtswissenschaft
KrW-/AbfG	Kreislaufwirtschafts- und Abfallgesetz
LAG	Lastenausgleichsgesetz
LBGNW	Landesbeamtengesetz Nordrhein-Westfalen

LdR	Ergänzbares Lexikon des Rechts, 8 Bände, Loseblatt, Einzelbeiträge untergliedert nach Gruppen und Kennziffern, zitiert: Autor, Gruppe, Kennziffer, Erscheinungsjahr des Einzelbeitrags
Lit.	Literatur
LKRZ	Zeitschrift für Landes- und Kommunalrecht Hessen/Rheinland-Pfalz/Saarland
LkV	Landes- und Kommunalverwaltung (Zeitschrift)
LuftSiG	Luftsicherheitsgesetz
LVwVfG	Landesverwaltungsverfahrensgesetz
m. E.	meines Erachtens
M. M.	Mindermeinung
MeVo	Mecklenburg-Vorpommern
MeVoAGGerStrG:	Gesetz zur Ausführung des Gerichtsstrukturgesetzes für Mecklenburg-Vorpommern
MeVoLPlG	Landesplanungsgesetz für Mecklenburg-Vorpommern
m. w. Nw.:	mit weiteren Nachweisen
Nds.	Niedersachsen, niedersächsisch
NdsVBl.	Niedersächsische Verwaltungsblätter
NdsVwGG	Niedersächsisches Verwaltungsgerichtsgesetz
n. F.	neue Fassung
NJW	Neue Juristische Wochenschrift (Zeitschrift)
NordÖR	Zeitschrift für Öffentliches Recht in Norddeutschland
NROG	niedersächsisches Raumordnungsrecht
NRW	Nordrhein-Westfalen, nordrhein-westfälisch
NRWGO	Gemeindeordnung für das Land Nordrhein-Westfalen
NRWKrO	Kreisordnung für das Land Nordrhein-Westfalen
NUR	Natur und Recht (Zeitschrift)
NVwZ	Neue Zeitschrift für Verwaltungsrecht
NVwZ-RR	NVwZ-Rechtsprechungs-Report Verwaltungsrecht
NW	Nordrhein-Westfalen, nordrhein-westfälisch
NWPolG	Polizeigesetz des Landes Nordrhein-Westfalen
NWVBl.	Nordrhein-Westfälische Verwaltungsblätter
NWVerfGH	Nordrhein-Westfälischer Verfassungsgerichtshof
NZBau	Neue Zeitschrift für Baurecht und Vergaberecht
NZS	Neue Zeitschrift für Sozialrecht
NZV	Neue Zeitschrift für Verkehrsrecht
OLG	Oberlandesgericht
OLGR	OLG-Report: Zivilrechtsprechung der Oberlandesgerichte
OVG	Oberverwaltungsgericht
OVGE	Entscheidungen des (jeweils angegebenen) Oberverwaltungsgerichts
OWiG	Gesetz über Ordnungswidrigkeiten
PartG	Parteiengesetz
PassG	Passgesetz
p. V. V.	positive Vertragsverletzung
Rh.-Pf.	Rheinland-Pfalz, rheinland-pfälzisch
RhPfGO	Gemeindeordnung für Rheinland-Pfalz
RhPfLStrG	Rheinland-Pfälzisches Landesstraßengesetz
RGZ	Entscheidungen des Reichsgerichts in Zivilsachen

RhPfAGVwGO	Rheinland-pfälzisches Gesetz zur Ausführung der Verwaltungsgerichtsordnung
RhPfLVwVG	Rheinland-Pfälzisches Landesverwaltungsvollstreckungsgesetz
Rn.	Randnummer
ROG	Raumordnungsgesetz
Rspr.	Rechtsprechung
RVO	Rechtsverordnung
Saarl.	Saarland, saarländisch
SaarlAGVwGO	Saarländisches Gesetz zur Ausführung der Verwaltungsgerichtsordnung
s.	siehe
S.	Seite, Satz
SachsAnhAG-VwGO	Gesetz zur Ausführung der Verwaltungsgerichtsordnung in Sachsen-Anhalt
Sächs.	sächsisch
SächsJG	Sächsisches Justizgesetz
SächsVBl.	Sächsische Verwaltungsblätter (Zeitschrift)
SchlHAGVwGO	Gesetz zur Ausführung der Verwaltungsgerichtsordnung in Schleswig-Holstein
SeemG	Seemannsgesetz
SGB	Sozialgesetzbuch
SGG	Sozialgerichtsgesetz
SoldG	Soldatengesetz
Sp.	Spalte
StAG	Staatsangehörigkeitsgesetz
StGB	Strafgesetzbuch
StPO	Strafprozessordnung
st. Rspr.	ständige Rechtsprechung
str.	streitig
StrG	Straßengesetz
StrWG	Straßen- und Wegegesetz
StVO	Straßenverkehrsordnung
StVZO	Straßenverkehrs-Zulassungs-Ordnung
StWG	Gesetz zur Förderung der Stabilität und des Wachstums (Stabilitätsgesetz)
sub.	unter
Thür.	Thüringen
ThürKO	Thüringer Kommunalordnung
ThürAGVwGO	Thüringer Gesetz zur Ausführung der Verwaltungsgerichtsordnung
ThürLPlG	Thüringer Landesplanungsgesetz
ThürVBl.	Thüringer Verwaltungsblätter (Zeitschrift)
TÜV	Technischer Überwachungsverein
umstr.	umstritten
UPR	Umwelt- und Planungsrecht
UTR	Jahrbuch des Umwelt- und Technikrechts
UWG	Gesetz gegen den unlauteren Wettbewerb
UZwG	Gesetz über den unmittelbaren Zwang bei Ausübung öffentlicher Gewalt durch Vollzugsbeamte des Bundes

UZwGBw.	Gesetz über die Anwendung unmittelbaren Zwanges und die Ausübung besonderer Befugnisse durch Soldaten der Bundeswehr und verbündeter Streitkräfte sowie zivile Wachpersonen
VA	Verwaltungsakt
Var.	Variante
VBlBW	Verwaltungsblätter für Baden-Württemberg (Zeitschrift)
Verf.	Verfasser, Verfassung
VerfGH	Verfassungsgerichtshof
VerfGHNW	nordrhein-westfälischer Verfassungsgerichtshof
VergabeR	Zeitschrift für das gesamte Vergaberecht
VersG	Versammlungsgesetz
VerwArch.	Verwaltungsarchiv (Zeitschrift)
VerwRspr.	Verwaltungsrechtsprechung in Deutschland. Sammlung obergerichtlicher Entscheidungen aus dem Verfassungs- und Verwaltungsrecht
Vf-VO	Verfahrensverordnung
VG	Verwaltungsgericht
VGH	Verwaltungsgerichtshof
VgV	Vergabeverordnung
VO	Rechtsverordnung, Verordnung (EG)
Vorb.	Vorbemerkung
VR	Verwaltungsrundschau (Zeitschrift)
VV	Verwaltungsvorschrift(en)
VVDStRL	Veröffentlichungen der Vereinigung der Deutschen Staatsrechtslehrer
VwGO	Verwaltungsgerichtsordnung
VwVfG	Verwaltungsverfahrensgesetz
VwVG	Verwaltungs-Vollstreckungsgesetz
VwZG	Verwaltungszustellungsgesetz
VZOG	Vermögenszuordnungsgesetz
WAG	Wassergesetz
WHG	Wasserhaushaltsgesetz
WissR	Wissenschaftsrecht, Wissenschaftsverwaltung, Wissenschaftsförderung (Zeitschrift)
WM	Wertpapier-Mitteilungen, Zeitschrift für Wirtschafts- und Bankrecht
WPflG	Wehrpflichtgesetz
WRV	Weimarer Reichsverfassung
WuV (WiVerw.)	Wirtschaft und Verwaltung (Zeitschrift)
ZBR	Zeitschrift für Beamtenrecht
ZG	Zeitschrift für Gesetzgebung
ZHR	Zeitschrift für das gesamte Handelsrecht und Wirtschaftsrecht
ZIP	Zeitschrift für Wirtschaftsrecht und Insolvenzpraxis
ZPO	Zivilprozessordnung
ZRP	Zeitschrift für Rechtspolitik
ZUR	Zeitschrift für Umweltrecht
zust.	zustimmend
ZWeR	Zeitschrift für Wettbewerbsrecht
ZZP	Zeitschrift für Zivilprozess

Siehe auch *Hildebert Kirchner*, Abkürzungsverzeichnis der Rechtssprache, 7. Aufl. 2013

Literaturverzeichnis

Die angegebene Literatur wurde in den Fußnoten überwiegend abgekürzt zitiert.

I. Lehrbücher

Battis, Ulrich, Allgemeines Verwaltungsrecht, 3. Aufl. 2002
Bull, Hans Peter/Mehde, Veith, Allgemeines Verwaltungsrecht mit Verwaltungslehre, 9. Aufl. 2015
Detterbeck, Steffen, Öffentliches Recht, 10. Aufl. 2015
Detterbeck, Steffen/Windthorst, Kay/Sproll, Hans-Dieter, Staatshaftungsrecht, 2000
Erbguth, Wilfried, Allgemeines Verwaltungsrecht, 8. Aufl. 2016
Erichsen, Hans-Uwe/Ehlers, Dirk (Hrsg.), Allgemeines Verwaltungsrecht, 14. Aufl. 2010
Finkelnburg, Klaus/Dombert, Matthias/Külpmann, Christoph, Vorläufiger Rechtsschutz im Verwaltungsstreitverfahren, 6. Aufl. 2011
Gersdorf, Hubertus, Verwaltungsprozessrecht, 4. Aufl. 2009
Haratsch, Andreas/Koenig, Christian/Pechstein, Matthias, Europarecht, 9. Aufl. 2014
Hendler, Reinhard, Allgemeines Verwaltungsrecht, 3. Aufl. 2001
Herdegen, Matthias, Europarecht, 17. Aufl. 2015
Hufen, Friedhelm, Verwaltungsprozessrecht, 9. Aufl. 2013
Ipsen, Jörn, Allgemeines Verwaltungsrecht, 9. Aufl. 2015
Koch, Hans-Joachim/Rubel, Rüdiger/Heselhaus, Sebastian, Allgemeines Verwaltungsrecht, 3. Aufl. 2003
Mann, Thomas/Wahrendorf, Volker, Verwaltungsprozessrecht, 4. Aufl. 2015
Martini, Mario, Verwaltungsprozessrecht, 5. Aufl. 2011
Maurer, Hartmut, Allgemeines Verwaltungsrecht, 18. Aufl. 2011
Mayer, Franz/Kopp, Ferdinand, Allgemeines Verwaltungsrecht, 5. Aufl. 1985
Ossenbühl, Fritz/Cornils, Matthias, Staatshaftungsrecht, 6. Aufl. 2013
Peine, Franz-Joseph, Allgemeines Verwaltungsrecht, 11. Aufl. 2014
Pietzner, Rainer/Ronellenfitsch, Michael, Das Assessorexamen im Öffentlichen Recht, 13. Aufl. 2014
Schenke, Wolf-Rüdiger, Verwaltungsprozessrecht, 14. Aufl. 2014
Schmitt Glaeser, Walter/Horn, Hans-Detlef, Verwaltungsprozessrecht, 15. Aufl. 2000
Schwerdtfeger, Gunther/Schwerdtfeger, Angela, Öffentliches Recht in der Fallbearbeitung, 14. Aufl. 2012
Sodan, Helge/Ziekow, Jan, Grundkurs Öffentliches Recht, 6. Aufl. 2014
Sproll, Hans-Dieter, Allgemeines Verwaltungsrecht, Bd. I, 1997; Bd. II, 1998
Stern, Klaus/Blanke, Hermann-Josef, Verwaltungsprozessrecht in der Klausur, 9. Aufl. 2008
Ule, Carl Hermann/Laubinger, Hans-Werner, Verwaltungsverfahrensrecht, 4. Aufl. 1995
Wallerath, Maximilian, Allgemeines Verwaltungsrecht, 6. Aufl. 2009
Will, Martin, Allgemeines Verwaltungsrecht, 2012
Wolff, Hans J./Bachof, Otto/Stober, Rolf/Kluth, Winfried, Verwaltungsrecht I, 12. Aufl. 2007; Verwaltungsrecht II, 7. Aufl. 2010
Würtenberger, Thomas, Verwaltungsprozessrecht, 3. Aufl. 2011

II. Kommentare und Handbücher

Bader, Johann/Funke-Kaiser, Michael/Stulfauth, Thomas/v. Albedyll, Jörg, Verwaltungsgerichtsordnung, 6. Aufl. 2015
Bader, Johann/Ronellenfitsch, Michael, Verwaltungsverfahrensgesetz, 2010
Brandt, Jürgen/Sachs, Michael (Hrsg.), Handbuch Verwaltungsverfahren und Verwaltungsprozess, 3. Aufl. 2009
Calliess, Christian/Ruffert, Matthias, EUV/AEUV, 4. Aufl. 2011
Dreier, Horst (Hrsg.), Grundgesetz, Bd. I, 3. Aufl. 2013; Bd. II, 3. Aufl. 2015; Bd. III, 2. Aufl. 2008
Eyermann, Erich (Begr.), Verwaltungsgerichtsordnung, 14. Aufl. 2014
Fehling, Michael/Kastner, Berthold/Störmer, Rainer, Verwaltungsrecht, VwVfG, VwGO, 4. Aufl. 2016
Gärditz, Klaus F., Verwaltungsgerichtsordnung mit Nebengesetzen, 2013
Geiger, Rudolf/Khan, Daniel-Erasmus/Kotzur, Markus, EUV/AEUV, 5. Aufl. 2010
Hoffmann-Riem, Wolfgang/Schmidt-Aßmann, Eberhard/Voßkuhle, Andreas (Hrsg.), Grundlagen des Verwaltungsrechts, Bd. I, 2. Aufl. 2012; Bd. II, 2. Aufl. 2012; Bd. III, 2. Aufl. 2013
Isensee, Josef/Kirchhof, Paul (Hrsg.), Handbuch des Staatsrechts der Bundesrepublik Deutschland, Bd. I-XIII, 3. Aufl. 2003-2015
Jarass, Hans/Pieroth, Bodo, Grundgesetz, 13. Aufl. 2014
Knack, Hans Joachim/Hennecke, Hans-Günter, Verwaltungsverfahrensgesetz, 10. Aufl. 2014
Kopp, Ferdinand/Ramsauer, Ulrich, Verwaltungsverfahrensgesetz, 16. Aufl. 2015
Kopp, Ferdinand/Schenke, Wolf-Rüdiger, Verwaltungsgerichtsordnung, 21. Aufl. 2015
v. Mangoldt, Hermann/Klein, Friedrich/Starck, Christian (Hrsg.), Kommentar zum Grundgesetz, Bd. 1-3, 6. Aufl. 2010
Mann, Thomas/Sennekamp, Christoph/Uechtritz, Michael, Verwaltungsverfahrensgesetz, 2014
Maunz, Theodor/Dürig, Günter (Begr.), Grundgesetz (Loseblatt)
v. Münch, Ingo/Kunig, Philip (Hrsg.), Grundgesetz-Kommentar, Bd. 1 u. 2, 6. Aufl. 2012
Obermayer, Klaus/Funke-Kaiser, Michael, Kommentar zum Verwaltungsverfahrensgesetz, 4. Aufl. 2014
Palandt, Otto (Begr.), Bürgerliches Gesetzbuch, 75. Aufl. 2016
Posser, Herbert/Wolff, Heinrich Amadeus, Verwaltungsgerichtsordnung, 2. Aufl. 2014
Redeker, Konrad/v. Oertzen, Hans-Joachim (Begr.), Verwaltungsgerichtsordnung, 16. Aufl. 2014
Sachs, Michael (Hrsg.), Grundgesetz, 7. Aufl. 2014
Schoch, Friedrich/Schneider, Jens-Peter/Bier, Wolfgang (Hrsg.), Verwaltungsgerichtsordnung (Loseblatt)
Sodan, Helge/Ziekow, Jan (Hrsg.), Verwaltungsgerichtsordnung, 4. Aufl. 2014
Stelkens, Paul/Bonk, Heinz Joachim/Sachs, Michael (Hrsg.), Verwaltungsverfahrensgesetz, 8. Aufl. 2014
Ziekow, Jan, Verwaltungsverfahrensgesetz, 3. Aufl. 2013

III. Fallsammlungen

Becker, Joachim, Fälle und Lösungen zum Verwaltungsrecht, 2. Aufl. 2006
Böhm, Monika/Gaitanides, Charlotte, Fälle zum Allgemeinen Verwaltungsrecht, 4. Aufl. 2007

Brinktrine, Ralf/Kastner, Berthold, Fallsammlung zum Verwaltungsrecht, 2. Aufl. 2005
Englisch, Joachim/Cryns, Anna, Fälle und Lösungen zum Allgemeinen Verwaltungsrecht, 2008
Ernst, Christian/Kämmerer, Jörn Axel, Fälle zum Allgemeinen Verwaltungsrecht, 2. Aufl. 2014
Heyen, Erk Volkmar/Collin, Peter/Spiecker gen. Döhmann, Indra, 40 Klausuren aus dem Verwaltungsrecht, 10. Aufl. 2012
Peine, Franz-Joseph, Klausurenkurs im Verwaltungsrecht, 5. Aufl. 2013
Richter, Ingo/Schuppert, Gunnar Folke/Bumke, Christian, Casebook Verwaltungsrecht, 3. Aufl. 2000
Schmalz, Dieter, Verwaltungsrecht – Fälle und Lösungen, 3. Aufl. 1998
Schmalz, Dieter, Staatshaftungsrecht – Fälle und Lösungen, 2000
Schöbener, Burkhard/Jahn, Ralf, Fälle zum öffentlichen Wirtschaftsrecht, 2. Aufl. 2009
Seidel, Achim/Reimer, Ekkehart/Möstl, Markus, Allgemeines Verwaltungsrecht mit Kommunalrecht, 2. Aufl. 2005
Stein, Reiner, Klausurenkurs im Allgemeinen Verwaltungsrecht und Verwaltungsprozessrecht, 2013
Stein, Volker, Fälle und Erläuterungen zum Allgemeinen Verwaltungsrecht/Verwaltungsprozessrecht, 2. Aufl. 2004

IV. Gesetzestexte

Als (preiswerter) Einstieg:
Basistexte Öffentliches Recht (mit Europarecht), dtv
Öffentliches Recht, Stud-Jur Nomos Textausgaben
Loseblattsammlung:
Sartorius I, Verfassungs- und Verwaltungsgesetze der Bundesrepublik Deutschland mit Ergänzungsband

Kapitel 1. Grundlagen und Grundbegriffe

§ 1. Begriff der Verwaltung

Literatur: *H. Dreier,* Zur „Eigenständigkeit" der Verwaltung, DV 25 (1992), 137; *Grigoleit,* Institute, Kontexte und System des Allgemeinen Verwaltungsrechts, in: FS U. Battis, 2014, S. 27; *König,* Der Verwaltungsstaat in Deutschland, VerwArch. 88 (1997), 545; *Lege,* Nochmals: Staatliche Warnungen. Zugleich zum Paradigmenwechsel in der Grundrechtsdogmatik und zur Abgrenzung von Regierung und Verwaltung, DVBl. 1999, 569; *Roellecke,* Verwaltung und Verwaltungsrecht, DV 29 (1996), 1; *Schröder,* Die Bereiche der Regierung und der Verwaltung, HStR V, § 106.

Der Begriff der Verwaltung ist vielschichtig. Eine genaue Definition gibt 1 es bis heute nicht. So lässt sich Verwaltung zwar beschreiben, aber nicht definieren.[1] Dennoch gibt es einige allgemein anerkannte Kriterien und Merkmale, die den Begriff der Verwaltung veranschaulichen und mit Leben erfüllen.

Zunächst muss eine Eingrenzung vorgenommen werden. Im folgenden 2 geht es nur um die **öffentliche** Verwaltung. Die **private** Verwaltung, die es auch gibt, etwa in der Privatwirtschaft oder in den Vereinen, ist ausgenommen.

Geht man vom grundgesetzlichen Gewaltenteilungsprinzip des Art. 20 3 II 2 GG aus, ergibt sich folgendes Bild:

Übersicht 1:

Die Verwaltung im Gefüge der staatlichen Gewalten

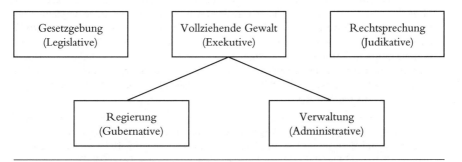

---

[1] *Ernst Forsthoff,* Lehrbuch des Verwaltungsrechts, Bd. 1, 10. Aufl. 1973, S. 1.

4 Die Verwaltung gehört zur **vollziehenden Gewalt (Exekutive).** Diese setzt sich zusammen aus **Regierung und Verwaltung**[2]. Die spezifische **staatsleitende und richtungsweisende Regierungstätigkeit,** wie etwa die Bestimmung der Richtlinien der Politik durch den Bundeskanzler nach Art. 65 S. 1 GG und das Treffen politischer Entscheidungen, ist **keine Verwaltungstätigkeit.**[3] Vielmehr handelt es sich um Maßnahmen eines Verfassungsorgans, die es gerade in Ausübung seiner verfassungsrechtlichen Kompetenz trifft.

5 Freilich ist die Abgrenzung zwischen Regierungstätigkeit und Verwaltungstätigkeit schwierig.[4] Denn **auch Verfassungsorgane (und Teile von diesen) können im Einzelfall verwaltend tätig werden.**

Beispiele:
- Eine Landesregierung löst eine juristische Person des öffentlichen Rechts auf und wickelt sie ab (BVerwG DÖV 1992, 970).
- Der Bundesinnenminister weist das ihm nach § 2 I 2 BVerfSchG unterstellte Bundesamt für Verfassungsschutz an, eine bestimmte politische Partei oder einen Bundestagsabgeordneten zu beobachten (vgl. BVerwGE 137, 275 ff.; 110, 126 ff.).
- Der Bundesinnenminister spricht ein Vereinsverbot nach § 3 I 1 i.V.m. § 3 II 1 Nr. 2 VereinsG aus.
- Der Bundespräsident ernennt gem. Art. 60 I GG nach näherer Maßgabe des BBG einen Bundesbeamten.
- Das nordrhein-westfälische Innenministerium veröffentlicht den Verfassungsschutzbericht, in dem einem Presseverlag rechtsextreme Tendenzen zugeschrieben werden (dazu BVerfGE 113, 63 ff.). Nach § 2 I 1 Verfassungsschutzgesetz NRW (GVBl. 2003, S. 2) handelt das Innenministerium insoweit als Verfassungsschutz**behörde** (dazu auch Rn. 300).
- Die Bundesregierung wendet sich an die Öffentlichkeit und spricht regierungsamtliche Warnungen aus – etwa vor glykolhaltigen Weinen oder Jugendsekten (*Huber,* JZ 2003, 295 f.; *Murswiek,* NVwZ 2003, 7; *Ibler,* in: FS H. Maurer, 2001, S. 156 f.; *Gusy,* NJW 2000, 981; *Lege,* DVBl. 1999, 578; **a. A.** und für Regierungstätigkeit BVerfGE 105, 279/301: „staatsleitend"; vgl. auch BVerfGE 105, 252/269 f.; BVerwGE 87, 37 ff.; 82, 76 ff.). Ebenso verhält es sich bei der Pressemitteilung einer Gesundheitsministerin, in der vor dem Verkauf von E-Zigaretten gewarnt wird, weil er unter das Arzneimittelgesetz falle und deshalb verboten und strafbar sei, wenn die besonderen arzneimittel- und medizinprodukterechtlichen Vorschriften nicht eingehalten würden (a. A. und für Staatsleitung BVerwG NVwZ-RR 2015, 425 Rn. 20; offenlassend die Vorinstanz OVG Münster NVwZ 2013, 1563). Anders verhält es sich, wenn sich die Bundesregierung im Rahmen der Beantwortung von Großen und Kleinen Anfragen (§§ 100, 104 GOBT) oder von Fragen einzelner Mitglieder des Bundestages (§ 105 GOBT) kritisch über bestimmte Wirtschaftsprodukte oder religiöse Bewegungen äußert. Die Erfüllung derartiger parlamentarischer Rechenschaftspflichten gehört zur Regierungsverantwortlichkeit und ist keine Verwaltungstätigkeit (BVerfGE 57, 1/5, 8; *Huber,* JZ 2003, 295; zur „Warnungsproblematik" auch unten Rn. 297 ff.).

---

[2] Gegen diese ganz h.M. und strikt gegen die Untergliederung der vollziehenden Gewalt in Regierung und Verwaltung *Frotscher,* Regierung als Rechtsbegriff, 1975, S. 222 ff., 235.
[3] BVerfGE 105, 252 (269 f.); 105, 279 (306 f.); dazu auch *Huber,* JZ 2003, 295.
[4] Dazu auch Rn. 300.

§ 1. Begriff der Verwaltung 3

Um keine Verwaltungs-, sondern um **Regierungstätigkeit** handelt es 6
sich dagegen in folgenden Fällen:
- Weisungen eines Bundesministers an einen Landesminister im Bereich der Bundesauftragsverwaltung nach Art. 85 III GG (BVerfGE 84, 25/30; 81, 310/330; *Bethge/Rozek,* Jura 1995, 218).
- Der Bundeskanzler fordert die Tarifparteien bei den anstehenden Lohnverhandlungen zum Maßhalten auf.
- Der Bundeskanzler bezeichnet im Bundestag eine bestimmte politische Partei als extremistisch und verfassungsfeindlich und erklärt, sie müsse eigentlich verboten werden.
- Parteipolitische Äußerungen von Regierungsmitgliedern oder des Bundespräsidenten (BVerfG NVwZ 2015, 209/212).

Beachte: Die Qualifizierung einer bestimmten Handlung als Regie- 7
rungstätigkeit bedeutet nicht zwingend, dass ein diesbezüglicher Rechtsstreit auch materiell verfassungsrechtlicher Art ist, über den die Verwaltungsgerichte gem. § 40 I 1 VwGO nicht entscheiden dürfen. So hat das BVerfG regierungsamtliche Warnungen vor bestimmten religiösen Gruppierungen zwar, wenn auch fälschlicherweise, als Regierungstätigkeit qualifiziert.[5] Gleichwohl handelte es sich bei dem Rechtsstreit zwischen der religiösen Gruppierung und der Bundesregierung um die Rechtmäßigkeit der Warnung um eine Streitigkeit nichtverfassungsrechtlicher Art, über den (zunächst) die Verwaltungsgerichte entscheiden mussten.[6] Demgegenüber betrifft der oben genannte Fall der Anweisung des Landesministers durch den Bundesminister keine nichtverfassungsrechtliche Streitigkeit, die nach § 50 I Nr. 1 VwGO in die Entscheidungskompetenz des BVerwG fiele, sondern eine verfassungsrechtliche Bund-Länder-Streitigkeit, über die nach Art. 93 I Nr. 3 GG nur das BVerfG entscheidet.[7]

Aber auch die anderen beiden Staatsgewalten können verwaltend tätig 8
werden.

Beispiele:
- Der Bundestagspräsident, der Teil des Legislativorgans Bundestag ist, wird bei der nach § 19 PartG erfolgenden Festsetzung und Auszahlung der staatlichen Mittel an die politischen Parteien als **mittelverwaltende Stelle** (vgl. §§ 20 II 2, 21 II PartG) tätig und übt insoweit Verwaltungstätigkeit aus (BVerfGE 28, 97/102f.; 27, 152/157).
- Der (Bayerische) Landtag entscheidet über Petitionen als Behörde; hier übt er eine materiell verwaltende Tätigkeit aus und fungiert nicht als Legislative (BayVerfGHE n.F. 10 II, 20/23 ff.; gegen Behördenqualität i.S.v. § 35 VwVfG und damit i.S.v. § 1 IV VwVfG *Brenner,* in: v. Mangoldt/Klein/Starck I, Art. 17 Rn. 44; für Klagen im Zusam-

---

[5] BVerfGE 105, 279 (300).
[6] Siehe BVerwGE 82, 76ff.; ebenso VG Hannover NdsVBl. 2014, 292 zu einer verwaltungsgerichtlichen Klage eines Journalisten auf Unterlassung von Äußerungen, die die Justizministerin über ihn im Landtag in Beantwortung einer Anfrage der Opposition getätigt hatte.
[7] BVerfGE 84, 25 (30).

menhang mit Petitionen zum Bundestag oder zu einem Landtag ist – unabhängig von der genauen Qualifizierung des diesbezüglichen parlamentarischen Handelns – der Verwaltungsrechtsweg nach § 40 I VwGO eröffnet, BVerfGK NVwZ-RR 2012, 1; BVerwG NJW 1976, 637 f.).
- Verwaltungstätigkeit und nicht Rechtsprechung sind die **Maßnahmen der Justizverwaltung** (sog. Justizverwaltungstätigkeit), wie z. B. die Gewährung von Akteneinsicht an Dritte nach § 299 II ZPO oder die Befreiung von Ehehindernisse; zu den sog. Justizverwaltungsakten Rn. 1329.

9 Aufgrund dieser Vielschichtigkeit des Verwaltungsbegriffs und der genannten Überschneidungen der drei Staatsfunktionen hat sich auch folgende Unterscheidung herausgebildet:

(1) **Verwaltung im organisatorischen Sinn.** Sie besteht aus der **Gesamtheit der Stellen,** die überwiegend **materielle Verwaltungstätigkeit** ausüben. Da Parlamente, Regierungen und Gerichte zwar auch, aber eben nicht überwiegend verwaltend tätig werden, zählen sie nicht zur Verwaltung im organisatorischen Sinn.

(2) **Verwaltung im formellen Sinn.** Dies ist die gesamte von den **Verwaltungsbehörden ausgeübte Tätigkeit** ohne Rücksicht auf den materiellen Gehalt dieser Tätigkeit.

(3) **Verwaltung im materiellen Sinn.** Dieser Verwaltungsbegriff wird überwiegend **negativ** bestimmt. Danach ist Verwaltung im materiellen Sinn **diejenige Staatstätigkeit, die nicht Gesetzgebung und nicht Rechtsprechung** ist; abzuziehen ist aber auch noch die spezifische Regierungstätigkeit.

Andere wollen die Verwaltung im materiellen Sinn **positiv** bestimmen. Abgestellt wird dann auf einzelne signifikante Aspekte, wie z. B. die Verwirklichung der Staatszwecke für den Einzelfall, den Einsatz hoheitlicher Mittel oder die Herbeiführung verbindlicher Entscheidungen.

10 Weithin anerkannt sind die folgenden Einteilungen der materiellen Verwaltungstätigkeit. Sie dienen nicht der Abgrenzung der Verwaltung von der Legislative und Judikative sowie auch von der Regierung, sondern differenzieren innerhalb der Verwaltung nach dem Zweck und den Rechtswirkungen der Verwaltungstätigkeit sowie nach ihrer Gesetzesbindung.[8]

(1) **Eingriffsverwaltung.** Für sie ist charakteristisch, dass die Verwaltung in die Rechte des Bürgers eingreift – wenn sie ihm Verpflichtungen und Belastungen auferlegt.

Beispiele: Auferlegung von Geldleistungspflichten (Zahlungsbescheid), Abrissverfügung, Einberufungsbescheid, Gewerbeuntersagung, Hausverbot, polizeilicher Platzverweis.

---

[8] Die nachfolgende Aufzählung ist nicht abschließend. Zu weiteren Differenzierungen etwa *Stober,* in: Wolff/Bachof I, § 3.

(2) **Leistungsverwaltung.** Sie ist dadurch gekennzeichnet, dass die Verwaltung dem Bürger Leistungen und Vergünstigungen gewährt.

Beispiele: Gewährung von Subventionen, Erteilung einer Baugenehmigung, Freistellung von der Wehrpflicht, Gewährung von „BaföG", Erteilung von Auskünften.

Zur Leistungsverwaltung gehört auch die **Daseinsvorsorge**.[9] Sie wurde zunächst auf die Versorgung der Bevölkerung mit lebensnotwendigen Leistungen und Gütern wie Nahrung, Wohnraum, Strom, Wasser, Wärme, Energie[10] etc. beschränkt. Mittlerweile wird der Begriff der Daseinsvorsorge in einem sehr weiten Sinne verstanden und ist dadurch reichlich diffus geworden.[11] So wird etwa auch die Erteilung von Informationen, die Gewährung von Leistungen im Bildungssektor oder die Bereitstellung von Infrastruktur dem Bereich der Daseinsvorsorge zugerechnet.[12] Manche Gesetze verwenden den Begriff der Daseinsvorsorge sogar als Tatbestandsmerkmal und Rechtsbegriff.[13]

(3) **Gewährleistungsverwaltung.** Dieser relativ neuartige Terminus beschreibt die Bereiche, in denen die Verwaltung die von ihr bislang wahrgenommenen Aufgaben nicht mehr selbst erfüllt, sondern durch Private erfüllen lässt (Privatisierung der Verwaltung). Dies können Privatunternehmen sein, die der Staat zu eben diesem Zweck errichtet hat (Deutsche Post AG, Deutsche Postbank AG, Deutsche Telekom AG, städtische Stromversorgungsunternehmen in der Rechtsform einer AG), aber auch natürliche Personen und schon existierende juristische Personen des Privatrechts. In der Regel wird es sich um Aufgaben der Leistungsverwaltung handeln. Ein generelles Verbot der Übertragung von Aufgaben der Eingriffsverwaltung auf Private besteht indes nicht. Privatisiert der Staat ihm obliegende Verwaltungsaufgaben, muss er durch geeignete Maßnahmen – insbesondere aufsichtsrechtlicher Art – eine ordnungsgemäße Erfüllung durch die Privaten gewährleisten.[14] Die ver-

---

[9] Zu diesem von *Forsthoff* geprägten Begriff ausführlich *Rüfner*, HStR IV, § 96.
[10] BVerfGE 66, 248 (258): Energieversorgung als Daseinsvorsorge.
[11] BGH NJW 2005, 1721: alle zur Befriedigung der Grundbedürfnisse der Bürger erforderlichen Leistungen der Verwaltung; siehe auch die Auflistung von VGH BW VBlBW 2013, 95; vgl. auch *Pielow*, JuS 2006, 692 ff. u. 780 ff.; zum (nur begrenzten) juristischen Aussagegehalt dieses Begriffs *Krajewski*, VerwArch. 99 (2008), 174 ff.; *Bull*, Der Staat 47 (2008), 1 ff.; *Doerfert*, JA 2006, 316 ff.
[12] *Koch/Rubel/Heselhaus*, § 3 Rn. 7.
[13] Z.B. die Subsidiaritätsbestimmungen einiger Gemeindeordnungen, um die kommunale wirtschaftliche Betätigung einzuschränken, § 103 I Nr. 3 BaWüGO, Art. 87 I 1 Nr. 4 BayGO.
[14] Dazu auch *Maurer*, § 1 Rn. 16b; *Koch/Rubel/Heselhaus*, § 2 Rn. 53; weiterführend *Hermes*, Staatliche Infrastrukturverantwortung, 1998, S. 128 ff., 323 ff.; *Badura*, in: FS U. Battis, 2014, S. 322 ff.; *Brüning*, JZ 2014, 1026 ff.; *Schoch*, NVwZ 2008, 241 ff.; *Masing*, AöR 95 (2004), 151 ff.; *ders.*, DV 36 (2003), 1 ff.; *Voßkuhle*, VVDStRL 62 (2003), 304 ff.

schiedenen Privatisierungstypen und auch die umstrittenen Grenzen der Privatisierung werden in einem eigenen Abschnitt dargestellt.[15]

(4) **Gesetzesakzessorische Verwaltung.** Dieser Begriff steht für den Vollzug der Gesetze durch die Verwaltung (gesetzesvollziehende Verwaltung), wenn die Verwaltung also die Gesetze anwendet und auf gesetzlicher Grundlage eingreifend oder leistend tätig wird.

(5) **Nichtgesetzesakzessorische (gesetzesfreie) Verwaltung.** Von ihr spricht man, wenn die Verwaltung ohne gesetzliche Grundlage tätig wird.

Beispiele: Vergabe von Subvention, Planungen, Daseinsvorsorge.

Gesetzesfreie Verwaltung ist nicht per se verfassungswidrig. Allerdings gilt das Erfordernis einer formell-gesetzlichen Ermächtigungsgrundlage schon seit langem nicht mehr nur für die Eingriffsverwaltung, sondern erstreckt sich auch auf große Teile der Leistungsverwaltung. Einzelheiten sind sehr umstritten.[16]

Dass all die genannten Erklärungsversuche und Modelle unzureichend und nicht selten zirkulär oder sogar widersprüchlich und damit angreifbar sind, liegt auf der Hand. Der Begriff der Verwaltung ist eben kaum fassbar. Das ist einerseits unbefriedigend. Auf der anderen Seite mag dieser Befund demjenigen einen gewissen Trost spenden, der versucht, sich einen ersten Einstieg in dieses Rechtsgebiet zu verschaffen, und auch nicht einmal in den dicken Lehrbüchern eine klare Antwort darauf erhält, worum es sich eigentlich handelt.

---

[15] Rn. 895 ff.
[16] Zum Subventionsrecht näher Rn. 285 ff.

§ 2. Verwaltungsrecht als Teilgebiet des öffentlichen Rechts

I. Der Standort des Verwaltungsrechts

Das Verwaltungsrecht ist ein Teilgebiet des öffentlichen Rechts. Dieses **11** lässt sich in folgende Teilbereiche untergliedern:
- Staatsrecht
- Verwaltungsrecht
- Europarecht
- Völkerrecht

> Zum öffentlichen Recht gehören auch noch das Strafrecht (insbesondere das StGB), das Gerichtsverfassungsrecht (GVG) sowie das gerichtliche Verfahrensrecht (z.B. ZPO, StPO, VwGO, BVerfGG). Allerdings meint man im allgemeinen nur die oben genannten vier Rechtsgebiete sowie das die Verwaltungs- und Verfassungsgerichte betreffende Prozessrecht, wenn man vom öffentlichen Recht spricht; das Prozessrecht kann dem Verwaltungs- und Staatsrecht zugeordnet werden.

Das Verwaltungsrecht besteht aus dem **allgemeinen und dem besonde-** **12** **ren Verwaltungsrecht.** Gegenstand dieses Buches ist nur das **allgemeine Verwaltungsrecht.** Es umfasst – wie schon die Bezeichnung „allgemein" sagt – diejenigen Vorschriften, Grundsätze und Rechtsbegriffe, die für das gesamte Verwaltungsrecht gelten. Hierzu gehören vor allem die Vorschriften und Grundsätze zum Verwaltungsaufbau und zur Verwaltungsorganisation, zu den Handlungsformen der Verwaltung, zum Verwaltungsverfahren, zur Verwaltungsvollstreckung, zu den öffentlichen Sachen und zur Staatshaftung.

Zum **besonderen Verwaltungsrecht** gehören die **einzelnen Sachbe-** **13** **reiche** der öffentlichen Verwaltung. Zu nennen sind vor allem das Kommunalrecht, das Polizei- und Ordnungsrecht, das öffentliche Dienstrecht (das Beamtenrecht ist ein Teilbereich), das Baurecht, das Raumordnungs- und Landesplanungsrecht, das Straßen- und Wegerecht, das Wasserrecht, das Wirtschaftsverwaltungsrecht, das Sozialrecht und als relativ neues Querschnittsgebiet das Umweltrecht.

All diese Rechtsgebiete des besonderen Verwaltungsrechts sind in einer **14** unüberschaubaren Vielzahl von Spezialgesetzen geregelt. Ihre genaue Kenntnis kann nicht einmal von einem Spezialisten des Verwaltungsrechts verlangt werden. Neben diesen Spezialgesetzen gilt zusätzlich das allgemeine Verwaltungsrecht. Nur darum geht es im folgenden. Wegen der Verzahnung von allgemeinem und besonderem Verwaltungsrecht wird freilich an geeigneter Stelle immer wieder auf den Bezug zum besonderen Verwaltungsrecht hingewiesen.

15 **Übersicht 2:**
Gegenstände des öffentlichen Rechts

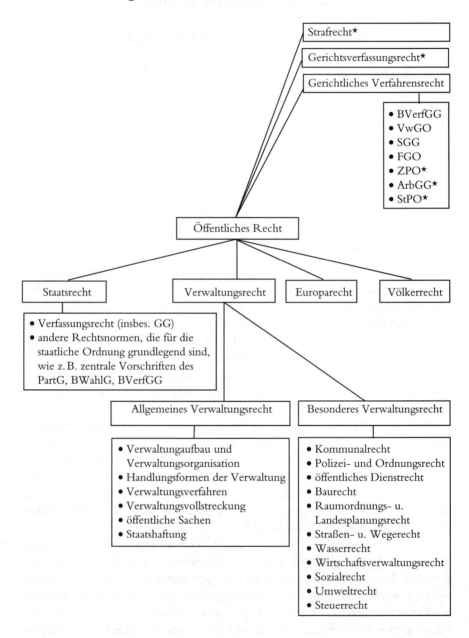

* Wird, obwohl formell öffentliches Recht, nicht zum öffentlichen Recht im engeren Sinn gerechnet.

II. Die Unterscheidung zwischen öffentlichem Recht und Privatrecht

Lit.- u. Rspr.-Nw. vor Rn. 1319; s. auch vor Rn. 903, 936.

Die deutsche Rechtsordnung besteht aus den beiden großen Blöcken des öffentlichen Rechts und des Privatrechts. Die praktische Notwendigkeit, zwischen diesen beiden Rechtsgebieten abzugrenzen, besteht in vielen Fällen:
- Die **Verwaltungsgerichte** entscheiden gem. § 40 I VwGO nur über **öffentlich-rechtliche Streitigkeiten**. Über bürgerliche Rechtsstreitigkeiten (das bürgerliche Recht gehört zum Privatrecht) entscheiden gem. § 13 GVG die ordentlichen Gerichte, und zwar die Zivilgerichte.
- Das **Verwaltungsverfahrensgesetz** (VwVfG) gilt nach § 1 I VwVfG nur für die **öffentlich-rechtliche Verwaltungstätigkeit** der Behörden, nicht für privatrechtliches Handeln der Behörden.
- **Verwaltungsakte** als wichtigstes Handlungsinstrument der Behörden sind nach § 35 S. 1 VwVfG nur Maßnahmen auf dem Gebiet des öffentlichen Rechts.
- **Verträge** sind sowohl auf dem Gebiet des privaten Rechts (privatrechtliche Verträge) als auch auf dem Gebiet des öffentlichen Rechts (**öffentlich-rechtliche Verträge**, § 54 VwVfG) möglich.

In den meisten der genannten Beispielsfälle geht es um die Abgrenzung zwischen **Verwaltungsrecht** und **Privatrecht**. Dies setzt zunächst die Abgrenzung zwischen **öffentlichem Recht,** zu dem das Verwaltungsrecht gehört, und **privatem Recht** voraus. Erst wenn feststeht, dass eine Handlung auf dem Gebiet des öffentlichen Rechts in Rede steht, kann – wenn dies erforderlich ist – in einem zweiten Schritt zwischen verwaltungsrechtlichem und sonstigem öffentlich-rechtlichen Handeln abgegrenzt werden.

In der Rechtspraxis und auch in Prüfungsarbeiten muss zwischen öffentlichem und privatem Recht vor allem dann abgegrenzt werden, wenn zu entscheiden ist, ob für einen bestimmten Rechtsstreit der Verwaltungsrechtsweg eröffnet ist. Denn nach der Grundnorm des § 40 I 1 VwGO ist der Verwaltungsrechtsweg nur eröffnet, wenn u.a. eine öffentlich-rechtliche Streitigkeit in Rede steht, wenn der Rechtsstreit also das öffentliche Recht betrifft. Auf die Ausführungen hierzu im prozessualen Teil des Buches wird verwiesen. Sie gelten nicht nur für die Prüfung des Verwaltungsrechtsweges, sondern auch in den anderen oben genannten Fällen, in denen zwischen öffentlichem und privatem Recht abgegrenzt werden muss.

§ 3. Rechtsquellen des Verwaltungsrechts

Literatur: *Böhm*, Grundlagen und Rechtsquellen der Europäischen Union – Teil 1, JA 2008, 838; *H. Dreier*, Probleme der Rechtsquellenlehre, in: FS H.J. Wolff, 1973, S. 3; *v. Olshausen*, Die (Rechts-)Quellen des Verwaltungsrechts, JA 1983, 177; *Ruffert*, Rechtsquellen und Rechtsschichten des Verwaltungsrechts, GrlVwR I, § 17; *Tettinger*, Normtypen im deutschen Verwaltungsrecht, DV 22 (1989), 291; *Will*, Völkerrecht und nationales Recht, Jura 2015, 1164.

86   Unmittelbar prüfungsrelevant sind die nachfolgenden Ausführungen kaum. Zum Verständnis des allgemeinen Verwaltungsrechts sind sie aber unerlässlich.

Der Begriff der Rechtsquelle ist umstritten. Praktische Bedeutung kommt diesem Meinungsstreit indes nicht zu. Unter Rechtsquellen werden im folgenden die Rechtsgrundlagen verstanden, die das Verwaltungshandeln bestimmen. Oder kurz: das für die Verwaltung maßgebliche Recht. Es kann eine Grobunterscheidung zwischen geschriebenem und ungeschriebenem Recht getroffen werden.

Auf Völkerrecht und europäisches Unionsrecht, die ebenfalls Rechtsquellen des Verwaltungsrechts sind, wird gesondert eingegangen.[1]

I. Geschriebenes Recht

1. Formelles Verfassungsrecht

87   Formelles Verfassungsrecht ist das im Grundgesetz und in den Landesverfassungen niedergeschriebene Recht.

2. Formelle Gesetze

88   Formelle Gesetze sind alle Hoheitsakte, die von den verfassungsrechtlich vorgesehenen Gesetzgebungsorganen im Gesetzgebungsverfahren als Gesetze erlassen werden. Es ist zwischen Bundes- und Landesgesetzen zu unterscheiden.

---

[1] Unten Rn. 137 ff., 141 ff.

> **Formelle Bundesgesetze** sind die vom **Bundestag** unter Mitwirkung des Bundesrates beschlossenen und im Bundesgesetzblatt verkündeten Gesetze. **Formelle Landesgesetze** sind die von den **Landtagen** ggf. unter Mitwirkung weiterer Gesetzgebungsorgane beschlossenen und in den Gesetzblättern verkündeten Gesetze.

Maßgeblich ist also nicht der Inhalt, sondern die äußere Form und das Verfahren.

3. Materielle Gesetze

a) Begriff

> **Materielle Gesetze** sind alle **generell-abstrakten Vorschriften**, die Pflichten und Rechte für den Bürger (oder sonstige Rechtspersonen) begründen, ändern oder aufheben, also **allgemeinverbindliche Regelungen**.

89

Generell meint Geltung nicht nur für eine bestimmte Person, sondern grundsätzlich für **jedermann**. **Abstrakt** meint Geltung nicht nur für einen bestimmten Einzelfall, sondern für eine unbestimmte **Vielzahl von Fällen**.

Die meisten formellen Gesetze sind zugleich auch materielle Gesetze. Es gibt aber auch Gesetze **im nur formellen Sinn**. Hierzu gehört z.B. das Haushaltsgesetz nach Art. 110 II 1 GG. Weil es für die Bürger keine unmittelbaren Rechte oder Pflichten erzeugt, ist es kein materielles Gesetz. Gesetze im nur formellen Sinne sind auch **Individualgesetze** (betreffen nur eine Person) und **Einzelfallgesetze** (regeln nur einen Fall).

b) Rechtsverordnungen

> **Rechtsverordnungen** sind Rechtsvorschriften (= Gesetze), die von **Exekutivorganen** (Regierung, Minister, Verwaltungsbehörden) zur Regelung **staatlicher Angelegenheiten** erlassen werden.[2]

90

Von den formellen Gesetzen unterscheiden sie sich nicht durch ihren Inhalt oder ihre Bindungswirkung, sondern nur durch die **erlassende Stelle**.

---

[2] Dazu ausführlich Rn. 824 ff.

Enthalten sie für die Bürger oder sonstige Rechtspersonen geltende generell-abstrakte Regelungen, was der Normalfall ist, sind sie **materielle (aber keine formellen) Gesetze**. Bekanntestes Beispiel dürfte die Straßenverkehrs-Ordnung (StVO) sein.

91   Ebenso wie es Gesetze im nur formellen Sinn gibt, gibt es auch **Rechtsverordnungen im nur formellen Sinn**. Dies sind solche Hoheitsakte, die ausdrücklich als Rechtsverordnungen erlassen worden sind, aber keine die Bürger oder sonstige Rechtspersonen betreffenden generell-abstrakten Regelungen enthalten. Zu nennen sind z.B. Eingemeindungsbeschlüsse oder Enteignungsbeschlüsse, die ausdrücklich in der Form einer Rechtsverordnung ergangen sind.

92   Ebenso wie es formelle Bundes- und Landesgesetze gibt, unterscheidet man auch zwischen Bundes- und Landesrechtsverordnungen. **Bundesrechtsverordnungen** werden von **Bundesbehörden** oder sonstigen Stellen erlassen, die zur Bundesverwaltung zählen. **Landesrechtsverordnungen** werden von **Landesbehörden** oder den anderen zur Landesverwaltung rechnenden Stellen erlassen.

93   Entscheidend für die Abgrenzung ist nicht das formelle Gesetz, das zum Erlass der Rechtsverordnung ermächtigt (siehe Art. 80 I GG). **Entscheidend ist vielmehr die erlassende Stelle.** Erlässt deshalb eine Landesbehörde eine Rechtsverordnung, handelt es sich auch dann um eine Landesrechtsverordnung und nicht um eine Bundesrechtsverordnung, wenn ein Bundesgesetz die Behörde zum Verordnungserlass ermächtigt hat.

c) Satzungen

94   Im folgenden geht es themenbedingt nur um öffentlich-rechtliche Satzungen.[3] Hiervon zu unterscheiden sind die Satzungen der privatrechtlichen Verbände, wie insbes. die Vereinssatzungen.

95   Öffentlich-rechtliche „Satzungen sind Rechtsvorschriften, die von einer dem Staat zugeordneten **juristischen Person des öffentlichen Rechts** im Rahmen der ihr gesetzlich verliehenen Autonomie **zur Regelung ihrer Angelegenheiten** mit Wirkung für die ihr angehörigen und unterworfenen Personen erlassen werden".[4]

96   Enthalten Satzungen, wie im Normalfall, generell-abstrakte Regelungen, sind sie – ebenso wie Rechtsverordnungen – materielle (aber keine formellen) Gesetze. Daneben gibt es als Ausnahmeerscheinungen auch Satzungen

---

[3] Dazu ausführlich Rn. 844 ff.
[4] BVerfGE 33, 125 (156).

§ 3. Rechtsquellen des Verwaltungsrechts 13

im nur formellen Sinn, wie z.B. gemeindliche Haushaltssatzungen; ihnen kommt keine Außenwirkung zu.

Im Unterschied zu den formellen Gesetzen und zu den Rechtsverordnungen werden Satzungen nicht unmittelbar vom Staat als solchem erlassen. Erlassende Stellen sind vielmehr rechtlich selbständige, wenn auch dem Staat eingegliederte Organisationen. Dies sind etwa Gemeinden, Landkreise, staatliche Universitäten, Ärztekammern, Industrie- und Handelskammern, Handwerkskammern oder öffentlich-rechtliche Rundfunkanstalten. 97

Beispiele: Benutzungssatzungen für gemeindliche Einrichtungen, Gebührensatzungen, Satzungen über den Anschluss- und Benutzungszwang für die Fernwärmeversorgung einer Stadt, Bebauungspläne (§ 10 BauGB) oder universitäre Prüfungsordnungen.

Inhaltlich unterscheiden sich Satzungen von Rechtsverordnungen dadurch, dass erstere nur die **speziellen Angelegenheiten gerade der satzungserlassenden Körperschaft** regeln. Bei der wichtigsten Erscheinungsform, den gemeindlichen Satzungen, sind dies die Angelegenheiten der kommunalen Selbstverwaltung, d.h. die Angelegenheiten, die einen spezifischen örtlichen Bezug zur Gemeinde aufweisen. 98

Allerdings dürfen Gemeinden im Rahmen der ihnen zustehenden Verordnungsermächtigungen auch Rechtsverordnungen zur Erledigung von Auftragsangelegenheiten erlassen. Da die Übergänge zwischen Selbstverwaltungs- und Auftragsangelegenheiten fließend sind, ist die Abgrenzung zwischen Satzungen und Rechtsverordnungen bisweilen schwierig. Entscheidend ist dann die **Form,** also das **äußere Erscheinungsbild** der fraglichen Rechtsvorschrift.

Ebenso wie bei den formellen Gesetzen und den Rechtsverordnungen ist auch bei den Satzungen zwischen **Bundes- und Landesrecht** zu unterscheiden. Wird eine Satzung von einer dem Bund eingegliederten juristischen Person, z.B. von der Bundesagentur für Arbeit gem. § 372 SGB III erlassen, handelt es sich um eine **bundesrechtliche Satzung.** Ist die satzungserlassende Stelle dagegen einem Bundesland eingegliedert, was der Regelfall ist, handelt es sich um eine **landesrechtliche Satzung.** 99

4. Verwaltungsvorschriften

> Verwaltungsvorschriften sind generell-abstrakte Regelungen oder Anordnungen einer Behörde gegenüber nachgeordneten Behörden oder eines Vorgesetzten gegenüber ihm unterstellten Verwaltungsbediensteten.[5] 100

---

[5] Ausführlich Rn. 852 ff.

101 Die Terminologie ist schwankend. Verwaltungsvorschriften werden z. B. auch als Verwaltungsverordnungen (von Rechtsverordnungen streng zu unterscheiden!), Richtlinien, Erlasse, Rundverfügungen oder innerdienstliche Weisungen bezeichnet.

102 Kennzeichnend für Verwaltungsvorschriften ist, dass sie sich auf den **verwaltungsinternen Bereich** beschränken. Man spricht deshalb auch von **Innenrecht** – im Gegensatz zum Außenrecht.

103 Außenstehende Dritte – Bürger oder sonstige selbständige Rechtspersonen – sind, wenn überhaupt, dann nur mittelbar betroffen. So ist eine Verwaltungsvorschrift, die die Voraussetzungen für die Vergabe bestimmter Subventionen regelt, zwar für die **mittelvergebenden Behörden** verbindlich. Bürger, die eine Subvention beantragen, sind von dieser Verwaltungsvorschrift aber nicht unmittelbar betroffen. Unmittelbar betroffen sind sie erst von der behördlichen Einzelfallentscheidung auf der Grundlage der Verwaltungsvorschrift. Dies hat unter anderem zur Folge, dass verwaltungsgerichtlicher **Rechtsschutz unmittelbar gegen die Verwaltungsvorschrift nicht zur Verfügung steht**. Der Bürger kann sich aber gegen die ihn betreffende behördliche Einzelfallentscheidung vor den Verwaltungsgerichten wehren.

104 Eben wegen ihrer Beschränkung auf den verwaltungsinternen Binnenbereich werden die Verwaltungsvorschriften von Teilen der Literatur nicht zu den Rechtsquellen gerechnet.[6] Dem kann jedoch entgegengehalten werden, dass Verwaltungsvorschriften für die Behörden und Amtswalter, an die sie sich richten, sehr wohl verbindlich sind.[7] Insoweit sind sie auch Rechtsgrundlagen, die das Verwaltungshandeln bestimmen. Unmittelbare praktische Auswirkungen hat der Einordnungsstreit freilich nicht. Er kann deshalb auf sich beruhen.

II. Ungeschriebenes Recht

1. Gewohnheitsrecht

105 Gewohnheitsrecht ist als rechtliche Erscheinungsform und Rechtsquelle allgemein anerkannt. Gewohnheitsrecht entsteht unter folgenden Voraussetzungen:[8]

---

[6] Z. B. *Peine*, Rn. 151.
[7] Mit dieser Begründung bezeichnet *Battis*, S. 32 ff., Verwaltungsvorschriften als Rechtsquellen.
[8] Näher zur Entstehung und Abänderbarkeit *Krebs/Becker*, JuS 2013, 97 ff.

§ 3. Rechtsquellen des Verwaltungsrechts   15

- längere und allgemeine Übung (objektives Element)
- allgemeine Überzeugung von der Rechtmäßigkeit der Übung (subjektives Element)
- Formulierbarkeit der Übung als Rechtssatz (inhaltliche Bestimmtheit)

Theoretisch ist Gewohnheitsrecht auf allen Rechtsebenen denkbar. Auch **106** die Kategorie des Verfassungsgewohnheitsrechts ist nicht von vornherein ausgeschlossen.[9] Auch das BVerfG hat diese Möglichkeit in Erwägung gezogen, im entschiedenen Fall (Frage der grundgesetzlich nicht geregelten Notwendigkeit von drei Lesungen im Gesetzgebungsverfahren) aber verneint.[10]

Im Verwaltungsrecht hat das Gewohnheitsrecht im allgemeinen keine **107** große Bedeutung mehr. Im Staatshaftungsrecht, das ein Teilgebiet des allgemeinen Verwaltungsrechts ist, spielt es allerdings noch eine gewisse Rolle.

2. Ungeschriebenes Verfassungsrecht

Das Verfassungsrecht besteht nicht nur aus den einzelnen Sätzen der ge- **108** schriebenen Verfassungen. Daneben gibt es auch noch **allgemeine verfassungsrechtliche Grundsätze und Leitideen,** die nicht in einem besonderen geschriebenen Rechtssatz festgehalten sind.[11] Im (theoretischen) Unterschied zum Verfassungsgewohnheitsrecht sind sie im geschriebenen Verfassungsrecht aber mitenthalten oder aus ihm entwickelt worden. Hierzu gehören z.B. das **Verhältnismäßigkeitsprinzip** (abgeleitet aus dem in Art. 28 I 1 GG genannten Rechtsstaatsprinzip) oder der **Grundsatz des bundesfreundlichen Verhaltens** (abgeleitet aus dem in Art. 20 I, 79 III GG genannten Bundesstaatsprinzip). Es gibt sowohl ungeschriebenes Bundes- als auch Landesverfassungsrecht. Eine klare Unterscheidung zum Verfassungsgewohnheitsrecht ist freilich nicht möglich.

3. Allgemeine Grundsätze des Verwaltungsrechts

Früher war das allgemeine (und auch das besondere) Verwaltungsrecht **109** gar nicht oder zumindest nur sehr unvollständig kodifiziert. Deshalb entwickelten Rechtsprechung und Rechtslehre eine ganze Reihe **allgemeiner Grundsätze des Verwaltungsrechts.** Sie wurden wie geschriebenes Recht behandelt und angewendet. Zu nennen sind z.B. die Grundsätze über Bestandskraft und Aufhebbarkeit von Verwaltungsakten, die Ermes-

---

[9] Dazu *Sachs,* in: Sachs, Einf. Rn. 11 m.w.N.
[10] BVerfGE 1, 144 (151); 29, 221 (234).
[11] BVerfGE 2, 380 (403).

sensgrundsätze, das Verhältnismäßigkeitsprinzip sowie verschiedene staatshaftungsrechtliche Grundsätze (wie zum Folgenbeseitigungs- oder öffentlich-rechtlichen Erstattungsanspruch). Hierbei handelte (und handelt) es sich nicht nur um vage und unbestimmte Rechtsgrundsätze, sondern um Rechtsregeln, die teilweise bis in die letzten Einzelheiten konkretisiert sind.

110 Viele dieser allgemeinen Grundsätze sind mittlerweile geschriebenes Recht geworden (siehe z. B. §§ 48 ff. VwVfG). Ergänzend und lückenausfüllend kommen die allgemeinen Grundsätze des Verwaltungsrechts aber nach wie vor zur Anwendung.

111 Eine klare Abgrenzung der allgemeinen Grundsätze des Verwaltungsrechts von anderen, z. T. sprachverwandten Rechtsinstituten ist nicht möglich.[12] Manche allgemeine Grundsätze sind gewohnheitsrechtlich anerkannt. Zum nicht geringen Teil sind sie Ausprägung des geschriebenen, aber auch des ungeschriebenen Verfassungsrechts, das ebenfalls eine Rechtsquelle des Verwaltungsrechts ist, so z. B. das Verhältnismäßigkeitsprinzip. Häufig knüpfen sie auch an das einfache Gesetzesrecht an. Immer sind sie aber auch zugleich richterrechtlich ausgeformt und anerkannt.

4. Richterrecht

112 Richter wenden Recht an, schaffen aber kein neues Recht. Allerdings ist das geschriebene und ungeschriebene Recht sehr häufig lückenhaft oder zumindest auslegungsbedürftig. Die Gerichte entwickeln deshalb Rechtsprechungsgrundsätze, die sie ihren eigenen Entscheidungen zugrunde legen. Auf diese Art und Weise entsteht eine **ständige Rechtsprechung,** d. h. Richterrecht.

113 Als Rechtsquelle sollte Richterrecht aber nicht bezeichnet werden. Denn bei nachfolgenden Entscheidungen sind die Gerichte an die eigene Rechtsprechung oder gar an die Rechtsprechung anderer Gerichte grundsätzlich **nicht gebunden.** Die Rechtsprechung ist vielmehr konstitutionell uneinheitlich.

114 Gewohnheitsrecht, sonstiges ungeschriebenes Recht und Richterrecht sind eigenständige Rechtsinstitute. Freilich gibt es zahlreiche Überschneidungen. Eine genaue Abgrenzung ist nicht möglich.

---

[12] Weiterführend und zur methodischen Problematik *Beaucamp,* DÖV 2013, 41 ff.

III. Rangordnung der Rechtsquellen

1. Normenhierarchie und Normenpyramide

Es besteht folgende **Normenpyramide:** 115

> **Europäisches Unionsrecht = EU-Recht**[13] (prinzipiell Anwendungsvorrang, kein Gültigkeitsvorrang)
>
> **Bundesrecht**
> 1. Bundesverfassungsrecht (insbesondere Grundgesetz)
> 2. Formelle Bundesgesetze
> 3. Rechtsverordnungen des Bundes
> 4. Bundesrechtliche Satzungen
>
> **Landesrecht**
> 5. Landesverfassungsrecht (insbesondere Verfassungen der Länder)
> 6. Formelle Landesgesetze
> 7. Rechtsverordnungen der Länder
> 8. Landesrechtliche Satzungen

Die **Zuordnung des ungeschriebenen Rechts** ist z. T. sehr schwierig. 116
Gewohnheitsrecht ist auf allen acht Stufen denkbar. Es ist demjenigen Bereich zuzuordnen, den es durch seine Übung aktualisiert; dies betrifft vor allem die Zuordnung zum formellen Gesetzesrecht des Bundes oder der Länder.[14]

Ungeschriebenes Verfassungsrecht ist zumeist zunächst einmal Bundesrecht. In aller Regel gibt es aber im **Landesverfassungsrecht** gleichlautende ungeschriebene Grundsätze, wie z. B. das Verhältnismäßigkeitsprinzip. Der entsprechende Grundsatz hat dann aber keine Doppelnatur. Vielmehr handelt es sich um zwei selbständige Grundsätze – zum einen des Bundesverfassungsrechts, zum anderen des Landesverfassungsrechts; der Inhalt ist jedoch gleichlautend.

Die Einordnung der allgemeinen Grundsätze des Verwaltungsrechts richtet sich nach den Regeln, die für das Gewohnheitsrecht gelten.[15]

Verwaltungsvorschriften lassen sich als grundsätzlich bloßes Innenrecht in die Gruppe der anderen Rechtsvorschriften und damit auch in die Normenpyramide nicht einfügen.

---

[13] Auf die genauere Einordnung des Unionsrechts und auch des Völkerrechts wird gesondert eingegangen, dazu unten Rn. 134 ff., 137 ff., 141 ff.
[14] Dazu BVerfGE 61, 149 (203 f.).
[15] Näher *Maurer*, § 4 Rn. 36.

117 Die oben abgebildete Normenpyramide kennzeichnet den Rang der verschiedenen Gesetze und Rechtsnormen. Das heißt allerdings nicht, dass zunächst das ranghöchste Recht anzuwenden wäre, wenn im konkreten Fall mehrere Rechtsnormen einschlägig sind. Besteht zwischen mehreren Rechtsnormen verschiedener Rechtsstufen kein Widerspruch, hat die Behörde zunächst die rangniedrigere Rechtsnorm anzuwenden. Hierbei darf allerdings nicht gegen ranghöheres Recht verstoßen werden.

2. Normenkollision

118 Wenn zwischen den einzelnen **deutschen Rechtsnormen** inhaltlich ein **Widerspruch** besteht, **bricht das ranghöhere Recht** das rangniedrigere Recht (dem EU-Recht kommt dagegen nur der **Anwendungsvorrang** zu).[16] Für das Verhältnis zwischen Bundes- und Landesrecht folgt dies unmittelbar aus Art. 31 GG. Für kollidierendes Recht innerhalb eines der beiden Blöcke ist dieser Grundsatz z. T. in Art. 20 III GG geregelt (so gehört etwa zur vollziehenden Gewalt auch der Erlass von Rechtsverordnungen, die nicht gegen formelle Gesetze verstoßen dürfen); im übrigen folgt er aus dem allgemeinen Rechtsstaatsprinzip.[17]

119 **Brechen** meint, dass das rangniedrigere Recht **ungültig** ist. Zu beachten ist aber, dass nur **rechtmäßiges Recht** das anderslautende Recht einer niedrigeren Stufe brechen kann. Rechtswidrige Gesetze und Rechtsnormen sind nämlich grundsätzlich per se nichtig. Sie können deshalb anderweitiges rechtmäßiges Recht nicht mehr brechen.

120 Kollidieren Rechtsnormen derselben Stufe, gelten folgende Grundregeln: Jüngeres Recht geht dem älteren Recht vor (lex posterior derogat legi priori); spezielles Recht geht allgemeinem Recht vor (lex specialis derogat legi generali).

121 Diese beiden Grundprinzipien der Normenpyramide
(1) Nichtigkeit einer Rechtsnorm, die mit einer höherrangigen Rechtsnorm unvereinbar ist
(2) Vorrang nur rechtmäßiger Rechtsnormen
stehen in einem engen Zusammenhang mit der vorherrschenden und zutreffenden **Nichtigkeitstheorie.** Danach sind rechtswidrige Rechtsnormen grundsätzlich **im Zeitpunkt ihrer Rechtswidrigkeit nichtig.** Nachfolgende normverwerfende gerichtliche Entscheidungen haben nur eine **deklaratorische ex-tunc-Wirkung.**[18]

---

[16] Rn. 134 ff.; 161 ff.
[17] Vgl. BVerfGE 108, 169 (181); 98, 106 (118 f.): rechtsstaatlicher Grundsatz der Widerspruchsfreiheit, der fordert, dass im Falle sich widersprechender Normen die rangniedere weicht. *Stern,* Das Staatsrecht der Bundesrepublik Deutschland, Bd. I, 2. Aufl. 1984, S. 105 f.
[18] Siehe nur *Detterbeck,* Streitgegenstand und Entscheidungswirkungen im Öffentlichen Recht, 1995, S. 433 ff.; *Schilling,* Rang und Geltung von Rechtsnormen in gestuften Rechts-

Dem steht die von Teilen der Literatur vertretene **Vernichtbarkeits-** 122
theorie gegenüber. Nach ihr sind rechtswidrige Rechtsnormen nicht automatisch nichtig. Sie werden es erst, wenn sie vom Normgeber oder einem Gericht für nichtig erklärt werden.[19]

Konsequenz der Vernichtbarkeitstheorie müsste u. a. sein, dass auch rechtswidrige Rechtsnormen bis zu ihrer konstitutiven Nichtigerklärung rangniedrigere Rechtsnormen brechen. Mit rechtsstaatlichen Grundsätzen ist das nicht ohne weiteres vereinbar.

Der hier skizzierte Meinungsstreit spielt auch bei einer schon seit langem 123
diskutierten Folgeproblematik eine Rolle.

3. Verwerfungs- und Nichtanwendungskompetenz der Verwaltung

Literatur: *Baumeister/Ruthig,* Staatshaftung wegen Vollzugs nichtiger Normen, JZ 1999, 117; *Burger,* Die administrative Nichtanwendung unionsrechtswidriger Normen, DVBl. 2011, 985; *Demleitner,* Die Normverwerfungskompetenz der Verwaltung bei entgegenstehendem Gemeinschaftsrecht, NVwZ 2009, 1525; *Dettling,* Normkollision und Normverwerfung als allgemeines Rechtsproblem, BayVBl. 2009, 613; *Engel,* Zur Normverwerfungskompetenz einer Behörde, NVwZ 2000, 1258; *Engelken,* Inzidente Normverwerfung durch die Exekutive, VBlBW 2000, 101; *Horn,* Die Grundrechtsbindung der Verwaltung, in: FS K. Stern, 2012, S. 353; *Nonnenmacher/Feickert,* Administrative Normverwerfungskompetenz: Zum Umgang mit ungültigen Rechtsverordnungen und Satzungen, VBlBW 2007, 328; *Semmroth,* DocMorris als Einfallstor für Normverwerfungskompetenz der Verwaltung?, NVwZ 2006, 1378; *Söhn,* Anwendungspflicht oder Aussetzungspflicht bei festgestellter Verfassungswidrigkeit von Gesetzen?, 1974; *Streinz/Herrmann,* Der Anwendungsvorrang des Gemeinschaftsrechts und die „Normverwerfung" durch deutsche Behörden, BayVBl. 2008, 1; *Volhard,* Amtspflichten bei nichtigen Bebauungsplänen – zur „Verwerfungskompetenz" der Verwaltung, NVwZ 1986, 105.

Rechtsprechung: BVerwGE 75, 142 = DVBl. 1987, 481 m. Anm. *Steiner;* BVerwG NVwZ 1990, 57; OVG Münster NUR 2006, 191; VGH Kassel NVwZ – RR 1994, 691; VGH Kassel NVwZ 1990, 885; OVG Saarland NVwZ 1993, 396; OVG Saarland NVwZ 1990, 172; VGH Bad.-Württ. VBlBW 1987, 420; BayVGH BayVBl. 1982, 654 m. Anm. *Renck,* BayVBl. 1983, 86; BGH NVwZ 1987, 168; BGH NVwZ 2013, 167.

Nach wie vor heftig umstritten ist die auch **prüfungsrelevante Frage,** 124
ob ein Beamter oder sonstiger Amtswalter eine Rechtsnorm, die er für rechtswidrig und nichtig hält, anwenden muss oder nicht anwenden darf.

---

ordnungen, 1994, S. 557 ff.; *J. Ipsen,* Rechtsfolgen der Verfassungswidrigkeit von Norm und Einzelakt, 1980, S. 154 ff.; *Menzel,* DVBl. 1997, 640 (642 ff.); *Ossenbühl,* NJW 1986, 2805 ff.

[19] *Heckmann,* Geltungskraft und Geltungsverlust von Rechtsnormen, 1997, S. 44 ff.; (zusammenfassend) *ders.,* in: Sodan/Ziekow, § 183 Rn. 13 ff.; *Moench,* Verfassungswidriges Gesetz und Normenkontrolle, 1977, S. 114 ff.; *Breuer,* DVBl. 2008, 555 ff.; *Lippold,* Der Staat 29 (1990), 185 (204 ff.).

Diese Frage wird üblicherweise unter den Stichwörtern **Prüfungs-, Verwerfungs- und Nichtanwendungskompetenz** diskutiert.

125 Die Frage der **Prüfungskompetenz** ist relativ einfach zu beantworten. Ein Grund, weshalb es einem Amtswalter verwehrt sein sollte, vor der Normanwendung die Rechtmäßigkeit der Rechtsnorm zu prüfen, ist nicht ersichtlich.[20] Mehr noch: Die im Grundsatz unstreitige **Amtspflicht zu rechtmäßigem Verhalten** – sie wird regelmäßig im Zusammenhang mit dem Amtshaftungstatbestand des § 839 BGB, Art. 34 GG genannt[21] – spricht sogar für eine entsprechende **Prüfungspflicht** des Amtswalters. Denn wenn eine rechtswidrige Rechtsnorm vollzogen wird, ist auch der behördliche Vollzugsakt rechtswidrig.

126 Die Befugnis, eine außenwirksame Rechtsvorschrift **rechtsverbindlich** zu verwerfen, steht einer Behörde unstreitig nicht zu. Umstritten ist, ob eine Behörde eine Rechtsvorschrift, die sie für rechtswidrig und nichtig hält, nicht anwenden darf. Problematisch und umstritten ist deshalb nicht die Frage der behördlichen Normverwerfungskompetenz, sondern die Frage der behördlichen **Nichtanwendungskompetenz**. Allerdings wird in der Regel zwischen behördlicher Verwerfungs- und bloßer Nichtanwendungskompetenz nicht sauber getrennt. Wird der Behörde die Normverwerfungskompetenz abgesprochen, ist damit in der Regel der Sache nach gemeint, dass die Behörde die Norm nicht einfach unangewendet lassen dürfe, also die fehlende Nichtanwendungskompetenz.[22] In der Vielzahl der vorgeschlagenen Lösungen lassen sich drei große Hauptrichtungen ausmachen:

(1) **Nichtanwendungspflicht** des Beamten
(2) **Anwendungspflicht** des Beamten
(3) **Aussetzungs- und Vorlagepflicht** des Beamten:[23] Der Beamte muss das Verfahren aussetzen und die Frage der Rechtmäßigkeit der Rechtsnorm seinem Vorgesetzten vorlegen. Dieser kann – wenn er die Rechtsnorm ebenfalls für rechtswidrig hält – die Verfahrensbeteiligten auf die Rechtswidrigkeit der Vorschrift und etwaiger Rechtsbehelfe gegen die Vorschrift hinweisen. Er kann beim Normgeber und ggf. bei dessen Aufsichtsbehörde die Aufhebung der Rechtsvorschrift anregen.[24] Schließlich kann er für seine Behörde das OVG nach § 47 II 1 VwGO anrufen, wenn ein entsprechender Antrag zulässig ist, oder seinem Vor-

---

[20] Ebenso *Gerhardt/Bier*, in: Schoch/Schneider/Bier, Vorb. § 47 Rn. 10: „unzweifelhaft".
[21] Dazu unten Rn. 1065.
[22] So z.B. BGH NVwZ 2013, 167 Rn. 19 f.
[23] BGH NVwZ 2013, 167 Rn. 20; *Sodan/Ziekow*, GKÖR, § 7 Rn. 23; *Dettling*, BayVBl. 2009, 615 (verfahrensrechtliche Verwerfungskompetenztheorie); *Nonnenmacher/Feickert*, VBlBW 2007, 337 f.; OVG Münster NUR 2006, 193; vgl. BVerwG NVwZ-RR 2006, 37.
[24] BGH NVwZ 2013, 167 Rn. 20.

gesetzten vorlegen, bis die Regierung mit der Angelegenheit befasst ist und dann ggf. das Landesverfassungsgericht oder das BVerfG (nach Art. 93 I Nr. 2 GG) anruft. Diese Möglichkeiten muss der zuständige Amtswalter nutzen.[25]

Folgende Gründe sprechen für die dritte Auffassung: Eine **strikte Anwendungspflicht**[26] ist mit Art. 20 III GG nicht zu vereinbaren. Wendet ein Beamter z. B. eine grundrechtswidrige Rechtsvorschrift an, verstößt er seinerseits gegen seine in Art. 20 III GG festgelegte Bindung an das Gesetz, wozu auch das Grundgesetz gehört. **127**

Gleiches gilt aber auch umgekehrt für eine **strikte Nichtanwendungspflicht** des Beamten. Wendet ein Beamter eine Rechtsvorschrift nicht an, weil er sie für rechtswidrig hält, ist sie aber in Wahrheit doch rechtmäßig, verstößt er ebenfalls gegen seine in Art. 20 III GG festgelegte Bindung an das Gesetz und gegen seine hieraus folgende Pflicht zum Vollzug rechtmäßiger Rechtsvorschriften. Da nun aber die Rechtswidrigkeit einer Rechtsnorm in aller Regel nicht offenkundig ist, läuft ein Beamter, der mit dem Vollzug einer Rechtsvorschrift befasst ist, die er für rechtswidrig hält, immer Gefahr, gegen Art. 20 III GG zu verstoßen, egal, ob er die Rechtsvorschrift anwendet oder nicht. **128**

Dieses Dilemma vermeidet – freilich nur teilweise – der dritte Lösungsvorschlag. Setzt der Beamte das Verfahren aus, wird die in Rede stehende Rechtsvorschrift **vorläufig** nicht angewendet. Eine endgültige Nichtanwendung der Rechtsvorschrift und einen hieraus folgenden Verstoß gegen Art. 20 III GG (wenn das Gesetz doch rechtmäßig sein sollte) bedeutet dies nicht. Vielmehr ist gewährleistet, dass eine allgemeinverbindliche Entscheidung einer hierzu befugten Stelle herbeigeführt wird: **129**
- Die normgebende Stelle kann die Rechtsnorm (insbesondere bei Rechtsverordnungen und Satzungen) aufheben, wenn sie auf die Rechtswidrigkeit ihrer Rechtsnorm hingewiesen wird und diese Einschätzung teilt.
- Das zuständige (Verfassungs-)Gericht entscheidet rechtskräftig und unter bestimmten Voraussetzungen allgemeinverbindlich über die Gültigkeit oder Ungültigkeit der Rechtsnorm.

In diesem Zusammenhang ist auch auf § 63 II BBG und auf die inhaltsgleichen landesrechtlichen Bestimmungen hinzuweisen. Nach ihnen muss der Beamte Bedenken gegen die Rechtmäßigkeit dienstlicher Anordnungen unverzüglich bei seinem unmittelbaren Vorgesetzten geltend machen. Zweifelt ein Beamter an der Rechtmäßigkeit einer Rechtsvorschrift, steht zwar keine dienstliche Anordnung in Rede. Der Beamte kann seinen Vorgesetzten aber um dienstliche Anordnung ersuchen, ob er die fragliche

---

[25] BGH NVwZ 2013, 167 Rn. 22: „Amtspflicht"; zur Frage der Amtshaftung siehe Rn. 1068.
[26] *Ossenbühl,* HStR V, § 101 Rn. 10.

Rechtsvorschrift ausführen muss oder nicht. Erteilt der Vorgesetzte eine entsprechende dienstliche Anordnung, ist der Weg des § 63 II BBG frei. Bestätigt der nächsthöhere Vorgesetzte die Anordnung, muss der Beamte die Rechtsvorschrift auch dann anwenden – abgesehen von den in § 63 II BBG genannten Ausnahmen –, wenn sie rechtswidrig ist.

130 Der hier favorisierte Lösungsvorschlag ist allerdings dann nicht praktikabel, wenn der Beamte **sofort entscheiden** muss und das Verfahren deshalb nicht aussetzen kann. So sind vor allem im Polizei- und Sicherheitsrecht häufig unaufschiebbare Entscheidungen erforderlich.[27] Hier ist derjenigen Auffassung zu folgen, wonach der Beamte zwar zur Nichtanwendung der Rechtsvorschrift berechtigt ist, wenn er sie für nichtig hält, dass er aber in jedem Fall das **rechtliche Risiko** der Anwendung oder Nichtanwendung trägt:[28] Wendet er die Rechtsvorschrift an, weil er von ihrer Rechtmäßigkeit überzeugt ist, ist die Anwendung gleichwohl **rechtswidrig** (und auch amtspflichtwidrig), wenn später die Rechtswidrigkeit der Rechtsvorschrift verbindlich festgestellt wird. Ebenso handelt ein Beamter **rechtswidrig** (und grundsätzlich amtspflichtwidrig), wenn er eine Rechtsvorschrift nicht anwendet, weil er sie für rechtswidrig hält, später aber ihre Rechtmäßigkeit verbindlich festgestellt wird.[29] Wendet der Beamte eine tatsächlich rechtswidrige Rechtsvorschrift nicht an, handelt er allerdings rechtmäßig. Eine Pflicht zur Anwendung rechtswidriger Rechtsvorschriften besteht nicht.[30] Aus § 63 I BBG ist vielmehr auf die prinzipielle Pflicht zur Nichtanwendung rechtswidriger Rechtsvorschriften zu schließen.

131 Eine ganz andere Frage ist es aber, ob der Beamte auch **schuldhaft** gehandelt hat. (Objektive) Rechtswidrigkeit und Amtspflichtwidrigkeit auf der einen Seite und Verschulden (subjektiv vorwerfbares rechtswidriges Verhalten) sind nämlich streng voneinander zu unterscheiden.[31] Die Verschuldensfrage ist vor allem im Hinblick auf etwaige Amtshaftungsansprüche gem. § 839 BGB, Art. 34 GG von Bedeutung.[32]

Bestanden keine Anhaltspunkte für die Rechtswidrigkeit der Norm, kann dem normanwendenden Beamten – zumal in Eilfällen – kein Schuldvorwurf gemacht werden. Im übrigen – bei der Normanwendung trotz ernstzunehmender Bedenken gegenüber der Rechtmäßigkeit der tatsächlich

---

[27] Freilich dürfte in der Praxis die hier behandelte Problematik nur sehr selten vorkommen, dazu zutreffend *Baumeister/Ruthig*, JZ 1999, 120.

[28] Vgl. auch § 63 I BBG und die gleichlautenden landesrechtlichen Bestimmungen: Der Beamte trägt für die Rechtmäßigkeit seiner dienstlichen Handlungen die volle persönliche Verantwortung.

[29] *Baumeister/Ruthig*, JZ 1999, 118 ff., 120 f.; a. A. *Maurer*, § 4 Rn. 65: Befugnis zur Nichtanwendung eines nach sorgfältiger Prüfung für rechtswidrig erachteten Gesetzes.

[30] Rn. 127.

[31] Hierauf weisen zu Recht hin *Baumeister/Ruthig*, JZ 1999, 118.

[32] Vgl. Rn. 1079 ff. (1081).

rechtswidrigen Norm und vor allem bei der Nichtanwendung rechtmäßiger Normen – ist darauf abzustellen, ob der normanwendende Beamte nach sorgfältiger Prüfung zu einer vertretbaren Rechtsansicht gelangt ist.[33]

In diesem Zusammenhang ist noch auf folgendes hinzuweisen: Geht es um ein **nachkonstitutionelles formelles Gesetz,** ist Art. 100 I GG kein taugliches Argument für oder gegen eine Anwendungspflicht des Beamten. Art. 100 I GG wendet sich nur an Gerichte und nicht an Beamte und Behörden, gegen deren Entscheidungen die Gerichte angerufen werden können. 132

Bei **landesrechtlichen Rechtsverordnungen und Satzungen,** über deren Gültigkeit das OVG nach § 47 VwGO entscheiden kann, ist § 47 II 1 VwGO zu beachten. Danach kann auch die gesetzesvollziehende Behörde das OVG gegen die für rechtswidrig erachtete Rechtsnorm anrufen. Hieraus könnte der Schluss gezogen werden, die Rechtsnorm müsse dann angewendet werden, wenn die Behörde von dieser Möglichkeit keinen Gebrauch mache. 133

Dieser Schluss ist allerdings nicht zwingend. Zum einen kann nicht jeder einzelne gesetzesanwendende Beamte das OVG anrufen, sondern eben nur seine Behörde.[34] Zum anderen schließt es § 47 II 1 VwGO jedenfalls nicht aus, dass die zum Gesetzesvollzug berufene Behörde das Verfahren aussetzt und die höhere Behörde anruft, die dann ggf. ihrerseits von der Möglichkeit des § 47 II 1 VwGO Gebrauch machen kann. Schließlich ist nach Ablauf der Jahresfrist der Weg des § 47 II 1 VwGO versperrt.

Besonderheiten gelten, wenn **deutsches Recht mit EU-Recht unvereinbar** ist. Dem EU-Recht kommt gegenüber kollidierendem deutschen Recht (auch dem Verfassungsrecht) grundsätzlich der **Anwendungsvorrang** zu.[35] D. h., EU-rechtswidriges deutsches Recht darf nicht angewendet werden. 134

Aus diesem Anwendungsvorrang wird nun auch eine Prüfungs- und Nichtanwendungskompetenz sowie eine diesbezügliche Pflicht der Behörden abgeleitet. D. h., die deutschen Behörden dürfen deutsches Recht, das sie für EU-rechtswidrig halten, nicht anwenden.[36] Dass damit die Behörden häufig überfordert sind, liegt auf der Hand;[37] der Vorschlag, die behördliche

---

[33] Dazu *Baumeister/Ruthig,* JZ 1999, 122 f.
[34] *Kopp/Schenke,* § 47 Rn. 82.
[35] Dazu näher Rn. 134 ff., 161 ff.
[36] EuGH NVwZ 1990, 649 Rn. 28 ff. – *Constanzo*; BGH, 16.4.2015, III ZR 204/13, juris Rn. 36; *Jarass,* in: Jarass/Pieroth, Art. 23 Rn. 33; *Schmidt-Aßmann/Schenk,* in: Schoch/Schneider/Bier, Einl. Rn. 111; *Burger,* DVBl. 2011, 985 ff.; vgl. auch OVG Saarlouis NVwZ-RR 2008, 101; a.A. und gegen eine behördliche Nichtanwendungskompetenz *Dettling,* BayVBl. 2009, 619 ff.; *Semmroth,* NVwZ 2006, 1380 ff.; *Schoch,* JZ 1995, 111; *Papier,* DVBl. 1993, 811.
[37] Kritisch deshalb auch *Schmidt-Aßmann/Schenk,* a. a. O.; *Dettling,* BayVBl. 2009, 618.

Nichtanwendungspflicht auf Fälle hinreichend manifester Verstöße des nationalen Rechts gegen das Unionsrecht zu begrenzen[38] – die Argumente, die für die Annahme von Unionsrechtswidrigkeit sprechen, überwiegen deutlich die Gegenargumente –, dürfte kaum praktikabel sein.

135 Das BVerfG hat in seinem Lissabon-Urteil allerdings solchen EU-Rechtsakten den Anwendungsvorrang abgesprochen, die nicht auf einer ausreichenden Ermächtigungsgrundlage des primären EU-Rechts beruhen oder der Sache nach mit den Vorgaben der Ewigkeitsklausel des Art. 23 I 3 i.V.m. Art. 79 III GG unvereinbar sind.[39] Diese Aussage hat es aber stark relativiert. Zum einen hat es erklärt, die nationale Kompetenz zur Feststellung der Unanwendbarkeit derartigen EU-Rechts ausschließlich selbst auszuüben.[40] Zum anderen hat es die Ausübung dieser Unanwendbarkeitskompetenz davon abhängig gemacht, dass auf EU-Ebene, d.h. durch den EuGH, kein Rechtsschutz zu erlangen ist.[41] In einer weiteren Entscheidung hat das BVerfG erklärt, nur zu prüfen, ob die EU-Organe ihre Kompetenz offensichtlich und schwerwiegend überschritten haben.[42]

136 Hieraus kann gefolgert werden: Die deutschen Behörden und Fachgerichte dürfen EU-Recht nicht mit dem Argument unangewendet lassen, es verstoße gegen deutsches Verfassungsrecht. Hält ein deutsches Fachgericht EU-Recht für unvereinbar mit deutschem Verfassungsrecht, muss es das EU-Recht analog Art. 100 I GG dem BVerfG vorlegen, wenn die weiteren Voraussetzungen dieser Vorschrift erfüllt sind. Hält eine deutsche Behörde EU-Recht für unvereinbar mit deutschem Verfassungsrecht, muss sie wie im Falle der angenommenen Rechtswidrigkeit deutscher Rechtsvorschriften das Verwaltungsverfahren aussetzen und eine Klärung der Rechtsfrage durch die übergeordneten Behörden abwarten; Bundes- und Landesregierungen können ggf. eine abstrakte Normenkontrolle analog Art. 93 I Nr. 2 GG initiieren.[43]

Ähnlich verhält es sich, wenn deutsche Gerichte oder Behörden sekundäres EU-Recht für unvereinbar mit höherrangigem EU-Recht halten. Gerichte müssen diese Frage dem EuGH über den Wortlaut des Art. 267 AEUV hinaus vorlegen, wenn sie entscheidungserheblich ist. Behörden müssen wiederum eine Entscheidung der übergeordneten Behörden herbeiführen. Die Bundesregierung hat die Möglichkeit, den EuGH im Wege der Nichtigkeitsklage nach Art. 263 AEUV anzurufen. Im übrigen ist die Rechtsprechung des EuGH zu beachten. Nach ihr ist bis zu einer gegenteiligen Entscheidung des EuGH von einer EU-Rechtmäßigkeitsvermutung

---

[38] So *Demleitner*, NVwZ 2009, 1529 ff.; *Streinz/Herrmann*, BayVBl. 2008, 8.
[39] BVerfGE 123, 267 (353 f.); bestätigt von BVerfGE 126, 286 (302).
[40] BVerfGE 123, 267 (354); hiervon war in BVerfGE 89, 155 (188) noch nicht die Rede.
[41] BVerfGE 123, 267 (353).
[42] BVerfGE 126, 286 (304).
[43] BVerfGE 123, 267 (254).

§ 3. Rechtsquellen des Verwaltungsrechts 25

sekundären EU-Rechts und von einer Anwendungspflicht auszugehen – abgesehen nur von Fällen offenkundiger und schwerwiegender EU-Rechtswidrigkeit.[44]

IV. Völkerrecht

Grundlage des behördlichen Verwaltungshandelns kann auch Völkerrecht sein. Insoweit handelt es sich deshalb um eine Rechtsquelle des Verwaltungsrechts, auf die auch in diesem Zusammenhang kurz einzugehen ist. Es ist zu unterscheiden zwischen den allgemeinen Regeln des Völkerrechts und den sonstigen (besonderen) Regeln des Völkerrechts. 137

1. Allgemeine Regeln des Völkerrechts

Die allgemeinen Regeln des Völkerrechts werden durch das universell geltende **Völkergewohnheitsrecht** gebildet.[45] Allgemeine Regeln des Völkerrechts müssen auf einer allgemeinen, gefestigten – d.h. von der überwiegenden Mehrheit der Staaten getragenen – Übung beruhen.[46] Hierzu gehören z.B. das Recht auf ein faires Gerichtsverfahren, die Immunität anderer Staaten und der für sie handelnden Organe im Bereich hoheitlicher Tätigkeit oder die in den Rotkreuzkonventionen enthaltenen Grundsätze.[47] 138

Die allgemeinen Regeln des Völkerrechts sind unmittelbar, also ohne weiteren Zwischenakt, **Bestandteil des Bundesrechts,** Art. 25 S. 1 GG, und müssen ggf. auch von den Behörden angewendet werden. Sie stehen im **Rang über den formellen Bundesgesetzen,** Art. 25 S. 2 GG, aber **unter dem Bundesverfassungsrecht.** Ob die Voraussetzungen des Art. 25 GG vorliegen, entscheidet das BVerfG nach Art. 100 II GG. 139

2. Sonstiges Völkerrecht

Sonstiges Völkerrecht, insbesondere Völkervertragsrecht, hat den Rang, den der erforderliche Transformations- oder Vollzugsakt einnimmt: In den Fällen des Art. 59 II 1 GG den Rang eines formellen Bundesgesetzes (dies gilt auch für die EMRK,[48] soweit sie keine allgemeinen Regeln des Völker- 140

---

[44] EuGH EWS 2008, 180 Rn. 60; DVBl. 2005, 42 f.
[45] BVerfGE 23, 288 (317); 15, 25 (33); zum Völkergewohnheitsrecht in der Fallbearbeitung *Garbsen,* JA 2007, 525 ff.
[46] BVerfGE 66, 39 (64 f.); 16, 27 (33).
[47] Zu weiteren Einzelfällen *Streinz,* in: Sachs, Art. 25 Rn. 51 ff.
[48] BVerfG NVwZ 2007, 808 Rn. 36; vgl. auch Art. 6 III EUV.

rechts i.S.v. Art. 25 GG enthält); in den Fällen des Art. 32 III GG den Rang eines formellen Landesgesetzes;[49] in den Fällen des Art. 59 II 2 GG den Rang einer Bundesrechtsverordnung oder bundesrechtlichen Verwaltungsvorschrift.[50]

V. Europäisches Unionsrecht

Hinweis auf die Zitierweise der europarechtlichen Vorschriften: Der Vertrag zur Gründung der Europäischen Gemeinschaft (EGV) wurde durch den Vertrag über die Arbeitsweise der Europäischen Union (AEUV) ersetzt. Die Artikel-Nummerierung des Vertrages über die Europäische Union (EUV) wurde mehrfach geändert. Diese Änderungen sind bei der Lektüre der in den Fußnoten angegebenen Rechtsprechung und Literatur zu beachten. Übereinstimmungstabellen finden sich in: Basistexte Öffentliches Recht, Nr. 16a, 18a.

141 Zwar sind deutsches Recht und EU-Recht jeweils eigenständige Rechtsordnungen. Diese beiden Rechtsordnungen stehen aber nicht unverbunden nebeneinander. Vielmehr ist auch das EU-Recht von den deutschen Verfassungsorganen, Behörden, Gerichten, Bürgern und sonstigen Rechtssubjekten zu beachten. Damit ist es ebenfalls eine Rechtsquelle des Verwaltungsrechts.

142 Man unterscheidet zwischen **primärem und sekundärem EU-Recht.** Das primäre EU-Recht wird vor allem im Zusammenwirken der Mitgliedstaaten geschaffen. Das sekundäre EU-Recht wird von den Organen der Union in Anwendung und auf der Grundlage des primären EU-Rechts erlassen.

1. Primäres EU-Recht

Zum primären EU-Recht gehören:

a) Die Gründungsverträge

143 Dies sind der EUV, AEUV (früher: EGV) und die EU-Grundrechtecharta einschließlich Anlagen, Protokollen und späteren Änderungen.

b) Die gewohnheitsrechtlichen Rechtssätze und ungeschriebenen Rechtsgrundsätze des EU-Rechts

144 Diese werden – vor allem vom EuGH – aus einem Vergleich und einer Zusammenschau der einzelnen Rechtsordnungen der Mitgliedstaaten entwickelt.

---

[49] *Mayer/Kopp*, S. 111.
[50] *Streinz*, in: Sachs, Art. 59 Rn. 81.

c) Rechtswirkung

145 Sind die Vorschriften und Rechtssätze des primären EU-Rechts unbedingt und inhaltlich hinreichend bestimmt, begründen sie sowohl für die Mitgliedstaaten als auch für die Bürger unmittelbar Rechte und Pflichten.[51]

> D.h., die im primären EU-Recht verbürgten Rechte sind für die Bürger vor deutschen Gerichten einklagbar.

2. Sekundäres EU-Recht

146 Das sekundäre EU-Recht besteht aus denjenigen **Rechtsvorschriften und Rechtsakten, die von den EU-Organen** (aufgrund des primären EU-Rechts) **erlassen werden.** Daneben gibt es auch noch sekundäres Gewohnheitsrecht und sekundäre allgemeine Rechtsgrundsätze.
Am wichtigsten ist das in Art. 288 AEUV genannte sekundäre EU-Recht.

a) Verordnungen, Art. 288 II AEUV

> 147 Verordnungen sind **für jedermann verbindlich** und gelten unmittelbar in jedem Mitgliedstaat.

Dies bedeutet, dass Verordnungen von allen Behörden und Gerichten beachtet und angewendet werden müssen. Auch die Bürger müssen sie befolgen, können sich auf sie aber auch berufen, und zwar nicht nur gegenüber dem Staat, sondern auch gegenüber Dritten.[52]

b) Richtlinien, Art. 288 III AEUV

148 Richtlinien wenden sich grundsätzlich **nur an die Mitgliedstaaten,** nicht auch an die Bürger. Richtlinien enthalten bestimmte **Zielvorgaben.** Diese Zielvorgaben müssen von den Mitgliedstaaten vollständig, genau und innerhalb der angegebenen Frist erfüllt werden, Art. 288 III AEUV i.V.m. Art. 4 II, III EUV. In Deutschland müssen die Richtlinien also erst noch **in**

---

[51] Dazu näher *Herdegen,* § 8 Rn. 13f.
[52] EuGH DVBl. 2002, 1620f. – *Muñoz/Frumar.*

deutsches Recht umgesetzt werden. Wie und in welcher Form dies geschieht, entscheiden die Mitgliedstaaten selbst.

149 In der Regel erfolgt die Umsetzung durch formelle Gesetze. Der nach Art. 30, 70 ff. GG kompetente Bundes- oder Landesgesetzgeber erlässt dann ein Gesetz, das inhaltlich den Vorgaben der Richtlinie entspricht.

150 Wichtig und **äußerst prüfungsrelevant** ist folgender Grundsatz: Richtlinien gelten nur für die Mitgliedstaaten unmittelbar. **Für die Bürger wirken sie nicht unmittelbar.** D.h., der einzelne Bürger wird durch eine Richtlinie nicht berechtigt oder verpflichtet. Dies geschieht erst durch den deutschen Umsetzungsakt (Gesetz).

151 Allerdings gibt es Ausnahmen von dieser fehlenden unmittelbaren Wirkung von Richtlinien. Nach der neueren Rechtsprechung des EuGH ist zwischen der subjektiven unmittelbaren Wirkung[53] und der objektiven unmittelbaren Wirkung[54] zu unterscheiden.

152 **Subjektive unmittelbare Wirkung** meint, dass sich ein Bürger unmittelbar auf die Richtlinie berufen kann. Bei der subjektiven unmittelbaren Wirkung ist weiter zu unterscheiden zwischen der unmittelbaren Wirkung **zugunsten des Bürgers gegenüber dem Staat** (vertikale Direktwirkung)[55] und der unmittelbaren Wirkung im **Verhältnis Bürger – Bürger** (horizontale Direktwirkung).

153 Unmittelbare Wirkung zugunsten des Bürgers gegenüber dem Staat ist unter den folgenden zwei Voraussetzungen anzunehmen:[56]

(1) Die Richtlinie **muss inhaltlich unbedingt und hinreichend bestimmt sein.**
- **Unbedingte Richtlinien:** Räumen den Mitgliedstaaten bei der Umsetzung keinen Gestaltungsspielraum (Ermessen) ein.
- **Hinreichend bestimmte Richtlinien:** Der sachliche Regelungsgegenstand und der erfasste Personenkreis müssen zumindest durch Auslegung bestimmbar sein.

(2) Die Richtlinie wurde trotz **Ablaufs der Umsetzungsfrist** nicht

---

[53] Etwa EuGH Slg. 1996, I-2281 (2320).

[54] EuGH Slg. 1995, I-2189 (2220 f., 2224) – *Großkrotzenburg;* dazu *Haratsch/Koenig/Pechstein,* Rn. 398; gegen diese Unterscheidung zwischen subjektiver und objektiver unmittelbarer Wirkung *Ruffert,* DVBl. 1998, 71.

[55] Unabhängig von der Rechtsnatur staatlichen Handelns; auch gegenüber Einrichtungen, die öffentliche Aufgaben erfüllen, unter staatlicher Aufsicht stehen und mit besonderen Rechten ausgestattet sind, EuGH EuZW 2007, 337 Rn. 40 – *Farell.*

[56] Dazu zuletzt näher *Herrmann/Michl,* JuS 2009, 1065 ff.; *Jarass/Beljin,* JZ 2003, 770 f.

§ 3. Rechtsquellen des Verwaltungsrechts

ordnungsgemäß in deutsches Recht umgesetzt (keine unmittelbare Wirkung vor Ablauf der Umsetzungsfrist).[57]

Sind diese zwei Voraussetzungen erfüllt, **wirkt die Richtlinie für die Bürger unmittelbar**. Die Bürger können sich dann **gegenüber dem Staat** vor den Behörden und Gerichten unmittelbar auf die Richtlinie berufen.

Beispiel: In einer Richtlinie ist bestimmt, dass ab 1. 1. 2013 alle Beschränkungen im Werbefernsehen – außer den aus Gründen des Ehren- und Jugendschutzes veranlassten – aufzuheben sind. Da die zwei genannten Bedingungen erfüllt sind, könnte sich eine deutsche Firma, die vergleichende Werbung betreibt und gegen die deshalb eine Behörde unter Hinweis auf entsprechendes entgegenstehendes deutsches Recht vorgeht, auf die Richtlinie berufen.

Beachte: Z. T. wird als weitere Voraussetzung für eine unmittelbare Wirkung zugunsten der Bürger verlangt, dass es Zweck der Richtlinie sein müsse, die Bürger zu begünstigen.[58] Diese Voraussetzung versteht sich insofern von selbst, als ein Bürger sich nur auf ihm günstige Richtlinien berufen wird. Im übrigen ist festzuhalten, dass nicht nur solchen Richtlinien unmittelbare Wirkung zukommen kann, die nach Maßgabe der im deutschen Recht geläufigen Schutznormtheorie den Bürgern subjektive öffentliche Rechte[59] gewähren.

Im **Verhältnis Bürger – Bürger** wirken Richtlinien unter den folgenden Voraussetzungen unmittelbar: **154**
- Die Richtlinie ist inhaltlich unbedingt und hinreichend bestimmt.
- Die Richtlinie wurde trotz Ablaufs der Umsetzungsfrist nicht oder nicht ordnungsgemäß in das nationale Recht umgesetzt.
- Der Bürger macht aus der Richtlinie kein Recht gegenüber dem anderen Bürger geltend.[60]

Unter diesen drei Voraussetzungen hat der Bürger einen Anspruch darauf, dass nationales Recht, das einer Richtlinie widerspricht, nicht angewendet wird (**negative unmittelbare Wirkung von EU-Richtlinien**).[61] Diese Grundsätze gelten auch, wenn ein Bürger einen Verwaltungsakt

---

[57] EuGH EuZW 2008, 185 Rn. 25 – *Navarro/Fogasa*.
[58] Dazu *Jarass/Beljin*, JZ 2003, 771 m. w. N.; der EuGH verlangt indes nur noch die beiden oben genannten Voraussetzungen, siehe nur EuGH EuZW 2004, 281; NJW 2004, 3548 Rn. 103.
[59] Dazu Rn. 394 ff. (399).
[60] Dazu EuGH EuZW 2007, 545 Rdn. 20; EuGH NJW 2010, 427 Rn. 46 – *Kücükdeveci*; *Gundel*, EuZW 2001, 149; vgl. auch EuGH NJW 2004, 3549 Rn. 109; unten Rn. 156.
[61] *R. P. Schenke*, in: FS D. H. Scheuing, 2011, S. 157.

anficht, der einen anderen Bürger begünstigt (Dreiecksverhältnis Bürger-Staat-Bürger).

Beispiele:
- A liefert an B Ware, die nach Maßgabe des deutschen Rechts nicht ordnungsgemäß etikettiert ist. B weigert sich deshalb, den Kaufpreis zu zahlen. A klagt gegen B auf Kaufpreiszahlung und beruft sich auf eine Richtlinie, nach der eine Etikettierungspflicht unzulässig ist. Die Richtlinie räumt dem A kein Recht gegen B ein, A macht ein solches Recht auch nicht geltend. Deshalb kann sich A gegenüber B auf die Richtlinie berufen, die deutsche Etikettierungsbestimmung darf nicht angewendet werden (Fall nach EuGH EuZW 2001, 153 ff. – *Unilever*; dazu *Gundel*, EuZW 2009, 143 ff.).
- Die Deutsche Telekom-AG (sie steht einem Bürger gleich, weil der Staat nicht mehr die Anteilsmehrheit hält) ist aufgrund einer bundesgesetzlichen Vorschrift berechtigt, von Telekommunikationsdienstleistern für die Nutzung ihrer Telefonleitungen ein Entgelt zu verlangen. Das Entgelt wird auf Antrag der Deutschen Telekom-AG von der Regulierungsbehörde (eine Bundesbehörde) festgesetzt. Es existiert eine EU-Richtlinie, die derartige Nutzungsentgelte verbietet. Die Firma Arcor-AG & Co. KG nutzt das Leitungsnetz der Telekom. Die Regulierungsbehörde setzt auf Antrag der Telekom durch Verwaltungsakt gegenüber Arcor ein Nutzungsentgelt fest. Arcor kann sich im Anfechtungsprozess gegen diesen Verwaltungsakt auf die Richtlinie berufen, obwohl ihre Anwendung dazu führt, dass der Telekom ein Recht entzogen wird, das ihr nach Maßgabe der bundesgesetzlichen Vorschrift zusteht (Fall nach EuGH EuZW 2008, 611 ff. – *Arcor/Deutschland*). Auch hier räumt die Richtlinie der Firma Arcor kein Recht gegenüber der Telekom ein. Arcor macht ein derartiges Recht nicht geltend; Arcor verlangt auch nicht, dass die Regulierungsbehörde gegenüber der Telekom eine Pflicht durchsetzt, die dieser in der Richtlinie auferlegt ist.

Die Frage der unmittelbaren Wirkung von Richtlinien zwischen Privaten ist freilich in den Einzelheiten sehr umstritten.[62] So hat der EuGH einer Richtlinie unmittelbare Wirkung im Verhältnis zwischen Privaten zuerkannt, wenn sie einen (ungeschriebenen) allgemeinen Grundsatz des EU-Rechts konkretisiert (angebliches Verbot der Altersdiskriminierung) – und das sogar schon vor Ablauf der Umsetzungsfrist.[63]

155 **Objektive unmittelbare Wirkung** meint, dass die nationalen (deutschen) Behörden und Gerichte die Richtlinie anwenden müssen, wenn sie inhaltlich unbedingt und hinreichend bestimmt ist und wenn sie nach Ablauf der Umsetzungsfrist nicht oder nicht ordnungsgemäß umgesetzt wurde. Freilich ist vieles noch unklar.[64]

156 Eine **unmittelbare Wirkung zu Lasten der Bürger** gibt es dagegen nicht. D.h., dass eine Richtlinie keine **unmittelbar die Bürger treffenden Verpflichtungen** begründen kann; eine Richtlinie, die darauf abzielt, den Bürgern Pflichten aufzuerlegen, darf **ihnen gegenüber** (auch im Falle

---

[62] Dazu sehr übersichtlich *Gundel*, EuZW 2001, 143 ff.; vgl. auch *Herdegen*, § 8 Rn. 54 ff.; *Steinbarth*, Jura 2005, 607 ff.; grundsätzlich ablehnend etwa EuGH NZA 2014, 193 Rn. 36 – *AMS*; EuZW 2007, 337 Rn. 40 – *Farell*.
[63] EuGH Slg. 2005, I-9981 Rn. 55 ff., 77 – *Mangold*.
[64] Vgl. dazu auch *v. Danwitz*, JZ 2007, 697 ff.; *Jarass/Beljin*, JZ 2003, 772 f.

der Nichtumsetzung in nationales Recht) nach wie vor nicht angewendet werden.[65] Dies betrifft sowohl das Verhältnis Staat-Bürger als auch das Verhältnis Bürger-Bürger.[66]

Von der Frage der unmittelbaren Wirkung von Richtlinien zu unterscheiden ist die **richtlinienkonforme Auslegung** des nationalen (deutschen) Rechts. Sie bedeutet:[67] **157**

- **Nach Ablauf** der Umsetzungsfrist **muss** das nationale Recht so ausgelegt und angewendet werden, dass es dem eindeutigen Inhalt der Richtlinie entspricht.[68] Dies gilt insbesondere, wenn die Richtlinie nicht umgesetzt worden ist und keine unmittelbare Wirkung entfaltet.[69] Allerdings darf auch eine richtlinienkonforme Auslegung – wie jede Auslegung von Rechtsvorschriften – nicht contra legem erfolgen.[70] Sie darf jedenfalls nicht gegen den eindeutigen Gesetzeswortlaut und den eindeutigen objektiven Willen des Gesetzgebers verstoßen.[71] Insoweit besteht ein fundamentaler Unterschied zum Anwendungsvorrang des EU-Rechts.[72]
- **Vor Ablauf** der Umsetzungsfrist sind die Behörden und Gerichte zu einer richtlinienkonformen Auslegung und Anwendung des nationalen Rechts **befugt** (nicht verpflichtet).[73]
- **Bereits vor Ablauf** der Umsetzungsfrist sind die Mitgliedstaaten (deren Gesetzgeber, Behörden und Gerichte) **verpflichtet, Maßnahmen zu unterlassen,** die den Vorgaben der Richtlinie zuwiderlaufen.[74] Danach dürfen keine nationalen Rechtsvorschriften erlassen werden, die der Richtlinie deutlich zuwider laufen.[75] Behörden und Gerichte dürfen das

---

[65] EuGH EuZW 2001, 156 Rn. 50; NJW 2004, 3549 Rn. 108; überaus problematisch EuGH NJW 2010, 427 Rn. 46, 50 – *Kücükdeveci* m. Anm. *Link*; EuZW 2006, 17 – *Mangold* – m. Anm. *Reich*; dazu *Gas*, EuZW 2005, 737; *Herrmann*, EuZW 2006, 69 f.

[66] Unmissverständlich EuGH EuZW 2008, 611 Rn. 35; EuZW 2007, 545 Rn. 20; siehe aber auch oben Rn. 154.

[67] Dazu etwa BVerfGK NJW 2012, 669 Rn. 45 ff.; ausführlich *Ph. Reimer*, JZ 2015, 910 ff.; *Kühling*, JuS 2014, 481 ff.; *Tonikidis*, JA 2013, 598 ff.; *Leenen*, Jura 2012, 753 ff.; *Herrmann/Michl*, JuS 2009, 1068 ff.

[68] EuGH NJW 2004, 3549 Rn. 113 ff.; NJW 1997, 3367 Rn. 43; BGHZ 138, 55 (61); weitergehend und sogar für richtlinienkonforme Fortbildung des nationalen Rechts BGH NJW 2009, 427 Rn. 21, 26; dazu *Möllers/Möhring*, JZ 2009, 919 ff.; *Höpfner*, JZ 2009, 403 ff.

[69] EuGH EuZW 2007, 337 Rn. 42 – *Farell*; NJW 2006, 2465 Rn. 113 – *Adeneler*.

[70] BVerfGK NJW 2012, 669 Rn. 47; näher *Michael/Payandeh*, NJW 2015, 2392 ff.

[71] BVerfGK NJW 2012, 669 Rn. 56 f.

[72] Dazu Rn. 161 ff.

[73] BGHZ 138, 55 (59 f.); für eine diesbezügliche Pflicht OLG Brandenburg NVwZ 1999, 1144; unter den von EuGH Slg. 2005, I – 9981 Rn. 55 ff., 77 – *Mangold* – genannten Voraussetzungen besteht indes eine Pflicht, dazu Rn. 154 a.E.

[74] EuGH Slg. 1997, I-7411 (7449); zustimmend BVerwGE 107, 1 (22); 110, 302 (308); 112, 140 (156 f.); aufgegriffen von BGHZ 138, 55 (62); a. A. *Jarass/Beljin*, JZ 2003, 775.

[75] EuGH NJW 2006, 2465 Rn. 121 m. w. N. – *Adeneler*.

nationale Recht nicht in einer Weise auslegen, die die Erreichung des Richtlinienziels nach Ablauf der Umsetzungsfrist ernsthaft gefährden würde.[76]

c) Beschlüsse, Art. 288 IV AEUV

158 Beschlüsse nach Art. 288 IV AEUV sind **Einzelfallregelungen** des Rates oder der Kommission. Sie sind für die Adressaten – dies können Mitgliedstaaten, Wirtschaftsunternehmen und Bürger sein – verbindlich.

d) Empfehlungen und Stellungnahmen, Art. 288 V AEUV

159 Die in Art. 288 V AEUV genannten Empfehlungen und Stellungnahmen der EU-Organe sind **rechtlich nicht verbindlich.** In Prüfungsarbeiten spielen diese Handlungsformen keine Rolle.

3. EU-rechtsinterne Rangordnung

160 Das primäre geht dem sekundären EU-Recht vor. Innerhalb des sekundären EU-Rechts gehen die Verordnungen den Richtlinien und diese wiederum den Beschlüssen und den sonstigen Rechtsakten vor. Bei EU-Recht gleicher Rangordnung geht das jüngere dem älteren und das speziellere dem allgemeinen Recht vor.

4. EU-Recht und nationales Recht

161 Besteht zwischen deutschen **Rechtsvorschriften** und EU-Recht ein **Widerspruch,** kommt dem EU-Recht der **Anwendungsvorrang** zu.[77] D.h., das deutsche Recht ist zwar **nicht ungültig,** es darf aber nicht angewendet werden.[78] Dieser Anwendungsvorrang kommt sowohl dem primären als auch dem sekundären Unionsrecht zu. Das EU-Recht geht nicht nur dem einfachen deutschen Gesetzesrecht, sondern auch dem Verfassungsrecht vor – freilich nicht uneingeschränkt.[79]
Verwaltungsakte, die gegen EU-Recht verstoßen, sind dagegen (nur) rechtswidrig, bleiben aber anwendbar und durchsetzbar, wenn sie nicht erfolgreich vor einem deutschen Gericht (§ 42 I VwGO) oder einer deut-

---

[76] EuGH NJW 2006, 2465 Rn. 123 – *Adeneler.*
[77] EuGH EuZW 2010, 26 Rn. 138 – *Österreich ./. CEZ;* BVerfGE 126, 286 (301 f.); 123, 267 (398, 400, 402); 85, 191 (204); 73, 339 (375); BVerwG DÖV 2000, 1004 (1005): „Geltungsvorrang"; dazu näher *Ehlers,* Jura 2011, 187 ff.; weiterführend *Beljin,* EuR 2002, 351 ff.; *Schweitzer,* in: Gedenkschrift F. O. Kopp, 2007, S. 360 ff.; *Funke,* DÖV 2007, 733 ff.; *Jarass/Beljin,* NVwZ 2004, 1 ff.
[78] Dazu bereits Rn. 134.
[79] Dazu etwa *Polzin,* JuS 2012, 1 ff.

schen Behörde (§§ 48 ff. VwVfG) angegriffen werden. Verstößt ein Verwaltungsakt gegen EU-Recht, ist er in aller Regel auch nicht nach § 44 VwVfG nichtig.[80] Wären EU-rechtswidrige Verwaltungsakte von vornherein unanwendbar, würde sich die im einzelnen umstrittene Frage, wie ihre EU-Rechtswidrigkeit im behördlichen Aufhebungsverfahren nach den §§ 48 ff. VwVfG geltend gemacht werden kann, in dieser Form und Schärfe[81] gar nicht mehr stellen.

Der Anwendungsvorrang des EU-Rechts gilt aber insbesondere nur unter den folgenden drei Voraussetzungen. Erstens muss die EU-Rechtsnorm unmittelbar anwendbar sein.[82] Nicht unmittelbar wirkenden Richtlinien[83] kommt deshalb auch nach Ablauf der Umsetzungsfrist kein Anwendungsvorrang zu.[84] Dies ist kein Widerspruch zum Gebot der richtlinienkonformen Auslegung des nationalen Rechts nach Ablauf der Umsetzungsfrist, auch wenn der Richtlinie keine unmittelbare Wirkung zukommt.[85] Denn im Falle einer bloßen richtlinienkonformen Auslegung bleibt das nationale Recht – wenn auch in modifizierter Form – anwendbar. Vor allem ist aber eine richtlinienkonforme Auslegung contra legem, also entgegen Wortlaut und eindeutigem Zweck des nationalen Rechts unzulässig;[86] eben dies liefe nämlich auf einen Anwendungsvorrang der Richtlinie hinaus. Zweitens darf die fragliche Vorschrift, die im konkreten Fall dem deutschen Recht widerspricht, nicht gegen höherrangiges EU-Recht verstoßen. Primäres EU-Recht ist gegenüber sekundärem EU-Recht höherrangig; allerdings besteht eine Vermutung der Gültigkeit von sekundärem EU-Recht.[87] Drittens muss die fragliche EU-Vorschrift den Anforderungen des Art. 23 I 3 i.V.m. Art. 79 III GG genügen;[88] umstritten ist, ob der Anwendungsvorrang des EU-Rechts auch voraussetzt, dass die in Rede stehende EU-rechtliche Vorschrift den Strukturvorgaben des Art. 23 I 1 GG genügt.[89] Die Frage des Anwendungsvorranges des EU-Rechts und seiner Grenzen

162

---

[80] BVerwGE 138, 322 Rn. 16; DÖV 2000, 1004 f.; vgl. *Schladebach*, VerwArch. 104 (2013), 204.

[81] Dazu Rn. 749 ff.

[82] BVerfGE 123, 267 (401); *v. Danwitz*, JZ 2007, 702 m.w.N. in Fn. 51; *Schäfer*, in: FS G. Püttner, 2006, S. 145 f.

[83] Dazu Rn. 150 ff.

[84] EuGH Slg. 1996, I-4705 Rn. 39 f., 43 – *Arcaro*; *Vedder*, in: Vedder/Heintschel v. Heinegg, Europäisches Unionsrecht, 2012, Art. 288 AEUV Rn. 36.

[85] Rn. 157.

[86] EuGH NJW 2006, 2465 Rn. 110 – *Adeneler*.

[87] EuGH EWS 2008, 180 Rn. 60; DVBl. 2005, 42 f.

[88] BVerfGE 123, 267 (353 f.).

[89] Dafür z.B. *Jarass*, in: Jarass/Pieroth, Art. 23 Rn. 14, 41 ff.; *Herdegen*, § 10 Rn. 21; dagegen etwa *Selmayer/Prowald*, DVBl. 1999, 269 ff. Zum ganzen *Kischel*, Der Staat 39 (2000), 523 ff.

ist alles andere als geklärt.[90] Sie kann hier nur angedeutet werden. Das BVerfG hat die aus Art. 23 I 3 i.V.m. Art. 79 III GG abgeleiteten grundgesetzlichen Grenzen des Anwendungsvorranges des EU-Rechts stark relativiert.[91]

163 Über die Frage, ob EU-Recht wegen Unvereinbarkeit mit deutschem Verfassungsrecht unanwendbar ist, entscheidet allerdings nur das BVerfG verbindlich.[92] Umstritten ist die Frage, ob ein Fachgericht[93] ein deutsches formelles Gesetz wegen (angeblicher) offensichtlicher EU-Rechtswidrigkeit ohne vorherige Anrufung des EuGH im Vorabentscheidungsverfahren nach Art. 267 AEUV außer Anwendung lassen darf.[94]

---

[90] Dazu etwa *Detterbeck,* in: Sachs, Art. 93 Rn. 25 ff.; *Herdegen,* § 10 Rn. 19 ff.; *Schöbener,* JA 2011, 885 ff.
[91] Dazu Rn. 135.
[92] Dazu Rn. 136.
[93] Zur Frage der **behördlichen** Nichtanwendungskompetenz bzw. -pflicht Rn. 134 ff.
[94] Für eine solche Pflicht EuGH NJW 2010, 427 Rn. 54 ff. – *Kücükdeveci*; verneinend *Hummel,* NVwZ 2008, 36 ff. m.w.N.; vgl., auch *Link,* NJW 20120, 431: unvereinbar mit Art. 100 GG; zu weiteren Anschlussfragen *Wackerbarth/Kreße,* EuZW 2010, 252 ff.

§ 4. Die Verwaltungsverfahrensgesetze

Literatur: *Blümel/Pitschas,* Reform des Verwaltungsverfahrensrechts, 1994; *Bonk,* 25 Jahre Verwaltungsverfahrensgesetz, NVwZ 2001, 636; *Henneke,* 30 Jahre LVwG, 20 Jahre VwVfG – Stabilität und Flexibilität des Verwaltungshandelns, DÖV 1997, 768; *Hufen,* Das VwVfG nach 30 Jahren: Wahrgenommene Chance – Hürde – Meilenstein?, in: Gedenkschrift F. O. Kopp, 2007, S. 38; *Kersten,* Das Verwaltungsverfahrensgesetz im Spiegel der Rechtsprechung der Jahre 2004-2012, DV 46 (2013), 87; *Ramsauer,* Stabilität und Dynamik des Verwaltungsverfahrensrechts, in: FS W.-R. Schenke, 2011, S. 1089; *Sasse,* Verwaltungsverfahrensgesetz, VR 2013, 420. Siehe auch die Lit.-Angaben zu § 18.

I. Bedeutung

Die Verwaltungsverfahrensgesetze sind besonders wichtige Rechtsquellen 164 des Verwaltungsrechts. Deshalb werden sie in einem besonderen Abschnitt dargestellt. Es ist zu unterscheiden zwischen dem Verwaltungsverfahrensgesetz des Bundes und den Verwaltungsverfahrensgesetzen der Länder. Allerdings stimmen letztere mit dem Bundesverwaltungsverfahrensgesetz zum größten Teil wörtlich überein.

Die Verwaltungsverfahrensgesetze regeln wichtige Teilbereiche der Be- 165 hördentätigkeit. Eine vollständige und abschließende Regelung des allgemeinen Verwaltungsrechts enthalten sie aber keineswegs. Ein „BGB oder StGB des Verwaltungsrechts" gibt es nicht. Gleichwohl dienen die Verwaltungsverfahrensgesetze der Rechtsvereinheitlichung und Rechtsklarheit. Immerhin sind in ihnen wichtige Grundsätze des allgemeinen Verwaltungsrechts, die früher als ungeschriebenes Recht galten, positiv-rechtlich fixiert.

Beispiele:
- Begriff des Verwaltungsakts, § 35 VwVfG
- Wirksamkeit und Nichtigkeit des Verwaltungsakts, §§ 43 f. VwVfG
- Rücknahme und Widerruf eines Verwaltungsakts, §§ 48 ff. VwVfG
- Wiederaufgreifen des Verwaltungsverfahrens, § 51 VwVfG
- Öffentlich-rechtlicher Vertrag, §§ 54 ff. VwVfG

Soweit keine Spezialgesetze existieren und soweit die Verwaltungsverfahrensgesetze anwendbar sind (dazu gleich im folgenden), gelten für alle Verwaltungsbereiche – auch des Besonderen Verwaltungsrechts – dieselben Regeln.

II. Bundesverwaltungsverfahrensgesetz und Landesverwaltungsverfahrensgesetze

166 Das **BundesVwVfG** gilt grundsätzlich für die gesamte öffentlich-rechtliche Verwaltungstätigkeit der **Bundesbehörden**. Für die **Landesbehörden** gilt das entsprechende **LandesVwVfG**; dies gilt auch dann, wenn die Landesbehörde ein Bundesgesetz ausführt, was nach Art. 83 GG der Normalfall ist.

> Es kommt auf die handelnde Behörde an, nicht auf das Gesetz, das die Behörde ausführt. Hat etwa eine bayerische Behörde gehandelt, muss es also heißen: Art. 28 BayVwVfG und nicht § 28 VwVfG.

Da aber die LandesVwVfG mit dem BundesVwVfG zum größten Teil wörtlich übereinstimmen, kann in Prüfungsarbeiten auch dann das BundesVwVfG benutzt werden, wenn eine Landesbehörde gehandelt hat. Bei der Benennung der einschlägigen Rechtsvorschrift muss aber der jeweilige Landeszusatz vorangestellt werden.

III. Unanwendbarkeit der Verwaltungsverfahrensgesetze

167-174 Der Anwendungsbereich des BundesVwVfG und der LandesVwVfG ist mehrfach eingeschränkt.
- **Nur öffentlich-rechtliche Verwaltungstätigkeit**, vgl. § 1 I VwVfG: Handeln die Behörden privatrechtlich, gilt das VwVfG grundsätzlich nicht.
- **Vorrang anderer Rechtsvorschriften** (Subsidiaritätsklausel), vgl. § 1 I, II VwVfG: Das VwVfG ist unanwendbar, soweit andere Rechtsvorschriften (gemeint sind nur formelle Gesetze sowie Rechtsverordnungen, dagegen grundsätzlich nicht Satzungen oder Verwaltungsvorschriften[1]) inhaltsgleiche oder abweichende Regelungen enthalten.
- **Ausschluss bestimmter Verwaltungsbereiche**, vgl. § 2 VwVfG: Für bestimmte juristische Personen und Behörden sowie für bestimmte Sachbereiche gilt das VwVfG nicht.
- **Weitgehende Beschränkung auf bestimmte Verwaltungsverfahren**, vgl. § 9 VwVfG: Die meisten Vorschriften des VwVfG – nämlich die §§ 9-78 VwVfG – gelten nur für bestimmte Verwaltungsverfahren. Es muss sich um **nach außen wirkende** – also nicht auf den verwal-

---
[1] *Schmitz*, in: Stelkens/Bonk/Sachs, § 1 Rn. 211 ff.

§ 4. Die Verwaltungsverfahrensgesetze

tungsinternen Bereich beschränkte – **Behördentätigkeit** handeln, die auf den **Erlass eines Verwaltungsakts** oder den **Abschluss eines öffentlich-rechtlichen Vertrages** gerichtet ist. Für den Erlass von Rechtsverordnungen und Satzungen sowie für Realakte[2] gelten die §§ 9-78 VwVfG nicht, jedenfalls nicht unmittelbar.

---

[2] Dazu Rn. 885 ff.

§ 5. Organisation der Verwaltung

Literatur: *Böckenförde*, Organ, Organisation, Juristische Person, in: FS H.J. Wolff, 1973, S. 269; *Burgi*, Der Beliehene – ein Klassiker im modernen Verwaltungsrecht, in: FS H. Maurer, 2001, S. 581; *Collin/Fügemann*, Zuständigkeit – Eine Einführung zu einem Grundelement des Verwaltungsorganisationsrechts, JuS 2005, 694; *Hoffmann-Riem/Schmidt-Aßmann/Voßkuhle* (Hrsg.), GrlVwR I, §§ 13–16 (Verwaltung als Organisation); *Jakobs*, Staat, Staatsorgan, Behörde, VBlBW 1990, 361; *Frotscher*, Begriff und Rechtsstellung der juristischen Person des öffentlichen Rechts, JuS 1997, L 49; *Kemmler*, Die mittelbare Staatsverwaltung und ihre ausbildungsrelevanten Themenbereiche, JA 2015, 328; *Krebs*, Verwaltungsorganisation, HStR V, § 108; *Loeser*, System des Verwaltungsrechts, Bd. 2: Verwaltungsorganisation, 1994; *Kiefer*, Regelungsbedarf und Gestaltungsspielräume bei der Beleihung, LKRZ 2009, 441; *Schmidt-De Caluwe*, Verwaltungsorganisationsrecht, JA 1993, 77, 115, 143; *Schnapp*, Der trialistische Behördenbegriff, in: FS W.-R. Schenke, 2011, S. 1187.

I. Träger der Verwaltung

1. Unmittelbare und mittelbare Staatsverwaltung

175 Wird ein Beamter oder Angestellter des öffentlichen Dienstes[1] verwaltend tätig, handelt er nicht für sich selbst, also als Privatmann, sondern für den Staat und seine Untergliederungen. Nach Art. 30 GG ist die Erfüllung der staatlichen Aufgaben, hierzu gehören auch die Aufgaben der Verwaltung, Sache der Länder und des Bundes, soweit ihm das GG diese Aufgaben zuweist.

> **Zurechnungsobjekt und damit Träger** der Verwaltung ist deshalb nicht die im Einzelfall handelnde natürliche Person, sondern der Staat und seine Untergliederungen.

176 Der Staat – also Bund und Länder – kann die Verwaltungsaufgaben selbst durch seine **eigenen Behörden** erfüllen. In diesem Fall spricht man von **unmittelbarer Staatsverwaltung**.
Der Staat kann die Verwaltungsaufgaben aber auch auf **rechtsfähige Verwaltungseinheiten** übertragen. Diese Verwaltungseinheiten sind zwar rechtlich selbständig und können auch eigene Rechte gegenüber Bund und Ländern haben. Gleichwohl sind sie dem Staat, also entweder dem Bund

---

[1] Gleiches gilt für andere Personen, deren sich der Staat zur Erfüllung seiner Verwaltungsaufgaben bedient.

§ 5. Organisation der Verwaltung 39

oder den Ländern, eingegliedert oder werden ihm zumindest zugerechnet. Werden Verwaltungsaufgaben von solchen rechtlich **selbständigen Verwaltungsträgern** wahrgenommen, spricht man von **mittelbarer Staatsverwaltung**.²

Übersicht 3: 177

Unmittelbare – mittelbare Staatsverwaltung

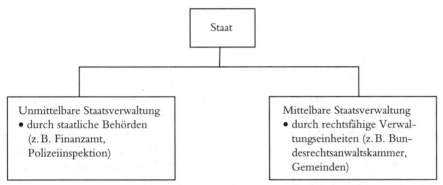

Durch den föderativen Staatsaufbau, wonach die staatlichen Aufgaben von Bund und Ländern wahrgenommen werden (Art. 30 GG), ergibt sich folgende Aufteilung: Die **unmittelbare Staatsverwaltung** unterfällt in **unmittelbare Bundes- und unmittelbare Landesverwaltung**. Die **mittelbare Staatsverwaltung** unterfällt in **mittelbare Bundes- und mittelbare Landesverwaltung**.

Übersicht 4: 178

Bundes- und Landesverwaltung

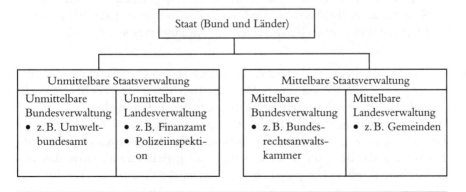

---

² Ausführlich *Kemmler*, JA 2015, 328 ff.

> Im Falle der **unmittelbaren Staatsverwaltung** sind entweder der **Bund** (die Bundesrepublik Deutschland) oder die **Länder Verwaltungsträger.** Im Falle der **mittelbaren Staatsverwaltung** sind die jeweiligen rechtlich selbständigen **Verwaltungseinheiten die Verwaltungsträger.**

179 Die Bestimmung des richtigen Verwaltungsträgers, dem das Handeln einer Behörde oder eines Bediensteten zugerechnet wird, hat auch ganz praktische Konsequenzen. So ist eine verwaltungsgerichtliche Klage nicht gegen den Bediensteten selbst und auch grundsätzlich nicht gegen die Behörde des Bediensteten zu richten. Richtiger Klagegegner ist vielmehr der **Verwaltungsträger (= Rechtsträger)** des Bediensteten bzw. der Behörde. Dies ist ausdrücklich in § 78 I Nr. 1 VwGO für die Anfechtungs- und Verpflichtungsklage und in § 47 II 2 VwGO für das Normenkontrollverfahren bestimmt. Dieses **Rechtsträgerprinzip** gilt aber auch für alle anderen verwaltungsgerichtlichen Klagearten. Eine Ausnahme gilt nur unter den Voraussetzungen des § 78 I Nr. 2 VwGO.

2. Die einzelnen Verwaltungsträger

a) Juristische Personen des öffentlichen Rechts

180 Sieht man vom Sonderfall des Beliehenen ab (dazu gleich unten), ist Verwaltungsträger immer eine **juristische Person** oder eine teilrechtsfähige Untergliederung einer juristischen Person.

> **Juristische Personen** sind **fiktive Rechtsgebilde**[3] mit **eigener Rechtspersönlichkeit.** Sie sind also selbst Träger von Rechten und Pflichten und können selbst klagen und verklagt werden.

181 Sind die Rechtsfähigkeit und die sonstigen spezifischen Rechtsverhältnisse der juristischen Person durch **Vorschriften des Privatrechts** geregelt, handelt es sich um eine **juristische Person des Privatrechts** (z.B. eingetragener Verein nach § 21 BGB, Aktiengesellschaft nach § 1 AktG oder GmbH nach § 13 GmbHG). Liegen die **Rechtsgrundlagen im öffentlichen Recht,** handelt es sich um eine **juristische Person des öffentlichen Rechts.** Die juristischen Personen des öffentlichen Rechts sind

---

[3] BVerfGE 106, 28 (42); 95, 220 (242): „bloße Zweckgebilde der Rechtsordnung".

dadurch gekennzeichnet, dass sie **durch Gesetz oder durch einen staatlichen Hoheitsakt,** der auf einem Gesetz beruht, gegründet bzw. gebildet wurden und öffentliche Aufgaben wahrnehmen. Dies gilt nicht für Bund, Länder und Gemeinden.

Es gibt drei Arten von juristischen Personen des öffentlichen Rechts:
- **Körperschaften des öffentlichen Rechts**
- **Anstalten des öffentlichen Rechts**
- **Stiftungen des öffentlichen Rechts**

aa) Körperschaften des öffentlichen Rechts

> **Körperschaften des öffentlichen Rechts** sind zwar **mitgliedschaftlich verfasste,** aber **unabhängig vom Wechsel der Mitglieder** bestehende Organisationen. 182

Anknüpfend an dasjenige Kriterium, von dem die Mitgliedschaft abhängt, unterscheidet man zwischen folgenden **Arten von Körperschaften:**

(1) *Gebietskörperschaften*

Bestimmend für die Mitgliedschaft ist der **Wohnsitz oder der Geschäftssitz der Mitglieder.** 183

Beispiele:
- Gemeinden (Städte) und Gemeindeverbände (wie Landkreise)
- Bund und Länder (*Bull/Mehde*, Rn. 100; a. A. *Otto Mayer*, Deutsches Verwaltungsrecht II, 3. Aufl. 1924, S. 329: „Die juristische Persönlichkeit wäre hier eine kleinliche Künstelei, unwürdig der majestas, vor der wir stehen.")

(2) *Personalkörperschaften*

Die Mitgliedschaft in ihnen richtet sich nach bestimmten **individuellen Eigenschaften.** 184

Beispiele: Rechtsanwalts-, Apotheker-, Ärzte- oder Handwerkskammern, Allgemeine Ortskrankenkassen, staatliche Universitäten (letztere wurden von *Forsthoff,* Lehrbuch des Verwaltungsrechts, Bd. I, 10. Aufl. 1973, S. 489 als Anstalten charakterisiert).

(3) *Realkörperschaften*

Die Mitgliedschaft in ihnen knüpft an **Eigentum oder Besitz** an. 185

Beispiel: Jagdgenossenschaften (Mitglieder sind nach § 9 BJagdG die Eigentümer von Grundflächen, in § 8 I 1 HessJagdG werden die Jagdgenossenschaften ausdrücklich als Körperschaften bezeichnet).

(4) *Verbandskörperschaften*

186 Mitglieder sind nur **juristische Personen**.

Beispiel: Kommunale Zweckverbände (etwa Abfallbeseitigungs- oder Planungsverbände).

187 Unterschieden wird zwischen vollrechtsfähigen und teilrechtsfähigen Körperschaften. **Vollrechtsfähige Körperschaften** können prinzipiell Träger aller Rechte und Pflichten sein. **Teilrechtsfähige Körperschaften** können nur Träger ganz bestimmter Rechte und Pflichten sein.

Teilrechtsfähige Körperschaften sind keine juristischen Personen. Sie sind ihnen aber in mancher Hinsicht gleichgestellt. So können sie ihre Rechte selbst einklagen und können auch verklagt werden. Als Beispiel für eine teilrechtsfähige Körperschaft werden häufig die Fachbereiche (früher: Fakultäten) der staatlichen Universitäten genannt. Freilich ist die Rechtsnatur der Fachbereiche umstritten.[4]

bb) Anstalten des öffentlichen Rechts

188 **Anstalten des öffentlichen Rechts** sind mit Personal- und Sachmitteln ausgestattete Organisationen. Sie haben **keine Mitglieder, sondern nur Benutzer**.

Beispiele:
- Öffentlich-rechtliche Rundfunkanstalten
- Sparkassen (BVerfGE 75, 192/198; BGH DVBl. 2003, 942)
- Hessische Studentenwerke (§ 1 StWG)

189 Auch hier unterscheidet man wieder zwischen vollrechtsfähigen und teilrechtsfähigen Anstalten. Die sog. **nichtrechtsfähigen Anstalten** sind nur organisatorisch selbständig, rechtlich aber Teil eines anderen Verwaltungsträgers (z.B. die kommunalen Schulen und Krankenhäuser oder die Stadtwerke).

cc) Stiftungen des öffentlichen Rechts

190 **Stiftungen des öffentlichen Rechts** sind rechtsfähige Organisationen, denen ein Stifter **Vermögenswerte** (Kapital oder Sachwerte) **zweckgebunden zur Erfüllung bestimmter öffentlicher Aufgaben** übertragen hat. Stiftungen haben weder Mitglieder noch Benutzer, sondern nur Nutznießer.

---

[4] Dazu *Thieme*, Deutsches Hochschulrecht, 3. Aufl. 2004, Rn. 1031; *Geis/Madeja*, in: Ehlers/Fehling/Pünder, Besonderes Verwaltungsrecht III, 3. Aufl. 2013, § 85 Rn. 32.

Beispiele:
- Stiftung Preußischer Kulturbesitz (Gesetz v. 25. 7. 1957, BGBl. I S. 841)
- Stiftung Hilfswerk für behinderte Kinder (Gesetz i. d. F. v. 22. 7. 1976, BGBl. I S. 1876)
- Bundeskanzler-Willy-Brandt-Stiftung (Gesetz v. 25. 10. 1994, BGBl. I S. 3138)

Übersicht 5:
Juristische Personen des öffentlichen Rechts

Körperschaften:	Anstalten:	Stiftungen:
mitgliedschaftlich verfasste, aber unabhängig vom Wechsel der Mitglieder bestehende Organisationen • Gebietskörperschaften • Personalkörperschaften • Realkörperschaften • Verbandskörperschaften	mit Personal- u. Sachmitteln ausgestattete Organisationen (haben keine Mitglieder, sondern Benutzer)	mit Rechtspersönlichkeit ausgestattete zweckgebundene Vermögensbestände (haben weder Mitglieder noch Benutzer, sondern nur Nutznießer)

b) Beliehene

aa) Begriff

Der Staat hat auch die Möglichkeit, hoheitliche Befugnisse auf Beliehene zu übertragen.

> Beliehene sind **Privatpersonen** (natürliche Personen oder juristische Personen des Privatrechts), denen durch **Hoheitsakt** für einen längeren Zeitraum die Befugnis eingeräumt worden ist, bestimmte **Verwaltungskompetenzen im eigenen Namen und in eigener Verantwortung** unter Inanspruchnahme der **öffentlich-rechtlichen Handlungsformen** auszuüben. Die Beliehung bedarf einer formell-gesetzlichen Grundlage.[5] Dieses Gesetz muss sowohl die Beleihung als solche (das Ob) als auch die wesentlichen Modalitäten der Beleihung (das Wie) regeln.[6]

Beispiele:
- Bezirksschornsteinfegermeister
- die Sachverständigen des TÜV – nicht der TÜV selbst – bei der Prüfung von Kfz gem. §§ 19, 21 f., 29 StVZO; ebenso die DEKRA-Sachverständigen

---

[5] Dazu ausführlich BremStGH NVwZ 2003, 81 ff.
[6] BVerwGE 137, 377 Rn. 25.

- Notare gem. § 1 BNotO
- Luftfahrzeugführer gem. § 12 I LuftSiG
- Seeschiffahrtskapitäne gem. §§ 75 I, 101, 106 II SeemG

193 Beliehene sind **Verwaltungsträger**. Sie gehören zur **mittelbaren Staatsverwaltung**. Handeln Beliehene **im eigenen Namen,** was der Regelfall ist, sind sie im Prozess selbst Partei; verwaltungsgerichtliche Klagen sind gegen sie zu richten.[7] Nur wenn der Beliehene ausnahmsweise im Namen des beleihenden Verwaltungsträgers handelt, sind Klagen gegen diesen zu richten. Der Beliehene handelt in der Regel **öffentlich-rechtlich** (auch durch Verwaltungsakt). Er kann aber – ebenso wie die anderen Verwaltungsträger – auch **privatrechtlich** handeln.[8]

bb) Abgrenzungen

194 Keine Beliehenen sind die bloßen **Verwaltungshelfer**.[9] Diese handeln im Auftrag und nach Weisung einer Behörde. Sie üben nur untergeordnete und die öffentliche Hand nur **unterstützende Tätigkeiten** aus.[10] Sie sind keine Verwaltungsträger. Sie sind auch nicht dienstrechtlich in die Organisation eines Verwaltungsträgers eingegliedert. Gleichwohl handeln sie im Namen eines Verwaltungsträgers. Sie können **öffentlich-rechtlich handeln**. Die Frage, ob sie oder ihr Verwaltungsträger durch sie Verwaltungsakte erlassen können, ist nicht leicht zu beantworten.[11] Ihr Handeln wird dem beauftragenden Verwaltungsträger zugerechnet. Verwaltungshelfer sind z.B. Schülerlotsen oder vom Lehrer beauftragte Ordnungsschüler („Aufpasser").

195 Weder Beliehene noch Verwaltungshelfer sind **Private, mit denen der Staat privatrechtliche Verträge** abschließt und die dann in Erfüllung ihrer vertraglichen Pflicht für den Staat tätig werden.[12] Neben der privatrechtlichen Regelung unterscheiden sie sich von den Verwaltungshelfern

---

[7] OVG Lüneburg NVwZ-RR 2013, 465.

[8] *Stober*, in: Wolff/Bachof I, § 23 Rn. 63; *Stern*, Das Staatsrecht der Bundesrepublik Deutschland III/1, 1988, S. 1335: „in der Regel öffentlich-rechtlich"; *Steiner*, Öffentliche Verwaltung durch Private, 1975, S. 13 ff., 48, 55 m. w. N. auch zur a. A.; zum privatrechtlichen Handeln der Verwaltungsträger näher Rn. 903 ff.

[9] Zumindest ungenau deshalb BremStGH NVwZ 2003, 83 (sub 2a); zu den Besonderheiten näher *Kopp/Ramsauer*, § 1 Rn. 64 ff.

[10] Ebenso *Dietlein*, in: Stern, Das Staatsrecht der Bundesrepublik Deutschland, Bd. IV/2, 2011, S. 2040; *Ossenbühl/Cornils*, S. 20; *Erbguth*, § 6 Rn. 23; *Schulze-Fielitz*, GrlVwR I, § 12 Rn. 105; ähnlich *Stober*, in: Wolff/Bachof II, § 91 Rn. 24; a.A. und weitergehend *Burgi*, in: Erichsen/Ehlers, § 10 Rn. 32; *Schoch*, Jura 2008, 678.

[11] Dazu Rn. 429.

[12] Zutreffend *Dietlein*, a.a.O., S. 2041; *Ziekow*, Öffentliches Wirtschaftsrecht, 3. Aufl. 2013, § 4 Rn. 35; BGH NJW 2014, 2577 Rn. 6: „Erfüllungsgehilfe";vgl. demgegenüber BGH BGHZ 121, 161 (167): einem Verwaltungshelfer angenähert; NVwZ 2006, 966 Rn. 7: „(selbständige) Verwaltungshelfer".

auch dadurch, dass sie nicht stets untergeordnete und unterstützende Tätigkeiten ausüben; vielmehr kann es sich auch (muss aber nicht) um bedeutendere Tätigkeiten handeln. Zunehmend werden sie zu Unrecht als Verwaltungshelfer qualifiziert.[13] Von den Beliehenen unterscheiden sich die privatrechtlich Beauftragten dadurch, dass kein hoheitlicher Übertragungsakt existiert und dass die Beauftragung sich nicht über einen längeren Zeitraum erstrecken muss. Die privatrechtlich Beauftragten sind keine Verwaltungsträger. Ihr Handeln wird dem beauftragenden Verwaltungsträger zugerechnet. Unter bestimmten Voraussetzungen, insbesondere wenn sie im Bereich der Eingriffsverwaltung eingesetzt werden, kann ihr **Handeln öffentlich-rechtlicher Natur** sein.[14]

Beispiele:
- Privater Abschleppunternehmer, mit dem die Polizei einen Werkvertrag gem. § 631 BGB abgeschlossen hat, wonach der Abschleppunternehmer zur Bergung eines Unfallfahrzeuges verpflichtet ist (dazu BGHZ 121, 161 ff.; NJW 2014, 2577 Rn. 6; *Detterbeck*, JuS 2000, 574 ff.).
- GmbH, die aufgrund eines privatrechtlichen Vertrages mit einer Stadt für diese BSE-Tests durchführt, zu denen die Stadt gesetzlich verpflichtet ist (a.A. BGH NVwZ 2006, 966 Rn. 7: „(selbständiger) Verwaltungshelfer").

c) Privatrechtlich organisierte Verwaltungsträger

Ebenfalls keine Beliehenen sind solche **juristischen Personen des Privatrechts** (z.B. GmbH, AG), die von einem Verwaltungsträger gegründet oder übernommen werden und denen sodann bestimmte Verwaltungsaufgaben übertragen werden.

196

Beispiele:
- Deutsche Gesellschaft für internationale Zusammenarbeit (GIZ GmbH); zur Vorgängerin – GTZ GmbH – BGH NJW 1998, 1874 ff.
- Straßenbahn AG

Diese juristischen Personen des Privatrechts werden zwar von einem öffentlich-rechtlichen Verwaltungsträger beherrscht; dieser hält entweder alle Anteile oder die Mehrheit der Anteile, zumindest aber übt er aufgrund besonderer (auch vertraglicher) Regelung einen **bestimmenden Einfluss** aus. Aber auch in diesem Fall sind sie rechtlich selbständig. Sie sind privatrechtlich organisierte Verwaltungsträger und können zur mittelbaren Staatsverwaltung im weiteren Sinn gerechnet werden.[15] Diese **privatrechtlich**

197

---

[13] Etwa von BGH NVwZ 2006, 966 Rn. 7; OLG Hamm NJW 2001, 376; *Maurer*, § 23 Rn. 59; anders und zutreffend BGH NJW 2014, 2577 Rn. 6: „Erfüllungsgehilfe".

[14] BGHZ 161, 161 ff.; NJW 2014, 2577 Rn. 6; unten Rn. 1057; zur Frage, ob sie auch Verwaltungsakte erlassen können, Rn. 429.

[15] *Kemmler*, JA 2015, 332 m. w. N.

organisierten Verwaltungsträger handeln **grundsätzlich privatrechtlich.**

Allerdings können auch einem privatrechtlich organisierten Verwaltungsträger bestimmte Verwaltungsaufgaben im Wege der Beleihung übertragen werden. Insoweit ist er dann zugleich **Beliehener,** der im Rahmen der Beleihung öffentlich-rechtlich handelt.

Im übrigen wird ihr Handeln – soweit ersichtlich – stets als privatrechtlich und nicht unter bestimmten Voraussetzungen auch als öffentlich-rechtlich qualifiziert. Dies ist ein Unterschied zu den Verwaltungshelfern und den privatvertraglich gebundenen Privaten. Möglicherweise erklärt er sich daraus, dass deren Handeln einem öffentlich-rechtlich organisierten Verwaltungsträger zugerechnet wird.[16]

198 Diejenigen juristischen Personen des Privatrechts, die der Staat zunächst beherrscht hat, die er inzwischen aber durch die Aufgabe seiner Anteilsmehrheit und seines bestimmenden Einflusses **materiell privatisiert** hat (Deutsche Post AG, Deutsche Postbank AG, Deutsche Telekom AG),[17] gehören nicht mehr zu den privatrechtlich organisierten Verwaltungsträgern. Auch ihnen kann der Staat bestimmte Verwaltungsaufgaben im Wege der Beleihung übertragen. Anders verhält es sich bei den „Eisenbahngesellschaften" i.S.v. Art. 87 e III 2 GG.[18] An ihnen muss der Bund die Anteilsmehrheit halten. Ihre Zuordnung zur Bundesverwaltung wird aber dennoch z.T. grundsätzlich bestritten.[19] Begründet wird dies mit ihrer Zuordnung zu den Wirtschaftsunternehmen nach Art. 87e III 1 GG.[20]

II. Behörde, Amt, Organ

1. Behörde

199 Der Begriff der Behörde wird in vielen gesetzlichen Vorschriften verwendet, z.B. § 1 I, II, IV VwVfG, §§ 68 I 2 Nr. 1, 70 I, 72, 73 VwGO, § 3 I BBG, Art. 35 I, 84 I, 87 III GG. Eine allgemeingültige Definition des Behördenbegriffs gibt es aber nicht. Es ist zwischen folgenden zwei Behördenbegriffen zu unterscheiden.

---

[16] Dazu auch Rn. 429.
[17] Dazu Rn. 898.
[18] Dazu *Windthorst*, in: Sachs, Art. 87e Rn. 41.
[19] *Möstl*, in: Maunz/Dürig, Art. 87e Rn. 23: „im Grunde falsch".
[20] *Möstl*, in: Maunz/Dürig, Art. 87e Rn. 23 unter Hinweis auf Art. 87e III 1 GG („als Wirtschaftsunternehmen"); zur Deutschen Bahn AG näher *Heise*, DVBl. 2012, 1290 ff.

§ 5. Organisation der Verwaltung

a) Behörde im materiellen (funktionellen) Sinn

§ 1 IV VwVfG und die inhaltsgleichen Vorschriften der Landesverwaltungsverfahrensgesetze definieren den **Behördenbegriff des Verwaltungsverfahrensrechts**. Danach ist Behörde **jede Stelle, die Aufgaben der öffentlichen Verwaltung wahrnimmt**.[21]

200

Bei dieser Definition steht die **Funktion** der in Rede stehenden Einrichtung (Stelle) im Vordergrund: Nimmt sie Aufgaben der öffentlichen Verwaltung wahr, ist sie insoweit Behörde. Auch oberste Bundesorgane bzw. Teile von ihnen sowie natürliche Personen können Behörden sein, wenn sie im konkreten Fall Aufgaben der öffentlichen Verwaltung wahrnehmen.

201

Beispiele:
- Bundespräsident bei der Beamtenernennung
- Bundestagspräsident bei der Festsetzung und Auszahlung der staatlichen Mittel an die Parteien, § 21 II PartG
- Untersuchungsausschuss des Bundestages, wenn er von prozessualen Eingriffsbefugnissen Gebrauch macht (OVG Münster DVBl. 1987, 100 ff.)
- Natürliche Personen, wenn sie als Beliehene Verwaltungsaufgaben erfüllen (BremStGH NVwZ 2003, 83)

b) Behörde im formell-organisatorischen Sinn

Behörden im formell-organisatorischen Sinn sind **organisatorische Einheiten, durch die juristische Personen des öffentlichen Rechts Verwaltungsaufgaben erfüllen**.[22] Zwischen Behörde und juristischer Person (bzw. Verwaltungsträger) ist streng zu trennen. Juristische Personen des öffentlichen Rechts sind keine Behörden im formell-organisatorischen Sinn, sie haben welche.

202

Beispiele:
- Landratsamt als untere Verwaltungsbehörde des Landes
- Regierungspräsidium bzw. Bezirksregierung als mittlere Verwaltungsbehörde des Landes
- Finanzamt als untere Sonderbehörde des Landes
- Ministerium als oberste Landesbehörde

Häufig werden Behörden nach ihrem Behördenleiter benannt; z. B. „Der Landrat" für das Landratsamt, „Der Regierungspräsident" für das Regierungspräsidium, „Der Minister für ..." für das entsprechende Ministerium. Diese traditionell bedingte Terminologie ist zumindest missverständlich, im Grunde genommen rechtlich sogar falsch. Denn sowohl begrifflich als auch rechtlich ist zwischen Behörde und Behördenleiter zu unterscheiden.[23]

203

---

[21] Dazu näher Rn. 427 ff.
[22] Vgl. auch die Definition von BVerfGE 10, 20 (48).
[23] Ebenso *Ipsen*, Rn. 216 ff.

2. Amt und Amtswalter

204 Amt ist der Aufgabenbereich der öffentlichen Verwaltung, der einer Person übertragen ist.

Beispiele:
- Amt des Landrates
- Amt des Regierungspräsidenten
- Amt des Leiters der Bauabteilung im Regierungspräsidium

205 Rechtlich ist zwischen dem Amt (Aufgabenbereich) und der natürlichen Person, der das Amt übertragen wurde, zu trennen. Das Amt wird von natürlichen Personen wahrgenommen. Man nennt sie **Amtswalter**. In organisatorischer Hinsicht ist die Existenz des Amtes von der Existenz des Amtswalters unabhängig. Das Amt ist die **kleinste Verwaltungseinheit**.

206 Der Begriff des Amtes ist vom Begriff der Behörde im formell-organisatorischen Sinn zu unterscheiden. Behörden bestehen in der Regel aus mehreren Ämtern. Nur die Behörde, nicht aber das einzelne Amt besitzt im Verhältnis zum Bürger **Außenzuständigkeit**. Deshalb kann unter den Voraussetzungen der §§ 61 Nr. 3, 78 I Nr. 2 VwGO auch nur eine Behörde, nicht aber ein Amt im Verwaltungsprozess beteiligtenfähig und Klagegegner sein.

Beispiel: Behörden der Gemeinden sind die Gemeindevertretung (Gemeinderat) – dazu *Geis*, Kommunalrecht, 3. Aufl. 2014, § 11 Rn. 11 – und in den einen Bundesländern der Gemeindevorstand (Kollegialorgan), in den anderen Bundesländern der Bürgermeister (monokratisches Organ). Die Behörde „Gemeindevorstand" bzw. „Bürgermeister" ist in der Regel untergliedert in mehrere **Dezernate** (z.B. Dezernat „Gesundheit und Umwelt" oder das Dezernat „Bauplanung und -ordnung"). Diese wiederum sind in der Regel untergliedert in mehrere **Ämter** (z.B. Ämter für Immobilien, Wirtschaftsförderung, öffentliche Sicherheit, Verkehr u.s.w.). Die verschiedenen **Dezernate und Ämter** sind aber lediglich **rechtlich unselbständige organisatorische Untergliederungen** der Behörde „Gemeindevorstand" bzw. „Bürgermeister". Ihnen kommt keine selbständige Außenzuständigkeit und damit **keine Behördeneigenschaft** zu. Erlässt z.B. das Ordnungsamt einen Gebührenbescheid, handelt es sich um einen Bescheid (Verwaltungsakt) des Gemeindevorstandes bzw. des Bürgermeisters (*Burgi*, Kommunalrecht, 4. Aufl. 2012, § 13 Rn. 7, 10).

207 Allerdings gibt es auch Behörden, die nur aus einem einzigen Amt bestehen, wie es etwa beim ehrenamtlich tätigen Bürgermeister einer kleinen Gemeinde ohne eigenen Verwaltungsapparat der Fall ist. Auch handeln die Amtswalter immer für eine bestimmte Behörde. Eine genaue Unterscheidung zwischen Amt und Behörde ist deshalb bisweilen schwierig.

Sprachliche Ungenauigkeiten kommen hinzu. So werden Behörden häufig traditionell als Ämter bezeichnet: z.B. Finanzamt, Landratsamt, Auswärtiges Amt. Bei diesen „Ämtern" handelt es sich aber in Wahrheit um Behörden.

3. Organ und Organwalter

Juristische Personen des öffentlichen (und privaten) Rechts können nicht als solche handeln. Sie handeln durch ihnen **eingegliederte, aber organisatorisch selbständige Einrichtungen.**[24] Diese Einrichtungen nennt man Organe. Zwischen juristischer Person und Organ muss streng getrennt werden. **208**

Beispiele:
- Bundestag, Bundesrat, Bundesregierung, Bundespräsident als (Verfassungs-)Organe der Bundesrepublik Deutschland, vgl. § 63 BVerfGG
- Landratsämter, Finanzämter als (Verwaltungs-)Organe der Länder
- Gemeinderat (Gemeindevertretung), Gemeindevorstand (Magistrat) oder Bürgermeister als Organe der Gemeinde

Die Organe nehmen Zuständigkeiten und Befugnisse der juristischen Person wahr. Da die **Verwaltungsträger** durch ihre Behörden handeln, sind diese **Behörden begrifflich zugleich Organe.** **209**

Etwas anderes gilt nur für den Beliehenen. Er ist zwar Behörde im funktionellen Sinn gem. § 1 IV VwVfG, nicht aber auch Behörde im formell-organisatorischen Sinn. Er ist auch kein Organ, weil er nach außen hin als selbständiger Verwaltungsträger auftritt. **210**

Umgekehrt sind nicht alle Organe zugleich Behörden im **formell-organisatorischen** Sinn. Dies gilt vor allem für die oben genannten Verfassungsorgane.[25] Deshalb ist es zutreffend, die Behörde als Unterfall des Organs zu bezeichnen.[26] **211**

Nochmals: Im **Bereich der Verwaltung** besteht zwischen Verwaltungsorgan und Behörde im formell-organisatorischen Sinn kein Unterschied.

Organwalter sind diejenigen natürlichen Personen, die für ein Organ handeln. Ist das Organ auch Behörde im formell-organisatorischen Sinn, sind die Organwalter zugleich Amtswalter. **212**

---

[24] *Maurer*, § 21 Rn. 23.
[25] Sie können aber im Einzelfall verwaltend tätig werden, dazu Rn. 5, 8. Insoweit sind sie **funktionell** Behörde i.S.v. § 1 IV VwVfG.
[26] *Maurer*, § 21 Rn. 32.

III. Verwaltungsaufbau

1. Bundesverwaltung

a) Unmittelbare Bundesverwaltung

213   Die Aufgaben der **unmittelbaren Bundesverwaltung** werden von **Bundesbehörden** wahrgenommen. Dieser Bereich der bundeseigenen Verwaltung (so die Formulierung in Art. 86 S. 1 GG) kann mehrstufig aufgebaut sein:

(1) **Oberste Bundesbehörden:** Sie sind keiner anderen Bundesbehörde untergeordnet und sind für das gesamte Bundesgebiet zuständig.

Beispiele: Bundeskanzler (Bundeskanzleramt), Bundesministerien, Bundesrechnungshof (§ 1 S. 1 BRHG)

(2) **Bundesmittelbehörden:** Sie sind einer obersten Bundesbehörde nachgeordnet, nur für einen Teil des Bundesgebietes zuständig und den Bundesunterbehörden übergeordnet.

Beispiele: Wasser- und Schiffahrtsdirektionen, Wehrbereichsverwaltungen

(3) **Bundesunterbehörden:** Sie sind einer Bundesmittelbehörde nachgeordnet.

Beispiele: Wasser- und Schiffahrtsämter, Hauptzollämter, Kreiswehrersatzämter

214   Als vierte Gruppe sind die **Bundesoberbehörden** zu nennen. Die Bundesoberbehörden sind einer obersten Bundesbehörde nachgeordnet und für das gesamte Bundesgebiet zuständig. Unter bestimmten Voraussetzungen können ihnen auch Mittel- und Unterbehörden nachgeordnet sein.[27] Deshalb kann der Behördenaufbau der Bundesverwaltung in Einzelfällen sogar vierstufig sein.

---

[27] *Burgi*, in: v. Mangoldt/Klein/Starck III, Art. 87 Rn. 114; *Loeser*, System des Verwaltungsrechts, Bd. 2, 1994, § 10 Rn. 109; so bestimmt etwa § 57 II 1 BPolG das Bundespolizeipräsidium in Ausgestaltung des Art. 87 I 2 GG (wobei die Bundespolizeibehörden „Grenzschutzbehörden" i.S.d. Vorschrift sind) als Oberbehörde und die Bundespolizeidirektionen als nachgeordnete Unterbehörden – Mittelbehörden fehlen also; dazu näher *Wagner*, DÖV 2009, 66 ff.; *ders.*, Jura 2009, 96 ff.; gegen die Zulässigkeit eines Behördenunterbaus bei **selbständigen** Bundesoberbehörden, die nach Art. 87 III 1 GG errichtet wurden, BVerfGE 14, 197 (211); *Ibler*, in: Maunz/Dürig, Art. 87 Rn. 245, 247; *Bull*, in: Denninger u.a., GG, 3. Aufl. 2001, Art. 87 Rn. 25.

Beispiele für Bundesoberbehörden: Bundespolizeipräsidium, Umweltbundesamt, Bundesamt für Verfassungsschutz, Bundeskriminalamt, Statistisches Bundesamt, Bundesamt für Migration und Flüchtlinge, Bundeskartellamt, Kraftfahrt-Bundesamt, Luftfahrt-Bundesamt

Die unmittelbare Bundesverwaltung kann allerdings nur in den Fällen der Art. 87 I 1 und 2 („Bundesgrenzschutzbehörden"), 87 III 2, 87b I, 87d I, 89 II GG mehrstufig aufgebaut sein. 215

b) Mittelbare Bundesverwaltung

Zur mittelbaren Bundesverwaltung gehören vor allem diejenigen **rechtlich selbständigen juristischen Personen** des öffentlichen Rechts, die **Aufgaben der Bundesverwaltung** erfüllen und der **Bundesaufsicht** unterliegen. 216

Trotz ihrer rechtlichen Selbständigkeit spricht man von **bundesunmittelbaren Körperschaften, Anstalten und Stiftungen des öffentlichen Rechts** (so die Formulierung in Art. 86 S. 1, 87 II 1, III 1 GG). 217

> **Beachte:** Trotz der Bezeichnung „**bundesunmittelbare**" Körperschaften, Anstalten und Stiftungen handelt es sich um **mittelbare Bundesverwaltung.**

Beispiele:
- Bundesrechtsanwaltskammer (bundesunmittelbare Körperschaft)
- Deutsche Bundesbank (siehe § 2 S. 1 BBankG), Bundesrundfunkanstalt Deutsche Welle (bundesunmittelbare Anstalten)
- Stiftung Preußischer Kulturbesitz (bundesunmittelbare Stiftung)

Daneben gehören zur **mittelbaren Bundesverwaltung** auch noch diejenigen **Beliehenen** und privatrechtlich organisierten Verwaltungsträger, die Aufgaben der Bundesverwaltung wahrnehmen. 218

2. Landesverwaltung

a) Unmittelbare Landesverwaltung

Die Aufgaben der **unmittelbaren Landesverwaltung** werden von **Landesbehörden** wahrgenommen. Die unmittelbare Landesverwaltung ist durchgängig mehrstufig. In den größeren Bundesländern ist sie **dreistufig**, in den kleineren Bundesländern nur zweistufig.[28] Besonderheiten, auf die 219

---

[28] Näher *Maurer*, § 22 Rn. 17.

hier nicht näher eingegangen wird, gelten in den Stadtstaaten Berlin, Freie und Hansestadt Hamburg und Freie Hansestadt Bremen.[29]

220 Schließlich gibt es noch die Unterscheidung zwischen den **Behörden der allgemeinen Landesverwaltung** und den **Sonderbehörden**. Die Sonderbehörden sind für ganz bestimmte Verwaltungsaufgaben zuständig, z.B. Finanz-, Forst- und Schulverwaltung. Die allgemeinen Verwaltungsbehörden sind für alle Verwaltungsaufgaben zuständig, die nicht den Sonderbehörden obliegen.

Der Behördenaufbau der **allgemeinen Landesverwaltung** (der großen Flächenstaaten) stellt sich wie folgt dar:

(1) **Oberste Landesbehörden:** Ministerpräsidenten, Landesministerien, Landesrechnungshöfe

(2) **Höhere oder obere Landesbehörden = Landesmittelbehörden:** Regierungspräsidien, Bezirksregierungen, Regierungen (nicht die Landesregierungen!)

(3) **Untere Landesbehörden:** Landratsämter (Landräte, z. B. § 55 HKO)

221 Der Aufbau der **Sonderbehörden** lässt sich wie folgt skizzieren:

(1) **Oberste Landesbehörden:** Ministerpräsidenten und Landesministerien

(2) **Höhere Sonderbehörden:** Sie sind einer obersten Landesbehörde (nicht Landesoberbehörde) nachgeordnet und unteren Sonderbehörden übergeordnet. Hierdurch gehören sie zu den Landesmittelbehörden.

Beispiele: Forstdirektionen, Oberschulämter, Oberfinanzdirektionen (als Landesbehörden – sie können auch als Bundesbehörden fungieren)

(3) **Untere Sonderbehörden:** Sie sind einer höheren Sonderbehörde nachgeordnet. Hierarchisch gehören sie zu den unteren Landesbehörden.

Beispiele: Gewerbeaufsichtsämter, Straßenbauämter, Schulämter, Finanzämter, Forstämter

222 Weiterhin gibt es verschiedene **Landesoberbehörden (Landesämter)**. Sie erfüllen ganz bestimmte Aufgaben und zählen deshalb zu den Sonderbehörden.

Beispiele: Landeskriminalamt, Statistisches Landesamt, Landesamt für Verfassungsschutz, Landesamt für Besoldung und Versorgung

Die Landesoberbehörden unterstehen einer obersten Landesbehörde und sind für das gesamte Land zuständig. Sie können – müssen aber nicht –

---

[29] Dazu *Achterberg*, Allgemeines Verwaltungsrecht, 2. Aufl. 1986, § 10 Rn. 33 ff.; *P. M. Huber*, Allgemeines Verwaltungsrecht, 2. Aufl. 1997, S. 148 f.

auch über einen Verwaltungsunterbau in Form von unteren Sonderbehörden verfügen.[30]

Beispiel: Landesversorgungsamt als Landesoberbehörde mit nachgeordneten Versorgungsämtern

b) Mittelbare Landesverwaltung

Zur **mittelbaren Landesverwaltung** gehören vor allem diejenigen **juristischen Personen des öffentlichen Rechts,** die Aufgaben der Landesverwaltung erfüllen und der **Landesaufsicht** unterliegen. Auch hier spricht man – obwohl es sich um **mittelbare** Landesverwaltung handelt – wieder von **landesunmittelbaren Körperschaften, Anstalten und Stiftungen des öffentlichen Rechts** (so die Formulierung in Art. 87 II 2 GG).[31] 223

Beispiele:
- Gemeinden, Kreise, staatliche Hochschulen, Ärztekammern (landesunmittelbare Körperschaften)
- Landesversicherungsanstalten, Landesrundfunkanstalten (landesunmittelbare Anstalten); zu letzteren BVerfGK NVwZ 2004, 472: öffentlich-rechtliche Rundfunkanstalt als „Subjekt der mittelbaren Staatsverwaltung"; ebenso BGHSt. NJW 2010, 787; *Kemmler,* JA 2015, 331; gegen die Qualifizierung als mittelbare Staatsverwaltung BVerwGE 70, 310 (316); *Bethge,* in: Sachs, Art. 5 Rn. 134.
- Stiftung Maximilianeum in München (landesunmittelbare Stiftung)

Daneben gehören zur mittelbaren Landesverwaltung auch noch die Beliehenen und privatrechtlich organisierten Verwaltungsträger, die Aufgaben der Landesverwaltung wahrnehmen. 224

Im Überblick lässt sich der Aufbau der Bundes- und Landesverwaltung, freilich vereinfacht, wie folgt darstellen: 225

---

[30] *Burgi,* in: Erichsen/Ehlers, § 9 Rn. 15.
[31] Ebenso *Hendler,* Rn. 31.

Übersicht 6:
Aufbau der Bundes- und Landesverwaltung

Bundesverwaltung

Unmittelbare Bundesverwaltung

1. Oberste Bundesbehörden, z.B. Bundeskanzler (Bundeskanzleramt), Bundesministerien, Bundesrechnungshof

   Bundesoberbehörden, z.B. Bundesamt für Justiz, Umweltbundesamt, Bundeskriminalamt, Bundesamt für Verfassungsschutz, Bundespolizeipräsidium

2. Bundesmittelbehörden, z.B. Wasser- u. Schiffahrtsdirektionen, Wehrbereichsverwaltungen

3. Bundesunterbehörden, z.B. Wasser- u. Schiffahrtsämter, Bundespolizeidirektionen, Hauptzollämter, Kreiswehrersatzämter

Verwaltungsträger ist die Bundesrepublik Deutschland

Mittelbare Bundesverwaltung

| Bundesunmittelbare Körperschaften des öffentlichen Rechts, z.B. Bundesrechtsanwaltskammer, Bundesnotarkammer, Kassenärztliche Bundesvereinigung | Bundesunmittelbare Anstalten des öffentlichen Rechts, z.B. Bundesanstalt für Güterfernverkehr, Bundesanstalt für Post- und Telekommunikation, Deutsche Bundesbank | Bundesunmittelbare Stiftungen des öffentlichen Rechts, z.B. Stiftung Preußischer Kulturbesitz, Stiftung Hilfswerk für behinderte Kinder | Beliehene, z.B. Deutsche Flugsicherung GmbH | Privatrechtlich organisierte Verwaltungsträger, z.B. Gesellschaft für internationale Zusammenarbeit (GIZ GmbH) |

Verwaltungsträger ist die entsprechende juristische Person des öffentlichen Rechts, die entsprechende natürliche Person (im Falle der Beleihung) oder die entsprechende juristische Person des privaten Rechts (im Falle der Beleihung oder des privatrechtlich organisierten Verwaltungsträgers)

Dazu auch die Übersichten in *Bull/Mehde*, Rn. 129 ff.

§ 5. Organisation der Verwaltung 55

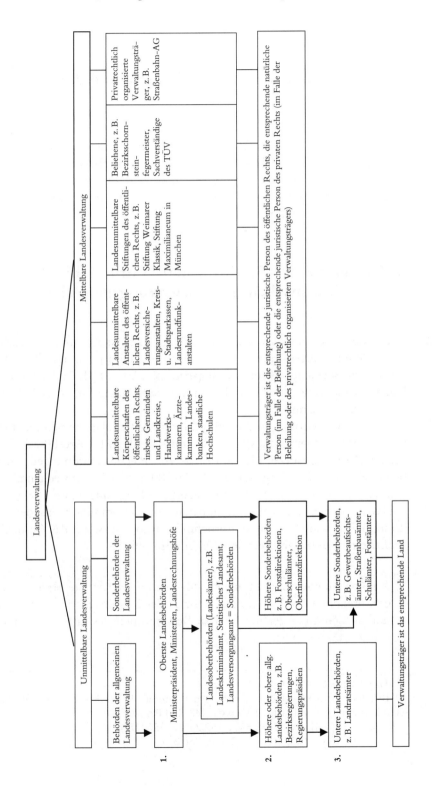

§ 6. Wichtige Handlungsgrundsätze

226 Die nachfolgend beschriebenen Grundsätze des Verwaltungsrechts sind zum großen Teil vom Verfassungsrecht geprägt. Gerade in diesem Bereich zeigt sich, wie zutreffend es ist, „Verwaltungsrecht als konkretisiertes Verfassungsrecht"[1] zu beschreiben. Wegen ihrer verfassungsrechtlichen Herleitung kommt vielen verwaltungsrechtlichen Rechts- und Handlungsgrundsätzen auch Verfassungsrang zu.

I. Grundsatz der Bestimmtheit, Vorhersehbarkeit und Messbarkeit des Verwaltungshandelns

227 Verwaltungshandeln muss für den Bürger vorhersehbar und messbar oder mit anderen Worten inhaltlich bestimmt sein. Dies ist unmittelbare Folge des grundgesetzlichen **Rechtsstaatsprinzips** (Art. 20 III, 28 I 1 GG).[2] Für **Verwaltungsakte** ist dieser Bestimmtheitsgrundsatz in § 37 I VwVfG ausdrücklich genannt.

Manche Vorschriften sind Konkretisierungen des allgemeinen rechtsstaatlichen Bestimmtheitsgrundsatzes; dies trifft vor allem für Art. 80 I 2 GG zu, der für **Bundesgesetze,** die zum Erlass von Rechtsverordnungen ermächtigen, gilt. Für **Landesgesetze** gilt Art. 80 I 2 GG entsprechend, wenn eine vergleichbare landesverfassungsrechtliche Regelung fehlt.[3]

228 Das gebotene Ausmaß der inhaltlichen Bestimmtheit ist dem Bestimmtheitsgrundsatz nicht zu entnehmen. Insoweit ist auf das Ausmaß der **rechtlichen Betroffenheit** der Bürger abzustellen.

> Je belastender eine staatliche Maßnahme ist und je stärker ihre grundrechtlichen Auswirkungen sind, desto höhere Anforderungen sind an den Grad der inhaltlichen Bestimmtheit des in Rede stehenden Rechtsakts zu stellen.[4]

---

[1] *Fritz Werner,* DVBl. 1959, 527.
[2] BVerfGE 107, 395 (416): rechtsstaatliches Erfordernis der Messbarkeit und Vorhersehbarkeit staatlichen Handelns; BVerwGE 148, 133 Rn. 20 f.
[3] Vgl. BVerfGE 41, 251 (266); 55, 207 (226); 58, 257 (277).
[4] BVerwG, 16.10.2013, 8 CN 1/12, juris Rn. 26 f.

Dass sowohl der Gesetzgeber als auch die Verwaltung – vor allem in Rechtsverordnungen und Satzungen – unbestimmte Rechtsbegriffe[5] verwenden dürfen, ist unstreitig.

Beispiele für unbestimmte Rechtsbegriffe: Öffentliches Bedürfnis, öffentliches Interesse, öffentliche Sicherheit und Ordnung, Zuverlässigkeit, Unwürdigkeit

Umstritten ist aber häufig, wie unbestimmt der Rechtsbegriff sein darf. Ggf. muss ein Rechtsbegriff (verfassungskonform) restriktiv ausgelegt werden, damit das Gesetz nicht zu unbestimmt und damit verfassungswidrig ist.[6]

II. Grundsatz der Verhältnismäßigkeit

Literatur: *Bleckmann,* Begründung und Anwendungsbereich des Verhältnismäßigkeitsgrundsatzes, JuS 1994, 177; *Brüning,* Gleichheitsrechtliche Verhältnismäßigkeit, JZ 2001, 669; *Klatt/Meister,* Der Grundsatz der Verhältnismäßigkeit, JuS 2014, 193; *Kluth,* Das Übermaßverbot, JA 1999, 606; *Kluckert,* Die Gewichtung von öffentlichen Interessen im Rahmen der Verhältnismäßigkeitsprüfung, JuS 2015, 116; *Mehde,* Die Prüfung der Verhältnismäßigkeit bei gebundenen Entscheidungen, DÖV 2014, 541; *Michael,* Grundfälle zur Verhältnismäßigkeit, JuS 2001, 654, 764, 866.

Jedes **belastende** staatliche Handeln muss verhältnismäßig sein. Das gilt **229** nicht nur für formelle Gesetze, sondern auch für das Verwaltungshandeln. Der Grundsatz der Verhältnismäßigkeit[7] verbietet, dass staatliches Handeln die nachteilig Betroffenen übermäßig belastet **(Übermaßverbot).** Es handelt sich um ein verfassungsrechtliches Prinzip. Es folgt aus dem Rechtsstaatsprinzip und, wenn das staatliche Handeln in Grundrechte eingreift, aus den Grundrechten, die nur soweit beschränkt werden dürfen, als es zum Schutz öffentlicher Interessen unerlässlich ist.[8] Zum Teil ist es auch einfachgesetzlich geregelt, z.B. in § 9 II 1 VwVG, § 7 II PassG, § 15 BPolG.

Bei der Prüfung der **Verhältnismäßigkeit des Verwaltungshandelns 230** geht es im wesentlichen um das Verhältnis zwischen dem von der Verwaltung ergriffenen **Mittel** und dem **Zweck,** der durch das Mittel verfolgt wird. Mittel ist die von der Verwaltung konkret erlassene Maßnahme, z.B. ein Verwaltungsakt, eine Rechtsverordnung oder Satzung. Der von der Verwaltung verfolgte Zweck ergibt sich aus der Maßnahme und den Umständen des konkreten Falles.

---

[5] Dazu näher Rn. 348 ff.
[6] So etwa BVerwG DÖV 2014, 81 Rn. 20 ff. zum gesetzlichen Tatbestand der Unwürdigkeit, der zur Entziehung eines Doktortitels berechtigt.
[7] Dazu sehr informativ *Jarass,* in: Jarass/Pieroth, Art. 20 Rn. 80 ff.; *Sachs,* in: Sachs, Art. 20 Rn. 145 ff.
[8] BVerfGE 19, 342 (348).

58   Kapitel 1. Grundlagen und Grundbegriffe

In **Prüfungsarbeiten** ist das Verhältnismäßigkeitsprinzip häufig ein zentraler Punkt. Es ist allerdings nicht isoliert zu prüfen. Es geht vielmehr um die Frage, ob der Staat in Rechte des Bürgers unverhältnismäßig eingegriffen hat. Ist dies der Fall, hat der Staat das entsprechende Recht des Bürgers verletzt.

231 **Beachte auch die** (nicht nur für das Verhältnismäßigkeitsprinzip geltende) **Terminologie:**

> Der **Rechtseingriff** ist ein Oberbegriff. Es gibt rechtmäßige und rechtswidrige Rechtseingriffe (z.B. in Grundrechte). Nur der **rechtswidrige Rechtseingriff** ist eine **Rechtsverletzung.** Allein vom Rechts**eingriff** darf deshalb nicht auf eine Rechts**verletzung** geschlossen werden.

Übersicht 7:
Rechtseingriff

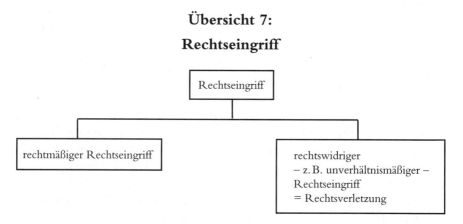

Die Prüfung des Verhältnismäßigkeitsprinzips erfolgt in vier Schritten:

232   **1. Schritt: Zweck- und Mittelprüfung**

Zunächst muss der vom Staat verfolgte Zweck ermittelt werden. In Prüfungsarbeiten ist er häufig im Sachverhalt angegeben, etwa wenn es heißt: „Zum Schutze gegen die von Kampfhunden ausgehenden Gefahren erlässt die Landesregierung folgende Rechtsverordnung: ...". Ist er nicht ausdrücklich angegeben, muss er aus dem Gesamtzusammenhang ermittelt werden.

Beachte: Bei der Bestimmung und Prüfung gesetzlicher Ziele ist umstritten, ob nur die vom Gesetzgeber ausdrücklich genannten **subjektiven Zwecke** berücksichtigt werden dürfen oder auch nicht genannte **objekti**-

§ 6. Wichtige Handlungsgrundsätze   59

ve Zwecke, denen das Gesetz bei objektiver Betrachtungsweise dienen kann.[9]

Sodann ist zu prüfen, ob der vom Staat verfolgte Zweck als solcher **legitim oder von vornherein rechtswidrig** ist.

Beispiel: Eine Rechtsverordnung, die ausschließlich oder vorrangig den Schutz einer bestimmten Berufsgruppe vor Konkurrenz bezweckt und kein anderes verfassungslegitimes übergeordnetes Ziel verfolgt, dient einem verfassungswidrigen Zweck. Denn das Grundgesetz geht von Konkurrenz aus (Art. 12 I, 3 I, 2 I GG). Konkurrenzschutz als solcher ist deshalb kein verfassungslegitimes Ziel. Die Rechtsverordnung ist verfassungswidrig und verletzt die Konkurrenten ggf. in Art. 12 I 1 GG.

Beachte: Wendet eine Behörde ein Gesetz an (Gesetzesvollzug) und wird geprüft, ob die Gesetzesanwendung verhältnismäßig ist, darf die Behörde nur die dem Gesetz zugrundeliegenden Zwecke verfolgen. Verfolgt sie andere Zwecke, ist dies rechtswidrig.

Legitim und rechtmäßig muss auch das im Gesetz genannte (bzw. das von der Behörde angewandte **Mittel** sein, mit dem der Zweck verfolgt wird.[10]

Beispiele: Androhung und Verhängung von Todesstrafe sind nach Art. 102 GG verboten. Die Inhaftierung von Menschen ist nicht generell unzulässig, wie Art. 2 II 3 GG belegt. Gleiches gilt sogar für die Tötung von Menschen, da nach Art. 2 II 3 GG auch Eingriffe in das Grundrecht auf Leben (Art. 2 II 1 GG) zulässig sein können.

Verfolgt der Staat einen **rechtswidrigen Zweck** oder wendet er ein 233 rechtswidriges Mittel an, verletzt er das Recht, in das er zur Zweckverfolgung eingreift. Sein Handeln kann dann nicht mehr verhältnismäßig sein. Eine weitergehende Prüfung des Verhältnismäßigkeitsprinzips kann dann ggf. nur noch hilfsweise erfolgen.

Beachte: In Prüfungsarbeiten sollte die Zweck- und Mittelprüfung möglichst knapp sein. Probleme finden sich hier nur äußerst selten. Deshalb wird auf den Zweck auch häufig bei der Geeignetheitsprüfung und auf das Mittel bei der Erforderlichkeitsprüfung (kurz) eingegangen. Beide Aspekte können auch in die Angemessenheitsprüfung verlagert werden, bei der es um die Bewertung der Zweck-Mittel-Relation geht. Die Verhältnismäßigkeitsprüfung ist dann nur dreistufig.

---

[9] Für die Berücksichtigung nur subjektiver Zwecke z. B. BVerfGE 93, 121 (147); für die Berücksichtigung auch nicht genannter objektiver Zwecke BVerfGE 75, 246 (268); 21, 292 (299); 11, 168 (188 f.); ganz deutlich auch BVerfG NJW 1998, 1777; zum Problem näher *Uwer,* in: FS M. Kloepfer, 2013, S. 885 ff.; *Cremer,* NVwZ 2004, 668 ff.
[10] Dazu zuletzt *Klatt/Meister,* JuS 2014, 194 f.

234 **2. Schritt: Geeignetheit**

> Das Mittel ist geeignet, wenn es dem angestrebten (rechtmäßigen) Zweck generell dienen kann.

Es ist nur dann ungeeignet und damit unverhältnismäßig, wenn es den Zweck in keiner Weise fördert.

Beispiel: Der 16 jährige A ist bereits mehrfach mit dem PKW seines Vaters ohne die dafür erforderliche Fahrerlaubnis gefahren. Um weitere Schwarzfahrten zu verhindern, ordnet die örtlich zuständige Polizeibehörde an, dass A sich ein Mal wöchentlich auf der Polizeidienststelle persönlich meldet. Die Meldepflicht ist völlig ungeeignet, A von weiteren Schwarzfahrten abzuhalten.

235 **Wichtig ist folgendes:** Es darf nicht geprüft werden, ob der Staat ein besseres, zur Zweckverfolgung effektiveres Mittel hätte ergreifen können. Der Staat ist bei der **Auswahl** unter den geeigneten Mitteln insoweit frei. Ein völlig ungeeignetes Mittel dürfte nur sehr selten Gegenstand von Prüfungsarbeiten sein.

236 **3. Schritt: Erforderlichkeit**

> Die Maßnahme ist erforderlich, wenn es kein milderes (den Betroffenen weniger belastendes), aber ebenso wirksames (gleich geeignetes) Mittel gibt.

Hier werden in der **Fallbearbeitung** häufig leicht vermeidbare Fehler gemacht. Nicht eben wenige Bearbeiter konstatieren ein milderes Mittel und schließen daraus, das von der Verwaltung gewählte Mittel sei nicht erforderlich. Diese Folge tritt jedoch nur dann ein, wenn das mildere Alternativmittel **ebenso effektiv** ist wie das von der Verwaltung gewählte Mittel.

Beispiel: Die Behörde ordnet den Abriss eines Hauses an, weil eine Mauer schadhaft ist und deshalb Einsturzgefahr besteht. Diese Anordnung ist nicht erforderlich, wenn die Reparatur der Mauer mit einem vernünftigen wirtschaftlichen Aufwand möglich ist.

237 Bei der Prüfung, ob das Alternativmittel weniger belastend ist, sind auch die von ihm ausgehenden Belastungen für Dritte und die Allgemeinheit[11]

---

[11] BVerfGE 113, 167 (259); *Jarass,* in: Jarass/Pieroth, Art. 20 Rn. 85.

§ 6. Wichtige Handlungsgrundsätze

sowie die Auswirkungen für die Staatsfinanzen[12] zu berücksichtigen. Zu beachten ist, dass **nur rechtmäßige Alternativmittel** in die Bewertung einbezogen werden dürfen.

Zu berücksichtigen ist ferner, dass das BVerfG bei der **Überprüfung formeller Gesetze** dem Gesetzgeber einen **Beurteilungsspielraum** einräumt.[13] Danach darf die Erforderlichkeit eines formellen Gesetzes nur dann verneint werden, wenn es ein **eindeutig** ebenso effektives, aber **eindeutig weniger belastendes Alternativgesetz** gibt. Dies gilt auch für **Rechtsverordnungen**.[14] Gleiches ist aber auch für Einzelmaßnahmen der Verwaltung anzunehmen, wenn ihr ein – insbesondere vom formellen Gesetzgeber eingeräumter – Entscheidungs- und Einschätzungsspielraum zusteht.

4. Schritt: Angemessenheit

> Das Verwaltungshandeln ist **angemessen**, wenn bei einer **Gesamtabwägung** zwischen der **Schwere des Eingriffs** und dem Gewicht und der Dringlichkeit der ihn **rechtfertigenden Gründe** die Grenze der Zumutbarkeit gewahrt bleibt.[15]

Zu bewerten sind also das Ausmaß der Belastungen für die von der Maßnahme nachteilig Betroffenen und das Interesse, das die Verwaltung mit der Maßnahme verfolgt, oder auch der Nutzen für die Allgemeinheit. D.h., wenn das Interesse der nachteilig Betroffenen überwiegt, muss sich die Verwaltung mit einer weniger effektiven, aber milderen Maßnahme begnügen. Die in Rede stehende Maßnahme ist allerdings nur dann unangemessen, wenn das Interesse der nachteilig Betroffenen **ersichtlich wesentlich schwerer wiegt** als das mit der Maßnahme verfolgte Interesse.[16] Dass hier bei der Bearbeitung von Klausuren und Hausarbeiten ein weiter Argumentationsspielraum besteht, liegt auf der Hand.

Beispiel: A baut ein Einfamilienhaus und überschreitet den bauordnungsrechtlich vorgeschriebenen Grenzabstand versehentlich um 1 cm. Eine hierauf gestützte Abrissverfügung wäre für A unzumutbar und damit unangemessen.

---

[12] Vgl. BVerfGE 81, 70 (91 f.); 77, 84 (110 f.) zu formellen Gesetzen.
[13] BVerfGE 90, 145 (173); 96, 10 (23 ff.); 117, 163 (183); siehe auch BVerfGE 50, 290 (332 f.); dies gilt vor allem – aber nicht nur – für Gesetze auf dem Wirtschaftssektor, BVerfGE 81, 70 (90 f.); 77, 84 (111); 30, 292 (319); 25, 1 (20).
[14] BVerfGE 53, 135 (145).
[15] BVerfGE 83, 1 (19).
[16] BVerfGE 44, 353 (373) – zu einer gerichtlichen Beschlagnahmeanordnung.

Wichtig ist, dass nicht lediglich abstrakt auf die Wertigkeit derjenigen Rechtsgüter abgestellt wird, denen die Maßnahme dient und in die sie eingreift, sondern dass eine Gesamtabwägung stattfindet.[17]

> **Beispiel**: Verfehlt wäre z. B. eine Argumentation, ein Versammlungsverbot sei schon deshalb angemessen, weil es zu befürchtende Ausschreitungen einzelner Versammlungsteilnehmer verhindere und so der körperlichen Unversehrtheit (Art. 2 II 1 GG) diene, die gegenüber der Versammlungsfreiheit (Art. 8 GG) vorrangig sei.

240 **Wichtig** ist weiterhin folgendes: Wird bereits die Geeignetheit einer Maßnahme verneint, dürfen Erforderlichkeit und Angemessenheit nicht mehr geprüft werden; ist eine Maßnahme nicht erforderlich, darf die Angemessenheit nicht mehr geprüft werden. Insoweit besteht ein **Stufenverhältnis**. Eine Maßnahme kann nicht mehr angemessen sein, wenn sie schon nicht erforderlich oder gar ungeeignet ist. Es wäre ein schlimmer Fehler, die Erforderlichkeit zu verneinen und dann die Angemessenheit zu bejahen.

241 Eine Verhältnismäßigkeitsprüfung kommt grundsätzlich nur bei Maßnahmen in Betracht, die in Rechte anderer eingreifen, also bei **belastenden** Maßnahmen. Es ist allerdings zu beachten, dass es auch **Maßnahmen mit sog. Dritt- oder Doppelwirkung** gibt. Ein und dieselbe Maßnahme begünstigt den einen und belastet den anderen. So verhält es sich etwa bei einer Baugenehmigung, die dem Antragsteller eine Grenzbebauung erlaubt: Der Antragsteller ist begünstigt, der Nachbar ist nachteilig betroffen. Auch eine Subventionsvergabe kann diese Doppelnatur aufweisen. Der Subventionsempfänger ist begünstigt, die Konkurrenten sind nachteilig betroffen.

242 Bevor in solchen Drittbetroffenenfällen die Verhältnismäßigkeit geprüft wird, muss aber zunächst ein **Eingriff in Rechte des Dritten** festgestellt werden. Denn wenn nicht in die Rechte des Dritten eingegriffen wird, kann ihn die Maßnahme auch nicht unverhältnismäßig belasten. Gerade bei der Vergabe von Subventionen verneint die Rechtsprechung in aller Regel einen Eingriff in Rechte der nichtsubventionierten Konkurrenten.[18]

243 Schreiben gesetzliche Vorschriften der Verwaltung ein ganz bestimmtes Verhalten vor, ist die Verhältnismäßigkeit des Verwaltungshandelns grundsätzlich nicht mehr zu prüfen.[19] In derartigen Fällen kann nur die gesetzliche Ermächtigungsgrundlage unverhältnismäßig sein. Wenn das Gesetz nicht verfassungsgemäß ausgelegt werden kann, ist es (zumindest teilweise)

---

[17] Zutreffend *Kluckert*, JuS 2015, 117 f.
[18] Dazu Rn. 287 mit Fn. 47.
[19] VGH BW VBlBW 2008, 437 (443); *Jarass*, in: Jarass/Pieroth, Art. 20 Rn. 90a; *Bull/Mehde*, Rn. 152a; *Ruffert*, in: Erichsen/Ehlers, § 22 Rn. 36.; dazu auch unten Rn. 605 f.

verfassungswidrig und nichtig. Die auf das Gesetz gestützte Maßnahme der Verwaltung ist dann mangels wirksamer Ermächtigungsgrundlage rechtswidrig. Eine zusätzliche, darüber hinausgehende Unverhältnismäßigkeit des Verwaltungshandelns ist nicht möglich.[20]

Etwas anderes gilt nur dann, wenn die Beachtung des Verhältnismäßigkeitsprinzips im Gesetz ausdrücklich vorgeschrieben ist, wie z.B. in § 7 II PassG. Dadurch wird der Behörde aber wieder ein gewisser Entscheidungsspielraum eingeräumt: Die gesetzlich vorgeschriebene Rechtsfolge – Passversagung nach § 7 I PassG – tritt nicht ein, wenn das gesetzlich vorgeschriebene Verwaltungshandeln – die Passversagung – unverhältnismäßig wäre. **244**

Aufbautechnisch kann die Verhältnismäßigkeit in der **Fallösung** an verschiedener Stelle geprüft werden. Sie kann unter einem **selbständigen Prüfungspunkt** abgehandelt werden. Sie kann aber auch bei den **Ermessens- und Beurteilungsfehlern** berücksichtigt werden, also beim Prüfungspunkt Ermessens- bzw. Beurteilungsfehlgebrauch.[21] **245**

III. Willkürverbot, Gleichbehandlungsgrundsatz

Art. 3 I GG i.V.m. dem Rechtsstaatsprinzip verbietet der Verwaltung **willkürliches** Handeln. Die Verwaltung darf sich nur von **sachlichen Gesichtspunkten** leiten lassen (Verbot sachfremder Erwägungen). Rechtswidrig ist aber auch schon jedes Handeln, das objektiv bei verständiger Würdigung und der Natur der Sache nach nicht mehr erklärbar ist; wenn das Verwaltungshandeln also sachlich schlechthin unhaltbar ist.[22] **246**

Beispiel: Vorladung eines Verkehrssünders zur Verkehrserziehung einzig und allein deshalb, weil im Kurs noch Plätze frei sind.

---

[20] So aber in Sonderfällen BVerwG NVwZ 2012, 1188 Rn. 24, 27 (dogmatisch richtig wäre es gewesen, die fragliche Rechtsvorschrift verfassungskonform auszulegen); NJW 2009, 2905 Rn. 25; OVG Münster NWVBl. 2009, 435; OVG Münster, 18.6.2008, 19 B 870/08, juris, Rn. 11 f. unter unzutreffender Berufung auf BVerfG, 10.8.2007, 2 BvR 535/06, juris; diese bundesverfassungsgerichtliche Entscheidung betrifft nämlich die Anwendung einer Rechtsvorschrift, die eine Ausnahmeregelung enthält und deshalb eine Prüfung, ob die behördliche Anwendung der Rechtsvorschrift verhältnismäßig ist, zulässt; dazu ausführlich *Barczak*, VerwArch. 105 (2014), 157 ff., 170 ff.; *Mehde*, DÖV 2014, 541 ff.; *Naumann*, DÖV 2011, 96 ff.

[21] Dazu Rn. 330 ff. (335), 378.

[22] Vgl. BVerfGE 65, 317 (322).

In derartigen Fällen ist das Verwaltungshandeln aber häufig schon nicht mehr von der gesetzlichen Ermächtigungsgrundlage gedeckt oder unverhältnismäßig.

247 Gegen Art. 3 I GG kann die Verwaltung im übrigen nur verstoßen, wenn ihr überhaupt ein Handlungsspielraum zusteht. Das ist in der Regel beim Erlass von **Rechtsverordnungen und Satzungen** der Fall. Bei der Prüfung von Art. 3 I GG ist dann – je nach Differenzierungskriterium bzw. Differenzierungszusammenhang – auf die **Willkürformel** oder auf die sog. **neue Formel** abzustellen.[23]

Handlungsspielräume stehen der Verwaltung weiterhin zu, wenn ihr ein Gesetz einen **Ermessens- oder Beurteilungsspielraum**[24] einräumt oder wenn sie gänzlich ohne Bindung an unterverfassungsrechtliche Rechtsvorschriften handelt (gesetzesfreie Verwaltung).[25] Hier gilt bei der Prüfung von Art. 3 I GG nur die Willkürformel. Eine Anwendung der **neuen Formel** ist in der Regel nicht möglich.[26] Denn die Behörde entscheidet – anders als der Normgeber – immer nur über Einzelfälle. Vergleichbare Gruppen von Entscheidungsadressaten lassen sich deshalb kaum bilden.

Anders verhält es sich, wenn die Verwaltung von ihrem Entscheidungsspielraum in einer bestimmten Art und Weise Gebrauch gemacht hat und sich dadurch eine **Verwaltungspraxis** gebildet hat oder wenn **Verwaltungsvorschriften**[27] das behördliche Handeln regeln. In einem solchen Fall zwingt Art. 3 I GG die Behörde, nachfolgende Einzelfälle ebenso zu entscheiden wie bisher (oder wie in der Verwaltungsvorschrift vorgesehen), wenn diese sich nicht **wesentlich** von den anderen Fällen unterscheiden.[28] Eine bloße Anwendung der Willkürformel ist abzulehnen. Die Anwendung der **neuen Formel** ist vorzugswürdig – und zwar ohne die Unterscheidung zwischen verhaltens- und personenbezogenen Kriterien.

IV. Grundsatz von Treu und Glauben und Verbot unzulässiger Rechtsausübung

248 Der im Zivilrecht vor allem aus § 242 BGB abgeleitete Grundsatz von Treu und Glauben gilt auch im öffentlichen Recht.[29] Hier wird vor allem auf das Rechtsstaatsprinzip abgestellt.

Der Grundsatz von Treu und Glauben und das damit eng zusammenhängende **Verbot unzulässiger Rechtsausübung** gilt nicht nur für die Verwaltung, sondern auch für den Bürger.

Beispiele: Verhindert ein Bürger treuwidrig den Bedingungseintritt, muss er sich so behandeln lassen, als sei die Bedingung eingetreten (BVerwGE 68, 156/159). Ist einem Nach-

---

[23] Dazu *Detterbeck*, Öffentliches Recht, Rn. 346 ff.
[24] Dazu Rn. 303 ff.
[25] Rn. 10.
[26] A.A. *Chr. Boden*, Gleichheit und Verwaltung, 2007, S. 358 ff.
[27] Rn. 852 ff.
[28] Dazu näher Rn. 870 ff.
[29] BVerfGE 59, 128 (167); BVerwGE 55, 337 (339); 111, 162 (172); NVwZ 2003, 994.

barn die Baugenehmigung, durch die er sich beschwert fühlt, nicht bekanntgegeben worden, laufen für ihn keine Widerspruchsfristen, auch nicht analog §§ 70, 58 II VwGO. Hätte er aber von der Baugenehmigung sichere Kenntnis erlangen müssen, kann ihm nach Treu und Glauben die Berufung darauf versagt sein, dass sie ihm nicht amtlich mitgeteilt wurde (BVerwGE 44, 294 ff.).

V. Grundsatz des Vertrauensschutzes

Der Grundsatz des Vertrauensschutzes wird aus dem Rechtsstaatsprinzip[30] und/oder aus den Grundrechten abgeleitet. Er verbietet auch solches Verwaltungshandeln, das für sich genommen von den einschlägigen gesetzlichen Vorschriften gedeckt ist, aber schutzwürdiges Vertrauen der nachteilig betroffenen Bürger enttäuscht; hinzu kommen muss, dass das Vertrauen des Bürgers in das Unterlassen oder die Vornahme einer behördlichen Maßnahme höher zu bewerten ist als das Interesse, das die Behörde verfolgt.[31] Anwendungsfälle des Vertrauensschutzprinzips sind die vor allem den Gesetzgeber treffenden verschiedenen ungeschriebenen Rückwirkungsverbote (echte – unechte Rückwirkung).[32] 249

Im Verwaltungsrecht hat der Grundsatz des Vertrauensschutzes seinen gesetzlichen Niederschlag vor allem in den Vorschriften über die Aufhebung von Verwaltungsakten (§§ 48 ff. VwVfG)[33] gefunden. Es gibt aber auch noch andere Anwendungsfälle. 250

Beispiel: Die Behörde erteilt dem A versehentlich die sachlich unzutreffende Auskunft, ein von ihm beabsichtigtes Bauvorhaben bedürfe keiner Baugenehmigung. Nach Fertigstellung des Baus erfährt A vom Erfordernis der Baugenehmigung und stellt einen entsprechenden Antrag. Die Erteilung liegt nach den einschlägigen gesetzlichen Bestimmungen aber im Ermessen der Behörde. Hier ist die behördliche Falschauskunft ein wichtiger Umstand, der bei der Ermessensabwägung für die Erteilung der Baugenehmigung spricht.

Die Grenzen zum Grundsatz von Treu und Glauben sind – zumal im genannten Beispielsfall – fließend.

---

[30] So etwa BVerfGE 59, 128 (167); dazu näher *Maurer,* HStR IV, § 79 Rn. 97 f., 105 m.w.N.
[31] Vgl. zum ganzen *Mayer/Kopp,* S. 300 ff.
[32] Dazu näher *Sachs,* in: Sachs, Art. 20 Rn. 131 ff.; *Fischer,* JuS 2001, 861 ff.
[33] Dazu unten Rn. 673 ff.

VI. Koppelungsverbot

251 Das aus dem Rechtsstaatsprinzip folgende Koppelungsverbot ist eng mit dem Willkürverbot verwandt. Das Koppelungsverbot verbietet es der Verwaltung, die Vornahme eigener Handlungen von solchen **Gegenleistungen** des Bürgers abhängig zu machen, die in **keinem sachlichen Zusammenhang mit dem Verwaltungshandeln** stehen.[34]
Seinen spezialgesetzlichen Niederschlag hat das Koppelungsverbot z. B. in § 56 I 2 VwVfG gefunden.

VII. Gebot des Gemeinwohlbezuges

252 Aus dem in Art. 20 I GG genannten Demokratieprinzip folgt auch das Gebot der Gemeinwohlrelevanz allen staatlichen Handelns. Es verlangt, dass staatliches Handeln dem gesamten Volk und damit dem Gemeinwohl dient. Ob auch das republikanische Prinzip gebietet, dass der Staat nicht im speziellen Einzelinteresse, sondern im **übergeordneten öffentlichen Interesse** und zum gemeinen Wohl tätig wird, ist umstritten.[35]

253 Das Gebot des Gemeinwohlbezuges ist vor allem bei der Auslegung und Anwendung des einfachen Rechts, also der Vorschriften, die unterhalb des Verfassungsrechts rangieren, zu beachten. Rechtswidrig wäre z. B. die Aufstellung oder Abänderung eines Bebauungsplanes, um ausschließlich den privaten Interessen eines oder einiger weniger Grundstückseigentümer zu entsprechen.

254 Allerdings ist zu beachten, dass die staatliche Leistungsgewährung an einzelne Personen in aller Regel vom Gemeinwohlgedanken motiviert ist. So verhält es sich etwa bei der Gewährung von Sozialhilfe oder der Vergabe von Subventionen. Dem Staat kommt bei der Zweckbestimmung seines Handelns ein weiter Einschätzungsspielraum und eine weite Einschätzungsprärogative zu. Es genügt, wenn sich für das Handeln vernünftige und nachvollziehbare Gemeinwohlerwägungen finden lassen.

Beispiel: Die Entscheidung, bestimmte Wirtschaftszweige zu subventionieren, etwa die Stahlindustrie, ist am Gemeinwohl orientiert. Erhält dann Unternehmer U, der die Vergabevoraussetzungen erfüllt, eine Subvention, kommt es nicht mehr darauf an, ob gerade seine Subventionierung tatsächlich dem Gemeinwohl dient.

---

[34] Grundlegend BVerwGE 42, 331 (338 f.).
[35] Dafür z. B. *Sommermann*, in: v. Mangoldt/Klein/Starck II, Art. 20 Rn. 14; *Mayer/Kopp*, S. 307; dagegen *Dreier*, in: Dreier II, Art. 20 (Republik) Rn. 20 ff.

VIII. Effizienzgebot

Dem Gebot der Effizienz staatlichen Handelns wird z.T. Verfassungsrang **255**
zuerkannt.[36] So ist es z.B. anerkannt, dass die Gerichte wirksamen und
effizienten (Grund-)Rechtsschutz zu gewähren haben.[37] Gleiches gilt für
die Verwaltung. Sie muss ihre Aufgaben möglichst effizient wahrnehmen.
Freilich handelt es sich um einen nur sehr schwer fassbaren Begriff.[38] Mit
seiner Hilfe allein lässt sich die Rechtswidrigkeit eines bestimmten behördlichen Verhaltens kaum begründen. Wenn überhaupt, dann ist das Effizienzgebot nur im Rahmen von Güterabwägungen, etwa bei der Verhältnismäßigkeitsprüfung, zu berücksichtigen.

---

[36] So *Mayer/Kopp*, S. 306 m.w.N.
[37] BVerfGE 112, 185 (207f.); 107, 395 (401); 61, 82 (110f.); 40, 272 (275).
[38] Vgl. *Achterberg*, Allgemeines Verwaltungsrecht, 2. Aufl. 1986, § 19 Rn. 2, 19ff.

§ 7. Gesetzmäßigkeit der Verwaltung

Literatur: *Böckenförde*, Organisationsgewalt und Gesetzesvorbehalt, NJW 1999, 1235; *Brinktrine*, Organisationsgewalt der Regierung und der Vorbehalt des Gesetzes – zur Reichweite der „Wesentlichkeitstheorie" am Beispiel der Zusammenlegung von Justiz- und Innenministerium in Nordrhein-Westfalen, Jura 2000, 123; *Cornils*, Von Eingriffen, Beeinträchtigungen und Reflexen, in: FS H. Bethge, 2009, S. 137; *Cremer*, Der Osho-Beschluß des BVerfG – BVerfGE 105, 279, JuS 2003, 747; *Durner*, Der Gesetzesvollzugsanspruch des Gesetzgebers gegenüber der Exekutive, JZ 2015, 157; *Hölscheidt*, Der Grundsatz der Gesetzmäßigkeit der Verwaltung, JA 2001, 409; *Ibler*, Grundrechtseingriff und Gesetzesvorbehalt bei Warnungen durch Bundesorgane, in: FS H. Maurer, 2001, S. 145; *Isensee*, Amtswalter und Grundrechtsträger in Personalunion: der Beamte – verfassungsrechtliche Sphären und Grenzlinien –, in: FS U. Battis, 2014, S. 557; *Jarass*, Der Vorbehalt des Gesetzes bei Subventionen, NVwZ 1984, 473; *Käß*, Die Warnung als verwaltungsrechtliche Handlungsform, WiVerw. 2002, 197; *Klement*, Der Vorbehalt des Gesetzes für das Unvorhersehbare, DÖV 2005, 507; *Lege*, Nochmals: Staatliche Warnungen, DVBl. 1999, 569; *Maurer*, Zur Organisationsgewalt im Bereich der Regierung, in: FS K. Vogel, 2000, S. 331; *Murswiek*, Das Bundesverfassungsgericht und die Dogmatik mittelbarer Grundrechtseingriffe, NVwZ 2003, 1; *Ohler*, Der institutionelle Vorbehalt des Gesetzes, AöR 131 (2006), 336; *Ossenbühl*, Vorrang und Vorbehalt des Gesetzes, HStR V, § 101; *Sachs*, Wiederbelebung des besonderen Gewaltverhältnisses? NWVBl. 2004, 209; *Schink*, Smileys in der Lebensmittelkontrolle – Verfassungsrechtliche Zulässigkeit einer amtlichen Information der Öffentlichkeit über die Ergebnisse der amtlichen Lebensmittelkontrolle, DVBl. 2011, 253; *R. Schmidt*, Staatliches Informationshandeln und Grundrechtseingriff, 2004; *Schoch*, Die Schwierigkeiten des BVerfG mit der Bewältigung staatlichen Informationshandelns, NVwZ 2011, 193; *Stober*, Der Vorbehalt des Gesetzes und Verwaltungsvorschriften im Subventionsrecht, GewArch. 1993, 163; *Summer*, Gedanken zum Gesetzesvorbehalt im Beamtenrecht, DÖV 2006, 249; *Tegethoff*, Verwaltungsvorschriften und Gesetzesvorbehalt, JA 2005, 794; *Vögler*, Rückforderung vertraglich gewährter Subventionen ohne Rechtsgrundlage?, NVwZ 2007, 294; *Wehr*, Grundfälle zu Vorrang und Vorbehalt des Gesetzes, JuS 1997, 231, 418.

Rechtsprechung: BVerfGE 33, 1 (gesetzliche Regelung des Strafvollzugs); BVerfGE 90, 286 (Auslandseinsatz der Bundeswehr); BVerfGE 98, 218 (Rechtschreibreform); BVerfGE 105, 252 (ministerielle Warnung vor glykolhaltigen Weinen); BVerfGE 105, 279 (Warnung der Bundesregierung vor der Osho-Bewegung); BVerfGE 108, 282 (Lehrerin mit Kopftuch); BVerfGE 113, 63 (Brandmarkung einer Zeitung im Verfassungsschutzbericht); BVerwGE 71, 183 (Arzneimitteltransparenzliste); BVerwGE 82, 76 (Regierungsamtliche Warnung vor Jugendsekte); BVerwGE 87, 37 (ministerielle Warnung vor glykolhaltigen Weinen); BVerwGE 148, 133 (formelle gesetzliche Ermächtigungsgrundlage für faktische Grundrechtseingriffe durch kommunale Satzungen); BVerwG NVwZ 2003, 92 (kein Gesetzesvorbehalt für Bevorzugung von Frauen bei Subventionsgewährung); BVerwG NJW 2006, 1303 (staatliche Verteilung von Scientology-Fragebögen zur privaten Weiterverwendung); NWVerfGH NJW 1999, 1243 (Zusammenlegung von Justiz- und Innenministerium unter Gesetzesvorbehalt); OVG Berlin-Brandenburg NVwZ 2012, 1265 (Erfordernis einer formellen gesetzlichen Ermächtigungsgrundlage für die staatliche Subventionierung der Jugendorganisationen der politischen Parteien); VGH BW DVBl. 2013, 1063 (Erfordernis einer gesetzlichen Grundlage für behördliches grundrechtseingreifendes Informationshandeln).

Der Grundsatz der Gesetzmäßigkeit der Verwaltung wird aus dem grundgesetzlichen Rechtsstaatsprinzip abgeleitet, das unter anderem in Art. 20 III GG zum Ausdruck gelangt ist. Danach ist die Verwaltung an Recht und Gesetz gebunden. Der damit angesprochene Grundsatz der Gesetzmäßigkeit der Verwaltung wird unterteilt in den Grundsatz des **Vorrangs des Gesetzes** und in den Grundsatz des **Vorbehalts des Gesetzes**. Zugleich ist der Grundsatz der Gesetzmäßigkeit der Verwaltung im Demokratieprinzip des Art. 20 II GG angelegt.[1] Denn er stellt die Bindung der Verwaltung an den vom Volk unmittelbar gewählten Bundestag (und die Landtage) sicher. **256**

I. Grundsatz des Vorrangs des Gesetzes

Nach Art. 20 III GG ist die Verwaltung an die **bestehenden Gesetze gebunden.** Diese Gesetzesbindung hat eine zweifache Bedeutung: Zum einen muss die Verwaltung so handeln, wie ihr es die Gesetze vorschreiben **(Handlungspflicht).**[2] Zum anderen darf die Verwaltung, wenn sie handelt – auch wenn dieses Handeln nicht gesetzlich vorgeschrieben ist (sog. gesetzesfreie Verwaltung) –, nicht gegen Gesetze verstoßen **(Unterlassungspflicht).** In der Literatur wird in der Regel nur auf diesen zweiten Gesichtspunkt abgestellt.[3] **257**

Unter Gesetz i.S.v. Art. 20 III GG versteht man überwiegend nicht nur formelle Gesetze, sondern auch Gesetze im nur materiellen Sinn, also auch Rechtsverordnungen und Satzungen.[4] Selbst Rechtsvorschriften des EU-Rechts, die unmittelbar anwendbar sind und unmittelbar wirken, fallen hierunter.[5] **258**

Soweit es um die Unterlassungspflicht geht, also das Verbot, gegen Rechtsvorschriften zu verstoßen, sind **Bundes**behörden auch an **Landes**recht gebunden; d. h, sie dürfen auch gegen Landesrecht nicht verstoßen.[6]

---

[1] Völlig zu Recht *Schmidt-Aßmann*, in: FS U. Battis, 2014, S. 98 f.
[2] Dazu näher *Durner*, JZ 2015, 157 ff.
[3] Wie hier *Sachs*, in: Sachs, Art. 20 Rn. 110, der allerdings zwischen Verpflichtungswirkung des Gesetzes und Vorrang des Gesetzes unterscheidet.
[4] Siehe nur *Sachs*, in: Sachs, Art. 20 Rn. 118.
[5] *Jarass*, in: Jarass/Pieroth, Art. 20 Rn. 38; siehe auch BVerwGE 74, 241 (248 f.); allgemein zum EU-Recht oben Rn. 141 ff.
[6] BVerwGE 29, 52 (57 ff.); dazu näher *Kloepfer*, in: FS U. Battis, 2014, S. 598 f. m.w.N.

Davon zu unterscheiden ist der Gesetzesvollzug, d. h. die Anwendung des Gesetzes (Handlungspflicht). Hier gilt der aus den Art. 83 ff. GG folgende Grundsatz, dass Landesrecht nicht von Bundesbehörden vollzogen werden darf.[7]

II. Grundsatz des Vorbehalts des Gesetzes

1. Begriff

259 Der Grundsatz des Vorbehalts des Gesetzes besagt, dass die Verwaltung in bestimmten Fällen und unter bestimmten Voraussetzungen nur handeln darf, wenn sie hierzu in einem besonderen **formellen Gesetz** ermächtigt ist (ausdrückliche formelle einfachgesetzliche Ermächtigungsgrundlage). Allgemein anerkannt ist, dass der Grundsatz für den gesamten Bereich der **Eingriffsverwaltung** gilt. D.h., die Verwaltung darf nur dann in Rechte der Bürger oder sonstiger privater Rechtspersonen eingreifen, wenn sie hierzu in einem formellen Gesetz ermächtigt ist; der Bereich sog. mittelbarer faktischer Rechtseingriffe ist äußerst umstritten.[8] Rechte in diesem Sinne sind nicht nur Grundrechte, sondern auch lediglich einfachgesetzlich verbürgte Rechte. Wird die Verwaltung gegenüber Grundrechtsberechtigten belastend tätig, ist der Grundsatz des Vorbehalts des Gesetzes zwangsläufig ausgelöst. Denn der (subsidiäre) Grundrechtsschutz der allgemeinen Handlungsfreiheit nach Art. 2 I GG ist lückenlos. Greift eine Behörde durch Anordnungen oder gar Zwang in den Kompetenzbereich einer **anderen Behörde desselben oder eines anderen Verwaltungsträgers** ein, ist dies ebenfalls nur auf der Grundlage eines formellen Gesetzes zulässig.[9] Das Erfordernis einer formellen gesetzlichen Eingriffsermächtigung folgt in diesem Fall aber nicht aus dem Grundsatz des Vorbehalts des Gesetzes, der auf das Staat-Bürger-Verhältnis zugeschnitten ist. Grund ist vielmehr ein **allgemeiner Grundsatz des Verwaltungsrechts**.[10]

260 Bisweilen wird gesagt, dem Grundsatz des Vorbehalts des Gesetzes genüge jedwede normative Ermächtigungsgrundlage, also auch eine Rechtsverordnung oder Satzung.[11] Das ist in dieser Stringenz nicht richtig. Zwar ist es zutreffend, dass die Verwaltung auch durch Rechtsverordnungen und

---

[7] BVerfGE 21, 312 (325); für Ausnahmen kraft Natur der Sache *Kloepfer,* a.a.O., S. 603 ff.; zur schwierigen Unterscheidung zwischen dem Vollzug und der bloßen Beachtung von Landesrecht durch Bundesbehörden auch *Amthor/Prehn,* Jura 2015, 631 f. (Übungsfall).
[8] Dazu unten Rn. 297 ff.
[9] BVerwGE 29, 52 (59); GewArch. 2003, 387.
[10] BVerwG, a.a.O.
[11] *v. Münch,* Staatsrecht, Bd. 1, 6. Aufl. 2000, Rn. 352.

Satzungen sowie durch Maßnahmen, die sich auf eine Rechtsverordnung oder Satzung stützen, eingreifend tätig werden darf. Der Grundsatz des Vorbehalts des Gesetzes verlangt dann aber, dass die Rechtsverordnung oder Satzung auf einem formellen Gesetz beruht.[12]

Die genaue Herleitung des Grundsatzes des Vorbehalts des Gesetzes ist umstritten. Das BVerfG verweist auf Art. 20 III GG.[13] Andere stellen auf das Demokratieprinzip und/oder allgemein auf die Grundrechte, die Freiheit und Eigentum umfassend schützen, ab.[14] Jeder Begründungsansatz hat etwas für sich und vermag Teilaspekte des Grundsatzes des Vorbehalts des Gesetzes zu erklären. Deshalb erscheint es angezeigt, diesen Grundsatz aus einer Gesamtschau der oben genannten verfassungsrechtlichen Aspekte abzuleiten.[15] Wichtig ist nur, den hier dargestellten allgemeinen Grundsatz des Vorbehalts des Gesetzes von anderen wesensverwandten Grundsätzen abzugrenzen. **261**

2. Abgrenzungen

a) Grundrechtliche Gesetzesvorbehalte

Die meisten Grundrechte unterliegen einem geschriebenen Gesetzesvorbehalt. D. h., Eingriffe in das entsprechende Grundrecht oder Beschränkungen des Grundrechts sind nur durch oder aufgrund eines Gesetzes zulässig. Beispiele: Art. 2 II 3, 5 II, 8 II, 10 II, 11 II GG. Hierbei handelt es sich um **spezielle Gesetzesvorbehalte.** Sie sind besondere Ausprägungen des (allgemeinen) Grundsatzes des Vorbehalts des Gesetzes (beachte auch die unterschiedliche Terminologie) und gehen diesem vor. **262**

b) Organisationsrechtliche Gesetzesvorbehalte

Verschiedene Grundgesetzbestimmungen, die keine Grundrechte oder grundrechtsgleichen Rechte gewährleisten, verlangen für bestimmte staatliche Maßnahmen ein formelles Gesetz. Beispiele: Art. 23 I 2, 24 I, 29 II 1, 59 II 1, 110 II 1, 115 I 1 GG. In diesen Fällen sind Rechte der Bürger nicht unmittelbar betroffen. Vielmehr geht es um **grundlegende Fragen des Staatsorganisationsrechts.** Deshalb spricht man vom organisations- **263**

---

[12] BVerwGE 148, 133 Rn. 26; *Sachs,* in: Sachs, Art. 20 Rn. 118; *Degenhart,* Staatsrecht I, 31. Aufl. 2015, Rn. 317 f.
[13] BVerfGE 77, 170 (230); 49, 89 (126); 40, 237 (248).
[14] Dazu *Reimer,* GrlVwR I, § 9 Rn. 46 m.w.N.
[15] So BVerwGE 149, 1 Rn. 49, das sich der Sache nach allerdings zur Wesentlichkeitstheorie äußert.

rechtlichen Gesetzesvorbehalt.[16] Er hat mit dem (allgemeinen) Vorbehalt des Gesetzes nichts zu tun.

c) Wesentlichkeitstheorie

264 Die Wesentlichkeitstheorie trifft Aussagen darüber, welche Angelegenheiten in einem **formellen Gesetz** geregelt werden müssen. Nach der vom BVerfG geprägten Wesentlichkeitstheorie „muss der Gesetzgeber in grundlegenden normativen Bereichen alle wesentlichen Entscheidungen selbst treffen".[17]

265 Die Kriterien des „grundlegenden normativen Bereichs" und der „Wesentlichkeit" sind aber für sich genommen äußerst vage. Das BVerfG stellt vor allem – aber eben nicht nur – auf die **Grundrechtsrelevanz** einer staatlichen Maßnahme ab. Greift eine staatliche Maßnahme in Grundrechte ein, handelt es sich um eine wesentliche Maßnahme. Das Erfordernis einer formellen gesetzlichen Grundlage folgt dann aber schon aus dem grundrechtlichen Gesetzesvorbehalt des entsprechenden Grundrechts oder jedenfalls aus dem allgemeinen Vorbehalt des Gesetzes.

266 Um eine wesentliche grundrechtsrelevante Angelegenheit handelt es sich aber auch dann, wenn das in Rede stehende staatliche Verhalten (Maßnahme oder Unterlassen) **wesentlich für die Verwirklichung der Grundrechte** ist.[18]

> **Beispiele:**
> - Die Entscheidung über die Einführung einer Sexualerziehung in den Schulen berührt das durch Art. 6 II GG verbürgte elterliche Erziehungsrecht sowie das Recht des Kindes auf freie Persönlichkeitsentfaltung und auf Schutz seiner Intimsphäre nach Art. 2 I i.V.m. Art. 1 I GG und muss deshalb in einem formellen Gesetz getroffen werden. Ein Gesetz, das diese Entscheidung der Schulbehörde überlässt, ist verfassungswidrig (BVerfGE 47, 46/80 ff.). Allerdings spricht hier vieles für die Annahme eines Grundrechtseingriffs.
> - Die Vergabe von Pressesubventionen ist wegen der besonderen grundrechtlichen Sensibilität des Instituts staatsfreie Presse grundsätzlich nur aufgrund formeller Gesetze zulässig (VG Berlin u. OVG Berlin DVBl. 1975, 268 u. 905; *Degenhart*, BK, Art. 5 Abs. 1 u. 2 Rn. 547; *Detterbeck*, ZUM 1990, 372; differenzierend BVerfGE 80, 124/131 f.).
> - Wegen der besonderen Bedeutung des Grundrechts der Rundfunkfreiheit für die freiheitliche demokratische Grundordnung (BVerfGE 35, 202/219) müssen die „Grundlinien der Rundfunkordnung" in einem formellen Gesetz geregelt werden; gleiches gilt für die Zulassung privaten Rundfunks (BVerfGE 57, 295/324; 89, 144/152; dazu *Bethge,* in: Sachs, Art. 5 Rn. 97 f.).
> - Die Grundsatzentscheidung für oder gegen die Zulässigkeit der friedlichen Nutzung der Kernenergie muss wegen ihrer weitreichenden Auswirkungen vor allem auf die Freiheitsrechte der Bürger in einem formellen Gesetz getroffen werden (BVerfGE 49, 89/127).

---

[16] Dazu *Jarass,* in: Jarass/Pieroth, Art. 20 Rn. 52; *Maurer,* in: FS K. Vogel, 2000, S. 337 ff.
[17] BVerfGE 84, 212 (226) m.w.N.
[18] BVerfGE 47, 46 (79); 80, 124 (132); 98, 218 (251).

§ 7. Gesetzmäßigkeit der Verwaltung 73

- Quotenregelungen zur Frauenförderung im öffentlichen Dienst sind wegen ihrer Relevanz im Hinblick auf Art. 33 II, 3 III, 12 I 1 GG nur auf einer formellen gesetzlichen Grundlage zulässig (OVG Münster DVBl. 1989, 1162).

Bloße Grundrechtsrelevanz als solche genügt nicht. In irgendeiner Art 267 und Weise ist nahezu jedes staatliche Verhalten grundrechtsrelevant. Eine formelle gesetzliche Grundlage ist nur in **wesentlichen (wichtigen, bedeutsamen) grundrechtsrelevanten Angelegenheiten** erforderlich.

Beispiele:
- Nach BVerfGK NVwZ 2008, 548 f. greift die **Zuweisung eines neuen Dienstpostens** (Umsetzung), mit der sich auch der bisherige Dienstort ändert, in die Berufsfreiheit des Beamten aus Art. 12 GG ein. Gleichwohl sei die Frage, unter welchen Voraussetzungen eine derartige Umsetzung zulässig sei, nicht wesentlich. Die Umsetzung erfordere deshalb keine gesetzliche Regelung der einzelnen Voraussetzungen einer Umsetzung. Eine gesetzliche Ermächtigungsgrundlage sei zwar nicht entbehrlich. Es genüge aber die nur ganz allgemein gesetzlich geregelte Gehorsamspflicht der Beamten, im konkreten Fall § 73 S. 2 SächsBG (entspricht § 62 I BBG).
- Die Einführung der **neuen Rechtschreibregeln** im Schulunterricht wurde nicht für grundrechtswesentlich erachtet. Eine besondere formelle gesetzliche Ermächtigungsgrundlage wurde deshalb nicht verlangt, BVerfGE 98, 218 (252 ff.).
- Eine (landesrechtliche) Vorgabe, die Schüler eines Gymnasiums verpflichtete, in verschiedenen Regionen eines Bundeslandes unterschiedliche Sprachen als **erste Fremdsprache** zu erlernen, wurde als grundrechtswesentlich für das elterliche Erziehungsrecht aus Art. 6 II 1 GG qualifiziert. Deshalb wurde eine entsprechende besondere formelle gesetzliche Ermächtigungsgrundlage verlangt, VGH Bad.-Württ. VBlBW 2007, 415 ff.

Auch Fragen, die keine unmittelbare Grundrechtsrelevanz aufweisen, 268 hingegen dennoch **wesentlich für das Staat-Bürger-Verhältnis** sind, können nach der Wesentlichkeitstheorie der Entscheidung in einem formellen Gesetz bedürfen.

Beispiele:
- Nach VGH Kassel NJW 1990, 336 dürfen Anlagen, in denen unter Einsatz der Gentechnik gearbeitet wird, nur aufgrund einer ausdrücklichen gesetzlichen Zulassung errichtet und betrieben werden (kritisch *Sendler*, NVwZ 1990, 231 ff.; *Gersdorf*, DÖV 1990, 514 ff.). Dieser Bereich ist nunmehr im Gentechnikgesetz geregelt (Sart. I Nr. 270).
- Nach BVerwGE 137, 377 Rn. 25 müssen sowohl die Zulässigkeit einer Beleihung (das Ob) als auch die wesentlichen Modalitäten einer Beleihung (das Wie) in einem formellen Gesetz geregelt werden.

Das können auch politisch bedeutsame Angelegenheiten sein;[19] allerdings 269 führt nicht schon die Tatsache, dass eine Frage politisch umstritten ist, dazu, dass sie als wesentlich im Sinne der Wesentlichkeitstheorie anzusehen ist.[20]

---

[19] *Schulze-Fielitz*, in: Dreier II, Art. 20 (Rechtsstaat) Rn. 114.
[20] BVerfGE 108, 282 (312); 98, 218 (251); a. A. *Kisker*, NJW 1977, 1318.

270 Die Wesentlichkeitstheorie beantwortet aber nicht nur die Frage, ob überhaupt ein bestimmter Gegenstand gesetzlich geregelt sein muss. Sie ist auch dafür maßgeblich, wie weit eine erforderliche gesetzliche Regelung im einzelnen gehen muss.[21] Auch hier gibt es aber keine klaren und eindeutigen Kriterien. Vielmehr ist die Wesentlichkeitsformel nur eine Art **Gleitformel**.[22]

> Je stärker die Grundrechte der Bürger betroffen sind und je gewichtiger die Angelegenheit für die Allgemeinheit ist, desto detaillierter und genauer muss die gesetzliche Regelung sein.[23]

271 Wichtig ist, dass die **Wesentlichkeitstheorie nur im Verhältnis zwischen Staat und Bürger** gilt.[24] Damit ergänzt und verfeinert sie zugleich den Vorbehalt des Gesetzes innerhalb seines Anwendungsbereichs. Dieser sagt nämlich nur, **dass** in bestimmten Fällen (irgend-)ein formelles Gesetz existieren muss, schweigt sich aber über dessen Inhalt und Regelungsdichte aus.[25]

d) Parlamentsvorbehalt

272 Der Parlamentsvorbehalt wird häufig, eigentlich sogar in der Regel, mit dem Vorbehalt des Gesetzes und/oder der Wesentlichkeitstheorie vermengt.[26] Hierbei wird übersehen, dass der Parlamentsvorbehalt zwar in der Tat Teilbereiche der anderen beiden Rechtsinstitute abdeckt, aber eben auch eine z. T. völlig andere Zweckrichtung hat.

273 Der Parlamentsvorbehalt besagt nicht mehr und nicht weniger, dass es Angelegenheiten gibt, die einer Entscheidung des Parlaments bedürfen. Parlament in diesem Sinn sind ausschließlich der Bundestag und die Landtage, nicht dagegen sonstige Vertretungskörperschaften wie z.B. Gemeindevertretungen oder Studentenvertretungen, die häufig zumindest missverständlich als „Gemeindeparlament" und „Studentenparlament" bezeichnet werden. Die Entscheidung des Parlaments kann, muss aber nicht in der

---

[21] BVerfGE 108, 282 (311 f.); 83, 130 (152).
[22] *Maurer,* § 6 Rn. 14.
[23] BVerwGE 148, 133 Rn. 26 f.
[24] BVerfGE 84, 212 (226); vgl. in diesem Zusammenhang NWVerfGH NJW 1999, 1243 (1245), der der (gescheiterten) Zusammenlegung von Justiz- und Innenministerium in NRW eine mittelbare Grundrechtsrelevanz beimaß (1246); dazu näher Rn. 301 f.
[25] Zum Zusammenspiel zwischen Vorbehalt des Gesetzes und Wesentlichkeitstheorie Rn. 276 ff.
[26] So auch BVerfGE 136, 69 Rn. 101 f.; 108, 282 (311 f.).

§ 7. Gesetzmäßigkeit der Verwaltung

Form eines parlamentarischen Gesetzes ergehen; eben dies wird häufig verkannt.[27] Erstreckt sich der Parlamentsvorbehalt auf eine bestimmte Angelegenheit, verlangt er nur **irgendeine Entscheidung des Parlaments**, nicht aber unbedingt ein formelles Gesetz.

So verhält es sich etwa bei Einsätzen bewaffneter Streitkräfte der Bundeswehr. Hier legt das BVerfG in einem Abschnitt, der die Überschrift „Parlamentsvorbehalt" trägt,[28] dar, dass derartige Einsätze einer **konstitutiven Zustimmung des Bundestages** bedürfen; ein formelles generell-abstraktes Gesetz vermag diese **Einzelzustimmungen** nicht zu ersetzen. Die Voraussetzungen sowie Form und Ausmaß der parlamentarischen Beteiligung – nicht dagegen die materiell-rechtliche Zulässigkeit des Bundeswehreinsatzes[29] – sind im Parlamentsbeteiligungsgesetz vom 18.3.2005 geregelt.[30]

274

Der Parlamentsvorbehalt wird aus dem Demokratieprinzip abgeleitet.[31] Es verbietet, dass Entscheidungen, die von substantiellem Gewicht für das Gemeinwesen sind, ohne parlamentarische Zustimmung getroffen werden.[32]

275

Der Parlamentsvorbehalt ist allerdings durch das Gewaltenteilungsprinzip begrenzt. Danach müssen auch der Exekutive und Judikative substantielle Zuständigkeiten verbleiben. Diese darf das Parlament auch nicht unter Berufung auf den Parlamentsvorbehalt an sich ziehen.[33] Wo die Grenze im einzelnen genau verläuft, lässt sich naturgemäß nicht sagen. Abzustellen ist vor allem auf die verschiedenen, im konkreten Fall einschlägigen Grundgesetzbestimmungen und allgemeinen Verfassungsprinzipien. Sie sind daraufhin zu untersuchen, ob sie dem Parlament Mitwirkungsbefugnisse einräumen.[34]

---

[27] Etwa *Schulze-Fielitz*, in: Dreier II, Art. 20 (Rechtsstaat) Rn. 122; zutreffend dagegen *Ossenbühl*, HStR V, § 101 Rn. 14; *Ehlers*, in: Erichsen/Ehlers, § 2 Rn. 40; *Degenhart*, Staatsrecht I, 31. Aufl. 2015, Rn. 40.
[28] BVerfGE 90, 286 (381 ff.); Präzisierung in BVerfGE 121, 135 (153 ff.).
[29] Dazu ausführlich *Ladiges*, JuS 2015, 598 ff.
[30] BGBl. 2005-I, S. 775; näher zum Inhalt *Wiefelspütz*, NVwZ 2005, 496 ff.
[31] BVerfGE 86, 90 (106).
[32] *Sommermann*, in: v. Mangoldt/Klein/Starck II, Art. 20 Rn. 186, 273; diese Problematik stellte sich auch bei der (gescheiterten) Zusammenlegung von Justiz- und Innenministerium in NRW, dazu NWVerfGH NJW 1999, 1243 (1245 ff.).
[33] Dazu *Sommermann*, in: v. Mangoldt/Klein/Starck II, Art. 20 Rn. 187 ff., 274 (hier zum Wesentlichkeitsprinzip).
[34] So BVerfGE 121, 135 (153 ff.); 90, 286 (381 ff.) zum Auslandseinsatz der Bundeswehr; dazu auch *Schröder*, in: v. Mangoldt/Klein/Starck II, Art. 65a Rn. 7.

3. Reichweite des Vorbehalts des Gesetzes und Regelungsdichte

a) Allgemeine Aussagen

276 Früher galt der Vorbehalt des Gesetzes nur für den Bereich der Eingriffsverwaltung. Dieser Zustand ist mittlerweile längst überholt. Vor allem die bundesverfassungsgerichtliche **Wesentlichkeitsrechtsprechung** hat dazu geführt, dass für sämtliche Rechtsbereiche das verfassungsrechtliche Gebot einer **formell-gesetzlichen Regelung der grundlegenden Fragen** im Staat-Bürger-Verhältnis gilt. Demgemäß unterscheiden BVerfG und Literatur häufig nicht mehr zwischen dem klassischen Vorbehalt des Gesetzes (Geltung nur für die Eingriffsverwaltung) und den Grundsätzen der Wesentlichkeitstheorie.[35] Auf einen Nenner gebracht bedeutet dies:

> Der Vorbehalt des formellen Gesetzes gilt für alle grundlegenden und wesentlichen Angelegenheiten im Staat-Bürger-Verhältnis.[36]

277 Hieraus lässt sich folgendes ableiten: Die für die **Grundrechtsausübung wesentlichen Voraussetzungen** müssen in einem formellen Gesetz geregelt werden. Gleiches gilt für **sonstige Angelegenheiten, die wesentlich für die Grundrechtsausübung oder von grundlegender Bedeutung für das Staat-Bürger-Verhältnis** sind. Entscheidend sind also das **Maß und der Grad der rechtlichen Betroffenheit** der Bürger (oder sonstiger staatsdistanzierter Bereiche).

278 Nach diesem zuletzt genannten Kriterium bemisst sich auch der **Grad der inhaltlichen Bestimmtheit** der formell-gesetzlichen Regelung, also die **Regelungsdichte**. Je stärker und je fühlbarer die Bürgerrelevanz ist, desto präziser und genauer muss die formell-gesetzliche Regelung sein.

279 Beispielsweise für das Grundrecht der Berufsfreiheit des Art. 12 I 1 GG gilt danach folgendes: Objektive und subjektive Berufswahlregelungen haben besonders einschneidende Auswirkungen auf die Berufsfreiheit. Dass Berufswahlregelungen nur durch Gesetz oder aufgrund eines Gesetzes erfolgen dürfen, ordnet schon Art. 12 I 2 GG an; diese Bestimmung gilt nicht nur für Berufsausübungs-, sondern auch für Berufswahlregelungen. Im formellen Gesetz muss aber auch das Kriterium geregelt sein – und zwar

---

[35] Siehe nur BVerfGE 49, 89 (126 f.); 98, 218 (251); *Sommermann*, in: v. Mangoldt/Klein/Starck II, Art. 20 Rn. 278; ebenso BVerwGE 149, 1 Rn. 49.
[36] Vgl. BVerfGE 40, 237 (249 f.); 47, 46 (78).

mit einem hohen Bestimmtheitsgrad –, das über Beginn oder Ende der beruflichen Tätigkeit entscheidet. Es wäre daher z.B. verfassungswidrig, wenn der Gesetzgeber die Zulassung von niedergelassenen (selbständigen) Ärzten von einem öffentlichen Bedürfnis abhängig machen würde, das Kriterium des öffentlichen Bedürfnisses aber nicht näher bestimmen würde.

Demgegenüber sind bloße Berufsausübungsregelungen in der Regel nicht so einschneidend. Deshalb ist es verfassungsrechtlich zulässig, wenn der parlamentarische Gesetzgeber bestimmte Arten von Berufsausübungsregelungen vorsieht, die Einzelheiten aber weitestgehend der gesetzesausführenden Verwaltung überlässt. **280**

Beispiel: Nach § 43a III 1 Bundesrechtsanwaltsordnung (BRAO) darf sich ein Rechtsanwalt bei seiner Berufsausübung nicht unsachlich verhalten. Satz 2 dieser Vorschrift nennt dann nur ein bestimmtes Verhalten, das unsachlich ist. Im übrigen wird das Kriterium der Unsachlichkeit aber nicht näher bestimmt. Die Anwendung und Auslegung von § 43a III 1 BRAO obliegt den Anwaltsgerichten, § 113 I BRAO. Als bloße Berufsausübungsregelung verstößt § 43a III BRAO trotz seiner Unbestimmtheit nicht gegen die Grundsätze der Wesentlichkeitstheorie und gegen den rechtsstaatlichen Bestimmtheitsgrundsatz.

Zu beachten ist, dass weder der Grundsatz vom Vorbehalt des Gesetzes noch die Wesentlichkeitstheorie eine Aussage darüber treffen, ob ein Bundes- oder ein Landesgesetz erforderlich ist. Diese Frage betrifft die Verteilung der Gesetzgebungskompetenzen und beantwortet sich nach Art. 30, 70 GG. **281**

Umgekehrt bedürfen Angelegenheiten, die keinen Bürgerbezug aufweisen, grundsätzlich keiner formell-gesetzlichen Regelung. So verhält es sich etwa bei den verschiedenen Geschäftsordnungen der obersten Bundes- und Verfassungsorgane. In der Geschäftsordnung des Bundestages ist eine ganze Reihe von Angelegenheiten geregelt, die für das Verfassungsleben von eminent wichtiger Bedeutung sind. Einen Bürgerbezug weisen sie jedoch nicht auf. Deshalb mussten sie auch nicht in einem formellen Gesetz geregelt werden (die GOBT ist kein formelles Gesetz). **282**

Ebenfalls keiner formell-gesetzlichen Regelung bedürfen solche Angelegenheiten, die zwar einen Bürgerbezug aufweisen, die aber **283**
- nicht zur Eingriffsverwaltung gehören
- und auch nicht die nach Maßgabe der Wesentlichkeitstheorie zu bestimmende Erheblichkeitsschwelle überschritten haben.

Beispiele:
- Behördliche Auskünfte, Beratungen.
- Abschluss öffentlich-rechtlicher Verträge zwischen Staat und Bürger (*Mayer/Kopp*, S. 141; str.).
- Einführung neuer Rechtschreibregeln (BVerfGE 98, 218/252 ff.; str.). Beachte: Ganz ohne gesetzliche Grundlage haben die Kultusminister ihren Reformbeschluss nicht gefasst. Immerhin konnten sie sich auf die schulgesetzlichen Bestimmungen über die Bildungsziele und den Auftrag der Schule stützen (BVerfGE 98, 218/250 f., 256).

284 Damit wird zugleich die von einer Mindermeinung in der Literatur vertretene Lehre vom Totalvorbehalt[37] abgelehnt. Nach dieser Lehre bedarf **jedwedes Verwaltungshandeln** einer formell-gesetzlichen Ermächtigungsgrundlage. Allerdings werden in weiten Bereichen gesetzliche Generalermächtigungen für ausreichend erachtet.[38]

b) Sachgebiete

aa) Leistungsverwaltung

285 Ein Standardproblem ist die Frage, ob die **Gewährung staatlicher Leistungen** an Bürger und sonstige Rechtssubjekte – insbesondere Wirtschaftsunternehmen – einer **formell-gesetzlichen Ermächtigungsgrundlage** bedarf. Diskutiert wird vor allem die **Vergabe von Subventionen.** Hier gilt es zunächst zu beachten, dass das in Rede stehende staatliche Handeln in der Regel nicht in Rechte der Bürger eingreift. Es geht also nicht um Eingriffsverwaltung. Auf diesen Bereich ist die Geltung des Vorbehalts des Gesetzes aber nicht mehr beschränkt. Die staatliche Leistungsgewährung ist für eine Existenz der Bürger in Freiheit und Gleichheit oft nicht weniger bedeutsam als das Unterbleiben eines Eingriffs.[39] Demgemäß werden für die Subventionsvergabe verschiedene Auffassungen vertreten.

286 Zusammenfassend lassen sich drei große Richtungen ausmachen:
(1) Nach der **Rechtsprechung und Teilen der Literatur** setzt die Subventionsvergabe **kein spezielles formelles Gesetz mit Außenwirkung** gegenüber den Bürgern voraus. Ausreichend sei vielmehr „jede andere parlamentarische Willensäußerung, insbesondere etwa die etatmäßige Bereitstellung der zu Subventionen erforderlichen Mittel".[40]
So wird auch häufig in der Praxis verfahren: Die Mittel werden im Haushaltsplan, der durch das Haushaltsgesetz festgestellt wird (vgl. auf Bundesebene Art. 110 II 1 GG), ausgewiesen; die einzelnen Vergabevoraussetzungen werden dann in Verwaltungsvorschriften[41] geregelt.

---

[37] Vor allem *H. H. Rupp*, Grundfragen der heutigen Verwaltungsrechtslehre, 2. Aufl. 1991, S. 113 ff. (143); *Achterberg*, Allgemeines Verwaltungsrecht, 2. Aufl. 1986, § 18 Rn. 12 ff. (29); *Jesch*, Gesetz und Verwaltung, 1961, S. 175 ff.; offenbar auch *Ipsen*, Rn. 446.
[38] *Achterberg*, a.a.O., § 18 Rn. 29.
[39] So nahezu wörtlich BVerfGE 40, 237 (249).
[40] BVerwGE 6, 282 (287); 90, 112 (126); NJW 1977, 1838; VGH München BayVBl. 1988, 466; NVwZ 2000, 830; OVG Thüringen GewArch. 2002, 326; *v. Münch/Mager*, Staatsrecht I, 8. Aufl. 2016, Rn. 214; *Stober*, in: Wolff/Bachof I, § 18 Rn. 19 f.; *Ziekow*, Öffentliches Wirtschaftsrecht, 3. Aufl. 2013, § 6 Rn. 15 f.; prinzipiell auch *Jarass*, NVwZ 1984, 473 ff. (480); vgl. auch BVerwGE 104, 220 (222 f.).
[41] Dazu Rn. 852 ff.

(2) Nach einer von **Teilen der Literatur** vertretenen Auffassung ist die Subventionsvergabe nur aufgrund **besonderer Subventionsgesetze** zulässig.[42] In diesen Gesetzen müssen die Art der Subvention, das Ausmaß der Subvention, der Kreis der Begünstigten und die wichtigsten Vergabevoraussetzungen bestimmt werden.
Die Regelungsdichte des einzelnen Subventionsgesetzes bestimmt sich nach der Wesentlichkeitstheorie: Je grundrechtssensibler und je weitreichender die Auswirkungen der Subventionsvergabe auf den Markt und das bestehende Wettbewerbsverhältnis sind, desto detaillierter muss die gesetzliche Regelung sein.[43] Die Anforderungen an den Gesetzgeber können je nach Fallgestaltung von der Gestattung weitgefasster Generalermächtigungen[44] bis hin zum Erfordernis detaillierter Einzelregelungen reichen.
Diese Auffassung läuft auf einen **Totalvorbehalt im Subventionsrecht** hinaus.
(3) Nach einer weiteren in der Literatur vertretenen **vermittelnden Auffassung** bedarf nur die Vergabe **solcher Subventionen, die nach Maßgabe der Wesentlichkeitstheorie „wesentlich" sind,** einer besonderen formellen gesetzlichen Ermächtigungsgrundlage.[45] Für sonstige Subventionen genüge die Mittelbereitstellung im Haushaltsplan und der Erlass von Verwaltungsvorschriften. Die **Regelungsdichte** eines ggf. erforderlichen Vergabegesetzes bestimmt sich ebenfalls nach Maßgabe der Wesentlichkeitstheorie; insoweit besteht Übereinstimmung mit der oben genannten Auffassung (2).
Zuzustimmen ist der Auffassung (3). Für diese Auffassung spricht, dass **287** mit der Gewährung von Leistungen auch Belastungen für Dritte, die keine Leistungen erhalten, verbunden sein können. Das gilt unstr. für solche – eher seltenen – Fälle, in denen Leistungen gewährt werden, um deren Empfänger in die Lage zu versetzen, gegen Dritte vorzugehen. Hier folgt das vom BVerwG geforderte besondere Vergabegesetz schon aus dem klassischen rechtsstaatlichen Grundsatz vom Vorbehalt des Gesetzes.[46] Das gilt aber auch für solche Leistungen, die die bestehenden Marktverhältnisse zuungunsten der nichtgeförderten Wettbewerber verändern, ohne dass

---

[42] Z.B. *Maurer,* § 6 Rn. 21; *Sommermann,* in: v. Mangoldt/Klein/Starck II, Art. 20 Rn. 282; *Unger,* in: R. Schmidt/Wollenschläger, Kompendium Öffentliches Wirtschaftsrecht, 4. Aufl. 2016, § 8 Rn. 8.
[43] *Mayer/Kopp,* S. 140.
[44] Vgl. *Achterberg,* Allgemeines Verwaltungsrecht, 2. Aufl. 1986, § 18 Rn. 29.
[45] *P.-M. Huber,* Konkurrenzschutz im Verwaltungsrecht, 1991, S. 498; in diese Richtung auch *Ruthig/Storr,* Öffentliches Wirtschaftsrecht, 4. Aufl. 2016, Rn. 791 (für Subventionen, die die Chancengleichheit der Marktteilnehmer verändern); ebenso *Schwerdtfeger/Schwerdtfeger,* Rn. 232.
[46] BVerwGE 90, 112 (126).

diese unzumutbar beeinträchtigt sind. Selbst wenn in diesen Fällen nach der sehr umstr. Rechtsprechung kein Eingriff in Grundrechte der nachteilig Betroffenen anzunehmen sein sollte,[47] kann die Subventionsvergabe dennoch grundrechtsrelevant i. S. d. Wesentlichkeitstheorie sein.

Beispiele:
- Vergabe von Pressesubventionen, die den besonders grundrechtssensiblen Bereich des Art. 5 I 2, 1. Var. GG berühren; für eine formelle gesetzliche Subventionsgrundlage: OVG Berlin DVBl. 1975, 905; *Detterbeck*, ZUM 1990, 371; siehe auch OLG Frankfurt NVwZ 1993, 706.
- Staatliche Subventionierung der Jugendorganisationen der politischen Parteien; sie betrifft vor allem das Demokratieprinzip, das staatliche Neutralitätsgebot und die politische Chancengleichheit der Jugendorganisationen. Die Subventionsvergabe bedarf deshalb einer formellen gesetzlichen Ermächtigungsgrundlage. Die jahrelang auf der Grundlage einer Verwaltungsvorschrift erfolgte Subventionspraxis ist rechtswidrig, OVG Berlin-Brandenburg NVwZ 2012, 1265 ff.; dazu *Merten*, NVwZ 2012, 1228 ff.; Fallösung von *Pilniok/Stoffregen*, Jura 2014, 332 ff.

288   Aber auch ohne einen unmittelbaren Grundrechtsbezug ist die Vergabe von Subventionen prinzipiell nur auf einer besonderen gesetzlichen Grundlage zulässig. Denn die Entscheidung der Frage, wer unter welchen Voraussetzungen staatliche Vergünstigungen erhalten soll, ist für das Staat-Bürger-Verhältnis von erheblicher Bedeutung. Zu berücksichtigen ist auch, dass Negativaussagen für die Bürger, die dadurch von der Subventionsvergabe ausgeschlossen werden, einem Grundrechtseingriff nahe kommen.

289   Das **Haushaltsgesetz** ist keine spezielle formelle gesetzliche Ermächtigungsgrundlage, wie sie von der Auffassung (2) gefordert wird. Zwar ist es ein formelles Gesetz, das die Behörden bindet. Verwaltungsvorschriften und behördliche Entscheidungen, die mit den Vorgaben des (durch Haushaltsgesetz festgestellten) Haushaltsplans unvereinbar sind, sind rechtswidrig.[48] Dem Haushaltsgesetz kommt aber **keine Außenwirkung** im Verhältnis zu den Bürgern und den sonstigen Privatrechtssubjekten zu, vgl. § 3 II HGrG, § 3 II BHO. Gerade solch ein Gesetz verlangt aber die Wesentlichkeitstheorie (wie übrigens auch der Grundsatz vom Vorbehalt des Gesetzes).[49] Außerdem enthält der durch das Haushaltsgesetz festgestellte Haushaltsplan bloße Mittelbereitstellungen und Zweckangaben, aber keine Festlegung von Vergabekriterien.

---

[47] BVerwGE 39, 329 (336 f.); NJW 1995, 2939; NJW 1978, 1539; OVG RP DVBl. 2012, 695 ff.; OVG Münster DVBl. 2004, 133 (137); NVwZ 1995, 1238 ff.; OVG Bautzen NJW 1999, 2539 f.; VGH Kassel NVwZ 1996, 817; VGH Mannheim NJW 1984, 251.
[48] BVerwG NJW 1996, 1766 ff.; ThürOVG GewArch. 2002, 326 f.
[49] Vgl. *Ehlers*, in: Erichsen/Ehlers, § 2 Rn. 42; *P.-M. Huber*, Konkurrenzschutz im Verwaltungsrecht, 1991, S. 501 m. w. N.; *Jarass*, NVwZ 1984, 476; a. A. *Sommermann*, in: v. Mangoldt/Klein/Starck II, Art. 20 Rn. 282.

Beispiel: In einem durch Haushaltsgesetz festgestellten Haushaltsplan werden Subventionsgelder bereitgestellt. Der im Haushaltsplan genannte Subventionszweck verstößt gegen Art. 3 III GG. Die Vergabevoraussetzungen sind in einer Verwaltungsvorschrift geregelt. Gegen behördliche Vergabeentscheidungen, die den insoweit grundrechtswidrigen Haushaltsplan umsetzen, kann sich der Bürger vor den Verwaltungsgerichten wehren. Die behördliche Subventionsentscheidung ist gerichtlich voll überprüfbar. Die Verwaltungsgerichte sind an die verfassungswidrige Zweckbestimmung im Haushaltsplan nicht gebunden (BVerwG NVwZ 2003, 93).

Abzulehnen ist erst recht die von der Rspr. geäußerte Auffassung, „jede... parlamentarische Willensäußerung" genüge als Vergabegrundlage.[50] Danach könnte sogar auf die Mittelausweisung im Haushaltsplan verzichtet werden und z.B. ein Beschluss des Haushaltsausschusses genügen.[51] Demgegenüber hat das BVerwG in einer anderen Entscheidung ausdrücklich festgestellt, die Mittelbereitstellung im Haushaltsplan sei Voraussetzung für eine rechtmäßige Subventionsgewährung.[52] 290

Alle bislang genannten Argumente sprechen in gleicher Weise auch für die oben genannte Auffassung (2). Auffassung (2) ist aber deshalb zu weitgehend, weil es auch Subventionen gibt, die – etwa wegen ihrer Geringfügigkeit – weder die Wettbewerbssituation der nicht geförderten Konkurrenten beeinträchtigen noch wesentlich für die Grundrechtsausübung der Leistungsempfänger oder sonstwie bedeutsam für das Staat-Bürger-Verhältnis sind. Auch für diesen Bereich ein besonderes Vergabegesetz zu fordern, ist von Grundgesetzes wegen nicht geboten.[53] 291

In wirklichen Notfällen – vor allem bei Katastrophen und schweren Unglücksfällen –, in denen ein sofortiges Handeln des Staates geboten ist, kann auf ein besonderes formelles Gesetz als Grundlage für die Leistungsgewährung verzichtet werden,[54] selbst die vorherige Mittelausweisung im Haushaltsplan ist nicht erforderlich. So paradox es zunächst auch klingen mag, ist es gerade die besondere (Grundrechts-)Relevanz der Situation, die eine Ausnahme vom Vorbehalt des Gesetzes gebietet. Für die Bekämpfung konjunktureller Krisen gilt dies jedoch nicht.[55] Dass hier die Gewährung wirtschaftsstabilisierender Subventionen so dringend sein könnte, dass der Erlass eines vorherigen Parlamentsgesetzes nicht abgewartet werden könnte, ist kaum vorstellbar.[56] 292

---

[50] Rn. 286 (1) m.N.
[51] Ablehnend insoweit auch *Jarass*, NVwZ 1984, 478.
[52] BVerwG NVwZ 2003, 93.
[53] *P.-M. Huber*, Konkurrenzschutz im Verwaltungsrecht, 1991, S. 498f.
[54] *Maurer*, § 6 Rn. 22; *Sommermann*, in: v. Mangoldt/Klein/Starck II, Art. 20 Rn. 281; *Huber*, a.a.O., S. 501.
[55] A.A. *Maurer* u. *Sommermann*, jew. a.a.O.
[56] Vgl. *P.-M. Huber*, Konkurrenzschutz im Verwaltungsrecht, 1991, S. 501.

Übersicht 8:

Vorbehalt des Gesetzes und Subventionsvergabe

Auffassung (1) Rspr. u. Teile der Lit.	Auffassung (2) Große Teile der Lit.	Auffassung (3) Teile der Lit.
Jede parlamentarische Willensäußerung, insbesondere Mittelausweisung im Haushaltsplan u. Erlass entsprechender Verwaltungsvorschriften Ausnahmen: • Gezielte Beeinträchtigung Dritter • Besonders grundrechtssensible Bereiche (str.)	Totalvorbehalt für alle Subventionen Regelungsdichte nach Maßgabe der Wesentlichkeitstheorie Ausnahme: Notfälle	In der Regel Gesetzesvorbehalt, anders bei nicht wesentlichen Subventionen (Wesentlichkeitstheorie) Regelungsdichte nach Maßgabe der Wesentlichkeitstheorie Ausnahme: Notfälle

bb) Verwaltungsrechtliche Sonderbeziehungen (besondere Gewaltverhältnisse)

293   Hier geht es um Rechtsverhältnisse, in denen der Bürger in einer viel **engeren Beziehung zum Staat** steht als im normalen Staat-Bürger-Verhältnis. Betroffen sind vor allem das Schul-, Strafgefangenen-, Beamten- und Wehrdienstverhältnis. Nach früherer, inzwischen so nicht mehr vertretenen Auffassung unterlag der Bürger in diesen Verhältnissen in besonderer, gesteigerter Art und Weise der staatlichen Gewalt. Sie wurden deshalb früher als **besonderes Gewaltverhältnis** bezeichnet. Heute spricht man von verwaltungsrechtlichen Sonderbeziehungen, Sonderrechtsverhältnissen oder Sonderstatusverhältnissen.[57] Die Geltung von Grundrechten auch in diesen Bereichen wurde verneint. Denn Grundrechte – so wurde argumentiert – seien nur auf das allgemeine Staat-Bürger-Verhältnis zugeschnitten. Eben deshalb sollte der Staat auch ohne besondere formelle gesetzliche Ermächtigungsgrundlage zu Maßnahmen, die die Gewaltunterworfenen belasten, berechtigt sein. Dementsprechend traf die Verwaltung zahlreiche und umfassende verwaltungsinterne Regelungen in Form von Verwaltungsvorschriften, Erlassen und Anstaltsordnungen.

294   In seiner Strafgefangenen-Entscheidung erklärte das BVerfG die Grundrechte auch im Strafgefangenenverhältnis für voll anwendbar. Allein die

---

[57] Dazu näher *Graf v. Kielmansegg*, Grundrechte im Näheverhältnis – Eine Untersuchung zur Dogmatik des Sonderstatusverhältnisses, 2012; *ders.*, JA 2012, 881 ff.

§ 7. Gesetzmäßigkeit der Verwaltung

Berufung auf ein besonderes Gewaltverhältnis rechtfertige keine Ausnahme von der Grundrechtsgeltung und der Geltung des grundrechtlichen Gesetzesvorbehalts sowie des rechtsstaatlichen Grundsatzes vom Vorbehalt des Gesetzes.[58]

Das Erfordernis einer hinreichend bestimmten formellen gesetzlichen Eingriffs- und Regelungsgrundlage wurde in der Folgezeit auch in den anderen Sonderrechtsverhältnissen anerkannt.[59] Allerdings ist bei der Anwendung der verschiedenen Grundsätze, die eine formelle gesetzliche Regelung gebieten, die besondere grundrechtliche Befindlichkeit der Bürger, die trotz alledem in einem besonderen Näheverhältnis zum Staat stehen, zu berücksichtigen. So greifen etwa Maßnahmen, die einen Beamten **ausschließlich als Glied der Verwaltung und nicht auch zugleich als Bürger in seiner persönlichen Rechtsstellung betreffen,** nicht in Grundrechte ein.[60] Sie bedürfen deshalb keiner formellen gesetzlichen Grundlage. 295

Beispiele:
- Das einer verbeamteten Lehrerin von der vorgesetzten Behörde erteilte Verbot, im Dienst ein islamisches Kopftuch zu tragen, greift nach Maßgabe der bundesverfassungsgerichtlichen Rspr. in das Grundrecht der Glaubensfreiheit der Lehrerin aus Art. 4 I, II GG ein (in ihre persönliche Rechtsstellung), vgl. BVerfGE 108, 282 (294); a.A. offenbar diss. op. BVerfGE 108, 282 (319); dazu auch Rn. 491. Ein spezielles Gesetz, in dem das Tragen religiöser oder weltanschaulicher Symbole im Dienst und entsprechende behördliche Verbote geregelt werden, ist jedoch nicht erforderlich, a.A. BVerfGE 108, 282 (313). Dem Vorbehalt des Gesetzes und den Grundsätzen der Wesentlichkeitstheorie genügt vielmehr eine gesetzliche Regelung, die dem Beamten bei der Ausübung seiner Glaubensfreiheit im Dienst Mäßigung und Zurückhaltung auferlegt, wie dies § 60 II BBG und die gleichlautenden Landesbeamtengesetze für die politische Betätigung anordnen (ebenso *Isensee,* in: FS U. Battis, 2014, S. 572; nach diss. op. BVerfGE 108, 282/335 ff. kann auf eine gesetzliche Regelung vollends verzichtet werden). Ein solches gesetzliches Mäßigungsgebot rechtfertigte die Anordnung eines Kopftuchverbots im Einzelfall durch die vorgesetzte Behörde zur Gewährleistung eines konfliktfreien Dienstbetriebes (a.A. BVerfGE 108, 282/308; zum ganzen *Isensee,* Recht als Grenze – Grenze des Rechts, 2009, S. 169 ff.; *Detterbeck,* in: FS H. Bethge, 2009, S. 161 ff.).
- Die militärische Anordnung gegenüber Soldaten, dass Haare und Bart auf eine bestimmte Länge zu kürzen sind, greift in das allgemeine Persönlichkeitsrecht des Art. 2 I i. V. m. Art. 1 I GG ein; es genügt ein formelles Gesetz, das allgemeine Vorgaben für das äußere Erscheinungsbild der Soldaten enthält, obwohl sich eine entsprechende Einzelanweisung zwangsläufig auch auf den privaten Bereich der Soldaten auswirkt. Nach BVerwGE 149, 1 Rn. 48 f. genügt hierfür sogar § 4 III 2 SoldG, der nur von „Bestimmungen über die Uniform der Soldaten" spricht. Mit den Vorgaben von BVerfGE 108, 282 (313) – dazu das vorherige Beisp. – dürfte dies kaum vereinbar sein.
- Der bayerische Oberregierungsrat O, der Leiter der Ausländerbehörde in München ist, wird nach Regensburg versetzt, wo er Leiter der staatlichen Bauaufsichtsbehörde werden

---

[58] BVerfGE 33, 1 (10 f.).
[59] Dazu *Maurer,* § 6 Rn. 24 ff.; *Summer,* DÖV 2006, 249 ff. (zum Beamtenrecht).
[60] Näher *Isensee,* in: FS U. Battis, 2014, S. 557 ff.; *ders.,* Recht als Grenze – Grenze des Rechts, 2009, S. 169 ff. (zum Kopftuchverbot).

soll. Diese **Versetzung** betrifft das Statusverhältnis und damit die persönliche Rechtsstellung des O und bedarf einer formellen gesetzlichen Ermächtigungsgrundlage (sie bietet § 15 BeamtStG; näher *Wagner/Leppek,* Beamtenrecht, 10. Aufl. 2009, Rn. 126 ff.).

- Studienrat S, der an einem Gymnasium in Traunstein Mathematik und Physik unterrichtet, soll in Zukunft diese Fächer an einem Gymnasium in Rosenheim unterrichten. Die entsprechende Verfügung des Dienstherrn des S ist eine **Umsetzung.** Obwohl sie mit einem Ortswechsel verbunden ist, ist sie nach Maßgabe der h. M. eine bloße innerorganisatorische Maßnahme, die keine Regelung der persönlichen Rechtsstellung des Beamten bezweckt und deshalb keiner formellen gesetzlichen Ermächtigungsgrundlage bedarf (BVerwG NVwZ 2012, 1481 ff.; *Wagner/Leppek,* a.a.O., Rn. 143 ff.).

296 Eine genaue Abgrenzung zwischen regelungsbedürftigen und nicht regelungsbedürftigen Angelegenheiten ist nicht möglich.[61] Einen groben Überblick bietet die eng an *Sproll* I, § 5 Rn. 46 angelehnte Übersicht 9. Fragen der rechtlichen Qualität von behördlichen Maßnahmen in den Sonderrechtsverhältnissen und des verwaltungsgerichtlichen Rechtsschutzes werden später behandelt.[62]

---

[61] Zur Geltung des Gesetzesvorbehalts in besonderen Gewaltverhältnissen *Sachs,* NWVBl. 2004, 209 ff.

[62] Rn. 486 ff.

Übersicht 9:

Vorbehalt des Gesetzes in verwaltungsrechtlichen Sonderbeziehungen

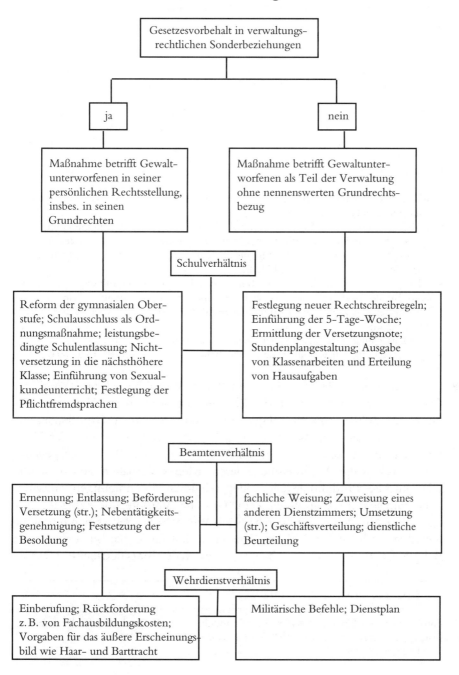

cc) Behördliche Warnungen

297 Die Rechtsproblematik **behördlicher Warnungen** vor besonderen Gefahren für die Allgemeinheit ist nach wie vor sehr umstritten. Sie ist **besonders prüfungsrelevant.**

Beispiele:
- Veröffentlichung einer Liste glykolhaltiger Weine durch das Bundesgesundheitsministerium (BVerfGE 105, 252 ff.; BVerwGE 87, 37 ff.)
- Warnung einer Landesgesundheitsministerin vor dem Verkauf von E-Zigaretten (BVerwG NVwZ-RR 2015, 425 ff.; OVG Münster NVwZ 2013, 1562 ff. – Vorinstanz)
- Warnungen von Amtsträgern (z. B. Bürgermeistern, Regierungsmitgliedern, Bundespräsident) vor bestimmten politischen Parteien (dazu ausführlich Barczak, NVwZ 2015, 1014 ff.)
- Warnung eines Regierungspräsidiums vor verdorbenen Nudeln (OLG Stuttgart NJW 1990, 2690)
- Warnung der Bundesregierung vor religiösen Gruppierungen (BVerfGE 105, 279 ff. – Osho-Entscheidung; NJW 1989, 3269; BVerwGE 82, 76 ff.)
- Veröffentlichung eines Verfassungsschutzberichtes durch das Innenministerium eines Landes, der verschiedene Artikel einer Zeitung als verfassungsfeindlich bezeichnet und damit mittelbar vor Kauf und Lektüre dieser Zeitung warnt (BVerfGE 113, 63 ff.; ähnlicher Fall: BVerwG DVBl. 2008, 1242 ff.)
- Scharfe und herabsetzende Kritik der Bundeszentrale für Politische Bildung (nicht rechtsfähige Bundesanstalt im Geschäftsbereich des Bundesinnenministeriums) gegenüber einem Zeitschriftenaufsatz und dessen Autor (BVerfGK NJW 2011, 511; dazu Schoch, NVwZ 2011, 193 ff.)
- Veröffentlichung einer Arzneimitteltransparenzliste (BVerwGE 71, 183 ff.)
- Veröffentlichung von Warentests durch eine Behörde (BVerwG DVBl. 1996, 807)

298 Neben Fragen der Zuständigkeit,[63] der Verhältnismäßigkeit und der Grundrechtsbindung ist auch das **Erfordernis einer formellen gesetzlichen Ermächtigungsgrundlage** umstritten.[64] Klassische Grundrechtseingriffe stellen derartige Warnungen nicht dar. Denn Adressaten der Warnung sind nicht diejenigen, vor denen oder vor deren Produkten gewarnt wird, sondern die Allgemeinheit, deren späteres Verhalten sich nachteilig z. B. auf die Produkthersteller oder religiösen Vereinigungen auswirkt. Weiterhin sind die Warnungen keine Ge- oder Verbote, also keine Rechtsakte, die zwangsweise durchsetzbar sind. Vielmehr handelt es sich um bloße Realakte.[65] BVerfG und BVerwG nehmen deshalb in den oben genannten Beispielsfällen – wenn überhaupt – **nur mittelbar-faktische Grund-**

---

[63] Dazu Barczak, NVwZ 2015, 1016 f.
[64] Dazu sehr übersichtlich (und im Ergebnis bejahend) R. Schmidt, Staatliches Informationshandeln und Eingriff, 2004, S. 120 ff.; ausführlich auch Schink, DVBl. 2011, 253 ff.; siehe auch Schoch, NVwZ 2011, 193 ff.; VGH BW DVBl. 2013, 1063 ff.
[65] Dazu unten Rn. 885 ff.

rechtseingriffe an.⁶⁶ Das BVerfG beschreibt dies so: „Hier liegt die Beeinträchtigung nicht in einem staatlicherseits geforderten Verhalten des Normadressaten, sondern in den Wirkungen staatlichen Handelns für einen Dritten, die insbesondere vom Verhalten anderer Personen abhängen. Die Beeinträchtigung entsteht aus einem komplexen Geschehensablauf, bei dem Folgen grundrechtserheblich werden, die indirekt mit dem eingesetzten Mittel oder dem verwirklichten Ziel zusammenhängen".⁶⁷ Hieran knüpft das BVerfG folgende Konsequenz: „Derartige faktisch-mittelbare Wirkungen entziehen sich typischerweise einer Normierung".⁶⁸ Damit verzichtet das BVerfG auf eine besondere formelle gesetzliche Ermächtigungsgrundlage für derartige staatliche Warnungen. Eine Ausnahme wird für den Fall gemacht, dass sich „die Maßnahme … nach der Zielsetzung und ihren Wirkungen als Ersatz für eine staatliche Maßnahme dar[-stellt], die als Grundrechtseingriff im herkömmlichen Sinne zu qualifizieren ist."⁶⁹ Jedenfalls die **Informationstätigkeit der Regierung,** die aufgrund der Reaktionen der Bürger zu mittelbar-faktischen Grundrechtsbeeinträchtigungen führe, lasse sich gesetzlich sinnvoll nicht regeln.⁷⁰ Die Berechtigung der Bundesregierung folge aus den Art. 62 ff. GG.⁷¹

Diese Rechtsprechung des BVerfG ist in mehrfacher Hinsicht kritikwürdig.⁷² Warnt die Behörde oder die Regierung vor bestimmten Produkten oder vor bestimmten religiösen Gruppierungen, ist es gerade Zweck dieser Warnungen, dass die Produkte nicht mehr gekauft werden und dass potentielle Interessenten der religiösen Gruppierung fernbleiben bzw. Mitglieder austreten. Es handelt sich deshalb um **finale Eingriffe** in die Grundrechte der Personen, vor denen oder vor deren Produkten gewarnt wurde.⁷³ Weil

299

---

⁶⁶ BVerfGE 105, 279 (303 f.).
⁶⁷ BVerfGE 105, 279 (304).
⁶⁸ BVerfGE 105, 279 (304).
⁶⁹ BVerfGE 105, 279 (303).
⁷⁰ BVerfGE 105, 279 (304); billigend EGMR NVwZ 2010, 177 Rn. 89.
⁷¹ BVerfGE 105, 279 (306); ebenso BVerwGE 82, 76 (80 f.) ohne ausdrückliche Benennung der Art. 62 ff. GG; 87, 37 (46 ff.), nachdem zuvor auf eine verfassungsimmanente Grundrechtsbegrenzung, die „einer dem einfachen Gesetzgeber überlassenen Begrenzungsmäßigkeit" vorgehe, abgestellt wurde.
⁷² Ebenso *R. Schmidt*, Staatliches Informationshandeln und Eingriff, 2004, S. 97 ff.; *Kersten*, in: FS U. Battis, 2014, S. 246 ff.; *Barczak*, NVwZ 2015, 1018; *Schoch*, NVwZ 2011, 193 ff.; *Huber*, JZ 2003, 292 ff.; *Murswiek*, NVwZ 2003, 1 ff.; *v. Coelln*, JA 2003, 118; vgl. auch *Klement*, DÖV 2005, 507 ff.
⁷³ Zutreffend BVerwG NVwZ-RR 2015, 425 Rn. 16, das eine Warnung als „funktionales Äquivalent eines klassischen Grundrechtseingriffs" qualifiziert, „wenn der Staat zielgerichtet zu Lasten bestimmter Betr. einen … erwünschten Erfolg herbeiführen will." Das BVerwG hat die Vorinstanz OVG Münster NVwZ 2013, 1562 (1564 f.) bestätigt, das eine ministerielle Presseerklärung, der Verkauf von E-Zigaretten sei grundsätzlich verboten und strafbar, als „funktionales Äquivalent zu einem unmittelbaren Eingriff" in das Grundrecht der Berufsfreiheit der Anbieter von E-Zigaretten qualifizierte.

die Warnungen keine staatlichen Rechtsakte wie insbesondere Ge- oder Verbote, sondern nur faktisches Handeln (Realakte) sind, stehen **finale faktische Grundrechtseingriffe** in Rede.[74] Für solche finalen faktischen Grundrechtseingriffe gilt aber grundsätzlich das Erfordernis einer besonderen formellen gesetzlichen Ermächtigungsgrundlage.[75] Bundesgesetzliche Rechtsgrundlage für behördliche Warnungen vor Gefahren, die von Verbraucherprodukten ausgehen, ist das Geräte- und Produktsicherheitsgesetz vom 6.1.2004.[76]

Gleiches gilt für Grundrechtseingriffe, die zwar nicht beabsichtigt sind, die sich aber als **typische Folge** staatlichen Handelns darstellen.[77] So verhält es sich etwa, wenn vor dem Kauf einer bestimmten Weinsorte eines Herstellers gewarnt wird, die Konsumenten aber nicht nur diese Weinsorte, sondern sämtliche Weine des Herstellers meiden. Freilich ist in diesem Fall keine zusätzliche gesetzliche Ermächtigungsgrundlage erforderlich. Vielmehr sind die typischen Begleitfolgen von der gesetzlichen Ermächtigungsgrundlage gedeckt, die zum finalen faktischen Grundrechtseingriff berechtigt.

Handelt es sich dagegen um **echte bloße mittelbar-faktische Auswirkungen auf Grundrechte**,[78] gilt das Erfordernis einer besonderen gesetzlichen Ermächtigungsgrundlage nur, wenn diese mittelbar-faktischen Auswirkungen von einer gewissen Qualität sind und deshalb einem finalen oder unmittelbaren Grundrechtseingriff gleichkommen.[79] Es kann auf das Ausmaß und Gewicht der Auswirkungen abgestellt werden oder in Fällen von Auswirkungen auf Art. 12 GG auf das Kriterium der „objektiv berufsregelnden Tendenzen" der staatlichen Handlung, wie es das BVerfG tut.[80]

---

[74] *Murswiek*, NVwZ 2003, 5, 8; *Käß*, WiVerw. 2002, 204; vgl. auch *R. Schmidt*, Staatliches Informationshandeln und Eingriff, 2004, S. 117 f.

[75] BVerwG NVwZ-RR 2015, 425 Rn. 16, 19; NJW 2006, 1303 Rn. 26 ff.; *Murswiek*, NVwZ 2003, 5; *Käß*, WiVerw. 2002, 204 f.

[76] BGBl. 2004-I, S. 2 = Sartorius I, Ergänzungsband, Nr. 803; daneben gibt es auch noch verschiedene spezielle bundes- und landesgesetzliche Ermächtigungen, vgl. dazu *Tremml/Luber*, NJW 2005, 1747 f. m.w.N.

[77] VGH BW DVBl. 2013, 1065; *Huber*, JZ 2003, 294 f.; das Erfordernis einer einfachgesetzlichen Ermächtigungsgrundlage betont auch *Schulte*, Schlichtes Verwaltungshandeln, 1995, S. 140–144; ebenso *Klement*, DÖV 2005, 513 ff.; für die Geltung des Vorbehalts des Gesetzes nur bei finalen faktischen Grundrechtseingriffen offenbar *Murswiek*, NVwZ 2003, 5.

[78] So das BVerwG in Subventionsfällen, wenn nichtsubventionierte Unternehmer durch die staatliche Subventionierung von Konkurrenten nachteilig betroffen sind, BVerwGE 30, 191 (198); NJW 1978, 1539; ebenso OVG Bautzen NJW 1999, 2539; so auch der Sache nach BVerwGE 65, 167 (173 f.); vgl. auch BVerwGE 148, 133 Rn. 24.

[79] So in einem solchen Fall BVerwGE 148, 133 Rn. 24 f.; vgl. auch *Kersten*, in: FS U. Battis, 2014, S. 247 f.

[80] BVerfGE 70, 191 (214); BVerfGK DVBl. 2009, 1440 Rn. 10 m. Anm. *Achatz*; VGH BW DVBl. 2013, 1065; dazu auch *Jarass*, in: Jarass/Pieroth, Art. 12 Rn. 15 f.

Abzulehnen ist auch eine vereinzelte bundesverwaltungsgerichtliche Entscheidung, staatliches Handeln, das von verfassungsimmanenten Grundrechtsschranken gedeckt sei, stelle per se keinen Grundrechtseingriff dar, deshalb gelte auch nicht das Erfordernis einer einfachgesetzlichen Eingriffsermächtigung.[81] Mittlerweile ist soweit ersichtlich einhellig anerkannt, dass eine verfassungsimmanente Schranke, die dem Grundrecht durch kollidierendes Verfassungsrecht abstrakt gesetzt wird, durch ein besonderes formelles Gesetz konkretisiert werden muss.[82] Die Verwaltung ist ohne eine solche Eingriffsermächtigung nicht zu Grundrechtseingriffen berechtigt. Anders verhält es sich, wenn man ein bestimmtes Verhalten – etwa den Verkauf glykolhaltiger Weine – von vornherein vom grundrechtlichen Schutz ausnimmt.

Sowohl für finale-faktische als auch für mittelbar-faktische Grundrechtseingriffe durch Warnungen und Informationshandeln der Bundesregierung gilt das Erfordernis einer **besonderen gesetzlichen Ermächtigungsgrundlage** nicht, wenn sich die Befugnis hierzu unmittelbar aus dem Grundgesetz ableiten lässt. Eben dies ist aber nur bei echter **staatsleitender Tätigkeit** der Bundesregierung, d. h. bei echter Regierungstätigkeit der Fall.[83] Sie ist durch die Verfassung unmittelbar legitimiert und einer speziellen einfachgesetzlichen Regelung in manchen Fällen kaum zugänglich.[84] Staatsleitende Tätigkeit (Regierungstätigkeit) sollte aber nur unter engen Voraussetzungen angenommen werden. Sie ist auf Tätigkeiten beschränkt, die von herausragender Bedeutung für den Staat, seine Einrichtungen und für das gesamte Staatsvolk sind oder die primär politischer Natur sind.

Zur staatsleitenden Tätigkeit gehört die Warnung vor Gefahren und Entwicklungen, die die Gesellschaft und den Staat als solchen bedrohen. In einem solchen Fall handelt es sich nicht mehr um unterverfassungsrechtliche Verwaltungstätigkeit. Bei wirklicher staatsleitender Regierungstätigkeit genügen in der Tat die Art. 62 ff. GG, insbesondere die Richtlinienkompe-

300

---

[81] BVerwGE 87, 37 (45 ff., 50); ablehnend auch *Käß,* WiVerw. 2002, 205.
[82] BVerfGE 111, 147 (157 f.); 108, 282 (311 f.); 83, 130 (142); BVerwGE 90, 112 (122); *Jarass,* in: Jarass/Pieroth, Vorb. vor Art. 1 Rn. 51; *Sachs,* Verfassungsrecht II, 2. Aufl. 2003, A 9 Rn. 43 f.; *Uerpmann,* Das öffentliche Interesse, 1999, S. 174 mit der zutreffenden Ausnahme der Wahrnehmung echter Regierungsaufgaben – dazu näher unten Rn. 300; *Klement,* DÖV 2005, 514 f.
[83] A. A. und auch in diesem Bereich für das Erfordernis einer einfachgesetzlichen Ermächtigungsgrundlage, wenn die staatsleitende Tätigkeit tatsächlich einem klassischen Grundrechtseingriff gleichkommt, BVerfGE 105, 279 (303); BVerwG NVwZ-RR 2015, 425 Rn. 20; *Schoch,* NVwZ 2011, 196.
[84] So sind z. B. für den Fall des Auslandseinsatzes der Bundeswehr die Voraussetzungen, Form und Ausmaß der parlamentarischen Beteiligung, nicht dagegen die materiell-rechtliche Zulässigkeit der Bundeswehreinsätze im Parlamentsbeteiligungsgesetz vom 18.3.2005 – BGBl. 2005-I, S. 775 – geregelt; freilich steht der Einsatzbefehl keinem klassischen Grundrechtseingriff gleich.

tenz des Art. 65 S. 1 GG und die ministerielle Ressortverantwortlichkeit des Art. 65 S. 2 GG, als Ermächtigung zur Warnung vor staats- und gesellschaftsbedrohenden Entwicklungen und Gefahren, selbst wenn damit Eingriffe in Grundrechte einzelner Bürger verbunden sind. Ebenso verhält es sich, wenn sich Regierungsmitglieder in Erfüllung ihrer parlamentarischen Verantwortlichkeit gegenüber dem Bundestag äußern.

Vor allem die Vorschriften über die Bildung und Aufgaben der Bundesregierung (Art. 62 ff. GG), das Zitierrecht des Bundestages und seiner Ausschüsse gegenüber der Bundesregierung aus Art. 43 I GG sowie das Interpellationsrecht (Fragerecht) der Bundestagsabgeordneten aus Art. 38 I 2 GG gegenüber der Bundesregierung begründen die parlamentarische Verantwortlichkeit der Bundesregierung gegenüber dem Bundestag, seinen Ausschüssen und den einzelnen Bundestagsabgeordneten. In diesem Bereich parlamentarischer Regierungsverantwortlichkeit ist das Rechtsverhältnis zwischen Bundesregierung und Bundestag, Ausschüssen sowie Bundestagsabgeordneten durch das Grundgesetz unmittelbar verfassungsorganschaftlich ausgestaltet.[85] Die Erfüllung der verfassungsorganschaftlichen Pflicht der Bundesregierung – etwa in Beantwortung Kleiner oder Großer Anfragen oder Fragen einzelner Bundestagsabgeordneter – bedarf keiner einfachgesetzlichen Regelung. Dies gilt auch dann, wenn mit dieser Regierungstätigkeit Eingriffe in Grundrechte der Bürger verbunden sind.[86]

Äußert sich die Bundesregierung dagegen nicht in staatsleitender Funktion oder im Rahmen ihrer parlamentarischen Verantwortlichkeit, sondern wendet sie sich unmittelbar an die Öffentlichkeit, um vor Gefahren für die öffentliche Sicherheit und Ordnung, denen keine gesamtstaatliche oder gesamtgesellschaftliche Relevanz zukommt, zu warnen, wird sie **verwaltend,** d.h. als Gefahrenabwehrbehörde tätig.[87] Greift sie hierbei in Grundrechte der Bürger ein, bedarf sie wie jede andere Behörde auch einer besonderen einfachgesetzlichen Ermächtigungsgrundlage. Die Art. 62 ff. GG decken diesen Bereich grundrechtseingreifenden informellen Verwaltungshandelns nicht ab.[88] Das Argument, diese Art der Informationstätigkeit der Regierung sei einer sinnvollen gesetzlichen Regelung nicht zugänglich,[89] ist

---

[85] BVerfGE 57, 1 (5, 8).
[86] Dazu VG Hannover NdsVBl. 2014, 292 ff., das auf die Frage einer einfachgesetzlichen Eingriffsermächtigung zu Recht nicht eingeht; ebenso ThürOVG ThürVBl. 2016, 10, das zunächst die Vorschriften des einfachgesetzlichen Datenschutzrechts für nicht einschlägig erachtete und dann unmittelbar auf die landesverfassungsrechtlichen Vorschriften abstellte, die den oben genannten Bestimmungen des GG entsprechen.
[87] Für die Unterscheidung zwischen Regierungs- und Verwaltungshandeln auch *Kersten*, in: FS U. Battis, 2014, S. 247 f.
[88] So überzeugend *Huber*, JZ 2003, 295 f.
[89] BVerfGE 105, 279 (304).

§ 7. Gesetzmäßigkeit der Verwaltung

nicht stichhaltig. Dies belegt eine ganze Reihe gesetzlicher Regelungen über behördliche Warnungen und Informationen.[90]

Beispiele:
- Das Innenministerium eines Landes veröffentlicht in seiner Funktion als Verfassungsschutzbehörde einen Verfassungsschutzbericht. In diesem werden verschiedene Artikel der Wochenzeitung „Junge Freiheit" als verfassungsfeindlich bezeichnet. Das BVerfG hat dieses staatliche Informationshandeln zutreffend auch als Warnung potentieller Leser der Zeitung und als mittelbaren Eingriff in die Pressefreiheit des Verlages aus Art. 5 I 2 GG qualifiziert. Außerdem hat es eine formelle gesetzliche Eingriffsermächtigung, die den Anforderungen des Art. 5 II GG genügt, verlangt. Gesetzliche Ermächtigungsgrundlage war das Verfassungsschutzgesetz NRW vom 18.12.2002 (GVBl. NRW 2003, S. 2), BVerfGE 113, 63 (74 ff.); vgl. auch BVerwG DVBl. 2008, 1242 ff. Auf die Problematik der Abgrenzung von Regierungs- und Verwaltungstätigkeit ist das BVerfG nicht eingegangen – offenbar vor dem Hintergrund der existierenden formellen gesetzlichen Ermächtigungsgrundlage. Dennoch kann es nicht zweifelhaft sein, dass das Innenministerum funktionell als Verwaltungsbehörde gehandelt hat (§ 2 I 1 NRW Verfassungsschutzgesetz: „Verfassungsschutzbehörde ist das Innenministerium.").
- Eine ministerielle Presseerklärung, der Verkauf von E-Zigaretten sei grundsätzlich verboten und strafbar, ist keine staatsleitende Tätigkeit, sondern bloße Verwaltungstätigkeit (a. A. BVerwG NVwZ-RR 2015, 425 Rn. 20; offenlassend die Vorinstanz OVG Münster NVwZ 2013, 1563). Deshalb hat das BVerwG im Ergebnis zu Recht eine einfachgesetzliche Eingriffsermächtigung verlangt.

dd) Verwaltungsorganisation und Verwaltungsverfahren

In verschiedenen Landesverfassungen ist ausdrücklich bestimmt, dass Aufbau, Gliederung und Zuständigkeiten der Landesverwaltung durch formelle Gesetze geregelt werden.[91] Das Grundgesetz trifft keine vergleichbare Anordnung. Nicht zuletzt deshalb ist es dem Grunde nach anerkannt, dass es keinen bundesverfassungsrechtlichen Grundsatz gibt, wonach die Regelung der Behördenzuständigkeiten und des Verwaltungsverfahrens **bis in alle Einzelheiten** dem formellen Gesetz vorbehalten wäre.[92] **301**

Wegen der Grundrechtsrelevanz, jedenfalls aber wegen der z. T. erheblichen Bedeutung für das Staat-Bürger-Verhältnis, müssen aber **die Grundzüge** der Behördenzuständigkeiten, des Verwaltungsverfahrens und der Verwaltungsorganisation in formellen Gesetzen geregelt sein.[93] Wie weit dieser Gesetzesvorbehalt im einzelnen reicht, ist naturgemäß umstritten.[94] **302**

---

[90] Dazu *Käß*, WiVerw. 2002, 205 f.; siehe auch den Vorschlag eines Bundesinformationsgesetzes von R. *Schmidt*, Staatliches Informationshandeln und Grundrechtseingriff, 2004, S. 165 ff.
[91] Art. 70 I BaWüVerf.; Art. 77 I BayVerf.; Art. 77 S. 1 NRWVerf.; Art. 82 I SächsVerf.; Art. 86 II SachsAnhVerf.; Art. 90 S. 2 ThürVerf.
[92] BVerfGE 40, 237 (250); *Bull/Mehde*, Rn. 195.
[93] *Maurer*, § 6 Rn. 30, § 21 Rn. 65 f.
[94] Dazu m. w. N. *Mayer/Kopp*, S. 144 ff.; *König*, VerwArch. 100 (2009), 214 ff.; *Ohler*, AöR 131 (2006), 336 ff.

Das gilt auch für die oben genannten landesverfassungsrechtlichen Bestimmungen.

Beispiele:
- Zusammenlegung von Innen- u. Justizministerium in NRW wegen der Wesentlichkeit nur durch formelles Gesetz (VerfGH NW NJW 1999, 1243 ff.; ablehnend *Bull/Mehde*, Rn. 173; *Böckenförde*, NJW 1999, 1236; *Isensee*, JZ 1999, 1113 ff.).
- Trotz Art. 77 I 1 BayVerf. (Pflicht zur gesetzlichen Regelung der Zuständigkeiten der staatlichen Organe) kein Erfordernis der gesetzlichen Regelung der Behördenzuständigkeiten für staatliche Zuwendungen (an kommunale Körperschaften), VGH München NVwZ 2000, 829 f.; ebenso zum Bundesverfassungsrecht BVerfGE 8, 155 (167).

§ 8. Ermessen, Beurteilungsspielraum und unbestimmter Rechtsbegriff

Literatur: *Bamberger,* Behördliche Beurteilungsermächtigungen im Lichte der Bereichsspezifik des Verwaltungsrechts, VerwArch. 93 (2002), 217; *Hain/Schlette/Schmitz,* Ermessen und Ermessensreduktion – ein Problem im Schnittpunkt von Verfassungs- und Verwaltungsrecht, AöR 122 (1997), 32; *Kment/Vorwalter,* Beurteilungsspielraum und Ermessen, JuS 2015, 193; *Rozek,* Neubestimmung der Justitiabilität von Prüfungsentscheidungen, NVwZ 1992, 343; *Schoch,* Das „intendierte Ermessen", Jura 2010, 358; *ders.,* Das verwaltungsbehördliche Ermessen, Jura 2004, 462; *ders.,* Der unbestimmte Rechtsbegriff im Verwaltungsrecht, Jura 2004, 612; *Sieckmann,* Beurteilungsspielräume und richterliche Kontrollkompetenzen, DVBl. 1997, 101; *Staufer/Steinebach,* Die ungerechte Prüfung, Jura 2010, 454 (Übungsfall).

Rechtsprechung: BVerfGE 84, 34 u. 59 (gerichtliche Kontrolle von Prüfungsentscheidungen); BVerwGE 31, 212 (Ermessensbindung und gerichtliche Kontrolle); BVerwGE 39, 235 (Anspruch auf ermessensfehlerfreie Entscheidung); BVerwGE 56, 254 (verfassungsrechtliche Zulässigkeit von unbestimmten Rechtsbegriffen und Ermessen); BVerwGE 105, 55 (intendiertes Ermessen); BVerwGE 129, 27 (gerichtliche Überprüfbarkeit von Weinprädikaten).

I. Gebundene und nichtgebundene, gesetzesfreie und gesetzesabhängige Verwaltung

Die bestehenden formellen und materiellen Gesetze werden in der Regel von der Verwaltung ausgeführt. Etwas anderes gilt nur für solche Gesetze, die keiner weiteren Umsetzung bedürfen, die also self-executing sind. 303

Beispiele: 304
- Ein Gesetz schreibt die Erhebung von Studiengebühren vor. Die Studiengebühren werden von den zuständigen Behörden festgesetzt. Hier muss die Verwaltung das Gesetz umsetzen.
- Ein Gesetz bestimmt, dass ab 1. 1. 2016 das Eigentum an Kfz ohne geregelten Dreiwegekatalysator erlischt. Diese Anordnung bedarf nicht mehr der Umsetzung. Insoweit ist das Gesetz self-executing.

Die Verwaltung muss bei der Gesetzesausführung die gesetzlichen Vorgaben beachten. Insoweit ist aber eine **Zweiteilung** möglich:
Es gibt Gesetze, die der Verwaltung **keinen Entscheidungsspielraum** belassen. Sind die Tatbestandsvoraussetzungen des Gesetzes erfüllt, muss die 305

Behörde eine **ganz bestimmte Entscheidung** treffen. In diesen Fällen spricht man von **gebundener Verwaltung**.

> **Beispiel:** § 12 I Nr. 1 BeamtStG ordnet an, dass eine Ernennung zum Beamten zurückgenommen werden **muss**, wenn sie durch Zwang, arglistige Täuschung oder Bestechung herbeigeführt wurde.

306 Dann gibt es aber auch Gesetze, die der Behörde die Befugnis einräumen, selbst zu entscheiden, ob oder wie sie handelt. Bei derartigen **Gesetzen mit behördlichem Entscheidungsspielraum** spricht man von **nichtgebundener Verwaltung**.

> **Beispiel:** § 23 II, III BeamtStG regelt, dass Beamte unter bestimmten Voraussetzungen entlassen werden **können**. Die Behörde muss die Entlassung also nicht zwingend verfügen, wenn diese Voraussetzungen erfüllt sind.

307 Der Vorteil solcher Gesetze mit behördlichem Entscheidungsspielraum besteht darin, dass zum einen der Gesetzgeber keine bis in alle Einzelheiten gehende und allen Eventualitäten Rechnung tragende Regelung treffen muss **(Eindämmung der Gesetzesflut)**. Zum anderen können die Behörden entsprechend den jeweiligen Besonderheiten der z. T. ganz unterschiedlichen Einzelfälle flexibel handeln **(Praktikabilität und Effektivität des Verwaltungshandelns)**. Der Nachteil derartiger Regelungen besteht in einem gewissen **Verzicht auf Rechtssicherheit**. Die Bürger können dem Gesetz nicht mehr mit Sicherheit entnehmen, ob und wie die Behörden handeln werden. Hierbei geht es um ein Problem der Bestimmtheit von Gesetzen. Denn auch und gerade Gesetze mit behördlichem Entscheidungsspielraum müssen dem aus dem Rechtsstaatsprinzip folgenden **Bestimmtheitsgrundsatz genügen**.

308 Zum Teil weitreichende Entscheidungsspielräume haben die Behörden auch im Bereich der sog. **gesetzesfreien Verwaltung**. Hier führen die Behörden keine Gesetze aus, sondern werden **ohne gesetzliche Ermächtigungsgrundlage** tätig. Zu nennen ist vor allem der Bereich der Leistungsverwaltung. Im Unterschied zu den oben genannten Gesetzen mit behördlichem Entscheidungsspielraum **existieren im Bereich der gesetzesfreien Verwaltung überhaupt keine Gesetze,** die das behördliche Handeln leiten und begrenzen. Völlig frei ist die Verwaltung aber nicht. Zu beachten sind insbesondere die verfassungsrechtlichen Direktiven der Gleichheitssätze des Art. 3 GG sowie die Vorgaben von Verwaltungsvorschriften,[1] die von den Behörden und der Verwaltungsspitze selbst erlassen werden. Grundvoraussetzung ist freilich, dass die Verwaltung überhaupt ohne gesetzliche Grundlage handeln darf.[2]

---

[1] Dazu Rn. 852 ff.
[2] Dazu oben Rn. 259 ff.

§ 8. Ermessen, Beurteilungsspielraum

Den Begriff der **gesetzesabhängigen**, also der **gesetzesakzessorischen** 309
Verwaltung sollte man generell zur Beschreibung des Bereichs der gesetzesausführenden Verwaltung verwenden[3] und nicht lediglich für diejenigen Bereiche, in denen der Verwaltung keinerlei Entscheidungsspielräume eingeräumt sind.[4] Denn um gesetzesausführende, also gesetzesabhängige und damit gesetzesakzessorische Verwaltung handelt es sich auch dann, wenn die Behörden Gesetze anwenden und ausführen, die ihnen Entscheidungsspielräume einräumen.[5]

Übersicht 10: 310

Gesetzesabhängige und gesetzesfreie, gebundene und nichtgebundene Verwaltung

Gesetzesabhängige Verwaltung ↓	Gesetzesfreie Verwaltung ↓
Handeln auf gesetzlicher Grundlage = gesetzesvollziehende Verwaltung • gebundene Verwaltung: Ausführung von Gesetzen ohne behördlichen Entscheidungsspielraum • nichtgebundene Verwaltung: Ausführung von Gesetzen mit behördlichem Entscheidungsspielraum	Handeln ohne gesetzliche Grundlage

II. Ermessen

1. Gesetzliche Einordnung

Von behördlichem Ermessen spricht man dann, wenn die gesetzlichen Tatbestandsvoraussetzungen erfüllt sind, der Behörde aber gleichwohl die **Wahl zwischen verschiedenen Verhaltensmöglichkeiten** bleibt. 311

Rechtstechnisch ist zwischen dem **Tatbestand** und der **Rechtsfolge** eines Gesetzes zu unterscheiden.

Auf der **Tatbestandsseite** sind die Voraussetzungen geregelt, die erfüllt sein müssen, damit die Behörde in einer bestimmten Weise handeln muss

---

[3] BVerfGE 12, 205 (246 f.).
[4] So aber *Ule/Laubinger,* § 55 Rn. 2 a. E.
[5] Zutreffend *Maurer,* § 1 Rn. 24 f.

oder zumindest handeln darf. Auf der **Rechtsfolgenseite** ist geregelt, wie sich die Behörde zu verhalten hat, wenn der Tatbestand erfüllt ist. Im oben genannten Beispiel des § 12 I Nr. 1 BeamtStG wird der **Tatbestand** gebildet durch die Formulierung: wenn die Ernennung zum Beamten durch Zwang, arglistige Täuschung oder Bestechung herbeigeführt wurde. Die **Rechtsfolgenseite** besteht aus der Formulierung: ist die Ernennung zum Beamten zurückzunehmen.

312 **Ermessen wird – wenn überhaupt – auf der Rechtsfolgenseite eingeräumt.** Da § 12 I Nr. 1 BeamtStG nur **eine** Verhaltensmöglichkeit vorsieht, nämlich die Rücknahme der Ernennung, steht der gesetzesanwendenden Behörde kein Ermessen zu. Anders verhält es sich bei § 23 II, III BeamtStG. Danach **kann** die Entlassung verfügt werden. Sind die in dieser Bestimmung genannten Tatbestandsvoraussetzungen erfüllt, hat die Behörde die **Wahl,** ob sie die Entlassung ausspricht oder nicht. Ihr steht also ein Ermessen zu.

Kennzeichnend für behördliches Ermessen ist also, dass mehrere Verhaltensweisen vom Gesetz gedeckt und damit rechtmäßig sind.

313 **Übersicht 11:**

Gebundene Verwaltung – Ermessensverwaltung

Schematische Darstellung der **gebundenen Verwaltung:**
Tatbestand: Wenn die Voraussetzungen 1, 2 und 3 erfüllt sind,
Rechtsfolge: **muss** die Behörde die Maßnahme X treffen.

Schematische Darstellung der **Ermessensverwaltung:**
Tatbestand: Wenn die Voraussetzungen 1, 2 und 3 erfüllt sind,
Rechtsfolge: **kann** die Behörde folgende Maßnahme(n) X (oder Y) treffen.

314 Im weiteren ist zu unterscheiden zwischen **Entschließungsermessen** und **Auswahlermessen.** Von **Entschließungsermessen** spricht man, wenn die Behörde die Wahl hat, ob sie überhaupt tätig werden möchte. So verhält es sich bei § 23 II, III BeamtStG: Entlassung aus dem Beamtenverhältnis oder nicht.

315 Von **Auswahlermessen** ist die Rede, wenn die Behörde die Wahl zwischen mehreren Verhaltensweisen für den Fall ihres Tätigwerdens hat. So verhält es sich etwa bei § 8 I Polizeigesetz Nordrhein-Westfalen. Danach **kann** die Polizei **die notwendigen Maßnahmen treffen** – es kommen

also ganz verschiedene Maßnahmen in Betracht –, um eine im einzelnen Fall bestehende konkrete Gefahr für die öffentliche Sicherheit abzuwehren. Hier sind Entschließungs- und Auswahlermessen sogar miteinander kombiniert: Die Polizei hat die Wahl, ob sie überhaupt einschreitet, und, bejahendenfalls, auch die Wahl, wie sie einschreitet. Nur Auswahl-, nicht aber auch Entschließungsermessen räumt dagegen z. B. § 8 S. 2 VersG ein. Danach **hat** der Versammlungsleiter für **Ordnung zu sorgen.** Er muss also tätig werden, wenn die Ordnung nicht mehr gewährleistet ist, hat aber die Wahl zwischen mehreren Handlungsmöglichkeiten.

2. Einräumung von Ermessen

Ermessen wird durch Gesetz eingeräumt. Es lassen sich im wesentlichen vier Fallgruppen ausmachen. **316**

a) Durch Gesetz expressis verbis

Z. B. § 17 II 1 SGB XII: „über Art und Maß der Leistungserbringung ist nach pflichtgemäßem Ermessen zu entscheiden ...". **317**

b) Aus dem gesetzlichen Gesamtzusammenhang

Die Einräumung von Ermessen kann auch aus dem Gesamtzusammenhang des Gesetzes folgen. So ist nach § 48 StVO derjenige, der Verkehrsvorschriften nicht beachtet, auf Vorladung der zuständigen Behörde verpflichtet, an einem Verkehrsunterricht teilzunehmen. Obwohl diese Bestimmung der Behörde nicht expressis verbis ein Ermessen einräumt – es heißt nur „auf Vorladung" –, ist anerkannt, dass die Behörde nicht jeden Verkehrssünder vorladen muss; dies wäre auch gar nicht praktikabel. Insoweit besteht ein behördliches (Entschließungs-)Ermessen. **318**

c) Durch gesetzliche Umschreibung

Am häufigsten wird Ermessen durch bestimmte gesetzliche Umschreibungen begründet, nämlich durch Ausdrücke wie „kann" (so bei § 23 II, III BeamtStG: „Beamte können entlassen werden ..."), „darf", „ist berechtigt", „ist befugt" oder durch ähnliche Formulierungen. **319**

d) Soll-Vorschriften

Zwischen den „Kann-Vorschriften" (Ermessens-Vorschriften) und „Muss-Vorschriften" (gebundene Verwaltung) stehen die **„Soll-Vor-** **320**

schriften". Gleichwohl werden sie noch den Ermessens-Vorschriften zugerechnet.[6]

321 So **soll** nach § 12 IV WPflG ein Wehrpflichtiger vom Wehrdienst zurückgestellt werden, wenn ein Härtefall vorliegt. Derartige Soll-Vorschriften verpflichten die Behörde grundsätzlich zum Tätigwerden, wenn der gesetzliche Tatbestand erfüllt ist. Von der für den Normalfall gesetzlich vorgeschriebenen Rechtsfolge darf nur in **Ausnahmefällen** abgesehen werden.[7] **Nur wenn ein Sonderfall vorliegt, steht der Behörde Ermessen zu.**[8]

3. Das sog. intendierte Ermessen

322 Das sog. intendierte Ermessen ist eine Wortschöpfung des BVerwG. Das BVerwG spricht von intendiertem Ermessen, wenn dem Gesetz zu entnehmen sei, wie das Ermessen auszuüben sei und vor allem **welches Ergebnis für den Normalfall gewollt** sei.[9] Unter den Begriff des intendierten Ermessens fasst das BVerwG nicht nur die Soll-Vorschriften, sondern auch andere Vorschriften, aus denen es **ermessenslenkende Vorgaben** des Gesetzgebers herausliest.[10] Wichtig sind die rechtlichen Konsequenzen, die das BVerwG aus der Zuerkennung intendierten Ermessens zieht:

> Folgt die Behörde der gesetzlichen Intention – trifft sie also die vom Gesetz für den Normalfall gewollte Entscheidung – und sind keine besonderen Umstände ersichtlich, die für eine andere Entscheidung sprechen, braucht die Behörde keine Ermessenserwägungen anzustellen (materieller Aspekt) und in einer nach § 39 I 1 VwVfG erforderlichen Begründung auch keine Ermessenserwägungen mitzuteilen (formeller Aspekt).[11]

323 Im Prinzip ist gegen diesen Begriff nichts einzuwenden. Ist es doch eine Selbstverständlichkeit, dass bei allen Ermessensentscheidungen der Gesetzeszweck und die sonstigen im Gesetz enthaltenen Direktiven zu berücksichti-

---

[6] *Stober*, in: Wolff/Bachof I, § 31 Rn. 41: schwächste Form des Ermessens; s. auch BVerwGE 88, 1(8): Einräumung pflichtgemäßen Ermessens für Sonderfälle.
[7] BVerfGE 119, 331 (351 f.); BVerwGE 90, 88 (93); 88, 1 (8); 64, 318 (323).
[8] BVerwGE 88, 1 (8); 72, 1 (6); *Sachs*, in: Stelkens/Bonk/Sachs, § 40 Rn. 26.
[9] BVerwGE 72, 1 (6); 91, 82 (90).
[10] So wird z.B. im Falle einer zweckwidrigen Verwendung von Subventionen eine grundsätzliche Pflicht der Behörde zum Widerruf des Subventionsbescheides nach § 49 III 1 Nr. 1 VwVfG angenommen, BayVGH BayVBl. 2009, 754 Rn. 32 unter Hinweis auf BVerwGE 105, 55 (58); zu weiteren Fällen *Schoch*, Jura 2010, 360 f.
[11] BVerwGE 105, 55 (57 f.); 91, 82 (90); 72, 1 (6); ebenso VGH Bad.-Württ. VBlBW 2006, 354 (357); VGH München NVwZ-RR 2003, 89; siehe aber auch BayVGH BayVBl. 2004, 339.

gen sind. Ordnet die Behörde eine Rechtsfolge an, die in einer Soll-Vorschrift genannt ist, folgt sie der gesetzlichen Intention. Hier genügt die Behörde ihrer materiellen Pflicht zur fehlerfreien Ermessensausübung und ihrer formellen Begründungspflicht nach § 39 I 3 VwVfG, wenn sie die Möglichkeit eines Ausnahmefalles, der für eine abweichende Entscheidung sprechen könnte, in Erwägung zieht und kurz darlegt, dass kein derartiger Ausnahmefall vorliegt.

Handelt es sich dagegen um keine Soll-Vorschriften, sind etwaige gesetzliche Ermessensvorgaben der in Rede stehenden Ermessensvorschrift, aber auch anderer gesetzlicher Bestimmungen[12] im Rahmen der behördlichen Ermessensentscheidung und Ermessensbegründung in besonderer Weise zu berücksichtigen. Eine Freistellung der Behörde von der Pflicht, Ermessenserwägungen anzustellen und ihre Ermessensentscheidung in einer § 39 I 3 VwVfG genügenden Weise zu begründen, ist jedoch abzulehnen.[13] Hinzu kommt, dass die Frage, welches Ergebnis gesetzlich als der Normfall gewollt ist, häufig nicht ohne weiteres beantwortet werden kann – abgesehen von den Soll-Vorschriften.

4. Grenzen des Ermessens und gerichtliche Kontrolldichte

a) Gesetzliche Vorgaben

§ 40 VwVfG bestimmt, dass die Behörde ihr Ermessen entsprechend dem Zweck der Ermächtigung auszuüben und die **gesetzlichen Grenzen des Ermessens** einzuhalten hat. Nach § 114 S. 1 VwGO ist die Kontrollbefugnis der Verwaltungsgerichte auf die Überprüfung, ob die Behörde diese Vorgaben beachtet hat, beschränkt. **324**

> Auch in Klausuren und Hausarbeiten darf nur geprüft werden, ob die Behörde die Ermessensgrenzen beachtet hat. Nur wenn diese Grenzen überschritten sind, ist der VA rechtswidrig.

---

[12] Dazu in diesem Zusammenhang *Sachs,* in: Stelkens/Bonk/Sachs, § 40 Rn. 29 a.
[13] Ablehnend auch *Schönenbroicher,* in: Mann/Sennekamp/Uechtritz, § 40 Rn. 68 f.; *Maurer,* § 7 Rn. 12; *Bull/Mehde,* Rn. 600, 801; *Schoch,* Jura 2010, 362; *Beaucamp,* JA 2006, 77 f.; *Erbguth,* JuS 2002, 333 f.; *Pabst,* VerwArch. 93 (2002), 540 ff.; so auch BayVGH BayVBl. 2004, 339, wenn die Begründungserleichterung nach Maßgabe der Grundsätze des intendierten Ermessens den Rechtsschutz des Bürgers unangemessen erschweren würde; der gegenteiligen Rspr. zustimmend dagegen *Schwabe,* DVBl. 1998, 145 f.; *Beuermann,* Intendiertes Ermessen, 2002.

325 Die Vorgaben der §§ 40 VwVfG, 114 S. 1 VwGO sind nicht sonderlich präzise. Immerhin lässt sich § 40 VwVfG die Aussage entnehmen, dass es **kein freies oder beliebiges Ermessen** der Behörde gibt. Bestimmte Grenzen sind zu beachten. Es gibt nur **pflichtgemäßes Ermessen.** Wegen des ansonsten nur geringen Aussagegehalts der §§ 40 VwVfG, 114 S. 1 VwGO sind bei der Bestimmung der Grenzen des behördlichen Ermessens und der Reichweite der Ermessensbindung sowie bei der Bestimmung der gerichtlichen Kontrollkompetenz die hierzu von **Lehre und Rechtsprechung entwickelten Grundsätze** zu beachten.

326 Als übergeordneter und allgemein anerkannter Grundsatz gilt, dass die Behörde letztverantwortlich entscheidet, welches Verhalten **zweckmäßig** ist. Es darf daher nicht geprüft werden, ob eine andere mögliche Entscheidung zweckmäßiger oder besser gewesen wäre. Eine Zweckmäßigkeitskontrolle findet lediglich durch die Behörden selbst im **Vorverfahren** nach § 68 VwGO statt.

327 Allerdings darf die Behörde erst dann handeln, wenn **die gesetzlichen Tatbestandsvoraussetzungen erfüllt sind.** Ist dies nicht der Fall, ist für behördliches Ermessen kein Raum. Handelt die Behörde dennoch, verhält sie sich rechtswidrig. Insoweit erfolgt im Gerichtsprozess und vor allem in Prüfungsarbeiten eine uneingeschränkte Kontrolle.

Beachte: **Soll-Vorschriften**[14] räumen der Behörde **keinen** Spielraum bei der Entscheidung (Ermessens- oder Beurteilungsspielraum) ein, ob ein **atypischer Ausnahmefall** besteht. Das behördliche Ermessen auf der Rechtsfolgenseite besteht nur, wenn auf der Tatbestandsseite der Rechtsvorschrift ein (atypischer) Ausnahmefall anzunehmen ist. Im Prozess prüft das Verwaltungsgericht deshalb uneingeschränkt nach, ob die Behörde zu Recht oder zu Unrecht einen (atypischen) Ausnahmefall angenommen hat.[15] Hat sie zu Recht einen (atypischen) Ausnahmefall angenommen, ist allerdings ihre Ermessensentscheidung, ob sie die im Gesetz vorgesehene Regelentscheidung trifft oder nicht, gerichtlich nur eingeschränkt überprüfbar.

b) Fallgruppen möglicher Ermessensfehler

Folgende Fallgruppen möglicher Ermessensfehler haben sich herausgebildet.

aa) Ermessensnichtgebrauch (Ermessensunterschreitung)

328 Von **Ermessensnichtgebrauch** spricht man, wenn die Behörde **keinerlei Ermessenserwägungen** anstellt, obwohl ihr von Gesetzes wegen

---

[14] Rn. 320 f.
[15] OVG Lüneburg NVwZ-RR 2007, 149.

§ 8. Ermessen, Beurteilungsspielraum

Ermessen eingeräumt ist. Die behördliche Entscheidung ist dann rechtswidrig. So verhält es sich z. B., wenn die Behörde eine Versammlung verbietet, weil sie die öffentliche Sicherheit unmittelbar gefährdet glaubt und meint, in diesem Fall habe sie keine andere Wahl, als die Versammlung zu verbieten oder von Auflagen abhängig zu machen. Tatsächlich räumt ihr aber § 15 I VersG Ermessen ein: „Die zuständige Behörde kann die Versammlung ... verbieten ...".

bb) Ermessensüberschreitung

Ein Fall von **Ermessensüberschreitung** liegt vor, wenn die Behörde 329 eine Entscheidung trifft, die außerhalb des gesetzlich abgesteckten Rechtsfolgerahmens liegt. So verhält es sich z.B, wenn die Behörde eine Gebühr von 100,– Euro erhebt, obwohl nach der einschlägigen Gebührenordnung nur eine Gebühr zwischen 40,– und 80,– Euro verlangt werden darf.

cc) Ermessensfehlgebrauch

Am bedeutsamsten in der Rechtspraxis und auch in Prüfungsarbeiten ist 330 die Gruppe des **Ermessensfehlgebrauchs.** Diese Fallgruppe lässt sich wiederum in weitere Ermessensfehler untergliedern, wobei die Übergänge aber fließend sind (deshalb auch die Zusammenlegung zu einer Fallgruppe).

(1) Zweckverfehlung

Ein Fall von **Zweckverfehlung** ist gegeben, wenn die Behörde erkenn- 331 bar den Zweck der gesetzlichen Ermessenseinräumung nicht oder nicht hinreichend beachtet hat.

Beispiel: Die Behörde lädt einen seit langer Zeit unfallfrei Fahrenden beim ersten und nicht allzu schwerwiegenden Verkehrsverstoß zur Verkehrserziehung vor. Die Vorladung derartiger Verkehrssünder ist zwar vom Wortlaut des § 48 StVO gedeckt, nicht aber von Sinn und Zweck dieser Vorschrift, nämlich ungenügende Kenntnisse des Straßenverkehrsrechts zu beheben und das Verantwortungsbewusstsein des Verkehrssünders wachzurufen (BVerwGE 36, 119 ff.). Außerdem verstößt die Vorladung gegen das Verhältnismäßigkeitsprinzip.

(2) Abwägungsdefizit

Hier hat die Behörde nicht alle Umstände des Falles in ihre Abwägung 332 einbezogen, die nach Lage der Dinge und nach Maßgabe der gesetzlichen Vorgaben zu berücksichtigen waren.

Beispiel: Die zuständige Behörde verbietet gem. § 15 I VersG eine Demonstration (Aufzug) gegen Ausländerfeindlichkeit, weil gesicherte Erkenntnisse über eine geplante gewaltsame Störung dieser Demonstration durch Rechtsradikale vorliegen. Hier muss die Behörde prüfen, ob nicht behördliche (polizeiliche) Maßnahmen gegen die Störergruppen erfolgversprechend sind. Werden keine derartigen Erwägungen angestellt, ist ein Versammlungsverbot ermessensfehlerhaft. Aus Art. 8 GG folgt, dass sich behördliche Maßnahmen primär gegen die Versammlungsstörer richten müssen (BVerfGE 69, 315/360 f.).

(3) *Ermessensmissbrauch*

333 Hier stellt die Behörde sachfremde (missbräuchliche) Erwägungen an.

> **Beispiel:** Die Behörde lädt einen Verkehrssünder gem. § 48 StVO nur deshalb zum Verkehrsunterricht vor, weil noch Plätze im laufenden Kurs frei sind.

dd) Verstoß gegen Grundrechte und allgemeine Rechtsgrundsätze

334 Grundrechte, vor allem die verschiedenen Gleichheitssätze des Art. 3 GG, können ein bestimmtes behördliches Verhalten ge- oder verbieten. Jedenfalls sind sie bei sämtlichen Ermessenserwägungen angemessen zu berücksichtigen. Gleiches gilt vor allem für den Verhältnismäßigkeitsgrundsatz. Der Gleichheitssatz des Art. 3 I GG führt häufig zu einer **Selbstbindung der Verwaltung**[16] oder gar zu einer Ermessensreduzierung auf Null.

> **Beispiel:** Die Stadt S besitzt eine große Stadthalle. Nach der Benutzungssatzung kann die Stadthalle Dritten zur Benutzung überlassen werden. In der Vergangenheit wurde die Stadthalle auch politischen Parteien für Parteiversammlungen, Wahlkampfveranstaltungen etc. überlassen. Bei nachfolgenden Anträgen politischer Parteien auf Zurverfügungstellung der Halle muss die Stadt bei ihrer **Ermessensentscheidung** § 5 PartG, Art. 21 u. 3 I GG beachten. Danach muss die Stadt die Halle zur Verfügung stellen, wenn sich die Antragsteller in einer den bislang Begünstigten vergleichbaren Situation befinden.

335 Verstöße gegen Grundrechte und allgemeine Rechtsgrundsätze können bereits den oben genannten Fallgruppen (insbesondere cc) zugerechnet werden. Wegen der besonderen Bedeutung wird aber häufig eine eigene Fallgruppe gebildet. Teilweise wird auf diese Fallgruppe nicht unter dem Gliederungspunkt „Ermessensfehler" eingegangen. Die Prüfung erfolgt stattdessen als selbständiger Aspekt der materiellen Rechtmäßigkeit der behördlichen Entscheidung im Anschluss an die Ermessensprüfung.[17]

ee) Missachtung einer Ermessensreduzierung auf Null

336 Unter bestimmten Voraussetzungen kann von vornherein nur noch eine einzige Entscheidung der Behörde rechtmäßig sein. Eine Wahlmöglichkeit

---

[16] Zur Frage der Anwendbarkeit der sog. neuen Formel Rn. 247.
[17] So ausdrücklich R. *Stein*, Klausurenkurs im Allgemeinen Verwaltungsrecht und Verwaltungsprozessrecht, 2013, S. 70 mit Fn. 20 zur Verhältnismäßigkeit.

besteht dann nicht mehr. So können namentlich Grundrechte die Behörde zu einem Einschreiten verpflichten.

Beispiele:
- Eine aus fünf Mann bestehende Polizeistreife beobachtet, wie drei Skin-Heads mit Baseball-Schlägern einen Ausländer verprügeln. Hier müssen die Polizisten einschreiten. Wegen der schweren Gefahr für die Gesundheit, wenn nicht gar für das Leben des Angegriffenen ist das polizeiliche **Handlungsermessen auf Null reduziert.** Aus Art. 2 II 1 GG i. V. m. den entsprechenden polizei- und sicherheitsrechtlichen Vorschriften folgt eine polizeiliche Schutz- und Handlungspflicht. Der Polizei steht nur noch ein **Auswahlermessen** hinsichtlich der zu treffenden Maßnahmen und einzusetzenden Mittel (notfalls auch Schusswaffen) zu.
- Auch in Fällen wie dem oben genannten Stadthallenfall ist das Ermessen in der Regel auf Null reduziert.

Ganz überwiegend wird die „Ermessensreduzierung auf Null" nicht unter dem Prüfpunkt „Ermessensfehler" erörtert, sondern als sonstiger Aspekt der Ermessensausübung.[18] Jedoch stellt sich auch eine Ermessensreduzierung auf Null als Grenze des Ermessens dar, das der Behörde durch den Gesetzgeber eingeräumt wurde. Überschreitet die Behörde diese Grenze, handelt sie ermessensfehlerhaft.

c) Folge von Ermessensfehlern

aa) Anfechtungsklage

Gegen belastende Ermessensentscheidungen, die Verwaltungsakte sind – so der Regelfall –, kann **Anfechtungsklage** erhoben werden. Hier sind folgende Besonderheiten zu berücksichtigen: 337

Leidet die behördliche Entscheidung an einem Ermessensfehler, ist der Verwaltungsakt grundsätzlich rechtswidrig. Greift er auch in Rechte des Klägers ein, muss der Verwaltungsakt aufgehoben werden. Etwas anderes gilt nur dann, wenn die Behörde nach dem geltenden Recht in der Sache so entscheiden musste, wenn also ein Fall von Ermessensreduzierung auf Null vorliegt. In diesem Fall ist der Verwaltungsakt auch dann rechtmäßig und jedenfalls gerichtlich nicht aufhebbar, wenn die Behörde sachfremde Erwägungen angestellt hat oder solche Umstände nicht berücksichtigt hat, die ansonsten in die Erwägung hätten miteinbezogen werden müssen. Gleiches gilt, wenn der Verwaltungsakt zwar rechtswidrig ist, aber nicht den Kläger in seinen Rechten verletzt, weil es an der in § 113 I 1 VwGO verlangten rechtlichen Betroffenheit des Klägers fehlt. 338

---
[18] S. nur *Maurer*, § 7 Rn. 24 f.; *Peine*, Rn. 225.

339 Im übrigen muss ein den Kläger betreffender ermessensfehlerhafter Verwaltungsakt schon dann im Zuge einer Anfechtungsklage aufgehoben werden, wenn die **Möglichkeit besteht,** dass die Behörde bei einer ordnungsgemäßen Abwägung anders entschieden hätte.

340 Abgesehen vom Fall der Ermessensreduzierung auf Null ist ein behördlicher Ermessensfehler ausnahmsweise nur dann unbeachtlich, wenn zum einen der Verwaltungsakt **im Ergebnis** innerhalb des behördlichen Ermessensspielraums liegt und wenn zum anderen **objektiv und ohne jeden Zweifel** feststeht, dass die Behörde auch ohne den Ermessensfehler so entschieden hätte.[19] Der entsprechende Nachweis obliegt der Behörde.[20] Ihn zu führen wird ihr nur sehr selten gelingen.

341 Für Verfahrens- und Formfehler hat der Gesetzgeber in § 46 VwVfG eine entsprechende ausdrückliche Regelung getroffen: Hat die Behörde zwar gegen Verfahrens-, Form- oder Zuständigkeitsvorschriften (nur über die örtliche Zuständigkeit) verstoßen, ist aber offensichtlich, dass dieser Rechtsverstoß sich auf das Ergebnis nicht ausgewirkt hat, bleibt er unbeachtlich. Bleiben auch nur leise Zweifel, dass es ohne diesen Rechtsverstoß zur selben Entscheidung gekommen wäre, fehlt es an der erforderlichen Offensichtlichkeit.[21] § 46 VwVfG gilt im Ergebnis nur, wenn der Behörde ein Entscheidungsspielraum zusteht. Obwohl sein Anwendungsbereich auf Verfahrens-, Form- und bestimmte Zuständigkeitsvorschriften beschränkt ist, gilt für materielle Ermessensfehler im Ergebnis nichts anderes, wenn das in § 46 VwVfG genannte Kriterium der Offensichtlichkeit streng gehandhabt wird.

342 Hat die Behörde ihre Entscheidung auf **mehrere Erwägungen** gestützt, von denen eine ermessensfehlerhaft, die anderen aber rechtmäßig sind, und **steht eindeutig fest,** dass die Behörde die Entscheidung auch ohne den Ermessensfehler in dieser Form getroffen hätte, ist der Ermessensfehler unbeachtlich.[22] Die weitergehende bundesverwaltungsgerichtliche Rechtsprechung, wonach eine mehrfach begründete Ermessensentscheidung schon dann rechtmäßig sei, wenn ein selbständig tragender Grund rechtlich fehlerfrei sei,[23] wenn also die behördliche Entscheidung ohne die ermessensfehlerhafte Erwägung im Ergebnis rechtmäßig wäre, ist abzulehnen. Denn auch unter diesen vom BVerwG genannten Voraussetzungen ist der behördliche Entscheidungsprozess rechtsfehlerhaft, und allein auf die Rechtmäßigkeit des Ergebnisses kommt es bei Ermessensentscheidungen nicht an.

---

[19] *Kopp/Ramsauer,* § 40 Rn. 98.
[20] Vgl. *Gerhardt,* in: Schoch/Schneider/Bier, § 114 Rn. 12 a. E.
[21] *Kopp/Ramsauer,* § 46 Rn. 37.
[22] So offenbar BVerwG DVBl. 1988, 687 (688).
[23] BVerwGE 62, 215 (222); DVBl. 2001, 726 (729); ebenso VGH München NVwZ-RR 2010, 832.

§ 8. Ermessen, Beurteilungsspielraum

Auf gar keinen Fall darf der Verwaltungsakt deshalb als rechtmäßig angesehen und die Anfechtungsklage deshalb als unbegründet abgewiesen werden, weil der Verwaltungsakt aus anderen Erwägungen, die die Behörde aber gar nicht angestellt hat, im Ergebnis aufrechterhalten werden könnte.[24] **343**

Besonderheiten gelten im Planungsrecht. Hier muss nach bundesverwaltungsgerichtlicher Rechtsprechung letztlich der Kläger darlegen und beweisen, dass die Planungsbehörde ohne den Abwägungsfehler anders entschieden hätte.[25] **344**

bb) Verpflichtungsklage

Verlangt der Kläger von der Behörde den Erlass eines Verwaltungsakts und ist der Erlass abgelehnt worden, ist wie folgt zu unterscheiden. Ist die ablehnende Entscheidung der Behörde ermessensfehlerhaft, darf das Gericht die Behörde grundsätzlich nicht zum Erlass des beantragten Verwaltungsakts verpflichten. Denn die Behörde hat ja einen Ermessensspielraum und kann den Erlass des beantragten Verwaltungsakts möglicherweise auch in rechtmäßiger Art und Weise ablehnen. Das Gericht verurteilt deshalb die Behörde, über den Antrag des Klägers auf Erlass des begehrten Verwaltungsakts nochmals, und zwar unter Beachtung der Rechtsauffassung des Gerichts, also ermessensfehlerfrei zu entscheiden (sog. Bescheidungsurteil nach § 113 V 2 VwGO). **345**

Das gilt allerdings nur dann, wenn dem Kläger ein Anspruch auf ermessensfehlerfreie Entscheidung zusteht. Ob dies der Fall ist, muss den einschlägigen gesetzlichen Bestimmungen entnommen werden. Bestehen diese zumindest auch im Interesse des Klägers, ist ein solcher Anspruch auf eine ermessensfehlerfreie Entscheidung der Behörde anzunehmen.[26] **346**

Ist die ablehnende Entscheidung der Behörde zwar ermessensfehlerhaft und damit objektiv rechtswidrig, steht dem Kläger der geltend gemachte Anspruch auf Erlass des beantragten Verwaltungsakts aber dennoch unter keinem Gesichtspunkt zu, muss die Verpflichtungsklage abgewiesen werden. Liegt demgegenüber ein Fall von Ermessensreduzierung auf Null dahingehend vor, dass der Kläger einen Anspruch auf Erlass des begehrten Verwaltungsakts hat – also nicht nur einen Anspruch auf ermessensfehlerfreie Entscheidung –, verurteilt das Verwaltungsgericht die Behörde zum Erlass des Verwaltungsakts. **347**

---

[24] *Kopp/Schenke*, § 114 Rn. 4.
[25] BVerwGE 100, 238 (250); NVwZ-RR 1996, 68; dazu ablehnend *Gerhardt*, in: Schoch/Schneider/Bier, § 114 Rn. 48.
[26] Dazu unten Rn. 390 ff.

III. Unbestimmter Rechtsbegriff

1. Bedeutung

348 Die in den Gesetzen verwendeten Rechts- oder auch Gesetzesbegriffe weisen einen ganz unterschiedlichen Grad an **inhaltlicher Bestimmtheit** auf. Manche Begriffe sind aus sich heraus verständlich und eindeutig. So verhält es sich vor allem bei Zeit- und Ortsangaben wie etwa „8.00 Uhr" oder „innerhalb der bayerischen Landesgrenzen". Andere Begriffe sind nicht derart bestimmt, aber jedenfalls durch den Rechtskundigen eindeutig bestimmbar. So vermag zwar der Bürger nicht genau zu sagen, was unter einer Sache, dem bürgerlich-rechtlichen Eigentum oder dem beplanten Innenbereich zu verstehen ist. Für den Juristen sind diese Rechtsbegriffe aber genau bestimmbar.

349 Davon unterscheiden sich die unbestimmten Rechtsbegriffe. Bei diesen Rechtsbegriffen kann auch der geschulte Jurist nicht immer eindeutig und mit Sicherheit sagen, wann ihre Voraussetzungen erfüllt sind.

Beispiele für solche unbestimmten Rechtsbegriffe: Zuverlässigkeit, Eignung, Befähigung, öffentliches Bedürfnis, Gemeinwohl, wichtiger Grund, Härtefall, notwendige Maßnahme, öffentliche Sicherheit und Ordnung, jugendgefährdende Schrift, besonderes pädagogisches Interesse.

350 Obwohl zwischen den Beteiligten sehr häufig Streit darüber bestehen wird, ob z.B. jemand unzuverlässig i.S.v. § 35 I 1 GewO ist, kann es oft nur eine richtige Entscheidung geben: Entweder ist der Gewerbetreibende zuverlässig oder unzuverlässig.

351 Die Auslegung und Anwendung und vor allem die Prüfung, ob die Voraussetzungen der unbestimmten Rechtsbegriffe erfüllt sind, obliegt den gesetzesanwendenden Behörden. Freilich lässt sich häufig nicht mit Sicherheit sagen, ob die behördliche Entscheidung nun tatsächlich richtig ist. Dies eben liegt in der Natur der unbestimmten Rechtsbegriffe. Die entscheidende Frage lautet daher, ob den Behörden dabei – ebenso wie bei den Ermessensentscheidungen – ein Entscheidungsspielraum zusteht.

> Es ist zu unterscheiden zwischen unbestimmten Rechtsbegriffen **mit Beurteilungsspielraum** (= behördlicher Entscheidungsspielraum) und unbestimmten Rechtsbegriffen **ohne Beurteilungsspielraum** (= kein behördlicher Entscheidungsspielraum).

2. Gesetzliche Einordnung

Rechtstechnisch ist der **unbestimmte Rechtsbegriff** grundsätzlich eine **Frage des gesetzlichen Tatbestandes.** Erst wenn die Voraussetzungen des unbestimmten Rechtsbegriffs erfüllt sind, muss oder darf die Behörde handeln. Demgegenüber ist das **Ermessen auf der Rechtsfolgenseite** angesiedelt. Zwischen unbestimmtem Rechtsbegriff und Ermessen ist deshalb zu unterscheiden. 352

Beispiele:
§ 35 I GewO bestimmt verkürzt wiedergegeben:
Tatbestand: Ist der Gewerbebetreibende in bezug auf sein Gewerbe **unzuverlässig** (= **unbestimmter Rechtsbegriff ohne Beurteilungsspielraum**),
Rechtsfolge: ist die Ausübung des Gewerbes von der zuständigen Behörde ganz oder teilweise zu untersagen.

§ 4 V einer Promotionsordnung bestimmt:
Tatbestand: Verfügt ein Bewerber über die für eine Promotion **besondere wissenschaftliche Eignung** (= **unbestimmter Rechtsbegriff mit Beurteilungsspielraum,** BVerwG DÖV 1985, 79),
Rechtsfolge: ist er auch dann als Doktorand anzunehmen, wenn er die erste juristische Staatsprüfung nicht mit mindestens vollbefriedigend bestanden hat.

Steht der Behörde bei der Prüfung, ob die Voraussetzungen des unbestimmten Rechtsbegriffs erfüllt sind, ein Beurteilungsspielraum zu, stellen sich bei seiner rechtlichen Handhabung z. T. ganz ähnliche Probleme wie beim Ermessensspielraum.[27] Dies gilt vor allem für die gerichtliche Kontrolle des behördlichen Entscheidungsspielraums. Aber auch wenn die Problemlösung nach gemeinsamen Grundsätzen erfolgt,[28] sollte aus dogmatischen und rechtskonstruktiven Gründen an der herkömmlichen Unterscheidung zwischen Beurteilungs- und Ermessensspielraum festgehalten werden.[29] 353

3. Grundsatz: Unbestimmte Rechtsbegriffe ohne Beurteilungsspielraum

Handelt es sich um einen unbestimmten Rechtsbegriff, bei dem trotz aller Unbestimmtheit immer nur eine Entscheidung richtig und damit 354

---

[27] BVerwGE 39, 355 (362 f.).
[28] Dazu Rn. 377 ff.
[29] Ebenso *Maurer,* § 7 Rn. 55; *Stuhlfauth,* in: Obermayer/Funke-Kaiser, § 40 Rn. 4 m.w.N.; gegen diese Trennung *Meyer,* in: Meyer/Borgs, VwVfG, 2. Aufl. 1982, § 40 Rn. 17 ff.; *Jestaedt,* in: Erichsen/Ehlers, § 11 Rn. 12 ff.; zweifelnd auch *Kopp/Ramsauer,* § 40 Rn. 99.

rechtmäßig sein kann, steht der Behörde kein Beurteilungsspielraum zu. Dies hat die prozessuale Konsequenz, dass die **behördliche Entscheidung durch die Gerichte voll nachprüfbar** ist. Falls die Gerichte angerufen werden, prüfen sie selbst, ob die Voraussetzungen des unbestimmten Rechtsbegriffs erfüllt sind. Maßgeblich sind dann die Wertungen der Gerichte. Gelangen sie zu einem anderen Ergebnis als die Behörde, wird deren Entscheidung als rechtswidrig aufgehoben, falls die weiteren Voraussetzungen hierfür erfüllt sind.

355 Umgekehrt erfolgt nur eine **beschränkte gerichtliche Kontrolle,** wenn den Behörden ein Beurteilungsspielraum zusteht. Diese Fälle sind dadurch gekennzeichnet, dass im Hinblick auf Anwendung und Auslegung des unbestimmten Rechtsbegriffs mehrere Entscheidungen richtig und rechtmäßig sein können. Dementsprechend dürfen die Gerichte auch nur prüfen, ob sich die behördliche Entscheidung im Rahmen des rechtlich Vertretbaren bewegt.

356 Entsprechendes gilt auch für **Prüfungsarbeiten:** Eine uneingeschränkte Prüfung, ob die Behörde den unbestimmten Rechtsbegriff zutreffend, d.h. rechtmäßig ausgelegt und angewendet hat, darf nur erfolgen, wenn der Behörde kein Beurteilungsspielraum zusteht. Hat die Behörde einen Beurteilungsspielraum, ist ihre Handhabung des unbestimmten Rechtsbegriffs nur **eingeschränkt überprüfbar.**[30]

357 In welchen Fällen den Behörden ein Beurteilungsspielraum zusteht, ist naturgemäß umstritten. Während die Literatur früher überwiegend allein von der Existenz eines unbestimmten Rechtsbegriffs auf einen behördlichen Beurteilungsspielraum schloss, stellen gewichtige Stimmen heute zunehmend auf das jeweils einschlägige Gesetz ab. Ob es der Behörde einen Beurteilungsspielraum einräume, sei im Wege der Auslegung zu ermitteln (sog. **normative Ermächtigungslehre**).[31]

358 Viel gewonnen ist damit freilich nicht. Denn in aller Regel lassen sich den Gesetzen keine eindeutigen Aussagen entnehmen, ob den Behörden ein Beurteilungsspielraum eingeräumt werden sollte oder nicht. Vor diesem Hintergrund ist der restriktiven Auffassung der Rechtsprechung zu folgen.

---

[30] Zu den Maßstäben und Kriterien unten Rn. 362 ff., 377 f.
[31] *Kopp/Ramsauer,* § 40 Rn. 101; *Sachs,* in: Stelkens/Bonk/Sachs, § 40 Rn. 162; so ausdrücklich auch BVerwGE 100, 221 (225); NVwZ 2014, 300 Rn. 25; ablehnend *Poscher,* in: FS R. Wahl, 2011, S. 536 ff., 549, der Beurteilungsspielräume nur anerkennt, wenn das Gesetz einen unbestimmten Rechtsbegriff verwendet und wenn die Behörden den Gerichten bei der Feststellung der rechtlichen oder tatsächlichen Voraussetzungen, die für die Konkretisierung dieses unbestimmten Rechtsbegriffs erforderlich ist („rechtlicher oder tatsächlicher Beurteilungsspielraum", S. 539), überlegen sind.

§ 8. Ermessen, Beurteilungsspielraum

Nach ihr steht den Behörden **grundsätzlich kein Beurteilungsspielraum** zu.³²

Dogmatisch wird dieses Ergebnis vor allem mit dem Hinweis auf Art. 19 IV GG und auf das daraus folgende Grundrecht auf effektiven Rechtsschutz durch die Gerichte begründet. Und in der Tat, je dichter die gerichtliche Kontrolle der behördlichen Entscheidung ist, desto effektiver ist der Rechtsschutz. Zudem gebieten neben Art. 19 IV GG auch die einzelnen Grundrechte, in die durch die behördliche Entscheidung eingegriffen wird, eine möglichst wirksame gerichtliche Kontrolle. Hinzuweisen ist auch auf die aus dem Gewaltenteilungsprinzip und vor allem aus dem Rechtsstaatsprinzip folgende Aufgabe der Gerichte zur effektiven Kontrolle der Verwaltung.³³ 359

Nach alledem muss der unbestimmte Rechtsbegriff mit Beurteilungsspielraum die Ausnahme sein.³⁴ Das heißt, im Prozess prüfen die Gerichte in der Regel uneingeschränkt nach, ob die Behörde den in Rede stehenden unbestimmten Rechtsbegriff richtig ausgelegt hat. Der Behörde steht grundsätzlich kein Entscheidungsspielraum zu. Maßgeblich ist letztlich die Auffassung der Gerichte. Für **Prüfungsarbeiten** heißt das, dass der **Fallbearbeiter entscheiden muss,** ob die Behörde **seiner Auffassung nach** den unbestimmten Rechtsbegriff richtig ausgelegt hat, ob also z. B. der Gewerbetreibende tatsächlich unzuverlässig ist. Hierbei müssen selbstverständlich die Angaben, die der Sachverhalt enthält, sorgfältig berücksichtigt werden. 360

In Prüfungsarbeiten gilt es folgendes zu beachten: 361

> Es ist ein schwerer Fehler, allein von der Existenz eines unbestimmten Rechtsbegriffs auf einen behördlichen Beurteilungsspielraum zu schließen. Der behördliche Beurteilungsspielraum muss vielmehr besonders begründet werden. Dabei kann in der Regel auf die wenigen anerkannten Fallgruppen behördlicher Beurteilungsspielräume zurückgegriffen werden.

---

³² BVerfGE 88, 40 (56 f.); 84, 34 (50); 84, 59 (77); 64, 261 (279); 61, 82 (110 f.); BVerwGE 129, 27 Rn. 35; 100, 221 (225); 94, 307 (309); 88, 35 (37 f.); sehr strenge Voraussetzungen für die Zuerkennung eines Beurteilungsspielraums nennt BVerwG NVwZ 2014, 300 Rn. 25; ablehnend *Stober,* in: Wolff/Bachof I, § 31 Rn. 20; vgl. auch *Bamberger,* VerwArch. 93 (2002), 226 f.: „Indizfunktion des unbestimmten Rechtsbegriffs".
³³ BVerfGE 35, 382 (401).
³⁴ Vgl. BVerfGE 64, 261 (279); vgl. auch BVerfGE 84, 34 (49 f.).

Allerdings ist sowohl die Systematisierung als solche als auch die Zuordnung einzelner Fälle umstritten.[35]

4. Unbestimmte Rechtsbegriffe mit Beurteilungsspielraum (Fallgruppen)

a) Prüfungs- und prüfungsähnliche Entscheidungen

362 Insbesondere bei Prüfungsentscheidungen im schulischen (Abitur), universitären (Bachelor, Master) und außeruniversitären Bereich (Staatsexamina,[36] Laufbahnprüfungen) wird den Prüfern ein Beurteilungsspielraum eingeräumt. Als Akt wertender, fachlich-wissenschaftlicher, z.T. auch pädagogischer Beurteilung, der zudem in der Regel auf einer nicht wiederholbaren Prüfungssituation beruht, wurden und werden Prüfungs- und prüfungsähnliche Entscheidungen einer nur eingeschränkten gerichtlichen Kontrolle unterzogen. Folgende Punkte prüfen die Gerichte – und in Prüfungsarbeiten der Fallbearbeiter – nach:

363 (1) Beruht die angefochtene Prüfungsentscheidung auf einem **Verstoß gegen Verfahrensvorschriften oder Verfahrensgrundsätze?** Z.B. keine ordnungsgemäße Bekanntgabe von Prüfungsort und Prüfungstermin, keine geeigneten Rahmenbedingungen, wozu eine Atmosphäre weitestgehender Ruhe gehört (unbeachtlich sind sozialadäquate Belästigungen wie Papierrascheln, Schreibgeräusche; länger andauernder Baulärm ist dagegen ein Prüfungsmangel), Prüfung von Prüfungsunfähigen (Kranken), aber auch Verstöße gegen das **Fairnessgebot,** das die Prüfer vor allem bei mündlichen Prüfungen verpflichtet, darauf zu achten, dass das Prüfungsverfahren auch hinsichtlich des Stils der Prüfung und der Umgangsformen der Beteiligten einen einwandfreien Verlauf nimmt.

364 (2) Ist der Prüfer von einem **unzutreffenden Sachverhalt** ausgegangen? So wenn der Prüfer z.B. der tatsächlich gestellten Aufgabe oder Frage einen unzutreffenden Inhalt beimisst, aber auch wenn der Prüfer die Ausführungen des Prüflings missversteht.[37]

365 (3) Hat der Prüfer sich von **sachfremden Erwägungen** leiten lassen? Z.B. besonders strenge Bewertung der Abiturarbeiten, um vor der Aufnahme des Studiums abzuschrecken.

366 (4) Wurden **allgemein anerkannte Bewertungsgrundsätze nicht beachtet** oder wurde sonstwie **willkürlich entschieden?**

---

[35] Zu weiteren Fallgruppen und Einzelfällen *Gerhardt,* in: Schoch/Schneider/Bier, § 114 Rn. 66 ff.
[36] Ausführlich *Zimmerling/Brehm,* DVBl. 2012, 265 ff.; *Staufer/Steinebach,* Jura 2010, 454 ff. (Übungsfall).
[37] BVerwGE 105, 328 (332).

§ 8. Ermessen, Beurteilungsspielraum 111

Früher wurde der Prüfling grundsätzlich nicht mit dem Einwand gehört, seine Argumentation und sein Ergebnis seien zutreffend oder zumindest vertretbar, der Prüfer habe dies verkannt. Eine Ausnahme wurde lediglich für inhaltlich willkürliche Bewertungen des Prüfers gemacht.

Diesen sehr weiten Bewertungs- und Beurteilungsspielraum hat das BVerfG in zwei grundlegenden Entscheidungen erheblich eingeschränkt.[38] Danach gelten die oben genannten Kriterien und der Grundsatz des gerichtlich nur sehr eingeschränkt überprüfbaren Bewertungsspielraumes der Prüfer nur noch für **prüfungsspezifische Bewertungen,** die ihrer Natur nach nicht oder jedenfalls nur sehr beschränkt überprüfbar sein können. Hierzu rechnet insbesondere die Bewertung des persönlichen Gesamteindrucks des Prüflings bei mündlichen Prüfungen oder die Bewertung der äußeren Form einer schriftlichen Arbeit und auch die Bewertung ihrer sprachlichen und stilistischen Qualitäten. 367

Soweit es um die Bewertung **fachlich-wissenschaftlicher Prüfungsteile** geht (z.B. juristische Aufgaben), ist nunmehr zu beachten, „dass zutreffende Antworten und brauchbare Lösungen im Prinzip nicht als falsch bewertet werden dürfen. Soweit die Richtigkeit oder Angemessenheit von Lösungen wegen der Eigenart der Prüfungsfrage nicht eindeutig bestimmbar sind, die Beurteilung vielmehr unterschiedlichen Ansichten Raum lässt, gebührt zwar dem Prüfer ein Bewertungsspielraum, andererseits muss aber auch dem Prüfling ein angemessener Antwortspielraum zugestanden werden. Eine vertretbare und mit gewichtigen Argumenten folgerichtig begründete Lösung darf nicht als falsch bewertet werden. Dies ist ein allgemeiner Bewertungsgrundsatz, der bei berufsbezogenen Prüfungen aus Art. 12 I GG folgt."[39] 368

> Gerichtlich nachprüfbar ist damit auch – anders als früher –, ob der Prüfling **vertretbar argumentiert** hat und zu **vertretbaren Ergebnissen** gelangt ist und ob der Prüfer dies zu Unrecht als falsch bewertet hat.

Aber auch bei der Bewertung dieser Prüfungsteile kann es um gerichtlich nur eingeschränkt kontrollierbare prüfungsspezifische Wertungen gehen, so wenn z.B. die Plausibilität oder Überzeugungskraft der Beantwortung juristisch umstrittener Fragen in Rechnung gestellt werden.

Das BVerwG hat diese bundesverfassungsgerichtliche Rechtsprechung aufgegriffen und fortentwickelt. So verlangt es etwa, dass die Bewertung 369

---
[38] BVerfGE 84, 34 ff.; 84, 59 ff.
[39] BVerfGE 84, 34 (55).

schriftlicher und mündlicher Prüfungen angemessen begründet werden muss.[40]

370 Zu beachten ist, dass dem Prüfling bei **Verfahrensfehlern**[41] **eine Rügepflicht**[42] obliegt, um den Prüfern die Möglichkeit zur sofortigen Abhilfe zu geben. Macht der Prüfling die von ihm erkannten Prüfungsmängel nicht **unverzüglich** geltend, obwohl ihm dies zumutbar war, können die Prüfungsmängel in einem späteren Verwaltungsstreitverfahren grundsätzlich nicht mehr berücksichtigt werden.[43] Außerdem sind etwaige gesetzlich geregelte **zusätzliche Rügeobliegenheiten** zu beachten; die nicht fristgerechte Rüge nach Maßgabe dieser Bestimmungen führt selbst dann zur Präklusion (zur Nichtberücksichtigung des Prüfungsmangels), wenn der Prüfungsmangel unverzüglich gerügt worden war.[44]

Eine Ausnahme gilt in Fällen einer zunächst unerkannten Prüfungsunfähigkeit (Erkrankung). Eine Berufung auf diesen Umstand ist auch nach Ablauf besonderer gesetzlicher Ausschlussfristen möglich. Allerdings muss sich der Prüfling unverzüglich um eine Aufklärung seines Gesundheitszustandes bemühen, sobald sich für ihn Anhaltspunkte für eine mögliche Prüfungsunfähigkeit im Sinne einer Parallelwertung in der Laiensphäre bieten.[45] Keiner **unverzüglichen** Rüge bedarf es lediglich bei offensichtlichen Mängeln des Prüfungsablaufs.[46]

Materielle Bewertungsfehler (fachlich unrichtige Bewertungen) und Mängel der prüfungsbezogenen Rechtsvorschriften können dagegen, wenn gegen den Prüfungsbescheid fristgerecht ein Rechtsbehelf eingelegt worden ist, auch noch später geltend gemacht werden.[47] Die vom BVerfG zunächst nur für berufsbezogene Prüfungen entwickelten Grundsätze sind – freilich mit Modifikationen – auch auf andere Prüfungen übertragbar.[48] Handelt es sich aber um keine Prüfung, bei der Prüfungsleistungen „in unwiederholbarer Situation entgegengenommen und anhand von Bewertungskriterien

---

[40] Dazu und zu anderen prüfungsrelevanten Fragen BVerwGE 96, 324 ff.; 92, 132 ff.; 91, 262 ff.; DVBl. 1996, 436 ff.; DVBl. 1995, 1353 ff.; DVBl. 1994, 1362 ff.

[41] Dazu Rn. 363.

[42] Dazu sehr ausführlich *Birnbaum*, NVwZ 2006, 286 ff.

[43] BVerwG NVwZ 2000, 921; dazu näher *Niehues/Fischer/Jeremias*, Prüfungsrecht, 6. Aufl. 2014, Rn. 214 ff., 478 ff.

[44] Dazu VGH Bad.-Württ. VBlBW 2007, 65.

[45] BayVGH BayVBl. 2009, 115 Rn. 10.

[46] BVerwGE 94, 64 (72 f.); VGH München GewArch. 2008, 456; dazu näher VGH Bad.-Württ. VBlBW 2007, 65. In diesen Fällen dürfte allerdings nur die Obliegenheit der unverzüglichen Rüge bei der Prüfungsaufsicht entfallen, nicht auch die Obliegenheit zur Rüge innerhalb einer gesetzlich bestimmten Frist für den Fall, dass die Prüfungsaufsicht keine Abhilfe geschaffen hat.

[47] BVerwG NVwZ 2000, 921: bis zum Schluss der letzten mündlichen Verhandlung der letzten gerichtlichen Tatsacheninstanz; VGH BW VBlBW 2015, 475.

[48] *Maurer*, § 7 Rn. 43 a. E.

gewürdigt werden, die sich erst innerhalb des durch die Prüfung gegebenen Vergleichsrahmens konkretisieren", steht dem Prüfer überhaupt kein Beurteilungsspielraum zu.[49]

b) Beamtenrechtliche Eignungs- und Leistungsbeurteilungen

Nur eingeschränkt gerichtlich überprüfbar ist die **vergleichende** Bewertung von Bewerbern auf einen Dienstposten, die der Dienstherr nach Art. 33 II GG vorzunehmen hat.[50] Bei der Bewertung der einzelnen Bewerber nach Maßgabe der Kriterien, die Art. 33 II GG nennt, hat die Behörde (der Dienstherr) nur dann einen Beurteilungsspielraum, wenn eine uneingeschränkte gerichtliche Richtigkeitskontrolle nicht möglich ist.[51] Dies gilt auch für die regelmäßig wiederkehrenden Einzelbeurteilungen.

371

c) Höchstpersönliche Akte wertender Erkenntnis

Manche Behördenentscheidungen werden aufgrund des persönlichen Eindrucks unter Berücksichtigung besonderer fachlicher Erfahrung der Amtswalter getroffen. Gerade weil dieser persönliche Eindruck maßgeblich ist, steht der Behörde ein Beurteilungsspielraum zu und ist die getroffene Entscheidung gerichtlich nur eingeschränkt überprüfbar.

372

Expressis verbis räumt der Gesetzgeber den Behörden auch in dieser Fallgruppe einen Beurteilungsspielraum in aller Regel nicht ein. Entscheidend sind Sinn und Zweck der einschlägigen Regelungen sowie der Gesamtzusammenhang. Die von der Behörde getroffenen Entscheidungen müssen durch **wertende Elemente** wie insbesondere vorausschauender und richtungsweisender Art gekennzeichnet sein.

373

Beispiel: Die Behörde trifft nach § 70 III GewO eine Auswahl unter mehreren Schaustellerbetrieben, die sich auf einen Jahrmarktstellplatz bewerben, nach Maßgabe verschiedener Attraktivitätsmerkmale. Die Beurteilung der Attraktivität hängt von höchstpersönlichen Wertungen ab; die Behörde hat insoweit einen Beurteilungsspielraum, VGH München NVwZ-RR 2015, 929 Rn. 34.

Ein wichtiges Indiz für die Einräumung von Beurteilungsspielraum ist, wenn die Entscheidung durch **Gremien** getroffen wird, **die weisungsunabhängig, staatsfrei und nach besonderen Kriterien zusammengesetzt** sind.

374

---

[49] BVerwGE 100, 221 (225 ff.).
[50] BVerwG NVwZ 2014, 300 Rn. 29.
[51] Kein behördlicher Spielraum bei der Beurteilung der gesundheitlichen Eignung: BVerwG NVwZ 2014, 300 Rn. 24, 27 f.; Beurteilungsspielraum bei der dienstlichen Leistungsbeurteilung: BVerfG NVwZ 2002, 1368; BVerwG BayVBl. 2003, 534; *Kopp/Ramsauer*, § 40 Rn. 104 m.w.N.; vgl. auch *Maurer*, § 7 Rn. 44.

Beispiele: Entscheidungen der Filmbewertungsstelle der Länder (VGH Kassel DÖV 1986, 661; NJW 1998, 1426); Feststellung der didaktischen und pädagogischen Eignung von Schulbüchern für die Verwendung im Schulunterricht durch die Schulverwaltung (BVerwGE 79, 298/309); Bewertung von Weizensorten durch unabhängige Sachverständigenausschüsse (BVerwGE 62, 330 ff.); Beurteilung von Wein durch eine Weinprüfungskommission (BVerwGE 129, 27 Rn. 25 – Aufgabe der bisherigen Rspr. in BVerwGE 94, 307 ff.); Zulassung eines Börsenmaklers durch den Börsenvorstand (BVerwGE 72, 195 ff.).

375 Allerdings ist eine einheitliche Linie nicht ersichtlich. Umstritten ist inzwischen z. B., ob der Bundesprüfstelle für jugendgefährdende Medien bei ihrer Entscheidung über die Aufnahme von Medien in die Liste jugendgefährdender Medien nach §§ 17 ff. JuSchG ein Beurteilungsspielraum zusteht und wie weit dieser ggf. reicht.[52]

d) Prognose- und Risikoentscheidungen, insbesondere im Umwelt- und Wirtschaftsrecht

376 Gerade wegen der Ungewissheit und der Unwägbarkeiten, die den Entscheidungen in diesem Bereich zwangsläufig anhaften, wird den Behörden verschiedentlich ein gerichtlich nur eingeschränkt nachprüfbarer Beurteilungsspielraum zugestanden.[53] Eine klare Linie ist jedoch nicht erkennbar.[54]

Beispiele:
- Nach den Gemeindeordnungen der Länder – z.B. § 87 I 1 Nr. 1 BayGO, § 107 I 1 Nr. 1 NRWGO, § 121 I 1 Nr. 1 HessGO – dürfen sich Gemeinden u.a. nur dann wirtschaftlich betätigen, wenn der **öffentliche Zweck** die wirtschaftliche Betätigung **rechtfertigt**. Umstritten ist, ob der Gemeinde bei der Bestimmung des öffentlichen Zwecks ein Beurteilungsspielraum zusteht; dafür: BVerwGE 35, 329 (334); *Zabel,* in: Bennemann/Daneke u.a., Kommunalverfassungsrecht Hessen, Bd. II, § 121 HGO Rn. 22 (Stand: Nov. 2011); dagegen: OVG Schleswig NordÖR 2013, 532; nach dem zuletzt genannten Urteil soll der Gemeinde allerdings bei der Entscheidung, ob der öffentliche Zweck die wirtschaftliche Betätigung **rechtfertigt,** also bei der Rechtfertigungsprüfung, ein Beurteilungsspielraum zustehen, weil diese Entscheidung **wertende und prognostische Elemente** aufweise.
- Nach § 102 I Nr. 3 BaWüGO gilt für die wirtschaftliche Betätigung der Gemeinden zum Zwecke der kommunalen Daseinsvorsorge kein Vorrang der wirtschaftlichen Tätigkeit privater Dritter (Subsidiarität zugunsten der Privatwirtschaft). Nach VGH BW DVBl. 2015, 108 ist der Rechtsbegriff der kommunalen Daseinsvorsorge ein unbestimmter Rechtsbegriff **ohne Beurteilungsspielraum**.

---

[52] Dazu BVerfGE 83, 130 (148), wo diese Frage ausdrücklich offen gelassen wird; BVerwGE 91, 211 ff.; OVG Münster NVwZ 1992, 309; das diesen Entscheidungen zugrundeliegende GjSM wurde mittlerweile in das JuSchG integriert.
[53] BVerfGE 61, 82 (114 f.); BVerwGE 80, 270 (275); 72, 300 (317); 39, 329 (334).
[54] Vgl. nur BVerwGE 82, 12 (17): kein Beurteilungsspielraum bei der Entscheidung über die wissenschaftliche Unvertretbarkeit der sonstigen Auswirkungen gem. § 15 I Pflanzenschutzgesetz.

5. Grenzen des Beurteilungsspielraums und gerichtliche Kontrolle – Parallele zur Ermessensproblematik

Zwangsläufige Folge eines behördlichen Beurteilungsspielraums ist eine **377** eingeschränkte Kontrollkompetenz der Gerichte bzw. des Bearbeiters von Prüfungsaufgaben. Die Problematik der **Kontrolldichte** innerhalb behördlicher Ermessens- und Beurteilungsspielräume ist vielfach gleich gelagert.[55] Deshalb bilden die Grundsätze, die für die gerichtliche Kontrolle von Ermessensentscheidungen entwickelt wurden, das Grobraster für die Überprüfung solcher Entscheidungen, für die die Behörde einen Beurteilungsspielraum beanspruchen kann.

Es ist deshalb – wie bei den Ermessensfehlern – zwischen folgenden Beurteilungsfehlern zu unterscheiden:[56] **378**

- **Beurteilungsausfall** (Beurteilungsunterschreitung): Die Behörde verkennt, dass ihr ein Beurteilungsspielraum zusteht.
- **Beurteilungsüberschreitung:** Die Behörde trifft eine Entscheidung, die außerhalb des gesetzlich abgesteckten Rahmens liegt.
- **Beurteilungsfehlgebrauch:** Die behördliche Entscheidung ist mit Sinn und Zweck der gesetzlichen Einräumung des Beurteilungsspielraums nicht vereinbar, die Behörde hat entscheidungserhebliche Gesichtspunkte nicht ausreichend beachtet oder sachfremde Erwägungen angestellt.
- **Missachtung einer Beurteilungsreduzierung auf Null:**[57] Nur eine einzige behördliche Entscheidung ist richtig und zweckmäßig.
- **Verstoß gegen Grundrechte und allgemeine Rechtsgrundsätze.**

6. Folgen von Beurteilungsmängeln

Auch hier kann auf die entsprechenden Ausführungen zu den Folgen **379** von Ermessensfehlern verwiesen werden.[58] Es ist aber ausdrücklich darauf hinzuweisen, dass sich diese Problematik nur stellt, wenn der Behörde tatsächlich ein Beurteilungsspielraum zusteht. Geht es dagegen – wie in aller Regel – nur um unbestimmte Rechtsbegriffe ohne Beurteilungsspielraum, bestehen keine Besonderheiten.

---

[55] BVerwGE 39, 355 (362f.); *Beaucamp*, JA 2012, 193 ff.
[56] Ebenso *Stober*, in: Wolff/Bachof I, § 31 Rn. 28ff.; *Kopp/Ramsauer*, § 40 Rn. 116ff.; ganz ähnlich BVerwG BayVBl. 2003, 534 bei gerichtlichen Überprüfung der dienstlichen Beurteilung von Beamten.
[57] So auch die Terminologie von BVerfG NVwZ 2002, 1368 (1369).
[58] Oben Rn. 337ff.

IV. Überschneidungen

380 Der Begriff des unbestimmten Rechtsbegriffs mit oder ohne Beurteilungsspielraum ist ein Problem des gesetzlichen Tatbestandes, während das Ermessen erst auf der Rechtsfolgenseite zum Zuge kommt. Im Prinzip ist eine klare Trennung möglich. Allerdings kommt es nicht nur gelegentlich zu Verschränkungen und Überschneidungen. In solchen Fällen spricht man von **Koppelungsvorschriften** oder **Mischtatbeständen**.[59]

381 So verhält es sich, wenn ein Gesetz auf der **Tatbestandsseite unbestimmte Rechtsbegriffe ohne Beurteilungsspielraum** verwendet und auf der **Rechtsfolgenseite Ermessen** einräumt. Hier ist eine klare Unterscheidung möglich. Das heißt, zunächst ist zu prüfen, ob der gesetzliche Tatbestand und damit also auch die Voraussetzungen des unbestimmten Rechtsbegriffs erfüllt sind – wobei die behördliche Entscheidung gerichtlich voll nachprüfbar ist; erst danach sind auf der Rechtsfolgenseite Ermessenserwägungen anzustellen, die gerichtlich nur eingeschränkt überprüfbar sind.

> **Beispiel:** § 93 I BBG bestimmt verkürzt wiedergegeben: Beamten kann Teilzeitbeschäftigung bewilligt werden (Ermessen), wenn dringende dienstliche Belange nicht entgegenstehen (unbestimmter Rechtsbegriff ohne Beurteilungsspielraum).

382 Nicht anders verhält es sich, wenn eine **Ermessensvorschrift auf der Tatbestandsseite unbestimmte Rechtsbegriffe mit Beurteilungsspielraum** aufweist. Auch hier ist zwischen Tatbestand und Rechtsfolge zu unterscheiden, der Behörde steht also grundsätzlich ein **doppelter Entscheidungsspielraum** zu: Zum einen bei der Beurteilung des unbestimmten Rechtsbegriffs auf der Tatbestandsseite, zum anderen bei der Ermessensausübung auf der Rechtsfolgenseite.

383 Außerdem gibt es Fälle, in denen der Behörde auf der gesetzlichen Rechtsfolgenseite nicht nur Ermessen eingeräumt ist, sondern durch die Verwendung unbestimmter Rechtsbegriffe zugleich auch ein Beurteilungsspielraum – und zwar **ebenfalls auf der Rechtsfolgenseite.** Hier spricht alles dafür, Ermessen und Beurteilungsspielraum zu einem einheitlichen Entscheidungsspielraum zusammenzufassen. Die in der Literatur in diesem Zusammenhang als Beispiel genannten Vorschriften lassen sich allerdings in der Regel auch in Tatbestand mit unbestimmtem Rechtsbegriff und Beurteilungsspielraum sowie Ermessen auf der Rechtsfolgenseite gliedern.

---

[59] Dazu etwa *Maurer,* § 7 Rn. 48 ff.

§ 8. Ermessen, Beurteilungsspielraum

Beispiele:
- Auswahl und Einstellung von Beamtenbewerbern liegen im Ermessen der Einstellungsbehörde, die sich dabei an der Eignung, Befähigung und fachlichen Leistung der Bewerber (Art. 33 II GG) – unbestimmte Rechtsbegriffe mit Beurteilungsspielraum Rn. 371 – zu orientieren hat, so *Maurer*, § 7 Rn. 48. Hier ist folgende Gliederung möglich: Sind die Beamtenbewerber geeignet, befähigt und durch fachliche Leistung qualifiziert (unbestimmte Rechtsbegriffe mit Beurteilungsspielraum auf der Tatbestandsseite), kann die Behörde sie einstellen (Ermessen auf der Rechtsfolgenseite).
- § 8 I SächsGemO bestimmt: „Das Gebiet von Gemeinden kann aus Gründen des Wohls der Allgemeinheit geändert werden ...". Hier geht das SächsOVG von einem einheitlichen Wertungs- und Abwägungsspielraum der Behörde aus, SächsOVG DÖV 1996, 883. Auch hier ist folgende Teilung möglich: Dient eine Änderung des Gebiets von Gemeinden dem Wohl der Allgemeinheit (unbestimmter Rechtsbegriff mit Beurteilungsspielraum auf der Tatbestandsseite), kann das Gemeindegebiet geändert werden (Ermessen auf der Rechtsfolgenseite).

Schließlich gibt es auch noch Fälle, in denen das Gesetz der Behörde sowohl einen Beurteilungsspielraum auf der Tatbestandsseite als auch einen Ermessensspielraum auf der Rechtsfolgenseite einräumt, nach bundesverwaltungsgerichtlicher Rechtsprechung aber sämtliche Ermessenserwägungen schon bei der Beurteilung des unbestimmten Rechtsbegriffs anzustellen sind. Ist der Tatbestand erfüllt, liegen also insbesondere die Voraussetzungen des unbestimmten Rechtsbegriffs vor, dann bleibt nach der bundesverwaltungsgerichtlichen Rechtsprechung für zusätzliche Ermessenserwägungen kein Raum mehr. Das behördliche Ermessen ist dann auf Null reduziert.[60]

384

Diese Rechtsprechung entspricht der hier vertretenen Auffassung, wonach in derartigen Fällen Beurteilungs- und Ermessensspielraum zu einem einheitlichen Entscheidungsspielraum zusammenzufassen sind. Nicht richtig wäre es aber, auch dann eine Ermessensreduzierung auf Null anzunehmen, wenn der Tatbestand einen unbestimmten Rechtsbegriff **ohne** Beurteilungsspielraum enthält und die Voraussetzungen dieses unbestimmten Rechtsbegriffs erfüllt sind. Denn von dem gerichtlich nur eingeschränkt überprüfbaren Ermessen, das der Behörde von Gesetzes wegen zusteht, bleibt dann nichts mehr übrig.

385

Beispiel: Nach § 35 II BauGB **können** sonstige Vorhaben im Einzelfall zugelassen werden (Ermessen auf der Rechtsfolgenseite), wenn ihre Ausführung oder Benutzung **öffentliche Belange** nicht beeinträchtigt (unbestimmter Rechtsbegriff **ohne** Beurteilungsspielraum auf der Tatbestandsseite). Hier ist nach BVerwGE 18, 247 (251) das behördliche Ermessen auf Null reduziert, wenn feststeht, dass dem Bauvorhaben keine öffentlichen Interessen entgegenstehen. Zugleich lasse das Gesetz – so das BVerwG, a. a. O. – aber auf die Frage, ob öffentliche Belange beeinträchtigt seien, nur **eine richtige Antwort** zu (deshalb kein Beurteilungsspielraum).

---

[60] BVerwGE 18, 247 (251); dazu *Maurer*, § 7 Rn. 49.

V. Sonderfälle

386 Es gibt eine ganze Reihe von Fällen, in denen die Behörden über Entscheidungsspielräume verfügen, ohne dass gesetzliche Vorschriften ihnen ausdrücklich oder zumindest der Sache nach Ermessen oder Beurteilungsspielräume gewähren. So verhält es sich etwa beim sog. **Planungsermessen** (z. B. Erlass von Bauleitplänen nach § 1 BauGB oder Planfeststellung nach §§ 17 FStrG, 8 LuftVG). Wegen der hierbei zu beachtenden (gesetzlichen) Besonderheiten ist umstritten, ob es sich um **Verwaltungsermessen im oben beschriebenen Sinne** oder um hiervon zu unterscheidendes und eine eigene Kategorie darstellendes Planungsermessen handelt.[61]

387 Ebenso liegen die Dinge beim **Erlass von Rechtsverordnungen und Satzungen.** Auch hier kommt der Behörde ein Entscheidungsspielraum zu. Die für den Erlass von Verwaltungsakten entwickelte Ermessensfehlerlehre gilt jedoch grundsätzlich nicht für die Kontrolle von Satzungen und Rechtsverordnungen.[62]

388 Schließlich ist auch der **Bereich der gesetzesfreien Verwaltung** zu beachten, in dem die Behörden ohne spezielle formelle gesetzliche Grundlage handeln und über gewisse Entscheidungsspielräume verfügen.

389 Für all diese Sonderfälle ist umstritten, ob die §§ 40 VwVfG, 114 VwGO entsprechend zur Anwendung gelangen und inwieweit die zum Ermessen und Beurteilungsspielraum entwickelten Grundsätze gelten.[63] Unabhängig davon unterliegt die Behörde aber stets vor allem auch verfassungsrechtlichen Bindungen. Auch in den genannten Sonderfällen gibt es keine freien oder beliebigen Entscheidungen der Behörde. Deshalb ist gegen eine Nutzbarmachung und entsprechende Anwendung der oben dargestellten Grundsätze im Prinzip nichts einzuwenden, soweit sie auf die besonderen Erscheinungsformen behördlicher Entscheidungsspielräume übertragbar sind.

VI. Anspruch auf ermessens- und beurteilungsfehlerfreie Entscheidung

390 Der Sache nach gehören die nachfolgenden Ausführungen in den Abschnitt über das subjektive öffentliche Recht.[64] Der enge Zusammenhang

---

[61] Dazu *Maurer*, § 7 Rn. 63; *Stober*, in: Wolff/Bachof I, § 31 Rn. 69 ff.
[62] Näher Rn. 837.
[63] Vgl. *Kopp/Ramsauer*, § 40 Rn. 4 ff.
[64] Rn. 394 ff.

§ 8. Ermessen, Beurteilungsspielraum

mit der Ermessens- und Beurteilungsproblematik erfordert es jedoch, dass diese Sonderfrage vorab behandelt wird.

391 Räumt ein Gesetz der Behörde einen Ermessens- oder Beurteilungsspielraum ein, besteht grundsätzlich kein Anspruch gegen die Behörde auf Vornahme der Handlung oder Entscheidung, die als gesetzliche Rechtsfolge zugelassen ist. Etwas anderes gilt nur für den Fall der Ermessens- bzw. Beurteilungsreduzierung auf Null. Ansonsten kommt lediglich ein **Anspruch auf ermessensfehlerfreie bzw. beurteilungsfehlerfreie Entscheidung** in Betracht. Das heißt, es besteht ein Anspruch darauf, dass die Behörde überhaupt entscheidet und dass sie dabei die Grenzen ihres Ermessens- bzw. Beurteilungsspielraumes beachtet.

Da aber eben kein Anspruch auf eine Entscheidung mit einem ganz bestimmten Inhalt besteht, wird das hierauf gerichtete Recht auch als **formelles subjektives öffentliches Recht auf ermessens- bzw. beurteilungsfehlerfreie Entscheidung** bezeichnet – im Unterschied zum **materiellen subjektiven öffentlichen Recht** auf eine **bestimmte** Entscheidung.[65]

392 **Zu beachten ist**, dass nicht jede gesetzliche Norm, die der Behörde einen Ermessens- oder Beurteilungsspielraum zubilligt, dem Bürger automatisch auch einen Anspruch auf eine entsprechende rechtsfehlerfreie Entscheidung einräumt. Vielmehr ist dies nur dann der Fall, wenn die Norm zumindest auch dem Interesse des Bürgers dienen soll.[66] Es darf sich nicht um einen Rechtssatz handeln, der ausschließlich die Behörde betrifft.

Beispiele:
In einem imaginären Landesrundfunkgesetz heißt es:
Die Landesrundfunkanstalt unterliegt der Rechtsaufsicht der obersten Landesbehörde. Verstößt die Landesrundfunkanstalt gegen dieses Gesetz oder die allgemeinen Rechtsvorschriften, ist die Behörde berechtigt (= Ermessen), gegenüber der Landesrundfunkanstalt die nachstehend genannten Aufsichtsmittel zu ergreifen.
Verletzt die Landesrundfunkanstalt – etwa durch die Verbreitung ehrenrühriger Behauptungen – Rechte eines Bürgers, kann dieser zwar gegen die Landesrundfunkanstalt gerichtlich vorgehen. Er hat aber gegen die oberste Landesbehörde keinen Anspruch auf ermessensfehlerfreie Entscheidung, ob sie gegen die Landesrundfunkanstalt im Wege der Rechtsaufsicht vorgeht. Denn es ist ein weithin anerkannter Grundsatz, dass die **Staatsaufsicht nur im öffentlichen Interesse besteht, nicht dagegen auch im Interesse der Bürger**. D.h. im vorliegenden Fall, dass die oberste Landesbehörde zwar objektiv rechtswidrig handeln würde, wenn sie aus sachfremden Erwägungen heraus nicht gegen die Landesrundfunkanstalt vorginge. Der Bürger hat aber keinen gerichtlich durchsetzbaren Anspruch gegen die oberste Landesbehörde auf rechtmäßige Ausübung ihres Ermessens.

---

[65] Dazu *Kopp/Ramsauer*, § 40 Rn. 52 f.
[66] BVerfGE 27, 297 (307); BVerwGE 39, 235 ff.; VGH München NVwZ-RR 2012, 211.

Anders verhält es sich im nachfolgenden Beispielsfall.

In § 11 eines Landespolizeigesetzes heißt es: Die Polizeibehörden **können** (= Ermessen) die erforderlichen Maßnahmen treffen, um eine im einzelnen Fall bestehende Gefahr für die öffentliche Sicherheit oder Ordnung abzuwehren. Befindet sich ein Bürger in Gefahr, muss die anwesende Polizei prüfen, ob und ggf. wie sie helfend tätig wird.

Hier hat der Bürger auch einen **Anspruch auf ermessensfehlerfreie Entscheidung** der Polizei. Denn es ist allgemein anerkannt, dass die gesetzlichen Handlungs- und Eingriffsbefugnisse der Polizei nicht nur im öffentlichen Interesse, sondern auch im Interesse der Bürger bestehen. Im Falle einer schweren Gefahr für Leib oder gar Leben ist das polizeiliche Ermessen in aller Regel sogar auf Null reduziert. D. h., der Bürger hat einen Anspruch gegen die Polizei, dass sie zu Hilfe kommt, wenn ihr dies möglich und zumutbar ist.

393 Prozessual ist der Anspruch auf ermessens- bzw. beurteilungsfehlerfreie Entscheidung im Wege der **Bescheidungsklage,** vgl. § 113 V 2 VwGO, geltend zu machen. Sie ist ein Unterfall der Verpflichtungsklage.

§ 9. Subjektives öffentliches Recht und Verwaltungsrechtsverhältnis

I. Das subjektive öffentliche Recht

Literatur: *Funke*, Perspektiven subjektiv-rechtlicher Analyse im öffentlichen Recht, JZ 2015, 369; *Hong*, Subjektive Rechte und Schutznormtheorie im europäischen Verwaltungsrechtsraum, JZ 2012, 380; *Kahl/Ohlendorf*, Die Europäisierung des subjektiven öffentlichen Rechts, JA 2011, 41; *dies.*, Das subjektive öffentliche Recht – Grundlagen und aktuelle Entwicklungen im nationalen Recht, JA 2010, 872; *Mangold/Wahl*, Das europäisierte deutsche Rechtsschutzkonzept, DV 48 (2015), 1; *Ramsauer*, Die Dogmatik der subjektiven öffentlichen Rechte, JuS 2012, 769; *Scherzberg*, Das subjektiv-öffentliche Recht – Grundfragen und Fälle, Jura 2006, 839; *Schmidt-Preuß*, Die Konfliktschlichtungsformel, in: FS W.-R. Schenke, 2011, S. 1167; *Wahl*, Die doppelte Abhängigkeit des subjektiven öffentlichen Rechts, DVBl. 1996, 641.

Rechtsprechung: BVerwGE 30, 191 (Konkurrentenklage im Subventionsrecht); BVerwGE 39, 235 (Anspruch auf ermessensfehlerfreie Entscheidung); BVerwGE 80, 127 (Konkurrentenklage im Beamtenrecht); BVerwGE 98, 118 (Schutznormtheorie).

1. Die Unterscheidung zwischen objektivem und subjektivem Recht

In sämtlichen Rechtsgebieten ist zwischen **objektivem** und **subjektivem** Recht zu unterscheiden.

> Das **objektive Recht** wird durch die Summe aller geschriebenen und ungeschriebenen Rechtssätze gebildet.

Diese Rechtssätze enthalten bestimmte Regelungen, die von den Adressaten zu beachten sind. Häufig werden den Adressaten Verpflichtungen auferlegt, die von ihnen zu erfüllen sind. So ist der Staat nach Art. 20a GG verpflichtet, die natürlichen Lebensgrundlagen zu schützen. Die Gemeinden sind nach § 1 III 1 BauGB verpflichtet, Bauleitpläne aufzustellen.

Allein der Umstand, dass der Staat zu einem bestimmten Verhalten verpflichtet ist, bedeutet aber noch nicht, dass die Bürger einen Anspruch gegen den Staat auf dieses Verhalten haben. Art. 20a GG gewährt den Bürgern keinen Anspruch darauf, dass er die natürlichen Lebensgrundlagen tatsächlich schützt. Die Bürger haben keinen Anspruch gegen ihre Gemeinde, dass sie Bauleitpläne aufstellt; dies ist in § 1 III 2 BauGB sogar ausdrücklich bestimmt.

396 Die Bürger mögen in diesen und ähnlichen Fällen zwar tatsächlich begünstigt sein, wenn der Staat seine Rechtspflichten erfüllt. Sie haben aber keinen entsprechenden Anspruch. Bei diesen lediglich rein **faktischen Vorteilen der Bürger** spricht man von **Rechtsreflexen**. Die in Rede stehenden Rechtsvorschriften sind aber nur **objektives öffentliches Recht**.

> Das **subjektive öffentliche Recht** ist dadurch gekennzeichnet, dass es nicht nur objektive Rechtspflichten statuiert, sondern auch hierauf gerichtete **Ansprüche** einräumt.

Solche subjektiven öffentlichen Rechte stehen vor allem den Bürgern gegenüber dem Staat und seinen Untergliederungen zu. Sie sind aber auch im Verhältnis Staat-Bürger und im Verhältnis von Trägern öffentlichen Rechts untereinander möglich; um diese Rechtsbeziehungen geht es aber in aller Regel nicht.

397 Subjektive öffentliche Rechte gewähren unstreitig solche Rechtsvorschriften, die den Bürgern ausdrücklich Ansprüche gegen den Staat einräumen.

Beispiel: § 1 BAföG lautet: „Auf individuelle Ausbildungsförderung besteht ... ein Rechtsanspruch ...".

398 Allerdings sind viele Vorschriften nicht so eindeutig. So bestimmt z.B. Art. 87 I 1 Nr. 4 Bayerische Gemeindeordnung (BayGO), dass die Gemeinde (wirtschaftliche) Unternehmen außerhalb der kommunalen Daseinsvorsorge nur errichten, übernehmen oder wesentlich erweitern darf, wenn der Zweck nicht ebensogut und wirtschaftlich durch einen anderen erfüllt wird oder erfüllt werden kann. Hier ist umstritten, ob diese Vorschrift einem privaten Dritten einen Anspruch gegen die Gemeinde auf Unterlassung der Gründung solcher Unternehmen, die nicht den Vorgaben des Art. 87 I Nr. 4 BayGO genügen, einräumt. Nach der Rechtsprechung gewährt Art. 87 I 1 Nr. 4 BayGO kein solches subjektives öffentliches Recht.[1] Gleiches wird z. T. vertreten für die Vorschriften in den Gemeindeordnungen der anderen Bundesländer, die ebenfalls eine Subsidiaritätsklausel zugunsten der privaten Konkurrenten enthalten.[2]

---

[1] So BayVGH BayVBl. 1976, 628 zum inhaltsgleichen Art. 89 I Nr. 3 BayGO a. F.; ebenso OVG Magdeburg NVwZ-RR 2009, 347 zum inhaltsgleichen § 116 I 1 Nr. 3 SachAnhGO.
[2] *Gern,* Deutsches Kommunalrecht, 3. Aufl. 2003, Rn. 724; a.A. zu § 85 I Nr. 3 RhPfGO RhPfVerfGH NVwZ 2000, 804: „drittschützende Norm i.S.d. § 42 II VwGO";

> Umstrittene Fälle werden nach Maßgabe der **Schutznormtheorie** 399
> gelöst. Danach gewährt eine Rechtsvorschrift dann ein subjektives öffentliches Recht, wenn sie **zumindest auch dem Schutz von Individualinteressen zu dienen bestimmt ist**.[3]

Ein subjektives öffentliches Recht darf damit nur unter zwei Voraussetzungen angenommen werden:
(1) Es muss eine Rechtsvorschrift bestehen, die die Verwaltung zu einem bestimmten Verhalten berechtigt oder verpflichtet.
(2) Diese Rechtsvorschrift muss zwar nicht nur, aber zumindest auch im Interesse des Bürgers bestehen.

Ob eine Vorschrift die oben genannte zweite Voraussetzung erfüllt, also 400 ein subjektives öffentliches Recht gewährt und damit drittschützend ist, muss in nicht eindeutigen Fällen im Wege der Auslegung ermittelt werden (Wortlaut und systematische Stellung, Vorgeschichte der Vorschrift).[4] Bei der Auslegung sind auch die Wertungen des Grundgesetzes zu berücksichtigen. Sie können eine verfassungskonforme Auslegung der gesetzlichen Vorschriften gebieten. So ist etwa anerkannt, dass § 5 I 1 BImSchG auch die Nachbarschaft einer genehmigungsbedürftigen Anlage schützt.

Vor allem im **Bau-, Gewerbe- und Subventionsrecht** ist die Frage, 401 ob bestimmte Rechtsvorschriften auch subjektive öffentliche Rechte gewähren, häufig sehr umstritten. Hier haben Rechtsprechung und Literatur eine kaum noch zu überblickende Kasuistik entwickelt. Wehrt sich etwa ein Bürger gegen die seinem Nachbarn erteilte Baugenehmigung mit dem Argument, die Baugenehmigung verstoße gegen baurechtliche Vorschriften, lässt sich dem Wortlaut dieser Vorschriften zumeist nicht entnehmen, ob sie **drittschützend** sind, d. h. ob sie auch im Interesse der vom Bauvorhaben betroffenen Nachbarn bestehen und ihnen subjektive öffentliche Rechte einräumen. Dies soll nach der Rechtsprechung des BVerwG u. a. nur dann der Fall sein, wenn die in Rede stehende Vorschrift „einen bestimmten und abgrenzbaren, d. h. individualisierbaren und nicht übermäßig weiten Kreis der hierdurch Berechtigten erkennen lässt".[5]

---

ebenso VGH Mannheim NVwZ-RR 2006, 714 f. zu § 102 I Nr. 3 BaWüGO; für Drittschutz sogar von § 107 I 1 Nr. 1 NRWGO, der keine Subsidiaritätsklausel enthält (nur Nr. 3), OVG Münster DVBl. 2004, 134; zu § 108 I 2 Nr. 3 NdsGO offen lassend NdsOVG DÖV 2008, 1008; verneinend *Henke*, NordÖR 2010, 335 ff.; zum ganzen näher *Lange*, Kommunalrecht, 2013, Kap. 14 Rn. 124 ff.; *Jungkamp*, NVwZ 2010, 546 ff.; *Mann*, DVBl. 2009, 817 ff.

[3] BVerwGE 98, 118 (120 f.); 7, 354 (355); NJW 1984, 38.
[4] Dazu *Mayer/Kopp*, S. 113 ff.
[5] BVerwGE 52, 122 (129); siehe auch die Präzisierung von BVerwGE 94, 151 (158).

124 Kapitel 1. Grundlagen und Grundbegriffe

402 Der Sonderfall des **Anspruchs auf ermessens- und beurteilungsfehlerfreie Entscheidung** wurde bereits im Abschnitt Ermessen und Beurteilungsspielraum behandelt.[6] An dieser Stelle sei nochmals darauf hingewiesen, dass ein Anspruch auf ermessens- oder beurteilungsfehlerfreie Entscheidung gegen die Behörde nur dann besteht, wenn der Rechtssatz, der einen Ermessens- oder Beurteilungsspielraum vorsieht, zumindest auch im Interesse der Bürger besteht.

2. Die Bedeutung der Grundrechte

403 Selbstverständlich kann sich der Bürger gegenüber dem Staat auch auf Grundrechte berufen.[7] In erster Linie sind sie **Abwehrrechte** des Bürgers gegen den Staat. Sie schützen den Bürger nicht nur vor gezielten staatlichen Eingriffen in seine Rechte, sondern grundsätzlich auch vor nur **faktischen Beeinträchtigungen,** wenn ihnen eine gewisse Erheblichkeit oder Relevanz zukommt.

404 Darüber hinaus können die Grundrechte auch **Leistungsansprüche** vermitteln, also Ansprüche auf staatliches Handeln oder Ansprüche auf Teilhabe an der Gewährung staatlicher Leistungen. So verhält es sich vor allem bei Art. 6 IV, 19 IV, 101 I 2, 103 I sowie bei Art. 3 I GG.

405 Dem Grunde nach anerkannt ist auch, dass der Staat verpflichtet ist, die in den Grundrechten enthalten Rechtsgüter vor Übergriffen und Bedrohungen Dritter zu schützen. Aus den Grundrechten folgt eine **staatliche Schutzpflicht.** Insoweit handelt es sich aber zunächst nur um objektives Recht. Einklagbare Ansprüche des Bürgers auf ein **ganz bestimmtes staatliches Handeln** (zur Erfüllung der Schutzpflicht) gewähren die Grundrechte jedoch nur selten. Ein Anspruch des Bürgers auf solches staatliches Handeln besteht nur,
- „wenn die öffentliche Gewalt Schutzvorkehrungen entweder überhaupt nicht getroffen hat
- oder die getroffenen Regelungen und Maßnahmen gänzlich ungeeignet oder völlig unzureichend sind, das gebotene Schutzziel zu erreichen ...".[8]

406 Vor allem in **mehrpoligen Rechtsverhältnissen** besteht die Tendenz, die grundrechtlichen Aspekte zu vernachlässigen und die Problemlösung nur im einfachen Gesetzesrecht zu suchen. Von mehrpoligen Rechtsverhältnissen spricht man, wenn es nicht nur um die Beziehung eines Bürgers zum Staat geht, sondern wenn auch Dritte involviert sind.

---

[6] Rn. 390 ff.
[7] Dazu in diesem Zusammenhang *Maurer,* § 8 Rn. 10 ff.
[8] BVerfGE 92, 26 (46).

Zwar ist es richtig, zunächst auf das einfache Gesetzesrecht, das die 407
Grundrechte häufig konkretisiert, abzustellen und zu prüfen, ob sich ihm
subjektive öffentliche Rechte entnehmen lassen. Fällt der Befund aber
negativ aus, darf der Rückgriff auf die Grundrechte nicht verwehrt werden.
Im Gegenteil, gerade dann muss sorgfältig geprüft werden, ob sich im
konkreten Fall aus den Grundrechten subjektive öffentliche Rechte ableiten
lassen.

So verhält es sich vor allem in den oben genannten Drittbeteiligungsfäl- 408
len im Baurecht, aber auch im **Subventionsrecht.** Hier geht es häufig
darum, dass der Staat dem einen Bürger Leistungen gewährt und Konkurrenten hierdurch nachteilig betroffen sind. In derartigen Fällen lässt das
BVerwG den Rückgriff auf Grundrechte zwar zu – in Betracht kommen
vor allem Art. 12, 14, 2 I GG. Allerdings nimmt es einen Grundrechtseingriff nur unter sehr strengen Voraussetzungen an.[9] Im Vordergrund steht
also nicht die Frage, ob die Grundrechte subjektive öffentliche Rechte gewähren, sondern ob überhaupt ihr Schutzbereich eröffnet ist und ob ein
Grundrechtseingriff vorliegt.

Beim **Aufbau einer Falllösung** ist darauf zu achten, dass zunächst die 409
einschlägigen einfachgesetzlichen Vorschriften geprüft werden. Erst wenn
diese keine subjektiven öffentlichen Rechte gewähren, darf auf Grundrechte zurückgegriffen werden.[10]

3. Die praktische Bedeutung des subjektiven öffentlichen Rechts

Die Frage, ob eine bestimmte gesetzliche Vorschrift ein subjektives öf- 410
fentliches Recht gewährt, hat – auch in der Fallbearbeitung – vor allem
einen **prozessrechtlichen Hintergrund.** Ficht z.B. ein Bürger einen
Verwaltungsakt im Wege der Anfechtungsklage an, ist die Klage nicht
schon dann begründet, wenn der Verwaltungsakt rechtswidrig ist. Nach
§ 113 I 1 VwGO ist die Klage vielmehr nur begründet, wenn der Verwaltungsakt den Kläger auch in seinen Rechten verletzt. Dies ist nur dann der
Fall, wenn der Verwaltungsakt ein **subjektives öffentliches Recht** des
Klägers verletzt.

Eine Verpflichtungsklage ist nicht schon dann begründet, wenn die Be- 411
hörde den Verwaltungsakt erlassen muss. Voraussetzung ist vielmehr, dass
der Kläger einen **Anspruch** auf Erlass des Verwaltungsakts hat, d.h. ein
hierauf gerichtetes subjektives öffentliches Recht. Dies folgt aus § 113 V 1
VwGO.

---

[9] Nw. Rn. 287 Fn. 44.
[10] *Maurer,* § 8 Rn. 11.

412 Auch andere verwaltungsgerichtliche Klagen des Bürgers sind nur erfolgreich, wenn er zumindest in eigenen subjektiven öffentlichen Rechten betroffen ist.

II. Das Verwaltungsrechtsverhältnis

Literatur: *Achterberg,* Die Rechtsordnung als Rechtsverhältnisordnung, 1982; *v. Danwitz,* Zu Funktion und Bedeutung der Rechtsverhältnislehre, DV 30 (1997), 339; *Gröschner,* Vom Nutzen des Verwaltungsrechtsverhältnisses, DV 30 (1997), 301; *Pietzcker,* Das Verwaltungsrechtsverhältnis – archimedischer Punkt oder Münchhausens Zopf? DV 30 (1997), 281.

1. Begriff

413 Ein Verwaltungsrechtsverhältnis wird durch die verwaltungsrechtlichen Beziehungen zwischen mindestens zwei Rechtssubjekten gebildet. Im Vordergrund stehen die Rechtsbeziehungen zwischen dem Bürger und einem Verwaltungsrechtsträger. Die Rechtsbeziehungen müssen sich aus der Anwendung von Rechtsnormen auf einen **konkreten Sachverhalt** ergeben. Dabei darf es nicht um das allgemeine Staat-Bürger-Rechtsverhältnis gehen. Erforderlich ist vielmehr ein **konkretes** Rechtsverhältnis.

Beispiel: Die Frage, ob ein Bürger Steuern bezahlen muss, ist noch kein konkretes Verwaltungsrechtsverhältnis. Erst wenn Streit zwischen dem Finanzamt und dem Bürger besteht, ob oder wieviel Steuern er zahlen muss, liegt ein konkretes Verwaltungsrechtsverhältnis vor.

2. Erscheinungsformen

414 Die im öffentlichen Recht wurzelnden Rechtsbeziehungen zwischen Staat und Bürger sind unüberschaubar. Deshalb gibt es weder das alle Fälle abdeckende Verwaltungsrechtsverhältnis als solches noch eine strenge Typologie des Verwaltungsrechtsverhältnisses. Möglich ist nur eine Grobeinteilung.[11] Es kann unterschieden werden zwischen:
(1) **Kurzzeitige Verwaltungsrechtsverhältnisse:** Sie entstehen ad hoc und haben einen beschränkten, überschaubaren Sachverhalt zum Gegenstand. So verhält es sich etwa bei polizeilichen Maßnahmen wie Platzverweisung, Gewahrsam, Durchsuchung oder Beschlagnahme. Die sich hieraus ergebenden Folgen sind zumeist nicht auf längere Dauer angelegt.

---

[11] *Maurer,* § 8 Rn. 19 ff.; *Bull/Mehde,* Rn. 303 ff.

§ 9. Subjektives öffentliches Recht, Verwaltungsrechtsverhältnis 127

(2) **Dauerverwaltungsrechtsverhältnisse:** Hier handelt es sich um Verwaltungsrechtsverhältnisse, die auf längere Dauer angelegt sind und eine ganze Vielzahl rechtlicher Beziehungen zwischen den Beteiligten zum Gegenstand haben können.

Beispiele für Dauerverwaltungsrechtsverhältnisse:
- **Personenbezogene** Verwaltungsrechtsverhältnisse wie Schul-, Wehrdienst- oder Beamtenverhältnis.
- **Vermögensbezogene** Verwaltungsrechtsverhältnisse wie Steuer-, Subventions- oder Sozialleistungsverhältnisse.
- **Anstalts- und benutzungsbezogene** Verwaltungsrechtsverhältnisse wie der Anschluss an die kommunale Wasser- und Energieversorgung sowie an die kommunale Abfallbeseitigung oder die Benutzung kommunaler Einrichtungen.

3. Rechtliche und praktische Bedeutung

Mitunter wird empfohlen oder gar gefordert, das System des Verwaltungsrechts vom Verwaltungsrechtsverhältnis her (neu) zu bestimmen.[12] Eine große Rolle spielt die Lehre vom Verwaltungsrechtsverhältnis jedoch nicht. Zwar mag sie komplexe und vielschichtige Rechtsbeziehungen beschreiben. Zur Beantwortung konkreter Rechtsfragen taugt sie aber kaum. Handelt es sich beim Verwaltungsrechtsverhältnis doch um einen völlig unbestimmten, hoch abstrakten Rechtsbegriff, dem erst unter Zuhilfenahme der einschlägigen Rechtsvorschriften Leben eingehaucht werden muss. Dann aber kann man gleich auf diese Rechtsvorschriften zurückgreifen und braucht nicht einen kaum fassbaren Rechtsbegriff zu bemühen.[13] **415**

Seinen angestammten Platz findet das Verwaltungsrechtsverhältnis im **Prozessrecht**. Nach § 43 I VwGO kann auf die Feststellung des Bestehens oder Nichtbestehens eines Rechtsverhältnisses geklagt werden, wobei aus § 40 I VwGO folgt, dass es sich um ein öffentlich-rechtliches Verwaltungsrechtsverhältnis handeln muss. Bereits hier bereitet die Bestimmung des (konkreten) Rechtsverhältnisses nicht eben selten immense Schwierigkeiten. Diese auf das gesamte Verwaltungsrecht auszudehnen, erscheint kaum ratsam. **416**

---

[12] Vgl. *Ipsen*, Rn. 163: „Schlüsselbegriff des … Verwaltungsrechts"; *Achterberg*, Die Rechtsordnung als Rechtsverhältnisordnung, 1982; ders., Allgemeines Verwaltungsrecht, 2. Aufl. 1986, § 20 Rn. 33; *Häberle*, in: Schriftenreihe des Deutschen Sozialgerichtsverbandes, Bd. XVIII, 1979, S. 61: „archimedischer Punkt des Verwaltungsrechts"; *Bachof*, VVDStRL 30 (1972), 231.
[13] Skeptisch auch *Maurer*, § 8 Rn. 24; *Masing*, GrdlVwR I, § 7 Rn. 122: „geringer Mehrwert"; *Peine*, Rn. 267: keine materiell-rechtliche Bedeutung; *Pietzcker*, DV 30 (1977), 299: „schmückendes Beiwerk"; *Meyer*, VVDStRL 45 (1987), S. 272: „Münchhausens Zopf"; deutlich positiver fällt der Befund von *Gröschner*, DV 30 (1997), 301 ff. aus.

4. Rechts- und Pflichtennachfolge

417 Umstritten ist, in welchen Fällen ein Bürger in öffentlich-rechtliche Rechte und Pflichten eines anderen Bürgers eintreten kann.[14]

Beispiele:
(1) Die zuständige Behörde ordnet gegenüber Hundehalter H an, dass dieser seinem Hund außerhalb umzäunter Privatgrundstücke einen Maulkorb anlegen müsse. Nach Eintritt der Bestandskraft dieses Verwaltungsakts wird der Vater V des H Eigentümer des Hundes. Muss V die Maulkorbanordnung befolgen (Fall nach NdsOVG NdsVBl. 2013, 351 f.)?
(2) E ist Eigentümer eines Grundstücks und erhält eine Baugenehmigung. Vor Beginn der Bauarbeiten erwirbt X das Grundstück. Geht auch die Baugenehmigung auf X über?
(3) E errichtet auf seinem Grundstück ein Gartenhaus. Die Baubehörde ordnet den Abriss des Gartenhauses an. E kommt dieser Anordnung nicht nach und verkauft das Grundstück an X. Ist X nach seiner Eintragung in das Grundbuch zum Abriss verpflichtet?
(4) Wie ist die Rechtslage, wenn X das Grundstück nicht gekauft hat, sondern Alleinerbe des E ist?
(5) Im soeben genannten Beispielsfall hatte die Baubehörde dem E vor seinem Tode für den Fall des Nichtabrisses des Gartenhauses Zwangsmittel angedroht. Gilt die Androhung der Zwangsmittel nunmehr gegenüber dem Alleinerben X?
(6) E verpachtet sein Grundstück an A. A errichtet auf dem Grundstück ein Gartenhaus. Die Baubehörde erlässt gegen A eine Abrissverfügung. Der Pachtvertrag erlischt. Danach verpachtet E das Grundstück an B.

Manche gesetzliche Vorschriften regeln Gegenstand und Voraussetzungen bestimmter Fälle der Rechtsnachfolge speziell.

Beispiele:
- Nach § 45 I AO gehen bei Gesamtrechtsnachfolge (insbesondere im Erbfall, § 1922 BGB) die Forderungen und Schulden aus dem Steuerschuldverhältnis (z. B. Anspruch auf Steuerrückerstattung oder Pflicht zur Steuernachzahlung) auf den Rechtsnachfolger über.
- Nach § 67 IV 1 BBG ist der Beamte auf Verlangen des Dienstvorgesetzten zur Herausgabe bestimmter Schriftstücke und Gegenstände verpflichtet. Nach § 67 IV 2 BBG trifft diese Pflicht auch die Hinterbliebenen und Erben des Beamten.
- Nach § 53 V HBO gelten Verwaltungsakte, die die Bauaufsichtsbehörde erlassen hat, auch für die Rechtsnachfolger des Adressaten des Verwaltungsakts. Hierbei handelt es sich allerdings um eine allgemein gehaltene und auslegungsbedürftige Regelung.

418 Besteht keine eindeutige gesetzliche Regelung, ist zunächst zwischen der Nachfolgefähigkeit von Rechten und Pflichten und dem Nachfolgetatbestand zu unterscheiden.

---

[14] Dazu ausführlich *Riedl*, Die Rechts- und Pflichtennachfolge im Verwaltungsrecht, 1998; *Kopp/Ramsauer*, § 13 Rn. 58 ff., § 43 Rn. 13 ff.; *Stückemann*, JA 2015, 569 ff.; *Reimer*, DVBl. 2011, 201 ff.

Bei der **Nachfolgefähigkeit** geht es um die Frage, ob das in Rede stehende Recht bzw. die in Rede stehende Pflicht überhaupt auf eine andere Person übergehen kann. Nicht übergangsfähig sind solche Rechte und Pflichten, die **höchstpersönlicher Natur** sind, die also ausschließlich einer bestimmten Person zugeordnet sind.[15] Dies ist etwa bei der Androhung von Zwangsmitteln – z.B. Androhung der Ersatzvornahme, der Verhängung von Zwangsgeld, der Wegnahme oder der Zwangsräumung – der Fall.[16]

Der höchstpersönliche Charakter der Androhung von Zwangsmitteln – auch wenn das Zwangsmittel auf eine vertretbare Leistung, z. B. die Zahlung von Geld gerichtet ist – beruht darauf, dass durch die Androhung der entgegenstehende Wille gerade des Handlungspflichtigen gebrochen werden soll. Die bauaufsichtsbehördliche Androhung eines Zwangsmittels geht damit im oben genannten Beispielsfall (5) auch dann nicht auf den Rechtsnachfolger über, wenn gesetzliche Vorschriften (wie § 53 V HBO) allgemein anordnen, dass Verwaltungsakte – die Zwangsmittelandrohung ist ein Verwaltungsakt – auf die Rechtsnachfolger übergehen. Höchstpersönlicher Natur ist etwa auch die Fahrerlaubnis nach § 2 StVG oder der nach Maßgabe der Vorschriften des Waffengesetzes erteilte Waffenschein. Diese Erlaubnisse sind ausschließlich auf die Person des Berechtigten bezogen und nicht übergangsfähig.

Übergangsfähig sind dagegen nichthöchstpersönliche Rechte und Pflichten. Nicht höchstpersönlicher Natur sind vor allem **sachbezogene Rechte und Pflichten** des Inhabers der Sachherrschaft.[17] Hierzu zählen z. B. die (durch Verwaltungsakt begründete) Pflicht zum Abriss eines Schwarzbaus, die Erteilung einer Baugenehmigung, die abstrakte, noch nicht durch Verwaltungsakt konkretisierte Sanierungspflicht des Verursachers einer schädlichen Bodenverunreinigung,[18] die Anordnung, einem Hund einen Maulkorb anzulegen[19] oder die Pflicht zur Reinigung der Straße vor dem Hausgrundstück.[20]

Allein die Nachfolgefähigkeit bewirkt aber noch nicht den Übergang der entsprechenden Rechte und Pflichten. Der tatsächliche Übergang setzt zunächst einen **Nachfolgetatbestand**, d. h. einen Rechtsgrund für die konkrete Rechtsnachfolge voraus. Ist der Nachfolgetatbestand gesetzlich geregelt, stellen sich keine großen Probleme mehr.

---

[15] BVerwGE 125, 325 Rn. 27; *Peine*, DVBl. 1980, 944; *Remmert*, in: Erichsen/Ehlers, § 18 Rn. 18.
[16] VGH Mannheim NVwZ 1991, 686.
[17] *Maurer*, § 9 Rn. 56; *Stober*, in: Wolff/Bachof I, § 42 Rn. 77 ff.; vgl. auch *Kopp/Ramsauer*, § 43 Rn. 13d; kritisch *Remmert*, in: Erichsen/Ehlers, § 18 Rn. 18.
[18] BVerwGE 125, 325 ff. = JZ 2006, 1124 ff. m. krit. Anm. *Ossenbühl*.
[19] NdsOVG NdsVBl. 2013, 351 f.
[20] Zu weiteren Beispielen *U. Stelkens*, in: Stelkens/Bonk/Sachs, § 35 Rn. 261.

Gesetzlich geregelt sind etwa der Erbfall (§ 1922 BGB), die Firmenübernahme (§ 25 HGB) oder die Vermögensübertragung (§§ 174 ff. UmwG).[21] Diese Vorschriften regeln die **Gesamtrechtsnachfolge** (Eintritt des Rechtsnachfolgers in alle übergangsfähigen Rechte und Pflichten). Ist der Tatbestand einer dieser Rechtsvorschriften erfüllt, tritt die eine Person in grundsätzlich alle Rechte und Pflichten der anderen Person ein[22] (deshalb geht im Beispielsfall 4 Rn. 417 die Pflicht zum Abriss des Gartenhauses auf Alleinerben X über).[23] Bezüglich öffentlich-rechtlicher Rechte und Pflichten erfolgt der Übergang in unmittelbarer[24] oder analoger[25] Anwendung dieser Vorschriften.

Ebenso verhält es sich im Falle der gesetzlich geregelten **Einzelrechtsnachfolge** (Übergang nur bestimmter Rechte und Pflichten). Zu nennen ist etwa die Abtretung öffentlich-rechtlicher Forderungen analog §§ 398 ff. BGB oder der Übergang von einzelnen Rechten und Pflichten, die die Bauaufsichtsbehörde durch Verwaltungsakt begründet hat (z. B. Baugenehmigung, Abrissverfügung), wenn dies gesetzlich geregelt ist (z. B. in § 53 V HBO).

Umstritten ist, ob ein Eintritt in einzelne Rechte und Pflichten auch **ohne gesetzlich geregelten** Nachfolgetatbestand möglich ist. Nach überwiegender Auffassung vor allem der Rechtsprechung folgen **sachbezogene Rechte und Pflichten** kraft ihres dinglichen Charakters dem Eigentum an der Sache.[26] Gleiches gilt wegen ihres dinglichen Charakters auch im Falle einer Übertragung der Befugnis zur Nutzung einer Sache.[27] Danach geht in den oben genannten Beispielsfällen (2) und (3)[28] die Baugenehmigung bzw. die Abrisspflicht auf den rechtsgeschäftlichen Erwerber X über, wenn er als Eigentümer des Grundstücks in das Grundbuch eingetragen ist – und zwar auch dann, wenn keine spezielle Vorschrift wie z. B. § 53 V HBO existiert, die die Rechtsnachfolge ausdrücklich anordnet. Gleiches gilt im Beispielsfall (1) für die Maulkorbpflicht; sie ist von H auf V übergegangen.[29] Dagegen besteht im Beispielsfall (6) keine Pflichtennachfolge. Denn B leitet seine

---

[21] *Kopp/Ramsauer*, § 43 Rn. 13c; dazu auch *Peine*, JuS 1997, 985.
[22] Gegen eine auf Erbrecht beruhende Gesamtrechtsnachfolge *Peine*, JuS 1997, 986 f.
[23] So in einem vergleichbaren Fall auch BVerwG NJW 1971, 1624.
[24] *Stadie*, DVBl. 1990, 501 ff.
[25] *Bettermann*, DVBl. 1961, 921.
[26] OVG Hamburg NVwZ-RR 1997, 11 f.; OVG Münster NWVBl. 1997, 426 ff.; NVwZ 1987, 427; VGH Mannheim NVwZ 1992, 392; OVG Saarlouis BRS 22 Nr. 215; *Maurer*, § 9 Rn. 56; *Götz*, Allgemeines Polizei- und Ordnungsrecht, 15. Aufl. 2013, § 9 Rn. 83 ff., aber nur für Grundstücke; a.A. z. B. *Remmert*, in: Erichsen/Ehlers, § 18 Rn. 18; *Stober*, in: Wolff/Bachof I, § 42 Rn. 82 f.; *Schoch*, JuS 1994, 1031; *Peine*, JuS 1997, 987; kritisch auch *Guckelberger*, VerwArch. 90 (1999), 508 ff.
[27] So ThürOVG ThürVBl. 2015, 84 f. zu § 60 ThürBO a. F. = § 58 III ThürBO n. F.
[28] Rn. 417.
[29] NdsOVG NdsVBl. 2013, 351 f.

§ 9. Subjektives öffentliches Recht, Verwaltungsrechtsverhältnis 131

Nutzungsberechtigung nicht von A, der Adressat der Beseitigungsanordnung ist, sondern von E ab, der nicht Adressat der Beseitigungsanordnung ist. Die Beseitigungsanordnung wäre dann auf B übergegangen, wenn er den Pachtvertrag des A übernommen oder mit A einen Unterpachtvertrag geschlossen hätte.[30]

Nach der Rechtsprechung rückt der rechtsgeschäftliche Erwerber eines Gegenstandes auch in die **verfahrensrechtliche Position** seines Rechtsvorgängers ein, wenn dieser das Verfahren wegen der Veräußerung des Gegenstandes nicht fortsetzen kann.[31]

Beispiele:
- E ist Eigentümer eines Grundstücks und legt Widerspruch gegen ein Verkehrszeichen (Allgemeinverfügung nach § 35 S. 2, 3. Var. VwVfG; dazu Rn. 471, 562) ein, das die Nutzungsmöglichkeit seines Grundstücks beeinträchtigt. Nach Abweisung des Widerspruchs verkauft E das Grundstück an K. K kann jedenfalls innerhalb der Klagefrist des § 74 I VwGO (maßgeblich für die Berechnung ist die Zustellung des Widerspruchsbescheides an E) Anfechtungsklage erheben, ohne vorher selbst das Widerspruchsverfahren durchgeführt zu haben.
- Grundstückseigentümer E erhebt bei der Aufstellung eines Bebauungsplanes keine Einwendungen im Rahmen der Öffentlichkeitsbeteiligung, obwohl er darauf hingewiesen worden war, dass er in diesem Fall entsprechende Einwendungen auch nicht mehr mittels Normenkontrollantrags nach § 47 I VwGO geltend machen könne (§ 47 II a VwGO). In diese verfahrensrechtliche Position tritt der Erwerber des Grundstücks auch dann ein, wenn er das Grundstück erst nach Ablauf der Einwendungsfrist erworben hatte. Selbst dann geht auf den Erwerber die Präklusionswirkung des § 47 II a VwGO über (OVG Hamburg NVwZ-RR 2014, 585 ff. m. N. pro et contra).

Die auf den Rechtsnachfolger übergegangene Rechtspflicht ist diesem gegenüber aber nur dann durchsetzbar, wenn die Behörde ihre Verfügung, durch die sie die Rechtspflicht des Rechtsvorgängers hat entstehen lassen, dem Rechtsnachfolger durch feststellenden Verwaltungsakt bekanntgibt.[32] Rechtsbehelfe gegen diesen feststellenden Verwaltungsakt entfalten nur aufschiebende Wirkung diesem gegenüber, hindern die Behörde also vorläufig an der Durchsetzung der festgestellten Rechtspflicht. Gegen den vorausgegangenen Verwaltungsakt, der die Rechtspflicht gegenüber dem

---

[30] So ThürOVG ThürVBl. 2015, 84 f. zu einem ähnlichen Fall; a. A. VGH Kassel NVwZ-RR 2015, 270 f. zu § 53 V HessBauO, der inhaltsgleich mit § 58 III ThürBO ist, wonach Rechtsnachfolger auch derjenige sei, wer als Inhaber der tatsächlichen Gewalt eine Nutzung fortführe, die Gegenstand einer bauordnungsrechtlichen Verfügung gewesen sei; dieser Auffassung ist entgegenzuhalten, dass der Begriff der Rechtsnachfolge, sei er ein gesetzliches Tatbestandsmerkmal oder sei er Gegenstand eines allgemeinen Rechtsgrundsatzes, voraussetzt, dass der Nachfolger seine Rechtsstellung vom Vorgänger der Pflichtigkeit, die durch Verwaltungsakt konkretisiert worden ist, **rechtlich** ableitet.
[31] BVerwG DVBl. 2006, 1246 Rn. 7; vgl. auch NdsOVG NdsVBl. 2013, 351 f.
[32] *Lisken/Denninger*, Handbuch des Polizeirechts, 5. Aufl. 2012, D Rn. 124; *Gusy*, Polizeirecht, 9. Aufl. 2014, Rn. 362; offen lassend NdsOVG NdsVBl. 2013, 352.

Rechtsvorgänger begründet hat und die dann auf den Rechtsnachfolger übergegangen ist, wendet sich dieser Rechtsbehelf dagegen nicht.[33]

---

[33] NdsOVG NdsVBl. 2013, 352.

Kapitel 2. Handlungsformen der Verwaltung

Literatur: *P. Krause*, Rechtsformen des Verwaltungshandelns, 1974; *Ossenbühl*, Die Handlungsformen der Verwaltung, JuS 1979, 681; *Schmidt-Aßmann*, Die Lehre von den Rechtsformen des Verwaltungshandelns, DVBl. 1989, 533; *Hoffmann-Riem/Schmidt-Aßmann/Voßkuhle* (Hrsg.), GrlVwR II, §§ 33 ff.

419 Die Verwaltung verfügt über verschiedene Handlungsformen. Jede Handlungsform hat eigene Rechtmäßigkeitsvoraussetzungen. Auch die Folgen von Rechtsfehlern können je nach gewählter Handlungsform verschieden sein.

Einen numerus clausus der möglichen und zulässigen Handlungsformen gibt es allerdings nicht.[1] Die einschlägigen Gesetze nennen (und definieren bisweilen) zwar verschiedene Handlungsformen, wie z.B. § 35 VwVfG den Verwaltungsakt oder § 54 VwVfG den öffentlich-rechtlichen Vertrag. Das hindert aber weder die Praxis noch die Rechtswissenschaft daran, neue oder zumindest modifizierte Handlungsformen wie z.B. den vorläufigen oder vorsorglichen Verwaltungsakt zu entwickeln. Allerdings muss in diesem Zusammenhang beachtet werden, dass allein unter Hinweis auf die Inanspruchnahme einer neuen Handlungsform nicht von solchen gesetzlichen Vorgaben abgewichen werden darf, die der Verwaltung ein bestimmtes Verhalten **materiell-rechtlich** verbieten.

Von den verschiedenen geläufigen Handlungsformen der Verwaltung steht nach wie vor – zumal in Prüfungsarbeiten – der Verwaltungsakt im Vordergrund.

---

[1] *Peine*, Rn. 309.

§ 10. Der Verwaltungsakt

Literatur: *Bickenbach*, Charakteristik, Unterarten und Unarten des Verwaltungsaktsbegriffs, JA 2015, 481; *Bumke*, Verwaltungsakte, GrlVwR II, § 35; *Druschel*, Die Verwaltungsaktbefugnis, 1999; *Ehlers*, Rechtsfragen der Existenz, der Wirksamkeit und der Bestandskraft von Verwaltungsakten, in: Liber Amicorum H.-U. Erichsen, 2004, S. 1; *Held*, Individualrechtsschutz bei fehlerhaftem Verwaltungsverfahren, NVwZ 2012, 461; *Hufen/Siegel*, Fehler im Verwaltungsverfahren, 5. Aufl. 2013; *Kahl*, Der Verwaltungsakt – Bedeutung und Begriff, Jura 2001, 798; *Kluth*, Die Genehmigungsfiktion des § 42a VwVfG – Verfahrensrechtliche und prozessuale Probleme, JuS 2011, 1078; *Laubinger*, Das „Endiviensalat-Urteil" – eine Fehlentscheidung? Zum Begriff der Allgemeinverfügung im Sinne von § 35 Satz 2 VwVfG, in: FS R. Rudolf, 2001, S. 305; *Leopold*, Die Umdeutung fehlerhafter Verwaltungsakte, Jura 2006, 895; *v. Mutius*, Zur „Verwaltungsaktsbefugnis", in: Liber Amicorum H.-U. Erichsen, 2004, S. 135; *Peine*, Sonderformen des Verwaltungsakts, JA 2004, 417; *Sachs*, Zur formellen Rechtswidrigkeit von Verwaltungsakten, VerwArch. 97 (2006), 573; *Schmidt-De Caluwe*, Der Verwaltungsakt in der Lehre Otto Mayers, 1999; *ders.*, Die Wirksamkeit des Verwaltungsakts, VerwArch. 90 (1999), 49; *Schladebach*, Der nichtige Verwaltungsakt, VerwArch. 104 (2013), 188; *Schenke*, Die prozessuale Berücksichtigung einer erst nach der gerichtlichen Anfechtung einer Gewerbeuntersagung gem. § 35 Abs. 1 Satz 1 GewO eingetretenen Unzuverlässigkeit des Gewerbetreibenden, GewArch. 2015, 473; *Schoch*, Die Allgemeinverfügung (§ 35 Satz 2 VwVfG), Jura 2012, 26; *ders.*, Die Bekanntgabe des Verwaltungsakts, Jura 2011, 23; *ders.*, Die behördliche Befugnis zum Handeln durch Verwaltungsakt, Jura 2010, 670; *ders.*, Begründung von Verwaltungsakten, Jura 2005, 757; *M. Schröder*, Verlängerungsverwaltungsakt und Änderungsverwaltungsakt, NVwZ 2007, 532; *U. J. Schröder*, Der vorläufige Verwaltungsakt, Jura 2010, 255; *Schwerdtner*, Die Weisung – Innerdienstlicher Rechtsakt oder anfechtbarer Verwaltungsakt?, VBlBW 1996, 209; *Wehr*, Der Verwaltungsakt mit Dauerwirkung, BayVBl. 2007, 385; *Will/Rathgeber*, Die Nichtigkeit von Verwaltungsakten gem. § 44 VwVfG, JuS 2012, 1057.

Rechtsprechung: BVerwGE 12, 87 (Endiviensalat-Fall, Allgemeinverfügung); BVerwGE 13, 1 (Wirksamkeit von Verwaltungsakten); BVerwGE 27, 181; 59, 221; 138, 21 (Verkehrszeichen, Allgemeinverfügung; Anfechtungsfrist); BVerwGE 31, 301 (Entscheidung über Auskunftserteilung); BVerwGE 44, 294 (fehlende Bekanntgabe einer Baugenehmigung an Nachbarn); BVerwGE 57, 26 (Leistungsbescheid, Zahlungsaufforderung); BVerwGE 58, 37 (feststellender Verwaltungsakt); BVerwGE 60, 144 (Umsetzung eines Beamten); BVerwGE 98, 334 (Änderung des Aufgabenbereichs eines Beamten); BVerwG DVBl. 1994, 1356 (Bewertung von Klausuren im juristischen Staatsexamen); BVerwG NVwZ 2010, 643 (vorläufiger Subventionsbescheid, Ersetzung durch Schlussbescheid, analoge Anwendung von § 49a I, III VwVfG).

Weitere Literatur und Rechtsprechung: Nebenbestimmungen zu Verwaltungsakten vor Rn. 643; Aufhebung von Verwaltungsakten (§§ 48-50 VwVfG) vor Rn. 673; Rücknahme EU-rechtswidriger Verwaltungsakte vor Rn. 749; Wiederaufgreifen des Verfahrens (§ 51 VwVfG) vor Rn. 766.

I. Begriff und Bedeutung

Der Verwaltungsakt ist nach wie vor das klassische Handlungsinstrument 420
des deutschen Verwaltungsrechts. Begrifflich und auch inhaltlich wurde er
maßgeblich von *Otto Mayer* in seinem Lehrbuch des Deutschen Verwaltungsrechts, Bd. I, 1. Aufl. 1895 (S. 95) geprägt,[2] der sich – auch hier –
weitgehend am französischen Recht orientierte. Der Verwaltungsakt ist
damit ein Kind des 19. Jahrhunderts.

Die ursprüngliche *Mayer'sche* Definition des Verwaltungsakts als „ein der 421
Verwaltung zugehöriger obrigkeitlicher Ausspruch, der dem Unterthanen
gegenüber im Einzelfall bestimmt, was für ihn Rechtens sein soll", war
dann auch Vorbild des Bonner Gesetzgebers, der den Verwaltungsakt in
§ 35 S. 1 VwVfG wie folgt legaldefinierte: „Verwaltungsakt ist jede Verfügung, Entscheidung oder andere hoheitliche Maßnahme, die eine Behörde
zur Regelung eines Einzelfalls auf dem Gebiet des öffentlichen Rechts trifft
und die auf unmittelbare Rechtswirkung nach außen gerichtet ist."

Der Anwendungsbereich des Verwaltungsakts beschränkt sich nicht auf 422
den Bereich der Eingriffsverwaltung. Auch in der Leistungsverwaltung ist
er – soweit die Leistungen nicht in Formen des Privatrechts erbracht werden[3] – das bedeutsamste Handlungsinstrument.

Obwohl die Gewährung verwaltungsgerichtlichen Rechtsschutzes unter 423
der Geltung des formellen Hauptgrundrechts des Art. 19 IV 1 GG und der
Generalklausel des § 40 I VwGO nicht mehr vom Vorliegen eines Verwaltungsakts abhängt, ist der Verwaltungsakt gleichwohl auch ein „Schlüsselbegriff des gerichtlichen Rechtsschutzes".[4] So setzt die Anwendbarkeit
zentraler verwaltungsprozessualer Vorschriften wie die über das Vorverfahren (§§ 68ff. VwGO), die Anfechtungs- und Verpflichtungsklage (§§ 42,
113f. VwGO) oder die aufschiebende Wirkung von Rechtsbehelfen (§§ 80f.
VwGO) die Existenz eines Verwaltungsakts voraus.

Charakteristisch für Funktion und Bedeutung des Verwaltungsakts sind 424
folgende drei Momente:[5]
(1) Der Verwaltungsakt ist dasjenige Handlungsinstrument der Verwaltung,
durch das sie die Rechtsbeziehungen zu den Bürgern **einseitig autoritativ und verbindlich im Einzelfall** konkret regelt.
(2) Auch rechtswidrige Verwaltungsakte werden **bestandskräftig** und
müssen vom Bürger befolgt werden, wenn er sie nicht innerhalb der

---

[2] Dazu *Schmidt-De Caluwe*, Der Verwaltungsakt in der Lehre Otto Mayers, 1999.
[3] Dazu unten Rn. 903ff.
[4] *Mayer/Kopp*, S. 175.
[5] Siehe *Mayer/Kopp*, S. 176f.

Rechtsbehelfsfristen angreift; eine nur sehr seltene Ausnahme gilt lediglich für Verwaltungsakte, die nach § 44 VwVfG nichtig sind.

(3) Die Behörden **vollstrecken** ihre Verwaltungsakte selbst, wenn die Vollstreckungsvoraussetzungen erfüllt sind, und sind nicht auf die Inanspruchnahme von Gerichten angewiesen.

Verwaltungsakte sind auch **im Verhältnis zwischen zwei Verwaltungsträgern** möglich.[6] Hier ist aber die nach § 35 S. 1 VwVfG erforderliche Außenwirkung[7] sorgfältig zu prüfen.

II. Die Begriffsmerkmale des § 35 S. 1 VwVfG

425 Die **Legaldefinition** des § 35 S. 1 VwVfG weist sechs Merkmale auf, die für einen Verwaltungsakt konstituierend sind. Auf die behördliche Bezeichnung einer Maßnahme gerade als Verwaltungsakt kommt es nicht an. Im übrigen gibt es einige typische terminologische Wendungen wie vor allem Verfügung, Bescheid und Anordnung, durch deren Gebrauch die Behörde signalisiert, dass sie einen Verwaltungsakt erlassen hat.

426 Eine ganz genaue Unterscheidung zwischen den einzelnen Verwaltungsakt-Merkmalen, die im folgenden behandelt werden, ist nicht immer möglich. Die Grenzen sind bisweilen fließend. Das betrifft vor allem die Merkmale „hoheitliche Maßnahme", „auf dem Gebiet des öffentlichen Rechts" und „Regelung". Hier werden bestimmte Kriterien teils als charakteristisch für das eine Merkmal bezeichnet, teils werden sie einem anderen Merkmal zugeordnet.

1. Behörde

427 Ein Verwaltungsakt setzt Handeln einer Behörde voraus. § 35 S. 1 VwVfG knüpft an den Behördenbegriff des § 1 IV VwVfG an. Danach ist Behörde jede Stelle, die Aufgaben der öffentlichen Verwaltung wahrnimmt. Dieser **funktionelle Behördenbegriff** ist nicht identisch mit dem formell-organisatorischen Behördenbegriff.[8] Nach allgemeiner Auffassung wird der funktionelle Behördenbegriff des § 1 IV VwVfG aber einengend ausgelegt:

428 Es muss sich um eine Stelle handeln, die aufgrund öffentlich-rechtlicher Vorschriften befugt ist, im eigenen Namen nach außen rechtsverbindlich zu handeln. Hierzu zählen keine Verwaltungseinheiten ohne Außenzuständig-

---

[6] Dazu BVerwG GewArch. 2003, 387.
[7] Näher Rn. 483 ff.
[8] Dazu Rn. 202.

keiten wie die verschiedenen Ämter und Dienststellen. Freilich handeln diese ihrerseits für Behörden.

Beliehenen kommt Behördeneigenschaft zu.[9] Sie dürfen und können auch Verwaltungsakte erlassen. **Verwaltungshelfern und Privaten**,[10] mit denen der Staat privatrechtliche Verträge abschließt, um durch sie öffentliche Aufgaben zu erfüllen, wird zu Recht die Behördenqualität abgesprochen.[11] Denn sie sind nicht aufgrund **öffentlich-rechtlicher Vorschriften** befugt, im eigenen Namen nach außen rechtsverbindlich zu handeln. Das allein schließt aber noch nicht aus, dass sie Verwaltungsakte erlassen können.[12] Denn ihr Handeln wird einer Behörde bzw. deren Verwaltungsträger zugerechnet und kann (jedenfalls) bei Verwaltungshelfern auch öffentlich-rechtlicher Natur sein. Die fehlende Behördenqualität der Handelnden schließt deshalb nicht aus, dass diese für eine Behörde Verwaltungsakte erlassen. Eine fehlende Befugnis hierzu schließt nur das Dürfen, nicht aber das Können aus.[13] Die betreffenden Handlungen als Verwaltungsakt zu qualifizieren, könnte aber dadurch ausgeschlossen sein, dass die Verwaltungshelfer und die privatrechtlich beauftragten Privaten zu den Bürgern nicht in einem Über-Unterordnungs-Verhältnis stehen.[14] Allerdings besteht es zwischen der Behörde, der das Handeln zugerechnet wird, und den Bürgern. Die Ablehnung von Verwaltungsakt-Qualität lässt sich in den genannten Fällen dogmatisch kaum begründen. Eine ganz andere Frage ist es, ob die betreffende Person für eine Behörde durch Verwaltungsakt handeln **darf**.

Ob auch **juristische Personen des Privatrechts**, die zwar keine Beliehenen sind, aber unter beherrschendem Einfluss der öffentlichen Hand stehen und durch privatrechtliches Handeln öffentliche Aufgaben erfüllen,[15] Behörden i.S.v. § 1 IV VwVfG sind,[16] kann offen bleiben. Denn soweit sie nicht zusätzlich Beliehene sind, können sie nicht öffentlich-rechtlich handeln. Ihr Handeln wird auch nicht einer Behörde und damit einem öffentlich-rechtlichen Verwaltungsträger als eigenes zugerechnet. Deshalb ist das VwVfG auf ihr Handeln nicht anwendbar, § 1 I VwVfG.

---

[9] Dazu Rn. 192f., 201; BremStGH NVwZ 2003, 83: Beliehene sind „Verwaltungsbehörden im funktionalen Sinne und i.S. des § 1 IV VwVfG".
[10] Dazu Rn. 194 f.
[11] BVerwG, 30.8.2006, 10 B 38/06, juris; NdsOVG NdsVBl. 2012, 195 f.; OVG Schleswig NordÖR 2006, 2063; *Kopp/Ramsauer*, § 1 Rn. 66 f.; *Schmitz*, in: Stelkens/Bonk/Sachs, § 1 Rn. 249 ff.
[12] So aber die in der vorherigen Fn. genannte Rspr.
[13] A. A. offenbar NdsOVG NdsVBl. 2012, 196 a.E.
[14] Zu diesem VA-Kriterium Rn. 439.
[15] Dazu Rn. 196 ff.
[16] Verneinend *Kopp/Ramsauer*, § 1 Rn. 67 zu § 1 IV VwVfG.

Beispiel: Eine GmbH, deren Anteile zu 70 % von verschiedenen Städten und zu 30 % von Privatpersonen gehalten werden, nimmt Aufgaben der kommunalen Energieversorgung wahr. Die GmbH erfüllt den **funktionellen Behördenbegriff** des Presserechts und unterliegt deshalb der presserechtlichen Auskunftspflicht (BGH NJW 2005, 1720 zum Behördenbegriff des § 4 NdsPresseG). Konsequent wäre es, die GmbH auch als Behörde i.S.v. § 1 IV VwVfG zu qualifizieren; allerdings wäre das VwVfG im übrigen auf das Handeln der GmbH nicht anwendbar, weil es nicht öffentlich-rechtlicher Natur ist.

430 Gesetzgebungs-, Regierungs- und Rechtsprechungsorgane handeln (ausnahmsweise) nur dann als Behörden, wenn sie Verwaltungsaufgaben erfüllen,[17] nicht aber, wenn sie in ihrer spezifischen Funktion tätig werden (z. B. spezifische Regierungstätigkeit wie das Treffen politischer Entscheidungen).

2. Hoheitliche Maßnahme

431 Hoheitliche Maßnahme ist der allgemeine Begriff; die ebenfalls in § 35 S. 1 VwVfG genannte Verfügung und Entscheidung sind nur Unterformen der hoheitlichen Maßnahme.

432 Soweit ersichtlich, wird zwischen den Begriffen „Maßnahme" und „hoheitlich" von niemandem unterschieden. Beide Begriffe werden stillschweigend als Einheit behandelt. Das ist insoweit richtig, als sie rechtlich aufeinander bezogen sind. Nur aus Gründen der juristischen Tradition werden sie auch an dieser Stelle zu einem Verwaltungsakt-Merkmal zusammengefasst.

a) Maßnahme

433 Durch den Begriff der Maßnahme hat der Gesetzgeber zum Ausdruck gebracht, dass Verwaltungsakt nur ein **Handeln, ein Tun** sein kann.[18] Bloßes Unterlassen kann kein Verwaltungsakt sein. Auch die nach § 42a VwVfG fingierten Genehmigungen[19] sind keine Verwaltungsakte.[20] Vielmehr handelt es sich um fiktive Verwaltungsakte. Sie stehen den Verwaltungsakten nur gleich. Deshalb ordnet § 42a I 2 VwVfG ausdrücklich an, dass bestimmte Vorschriften, die für Verwaltungsakte gelten, **entsprechend** anwendbar sind. Anders verhält es sich allerdings bei einer ausdrücklichen behördlichen Entscheidung, untätig zu bleiben, oder bei einer Antragsablehnung. Insoweit handelt die Behörde.

---

[17] Dazu Rn. 5, 7.
[18] Zutreffend *Sproll* I, § 8 Rn. 35.
[19] Rn. 537.
[20] *Eisenmenger*, in: Fehling/Kastner/Störmer, § 42a VwVfG Rn. 16; *Erbguth*, § 14 Rn. 23; a. A. *U. Stelkens*, in: Stelkens/Bonk/Sachs, § 42a Rn. 4; *Ziekow*, § 42a Rn. 5.

Häufig werden dem Begriff der Maßnahme noch weitere Elemente und **434** Funktionen beigelegt wie vor allem das Erfordernis einer Zweckrichtung,[21] einer Willenserklärung[22] oder einer Erklärungsfunktion.[23] Hierbei handelt es sich allerdings um Kriterien, die zum Merkmal „Regelung" gehören.[24] Im Ergebnis ist es freilich egal, ob man sie dem einen oder dem anderen Verwaltungsakt-Merkmal zuordnet. Nach einer weiteren Auffassung kommt dem Begriff der Maßnahme überhaupt keine eigenständige Bedeutung zu; vielmehr gehe er im Merkmal der Regelung auf.[25]

b) Hoheitlich

Hoheitlich meint zum einen **öffentlich-rechtlich**. Privatrechtliches **435** Handeln der Verwaltung kann kein Verwaltungsakt sein. Ist nicht schon auf den ersten Blick erkennbar, ob die Behörde öffentlich-rechtlich oder privatrechtlich gehandelt hat, müssen die im prozessualen Teil näher dargestellten Abgrenzungstheorien herangezogen werden.[26]

Nach ständiger Rechtsprechung des BGH können Handlungen von **436** Trägern öffentlicher Gewalt eine **Doppelnatur**[27] haben: Öffentlich-rechtliche Natur im Verhältnis zu den Adressaten, privatrechtliche Natur im Verhältnis zu den faktisch betroffenen Dritten.

Beispiele:
- Gebührenberechnung durch staatliche Vermessungsämter: öffentlich-rechtlich gegenüber den Gebührenschuldnern, privatrechtlich im Verhältnis zu privaten Konkurrenzunternehmen (BGHZ 121, 126/129 f.).
- Selbstabgabe von Brillen und Rollstühlen durch die AOK: öffentlich-rechtlich gegenüber den Leistungsempfängern, privatrechtlich im Verhältnis zu den konkurrierenden Privatversicherungen (BGHZ 82, 375/383; GmS-OGB BGHZ 102, 280/286).
- Wirtschaftliche Betätigung von Ersatzkassen der gesetzlichen Krankenversicherung: Erwerb der Mitgliedschaft in der Ersatzkasse öffentlich-rechtlich (ebenso die Leistungsbeziehungen der Ersatzkassen zu ihren Mitgliedern), Werbemaßnahmen und Tarifgestaltung der Ersatzkassen im Verhältnis zu den privaten Krankenversicherern privatrechtlich (BGHZ 66, 229/233, 237); wirtschaftliche Betätigung der Ersatzkassen im Verhältnis zur gesetzlichen Krankenkasse aber öffentlich-rechtlich (GmS-OGB BGHZ 108, 284/287 f.).

Diese Auffassung ist jedoch abzulehnen. Ein und dieselbe Handlung kann nicht gleichzeitig ein öffentlich-rechtlicher und ein privatrechtlicher

---

[21] *Ipsen*, Rn. 323.
[22] *Ruffert*, in: Erichsen/Ehlers, § 21 Rn. 15; *U. Stelkens*, in: Stelkens/Bonk/Sachs, § 35 Rn. 70.
[23] *Stuhlfauth*, in: Obermayer/Funke-Kaiser § 35 Rn. 11.
[24] *Sproll* I, § 8 Rn. 35.
[25] *Hendler*, Rn. 105.
[26] Rn. 1323 ff.
[27] Dazu in anderem Zusammenhang Rn. 494.

Akt sein. Entscheidend für ihre Rechtsnatur ist ihre Ausrichtung, nicht ihre Folge- und Fernwirkung.[28]

437 Von den soeben genannten Maßnahmen mit (angeblicher) Doppelnatur sind die **privatrechtsgestaltenden Verwaltungsakte** zu unterscheiden.[29] Hierbei handelt es sich um öffentlich-rechtliche Maßnahmen, nämlich um Verwaltungsakte, die unmittelbar privatrechtliche Beziehungen begründen oder gestalten.

Beispiele:
- Ausübung des gemeindlichen Vorkaufsrechts nach § 24 BauGB: Die Erklärung des gemeindlichen Vorkaufsrechts ist ein Verwaltungsakt, durch den gem. § 28 II 2 BauGB i. V. m. § 464 II BGB ein privatrechtlicher Kaufvertrag zwischen der Gemeinde und dem Verkäufer des Grundstücks zustande kommt.
- Behördliche Genehmigung privatrechtlicher Rechtsgeschäfte wie z. B. die Grundstücksverkehrsgenehmigung nach § 2 GrdstVG oder die Genehmigung einer Stiftung nach § 80 BGB (BVerwG DVBl. 1970, 179 f.): Die Genehmigung ist ein Verwaltungsakt, durch den das (zunächst schwebend unwirksame) privatrechtliche Rechtsgeschäft wirksam wird.

438 Jede hoheitliche Maßnahme ist zugleich eine öffentlich-rechtliche Maßnahme.[30] Dem Merkmal „auf dem Gebiet des öffentlichen Rechts", das in § 35 S. 1 VwVfG ausdrücklich genannt ist, kommt keine eigenständige Bedeutung zu. Es geht im Begriff „hoheitlich" auf.

439 Deckungsgleichheit besteht dagegen nicht.[31] Hoheitlich verlangt **einseitiges behördliches Handeln im Über-Unterordnungs-Verhältnis**.[32] Damit scheiden solche öffentlich-rechtlichen Handlungen aus, die begrifflich voraussetzen, dass sich Behörde und Betroffene geeinigt haben. Insoweit kommt dem Erfordernis der Hoheitlichkeit der Maßnahme gegenüber dem Merkmal „auf dem Gebiet des öffentlichen Rechts" eigenständige Bedeutung zu.[33] Aus eben diesem Grunde sind öffentlich-rechtliche Verträge keine hoheitlichen Maßnahmen i. S. v. § 35 S. 1 VwVfG.

440 Anders verhält es sich bei den **zustimmungsbedürftigen Verwaltungsakten**. Auch wenn der Bürger dem Erlass des Verwaltungsakts vorher zugestimmt hat, ist der nachfolgende Erlass des Verwaltungsakts einseitiges behördliches Handeln im Über-Unterordnungs-Verhältnis.

---

[28] Wie hier ausführlich und m.w.N. *Sodan*, in: Sodan/Ziekow, § 40 Rn. 374 ff. (381), der aber Ausnahmen für möglich hält.

[29] Dazu im einzelnen *Manssen*, Privatrechtsgestaltung durch Hoheitsakt, 1994; *Ruffert*, in: Erichsen/Ehlers, § 21 Rn. 42; *Tschentscher*, DVBl. 2003, 1424 ff.

[30] *Hendler*, Rn. 103; *Ruffert*, in: Erichsen/Ehlers, § 21 Rn. 40 (Überlappung).

[31] So aber *Hendler*, Rn. 103; *Maurer*, § 9 Rn. 11; wie hier *U. Stelkens*, in: Stelkens/Bonk/Sachs, § 35 Rn. 104 m.w.N.

[32] *Henneke*, in: Knack/Henneke, § 35 Rn. 20; *Stuhlfauth*, in: Obermayer/Funke-Kaiser, § 35 Rn. 11.

[33] *Peine*, Rn. 339; *Mayer/Kopp*, S. 179; so ersichtlich auch BVerwGE 66, 218 (220).

Ebenso verhält es sich, wenn Behörde und Bürger den Inhalt einer be- 441
stimmten behördlichen Maßnahme ausgehandelt haben. Trifft die Behörde
die Maßnahme mit dem ausgehandelten Inhalt, handelt die Behörde einseitig im Über-Unterordnungs-Verhältnis. Die Maßnahme ist ein Verwaltungsakt, wenn die übrigen Voraussetzungen von § 35 S. 1 VwVfG erfüllt
sind. Allerdings haben Behörde und Bürger möglicherweise einen (vor-
geschalteten) **öffentlich-rechtlichen Vertrag gerichtet auf (nachfolgenden) Erlass eines Verwaltungsakts** abgeschlossen. Ob dies so ist,
hängt von den Umständen des Falles ab und ist ggf. Auslegungssache.

Unter den Begriff der hoheitlichen Maßnahme kann auch konkludentes 442
Verhalten einer Behörde fallen wie z.B. der vom BVerwG als Platzverweis
interpretierte polizeiliche Knüppelschlag,[34] das Handzeichen eines Poliz-
sten zum Zwecke der Verkehrsregelung oder ein behördlich veranlasstes
Zeichen unter Einsatz technischer Hilfsmittel wie die Zeichen automati-
scher Verkehrsampeln.[35] Das Gesetz geht sogar ausdrücklich von der Zulässigkeit und Existenz automatisierter Verwaltungsakte aus, §§ 37 IV, 39 II
Nr. 3 VwVfG.

3. Auf dem Gebiet des öffentlichen Rechts

Diesem Merkmal kommt nach der hier vertretenen Auffassung keine ei- 443
genständige Bedeutung zu. Denn ob eine öffentlich-rechtliche oder eine
privatrechtliche Maßnahme in Rede steht, muss schon vorab beim Merkmal **hoheitlich** geprüft werden.

Zum Teil wird vertreten, dem Merkmal „auf dem Gebiet des öffentli- 444
chen Rechts" komme die Funktion zu, den Begriff des Verwaltungsakts auf
spezifisch **verwaltungsrechtliche Maßnahmen** zu beschränken.[36] Maßnahmen der Regierung auf dem Gebiet des Verfassungs- und Völkerrechts
schieden deshalb als öffentlich-rechtliche Maßnahmen **i. S. v. § 35 S. 1
VwVfG** aus. Diese Einschränkung folgt aber schon aus dem **Begriff der
Behörde**, der sich nach § 1 IV VwVfG bestimmt.[37] Danach ist Behörde im
Sinne dieses Gesetzes – und damit auch i.S.v. § 35 S. 1 VwVfG – jede
Stelle, die Aufgaben der öffentlichen **Verwaltung** wahrnimmt. Dazu zäh-
len Regierungsakte und staatsleitende Maßnahmen aber nicht.[38]

---

[34] BVerwGE 26, 161 (164).
[35] *Maurer*, § 9 Rn. 34.
[36] *Peine*, Rn. 355.
[37] So auch *Sproll* I, § 8 Rn. 43.
[38] Oben Rn. 4, 6.

4. Regelung

a) Begriff

445 Die Maßnahme muss „zur Regelung" ergehen. Dies ist dann anzunehmen, „wenn die Maßnahme der Behörde darauf gerichtet ist, eine verbindliche Rechtsfolge zu setzen, d.h. wenn Rechte des Betroffenen unmittelbar begründet, geändert, aufgehoben, mit bindender Wirkung festgestellt oder verneint werden".[39]

446 Eine Regelung i.S.v. § 35 S. 1 VwVfG setzt zwei Dinge voraus:
(1) **Zweck** der behördlichen Maßnahme muss die unmittelbare Herbeiführung einer **verbindlichen Rechtsfolge** sein **(Zweckrichtung)**.
(2) Die behördliche Maßnahme muss die verbindliche Rechtsfolge auch **tatsächlich** angeordnet und gesetzt haben **(Rechtserfolg)**.[40]

447 Anordnung einer **verbindlichen Rechtsfolge** meint:
- unmittelbare Begründung, Änderung oder Aufhebung von Rechten oder Pflichten
- Feststellung oder Verneinung von Rechten, Pflichten oder Rechtstatsachen.

Beispiele:
- Polizeilicher Platzverweis (Begründung der Pflicht des Adressaten, sich vom gegenwärtigen Standort zu entfernen)
- Genehmigung zum Betrieb einer Spielbank (Begründung eines vorher nicht bestehenden Rechts)
- Feststellung, dass für ein bestimmtes Bauvorhaben keine Baugenehmigung erforderlich ist
- Feststellung der Staatsangehörigkeit
- Feststellung des Besoldungsdienstalters eines Beamten (wirkt sich auf die Höhe der Besoldung aus)
- Feststellung der Vertriebeneneigenschaft (BVerwGE 85, 79/82)

448 Umstritten ist, ob zum Begriff der Regelung gehört, dass sie einseitig getroffen wird,[41] ob also vertragliche Regelungen ausscheiden. Nach der hier vertretenen Auffassung kann diese Frage offen bleiben. Das Erfordernis, dass die Behörde einseitig gehandelt haben muss, folgt nämlich schon aus dem Merkmal „hoheitlich".[42]

---

[39] BVerwGE 77, 268 (271); 55, 280 (285).
[40] *Maurer*, § 9 Rn. 7; *Peine*, Rn. 363.
[41] Dafür *Stober*, in: Wolff/Bachof I, § 45 Rn. 38 f.; *Hendler*, Rn. 107; dagegen *Maurer*, § 9 Rn. 6; *Peine*, Rn. 362.
[42] Oben Rn. 439; *Maurer*, § 9 Rn. 6 folgert dieses Erfordernis aus dem Begriffsmerkmal „durch eine Behörde".

b) Abgrenzungen

Die Frage, ob eine bestimmte behördliche Maßnahme eine Regelung **449**
und damit ein Verwaltungsakt ist, stellt sich auch in Prüfungsarbeiten. Hier
ist es häufig hilfreich, gegenüber solchem behördlichen Handeln abzugrenzen, das keinen Regelungscharakter aufweist.

aa) Realakte

Realakte sind **rein tatsächliche Verwaltungshandlungen** (behördli- **450**
che Handlungen). Für sie ist kennzeichnend, dass sie nicht auf die Herbeiführung eines Rechtserfolges gerichtet sind.

Beispiele:
- Teilnahme am Straßenverkehr zu dienstlichen Zwecken
- körperliche Tätigkeiten
- Auszahlung von Geld
- Auskünfte, Belehrungen und Mitteilungen

Hier ist allerdings zu beachten, dass die – auch konkludente – behördli- **451**
che Entscheidung, einen Realakt vorzunehmen oder nicht vorzunehmen,
ein Verwaltungsakt sein kann. Die Abgrenzung ist nicht zuletzt deshalb
wichtig, weil von ihr die Bestimmung der zutreffenden Klageart abhängt.
Anfechtungs- und Verpflichtungsklagen sind nur dann statthaft, wenn es
um einen Verwaltungsakt geht. Ansonsten ist die allgemeine Leistungsklage
einschlägig.

Faustformelartig kann danach abgegrenzt werden, worauf bei **lebensna-** **452**
her Betrachtungsweise das Schwergewicht des behördlichen Handelns
liegt: Auf der Entscheidung, die grundsätzlich jedem Realakt vorausgeht,
oder eben auf der tatsächlichen Ausführung.

bb) Vorbereitende Maßnahmen und Teilakte

Keinen Regelungscharakter haben solche Maßnahmen, die den Erlass **453**
eines Verwaltungsakts vorbereiten oder ein Verwaltungsverfahren nur fördern sollen. Gleiches gilt für Teilakte, die noch keine abschließende Regelung treffen.

Beispiele:
- Ladung zur mündlichen Prüfung (VGH BaWü BWVPr. 1981, 147).
- An den Bürger gerichtete Anhörungsschreiben (OLG Köln NVwZ 1993, 1020).
- Aufforderung an einen Kraftfahrer, ein medizinisch-psychologisches Gutachten gem. § 15b II StVZO vorzulegen (BVerwGE 34, 248 ff.; DAR 1994, 372; VGH BaWü DÖV 1997, 214; a.A. OVG Koblenz DAR 1968, 138); Aufforderung zur Vorlage eines gesetz-

lich nicht zwingend vorgeschriebenen (teuren) immissionsschutzrechtlichen Gutachtens auf eigene Kosten (OVG Lüneburg NVwZ-RR 2013, 988 f.).
- U. U. dienstliche Anordnung gegenüber einem Beamten, sich amtsärztlich untersuchen zu lassen, dazu näher Rn. 490.
- Bewertungen einzelner Prüfungsarbeiten wie Klassenarbeiten und Klausuren oder Klausuren, Hausarbeiten und Schwerpunktarbeiten in der Ersten Juristischen Prüfung, aber auch die Bewertung der mündlichen Prüfung als Teil des Staatsexamens (BVerwGE 96, 126/128; NJW 2012, 2901 Rn. 14; DVBl. 1994, 1356; DÖV 2003, 727 f.; dazu näher *Morgenroth*, NVwZ 2014, 32 ff.), und nach überwiegender Auffassung auch die **Einzelnoten in Abschlusszeugnissen.** Anders soll es sich nur dann verhalten, wenn einer Zeugnisnote eine **besondere rechtliche Bedeutung** zukommt, etwa für die Zulassung zum Studium, oder wenn sie die Chancen des Schülers im Berufsleben verbessert oder verschlechtert, z.B. die Note im Fach Deutsch oder Englisch; maßgeblich sind die Umstände des Einzelfalls. Kommt der Zeugnisnote eine solche besondere rechtliche Bedeutung zu, wird sie teils als selbständig anfechtbarer Teil eines Verwaltungsakts (nämlich des Zeugnisses) – vgl. § 113 I 1 VwGO: „soweit" – qualifiziert (so *Maurer,* § 9 Rn. 9), Teile der Rspr. qualifizieren die Note dann sogar als selbständigen Verwaltungsakt (so HessVGH DVBl. 1974; OVG Berlin DVBl. 1975, 731; OVGNW DVBl. 2001, 823 f.; VG Braunschweig NVwZ-RR 2004, 576: Bewertung des Sozialverhaltens im Realschul-Abschlusszeugnis; OVG Münster, 30.4.2012, BeckRS 2012, 50561: Kursabschlussnote in einem Grundkurs, der für die Zulassung zur Abiturprüfung relevant ist). Richtigerweise sind sämtliche Noten eines Jahresabschlusszeugnisses als selbständige Verwaltungsakte zu qualifizieren. Denn die einzelne Zeugnisnote ist eine verbindliche und abschließende Bewertung der Leistungen im betreffenden Fach. Auf die vom jeweiligen Einzelfall abhängige Bedeutung der Note oder des Faches darf es nicht ankommen. Denn die rechtliche Qualifizierung einer Maßnahme als Verwaltungsakt hängt nicht von den zufälligen Besonderheiten des Einzelfalls ab (so zum Beamtenrecht BVerwGE 60, 144/147 f.). Die Festsetzung der Endpunktezahl im Zeugnis der Zweiten Juristischen Staatsprüfung wurde unlängst (stillschweigend) als Verwaltungsakt qualifiziert (SächsOVG SächsVBl. 2003, 193).
Die Verneinung von Verwaltungsakt-Qualität in den oben genannten Beispielsfällen erscheint auch im übrigen zweifelhaft. So enthält die genannte Ladung zur Prüfung immerhin die verbindliche Festlegung von Prüfungstermin, -ort und -zeit.

454 Unabhängig davon, ob behördliche Verfahrenshandlungen vorbereitende Maßnahmen und Teilakte oder Verwaltungsakte sind, bestimmt § 44a VwGO, dass **behördliche Verfahrenshandlungen nur zusammen mit der Sachentscheidung (gerichtlich) angreifbar** sind.[43] Der Bürger muss also zunächst einmal abwarten, bis die eigentliche Sachentscheidung – z.B. Versagung einer Baugenehmigung – ergangen ist. Erst dann kann er eine damit zusammenhängende behördliche Verfahrenshandlung – z.B. Bestimmung von Terminen, Ausschluss bestimmter Personen von einer Anhörung – zusammen mit der Sachentscheidung angreifen. Der Bürger muss dann geltend machen, die **Sachentscheidung** sei deshalb rechtswidrig, weil sie insoweit auf der rechtswidrigen behördlichen Verfahrenshandlung beruhe. Allerdings ist der Verstoß gegen Verfahrens- und Formvorschriften häufig gem. §§ 45, 46 VwVfG unbeachtlich und kann dann gerichtlich

---

[43] Vgl. OVG Bautzen NVwZ-RR 1999, 209 a.E.; *Kopp/Schenke,* § 44a Rn. 7.

nicht mehr geltend gemacht werden. Isolierte gerichtliche Rechtsbehelfe gegen behördliche Verfahrenshandlungen i.S.v. § 44a VwGO sind **unzulässig,** auch vorläufiger verwaltungsgerichtlicher Rechtsschutz.[44]

Behördliche Verfahrenshandlungen, die vollstreckt werden können oder gegen einen Nichtbeteiligten ergehen, sind gem. § 44a S. 2 VwGO sofort angreifbar. Auf die Frage, ob es sich um einen Verwaltungsakt handelt, kommt es insoweit nicht an. Selbständig und sofort angreifbar sind behördliche Verfahrenshandlungen aber auch dann, wenn sie zwar nicht unter § 44a S. 2 VwGO fallen, der nachfolgende Rechtsschutz aber nur unzureichend wäre. In solchen Fällen verlangt der verfassungsrechtliche Grundsatz der Effektivität des Rechtsschutzes (Art. 19 IV i.V.m. Art. 20 III GG), dass sofortiger Rechtsschutz gewährt wird.[45]

455

cc) Rechtserhebliche behördliche Willenserklärungen ohne Anordnungscharakter

Keine Regelungen enthalten solche behördlichen **Willenserklärungen,** die zwar rechtserheblich sind, aber **nichts anordnen;** sie sind damit keine Verwaltungsakte.

456

Beispiele:
- Fristsetzung
- Stundung von Forderungen
- Ausübung eines Zurückbehaltungsrechts
- Behördliche Aufrechnungserklärung: Zwar verfolgt sie auch den Zweck, die Forderung des Schuldners zum Erlöschen zu bringen (finales Element). Jedoch fehlt die für die Annahme einer Regelung erforderliche Verbindlichkeit (*Peine,* Rn. 352: kein Anordnungscharakter; *Sproll* I, § 8 Rn. 48). Denn die Rechtsfolgen der Aufrechnungserklärung, nämlich das Erlöschen der Forderungen, treten unmittelbar von Gesetzes wegen ein (§ 389 BGB). Außerdem erfolgt die Aufrechnungserklärung nicht subordinationsrechtlich, also nicht hoheitlich (BVerwGE 66, 218/220).
- Behördliche Willenserklärungen, die auf den Abschluss eines öffentlich-rechtlichen Vertrages gerichtet sind (näher Rn. 784).

Hat die behördliche Willenserklärung dagegen einen **Anordnungscharakter** und sind die übrigen Voraussetzungen des § 35 VwVfG erfüllt, ist sie ein Verwaltungsakt.

457

Beispiel: Anordnung, zu einer bestimmten Zeit an einem bestimmten Ort zu erscheinen.

---

[44] BVerfG NVwZ-RR 1997, 663; OVG Lüneburg NVwZ-RR 2013, 988 f; siehe auch Rn. 490.
[45] Dazu im konkreten Fall ablehnend OVG Lüneburg NVwZ-RR 2013, 989.

5. Einzelfall

a) Die Bedeutung der Merkmale konkret-individuell und abstrakt-generell

458 Das Merkmal „Einzelfall"[46] ist jedenfalls dann erfüllt, wenn die Behörde einen **einzigen Fall einer einzelnen Person** regelt. Es handelt sich dann um eine **konkret-individuelle Regelung**.

> **Beispiel:** Polizeilicher Platzverweis gegenüber einer bestimmten Person.

459 Um eine **konkret-individuelle Regelung** und damit um die Regelung eines Einzelfalls handelt es sich aber auch dann, wenn sich die behördliche Maßnahme **in einem bestimmten Fall** zwar an eine **Vielzahl von Personen** richtet, diese aber **individuell bestimmbar** sind.[47]

> **Beispiel:** Behördliche Auflösung einer Demonstration, an der mehrere tausend Personen teilnehmen. Die Auflösung richtet sich an alle Demonstrationsteilnehmer. Sie sind, wenn auch nur theoretisch, aber eben doch individuell bestimmbar; weitere Beispiele Rn. 468.

Allerdings sind konkret-individuelle Regelungen **dieser Art** (personenbezogene) Allgemeinverfügungen nach § 35 S. 2, 1. Var. VwVfG.[48]

460 Das Kriterium „individuell" ist keine rein numerische Größe. Ausschlaggebend ist vielmehr, ob die Adressaten der behördlichen Maßnahme im Zeitpunkt der Anordnung bei **objektiver Betrachtungsweise** individuell bestimmbar sind (dann individuelle Regelung).

461 Sind in einem konkreten Fall die Adressaten dagegen nicht individuell bestimmbar, sondern nur nach einem Merkmal potentiell abgrenzbar, handelt es sich um eine **konkret-generelle Regelung**.

> **Beispiel:** Behördliches Verbot einer geplanten Demonstration. Adressaten sind alle potentiellen Demonstrationsteilnehmer. Sie stehen im Zeitpunkt der behördlichen Anordnung nicht individuell fest, sie sind auch nicht individuell bestimmbar.

Auch solche konkret-generellen Regelungen sind **Einzelfallregelungen**[49] und Verwaltungsakte, allerdings (personenbezogene) Allgemeinverfügungen nach § 35 S. 2, 1. Var. VwVfG.[50]

---

[46] Ein Überblick über den Meinungsstand zu diesem umstrittenen Begriff findet sich bei *Laubinger*, in: FS R. Rudolf, 2001, S. 309–312.

[47] OVG Saarlouis NVwZ-RR 2011, 191 interpretiert das Merkmal „individuell" dagegen zu eng.

[48] *Kopp/Ramsauer*, § 35 Rn. 161; dazu näher unten Rn. 468.

[49] *U. Stelkens*, in: Stelkens/Bonk/Sachs, § 35 Rn. 207; *Peine*, Rn. 373; *Maurer*, § 9 Rn. 18; *Bumke*, GrlVwR II, § 35 Rn. 22; a.A. *Obermayer*, NJW 1980, 2386 ff.

§ 10. Der Verwaltungsakt

Das Merkmal „Einzelfall" grenzt den Verwaltungsakt zugleich vom **ma-** 462
teriellen Gesetz ab. Materielle Gesetze betreffen eine unbestimmte **Vielzahl von Fällen und eine unbestimmte Vielzahl von Personen.** Sie sind **abstrakt-generelle Regelungen.**

> **konkret:** Ein Fall ↔ **abstrakt:** Vielzahl von Fällen
> **individuell:** individuell bestimmbarer Personenkreis ↔ **generell:** nicht individuell bestimmbarer Personenkreis

Wichtig ist in diesem Zusammenhang folgendes: Allein der Umstand, 463
dass keine konkret-individuelle Regelung vorliegt, heißt noch lange nicht, dass die Regelung keinen Einzelfall betrifft und damit kein Verwaltungsakt ist.

> Das Merkmal Einzelfall ist nicht identisch mit dem Begriffspaar konkret-individuell. Das Merkmal Einzelfall erfasst auch andere Kombinationsmöglichkeiten. Das gilt insbesondere für **konkret-generelle Regelungen** (ein Fall – unbestimmter Personenkreis). Sie fallen unter § 35 S. 2 VwVfG und sind **Allgemeinverfügungen.**

b) Allgemeinverfügungen, § 35 S. 2 VwVfG

Diese Vorschrift stellt klar, dass auch konkret-generelle Regelungen 464
Verwaltungsakte und damit **Einzelfallregelungen** sind.
Der Begriff konkret-generell taucht in § 35 S. 2 VwVfG freilich nicht 465
auf, sondern eben nur die Bezeichnung „Allgemeinverfügung", die dann etwas näher beschrieben wird. Im Ergebnis sind aber konkret-generelle Regelungen Allgemeinverfügungen i. S. v. § 35 S. 2 VwVfG, wenn zusätzlich die weiteren Tatbestandsmerkmale von § 35 S. 1 VwVfG erfüllt sind. Daneben können auch noch bestimmte konkret-individuelle[51] sowie auch nur konkrete Regelungen Allgemeinverfügungen nach § 35 S. 2 VwVfG sein. Sonderlich glücklich ist diese Vorschrift nicht formuliert.

> **Merke:** Allgemeinverfügungen nach § 35 S. 2 VwVfG sind eben- 466
> falls Verwaltungsakte. Allgemeinverfügungen sind **Unterfälle von**

---

[50] Ganz h. M., *Kopp/Ramsauer*, § 35 Rn. 161; *Henneke*, in: Knack/Henneke, § 35 Rn. 196 ff.; *Maurer*, § 9 Rn. 30; *Ruffert*, in: Erichsen/Ehlers, § 21 Rn. 36; a. A. *Laubinger*, in: FS R. Rudolf, 2001, S. 318 m. w. N. pro et contra in Fn. 49.
[51] A.A. OVG Saarlouis NVwZ-RR 2011, das das Merkmal „individuell" zu eng interpretiert.

> **§ 35 S. 1 VwVfG.**[52] Auch Allgemeinverfügungen müssen alle Tatbestandsvoraussetzungen des § 35 S. 1 VwVfG erfüllen. Das gilt auch für das Erfordernis der Einzelfallregelung.[53]

467 § 35 S. 2 VwVfG hat eine zweifache Bedeutung:
(1) *Klarstellungsfunktion.* Er stellt klar, dass bestimmte behördliche Maßnahmen, deren Rechtsnatur früher umstritten war, ebenfalls Verwaltungsakte sind.
(2) *Rechtsfolgenfunktion.* Für Allgemeinverfügungen gelten z. T. besondere Vorschriften, die für sonstige Verwaltungsakte nicht gelten:
- § 28 II Nr. 4 VwVfG (kein Anhörungserfordernis)
- § 39 II Nr. 5 VwVfG (kein Begründungserfordernis im Falle der öffentlichen Bekanntgabe)
- § 41 III 2 VwVfG (erweiterte Möglichkeit der öffentlichen Bekanntgabe)

Gerade weil für Allgemeinverfügungen z. T. besondere Vorschriften gelten, darf die Frage, ob es sich um einen „normalen" Verwaltungsakt nach § 35 S. 1 VwVfG oder um einen Sonderfall nach § 35 S. 2 VwVfG handelt, nicht offen gelassen werden.

468 § 35 S. 2 VwVfG unterscheidet zwischen **drei Arten von Allgemeinverfügungen:**
(1) *Personenbezogene Allgemeinverfügungen (§ 35 S. 2, 1. Var. VwVfG).* Dies sind Verwaltungsakte, die sich an einen nach allgemeinen Merkmalen bestimmten oder (nicht notwendig individuell) bestimmbaren Personenkreis richten.

> **Beispiele:**
> - Auflösung einer bestimmten Demonstration. Die Auflösungsverfügung richtet sich an alle Demonstrationsteilnehmer. Sie sind durch ihre Teilnahme an der Demonstration (allgemeines Merkmal) **individuell bestimmt**. Deshalb handelt es sich hier um eine **konkret-individuelle Regelung.**
> - Polizeiliche Aufforderung per Megaphon an alle Personen, die sich in einem bestimmten Gebäude aufhalten, dieses Gebäude zu verlassen (*U. Stelkens*, in: Stelkens/Bonk/Sachs, § 35 Rn. 279a): **konkret-individuelle Regelung.**
> - Polizeiliche Ankündigung gegenüber den Teilnehmern einer geschlossenen Veranstaltung, dass eine Razzia durchgeführt werde (VGH Mannheim NVwZ 1998, 761): **konkret-individuelle Regelung.**
> - Verbot einer geplanten Demonstration. Das Verbot richtet sich an alle potentiellen Demonstrationsteilnehmer. Sie sind durch den gemeinsamen Teilnahmewunsch (allgemeines Merkmal) **bestimmbar** (freilich nicht mehr individuell). Deshalb handelt es sich um eine **konkret-generelle Regelung,** die aber dennoch eine **Einzelfallregelung** ist

---

[52] *Maurer,* § 9 Rn. 29.
[53] OVG Saarlouis NVwZ-RR 2011, 191; *U. Stelkens,* in: Stelkens/Bonk/Sachs, § 35 Rn. 267; *Maurer,* § 9 Rn. 29; *Mayer/Kopp,* S. 183.

§ 10. Der Verwaltungsakt

(a. A. und für Rechtssatz *Laubinger,* in: FS R. Rudolf, 2001, S. 318 m. N. der gegenteiligen h. M. in Fn. 49).
- Behördliches Verbot des Groß- und Einzelhandels mit Endiviensalat in den Kreisen Nord- und Südwürttembergs. Hintergrund: Dringender Verdacht, dass Endiviensalat die Infektionsquelle für Typhuserkrankungen in den genannten Gebieten ist; Fall nach BVerwGE 12, 87 ff. Hier handelt es sich um eine **konkret-generelle Regelung.** Zwar ist jeder potentielle Verkaufsfall verboten und insoweit eine unbestimmte Vielzahl von Fällen. Der Einzelfall, um den es geht, ist aber die konkrete singuläre Seuchengefahr, die bekämpft wird (so BVerwGE 12, 87/89). Adressaten sind alle derzeitigen Groß- und Einzelhändler in dem bezeichneten Gebiet, sie stehen im Zeitpunkt des Verbots individuell fest, und alle potentiellen zukünftigen Händler; sie stehen noch nicht fest.
A. A. und für Rechtssatz *Laubinger,* in: FS R. Rudolf, 2001, S. 319; ebenso in einem vergleichbaren Fall OVG Saarlouis NVwZ-RR 2011, 190 ff.

Von den personenbezogenen Allgemeinverfügungen sind die sog. **Sammelverwaltungsakte** zu unterscheiden. Im Gesetz ist der Begriff des Sammelverwaltungsakts weder genannt noch geregelt. Von einem Sammelverwaltungsakt spricht man dann, wenn die Behörde **mehrere gleichlautende Verwaltungsakte an mehrere feststehende Einzelpersonen** richtet.[54] Anders als die Allgemeinverfügung, die nur ein einziger Verwaltungsakt ist, **besteht der Sammelverwaltungsakt aus einem Bündel jeweils selbständiger Verwaltungsakte** nach § 35 S. 1 VwVfG. Für sie gelten nicht die Sondervorschriften, die der Behörde den Erlass von Allgemeinverfügungen erleichtern. Die Behörde hat ein Wahlrecht, ob sie ein Bündel von Einzelverwaltungsakten (Sammelverwaltungsakt) oder eine Allgemeinverfügung erlässt.[55]

469

Beispiele:
- Postalische Versendung einer Anzahl gleichlautender Bescheide mit unterschiedlich ausgefüllten Adressfeldern an namentlich benannte Personen (jeweils einzelne Verwaltungsakte, also sog. Sammelverwaltungsakt).
- In die Briefkästen der Anwohner der X-Straße wird ein jeweils gleichlautendes behördliches Schreiben ohne individuelle Adressierung eingeworfen, in dem die Anwohner zum Schneeräumen aufgefordert werden (Allgemeinverfügung, so *U. Stelkens,* in: Stelkens/Bonk/Sachs, § 35 Rn. 279).
- Verteilung eines Merkblatts an alle Straßenmusiker, in dem mitgeteilt wird, dass die von ihnen verlangte Sondernutzung eines Platzes innerhalb der genannten Grenzen erlaubt sei (Allgemeinverfügung, so BVerwG NJW 1987, 1836; VGH Mannheim NJW 1987, 1839).

Die Abgrenzung zwischen einem „normalen" Einzelverwaltungsakt bzw. mehreren gleichlautenden Einzelverwaltungsakten (Sammelverwaltungsakt) nach § 35 S. 1 VwVfG und personenbezogener Allgemeinverfügung nach § 35 S. 2, 1. Var. VwVfG kann mitunter sehr schwierig sein.[56] Denn auch wenn der Personenkreis klein und individuell bestimmt ist, darf die Behör-

---

[54] *Kopp/Ramsauer,* § 35 Rn. 163; *U. Stelkens,* in: Stelkens/Bonk/Sachs, § 35 Rn. 277; *Laubinger,* in: FS R. Rudolf, 2001, S. 316.
[55] Dazu mit Beispielen *U. Stelkens,* in: Stelkens/Bonk/Sachs, § 35 Rn. 279.
[56] Dazu *Laubinger,* in: FS R. Rudolf, 2001, S. 316 f.

de eine personenbezogene Allgemeinverfügung erlassen. Sie kann statt dessen zwar auch mehrere inhaltlich gleichlautende Einzelverwaltungsakte (Sammelverwaltungsakte) nach § 35 S. 1 VwVfG erlassen, sie muss es aber nicht.

Ergeht nicht ausdrücklich eine Allgemeinverfügung oder sprechen die äußeren Umstände des behördlichen Handelns nicht erkennbar für eine Allgemeinverfügung, ist im Zweifel von mehreren Einzelverwaltungsakten nach § 35 S. 1 VwVfG auszugehen.[57] Denn die Annahme einer Allgemeinverfügung ist wegen der für sie geltenden besonderen Vorschriften[58] ungünstiger als die Annahme von Einzelverwaltungsakten. Hier gilt der Grundsatz, dass Unklarheiten behördlichen Handelns zu Lasten der Behörde gehen.[59]

Für den Erlass einer Allgemeinverfügung spricht insbesondere eine **öffentliche Bekanntgabe**[60] einer behördlichen Anordnung,[61] wenn die öffentliche Bekanntgabe nicht in besonderen Rechtsvorschriften i.S.v. § 41 III 1 VwVfG zugelassen ist (beachte: auch **Einzelverwaltungsakte** dürfen unter den Voraussetzungen des § 41 III 1 VwVfG öffentlich bekanntgegeben werden). Denn eine öffentliche Bekanntgabe von Verwaltungsakten ohne eine entsprechende Ermächtigung in einer Rechtsvorschrift (§ 41 III 1 VwVfG) ist nach § 41 III 2 VwVfG nur bei **Allgemeinverfügungen** zulässig.

In diesem Zusammenhang ist freilich zu beachten, dass auch Allgemeinverfügungen individuell bekanntgegeben werden dürfen[62] (so in den Beispielsfällen zwei und drei oben); dies ist nach dem Wortlaut von § 41 III 2 VwVfG sogar der Normalfall.

470 (2) *Sachbezogene Allgemeinverfügungen (§ 35 S. 2, 2. Var. VwVfG).* Dies sind Verwaltungsakte, die die **öffentlich-rechtlichen Eigenschaften von Sachen** regeln. Nicht Rechte und Pflichten von Personen werden geregelt, sondern es wird der rechtliche Zustand von Sachen bestimmt. Hierdurch werden aber auch zugleich zumindest mittelbar Rechte und Pflichten von Personen begründet. Die zunächst nur vorderhand **sachenrechtliche Regelung** hat damit auch personale Auswirkungen.[63]

Beispiele (zu weiteren Beispielen m.w.N. *Peine*, Rn. 406)
- Widmung von Straßen und Verkehrsflächen
- Benennung von Straßen und Plätzen sowie Vergabe von Hausnummern (OVG Münster NVwZ-RR 2008, 487 – auch zum Rechtsschutz; *Barczak*, DÖV 2014, 643 ff. zur Um-

---

[57] *U. Stelkens*, in: Stelkens/Bonk/Sachs, § 35 Rn. 278.
[58] Oben Rn. 467.
[59] *U. Stelkens*, in: Stelkens/Bonk/Sachs, § 35 Rn. 278.
[60] Zur öffentlichen Bekanntgabe Rn. 555.
[61] *U. Stelkens*, in: Stelkens/Bonk/Sachs, § 35 Rn. 279a.
[62] *U. Stelkens*, in: Stelkens/Bonk/Sachs, § 41 Rn. 152.
[63] *Maurer*, § 9 Rn. 31; *Laubinger*, in: FS R. Rudolf, 2001, S. 320.

§ 10. Der Verwaltungsakt

benennung; nach OVG Hamburg NordÖR 2012, 363 handelt es sich für die betroffenen Grundstückseigentümer um einen Verwaltungsakt nach § 35 S. 1 VwVfG); ausführlich zum Rechtsschutz *Schoch*, Jura 2011, 344 ff.)
- Planfeststellungsbeschluss
- Schutzbereichsanordnung nach § 2 Schutzbereichsgesetz

(3) *Benutzungsregelnde Allgemeinverfügung (§ 35 S. 2, 3. Var. VwVfG)*. Dies sind Verwaltungsakte, die die **Benutzung einer Sache durch die Allgemeinheit** (unbestimmte Vielzahl von Personen) regeln. Anders als die sachbezogenen Allgemeinverfügungen nach § 35 S. 2, 2. Var. VwVfG regeln sie nicht die grundsätzliche Benutzbarkeit oder rechtliche Befindlichkeit einer Sache, sondern nur die **Rechte und Pflichten der Benutzer**. Die Grenze zur personenbezogenen Allgemeinverfügung ist fließend; z. T. wird auch gesagt, es handele sich um einen Unterfall hiervon.[64]

471

Beispiele:
- Benutzungsregelung für öffentlich-rechtliche Anstalten oder andere öffentlich-rechtliche Einrichtungen wie Bibliotheken, Museen oder städtische Badeanstalten; der Rechtsträger dieser Einrichtungen kann aber auch (und wird dies in der Regel) die Rechtsform der Satzung („Benutzungsordnung") wählen; entscheidend für die Abgrenzung zwischen Allgemeinverfügung und Satzung ist die gewählte äußere Form, Rn. 472, 479 ff.
- Auch Verkehrszeichen fallen nach zutreffender Auffassung unter § 35 S. 2, 3. Var. VwVfG (so etwa *U. Stelkens*, in: Stelkens/Bonk/Sachs, § 35 Rn. 330; *Steiner*, in: Steiner, Besonderes Verwaltungsrecht, 8. Aufl. 2006, IV Rn. 168; *Manssen*, DVBl. 1997, 634 m. w. N.; offen lassend, ob § 35 S. 2, 2. oder 3. Var. VwVfG, *Gornig*, Die sachbezogene hoheitliche Maßnahme, 1985, S. 169 f.; für Allgemeinverfügung auch BVerwGE 27, 181 ff.; 59, 221/224 f.; 92, 32/34; 102, 316/318; DVBl. 2004, 518; zur Bekanntgabe von Verkehrszeichen und zu den Rechtsbehelfsfristen Rn. 562).

Entscheidend ist die **Rechtsform**. Denn derartige Benutzungsregelungen oder Benutzungsordnungen ergehen auch häufig in der Rechtsform der Satzung.

472

---

[64] *Maurer*, § 9 Rn. 32.

473 Übersicht 12:

Allgemeinverfügung

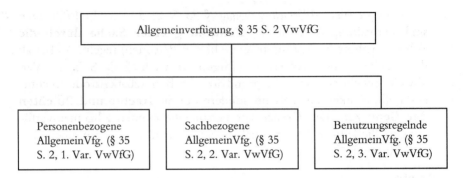

c) Abstrakt-individuelle Regelungen

474 In der Literatur wird diskutiert, ob es auch **abstrakt-individuelle Regelungen** (Vielzahl von Fällen – eine Person) gibt und wie sie ggf. einzuordnen sind.[65]

Beispiele:
- Anordnung an eine bestimmte Person, jeweils bei Glatteis den Weg vor ihrem Grundstück zu streuen (OVG Münster OVGE 16, 289).
- Anordnung an eine bestimmte Person, jedesmal, wenn das Wasser einen bestimmten Pegel überschreitet, das Stauwehr zu öffnen.

475 Für **Abstraktheit** der beiden genannten Anordnungen spricht, dass sie jeweils eine unbestimmte Vielzahl von zeitlich aufeinanderfolgenden Fällen betreffen: Jedesmal wenn Glatteis herrscht, jedesmal wenn der Wasserpegel überschritten ist.

476 Gegen die Annahme von Abstraktheit und für **Konkretheit** wird ins Feld geführt, die beiden Anordnungen beträfen eine ganz bestimmte konkrete Handlungspflicht: die Streupflicht bzw. die Öffnungspflicht der Adressaten.[66]

477 Letztlich besteht aber Einigkeit, dass Regelungen der genannten Art selbst dann Verwaltungsakte wären, wenn sie als abstrakt-individuell zu qualifizieren wären.[67] Richtigerweise handelt es sich um Verwaltungsakte i.S.v. § 35 S. 1 VwVfG.

---

[65] Dazu *Heyle*, NVwZ 2008, 390 ff.
[66] *Maurer*, § 9 Rn. 20; für eine bedingte Verhaltenspflicht *Peine*, Rn. 375.
[67] *Ruffert*, in: Erichsen/Ehlers, § 21 Rn. 34; *Heyle*, NVwZ 2008, 392.

Übersicht 13:
Einzelfall – Rechtsnorm

478

I. **Einzelfall** (Verwaltungsakt, wenn die weiteren Begriffsmerkmale von § 35 S. 1 VwVfG erfüllt sind)
 1. **konkret-individuell**
    a) ein Fall – eine Person: § 35 S. 1 VwVfG
       - Polizeilicher Platzverweis gegenüber einer Person
    b) ein Fall – mehrere individuell bestimmte oder individuell bestimmbare Personen: § 35 S. 2, 1. Var. VwVfG (personenbezogene Allgemeinverfügung)
       - Auflösung einer Demonstration, an der tausende Personen teilnehmen

 2. **konkret-generell**
    a) ein Fall – mehrere zwar nicht individuell bestimmbare, aber dennoch nach allgemeinen Merkmalen abgrenzbare Personen: § 35 S. 2, 1. Var. VwVfG (personenbezogene Allgemeinverfügung)
       - Verbot einer geplanten Demonstration (betroffen sind alle potentiellen Teilnehmer)
    b) Regelung der öffentlich-rechtlichen Eigenschaft einer Sache (ein Fall – nur mittelbare personale Auswirkungen): § 35 S. 2, 2. Var. VwVfG (sachbezogene Allgemeinverfügung)
       - Widmung von Straßen und Verkehrsflächen dem öffentlichen Verkehr
    c) Regelung der Benutzung einer Sache durch die Allgemeinheit (ein Fall – unbestimmte Vielzahl von Personen, str.): § 35 S. 2, 3. Var. VwVfG (benutzungsregelnde Allgemeinverfügung)
       - Benutzungsregelung für Schwimmbad (kann aber auch Satzung sein), Verkehrszeichen

 3. **abstrakt-individuell**
    unbestimmte Vielzahl von Fällen – eine Person: Existenz und genaue Einordnung dieser Fallgruppe umstr., aber Verwaltungsakt i.S.v. § 35 S. 1 VwVfG
       - Anordnung an eine Person, stets bei Glatteis die Straße zu streuen

II. **Rechtsnorm**
 abstrakt – generell
 unbestimmte Vielzahl von Fällen – unbestimmte Vielzahl von Personen

d) Abgrenzungsschwierigkeiten

479   Die Frage, ob im konkreten Fall eine Rechtsnorm oder ein Verwaltungsakt vorliegt, darf nicht offen bleiben. Dies schon deshalb nicht, weil ganz unterschiedliche Rechtmäßigkeitsvoraussetzungen gelten, die Folgen von Rechtswidrigkeit verschieden sind und auch unterschiedliche Rechtsschutzmöglichkeiten bestehen.

480   Würde man auf die Kriterien konkret, abstrakt, individuell und generell abstellen, könnte man sehr oft darüber streiten, ob ein „normaler" Verwaltungsakt nach § 35 S. 1 VwVfG, eine Allgemeinverfügung nach § 35 S. 2 VwVfG oder eine Rechtsverordnung oder Satzung vorliegt. Maßgeblich ist aber die **äußere Form** des behördlichen Handelns.[68] Hat die Behörde die für Rechtsverordnungen geltende Form – insbesondere Veröffentlichung im Gesetz- und Verordnungsblatt – gewählt, handelt es sich auch dann um eine Rechtsverordnung, wenn materiell eine konkret-individuelle Regelung getroffen wurde. Ebenso handelt es sich um einen Verwaltungsakt, wenn die Behörde eine Regelung ausdrücklich als Verwaltungsakt getroffen hat, obwohl der Sache nach nur eine Rechtsnorm zulässig ist.

481   Auf den **Inhalt der Regelung** darf zur Bestimmung der Rechtsnatur der behördlichen Handlung nur abgestellt werden, wenn die äußere Form nicht ermittelt werden kann (wenn in Prüfungsarbeiten entsprechende Angaben fehlen – aber nur dann!).

482   Geht es dagegen um die Frage, ob die Behörde gerade zur Handlungsform des Verwaltungsakts oder der Rechtsnorm greifen **durfte,** kommt es auf den Inhalt an.[69] Generell-abstrakte Regelungen dürfen nicht durch Verwaltungsakt getroffen werden. Tut es die Behörde doch, liegt zwar ein Verwaltungsakt vor, er ist dann aber rechtswidrig.

Etwas anderes gilt allerdings, wenn die von der Behörde gewählte Form in einem Gesetz ausdrücklich zugelassen ist. Zu berücksichtigen ist auch, dass die Behörde häufig das Recht hat zu wählen, ob sie eine bestimmte Angelegenheit durch Verwaltungsakt oder durch einen Rechtssatz regelt.[70]

---

[68] BVerwGE 18, 1 (5); VGH München NVwZ 2000, 222 f.; OVG Schleswig NVwZ 2000, 1059 f.; *Kopp/Ramsauer*, § 35 Rn. 52, 120 m. w. N.; *Schmitt Glaeser/Horn*, Rn. 141; *Hufen*, § 14 Rn. 2; *Ehlers*, in: Liber Amicorum H.-U. Erichsen, 2004, S. 4; a. A., aber widersprüchlich *Schenke*, Rn. 231 f.; allgemein zur Frage der Maßgeblichkeit der Form oder des Inhalts des behördlichen Handelns für die VA-Qualifizierung *Kopp/Ramsauer*, § 35 Rn. 52 m. w. N.

[69] Vgl. dazu sehr anschaulich VGH München NVwZ 2000, 222 f.

[70] *Kopp/Ramsauer*, § 35 Rn. 119.

6. Außenwirkung

Nach der Legaldefinition des § 35 S. 1 VwVfG kann Verwaltungsakt nur 483 eine solche Regelung sein, die „auf unmittelbare Rechtswirkung nach außen gerichtet ist". Dieses Erfordernis beinhaltet genaugenommen zwei Tatbestandsvoraussetzungen. Wegen des engen sachlichen Zusammenhangs werden sie jedoch regelmäßig zusammen behandelt.

Zum einen muss die Regelung **den verwaltungsinternen Bereich,** 484 dem die erlassende Behörde angehört, **tatsächlich überschreiten.**[71] Dies ist dann der Fall, wenn Rechte der Bürger oder sonstiger Rechtspersonen, aber auch Kompetenzen selbständiger Verwaltungsträger tatsächlich unmittelbar betroffen sind. Hierbei genügt eine bloß faktische rechtliche Betroffenheit der Bürger nicht. Vielmehr ist **unmittelbare** rechtliche Betroffenheit erforderlich. Verwaltungsakte sind auch im Verhältnis verschiedener Verwaltungsträger zueinander möglich.

Zum anderen muss es sich um **intendierte Außenwirkung** handeln. 485 Die Regelung muss nach ihrem objektiven Sinngehalt die unmittelbare Außenwirkung auch **bezwecken.** Nur **tatsächliche Außenwirkung** genügt nicht. Die Regelung muss nach ihrem **objektiven Sinngehalt** – die subjektiven Vorstellungen des erlassenden Amtswalters sind nicht verbindlich – dazu bestimmt sein, Außenwirkung zu entfalten.[72]

Merke: § 35 S. 1 VwVfG verlangt **tatsächliche und beabsichtigte unmittelbare Außenwirkung.**

Danach verbleiben im verwaltungsinternen Bereich die **innerdienstlichen** 486 **Weisungen.**[73] Hier weist ein Amtswalter oder eine Behörde nachgeordnete Bedienstete oder untergeordnete Behörden an, wie in bestimmten dienstlichen Angelegenheiten zu verfahren ist. Solche Anweisungen haben keine **unmittelbare** Außenwirkung.

Beispiel: Der zuständige Beamte wird von seinem Vorgesetzten angewiesen, den Abriss eines materiell baurechtswidrigen Gebäudes zu verfügen. Gegenüber dem angewiesenen Beamten liegt kein Verwaltungsakt vor, weil der Beamte sich im verwaltungsinternen Bereich befindet und nicht in seiner persönlichen Rechtsstellung als Bürger, sondern nur als Teil der Verwaltung betroffen ist. Aber auch gegenüber dem Eigentümer des Gebäudes ist

---

[71] BVerwGE 60, 144 (145); *Kopp/Ramsauer,* § 35 Rn. 126; *Maurer,* § 9 Rn. 23.
[72] BVerwGE 146, 347 Rn. 16; 60, 144 (147 f.); NVwZ 2012, 1483 Rn. 15; DVBl. 1995, 745; OVG Hamburg NVwZ-RR 2014, 808; *Kopp/Ramsauer,* § 35 Rn. 236.
[73] Zur Frage des Vorbehalts des Gesetzes in den entsprechenden verwaltungsrechtlichen Sonderbeziehungen oben Rn. 293 f.

156　Kapitel 2. Handlungsformen der Verwaltung

die Anweisung kein Verwaltungsakt. Sie betrifft die Rechte des Eigentümers wenn überhaupt, dann **nur mittelbar,** jedenfalls nicht unmittelbar. Unmittelbar in seinen Rechten ist der Eigentümer erst durch die Abrissverfügung betroffen. Gegen sie kann er sich im Wege der Anfechtungsklage wehren. Gegen die innerdienstliche Anweisung sind förmliche Rechtsbehelfe des Eigentümers unzulässig.

487　Gerade bei den **innerdienstlichen Weisungen** und ähnlichen Maßnahmen muss aber differenziert werden.[74] Zu unterscheiden sind **drei Fallgruppen**.[75]

488　(1) Der Angewiesene ist, wie im oben genannten Beispielsfall, **ausschließlich als Amtswalter,** also als Glied der Verwaltungsorganisation, nur in seiner dienstlichen Rechtsstellung betroffen. Dieser Bereich wurde und wird z.T. auch heute noch als **Betriebsverhältnis**[76] bezeichnet.[77] Maßnahmen in diesem Bereich haben keine Außenwirkung, sind keine Verwaltungsakte und können gerichtlich nicht mit Erfolg angegriffen werden (nicht nur die Anfechtungsklage, sondern auch andere Klagearten müssen erfolglos bleiben).

489　(2) Die Maßnahmen richten sich gegen den Adressaten ihrem **objektiven Sinn** nach als **selbständige Rechtsperson,** treffen ihn also in seiner **persönlichen bzw. individuellen Rechtsstellung** und **bezwecken** dies auch. Dieser Bereich wurde und wird z.T. noch als **Grundverhältnis**[78] umschrieben.

490　Hier zielt die Regelung darauf ab, zumindest auch in den Bereich der persönlichen, individuellen Rechte des Betroffenen einzugreifen. Sind die weiteren Voraussetzungen von § 35 S. 1 VwVfG erfüllt, handelt es sich um einen Verwaltungsakt. Der Betroffene kann **Anfechtungs- oder Verpflichtungsklage** erheben.

Beispiele:
- Beamtenernennung
- vorzeitige Pensionierung
- Beförderung (weitere Beispiele bei *Kopp/Ramsauer,* § 35 Rn. 136 ff.)
- Dienstliche Anordnungen, die darauf gerichtet sind, die Dienstfähigkeit eines Beamten klären zu lassen, wie Anordnung, sich amtsärztlich untersuchen zu lassen (OVG Münster, 26.8.2009, 1 B 787/09, juris Rn. 8; OVG Berlin NVwZ-RR 2002, 762; OVG Lüneburg NVwZ 1990, 1194; a.A. und für eine primär innerdienstliche Maßnahme BVerwGE 146, 347 Rn. 16; NVwZ 2012, 1483 Rn. 14 f.; OVG Saarlouis NVwZ-RR 2013, 477 f.; OVG Münster NVwZ-RR 2013, 198); dem (widerstrebend) folgend, aber differenzierend, OVG Münster NVwZ-RR 2015, 191). Die Begründung, die Anordnung verfolge nach ihrem objektiven Sinngehalt einen letztlich nur innerdienstlichen Zweck, weil sie

---

[74] Dazu ausführlich *Sodan,* in: Sodan/Ziekow, § 42 Rn. 141–175a; *Kopp/Ramsauer,* § 35 Rn. 136 ff.; *Isensee,* in FS U. Battis, 2014, S. 557 ff.
[75] Ebenso *Pietzcker,* in: Schoch/Schneider/Bier, § 42 Abs. 1 Rn. 48 f.
[76] *Ule,* VVDStRL 15 (1957), 133 ff.
[77] Dazu *Schenke,* Rn. 214 ff.
[78] Z.B. VGH Mannheim NVwZ-RR 1999, 637.

der Klärung „der künftigen Dienstleistung" diene, ist verfehlt. Die Anordnung dient der Klärung der Frage, ob der betroffene Beamte dienstunfähig und deshalb in den vorzeitigen Ruhestand zu versetzen ist („vorzeitige Pensionierung"). Wenn aber die vorzeitige Pensionierung unstreitig ein Verwaltungsakt ist (s. nur *Battis*, BBG, 4. Aufl. 2009, § 47 Rn. 11 f.), dann verfolgt auch die Anordnung, durch die eine zentrale Voraussetzung der vorzeitigen Pensionierung geklärt werden soll, ihrem objektiven Sinngehalt nach einen Zweck, der primär die persönliche Rechtsstellung des Beamten betrifft. Fraglich ist, ob derartige Anordnungen nur vorbereitende Verfahrenshandlungen i. S. v. § 44 a S. 1 VwGO sind; nach OVG Münster NVwZ-RR 2015, 191 f. sind sie jedenfalls isoliert angreifbar, obwohl § 44 a S. 2 VwGO nicht einschlägig ist; vgl. dazu auch Rn. 455.

- Umsetzung eines Schülers in eine Parallelklasse als Erziehungs- und Ordnungsmaßnahme – keine nach dem objektiven Singehalt der Maßnahme intendierte Außenwirkung dagegen, wenn die Umsetzung in die Parallelklasse lediglich wegen der Auflösung der Klasse und damit ausschließlich aus organisatorischen Gründen erfolgt (OVG Hamburg NVwZ-RR 2005, 40 f.)

(3) Ihrem **objektiven Sinn** (Zweck) nach beschränkt sich die fragliche **491** Maßnahme auf die Regelung einer **Angelegenheit des rein verwaltungsinternen Bereichs,** greift aber dennoch unmittelbar in die **persönliche Rechtsstellung** des Adressaten ein. Hier fehlt die für einen Verwaltungsakt intendierte (bezweckte) Außenwirkung. Der Betroffene kann zwar keine Anfechtungs- oder Verpflichtungsklage erheben. Er kann seine Rechte aber mittels **allgemeiner Leistungsklage oder Feststellungsklage** verfolgen.

Beispiele:
- Dem Beamten B wird ein anderer Aufgabenbereich zugewiesen **(Umsetzung),** der sich nicht mehr als amtsangemessen darstellt, sich diskriminierend oder anderweitig nachteilig für B auswirkt (vgl. dazu BVerwGE 60, 144 ff.; 89, 199 ff.; VGH Mannheim NVwZ-RR 2010, 70 ff.; BVerfGK NVwZ 2008, 547 ff.; *Maurer*, § 9 Rn. 26; *Schenke*, Rn. 216 ff.). Diese Maßnahme ist auf die **Umstrukturierung des verwaltungsinternen Dienstbetriebes gerichtet,** betrifft den Adressaten aber **auch in seiner persönlichen Rechtsstellung** (Anspruch auf Zuweisung eines amtsgemäßen Aufgabenbereichs, BVerwGE 89, 199/200; VGH Mannheim NVwZ-RR 2010, 72, bzw. Verletzung der beamtenrechtlichen Fürsorgepflicht; zu weitgehend BVerfGK NVwZ 2008, 548, wonach beamtenrechtliche Umsetzungen generell in die Berufsfreiheit des Art. 12 I GG eingreifen). Gleichwohl handelt es sich um keinen Verwaltungsakt, weil diese **Auswirkungen auf die persönliche Rechtsstellung ihrem objektiven Sinn nach nicht bezweckt** sind (VGH Mannheim NVwZ-RR 2010, 71: Umsetzung als „innerorganisatorische Maßnahme"). Eine Anfechtungsklage wäre deshalb nicht statthaft.
Rechtsschutzlos ist B freilich nicht. Macht er substantiiert geltend, dass der neue Aufgabenbereich nicht amtsgemäß ist – analoge Anwendung von § 42 II VwGO –, kann er sich gegen die Maßnahme nach erfolgloser Durchführung des Vorverfahrens, § 126 II BBG, § 54 II BeamtStG im Wege der **allgemeinen Leistungsklage** oder der **Feststellungsklage** wehren (dazu auch BVerwG NVwZ 2012, 1481 ff.).
- Die vorgesetzte Behörde weist einen uniformierten Polizeibeamten an, die Haare in Hemdkragenlänge zu tragen. Der objektive Regelungszweck der Anweisung besteht darin, die Modalitäten der Dienstausübung zu bestimmen. Deshalb ist die Anweisung kein Verwaltungsakt, obwohl sie (rechtswidrig) in das Grundrecht auf freie Entfaltung der Persönlichkeit aus Art. 2 I GG eingreift, BVerwGE 125, 85 Rn. 10, 15. Der Beamte kann

sich durch allgemeine Leistungs- oder Feststellungsklage wehren, BVerwGE 125, 85 Rn. 11.
- Die vorgesetzte Behörde erteilt einer verbeamteten Lehrerin das Verbot, im Dienst ein islamisches Kopftuch zu tragen. Eine solche Anordnung greift nach Maßgabe der bundesverfassungsgerichtlichen Rspr. in das Grundrecht der Glaubensfreiheit der Lehrerin aus Art. 4 I, II GG (in ihre persönliche Rechtsstellung) ein, vgl. BVerfGE 108, 282 (294); a. A. offenbar diss. op. BVerfGE 108, 282 (319). Seinem objektiven Sinn nach bezweckt ein solches Verbot jedenfalls nicht die Einschränkung der Glaubensfreiheit, sondern die Gewährleistung eines reibungslosen schulischen Dienstbetriebes, vgl. insoweit BVerfGE 108, 282 (303 f., 307); *Isensee,* Recht als Grenze - Grenze des Rechts, 2009, S. 169 ff.; zur Frage des Erfordernisses einer gesetzlichen Eingriffsermächtigung Rn. 295.
- Festlegung der Vorlesungen eines Hochschullehrers durch den Fachbereichsrat: Konkretisierung der gesetzlichen Lehrverpflichtung im Rahmen des innerdienstlichen Rechtsverhältnisses; keine Außenwirkung i. S. v. § 35 S. 1 VwVfG trotz Beschränkung des Grundrechts der Freiheit der Lehre aus Art. 5 III 1 GG (dazu VGH Bad.-Württ. DÖV 2003, 380 f.).

Beachte: Eine Maßnahme, die ihrem objektiven Sinn nach nur den verwaltungsinternen Bereich betrifft, hat selbst dann keine intendierte Außenwirkung **i. S. v. § 35 S. 1 VwVfG,** wenn die mit ihr verbundenen Auswirkungen auf die persönliche Rechtsstellung des Beamten bezweckt sind.

Beispiel: Einem Beamten wird ein anderer Aufgabenbereich zugewiesen, der sich nicht mehr als amtsangemessen erweist, und dies lag auch in der Absicht der zuweisenden Behörde, die den Beamten für ein dienstliches Fehlverhalten maßregeln wollte.
Auch diese Maßnahme ist kein Verwaltungsakt. Denn die Umsetzung des Beamten soll sich zwar nach der subjektiven Vorstellung des umsetzenden Vorgesetzten auf die persönliche Rechtsstellung des Beamten auswirken, dies ist aber nicht der objektive Zweck einer Umsetzung.[79] Entscheidend für die Bejahung von intendierter Außenwirkung einer Maßnahme und damit für ihre rechtliche Qualifizierung als Verwaltungsakt sind nicht die – z. T. nur schwer nachprüfbaren – subjektiven Vorstellungen des handelnden Amtswalters, sondern der **objektive Sinngehalt der Maßnahme.**[80] Er beurteilt sich danach, welche Zweckrichtung einer Maßnahme der in Rede stehenden Art für gewöhnlich – also nicht im besonderen Einzelfall – zugrunde liegt. Aber nochmals: Wirkt sich die Maßnahme – wie im Beispielsfall – unmittelbar auf die persönliche Rechtsstellung des Betroffenen aus, kann er sich gerichtlich mit der allgemeinen Leistungsklage oder der Feststellungsklage wehren.

Beachte: Die obige Unterscheidung zwischen Grund- und Betriebsverhältnis gilt auch für die anderen verwaltungsrechtlichen Sonderbeziehungen (früher: besondere Gewaltverhältnisse).[81]

492 Keine unmittelbare Außenwirkung haben auch solche behördlichen Maßnahmen und Entscheidungen, die durch eine weitere behördliche Maßnahme erst noch umgesetzt werden müssen, wie etwa Beschlüsse von

---

[79] Ebenso *H.-J. Behrens,* Beamtenrecht, 2. Aufl. 2001, § 3 Rn. 54.
[80] BVerwGE 146, 347 Rn. 16; 60, 144 (147 f.); NVwZ 2012, 1483 Rn. 15; DVBl. 1995, 745; OVG Hamburg NVwZ-RR 2014, 808.
[81] Dazu näher Rn. 293 f.

Gemeinderäten bzw. Gemeindevertretungen, die nach der einschlägigen Gemeindeordnung vom Bürgermeister vollzogen werden.

Beispiel: Beschluss einer Gemeindevertretung über die Aufhebung (Schließung) einer Schule, der vom Bürgermeister durch den Erlass einer Allgemeinverfügung (= Schließung der Schule) vollzogen wird, SächsOVG DÖV 2002, 747 f.

Übersicht 14: 493

Dienstliche Weisungen

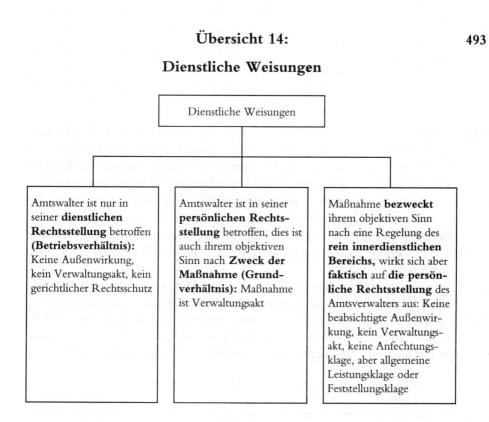

Umstritten ist, ob ein und dieselbe Maßnahme eine **Doppelnatur**[82] 494 aufweisen kann, also gegenüber der einen Person ein Verwaltungsakt ist, nicht aber auch im Verhältnis zu anderen Personen. Das BVerwG und Teile der Literatur bejahen diese Möglichkeit: Treffe die unmittelbare Rechtswirkung einer behördlichen Regelung nicht jedermann, sondern nur einen kleinen Kreis von Betroffenen, so sei sie nur diesen gegenüber ein Verwaltungsakt, nicht aber auch gegenüber den nicht unmittelbar Betroffenen.

---

[82] Dazu in anderem Zusammenhang Rn. 436.

Beispiele:
- Bezeichnung eines Verteidigungsvorhabens (Errichtung eines Standortübungsplatzes) durch das Bundesverteidigungsministerium: Verwaltungsakt nur gegenüber der in ihrem Recht auf kommunale Selbstverwaltung betroffenen Gemeinde, nicht aber auch gegenüber den Bürgern (BVerwGE 74, 124/126 f.).
- Aufsichtsbehördliche Genehmigung einer Satzung: Verwaltungsakt gegenüber der satzungserlassenden Selbstverwaltungskörperschaft (BVerwGE 16, 83 ff.; 75, 142/146; 90, 88/90) – z.B. Gemeinde oder Handwerksinnung –, nicht aber auch gegenüber den Bürgern und anderen Drittbetroffenen (BayVGH BayVBl. 1985, 84; *Pietzcker*, in: Schoch/Schneider/Bier, § 42 Abs. 1 Rn. 72). Ihnen gegenüber soll die Genehmigung integraler Bestandteil der Satzung sein und damit ein Akt der untergesetzlichen Rechtsetzung.
- Anordnung der Straßenverkehrsbehörde gegenüber der Stadt, ein Verkehrszeichen aufzustellen: Kein VA gegenüber den Verkehrsteilnehmern, weil der straßenverkehrsbehördlichen Anordnung gegenüber den Verkehrsteilnehmern keine Rechtsverbindlichkeit und (intendierte) Außenwirkung zukomme (OVG Koblenz NVwZ-RR 2014, 582 f.).

495 Diese Auffassung von der Doppelnatur hoheitlicher Akte ist abzulehnen.[83] Zum einen begegnet sie erheblichen Bedenken im Hinblick auf Fehlerfolgen im Falle von Rechtswidrigkeit:[84] Eine rechtswidrige Rechtsnorm ist nichtig, ein rechtswidriger Verwaltungsakt dagegen nur unter den seltenen Voraussetzungen des § 44 VwVfG. Zum anderen lässt sich der Verwaltungsakt-Definition des § 35 VwVfG nicht entnehmen, dass eine behördliche Maßnahme nur im Verhältnis zu den unmittelbar Betroffenen ein Verwaltungsakt sein kann, nicht dagegen auch im Verhältnis zu den nur mittelbar Betroffenen.

Außerdem entspricht die hier vertretene Auffassung folgendem prozessualen Grundsatz: Für die Statthaftigkeit einer Anfechtungsklage genügt es, dass der Kläger einen tatsächlich existierenden Verwaltungsakt angreift.[85] Es ist nicht einmal erforderlich, dass der Verwaltungsakt gegenüber dem Kläger bekanntgegeben wurde, also gerade ihm gegenüber wirksam ist.[86]

---

[83] Ebenso *Schenke*, Rn. 208 f., 502 d; *Maurer*, § 21 Rn. 69; *Sodan/Ziekow*, GKÖR, § 74 Rn. 18; *Koehl*, BayVBl. 2003, 332 m.w.N. in Fn. 15; a.A. *Pietzcker*, in: Schoch/Schneider/Bier, § 42 Abs. 1 Rn. 64, 72.

[84] *Schenke*, Rn. 208.

[85] *Schenke*, Rn. 182.

[86] *Pietzcker*, in: Schoch/Schneider/Bier, § 42 Abs. 1 Rn. 20. Die Frage, ob der Kläger auch hinreichend in eigenen Rechten betroffen ist, stellt sich erst bei der Klagebefugnis. D.h., das BVerwG hätte in den oben genannten Beispielsfällen die Zulässigkeit der Anfechtungsklagen nicht schon an der Statthaftigkeit, sondern erst an der Klagebefugnis scheitern lassen dürfen (ebenso *Schenke*, Rn. 209, 502 d; *Hufen*, § 14 Rn. 39; *Koehl*, BayVBl. 2003, 332). So aber hat es die Prozessvoraussetzungen Statthaftigkeit der Klage und Klagebefugnis miteinander vermengt.

Übersicht 15:
Verwaltungsakt-Merkmale (§ 35 VwVfG)

496

Verwaltungsakt		Gegenbegriff
1. **Behörde:** jede Stelle, die Aufgaben der öffentlichen Verwaltung wahrnimmt, § 1 IV VwVfG	⇔	**Privatpersonen** (außer Beliehene)
2. **Hoheitliche Maßnahme** a) Maßnahme b) hoheitlich: öffentlich-rechtliches Handeln der Behörde im Über-Unterordnungsverhältnis	⇔	– bloßes Unterlassen – privatrechtliches Handeln – Handeln im Gleichordnungsverhältnis (z. B. öffentlich-rechtliche Verträge)
3. **Auf dem Gebiet des öffentlichen Rechts** (im Begriff der hoheitlichen Maßnahme enthalten): öffentlich-rechtliches Handeln	⇔	**Auf dem Gebiet des Privatrechts:** privatrechtliches Handeln
4. **Regelung:** Die Maßnahme muss darauf gerichtet sein, eine Rechtsfolge unmittelbar herbeizuführen, und diese Rechtsfolge auch herbeigeführt haben	⇔	**schlichtes Verwaltungshandeln:** z. B. Auskunftserteilung, Mitteilung, Auszahlung von Geld
5. **Einzelfall** – konkret-individuell – Allgemeinverfügungen i. S. v. § 35 S. 2 VwVfG – abstrakt-individuell	⇔	**allgemeine Regelung durch Rechtsvorschriften** (abstrakt-generell)
6. **Tatsächliche und beabsichtigte unmittelbare Außenwirkung** (gegenüber dem Bürger)	⇔	– rein verwaltungsinterne Regelung ohne jegliche Außenwirkung – verwaltungsinterne Regelung mit nur faktischer, aber nicht beabsichtigter Außenwirkung

III. Arten von Verwaltungsakten und artverwandte Begriffe

497 Ausgehend von Inhalt und Wirkung der verschiedenen Verwaltungsakte und sonstigen Rechtsakte lassen sich folgende allgemein anerkannte Kategorien bilden.[87] Die Aufzählung ist nicht abschließend.

---

[87] Dazu *Stober*, in: Wolff/Bachof I, § 46.

1. Befehlende, gestaltende und feststellende Verwaltungsakte

498   Ein **befehlender Verwaltungsakt** enthält Gebote oder Verbote. Er verpflichtet zu einem bestimmten Verhalten.

Beispiele:
- Zahlungsbescheid
- Verkehrszeichen eines Polizisten
- Abrissverfügung

499   Ein **rechtsgestaltender Verwaltungsakt** begründet, ändert oder beendet ein konkretes Rechtsverhältnis.

Beispiele:
- Einbürgerung
- Beamtenernennung
- Erteilung von Erlaubnissen und Ausnahmebewilligungen

500   Ein **feststellender Verwaltungsakt** stellt ein Recht oder eine rechtlich erhebliche Eigenschaft einer Person oder einer Sache fest.

Beispiele:
- Feststellung der Staatsangehörigkeit
- Feststellung des Besoldungsdienstalters
- Feststellung des Erlöschens eines Anspruchs
- Feststellung des Einheitswertes eines Grundstückes

501   Ein feststellender Verwaltungsakt begründet keine vorher noch nicht bestehenden Rechte oder Pflichten. Er stellt nur fest, was sowieso schon von Gesetzes wegen gilt. Dennoch ist er ein Verwaltungsakt i.S.v. § 35 S. 1 VwVfG; erfüllt ist insbesondere das Merkmal „Regelung": Die Rechtslage wird für den **Einzelfall verbindlich festgestellt**. Der feststellende Verwaltungsakt hat damit einen **feststellenden Regelungscharakter**.[88] Jedenfalls dann, wenn die Feststellung dem Betroffenen aus seiner Sicht ungünstig und damit belastend ist, bedarf der feststellende Verwaltungsakt einer gesetzlichen Ermächtigungsgrundlage.[89]

502   Schwierig ist freilich die Abgrenzung zum **bloßen Hinweis auf die Rechtslage**.[90] Er ist deshalb kein (feststellender) Verwaltungsakt, weil er

---

[88] BVerwGE 135, 209 Rn. 15; VGH BW VBlBW 2010, 244 („verbindliche ... Rechtsfolgenanordnung"), wonach ein feststellender Verwaltungsakt sogar (faktisch) vollzogen werden kann.

[89] BVerwGE 72, 265 (267 f.); VGH Bad.-Württ. VBlBW 2006, 429; BayVGH BayVBl. 2000, 470 f.; dazu näher *Jeremias*, DVBl. 2014, 1047 ff.

[90] Dazu *Sproll* I, § 8 Rn. 51.

zum einen nicht subordinationsrechtlich (hoheitlich) erfolgt und zum anderen keine verbindliche Feststellung trifft.

2. Begünstigende und belastende Verwaltungsakte

Ein **begünstigender Verwaltungsakt** begründet (rechtsgestaltender Verwaltungsakt) oder bestätigt (feststellender Verwaltungsakt) ein Recht oder einen rechtlich erheblichen Vorteil, vgl. § 48 I 2 VwVfG. 503

Ein **belastender Verwaltungsakt** wirkt sich für den Betroffenen nachteilig aus. Hierzu zählen nicht nur Verwaltungsakte, die in Rechte eingreifen, sondern auch Verwaltungsakte, die die Gewährung einer Vergünstigung ablehnen.

3. Repressive Verbote mit Befreiungsvorbehalt und präventive Verbote mit Erlaubnisvorbehalt

Der Gesetzgeber hat die Möglichkeit, ein bestimmtes Verhalten als gefährlich oder schädlich zu qualifizieren und deshalb **generell zu verbieten**, für Ausnahmefälle aber eine **Befreiungsmöglichkeit (Dispens)** vorzusehen. Von dieser Möglichkeit macht der Gesetzgeber indes nur selten Gebrauch. 504

Beispiel: Nach § 3 BtMG ist es generell verboten, Betäubungsmittel (Rauschgift), die in Anlage I dieses Gesetzes genannt sind, zu erwerben, abzugeben oder zu veräußern. Nach § 3 II BtMG darf eine behördliche Erlaubnis nur ausnahmsweise erteilt werden, wenn hieran ein wissenschaftliches oder anderes öffentliches Interesse besteht.

Auf die Erteilung der **Befreiung** besteht grundsätzlich **kein Rechtsanspruch**. Bei dieser Fallgruppe spricht man von **repressiven Verboten mit Befreiungsvorbehalt** oder von **Ausnahmebewilligungen**.

Hiervon zu unterscheiden ist der Fall, dass der Gesetzgeber ein bestimmtes Verhalten zwar **nicht generell** als schädlich verbieten will, gleichwohl aber eine Erlaubnis vorschreibt, ohne deren Erteilung das in Rede stehende Verhalten verboten ist. Das Erfordernis der Erlaubniserteilung soll lediglich sicherstellen, dass bestimmte gesetzlich vorgeschriebene Vorgaben, Bedingungen oder Standards eingehalten werden. Erfüllt der Antragsteller diese gesetzlichen Vorgaben, besteht grundsätzlich ein **Anspruch auf die Erlaubniserteilung.**

Beispiel: Nach § 1 HwO ist es verboten, ohne Eintragung in der Handwerksrolle bestimmte Handwerke selbständig auszuüben. Auf die Eintragung und damit auf die Zulassung des Handwerksbetriebes besteht aber ein Rechtsanspruch, wenn die im Gesetz genannten Befähigungsnachweise erbracht werden.

Von dieser Möglichkeit macht der Gesetzgeber relativ häufig Gebrauch. Man spricht von **präventiven Verboten mit Erlaubnisvorbehalten** oder von **Kontrollerlaubnissen**.

Allein die formale Zuordnung eines bestimmten Falles zu einer dieser beiden Gruppen hat noch keine rechtliche Konsequenz. Denn der Gesetzgeber hat keine klare Trennlinie zwischen diesen Fallgruppen gezogen; weder Rechtsprechung noch Literatur haben allgemein anerkannte und vor allem zuverlässige Abgrenzungskriterien entwickelt.[91] Die Zuordnung einzelner Fälle ist deshalb häufig umstritten.

Zwar ist es richtig, dass auf die Erteilung einer Erlaubnis für ein nicht generell als schädlich qualifiziertes Verhalten grundsätzlich ein Rechtsanspruch besteht, nicht dagegen für die Erteilung einer Ausnahmebewilligung für ein generell als schädlich qualifiziertes Verhalten.[92] Entscheidend ist jedoch die konkrete einfachgesetzliche Regelung des Falles. Auch die Grundrechte des Antragstellers dürfen nicht außer Betracht bleiben. So ist der Gesetzgeber nicht daran gehindert, der Behörde auch in Fällen präventiver Verbote mit Erlaubnisvorbehalten Beurteilungsspielräume oder Ermessen einzuräumen. Dabei kann die behördliche Entscheidungsfreiheit unter bestimmten Voraussetzungen grundsätzlich auf Null reduziert sein; der Antragsteller hat dann einen Rechtsanspruch auf die Erlaubniserteilung.

Gleiches ist aber auch nicht von vornherein bei repressiven Verboten mit Befreiungsvorbehalt ausgeschlossen. Hier kann z.B. aus Art. 3 I GG ein Anspruch auf Erteilung einer Ausnahmebewilligung folgen, wenn die Behörde in vergleichbaren Fällen ermessensfehlerfrei Ausnahmebewilligungen erteilt hatte.

4. Verwaltungsakte mit Dritt- oder Doppelwirkung

505 Ein **Verwaltungsakt mit Dritt- oder Doppelwirkung** (vgl. § 80a VwGO) begünstigt den einen und belastet zugleich den anderen Betroffenen.

Beispiel: Erteilung einer Baugenehmigung, die den Bauherrn begünstigt, den Nachbarn aber durch die Genehmigung einer Grenzbebauung belastet.

5. Einseitige und mitwirkungsbedürftige Verwaltungsakte

506 Ein **mitwirkungsbedürftiger Verwaltungsakt**[93] bedarf im Unterschied zum **einseitigen Verwaltungsakt** des Antrags oder der Zustimmung des

---

[91] Dazu näher *Schwabe*, in: FS H.-E. Folz, 2003, S. 305 ff. (313 f.).
[92] *Maurer*, § 9 Rn. 51 ff.
[93] Näher *Peine*, Rn. 455 ff.

Betroffenen wie z.B. die Beamtenernennung, Einbürgerung oder Erteilung einer Baugenehmigung.

6. Einstufige und mehrstufige Verwaltungsakte

Ein **mehrstufiger Verwaltungsakt** bedarf im Unterschied zum **einstufigen Verwaltungsakt** der **Mitwirkung anderer Behörden**. Ein mehrstufiger Verwaltungsakt darf von der zuständigen Behörde erst erlassen werden, wenn eine andere Behörde ihr Einvernehmen oder ihre Zustimmung erklärt hat. 507

Beispiele:
(1) Baugenehmigung, deren Erteilung gem. § 36 BauGB voraussetzt, dass die Gemeinde ihr Einvernehmen erklärt hat.
(2) Baugenehmigung, deren Erteilung gem. § 9 II FStrG voraussetzt, dass die oberste Landesstraßenbaubehörde zugestimmt hat.
(3) Beamtenernennung eines Ausländers, die nach den einschlägigen landesbeamtenrechtlichen Vorschriften die Erteilung einer Ausnahmegenehmigung des Direktors des Landespersonalamts voraussetzt, z.B. § 7 III HessBG.

Der mehrstufige Verwaltungsakt als solcher erfüllt die Voraussetzungen von § 35 S. 1 VwVfG. Zweifelhaft und umstritten ist aber, ob auch der **Mitwirkungsakt der anderen Behörde** ein Verwaltungsakt oder ein bloßer verwaltungsinterner Rechtsakt ohne Außenwirkung ist. Entscheidend für die Abgrenzung soll sein,[94] 508
- ob die Mitwirkungsbehörde bestimmte Aspekte und Fragen des mehrstufigen Verwaltungsakts **selbständig und ausschließlich** prüft und entscheidet – dann soll auch der Mitwirkungsakt ein Verwaltungsakt sein;
- oder ob die Mitwirkungsbehörde nur **dieselben Aspekte und Fragen** prüft und entscheidet wie die Entscheidungsbehörde – dann soll der Mitwirkungsakt kein eigenständiger Verwaltungsakt sein.

Freilich führt dieses Abgrenzungskriterium nicht immer zu eindeutigen Ergebnissen. Die Einordnung vieler Fälle ist umstritten.[95] Das gemeindliche Einvernehmen im Beispielsfall (1)[96] ist kein Verwaltungsakt, gleiches gilt für die Zustimmung der obersten Landesbehörde im Beispielsfall (2).[97] Die Ausnahmegenehmigung im Beispielsfall (3) wurde dagegen als Verwaltungsakt qualifiziert.[98] 509

---

[94] *Hendler,* Rn. 137.
[95] Dazu mit vielen Beispielen *Stober,* in: Wolff/Bachof I, § 45 Rn. 60 ff.
[96] Vgl. BVerwGE 28, 145 ff.; NVwZ 1986, 556.
[97] Vgl. BVerwGE 16, 116 (118).
[98] Vgl. HessVGH DVBl. 1981, 1069.

510 In der Regel hat der Mitwirkungsakt weder gegenüber dem Bürger noch gegenüber der anderen Behörde Außenwirkung. Damit ist er in der Regel kein Verwaltungsakt.

511 Die rechtliche Einordnung des Mitwirkungsakts ist vor allem für den Rechtsschutz des Bürgers wichtig: Erlässt die Entscheidungsbehörde den mehrstufigen Verwaltungsakt nicht, weil die Mitwirkungsbehörde die Mitwirkung verweigert, und ist der Mitwirkungsakt kein Verwaltungsakt, kann der Bürger nur Verpflichtungsklage gegen die Entscheidungsbehörde erheben. Das Verwaltungsgericht verurteilt dann ggf. die Entscheidungsbehörde zum Erlass des Verwaltungsakts. Das Urteil ersetzt den Mitwirkungsakt der anderen Behörde.[99]

Ist der Mitwirkungsakt dagegen ein Verwaltungsakt, muss der Bürger Verpflichtungsklage gegen die Mitwirkungsbehörde erheben – gerichtet auf Verurteilung zum Erlass des Mitwirkungsaktes.[100]

7. Personenbezogene und dingliche Verwaltungsakte

512 Regelungsadressaten **personenbezogener Verwaltungsakte** sind natürliche oder juristische Personen. Regelungsobjekt eines **dinglichen Verwaltungsakts** ist eine Sache, deren Eigenschaften rechtlich qualifiziert oder gestaltet werden.[101] Der Prototyp eines dinglichen Verwaltungsakts ist die sachbezogene Allgemeinverfügung gem. § 35 S. 2, 2. Alt. VwVfG.

513 Daneben werden aber auch noch viele andere Verwaltungsakte als dinglich qualifiziert. Die Einzelheiten sind aber sehr umstritten.[102] Rechtliche Konsequenzen dürfen allein aus der Qualifizierung eines Verwaltungsakts als dinglich nicht abgeleitet werden. Es handelt sich deshalb nur um einen terminologischen Streit.

8. Gebundene und nichtgebundene Verwaltungsakte

514 Ein **gebundener Verwaltungsakt** muss von der Behörde erlassen werden, wenn die gesetzlichen Voraussetzungen erfüllt sind. Von einem **nichtgebundenen Verwaltungsakt** spricht man dann, wenn der Behörde bei

---

[99] BVerwG NVwZ 1986, 556; vgl. zur Verweigerung des gemeindlichen Einvernehmens (§ 36 BauGB) BVerwGE 121, 339 ff.; *Fehling*, Jura 2006, 369 ff.; zur Frage der Amtshaftung Rn. 1068 (letztes Beispiel).
[100] HessVGH DVBl. 1981, 1069.
[101] *Stober*, in: Wolff/Bachof I, § 46 Rn. 26.
[102] Näher dazu *Maurer*, § 9 Rn. 56 f.

der Entscheidung, ob ein Verwaltungsakt erlassen wird, ein Spielraum zusteht (Ermessens- oder Beurteilungsspielraum).[103]

9. Vollstreckbare und nichtvollstreckbare Verwaltungsakte

Ein **vollstreckbarer Verwaltungsakt** kann von der Behörde zwangsweise durchgesetzt werden, wenn der Betroffene der ihm auferlegten Verhaltenspflicht nicht freiwillig nachkommt.[104] Ein **nichtvollstreckbarer Verwaltungsakt** begründet keine Verhaltenspflichten und kann deshalb seinem Inhalt nach nicht zwangsweise durchgesetzt werden. So verhält es sich bei allen rechtsgestaltenden Verwaltungsakten, die ein Rechtsverhältnis unmittelbar begründen, ändern oder aufheben, bei feststellenden Verwaltungsakten, die nur feststellen, was sowieso schon Rechtens ist, und bei antragsablehnenden Verwaltungsakten.[105]

515

10. Dauerverwaltungsakte

Ein **Dauerverwaltungsakt** oder **Verwaltungsakt mit Dauerwirkung** erschöpft sich nicht in einem einmaligen Ge- oder Verbot oder in einer einmaligen Gestaltung der Rechtslage. Er begründet oder verändert inhaltlich ein auf Dauer berechnetes oder in seinem Bestand vom Verwaltungsakt abhängiges Rechtsverhältnis.[106]

516

Beispiel:
- Festsetzung laufender Geldleistungen
- Beamtenernennung
- Gewerbeuntersagung nach § 35 I GewO
- Verkehrszeichen

11. Zusage und Zusicherung

Literatur: *Bäcker,* Bindendes, Allzubindendes – Zur Akzessorietät der öffentlich-rechtlichen Zusage –, VerwArch. 103 (2012), 558; *Diederichsen,* Referendarexamensklausur –

---

[103] Dazu im einzelnen Rn. 303 ff.
[104] Dazu näher Rn. 1005 ff.
[105] Zum ganzen näher *Peine,* Rn. 429 ff.
[106] BVerwGE 78, 101(111); dazu mit vielen Beispielen *Kopp/Schenke,* § 113 Rn. 43, 45; *Wehr,* BayVBl. 2007, 385 ff.; anschaulich VGH Mannheim NVwZ-RR 2002, 623: „Verwaltungsakt, der auf unbestimmte Dauer angelegt ist und sich gewissermaßen ständig wiederholt"; für einen Verzicht auf die Kategorie des Dauerverwaltungsakts *Felix,* NVwZ 2003, 385 ff.

Öffentliches Recht: Zoff um eine Zusag, JuS 2006, 60; *Groh*, Die Zusicherung als sichere Handlungsform in der kooperierenden Verwaltung?, DÖV 2012, 582; *Guckelberger*, Behördliche Zusicherungen und Zusagen, DÖV 2004, 357; *Hebeler/Schäfer*, „Versprechungen" der Verwaltung – Zusagen, Zusicherungen und ähnliche behördliche Erklärungen, Jura 2010, 881; *Kingler/Krebs*, Die Zusicherung, § 38 VwVfG, JuS 2010, 1059.

517 **Zusage** ist eine von der Behörde abgegebene „hoheitliche Selbstverpflichtung mit Bindungswillen zu einem späteren Tun oder Unterlassen".[107] Das behördliche Versprechen kann sich auf jedwedes spätere behördliche Verhalten beziehen. Die Zusage als solche ist nicht gesetzlich geregelt.

518 Die **Zusicherung** ist in § 38 VwVfG geregelt. Sie ist ein **Unterfall der Zusage**. Die Zusicherung ist eine Zusage, die den **Erlass oder Nichterlass eines Verwaltungsakts** verspricht.

519 Die **Zusicherung** ist nach überwiegender Auffassung ein **selbständiger Verwaltungsakt**.[108] Nach § 38 II VwVfG sind (nur) bestimmte gesetzliche Regelungen über den Verwaltungsakt **entsprechend** anwendbar. Dieser Umstand spricht dafür, dass die Zusicherung kein Verwaltungsakt ist.

520 Zu beachten sind die **Sonderregelungen** des § 38 I, III VwVfG:
- Zusicherungen sind nur wirksam, wenn sie schriftlich erteilt wurden, § 38 I VwVfG.
- Bei bestimmten **nachträglichen Änderungen der Sach- oder Rechtslage** ist die Behörde an ihre Zusicherung nicht mehr gebunden, § 38 III VwVfG.[109]

521 Auch die Rechtsnatur von Zusagen ist umstritten. Eine h. M. hat sich noch nicht herausgebildet.[110] Wer schon der Zusicherung die VA-Qualität abspricht, muss sich bei der Zusage erst recht so entscheiden.

522 Unabhängig von der rechtlichen Einordnung der Zusage ist die Beantwortung der umstrittenen Frage, ob § 38 VwVfG auf Zusagen entsprechend anwendbar ist. Der Gesetzgeber hat Zusagen, die keine Zusicherungen sind, bewusst nicht in den Anwendungsbereich von § 38 VwVfG einbezogen. Eine analoge Anwendung von § 38 VwVfG scheidet damit aus.[111] Bloße Zusagen bedürfen schon deshalb nicht der Schriftform.

---

[107] BVerwGE 26, 31 (36).
[108] BVerwG NVwZ 1987, 46; NVwZ 1986, 1011; BSG NVwZ 1994, 830; *Henneke*, in: Knack/Henneke, § 38 Rn. 38; *Stuhlfauth*, in: Obermayer/Funke-Kaiser, § 38 Rn. 6; *Kopp/Ramsauer*, § 35 Rn. 99; *Guckelberger*, DÖV 2004, 359; a. A.; *Hendler*, Rn. 113; *Peine*, Rn. 876; *Maiwald*, BayVBl. 1977, 452.
[109] Dazu weiterführend *Groh*, DÖV 2012, 582 ff.
[110] Für Verwaltungsakt *Kopp/Ramsauer*, § 35 Rn. 99; *Guckelberger*, DÖV 2004, 364; dagegen diejenigen, die schon die Zusicherung nicht als Verwaltungsakt qualifizieren.
[111] *Stuhlfauth*, in: Obermayer/Funke-Kaiser, § 38 Rn. 12; *Henneke*, in: Knack/Henneke, § 38 Rn. 67; *Sproll II*, § 9 Rn. 60 a. E.; für eine analoge Anwendung von § 38 VwVfG: *Hendler*, Rn. 114; *Maiwald*, BayVBl. 1977, 452; für Analogie jedenfalls dann, wenn sich die Zusage auf öffentlich-rechtliche Verwaltungstätigkeit, die im Zusammenhang mit dem Erlass

Für Zusagen gelten die überkommenen Grundsätze des Verwaltungs- 523
rechts.[112] (Prüfungs-)relevant dürfte nur die **Frage der Verbindlichkeit rechtswidriger Zusagen** sein. Dies betrifft vor allem Zusagen, die ein **rechtswidriges behördliches Verhalten versprechen**. Obwohl Zusagen keine Verwaltungsakte sind, können auch rechtswidrige Zusagen verbindlich sein. Dies ist der Fall, wenn die beiden folgenden Voraussetzungen erfüllt sind:
(1) **Tatsächliches Vertrauen** des Adressaten der Zusage auf deren Einhaltung. Diese Voraussetzung ist z. B. nicht erfüllt, wenn der Bürger erklärt hatte, er rechne mit der Nichteinhaltung der Zusage.
(2) **Vorrang des Vertrauensschutzes** (als Folge des Rechtsstaatsprinzips und der Grundrechte) vor dem öffentlichen Interesse an der Nichteinhaltung rechtswidriger Zusagen (folgt aus dem Grundsatz der Gesetzmäßigkeit der Verwaltung).
Diese zweite Voraussetzung ist in der Regel nicht erfüllt. Denn das Vertrauen auf ein zukünftiges rechtswidriges behördliches Verhalten wiegt zumeist geringer als das öffentliche Interesse an einem rechtmäßigen Verhalten der Verwaltung.[113] Ausnahmen sind vor allem denkbar, wenn der Bürger **im Vertrauen auf die Einhaltung Dispositionen getroffen** hat, die nicht mehr oder nur unter unzumutbaren Schwierigkeiten rückgängig gemacht werden können.[114]

Zusagen sind vor allem von bloßen **Auskünften** abzugrenzen. Bei einer 524
Auskunft fehlt der behördliche Selbstbindungswille. Hier **informiert** die Behörde lediglich über tatsächliche oder rechtliche Umstände.

12. Vorbescheid und Teilgenehmigung

a) Vorbescheid

Durch einen Vorbescheid entscheidet die Behörde **abschließend und** 525
verbindlich über einzelne Zulässigkeits- oder Genehmigungsvoraussetzungen größerer Projekte (insbesondere Bauvorhaben und betriebliche Anlagen).

Beispiele:
- **Bauvorbescheid,** der über einzelne **baurechtliche Fragen** eines bestimmten Bauvorhabens verbindlich entscheidet (z. B. Art. 75 BayBauO, § 66 HessBauO, § 57 BaWüBauO). Ein Vorbescheid, der über die **bauplanungsrechtliche Zulässigkeit** gem.

---

von Verwaltungsakten steht, bezieht, BVerwGE 97, 323 (331); differenzierend auch *Kopp/Ramsauer*, § 38 Rn. 6 c, d.
[112] Dazu *Maurer*, § 9 Rn. 61; *Stober*, in: Wolff/Bachof I, § 53 Rn. 13 ff.
[113] Vgl. BVerwGE 49, 359 (362 f.); DVBl. 1966, 857 (859); *Maurer*, § 9 Rn. 61; grundsätzlich gegen Bindungswirkung rechtswidriger Zusagen *Bäcker*, VerwArch. 103 (2012), 577 f.
[114] Zu etwaigen Staatshaftungsansprüchen (im Falle von Zusicherungen) *Kellner*, NVwZ 2013, 482 ff.

§§ 29 ff. BauGB entscheidet, wird als **Bebauungsgenehmigung** bezeichnet, BVerwGE 68, 241 (243) – nicht zu verwechseln mit der späteren Baugenehmigung.
- **Vorbescheide** nach § 9 BImSchG oder nach § 7a AtomG.

526 Der Vorbescheid ist keine Art von Vorverwaltungsakt, sondern ein **Verwaltungsakt**.

b) Teilgenehmigung

527 Eine Teilgenehmigung entscheidet nicht nur – wie der Vorbescheid – über einzelne Zulässigkeitsvoraussetzungen eines Vorhabens. Entschieden wird vielmehr über einzelne **Teile eines Vorhabens.** Anders als beim Vorbescheid kann im Falle einer Teilgenehmigung der genehmigte Teil des Gesamtvorhabens realisiert werden.

Beispiel: Genehmigung der Baugrube gem. § 67 I HessBauO (Teilbaugenehmigung). Die Baugrube darf ausgehoben werden.

Die Teilgenehmigung ist ein **selbständiger Verwaltungsakt.**

13. Vorläufiger und vorsorglicher Verwaltungsakt

a) Vorläufiger Verwaltungsakt

528 Der vorläufige Verwaltungsakt ist ein Verwaltungsakt, durch den die Behörde vor der abschließenden Sachverhaltsermittlung eine bestimmte Regelung **unter dem Vorbehalt einer neuen Regelung** auf der Grundlage des endgültig ermittelten Sachverhalts trifft.

Beispiel: Bewilligung (und Auszahlung) einer Subvention „vorbehaltlich des Ergebnisses der noch durchzuführenden Betriebsprüfung" (BVerwGE 67, 99 ff.; NVwZ 2010, 643 ff.).

529 Das Gesetz verwendet den Terminus des vorläufigen Verwaltungsakts nicht. Es handelt sich um eine Wortschöpfung des BVerwG.[115] Das BVerwG fasst den vorläufigen Verwaltungsakt als **Verwaltungsakt sui generis** auf, durch den eine nur **vorläufige Regelung** getroffen werde.[116] Zum Teil wird behauptet, es handele sich nur um (normale) auflösend bedingte oder befristete Verwaltungsakte nach § 36 II Nr. 1, 2 VwVfG.[117]

---

[115] BVerwGE 67, 99 (101): „vorläufiger Verwaltungsakt".
[116] BVerwGE 67, 99 (101, 103); NVwZ 2010, 643 Rn. 19; dem BVerwG zustimmend *Schröder,* Jura 2010, 260 f.
[117] *Ule/Laubinger,* § 48 Rn. 19; *Kemper,* DVBl. 1989, 982 ff.; *F.J. Kopp,* DVBl. 1989, 240 f.; zur Abgrenzung zwischen vorläufigem Verwaltungsakt und Verwaltungsakt unter auflösender Bedingung OVG Greifswald NordÖR 2015, 394 f.; vgl. auch BVerwG BayVBl. 2015, 449 Rn. 17, wonach der Vorbehalt, einen abgeschlossenen Sachverhalt neuzubewerten, keine Bedingung ist.

Wieder andere qualifizieren den Vorläufigkeitsvermerk als Widerrufsvorbehalt nach § 36 II Nr. 3 VwVfG[118] oder als Nebenbestimmung sui generis.[119]

Allerdings gibt es gesetzliche Vorschriften, die die Behörde zu vorläufigen Regelungen ermächtigen.[120] So kann die Behörde nach § 16 VIII HwO bei Gefahr im Verzug die Fortsetzung eines Gewerbes vorläufig untersagen. Das Gesetz spricht zwar nicht vom Erlass eines vorläufigen Verwaltungsakts, sondern von einer vorläufigen behördlichen Untersagung. Folgt man der bundesverwaltungsgerichtlichen Definition des vorläufigen Verwaltungsakts – Verwaltungsakt, durch den eine vorläufige Regelung getroffen wird –, handelt es sich aber der Sache nach um einen vorläufigen Verwaltungsakt.

Soweit der Verwaltungsakt nur eine vorläufige Regelung getroffen hat, wird er durch eine endgültige Regelung ersetzt, wenn die Behörde die Sach- und Rechtsprüfung abgeschlossen hat. Der vorläufige Verwaltungsakt wird durch einen **Schlussbescheid** ersetzt und zwar in aller Regel **rückwirkend**.[121]

Beachte: Es muss genau geprüft werden, ob die Behörde insgesamt oder nur teilweise eine vorläufige Regelung getroffen hat. Der Schlussbescheid ersetzt nur die vorläufigen Regelungen.

Ersetzt die Behörde die vorläufigen Regelungen durch den Schlussbescheid, unterliegt sie nicht den Einschränkungen der §§ 48, 49 VwVfG. Denn der Adressat hat von vornherein kein schutzwürdiges Vertrauen in die Aufrechterhaltung der ursprünglichen Regelung erworben. Auf die behördliche Rückforderung von Leistungen, die dem Begünstigten nach Maßgabe des Schlussbescheides nicht mehr zustehen, ist jedenfalls § 49 a I, III VwVfG **entsprechend** anwendbar.

Auch § 49 a II VwVfG ist entsprechend anwendbar.[122] Eine Berufung auf den Wegfall der Bereicherung ist entsprechend § 49 a II 2 VwVfG stets ausgeschlossen, soweit es um vorläufig gewährte Leistungen geht. Denn der Begünstigte wusste von Anfang an, dass die vorläufige Regelung durch eine ungünstigere Schlussregelung ersetzt werden konnte.

Beispiel: Die Behörde gewährte dem A vorläufig eine Subvention in Höhe von 500.000 Euro. Durch Schlussbescheid wurde die Subvention auf 300.000 Euro festgesetzt. Die Behörde hat entsprechend § 49 a I 1 VwVfG einen Erstattungsanspruch in Höhe von 200.000 Euro. Dieser Betrag ist entsprechend § 49 a III 1 VwVfG grundsätzlich ab Zeitpunkt seiner Auszahlung – also rückwirkend – zu verzinsen. A kann sich entsprechend § 49 a II 2 VwVfG

---

[118] *Gündisch*, NVwZ 1984, 494; *Kemper*, DVBl. 1989, 985.
[119] BSG DVBl. 1988, 453; *Eschenbach*, DVBl. 2002, 1254; *Bieback*, DVBl. 1988, 454; sympathisierend BVerwGE 135, 238 Rn. 20; dazu *Beaucamp*, JA 2010, 247 ff., 250.
[120] Aufgelistet von *Schröder*, Jura 2010, 255 f.
[121] Dazu und zum folgenden BVerwG NVwZ 2010, 643 ff.
[122] BVerwG NVwZ 2010, 643 Rn. 24 ff. hat sich nur zu § 49 a I, III VwVfG geäußert.

nicht darauf berufen, er sei hinsichtlich der 200.000 Euro nicht mehr bereichert (Fall nach BVerwG NVwZ 2010, 643 ff.).

534 Die Behörde darf vorläufige Verwaltungsakte nicht nach freiem Belieben erlassen. Es muss vielmehr ein sachlicher Grund für eine rechtliche oder tatsächliche Ungewissheit bestehen, die sich bis auf weiteres nicht beseitigen lässt. Außerdem hat der nur vorläufig Begünstigte einen Rechtsanspruch darauf, dass die Behörde die vorläufige Regelung möglichst rasch durch eine endgültige Regelung ersetzt.

535 Wurde der Erlass des Schlussbescheides länger als sachlich geboten hinausgezögert, ändert das zwar an einer etwaigen Rückzahlungspflicht des nur vorläufig Begünstigten nichts. Zinsen für den Zeitraum der rechtswidrigen Aufrechterhaltung des vorläufigen Verwaltungsakts stehen der Behörde jedoch nicht zu.[123] Dies folgt aus der entsprechenden Anwendung von § 49a III 2 VwVfG (beachte das Wort „insbesondere"). Das behördliche Ermessen ist insoweit auf Null reduziert.

b) Vorsorglicher Verwaltungsakt

536 Auch der vorsorgliche Verwaltungsakt ist eine Wortschöpfung des BVerwG.[124] Der vorsorgliche Verwaltungsakt trifft – im Unterschied zum vorläufigen Verwaltungsakt – eine **abschließende Regelung.** Sie steht aber unter dem Vorbehalt, dass eine ihrer rechtlichen Zulässigkeitsvoraussetzungen von einer anderen, hierfür zuständigen Behörde festgestellt wird. Erfolgt diese Feststellung nicht, wird der vorsorgliche Verwaltungsakt gegenstandslos (substanzlos), d.h. er wird bedeutungslos.[125]

Sonderlich praxis- und auch prüfungsrelevant ist der vorsorgliche Verwaltungsakt nicht.

IV. Existenz, Erlass, Wirksamkeit, Bekanntgabe und Bestandskraft von Verwaltungsakten

1. Existenz von Verwaltungsakten

537 Wurde ein Verwaltungsakt **auch nur irgendeiner Person bekanntgegeben,**[126] ist er in der Welt und rechtlich **existent** und kann durch Widerspruch (§ 68 VwGO) oder Anfechtungsklage (§ 42 I VwGO) ange-

---

[123] BVerwG NVwZ 2010, 643 Rn. 31.
[124] BVerwGE 81, 84 (94); dazu etwa *Schröder*, Jura 2010, 262 ff.
[125] BVerwGE 81, 84 (94).
[126] Dazu unten Rn. 551 ff.

§ 10. Der Verwaltungsakt   173

griffen werden[127]. Auch **rechtswidrige und sogar nichtige Verwaltungsakte** sind rechtlich existent, wenn sie bekanntgegeben worden sind. Ohne Bekanntgabe handelt es sich um einen **Nicht-Verwaltungsakt,** ein Nullum; das ist noch weniger als ein nichtiger Verwaltungsakt.[128]

Beispiele für Nicht-Verwaltungsakte:
- vorbereitende Entwürfe
- Aktennotizen
- verwaltungsinterne Mitteilungen

Eine Ausnahme gilt, wenn Gesetze anordnen, dass nach Ablauf einer bestimmten Frist ein Verwaltungsakt als erlassen gilt, wenn die Behörde untätig geblieben ist. So verhält es sich in den Fällen des § 42 a VwVfG. Er gelangt aber nur zur Anwendung, wenn eine andere Vorschrift die Genehmigungsfiktion anordnet.

Beispiel für eine Genehmigungsfiktion: Fiktive Baugenehmigung nach § 57 II 3 HBO i.V.m. § 42a HVwVfG

Hier spricht man von fiktiven Verwaltungsakten bzw. fiktiven Genehmigungen.[129] Sie stehen einem regulären Verwaltungsakt gleich. Fingiert werden aber nur Erlass und Bekanntgabe, nicht auch die Rechtmäßigkeit.

Um einen **Nicht-Verwaltungsakt** handelt es sich auch bei solchen Akten, die allenfalls den Anschein eines Verwaltungsakts erwecken **(Scheinverwaltungsakt),** aber offensichtlich einer Behörde nicht, jedenfalls nicht als Verwaltungsakt zugerechnet werden können.[130]   538

Beispiele:
- Anordnungen eines Hauptmanns von Köpenick
- Parkverbotsschilder, die erkennbar von Privaten aufgestellt wurden („Privatparkplatz – Parken verboten")

Rechtsbehelfe gegen solche Nicht-Verwaltungsakte – zu denken ist vor allem an eine Feststellungsklage – kommen nur in Betracht, wenn der Betroffene ein anerkennenswertes Interesse an der Beseitigung des Rechtsscheins des Nicht-Verwaltungsakts hat.[131]   539

---

[127] Auch von Personen, denen er nicht bekannt gegeben wurde: OVG Magdeburg NVwZ-RR 2008, 747; *Pietzcker,* in: Schoch/Schneider/Bier, § 42 Abs. 1 Rn. 20.
[128] BVerwG DVBl. 2012, 49 Rn. 9, 11.
[129] Rn. 433; dazu *Ernst/Pinkl,* Jura 2013, 685 ff.; *Kluth,* JuS 2011, 1078 ff.; *Weidemann/Barthel,* JA 2011, 221 ff.
[130] BVerwG DVBl. 2012, 49 Rn. 9: „Nichtakt (Scheinverwaltungsakt)"; ausführlich zum Scheinverwaltungsakt *Blunk/Schroeder,* JuS 2005, 602 ff., die den Scheinverwaltungsakt vom Nicht-Verwaltungsakt unterscheiden (604 f.).
[131] Dazu BVerwG NVwZ 1987, 330; *Kopp/Ramsauer,* § 43 Rn. 50; *Blunk/Schroeder,* JuS 2005, 605 ff.

2. Erlass, Wirksamkeit und Bekanntgabe von Verwaltungsakten

a) Erlass

540 Umstritten ist, wann ein Verwaltungsakt erlassen ist. Nach der einen Auffassung ist der Verwaltungsakt erlassen, wenn er den Wirkungsbereich der Behörde verlassen hat[132] – das kann auch schon vor seiner Bekanntgabe sein. Nach einer anderen Auffassung ist der Erlass mit der Bekanntgabe (dazu unten c) gleichzusetzen.[133]

541 Große Bedeutung kommt dem Meinungsstreit nicht zu. Auch nach der zuerst genannten Auffassung ist ein Verwaltungsakt erst dann **existent,** wenn er irgendeinem Betroffenen bekanntgegeben wurde.[134] Konsequenz dieser Auffassung ist freilich das zumindest sprachliche Paradoxon des erlassenen, aber noch nicht existenten Verwaltungsakts.[135]

b) Wirksamkeit

542 Ein Verwaltungsakt ist demjenigen gegenüber **wirksam,** dem er **bekanntgegeben wurde,** § 43 I 1 VwVfG.

543 Ein wirksamer Verwaltungsakt hat insbesondere **folgende Konsequenzen:**
- Der Verwaltungsakt **muss befolgt werden.**
- Der vom Verwaltungsakt Begünstigte darf von ihm **Gebrauch machen** (z. B. bauen aufgrund der Baugenehmigung).
- Die Behörde darf den Verwaltungsakt zwangsweise durchsetzen – vollziehen bzw. vollstrecken –, wenn die in den einschlägigen Verwaltungsvollstreckungsgesetzen genannten weiteren Voraussetzungen erfüllt sind.[136]

544 Im weiteren wird hinsichtlich der Folgen der Wirksamkeit von Verwaltungsakten unterschieden zwischen:

---

[132] *Stuhlfauth,* in: Obermayer/Funke-Kaiser, § 41 Rn. 12; *Siegmund,* in: Brandt/Sachs, D 98; *Ule/Laubinger,* § 53 Rn. 1 f.; widersprüchlich *Kopp/Ramsauer,* § 41 Rn. 15 (vor Bekanntgabe kein Erlass), Rn. 18 (Erlass schon vor Bekanntgabe möglich).

[133] *Schmitz,* in: Stelkens/Bonk/Sachs, § 9 Rn. 193 ff.; *Ehlers,* in: Liber Amicorum H.-U. Erichsen, 2004, S. 5 f.

[134] *Stuhlfauth,* in: Obermayer/Funke-Kaiser, § 41 Rn. 12.

[135] Z. B. bei *Stuhlfauth,* a.a.O.

[136] Dazu unten Rn. 1005 ff.

§ 10. Der Verwaltungsakt

(1) *Bindungswirkung:* Erlassende Behörde und betroffene Bürger (diejenigen, denen der Verwaltungsakt bekanntgegeben wurde) sind an die im Verwaltungsakt enthaltene Regelung gebunden.[137]

(2) *Tatbestandswirkung:* Auch alle anderen Behörden, Träger öffentlicher Gewalt sowie grundsätzlich auch alle Gerichte[138] sind bei ihren Entscheidungen an die im Verwaltungsakt getroffene Regelung gebunden – und zwar ohne dass sie die Rechtmäßigkeit des Verwaltungsakts prüfen dürften.[139] Nichtigen Verwaltungsakten kommt allerdings keine Tatbestandswirkung zu.

Beispiele:
- A wird durch einen wirksamen Verwaltungsakt eingebürgert. Jeder Träger öffentlicher Gewalt muss auch dann von der deutschen Staatsangehörigkeit des A ausgehen, wenn Zweifel an der Rechtmäßigkeit des Einbürgerungsbescheides bestehen.
- Eine Stadt weist durch spezielle Parkplatzschilder Parkraum für Elektrofahrzeuge während des Ladevorganges aus. Das Parkplatzschild ist ein Verwaltungsakt (Allgemeinverfügung) und bedeutet ein Parkverbot für andere Fahrzeuge. Er ist auch dann wirksam, wenn es im Straßenverkehrsrecht keine Rechtsgrundlage für derartige Verkehrsschilder gibt. Fahrzeugführer, die dieses Parkverbot missachten, begehen eine Ordnungswidrigkeit. Wird eine Geldbuße gem. §§ 12 III Nr. 2, 49 I Nr. 12 StVO, 24 StVG verhängt, muss das ordentliche Gericht, das dagegen im Wege des Einspruchs angerufen wird, seiner Entscheidung aufgrund der Tatbestandswirkung des Verwaltungsakts die Existenz des Parkverbots zugrundelegen. Auf die Frage der Rechtmäßigkeit des Parkverbots kommt es nicht an. Es ist trotz Fehlens einer Ermächtigungsgrundlage nicht nichtig (§ 44 I VwVfG). Damit ist auch die Verhängung der Geldbuße rechtmäßig, OLG Hamm, 27.5.2014, 5 RBs 13/14, juris.

(3) *Feststellungswirkung:* In seltenen Fällen ordnen Vorschriften an, dass bestimmten Verwaltungsakten eine Feststellungswirkung zukommt. Alle Träger öffentlicher Gewalt sind dann nicht nur an die im Verwaltungsakt getroffene Regelung, sondern auch an die tragenden tatsächlichen und rechtlichen Feststellungen im Verwaltungsakt gebunden.[140]

Beispiel: Bindung an die in einem Vertriebenenausweis getroffene Feststellung der deutschen Volkszugehörigkeit gem. § 15 V BVFG a. F. (BVerwGE 34, 90 f.).

Es wird zwischen **äußerer und innerer Wirksamkeit** von Verwaltungsakten unterschieden. **Äußere Wirksamkeit** bedeutet, dass der Verwaltungsakt **für denjenigen, dem er bekanntgegeben wurde, als solcher maßgeblich** ist, § 43 I VwVfG.

---

[137] Dazu näher *Kopp/Ramsauer*, § 43 Rn. 14 f.
[138] Außer die gegen den Verwaltungsakt angerufenen Verwaltungsgerichte.
[139] Dazu näher *Kopp/Ramsauer*, § 43 Rn. 16 ff.
[140] Dazu näher *Kopp/Ramsauer*, § 43 Rn. 26 ff.

Innere Wirksamkeit bedeutet, dass die im Verwaltungsakt enthaltene **Regelung** für denjenigen, dem der Verwaltungsakt bekanntgegeben wurde, verbindlich ist.

547 Rechtliche Existenz, äußere und innere Wirksamkeit eines Verwaltungsakts können auseinanderfallen.[141]

> **Beispiel:** A erhält eine Baugenehmigung, wonach er ab 1.4. bauen darf. **Bekanntgegeben** wird sie ihm schon am 1.3. Dem Nachbarn B, der sich durch das von A beabsichtigte Bauvorhaben beeinträchtigt fühlt, wird die Baugenehmigung von der Baubehörde überhaupt nicht bekanntgegeben.
> **Rechtliche Existenz** der Baugenehmigung gegenüber A, B und allen anderen Personen: 1.3.
> **Äußere Wirksamkeit** der Baugenehmigung: Gegenüber A am 1.3. Gegenüber B überhaupt nicht.
> **Innere Wirksamkeit** der Baugenehmigung: Gegenüber A am 1.4. Gegenüber B überhaupt nicht.
> Zur Frage, ob und wie lange B sich gegen die Baugenehmigung wehren kann, unten Rn. 559 ff.

548

Übersicht 16:

Rechtliche Existenz, äußere und innere Wirksamkeit von Verwaltungsakten

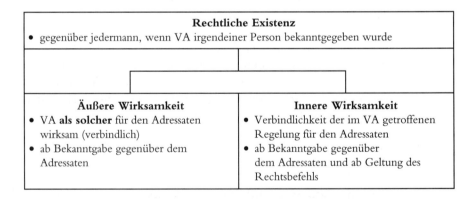

549 Die **Wirksamkeit eines Verwaltungsakts** endet nach § 43 II VwVfG durch:
- behördliche **Rücknahme,** vor allem nach § 48 VwVfG
- behördlichen **Widerruf,** vor allem nach § 49 VwVfG

---

[141] Zuletzt *Ehlers,* in: Liber Amicorum H.-U. Erichsen, 2004, S. 2 ff.; gegen diese ganz herrschende Ansicht *Schmidt-De Caluwe,* VerwArch. 90 (1999), 49 ff.

§ 10. Der Verwaltungsakt

- **anderweitige Aufhebung** – durch die Behörde im Vorverfahren gem. §§ 72, 73 VwGO oder durch das Gericht durch Urteil gem. § 113 I 1 VwGO
- Erledigung durch Zeitablauf, vor allem durch Fristablauf (vgl. § 36 II Nr. 1 VwVfG)
- **anderweitige Erledigung,**[142] wenn z.B. nach der behördlichen Genehmigungserteilung die Genehmigungspflichtigkeit aufgrund einer Gesetzesänderung entfällt.

Ein nichtiger Verwaltungsakt[143] ist gem. § 43 III VwVfG von Anfang an **550** unwirksam.

c) Bekanntgabe

Grundvoraussetzung für die Wirksamkeit eines Verwaltungsakts ist gem. **551** § 43 I VwVfG seine Bekanntgabe.[144] Ohne Bekanntgabe handelt es sich um keinen rechtswidrigen oder nichtigen Verwaltungsakt, sondern um überhaupt keinen Verwaltungsakt (Nicht-Verwaltungsakt). Bekanntgabe ist die Eröffnung des Verwaltungsakts gegenüber dem Betroffenen.

Eine Bekanntgabe im Rechtssinn liegt nur dann vor, wenn **552**
- die für die **Bekanntgabe zuständige Behörde**
- in **amtlicher Eigenschaft**
- **wissentlich und willentlich** (Bekanntgabewille)
- **den Inhalt des Verwaltungsakts dem Betroffenen gegenüber eröffnet** und
- der Verwaltungsakt dem Adressaten **zugegangen** ist.[145]

Fehlt eine dieser Voraussetzungen, liegt keine Bekanntgabe im Rechts- **553** sinn und damit kein Verwaltungsakt vor.

Beispiele:
- Der zuständige Beamte teilt den Verwaltungsakt am Stammtisch mit (nicht amtlich).
- Der zuständige Beamte gibt einen Stapel aus mehreren amtlichen Schriftstücken bei der Post auf, in den Stapel ist versehentlich ein an A adressierter Brief, der eigentlich vernichtet werden sollte, geraten (fehlender Bekanntgabewille).
- Der zuständige Beamte formuliert die von A beantragte Baugenehmigung in schriftlicher Form (zwei Seiten) und teilt dem A durch einen zweizeiligen Brief mit, dass die Baugenehmigung erlassen wurde (keine Eröffnung des Inhalts der Baugenehmigung; außerdem:

---

[142] Dazu näher Rn. 1422.
[143] Dazu Rn. 613 ff.
[144] Dazu ausführlich *Schoch*, Jura 2011, 23 ff.
[145] Unabhängig von der Form der Bekanntgabe; soweit keine Sonderregelungen bestehen (z.B. nach § 41 II VwVfG), ist § 130 BGB analog anwendbar, *Kopp/Ramsauer*, § 41 Rn. 7b; tatsächliche Kenntnisnahme durch den VA-Adressaten ist nicht erforderlich, *U. Stelkens*, in: Stelkens/Bonk/Sachs, § 41 Rn. 62.

die eigentliche Baugenehmigung hat den verwaltungsinternen Bereich nicht verlassen – keine Außenwirkung).

554 Streng voneinander zu unterscheiden sind die **Bekanntgabe als solche**[146] und die **Form der Bekanntgabe**.

Die Anforderungen an eine ordnungsgemäße Bekanntgabe – auch in formeller Hinsicht – richten sich nach § 41 VwVfG. Zu beachten sind auch die Formvorschriften des § 37 II–VI VwVfG sowie etwaige Spezialvorschriften.

555 Danach gilt folgendes:
(1) Wenn **keine besondere Form vorgeschrieben** ist (z.B. Zustellung nach § 73 III VwGO oder § 69 II 1 VwVfG), darf die Bekanntgabe gem. § 3a I VwVfG **elektronisch** (E-Mail),[147] **mündlich** oder **in jeder anderen geeigneten Form** (z.B. Einwurf eines schriftlich abgefassten Verwaltungsakts in den Briefkasten, Handzeichen eines Polizisten) erfolgen, § 41 I 1 i.V.m. § 37 II 1 VwVfG. Zulässig sind auch die unten genannten besonderen Formen der Bekanntgabe.

(2) **Besondere Formen** der Bekanntgabe sind:
- Bekanntgabe durch **postalische Übermittlung,** dazu § 41 II VwVfG[148]
- **Öffentliche Bekanntgabe,** dazu § 41 III, IV VwVfG
  Beachte: § 41 III VwVfG regelt, ob ein Verwaltungsakt **öffentlich bekanntgegeben** werden darf. § 41 IV VwVfG regelt nur die Form (das Wie) der öffentlichen Bekanntgabe, wenn ein **schriftlicher oder elektronischer Verwaltungsakt** öffentlich bekanntgegeben werden soll. Soll ein anderer Verwaltungsakt (insbesondere ein mündlicher) öffentlich bekanntgegeben werden, ist keine besondere Form vorgeschrieben. In diesem Fall richtet sich die Form der öffentlichen Bekanntgabe nach der Art des Verwaltungsakts. In Betracht kommt öffentliche Bekanntgabe z.B. im Rundfunk, durch Megaphon, durch Plakat oder durch Handzeichen.[149]

---

[146] Voraussetzungen oben Rn. 552.
[147] Dazu näher *Siegel,* VerwArch. 105 (2014), 241 ff.; *Schulz,* DÖV 2013, 882 ff.; *Skrobotz,* VR 2003, 397 ff.; zur Neuregelung der elektronischen Verwaltungskommunikation durch das E-Government-Gesetz vom 25.7.2013 – BGBl. I, S. 2749 – *Ramsauer/Frische,* NVwZ 2013, 1505 ff.
[148] Zum Bestreiten des Zugangs eines Schriftstücks oder des Zugangs innerhalb der Dreitagesfrist OVG Weimar NVwZ-RR 2003, 3 f.; zum Bestreiten des Zugangs als solchen und zur Beweislast OVG Lüneburg NVwZ-RR 2007, 365 f.; zu dem nach § 41 II 1 VwVfG ermittelten Tag der Bekanntgabe (auch ein in § 31 III 1 VwVfG genannter Tag) OVG Lüneburg NVwZ 2007, 78.
[149] *U. Stelkens,* in: Stelkens/Bonk/Sachs, § 41 Rn. 197 f.

Der Begriff der öffentlichen Bekanntgabe ist im VwVfG gar nicht, ihre Form (dazu § 41 IV VwVfG) nicht abschließend geregelt. Auch die Literatur begnügt sich zumeist nur mit vagen Aussagen. Um eine öffentliche Bekanntgabe handelt es sich jedenfalls dann, wenn die Bekanntgabe **jedermann zugänglich** ist.

Diese generelle Zugänglichkeit ist aber keine zwingende Voraussetzung einer öffentlichen Bekanntgabe.[150] Eine öffentliche Bekanntgabe ist z. B. auch dann anzunehmen, wenn die Polizei gegenüber einer aus dreißig Personen bestehenden Versammlung eine Anordnung per Megaphon erteilt. Obwohl diese Bekanntgabe nicht jedermann zugänglich ist, fehlt es an der eine öffentliche Bekanntgabe ausschließenden **individuellen Bekanntgabe**.[151]

Freilich gibt es Zweifelsfälle: Handelt es sich bei einer polizeilichen Anordnung per Megaphon, durch die zwei Personen unter Namensnennung zum Verlassen eines Gebäudes aufgefordert werden, um eine öffentliche Bekanntgabe oder um eine individuelle (nichtöffentliche) Bekanntgabe?

- **Zustellung** i. S. v. § 41 V VwVfG ist **die Bekanntgabe eines schriftlichen oder elektronischen Verwaltungsakts in einer gesetzlich besonders bestimmten Form,** insbesondere die zu beurkundende Übergabe eines Schriftstücks[152], §§ 2 ff. VwZG (nicht zu verwechseln mit der Zustellung in der Laiensprache; die „Zustellung" einer Zeitung z. B. ist keine Zustellung im rechtstechnischen Sinn des Gesetzes).

Die Bekanntgabe in Form der Zustellung ist nur erforderlich, wenn sie in besonderen gesetzlichen Vorschriften bestimmt ist – z. B. § 73 III 1 VwGO, § 44 I 2 WPflG, § 73 V AsylVfG – oder wenn sie von der Behörde angeordnet wurde (vgl. § 1 II VwZG). Einzelheiten der Zustellung sind im Verwaltungszustellungsgesetz (VwZG) für die Bundesverwaltung[153] und in den entsprechenden Verwaltungszustellungsgesetzen der Länder für die Landesverwaltungen geregelt.

Die in § 37 II VwVfG genannte **Schriftform des Verwaltungsakts** ist keine Form der Bekanntgabe. Allein durch die schriftliche Abfassung eines Verwaltungsakts erfolgt noch nicht seine Eröffnung gegenüber dem Betroffenen. Auch ein schriftlich abgefasster Verwaltungsakt ist erst wirksam, wenn er dem Betroffenen bekanntgegeben worden ist, wobei wiederum ganz verschiedene Arten und Formen der Bekanntgabe möglich sind. So kann ein schriftlicher Verwaltungsakt z. B. durch persönliche Aushändi-

---

[150] So aber *Ule/Laubinger,* § 53 Rn. 7.
[151] Zum Kriterium der individuellen Bekanntgabe vgl. *Maurer,* § 9 Rn. 69.
[152] VGH Kassel NVwZ 1987, 898.
[153] Dazu näher *Tegethoff,* Das neue Verwaltungszustellungsrecht, JA 2007, 131 ff.

gung, Einwurf in den Briefkasten, Telefax, postalische Übermittlung oder Zustellung bekanntgegeben werden.

556 Die **Folgen einer fehlerhaften (rechtswidrigen) Bekanntgabe** sind umstritten. Es wird vertreten, ein Verwaltungsakt, der unter Verstoß gegen die hierbei zu beachtenden Vorschriften bekanntgegeben wurde, sei unwirksam.[154] Nach dieser Auffassung handelt es sich sogar um einen Nicht-Verwaltungsakt.

557 Richtiger Auffassung nach bestimmt sich die Wirksamkeit eines Verwaltungsakts nur nach § 43 VwVfG. Solange der Verstoß gegen besondere bei der Bekanntgabe zu beachtende Vorschriften nicht zur Nichtigkeit nach § 44 VwVfG führt, verhindert er nicht die Wirksamkeit eines Verwaltungsakts, der gem. § 43 I VwVfG bekanntgegeben wurde.[155] Danach ist wie folgt zu unterscheiden:
(1) Liegt keine Bekanntgabe im Rechtssinn vor (wenn eine der in Rn. 552 genannten Voraussetzungen fehlt), handelt es sich um einen Nicht-Verwaltungsakt.
(2) Erfolgt die Bekanntgabe unter Verstoß gegen Rechtsvorschriften, die speziell die Bekanntgabe regeln, ist der Verwaltungsakt nur nichtig, wenn ein Nichtigkeitsgrund des § 44 I, II VwVfG vorliegt. In diesem Fall ist der Verwaltungsakt gem. § 43 III VwVfG unwirksam.

In vielen Fällen kann der Meinungsstreit über die Rechtsfolgen einer fehlerhaften Bekanntgabe aber auf sich beruhen. Denn nach § 8 VwZG kann auch ein Verstoß gegen zwingende Zustellungsvorschriften geheilt werden. Allerdings spricht diese Vorschrift für die hier vertretene Auffassung, dass nicht jede fehlerhafte Bekanntgabe von Verwaltungsakten zu deren Unwirksamkeit führt: Wenn die Nichtigkeit von Verwaltungsakten nicht geheilt werden kann (vgl. § 45 I VwVfG), muss dies auch für die Unwirksamkeit von Verwaltungsakten gelten (vgl. § 43 III VwVfG).

> Führt der Rechtsverstoß bei der Bekanntgabe nicht zur Nichtigkeit nach § 44 VwVfG, ist der Verwaltungsakt nur rechtswidrig, aber wirksam. Wurde der Rechtsverstoß nicht nach § 8 VwZG geheilt, beginnen keine Rechtsbehelfsfristen zu laufen.[156]

---

[154] *Ehlers*, in: Liber Amicorum H.-U. Erichsen, 2004, S. 6; *U. Stelkens*, in: Stelkens/Bonk/Sachs, § 41 Rn. 222; *Ule/Laubinger*, § 53 Rn. 10; *Peine*, Rn. 556; vgl. auch *Bitter*, NVwZ 1999, 144f.

[155] BVerwG NVwZ 1992, 565 f.; VGH Mannheim NVwZ-RR 1997, 582 f.; NVwZ-RR 1992, 396; *Maurer*, § 9 Rn. 67; *Erbguth*, § 13 Rn. 13; offenbar auch *Sodan/Ziekow*, GKÖR, § 81 Rn. 1.

[156] BVerwGE 112, 78 (79 f.); NVwZ 1989, 1173; *Kopp/Ramsauer*, § 41 Rn. 25; *Kopp/Schenke*, § 73 Rn. 22, 13 f.; (auch dazu, dass im Falle einer Heilung die Rechtsbehelfsfristen zu laufen beginnen); *Allesch*, BayVBl. 2000, 362; vgl. auch *Ule/Laubinger*, § 53

§ 10. Der Verwaltungsakt   181

Beispiele:
- Ein schriftlicher Verwaltungsakt wird dem Betroffenen formlos nach § 43 I VwVfG bekanntgegeben (Übermittlung durch einfachen Brief), obwohl die Zustellung gesetzlich vorgeschrieben ist. Es liegt eine Bekanntgabe im Rechtssinne des § 43 I VwVfG vor. Der Nichtigkeitsgrund des § 44 II Nr. 2 VwVfG ist nicht gegeben – diese Vorschrift betrifft nur Fälle, in denen die Aushändigung einer Urkunde einen unerlässlichen Teil des Verwaltungsakts selbst bildet, z.B. Aushändigung der Beamtenernennungsurkunde (*Kopp/Ramsauer*, § 44 Rn. 36f.). Damit ist der Verwaltungsakt zwar rechtswidrig, aber wirksam, BVerwG NVwZ 1992, 565f.; VGH Mannheim NVwZ – RR 1997, 582f.; NVwZ – RR 1992, 396; *Kopp/Schenke*, § 73 Rn. 22, 23: äußere Wirksamkeit; *Maurer*, § 9 Rn. 67; *Allesch*, BayVBl. 2000, 361f.; vgl. auch *Stuhlfauth*, in: Obermayer/Funke-Kaiser, § 41 Rn. 71ff., 77f.; a.A. BFHE 178, 105 ff.; 173, 213 ff. Eine Heilung nach § 8 VwZG kommt aber nur in Betracht, wenn die Behörde mit Zustellungswillen gehandelt hat (*Engelhardt/App*, VwVG, VwZG, 10. Aufl. 2014, § 8 VwZG Rn. 1 f.; *Sadler*, VwVG, VwZG, 9. Aufl. 2014, § 8 VwZG Rn. 29). Die Behörde hat schon dann mit Zustellungswillen gehandelt, wenn sie dem Empfänger das zuzustellende Dokument tatsächlich zuleitet, z.B. mit einfachem Brief (VGH Mannheim VBlWB 1998, 217; *Engelhardt/App*, a.a.O.; *Sadler*, a.a.O., § 8 VwZG Rn. 3, siehe aber auch Rn. 29). Bei einer nur mündlichen Bekanntgabe handelt die Behörde dagegen ohne Zustellungswillen. Eine Heilung nach § 8 VwZG ist dann ausgeschlossen.
- Bekanntgabe eines Verwaltungsakts, der gem. § 73 V AsylVfG **zuzustellen** war, durch Einwurfeinschreiben der Post. Diese Art der Bekanntgabe (Einwurfeinschreiben) genügte nicht den Anforderungen, die §§ 2 ff. VwZG an die Zustellung eines Schriftstücks stellen. Der Verwaltungsakt wurde deshalb **nicht wirksam zugestellt.** Der Verwaltungsakt als solcher ist aber nicht unwirksam, vielmehr beginnt nur die Rechtsbehelfsfrist für die Anfechtung des Verwaltungsakts nicht zu laufen (BVerwGE 112, 78/79 f.; *Kopp/Schenke*, § 73 Rn. 23; nach § 8 VwZG ist auch eine Heilung dieses Zustellungsmangels möglich, VGH München NVwZ-RR 2013, 789 f. zu einem ähnlichen Fall; *Sadler*, VwVG, VwZG, 9. Aufl. 2014, § 8 VwZG Rn. 3, siehe aber auch Rn. 28 f.).
- Mündliche Bekanntgabe eines Widerspruchsbescheides, der nach § 73 III VwGO förmlich zuzustellen ist. Die lediglich mündliche Mitteilung des (groben) Inhalts eines schriftlichen Verwaltungsakts, der auszuhändigen ist, und zwar in einem formalisierten Verfahren nach dem VwZG, ist offenkundig schwerwiegend fehlerhaft i.S.v. § 44 I VwVfG. Der Widerspruchsbescheid ist deshalb nichtig. Heilung nach § 8 VwZG ist ausgeschlossen (dazu erstes Beispiel).
- Öffentliche Bekanntgabe eines Verwaltungsakts, obwohl die Voraussetzungen für eine öffentliche Bekanntgabe nicht erfüllt waren und eine individuelle Bekanntgabe möglich war. Der Verwaltungsakt ist nichtig gem. § 44 I VwVfG (nach *Maurer*, § 9 Rn. 67 handelt es sich sogar um einen Nichtakt).

Bedingt die **fehlerhafte Bekanntgabe** nicht die Nichtexistenz oder die **558** Nichtigkeit des Verwaltungsakts, ist § 46 VwVfG anwendbar; bei Zustel-

---

Rn. 10. Beachte: Da im Falle einer Heilung nach § 8 VwZG die Rechtsbehelfsbelehrung – soweit überhaupt vorhanden – unrichtig ist, gilt nur die Jahresfrist des § 58 II VwGO, vgl. *Sadler*, VwVG, VwZG, 9. Aufl. 2014, VwZG, Einleitung Rn. 4.

lungsmängeln ist allerdings vorrangig zu prüfen, ob Heilung nach § 8 VwZG erfolgt ist.[157]

559 Wie bereits gesagt, ist ein Verwaltungsakt für einen Bürger nur dann **wirksam**, wenn er **ihm** bekanntgegeben wurde. Betrifft ein Verwaltungsakt mehrere Bürger, kann deshalb seine **Wirksamkeit differieren.** D. h., für Bürger A kann der Verwaltungsakt z. B. am 1.2. wirksam sein, für Bürger B am 1.3. und für Bürger C am 1.4.

560 Rechtlich existent ist der Verwaltungsakt aber bereits dann, wenn er auch nur einer Person bekanntgegeben wurde. D. h., von diesem Zeitpunkt kann er nicht nur von demjenigen, dem er bekanntgegeben wurde, sondern auch von Dritten angegriffen werden.

> Die gesetzlich vorgeschriebenen Rechtsbehelfsfristen beginnen aber für jeden Rechtsbehelfsführer gesondert mit der Bekanntgabe des Verwaltungsakts **ihm gegenüber** zu laufen, §§ 70 I, 74 I VwGO. Zu beachten ist zudem, dass im Falle einer ordnungsgemäßen Bekanntgabe, aber einer nicht ordnungsgemäßen Rechtsbehelfsbelehrung nach § 58 II VwGO eine Rechtsbehelfsfrist von einem Jahr gilt.

561 Dies führt zu Schwierigkeiten bei einem Verwaltungsakt, der eine Vielzahl von Personen betreffen kann.[158] Wenn eine öffentliche Bekanntgabe nach § 41 III, IV VwVfG nicht möglich ist, müsste er jedem einzelnen Betroffenen individuell bekanntgegeben werden. Das stößt nicht selten auf rechtliche und tatsächliche Schwierigkeiten. Nicht zuletzt deshalb ist der folgende Grundsatz nahezu einhellig anerkannt:

> Dritte, denen der Verwaltungsakt nicht bekanntgegeben wurde, können spätestens nach Ablauf eines Jahres – gerechnet von demjenigen Zeitpunkt an, zu dem sie von der Existenz des Verwaltungsakts Kenntnis erlangt hatten oder Kenntnis haben mussten – nicht mehr Widerspruch oder Anfechtungsklage erheben.[159] In diesem Fall ist das Anfechtungsrecht verwirkt. Die Verwirkung ist Folge des auch im öffentlichen Recht geltenden Grundsatzes von Treu und Glauben.

Beispiel: A hat eine Baugenehmigung beantragt. Sie wurde erteilt und ihm am 1. 2. 2015 bekanntgegeben. Den Nachbarn B und C wurde die Baugenehmigung nicht bekannt-

---

[157] Dazu näher *Kopp/Schenke*, § 73 Rn. 23a; *Engelhardt/App*, VwVG, VwZG, 10. Aufl. 2014, § 8 VwZG.
[158] Dazu BVerwG NJW 2010, 1686 ff.; *Pleiner*, NVwZ 2014, 776 ff.; vgl. auch Rn. 1357.
[159] BVerwGE 78, 85 (89 ff.); 44, 294 (299 f.); *Dolde/Porsch*, in: Schoch/Schneider/Bier, § 70 Rn. 20 ff.; *Kopp/Schenke*, § 74 Rn. 20.

gegeben. A teilt dem B (nicht auch dem C) am 1. 3. 2015 mit, dass er die Baugenehmigung erhalten habe und informiert B auch vom Inhalt der Baugenehmigung. A beginnt am 1. 3. 2016 mit den Bauarbeiten. Dies bemerkt auch C, der von der Baugenehmigung noch nichts wusste. B und C legen am 4. 4. 2016 gegen die Baugenehmigung Widerspruch gem. §§ 68 ff. VwGO ein. Wurden die Widersprüche fristgerecht eingelegt? Problematisch ist, ob die Widerspruchsfrist abgelaufen ist: Monatsfrist gem. § 70 I VwGO – Jahresfrist analog § 70 II i. V. m. § 58 II VwGO?

Existent und angreifbar für B und C ist die Baugenehmigung am 1. 2. 2015. Da die Baugenehmigung B und C nicht bekanntgegeben wurde, begann für sie überhaupt keine Widerspruchsfrist zu laufen. Auch eine analoge Anwendung von § 70 II i. V. m. § 58 II VwGO ist ausgeschlossen, da auch diese Vorschriften die Bekanntgabe des Verwaltungsakts an den Rechtsbehelfsführer voraussetzen und nur an eine unterbliebene oder fehlerhafte Rechtsbehelfsbelehrung anknüpfen.

Nach dem Grundsatz von Treu und Glauben haben B und C ihr Widerspruchsrecht aber spätestens ein Jahr nach Kenntniserlangung oder der sicheren Möglichkeit der Kenntniserlangung verwirkt. B hat am 1. 3. 2015 von der Baugenehmigung erfahren, sein Widerspruchsrecht ist deshalb jedenfalls im Zeitpunkt der Widerspruchseinlegung (4. 4. 2016) verwirkt. Für C musste sich erst mit Beginn der Bauarbeiten am 1. 3. 2016 die Möglichkeit einer Baugenehmigung aufdrängen. Er hat deshalb sein Widerspruchsrecht jedenfalls am 4. 4. 2016 noch nicht verwirkt.

Hinweis: In Prüfungsarbeiten darf auf Fragen der Bekanntgabe und Wirksamkeit eines Verwaltungsakts nur eingegangen werden, wenn insoweit tatsächlich Probleme bestehen.

Teilweise heftig umstritten ist die Bekanntgabe von Verkehrszeichen (§ 39 II StVO).[160] Verkehrszeichen sind Allgemeinverfügungen, und zwar benutzungsregelnde Allgemeinverfügungen gem. § 35 S. 2, 3. Var. VwVfG.[161] Nach zutreffender Rechtsprechung des BVerwG erfolgt die Bekanntgabe von Verkehrszeichen nach den bundesrechtlichen Vorschriften der StVO durch Aufstellen des Verkehrsschildes.[162] Die allgemeinen Vorschriften des § 41 III, IV VwVfG werden durch die speziellen Vorschriften der StVO, §§ 39 I, 45 IV StVO, verdrängt.[163]

Nach Auffassung des BVerwG erfolgt die Bekanntgabe des Verkehrszeichens aber gegenüber den einzelnen Verkehrsteilnehmern **individuell**, wenn sie sich das erste Mal dem Verkehrszeichen nähern und die konkrete

562

---

[160] Dazu ausführlich *U. Stelkens,* in: Stelkens/Bonk/Sachs, § 35 Rn. 330 ff.; *ders.,* NJW 2010, 1184 ff.; *Maurer,* in: FS W.-R. Schenke, 2011, S. 1013 ff.; *Beaucamp,* JA 2008, 612 ff.; zum Rechtsschutz gegen Verkehrszeichen zusammenfassend *Weidemann/Barthel,* JA 2014, 115 ff.
[161] Dazu bereits oben Rn. 471 m. w. N.
[162] BVerwGE 138, 21 Rn. 15; 130, 383 Rn. 21, 24 f.; 102, 316 (318); zur Klagebefugnis BVerwG DVBl. 2004, 518 f.
[163] BVerwGE 130, 383 Rn. 24 f.; ebenso *Beaucamp,* JA 2008, 613; noch offen lassend BVerwGE 102, 316 (318).

Möglichkeit der Kenntnisnahme haben.[164] Erst von diesem Zeitpunkt an sollen die Rechtsbehelfsfristen zu laufen beginnen.[165] Weil keine Rechtsbehelfsbelehrung erteilt wird, gilt für Widersprüche oder für sofortige Anfechtungsklagen (wenn ein Widerspruch gem. § 68 I 2 VwGO entfällt) eine Jahresfrist nach § 70 II i.V.m. § 58 II VwGO bzw. nach § 74 I 2 i.V.m. § 58 II VwGO. Missliche Konsequenz dieser Auffassung ist, dass für viele Verkehrsteilnehmer faktisch überhaupt keine Rechtsbehelfsfrist läuft: Sie brauchen nur zu behaupten, mit dem Verkehrszeichen noch nicht konfrontiert worden zu sein. Das Gegenteil lässt sich häufig nicht beweisen.

Richtiger Auffassung nach werden Verkehrszeichen mit dem Aufstellen öffentlich bekanntgegeben.[166] Die allgemeinen Vorschriften des § 41 III, IV VwVfG über die öffentliche Bekanntgabe werden durch die speziellen Vorschriften der StVO verdrängt.[167] Entgegen dem BVerwG kommt es auf die konkrete Möglichkeit der individuellen Kenntnisnahme des einzelnen Verkehrsteilnehmers nicht an. Die Jahresfrist des § 58 II VwGO für Rechtsbehelfe beginnt für alle Verkehrsteilnehmer zu laufen, wenn das Verkehrszeichen aufgestellt ist.[168] Nach Ablauf der Jahresfrist kommen nur noch ein Anspruch auf Wiederaufgreifen des Verfahrens nach § 51 VwVfG und ein Anspruch auf ermessensfehlerfreie Entscheidung über eine Aufhebung des Verwaltungsakts nach §§ 48, 49 VwVfG in Betracht.[169]

---

[164] Unmissverständlich BVerwGE 138, 21 Rn. 18: „Das Verkehrsge- oder –verbot, das dem Verkehrsteilnehmer bei seinem ersten Herannahen bekannt gemacht wurde" (im Widerspruch zu Rn. 17); anders dagegen die Deutung von *U. Stelkens,* in: Stelkens/Bonk/Sachs, § 35 Rn. 333a f.; *Windoffer,* in: Mann/Sennekamp/Uechtritz, § 35 Rn. 142 mit Kritik an der dogmatischen Inkonsequenz des BVerwG.

[165] BVerwGE 138, 21 Rn. 16; ebenso BVerwGE 59, 221 (226); VGH Kassel NZV 2008, 424; OVG Lüneburg NJW 2007, 1610; OVG Hamburg NVwZ 2003, 532; *Kopp/Schenke,* § 70 Rn. 6a; *Maurer,* in: FS W.-R. Schenke, 2011, S. 1020 f.; *Beaucamp,* JA 2008, 615; *Rebler,* BayVBl. 2004, 555; vgl. auch *Schoch,* Jura 2011, 26 f.

[166] *U. Stelkens,* in: Stelkens/Bonk/Sachs, § 35 Rn. 332a; „besondere Form der öffentlichen Bekanntmachung", so BVerwGE 102, 316 (318); insoweit auch BVerwGE 138, 21 Rn. 17 (im Widerspruch zu Rn. 18); *Ehlers,* JZ 2011, 156.

[167] BVerwGE 130, 383 Rn. 24 f.

[168] VGH BaWü JZ 2009, 738 Rn. 5 m. abl. Anm. *Bitter/Goos* (aufgehoben von BVerfGK BayVBl. 2010, 212 ff. wegen Nichtzulassung der Berufung); VGH Kassel NJW 1999, 2057; NJW 1999, 1651; *Kopp/Ramsauer,* § 35 Rn. 174; *Gornig,* Die sachbezogene hoheitliche Maßnahme, 1985, S. 174 f.; *Ehlers,* JZ 2011, 156 f.; *Hansen/Meyer,* NJW 1998, 285; dafür auch *U. Stelkens,* in: Stelkens/Bonk/Sachs, § 35 Rn. 333 f.

[169] Ebenso VGH BaWü VBlBW 2010, 115 ff. (die Klage war sogar erfolgreich); JZ 2009, 738 Rn. 6; *Kopp/Ramsauer,* § 35 Rn. 174; *U. Stelkens,* in: Stelkens/Bonk/Sachs, § 35 Rn. 333; *ders.,* NJW 2010, 1185 f.; *Ehlers,* JZ 2011, 157; in diese Richtung auch VGH Kassel NJW 1999, 2057 (dazu ablehnend *Bitter/Konow,* NJW 2001, 1386 ff.); *Windoffer,* in: Mann/Sennekamp/Uechtritz, § 35 Rn. 142 (mit Ermessensreduzierung auf Null).

3. Bestandskraft

Eine vor allem für den Bürger wichtige Eigenschaft von Verwaltungsakten besteht darin, dass sie, wenn sie erst einmal wirksam sind, auch dann nicht nichtig sind, wenn sie rechtswidrig sind. D. h., **ein rechtswidriger, aber wirksamer Verwaltungsakt muss grundsätzlich befolgt werden.** Hierin besteht ein wesentlicher Unterschied zu Gesetzen. Rechtswidrige Gesetze sind grundsätzlich nichtig. 563

Gegen einen rechtswidrigen Verwaltungsakt kann sich der Betroffene mit den im Gesetz vorgesehenen Rechtsbehelfen wehren (vor allem Widerspruch und Anfechtungsklage). Unternimmt er jedoch nichts und lässt die gesetzlich normierten Rechtsbehelfsfristen verstreichen, erwächst der Verwaltungsakt trotz seiner Rechtswidrigkeit in **Bestandskraft (nicht in Rechtskraft,** wie in Verkennung der grundlegenden Unterschiede zwischen gerichtlichen und behördlichen Entscheidungen z. T. gesagt wird).

Ist ein **Verwaltungsakt bestandskräftig geworden, kann er mit ordentlichen Rechtsbehelfen grundsätzlich nicht mehr mit Aussicht auf Erfolg angegriffen werden.** Die Behörde kann dann auch einen rechtswidrigen Verwaltungsakt im Wege der Zwangsvollstreckung durchsetzen. 564

Ist der Verwaltungsakt bestandskräftig geworden, bestehen vor allem noch folgende zwei Möglichkeiten, seine Aufhebung durchzusetzen: 565
- Weg des § 51 VwVfG (Wiederaufgreifen des Verfahrens)
- Weg der §§ 48, 49 VwVfG (Rücknahme und Widerruf von Verwaltungsakten)

In beiden Fällen bedeutet allein die Rechtswidrigkeit des Verwaltungsakts aber keineswegs, dass die Behörde den Verwaltungsakt aufheben muss und dass ein hierauf gerichteter Anspruch besteht.[170] 566

> **Beachte:** Nichtige Verwaltungsakte sind gem. § 43 III VwVfG unwirksam und können deshalb auch nicht bestandskräftig werden. **Nichtigkeit ist gesteigerte Rechtswidrigkeit** und liegt nur in den seltenen Fällen des § 44 I, II VwVfG vor.[171] 567

Zum Teil wird zwischen **formeller und materieller Bestandskraft** von Verwaltungsakten unterschieden. Unter **formeller Bestandskraft** versteht man – wie oben erläutert – die **Unanfechtbarkeit des Verwaltungsakts.** Der **materiellen Bestandskraft** wird die Bindungs-, Tatbe- 568

---
[170] Dazu genauer Rn. 734 ff., 766 ff.
[171] Dazu Rn. 613 ff.

stands- und Feststellungswirkung von Verwaltungsakten zugerechnet. Hierbei handelt es sich aber um Folgen der **Wirksamkeit von Verwaltungsakten.**[172]

V. Rechtmäßigkeitsvoraussetzungen

569 Ein Verwaltungsakt ist nur rechtmäßig, wenn er in jeder Hinsicht dem geltenden Recht entspricht.[173] Nicht nur rechtswidrig, sondern auch nichtig ist er aber nur unter den seltenen Voraussetzungen des § 44 VwVfG. Zu unterscheiden ist zwischen **formeller**[174] **und materieller Rechtmäßigkeit.** Häufig enthält die Ermächtigungsgrundlage des Verwaltungsakts (formelles Gesetz, Rechtsverordnung oder Satzung) Vorgaben für seine formelle Rechtmäßigkeit. Deshalb muss vorab geklärt werden, auf welcher Ermächtigungsgrundlage der Verwaltungsakt beruht.

1. Ermächtigungsgrundlage

570 Kommen mehrere Ermächtigungsgrundlagen für den Verwaltungsakt in Betracht – insbesondere verschiedene formelle Gesetze –, muss geprüft werden, welche Ermächtigungsgrundlage tatsächlich einschlägig ist;[175] anderenfalls hängen die nachfolgenden Ausführungen in der Luft. Es darf aber noch nicht geprüft werden, ob der Verwaltungsakt **tatsächlich** von derjenigen Ermächtigungsgrundlage gedeckt ist, die für einschlägig erachtet wurde. Dies ist nämlich erst eine Frage der **materiellen Rechtmäßigkeit** des Verwaltungsakts. Es ist deshalb lediglich zu entscheiden, ob die in Frage kommende Ermächtigungsgrundlage für den vorliegenden Fall überhaupt passt, ob sie also **generell derartige Verwaltungsakte** deckt.

571 Bisweilen wird auch schon an dieser Stelle geprüft, ob die gefundene Ermächtigungsgrundlage rechtmäßig (verfassungsmäßig) ist.[176] Dafür spricht, dass eine rechtswidrige Ermächtigungsgrundlage prinzipiell nichtig und keine taugliche Ermächtigungsgrundlage ist. Ist die Ermächtigungsgrundlage rechtswidrig, ist der auf ihr beruhende Verwaltungsakt grundsätzlich materiell rechtswidrig (prinzipiell nicht nichtig, vgl. § 44 VwVfG). Gegen eine vorgezogene Prüfung der Rechtmäßigkeit der Ermächtigungsgrundlage

---

[172] Oben Rn. 542 ff.; ebenso *Kopp/Ramsauer,* § 43 Rn. 14 f., 16 ff., 26 ff.

[173] Zu den einzelnen Prüfungspunkten etwa *Maurer,* § 10 Rn. 9 ff.; *Peine,* Rn. 559 ff.; *Mayer/Kopp,* § 12.

[174] Zur Bedeutung der formellen Rechtmäßigkeit *Sachs,* VerwArch. 97 (2006), 573 ff.; vgl. auch Rn. 1377.

[175] Näher speziell zum Polizei- und Ordnungsrecht *Büscher,* JA 2010, 719 ff.

[176] *Sproll* II, § 10 Rn. 44; *Peine,* Rn. 761, I 3.

§ 10. Der Verwaltungsakt

spricht aber, dass hierdurch wesentliche Aspekte der materiellen Rechtmäßigkeit des Verwaltungsakts vor der Prüfung seiner formellen Rechtmäßigkeit erörtert würden.

Falls der Verwaltungsakt auf einer **Rechtsverordnung oder Satzung** beruht, muss geprüft werden, ob sich die Rechtsverordnung oder Satzung auf ein formelles Gesetz stützt. Es ist stets zu prüfen, ob der Verwaltungsakt auf ein **formelles Gesetz rückführbar** ist.

Existiert kein formelles Gesetz, das den Erlass derartiger Verwaltungsakte rechtfertigt, ist die Frage, ob ein formelles Gesetz überhaupt erforderlich ist, an dieser Stelle noch nicht zu erörtern. Denn diese Frage ist ein Aspekt der materiellen Rechtmäßigkeit des Verwaltungsakts.[177] Gleiches gilt, wenn überhaupt keine Rechtsvorschrift existiert, die den Erlass derartiger Verwaltungsakte deckt, also auch keine Rechtsverordnung oder Satzung. 572

2. Formelle Rechtmäßigkeit

> **Hinweis:** In **Prüfungsarbeiten** dürfen die einzelnen Voraussetzungen der **formellen** Rechtmäßigkeit eines Verwaltungsakts nicht „abgeklappert" werden. Auf die formelle Rechtmäßigkeit ist nur einzugehen, wenn der Sachverhalt entsprechende Hinweise und Angaben enthält. Ansonsten, und das ist häufig der Fall, darf die formelle Rechtmäßigkeit des Verwaltungsakts unterstellt werden. 573

a) Zuständigkeiten

Der Verwaltungsakt muss von der zuständigen Behörde erlassen worden sein. Unterschieden wird zwischen vier verschiedenen Zuständigkeiten.

aa) Örtliche Zuständigkeit

Die örtliche Zuständigkeit bestimmt den **räumlichen Tätigkeitsbereich** der Behörde, ob also z. B. die Behörde in der Stadt X oder die Behörde in der Stadt Y zuständig ist. Neben § 3 VwVfG sind zahlreiche Spezialgesetze zu beachten, in denen die örtliche Zuständigkeit abweichend geregelt sein kann.[178] 574

---

[177] Dazu Rn. 588 ff.
[178] Vgl. §§ 100 ff. HSOG zur örtlichen Zuständigkeit der hessischen Gefahrenabwehrbehörden und Polizeidienststellen.

bb) Sachliche Zuständigkeit

575 Die sachliche Zuständigkeit bestimmt, welche **Sachaufgaben** von welcher Behörde wahrgenommen werden. Die sachliche Zuständigkeit ist nicht im VwVfG, sondern in speziellen Gesetzen geregelt.

> **Beispiel:** Die hessischen Gefahrenabwehr- und Polizeibehörden sind nach § 1 I 1 HSOG sachlich zuständig für die Gefahrenabwehr (Bestimmung der Aufgaben). Die Polizei- und Sicherheitsgesetze der anderen Bundesländer enthalten ähnliche Bestimmungen.

cc) Instantielle Zuständigkeit

576 Die Vorschriften über die instantielle Zuständigkeit bestimmen, welche Behörde im Rahmen des **mehrstufigen Behördenaufbaus** zuständig ist. So ordnet etwa § 73 I 2 Nr. 1 VwGO an, dass den Widerspruchsbescheid grundsätzlich „die nächsthöhere Behörde" erlässt.

dd) Funktionelle Zuständigkeit

577 Die funktionelle Zuständigkeit betrifft die Frage, welcher konkrete Amtswalter oder Sachbearbeiter innerhalb einer Behörde eine bestimmte Aufgabe erfüllen muss. Diese Zuständigkeit ist in der Regel durch Verwaltungsvorschriften[179] – in diesem Zusammenhang durch Geschäftsverteilungspläne – geregelt. Diese Vorschriften begründen keine Rechte und Pflichten des Bürgers, sondern beschränken sich auf den behördeninternen Bereich. Verstöße gegen solche auf den behördeninternen Bereich beschränkte Zuständigkeitsvorschriften machen den Verwaltungsakt nicht rechtswidrig. In Prüfungsarbeiten muss deshalb auf die funktionelle Zuständigkeit grundsätzlich nicht eingegangen werden.

578 Anders verhält es sich nur dann, wenn in Rechtsvorschriften mit Außenwirkung – vor allem Rechtsverordnungen und formellen Gesetze – die behördeninterne Zuständigkeit ausdrücklich geregelt ist.[180]

> **Beispiele:**
> - § 27 II VwVfG (Aufnahme eidesstattlicher Versicherungen)
> - § 61 I 2 VwVfG (behördliche Unterwerfungserklärungen in öffentlich-rechtlichen Verträgen)

b) Verfahren – Verfahrensvorschriften

579 Verschiedene Vorschriften des VwVfG regeln den Verfahrensablauf, in dem der Verwaltungsakt zustande kommt. Prüfungsrelevant ist hin und wieder das Anhörungserfordernis nach § 28 VwVfG. Um den Gliederungs-

---

[179] Dazu Rn. 852 ff.
[180] Dazu *Kopp/Ramsauer*, § 3 Rn. 16 f.; *Ule/Laubinger*, § 10 Rn. 10.

§ 10. Der Verwaltungsakt   189

punkt „Rechtmäßigkeitsvoraussetzungen eines Verwaltungsakts" nicht zu
überfrachten, wird auf Einzelheiten des Verwaltungsverfahrens in einem
besonderen Abschnitt[181] eingegangen.

c) Form

Die allgemeinen Formvorschriften enthält § 37 II–V VwVfG. Eine be- **580**
sondere Form ist danach nicht vorgeschrieben. Zu beachten ist, dass Verwaltungsakte auch elektronisch (E-Mail), **mündlich oder konkludent**
– etwa durch Handzeichen (§ 37 II 1 VwVfG: „in anderer Weise") – erlassen werden können. Spezielle Vorschriften, vor allem außerhalb des
VwVfG, können darüber hinausgehende Formerfordernisse statuieren.

Beispiele:
- Beamtenernennung durch **Aushändigung einer bestimmten Urkunde**, § 10 II BBG
- Einbürgerung (= VA) durch **Aushändigung einer bestimmten Urkunde**, § 16 I 1 StAG
- **Schriftform** bei Verwaltungsakten, die ein förmliches Verfahren abschließen, § 69 II 1 VwVfG

d) Ordnungsgemäße Bekanntgabe

Wurde der Verwaltungsakt überhaupt nicht bekanntgegeben, existiert er **581**
im Rechtssinne nicht, § 43 I 2 VwVfG. Wurde er dagegen einem Betroffenen behördlicherseits eröffnet, d.h. bekanntgegeben,[182] existiert er. Die
Frage, ob der Verwaltungsakt auch so, wie es gesetzlich vorgeschrieben ist,
(ordnungsgemäß) bekanntgegeben wurde, ist dann nach der hier vertretenen Auffassung eine Frage der formellen Rechtmäßigkeit.[183]

Nochmals zu den Arten (Formen) der Bekanntgabe:[184]   **582**
- formlose Bekanntgabe: z.B. mündlich, telefonisch, durch Telegramm, Fernschreiben, Telefax, Teletext, E-Mail (§ 3a II VwVfG) oder konkludent
- Aufgabe zur Post, § 41 II VwVfG: betrifft nur einfache Briefe[185]
- öffentliche Bekanntgabe, § 41 III, IV VwVfG
- mittels Zustellung, § 41 V VwVfG, §§ 2 ff. VwZG

Beachte: Wurde der Verwaltungsakt nicht ordnungsgemäß bekanntgege- **583**
ben, führt dieser Rechtsverstoß nicht zu seiner Nichtigkeit[186] und ist er

---

[181] Rn. 940 ff., 947 ff.
[182] Vgl. *Kopp/Ramsauer*, § 41 Rn. 6.
[183] Oben Rn. 556 ff.; ebenso *Faber*, Verwaltungsrecht, 4. Aufl. 1995, § 21 I b 3. (S. 203 f.); *Schwerdtfeger/Schwerdtfeger*, Rn. 64, 68; *Sproll* II, § 10 Rn. 72 (Prüfungsaufbau II 2); vgl. auch *Stober*, in: Wolff/Bachof I, § 48 Rn. 11 einerseits und Rn. 19 a.E. andererseits.
[184] Dazu bereits oben Rn. 555.
[185] *Kopp/Ramsauer*, § 41 Rn. 38.

nicht nach § 8 VwZG geheilt, beginnen keine Rechtsbehelfsfristen zu laufen.[187] Zu denken ist aber an eine analoge Anwendung in § 58 II VwGO oder an eine Verwirkung der Rechtsbehelfsmöglichkeit (ein Jahr nach Kenntniserlangung).

e) Begründung

584 § 39 I 1 VwVfG bestimmt, dass nur **schriftliche oder elektronische sowie schriftlich oder elektronisch bestätigte** Verwaltungsakte **zu begründen** sind. Andere Verwaltungsakte müssen damit nicht begründet werden. Allerdings kann der Betroffene unter den Voraussetzungen von § 37 II 2 VwVfG verlangen, dass ein mündlicher Verwaltungsakt schriftlich oder elektronisch bestätigt wird. Dann gilt auch wieder das Begründungserfordernis des § 39 I VwVfG.

585 § 39 I 2, 3 VwVfG enthält einige wenige inhaltliche Vorgaben, die von der Behörde bei ihrer Begründung zu beachten sind. § 39 II VwVfG bestimmt, welche (schriftlichen oder elektronischen) Verwaltungsakte nicht begründet werden müssen.

f) Rechtsbehelfsbelehrung

586 Manche Rechtsvorschriften schreiben vor, dass Verwaltungsakte eine Belehrung über die einschlägigen Rechtsbehelfe enthalten müssen, so z.B. § 37 VI VwVfG für anfechtbare schriftliche oder elektronische Verwaltungsakte oder § 73 III 1 VwGO für Widerspruchsbescheide. Hier ist aber zu beachten, dass eine unterbliebene oder unrichtige Belehrung nicht zur Rechtswidrigkeit des Verwaltungsakts führt, sondern sich gem. § 58 II VwGO nur auf die Rechtsbehelfsfristen auswirkt: Einlegung eines Rechtsbehelfs grundsätzlich innerhalb eines Jahres (statt der Monatsfrist der §§ 70 I, 74 I VwGO). Zu denken ist auch an Amtshaftungsansprüche.

587 Die Fristbestimmung des § 58 VwGO gilt übrigens für **alle Verwaltungsakte,** also auch für solche, die von Gesetzes wegen keine Rechtsbehelfsbelehrung enthalten müssen.

In diesem Zusammenhang ist darauf hinzuweisen, dass für mündlich oder konkludent erlassene Verwaltungsakte in aller Regel die Jahresfrist des § 58 II VwGO gilt, da diese Verwaltungsakte keine schriftliche Rechtsbehelfsbelehrung – vgl. § 58 I VwGO – enthalten.

---

[186] Dazu Rn. 557, 613 ff.
[187] Dazu bereits oben Rn. 557 f.

g) Weitere formelle Rechtmäßigkeitsvoraussetzungen?

Als formelle Rechtmäßigkeitsvoraussetzungen werden z.T. auch allgemeine Verfahrens- und Rechtsgrundsätze wie Verhältnismäßigkeit, Gleichbehandlung und Rechtssicherheit charakterisiert.[188] Hierbei handelt es sich jedoch um materielle Rechtmäßigkeitsvoraussetzungen. Gleiches gilt für den Bestimmtheitsgrundsatz.[189]

3. Materielle Rechtmäßigkeit

a) Verfassungsmäßige formell-gesetzliche Grundlage

Beruht der Verwaltungsakt unmittelbar auf einem formellen Gesetz, ist er nur rechtmäßig, wenn das Gesetz verfassungsmäßig ist. An dieser Stelle ist deshalb die formelle und materielle Verfassungsmäßigkeit des Gesetzes zu prüfen. Zur Frage der formellen Verfassungsmäßigkeit gehört insbesondere, dass die verfassungsrechtlichen Vorschriften über die Verteilung der Gesetzgebungskompetenzen und über das Gesetzgebungsverfahren beachtet worden sind. Zur materiellen Verfassungsmäßigkeit des Gesetzes gehört vor allem seine Übereinstimmung mit den Grundrechten und allgemeinen Verfassungsprinzipien.

588

Beruht der Verwaltungsakt auf einer Rechtsverordnung oder Satzung, muss wie folgt geprüft werden:
- Existenz eines zum Verordnungs- bzw. Satzungserlass ermächtigenden formellen Gesetzes
- Formelle Rechtmäßigkeit der Rechtsverordnung/Satzung, wie insbesondere Zuständigkeit der erlassenden Stelle und ordnungsgemäße Bekanntmachung
- Materielle Rechtmäßigkeit der Rechtsverordnung/Satzung
  - Formelle Verfassungsmäßigkeit des zum Verordnungs- bzw. Satzungserlass ermächtigenden Gesetzes
  - Materielle Verfassungsmäßigkeit des ermächtigenden Gesetzes
  - Übereinstimmung der Rechtsverordnung mit dem Gesetz
  - Übereinstimmung der Rechtsverordnung/Satzung mit sonstigem höherrangigen Recht wie insbesondere Verfassungsrecht, aber auch einfachem Gesetzesrecht

Hinweis: Z. T. wird zunächst geprüft, ob der Verwaltungsakt von der Ermächtigungsgrundlage überhaupt gedeckt ist.[190] Dieser Aufbau ist eben-

---

[188] *Peine*, Rn. 574.
[189] BVerwG NJW 1968, 1843; *Peine*, Rn. 666 (anders aber Rn. 761 II 3); a.A. *Schwerdtfeger/Schwerdtfeger*, Rn. 68; *Mayer/Kopp*, S. 209.
[190] *Bull/Mehde*, Rn. 1245, Gliederungspunkt I 3 b aa und die ausdrückliche Empfehlung nach Gliederungspunkt I 4.

falls möglich. Denn wenn der Verwaltungsakt schon nicht den Tatbestand des in Rede stehenden Gesetzes erfüllt, kommt es auf die Frage seiner Rechtmäßigkeit gar nicht mehr an. Der Aufbau sollte sich deshalb nach den besonderen Anforderungen des Falles richten. Ist der Verwaltungsakt von der einzig in Betracht kommenden Ermächtigungsgrundlage ersichtlich nicht gedeckt, wäre es verfehlt, vorher ausführlich deren Verfassungsmäßigkeit zu prüfen.

b) Erfordernis einer Ermächtigungsgrundlage

589   Existiert kein formelles Gesetz, auf das derartige Verwaltungsakte rückführbar sein könnten, stellt sich die Frage, ob eine formell-gesetzliche Ermächtigungsgrundlage überhaupt erforderlich ist. Gibt es dagegen ein solches formelles Gesetz, stellt sich diese Frage nicht. Selbst wenn ein formelles Gesetz nicht erforderlich sein sollte, änderte dies nichts daran, dass der auf ihm beruhende Verwaltungsakt nur rechtmäßig ist, wenn das Gesetz verfassungsmäßig ist. Bei der Beantwortung der Frage nach dem Erfordernis eines formellen ermächtigenden Gesetzes ist zu unterscheiden.

aa) Eingriffsverwaltung

590   Belastende Verwaltungsakte bedürfen nach dem **Grundsatz vom Vorbehalt des Gesetzes einer formell-gesetzlichen Grundlage**.[191] In diesem formellen Gesetz müssen auch die **wesentlichen Eingriffsvoraussetzungen** normiert sein; dies folgt aus dem Parlamentsvorbehalt i. V. m. der bundesverfassungsgerichtlichen Wesentlichkeitsrechtsprechung. Allerdings ist der formelle Gesetzgeber nicht daran gehindert, den Verordnungs- oder Satzungsgeber zur Regelung weiterer Eingriffsvoraussetzungen zu ermächtigen.

bb) Leistungsverwaltung

591   Schon von jeher ist es umstritten, ob die Verwaltung auch dann einer inhaltlich hinreichend bestimmten formell-gesetzlichen Ermächtigungsgrundlage bedarf, wenn sie nicht in Rechte der Bürger eingreift, sondern Leistungen gewährt. Dieser Fragenkomplex wurde bereits oben behandelt.[192] Um unnötige Wiederholungen zu vermeiden, wird hier lediglich auf die Konsequenzen hingewiesen:

Wird eine besondere formell-gesetzliche Ermächtigungsgrundlage verlangt und werden Leistungen durch Verwaltungsakt ohne eine solche Ermächtigungsgrundlage gewährt, ist der Verwaltungsakt schon aus diesem

---

[191] Dazu ausführlich Rn. 259 ff.
[192] Rn. 285 ff.

Grunde rechtswidrig. Er kann dann von Dritten, die in ihren Rechten betroffen sind – hieran wird es nach der sehr restriktiven Rechtsprechung allerdings häufig fehlen[193] –, angefochten werden. Wird auf das Erfordernis einer besonderen formell-gesetzlichen Ermächtigungsgrundlage verzichtet, gelten für den Bereich der Leistungsverwaltung die nachfolgenden Prüfpunkte nur eingeschränkt.

c) Verwaltungsaktbefugnis (VA-Befugnis)

Umstritten ist, ob und inwieweit der **formelle Gesetzgeber** die Behörde ermächtigt haben muss, sich gerade der Handlungsform des Verwaltungsakts zu bedienen. Denn es ist immerhin möglich, dass in einem Gesetz zwar die Pflichten der Bürger und die Rechte der Behörden geregelt sind, nicht aber die Frage, wie die Behörde ihre Rechte durchsetzen darf: Durch Verwaltungsakt oder durch Klageerhebung? Es geht also um die Frage der sog. **VA-Befugnis**.[194] 592

Die Beantwortung dieser Frage hat für den Bürger z.T. weitreichende Konsequenzen: Handelt die Behörde durch Verwaltungsakt, kann sie ihn für sofort vollziehbar erklären (vgl. § 80 II 1 Nr. 4 VwGO) und ihn sofort durchsetzen. Außerdem wird der Bürger in die Rolle des Verteidigers gedrängt und muss geeignete Maßnahmen zur Abwehr des Verwaltungsakts ergreifen. Soweit allein schon die Inanspruchnahme der Handlungsform des Verwaltungsakts für den Bürger mit Belastungen verbunden ist – das ist **jedenfalls im Bereich der Eingriffsverwaltung** der Fall –, braucht die Behörde eine gesetzliche VA-Befugnis.[195] Dies folgt aus dem Grundsatz vom Vorbehalt des Gesetzes. 593

Erlässt die Behörde einen Verwaltungsakt, obwohl sie keine gesetzliche VA-Befugnis hat, ist der Verwaltungsakt schon allein deshalb rechtswidrig und kann von einem Bürger, der in seinen Rechten betroffen ist, erfolgreich angefochten werden.[196] Im Rahmen eines Rechtsgutachtens (Klausur) muss aber wie sonst auch weiter geprüft werden, und zwar nicht nur hilfsgutachtlich, ob der Verwaltungsakt auch noch aus anderen Gründen rechtswidrig ist. 594

---

[193] Nw. Rn. 287 Fn. 44.
[194] Dazu aufführlich *Schoch*, Jura 2010, 670 ff.; *v. Mutius*, in: Liber Amicorum H.-U. Erichsen, 2004, S. 135 ff.
[195] BVerwG NJW 2013, 405 Rn. 11 (BVerwGE 139, 125 Rn. 16 argumentiert gegenteilig, wendet aber § 49a I 2 VwVfG an); ThürOVG DVBl. 2010, 1042 f.; NdsOVG NdsVBl. 2008, 227; VGH Bad.-Württ. VBlBW 2007, 351; BayVGH BayVBl. 2005, 183.
[196] ThürOVG DVBl. 2011, 242 f.; OVG Lüneburg NVwZ-RR 1999, 741 (743); *Schoch*, Jura 2010, 677.

595 § 35 VwVfG verleiht der Behörde jedenfalls keine VA-Befugnis. Er definiert nur den Verwaltungsakt, regelt aber nicht, wann die Behörde Verwaltungsakte erlassen darf.

In seltenen Fällen ermächtigen gesetzliche Vorschriften die Behörden **ausdrücklich** zum Erlass von Verwaltungsakten. So verhält es sich z.B. bei § 49a I 2 VwVfG. Nach dieser Vorschrift hat die Behörde ihren gem. § 49a I 1 VwVfG bestehenden öffentlich-rechtlichen Erstattungsanspruch gegen den Bürger durch Verwaltungsakt geltend zu machen.

596 Weiterhin steht der Behörde auch dann unstreitig die VA-Befugnis zu, wenn gesetzliche Vorschriften zwar nicht den Terminus Verwaltungsakt verwenden, aber die Behörde ermächtigen, bestimmte belastende Maßnahmen gegenüber dem Bürger anzuordnen. Das ist so z.B. im Polizei- und Sicherheitsrecht häufig der Fall.

Beispiele:
- Befugnis zur Vorladung, § 30 HSOG
- Befugnis zur Platzverweisung, § 31 HSOG
- allgemeine Befugnis zu Maßnahmen der Gefahrenabwehr, § 11 HSOG

597 Räumen die einschlägigen gesetzlichen Vorschriften der Behörde nicht derart eindeutig die VA-Befugnis ein, kann diese auch **durch Auslegung ermittelt werden.**[197] Danach ist die VA-Befugnis jedenfalls unter folgenden zwei Voraussetzungen anzunehmen:[198]
(1) Im formellen Gesetz muss der **Inhalt der Verwaltungstätigkeit** in einer Weise geregelt sein, die dem Vorbehalt des Gesetzes genügt.
(2) Dem formellen Gesetz muss sich entnehmen lassen, dass das Verhältnis zwischen Behörde und Bürger gerade in bezug auf die in Rede stehende **Fallgestaltung subordinationsrechtlich** ausgestaltet ist.[199]

598 Diese beiden Voraussetzungen sind in verschiedenen Vorschriften der Beamtengesetze erfüllt.[200]

Im **Bereich der Leistungsverwaltung** wird zwar die Frage des Erfordernisses einer formell-gesetzlichen Ermächtigungsgrundlage diskutiert,[201] soweit ersichtlich aber nicht die Frage der VA-Befugnis. Insoweit gilt folgendes:

---

[197] So ausdrücklich BVerwGE 72, 265 (268); 97, 117 (119); NJW 2013, 405 Rn. 12 ff.; NVwZ 1991, 267f.; VGH Bad.-Württ. VBlBW 2007, 351 (Analogie); sehr großzügig BayVGH BayVBl. 2005, 183; restriktiv dagegen ThürOVG DVBl. 2011, 242 f.; NdsOVG NdsVBl. 2008, 227.

[198] Vgl. BVerwGE 97, 117 (120f.) zu § 11 II BetrAVG; kritisch *Schoch*, Jura 2010, 673, 674 f.

[199] BVerwG NJW 2013, 405 Rn. 11.

[200] Dazu Rn. 601.

[201] Dazu oben Rn. 285 ff.

§ 10. Der Verwaltungsakt 195

(1) Wird eine formell-gesetzliche Ermächtigungsgrundlage mit der Begründung für entbehrlich erachtet, die Behörde greife durch die Gewährung von Leistungen nicht in Rechte der Bürger ein, kann konsequenterweise auch auf die Einräumung einer VA-Befugnis verzichtet werden. Denn die Inanspruchnahme der Handlungsform des Verwaltungsakts wirkt sich dann auch nicht belastend aus.

(2) Wird eine formell-gesetzliche Ermächtigungsgrundlage verlangt und ermächtigt der formelle Gesetzgeber die Behörde in einem entsprechenden Gesetz zur Leistungsgewährung, impliziert dies zugleich die VA-Befugnis, soweit sie überhaupt erforderlich ist. Entweder wird die Leistung durch schlichtes (Verwaltungs-)Handeln[202] erbracht (z.B. bloße Auszahlung von Geld); dann erübrigt sich die Frage nach der VA-Befugnis. Oder die Leistung wird durch einen förmlichen Bewilligungsbescheid gewährt; dann steht als einzig mögliche behördliche Handlungsform nur der Verwaltungsakt zur Verfügung. Eine gesetzlich eingeräumte Befugnis zur förmlichen Leistungsbewilligung schließt deshalb die VA-Befugnis zwingend ein.

Beachte: In Prüfungsarbeiten muss auf die VA-Befugnis nur selten eingegangen werden. Existieren gesetzliche Vorschriften, die die Rechte und Pflichten der Bürger regeln, kann zumeist stillschweigend auf die behördliche VA-Befugnis zur Durchsetzung der den Bürgern obliegenden Pflichten geschlossen werden.[203]   599

Prüfungsrelevant und erörterungsbedürftig ist die Frage der VA-Befugnis vor allem in **folgenden Fällen:**
(1) **Öffentlich-rechtliche Verträge:** Die Behörde darf ihre vertraglichen Ansprüche, Ansprüche auf Rückgewähr vertraglicher Leistungen sowie Ansprüche auf Rückabwicklung öffentlich-rechtlicher Verträge grundsätzlich nicht durch Verwaltungsakt geltend machen;[204] dies gilt erst recht für die Durchsetzung von Ansprüchen aus privatrechtlichen Verträgen.[205] Etwas anderes gilt, wenn eine entsprechende ausdrückliche gesetzliche Ermächtigung existiert.[206]   600

---

[202] Dazu unten Rn. 885 ff.
[203] Siehe aber auch OVG Lüneburg NVwZ-RR 1999, 742 f., das die VA-Befugnis für die Geltendmachung eines behördlichen Anspruchs aus GoA verneinte.
[204] BVerwGE 50, 171 (173 ff.); 59, 60 (62 ff.); DVBl. 2006, 119; ThürOVG DVBl. 2010, 1042 f.; *Detterbeck,* in: Detterbeck/Windthorst/Sproll, § 27 Rn. 10; a. A. *Payandeh,* DÖV 2012, 590 ff.
[205] Dazu auch Rn. 602.
[206] BVerwGE 89, 345 (348); die Ermächtigung kann auch in einer Rechtsverordnung oder Satzung enthalten sein, wenn diese sich auf eine ausreichende formell-gesetzliche Ermächtigungsgrundlage stützen.

Die behördliche VA-Befugnis besteht außerdem, wenn die **vertragliche** Leistung durch Verwaltungsakt gewährt wurde und wenn der Behörde die geschriebene oder ungeschriebene Befugnis zur Aufhebung dieses Verwaltungsakts zusteht; in diesem Fall schließt die VA-Aufhebungsbefugnis auch die VA-Befugnis zum Erlass eines Leistungsbescheides (Rückforderungsbescheides) ein.[207] Ist im Rahmen vertraglicher Rechtsverhältnisse § 49a I VwVfG anwendbar, besteht die behördliche VA-Befugnis schon nach § 49a I 2 VwVfG.

Hat die Behörde keine VA-Befugnis, darf sie ihre nach materiellem Recht bestehenden Ansprüche auch dann nicht durch Verwaltungsakt durchsetzen[208], wenn sie EU-rechtlich zur sofortigen Rückforderung verpflichtet ist.[209] Die Behörde ist vielmehr auf die Erhebung einer allgemeinen Leistungsklage angewiesen. Der Erlass eines Verwaltungsakts verstieße gegen den aus dem Rechtsstaatsprinzip (Art. 20 III GG) folgenden Grundsatz des Vorbehalts des Gesetzes. Er wird wegen Art. 23 I 3 i.V.m. Art. 79 III GG auch nicht durch den Anwendungsvorrang des EU-Rechts durchbrochen.[210] Dem EU-Recht selbst kann eine VA-Befugnis nicht entnommen werden.[211]

601 (2) **Beamtenrechtsverhältnisse:** Hier geht es um Fallkonstellationen, in denen dem Dienstherrn gegen den Beamten **gesetzlich normierte materielle Ansprüche** zustehen, aber die Form der behördlichen Durchsetzung dieser Ansprüche nicht bestimmt ist.

Beispiele:
- Behördlicher Anspruch auf Rückerstattung überbezahlter Dienstbezüge gem. § 12 II BBesG (dazu *Bethge/Detterbeck*, JuS 1991, 226 ff.)
- Schadensersatzansprüche des Dienstherrn gegen den Beamten aus Dienstpflichtverletzungen gem. § 48 BeamtStG

Hier kann die behördliche VA-Befugnis auf die durchgängige subordinationsrechtliche Ausgestaltung des gesamten Beamtenverhältnisses gestützt werden.[212]

---

[207] Vgl. BVerwG DVBl. 1978, 213; DVBl. 1999, 537 f.; *Detterbeck*, in: Detterbeck/Windthorst/Sproll, § 27 Rn. 10; vgl. auch BVerwGE 59, 60 (65).

[208] Und ihn auch nicht gem. § 80 II 1 Nr. 4 VwGO für sofort vollziehbar erklären.

[209] So aber OVG Berlin-Brandenburg NVwZ 2006, 104 ff. zur Rückforderung der aufgrund eines privatrechtlichen (!) Vertrages gewährten Leistung; zustimmend *Rosenfeld/Sellner*, EuZW 2007, 60 f.; dagegen zu Recht ThürOVG DVBl. 2011, 244; *Ludwigs*, NVwZ 2015, 1332; *ders.*, Jura 2007, 612 ff.; *Rennert*, EuZW 2011, 581; *Schoch*, Jura 2010, 676; *Goldmann*, Jura 2008, 279 ff.; *Vögler*, NVwZ 2007, 294 ff.; dazu auch Rn. 602 a.E.

[210] Diese Möglichkeit andeutend aber EuGH EuZW 2014, 823 Rn. 55 – *Biria* m. Anm. *Karpenstein/Corzilius*.

[211] *Vögler*, NVwZ 2007, 297 f.

[212] So zum Anspruch auf Rückerstattung überbezahlter Dienstbezüge BVerwGE 28, 1 ff.; 71, 354 (357); *Bethge/Detterbeck*, JuS 1991, 227; ebenso zum Schadensersatzanspruch gem.

(3) **Subventionen:** Wurden Subventionen durch Verwaltungsakt bewilligt 602
und ausbezahlt und hat sich der Verwaltungsakt erledigt – vor allem
durch behördliche Aufhebung oder durch Eintritt einer auflösenden
Bedingung –, können sie auch durch Verwaltungsakt zurückgefordert
werden. Die Problematik der VA-Befugnis hat sich durch die vor einiger Zeit in das VwVfG eingefügten §§ 49 III, 49a I VwVfG weitgehend entschärft. Ist das VwVfG nicht – auch nicht entsprechend – anwendbar, muss die behördliche VA-Befugnis entweder aus der
behördlichen VA-Aufhebungsbefugnis abgeleitet werden,[213] oder es
muss allgemein auf die (umstrittene) **Kehrseitentheorie**[214] abgestellt
werden.
Anders verhält es sich dagegen, wenn die Behörde in Anwendung der
Zweistufentheorie[215] durch Verwaltungsakt ein Darlehen bewilligt und
auch die Darlehenskonditionen bestimmt hat, dann aber mit dem Bürger einen **privatrechtlichen Darlehensvertrag** geschlossen hat, auf
dessen Grundlage die Darlehensauszahlung erfolgte. Hier ist nach Auffassung des BVerwG zwischen Verwaltungsakt und privatrechtlichem
Darlehensvertrag zu trennen. Wird der Verwaltungsakt unwirksam (z.B.
wegen Eintritts einer auflösenden Bedingung oder behördlicher Aufhebung) und wird der Darlehensvertrag gekündigt oder angefochten, bestimmt sich der behördliche Anspruch auf Rückzahlung des Darlehens
und seine Durchsetzung gleichwohl nach Zivilrecht. Denn Rechtsgrund der Darlehensauszahlung sei (auch) der Darlehensvertrag. Eine
Rückforderung des Darlehens durch Verwaltungsakt (§ 49a I VwVfG)
sei unzulässig.[216]

d) Tatbestandsmäßigkeit des Verwaltungsakts

Der Verwaltungsakt muss von der formell-gesetzlichen Ermächtigungs- 603
grundlage bzw. von den zu ihrer Ausführung ergangenen Rechtsverordnungen oder Satzungen gedeckt sein. Hier ist also zu prüfen, ob der Verwaltungsakt mit der bzw. den Ermächtigungsgrundlagen übereinstimmt.
Enthält die Rechtsvorschrift einen **unbestimmten Rechtsbegriff** mit

---

§ 75 I BBG BVerwGE 19, 243 (246), und zum Schadensersatzanspruch gem. § 24 SoldG
BVerwGE 18, 283 (285 f.); 21, 270 (273); 27, 245 (248); zuletzt NVwZ 1990, 1172 a. E.
[213] *Detterbeck,* in: Detterbeck/Windthorst/Sproll, § 27 Rn. 10.
[214] BVerwG NJW 1977, 1839; vgl. dazu auch *Bethge/Detterbeck,* JuS 1993, 403 Fn. 12
m. w. N.; die Kehrseitentheorie gilt aber nur zwischen der Behörde und dem Leistungsempfänger, nicht auch gegenüber Dritten, ThürOVG DVBl. 2010, 1042 f.
[215] Rn. 57 ff.
[216] BVerwG DVBl. 2006, 118 ff.; (insoweit) ThürOVG DVBl. 2011, 243; damit unvereinbar ist OVG Berlin-Brandenburg NVwZ 2006, 104 ff.; siehe auch *Rennert,* EuZW 2011,
581; dazu Rn. 600 a.E.

Beurteilungsspielraum, muss auch geprüft werden, ob die Behörde ihre Beurteilungsgrenzen beachtet hat.[217] Hat sie dies nicht getan, ist der Verwaltungsakt nicht mehr vom Tatbestand der Rechtsvorschrift gedeckt.

Vorrangig ist die rangniedrigere Rechtsvorschrift zu prüfen.[218] Denn sie ist spezieller. Allerdings muss sie ggf. im Lichte des höherrangigen Rechts ausgelegt werden. Soweit die rangniedrigere Rechtsvorschrift wegen Verstoßes gegen das höherrangige Recht nichtig ist oder keine Regelung enthält, muss auf das höherrangige Recht zurückgegriffen werden.[219]

e) Beachtung von Ermessensgrenzen

604 Steht der Behörde ein Ermessensspielraum zu, darf sie die bereits oben dargestellten spezifischen Grenzen nicht überschritten haben.[220]

f) Übereinstimmung mit sonstigem höherrangigen Recht

605 Nach Art. 20 III GG darf ein Verwaltungsakt nicht gegen höherrangiges Recht, insbesondere nicht gegen Grundrechte (vgl. auch Art. 1 III GG) verstoßen. Hat die Behörde einen Ermessens- oder Beurteilungsspielraum, ist der behördliche Entscheidungsspielraum durch das höherrangige Recht begrenzt. Die Frage, ob der Verwaltungsakt mit sonstigem höherrangigen Recht übereinstimmt, ist deshalb bei der Prüfung der Ermessens- und Beurteilungsgrenzen (Gliederungspunkt e.) zu erörtern.[221]

Im Bereich der gesetzlich strikt gebundenen Verwaltung ist es kaum vorstellbar, dass ein Verwaltungsakt, der vom Tatbestand seiner ggf. auch verfassungskonform ausgelegten Ermächtigungsgrundlage gedeckt ist, gegen sonstiges höherrangiges Recht verstoßen kann. Die Frage, ob der Verwaltungsakt verfassungsmäßig ist, wird grundsätzlich im Rahmen der Prüfung der Verfassungsmäßigkeit des Gesetzes automatisch mitbeantwortet.[222] Ein Verwaltungsakt, der auf einer rechtmäßigen Ermächtigungsgrundlage beruht, die der Behörde weder einen Ermessens- oder Beurteilungsspielraum einräumt, verstößt nicht dadurch gegen Art. 3 I GG, dass die Behörde diese Ermächtigungsgrundlage in anderen Fällen rechtswidriger Weise nicht anwendet.[223] Insoweit gilt der Grundsatz „keine Gleichheit im Unrecht".

---

[217] Rn. 348 ff., 377 f.
[218] *Erbguth*, § 7 Rn. 17; *Maurer*, in: FS K. Stern, 2012, S. 108 f.
[219] Für die Behörde kann sich allerdings die umstrittene Frage ihrer Normprüfungs- und Nichtanwendungskompetenz stellen, dazu Rn. 124 ff.
[220] Rn. 328 ff., 378.
[221] Dazu Rn. 328 ff.
[222] VGHBW VBlBW 2008, 437 (443); *Ruffert*, in: Erichsen/Ehlers, § 22 Rn. 36.
[223] BayVerfGH BayVBl. 2013, 334 (Volltext: BayVerfGH, 20.12.2012, Vf. 25-VI-12, juris); a.A. HessVGH LKRZ 2009, 260 f.; siehe auch Rn. 606.

Verstöße gegen zwingendes EU-Recht führen zur Rechtswidrigkeit des Verwaltungsakts.[224]

g) Verhältnismäßigkeitsprinzip

Das eigentlich schon dem oben genannten sechsten Prüfungspunkt (f) unterfallende Verhältnismäßigkeitsprinzip wird wegen seiner besonderen Bedeutung häufig gesondert genannt. Für seine Prüfung ist nur Raum, wenn das Gesetz der Behörde einen Entscheidungsspielraum belässt.[225] In diesem Fall handelt es sich um einen wichtigen Aspekt der Prüfung, ob die Behörde ermessens- bzw. beurteilungsfehlerfrei gehandelt hat.[226] Ist der Verwaltungsakt vom Tatbestand des Gesetzes gedeckt, räumt dieses Gesetz der Behörde keinen Entscheidungsspielraum ein und ist dieses Gesetz verfassungsmäßig, also auch verhältnismäßig, kann der Verwaltungsakt nicht mehr unverhältnismäßig sein.[227]

606

h) Bestimmtheitsgrundsatz

Auch der ebenfalls aus dem grundgesetzlichen Rechtsstaatsprinzip folgende und in § 37 I VwVfG einfachgesetzlich normierte Bestimmtheitsgrundsatz wird i. d. R. als besondere materielle Rechtmäßigkeitsvoraussetzung genannt. Er verlangt, dass der Wille der Behörde im Verwaltungsakt vollständig zum Ausdruck kommt und für die Beteiligten des Verfahrens unzweideutig erkennbar ist.

607

i) Tatsächliche und rechtliche Möglichkeit der Befolgung des Verwaltungsakts

Auch wenn ein bestimmter Verwaltungsakt von seiner gesetzlichen Ermächtigungsgrundlage gedeckt sein sollte, verbietet es zumindest das Rechtsstaatsprinzip, dass die Behörde vom Bürger etwas tatsächlich oder rechtlich Unmögliches verlangt. Etwas tatsächlich Unmögliches würde die Behörde z. B. dann verlangen, wenn sie einem Bürger aufgeben würde, eine von ihm gestohlene und in das Meer geworfene Goldmünze wieder heraufzutauchen. Ein solcher Verwaltungsakt wäre gem. § 44 II Nr. 4 VwVfG sogar nichtig.

608

Ein Fall von rechtlicher Unmöglichkeit ist z. B. dann gegeben, wenn die Behörde vom Hauseigentümer verlangt, eine Wohnung freizumachen, obwohl sie aufgrund eines gültigen Mietvertrages noch vermietet ist. Hier ist der Hauseigentümer durch den gültigen Mietvertrag an der Räumung der Wohnung rechtlich gehindert. In Fällen dieser Art ist allerdings zu

609

---

[224] *Maurer*, § 11 Rn. 18: unmittelbar geltendes EU-Recht.
[225] VGHBW VBlBW 2008, 437 (443); *Ruffert*, a.a.O.
[226] Wie Rn. 605.
[227] Dazu und zur gegenteiligen Rspr. in Sonderfällen Rn. 243; siehe auch Rn. 605.

beachten, dass das BVerwG aus derartigen Rechtshindernissen bisweilen nicht die Rechtswidrigkeit des Verwaltungsakts ableitet, sondern nur ein Vollzugshindernis.[228]

610

Übersicht 17:
Rechtmäßigkeit eines Verwaltungsakts (Prüfschema)

I. **Bestimmung der einschlägigen Ermächtigungsgrundlage**

II. **Formelle Rechtmäßigkeit des Verwaltungsakts**
   1. **Zuständigkeiten der Behörde**
   2. **Verfahren und Verfahrensvorschriften**
   3. **Form**
   4. **Ordnungsgemäße Bekanntgabe**
   5. **Begründung**
      Bereits an dieser Stelle können die §§ 45 f. VwVfG geprüft werden, die dann ggf. auch das Eingehen auf § 44 VwVfG erfordern (dazu näher unten Rn. 613 ff., 629 ff.).

III. **Materielle Rechtmäßigkeit des Verwaltungsakts**
   1. **Vereinbarkeit der Ermächtigungsgrundlage mit höherrangigem Recht**
      a) **Formelle Rechtmäßigkeit der Ermächtigungsgrundlage** (z. B. Gesetzgebungskompetenzen, Gesetzgebungsverfahren, falls es sich um ein formelles Gesetz handelt)
      b) **Materielle Rechtmäßigkeit der Ermächtigungsgrundlage:** insbesondere Übereinstimmung mit den Grundrechten und allgemeinen Verfassungsprinzipien. Zur Prüfung, falls es sich bei der Ermächtigungsgrundlage um eine Rechtsverordnung (RVO) oder Satzung handelt, Rn. 588.
   2. **Erfordernis einer Ermächtigungsgrundlage**
      Auf diesen Punkt ist nur einzugehen, wenn kein formelles Gesetz, das zum Erlass derartiger Verwaltungsakte ermächtigt, existiert.
      a) **Eingriffsverwaltung:** Nach dem Grundsatz vom Vorbehalt des Gesetzes muss ein formelles Gesetz existieren, das zum Erlass des Verwaltungsakts ermächtigt.
      b) **Leistungsverwaltung:** Erörterung der Frage, ob überhaupt ein besonderes formelles Gesetz erforderlich ist.

---

[228] BVerwGE 40, 101 (103); für Rechtswidrigkeit dagegen BVerwGE 88, 97 (100 f.).

3. **Verwaltungsaktbefugnis**
4. **Vereinbarkeit des Verwaltungsakts mit der – ggf. verfassungskonform ausgelegten – Ermächtigungsgrundlage (Tatbestandsmäßigkeit des Verwaltungsakts)**
   Ggf. Prüfung, ob die Behörde Beurteilungsgrenzen überschritten hat.
5. **Beachtung der Grenzen des Ermessensspielraums**
6. **Übereinstimmung des Verwaltungsakts mit sonstigem höherrangigen Recht (Vorrang des Gesetzes, Verhältnismäßigkeit), insbesondere mit dem GG, aber auch zwingendem EU-Recht**
   Insbesondere für eine Prüfung des Verhältnismäßigkeitsprinzips ist nur Raum, wenn das Gesetz der Behörde einen Entscheidungsspielraum einräumt.[229] Dann aber ist der 6. Gliederungspunkt ein Unterfall des 5. Gliederungspunktes.
7. **Beachtung des Bestimmtheitsgrundsatzes: § 37 I VwVfG**
   Dieser Punkt kann auch unter 6. geprüft werden.
8. **Tatsächliche und rechtliche Möglichkeit der Befolgung des Verwaltungsakts**

VI. Der rechtswidrige Verwaltungsakt

1. Allgemeines

Ein Verwaltungsakt ist **rechtswidrig,** wenn die Behörde bei seinem Erlass gegen (geschriebene oder ungeschriebene) Rechtsnormen mit Außenwirkung (im Unterschied vor allem zu Verwaltungsvorschriften) verstößt. Die Rechtswidrigkeit des Verwaltungsakts kann sowohl aus einem Rechtsverstoß beim Vorgang des Erlasses (Verfahrensfehler) als auch aus einem Rechtsverstoß der im Verwaltungsakt getroffenen Regelung folgen. 611

In beiden Fällen ist der Verwaltungsakt **objektiv rechtswidrig.** Hiervon zu unterscheiden ist die Frage, ob ein Bürger, der von einem rechtswidrigen Verwaltungsakt nachteilig betroffen ist, auch in **seinen Rechten** (vgl. § 113 I 1 VwGO) verletzt ist.[230]

---

[229] Dazu näher Rn. 243 f., 605 f.
[230] Dazu unten Rn. 623 ff.

612 Von einem rechtswidrigen Verwaltungsakt kann man nur sprechen, wenn überhaupt ein Verwaltungsakt existiert (hat). Fehlt es z.B. an einer rechtlich relevanten Bekanntgabe, ist die in Rede stehende behördliche Handlung ein Nicht-Verwaltungsakt.[231]

2. Nichtigkeit

613 Allein aus der Rechtswidrigkeit eines Verwaltungsakts darf niemals auf seine Nichtigkeit geschlossen werden. Rechtswidrige Verwaltungsakte sind nur unter den Voraussetzungen von § 44 VwVfG nichtig. Auch ein Verstoß gegen EU-Recht führt nicht ohne weiteres zur Nichtigkeit des Verwaltungsakts.[232]

614 § 44 II VwVfG nennt absolute Nichtigkeitsgründe (Positivliste). D.h., wenn eine der in dieser Vorschrift genannten Fallgruppen einschlägig ist, ist der Verwaltungsakt zwingend nichtig.[233]

615 § 44 III VwVfG nennt bestimmte Rechtsverstöße, die nicht zur Nichtigkeit des Verwaltungsakts führen (Negativliste).

616 § 44 I VwVfG nennt relative Nichtigkeitsgründe. D.h., der Verwaltungsakt ist nur dann nichtig, wenn seine Rechtswidrigkeit **besonders schwerwiegend** und zusätzlich **offenkundig**[234] ist. Maßgeblich sind nicht die Vorstellungen des Adressaten des Verwaltungsakts, sondern die eines **verständigen Bürgers**. Die Rechtswidrigkeit muss nicht derart evident sein, dass jegliche Zweifelsfragen von vornherein ausgeschlossen sind.

Beispiele:
- Zwei gleichgeschlechtliche Personen wollen heiraten. Der Standesbeamte beurkundet die Ehe. An der Nichtigkeit ändert sich auch nichts durch die gesetzliche Annäherung von Ehe und gleichgeschlechtlichen Partnerschaften. Denn eine Ehe ist nur zwischen Mann und Frau möglich (BVerfGE 105, 313/351).
- Entlassung eines Nichtbeamten aus dem Beamtenverhältnis (vgl. BVerwGE 19, 284/287; BGHZ 2, 315/317)
- Bewertung einer Abschlussprüfung mit bestanden, obwohl keinerlei Prüfungsleistungen erbracht worden sind (vgl. OVG Berlin DVBl. 1979, 355)

617 **Beachte:** Wird ein belastender Verwaltungsakt ohne die erforderliche rechtmäßige gesetzliche Ermächtigungsgrundlage erlassen, folgt

---

[231] Dazu oben Rn. 551 ff.
[232] BVerwG EuZW 2011, 269 Rn. 16; DÖV 2000, 1004 f.; *Schladebach*, VerwArch. 104 (2013), 204.
[233] Zu den einzelnen Nichtigkeitsgründen: *Will/Rathgeber*, JuS 2012, 1057 (1058 ff.).
[234] Das gesetzliche Tatbestandsmerkmal der Offenkundigkeit als unpraktikabel und verfassungswidrig ablehnend *W. G. Leisner*, DÖV 2007, 669 ff.

hieraus in aller Regel nicht die Nichtigkeit des Verwaltungsakts nach
§ 44 I, II VwVfG.[235]

Prüfungsaufbau: Es empfiehlt sich, erst § 44 III VwVfG zu prüfen, 618
dann § 44 II VwVfG[236] (wobei nur solche Rechtsverstöße relevant sind, die
nicht unter § 44 III VwVfG fallen) und dann – wenn die Voraussetzungen
von § 44 II, III VwVfG nicht erfüllt sind – § 44 I VwVfG.

§ 44 IV VwVfG regelt die **Teilnichtigkeit** von Verwaltungsakten. Hier 619
ist einschränkend zu beachten, dass ein entgegenstehender Wille der Behörde unbeachtlich ist, wenn der für sich genommen nicht nichtige Teil
des Verwaltungsakts erlassen werden musste (insoweit gebundene behördliche Entscheidung).[237]

Nichtigkeitsfolgen:[238] 620
- Der Verwaltungsakt ist gem. § 43 III VwVfG unwirksam. Die Behörde darf ihn nicht (zwangsweise) durchsetzen, die Bürger brauchen ihn nicht zu befolgen; allerdings laufen sie Gefahr, dass sich der Verwaltungsakt in einem nachfolgenden Gerichtsverfahren doch nicht als nichtig erweist.
- Anfechtbarkeit gem. § 42 I VwGO (arg. e. § 43 II 2 VwGO).
- Möglichkeit einer Nichtigkeitsfeststellungsklage gem. § 43 I VwGO.
- Möglichkeit der behördlichen Nichtigkeitsfeststellung gem. § 44 V VwVfG; diese behördliche Feststellung ist ihrerseits ein (feststellender) Verwaltungsakt.

3. Anfechtbarkeit und Aufhebbarkeit

a) Anfechtbarkeit

Rechtswidrige Verwaltungsakte sind grundsätzlich nicht nichtig, sondern 621
nur mit den gesetzlich vorgesehenen Rechtsbehelfen angreifbar:
- Widerspruch, §§ 68 ff. VwGO
- Anfechtungsklage, § 42 I VwGO

Beachte: Die (bei Prüfungen im Vordergrund stehende) Anfechtungs- 622
klage ist nicht schon dann erfolgreich, wenn der angefochtene Verwaltungsakt objektiv rechtswidrig ist. Hinzukommen muss, dass der Kläger in
seinen Rechten verletzt ist, § 113 I 1 VwGO. Damit ist **ein subjektives
öffentliches Recht**[239] gemeint.

---

[235] So OLG Hamm, 27.5.2014, 5RBs 13/14, juris Rn. 36 zum Aufstellen eines Parkverbots (Allgemeinverfügung) durch eine Stadt ohne die erforderliche (straßenverkehrsrechtliche) Ermächtigungsgrundlage.

[236] *Will/Rathgeber*, JuS 2012, 1057 (1058); umgekehrt *Sproll* II, § 11 Rn. 5; *Hendler*, Rn. 246.

[237] *Hendler*, Rn. 249.

[238] Dazu näher *Will/Rathgeber*, JuS 2012, 1057 (1061 ff.).

[239] Dazu näher oben Rn. 394 ff.

623 Die Beantwortung der Frage, ob der objektiv rechtswidrige Verwaltungsakt auch ein Recht des Klägers oder allgemein eines nachteilig Betroffenen verletzt, ist bisweilen schwierig und umstritten. Dies beruht häufig auch darauf, dass in der Regel zugleich Grundrechte eine Rolle spielen, die subjektive öffentliche Rechte par excellence sind. Die Problematik kann hier nicht ausdiskutiert werden.[240] Möglich sind nur einige grundsätzliche Bemerkungen und **prüfungstaktische Hinweise**.

> **Beispielsfall:** Die zuständige Behörde erlässt gegen den Bauunternehmer U eine Gewerbeuntersagung gem. § 35 I 1 GewO. Die Behörde geht davon aus, U habe bei der Errichtung von Wohngebäuden mehrfach vorsätzlich unzulässige Baumaterialien verwendet und dadurch Leib und Leben der Bewohner gefährdet. Tatsächlich hat U aber keine unzulässigen Baumaterialien verwendet. Kann U die Gewerbeuntersagung (= Verwaltungsakt) erfolgreich anfechten? Hätte auch eine Anfechtungsklage des bei U beschäftigten Arbeitnehmers N Erfolg, wenn U gegen die Gewerbeuntersagung nichts unternimmt, sondern für den Fall der Aufrechterhaltung der Untersagung mit der Schließung seines Betriebes und der Kündigung seiner Arbeitnehmer droht?

624 Prinzipiell ist zwischen **Adressaten eines Verwaltungsakts** und **sonstigen Betroffenen** (mittelbar Betroffenen, Drittbetroffenen) zu unterscheiden. Außerdem muss in beiden Fällen **zunächst das einfache Recht** geprüft werden, erst dann darf auf Grundrechte zurückgegriffen werden.[241]

625 Für den oben genannten **Beispielsfall** bedeutet dies:
(1) *Klage des U.* Die Anfechtungsklage des U hat Erfolg, wenn sie zulässig (wird unterstellt) und begründet ist. Begründet ist sie, wenn die Untersagung rechtswidrig und U dadurch in seinen Rechten verletzt ist, § 113 I 1 VwGO.
Die Gewerbeuntersagung ist rechtswidrig, weil die Voraussetzungen ihrer Ermächtigungsgrundlage, § 35 I 1 GewO, nicht erfüllt sind: Tatsachen, die die Unzuverlässigkeit von U begründeten, lagen nicht vor. Außerdem ist U in seinem Recht auf Gewerbefreiheit aus § 1 I GewO verletzt. Diese Vorschrift gestattet jedermann – also auch U – den Betrieb eines Gewerbes, soweit die GewO keine Ausnahmen oder Beschränkungen zulässt. Da hier die Tatbestandsvoraussetzungen von § 35 I 1 GewO nicht vorlagen, verletzt die Gewerbeuntersagung U in seiner Gewerbefreiheit aus § 1 I GewO.
Außerdem ist U in seinem Grundrecht der Berufsfreiheit aus Art. 12 I 1 GG verletzt (rechtswidriger Eingriff in die Berufsfreiheit). Die Klage des U ist damit begründet.
(2) *Klage des N.* Die zulässige (wird unterstellt) Anfechtungsklage des N ist begründet, wenn die Untersagung rechtswidrig und N dadurch in seinen Rechten verletzt ist, § 113 I 1 VwGO. Rechtswidrig ist sie aus den oben genannten Gründen. N selbst ist nicht Gewerbetreibender, damit räumt ihm § 1 I GewO kein subjektives öffentliches Recht ein. Gleiches gilt für § 35 I 1 GewO. Wenn überhaupt, dann schützt diese Bestimmung nur Gewerbetreibende vor nicht tatbestandsmäßigen Untersagungsverfügungen, nicht auch die hiervon nur mittelbar Betroffenen; N ist als Nichtadressat der Untersagung nur mittelbar betroffen. Zu einer diesbezüglichen Versubjektivierung von § 35 I 1 GewO zwingt auch nicht Art. 12 I 1 GG. § 35 I 1 GewO dient zwar dem Schutz der Allge-

---

[240] Dazu weiterführend *Wahl/Schütz*, in: Schoch/Schneider/Bier, § 42 Abs. 2 Rn. 48 ff.
[241] *Maurer*, § 8 Rn. 11 f.; *Wahl/Schütz*, in: Schoch/Schneider/Bier, § 42 Abs. 2 Rn. 57.

meinheit und der Arbeitnehmer vor unzuverlässigen Gewerbetreibenden, nicht aber dem Schutz der Berufsfreiheit der bei den Gewerbetreibenden beschäftigten Arbeitnehmer. Schließlich ist N auch nicht in seinem Grundrecht der Berufsfreiheit aus Art. 12 I 1 GG verletzt. Die gegen U gerichtete Gewerbeuntersagung wirkt sich zwar faktisch auf die berufliche Tätigkeit von N aus. Die Auswirkungen (drohende Entlassung) sind auch erheblich. Allerdings kommt der Untersagungsverfügung keine objektive berufsregelnde Tendenz (vgl. BVerfGE 70, 181/214; *Jarass,* in: Jarass/Pieroth, Art. 12 Rn. 17) in Bezug auf N zu. Die Klage des N ist damit unbegründet.

b) Aufhebbarkeit

Aufhebbarkeit eines Verwaltungsakts meint die **Befugnis des Verwal-** 626
tungsgerichts oder der Behörde zur Aufhebung des Verwaltungsakts. Die gerichtliche Aufhebungsbefugnis setzt die erfolgreiche Anfechtung des Verwaltungsakts wie oben beschrieben voraus.

Die **behördliche Aufhebungsbefugnis** ist dagegen weiter. So kann die Behörde rechtswidrige Verwaltungsakte unter den Voraussetzungen von § 48 VwVfG[242] auch dann aufheben, wenn die vom Verwaltungsakt Betroffenen kein Anfechtungsrecht (mehr) haben. Unter den Voraussetzungen von § 49 VwVfG kann die Behörde sogar rechtmäßige Verwaltungsakte aufheben.

c) Teilrechtswidrigkeit, Teilanfechtbarkeit und Teilaufhebbarkeit

Ist nur ein Teil eines Verwaltungsakts rechtswidrig, spricht man von 627
Teilrechtswidrigkeit. So verhält es sich etwa, wenn die Behörde einen Zahlungsbescheid über 100,– EUR erlässt, aber nur 50,– EUR verlangen darf. Die Teilrechtswidrigkeit erfasst nicht zwingend den gesamten Verwaltungsakt. Hiervon geht auch § 113 I 1 VwGO aus, wonach das Gericht den angefochtenen Verwaltungsakt nur aufhebt, **soweit** er rechtswidrig ist und den Kläger in seinen Rechten verletzt. Im übrigen ist der Verwaltungsakt jedoch rechtmäßig und bleibt unangetastet. Ebenso verhält es sich bei § 48 I 1 VwVfG: Teilrücknahme.

Teilrechtswidrigkeit mit der Folge, dass der **restliche Teil des Ver-** 628
waltungsakts rechtmäßig ist, liegt aber nur unter drei Voraussetzungen vor.
(1) **Teilbarkeit des Verwaltungsakts:** Der Rest-Verwaltungsakt muss nach Abtrennung des für sich genommen rechtswidrigen Teils noch eine **sinnvolle Regelung** darstellen.

---

[242] Dazu näher unten Rn. 690 ff.

Kapitel 2. Handlungsformen der Verwaltung

Beispiele:
- Auf Geldleistungen gerichtete Verwaltungsakte
- Gesamtzeugnis hinsichtlich einzelner Zeugnisnoten
- Verwaltungsakt, der mehrere Einzelanordnungen enthält

(2) **Rechtmäßigkeit des Rest-Verwaltungsakts.**

(3) Hatte die Behörde beim Erlass des Verwaltungsakts einen **Ermessens- oder Beurteilungsspielraum**, muss der **Rest-Verwaltungsakt vom mutmaßlichen Willen der Behörde gedeckt** sein (sehr str.). Maßgeblich ist nicht der subjektive Wille des einzelnen Beamten, sondern der objektivierte, ggf. gesetzeskonform gedeutete Wille der Behörde. Zu fragen ist, wie sich eine vernünftige, rechtlich denkende und sachlich entscheidende Behörde verhalten hätte.[243]

d) Heilung oder Unerheblichkeit bestimmter Verfahrens- und Formfehler, §§ 45, 46 VwVfG

Literatur: *Beaucamp,* Heilung und Unbeachtlichkeit von formellen Fehlern im Verwaltungsverfahren, JA 2007, 117; *Brischke,* Heilung fehlerhafter Verwaltungsakte im verwaltungsgerichtlichen Verfahren, DVBl. 2002, 429; *Durner,* Die behördliche Befugnis zur Nachbesserung fehlerhafter Verwaltungsakte, VerwArch. 97 (2006), 345; *Guckelberger,* Anhörungsfehler bei Verwaltungsakten, JuS 2011, 577 (zu erledigten Verwaltungsakten); *Pünder,* Die Folgen von Fehlern im Verwaltungsverfahren, Jura 2015, 1307; *R. P. Schenke,* Das Nachschieben von Gründen nach dem 6. VwGO-Änderungsgesetz, VerwArch. 90 (1999), 232; *W.-R. Schenke,* Die Heilung von Verfahrensfehlern gem. § 45 VwVfG, VerwArch. 97 (2006), 592; *Schoch,* Die Heilung von Anhörungsmängeln im Verwaltungsverfahren (§ 45 I Nr. 3, II VwVfG), Jura 2007, 28; *Sodan,* Unbeachtlichkeit und Heilung von Verfahrens- und Formfehlern, DVBl. 1999, 729.

629 Ist ein Verwaltungsakt **formell** rechtswidrig – verstößt er also gegen Verfahrens- oder Formvorschriften –, kann er dennoch mit dem materiellen Recht übereinstimmen, also **im Ergebnis richtig** sein.

Beispiel: Die behördliche Anordnung, ein baufälliges Gebäude abzureißen, kann **inhaltlich (im Ergebnis)** auch dann richtig sein, wenn die sachlich unzuständige Behörde ohne Anhörung des Betroffenen gehandelt hat.

630 Es ist deshalb nicht von Rechtsstaats wegen geboten, dass jeder formell rechtswidrige Verwaltungsakt allein deshalb auch angreifbar und aufhebbar ist. Dementsprechend bestimmen die §§ 45 f. VwVfG, dass bestimmte Verstöße gegen Verfahrens- oder Formvorschriften geheilt werden können (§ 45 VwVfG) oder unerheblich sind (§ 46 VwVfG).

631 **Beachte:** Die §§ 45, 46 VwVfG gelangen nur zur Anwendung, wenn der Verwaltungsakt wegen der in Rede stehenden formellen Rechtswidrig-

---

[243] *Laubinger,* VerwArch. 73 (1982), 367.

keit nicht schon nach § 44 VwVfG nichtig ist. Die Nichtigkeit eines Verwaltungsakts kann nicht geheilt werden oder unerheblich sein.

aa) Heilung von Verfahrens- und Formfehlern gem. § 45 VwVfG

§ 45 I VwVfG bestimmt, dass die Behörde die genannten Förmlichkeiten **632** nach Erlass des Verwaltungsakts **nachholen** kann. Das bedeutet folgendes: Beachtet die Behörde beim Erlass des Verwaltungsakts die in § 45 I VwVfG genannten Verfahrens- und Formvorschriften nicht, ist der Verwaltungsakt zunächst einmal **formell rechtswidrig**. Holt die Behörde die entsprechenden Förmlichkeiten nach, wird der Rechtsverstoß geheilt. D. h., der Verwaltungsakt **wird formell rechtmäßig**.

Zu beachten ist die **sachliche Grenze** des § 45 I VwVfG: Nur die in **633** dieser Vorschrift genannten Verstöße können geheilt werden, andere nicht. Daneben ist die **zeitliche Grenze** des § 45 II VwVfG zu beachten. Eine Nachholung der in Abs. 1 genannten Handlungen ist nur **bis zum Abschluss der letzten Tatsacheninstanz des verwaltungsgerichtlichen Verfahrens** zulässig.

> **Weiterführende Hinweise:** **634**
>
> (1) **Zuständig für die Nachholung** der in § 45 I VwVfG genannten Handlungen ist zunächst die Ausgangsbehörde. Wurde gegen den Verwaltungsakt Widerspruch nach § 69 VwGO eingelegt, kann die unterbliebene Verfahrenshandlung jedenfalls auch dann vor der oder durch die Widerspruchsbehörde nachgeholt werden, wenn ihre Prüfungskompetenz ebenso weit reicht wie die der Ausgangsbehörde.[244]
>
> (2) Zu unterscheiden ist zwischen dem **Nachholen der Begründung gem. § 45 I Nr. 2 VwVfG** und dem **Nachschieben von Gründen** im Verwaltungsverfahren und Verwaltungsprozess.[245] Ein Fall des § 45 I Nr. 2 VwVfG ist dann gegeben, wenn die nach § 39 I VwVfG erforderliche behördliche Begründung fehlt; wenn also ein Verwaltungsakt i. S. v. § 39 I VwVfG gar nicht begründet wurde oder ein Mindestmaß an Begründung fehlt. Ob die Begründung den Verwaltungsakt auch rechtfertigt, ist für die §§ 39 I, 45 I Nr. 2 VwVfG dagegen bedeutungslos. Im Falle des § 45 I Nr. 2 VwVfG (Nachholen der Begründung) nennt die Behörde nachträglich solche Erwägungen, die sie beim Erlass des Verwaltungsakts **tatsächlich angestellt** hatte. Um ein **Nachschieben von Gründen** handelt es sich, wenn die Behörde zur Rechtfertigung des Verwaltungsakts Erwägungen nennt, die sie bei seinem Erlass nicht angestellt hatte.[246] Ein solches Nachschieben von Gründen fällt nicht unter § 45 I Nr. 2 VwVfG.
> Ein **Nachholen der** (nach § 39 VwVfG erforderlichen) **Begründung** ist gem. § 45 I Nr. 2 VwVfG uneingeschränkt zulässig,[247] und das sogar noch im Verwaltungsprozess

---

[244] *Kopp/Ramsauer*, § 45 Rn. 40; dazu im Hinblick auf die Nachholung der Anhörung *Schoch*, Jura 2007, 30.
[245] Dazu *Schenke*, DVBl. 2014, 285 ff.; *ders.*, NVwZ 2015, 1344 ff.; *Kluckert*, DVBl. 2013, 355 ff.; *Lindner/Jahr*, JuS 2013, 673 ff.; *Warg*, Jura 2010, 819 ff.
[246] Zu dieser Unterscheidung *Kopp/Ramsauer*, § 45 Rn. 18, 21.
[247] *Kopp/Schenke*, § 73 Rn. 9.

(§ 45 II VwVfG). Fehlt die nach § 39 VwVfG erforderliche Begründung, ist dies allerdings ein starkes Indiz dafür, dass die Behörde beim Erlass des Verwaltungsakts insoweit keine oder nur unvollständige Erwägungen angestellt hat und dass die nachgelieferten Gründe nicht unter § 45 I Nr. 2 VwVfG fallen, dass es sich also um ein Nachschieben von Gründen handelt.

Für das **Nachschieben von Gründen** gilt folgendes: Bei **gebundenen Verwaltungsakten**, wenn die Behörde also keinen Ermessens- oder Beurteilungsspielraum hat, darf die Behörde uneingeschränkt Gründe nachschieben. Denn die Rechtmäßigkeit des Verwaltungsakts beurteilt sich nach dem objektiven Recht und nicht nach den Gründen, die die Behörde benennt.

Bei nichtgebundenen Verwaltungsakten richten sich Zulässigkeit und Folgen des Nachschiebens von Gründen nach dem materiellen Recht (Fachrecht, allgemeine Grundsätze des Verwaltungsrechts); § 114 S. 2 VwGO ist keine solche materiell-rechtliche Regelung, sondern nur eine prozessuale Vorschrift.[248] Maßgeblich sind **folgende materiell-rechtlichen Grundsätze**: Die Behörde darf sowohl **vor einem Verwaltungsprozess**, insbesondere im Widerspruchsverfahren, als auch **im Verwaltungsprozess** Gründe nachschieben, wenn sie schon beim Erlass des Verwaltungsakts bestanden (aber von der Behörde nicht berücksichtigt wurden), den Verwaltungsakt nicht in seinem Wesen verändern (die Begründung wird nur ergänzt und nicht grundlegend verändert) und der Betroffene nicht in seiner Rechtsverteidigung beeinträchtigt wird.[249] Unter diesen Voraussetzungen handelt es sich auch um keinen neuen, sondern um den alten Verwaltungsakt.[250] § 114 S. 2 VwGO stellt lediglich klar, dass die Behörde ihre Begründung (unter diesen Voraussetzungen) auch noch im Verwaltungsprozess nachbessern darf.[251]

Ist eine der genannten materiell-rechtlichen Voraussetzungen nicht erfüllt, heißt das nicht, dass die Behörde keine Gründe nachschieben darf. Ändert aber die Behörde die Begründung grundlegend oder führt sie nunmehr Gründe an, die erst nach dem Erlass des Verwaltungsakts entstanden sind, erlässt sie (zumindest konkludent) einen neuen Verwaltungsakt und hebt den alten Verwaltungsakt (konkludent) auf. Dies darf sie vor und auch noch im Verwaltungsprozess tun, wenn sie die Voraussetzungen beachtet, die für den Ersterlass des Verwaltungsakts gelten (§ 114 S. 2 VwGO steht dem nicht entgegen). Werden solche Gründe im Verwaltungsprozess nachgeschoben, kann der Kläger den Rechtsstreit um den bisherigen Verwaltungsakt für erledigt erklären und ggf. auf eine Fortsetzungsfeststellungsklage umschwenken. Der Kläger kann den Prozess auch gegen den neuen Verwaltungsakt fortführen[252] oder gegen den neuen Verwaltungsakt einen völlig neuen Verwaltungsprozess initiieren (ggf. nach Durchführung eines neuen Vorverfahrens, wenn es nicht nach § 68 I 2 Nr. 2 VwGO entfällt).

Für Verwaltungsakte mit Dauerwirkung gelten z. T. Besonderheiten.[253]

(3) Umstritten und bisweilen prüfungsrelevant ist die Handhabung von § 45 I Nr. 3 VwVfG **(Nachholung der behördlichen Anhörung).** Nach ständiger Rechtsprechung des BVerwG ist die Durchführung des **Vorverfahrens** gem. §§ 68 ff. VwGO als Nachho-

---

[248] BVerwGE 147, 81 Rn. 34.
[249] BVerwGE 147, 81 Rn. 32.
[250] Vgl. *Sachs*, in: Stelkens/Bonk/Sachs, § 45 Rn. 55; a. A., falls Gründe im Verwaltungsprozess nachgeschoben werden, *Schenke*, Rn. 815 f. m. N. pro et contra.
[251] Diese Vorschrift ist entsprechend anwendbar, wenn der Behörde ein Beurteilungsspielraum zusteht, OVG Magdeburg NVwZ-RR 2011, 74; *Kopp/Schenke*, § 114 Rn. 49 m. N.
[252] *Sachs*, in: Stelkens/Bonk/Sachs, § 45 Rn. 50.
[253] Dazu BVerwGE 147, 81 Rn. 32 f.

§ 10. Der Verwaltungsakt

lung der behördlichen Anhörung anzusehen.[254] Begründung: Durch die Widerspruchseinlegung gem. § 69 VwGO hat der Bürger die Möglichkeit wahrgenommen, sich zum Verwaltungsakt und den in ihm ggf. mitgeteilten behördlichen Erwägungen zu äußern. Die Einwände des Bürgers müssen nun von der Ausgangs- und Widerspruchsbehörde in die Entscheidung, ob der Verwaltungsakt aufrechterhalten bleiben soll, miteinbezogen werden.
Ausnahmen von diesem Grundsatz:
- Der Widerspruchsbescheid wird nunmehr auch auf solche Tatsachen gestützt, die dem Bürger nicht bekannt waren und zu denen er sich nicht geäußert hat.
- Die Behörde hat die Einwände, die der Bürger im Widerspruch vorgebracht hat, bei ihrer Entscheidung über den Widerspruch nicht in Erwägung gezogen.
- Die Ausgangsbehörde hatte beim Erlass einen Ermessens- oder Beurteilungsspielraum, die Nachholung der Anhörung erfolgte aber nur durch die Widerspruchsbehörde (nicht auch durch die Ausgangsbehörde), die aufgrund besonderer gesetzlicher Bestimmungen nur die Rechtmäßigkeit des Verwaltungsakts, nicht auch seine Zweckmäßigkeit überprüfen durfte.[255]

Allein in der **Klageerhebung** des Bürgers und der Klageerwiderung der Behörde kann keine Nachholung der Anhörung gesehen werden.[256] Dies ist auch dann nicht möglich, wenn sich der Bürger in der Klageschrift umfassend äußert und die Behörde diese Einwände in ihrer Klageerwiderungsschrift berücksichtigt. Denn die Nachholung der Verfahrenshandlung muss in einem Verwaltungsverfahren erfolgen und kann nicht durch eine verwaltungsprozessuale Handlung vorgenommen werden. Allerdings kann die verwaltungsverfahrensrechtliche Nachholungshandlung auch während des Verwaltungsprozesses erfolgen.[257]

bb) Unerheblichkeit bestimmter Verfahrens- und Formfehler, § 46 VwVfG

Bleibt es bei der formellen Rechtswidrigkeit des Verwaltungsakts, ist also **keine Heilung nach § 45 VwVfG** erfolgt, wäre für den Bürger nicht viel gewonnen, wenn der Verwaltungsakt, obwohl er inhaltlich richtig ist, von der Behörde oder vom Gericht allein wegen seiner formellen Rechtswidrigkeit aufgehoben würde, dann aber sogleich mit demselben Inhalt, nunmehr aber unter Beachtung des formellen Rechts, wiederum erlassen würde. Aus diesem Grund bestimmt § 46 VwVfG, dass **kein Anspruch auf** (behördliche oder gerichtliche) **Aufhebung** eines Verwaltungsakts besteht, **wenn** 635

- die Rechtswidrigkeit des Verwaltungsakts auf die Verletzung von Vorschriften über das **Verfahren** (z.B. fehlende Anhörung nach § 28 I VwVfG, Verstoß gegen die Begründungspflicht nach § 39 I VwVfG),

---

[254] BVerwGE 54, 276 (280); 66, 111 (114); NJW 1987, 143; NJW 1989, 1873 f. m.w.N.
[255] Dazu schon oben (1).
[256] BVerwGE 137, 199 Rn. 37; 68, 267 (274 f.) zu Ermessensverwaltungsakten; *Kopp/Ramsauer*, § 45 Rn. 42; *Sachs*, in: Stelkens/Bonk/Sachs, § 45 Rn. 86 f.; *Schoch*, Jura 2007, 31 f; a. A. BayVGH BayVBl. 2004, 150; vgl. auch NdsOVG NVwZ-RR 2002, 822.
[257] Dazu etwa *Schenke*, VerwArch. 97 (2006), 608 f.

über die **Form** oder über die **örtliche Zuständigkeit** gestützt wird **und**

- der Verstoß gegen diese Vorschriften **die Entscheidung in der Sache offensichtlich nicht beeinflusst hat.**

636 **Offensichtlich** im Sinne von § 46 VwVfG heißt nicht, dass sich der Rechtsverstoß für jedermann deutlich erkennbar nicht auf die behördliche Sachentscheidung ausgewirkt hat, sondern dass ein **Einfluss auf die Sachentscheidung eindeutig – nach jeder Betrachtungsweise – auszuschließen ist.**[258]

637 Bei **gebundenen Entscheidungen** – wenn der Behörde kein Ermessens- oder Beurteilungsspielraum zusteht – hat sich der Verstoß gegen die in § 46 VwVfG genannten Vorschriften eindeutig nicht auf die Entscheidung ausgewirkt, wenn sie in der Sache richtig, d.h. **materiell rechtmäßig** ist.

638 Hatte die Behörde beim Erlass des Verwaltungsakts einen **Ermessens- oder Beurteilungsspielraum,** ist der Aufhebungsanspruch nicht schon dann ausgeschlossen, wenn sich der Verstoß gegen das formelle Recht aller Wahrscheinlichkeit nach nicht auf die Sachentscheidung ausgewirkt hat. Vielmehr **ist der Aufhebungsanspruch nur dann ausgeschlossen, wenn eindeutig keine Möglichkeit besteht, dass die Behörde ohne den formellen Rechtsverstoß anders entschieden hätte.**[259] Das dürfte fast nie der Fall sein, wenn die Behörde einen Entscheidungsspielraum hat.[260] Denn dann besteht fast immer die Möglichkeit, dass die Behörde im Falle der Beachtung der verletzten Verfahrensvorschriften im Ergebnis anders entschieden hätte. **Ausnahme:** Fälle der Ermessens- oder Beurteilungsreduzierung auf Null.

639 An dieser Stelle ist nochmals darauf hinzuweisen, dass ein Verstoß gegen die in § 46 VwVfG genannten Vorschriften niemals unbeachtlich ist, wenn er zur Nichtigkeit des Verwaltungsakts nach § 44 II VwVfG (Nr. 1, 2: Form; Nr. 3: örtliche Zuständigkeit nach § 3 Nr. 1 VwVfG) oder nach § 44 I VwVfG geführt hat.

---

[258] *Ipsen,* Rn. 707.
[259] BVerwGE 142, 205 Rn. 20; 137, 199 Rn. 40; *Maurer,* § 10 Rn. 41; *Kopp/Ramsauer,* § 46 Rn. 37; genau umgekehrt *Siegmund,* in: Brandt/Sachs, D, Rn. 143.
[260] *Kopp/Ramsauer,* § 46 Rn. 32; *Sachs,* in: Stelkens/Bonk/Sachs, § 46 Rn. 60ff.; *Erbguth,* § 15 Rn. 20; vgl. BVerwG DVBl. 2014, 303 Rn. 24 f.; zudem darf im Anwendungsbereich des EU-Rechts die materielle Beweislast nicht dem Bürger (Kläger) auferlegt werden, EuGH NVwZ 2015, 1665 Rn. 54 ff. – *Umwelt-Rechtsbehelfsgesetz.*

e) Umdeutung rechtswidriger Verwaltungsakte, § 47 VwVfG

Ein (auch materiell) rechtswidriger Verwaltungsakt kann unter den in § 47 VwVfG genannten Voraussetzungen in einen rechtmäßigen Verwaltungsakt umgedeutet werden.[261]

640

Beispiel: Umdeutung einer rechtswidrigen fristlosen Entlassung eines Probebeamten in eine rechtmäßige fristgerechte Entlassung (BVerwGE 91, 73 ff.).

Nach h. M. ist auch eine Umdeutung nichtiger Verwaltungsakte möglich.[262]

Voraussetzungen einer Umdeutung:

641

- Fehlerhaftigkeit (Rechtswidrigkeit) des Verwaltungsakts
- gleiche Zielrichtung der ursprünglichen und der neuen Regelung des Verwaltungsakts
- kein Widerspruch des neuen Regelungsinhalts zur erkennbaren Absicht der Behörde
- keine ungünstigeren Rechtsfolgen für den Bürger
- Rücknehmbarkeit des ursprünglichen Verwaltungsakts
- keine Umdeutung eines gebundenen Verwaltungsakts in einen Ermessensverwaltungsakt (dies muss nach Sinn und Zweck von § 47 III VwVfG auch für Beurteilungsverwaltungsakte gelten);[263] Ausnahme: Ermessens- bzw. Beurteilungsreduzierung auf Null
- Anhörung des Bürgers bei einer behördlichen Umdeutung

Nach überwiegender Meinung tritt die Umdeutung **kraft Gesetzes** ein.[264] Danach kann sie sowohl durch die Behörde als auch durch das Verwaltungsgericht **festgestellt** werden. Die **behördliche** Umdeutung ist damit nach freilich bestrittener Auffassung ein nur **feststellender Verwaltungsakt**.

642

Auch der Bürger kann sich auf die kraft Gesetzes eingetretene Umdeutung berufen. Allerdings läuft er Gefahr, dass die Behörde oder auch das Verwaltungsgericht eine Umdeutung ablehnen.

---

[261] Dazu ausführlich *Leopold*, Jura 2006, 895 ff.
[262] BVerwGE 110, 111 (114); *Kopp/Ramsauer*, § 47 Rn. 3; *Sachs*, in: Stelkens/Bonk/Sachs, § 47 Rn. 31; *Baumeister*, in: Obermayer/Funke-Kaiser, § 47 Rn. 11; a. A. mit beachtlichen Gründen *Peuker*, in: Knack/Henneke, § 47 Rn. 9; *Schulz*, in: Mann/Sennekamp/Uechtritz, § 47, Rn. 31.
[263] *Kopp/Ramsauer*, § 47 Rn. 28.
[264] *Kopp/Ramsauer*, § 47 Rn. 9; *Sachs*, in: Stelkens/Bonk/Sachs, § 47 Rn. 4; *Peuker*, in: Knack/Henneke, § 47 Rn. 28 f.; *Maurer*, § 10 Rn. 45; *Leopold*, Jura 2006, 897 f.; a. A. z. B. VGH München BayVGH BayVBl. 1992, 401; DÖV 1984, 120; *Ule/Laubinger*, § 60 Rn. 20.

VII. Nebenbestimmungen zu Verwaltungsakten

Literatur: *Axer,* Nebenbestimmungen im Verwaltungsrecht, Jura 2001, 748; *Braun/Kettner,* Der praktische Fall: Vom Winde verweht (isolierte Anfechtung von Nebenbestimmungen im öffentlichen Baurecht), VR 2005, 25; *Bumke,* Rechtsschutz bei Nebenbestimmungen eines Verwaltungsakts, in: FS U. Battis, 2014, S. 177; *Freund,* Der praktische Fall: Finanznot macht erfinderisch (Rechtsschutz gegen Nebenbestimmungen), VR 2004, 206; *Chr. Hanf,* Rechtsschutz gegen Inhalts- und Nebenbestimmungen zu Verwaltungsakten, 2003; *Hufen/Bickenbach,* Der Rechtsschutz gegen Nebenbestimmungen zum Verwaltungsakt, JuS 2004, 867 u. 966; *Krüger,* Nebenbestimmungen zu Verwaltungsakten, VR 2014, 162; *Labrenz,* Die neuere Rechtsprechung des BVerwG zum Rechtsschutz gegen Nebenbestimmungen – falsch begründet, aber richtig, NVwZ 2007, 161; *Reimer,* Wider den Begriff der „Nebenbestimmung". Kritische Anmerkungen zu einem Rechtsinstitut, DV 45 (2012), 491; *Schmidt,* Rechtsschutz gegen Nebenbestimmungen, VBlBW 2004, 81; *Sproll,* Rechtsschutz gegen Nebenbestimmungen eines Verwaltungsakts, NJW 2002, 3221; *Sturm,* Isolierter Rechtsschutz gegen Nebenbestimmungen?, VR 2004, 15.

Rechtsprechung: BVerwGE 60, 269 (Aufhebung einer Befristung); BVerwGE 88, 348 (Erlaubniserteilung unter Auflage – Anfechtung der Auflage); BVerwGE 112, 221 (grds. isolierte Anfechtbarkeit von belastenden Nebenbestimmungen); BVerwG DÖV 1974, 380 u. 563 (zur modifizierenden Auflage); BVerwG NVwZ-RR 1996, 20 (isolierte Anfechtbarkeit von Auflagen); OVG Berlin NVwZ 2001, 1059 (keine ausnahmslose Anfechtbarkeit von Bedingungen); OVG Bautzen, 10.10.2012, 1 A 389/12, juris (Unzulässigkeit der isolierten Auflagenanfechtung, wenn der Hauptverwaltungsakt im Falle der Auflagenaufhebung offenkundig rechtswidrig würde).

1. Bedeutung

643 Verwaltungsakte dürfen nur erlassen werden, wenn sie rechtmäßig sind. Wird deshalb der Erlass eines Verwaltungsakts beantragt, der rechtswidrig wäre, müsste der Antrag abgelehnt werden.

644 Durch die **Verwendung von Nebenbestimmungen** kann die Behörde nun vor allem **Hindernisse tatsächlicher oder rechtlicher Art ausräumen,** die dem Erlass des beantragten Verwaltungsakts entgegenstehen. Statt „nein" zu sagen und den Antrag abzulehnen, sagt die Behörde „ja, aber" und erlässt den beantragten Verwaltungsakt mit einer Nebenbestimmung.

Beispiel: Ein Mieter, dem gekündigt wurde, stellt den Antrag, ihn wegen drohender Obdachlosigkeit in die bisherige Wohnung bis auf weiteres einzuweisen. Eine Einweisungsverfügung (= VA) mit dem beantragten Regelungsinhalt darf nicht ergehen. Denn **unbefristete** Einweisungen sind in derartigen Fällen rechtswidrig. Anstatt den Erlass des beantragten Verwaltungsakts nun abzulehnen, hat die Behörde aber die Möglichkeit, die Einweisungsverfügung zu erlassen, aber eben unter Hinzufügung einer Befristung (= Nebenbestimmung). Der Hauptregelung (Einweisung) wird dann eine Nebenbestimmung hinzugefügt.

2. Arten von Nebenbestimmungen

§ 36 II VwVfG enthält **Legaldefinitionen** der dort genannten Nebenbestimmungen. Der Meinungsstreit, ob die Aufzählung dieser Vorschrift auch abschließend ist,[265] kann auf sich beruhen. Denn andere Nebenbestimmungen sind kaum vorstellbar.

a) Befristung, § 36 II Nr. 1 VwVfG

Die **Befristung** ist eine Bestimmung, nach der eine Vergünstigung oder Belastung zu einem bestimmten Zeitpunkt beginnt, endet oder für einen bestimmten Zeitraum gilt.
Beispiel: Genehmigung der Veranstaltung eines Straßenfestes am 15. 7. 2016 von 15.00 Uhr bis 23.00 Uhr.

b) Bedingung, § 36 II Nr. 2 VwVfG

Die **Bedingung** ist eine Bestimmung, nach der der Eintritt oder der Wegfall einer Vergünstigung oder einer Belastung von einem **ungewissen Eintritt eines zukünftigen Ereignisses** abhängt. Es muss sich um ein Ereignis handeln, das von der Außenwelt wahrnehmbar ist.[266]

Von einer **aufschiebenden Bedingung** spricht man, wenn die Rechtswirkungen des Verwaltungsakts erst mit dem Eintritt des ungewissen Ereignisses gelten.

Beispiel: Erlaubnis zum Betrieb einer Verbrennungsanlage, wenn ein ganz bestimmter Filter eingebaut wurde.

Von einer **auflösenden Bedingung** spricht man, wenn die Rechtswirkungen mit dem Eintritt des Ereignisses wegfallen.

Beispiel: Erteilung der Aufenthaltserlaubnis für einen Ausländer nur für die Dauer der Beschäftigung bei einem Arbeitgeber (keine Befristung, da die Dauer ungewiss ist).

Um eine Bedingung handelt es sich auch dann, wenn der Eintritt des Ereignisses vom Willen des Begünstigten oder eines anderen abhängt (sog. **Potestativbedingung**).

---

[265] Dafür offenbar *Stuhlfauth*, in: Obermayer/Funke-Kaiser, § 36 Rn. 1, 3; dagegen die h. M., z.B. BVerwG GewArch. 2010, 113 Rn. 20; *Kopp/Ramsauer*, § 36 Rn. 13; *Weiß*, in: Mann/Sennekamp/Uechtritz, § 36 Rn. 17.
[266] BVerwG BayVBl. 2015, 449 Rn. 12 ff. (keine rein behördeninternen Vorgänge oder Bewertungen; zum Fall der außenwirksamen Mitteilung Rn. 17).

c) Widerrufsvorbehalt, § 36 II Nr. 3 VwVfG

650 Der **Widerrufsvorbehalt** ist eine Bestimmung, durch die sich die Behörde die Befugnis vorbehält, den Verwaltungsakt später wieder aufzuheben.

> **Beispiel:** Gewährung einer Subvention (= VA) mit der Bestimmung, dass der Subventionsbescheid widerrufen werden kann, wenn die Subvention nicht bis zu einem bestimmten Zeitpunkt zu dem angegebenen Zweck verwendet wurde.

d) Auflage, § 36 II Nr. 4 VwVfG

651 Die **Auflage** ist eine Bestimmung, durch die dem Begünstigten ein Tun, Dulden oder Unterlassen vorgeschrieben wird. Sie enthält ein **Gebot oder Verbot, das zur Vergünstigung hinzutritt.** Der VA-Adressat muss die Auflage erst dann befolgen, wenn er die Vergünstigung ausnutzen will.

> Um Auflagen handelt es sich z. B. bei folgenden Anordnungen:
> - In einer atomrechtlichen Genehmigung, dass zum Schutze des Kernkraftwerkes ein bewaffneter Werksschutz bereitgestellt werden muss (BVerwGE 81, 185 ff.).
> - In einer Aufenthaltserlaubnis, Geld für die Rückfahrt in das Heimatland zu sparen (BVerwGE 64, 285).

652, 653 Wird die Auflage nicht erfüllt, kann die Behörde den erlassenen Verwaltungsakt widerrufen, § 49 II 1 Nr. 2, III 1 Nr. 2 VwVfG. Sie kann aber auch statt dessen das in der Auflage enthaltene Gebot oder Verbot im Wege der **Zwangsvollstreckung durchsetzen.**

e) Auflagenvorbehalt, § 36 II Nr. 5 VwVfG

654 Der Auflagenvorbehalt ist die einem begünstigenden[267] Verwaltungsakt beigefügte rechtserhebliche Ankündigung, später werde noch eine Auflage ergehen oder eine bereits bestehende Auflage geändert oder ergänzt werden.

> **Beispiel:** Erlaubnis zum Betrieb einer Verbrennungsanlage mit dem Zusatz, dass der Einbau eines bestimmten Filters angeordnet werden kann, wenn der Schadstoffausstoß einen bestimmten Grenzwert überschreiten sollte.

---

[267] Konsequenz des § 36 II 4 VwVfG.

3. Rechtsnatur

Nebenbestimmungen sind **Teil eines Verwaltungsakts**.[268] Sie sind keine eigenständigen Verwaltungsakte, sondern eben nur Bestandteil eines Hauptverwaltungsakts.[269] Ausnahme: Nach weitverbreiteter Auffassung soll die **Auflage** ein eigenständiger Verwaltungsakt sein, dessen Existenz allerdings vom Bestand des Hauptverwaltungsakts abhänge.[270] Nach der nicht minder weitverbreiteten Gegenmeinung soll auch die Auflage nur Bestandteil eines Verwaltungsakts sein bzw. zusammen mit der Hauptregelung einen einheitlichen Verwaltungsakt bilden.[271] Eine unmittelbare rechtliche oder praktische Bedeutung kommt diesem Meinungsstreit jedoch nicht zu. 655

Wichtig sind die folgenden zwei Grundsätze: 656
(1) Sämtliche Nebenbestimmungen hängen vom Bestand der Hauptregelung ab **(Akzessorietät).** Wird der „eigentliche" Verwaltungsakt beseitigt, erlischt auch die Nebenbestimmung.
(2) Auch **rechtswidrige Nebenbestimmungen** sind gültig und **wirksam** (außer im Falle der Nichtigkeit gem. § 44 VwVfG).[272]

4. Unterscheidung zwischen echter und modifizierender Auflage

Von sog. **modifizierenden Auflagen** ist dann die Rede, wenn die Behörde dem erlassenen Verwaltungsakt Zusätze, Bestimmungen oder Maßgaben beifügt, die den **Inhalt des Verwaltungsakts** betreffen. Es wird deshalb ein Verwaltungsakt erlassen, der inhaltlich vom Antrag abweicht. Kennzeichnend für derartige modifizierende Auflagen ist, dass die behördlichen Zusätze, Bestimmungen u.s.w. **nicht selbständig durchsetzbar sind;** hierdurch unterscheidet sich die modifizierende, unmittelbar den Inhalt des Verwaltungsakts betreffende Auflage von der echten Auflage. Verstößt der Bürger gegen eine modifizierende Auflage, verstößt er nicht gegen ein Gebot oder Verbot, sondern handelt ohne Genehmigung. 657

---

[268] *Ipsen,* Rn. 589.
[269] So z.B. *Reimer,* DV 45 (2012), 497 f.; vgl. *Henneke,* in: Knack/Henneke, § 36 Rn. 11.
[270] *Kopp/Ramsauer,* § 36 Rn. 31; *Weiß,* in: Mann/Sennekamp/Uechtritz, § 36 Rn. 35, ebenso zum Auflagenvorbehalt, Rn. 40; *Maurer,* § 12 Rn. 9; *Sproll II,* § 13 Rn. 31; VGH Mannheim NVwZ-RR 2002, 622, 623 a. E.
[271] *Ule/Laubinger,* § 50 Rn. 13 a. E.; *Erichsen,* Jura 1990, 217; *Schenke,* JuS 1982, 183 f.
[272] *Schwerdtfeger/Schwerdtfeger,* Rn. 168.

Beispiele:
- Beantragt wurde die Erteilung einer Baugenehmigung für ein Haus mit Giebeldach; erteilt wird eine Baugenehmigung für ein Haus mit Flachdach. Wird hier das Haus mit Giebeldach errichtet, wird insoweit ohne Genehmigung gebaut.
- Erteilung einer immissionsschutzrechtlichen Genehmigung mit der Maßgabe, einen bestimmten Lärmpegel beim Betrieb der Anlage nicht zu überschreiten. Wird der Lärmpegel überschritten, wird die Anlage ohne Genehmigung betrieben.
- Auf der Kippe: Festlegung von Abschaltzeiten einer Windenergieanlage zum Schutze von Fledermäusen. Auflage i. S. d. § 36 II Nr. 4 VwVfG oder modifizierende Auflage? ThürOVG ThürVBl. 2015, 218 ff. hat der Behörde in Grenzfällen das Recht zur Festlegung zugestanden und ist der behördlichen Bezeichnung des Zusatzes als (echte) „Nebenbestimmung" (der Sache nach Auflage) gefolgt.

658 Die Bezeichnung derartiger Zusätze oder Maßgaben als modifizierende Auflage ist irreführend. Es handelt sich nämlich um **keine Nebenbestimmung** und schon gar nicht um eine Auflage i. S. v. § 36 II Nr. 4 VwVfG. Besser wäre es, von **modifizierten Genehmigungen**[273] oder Inhaltsbestimmungen[274] zu sprechen.

Die Abgrenzung zu echten Nebenbestimmungen ist allerdings häufig schwierig, in Anbetracht der **prozessualen Konsequenzen**[275] aber unabdingbar.

659 **Merke:** Modifizierende Auflagen betreffen den Inhalt des Verwaltungsakts. **Sie sind keine Nebenbestimmungen.**

5. Zulässigkeit von Nebenbestimmungen

660 Zahlreiche spezielle Gesetze ermächtigen die Behörden zum Erlass von Nebenbestimmungen.[276] Bestehen keine speziellen Sonderregelungen außerhalb des VwVfG, kommt § 36 VwVfG zur Anwendung.

a) Verwaltungsakte, auf deren Erlass ein Anspruch besteht, § 36 I VwVfG

661 § 36 I VwVfG betrifft **Verwaltungsakte, auf deren Erlass ein Anspruch besteht.** Dies sind rechtlich gebundene Verwaltungsakte, bei deren Erlass die **Behörde keinen Entscheidungsspielraum** besitzt und die den

---
[273] So auch *Maurer,* § 12 Rn. 16; *Peine,* Rn. 536; vgl. auch *Heitsch,* DÖV 2003, 369.
[274] So BVerwGE 135, 67 (68) ; ThürOVG ThürVBl. 2015, 220.
[275] Dazu Rn. 665 ff.
[276] Beispiele bei *Henneke,* in: Knack/Henneke, § 36 Rn. 25.

Bürger begünstigen. Solche Verwaltungsakte dürfen nur in zwei Fällen mit Nebenbestimmungen versehen werden:
(1) Zulassung der Nebenbestimmung durch spezielle Rechtsvorschrift, § 36 I 1. Alt. VwVfG.
(2) Sicherstellung durch die Nebenbestimmung, dass die gesetzlichen Voraussetzungen des Verwaltungsakts erfüllt sind (dass der Verwaltungsakt rechtmäßig ist), § 36 I 2. Alt. VwVfG.

Ob die Behörde eine Nebenbestimmung trifft, liegt in ihrem Ermessen.

b) Verwaltungsakte, auf deren Erlass kein Anspruch besteht, § 36 II VwVfG

§ 36 II VwVfG betrifft Verwaltungsakte, auf deren Erlass kein Anspruch besteht, also alle übrigen Verwaltungsakte. Das sind vor allem Verwaltungsakte, bei deren Erlass die Behörde einen Ermessens- oder Beurteilungsspielraum besitzt, aber auch alle (gebundenen) Verwaltungsakte, die nur im öffentlichen Interesse erlassen werden – insbesondere die **ausschließlich belastenden Verwaltungsakte**.[277] Auch hier liegt es im behördlichen Ermessen, ob eine Nebenbestimmung nach § 36 II Nr. 1–3 VwVfG[278] ergeht. Allerdings ist das behördliche Nebenbestimmungsermessen weiter als in denjenigen Fällen, in denen die Behörde zum Erlass des Verwaltungsakts rechtlich verpflichtet ist (gebundene Verwaltung). Denn wenn es schon nicht ermessensfehlerhaft ist, überhaupt keinen Verwaltungsakt zu erlassen, hat die Behörde ein weites Ermessen, den Verwaltungsakt mit einer Nebenbestimmung zu erlassen. 662

c) Allgemeingültige Aussagen

Nach § 36 III VwVfG darf eine Nebenbestimmung dem Zweck des erlassenen Verwaltungsakts nicht zuwiderlaufen. Dadurch ist es insbesondere unzulässig, dem Adressaten des Verwaltungsakts durch Nebenbestimmungen solche Pflichten aufzuerlegen, die mit der im Verwaltungsakt enthaltenen Regelung in keinem sachlichen Zusammenhang stehen **(Koppelungsverbot)**. 663

Besondere Bedeutung kommt auch hier wieder dem Grundsatz der Verhältnismäßigkeit zu. Nach ihm muss die Behörde prüfen, welche Nebenbestimmung geeignet, erforderlich und angemessen ist, um etwaige Versa- 664

---

[277] U. *Stelkens,* in: Stelkens/Bonk/Sachs, § 36 Rn. 111; *Ule/Laubinger,* § 50 Rn. 22; enger (nur bei Ermessens- u. Beurteilungsverwaltungsakten) *Kopp/Ramsauer,* § 36 Rn. 47.
[278] Auflagen und Auflagenvorbehalte sind nur bei begünstigenden Verwaltungsakten zulässig, U. *Stelkens,* in: Stelkens/Bonk/Sachs, § 35 Rn. 111.

gensgründe, die dem Erlass des beantragten Verwaltungsakts entgegenstehen, auszuräumen. Die Behörde darf einen beantragten Verwaltungsakt, dem Versagungsgründe entgegenstehen, nicht ablehnen, wenn die Versagungsgründe durch Nebenbestimmungen ausgeräumt werden können.

6. Rechtsschutz gegen Nebenbestimmungen

665 Schon von jeher ist es umstritten, wie sich der Bürger gegen ihm missliebige Nebenbestimmungen vor den Verwaltungsgerichten wehren kann. Vorab und ungeachtet aller Detailfragen muss immer folgendes berücksichtigt werden:

> (1) Eine **Anfechtungsklage** ist jedenfalls dann **statthaft,** wenn die Nebenbestimmung als **selbständiger Verwaltungsakt** oder als **abtrennbarer Teil eines Verwaltungsakts** qualifiziert wird (vgl. § 113 I 1 VwGO: „soweit"; damit sind auch Teilanfechtungen möglich).
> (2) Eine **modifizierende Auflage** ist keine Nebenbestimmung, sie ist ein untrennbarer Bestandteil des gesamten Verwaltungsakts. Eine **isolierte Anfechtung** nur der modifizierenden Auflage ist deshalb nicht statthaft (und damit unzulässig).[279] Ein Anspruch auf Erlass des beantragten Verwaltungsakts (ohne die modizierende Auflage) kann deshalb nur im Wege der Verpflichtungsklage geltend gemacht werden.

Der Meinungsstand und die verschiedenen Fall- und Unterfallgruppen sind mittlerweile kaum noch zu überblicken. Fasst man die verschiedenen Lösungsvorschläge zusammen, lassen sich folgende Grundpositionen herausbilden.[280]

a) Unterscheidung nach der Art der Nebenbestimmung

666 Nach der früher vorherrschenden Auffassung, die auch heute noch von Teilen der Rechtsprechung und Literatur[281] vertreten wird, können **Auf-**

---

[279] BVerwGE 135, 67 (68); 90, 42 (48); 69, 37 (39); NVwZ-RR 2000, 213; *Pietzcker,* in: Schoch/Schneider/Bier, § 42 Rn. 137 (siehe auch Rn. 122 m. Fn. 581); a. A. *Kopp/Schenke,* § 42 Rn. 23.

[280] Dazu und auch weiterführend *Pietzcker,* in: Schoch/Schneider/Bier, § 42 Abs. 1 Rn. 121 ff.; sehr übersichtlich auch *Freund,* VR 2004, 206 ff.

[281] Z.B. *Happ,* in: Eyermann, § 42 Rn. 45 ff.; *Kopp/Ramsauer,* § 36 Rn. 61, 63; *Hanf,* Rechtsschutz gegen Inhalts- und Nebenbestimmungen zu Verwaltungsakten, 2003, S. 219 ff.; *Reimer,* DV 45 (2012), 506 ff.

§ 10. Der Verwaltungsakt   219

lagen, **Auflagenvorbehalte** und Widerrufsvorbehalte gesondert **angefochten** werden. Eine Aufhebung der angefochtenen Auflage oder des Auflagenvorbehalts soll allerdings trotz deren Rechtswidrigkeit dann ausscheiden, wenn der verbleibende Verwaltungsakt rechtswidrig würde.[282]

Bei **allen anderen Nebenbestimmungen** und bei den sog. modifizierenden Auflagen soll die **Verpflichtungsklage** die richtige Klageart sein: Klage auf Verurteilung zum Erlass des ursprünglich beantragten Verwaltungsakts (ohne Nebenbestimmung). Steht der Behörde beim Verwaltungsakt-Erlass ein Ermessens- oder Beurteilungsspielraum zu, ist Bescheidungsklage bzw. Verpflichtungsklage mit Bescheidungsantrag (vgl. § 113 V 2 VwGO) zu erheben. 667

b) Unterscheidung nach der Art des Hauptverwaltungsakts

Nach einer weit verbreiteten Auffassung können **alle Nebenbestimmungen** zu einem rechtlich **gebundenen Verwaltungsakt isoliert angefochten** werden.[283] Bei Verwaltungsakten, bei deren Erlass der Behörde ein Ermessens- oder Beurteilungsspielraum zusteht, wird dagegen auf die Verpflichtungsklage mit Bescheidungsantrag verwiesen. Teilweise wird auch bei rechtlich gebundenen Verwaltungsakten die Verpflichtungsklage befürwortet, wenn der Verwaltungsakt ohne die Nebenbestimmungen rechtswidrig wäre. Gerade dies wird zwischen den Prozessparteien aber häufig umstritten sein. 668

c) Grundsätzlich Anfechtungsklage

Das BVerwG hält nunmehr grundsätzlich ausnahmslos die Anfechtungsklage gegen Nebenbestimmungen für zulässig.[284] Eine Ausnahme wird nur für den Fall gemacht, dass eine isolierte Aufhebung der Nebenbestimmung **offenkundig** von vornherein deshalb ausscheidet, weil der Hauptverwaltungsakt im Falle der Aufhebung der Nebenbestimmung **offensichtlich** rechtswidrig würde.[285] In einem solchen Fall scheitert die Zulässigkeit einer 669

---

[282] BVerwG NVwZ-RR 1997, 317; NVwZ 1984, 366.
[283] So z.B. BSG NJW 1992, 2981.
[284] BVerwGE 60, 269 (274): „Gegen belastende Nebenbestimmungen ist die Anfechtungsklage gegeben"; BVerwGE 112, 221 (224): „Nach der inzwischen gefestigten Rechtsprechung des BVerwG ist gegen belastende Nebenbestimmungen eines Verwaltungsakts die Anfechtungsklage gegeben …"; zustimmend OVG Bremen NordÖR 2011, 275 f.; *Kopp/Schenke*, § 42 Rn. 22; *Bumke*, in: FS U. Battis, 2014, S. 177 ff. (195); nunmehr auch *Schmidt*, VBlBW 2004, 83 (sehr lesenswert); relativierend wieder BVerwG, 27.2.2013, 4 B 14/13, juris Rn. 4.
[285] BVerwGE 112, 221 (224); OVG Bautzen, 10.10.2012, 1 A 389/12, juris Rn. 26 (bestätigt von BVerwG, 27.2.2013, 4 B 14/13, juris); ThürOVG ThürVBl. 2015, 220.

Anfechtungsklage gegen die Nebenbestimmung allerdings nicht an der fehlenden Statthaftigkeit der Anfechtungsklage, sondern an der fehlenden Klagebefugnis nach § 42 II VwGO.[286] Teilweise wird auf die Anfechtungsklage nur dann verwiesen, wenn der übrigbleibende Verwaltungsakt sinnvoll und rechtmäßig wäre.[287]

d) Grundsätzlich Verpflichtungsklage

670 Eine in der Literatur vertretene Mindermeinung hat sich für die ausnahmslose Zulassung der Verpflichtungsklage (ggf. mit Bescheidungsantrag) ausgesprochen, gerichtet auf Erlass des beantragten Verwaltungsakts ohne Nebenbestimmung.[288]

e) Stellungnahme

671 Am besten dem Interesse des Bürgers entspricht eine Anfechtung der Nebenbestimmung (nicht des gesamten Verwaltungsakts). Denn eine Anfechtungsklage ist grundsätzlich schon dann begründet, wenn die Nebenbestimmung rechtswidrig ist. Als rechtswidrige belastende Maßnahme verletzt sie den Adressaten zumindest in Art. 2 I GG und muss aufgehoben werden.

Eine Verpflichtungsklage auf Erlass eines Verwaltungsakts ohne Nebenbestimmung wäre nur begründet, wenn der Kläger einen strikten Anspruch auf Erlass eines solchen Verwaltungsakts hätte. Das ist bei Verwaltungsakten, deren Erlass im Ermessen der Behörde liegt, grundsätzlich nicht der Fall. Mit einer Bescheidungsklage (Verpflichtungsklage mit Bescheidungsantrag) kann die gerichtliche Aufhebung der Nebenbestimmung nicht erreicht werden. Das Gericht verpflichtet die Behörde nämlich nur zur nochmaligen Verbescheidung des Klägers.

672 In diesem Zusammenhang muss folgendes berücksichtigt werden: Der oben skizzierte Meinungsstreit betrifft nur die Frage, welche Klageart gegen Nebenbestimmungen **zulässig** ist. Auch wenn gegen Nebenbestimmungen grundsätzlich die Anfechtungsklage zulässig sein sollte, heißt das nicht, dass sie auch tatsächlich zur isolierten Aufhebung der Nebenbestimmung führt, also **begründet** ist. Dies ist nach der Rechtsprechung des BVerwG u.a.

---

[286] Vgl. BVerwGE 112, 221 (224).
[287] *Pietzner/Ronellenfitsch*, § 9 Rn. 21 a.E.
[288] *Labrenz*, NVwZ 2007, 164 f.; *Stadie*, DVBl. 1991, 613; *Fehn*, DÖV 1988, 207 ff.; vgl. auch *Kopp/Ramsauer*, § 36 Rn. 62 f., 65: Anfechtbarkeit nur von Auflagen, ansonsten immer Verpflichtungsklage.

§ 10. Der Verwaltungsakt

nur der Fall, wenn der begünstigende Verwaltungsakt ohne die Nebenbestimmung sinnvoll und rechtmäßig wäre.[289]

VIII. Aufhebung von Verwaltungsakten, §§ 48–50 VwVfG

Literatur: *Bamberger,* Rücknahme und Widerruf begünstigender Allgemeinverfügungen, DVBl. 1999, 1632; *Ehlers/Kallerhoff,* Die Rücknahme von Verwaltungsakten, Jura 2009, 823; *Ehlers/Schröder,* Der Widerruf von Verwaltungsakten, Jura 2010, 503 u. 824; *Frohn,* Das verwaltungsrechtliche Zweitverfahren: Rücknahme, Widerruf und Wiederaufgreifen (§§ 48ff. VwVfG), DV 20 (1987), 337; *Gassner,* Rücknahme drittbelastender Verwaltungsakte im Rechtsbehelfsverfahren, JuS 1997, 794; *Korte/Seiffge,* Das treppenlose Hotel, VR 2014, 65 (Übungsfall: Rücknahme eines Verwaltungsakts und Ausgleichsanspruch nach § 48 III VwVfG); *Krausnick,* Grundfälle zu §§ 48, 49 VwVfG, JuS 2010, 594, 681, 778; *Ludwigs,* Der Anspruch auf Rücknahme rechtswidriger belastender Verwaltungsakte, DVBl. 2008, 1164; *Remmert,* Die behördliche Aufhebung von Verwaltungsakten mit Doppelwirkung – Zur Dogmatik des § 50 VwVfG, VerwArch. 91 (2000), 209; *Schenke,* Der Anspruch des Verletzten auf Rücknahme des Verwaltungsakts vor Ablauf der Anfechtungsfristen, in: FS H. Maurer, 2001, S. 723; *Suerbaum,* Die Subventionsrückforderung, JuS 1998, 635.

Rechtsprechung: BVerwGE 70, 356 (Rücknahmefrist); BVerwGE 88, 278 (Rücknahmevoraussetzungen); BVerwGE 100, 199 (Rücknahmefrist); BVerwGE 105, 55 (Widerruf einer Subventionsbewilligung); BVerwG NJW 1992, 328 (Rücknahme und Rückforderung von Leistungen, Wegfall der Bereicherung); BVerwGE 121, 226 u. NVwZ 2007, 709 (grundsätzlich kein Anspruch auf Rücknahme bestandskräftiger rechtswidriger Verwaltungsakte).

1. Allgemeines

a) Begriff der Aufhebung

Die nachfolgenden Ausführungen betreffen die Aufhebung von Verwaltungsakten durch die **Behörden.** Hiervon ist die Aufhebung von Verwaltungsakten durch die **Gerichte** im Rahmen von **Anfechtungsklagen** (§ 113 I 1 VwGO) streng zu unterscheiden. Es handelt sich um jeweils völlig unterschiedliche Rechtsinstitute, für die ganz unterschiedliche gesetzliche Regelungen bestehen. Sind keine Spezialvorschriften einschlägig und sind die Vorschriften des VwVfG anwendbar,[290] richtet sich die behördliche Aufhebung von Verwaltungsakten nach den §§ 48–50 VwVfG. Diese

673

---

[289] BVerwGE 112, 221 (224); ebenso OVG Bremen NordÖR 2011, 276; vgl. auch OVG Berlin NVwZ 2001, 1059f.; dazu auch *Brüning,* NVwZ 2002, 1081; kritisch und für eine ausnahmslose Verpflichtungsklage *Labrenz,* NVwZ 2007, 161 ff.
[290] Vgl. Rn. 166ff.

Vorschriften regeln, unter welchen Voraussetzungen die **Behörden** Verwaltungsakte aufheben dürfen – sei es von sich aus, sei es auf Antrag eines Bürgers.

674 Wichtig ist, dass **sowohl noch nicht bestandskräftige als auch bestandskräftige Verwaltungsakte** – die also nicht mehr anfechtbar sind – aufgehoben werden können: Rücknahme und Widerruf eines Verwaltungsakts, „auch nachdem er unanfechtbar geworden ist", §§ 48 I 1, 49 I, II 1 VwVfG.

675 Eine **behördliche Aufhebung** von Verwaltungsakten ist schließlich noch im **Vorverfahren gem. §§ 68 ff. VwGO** möglich. Dieses Vorverfahren ist einerseits ein **behördliches und kein gerichtliches Verfahren**. Andererseits ist die Durchführung des Vorverfahrens Voraussetzung für die Zulässigkeit einer nachfolgenden Anfechtungsklage und damit Prozessvoraussetzung.

676 **Beachte:** Die behördliche Aufhebung von Verwaltungsakten im Vorverfahren nach §§ 68 ff. VwGO richtet sich nicht nach den §§ 48 ff. VwVfG, sondern nach eigenen Regeln.

677 Damit ist zwischen **drei Möglichkeiten der Aufhebung von Verwaltungsakten** streng zu unterscheiden:
(1) **Gerichtliche Aufhebung** im Wege der Anfechtungsklage, § 113 I 1 VwGO
(2) **Behördliche Aufhebung** im Vorverfahren, §§ 68 ff. VwGO
(3) **Behördliche Aufhebung** gem. §§ 48 ff. VwVfG

678 Im folgenden geht es zunächst nur um diese dritte Fallgruppe. Hier ist der Begriff der Aufhebung ein Oberbegriff. Die Aufhebung **rechtswidriger** Verwaltungsakte wird als **Rücknahme** bezeichnet, § 48 VwVfG. Die Aufhebung **rechtmäßiger** Verwaltungsakte wird als **Widerruf** bezeichnet, § 49 VwVfG. Beide Vorschriften unterscheiden dann zwischen **belastenden und begünstigenden Verwaltungsakten**. Die §§ 48, 49 VwVfG betreffen damit vier Fallgruppen, die unterschiedlich geregelt sind.

Übersicht 18:

Aufhebung von Verwaltungsakten nach §§ 48, 49 VwVfG

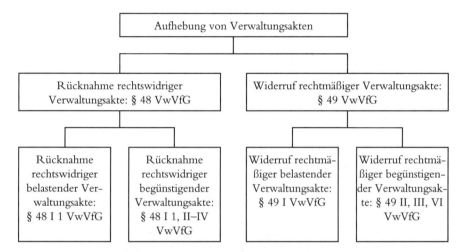

b) Rechtmäßig – rechtswidrig

Ein Verwaltungsakt ist rechtswidrig, wenn er gegen höherrangiges Recht 679
verstößt. Maßgeblich sind das geschriebene und ungeschriebene Verfassungsrecht, die formellen Gesetze, Rechtsverordnungen, Satzungen und die allgemeinen Grundsätze des Verwaltungsrechts. Ein Verstoß gegen **Verwaltungsvorschriften** führt nur zur Rechtswidrigkeit, wenn der Verwaltungsvorschrift ausnahmsweise Außenwirkung zuerkannt wird oder wenn ihre Missachtung gegen Art. 3 I GG verstößt. Auf die Unterscheidung zwischen objektivem und subjektivem öffentlichen Recht kommt es nicht an. Auch Verstöße gegen **zwingendes EU-Recht** führen zur Rechtswidrigkeit des Verwaltungsakts,[291] aber nicht auch zwingend zur Nichtigkeit.[292]

Maßgeblicher Zeitpunkt für die Beantwortung der Frage, ob ein 680
Verwaltungsakt rechtmäßig oder rechtswidrig ist, ist grundsätzlich der
Erlass des Verwaltungsakts.[293] Ist ein Verwaltungsakt im Zeitpunkt
seines Erlasses rechtmäßig, bleibt er es deshalb grundsätzlich auch dann,
wenn sich später die Sach- oder Rechtslage ändert und die Behörde den

---

[291] *Maurer*, § 11 Rn. 18: unmittelbar geltendes EU-Recht.
[292] Rn. 161.
[293] Ist ein Widerspruchsbescheid nach § 73 VwGO ergangen, kommt es auf dessen Erlass an. Denn Verwaltungsakt und Widerspruchsbescheid bilden dann eine Einheit, § 79 I Nr. 1 VwGO.

Verwaltungsakt jetzt nicht mehr erlassen dürfte.[294] In Betracht kommt dann nur ein Widerruf nach § 49 VwVfG, keine Rücknahme nach § 48 VwVfG.

681 Etwas anderes gilt jedenfalls dann, wenn sich die Sach- oder Rechtslage nach dem Erlass des Verwaltungsakts ändert und aus besonderen Gründen auf den Erlasszeitpunkt zurückwirkt (z. B. **rückwirkende** Aufhebung des rechtmäßigen Gesetzes, auf dem der Verwaltungsakt beruht, durch den Gesetzgeber). Der ursprünglich rechtmäßige Verwaltungsakt wird also **rückwirkend rechtswidrig.** Hier richtet sich die Aufhebung nicht nach § 49 VwVfG, sondern nach § 48 VwVfG.

682 Nach der bundesverwaltungsgerichtlichen Rechtsprechung und Teilen der Literatur können **Dauerverwaltungsakte** (sie wirken in die Zukunft hinein),[295] die im Zeitpunkt ihres Erlasses rechtmäßig waren, durch später eintretende Änderungen der Sach- oder Rechtslage **von diesem Zeitpunkt an rechtswidrig werden.**[296] Soll der Verwaltungsakt mit Wirkung zu diesem Zeitpunkt an aufgehoben werden, richte sich die Aufhebung nicht nach § 49 VwVfG, sondern nach § 48 VwVfG.[297]

> **Beispiel:** Ein Verwaltungsakt ist auf **laufende behördliche Geldleistungen** gerichtet. Die Voraussetzungen für diesen Verwaltungsakt fallen nach einiger Zeit (und nach einigen erfolgten Zahlungen) weg. Hier richtet sich nach bundesverwaltungsgerichtlicher Rechtsprechung die Aufhebung des Verwaltungsakts **für die Zeit vom Wegfall der Voraussetzungen an** nach § 48 VwVfG (Rücknahme eines insoweit rechtswidrig gewordenen Verwaltungsakts), vgl. BVerwGE 84, 111 (113 f.).

Mit der Systematik der §§ 48 f. VwVfG ist diese Auffassung allerdings kaum vereinbar.[298] Eng mit dieser Problematik hängt die Frage zusammen, auf welchen Zeitpunkt bei der Beurteilung der Rechtswidrigkeit eines Verwaltungsakts im Falle der **gerichtlichen** (also nicht der behördlichen) Aufhebung im Rahmen einer Anfechtungsklage abzustellen ist.[299]

---

[294] *Kopp/Schenke,* § 113 Rn. 42; *Kopp/Ramsauer,* § 48 Rn. 57 ff.; *Sachs,* in: Stelkens/Bonk/Sachs, § 48 Rn. 49; *Peuker,* in: Knack/Henneke, § 48 Rn. 46.

[295] Rn. 516.

[296] BVerwGE 97, 214 (221); 92, 32 (35 f.); 5.1.2012, 8 B 62/11, juris Rn. 13; BeckRS 2010, 56020 Rn. 17, 23; vgl. auch BVerwGE 84, 111 (113).

[297] *Schenke,* DVBl. 1989, 434 ff.; *ders.,* JuS 1991, 547 ff.; *Kleinlein,* VerwArch. (1990), 149 ff.; *Ule/Laubinger,* § 61 Rn. 22 ff.; explizit auch VGH Mannheim NVwZ-RR 2002, 622 f.

[298] So überzeugend *Erichsen,* in: Erichsen/Ehlers, 12. Aufl. 2002, § 17 Rn. 11; ebenso z. B. *Kopp/Ramsauer,* § 48 Rn. 34; *Peuker,* in: Knack/Henneke, vor § 43 Rn. 54 ff.; *Suerbaum,* in: Mann/Sennekamp/Uechtritz, § 48 Rn. 48 f.; *Maurer,* § 11 Rn. 11; *Ehlers/Kallerhoff,* Jura 2009, 825; auch gegen das Rechtmäßigwerden rechtswidriger Verwaltungsakte grundsätzlich *Schenke,* NVwZ 2015, 1341 ff.

[299] Dazu ausführlich *Kopp/Schenke,* § 113 Rn. 29 ff.; *Baumeister,* Jura 2005, 655 ff.; siehe auch BVerwG NJW 1988, 2056: bei Dauerverwaltungsakten Maßgeblichkeit der Sachlage im Zeitpunkt des Schlusses der mündlichen Verhandlung in der (letzten) Tatsacheninstanz und der Rechtslage im Zeitpunkt des Ergehens der Entscheidung in der Revisionsinstanz;

§ 10. Der Verwaltungsakt

Weiterführender Hinweis: Die zu den Dauerverwaltungsakten oben genannte Auffassung beruht unter anderem auf der Erwägung, dass rechtmäßige begünstigende Verwaltungsakte grundsätzlich nur **mit Wirkung für die Zukunft** widerrufen werden können, § 49 II 1 VwVfG; ein Widerruf mit Wirkung für die Vergangenheit ist nur in den Fällen des § 49 III VwVfG möglich. Liegt kein Anwendungsfall des § 49 III VwVfG vor und lässt man bei einem rechtswidrig gewordenen Verwaltungsakt, der auf laufende Geldleistungen gerichtet ist, keine Rücknahme mit Wirkung für den Zeitpunkt des Rechtswidrigwerdens zu, sondern nur einen Widerruf mit Wirkung für die Zukunft, besteht folgendes Problem: Kann die Behörde die Leistungen, die sie nach dem Rechtswidrigwerden, aber vor dem Widerruf des Verwaltungsakts erbracht hat, zurückfordern? Der Leistungsempfänger wird einwenden, er habe die Leistung mit Rechtsgrund erlangt, nämlich aufgrund des Verwaltungsakts, der eben nur mit Wirkung für die Zukunft widerrufen worden sei. Diesem Einwand könnte nur entgegengehalten werden, für das Behaltendürfen der Leistung sei ein noch existierender Rechtsgrund (d. h. Verwaltungsakt) erforderlich.[300]

Prüfungsrelevant in diesem Zusammenhang ist folgende Konstellation: Das Gesetz, auf dem der Verwaltungsakt beruht, wird vom BVerfG, einem Landesverfassungsgericht oder einem OVG (wenn es sich um eine landesrechtliche Rechtsverordnung oder Satzung handelt) für nichtig bzw. ungültig erklärt. Derartige gerichtliche Entscheidungen sind nur deklaratorisch. D.h., sie stellen die schon vorher bestehende Rechtslage verbindlich fest: Das betreffende Gesetz war rechtswidrig und damit nichtig. Deshalb war auch der auf dem rechtswidrigen Gesetz beruhende Verwaltungsakt im Zeitpunkt seines Erlasses rechtswidrig (aber nicht nichtig!). Er kann deshalb nach § 48 VwVfG zurückgenommen werden.[301] 683

Weiterführender Hinweis: Wird die gesetzliche Rechtsgrundlage eines Verwaltungsakts von einem Gericht (rechtskräftig und allgemeinverbindlich) für nichtig erklärt, steht damit grundsätzlich fest, dass der Verwaltungsakt im Zeitpunkt seines Erlasses rechtswidrig war. Das ändert aber nichts an der Wirksamkeit (Gültigkeit und Verbindlichkeit) des Verwaltungsakts, §§ 79 II 1 BVerfGG, 183 VwGO analog, 47 V 3 i. V.m. 183 VwGO analog.[302] Diese Vorschriften ordnen aber kein Aufhebungsverbot nach Maßgabe derjenigen Vorschriften an, die die Aufhebung von Verwaltungsakten ausdrücklich und speziell regeln; § 79 II 1 BVerfGG verweist sogar auf die besonderen gesetzlichen Regeln. Damit können sowohl belastende als auch begünstigende Verwaltungsakte, die auf einer Rechtsvorschrift beruhen, die von einem Gericht für nichtig erklärt worden sind, nach § 48 VwVfG zurück-

---

dazu weiterführend BVerwG, 5. 1. 2012, 8 B 62/11, juris Rn. 13; *Gerhardt*, in: Schoch/Schneider/Bier, § 113 Rn. 21 Fn. 109.

[300] So BVerwG NJW 1993, 1610; BVerwG NVwZ 1984, 36 betrifft einen Sonderfall; vgl. zum Problem auch *Kopp/Ramsauer*, § 49 Rn. 3 mit Fn. 2, 3; *Sachs*, in: Stelkens/Bonk/Sachs, § 49a Rn. 9 ff.

[301] *Kopp/Ramsauer*, § 48 Rn. 56, 74.

[302] Da der Wortlaut des § 183 VwGO – anders als derjenige des § 79 II BVerfGG – nur Verwaltungsgerichtsentscheidungen erfasst, gilt § 183 VwGO für bestandskräftige Verwaltungsakte analog, BVerwGE 56, 172 (179); *Kopp/Schenke*, § 183 Rn. 5.

genommen werden, selbst wenn sie bestandskräftig sind.[303] Der Bürger hat zwar einen Anspruch auf eine ermessensfehlerfreie behördliche Entscheidung über die Rücknahme eines ihn belastenden Verwaltungsakts.[304] Allerdings handelt die Behörde in aller Regel nicht ermessensfehlerhaft, wenn sie den bestandskräftigen Verwaltungsakt nicht zurücknimmt.[305] Die Rücknahme begünstigender bestandskräftiger Verwaltungsakte, die auf einer für nichtig erklärten Rechtsvorschrift beruht, darf nach § 48 I 2 VwVfG nur unter den Einschränkungen des § 48 II – IV VwVfG zurückgenommen werden. Wird der Verwaltungsakt nicht nach § 48 VwVfG zurückgenommen, kann der Bürger Leistungen, die er aufgrund des Verwaltungsakts erbracht hat, nicht mehr zurückverlangen. Allerdings darf die Behörde dann, wenn der Bürger noch nicht geleistet hat, den Verwaltungsakt nicht mehr zwangsweise durchsetzen, §§ 79 II 2 BVerfGG, 183 S. 2 VwGO analog, 47 V 3 i. V. m. § 183 S. 2 VwGO analog.

684 **Nichtige Verwaltungsakte** können nicht aufgehoben werden.[306] Ihre Nichtigkeit kann von der Behörde aber jederzeit gem. § 44 V VwVfG festgestellt werden.

685 Die Frage, ob ein Verwaltungsakt rechtmäßig oder rechtswidrig ist, kann offen bleiben, wenn der Verwaltungsakt im Falle seiner Rechtmäßigkeit nach § 49 VwVfG widerrufen werden dürfte. Da nach § 49 VwVfG für den Widerruf rechtmäßiger Verwaltungsakte strengere Voraussetzungen gelten als für die Rücknahme rechtswidriger Verwaltungsakte, können rechtswidrige Verwaltungsakte in entsprechender Anwendung des § 49 VwVfG widerrufen werden, wenn die Widerrufsvoraussetzungen im übrigen erfüllt sind.[307]

---

[303] *Kopp/Ramsauer*, a. a. O.; *Suerbaum*, in: Mann/Sennekamp/Uechtritz, § 48 Rn. 72; *Graßhof*, in: Burkiczak/Dollinger/Schorkopf, BVerfGG, 2015, § 79 Rn. 25; *Schlaich/Korioth*, Das Bundesverfassungsgericht, 10. Aufl. 2015, Rn. 391 f.; widersprüchlich *Peuker*, DVBl. 2015, 1236 f.: behördliches Rücknahmeermessen bei belastenden bestandskräftigen Verwaltungsakten, striktes Rücknahmeverbot nach § 79 II 1 BVerfGG bei begünstigenden bestandskräftigen Verwaltungsakten; zumindest missverständlich BVerwG NVwZ 2013, 444 Rn. 23 f.

[304] *Schlaich/Korioth*, a. a. O.; a. A. *Benda/Klein/Klein*, Verfassungsprozessrecht, 3. Aufl. 2012, Rn. 1379: kein Anspruch auf Ausübung fehlerfreien Ermessens, nur behördliches Rücknahmerecht.

[305] Rn. 692.

[306] VGH Mannheim NVwZ 1985, 349; *Suerbaum*, in: Mann/Sennekamp/Uechtritz, § 48 Rn. 40; *Meyer*, in: Knack/Henneke, § 48 Rn. 47; *Maurer*, § 11 Rn. 16; *Schladebach*, VerwArch. 104 (2013), 202 f.; *Erichsen/Brügge*, Jura 1999, 156; offenbar auch *Ehlers/Schröder*, Jura 2010, 507; a. A. BFHE 147, 113 ff.; VGH München BayVBl. 1994, 52; *Kopp/Ramsauer*, § 48 Rn. 18; *Sachs*, in: Stelkens/Bonk/Sachs, § 48 Rn. 57; *Peine*, Rn. 932; *Ehlers/Kallerhoff*, Jura 2009, 825: § 48 VwVfG analog.

[307] BVerwGE 112, 80 (85); NJW 1991, 768; NVwZ 1987, 498; OVG Münster NVwZ-RR 2012, 541; dazu näher *Kiefer*, NVwZ 2013, 1257 ff.

c) Belastend – begünstigend

Die Unterscheidung zwischen belastenden und begünstigenden Verwaltungsakten ist für den Bürger u. a. auch deshalb wichtig, weil begünstigende Verwaltungsakte nur unter viel strengeren Voraussetzungen aufgehoben werden dürfen als belastende Verwaltungsakte. Maßgeblich für die Unterscheidung zwischen belastend und begünstigend ist die **Sicht des Betroffenen**. 686

Wird deshalb ein belastender Verwaltungsakt aufgehoben, um einen neuen, noch stärker belastenden Verwaltungsakt zu erlassen, richtet sich die Zulässigkeit nach den Vorschriften über die Aufhebung begünstigender Verwaltungsakte.[308] Wenn im umgekehrten Fall ein begünstigender Verwaltungsakt aufgehoben werden soll, um einen neuen Verwaltungsakt zu erlassen, der für den Bürger noch günstiger ist, richtet sich die Zulässigkeit nach den Vorschriften über die Aufhebung belastender Verwaltungsakte.[309] Dies dient auch dem Interesse des Bürgers, weil belastende Verwaltungsakte leichter aufgehoben werden können als begünstigende Verwaltungsakte. 687

Einen Sonderfall stellen **Verwaltungsakte mit Drittwirkung** (Doppelwirkung) dar.[310] Es ist zwischen zwei Fallgruppen zu unterscheiden: 688

(1) **Begünstigende Verwaltungsakte mit belastender Drittwirkung:** Der Verwaltungsakt begünstigt den Adressaten und belastet faktisch einen Dritten.

> **Beispiele:**
> - A erhält durch Verwaltungsakt eine Subvention, hierdurch verschlechtern sich die Wettbewerbschancen des Konkurrenten B.
> - A erhält eine Baugenehmigung, durch den Bau wird Nachbarn B die schöne Aussicht versperrt.

Maßgeblich für die Beurteilung als begünstigend oder belastend ist die **Sicht des Adressaten** des aufzuhebenden Verwaltungsakts.[311] Die Aufhebung eines begünstigenden Verwaltungsakts mit belastender Doppelwirkung richtet sich damit nach den Vorschriften, die für begünstigende Verwaltungsakte gelten. 689

(2) **Belastende Verwaltungsakte mit begünstigender Drittwirkung:** Der Verwaltungsakt belastet den Adressaten und begünstigt faktisch einen Dritten.

---

[308] *Stober*, in: Wolff/Bachof I, § 46 Rn. 21; *Maurer*, § 11 Rn. 15; a. A. BVerwGE 109, 283 (285 ff.); 67, 129 (134); *Kopp/Ramsauer*, § 48 Rn. 69; *Sachs*, in: Stelkens/Bonk/Sachs, § 48 Rn. 123.
[309] BVerwGE 71, 220 (226); *Maurer*, § 11 Rn. 15 a. E.
[310] Dazu *Erichsen*, in: Erichsen/Ehlers, 12. Aufl. 2002, § 17 Rn. 20 ff.
[311] *Ruffert*, in: Erichsen/Ehlers, § 24 Rn. 12; a. A., aber viel zu pauschal *Kopp/Ramsauer*, § 48 Rn. 73; *Ehlers/Kallerhoff*, Jura 2009, 827.

Beispiel: Dem A wird durch Verwaltungsakt aufgegeben, seine Garage abzureißen. Durch den Abriss hätte Nachbar B wieder eine schöne Aussicht.

Die Aufhebung derartiger Verwaltungsakte richtet sich – weil sie für den Adressaten belastend sind – nach den Vorschriften, die für belastende Verwaltungsakte gelten.[312]

2. Rücknahme rechtswidriger belastender Verwaltungsakte

690 Die Rücknahme **rechtswidriger belastender** Verwaltungsakte bestimmt sich (nur) nach § 48 I 1 VwVfG. Für **rechtswidrige begünstigende** Verwaltungsakte gelten nach § 48 I 2 VwVfG die Vorschriften des § 48 I 1, II–IV VwVfG.

Die Rücknahme kann ganz oder teilweise erfolgen. Sie kann mit **ex-nunc-Wirkung** (von jetzt ab, also für die Zukunft) oder mit **ex-tunc-Wirkung** (also für die Vergangenheit) erfolgen.

691 Ob und inwieweit ein rechtswidriger belastender Verwaltungsakt zurückgenommen wird, liegt im **Ermessen der Behörde**, § 48 I 1 VwVfG. Allein die Rechtswidrigkeit des Verwaltungsakts reduziert das behördliche Ermessen nicht auf Null in Richtung Rücknahmepflicht.[313] Denn gegen rechtswidrige belastende Verwaltungsakte kann sich der Bürger durch Widerspruchseinlegung (§§ 68 ff. VwGO) und Erhebung einer Anfechtungsklage (§ 42 I VwGO) wehren. Hier besteht eine behördliche und gerichtliche Aufhebungspflicht, wenn der Verwaltungsakt rechtswidrig und der Bürger in seinen Rechten verletzt ist.

Beachte: Aus der Verfassungswidrigkeit und Nichtigkeit der gesetzlichen Ermächtigungsgrundlage des Verwaltungsakts folgt noch kein strikter Anspruch auf Rücknahme des Verwaltungsakts[314] – selbst wenn die Verfassungswidrigkeit der Ermächtigungsgrundlage offensichtlich war.[315] Dies wird auch gestützt durch die §§ 183 VwGO, 79 II 1 BVerfGG (Entscheidungen i.S. dieser Vorschrift sind auch Verwaltungsakte)[316] und durch die §§ 183, 47 V 3 VwGO. Auch aus der EU-Rechtswidrigkeit eines Verwaltungsakts folgt keine prinzipielle Rücknahmepflicht der Behörde und kein strikter Rücknahmeanspruch des Bürgers.[317]

---

[312] A.A. *Kopp/Ramsauer*, § 48 Rn. 73.
[313] Siehe BVerfGK NVwZ 2008, 551; BVerwG NVwZ 2011, 888 Rn. 11 ff.; NVwZ 2000, 202 f.; ThürOVG ThürVBl. 2014, 91.
[314] BVerfGK NVwZ 2008, 551; BVerwG NVwZ 2011, 888 Rn. 12, 14.
[315] BVerwG NVwZ 2011, 888 Rn. 12; ThürOVG ThürVBl. 2014, 92.
[316] ThürOVG ThürVBl. 2014, 92.
[317] EuGH Slg. 2006, I-8559 Rn. 51 – *i–21 u. Arcor*; vgl. auch BVerfGK NVwZ 2008, 550 ff.; zum Sonderfall EU-rechtswidriger Subventionen Rn. 759 ff.

Der Adressat eines rechtswidrigen belastenden Verwaltungsakts hat einen **692** **Anspruch gegen die Behörde auf eine ermessensfehlerfreie Entscheidung**, ob sie den Verwaltungsakt zurücknimmt.[318] Denn § 48 VwVfG dient auch dem Interesse des Bürgers, der durch den Verwaltungsakt in seinen Rechten eingeschränkt ist.

Ist der rechtswidrige belastende Verwaltungsakt aber **noch nicht bestandskräftig**, hat der Adressat einen strikten Rücknahmeanspruch. Das behördliche Rücknahmeermessen ist auf Null reduziert.[319] Denn in einem solchen Fall besteht kein ins Gewicht fallendes öffentliches Interesse am Fortbestand des Verwaltungsakts. Wer dies ablehnt,[320] muss einen Antrag des Bürgers auf Rücknahme eines belastenden Verwaltungsakts als Widerspruch nach §§ 68 VwGO auslegen,[321] soweit ein Widerspruch statthaft ist. Der Gesetzgeber hat von der Möglichkeit des § 68 I 2 VwGO häufig Gebrauch gemacht.[322] Ein Widerspruch ist in diesen Fällen nicht mehr statthaft. Deshalb besteht auch ein praktisches Bedürfnis, dem Bürger einen strikten Rechtsanspruch auf Rücknahme rechtswidriger Verwaltungsakte einzuräumen, die ihn belasten und noch nicht bestandskräftig sind.

Anders verhält es sich dagegen bei **bestandskräftigen Verwaltungsakten**. Hier hat der in seinen Rechten beeinträchtigte Bürger nur dann einen strikten Rücknahmeanspruch, wenn die Aufrechterhaltung des Verwaltungsakts **schlechthin unerträglich** ist.[323]

Beispiele:
- Behördliche Rücknahme in ähnlichen Fällen
- Aufrechterhaltung des Verwaltungsakts ist sittenwidrig oder verstößt gegen Treu und Glauben
- Offensichtliche und schwerwiegende Rechtswidrigkeit des Verwaltungsakts, die aber noch nicht zur Nichtigkeit nach § 44 I VwVfG führt (vgl. BVerwG NVwZ 2007, 709 Rn. 15)

Die Auffassung des BVerwG, maßgeblich für die Beantwortung der Frage, ob ein Verwaltungsakt offensichtlich (und schwerwiegend) rechtswidrig

---

[318] VGH Kassel NVwZ 1995, 395; OVG Hamburg NVwZ-RR 1993, 322; *Sachs*, in: Stelkens/Bonk/Sachs, § 48 Rn. 88; *Kopp/Ramsauer*, § 48 Rn. 79; siehe auch BVerwG NVwZ-RR 1990, 26 f.; dazu auch Rn. 734 f.

[319] *Ule/Laubinger*, § 62 Rn. 2; *Wolff/Bachof/Stober*, Verwaltungsrecht II, 6. Aufl. 2000, § 51 Rn. 88; *Baumeister*, in: FS W.-R. Schenke, 2011, S. 601 ff.; *Schenke*, in: FS H. Maurer, 2001, S. 723 ff.

[320] *Sachs*, in: Stelkens/Bonk/Sachs, § 48 Rn. 48; *Haack*, AöR 133 (2008), 56 ff.; *Peuker*, in: Knack/Henneke, § 48 Rn. 77; offenbar auch *Ludwigs*, DVBl. 2008, 1168 f.

[321] BVerwGE 115, 302 (307 ff.).

[322] Dazu Rn. 1355.

[323] BVerwGE 121, 226 (230 f.); NVwZ 2011, 888 Rn. 11; NVwZ 2007, 709 Rn. 13; ThürOVG ThürVBl. 2014, 89 ff.

ist, sei in der Regel der Zeitpunkt des Erlasses des Verwaltungsakts,[324] ist abzulehnen. Auch wenn sich erst später herausstellt – etwa aufgrund einer neuen Rechtsprechung des BVerfG oder des EuGH –, dass ein Verwaltungsakt offensichtlich und schwerwiegend rechtswidrig ist, kann es schlechthin unerträglich sein, wenn die Behörde den Verwaltungsakt nicht zurücknimmt,[325] etwa bei Dauerverwaltungsakten mit Wirkung für die Zukunft.

Ansonsten besteht nur ein Anspruch auf **ermessensfehlerfreie Entscheidung** der Behörde über die Rücknahme des bestandskräftigen Verwaltungsakts, der im Wege der Bescheidungsklage (§ 113 V 2 VwGO) geltend zu machen ist.[326]

693 Der Adressat eines rechtswidrigen belastenden **noch nicht bestandskräftigen** Verwaltungsakts hat einen strikten Rücknahmeanspruch (str.). Bei **bestandskräftigen** Verwaltungsakten gilt dies nur, wenn seine Aufrechterhaltung schlechthin unerträglich ist, der Verwaltungsakt aber noch nicht nichtig nach § 44 I VwVfG ist. In anderen Fällen hat der durch den rechtswidrigen Verwaltungsakt in seinen Rechten beeinträchtigte Bürger nur einen Anspruch auf eine **ermessensfehlerfreie Rücknahmeentscheidung**.

3. Rücknahme rechtswidriger begünstigender Verwaltungsakte

694 Die Rücknahme **rechtswidriger begünstigender** Verwaltungsakte richtet sich zunächst – ebenso wie die Rücknahme rechtswidriger belastender Verwaltungsakte – nach § 48 I 1 VwVfG. Die Zulassung einer freien und unbeschränkten Rücknahme begünstigender Verwaltungsakte wäre jedoch in vielen Fällen mit dem **Grundsatz des Vertrauensschutzes** nicht vereinbar. Diesem Grundsatz trägt § 48 I 2 VwVfG Rechnung, indem er auf § 48 II–IV VwVfG verweist. Diese Vorschriften lassen die Rücknahme rechtswidriger begünstigender Verwaltungsakte nur unter bestimmten Voraussetzungen zu und gewähren – ebenfalls unter bestimmten Voraussetzungen – Ausgleichsansprüche.

---

[324] BVerwG NVwZ 2007, 709 Rn. 15.
[325] Vgl. ThürOVG ThürVBl. 2014, 93: maßgeblich nicht die Rechtskenntnis der Behörde im Zeitpunkt ihrer Entscheidung, sondern die objektive Rechtslage, auch wenn sie erst durch eine spätere höchstrichterliche Entscheidung geklärt wurde.
[326] Näher zum Rechtsschutz Rn. 734 ff.

a) Rücknahmeverbot gem. § 48 II VwVfG

Rechtswidrige begünstigende Verwaltungsakte – diese beiden Grundvoraussetzungen müssen in der Prüfungsarbeit zunächst dargetan werden – dürfen gem. § 48 II VwVfG unter bestimmten Voraussetzungen **nicht** zurückgenommen werden.
Hieraus ergibt sich folgendes Prüfraster:

Übersicht 19:

Rücknahmeverbot gem. § 48 II VwVfG (Prüfschema)

(1) **Handelt es sich um einen Verwaltungsakt i. S. v. § 48 II 1 VwVfG?**
Dies ist nur dann der Fall, wenn der Verwaltungsakt
- eine einmalige Geldleistung gewährt, z.B. einmalige Zahlung von EUR 100,–, oder
- eine laufende Geldleistung gewährt, z.B. vierteljährliche Zahlungen, oder
- eine teilbare Sachleistung gewährt, z.B. die Gewährung von Heizmaterial oder Kleidungsstücken für Bedürftige, aber auch die Überlassung von Wohnraum, der etwa aus mehreren Räumen besteht, oder
- Voraussetzung für die Gewährung solcher Leistungen ist, z.B. behördliche Bescheinigungen, die Voraussetzung für die Gewährung steuerlicher Vorteile sind.[327]

Nur bei **Geldleistungen oder teilbaren Sachleistungen** ist eine vom Vertrauen des Begünstigten abhängige teilweise Rücknahme des Verwaltungsakts möglich: Nur **soweit** das Vertrauen des Begünstigten auf den Bestand des Verwaltungsakts nicht schutzwürdig ist, darf der Verwaltungsakt zurückgenommen werden und muss der Begünstigte die Leistung zurückgewähren, §§ 48 II 1, 49a I 1 VwVfG. Soweit sein Vertrauen schutzwürdig ist, darf der Verwaltungsakt nicht zurückgenommen werden und darf der Begünstigte die Leistung behalten.
Bei **unteilbaren Leistungen** ist eine solche Differenzierung nicht möglich. Hier kann nur das Alles-oder-Nichts-Prinzip des § 48 I 1 VwVfG gelten. Auch bei nur eingeschränktem schutzwürdigen Vertrauen in den Fortbestand des Verwaltungsakts ist nur eine vollständige Rücknahme – unter Gewährung eines dem Vertrauen entsprechenden

---
[327] Vgl. BVerwGE 143, 161 Rn. 22.

Ausgleichs (§ 48 III VwVfG) – oder ein Absehen von der Rücknahme des Verwaltungsakts möglich.

Außerdem liegt der Unterscheidung zwischen der Rücknahme von Verwaltungsakten i.S.v. § 48 II VwVfG und von Verwaltungsakten i.S.v. § 48 III VwVfG die Erwägung zugrunde, dass die Aufrechterhaltung rechtswidriger Verwaltungsakte im zuerst genannten Sinn primär fiskalische Interessen des Staates berührt. Bei Verwaltungsakten i.S.v. § 48 III VwVfG handelt es sich dagegen um solche, die stärker staatsbezogen sind. Die Aufrechterhaltung derartiger staatsbezogener rechtswidriger Verwaltungsakte ist schwerer hinzunehmen als die Aufrechterhaltung rechtswidriger Verwaltungsakte, denen eine primär fiskalische Bedeutung zukommt.[328]

Gerade aus dem soeben genannten Grund wird der Begriff der Teilbarkeit von Sachleistungen in einem weiten Sinn verstanden. Teilbar im Rechtssinn sollen alle Sachen sein, deren Erbringung für die öffentliche Hand im wesentlichen nur eine finanzielle Belastung bedeutet.[329] Mit dem oben genannten ersten Aspekt der gesetzlichen Unterscheidung zwischen Verwaltungsakten, die auf eine teilbare Leistung gerichtet sind, und solchen Verwaltungsakten, die auf unteilbare Leistungen gerichtet sind, ist diese erweiternde Auslegung indes nicht vereinbar. Eine erweiternde Auslegung von § 48 II 1 VwVfG ist – wie es das BVerwG ausdrücklich festgestellt hat – nur dann zulässig, wenn der Verwaltungsakt zwar keine Geldleistung (oder teilbare Sachleistung) gewährt, sich aber letztlich auf Geld bezieht.[330]

> **Beispiel:** Die Behörde setzt durch Verwaltungsakt ein bestimmtes Kontingent an Waren fest, das zollfrei importiert werden darf. Waren, die dieses Kontingent überschreiten, dürfen zwar importiert werden, sind aber zu verzollen. Diese Kontingentfestsetzung zielt auf das Verschontbleiben von einer finanziellen Belastung ab und steht einem Verwaltungsakt gleich, der Voraussetzung für die Gewährung einer Geldleistung i.S.v. § 48 II 1 VwVfG ist und unter den Bedingungen dieser Vorschrift zurückgenommen werden kann (Fall nach BVerwGE 104, 289/300f.).

Ist Voraussetzung (1) – handelt es sich um einen Verwaltungsakt i.S.v. § 48 II 1 VwVfG? – nicht erfüllt, kommt nur eine Rücknahme nach § 48 I 1, III VwVfG in Betracht. Ist die Voraussetzung (1) erfüllt, muss weitergeprüft werden.

697 (2) **Hat der Begünstigte tatsächlich auf den Bestand des Verwaltungsakts vertraut, inwieweit hat er vertraut (§ 48 II 1 VwVfG)?**

---

[328] BT-Drs. 7/910, S. 71; BVerwGE 85, 79 (84).
[329] *Kopp/Ramsauer*, § 48 Rn. 88f.
[330] BVerwGE 104, 289 (300f.); unklar *Sachs*, in: Stelkens/Bonk/Sachs, § 48 Rn. 134 mit Fn. 316.

§ 10. Der Verwaltungsakt   233

Im Normalfall – und hiervon ist in Prüfungsarbeiten auszugehen, wenn der Sachverhalt keine gegenteiligen Angaben enthält – hat der Begünstigte auf den vollen Bestand des Verwaltungsakts vertraut. Etwas anderes gilt z. B. dann, wenn er vom Verwaltungsakt noch keine Kenntnis oder erklärt hatte, dass ihm ein Betrag, der eine bestimmte Summe überschreite, nicht zustehe und er insoweit mit der Rückforderung rechne. Soweit der Begünstigte auf den Bestand des Verwaltungsakts gar nicht vertraut hat, darf (muss aber nicht!) der Verwaltungsakt zurückgenommen werden. Soweit Vertrauen zu bejahen ist, muss weitergeprüft werden.

(3) **Inwieweit ist das Vertrauen unter Abwägung mit dem öffentlichen Rücknahmeinteresse schutzwürdig (§ 48 II 1 VwVfG)?**
   (a) **Ausschlusstatbestand des § 48 II 3 VwVfG**   698
   Der Ausschlusstatbestand des § 48 II 3 VwVfG ist vorweg zu prüfen.[331] Diese Vorschrift bestimmt ausnahmslos und ohne Wertungsmöglichkeit, dass sich der Begünstigte in drei Fällen auf Vertrauen nicht berufen kann:
   - Erwirkung des Verwaltungsakts durch arglistige Täuschung, Drohung oder Bestechung (Nr. 1).
   - Erwirkung des Verwaltungsakts durch Angaben, die in wesentlicher Beziehung unrichtig oder unvollständig[332] waren (Nr. 2). Auf Verschulden des Begünstigten kommt es nicht an.[333]
   - Kenntnis oder grob fahrlässige Unkenntnis der Rechtswidrigkeit des Verwaltungsakts (Nr. 3). Es genügt, wenn sich dem Begünstigten die Rechtswidrigkeit des Verwaltungsakts hätte aufdrängen müssen.

   Soweit die Voraussetzungen einer dieser Fallgruppen erfüllt sind, muss der Verwaltungsakt gem. § 48 II 4 VwVfG **in der Regel** zurückgenommen werden – und zwar mit Wirkung für die Vergangenheit. Es müssen besondere Gründe vorliegen, wenn nur mit Wirkung für die Zukunft oder überhaupt nicht zurückgenommen wird.[334] Das nach § 48 I 1 VwVfG bestehende **Rücknahmeermessen** ist also stark eingeschränkt.
   Liegt keine der oben genannten drei Fallgruppen vor, muss weitergeprüft werden.

---

[331] Ebenso *Ehlers/Kallerhoff*, Jura 2009, 830 f.
[332] Das Unterlassen von Angaben ist nur relevant, wenn insoweit eine Mitteilungspflicht besteht, BVerwGE 143, 161 Rn. 17.
[333] BVerwGE 143, 161 Rn. 17; 74, 357 (364).
[334] *Baumeister*, in: Obermayer/Funke-Kaiser, § 48 Rn. 92; *Peuker*, in: Knack/Henneke, § 48 Rn. 124.

699 **(b) Vermutung des § 48 II 2 VwVfG**

Nach dieser Bestimmung ist das Vertrauen **in der Regel** schutzwürdig, **soweit** der Begünstigte die gewährten Leistungen **verbraucht** hat oder eine **Vermögensdisposition** getroffen hat, die er nicht mehr oder nur unter unzumutbaren Nachteilen rückgängig machen kann **(Vertrauensbetätigung).**

Beispiele:
- Die ausbezahlte Subvention wurde in Form von Preissenkungen an die Verbraucher weitergegeben (Verbrauch der Leistung).
- Verwendung laufender Geldbezüge für die Erhöhung des Lebensstandards, z. B. Urlaubsreisen, Restaurantbesuche, vermehrte Telefongespräche (Verbrauch der Leistung).
- Betriebsumstellung, die Voraussetzung für die Gewährung einer Umstellungsprämie war (Vermögensdisposition).

700 **Beachte: Kein Verbrauch** i. S. v. § 48 II 2 VwVfG liegt vor, wenn sich die gewährte Leistung **bei wirtschaftlicher Betrachtungsweise** (nicht bei rechtlicher) noch im Vermögen des Bürgers befindet,[335] z. B. Verwendung des erhaltenen Geldbetrages zur Schuldentilgung[336] oder zur Anschaffung eines neuen PKW.[337] Abzustellen ist auf den Rechtsgedanken von § 818 III BGB und die hierzu entwickelte Saldotheorie.

Entsprechendes gilt für **Vermögensdispositionen,** die zwar nicht oder nur unter unzumutbaren Nachteilen rückgängig gemacht werden können, durch die der Bürger sein Vermögen aber vermehrt hat (Bereicherung), z. B. Abschluss eines Vertrages über den Kauf neuer Maschinen im Vertrauen auf eine bewilligte, aber noch nicht ausbezahlte Subvention: Handelt es sich um eine wirtschaftlich sinnvolle Investition (also nicht um eine Luxusanschaffung), greift die Regelvermutung des § 48 II 2 VwVfG selbst dann nicht ein, wenn der Kaufvertrag nicht oder nur unter unzumutbaren Nachteilen rückgängig gemacht werden könnte. Denn der Begünstigte darf in diesem Fall nicht besser gestellt werden als ein Bürger, der die Subvention für die Anschaffung der Maschine bereits ausgegeben hat, aber die gewährte Leistung deshalb nicht im Sinne von § 48 II 2 VwVfG „verbraucht" hat, weil sie sich bei wirtschaftlicher Betrachtungsweise noch in seinem Vermögen befindet.

---

[335] *Sachs,* in: Stelkens/Bonk/Sachs, § 48 Rn. 142; *Kopp/Ramsauer,* § 48 Rn. 107; *Ehlers/Kallerhoff,* Jura 2009, 831.
[336] BVerwG DVBl. 1993, 947.
[337] Hier ist auf den Zeitwert des PKW abzustellen. Hinzuzurechnen ist derjenige Betrag, der dem Wertverlust entspricht, den der Bürger hätte tragen müssen, wenn er sich ohne die zu Unrecht erhaltene Zuwendung einen PKW gekauft hätte (ersparte Verluste).

Auch wenn eine der genannten Voraussetzungen erfüllt ist (Vertrau- 701
ensbetätigung, die zu keiner noch vorhandenen Vermögensmehrung
geführt hat), **muss nach § 48 II 1 VwVfG gleichwohl geprüft
werden**, ob das Vertrauen des Bürgers schutzwürdig ist, d.h., ob
sein Vertrauen auf den Fortbestand des Verwaltungsakts das öffentliche Rücknahmeinteresse überwiegt. Allerdings überwiegt nach der
Vermutung des § 48 II 2 VwVfG in der Regel das Vertrauen des
Bürgers. D.h., der Verwaltungsakt darf in der Regel nicht zurückgenommen werden.

Das öffentliche Rücknahmeermessen kann nur noch in **Ausnahmefällen** überwiegen; nur dann besteht eine behördliche Rücknahmebefugnis. Dies kann bei besonders schwerwiegender Rechtswidrigkeit des Verwaltungsakts der Fall sein. **EU-rechtliche Besonderheiten** können das Regel-Ausnahmeverhältnis sogar umkehren und
dazu führen, dass das öffentliche Rücknahmeinteresse trotz einer
Vertrauensbetätigung des Bürgers in der Regel überwiegt.[338]

Sind die Voraussetzungen von § 48 II 2 VwVfG nicht erfüllt (keine
Vertrauensbetätigung im obigen Sinn) oder kommt ein Ausnahmefall
in Betracht, muss weitergeprüft werden.

(c) **Fehlen einer nach § 48 II 2 VwVfG relevanten Vertrauensbe-** 702
tätigung

Fehlt eine Vertrauensbetätigung des Begünstigten oder befindet sich
die gewährte Leistung wertmäßig noch in seinem Vermögen, sind
die Voraussetzungen von § 48 II 2 VwVfG nicht erfüllt. Dennoch
muss nach § 48 II 1 VwVfG geprüft werden, ob das Vertrauen des
Bürgers auf den Fortbestand des Verwaltungsakts schutzwürdig ist,
ob es also das öffentliche Rücknahmeinteresse überwiegt. Allerdings
überwiegt **in der Regel** das öffentliche Interesse an der Rücknahme, weil diese den Begünstigten (in der Regel) nicht unzumutbar
belastet.[339]

(4) **Rücknahmebefugnis** 703

Die Rücknahmebefugnis besteht nur **insoweit,** wie das Vertrauen des
Begünstigten **nicht** schutzwürdig ist. Das kann bedeuten, dass der Verwaltungsakt überhaupt nicht, nur zum Teil oder nur für die Zukunft
zurückgenommen werden darf.

(5) **Rücknahmeermessen, § 48 I 1, 2 VwVfG**

Auch soweit die Rücknahmebefugnis besteht, muss der Verwaltungsakt
nicht zurückgenommen werden. Denn der Behörde steht ja ein **Ermessen** zu (§ 48 I 1, 2 VwVfG: „kann", „darf"). In den Fällen des § 48
II 3 VwVfG ist das Ermessen aber eingeschränkt. Hier sagt § 48 II 4

---

[338] Näher Rn. 749 ff.
[339] Vgl. BVerwGE 67, 159 (164); 57, 1 (5); *Maurer,* § 11 Rn. 32.

VwVfG, dass der Verwaltungsakt in der Regel zurückgenommen werden **muss**, und das sogar mit Wirkung für die Vergangenheit. Aber auch in den anderen Fällen ist die Behörde in der Regel gehalten, den Verwaltungsakt zurückzunehmen (intendiertes Ermessen). Denn wenn das Vertrauen des Begünstigten auf den Fortbestand des Verwaltungsakts nicht schutzwürdig ist, weil das öffentliche Rücknahmeermessen überwiegt, ist in aller Regel nur die Rücknahme des Verwaltungsakts sachgerecht.

Soweit der Verwaltungsakt tatsächlich zurückgenommen wird, muss die Behörde die an den Bürger erbrachten Leistungen nach Maßgabe von § 49a VwVfG zurückfordern.[340]

b) Rücknahme nach § 48 I 1, III VwVfG

aa) Rücknahme nach § 48 I 1 VwVfG

704 Fällt ein **rechtswidriger begünstigender** Verwaltungsakt nicht unter § 48 II VwVfG, d.h. gewährt er nicht eine einmalige oder laufende Geldleistung oder eine teilbare Sachleistung (oder ist hierfür Voraussetzung), darf er nach § 48 I 1 VwVfG zurückgenommen werden. Solche Verwaltungsakte sind z.B.
- Baugenehmigungen
- Verleihung der Staatsangehörigkeit
- Ernennung zum Beamten
- Prüfungsentscheidungen (soweit sie überhaupt Verwaltungsakte sind)

Derartige Verwaltungsakte sind häufig (nicht immer) unteilbar und können dann nur ganz oder gar nicht zurückgenommen werden. Eine – vom Vertrauensschutz abhängige – teilweise Rücknahme wie in den Fällen des § 48 II VwVfG ist bei unteilbaren Verwaltungsakten nicht möglich.

705 Die Entscheidung, ob der Verwaltungsakt nach § 48 I 1 VwVfG zurückgenommen wird, liegt wiederum im Ermessen der Behörde. Auch bei dieser Ermessensentscheidung spielen wiederum **Gesichtspunkte des Vertrauensschutzes** eine entscheidende Rolle.[341] Die gegenteilige Auffassung, nach der Aspekte des Vertrauensschutzes einer Rücknahme grundsätzlich nicht entgegenstehen, sondern erst bei der Entscheidung über die Zuerkennung eines Ausgleichsanspruchs nach § 48 III VwVfG zu berück-

---

[340] Dazu unten Rn. 729ff.
[341] BVerwGE 143, 161 Rn. 27 f.: „umfassende Güterabwägung ..., wozu auch etwaige Vertrauensgesichtspunkte gehören"; VGH Mannheim VBlBW 1985, 425; *Kopp/Ramsauer*, § 48 Rn. 137; *Meyer*, in: Meyer/Borgs, § 48 Rn. 52, 112 ff.; *Zacharias*, NVwZ 2002, 1307; *Maurer*, in: Boorberg-FS, 1977, S. 242; *Ehlers/Kallerhoff*, Jura 2009, 832.

sichtigen sind,[342] ist abzulehnen. Diese Auffassung verkennt die rechtsstaatliche Bedeutung des Vertrauensschutzes, die auch im Rahmen einer Ermessensentscheidung, die sich nicht unmittelbar nach § 48 II VwVfG richtet, zu berücksichtigen ist.

Zudem würde der prinzipielle Ausschluss einer Berücksichtigung von Vertrauenstatbeständen das Ermessen, das § 48 I 1 VwVfG der Behörde auch für die Rücknahme von Verwaltungsakten i.S.v. § 48 III VwVfG einräumt, größtenteils entfallen lassen. Deshalb ist auch bei der Rücknahme von Verwaltungsakten i.S.v. § 48 III VwVfG wiederum zu prüfen, ob das Vertrauen des Bürgers in den Fortbestand des Verwaltungsakts das öffentliche Interesse an der Rücknahme des Verwaltungsakts überwiegt; ein öffentliches Rücknahmeinteresse besteht aus Gründen der Rechtsstaatsbindung der Verwaltung (Gesetzmäßigkeit) grundsätzlich immer.

Bei dieser Abwägung sind **insbesondere die in § 48 II 2, 3 VwVfG genannten Kriterien** zu berücksichtigen.[343] Hierbei handelt es sich um allgemeingültige Grundsätze. Sie müssen beachtet werden, obwohl eine analoge Anwendung von § 48 II VwVfG nicht ausdrücklich angeordnet wurde.[344] Allerdings ist auch zu berücksichtigen, dass dem Begünstigten im Falle der Rücknahme ein Ausgleichsanspruch nach Maßgabe von § 48 III VwVfG zustehen kann. **706**

Unterscheide: § 48 II VwVfG = Rücknahmeverbot
(Bestandsschutz)
§ 48 III VwVfG = Entschädigungsgebot
(Vermögensschutz)

bb) Ausgleichsanspruch nach § 48 III VwVfG

Beachte: Zunächst trifft die Behörde nach den oben genannten Grundsätzen[345] die **Ermessensentscheidung,** dass der Verwaltungsakt nach § 48 I 1 VwVfG **zurückgenommen** wird. Erst dann muss entschieden werden, ob dem Bürger ein **Ausgleichsanspruch** nach § 48 III VwVfG zusteht. **707**

Wird der Verwaltungsakt nach § 48 I 1 VwVfG zurückgenommen, steht dem Betroffenen nach § 48 III 1 VwVfG ein **Ausgleichsanspruch** (= **708**

---

[342] BVerwGE 85, 79 (84); GewArch. 1987, 274; VGH Kassel NVwZ-RR 1993, 350; OVG Münster DVBl. 1980, 887; *Sachs,* in: Stelkens/ Bonk/Sachs, § 48 Rn. 177 ff.
[343] *Kopp/Ramsauer,* § 48 Rn. 136 f.; *Ehlers/Kallerhoff,* Jura 2009, 832.
[344] Der Verweis in § 48 III 2 VwVfG auf § 48 II 3 VwVfG gilt nur für die Entscheidung über den Ausgleichsanspruch des Bürgers.
[345] Rn. 705 f.

Entschädigungsanspruch) zu, **soweit sein Vertrauen** auf den Bestand des Verwaltungsakts **schutzwürdig** ist.[346]

Auch hier ist wieder – wie im Falle des § 48 II 1 VwVfG – zu prüfen, ob der Begünstigte tatsächlich auf den Bestand des Verwaltungsakts vertraut hat und **inwieweit** dieses Vertrauen unter Abwägung mit dem öffentlichen Interesse schutzwürdig ist, § 48 III 1 VwVfG. Das Vertrauen ist **nicht schutzwürdig**, wenn ein Ausschlussgrund des § 48 II 3 VwVfG (Verweis in § 48 III 2 VwVfG) vorliegt. Bei der Abwägung ist auch zu berücksichtigen, ob der Begünstigte sein **Vertrauen betätigt** hat, insbesondere also, ob er **Vermögensdispositionen** getroffen hat. Der fehlende Verweis auf § 48 II 2 VwVfG steht dem nicht entgegen.[347]

709 **Beachte:** Wird der begünstigende Verwaltungsakt nach § 48 I 1 VwVfG zurückgenommen, wird nicht der gesamte Vermögensnachteil des Betroffenen ausgeglichen. § 48 III 1 VwVfG **begrenzt** den Ausgleichsanspruch auf das **schutzwürdige Vertrauen** des Betroffenen. Ersatzfähig ist gem. § 48 III 1 VwVfG nur das **negative Interesse** (Vertrauensschaden); d.h., der Bürger ist finanziell so zu stellen, wie er stünde, wenn der Verwaltungsakt nicht erlassen worden wäre.

Beispiel: A erhält eine Baugenehmigung. Er beauftragt einen Architekten mit der Erstellung von Bauplänen, lässt (mit behördlicher Genehmigung) eine Baugrube ausheben und schafft Baumaterialien an. Die Baugenehmigung wird nach § 48 I 1 VwVfG zurückgenommen.
Wenn das Vertrauen von A auf den Bestand der Baugenehmigung schutzwürdig ist, kann er Ersatz folgender Kosten verlangen:
- Architektenhonorar
- Kosten für den Aushub der Baugrube (u. ggf. für das Zuschütten der Baugrube)
- Differenzbetrag aus Anschaffungskosten für die Baumaterialien abzüglich des Betrages für die Rückgabe der Baumaterialien

Ein Anspruch auf Ersatz des Gewinns, den A beim beabsichtigten Verkauf des Bauwerkes erzielt hätte (positives Interesse), besteht nicht.

710 **Obergrenze** des Ausgleichsanspruchs ist gem. § 48 III 3 VwVfG der Betrag des positiven Interesses. D.h., der Bürger darf durch den Ausgleich des Vertrauensschadens finanziell nicht besser gestellt werden, als er stünde, wenn der Verwaltungsakt Bestand hätte.

711 Der Ausgleichsanspruch wird durch Verwaltungsakt festgesetzt (§ 48 III 4 VwVfG), und zwar nur auf Antrag des Betroffenen hin (§ 48 III 1 VwVfG) und nur innerhalb der Jahresfrist des § 48 III 5 VwVfG.

---

[346] Dazu der Übungsfall von *Korte/Seiffge,* VR 2014, 65 ff.
[347] *Kopp/Ramsauer,* § 48 Rn. 139 a. E., 141; *Sachs,* in: Stelkens/Bonk/Sachs, § 48 Rn. 193 f.

c) Rücknahmefrist des § 48 IV VwVfG

Die Fristbestimmung des § 48 IV VwVfG gilt nur für **begünstigende** 712
Verwaltungsakte. Dies ergibt sich aus dem Verweis in § 48 I 2 VwVfG.[348]
D.h., für die Rücknahme belastender Verwaltungsakte gelten keine Fristen.
Dies ist auch im Interesse des Bürgers.
Für begünstigende Verwaltungsakte gilt die **Jahresfrist** des § 48 IV 1
VwVfG. Vor Ablauf dieser Frist muss der Rücknahmebescheid dem Bürger
bekanntgegeben worden sein. Allerdings gelten nach § 48 IV 2 VwVfG
keinerlei Fristen, wenn die Voraussetzungen des § 48 II 3 Nr. 1 VwVfG
erfüllt sind. § 197 BGB (absolute dreißigjährige Verjährungsfrist) ist nicht
anwendbar, auch nicht analog. Allerdings ist der Aspekt der Aufhebung
eines Verwaltungsakts nach extrem langer Zeit bei der Ausübung des
Rücknahmeermessens zu berücksichtigen.[349] Dieses ist gem. § 48 II 4
VwVfG zwar eingeschränkt (intendiertes Ermessen), aber nicht ausgeschlossen.

Die Auslegung von § 48 IV 1 VwVfG ist im übrigen sehr umstritten. 713
Umstritten sind drei Aspekte.[350]

(1) Tatsachen i. S. d. § 48 IV 1 VwVfG: Hierzu zählen unstr. alle für den Erlass des
Verwaltungsakts rechtlich relevanten tatsächlichen Umstände. Fraglich ist, ob hierzu auch
die Rechtsanwendung durch die Behörde gehört. Mit anderen Worten: Ist die fehlerhafte
Rechtsanwendung eine Tatsache i. S. d. § 48 IV 1 VwVfG? Wird dies verneint, kommen
zwei Konsequenzen in Betracht: Die Rücknahme des Verwaltungsakts unterliegt keinerlei
Fristbindung.[351] Oder die Jahresfrist beginnt mit Erlass des Verwaltungsakts zu laufen, weil in
diesem Zeitpunkt die Behörde Kenntnis aller Tatsachen hatte, die für den Erlass des Verwaltungsakts relevant waren.[352] Wird die fehlerhafte Rechtsanwendung dagegen als Tatsache
qualifiziert, beginnt die Jahresfrist (frühestens) erst zu laufen, wenn die Behörde erkannt hat,
dass sie das Recht falsch angewendet hat.[353]
(2) Beginn der Jahresfrist: Nach der engsten, bürgerfreundlichen Auffassung beginnt die
Frist zu laufen, wenn die Behörde Kenntnis von allen Tatsachen hat, die für den Erlass des
Verwaltungsakts relevant sind; darauf, dass die Behörde die Rechtswidrigkeit des Verwaltungsakts auch erkannt hat, kommt es danach nicht an.[354] Nach großen Teilen der Literatur
beginnt die Jahresfrist zu laufen, wenn die Behörde die Rechtswidrigkeit des Verwaltungsakts erkannt hat.[355] Nach **gefestigter Rechtsprechung des BVerwG** beginnt die Jahresfrist dagegen erst dann zu laufen, wenn die Behörde positive Kenntnis von allen Umständen
hat, die für die Aufhebung des Verwaltungsakts relevant sind, also auch für die Frage, ob das

---

[348] *Kopp/Ramsauer*, § 48 Rn. 150.
[349] Dazu die Klausur von *Peters*, JA 2015, 120 f.
[350] Dazu *Maurer*, § 11 Rn. 35 a; *Sachs*, in: Stelkens/Bonk/Sachs, § 48 Rn. 218 ff.
[351] OVG Münster NVwZ 1984, 734; VGH München DVBl. 1983, 946.
[352] BVerwGE 66, 61 (64).
[353] St. Rspr. seit BVerwGE 70, 356 ff.
[354] BVerwGE 66, 61 ff.
[355] *Kopp/Ramsauer*, § 48 Rn. 155; *Maurer*, § 11 Rn. 35 a.

Vertrauen des Bürgers schutzwürdig ist (§ 48 II VwVfG), und für die Ausübung des behördlichen Rücknahmeermessens.[356] Letztlich beginnt die Jahresfrist danach erst zu laufen, wenn die Behörde die Ermittlungen abgeschlossen hat.[357] Diese weite Auslegung des § 48 IV VwVfG ist indes mit dem Wortlaut dieser Vorschrift unvereinbar.
(3) Begriff der Behörde: Das BVerwG verlangt, dass derjenige Sachbearbeiter, der nach der behördeninternen Geschäftsverteilung für den konkreten Fall zuständig ist, die erforderliche positive Kenntnis erlangt hat.[358] Behörde i. S. d. § 1 IV VwVfG ist aber nicht der einzelne Amtswalter, sondern die Institution Behörde, die durch ihre Amtswalter handelt. Deshalb ist die behördeninterne Geschäftsverteilung nicht entscheidend.[359] Allerdings erübrigt sich dieser Meinungsstreit in aller Regel, wenn man der oben genannten Rechtsprechung des BVerwG folgt, wonach die Frist erst läuft, wenn der Fall ausermittelt ist. Denn dies ist er eben grundsätzlich nur dann, wenn der zuständige Sachbearbeiter den Fall abgeschlossen hat.

Wird von den **Grundsätzen in BVerwGE 70, 356 ff.** ausgegangen, gilt zusammengefasst: Die Jahresfrist des § 48 IV 1 VwVfG beginnt erst zu laufen, wenn

(1) der nach der behördeninternen Geschäftsverteilung **zuständige Sachbearbeiter die Rechtswidrigkeit des Verwaltungsakts** tatsächlich **erkannt hat** und zusätzlich

(2) **die für die Ausübung des Rücknahmeermessens relevanten Tatsachen kennt.**[360] Hierzu zählen auch die Umstände, die bei der Vertrauensabwägung nach § 48 II VwVfG (und auch nach § 48 I 1 VwVfG) zu berücksichtigen sind.

Durch diese Auslegung von § 48 IV 1 VwVfG wird der Fristbeginn sehr weit hinausgezögert.

d) Behördenzuständigkeit, § 48 V VwVfG

714 § 48 V VwVfG regelt wegen des Verweises auf § 3 VwVfG nur die **örtliche** Zuständigkeit, und zwar trotz des einschränkenden Wortlauts auch für noch anfechtbare Verwaltungsakte.[361] Örtlich und **sachlich** zuständige Rücknahmebehörde ist diejenige Behörde, die nach den auch ansonsten einschlägigen Rechtsvorschriften zuständig wäre.[362] Dies ist grundsätzlich diejenige Behörde, die den zurückzunehmenden Verwaltungsakt erlassen

---

[356] BVerwGE 70, 356 ff.; 143, 161 Rn. 19.
[357] Zum Aspekt der Verwirkung der Rücknahmebefugnis BVerwGE 110, 226 ff.; ausführlich VGH München NVwZ 2001, 931 ff.
[358] BVerwGE 112, 360 (363 f.); 70, 356 (364).
[359] OVG Berlin NJW 1983, 2156; *Maurer*, § 11 Rn. 35 a; *Peuker*, in: Knack/Henneke, § 48 Rn. 101.
[360] BVerwGE 143, 161 Rn. 19; zum Aspekt der Verwirkung der Rücknahmebefugnis BVerwGE 110, 226 ff.; ausführlich VGH München NVwZ 2001, 931 ff.
[361] *Sachs*, in: Stelkens/Bonk/Sachs, § 48 Rn. 260; z.T. a.A. *Ule/Laubinger*, § 61 Rn. 32.
[362] BVerwGE 110, 226 (230 f.) leitet dies für die **sachliche** Zuständigkeit aus allgemeinen Erwägungen ab; dazu *Sachs*, in: Stelkens/Bonk/Sachs, § 48 Rn. 258 f.

hatte (Ausgangsbehörde). War diese Behörde örtlich oder sachlich unzuständig, ist für die Rücknahme diejenige Behörde zuständig, die für den Erlass des Ausgangsbescheides zuständig gewesen wäre. Die unzuständige Ausgangsbehörde ist nicht zusätzlich für die Rücknahme zuständig.[363] Etwas anderes gilt nur in den Fällen des § 3 III VwVfG.[364]

Wurde gegen den Verwaltungsakt **Widerspruch** eingelegt (§ 68 VwGO),[365] kann die Ausgangsbehörde dem Widerspruch dadurch abhelfen (§ 72 VwGO), dass sie den Verwaltungsakt aufhebt. Sie kann statt dessen den Verwaltungsakt auch nach § 48 VwVfG zurücknehmen.[366] Das Widerspruchsverfahren nach §§ 68 ff. VwGO und das Rücknahmeverfahren nach § 48 VwVfG sind zwei unterschiedliche Wege zur Aufhebung eines Verwaltungsakts. Dies hat auch Auswirkungen auf die Kostenfolge für den Bürger.[367] Hebt die Ausgangsbehörde den Verwaltungsakt nicht nach § 48 VwVfG oder nach § 72 VwGO auf, sondern legt den Widerspruch der zuständigen Widerspruchsbehörde vor (§ 73 I 1 VwGO), darf die Widerspruchsbehörde den Verwaltungsakt nur nach § 73 I 1 VwGO aufheben. Zur Rücknahme nach § 48 VwVfG ist sie nicht befugt.[368] Ist sie zugleich Aufsichtsbehörde der Ausgangsbehörde, darf sie diese allerdings zur Rücknahme anweisen.[369]

4. Widerruf rechtmäßiger belastender Verwaltungsakte

Rechtmäßige belastende Verwaltungsakte können nach § 49 I VwVfG ganz oder teilweise widerrufen werden. Der Widerruf liegt **im Ermessen** der Behörde. Ein Widerruf ist nur mit **Wirkung für die Zukunft** möglich.

715

Der Adressat hat gegen die Behörde einen Anspruch auf ermessensfehlerfreie Entscheidung, ob sie den Verwaltungsakt widerruft.[370] Allerdings dürfte die Aufrechterhaltung des Verwaltungsakts unter Hinweis auf seine Rechtmäßigkeit in der Regel nicht ermessensfehlerhaft sein. Begünstigt der

---

[363] BVerwGE 110, 226 (231 f.); *Sachs*, in: Stelkens/Bonk/Sachs, § 48 Rn. 257 f.; a. A. *Bettermann*, in: FS BVerwG, 1978, S. 61.
[364] *Sachs*, in: Stelkens/Bonk/Sachs, § 48 Rn. 256; differenzierend *Kopp/Ramsauer*, § 48 Rn. 163.
[365] Dazu Rn. 1354 ff.
[366] BVerwG NJW 2009, 2968 Rn. 16.
[367] Dazu BVerwG NJW 2009, 2968 ff.
[368] *Sachs*, in: Stelkens/Bonk/Sachs, § 48 Rn. 64 a.E.; a. A. *Kopp/Ramsauer*, § 48 Rn. 164; *Ziekow*, § 48 Rn. 59 (die von dieser a. A. zum Beleg angeführten Entscheidungen – BVerwG NVwZ 2002, 1254; DÖV 1982, 941; OVG Münster NVwZ-RR 1993, 289 – äußern sich zu dieser Frage nicht).
[369] OVG Münster NVwZ-RR 1993, 289; *Sachs*, in: Stelkens/Bonk/Sachs, § 48 Rn. 63 f.
[370] *Sachs*, in: Stelkens/Bonk/Sachs, § 49 Rn. 26.

rechtmäßige Verwaltungsakt den Adressaten und belastet er zugleich einen Dritten, richtet sich der Widerruf nach § 49 II, III VwVfG. Der Dritte hat nur dann einen Anspruch auf eine behördliche ermessensfehlerfreie Widerrufsentscheidung,[371] wenn er durch den Verwaltungsakt in seinen subjektiven öffentlichen Rechten betroffen ist.[372]

716 Ein Widerruf kommt vor allem dann in Betracht, wenn sich die Sach- oder Rechtslage **nach Erlass des Verwaltungsakts** geändert hat und er jetzt nicht mehr erlassen werden dürfte, er aber dennoch rechtmäßig geblieben ist, weil es bei der Beurteilung seiner Rechtmäßigkeit auf den Zeitpunkt des VA-Erlasses ankommt.

Beispiel: Die Behörde spricht nach § 41 I 1 Nr. 2 WaffG ein Waffenbesitzverbot aus, weil der Betroffene die erforderliche persönliche Eignung nicht besitzt. Nach zwei Jahren ändern sich die persönlichen Voraussetzungen, nunmehr dürfte die Behörde das Verbot nicht mehr aussprechen.

Konnten die neuen Umstände nicht durch Widerspruch und Anfechtungsklage geltend gemacht werden – dieser Rechtsschutz ist nur möglich, wenn man der Argumentation des rechtswidrig werdenden Verwaltungsakts folgt[373] und wenn die Widerspruchs- und Klagefristen im Zeitpunkt der Änderung der maßgeblichen Umstände noch nicht abgelaufen waren –, kommt ein strikter Rechtsanspruch auf Widerruf (bzw. auf Rücknahme unter der Annahme, der Verwaltungsakt sei rechtswidrig geworden) in Betracht.[374]

Vorrangig ist allerdings ein Anspruch auf Wiederaufgreifen des Verfahrens nach § 51 (insbesondere Abs. 1 Nr. 1) VwVfG einschließlich Anspruch auf behördliche Aufhebung des Verwaltungsakts zu prüfen.[375] Bestand ein solcher Anspruch und kann er nunmehr nicht mehr geltend gemacht werden, dürfen die Voraussetzungen des § 51 VwVfG nicht dadurch unterlaufen werden, dass ein **strikter** Rechtsanspruch auf Widerruf nach § 49 I VwVfG eingeräumt wird.

717 Ein Widerruf ist **ausgeschlossen,** wenn
- ein Verwaltungsakt gleichen Inhalts erneut erlassen werden müsste (der Bürger hätte dann von einem Widerruf auch gar nichts) oder
- ein Widerruf aus anderen Gründen unzulässig ist (wenn z.B. spezielle Rechtsvorschriften den Widerruf nur unter besonderen Voraussetzungen zulassen, die hier nicht erfüllt sind).

---

[371] Generell zweifelnd OVG Hamburg NVwZ-RR 1993, 322 f.
[372] *Sachs*, in: Stelkens/Bonk/Sachs, § 49 Rn. 27.
[373] Vgl. Rn. 681 f.
[374] Ausnahmslos für einen strikten Rechtsanspruch *Maurer*, § 11 Rn. 52.
[375] Rn. 766 ff.

5. Widerruf rechtmäßiger begünstigender Verwaltungsakte

Auch **rechtmäßige begünstigende Verwaltungsakte** dürfen (Ermessen!) widerrufen werden, § 49 II u. III VwVfG. Allerdings ist ein Widerruf nur dann zulässig, wenn einer der fünf Widerrufsgründe vorliegt, die § 49 II VwVfG abschließend aufzählt, oder wenn die Voraussetzungen des § 49 III VwVfG erfüllt sind. 718

a) Widerruf gem. § 49 II VwVfG

§ 49 II 1 VwVfG nennt **fünf Widerrufsgründe:**
(1) **§ 49 II 1 Nr. 1 VwVfG:** Der **Widerruf ist in einer speziellen Rechtsvorschrift zugelassen** – hierzu zählen auch Rechtsverordnungen und Satzungen – oder im Verwaltungsakt selbst vorbehalten, was auch § 36 II Nr. 3 VwVfG vorsieht.
Allein die Existenz eines solchen Widerrufsvorbehalts genügt jedoch nicht. Vielmehr müssen sachliche Gründe bestehen, die mit Sinn und Zweck des Widerrufsvorbehalts und des konkreten Verwaltungsakts in Zusammenhang stehen. Ist diese Voraussetzung nicht erfüllt, handelt die Behörde ermessensfehlerhaft, wenn sie den Verwaltungsakt widerruft (Ermessensmissbrauch). 719

Beispiel: Gastwirt G erhält unter Vorbehalt des jederzeitigen Widerrufs eine Sperrstundenverkürzung (er darf seine Wirtschaft länger geöffnet halten, als sonst vorgeschrieben). Ein Widerruf ist rechtswidrig, wenn er z.B. deshalb erfolgt, weil G den zuständigen Beamten beleidigt hat.

Weiterführender Hinweis: Es ist umstritten, ob die Behörde auch von einem **rechtswidrigen, aber bestandskräftigen Widerrufsvorbehalt** Gebrauch machen darf. Das BVerwG bejaht dies, außer wenn dem Verwaltungsakt generell kein Widerrufsvorbehalt hinzugefügt werden darf.[376] Allerdings ist das behördliche Widerrufsermessen umso eingeschränkter, je schwerwiegender die Rechtswidrigkeit des bestandskräftigen Widerrufsvorbehalts ist. Im Falle der Nichtigkeit des Widerrufsvorbehalts besteht freilich keine Widerrufsbefugnis nach § 49 II 1 Nr. 1 VwVfG.

(2) **§ 49 II 1 Nr. 2 VwVfG:** Eine im Verwaltungsakt enthaltene **Auflage** (vgl. § 36 II Nr. 4 VwVfG) wird nicht rechtzeitig erfüllt. 720

Weiterführender Hinweis: Die Ausführungen zum rechtswidrigen Widerrufsvorbehalt gelten für die rechtswidrige Auflage entsprechend. Besondere Bedeutung kommt dem **Verhältnismäßigkeitsprinzip** zu: Wurde eine Auflage nicht erfüllt, darf die Behörde nicht so-

---
[376] BVerwG NVwZ-RR 1994, 580; vgl. zum Problemkreis auch BVerwG NJW 1991, 766f.

fort den ganzen Verwaltungsakt widerrufen. Zunächst muss sie die Durchsetzung der Auflage versuchen und den Widerruf ggf. auch androhen.[377] Der Widerruf darf grundsätzlich nur ultima ratio sein. Kommt der Auflage im Hinblick auf den Gesamt-Verwaltungsakt und die durch ihn getroffene Regelung eine nur untergeordnete Bedeutung zu, kann sogar ein völliger Verzicht auf den Widerruf geboten sein.

721 (3) **§ 49 II 1 Nr. 3 VwVfG: Änderung der Sachlage** nach Erlass des Verwaltungsakts sowie Berechtigung der Behörde zum Nichterlass des Verwaltungsakts und Gefährdung des öffentlichen Interesses im Falle des Nichtwiderrufs. Neue Tatsachen sind nur solche, die nach Bekanntgabe des Verwaltungsakts **eingetreten** sind.[378] Lagen sie bereits vorher vor, kommt eine Rücknahme nach § 48 VwVfG in Betracht. Der Eintritt neuer Tatsachen kann neben der Änderung der äußeren Umstände auch eine Verhaltensänderung des Betroffenen sein.

Beispiel: Eine ledige schulpflichtige Mutter beantragt, dass das Ruhen ihrer Schulpflicht angeordnet wird, um ihr Kind betreuen zu können. Der Schulleiter gibt dem Antrag statt, weil ansonsten die Betreuung des Kindes gefährdet wäre (Ruhen der Schulpflicht, z.B. nach § 65 I 2, 3 HSchG). Nach kurzer Zeit überlässt die Schülerin die Betreuung des Kindes fast ausschließlich ihrer Mutter. Die Anordnung des Ruhens der Schulpflicht wäre jetzt nicht mehr möglich. Würde die Anordnung nicht widerrufen, wäre das öffentliche Interesse an der Erfüllung des schulischen Bildungs- und Erziehungsauftrages, der auch dem einzelnen Schüler gegenüber besteht, gefährdet.

Zum **öffentlichen Interesse** zählen nicht nur rechtliche Interessen wie z.B. Wahrung des Gleichbehandlungsgrundsatzes oder Beseitigung rechtswidriger Zustände, sondern auch fiskalische Interessen. Es genügt allerdings nicht, dass der Widerruf allgemein im öffentlichen Interesse liegt. Erforderlich ist vielmehr, dass das öffentliche Interesse durch den Fortbestand des Verwaltungsakts konkret gefährdet ist.[379] Das ist der Fall, wenn von der Rechtsordnung geschützte Rechte oder Rechtsgüter bedroht sind.
Eine **Änderung der Rechtsprechung** oder eine andere Beurteilung der Rechtslage durch die Behörde stellen keinen Eintritt neuer Tatsachen dar, weil dies lediglich dazu führt, dass die schon bei Erlass des Verwaltungsakts bestehenden Sach- und Rechtsvoraussetzungen nunmehr rechtlich anders beurteilt werden. Allerdings kann eine geänderte Rechtsprechung oder rechtliche Beurteilung durch die Behörde darauf schließen lassen, dass das in Rede stehende Recht vorher falsch angewendet wurde, der Verwaltungsakt also im Zeitpunkt seines Erlasses

---

[377] Dazu näher *Kopp/Ramsauer*, § 49 Rn. 39.
[378] *Suerbaum*, in: Mann/Sennekamp/Uechtritz, § 49 Rn. 88 f.
[379] BVerwG NVwZ 1992, 565; VGH München NJW 2013, 249 Rn. 47; *Kopp/Ramsauer*, § 49 Rn. 48 m. Beispielen.

§ 10. Der Verwaltungsakt   245

rechtswidrig war. In Betracht kommt dann eine Rücknahme nach § 48 VwVfG.

Werden **neue Rechtsvorschriften** erlassen, **Rechtsvorschriften aufgehoben** oder für nichtig oder für rechtswidrig erklärt, sind dies keine Tatsachen i.S.d. § 49 II 1 Nr. 3 VwVfG. In Betracht kommt aber ein Widerruf nach § 49 II 1 Nr. 4 VwVfG oder eine Rücknahme nach § 48 VwVfG.

Weiterführender Hinweis: Auch wenn die Voraussetzungen von § 49 II 1 Nr. 3 VwVfG erfüllt sind, ist ein Widerruf unzulässig, wenn es nach Maßgabe des einschlägigen materiellen Rechts nur auf den Zeitpunkt des Erlasses des Verwaltungsakts ankommt und nachfolgende Änderungen der Sachlage außer Betracht bleiben müssen. Beispiel: A hat beide juristische Staatsexamen bestanden. In den folgenden Jahren findet er sein Glück in der Malerei, und seine Rechtskenntnisse verkümmern derart, dass er nunmehr nicht einmal die Anfängerübungen bestehen würde. Ein Widerruf der beiden Prüfungsbescheide über das Bestehen der Staatsexamen wäre gleichwohl unzulässig.

(4) **§ 49 II 1 Nr. 4 VwVfG: Änderung von Rechtsvorschriften,** behördliche Berechtigung zum Nichterlass des Verwaltungsakts, kein Gebrauchmachen des Begünstigten vom Verwaltungsakt sowie kein Leistungsempfang aufgrund des Verwaltungsakts und Gefährdung des öffentlichen Interesses im Falle des Nichtwiderrufs.   722

Beachte:
- § 49 II 1 Nr. 4 VwVfG ist auch anwendbar, wenn **neue Rechtsvorschriften** erlassen werden oder wenn der **Normgeber** Rechtsvorschriften mit ex-nunc-Wirkung aufhebt.
- Die **Änderung von Verwaltungsvorschriften** fällt weder unter § 49 II 1 Nr. 4 (auch nicht unter Nr. 3) noch unter § 48 VwVfG. Denn Verwaltungsvorschriften kommt keine Außenwirkung zu.
- Wirkt die Änderung der Rechtsvorschriften auf den Zeitpunkt des VA-Erlasses zurück und macht sie ihn rechtswidrig **(rückwirkende Aufhebung der Rechtsgrundlage des Verwaltungsakts),** ist der Verwaltungsakt rückwirkend rechtswidrig geworden. Dies ist dann kein Fall von § 49 II 1 Nr. 4 (und auch nicht von Nr. 3) VwVfG. Der Verwaltungsakt kann dann vielmehr nach § 48 VwVfG zurückgenommen werden.
- Hat ein **Gericht die Rechtsgrundlage** des Verwaltungsakts mit ex-tunc-Wirkung **für nichtig** erklärt, kommt eine Rücknahme des Verwaltungsakts nach § 48 VwVfG in Betracht.[380] Der Verwaltungsakt war dann von Anfang an rechtswidrig; das Gericht stellt die Nichtigkeit von Rechtsvorschriften grundsätzlich mit deklaratorischer ex-tunc-Wirkung fest. Für eine analoge Anwendung von § 49 II 1 Nr. 4 VwVfG besteht

---

[380] Näher Rn. 683.

kein Bedürfnis.[381] § 49 II 1 Nr. 4 VwVfG darf nur dann analog angewendet werden, wenn das Gericht die Nichtigkeit oder Rechtswidrigkeit der Rechtsvorschrift ausnahmsweise nur mit ex-nunc-Wirkung feststellt.

723 (5) **§ 49 II 1 Nr. 5 VwVfG:** Verhütung oder Beseitigung **schwerer Nachteile für das Gemeinwohl.** Dieser Widerrufsgrund steht selbständig neben den oben beschriebenen Widerrufsgründen. Weil er ansonsten überflüssig wäre, kann er gerade dann einschlägig sein, wenn die Voraussetzungen der anderen Widerrufsgründe nicht erfüllt sind. Allerdings ist Nr. 5 eine Art **Notstandsklausel,** die eng auszulegen ist und **nur für Extremfälle** gilt.

724 Erfolgt ein Widerruf nach **§ 49 II 1 Nr. 3–5 VwVfG,** gewährt § 49 VI VwVfG dem Betroffenen einen **Entschädigungsanspruch.** Entschädigung wird allerdings nur insoweit gewährt, als das Vertrauen des Betroffenen auf den Fortbestand des Verwaltungsakts schutzwürdig ist. Obwohl § 49 VI 2 VwVfG nur auf § 48 III 3–5 VwVfG verweist, gelten auch hier wieder die zu § 48 II, III VwVfG dargestellten Grundsätze, soweit sie übertragbar sind.[382]

Eine Entschädigung für einen Widerruf nach § 49 II 1 Nr. 1, 2 VwVfG wird deshalb nicht gewährt, weil in diesen Fällen von vornherein kein schutzwürdiges Vertrauen des Betroffenen besteht.

Ein Widerruf ist nur innerhalb eines Jahres möglich,[383] § 49 II 2 i. V. m. § 48 IV VwVfG.

b) Widerruf gem. § 49 III VwVfG

725 Zwei weitere Widerrufsgründe enthält § 49 III 1 VwVfG. Diese Vorschrift gilt allerdings nur für die in ihr genannten Verwaltungsakte. In der Regel – aber eben nicht nur – sind dies Subventionsbescheide. Ein Widerruf ist zulässig, wenn
- die gewährte Leistung nicht entsprechend ihrer Zweckbestimmung verwendet wird (Satz 1 Nr. 1)
- eine im Verwaltungsakt enthaltene Auflage nicht erfüllt wird (Satz 1 Nr. 2).

---

[381] *Suerbaum,* in: Mann/Sennekamp/Uechtritz, § 49 Rn. 104; *Baumeister,* in: Obermayer/Funke-Kaiser, § 49 Rn. 49; *Erichsen/Brügge,* Jura 1999, 498; a.A. und für eine zumindest analoge Anwendung von § 49 II 1 Nr. 4 VwVfG *Sachs,* in: Stelkens/Bonk/Sachs, § 49 Rn. 79; *Kopp/Ramsauer,* § 49 Rn. 51 (das „nicht" im ersten Satz ist offenbar ein Versehen); *Peuker,* in: Knack/Henneke, § 49 Rn. 65.
[382] Vgl. *Kopp/Ramsauer,* § 49 Rn. 81; nach BVerwGE 143, 335 Rn. 80 ist § 48 II 3 VwVfG entsprechend anwendbar.
[383] Dazu oben Rn. 712f.

Die in § 49 III 1 VwVfG genannten Verwaltungsakte können auch nach § 49 II 1 VwVfG widerrufen werden, wenn seine Voraussetzungen erfüllt sind. Allerdings ist § 49 III 1 VwVfG spezieller und damit vorrangig anzuwenden. 726

Wichtig ist, dass § 49 III 1 VwVfG auch einen Widerruf **mit Wirkung für die Vergangenheit** zulässt. Der Betroffene muss dann die Leistung, die er aufgrund des Verwaltungsakts erhalten hat, zurückgeben, § 49a VwVfG. Etwaiges Vertrauen des Betroffenen auf den Fortbestand des Verwaltungsakts schließt weder den Widerruf noch die Rückerstattungspflicht aus. Es ist lediglich bei der behördlichen Ermessensausübung zu berücksichtigen. 727

Allerdings dürfte schutzwürdiges Vertrauen des Begünstigten unter den Voraussetzungen des § 49 III 1 VwVfG nur sehr selten in Betracht kommen. Zudem kommt nach der bundesverwaltungsgerichtlichen Rechtsprechung den Grundsätzen der Wirtschaftlichkeit und Sparsamkeit der Verwaltung beim Widerruf der Gewährung öffentlicher Leistungen wegen Zweckverfehlung eine ermessenslenkende Bedeutung zu (Fall des intendierten Ermessens).[384] Danach sind der Widerruf des Verwaltungsakts und die Rückforderung der gewährten Leistung der Regelfall, der keiner besonderen Begründung und Interessenabwägung bedarf.[385] Ein Absehen vom Widerruf und der Leistungsrückforderung kommt nur im Falle ganz besonderer Umstände, die für den Begünstigten sprechen, in Betracht.[386]

Ein Widerruf ist nur innerhalb eines Jahres[387] möglich, § 49 III 2 i.V.m. § 48 IV VwVfG.

Rechtswidrige Verwaltungsakte, für die die weniger strenge Rücknahmeregelung des § 48 VwVfG gilt, können nach ganz h.M. analog § 49 II, III VwVfG widerrufen werden, wenn einer der genannten Widerrufsgründe vorliegt.[388] Wenn schon rechtmäßige Verwaltungsakte widerrufen werden können, muss dies erst recht für einen rechtswidrigen Verwaltungsakt gelten. Im Falle eines Widerrufs muss dann aber auch § 49 VI VwVfG entsprechend gelten. 728

6. Erstattungspflicht nach § 49a VwVfG

Wird ein Verwaltungsakt **mit Wirkung für die Vergangenheit** zurückgenommen oder widerrufen, müssen Leistungen, die aufgrund des 729

---

[384] BVerwGE 105, 55 (58).
[385] So BayVGH BayVBl. 2009, 754 Rn. 32 (anders demgegenüber im Falle des § 49 II 1 Nr. 2 VwVfG).
[386] Vgl. auch *Kopp/Ramsauer*, § 49 Rn. 73.
[387] Dazu oben Rn. 712 ff.
[388] Siehe nur *Kopp/Ramsauer*, § 49 Rn. 5, 12 m.w.N.

Verwaltungsakts erbracht worden sind, zurückerstattet werden, § 49a I 1 VwVfG. D.h., der Bürger, der aufgrund eines aufgehobenen Verwaltungsakts bereits Leistungen von der Behörde erhalten hatte – z.B. Subventionsgelder –, muss diese zurückzahlen.

730 § 49a I 1 VwVfG ist eine spezialgesetzliche Ausformung des allgemeinen öffentlich-rechtlichen Erstattungsanspruchs.[389] Allerdings gilt diese Vorschrift **nicht für Ansprüche des Bürgers gegen die Verwaltung**.[390] Dies folgt aus § 49a II, III VwVfG. Diese Bestimmungen passen nicht für Rückerstattungsansprüche des Bürgers. Hat der Bürger etwas aufgrund eines Verwaltungsakts an die Verwaltung geleistet und wird dieser belastende Verwaltungsakt zurückgenommen oder widerrufen, stehen dem Bürger öffentlich-rechtliche Erstattungsansprüche und Folgenbeseitigungsansprüche[391] gerichtet auf Rückerstattung der Leistung zu. Diese Rückerstattungsansprüche des Bürgers dürfen auch nicht mit den Ausgleichs- und Entschädigungsansprüchen nach §§ 48 III 1, 49 VI 1 VwVfG verwechselt werden.

Auf Erstattungsansprüche zwischen verschiedenen Hoheitsträgern ist § 49a VwVfG nach der Rechtsprechung anwendbar.[392] Dem Grundsatz, dass der öffentlichen Hand eine Berufung auf die Entreicherungseinrede verwehrt sei, könne ggf. durch eine einschränkende Auslegung von § 49a II VwVfG Rechnung getragen werden.[393]

731 Nicht anwendbar, auch nicht analog, ist § 49a VwVfG in folgenden Fällen:
- Aufhebung von Verwaltungsakten durch ein **Gericht** oder (durch die Behörde) im **Vorverfahren** nach §§ 68ff. VwGO
- Aufhebung von Verwaltungsakten mit ex-nunc-Wirkung, insbesondere in den Fällen des § 49 II VwVfG
- Erbringung von Leistungen nicht aufgrund von Verwaltungsakten, sondern z.B. aufgrund von (nichtigen) öffentlich-rechtlichen Verträgen

In den genannten Fällen kommen nur allgemeine öffentlich-rechtliche Erstattungsansprüche und Folgenbeseitigungsansprüche in Betracht.[394]

732 Für den Umfang der Erstattungspflicht sind die Vorschriften des § 49a II–IV VwVfG zu beachten. Wichtig ist § 49a II VwVfG. Satz 1 dieser

---

[389] Dazu unten Rn. 1235 ff.
[390] Nahezu einhellige Auffassung (auch BVerwG NJW 1999, 1201); a.A. lediglich *Baumeister*, NVwZ 1997, 22.
[391] Dazu unten Rn. 1201 ff., 1235 ff.
[392] OVG Münster NWVBl. 2004, 214 f.; ebenso, aber ohne nähere Begründung BVerwGE 116, 332 (335 f.); BayVGH BayVBl. 2002, 80 (82).
[393] OVG Münster NWVBl. 2004, 314 (315) unter Hinweis auf BayVGH BayVBl. 2002, 80 (82), wobei das OVG Münster ausdrücklich anzweifelt, dass sich die öffentliche Hand im Anwendungsbereich von § 49a VwVfG gegenüber einem anderen Hoheitsträger nicht auf die Entreicherungseinrede berufen könne.
[394] *Kopp/Ramsauer*, § 49a Rn. 4, 6; *Sachs*, in: Stelkens/Bonk/Sachs, § 49a Rn. 6–10.

§ 10. Der Verwaltungsakt   249

Vorschrift verweist auf die §§ 812ff. BGB. Das bedeutet vor allem, dass die Erstattungspflicht nach § 818 III BGB insoweit entfällt, wie der Begünstigte die erhaltene Leistung verbraucht hat und sich kein entsprechender Gegenwert mehr in seinem Vermögen befindet.[395] Auf diesen Wegfall der Bereicherung kann sich der Begünstigte nach § 49a II 2 VwVfG aber insoweit nicht berufen, wie er die Umstände kannte oder grob fahrlässig nicht kannte, die zur Aufhebung des Verwaltungsakts geführt haben.

Nach § 49a I 2 VwVfG ist die Behörde berechtigt und verpflichtet, ihren Erstattungsanspruch durch schriftlichen Verwaltungsakt (= Erstattungsbescheid) geltend zu machen. **Hierbei handelt es sich im Verhältnis zur Aufhebung um einen selbständigen Verwaltungsakt.** Hebt die Behörde einen Verwaltungsakt auf und verlangt sie vom Bürger Rückerstattung der ihm erbrachten Leistungen, handelt es sich um zwei Verwaltungsakte: Die Aufhebung ist der erste Verwaltungsakt, der Erstattungsbescheid nach § 49a I 2 VwVfG ist der zweite Verwaltungsakt. Allerdings kann im Erlass des Erstattungsbescheides – ohne ausdrückliche Aufhebungsverfügung – die konkludente Aufhebung des in Rede stehenden Verwaltungsakts gesehen werden.

733

Die in § 49a III 1 VwVfG geregelte Pflicht zur Verzinsung eines zurückzuzahlenden Geldbetrages entsteht nicht erst mit Erlass des Erstattungsbescheides (Rückforderungsbescheid), sondern mit dem Unwirksamwerden des ursprünglichen Bewilligungsbescheides. Ist er rückwirkend unwirksam geworden (z.B. aufgrund rückwirkender Aufhebung), entsteht auch die Zinspflicht rückwirkend – frühestens aber mit der Auszahlung des bewilligten Betrages.[396]

Der behördliche Erstattungsanspruch nach § 49a I 1 VwVfG verjährt analog § 195 i.V.m. § 199 I BGB in drei Jahren.[397] Gleiches gilt für den Zinsanspruch gem. § 49a III 1 VwVfG. Wurde der Erstattungsanspruch (und der Zinsanspruch) durch Verwaltungsakt gem. § 49a I 2 VwVfG festgesetzt, bestimmt sich die Verjährung nach § 53 VwVfG.

---

[395] Dazu OVG Magdeburg NVwZ-RR 2008, 364 f.
[396] BVerwG BayVBl. 2002, 705; BayVGH BayVBl. 2006, 732.
[397] A.A. BVerwG NVwZ 2011, 949 Rn. 14 ff., 17 (Dreißigjahresfrist als Ausdruck eines allgemeinen Rechtsgedankens); dagegen und wie hier ausführlich OVG Greifswald NordÖR 2015, 394 ff. zu § 49 a VwVfG M-V, das allerdings den allgemeinen öffentlichrechtlichen Erstattungsanspruch und den besonderen Erstattungsanspruch nach § 49 a VwVfG M-V miteinander vermengt; ThürOVG ThürVBl. 2012, 61 ff. zu § 49a ThürVwVfG; vgl. auch Rn. 1254 m. w. N.

Kapitel 2. Handlungsformen der Verwaltung

7. Rechtsschutz

a) Grundfälle

734 Ein strikter Rechtsanspruch auf behördliche Aufhebung von Verwaltungsakten gem. §§ 48 f. VwVfG besteht grundsätzlich nicht. Denn die Aufhebung liegt im Ermessen der Behörde. Eine Ausnahme gilt jedenfalls für **rechtswidrige belastende** Verwaltungsakte, die noch **nicht bestandskräftig** sind, und für bestandskräftige Verwaltungsakte, deren Aufrechterhaltung schlechthin unerträglich ist.[398] In diesen Fällen besteht ein strikter Aufhebungsanspruch.

735 Gleiches gilt, wenn ein belastender Verwaltungsakt im Zeitpunkt seines Erlasses rechtmäßig war, wenn sich dann aber die **rechtlichen oder tatsächlichen Verhältnisse wesentlich geändert** und weder eine Widerspruchs- noch Anfechtungsmöglichkeit und auch kein Anspruch auf Wiederaufgreifen des Verfahrens nach § 51 VwVfG einschließlich eines Anspruchs auf behördliche Aufhebung des Verwaltungsakts bestanden;[399] letzteres setzt allerdings eine sehr restriktive Interpretation des § 51 I Nr. 1 VwVfG speziell bei Dauerverwaltungsakten voraus.[400] Unter diesen seltenen Voraussetzungen hat der betroffene Bürger einen **Anspruch auf Widerruf** des Verwaltungsakts nach § 49 I VwVfG. Das behördliche **Ermessen ist dann auf Null** reduziert.

736 Die nachfolgenden Ausführungen setzen gewisse prozessuale Kenntnisse voraus. An dieser Stelle genügt es zu wissen, dass mit der **Anfechtungsklage** nach § 42 I VwGO **belastende Verwaltungsakte angegriffen** werden. Der Kläger möchte erreichen, dass das Gericht den ihn belastenden Verwaltungsakt aufhebt, § 113 I 1 VwGO. Möchte der Bürger dagegen, dass die **Behörde einen Verwaltungsakt** erlässt, und lehnt die Behörde einen entsprechenden Antrag ab oder bleibt einfach untätig, kann der Bürger **Verpflichtungsklage** nach § 42 I VwGO erheben. Mit der Verpflichtungsklage kann der Bürger erreichen, dass die Behörde zum Erlass des Verwaltungsakts verurteilt wird, § 113 V 1 VwGO.

737 Der Bürger hat zwei Möglichkeiten, sich **gerichtlich** gegen belastende Verwaltungsakte zu wehren:
(1) Er kann **Anfechtungsklage** nach § 42 I VwGO erheben (ggf. ist zunächst ein Widerspruchsverfahren gem. § 68 VwGO durchzuführen). Ist der Verwaltungsakt rechtswidrig und der Bürger durch den Verwaltungsakt in seinen Rechten verletzt, hebt **das Gericht** den Verwaltungsakt auf, § 113 I 1 VwGO.

---

[398] Zum ganzen Rn. 692.
[399] Dazu bereits Rn. 716.
[400] Vgl. dazu auch Rn. 769 II 1.

§ 10. Der Verwaltungsakt 251

(2) **Nach Ablauf der Anfechtungsfrist** – eine Anfechtungsklage ist dann unzulässig – kann der Bürger gegen die Behörde **auf Rücknahme oder Widerruf des Verwaltungsakts** klagen. Die behördliche Aufhebung eines Verwaltungsakts ist selbst ein Verwaltungsakt. Deshalb muss der Bürger **Verpflichtungsklage** nach § 42 I VwGO erheben. Steht dem Bürger tatsächlich ein Aufhebungsanspruch zu, hebt nicht das Gericht – wie im Falle der Anfechtungsklage – den Verwaltungsakt auf, sondern verurteilt die Behörde zum **Erlass eines Aufhebungsbescheides** (= Aufhebung), § 113 V 1 VwGO. Das dürfte aber nur sehr selten der Fall sein, nämlich nur im Falle einer Reduzierung des behördlichen Ermessens auf Null. Denn die Aufhebung liegt ja im Ermessen der Behörde.

Die bloße Rechtswidrigkeit eines bestandskräftigen Verwaltungsakts zwingt die Behörde nicht zu seiner Aufhebung. Eine Ermessensreduzierung auf Null ist nur anzunehmen, wenn die Aufrechterhaltung des Verwaltungsakts **schlechterdings unerträglich** wäre.[401] Deshalb ist dem Bürger im Regelfall die Erhebung einer Verpflichtungsklage mit Bescheidungsantrag **(= Bescheidungsklage)** zu empfehlen. Das Gericht prüft dann, ob die behördliche Ablehnung des Aufhebungsantrages ermessensfehlerhaft war, und verurteilt, wenn dies der Fall war, die Behörde zur (nochmaligen) Bescheidung des Bürgers unter Beachtung der Rechtsauffassung des Gerichts (= Bescheidungsurteil, § 113 V 2 VwGO).

(3) Selbst nach einer **rechtskräftigen Abweisung einer Anfechtungsklage** gegen einen belastenden Verwaltungsakt ist seine behördliche Aufhebung nach den §§ 48, 49 VwVfG nicht ausgeschlossen.[402] Wegen der Rechtskraft des klageabweisenden Urteils (§ 121 VwGO) kann sich der Bürger aber nur auf solche Umstände berufen, die er im Prozess ohne grobes Verschulden nicht geltend gemacht hatte. Die Berufung auf nachträglich eingetretene Umstände schließt die Rechtskraft nicht aus. Eine Berufung auf solche Umstände und Tatsachen, die bereits Gegenstand des rechtskräftigen Urteils waren, ist durch die Rechtskraft ausgeschlossen.

Zu beachten ist, dass die §§ 48, 49 VwVfG auch nur einen Anspruch gegen die Behörde auf eine ermessensfehlerfreie Entscheidung, ob sie den Verwaltungsakt aufhebt, einräumt. Die Aufrechterhaltung eines Verwaltungsakts, der durch ein rechtskräftiges Urteil bestätigt wurde, ist nur in Ausnahmefällen ermessensfehlerhaft. Vorrangig ist indes ein An-

---

[401] Näher Rn. 692.
[402] Dazu näher *Detterbeck*, Streitgegenstand und Entscheidungswirkungen im Öffentlichen Recht, 1995, S. 199 ff.; sehr restriktiv, aber im Ergebnis zutreffend VGH BW VBlBW 2009, 73 f.

252   Kapitel 2. Handlungsformen der Verwaltung

spruch auf Wiederaufgreifen des Verfahrens nach § 51 VwVfG zu prüfen.[403]

738 Hebt die Behörde einen Verwaltungsakt auf, der den Bürger begünstigt, und möchte sich der Bürger gegen diese Aufhebung gerichtlich wehren, kann er **gegen die Aufhebung Anfechtungsklage** erheben. Denn die Aufhebung ist ein Verwaltungsakt. Hebt das Gericht die Aufhebungsverfügung auf, lebt der aufgehobene Verwaltungsakt wieder auf.

Hebt die Behörde einen den Bürger begünstigenden Verwaltungsakt auf und erlässt sie zusätzlich gem. § 49a I 2 VwVfG einen Erstattungsbescheid (Rückforderungsbescheid), kann der Bürger sowohl den Aufhebungs- als auch den Erstattungsbescheid anfechten. Da in diesem Fall zwei selbständige Verwaltungsakte angefochten werden, handelt es sich um zwei Anfechtungsklagen (für die § 44 VwGO gilt).

b) Verwaltungsakt mit Dritt- oder Doppelwirkung

739 Kompliziert wird es, wenn ein Verwaltungsakt eine Person begünstigt, zugleich aber eine andere Person belastet. So verhält es sich z.B. in den **besonders klausurrelevanten Subventionsfällen:**

Übersicht 20:
Subvention im Dreiecksverhältnis

```
                      Subventionsbescheid
        Behörde ──────────────────────────► A (Subventionsempfänger)
           ▲          Bewilligung von 100 Mio. EUR
           │          B macht geltend, der Subventionsbescheid (= Verwaltungs-
           │          akt) sei rechtswidrig, weil A die Subventionsvoraussetzun-
           │          gen nicht erfülle, und verletzte ihn – den B – in seinen
           │          Grundrechten aus Art. 12 I, 14 I 1, 2 I GG, weil die Sub-
           │          ventionierung des A dazu führe, dass er – der B – vom
           │          Markt verdrängt werde.
         B =          Konkurrent des A
```

Hier hat B folgende Möglichkeiten, gegen den Subventionsbescheid vorzugehen:[404]

740 (1) **Aufhebungsantrag bei der Behörde.** B kann bei der Behörde den **Antrag stellen, den Verwaltungsakt aufzuheben** (dies ist kein Wi-

---
[403] Dazu Rn. 716, 766 ff.
[404] Vgl. dazu auch *Ule/Laubinger*, § 64 Rn. 10 ff.

derspruch gegen den Verwaltungsakt i.S.v. § 68 I VwGO). Will die Behörde den Verwaltungsakt aufheben, weil sie ihn der Argumentation des B folgend für rechtswidrig hält, kann sie dies nach § 48 I 1, II VwVfG tun. Maßgeblich für die Qualifizierung des Verwaltungsakts als belastend oder begünstigend ist hier die **Sicht des A.** Für diesen handelt es sich um einen begünstigenden Verwaltungsakt. Eine Aufhebung des Verwaltungsakts ist deshalb dann ausgeschlossen, wenn der Verwaltungsakt zwar rechtswidrig ist, A sich aber auf schutzwürdiges Vertrauen berufen kann.

(2) **Widerspruch.** B kann gegen den Verwaltungsakt **Widerspruch nach § 68 I VwGO** erheben. Ist der Verwaltungsakt tatsächlich rechtswidrig und B dadurch in seinen (Grund-)Rechten verletzt, muss die Behörde den Verwaltungsakt aufheben, § 72 VwGO. Wichtig ist, dass **etwaiges schutzwürdiges Vertrauen des A** – anders als oben unter (1) – keine Rolle spielt und von der Behörde nicht berücksichtigt werden darf. **Die Aufhebung richtet sich nämlich nicht nach § 48 VwVfG, sondern nach §§ 68 ff. VwGO.** Hebt die Behörde den Verwaltungsakt nicht auf, weil sie ihn für rechtmäßig hält, entscheidet die Widerspruchsbehörde, § 73 VwGO.[405] Hält sie die Argumentation des B für zutreffend, muss sie den Verwaltungsakt ohne Rücksicht auf etwaiges Vertrauen des A aufheben. 741

(3) **Anfechtungsklage.** Wird der Verwaltungsakt nicht im Widerspruchsverfahren von einer Behörde aufgehoben, kann B gegen den Verwaltungsakt **Anfechtungsklage** nach § 42 I VwGO erheben. Auch hier **spielt etwaiges schutzwürdiges Vertrauen des A keine Rolle.** Ist der Verwaltungsakt rechtswidrig und B dadurch in seinen Grundrechten verletzt, muss das Gericht den Verwaltungsakt aufheben, § 113 I 1 VwGO. 742

(4) **Rücknahme und Widerruf im Rechtsbehelfsverfahren, § 50 VwVfG.** Die im einzelnen sehr umstrittene Vorschrift des § 50 VwVfG gelangt nur dann zur Anwendung, wenn B bereits in **zulässiger Weise** Widerspruch oder Anfechtungsklage gegen den Verwaltungsakt erhoben hat.[406] Hier kann die Ausgangsbehörde, wenn sie den Verwaltungsakt zunächst nicht nach § 72 VwGO aufgehoben hat, sich eines Besseren besinnen und – weil sie der Aufhebung des Verwaltungsakts durch die Widerspruchsbehörde oder durch das Gericht zuvorkommen möchte – den Verwaltungsakt nach §§ 48 f. VwVfG aufheben. 743

Aus § 50 VwVfG geht klar und eindeutig hervor, dass eine Aufhebung des Verwaltungsakts nach §§ 48 f. VwVfG auch noch während des Widerspruchsverfahrens und auch während der Anfechtungsklage möglich ist. 744

---

[405] In der Regel die nächsthöhere Behörde, § 73 I 2 Nr. 1 VwGO.
[406] BVerwGE 105, 354 (360 f.); DÖV 1982, 940 (941).

§ 50 VwVfG schließt für diesen Fall nur die Anwendung derjenigen Vorschriften der §§ 48f. VwVfG aus, die den Vertrauensschutz betreffen und sicherstellen. Das ist auch sinnvoll. Denn im laufenden Widerspruchs- oder Anfechtungsverfahren spielen Vertrauensschutzgesichtspunkte grundsätzlich keine Rolle. Dann ist es aber nur konsequent, wenn dies im parallel laufenden behördlichen Aufhebungsverfahren nach §§ 48f. VwVfG ebenso ist.

§ 50 VwVfG will aber der Behörde nicht die Möglichkeit zur Aufhebung eines Verwaltungsakts ohne Bindung an die Vertrauensschutzbestimmungen der §§ 48 II–IV, 49 II, III, VI VwVfG geben, der im laufenden Rechtsbehelfsverfahren nicht aufgehoben werden dürfte. Eine Aufhebung des Verwaltungsakts nach § 50 VwVfG i.V.m. § 48 I 1 oder § 49 II 1, III 1 VwVfG setzt deshalb voraus, dass der laufende Widerspruch oder die laufende Anfechtungsklage des Dritten gegen den Verwaltungsakt **zulässig und begründet** ist.[407] Ist dies nicht der Fall, darf die Behörde den Verwaltungsakt gleichwohl gem. §§ 48 f. VwVfG aufheben, ist aber uneingeschränkt an die Vertrauensschutzbestimmungen dieser Vorschriften gebunden.

745   Die Aufhebung eines Verwaltungsakts nach § 50 i.V.m. § 48 I 1 VwVfG setzt voraus, dass der Verwaltungsakt **rechtswidrig** ist und dass der Rechtsbehelf, den der Dritte gegen den Verwaltungsakt eingelegt hat, **zulässig und begründet** ist. Ist der Verwaltungsakt **rechtmäßig**, darf er nicht nach § 50 i.V.m. § 48 I 1 VwVfG aufgehoben werden; denn § 48 I 1 VwVfG setzt einen rechtswidrigen Verwaltungsakt voraus. Dies muss auch bei Zugrundelegung derjenigen Auffassungen[408] beachtet werden, nach denen es für eine Aufhebung gem. § 50 i.V.m. § 48 I 1 VwVfG im übrigen genügt, dass der vom Dritten gegen den Verwaltungsakt eingelegte Rechtsbehelf zulässig bzw. nicht offensichtlich unbegründet ist.

Ist der Verwaltungsakt **rechtmäßig**, kommt eine Aufhebung nach § 50 i.V.m. § 49 II 1, III 1 VwVfG in Betracht. Die in § 50 VwVfG angeordnete Nichtgeltung von § 49 II–IV, VI VwVfG ist missverständlich. Sie soll nur die Vertrauensschutzklauseln ausschließen, nicht dagegen die Widerrufsmöglichkeit als solche.[409] Von großer Bedeutung ist diese Möglichkeit jedoch nicht. Denn auch ein Widerruf nach § 50 i. V. m. § 49 II 1, III 1

---

[407] Ebenso BVerwG NVwZ 1990, 857; *Kopp/Ramsauer*, § 50 Rn. 24; *Maurer*, § 11 Rn. 70 f.; *Ruffert*, in: Erichsen/Ehlers, § 24 Rn. 43; *Ule/Laubinger*, § 64 Rn. 9; *Cornils*, VerwArch. 2000 (91), 485; *Remmert*, VerwArch. 91 (2000), 221 ff.; *Lange*, Jura 1980, 463 f.; nach a. A. genügt die Zulässigkeit des vom Dritten gegen den Verwaltungsakt eingelegten Rechtsbehelfs, so VGH München NVwZ 1997, 702; OVG Münster NVwZ 1989, 72 f.; nach wieder a. A. darf der Rechtsbehelf nicht offensichtlich unbegründet sein, so VGH Mannheim NVwZ-RR 1997, 402; OVG Bautzen, LKV 1993, 97; *Sachs*, in: Stelkens/Bonk/Sachs, § 50 Rn. 99 (entgegen Rn. 93); *Ehlers/Kallerhoff*, Jura 2009, 828.

[408] Nw. in der vorherigen Fn.

[409] *Sachs*, in: Stelkens/Bonk/Sachs, § 50 Rn. 79; *Kopp/Ramsauer*, § 50 Rn. 6.

VwVfG setzt voraus, dass der Rechtsbehelf, den der Dritte gegen den Verwaltungsakt eingelegt hat, begründet ist. Dies ist bei rechtmäßigen Verwaltungsakten nur im Falle von Drittwidersprüchen (§§ 68 ff. VwGO) möglich, denn hier erfolgt anders als bei Anfechtungsklagen auch eine Zweckmäßigkeitskontrolle.[410]

§ 50 VwVfG erfasst nur (den Adressaten)[411] **begünstigende** Verwaltungsakte. **Belastende** Verwaltungsakte darf die Behörde ohnehin nach den §§ 48 I 1, 49 I VwVfG aufheben; die Vertrauensschutzklauseln sind schon nach der Systematik der §§ 48 f. VwVfG nicht anwendbar.

Eine VA-Aufhebung nach § 50 i.V.m. §§ 48 I 1, 49 II 1 VwVfG liegt zwar im Ermessen der Behörde. Die Behörde übt ihr Ermessen allerdings nicht fehlerhaft aus, wenn sie die Aufhebung damit begründet, im laufenden Rechtsbehelfsverfahren müsse der Verwaltungsakt zwingend aufgehoben werden, weil der Rechtsbehelf zulässig und begründet sei. Eben dies ist nach der hier vertretenen Auffassung aber auch Voraussetzung für eine Aufhebung nach § 50 i.V.m. §§ 48 I 1, 49 II 1 VwVfG. Für Vertrauensschutzerwägungen, die einer VA-Aufhebung nach § 50 i.V.m. §§ 48 I 1, 49 II 1 VwVfG entgegenstehen könnten,[412] ist deshalb nur Raum, wenn ein rechtmäßiger Verwaltungsakt unter Hinweis auf seine **Zweckwidrigkeit**, die im laufenden Widerspruchsverfahren zu berücksichtigen ist, nach § 50 i.V.m. § 49 II 1 VwVfG aufgehoben werden soll. Ist der gegen den Verwaltungsakt eingelegte Rechtsbehelf zulässig und begründet, kann etwaiges Vertrauen des vom Verwaltungsakt Begünstigten der VA-Aufhebung nicht entgegenstehen.[413] Denn der Dritte hat einen Rechtsanspruch auf die VA-Aufhebung.

Schwierige Schlussfrage: Was gilt, wenn der Subventionsbescheid gegenüber B bereits bestandskräftig geworden ist und B nunmehr Verpflichtungsklage auf Verurteilung der Behörde zur Rücknahme des Subventionsbescheides nach § 48 VwVfG erhebt? Kann sich A, wenn die Behörde den Verwaltungsakt nunmehr von sich aus nach § 48 VwVfG aufheben will, auf Vertrauen berufen, oder steht auch hier wieder § 50 VwVfG entgegen? Dafür könnte sprechen, dass sich die Verpflichtungsklage im Ergebnis ebenso wie eine Anfechtungsklage gegen den Verwaltungsakt richtet. Dennoch ist hier **§ 50 VwVfG nicht anwendbar.** 746

Denn diese Vorschrift geht davon aus, dass sich der Begünstigte nur solange nicht auf Vertrauen berufen kann, wie er mit einer Anfechtung des Verwaltungsakts durch Dritte rechnen muss. Nach Ablauf der Anfechtungsfristen, also nach Eintritt von Bestandskraft des Verwaltungsakts, muss er

---
[410] Rn. 1368.
[411] Dazu näher *Sachs*, a. a. O., § 50 Rn. 56 ff.
[412] Dazu BVerwG NVwZ 1994, 896 f.
[413] BVerwG NVwZ 2002, 732 f.

damit aber nicht mehr rechnen. Deshalb darf die Behörde den Subventionsbescheid nicht nach § 48 VwVfG zurücknehmen, wenn sich A tatsächlich gem. § 48 II VwVfG auf schutzwürdiges Vertrauen berufen kann. Auch eine Verpflichtungsklage auf Verurteilung der Behörde zur Rücknahme des Verwaltungsakts muss dann wegen der fehlenden Rücknahmebefugnis der Behörde abgewiesen werden.

Eine analoge Anwendung von § 50 VwVfG – mit der Konsequenz der Nichtanwendung der in dieser Vorschrift genannten Vertrauensschutzbestimmungen – käme nur dann in Betracht, wenn B vor Eintritt der Bestandskraft des Verwaltungsakts Verpflichtungsklage auf Verurteilung der Behörde zum Widerruf des Verwaltungsakts erheben würde.[414]

747 **Merke:** § 50 VwVfG erleichtert der Behörde die Aufhebung eines begünstigenden Verwaltungsakts nach §§ 48, 49 VwVfG, wenn ein Dritter gegen diesen Verwaltungsakt in zulässiger Weise Widerspruch oder Anfechtungsklage erhoben hat.

748 **Übersicht 21:**

Anwendungsvoraussetzungen von § 50 VwVfG (Prüfschema)

(1) Einlegung eines förmlichen Rechtsbehelfs (Widerspruch, Anfechtungsklage) gegen den Verwaltungsakt, der eine Person begünstigt, durch einen (belasteten) Dritten – die bloße Anfechtbarkeit genügt nicht.[415]
(2) Zulässigkeit dieses Rechtsbehelfs.
(3) Anhängigkeit des Rechtsbehelfsverfahrens – es darf noch nicht abgeschlossen sein.
(4) Begründetheit des Rechtsbehelfs (sehr str.).
(5) Die beabsichtigte behördliche Aufhebung des Verwaltungsakts nach §§ 48 (der Verwaltungsakt ist rechtswidrig), 49 VwVfG (der Verwaltungsakt ist rechtmäßig) hilft dem eingelegten Rechtsbehelf im Ergebnis ab.

---

[414] Nur relevant, wenn der Verwaltungsakt im Zeitpunkt seines Erlasses rechtmäßig war und vor Eintritt seiner Bestandskraft sich die Sach- und Rechtslage derart geändert hat, dass der Verwaltungsakt nunmehr nicht mehr erlassen werden dürfte, aber gleichwohl nicht rechtswidrig geworden ist (dazu Rn. 680 ff.; vgl. auch Rn. 735); ansonsten ist der Verpflichtungsantrag als Anfechtungsantrag auszulegen.
[415] A. A. *Horn*, DÖV 1990, 864 ff.

8. Rücknahme EU-rechtswidriger Verwaltungsakte

Literatur: *Ehlers,* Rechtsfragen des Subventionsrechts, DVBl. 2014, 1; *Finck/Gurlit,* Die Rückabwicklung formell unionsrechtswidriger Beihilfen, Jura 2011, 87; *Gundel,* Die Rückabwicklung von nicht notifizierten, aber schließlich genehmigten Beihilfen vor den nationalen Gerichten: Vorgaben für die Bewertung des Durchführungsverbots, EWS 2008, 161; *Haack,* Die Bestandskraft gemeinschaftsrechtswidriger Verwaltungsakte, Jura 2008, 739; *Kanitz/Wendel,* Referendarexamensklausur – Öffentliches Recht: Europarechtlich induzierte Durchbrechung der Bestandskraft?, JuS 2008, 58; *Lenze,* Die Bestandskraft von Verwaltungsakten nach der Rechtsprechung des EuGH, VerwArch. 97 (2006), 49; *Ludwigs,* Jus vigilantibus scriptum, Jura 2009, 226 (Übungsfall: Anspruch auf Aufhebung bestandskräftiger rechtswidriger belastender Verwaltungsakte); *Martin-Ehlers,* Die Bindungswirkung einer Eröffnungsentscheidung der Kommission im Beihilferecht, EuZW 2014, 247; *Rennert,* Die Bindung des nationalen Richters an Eröffnungsentscheidungen der Kommission – Das Urteil des EuGH im Fall Flughafen Frankfurt-Hahn, DVBl. 2014, 669; *ders.,* Beihilfenrechtliche Konkurrentenklage vor deutschen Verwaltungsgerichten, EuZW 2011, 576; *ders.,* Bestandskraft rechtswidriger Verwaltungsakte und Gemeinschaftsrecht, DVBl. 2007, 400; *Schmahl,* Durchbrechung der Rechtskraft nationaler Gerichtsentscheidungen zu Gunsten der Effektivität des Unionsrechts?, EuZW 2010, 927;

Rechtsprechung: EuGH NVwZ 1990, 1161 – Alcan I; EuGH EuZW 1997, 276 – Alcan II m. Anm. *Hoenike;* EuGH EuZW 1998, 603 – Oelmühle; EuGH NVwZ 2001, 310 (keine Unmöglichkeit der Rückforderung einer rechtswidrigen Beihilfe); EuGH DVBl. 2004, 373 (Pflicht zur Rücknahme eines EU-rechtswidrigen belastenden Verwaltungsakts) m. Anm. *Frenz;* EuGH EuZW 2007, 56 – Scott m. Anm. *Rosenfeld/Sellner;* EuGH EWS 2008, 180 – CELF/Side I; (Pflicht zur teilweisen Rückabwicklung nichtnotifizierter und später genehmigter Beihilfen); EuGH NVwZ 2010, 631 – CELF/SIDE II (Pflicht zur Rückabwicklung nichtnotifizierter Beihilfen trotz mehrfacher nachfolgender Genehmigung durch die Kommission, wenn der EuGH die Genehmigungen für nichtig erklärt); EuGH NJW 2013, 3771 – Lufthansa (Eröffnung eines Prüfverfahrens nach Art. 108 II AEUV und Konsequenzen für eine nationale Konkurrentenklage) m. Anm. *Soltész;* BVerfG EuZW 2000, 445 (Billigung der Alcan-Rspr. von EuGH u. BVerwG) m. Anm. *Vögler;* BVerwGE 92, 81 (überwiegendes öffentliches Interesse an der Rücknahme EU-rechtswidriger Beihilfebescheide); BVerwGE 106, 328 (Alcan); BVerwG NVwZ 1995, 703 (Alcan-Vorlage an EuGH); BVerwG NVwZ 2007, 709 (grundsätzlich kein Anspruch auf Rücknahme bestandskräftiger EU-rechtswidriger Verwaltungsakte); BVerwG EuZW 2011, 269 (zum Anspruch des Wettbewerbers auf verzinste Rückzahlung einer gegen Art. 108 III 3 AEUV verstoßenden Subvention) m. Anm. *Donat.*

a) Rücknahme begünstigender Verwaltungsakte

aa) Problemstellung

Besondere Probleme treten auf, wenn begünstigende Verwaltungsakte **749** gegen EU-Recht verstoßen. Hier ging es in der jüngeren Vergangenheit um verschiedene deutsche Subventionsbescheide,[416] die nach Auffassung der Kommission (vgl. Art. 17 EUV) gegen Art. 107 f. AEUV verstießen. Da es sich häufig um Subventionen in dreistelliger Millionenhöhe handelt, liegt auch die wirtschaftliche Bedeutung auf der Hand.

750 Art. 107 I AEUV untersagt die Vergabe staatlicher Beihilfen (dies sind insbesondere Subventionen), wenn dadurch der Wettbewerb verfälscht und der Handel zwischen den Mitgliedstaaten beeinträchtigt wird. Nach Art. 108 III 1 AEUV muss die staatliche Behörde die beabsichtigte Subventionsvergabe der Kommission anzeigen **(Notifizierung)**. Anzeigepflichtig sind grundsätzlich alle staatlichen oder aus staatlichen Mitteln gewährte Zuwendungen, die keine marktgerechte Gegenleistung der gewährenden Stelle für eine ihr erbrachte Leistung darstellen; auf die Frage der Vereinbarkeit mit EU-Recht (Art. 107 I, II AEUV) kommt es nicht an.[417] Staatliche Maßnahmen, die diese Voraussetzungen nicht erfüllen, also keine Beihilfen sind, müssen nicht angezeigt werden. Dennoch empfiehlt sich in nicht völlig eindeutigen Fällen die (vorsorgliche) Anzeige, weil Behörde und Begünstigte das Risiko tragen, dass die Kommission später doch eine Beihilfe annimmt und einen Verstoß gegen Art. 107 I AEUV feststellt.[418] Die Kommission prüft, ob die Subvention mit Art. 107 AEUV vereinbar ist und genehmigt oder untersagt sie. Vor der Entscheidung der Kommission darf die Subvention nicht vergeben werden.

751 Deutsche Behörden hatten in der Vergangenheit verschiedentlich deutschen Wirtschaftsunternehmen Subventionen bewilligt und ausbezahlt, ohne dies der Kommission nach Art. 108 III 1 AEUV angezeigt zu haben. Die Kommission erfuhr hiervon, stellte die Unvereinbarkeit der Subvention mit Art. 107 I AEUV fest und fasste gegenüber der Bundesrepublik den Beschluss (Art. 288 IV AEUV), dass sie die Subvention zurückfordern müsse. Nach Eintritt der Bestandskraft dieses Beschlusses (vergleichbar mit einem Verwaltungsakt) nahm die zuständige deutsche Behörde den Subventionsbescheid gem. § 48 I, II VwVfG zurück und verlangte gem. § 49a I VwVfG durch Erstattungsbescheid Rückzahlung der Subvention. Der deutsche Unternehmer wandte ein, die Subvention im Vertrauen auf ihre

---

[416] Zur ganz ähnlich gelagerten Problematik EU-rechtswidriger öffentlich-rechtlicher Subventionsverträge ausführlich *Rennert*, EuZW 2011, 579 ff.

[417] Ausgenommen von der Anzeigepflicht sind u. a. bestimmte Gruppen von Beihilfen, die die Kommission aufgrund der VO 994/98 des Rates bezeichnet hat (Gruppenfreistellung) sowie Bagatellsubventionen. Dennoch empfiehlt sich in nicht völlig eindeutigen Fällen die (vorsorgliche) Anzeige, weil Behörde und Begünstigte das Risiko tragen, dass die Kommission später doch eine Beihilfe annimmt und einen Verstoß gegen Art. 107 I AEUV feststellt.

[418] Vgl. dazu EuGH NJW 2013, 3771 – *Lufthansa* (dazu unten Rn. 759 m. w. N.); *v. Wallenberg/Schütte*, in: Grabitz/Hilf/Nettesheim, Das Recht der Europäischen Union II, Art. 108 AEUV Rn. 10 ff.; *Cremer*, in: Calliess/Ruffert, Art. 108 AEUV Rn. 8 f.; *Khan*, in: Geiger/Khan/Kotzur, Art. 108 AEUV Rn. 11.

§ 10. Der Verwaltungsakt 259

Rechtmäßigkeit verbraucht zu haben, außerdem berief er sich auf den Ablauf der Jahresfrist des § 48 IV 1 VwVfG.

bb) Lösung unter Berücksichtigung des EU-Rechts[419]

EU-rechtliche Vorschriften, die die Rückforderung unionsrechts- **752** widriger Beihilfen im Verhältnis zwischen Beihilfeempfänger und Mitgliedstaat regeln, existieren nicht.[420] Deshalb richten sich Rücknahme und Rückforderung EU-rechtswidriger Subventionen nach §§ 48 ff. VwVfG. Bei der Anwendung dieser Vorschriften ist allerdings auch das EU-Recht zu berücksichtigen, dem im Kollisionsfall der **Anwendungsvorrang** zukommt. Hieraus ergibt sich unter Zugrundelegung der Rechtsprechung des EuGH und des BVerwG folgendes:

(1) **Rechtswidrigkeit des Subventionsbescheides, § 48 I 1 VwVfG.** **753** Ein Subventionsbescheid, der gegen Art. 107 I AEUV (Verbot wettbewerbsverfälschender, den mitgliedstaatlichen Handel beeinträchtigender Beihilfen) verstößt, ist **materiell rechtswidrig.** Jedenfalls dann, wenn die Kommission einen entsprechenden **bestandskräftigen** (d.h. auch vom Subventionsempfänger vor dem EuGH nicht mehr angreifbaren)[421] **Beschluss** gefasst hat, steht die materielle Rechtswidrigkeit des Subventionsbescheides verbindlich fest. Ohne Durchführung des Notifizierungsverfahrens nach Art. 108 I 1 AEUV (vorherige Unterrichtung der Kommission über die beabsichtigte Subventionsvergabe) sowie bei Erlass des Subventionsbescheides und Vergabe der Subvention entgegen Art. 108 III 3 AEUV vor der Entscheidung der Kommission ist der Subventionsbescheid zudem **formell rechtswidrig.**[422] Nichtig ist ein gegen Art. 107, 108 III AEUV verstoßender Subventionsbescheid indes nicht.[423]

---

[419] Dazu EuGH Slg. 1987, 901 (927 f.) – *Deufil ./. Kommission*; Slg. 1997, I – 1607 (1617 ff.) – *Alcan* = NJW 1998, 47 = EuZW 1997, 276 m. Anm. *Hoenike*; Slg. 1998, I – 2661 – *Landbrugsministeriet – EF – Direktoratet*; Slg. 1998, I – 4767 – *Oelmühle Hamburg AG*; BVerfG EuZW 2000, 445 ff. m. Anm. *Vögler*; BVerwGE 92, 81 ff.; 106, 328 ff. (Alcan); *Finck/Gurlit*, Jura 2011, 87 ff.; *Bungenberg/Motzkus*, WiVerw. 2013, 104 ff.; *Suerbaum*, VerwArch. 91 (2000), 169 ff.; *Gromitsaris*, ThürVBl. 2000, 97 ff.; *Scholz*, DÖV 1998, 261 ff. (sehr kritisch gegenüber dem EuGH); *Winkler*, DÖV 1999, 148 (Gegenposition zu Scholz); *Ehlers*, GewArch. 1999, 305 ff.; *Kahl*, JA 1996, 857 ff. (guter Überblick); *Fischer*, JuS 1999, 749 (guter Überblick); Klausurlösungen: *Cremer*, VR 1999, 58 ff.; *v. Danwitz*, NWVBl. 1998, 207 f., 252 ff. (Deufil); *Kamann/Selmayer*, JuS 1998, 148 ff. (Alcan).

[420] Hieran hat sich auch nichts durch den Erlass einer Durchführungsverordnung gem. Art. 109 AEUV geändert; dazu *Kruse*, NVwZ 1999, 1049 ff.

[421] Dazu BGH EuZW 2004, 255 f.

[422] Dazu näher unten Rn. 759 ff.

[423] *Finck/Gurlit*, Jura 2011, 91; *Rennert*, EuZW 2011, 578; vieles spricht schon für die Anwendung des Rechtsgedankens des § 44 III Nr. 4 VwVfG, dafür *Kokott*, DVBl. 1993,

754 (2) **Kein Rücknahmeverbot nach § 48 II VwVfG.** Z.T. wird vertreten, Subventionsempfänger, die sich nicht vergewisserten, ob das Notifizierungsverfahren nach Art. 108 AEUV durchgeführt wurde, handelten **grob fahrlässig** gem. § 48 II 3 Nr. 3 VwVfG.[424] Dagegen spricht zum einen, dass die Anzeigepflicht nach Art. 108 III 1 AEUV den deutschen Behörden obliegt. Eine Erkundigungspflicht und grobe Fahrlässigkeit im Falle der Nichterkundigung dürfen zwar möglicherweise bei Großunternehmen angenommen werden, nicht aber bei kleinen und mittelständischen Unternehmen. Außerdem hat die Kommission ihr Rückforderungsverlangen immer auch auf die materielle EU-Rechtswidrigkeit (Verstoß gegen Art. 107 AEUV) gestützt. Hinsichtlich dieser materiellen EU-Rechtswidrigkeit ist der Subventionsempfänger aber in aller Regel nicht bösgläubig.

755 Hat der Subventionsempfänger die Subvention verbraucht und befindet sie sich nicht mehr wertmäßig in seinem Vermögen (etwa Weitergabe durch Preissenkungen), ist sein Vertrauen gem. § 48 II 2 VwVfG in der Regel schutzwürdig. Allerdings wäre dann die Rückforderung EU-rechtswidriger Beihilfen meistens ausgeschlossen.

756 Indes kommt dem öffentlichen Interesse an der Durchsetzung des EU-Rechts (d.h. keine Auszahlung EU-rechtswidriger und nicht notifizierter Subventionen) ein so großes Gewicht zu, dass
(1) die Regelvermutung des § 48 II 2 VwVfG nicht zugunsten des Subventionsempfängers greift und
(2) bei der Abwägung nach § 48 II 1 VwVfG dem öffentlichen Rücknahmeinteresse in der Regel der Vorrang vor dem Bestandsinteresse des Subventionsempfängers zukommt, dass also das Vertrauen des Begünstigten in der Regel nicht schutzwürdig ist.[425]
(3) **Modifizierung der Jahresfrist des § 48 IV 1 VwVfG.** Hat die Kommission die Subvention in einem bestandskräftigen Beschluss nach Art. 108 II AEUV für EU-rechtswidrig erklärt und ihre Rückforderung verlangt, muss die zuständige nationale Behörde die Subvention selbst dann zurückfordern, wenn die Jahresfrist des

---

1237; § 44 II VwVfG ist nicht einschlägig, auch die sehr engen Voraussetzungen von § 44 I VwVfG sind nicht erfüllt, so auch BVerwG EuZW 2011, 269 Rn. 16. Die Ausführungen von BGH EuZW 2003, 445 zur Nichtigkeit eines gegen Art. 108 III 3 AEUV verstoßenden privatrechtlichen Vertrages nach § 134 BGB sind auf § 44 I VwVfG nicht übertragbar; vgl. auch *Peuker*, in: Knack/Henneke, § 48 Rn. 44 a. E.; a.A. *Stober*, in: Wolff/Bachof I, § 49 Rn. 37.

[424] *Fastenrath*, JZ 1992, 1084; vgl. auch BGH EuZW 2011, 440 Rn. 45.

[425] BVerwGE 92, 81 (86); OVG Münster JZ 1992, 1081; ebenso *Kopp/Ramsauer*, § 48 Rn. 100; zu einem Ausnahmefall gleichwohl schutzwürdigen Vertrauens des Begünstigten OVG Greifswald NordÖR 2009, 38 f.

§ 48 IV 1 VwVfG verstrichen ist. Diese Vorschrift ist wegen des Vorranges des EU-Rechts hier nicht anwendbar.
(4) **Reduzierung des nach § 48 I 1 VwVfG bestehenden Rücknahmeermessens auf Null.** Das behördliche Rücknahmeermessen nach § 48 I 1 VwVfG, das ansonsten auch bei fehlendem schutzwürdigen Vertrauen des Begünstigten besteht, ist im Falle eines bestandskräftigen Kommissionsbeschlusses nach Art. 108 II AEUV auf Null reduziert. D. h., der Subventionsbescheid **muss** zurückgenommen werden.
(5) **Ausschluss des Entreicherungseinwands des § 49 a II VwVfG.** Im Falle eines bestandskräftigen Kommissionsbeschlusses gem. Art. 108 II AEUV ist ein ansonsten nach § 49a II VwVfG bestehender Entreicherungseinwand des Subventionsempfängers ausgeschlossen.

Zusammenfassung: Nichtnotifizierte Subventionen (Art. 108 AEUV) müssen von der zuständigen nationalen Behörde in aller Regel jedenfalls dann zurückgefordert werden (Rücknahme- und Erstattungsbescheid), wenn die Kommission einen bestandskräftigen Beschluss nach Art. 108 II AEUV gefasst hat. Der Subventionsempfänger kann sich dann in der Regel nicht auf schutzwürdiges Vertrauen nach § 48 II 1, 2 VwVfG und den Wegfall der Bereicherung nach § 49a II 1 VwVfG berufen.

Ist die Behörde aufgrund eines bestandskräftigen Beschlusses der Kommission (Art. 288 IV AEUV) zur sofortigen Rückforderung einer Subvention verpflichtet, muss sie einen entsprechenden Rückforderungsbescheid für sofort vollziehbar erklären (§ 80 II 1 Nr. 4 VwGO).[426] Behörden dürfen nicht nach § 80 IV 1 VwGO die Aussetzung der Vollziehung anordnen; Gerichte dürfen nicht nach § 80 V 1 VwGO die aufschiebende Wirkung eines Rechtsbehelfs, der gegen den deutschen Vollzugsakt eingelegt wurde, wiederherstellen.[427]

757

758

cc) Missachtung des Durchführungsverbots (Art. 108 III 3 AEUV)

Vor der Entscheidung der Kommission, ob die Subvention EU-rechtlich zulässig ist, darf die Subvention weder bewilligt[428] noch ausbezahlt werden. Dies verbietet das in Art. 108 III 3 AEUV genannte **Durchführungsverbot**. Sinn und Zweck dieser Vorschrift ist es, mögliche Wettbewerbsver-

759

---

[426] Dazu Rn. 1489.
[427] Vgl. dazu auch EuGH EuZW 2007, 56 ff. – *Scott* mit Anm. *Rosenfeld/Sellner*.
[428] EuGH Slg. 1996, I-3547 Rn. 38 – *SFEI*; *Cremer*, in: Callies/Ruffert, Art. 108 AEUV Rn. 11.

zerrungen zu vermeiden und hiervon nachteilig betroffene Konkurrenten zu schützen.[429]

Art. 108 III 3 AEUV ist keine bloße Ordnungsvorschrift, sondern hat auch eine materiell-rechtliche Bedeutung.[430] Ihr kommt unmittelbare Wirkung zu.[431] Vor allem entfaltet diese Vorschrift Drittschutz zugunsten der Konkurrenten.[432] Wird eine Subvention entgegen Art. 108 III 3 AEUV ausbezahlt, haben hiervon spürbar nachteilig betroffene Konkurrenten des Subventionierten grundsätzlich einen Anspruch gegen die Behörde auf **vorläufige Rückforderung der Subvention** bis zur endgültigen Entscheidung der Kommission nach Art. 108 III 1, 2 AEUV. Dies gilt auch in Fällen, in denen zwischen den Beteiligten umstritten ist, ob es sich überhaupt um eine anzeigepflichtige Beihilfe i.S.d. Art. 107 I, 108 III 1 AEUV handelt, wenn die Kommission vorläufig zu dieser Auffassung gelangt ist und deshalb den Beschluss gefasst hat, ein förmliches Prüfverfahren nach Art. 108 II AEUV zu eröffnen. Das Durchführungsverbot des Art. 108 III 3 AEUV gilt nicht nur für den Fall, dass die in Rede stehende staatliche Maßnahme tatsächlich eine Beihilfe (Subvention)[433] ist. Es gilt auch in denjenigen Fällen, in denen die Behörde deshalb die Notifizierung (Anzeige) nach Art. 108 III 1 AEUV unterlässt, weil sie der Auffassung ist, ihre Maßnahme sei gar keine Beihilfe (Subvention), die Kommission aber das förmliche Prüfungsverfahren nach Art. 108 II AEUV eröffnet, weil sie nach summarischer Prüfung des ihr bekanntgewordenen Sachverhalts zur vorläufigen Auffassung gelangt ist, dass es sich um eine Beihilfe (Subvention) handele.[434] Verstößt ein Subventionsbescheid gegen Art. 108 III 3 AEUV,

---

[429] EuGH EWS 2008, 180 Rn. 38 – *CELF/SIDE I*; NVwZ 2010, 631 Rn. 29 ff. – *CELF SIDE II*.

[430] BGH EuZW 2003, 445; EuZW 2004, 252 u. 254.

[431] EuGH NJW 2013, 3771 Rn. 29 – *Lufthansa*.

[432] EuGH EWS 2008, 180 Rn. 38 ff. – *CELF/SIDE I*; BVerwG EuZW 2011, 269 Rn. 13 f.; OVG Koblenz EuZW 2010, 275, 277; BGH EuZW 2011, 440 Rn. 17 ff. (der BGH qualifiziert Art. 108 III 3 AEUV zu Recht als Schutzgesetz i.S.v. § 823 II BGB zu Gunsten des nachteilig betroffenen Wettbewerbers; erfolgt die Subventionsvergabe rein privatrechtlich – wenn etwa eine vom Staat beherrschte juristische Person des Privatrechts Subventionen vergibt –, gewährt § 823 II BGB i.V.m. Art. 108 III 3 AEUV dem nachteilig betroffenen Konkurrenten einen deliktsrechtlichen Anspruch auf – vorläufige – Rückforderung der Subvention gegen den Subventionsgeber, BGH EuZW 2011, 440 Rn. 31); dazu *Martin-Ehlers*, EuZW 2011, 583 ff.; *Rennert*, EuZW 2011, 576 ff.; *Frenz*, Handbuch Europarecht, Bd. 3, 2007, Rn. 1657 m. w. N.

[433] Zum Begriff Rn. 750.

[434] EuGH NJW 2013, 3771 ff. – *Lufthansa* – m. abl. Anm. *Soltész;* zustimmend *Martin-Ehlers*, EuZW 2014, 247 ff.; ablehnend *Berrisch*, EuZW 2014, 253 ff.; *Rennert*, DVBl. 2014, 669 ff.; kritisch *Bonin/Wittenberg*, EuZW 2014, 68 f.; zum Verhältnis zwischen Vorprüfung durch die Kommission nach Art. 108 III 2 AEUV und förmlichem Prüfverfahren nach Art. 108 II AEUV übersichtlich *Khan*, in: Geiger/Khan/Kotzur, Art. 108 AEUV Rn. 4-14.

ist er allerdings entgegen einer in der Literatur vertretenen Auffassung nicht nichtig.[435]

Eine Verweisung der Konkurrenten auf Rechtsschutz erst nach der endgültigen Kommissionsentscheidung widerspräche nicht nur der Intention des Art. 108 III 3 AEUV, schon die Gefahr möglicher Wettbewerbsverzerrungen auszuschließen, sondern wäre auch unvereinbar mit dem Drittschutzzweck dieser Vorschrift. Denn ein nachträglicher Ausgleich von Wettbewerbsnachteilen und erlittenen Schäden, die durch eine mit Art. 107 I AEUV unvereinbare Subvention verursacht werden, ist nur schwer möglich, wenn nicht zumindest teilweise sogar ausgeschlossen.[436]

Anders als ein grundrechtlicher Abwehr- und Folgenbeseitigungsanspruch, der nach der ständigen höchstrichterlichen Rechtsprechung eine unzumutbare Beeinträchtigung der Konkurrenten voraussetzt,[437] vermittelt Art. 108 III 3 AEUV den Konkurrenten bereits dann einen Drittschutzanspruch,[438] wenn ihnen tatsächlich **spürbare**[439] **Wettbewerbsnachteile** drohen.[440]

Unter dieser Voraussetzung ist die Behörde berechtigt, Subventionen allein unter Hinweis auf die Missachtung des Durchführungsverbots des Art. 108 III 3 AEUV nach § 48 I 1, II i.V.m. § 49a VwVfG zurückzufordern.[441] Der benachteiligte Konkurrent kann seinen aus Art. 108 III 3 AEUV folgenden Anspruch auf Rückforderung der Subvention im Wege der Folgenbeseitigungsklage nach § 113 I 1, 2 VwGO (Anfechtungsklage mit Annexantrag) geltend machen.[442] Die Verwaltungsgerichte müssen derartigen Klagen prinzipiell stattgeben.[443] **760**

Bei der Berechnung der Widerspruchs- bzw. Anfechtungsfrist ist zu beachten, dass die Behörde dem benachteiligten Konkurrenten die Subventionsgewährung in aller Regel nicht gem. § 41 VwVfG bekannt gegeben hat.

---

[435] Dazu bereits Rn. 753 m.w.N.
[436] Dazu unten Rn. 762.
[437] Nw. in Rn. 287 Fn. 42.
[438] BVerwG EuZW 2011, 269 Rn. 13 f.; OVG Koblenz EuZW 2010, 275; *Rennert*, EuZW 2011, 576, 578; *Martin-Ehlers*, EuZW 2011, 588; BGH EuZW 2011, 440 Rn. 14 lässt zwar offen, ob Art. 108 III 3 AEUV diesen Anspruch unmittelbar begründet, qualifiziert diese Vorschrift aber als Schutzgesetz i.S.v. § 823 II BGB, Rn. 17 ff.
[439] Hierauf abstellend auch *B. Klein*, EuZW 2010, 278 a.E.; vgl. auch BGH EuZW 2011, 440 Rn. 19 (Schutz derjenigen, die von Wettbewerbsverzerrungen betroffen sind), Rn. 26 (Möglichkeit der schweren Beeinträchtigung wirtschaftlicher Interessen der Wettbewerber), Rn. 37 (Kreis der von der Beihilfe betroffenen Wettbewerber).
[440] Dazu – im konkreten Fall verneinend – OVG Koblenz EuZW 2010, 277 f. mit krit. Anm. *B. Klein*.
[441] A. A. *Khan*, in: Geiger/Khan/Kotzur, Art. 108 AEUV Rn. 20, aber im Widerspruch zu Rn. 17.
[442] Ebenso *Rennert*, EuZW 2011, 578 f.
[443] EuGH EWS 2008, 180 Rn. 39 – *CELF/SIDE I*; BVerwG EuZW 2011, 269 Rn. 13; dazu näher *Rennert*, EuZW 2011, 576 ff.

Für ihn laufen dann keine Widerspruchs- bzw. Anfechtungsfristen. Sein Widerspruchs- bzw. Anfechtungsrecht ist erst ein Jahr nach Kenntniserlangung bzw. nach dem Zeitpunkt der sicheren Möglichkeit der Kenntniserlangung verwirkt.[444]

Zum selben Ziel führt **vor Ablauf** der oben beschriebenen Widerspruchs- und Anfechtungsfrist eine Verpflichtungsklage auf Rücknahme des Subventionsbescheides nach § 48 I 1, II VwVfG und auf Erlass eines Erstattungsbescheides (Rückforderungsbescheides) gegenüber dem Subventionsempfänger nach § 49 a VwVfG (zwei Verpflichtungsklagen). Art. 108 III 3 AEUV vermittelt dem Kläger, wenn er durch die Subventionierung seines Konkurrenten **spürbar betroffen** ist, einen strikten Rücknahme- und Rückforderungsanspruch. Der Rückforderungsanspruch kann im Rahmen der Rücknahmeklage (§ 113 V 1 VwGO) analog § 113 I 2 VwGO geltend gemacht werden. Nach Ablauf der oben beschriebenen Widerspruchs- und Anfechtungsfrist besteht nur noch ein Anspruch auf ermessensfehlerfreie Entscheidung über die Rücknahme des Subventionsbescheides. Wegen des hohen Stellenwertes des Art. 108 III 3 AEUV kommt zwar eine Ermessensreduzierung auf Null und damit ein strikter Anspruch des Klägers auf Rücknahme des Subventionsbescheides und Erlass eines Rückforderungsbescheides in Betracht. Allerdings ist hier vieles noch ungeklärt.[445] Das betrifft vor allem die Frage, ob sämtliche oben genannten[446] EU-rechtlich geforderten Modifikationen der §§ 48, 49 a VwVfG auch im Falle eines bloßen Verstoßes gegen Art. 108 III 3 AEUV gelten oder ob der Subventionsempfänger gegenüber einem behördlichen Rückforderungsverlangen eine stärkere Rechtsposition hat. All das hat auch Konsequenzen für § 50 VwVfG.

761 Nach Art. 11 II BeihilfeVf-VO – erlassen aufgrund von Art. 109 AEUV – kann die Kommisison die Entscheidung treffen, dass der Mitgliedstaat die gegen Art. 108 III 3 AEUV verstoßende EU-rechtswidrige Subvention einstweilig, d.h. bis zum Abschluss des Notifizierungsverfahrens zurückzufordern hat. Ergeht eine solche Kommissionsentscheidung, muss die deutsche Behörde den Subventionsbescheid zurücknehmen und ggf. einen Erstattungsbescheid nach § 49 a I 2 VwVfG erlassen. Auch hier gelten dann wieder die oben genannten Modifikationen zu den §§ 48, 49 a VwVfG. In Betracht kommt allerdings, dass Rücknahme- und Erstattungsbescheid auflösend bedingt werden, d.h. im Falle eines für den Begünstigten positiven Kommissionsbeschlusses unwirksam werden. Fehlt ein auf Art. 11 II

---

[444] BVerwG EuZW 2011, 269 Rn. 18; dazu näher Rn. 561.

[445] BVerwG EuZW 2011, 269 ff. hat sich zu einem Anspruch des Klägers auf Rücknahme eines von ihr nicht mehr anfechtbaren Subventionsbescheides nach § 48 VwVfG nicht geäußert und die Klage unter Hinweis auf dessen Unanfechtbarkeit abgewiesen; zu pauschal die Argumentation von *Martin-Ehlers*, EuZW 2011, 590.

[446] Rn. 755.

BeihilfeVf-VO gestütztes Rückforderungsverlangen der Kommission, liegt eine vorläufige Rückforderung im Ermessen der deutschen Behörde.[447]

Ein abschließender Kommissionsbeschluss, dass eine Subvention, die unter Verstoß gegen Art. 108 III 3 AEUV gewährt wurde, mit Art. 107 AEUV vereinbar und insoweit **materiell EU-rechtmäßig** ist, entfaltet **keine Rückwirkung.** D.h., der Verstoß gegen Art. 108 III 3 AEUV wird nicht geheilt.[448] Auch aus diesem Grunde empfiehlt sich der Erlass eines Rücknahme- und Rückforderungsbescheids unter der auflösenden Bedingung eines für den Subventionsempfänger positiven Kommissionsbeschlusses.

762

Die fehlende Rückwirkung eines Kommissionsbeschlusses hat eine weitere Folge: Der Konkurrent eines Wirtschaftsunternehmers, der eine Subvention unter Verstoß gegen Art. 108 II 3 AEUV erhalten hat, besitzt auch nach einem Kommissionsbeschluss, der die Subvention für vereinbar mit Art. 107 AEUV erklärt hat, einen Anspruch gegen die Behörde auf **Abschöpfung der Vorteile,** die der Subventionsempfänger durch die vorzeitige Subventionsgewährung rechtswidrig erlangt hat. Diesem muss aufgegeben werden, für den Zeitraum bis zum positiven Kommissionsbeschluss Zinsen zu zahlen.[449] Auch ein Schadensersatzanspruch gegen den Rechtsträger der Behörde kommt in Betracht.[450] Grundlage auch dieser Ansprüche ist Art. 108 III 3 AEUV.

Eine wesentliche Voraussetzung dieser (Abschöpfungs- und Schadensersatz-)Ansprüche ist indes, dass der Konkurrent durch die vorzeitige Subventionierung des anderen einen spürbaren Wettbewerbsnachteil erlitten hat; außerdem durfte er nicht in vorwerfbarer Weise versäumt haben, Rechtsbehelfe gegen die Subventionsgewährung, die zunächst gegen Art. 108 III 3 AEUV verstieß, zu ergreifen.

Hat die nationale Behörde die Subvention unter Missachtung des Durchführungsverbots des Art. 108 III 3 AEUV gewährt, schließen nicht einmal mehrere Kommissionsbeschlüsse, dass die Subvention mit Art. 107 AEUV vereinbar ist, das Recht und die Pflicht der Behörde zur Rückforderung aus, wenn die Kommissionsbeschlüsse durch den EuGH für nichtig erklärt wurden. Nichtigkeitsentscheidungen des EuGH nach Art. 263 AEUV ha-

---

[447] *Ehlers,* GewArch. 1999, 307.
[448] EuGH EWS 2008, 180 Rn. 40 – *CELF/SIDE I*; EuZW 2006, 725 Rn. 41 – *Transalpine Ölleitung.*
[449] EuGH EWS 2008, 180 Rn. 52 – *CELF/SIDE I*; BeckRS 2008, 71356 Rn. 29 – *Wienstrom.*
[450] EuGH EWS 2008, 180 Rn. 53 – *CELF/SIDE I*; BeckRS 2008, 71356 Rn. 29 – *Wienstrom*; ausführlich zum ganzen *Finck/Gurlit,* Jura 2011, 87 ff.; *Gundel,* EWS 2008, 161 ff.; dazu auch *Knöbl,* JA 2010, 867 (Subventionsgewährung durch öffentlich-rechtlichen Vertrag).

ben Rückwirkung.⁴⁵¹ Im Falle einer Klage eines spürbar betroffenen Konkurrenten muss das angerufene nationale Gericht die Behörde zur Rückforderung der Subvention verurteilen. Der Subventionsempfänger kann sich nicht mit Erfolg darauf berufen, er habe auf den für ihn positiven Beschluss der Kommission vertraut oder die Rückforderung sei unverhältnismäßig.⁴⁵² Zur Frage, ob dies auch dann gilt, wenn die Subvention ordnungsgemäß nach Art. 108 III 1 AEUV bei der Kommission angemeldet, von dieser durch Beschluss genehmigt und der Beschluss dann durch den EuGH für nichtig erklärt wurde, hat sich der EuGH noch nicht geäußert.

b) Rücknahme belastender Verwaltungsakte

763   Genau umgekehrt ist die Interessenlage, wenn ein den Bürger belastender Verwaltungsakt bestandskräftig wird und sich dann seine EU-Rechtswidrigkeit herausstellt.⁴⁵³ Hier verlangt der Bürger unter Hinweis auf den Verstoß gegen EU-Recht die Aufhebung des Verwaltungsakts, während die Behörde sich auf seine Bestandskraft berufen wird. In der Praxis relevant sind vor allem Fälle, in denen nach Eintritt der Bestandskraft des Verwaltungsakts sich seine EU-Rechtswidrigkeit erst aufgrund einer **neuen Rechtsprechung des EuGH** herausstellt. Eine Änderung der Sach- oder Rechtslage i.S.v. § 51 I Nr. 1 VwVfG ist dies nicht.⁴⁵⁴

Allerdings hat der Bürger gegen die Behörde nach § 48 I 1 VwVfG einen **Anspruch auf ermessensfehlerfreie Entscheidung,** ob sie sich überhaupt mit der Frage der Rechtswidrigkeit des Verwaltungsakts beschäftigt und ob sie ihn im Falle seiner Rechtswidrigkeit auch aufhebt. Der EuGH hat in einer Reihe zum Teil nicht gerade widerspruchsfreier Entscheidungen verschiedene Voraussetzungen genannt und präzisiert, unter denen die Behörde verpflichtet ist, den Verwaltungsakt (nochmals) zu überprüfen, um der richtigen Auslegung des EU-Rechts Rechnung zu tragen.⁴⁵⁵ Die Bedeutung und die Konsequenzen für die Frage der Rück-

---

⁴⁵¹ EuGH EWS 2008, 180 Rn. 61, 63 – *CELF/SIDE I.*
⁴⁵² EuGH NVwZ 2010, 631 Rn. 53 ff. – *CELF/SIDE II.*
⁴⁵³ Dazu EuGH Slg. 2006, I-8559 ff. – *i-21 u. Arcor*; BVerwG NVwZ 2007, 709 ff.; NVwZ 2010, 656 ff.; NVwZ 2010, 652 ff.; *Ludwigs,* Jura 2009, 226 ff.; *Haack,* Jura 2008, 739 ff.
⁴⁵⁴ BVerwG NVwZ 2010, 656 Rn. 21; NVwZ 2010, 652 Rn. 16; *Ludwigs,* Jura 2009, 229; näher Rn. 769 II 1; a. A. und für eine erweiternde unionsrechtskonforme Auslegung von § 51 I Nr. 1 VwVfG *Lenze,* VerwArch. 97 (2006), 59.
⁴⁵⁵ EuGH Slg. 2004, I – 837 Rn. 20 ff. – *Kühne & Heitz*; Slg. 2006, I – 2585 Rn. 20 ff. – *Kapferer,* Slg. 2006, I – 8559 Rn. 52 ff. – *i-21 u. Arcor*; DÖV 2008, 505 ff. – *Kempter = BayVBl.* 2008, 530 m. Anm. *Wiedmann*; dazu auch BVerfGK NVwZ 2008, 550; BVerwGE 121, 226 ff.; NVwZ 2007, 709.

nahme EU-rechtswidriger Verwaltungsakte ist in den Einzelheiten umstritten.[456] Vorzugswürdig ist folgende Differenzierung:

(1) Der Bürger hat den **Verwaltungsakt bestandskräftig** werden lassen, **ohne Rechtsbehelfe eingelegt oder den Rechtsweg erschöpft**[457] **zu haben.** In einem solchen Fall ist die Behörde nur dann zur Rücknahme nach § 48 I 1 VwVfG **verpflichtet,** wenn die Aufrechterhaltung des rechtswidrigen Verwaltungsakts schlechthin unerträglich wäre.[458] Dies ist u.a. bei **offensichtlicher und schwerwiegender EU-Rechtswidrigkeit** der Fall, die aber noch keine Nichtigkeit nach § 44 I VwVfG bedingt. Es macht keinen Unterschied, ob diese EU-Rechtswidrigkeit bereits im Zeitpunkt des Erlasses des Verwaltungsakts erkennbar war oder erst aufgrund einer neuen EuGH-Rechtsprechung nach Eintritt seiner Bestandskraft zu Tage trat.[459]

(2) Der Bürger hat gegen den Verwaltungsakt den **Rechtsweg erschöpft und die EU-Rechtswidrigkeit des Verwaltungsakts geltend gemacht.** Die deutsche Gerichtsbarkeit hat die EU-Rechtswidrigkeit verneint. Nach Rechtskraft der letztinstanzlichen Gerichtsentscheidung und damit auch nach Bestandskraft des Verwaltungsakts steht seine **EU-Rechtswidrigkeit aufgrund einer neuen EuGH-Rechtsprechung** fest. In einem solchen Fall ist die Behörde auch ohne offensichtliche und schwerwiegende EU-Rechtswidrigkeit des Verwaltungsakts zu einer Rücknahme nach § 48 I 1 VwVfG verpflichtet.[460]

(3) Der Bürger hat den **Rechtsweg gegen den Verwaltungsakt erschöpft, aber seine EU-Rechtswidrigkeit nicht geltend gemacht.** Die deutschen Gerichte hatten die Frage der EU-Rechtmäßigkeit des Verwaltungsakts nicht geprüft. Nach Rechtskraft der letztinstanzlichen Gerichtsentscheidung und nach Bestandskraft des Verwaltungsakts stellt sich seine **EU-Rechtswidrigkeit aufgrund einer neuen EuGH-Rechtsprechung** heraus. In bestimmten Fällen hätten deutsche Gerichte die EU-rechtliche Problematik des Verwaltungsakts zwar von Amts wegen prüfen

---

[456] Dazu etwa *Weiß*, DÖV 2008, 477 ff.; *Ludwigs*, DVBl. 2008, 1164 ff.; *ders.*, Jura 2009, 229 ff.; *Wiedmann*, BayVBl. 2008, 532 f.; *Englisch*, DV 41 (2008), 99 ff.

[457] BFH NVwZ 2012, 585 ff. stellt mehrfach auf die fehlende Rechtsweg**erschöpfung** ab, obwohl der Kläger den Rechtsweg gegen den in Rede stehenden Verwaltungsakt gar nicht beschritten hatte.

[458] Dazu Rn. 692; es bestehen keine EU-rechtlichen Besonderheiten; BFH NVwZ 2012, 585 Rn. 12, 18 ff.

[459] A.A. BVerwG NVwZ 2007, 709 Rn. 15, 17: Maßgeblich ist in der Regel der Zeitpunkt des Erlasses des Verwaltungsakts.

[460] Nach BVerwG NVwZ 2010, 656 Rn. 16, 24; NVwZ 2010, 652 Rn. 14, 19 richtet sich die Aufhebung rechtskräftig bestätigter Verwaltungsakte nicht nach § 48 VwVfG, sondern nach § 51 V i.V.m. § 48 VwVfG; zur Kritik Rn. 770.

müssen. Es bestand dann keine Rügepflicht des Klägers.[461] Gleichwohl ist sein prozessuales Verhalten bei der Ermessensentscheidung der Behörde, ob sie den bestandskräftigen Verwaltungsakt nach § 48 I 1 VwVfG zurücknimmt, zu berücksichtigen. Dabei erscheint es gerechtfertigt, eine behördliche Rücknahmepflicht nur dann anzunehmen, wenn aufgrund der einschlägigen Rechtsprechung und Literatur für den Kläger kein Anlass bestand, die EU-Rechtswidrigkeit des Verwaltungsakts geltend zu machen.[462] Bestand dagegen ein hinreichender Anlass, ist die Behörde nur zur Rücknahme verpflichtet, wenn der EuGH einen offensichtlichen und schwerwiegenden Verstoß gegen EU-Recht festgestellt hat. Diese Voraussetzung für eine behördliche Rücknahmepflicht gilt erst recht, wenn dem letztinstanzlichen Gericht eine amtswegige Prüfung von EU-Recht verwehrt war.[463]

Hinzuweisen ist darauf, dass auch unter den oben zu (1)–(3) genannten Voraussetzungen keine behördliche Rücknahmepflicht besteht, wenn der Verwaltungsakt einen Dritten begünstigt und diesem im Falle einer Rücknahme ein Nachteil entstünde.[464] Festzuhalten ist auch, dass allein die EU-Rechtswidrigkeit und der Anwendungsvorrang des EU-Rechts vor dem nationalen Recht keine strikte behördliche Rücknahmepflicht statuieren.

IX. Wiederaufgreifen des Verfahrens, § 51 VwVfG

Literatur: *Baumeister,* Der Anspruch auf ein Wiederaufgreifen unanfechtbar abgeschlossener Verwaltungsverfahren, VerwArch. 83 (1992), 374; *Burgi,* Das Wiederaufgreifen des Verfahrens gemäß § 51 VwVfG, JuS 1991, L 81; *Erichsen/Ebber,* Das Wiederaufgreifen unanfechtbar abgeschlossener Verwaltungsverfahren gemäß § 51 VwVfG, Jura 1997, 424; *Sasse,* Das Wiederaufgreifen des Verfahrens gemäß § 51 VwVfG, Jura 2009, 493; *Traulsen,* Aktuelle Rechtsfragen des Wiederaufgreifens von Verwaltungsverfahren, VerwArch. 103 (2012), 337.

Rechtsprechung: BVerwGE 70, 110 u. 82, 272 (Wiederaufgreifen des Verfahrens trotz rechtskräftig abgewiesener Anfechtungsklage gegen den Verwaltungsakt); BVerwGE 95, 86 (Wiederaufgreifen u. allgemeine Grundsätze); BVerwGE 104, 115 (§ 51 I Nr. 1 VwVfG in der Regel nur für Verwaltungsakte mit Dauerwirkung).

---

[461] Vgl. BVerwG NVwZ 2010, 656 Rn. 32; NVwZ 2010, 652 Rn. 22 zu Fällen, in denen die Gerichte zu keiner amtswegigen Prüfung des EU-Rechts verpflichtet oder auch nur berechtigt sind.

[462] Dies ist kein Widerspruch zu EuGH DÖV 2008, 505 Rn. 28, 44 – *Kempter,* der EuGH hat sich nämlich zur Frage der behördlichen Rücknahme**pflicht** nicht geäußert.

[463] Um einen solchen Fall ging es in BVerwG NVwZ 2010, 656 Rn. 32 u. NVwZ 2010, 652 Rn. 22.

[464] *Britz/Richter,* JuS 2005, 199; vgl. EuGH Slg. 2004, I – 837 Rn. 27 – *Kühne & Heitz.*

1. Bedeutung von § 51 VwVfG

§§ 48 f. VwVfG regeln, unter welchen Voraussetzungen die Behörde 766
Verwaltungsakte, auch bestandskräftige, aufheben darf. Der Bürger hat
lediglich einen Anspruch darauf, dass die Behörde ermessensfehlerfrei entscheidet, ob sie sich mit dem in Rede stehenden Verwaltungsakt überhaupt
befasst und – wenn ja – ob sie ihn aufhebt (Anspruch auf ermessensfehlerfreie Entscheidung).

Anders verhält es sich dagegen beim Wiederaufgreifen des Verfahrens 767
nach § 51 VwVfG.

> Diese Vorschrift regelt, unter welchen Voraussetzungen die Behörde über die Aufhebung oder Änderung eines **unanfechtbaren Verwaltungsakts entscheiden muss.** Zugleich gibt § 51 VwVfG dem Bürger einen entsprechenden Rechtsanspruch.

Wichtig ist zunächst folgendes: 768
(1) § 51 VwVfG gilt nur für **unanfechtbare,** also für bestandskräftige Verwaltungsakte (anders §§ 48 f. VwVfG).
(2) § 51 VwVfG regelt nicht, jedenfalls nicht ausdrücklich, unter welchen Voraussetzungen der fragliche Verwaltungsakt aufgehoben werden muss. **§ 51 VwVfG regelt nur, unter welchen Voraussetzungen sich die Behörde mit dem fraglichen Verwaltungsakt nochmals in der Sache beschäftigen muss.** Gerade dieser Punkt wird bei der Prüfung von § 51 VwVfG häufig verkannt.

Verlangt der Bürger von der Behörde, einen bestandskräftigen Verwaltungsakt aufzuheben, ist nicht nur an die §§ 48 f. VwVfG zu denken. **§ 51 VwVfG ist vielmehr vorrangig zu prüfen** – und zwar auch dann, wenn der Bürger nicht ausdrücklich verlangt, das Verfahren nach § 51 VwVfG wiederaufzugreifen (vgl. auch § 24 VwVfG).

2. Tatbestandsvoraussetzungen von § 51 VwVfG

Bei der Prüfung eines Antrages auf Wiederaufgreifen des Verfahrens nach 769
§ 51 VwVfG ist folgendermaßen vorzugehen:

Übersicht 22:
Prüfungsaufbau von § 51 VwVfG (Prüfschema)

I. **Zulässigkeit des Antrages auf Wiederaufgreifen des Verfahrens**
   1. **Unanfechtbarkeit des in Rede stehenden Verwaltungsakts,** auch wenn er durch eine rechtskräftige gerichtliche Entscheidung bestätigt wurde, wenn also eine Anfechtungsklage rechtskräftig abgewiesen wurde.[465]
   2. **Vortrag des Antragstellers (Bürgers), aus dem sich die Möglichkeit ergibt, dass einer der in § 51 I VwVfG genannten Wiederaufgreifensgründe tatsächlich vorliegt.** Ob diese Möglichkeit besteht, muss der Bearbeiter von Prüfungsfällen untersuchen. Es darf an dieser Stelle aber noch nicht geprüft werden, ob tatsächlich ein Wiederaufgreifensgrund vorliegt.
   3. Kein grobes Verschulden des Antragstellers hinsichtlich der Nichtgeltendmachung des Wiederaufgreifensgrundes zu einem früheren Zeitpunkt, § 51 II VwVfG.
   4. Beachtung der Dreimonatsfrist des § 51 III VwVfG.

II. **Begründetheit des Antrages auf Wiederaufgreifen des Verfahrens**
   Nochmals: Es geht nicht um die Frage, ob die Behörde den Verwaltungsakt aufheben muss, sondern nur darum, ob sie sich mit dem Verwaltungsakt in der Sache befassen muss.
   Der Antrag ist begründet, wenn einer der in § 51 I VwVfG genannten **Wiederaufgreifensgründe tatsächlich vorliegt.**[466]
   Dazu im einzelnen:
   1. **Nachträgliche Änderung der Sach- oder Rechtslage** zugunsten des Betroffenen (§ 51 I Nr. 1 VwVfG): Die dem Verwaltungsakt **zugrundeliegende** Sach- oder Rechtslage muss sich nach Erlass des Verwaltungsakts[467] geändert haben. Dies ist unproblematisch bei Änderungen, die auf den Zeitpunkt

---

[465] Dazu näher *Detterbeck*, Streitgegenstand und Entscheidungswirkungen im Öffentlichen Recht, 1995, S. 200 ff.; *Traulsen*, VerwArch. 103 (2012), 337 ff.

[466] BVerwGE 70, 110 (114).

[467] Erfasst sind auch Änderungen vor Eintritt der Bestandskraft des Verwaltungsakts: *Sachs*, in: Stelkens/Bonk/Sachs, § 51 Rn. 91; *Engels*, in: Mann/Sennekamp/Uechtritz, § 51 Rn. 33; *Kopp/Ramsauer*, § 48 Rn. 25; a. A. (nur Änderungen nach Bestandskraft): BVerwGE 135, 121 Rn. 19, aber nur in einem obiter dictum; *Baumeister*, in: Obermayer/Funke-Kaiser, § 51 Rn. 43; *Kastner*, in: Fehling/Kastner/Störmer, § 51 Rn. 9.

§ 10. Der Verwaltungsakt 271

des VA-Erlasses zurückwirken, der Fall, wobei eine rückwirkende Änderung der Sachlage kaum vorstellbar ist.
Bei Änderungen der Sach- und Rechtslage mit ex-nunc-Wirkung ist § 51 I Nr. 1 VwVfG dagegen nur bei **Dauerverwaltungsakten** relevant.[468] Denn für sonstige bestandskräftige Verwaltungsakte ist lediglich die Sach- und Rechtslage relevant, die im Zeitpunkt des VA-Erlasses bestand. Derartige sonstige bestandskräftige Verwaltungsakte stehen zudem Neuanträgen (selbst in derselben Sache) unter Hinweis auf eine neue Sach- und Rechtslage nicht entgegen, soweit nunmehr die neue Sach- und Rechtslage maßgeblich ist.
Eine Änderung der **Sachlage** setzt voraus, dass sich diejenigen **tatsächlichen Umstände**, auf denen der unanfechtbare Verwaltungsakt beruht, in einer für den Betroffenen günstigen Weise geändert haben (z. B. Lebensalter, Eignung des Betroffenen, öffentliches Bedürfnis).[469] Nach Auffassung des BVerwG kann eine Änderung der Sachlage auch durch die Gewinnung neuer naturwissenschaftlicher Erkenntnisse eintreten – obwohl die Tatsachen, auf die sich die neuen Erkenntnisse beziehen, bereits vorher existierten. Damit setzt das BVerwG „die objektive Erkennbarkeit von tatsächlichen Umständen der „wirklichen" Änderung der Sachlage gleich …".[470]
§ 51 I Nr. 1 VwVfG ist nicht, auch nicht analog, anwendbar, wenn es um Tatsachen geht, die im Zeitpunkt des Erlasses des Verwaltungsakts zwar schon vorlagen, aber vom Bürger nicht geltend gemacht werden konnten, weil sie noch nicht bekannt waren.[471] In derartigen Fällen kommt § 51 I Nr. 2 VwVfG in Betracht.
Eine Änderung der **Rechtslage** setzt voraus, dass sich die dem Verwaltungsakt zugrunde liegenden rechtlichen Voraussetzungen geändert haben (Änderung des für den Verwaltungsakt relevanten materiellen Rechts). Die **Aufhebung von Rechtsvorschriften durch den Normgeber** ist eine Änderung der **Rechtslage**. Anders verhält es sich, **wenn Gerichte Rechtsvorschriften für ungültig erklären**.[472] Da nur festgestellt

---

[468] *Kopp/Ramsauer*, § 51 Rn. 27; vgl. *Sachs*, in: Stelkens/Bonk/Sachs, § 51 Rn. 89; *Baumeister*, in: Obermayer/Funke-Kaiser, § 51 Rn. 45.

[469] *Baumeister*, in: Obermayer/Funke-Kaiser, § 51 Rn. 45; siehe auch *Peuker*, in: Knack/Henneke, § 51 Rn. 31 ff.

[470] BVerwGE 115, 274 (281).

[471] *Sachs*, in: Stelkens/Bonk/Sachs, § 51 Rn. 90; *Peuker*, in: Knack/Henneke, § 51 Rn. 32; a. A. *Kopp/Ramsauer*, § 51 Rn. 25.

[472] Dazu bereits Rn. 683, 722.

wird, was schon vorher Rechtens war, ist dies keine Änderung der Rechtslage. Eine Änderung der **Sachlage** ist deshalb nicht gegeben, weil die **rechtlichen** und nicht die tatsächlichen Voraussetzungen zum Erlass des Verwaltungsakts betroffen sind. Zu denken ist aber an eine Aufhebung des Verwaltungsakts nach § 48 VwVfG.

Ebenfalls keine Änderung der Sach- und Rechtslage ist eine bloße **Änderung der Behördenpraxis oder der Rechtsprechung.** Denn die Gerichte und Behörden wenden das bestehende Recht nur an, schaffen aber kein neues Recht. Freilich kann eine geänderte Rechtsprechung oder Behördenpraxis (insbesondere eine geänderte Rechtsauffassung der Behörden) darauf schließen lassen, dass das in Rede stehende Recht vorher falsch angewendet wurde, der Verwaltungsakt also im Zeitpunkt seines Erlasses rechtswidrig war. In Betracht kommt dann eine Rücknahme nach § 48 VwVfG. Bei wichtigen Änderungen der Rechtsprechung und Behördenpraxis besteht ein Anspruch auf ermessensfehlerfreie Entscheidung über eine beantragte Aufhebung des Verwaltungsakts nach §§ 48, 49 VwVfG.[473]

Relevant sind nur solche neuen tatsächlichen oder rechtlichen Umstände, die erst **nach Bestandskraft des Verwaltungsakts** eingetreten sind.[474]

2. **Vorliegen neuer Beweismittel** (§ 51 I Nr. 2 VwVfG): Die neuen Beweismittel (z. B. neuer Zeuge) müssen sich auf **alte Tatsachen** beziehen, die beim Erlass des Verwaltungsakts schon existierten, dem Betroffenen aber nicht bekannt waren oder von ihm nicht bewiesen werden konnten und deshalb beim Erlass des Verwaltungsakts nicht berücksichtigt wurden.[475] Nach Unanfechtbarkeit des Verwaltungsakts erstellte Sachverständigengutachten sind deshalb nur dann neue Beweismittel, wenn sie auf Tatsachen beruhen, die damals zwar existierten, aber noch nicht bekannt waren oder nicht bewiesen werden konnten.[476] Geht es um **neue Tatsachen**, ist § 51 I Nr. 1 VwVfG einschlägig.

---

[473] Vorsichtiger OVG Lüneburg NVwZ 2006, 1303, wonach nur die Möglichkeit eines solchen Anspruchs anerkannt wird.
[474] BVerwG NVwZ 2010, 656 Rn. 19.
[475] *Baumeister,* in: Obermayer/Funke-Kaiser, § 51 Rn. 57; reichlich unklar BVerwG DVBl. 2001, 305 f.
[476] BVerwG NVwZ 2000, 202; vgl. auch BVerwGE 82, 272 (278); ebenso *Baumeister,* a.a.O., § 51 Rn. 58; a. A. und großzügiger *Peuker,* in: Knack/Henneke, § 51 Rn. 45.

Der Wiederaufgreifensgrund des § 51 Abs. 1 Nr. 2 VwVfG ist nur dann gegeben, wenn **feststeht**, dass die Behörde eine für den Antragsteller günstigere Entscheidung getroffen hätte, wenn sie schon damals das neue Beweismittel berücksichtigt hätte.[477] Ist dies der Fall, steht damit zugleich fest, dass die Behörde den angegriffenen Verwaltungsakt aufheben und nunmehr zugunsten des Antragstellers entscheiden muss.[478] Handelt es sich allerdings um eine behördliche **Ermessensentscheidung**, ist der Antrag auf Wiederaufgreifen des Verfahrens schon dann begründet, wenn die Behörde **möglicherweise** eine für den Antragsteller günstigere Entscheidung getroffen hätte.[479] Ob die Behörde den angegriffenen Verwaltungsakt auch tatsächlich aufhebt und eine dem Antragsteller günstigere neue Entscheidung trifft (Prüfungspunkt III), liegt dann aber wieder im Ermessen der Behörde.

3. **Wiederaufgreifensgründe entsprechend § 580 ZPO** (§ 51 I Nr. 3 VwVfG): Wenn z. B. eine Urkunde, die für den VA-Erlass (mit-)entscheidend war, gefälscht war oder wenn der VA-Erlass durch eine Straftat (z. B. Bestechung) erwirkt wurde.

Liegt ein Wiederaufgreifensgrund vor, ist der Antrag auf Wiederaufgreifen des Verfahrens begründet. **Das heißt freilich noch nicht, dass der Verwaltungsakt auch tatsächlich aufgehoben werden muss. Vielmehr hat der Antragsteller lediglich einen Anspruch auf erneute Prüfung des Verwaltungsakts.**

III. **Begründetheit des Antrages auf Aufhebung des Verwaltungsakts**

Umstritten ist, an welchem Maßstab der Verwaltungsakt nunmehr zu prüfen ist. **Es werden drei Auffassungen** vertreten:
1. Maßgeblich sind **sämtliche für den Erlass des Verwaltungsakts einschlägigen Rechtsvorschriften.**[480] Danach wird der Verwaltungsakt voll überprüft.
2. Maßgeblich sind die in § 51 V VwVfG genannten **§§ 48 I 1, 49 I VwVfG**.[481] Danach liegt es auch dann grundsätzlich im

---

[477] BVerwG NJW 1982, 2204; BayVGH BayVBl. 2009, 440.
[478] Die Prüfungsschritte II 2 und III fallen damit zusammen, vgl. auch *Sachs*, in: Stelkens/Bonk/Sachs, § 51 Rn. 27.
[479] *Sachs*, a.a.O., § 51 Rn. 116 f.
[480] Z.B. *Peuker,* in: Knack/Henneke, § 51 Rn. 22 f. m. z.T. unzutreffenden Belegen in Fn. 73; *Baumeister,* in: Obermayer/Funke-Kaiser, § 51 Rn. 68, 70; *Sproll* II, § 12 Rn. 112.

Ermessen der Behörde, ob sie den Verwaltungsakt aufhebt, wenn er sich nunmehr als rechtswidrig erweist. Allerdings soll es **in der Regel** ermessensfehlerhaft sein, wenn die Aufhebung eines rechtswidrigen Verwaltungsakts abgelehnt wird.
3. Die Behörde ist an die **Wiederaufgreifensgründe des § 51 I VwVfG** gebunden.[482] D. h., der Verwaltungsakt muss (nur) dann aufgehoben werden, wenn er in Ansehung gerade des vorliegenden Wiederaufgreifensgrundes rechtswidrig ist bzw. rechtswidrig geworden ist **und den Antragsteller in seinen Rechten verletzt.** Dieser Auffassung ist zu folgen. Die strikte Bindung an die Wiederaufgreifensgründe entspricht Sinn und Zweck von § 51 VwVfG.[483]

Beachte: Der Antragsteller hat nur dann einen Rechtsanspruch auf Aufhebung des Verwaltungsakts (bzw. nach der Auffassung unter II 2 einen Anspruch auf ermessensfehlerfreie Entscheidung nach §§ 48 I 1, 49 I VwVfG), wenn der Verwaltungsakt auch in Rechte des Antragstellers eingreift.

770 **Beachte:** Wird der Verwaltungsakt nicht im Verfahren nach § 51 VwVfG aufgehoben, muss die Behörde ermessensfehlerfrei prüfen und entscheiden, ob der Verwaltungsakt nach §§ 48 f. VwVfG aufgehoben wird.[484] §§ 48 f. VwVfG und § 51 VwVfG stehen nebeneinander und sind zwei verschiedene Wege, die zur Aufhebung bestandskräftiger Verwaltungsakte führen (können). Dies bestätigt § 51 V VwVfG. In **beiden Fällen** ist das Verfahren zweistufig: (1) Prüfung und Entscheidung, ob in der Sache nochmals entschieden wird und, falls ja, (2) erneute Sachentscheidung.[485]

Demgegenüber unterscheidet das BVerwG bei der Aufhebung **bestandskräftiger** Verwaltungsakte wie folgt:[486]
(1) Aufhebung nach den §§ 48, 49 VwVfG, außer wenn der Verwaltungsakt durch eine rechtskräftige gerichtliche Entscheidung bestätigt wurde; die Rechtskraft stehe nach § 121 VwGO einer Aufhebung des Verwaltungsakts nach §§ 48, 49 VwVfG entgegen.
(2) Aufhebung nach § 51 VwVfG, auch wenn der Verwaltungsakt durch eine rechtskräftige gerichtliche Entscheidung bestätigt wurde; § 51

---

[481] Z.B. *Maurer,* § 11 Rn. 61; *Hendler,* Rn. 371; *Burgi,* JuS 1991, L 81; dagegen z.B. *Engels,* in: Mann/Sennekamp/Uechtritz, § 51 Rn. 50.
[482] *Sachs,* in: Stelkens/Bonk/Sachs, § 51 Rn. 36; *Kopp/Ramsauer,* § 51 Rn. 19; *Peine,* Rn. 1003.
[483] *Sachs,* a. a. O.
[484] BVerwG DVBl. 2005, 318.
[485] *Schneider,* GrlVwR II, § 28 Rn. 152.
[486] BVerwGE 135, 137 ff.; 135, 121 ff.

VwVfG sei eine Vorschrift, die die Durchbrechung der Rechtskraft zulasse.
(3) Aufhebung nach § 51 V i.V.m. §§ 48 f. VwVfG, auch wenn der Verwaltungsakt durch eine rechtskräftige gerichtliche Entscheidung bestätigt wurde; § 51 V i.V.m. §§ 48 f. VwVfG lasse die Rechtskraftdurchbrechung zu.

Diese Dreiteilung und die Unterscheidung zwischen bestandskräftigen Verwaltungsakten und Verwaltungsakten, deren Bestandskraft auf einer rechtskräftigen gerichtlichen Entscheidung beruht, ist abzulehnen. Sowohl die §§ 48 I 1, 49 I, II, III VwVfG als auch § 51 I VwVfG verwenden den Begriff des „unanfechtbaren Verwaltungsaktes". Es ist kein Grund ersichtlich, weshalb rechtskräftig bestätigte Verwaltungsakte nur unanfechtbare Verwaltungsakte i.S.v. § 51 VwVfG, nicht aber auch i.S.d. §§ 48 f. VwVfG sein sollten. § 51 V VwVfG hat nur eine deklaratorische Bedeutung.[487] Die §§ 48 f. VwVfG wären auch ohne § 51 V VwVfG neben § 51 VwVfG anwendbar. Auch die §§ 48 f. VwVfG ermächtigen die Behörde zur Aufhebung rechtskräftig bestätigter Verwaltungsakte und damit zur Rechtskraftdurchbrechung.[488] Zudem ist es nicht ersichtlich, welchen Unterschied es bedeuten sollte, ob die §§ 48 f. VwVfG originär oder erst über die Verweisungsvorschrift des § 51 V VwVfG anwendbar sind. Zuzustimmen ist dem BVerwG, dass der Anspruch des Bürgers auf ermessensfehlerfreie Entscheidung der Behörde, ob sie den Verwaltungsakt nochmals überprüft, durch die Rechtskraft der gerichtlichen Entscheidung, die den Verwaltungsakt bestätigt hat, limitiert ist.[489]

3. Begünstigende Verwaltungsakte mit belastender Drittwirkung

Umstritten ist, was für bestandskräftige Verwaltungsakte gilt, die den Adressaten begünstigen und einen Dritten belasten. Muss der Verwaltungsakt aufgehoben werden, wenn der belastete Dritte einen Antrag auf Wiederaufgreifen des Verfahrens stellt, dieser Antrag zulässig und begründet ist und der Antragsteller nach Maßgabe des nunmehr anwendbaren Rechts eigentlich einen Aufhebungsanspruch hat? Oder steht der eigentlich gebotenen Aufhebung des Verwaltungsakts **schutzwürdiges Vertrauen des Be-** **771**

---

[487] *Falkenbach*, in: Bader/Ronellenfitsch, § 51 Rn. 5 f.; *Kopp/Ramsauer*, § 51 Rn. 50; *Sachs*, in: Stelkens/Bonk/Sachs, § 51 Rn. 142.
[488] So bereits *Detterbeck*, Streitgegenstand und Entscheidungswirkungen im Öffentlichen Recht, 1995, S. 199 ff.; differenzierend *Traulsen*, VerwArch. 103 (2012), 349.
[489] BVerwGE 135, 121 Rn. 30; 135, 137 Rn. 20; dazu bereits *Detterbeck*, a.a.O., S. 201 f., 203 f.

günstigten entgegen, der sich auf die **Bestandskraft des Verwaltungsakts** berufen wird?

Zum Teil wird eine entsprechende Anwendung von § 50 VwVfG gefordert[490] mit der Konsequenz, dass sich der Begünstigte nicht auf die in § 50 VwVfG genannten Vertrauensschutzvorschriften berufen kann. Auf die Wertung von § 50 VwVfG darf jedoch nicht abgestellt werden.[491] Diese Bestimmung setzt fehlende Bestandskraft des Verwaltungsakts voraus. Nach Eintritt der Bestandskraft muss der Begünstigte mit einer uneingeschränkten Drittanfechtung des Verwaltungsakts aber nicht mehr rechnen und kann sich auf schutzwürdiges Vertrauen auf den Fortbestand des Verwaltungsakts berufen.

Eine unmittelbare Anwendung der Vertrauensschutzregeln der §§ 48 II, III, 49 II, VI VwVfG ist jedoch nicht möglich. Denn die Aufhebung im Wege des § 51 VwVfG richtet sich nicht nach §§ 48 f. VwVfG.[492] Geboten ist allerdings eine **analoge Anwendung der §§ 48 II, III, 49 VI VwVfG**. D.h., die Aufhebung des Verwaltungsakts ist unter den Voraussetzungen des § 48 II VwVfG analog ausgeschlossen oder dem Begünstigten steht im Falle der Aufhebung des Verwaltungsakts ein Ausgleichsanspruch zu, soweit sein Vertrauen auf den Bestand des Verwaltungsakts schutzwürdig ist.[493]

4. Wiederholende Verfügung und Zweitbescheid

a) Wiederholende Verfügung

772 Von einer wiederholenden Verfügung spricht man in folgendem Fall: Es existiert ein bestandskräftiger Verwaltungsakt mit einem bestimmten Inhalt. Der Bürger beantragt bei der Behörde die Aufhebung bzw. Abänderung dieses Verwaltungsakts. Die Behörde lehnt es ab, den angegriffenen Verwaltungsakt rechtlich zu überprüfen und insoweit nochmals in der Sache zu entscheiden. Statt dessen verweist sie auf den existierenden Verwaltungsakt. Diese behördliche Entscheidung wird als **wiederholende Verfügung** bezeichnet.

Beachte: Um eine nur wiederholende Verfügung ohne erneute Entscheidung handelt es sich auch dann, wenn die Behörde Erwägungen an-

---

[490] *Klappstein*, in: Knack, VwVfG, 6. Aufl. 1998, § 51 Anm. 9.3 (a.A. *Peuker*, in: Knack/Henneke, § 51 Rn. 26); der Sache nach offenbar auch *Baumeister*, in: Obermayer/Funke-Kaiser, § 51 Rn. 71.
[491] Ebenso *Sanden*, DVBl. 2007, 669.
[492] A.A. *Maurer*, § 11 Rn. 61; *Hendler*, Rn. 371; *Burgi*, JuS 1991, L 81.
[493] Ebenso *Kopp/Ramsauer*, § 51 Rn. 21; *Peuker*, in: Knack/Henneke, § 51 Rn. 26; *Sachs*, in: Stelkens/Bonk/Sachs, § 51 Rn. 67; *Erichsen/Ebber*, Jura 1997, 429; dazu auch *Sanden*, DVBl. 2007, 668 ff.

stellt, ob der angegriffene Verwaltungsakt rechtswidrig sein könnte, dann aber auf den angegriffenen Verwaltungsakt verweist mit der Begründung, sie sehe **keinen hinreichenden Grund für eine erneute Sachentscheidung**.[494] So verhält es sich zum einen, wenn die Behörde prüft, ob sie das Verfahren nach § 51 VwVfG wiederaufgreifen muss und einen entsprechenden Antrag für unzulässig hält oder einen Wiederaufgreifensgrund i.S.v. § 51 I VwVfG verneint. Denn in einem solchen Fall wurde der bestandskräftige Verwaltungsakt gar nicht überprüft. Ebenso verhält es sich, zum anderen, wenn die Behörde einen Antrag auf Aufhebung eines belastenden Verwaltungsakts nach § 48 I 1 VwVfG prüft und eine erneute volle Überprüfung der Rechtmäßigkeit des Verwaltungsakts mit der Begründung ablehnt, der Antragsteller habe keine hinreichend gewichtige Gründe dargelegt, dass eine solche Überprüfung des Verwaltungsakts rechtlich geboten sei. Damit bedeutet es auch keinen Unterschied, ob die Behörde § 51 VwVfG oder §§ 48 f. VwVfG angewendet hat. In beiden Fällen geht es um die Entscheidung, ob ein Verwaltungsakt rechtlich überprüft und ggf. aufgehoben oder geändert wird.[495]

Früher wurde gesagt, wiederholende Verfügungen seien keine Verwaltungsakte, weil sie keine selbständige Regelung enthielten, sondern nur auf eine bereits bestehende Regelung verwiesen.[496] Inzwischen ist allerdings weitgehend anerkannt, dass auch eine wiederholende Verfügung ein Verwaltungsakt ist. Denn die Behörde trifft die Entscheidung und Regelung, nicht mehr in die Sachprüfung einzutreten.[497] Die Behörde trifft zwar keine materiell-rechtliche, aber eben doch eine **verfahrensrechtliche Regelung**.[498]

b) Zweitbescheid

Von einem Zweitbescheid spricht man, wenn die Behörde dem Antrag des Bürgers folgt, den Verwaltungsakt rechtlich überprüft und eine **erneute Sachentscheidung** trifft. Sie **ersetzt** dann den bestandskräftigen Verwaltungsakt durch einen **neuen Verwaltungsakt**.

773

Hat die erneute Sachentscheidung einen anderen Inhalt als der überprüfte Verwaltungsakt – insbesondere wenn die Behörde den überprüften Verwaltungsakt aufhebt –, handelt es sich um einen **positiven Zweitbescheid.**

Hat die erneute Sachentscheidung denselben Inhalt wie der überprüfte Verwaltungsakt – so insbesondere, wenn die Behörde erklärt, diesen Ver-

---

[494] VGH Mannheim NVwZ-RR 2009, 357 f.
[495] *Schneider*, GrlVwR II, § 28 Rn. 152.
[496] BVerwGE 13, 99 (101).
[497] BVerwGE 44, 333 (334 f.); NVwZ 2002, 482 f.; *Maurer*, § 11 Rn. 56.
[498] VGH Mannheim NVwZ-RR 2009, 358.

waltungsakt aufrechtzuerhalten –, handelt es sich um einen **negativen Zweitbescheid**. Auch er ist aber im Unterschied zur wiederholenden Verfügung eine selbständige Sachentscheidung und ein neuer Verwaltungsakt.

Positive wie negative Zweitbescheide sind im Vergleich zum ersetzten Verwaltungsakt **neue Verwaltungsakte**.

5. Rechtsschutz

774 Lehnt die Behörde eine erneute Sachentscheidung ab (wiederholende Verfügung), kann der Betroffene **Verpflichtungsklage** erheben: Verurteilung der Behörde auf nochmalige Sachprüfung (= Wiederaufgreifen des Verfahrens nach § 51 VwVfG oder nach §§ 48 f. VwVfG[499]) **und** auf Aufhebung des ursprünglichen Verwaltungsakts.[500] Steht der Behörde hinsichtlich des Wiederaufgreifens und/oder der Aufhebung des Verwaltungsakts ein Ermessen zu, ist insoweit ein Bescheidungsantrag zu stellen, vgl. § 113 V 2 VwGO. Zwar macht der Kläger einen verfahrensrechtlichen Anspruch auf Wiederaufgreifen des Verfahrens (nach § 51 VwVfG oder nach § 48 VwVfG: Wiederaufgreifen i.w.S.) und einen materiell-rechtlichen Anspruch auf Aufhebung oder Änderung des Verwaltungsakts geltend. Gleichwohl handelt es sich prozessual nicht um zwei Verpflichtungsklagen, die im Wege der Klagehäufung (§ 44 VwGO) erhoben werden können, sondern nur um **eine einzige Verpflichtungsklage**.[501] Der Bürger kann sich aber auch darauf beschränken, nur auf die Verurteilung der Behörde zu einer erneuten Sachprüfung zu klagen.[502]

Hat die Behörde das Verfahren zwar wiederaufgegriffen, hat sie also den Verwaltungsakt tatsächlich rechtlich überprüft und dann entschieden, es bei diesem Verwaltungsakt zu belassen, hat sie rechtstechnisch diesen Verwaltungsakt durch einen **inhaltsgleichen, aber neuen Verwaltungsakt ersetzt (negativer Zweitbescheid)**. Dieser neue Verwaltungsakt kann

---

[499] Insoweit bedeutet es keinen Unterschied, ob die Behörde § 51 VwVfG oder §§ 48 f. VwVfG anwendet, dazu Rn. 770 a.E.

[500] *Schenke*, Rn. 278; *Ludwigs*, Jura 2009, 227; vgl. auch BVerwGE 106, 171 (173); NJW 1982, 2204 f.; a. A. *Sachs*, in: Stelkens/Bonk/Sachs, § 51 Rn. 69 ff.: nur Verpflichtungsklage gerichtet auf Wiederaufgreifen des Verfahrens; ebenso *Ruffert*, in: Erichsen/Ehlers, § 26 Rn. 11 a.E.; differenzierend *Kopp/Ramsauer*, § 51 Rn. 53 f.; vgl. auch BayVGH BayVBl. 2010, 276 Rn. 57 ff.

[501] Dazu im einzelnen *Detterbeck*, Streitgegenstand und Entscheidungswirkungen im Öffentlichen Recht, 1995, S. 197 f., 233; ebenso *Ludwigs*, Jura 2009, 227: nur ein Verpflichtungsantrag, über den Wiederaufgreifensanspruch wird nur vorfrageweise entschieden; ebenso zum AsylVf, in dem ebenfalls § 51 VwVfG anwendbar ist, BVerwGE 106, 171 (173); vgl. auch BayVGH BayVBl. 2010, 276 Rn. 57.

[502] VGH München VerwRspr. 19, 377 ff.; *Sachs*, in: Stelkens/Bonk/Sachs, § 51 Rn. 69; a. A. *Schenke*, Rn. 278; zum AsylVf BVerwGE 106, 171 (173).

deshalb angefochten werden. Hat die Behörde die Gewährung einer beantragten Vergünstigung abgelehnt, kann Verpflichtungsklage erhoben werden.

§ 11. Der öffentlich-rechtliche Vertrag nach §§ 54 ff. VwVfG

Literatur: *Bauer,* Verwaltungsverträge, GrlVwR II, § 36; *Brüning/Bosesky,* Dumm gelaufen – nicht immer gilt: pacta sunt servanda, Jura 2015, 1375 (Übungsfall); *Christmann,* Der öffentlich-rechtliche Vertrag mit privaten Dritten im Lichte der Schuldrechtsreform, 2010; *Detterbeck/Pöttgen,* Die unmögliche Vertragsrückabwicklung, Jura 2003, 563 (Examensfall); *Erichsen,* Die Nichtigkeit und Unwirksamkeit verwaltungsrechtlicher Verträge, Jura 1994, 47; *Fiebelkorn/Petzold,* Durchführungsverbot gemäß Art. 88 III 3 EG, Rückforderungsverpflichtung und Nichtigkeitsfolge: Ist die BGH-Rechtsprechung praxisgerecht?, EuZW 2009, 323; *Geis,* Die Schuldrechtsreform und das Verwaltungsrecht, NVwZ 2002, 385; *Grziwotz,* Vertragsgestaltung im Öffentlichen Recht, 2002; *Gurlit,* Grundlagen des Verwaltungsvertrages, Jura 2001, 659, 731; *Haratsch,* Der Rechtsweg bei Ansprüchen, die auf öffentlich-rechtlichem Vertrag beruhen, ThürVBl. 2004, 101; *Höfling/Krings,* Der verwaltungsrechtliche Vertrag: Begriff, Typologie, Fehlerlehre, JuS 2000, 625; *Knöbl,* „Aufsteiger" mit Ambitionen, JA 2010, 867 (Übungsfall: Verstoß eines öffentlich-rechtlichen Subventionsvertrages gegen Art. 108 III 3 AEUV, nachträgliche Genehmigung durch Kommission); *Lange,* Die Abgrenzung von öffentlichrechtlichem und privatrechtlichem Vertrag, JuS 1982, 500; *Lorenz,* Der Wegfall der Geschäftsgrundlage beim verwaltungsrechtlichen Vertrag, DVBl. 1997, 865; *Moench/Ruttloff,* Die Auswirkungen der Verfassungswidrigkeit von Gesetzen auf öffentlich-rechtliche Verträge, DVBl. 2014, 1223; *Ruttloff,* Der verwaltungsrechtliche Vertrag und das Recht der Allgemeinen Geschäftsbedingungen, DVBl. 2013, 1415; *Schwerdtner,* Verwaltungsverträge im Spannungsfeld unbedingter Vertragsbindungen und dem Interesse auf Vertragsanpassung bei veränderter Sachlage, VBlBW 1998, 9; *Spannowsky,* Grenzen des Verwaltungshandelns durch Verträge und Absprachen, 1994; *Strievi/Werner,* Nichtigkeit eines beihilfegewährenden Vertrages nach § 134 BGB i.V.m. Art. 88 III 3 EG, JuS 2006, 106.

Rechtsprechung: BVerwGE 23, 213 (Baudispensvertrag); BVerwGE 42, 331 (Verwaltungsvertrag und Gesetzesvorbehalt); BVerwGE 49, 359 (Vertrag über die Erteilung einer rechtswidrigen Baugenehmigung); BVerwGE 89, 7 (Vertrag über Erschließungskosten, § 59 I VwVfG i.V.m. § 134 BGB); BVerwGE 89, 345 (Subventionsvertrag, Rückabwicklung); BVerwGE 92, 56 (Abgrenzung zum zivilrechtlichen Vertrag); BVerwGE 96, 326 (Schuldanerkenntnis; Schriftform); BVerwGE 97, 331 (Anpassung eines Vertrages an veränderte Verhältnisse); BVerwGE 111, 162 (Koppelungsverbot); BVerwGE 143, 335 (Klage auf Vertragsanpassung); BVerwG DVBl. 2003, 1550 (öffentlich-rechtliche Nebenabrede in privatrechtlichem Arbeitsvertrag; Koppelungsverbot); BVerwG DVBl. 2005, 516 (Rechtsweg bei additiven Verträgen); OVG Greifswald NVwZ 2001, 446 (Abgrenzung zwischen privatrechtlichem und öffentlich-rechtlichem Vertrag); BAG NZA 2006, 684 (Qualifizierung der Gewährung einer beamtenrechtlichen Versorgungsanwartschaft in einer arbeitsvertraglichen Bestimmung als privatrechtlich); OLG Schleswig NJW 2004, 1052 (Rechtsweg bei gemischt öffentlich-rechtlichen/privatrechtlichen Verträgen).

I. Abgrenzungen

Ebenso wie das Privatrecht kennt auch das öffentliche Recht das Handlungs- und Gestaltungsinstrument des Vertrages. Charakteristisch für beide Arten von Verträgen ist das Erfordernis der **Einigung der Vertragsparteien.** Der wesentliche Unterschied besteht darin, dass der öffentlich-rechtliche Vertrag auf die Begründung, Änderung oder Aufhebung eines Rechtsverhältnisses **auf dem Gebiet des öffentlichen Rechts** gerichtet ist, § 54 S. 1 VwVfG. Es gibt folgende Arten öffentlich-rechtlicher Verträge: 775

1. Völkerrechtliche Verträge

Dies sind Verträge zwischen Rechtssubjekten des Völkerrechts (z. B. zwischen dem Bund und einem anderen Staat, aber auch zwischen einem Bundesland und einem anderen Staat, siehe Art. 32 III GG) **auf dem Gebiet des Völkerrechts.** 776

Beispiel: Gebietsänderungsverträge zwischen zwei Staaten.

Beachte: Art. 59 I 2 GG meint und betrifft alle völkerrechtlichen Verträge zwischen der Bundesrepublik Deutschland und auswärtigen Staaten. Art. 59 II GG nennt verschiedene **Arten solcher völkerrechtlichen Verträge:**[1] 777
- **Politische Staatsverträge** i. S. v. Art. 59 II 1, 1. Var. GG.
- **Bundesgesetzakzessorische Staatsverträge** i. S. v. Art. 59 II 1, 2. Var. GG, d. h. völkerrechtliche Verträge, zu deren Erfüllung der Erlass eines Bundesgesetzes erforderlich ist[2] – wobei eine klare Abgrenzung zu den politischen Verträgen nicht möglich und nicht erforderlich ist.
- **Völkerrechtliche Verwaltungsabkommen** zwischen dem Bund und auswärtigen Staaten i. S. v. Art. 59 II 2 GG. Sie werden in den Formen des Verwaltungsrechts vollzogen und auch als Regierungs- und Ressortabkommen bezeichnet.[3]

Beachte: Die Begriffe Staatsvertrag und Verwaltungsabkommen werden auch für andere Vertragstypen verwendet. Die §§ 54 ff. VwVfG sind auf völkerrechtliche Verträge (selbstverständlich) nicht anwendbar.

2. Verfassungsrechtliche Verträge

Ihr Regelungsgegenstand liegt auf dem Gebiet des Verfassungsrechts. Die §§ 54 ff. VwVfG sind deshalb nicht anwendbar. 778

---

[1] Dazu *Rojahn:* in: v. Münch/Kunig I, Art. 59 Rn. 12–14, 23 ff., 78 ff.
[2] BVerfGE 1, 372 (389).
[3] Dazu *Rojahn*, a. a. O., Art. 59 Rn. 78 ff.

Beispiele:
- Eingliederungsvertrag zwischen dem Freistaat Bayern und dem Freistaat Coburg über die Eingliederung Coburgs in Bayern vom 14. 2. 1920 (BVerfGE 22, 221/229 ff.).
- Eingliederungsvertrag zwischen Preußen und Waldeck-Pyrmont über die Vereinigung des Gebietsteils Pyrmont mit Preußen vom 29. 11. 1921 (BVerfGE 42, 345/355).
- Einigungsvertrag zwischen der Bundesrepublik Deutschland und der ehemaligen DDR (BVerfGE 94, 297/310) – zugleich handelt es sich auch um einen völkerrechtlichen Vertrag.
- Koalitionsvereinbarungen zwischen Fraktionen.[4]

Beachte: Verfassungsrechtliche Verträge zwischen dem Bund und Ländern oder zwischen verschiedenen Bundesländern werden auch als **Staatsverträge** bezeichnet.[5] Von den **völkerrechtlichen Staatsverträgen** sind sie aber streng zu unterscheiden.

Über Streitigkeiten aus verfassungsrechtlichen Verträgen zwischen Bund und Ländern entscheidet das BVerfG nach Art. 93 I Nr. 3 GG (in seltenen Fällen nach Art. 93 I Nr. 4, 1. Var. GG), über Streitigkeiten aus verfassungsrechtlichen Verträgen zwischen einzelnen Bundesländern nach Art. 93 I Nr. 4, 2. Var. GG.

3. Staatsverträge

779   Die Bedeutung des Begriffs des Staatsvertrages ist nicht eindeutig.[6] Es empfiehlt sich folgende Eingrenzung: Verträge, denen die Parlamente (Bundestag, Landtage) zustimmen müssen, weil dies das Grundgesetz (Art. 59 II 1 GG), die Landesverfassung oder ein ungeschriebener verfassungsrechtlicher Grundsatz (Parlamentsvorbehalt, Wesentlichkeitsgrundsatz) vorschreiben,[7] oder denen die Parlamente der beteiligten Vertragsparteien ohne eine solche Rechtspflicht tatsächlich zugestimmt haben,[8] sind als Staatsvertrag zu bezeichnen. Erfolgte die Zustimmung in Form eines formellen Gesetzes, steht der Staatsvertrag für den jeweiligen Vertragspartner im Range dieses Zustimmungsgesetzes.

Materiell können die Staatsverträge das Völkerrecht betreffen. Sie sind dann völkerrechtliche Verträge.[9] Betreffen sie das **Verfassungsrecht,** handelt es sich um verfassungsrechtliche Verträge.[10] Sie können auch das sonstige Staats- und Verwaltungsrecht zum Gegenstand haben. Jedenfalls dann, wenn der Vertrag einen Gegenstand des Völkerrechts, des Verfassungsrechts

---

[4] *Ehlers,* in: Schoch/Schneider/Bier, § 40 Rn. 174 m. w. N.
[5] Dazu unten 3.
[6] Dazu näher *Rudolf,* HStR VI, § 141 Rn. 57 ff.; *Schladebach,* VerwArch. 98 (2007), 238 ff., 242 ff. (Begriff).
[7] *Sodan/Ziekow,* GKÖR , § 8 Rn. 27; *Gröpl,* Staatsrecht I, 7. Aufl. 2015, Rn. 708.
[8] *Rudolf,* HStR VI, § 141 Rn. 60.
[9] Rn. 776 f.
[10] Rn. 778.

oder der Regierungstätigkeit betrifft, sind die Verwaltungsverfahrensgesetze und damit die §§ 54 ff. VwVfG unanwendbar.

Beispiele:
- Staatsvertrag zwischen mehreren Bundesländern über die Errichtung und den Betrieb einer gemeinsamen Rundfunkanstalt vom 16. 2. 1955 (NDR-Staatsvertrag). Das BVerwG hat ihn als verwaltungsrechtlichen Vertrag bezeichnet – in Abgrenzung zum verfassungsrechtlichen Vertrag (BVerwGE 60, 162/173). Da es hier funktionell um Regierungstätigkeit geht, handelt es sich freilich um keinen verwaltungsrechtlichen Vertrag i.S.v. §§ 54 ff. VwVfG (hiervon zum MDR-Staatsvertrag ersichtlich ausgehend BVerwGE 107, 275 (277 f.): Zwar nichtverfassungsrechtliche Streitigkeit, aber keine „landläufige Verwaltungsstreitigkeit"). Gleiches gilt für den zwischen allen Bundesländern geschlossenen Staatsvertrag über die Errichtung der Anstalt des öffentlichen Rechts „Zweites Deutsches Fernsehen" vom 6. 6. 1961
- Staatsvertrag über die Vergabe von Studienplätzen vom 20. 10. 1972. Das BVerfG hat ihn – in Abgrenzung zum verfassungsrechtlichen Vertrag – als verwaltungsrechtlichen Vertrag bezeichnet (BVerfGE 42, 103/113; zustimmend BVerwGE 50, 124/130 f.). Auch hier dürfte es sich wieder um einen Vertrag handeln, der einen Gegenstand der Regierungstätigkeit betrifft; die §§ 54 ff. VwVfG sind dann nicht anwendbar (*Hettich*, in: Obermayer/Funke-Kaiser, § 54 Rn. 57 a.E.; ebenso *Maurer*, § 14 Rn. 7).

Über Streitigkeiten aus solchen **nichtverfassungsrechtlichen Staatsverträgen** entscheidet das BVerwG nach § 50 I Nr. 1 VwGO.[11]

4. Verwaltungsabkommen

Begriff und Gegenstand des Verwaltungsabkommens sind umstritten.[12] 780 Teils wird das Wesen der Verwaltungsabkommen darin gesehen, dass sie dem Regierungsbereich angehören und daher (nur) von den Regierungen oder Ministern von Bund und Ländern geschlossen werden können.[13] Nach anderer Auffassung kommen als Vertragspartner alle öffentlich-rechtlichen Organisationsformen, insbesondere Gemeinden in Betracht;[14] ihre Besonderheit bestehe darin, dass sie auch Wirkung für Dritte hätten.[15]

Auch hinsichtlich des Gegenstandes von Verwaltungsabkommen besteht 781 Unklarheit:
- Bezieht sich das Verwaltungsabkommen auf einen Gegenstand des Verfassungsrechts,[16] handelt es sich der Sache nach um einen verfassungsrechtlichen Vertrag. Die §§ 54 ff. VwVfG sind dann nicht anwendbar.

---

[11] BVerwGE 107, 275 (277 f.): Zwar nichtverfassungsrechtliche Streitigkeit, aber auch keine „landläufige Verwaltungsstreitigkeit".
[12] Dazu allgemein *Warmke*, DV 24 (1991), 455; siehe auch *Schladebach*, VerwArch. 98 (2007), 242 ff. (Abgrenzung zum Staatsvertrag).
[13] *Maurer*, § 14 Rn. 7.
[14] *Achterberg*, Allgemeines Verwaltungsrecht, 2. Aufl. 1986, § 21 Rn. 278.
[15] *Achterberg*, a.a.O., § 21 Rn. 281; das freilich gibt es beim verwaltungsrechtlichen Vertrag auch, § 58 I VwVfG.
[16] Vgl. *Schliesky*, in: Knack/Henneke, vor § 54 Rn. 28.

- Verwaltungsabkommen können sich auf einen Gegenstand beziehen, der zur spezifischen Regierungstätigkeit und nicht zur Verwaltungstätigkeit i. S. v. § 1 IV VwVfG gehört.[17] Solche Abkommen werden auch als Regierungsabkommen bezeichnet. Die Verwaltungsverfahrensgesetze sind unanwendbar.
- Verwaltungsabkommen können sich schließlich auf einen Gegenstand des Verwaltungsrechts (Aufgaben der öffentlichen Verwaltung i. S. v. § 1 IV VwVfG) beziehen. Wurde es zwischen Behörden verschiedener Rechtsträger geschlossen, handelt es sich um einen verwaltungsrechtlichen Vertrag i. S. v. §§ 54ff. VwVfG.[18]

5. Staatskirchenverträge

782 Sie regeln die rechtlichen Beziehungen zwischen dem Staat und den Religionsgemeinschaften. Ihre rechtliche Einordnung ist umstritten.[19] So werden die Konkordate, also Verträge des Staates mit dem Heiligen Stuhl, welcher ein Völkerrechtssubjekt ist, teils als echte völkerrechtliche Verträge, teils als verfassungsrechtliche Verträge qualifiziert. Auch die Auffassungen zu den evangelischen Kirchenverträgen sind geteilt. Die §§ 54ff. VwVfG gelten jedenfalls nicht.

6. Verwaltungsrechtliche Verträge gem. §§ 54ff. VwVfG

783 Die §§ 54ff. VwVfG regeln trotz der Formulierung in § 54 VwVfG „öffentlich-rechtlicher Vertrag" nur den **verwaltungsrechtlichen Vertrag.** Dies folgt aus § 1 I VwVfG (Verwaltungstätigkeit) und § 9 VwVfG (Verwaltungsverfahren).

> Öffentlich-rechtliche Verträge i. S. d. §§ 54ff. VwVfG sind damit nur solche Verträge, die eine Behörde zur Begründung, Änderung oder Aufhebung eines **verwaltungsrechtlichen Rechtsverhältnisses** mit einem Bürger oder einer Behörde eines anderen Rechtsträgers schließt.

---

[17] Dazu *Warnke*, DV 24 (1991), 459; zum Unterschied zwischen den Bereichen Regierung und Verwaltung Rn. 4 ff.

[18] *Kopp/Ramsauer*, § 54 Rn. 40h; *Fehling*, in: Fehling/Kastner/Störmer, § 54 VwVfG Rn. 46.

[19] Dazu *Hollerbach*, in: Listl/Pirson (Hrsg.), Handbuch des Staatskirchenrechts der Bundesrepublik Deutschland, Bd. I, 2. Aufl. 1994, § 7 II; *Forsthoff*, Lehrbuch des Verwaltungsrechts I, 10. Aufl. 1973, S. 274.

Nur solche verwaltungsrechtlichen Verträge sind gemeint, wenn im folgenden vom öffentlich-rechtlichen Vertrag die Rede ist.

Übersicht 23:
Arten öffentlich-rechtlicher Verträge

Völkerrechtliche Verträge Art. 59 I 2, 32 III GG: auf dem Gebiet des Völkerrechts • politische Staatsverträge, Art. 59 II 1, 1. Var. GG • bundesgesetzakzessorische Staatsverträge, Art. 59 II 1, 2. Var. GG • völkerrechtliche Verwaltungsabkommen, Art. 59 II 2 GG	Verfassungsrechtliche Verträge: auf dem Gebiet des Verfassungsrechts • bestimmte Erscheinungsformen werden auch als Staatsverträge bezeichnet	Verwaltungsabkommen: beziehen sich auf Gegenstände der • Verwaltung (ggf. verwaltungsrechtlicher Vertrag i. S. v. § 54 VwVfG) • Regierung (falls Gegenstände des Verfassungsrechts betroffen, handelt es sich um verfassungsrechtliche Verträge)	Verwaltungsrechtliche Verträge gem. §§ 54 ff. VwVfG: auf dem Gebiet des Verwaltungsrechts	Staatskirchenverträge: zur Regelung der Beziehungen zwischen Staat und Religionsgemeinschaften	Staatsverträge: Alle Verträge, denen das Parlament zugestimmt hat • Völkerrechtliche Verträge • Verfassungsrechtliche Verträge • Verwaltungsabkommen • Staatskirchenverträge

II. Begriffsmerkmale

Die einzelnen Begriffsmerkmale nennt § 54 S. 1 VwVfG.

1. Vertrag

Ein **Vertrag** setzt die **Einigung mindestens zweier Rechtssubjekte**[20] 784
über die Herbeiführung eines bestimmten Rechtserfolges (Rechtsbindungswille) voraus. Gerade durch dieses Erfordernis der **übereinstimmenden Willenserklärungen – Angebot und Annahme –** unterscheidet sich der öffentlich-rechtliche Vertrag vom Verwaltungsakt, der immer eine einseitige behördliche Regelung ist.

Die von einer Behörde abgegebene Willenserklärung, die auf den Abschluss eines öffentlich-rechtlichen Vertrages gerichtet ist, ist kein Verwaltungsakt, sondern eine **öffentlich-rechtliche Willenserklärung**, die einen Fall schlichthoheitlichen Handelns darstellt.[21] Soweit keine besonderen

---

[20] Zum mehrseitigen öffentlich-rechtlichen Vertrag ausführlich *Reimer*, VerwArch. 94 (2003), 543 ff.
[21] *Bonk/Neumann*, in: Stelkens/Bonk/Sachs, § 54 Rn. 36; *Kopp/Ramsauer*, § 54 Rn. 20.

öffentlich-rechtlichen Vorschriften existieren, richten sich Wirksamkeit und Gültigkeit der öffentlich-rechtlichen Willenserklärung gem. § 62 S. 2 VwVfG nach den bürgerlich-rechtlichen Vorschriften wie insbesondere §§ 104 ff., 116 ff., 164 ff., 177 ff. BGB.[22]

Kein Verwaltungsakt, sondern ebenfalls schlichthoheitliches Handeln ist die **Entscheidung der Behörde,** mit einer bestimmten Person einen öffentlich-rechtlichen Vertrag abzuschließen oder nicht abzuschließen.[23] Diese z. T. ebenfalls als öffentlich-rechtliche Willenserklärung qualifizierte Entscheidung[24] ist von der nachfolgenden auf den Vertragsschluss gerichteten öffentlich-rechtlichen Willenserklärung zu unterscheiden.

2. Auf dem Gebiet des öffentlichen Rechts

785 Nach allgemeiner Auffassung müssen öffentlich-rechtliche Verträge i. S. d. §§ 54 ff. VwVfG auf dem **Gebiet des Verwaltungsrechts** liegen. Andere Rechtsgebiete des öffentlichen Rechts scheiden aus.[25] Mit dieser Einschränkung kann auf die oben behandelten Theorien zur Abgrenzung zwischen öffentlichem und privatem Recht verwiesen werden.[26]

786 Da die Verwaltung auch privatrechtlich handeln kann,[27] ist die Abgrenzung von privatrechtlichen und öffentlich-rechtlichen Verträgen z. T. sehr schwierig.

> Um einen öffentlich-rechtlichen Vertrag handelt es sich, wenn sich der Vertrag auf einen Sachverhalt bezieht, der sich nach Maßgabe öffentlich-rechtlicher Vorschriften beurteilt.[28]

Dies sind solche Vorschriften, die in jedem denkbaren Anwendungsfall einen Träger öffentlicher Gewalt berechtigen oder verpflichten.[29] Nach

---

[22] *Bonk/Neumann,* in: Stelkens/Bonk/Sachs, § 54 Rn. 38.
[23] *Bonk/Neumann,* in: Stelkens/Bonk/Sachs, § 54 Rn. 36; *Kopp/Ramsauer,* § 54 Rn. 17; a. A. *Kopp,* VwVfG, 6. Aufl. 1996, vor § 54 Rn. 12: Verwaltungsakt; ebenso (Verwaltungsakt) zur Ablehnung eines Vertragsschlusses BSGE 44, 244 (247 f.); 51, 126 (130); NJW 1978, 1215; zum Abschluss privatrechtlicher Verträge Rn. 909 ff.
[24] *Bonk/Neumann,* in: Stelkens/Bonk/Sachs, § 54 Rn. 36.
[25] Dazu oben Rn. 776 ff.
[26] Rn. 1323 f.
[27] Dazu unten Rn. 903 ff.
[28] BVerwGE 94, 202 (204); 92, 56 (58); 42, 331 (332); DVBl. 2010, 1037 Rn. 17 a.E.; BGHZ 119, 92 (96 f.); siehe auch OVG Greifswald NVwZ 2001, 446 f.; nach BayVGH BayVBl. 2005, 144 „ist darauf abzustellen, ob die im Vertrag getroffene Regelung, wäre sie normativ erfolgt, eine Norm des öffentlichen Rechts sein würde".
[29] Dazu näher Rn. 1324.

dem teilweise vom BVerwG vertretenen **Grundsatz der Einheitlichkeit** (Einheitstheorie) ist auf den Gesamtcharakter des Vertrages abzustellen.[30] Danach liegt auch dann ein öffentlich-rechtlicher Vertrag vor, wenn zwar einzelne vertragliche Bestimmungen für sich genommen das Privatrecht betreffen, der Schwerpunkt der vertraglichen Regelung aber im öffentlichen Recht liegt. Entscheidend ist, wo der Schwerpunkt der vertraglichen Regelung liegt, welcher Teil der vertraglichen Regelung den Vertrag prägt (**Schwerpunkt- bzw. Geprägetheorie**).[31]

Nach der ebenfalls in der bundesverwaltungsgerichtlichen Rechtsprechung vertretenen **Trennungstheorie** ist allerdings eine Aufspaltung in öffentlich-rechtliche und privatrechtliche Teile (Vorschriften) eines einheitlichen Vertrages möglich und geboten – mit der Konsequenz einer je unterschiedlichen rechtlichen Behandlung beider Teile –, wenn die beiden Teile selbständige Regelungskomplexe enthalten und in keinem unmittelbaren Gegenseitigkeitsverhältnis stehen.[32]

3. Begründung, Änderung oder Aufhebung eines Rechtsverhältnisses

Rechtsverhältnis i. S. v. § 54 S. 1 VwVfG ist wie bei § 43 VwGO die sich aus einem konkreten Sachverhalt ergebende rechtliche Beziehung eines Rechtssubjekts zu einem anderen Rechtssubjekt oder zu einer Sache.[33] Es muss sich um einen greifbaren Tatbestand in einem konkreten Einzelfall handeln.[34]

787

---

[30] BVerwGE 42, 331 (332f.); NVwZ-RR 2003, 874; NJW 1980, 38; ebenso BayVGH BayVBl. 2005, 143f.; OVG Greifswald NVwZ 2001, 446f.; OLG Naumburg NVwZ-RR 2007, 122.

[31] BVerwGE 92, 56 (59); NJW 1990, 1679; BGHZ 153, 93 (97); 116, 339 (342); 76, 16 (20); 67, 81 (88); BGH NJW 1987, 773; 1985, 1892f.; OLG Stuttgart NVwZ-RR 2009, 984; OLG Naumburg NVwZ-RR 2007, 122 f.; *Kopp/Ramsauer*, § 54 Rn. 31; nach Teilen der Lit. soll es sich dagegen schon dann um einen öffentlich-rechtlichen Vertrag handeln, wenn auch nur ein einziger vertraglicher Regelungsgegenstand das öffentliche Recht betrifft, *Ule/Laubinger*, § 68 Rn. 5; *Maurer*, § 14 Rn. 11; *Lange*, JuS 1982, 503. Zur Rechtswegproblematik Rn. 823.

[32] BVerwGE 84, 183 (185 f.) = DVBl. 1990, 438 m. zust. Anm. *Götz;* DVBl. 2003, 1550 (im Gegensatz zu BAG NZA 2006, 684 Rn. 13 ff.); DÖV 1981, 878; DVBl. 2005, 516 ff. (zu sog. additiven Verträgen, d. h. Verträgen, die jeweils selbständige öffentlich-rechtliche und privatrechtliche Regelungskomplexe enthalten); ebenso OVG Schleswig NordÖR 2002, 309; BGH NJW 1998, 909f.

[33] BVerwGE 14, 235 (236) zu § 43 I VwGO.

[34] *Peine*, Rn. 797.

III. Vertragsarten

788 Die §§ 54 ff. VwVfG nennen einige Vertragstypen, enthalten aber keine abschließende Aufzählung. Die nachfolgenden Ausführungen geben einen Überblick über die wichtigsten auch im Verwaltungsrecht weithin anerkannten Vertragstypen. Hierbei ist zu beachten, dass innerhalb der unten genannten Typen öffentlich-rechtlicher Verträge weiter differenziert werden kann. Dies beruht auch auf der ergänzenden entsprechenden Geltung der Vorschriften des BGB gem. § 62 S. 2 VwVfG. Danach sind z.B. auch öffentlich-rechtliche Gesellschaftsverträge analog §§ 705 ff. BGB denkbar.[35] Hier ist allerdings sorgfältig zu prüfen, ob es sich überhaupt noch um einen öffentlich-rechtlichen Vertrag handelt. Ist ein privatrechtlicher Vertrag anzunehmen, sind die Vorschriften des BGB unmittelbar anwendbar.

1. Subordinationsrechtliche und koordinationsrechtliche Verträge

789 § 54 S. 2 VwVfG benennt speziell den **subordinationsrechtlichen Vertrag,** ohne ihn freilich genau zu definieren. Nachfolgende Vorschriften, nämlich §§ 55, 56, 59 II und 61 VwVfG, nehmen ausdrücklich auf § 54 S. 2 VwVfG Bezug. Sie gelten deshalb – jedenfalls unmittelbar – nur für den in dieser Bestimmung bezeichneten Vertragstypus des subordinationsrechtlichen Vertrages. Zumindest aus diesem Grunde ist die Unterscheidung zwischen subordinations- und koordinationsrechtlichem Vertrag unumgänglich.

790 **Subordinationsrechtlich** sind nach § 54 S. 2 VwVfG insbesondere alle öffentlich-rechtlichen Verträge, die eine Behörde mit einem Vertragspartner schließt, an den sie **in der konkreten Sache auch einen Verwaltungsakt** richten dürfte.

Beispiele:
- Die Behörde und Unternehmer U schließen einen Vertrag, in dem sich die Behörde zur Gewährung einer Subvention verpflichtet und U zusagt, innerhalb der nächsten zwei Jahre keine Arbeitnehmer zu entlassen. Die Entscheidung über die Subventionsgewährung wird üblicherweise durch VA getroffen. Deshalb handelt es sich hier um einen subordinationsrechtlichen Vertrag.

---

[35] VG Darmstadt NVwZ-RR 2004, 74 f. hat auf einen öffentlich-rechtlichen Vertrag die §§ 705 ff. BGB entsprechend angewendet; zur Möglichkeit eines öffentlich-rechtlichen Kaufvertrages (im konkreten Fall abgelehnt) OVG Münster NVwZ 2004, 776 f.

§ 11. Der öffentlich-rechtliche Vertrag nach §§ 54 ff. VwVfG

- Die Behörde verpflichtet sich vertraglich gegenüber A, ihm eine Baugenehmigung zu erteilen.
- Die Behörde verpflichtet sich vertraglich gegenüber A, eine von ihm geplante Demonstration zu genehmigen, wenn er bestimmte Voraussetzungen erfüllt.

Beachte: Die Behörde kann sich wie in den oben genannten Fällen verpflichten, später einen bestimmten Verwaltungsakt zu erlassen **(verwaltungsaktvorbereitende Verträge)**. Sie kann statt dessen die vom Bürger begehrten Maßnahmen aber auch im Vertrag selbst treffen **(verwaltungsaktersetzende Verträge)**,[36] z.B. Bewilligung der Subvention, Genehmigung einer Demonstration oder Abgabe einer Zusicherung.[37] In diesen Beispielsfällen ist es aber auch möglich, konstruktiv zwischen einem öffentlich-rechtlichen Vertrag und einem **gleichzeitig** erlassenen Verwaltungsakt zu trennen. Vertrag und Verwaltungsakt sind dann nur rein äußerlich in ein und derselben Vertragsurkunde miteinander verbunden, materiell-rechtlich aber selbständig.[38]

Subordinationsrechtlich i.S.v. § 54 S. 2 VwVfG sind nach nahezu **791** einhelliger Auffassung aber auch solche Verträge, die zwar nicht verwaltungsaktbezogen sind, aber gleichwohl in einem **Über-Unterordnungs-Verhältnis,** das zwischen den Vertragsparteien besteht, geschlossen werden.[39]

Beispiel: Der Dienstherr verpflichtet sich gegenüber einem Beamten, ihn zum 1. 1. des folgenden Jahres in eine andere Abteilung derselben Behörde umzusetzen (die Umsetzung ist grds. kein VA).

Beachte: Nach weit verbreiteter Auffassung handelt es sich schon dann **792** um einen subordinationsrechtlichen Vertrag, wenn zwischen den Vertragsparteien **im allgemeinen** – also nicht nur im konkreten Rechtsverhältnis – ein Über-Unterordnungs-Verhältnis besteht (abstrakte Betrachtungsweise).[40] Nach dieser Auffassung sind grundsätzlich alle öffentlich-rechtlichen Verträge zwischen Staat und Bürger subordinationsrechtlich.[41]

Diese Auffassung ist abzulehnen. Entscheidend ist vielmehr, ob zwischen **793** den Vertragsparteien **im konkreten Fall** ein Über-Unterordnungs-Ver-

---

[36] So auch die Unterscheidung von *Maurer,* § 14 Rn. 12, 14.
[37] OVG Greifswald NJW 2003, 3148: „Zusage in Form eines öffentlich-rechtlichen Vertrages".
[38] *Maurer,* § 14 Rn. 27.
[39] BVerwGE 111, 162 (165f.); DVBl. 2003, 1551; OVG Koblenz DVBl. 2003, 812; BayVGH BayVBl. 1990, 47 (50); *Bonk/Neumann,* in: Stelkens/Bonk/Sachs, § 54 Rn. 62; a. A. *Ule/ Laubinger,* § 68 Rn. 12: nur die VA bezogenen und ersetzenden Verträge.
[40] *Maurer,* § 14 Rn. 12; VGH Bad.-Württ. VBlBW 2004, 52.
[41] *Maurer,* § 14 Rn. 12; *Bull/Mehde,* Rn. 849; *Hettich,* in: Obermayer/Funke-Kaiser, § 54 Rn. 45-46 (zu Ausnahmen: Rn. 52-54); *Gurlit,* Jura 2001, 662.

hältnis besteht (konkrete Betrachtungsweise).[42] Deshalb sind auch im Staat-Bürger-Verhältnis koordinationsrechtliche Verträge möglich[43] – auch wenn dies sicher nicht der Normalfall ist. Umgekehrt sind auch im Verhältnis verschiedener Verwaltungsträger zueinander subordinationsrechtliche Verträge denkbar, wenn nämlich zwischen ihnen im konkreten Fall ein Über-Unterordnungs-Verhältnis besteht.[44]

794 Koordinationsrechtlich sind solche öffentlich-rechtlichen Verträge, bei denen die Vertragsparteien **im konkreten Fall** gleichgeordnet sind, wenn also kein Über-Unterordnungs-Verhältnis besteht.

2. Vergleichsverträge

795 § 55 VwVfG nennt als besondere Vertragsart den **Vergleichsvertrag**. Durch den Verweis auf § 54 S. 2 VwVfG **regelt § 55 VwVfG aber nur den Vergleichsvertrag in subordinationsrechtlichen Verhältnissen**. Für diese subordinationsrechtlichen Vergleichsverträge trifft § 55 VwVfG besondere Regelungen, die **insoweit** die allgemeine Vorschrift des § 54 S. 1 VwVfG verdrängen.

796 Neben den in § 55 VwVfG geregelten subordinationsrechtlichen Vergleichsverträgen gibt es auch **koordinationsrechtliche Vergleichsverträge**. Ihre Zulässigkeit richtet sich nur nach §§ 54 S. 1, 57, 58, 59 Abs. 1 VwVfG.

Für Prozessvergleiche enthält § 106 VwGO eine Sonderregelung.[45]

797 Ein Vergleichsvertrag nach § 55 VwVfG hat folgende Voraussetzungen:
1. Ungewissheit über tatsächliche oder rechtliche Umstände.
2. Beseitigung der Ungewissheit ist nicht oder nur unter erheblichen Schwierigkeiten möglich (folgt aus der Formulierung „bei verständiger Würdigung" und „nach pflichtgemäßem Ermessen").
3. Nachgeben beider Vertragsparteien.

798 Wird ein Vergleichsvertrag geschlossen, obwohl eine der in § 55 VwVfG genannten Voraussetzungen nicht erfüllt ist und wäre ein Verwaltungsakt

---

[42] *Kopp/Ramsauer*, § 54 Rn. 47; *Schliesky*, in: Knack/Henneke, § 54 Rn. 56; *Sproll* I, § 14 Rn. 47; *Ziekow/Siegel*, VerwArch. 94 (2003), 606 f.; vgl. auch die konkrete Betrachtungsweise von BVerwGE 111, 163 (166).

[43] *Kopp/Ramsauer*, § 54 Rn. 47; *Schliesky*, in: Knack/Henneke, § 54 Rn. 57; *Hettich*, in: Obermayer/Funke-Kaiser, § 54 Rn. 48-51; *Fehling*, in: Fehling/Kastner/Störmer, § 54 VwVfG Rn. 59; a. A. *Bonk/Neumann*, in: Stelkens/Bonk/Sachs, § 54 Rn. 61.

[44] *Kopp/Ramsauer*, § 54 Rn. 47 a. E., 48 a. E.; *Schliesky*, in: Knack/Henneke, § 54 Rn. 55; *Fehling*, a.a.O.

[45] Zur Doppelnatur des Prozessvergleichs näher *Schliesky*, in: Knack/Henneke, § 55 Rn. 22; BVerwGE 84, 157 ff.; DVBl. 1994, 212.

mit entsprechendem Inhalt nicht nur wegen eines Verfahrens- oder Formfehlers im Sinne des § 46 VwVfG rechtswidrig, ist der Vergleichsvertrag gem. § 59 II Nr. 3 VwVfG nichtig.

Dies scheint auf den ersten Blick widersprüchlich zu sein. Denn fehlt eine der in der Legaldefinition des § 55 HS 1 VwVfG genannten Voraussetzungen, handelt es sich begrifflich um keinen Vergleichsvertrag mehr.[46] Steht aber nach Würdigung der Umstände des Einzelfalls fest, dass die Vertragsparteien einen Vergleichsvertrag und nicht einen anderen Vertrag (insbesondere einen Austauschvertrag) schließen wollten, obwohl die in § 55 HS 1 VwVfG genannten Voraussetzungen nicht vorlagen, gelangt § 59 II Nr. 3 VwVfG gleichwohl zur Anwendung.[47] Denn diese Bestimmung soll verhindern, dass durch den Abschluss eines Vergleichsvertrages ein rechtlich missbilligter Erfolg herbeigeführt wird, ohne dass die gesetzlichen Vergleichsvoraussetzungen des § 55 VwVfG erfüllt sind.[48] Sind die Vergleichsvoraussetzungen nämlich erfüllt, ist es geradezu ein Spezifikum des Vergleichsvertrages, dass der Vergleich im Ergebnis mit der tatsächlichen Rechtslage möglicherweise nicht übereinstimmt.[49]

Die Nichtigkeit von Vergleichsverträgen kann nicht nur aus § 59 II Nr. 3 VwVfG folgen. Anwendbar sind auch § 59 II Nr. 1, 2 VwVfG, § 59 I VwVfG insbesondere i. V. m. § 134 BGB oder § 779 BGB bzw. § 62 S. 2 VwVfG i. V. m. § 779 BGB.[50]

3. Austauschverträge

§ 56 I 1 VwVfG definiert den Austauschvertrag als **subordinationsrechtlichen öffentlich-rechtlichen Vertrag**, in dem sich **der Vertragspartner der Behörde** (in aller Regel ein Bürger oder eine privatrechtliche Vereinigung) zu einer **Gegenleistung** verpflichtet. Dass auch die Behörde eine Leistung erbringt, setzt § 56 I 1 VwVfG voraus. Schon aus der Legaldefinition dieser Vorschrift ergibt sich, dass der Terminus „Austauschvertrag" zu eng, aber jedenfalls missverständlich ist.[51] Es ist unstreitig, dass Austauschverträge i.S.v. § 56 VwVfG nicht nur synallagmatische Verträge

799

---

[46] *Schliesky*, in: Knack/Henneke, § 55 Rn. 23.
[47] A. A. *Schliesky*, a.a.O.: Nichtigkeit nicht nach § 59 II Nr. 3 VwVfG, sondern nach § 59 I i. V. m. § 134 BGB.
[48] Vgl. *Bonk/Neumann*, in: Stelkens/Bonk/Sachs, § 59 Rn. 35.
[49] BVerwG NJW 1976, 686; *Bonk/Neumann*, in: Stelkens/Bonk/Sachs, § 59 Rn. 35.
[50] *Bonk/Neumann*, in: Stelkens/Bonk/Sachs, § 55 Rn. 53 ff. § 59; *Kopp/Ramsauer*, § 55 Rn. 22 ff.; *Fehling*, in: Fehling/Kastner/Störmer, § 55 VwVfG Rn. 36 f., § 59 Rn. 26, 34.
[51] *Ule/Laubinger*, § 68 Rn. 30.

sind, bei denen jeder Vertragspartner seine Leistung nur deshalb verspricht, um die Leistung des anderen zu erhalten.[52] Ein Austauschvertrag ist vielmehr auch in anderen Fällen anzunehmen.

Beispiele:
- Die Behörde verpflichtet sich zur Gewährung einer Gaststättenerlaubnis, der Bürger verpflichtet sich, die vorhandenen Toilettenräume umzubauen.
- Der Dienstherr gewährt einem Beamtenanwärter einen Zuschuss als Studienförderung, der Anwärter verpflichtet sich für den Fall des Studienabbruchs zur Rückzahlung des Zuschusses (*Ule/Laubinger*, § 68 Rn. 31).

Ein Austauschvertrag wird selbst dann angenommen, wenn sich nur der Vertragspartner der Behörde im Vertrag (also schriftlich) zu einer Leistung verpflichtet, um von der Behörde eine außervertraglich versprochene oder von beiden Vertragsparteien stillschweigend vorausgesetzte Leistung zu erhalten (sog. **hinkende Austauschverträge**).[53]

Beispiele:
- Die Behörde verspricht mündlich, den Antragsteller einzubürgern, wenn dieser sich zur Rückzahlung eines Stipendiums verpflichtet. Daraufhin gibt der Antragsteller ein notariell beurkundetes Schuldanerkenntnis in Höhe des erhaltenen Stipendiums ab (BVerwGE 96, 326 ff.).
- Bürger und Gemeinde gehen ohne entsprechende schriftliche Regelung davon aus, dass diese ihren Bebauungsplan entsprechend den Wünschen des Bürgers ändert. Dieser verpflichtet sich gegenüber der Gemeinde schriftlich, einen bestimmten Betrag zur Renovierung von Spielplätzen zu zahlen (vgl. BVerwGE 111, 162/167 ff.).

800 § 56 VwVfG enthält besondere Bestimmungen für **subordinationsrechtliche Austauschverträge**. Für die **koordinationsrechtlichen Austauschverträge** gelten die Bestimmungen des § 56 VwVfG nicht. Ihre Zulässigkeit richtet sich nur nach §§ 54 S. 1, 57, 58, 59 Abs. 1 VwVfG.

801 Subordinationsrechtliche Austauschverträge sind zum Schutze des Bürgers davor, dass ihm **ungerechtfertigte Leistungen** abverlangt werden, sowie auch zur Verhinderung eines **Ausverkaufs von Hoheitsrechten** nur unter den folgenden in § 56 I VwVfG genannten Voraussetzungen zulässig:

1. Vereinbarung der Gegenleistung des Bürgers zu einem bestimmten, **im Vertrag angegebenen Zweck**. Denn nur dann lässt sich klären, ob die behördliche Leistung und die Gegenleistung des Bürgers sachlich miteinander zusammenhängen (§ 56 I 2 VwVfG). Nach überwiegender Auffas-

---

[52] *Bonk/Neumann*, in: Stelkens/Bonk/Sachs, § 56 Rn. 16 ff.; *Hettich*, in: Obermayer/Funke-Kaiser, § 56 Rn. 3.
[53] BVerwGE 111, 162 (167 f.); 96, 326 (330); im einzelnen *U. Stelkens*, DÖV 2009, 850 ff.

§ 11. Der öffentlich-rechtliche Vertrag nach §§ 54 ff. VwVfG

sung soll es genügen, wenn der Zweck der Gegenleistung (Leistung, die der Bürger erbringt) zwar nicht ausdrücklich im Vertrag genannt ist, aber im Wege der Vertragsauslegung ermittelt werden kann.[54] Nicht erforderlich ist es, dass im Vertrag genau bestimmt ist, wie die Behörde die Leistung des Bürgers im einzelnen verwendet.[55] Vielmehr genügt es, wenn sich dem Vertrag entnehmen lässt, ggf. im Wege der Auslegung, **weshalb der Bürger eine Leistung erbringt und zu welchem Zweck die Behörde diese Leistung verwendet.**

Beispiele für Zweckangaben:
- Für Schulbaumaßnahmen (hinreichend bestimmt)
- Für die Schaffung von Parkplätzen (hinreichend bestimmt)
- Für die Gewährung einer Versorgungsanwartschaft (hinreichend bestimmt, dazu auch der Beispielsfall a.E. dieser Rn.)
- Zum Ausgleich von Folgelasten (zu unbestimmt)
- Zur Verbesserung der Infrastruktur (zu unbestimmt)

2. Die Gegenleistung des Bürgers muss der **Erfüllung öffentlicher Aufgaben** dienen.
3. **Angemessenheit der Gegenleistung des Bürgers:** Nicht erforderlich ist Gleichwertigkeit von Leistung und Gegenleistung. Sie dürfen bei wirtschaftlicher Betrachtungsweise aber nicht außer Verhältnis stehen.
4. **Sachlicher Zusammenhang zwischen behördlicher Leistung und Gegenleistung des Bürgers:** Entscheidend für die Beurteilung des sachlichen Zusammenhanges sind der Inhalt und die Begleitumstände des Vertrages.[56] Es gilt folgender Grundsatz: Öffentlich-rechtliche Austauschverträge dürfen nur verknüpfen, was ohnehin in einem inneren Zusammenhang steht. Hoheitliche Entscheidungen dürfen **ohne gesetzliche Ermächtigung oder einen tieferen Grund** nicht von wirtschaftlichen Gegenleistungen abhängig gemacht werden (**Koppelungsverbot**).[57] Die Entscheidung, ob ein ausreichender sachlicher Zusammenhang besteht, ist bisweilen schwierig.[58]

---

[54] BVerwGE 111, 162 (168); 84, 236 (244); *Kopp/Ramsauer*, § 56 Rn. 8; *Bonk/Neumann*, in: Stelkens/Bonk/Sachs, § 56 Rn. 52; strenger *Schliesky*, in: Knack/Henneke, § 56 Rn. 21.

[55] BVerwGE 42, 331 (343); 84, 236 (242); *Kopp/Ramsauer*, § 56 Rn. 9; vgl. auch *Schlette*, Die Verwaltung als Vertragspartner, 2000, S. 478.

[56] BVerwGE 111, 162 (169).

[57] BVerwGE 111, 162 (169); 44, 331 (338 f.); VGH BaWü, 31.3.2015, 3 S 2016/4, juris Rn. 50.

[58] Dazu bereits allgemein oben Rn. 251; zur rechtlichen und praktischen Problematik von § 56 I 2 VwVfG und für die Streichung dieser Vorschrift *Butzer*, DÖV 2002, 881 ff.; *Krebs*, in: Liber Amicorum H.-U. Erichsen, 2004, S. 63 ff. (für Beibehaltung des Koppelungsverbotes).

Beispiele:
- A möchte ein Geschäftshaus errichten. Zur Bereitstellung der gesetzlich vorgeschriebenen Kfz-Stellplätze ist er nicht in der Lage. Die zuständige Behörde verpflichtet sich, A von der gesetzlichen Pflicht, die gesamte Anzahl an Stellplätzen zur Verfügung zu stellen, zu befreien (Dispenserteilung). A verpflichtet sich, 100 000 Euro für den Bau eines städtischen Parkhauses zu bezahlen. Hier ist insbesondere der erforderliche sachliche Zusammenhang zwischen der behördlichen Leistung und der Gegenleistung des Bürgers gegeben, weil durch den Bau des städtischen Parkhauses der Bedarf an Kfz-Stellplätzen, der durch den Bau des Geschäftshauses entsteht, gedeckt wird. Dies wäre z. B. nicht der Fall, wenn sich A zur Zahlung eines Geldbetrages für ein städtisches Jugendzentrum verpflichtet hätte.
- Ein Land trifft mit einem Angestellten in einem **privatrechtlichen** Arbeitsvertrag eine Nebenabrede. In ihr sagt das Land die Verbeamtung des Angestellten in vier Jahren zu, wenn dieser an das Land monatlich 150 € zahlt (dazu der Übungsfall von *Janzen*, Jura 2010, 624 ff.). Schon die Qualifizierung dieser **Nebenabrede** als öffentlich-rechtlichen Austauschvertrag (so BVerwG DVBl. 2003, 1550) oder als privatrechtliche Nebenabrede (so BAG NZA 2006, 684 Rn. 13 ff., wobei primär auf die ebenfalls zugesagte Gewährung einer Versorgungsanwartschaft nach beamtenrechtlichen Grundsätzen abgestellt wurde) ist umstritten. Das BVerwG hat derartige als öffentlich-rechtlich qualifizierte Vereinbarungen, ohne auf die nach § 56 I 1 VwVfG erforderliche Benennung des Zwecks der Leistung des Angestellten einzugehen, wegen Verstoßes gegen das Koppelungsverbot (§ 56 I 2 VwVfG) für nichtig gem. § 59 II Nr. 4 VwVfG erklärt: Das Koppelungsverbot des § 56 I 2 VwVfG „verbietet zum anderen, hoheitliche Entscheidungen ohne entsprechende gesetzliche Ermächtigung von wirtschaftlichen Gegenleistungen abhängig zu machen" (BVerwG DVBl. 2003, 1551; vgl. auch OVG Bremen NordÖR 2003, 308 ff.). Nahezu gleichlautende vertragliche Bestimmungen wurden in nachfolgenden Entscheidungen der Verwaltungs- und Arbeitsgerichte für wirksam erklärt. Zur Begründung wurde angeführt, der Angestellte erbringe seine Leistung nicht primär für die zugesagte Verbeamtung, sondern für die Gewährung einer Versorgungsanwartschaft nach beamtenrechtlichen Grundsätzen (so LAG Niedersachsen Beck RS 2005, 41658; BAG NZA 2006, 684 ff.; NdsOVG NdsVBl. 2007, 169 ff.; bestätigt von BVerfGK NVwZ 2008, 1111 ff.).

802 Hat der Bürger einen **strikten Rechtsanspruch** auf die Leistung der Behörde – steht ihr also kein Ermessens- oder Beurteilungsspielraum zu –, ist § 56 II VwVfG zu beachten. Danach kann nur eine solche Leistung des Bürgers vereinbart werden, die im Falle eines VA-Erlasses Inhalt einer Nebenbestimmung sein könnte. Entscheidend ist, ob die vom Bürger beanspruchte Rechtsfolge in einem Gesetz, einer Rechtsverordnung oder Satzung zwingend vorgeschrieben ist.[59] Dass der Bürger **im Einzelfall** keinen Rechtsanspruch hat, weil die Anspruchsvoraussetzungen nicht erfüllt sind, wenn der Bürger die von ihm versprochene Leistung nicht erbringt, steht der Anwendbarkeit von § 56 II VwVfG gerade nicht entgegen. Diese Vorschrift soll den Bürger nämlich nur davor schützen, dass er

---

[59] *Bonk/Neumann*, in: Stelkens/Bonk/Sachs, § 56 Rn. 36.

zur Erbringung von solchen Leistungen verpflichtet wird, die die Behörde nicht durch eine Nebenbestimmung fordern dürfte.

Beispiel: Die Behörde verpflichtet sich zur Erteilung einer Genehmigung für die Errichtung und den Betrieb einer Fabrik, der Betreiber verpflichtet sich zu bestimmten Lärmschutzmaßnahmen. Auf die Genehmigungserteilung besteht nur ein Rechtsanspruch, wenn ein bestimmter Geräuschpegel nicht überschritten wird (auch dies ist ein Austauschvertrag i.S.v. § 56 I 1 VwVfG, Rn. 799).

Wird ein Austauschvertrag geschlossen, obwohl eine der in § 56 VwVfG genannten Voraussetzungen nicht vorliegt, ist der Vertrag gem. § 59 II Nr. 4 VwVfG nichtig. Diese Bestimmung erfasst alle in § 56 VwVfG genannten Erfordernisse.[60] Denn ist eine Voraussetzung des § 56 VwVfG nicht erfüllt, lässt sich die Behörde eine insoweit unzulässige Gegenleistung versprechen. Die Nichtigkeit von Austauschverträgen kann nicht nur aus § 59 II Nr. 4 VwVfG folgen. Anwendbar sind auch § 59 I VwVfG und § 59 II Nrn. 1, 2 VwVfG.

IV. Rechtmäßigkeitsvoraussetzungen

§ 54 S. 1 VwVfG bestimmt ganz allgemein, dass ein öffentlich- 803 rechtlicher Vertrag **nicht gegen Rechtsvorschriften verstoßen** darf. **Diese Vorschrift gilt für sämtliche Vertragstypen,** beim Vergleichsvertrag allerdings nur eingeschränkt.[61] Zu beachten sind vor allem folgende Rechtmäßigkeitsvoraussetzungen.[62]

1. Zulässigkeit der Vertragsform

Unzulässig ist der öffentlich-rechtliche Vertrag als **Handlungsform,** 804 wenn das Gesetz ausdrücklich oder stillschweigend eine andere Handlungsform vorschreibt. So ergibt sich etwa aus den Beamtengesetzen, dass die **Ernennung und die Entlassung aus dem Beamtenverhältnis zum Beamten durch Verwaltungsakt** erfolgen müssen, §§ 8 II, 23

---

[60] *Kopp/Ramsauer,* § 59 Rn. 28, § 56 Rn. 23; *Bonk/Neumann,* in: Stelkens/Bonk/Sachs, § 59 Rn. 39a.
[61] Dazu Rn. 798.
[62] S. auch die Schemata von *Maurer,* § 14 Rn. 58; *Peine,* Rn. 870.

BeamtStG. Auch die Festsetzung von Steuern oder die Bewertung von Prüfungsleistungen darf nicht durch öffentlich-rechtlichen Vertrag erfolgen.

Von der Frage, ob es der Behörde verwehrt ist, anstatt einen Verwaltungsakt zu erlassen oder eine sonstige einseitige (schlicht-)hoheitliche Maßnahme zu treffen, einen öffentlich-rechtlichen Vertrag zu schließen (handlungsformersetzende öffentlich-rechtliche Verträge), ist die Frage zu unterscheiden, ob die Behörde sich in einem öffentlich-rechtlichen Vertrag verpflichten darf, einen Verwaltungsakt mit einem bestimmten Inhalt zu erlassen (verwaltungsaktvorbereitender Vertrag) oder eine andere Maßnahme zu treffen.

Beispiele: Öffentlich-rechtlicher Vertrag, in dem sich die Behörde verpflichtet,
- den Vertragspartner zum Beamten zu ernennen
- den Vertragspartner für eine bestimmte Zeit von der Schulpflicht freizustellen
- eine schriftliche Prüfungsleistung unter Berücksichtigung eines bestimmten Aspekts neuzubewerten
- den Steuerbescheid in einem bestimmten Punkt zu ändern
- einen Bebauungsplan mit einem bestimmten Inhalt zu erlassen

805   Für manche Rechtsgebiete oder bestimmte Teile dieser Rechtsgebiete besteht aufgrund besonderer gesetzlicher Regelung oder allgemeiner Rechtsgrundsätze ein **generelles Verbot**, öffentlich-rechtliche Verträge abzuschließen.[63] Auch dann gilt das Vertragsformverbot. Die Behörde darf dann auch keine Verträge schließen, in denen sie sich verpflichtet, später bestimmte Maßnahmen zu treffen. Dies gilt selbst dann, wenn diese Maßnahme nach materiellem Recht zulässig wäre. So ist bei der Beurteilung von bestimmten Prüfungsleistungen der öffentlich-rechtliche Vertrag nach § 2 III Nr. 2 VwVfG ausgeschlossen.[64] Gleiches gilt nach § 1 III 2 HS 2, VIII BauGB für die Bauleitplanung. Nach weitverbreiteter Auffassung dürfen im Hinblick auf den Grundsatz der Gesetzmäßigkeit der Verwaltung in Steuer- und Abgabenangelegenheiten keine öffentlich-rechtlichen Verträge geschlossen werden.[65] Für das Beamtenrecht gilt dagegen kein generelles Vertragsformverbot.[66] In den Fällen, in denen die Rechtsprechung beamtenrechtliche Verträge für nichtig erklärt hat, ging es um Verstöße

---

[63] Dazu *Kopp/Ramsauer*, § 54 Rn. 42 f.
[64] Soweit es dagegen nicht um die Bewertung von Prüfungsleistungen, sondern um allgemeine prüfungsverfahrensrechtliche Fragen geht – z.B. um Prüfungswiederholungen oder Prüfungsneubewertungen –, gilt der Ausschluss des § 2 III Nr. 2 VwVfG nicht, OVG Berlin-Brandenburg NVwZ-RR 2014, 686 f. (auch zur restriktiven Auslegung der Vertragsform für die Tätigkeit der Schulen in den LVwfG).
[65] Dagegen *Schliesky*, in: Knack/Henneke, § 54 Rn. 43 ff. (47 ff.); dazu auch *Bonk/Neumann*, in: Stelkens/Bonk/Sachs, § 54 Rn. 124 ff.
[66] *Kopp/Ramsauer*, § 54 Rn. 42; zu restriktiv *Bonk/Neumann*, in: Stelkens/Bonk/Sachs, § 54 Rn. 129.

gegen materiell-rechtliche Regelungen oder Grundsätze des Beamtenrechts.[67]
Öffentlich-rechtliche Verträge, die gegen ein Vertragsformverbot verstoßen, sind gem. § 59 I VwVfG i.V.m. §§ 54 S. 1 VwVfG, 134 BGB nichtig.[68] Ist die vertragliche Handlungsform zulässig, kann der öffentlich-rechtliche Vertrag gleichwohl mit anderen Bestimmungen oder Rechtsgrundsätzen unvereinbar sein, deren Verletzung zur Rechtswidrigkeit und ggf. Nichtigkeit gerade des konkreten Vertrages führt.

2. Formelle Rechtmäßigkeit

a) Zuständigkeiten

Die vertragsschließende Behörde muss örtlich, sachlich, funktionell und instantiell zuständig sein. Die Zuständigkeiten folgen aus dem jeweils einschlägigen Fachrecht. § 3 VwVfG gilt subsidiär. 806

b) Form

Öffentlich-rechtliche Verträge bedürfen nach § 57 VwVfG der **Schriftform,** wenn durch andere Rechtsvorschriften[69] keine andere Form vorgeschrieben ist. Gem. § 62 S. 2 VwVfG sind ergänzend die §§ 126 ff. BGB, die das Schriftformerfordernis präzisieren, entsprechend anwendbar. Umstritten ist, ob aus dem Verweis auf § 126 II 1 BGB, der aus § 62 S. 2 VwVfG folgt, der **Grundsatz der Urkundeneinheit** für öffentlich-rechtliche Verträge gilt[70] – wobei dieser Grundsatz bereits durch § 126 II 2 BGB aufgelockert ist.[71] Teile der Literatur sprechen sich gegen eine strikte Anwendung des § 126 II BGB aus. Nach ihnen wird der Schriftform des 807

---

[67] BVerwGE 91, 200 (203 f.), wonach Verträge über Leistungen, deren Erbringung im Ermessen des Dienstherrn steht, zulässig sind; 52, 183 (189); DVBl. 2003, 1550; vgl. auch BVerfGK NVwZ 2008, 1111 ff.

[68] So – ohne Benennung von § 54 S. 1 VwVfG – *Kopp/Ramsauer,* § 54 Rn. 41a; *Bonk/Neumann,* in: Stelkens/Bonk/Sachs, § 54 Rn. 102; *Schliesky,* in: Knack/Henneke, § 54 Rn. 36 f.; *Maurer,* § 14 Rn. 42 b; nach a. A. folgt die Nichtigkeit direkt aus § 54 S. 1 VwVfG, so *Krebs,* VerwArch. 72 (1981), 54; *Erichsen,* Jura 1994, 50 f.

[69] Dazu gehören nach h.M. auch Rechtsverordnungen und Satzungen, *Schliesky,* in: Knack/Henneke, § 57 Rn. 6; *Kopp/Ramsauer,* § 57 Rn. 4; *Maurer,* § 14 Rn. 29; a. A. *Bonk/Neumann,* in: Stelkens/Bonk/Sachs, § 57 Rn. 22a.

[70] Bejahend OVG Lüneburg NJW 1998, 2921; NJW 1992, 1404; *Ule/Laubinger,* § 69 Rn. 9; *Ziekow,* § 57 Rn. 4; *Hettich,* in: Obermayer/Funke-Kaiser, § 57 Rn. 15; offen lassend OVG Lüneburg NdsVBl. 2008, 326 f.

[71] *Hettich,* a.a.O.

§ 57 VwVfG auch dadurch genügt, dass ein unterzeichnetes Vertragsangebot und eine inhaltlich übereinstimmende Annahmeerklärung ausgetauscht werden.[72] Der Sache nach bedeutet dies eine ergänzende Anwendung von § 127 II 1 BGB (Briefwechsel). Diese Auffassung ist abzulehnen. § 127 II 1 BGB gilt lediglich für eine **rechtsgeschäftlich**, nicht aber auch für die gesetzlich bestimmte Schriftform.

Durch Rechtsvorschrift – formelles Gesetz, Rechtsverordnung, Satzung – kann auch eine andere, strengere Form vorgeschrieben sein. So ist etwa nach § 62 S. 2 VwVfG i.V.m. § 311b I 1 BGB entsprechend die notarielle Beurkundung erforderlich, wenn der öffentlich-rechtliche Vertrag die Verpflichtung zur Übertragung eines Grundstücks enthält;[73] allerdings gilt auch § 311b I 2 BGB – Heilungsmöglichkeit – entsprechend.

Umstritten ist, ob auch Rechtsvorschriften, die einen Verzicht auf das Schriftformerfordernis vorsehen und Mündlichkeit genügen lassen, vom Vorbehalt des § 57 VwVfG gedeckt sind.[74]

808 Ein öffentlich-rechtlicher Vertrag, der nicht der Schriftform oder einer erforderlichen strengeren Form genügt, ist gem. §§ 59 Abs. 1, 62 S. 2 VwVfG i.V.m. § 125 S. 1 BGB nichtig.

c) Zustimmung

809 Nach § 58 I VwVfG bedarf ein öffentlich-rechtlicher Vertrag, der in Rechte eines Dritten eingreift, dessen schriftlicher Zustimmung. Ein Eingriff in Rechte Dritter ist unstreitig bei drittbelastenden **Verfügungsverträgen** anzunehmen.

Beispiel: Erteilung einer Baugenehmigung durch öffentlich-rechtlichen Vertrag unter Gewährung eines Dispenses von nachbarschützenden Vorschriften. Dieser Vertrag greift unmittelbar in die Rechte des Nachbarn ein.

Gleiches gilt nach zutreffender Auffassung auch für **drittbelastende Verpflichtungsverträge**.[75]

---

[72] *Bonk/Neumann*, in: Stelkens/Bonk/Sachs, § 57 Rn. 19 f.; *Kopp/Ramsauer*, § 57 Rn. 9 f.; in bestimmten Fällen auch BVerwGE 96, 326 (332); NVwZ 2005, 1083.
[73] BGHZ 65, 368 (372); 58, 386 (392 ff.); BVerwGE 70, 247 (254 f.).
[74] Dafür *Kopp/Ramsauer*, § 57 Rn. 3, 5; dagegen *Hettich*, in: Obermayer/Funke-Kaiser, § 57 Rn. 18; *Mann*, in: Mann/Sennekamp/Uechtritz, § 57 Rn. 32; differenzierend *Schliesky*, in: Knack/Henneke, § 57 Rn. 31; *Fehling*, in: Fehling/Kastner/Störmer, § 57 VwVfG Rn. 12.
[75] VGH Bad.-Württ. VBlBW 2006, 240; OVG Münster NVwZ 1988, 370; *Kopp/Ramsauer*, § 58 Rdn. 7; *Gurlit*, in: Erichsen/Ehlers, § 32 Rn. 1.

Beispiel: Die Behörde verpflichtet sich vertraglich zur Erteilung einer Baugenehmigung unter Gewährung eines Dispenses von nachbarschützenden Vorschriften. Dieser Vertrag verpflichtet die Behörde zu einem Eingriff in die Rechte des Nachbarn.

Die Argumentation, nicht derartige Verträge, sondern erst das spätere behördliche Verhalten greife in Rechte des Dritten ein, hiergegen könne dieser sich aber wehren, der Verpflichtungsvertrag greife deshalb nicht i.S.d. § 58 I VwVfG in die Rechte des Dritten ein,[76] greift zu kurz. Sie verkennt, dass § 58 I VwVfG auch die Behörde davor schützen soll, Verpflichtungen einzugehen, die sie später (möglicherweise) nicht erfüllen kann.[77] § 58 I VwVfG erfasst deshalb auch Verpflichtungsverträge, die nur **mittelbar** in Rechte eines Dritten eingreifen.

3. Materielle Rechtmäßigkeit

Bei der materiellen Rechtmäßigkeit geht es (neben der Eingriffsbefugnis) um die Frage, ob der Inhalt des Vertrages − also das, was im Vertrag geregelt ist − rechtmäßig ist.

Ausgangspunkt ist wiederum § 54 S. 1 VwVfG, wonach öffentlich-rechtliche Verträge nicht gegen Rechtsvorschriften verstoßen dürfen. Rechtsvorschriften im Sinne dieser Bestimmung sind Vorschriften des Verfassungsrechts, Gesetze, Rechtsverordnungen und Satzungen sowie auch unmittelbar wirkendes EU-Recht. Als Folge der rechtsstaatlichen Bindung der Verwaltung an Gesetz und Recht, Art. 20 III GG, sind auch die ungeschriebenen **allgemeinen Rechtsgrundsätze des Verfassungs- und Verwaltungsrechts** zu beachten. Spezielle Anforderungen sowohl an die formelle als auch an die materielle Rechtmäßigkeit (bestimmter) öffentlich-rechtlicher Verträge statuieren die §§ 55–57 VwVfG.

Es stellt sich vor allem folgende Frage: Kann der Bürger wirksam auf die Beachtung gesetzlicher Vorschriften und allgemeiner Rechtsgrundsätze verzichten und auf diese Weise der Verwaltung zusätzliche Entscheidungs- und Handlungsspielräume eröffnen?[78]

Beispiele:
- Ein Bürger willigt in eine bestimmte amtsärztliche Untersuchung ein, obwohl eine entsprechende Eingriffsbefugnis der Behörde fehlt.
- Ein Bürger erlaubt die polizeiliche Durchsuchung seiner Wohnung, obwohl die hierfür gesetzlich geregelten Voraussetzungen nicht erfüllt sind.

---

[76] OVG Lüneburg NVwZ 2000, 1309; *Ule/Laubinger*, § 69 Rn. 15; *Hellriegel*, DVBl. 2007, 1213 f.; offenbar auch BayVGH BayVBl. 2005, 211.
[77] *Kopp/Ramsauer*, § 58 Rn. 7.
[78] Dazu *Maurer*, § 14 Rn. 34.

Soweit es sich um disponible, also nicht zwingende Rechtsvorschriften und Rechtsgrundsätze handelt, ist diese Frage zu bejahen. Es gilt folgende **Faustformel:** Geht es um Vorschriften oder Grundsätze, **die primär den Schutz des Bürgers bezwecken,** kann er auf ihre Geltendmachung verzichten.

4. Rechtsfolgen der Rechtswidrigkeit

a) Unterscheidung zwischen Rechtswidrigkeit und Nichtigkeit

812 Wichtig und klausurrelevant ist folgender Grundsatz: Anders als bei Gesetzen führt die Rechtswidrigkeit öffentlich-rechtlicher Verträge nicht grundsätzlich zur Nichtigkeit. Vielmehr ist der öffentlich-rechtliche Vertrag nur dann nichtig, wenn ein in § 59 VwVfG genannter **Nichtigkeitsgrund** vorliegt. **Ansonsten bleibt die Rechtswidrigkeit folgenlos.** Zu denken ist auch an eine Anfechtung entsprechend den einschlägigen Vorschriften des BGB, § 62 S. 2 VwVfG. Im Falle einer wirksamen Anfechtung ist der öffentlich-rechtliche Vertrag nach § 59 I VwVfG i.V.m. § 142 BGB nichtig.

813 **Aufbauhinweis:** Zunächst sind die speziellen Nichtigkeitsgründe des § 59 II VwVfG zu prüfen. Erst dann darf auf den in § 59 I VwVfG genannten Nichtigkeitsgrund eingegangen werden. Allerdings ist der Rückgriff auf § 59 I VwVfG nicht ausgeschlossen, wenn der Vertrag bereits nach § 59 II VwVfG nichtig ist. Die Nichtigkeit kann sich außer aus Abs. 2 zugleich aus Abs. 1 ergeben.[79] Soweit aber bestimmte Rechtsfragen in § 59 II VwVfG beantwortet sind, darf insoweit auf § 59 I VwVfG nicht mehr zurückgegriffen werden.

Beispiel: In einem öffentlich-rechtlichen Vertrag verpflichtet sich die Stadt zum Erlass eines bestimmten Bebauungsplanes, der Bürger verpflichtet sich zur Zahlung von 20.000 € zur Instandsetzung der städtischen Kindergärten. Zwischen der behördlichen Leistung und der Gegenleistung des Bürgers besteht nicht der nach § 56 I 2 VwVfG erforderliche sachliche Zusammenhang. Der Vertrag ist deshalb gem. § 59 II Nr. 4 VwVfG nichtig. Der Aspekt des fehlenden Sachzusammenhanges darf bei der anschließenden Prüfung von § 59 I VwVfG

---

[79] VGH Mannheim NVwZ 1991, 583; *Kopp/Ramsauer*, § 59 Rn. 18; *Mann*, in: Mann/Sennekamp/Uechtritz, § 59 Rn. 21; *Schliesky*, in: Knack/Henneke, § 59 Rn. 15; a. A. und für Nichtanwendbarkeit von § 59 I VwVfG im Falle der Nichtigkeit eines Vertrages nach § 59 II VwVfG *Lenz*, in: Obermayer/Funke-Kaiser, § 59 Rn. 12 ff.; *Götz*, NJW 1976, 1430; *Schleicher*, DÖV 1976, 554.

nicht mehr berücksichtigt werden. Der Vertrag ist aber zusätzlich gem. § 59 I VwVfG i.V.m. § 134 BGB, § 1 III 2 BauGB (gesetzliches Verbot der vertraglichen Begründung von Ansprüchen auf Erlass eines Bebauungsplanes) nichtig (dazu *Detterbeck/Pöttgen*, Jura 2003, 563 ff.).

b) Nichtigkeitsgründe des § 59 II VwVfG

§ 59 II VwVfG gilt nur für subordinationsrechtliche Verträge i.S.v. § 54 S. 2 VwVfG, nicht auch für koordinationsrechtliche Verträge. **814**
- Nr. 1 verweist auf die Nichtigkeitsgründe des § 44 VwVfG.
- Nr. 2 will verhindern, dass die Vertragsparteien durch bewusstes und gewolltes Zusammenwirken (Kollusion) zwingende gesetzliche Vorschriften umgehen.
- Nr. 3 stellt sicher, dass beim Abschluss eines Vergleichsvertrages die in § 55 VwVfG genannten Voraussetzungen nicht sanktionslos missachtet werden.
- Nr. 4 will beim Abschluss eines Austauschvertrages Verstößen gegen § 56 VwVfG entgegenwirken. Nach h.M. führt jedweder Verstoß gegen § 56 VwVfG, also auch die fehlende Zweckangabe, zur Nichtigkeit des öffentlich-rechtlichen Vertrages.

c) Nichtigkeitsgründe des § 59 I VwVfG

Diese Bestimmung gilt für subordinations- und koordinationsrechtliche Verträge. Nichtigkeit ist insbesondere in folgenden Fällen anzunehmen: **815**
- Geschäfts- und Handlungsunfähigkeit eines Vertragspartners, § 105 BGB.
- Verletzung von Formvorschriften (falls keine Heilung), § 125 BGB.
- Verstoß gegen die guten Sitten, § 138 BGB (Vorrang von § 59 II Nr. 1 i.V.m. § 44 II Nr. 6 VwVfG).
- Anfechtung, §§ 119 ff., 142 I BGB.

Besonders umstritten ist die Frage der **entsprechenden Anwendung** **816** **von § 134 BGB** (Verstoß gegen ein gesetzliches Verbot). Eine **unbeschränkte Anwendung** dieser Vorschrift führte regelmäßig zur Nichtigkeit rechtswidriger öffentlich-rechtlicher Verträge. Dies aber würde § 59 II VwVfG unterlaufen, der bestimmte Nichtigkeitsgründe enumerativ aufzählt. Auf der anderen Seite darf die entsprechende Anwendung von § 134 BGB auch nicht ausgeschlossen sein. In bezug auf § 134 BGB ist deshalb **zwischen qualifizierter, d.h. besonders schwerwiegender und zur Nichtigkeit führender Rechtswidrigkeit und schlichter, d.h. folgen-**

loser Rechtswidrigkeit zu unterscheiden.[80] Klare Kriterien sind dies freilich nicht.

817 Zwei Einschränkungen folgen allerdings bereits aus § 134 BGB selbst. Erstens muss sich das fragliche Verbot **gerade gegen den Inhalt des öffentlich-rechtlichen Vertrages** richten. Das ist bei bloßen Ordnungsvorschriften (z. B. Ladenschlusszeiten) nicht der Fall. Zweitens ist Nichtigkeit des öffentlich-rechtlichen Vertrages grundsätzlich nur bei Verstößen gegen solche gesetzliche Verbote anzunehmen, die sich an **beide Vertragspartner** wenden. Bei einseitigen gesetzlichen Verboten gilt § 134 BGB aber dann, wenn der Zweck des Verbotsgesetzes nur durch die Nichtigkeit des Vertrages erreicht werden kann;[81] diese Ausnahme gilt auch für die entsprechende Anwendung von § 134 BGB auf öffentlich-rechtliche Verträge.[82]

818 Im Ausgangspunkt ist es unstreitig, dass auch **EU-Recht** gesetzliche Verbote i. S. v. § 59 I VwVfG i. V. m. § 134 BGB statuieren kann.[83] Freilich muss es sich auch hier um zwingende Vorschriften des EU-Rechts, denen unmittelbare Wirkung zukommt, handeln. Mit einem schlichten Hinweis auf den Anwendungsvorrang des Unionsrechts ist es nicht getan. So hat der BGH Art. 108 III 3 AEUV (ex Art. 88 III 3 EGV) und das in ihm geregelte Beihilfenverbot (Durchführungsverbot)[84] als gesetzliches Verbot i. S. v. § 134 BGB qualifiziert. Dies mit der Folge, dass ein privatrechtlicher Subventionsvertrag schon dann nach § 134 BGB i. V. m. Art. 108 III 3 AEUV nichtig ist, wenn die Subvention nicht vorher gem. Art. 108 III 1 AEUV bei der Kommission angezeigt (notifiziert) wurde.[85] Für öffentlich-rechtliche Verträge kann dann nichts anderes gelten.[86]

Zutreffend ist jedoch die **Gegenauffassung.** Danach führt ein Verstoß gegen das Durchführungsverbot des Art. 108 III 3 AEUV nur zur **schwe-**

---

[80] Vgl. BVerwGE 89, 7 (10); 98, 58 (63); VGH Bad.-Württ. VBlBW 2005, 73.
[81] So hat BGHZ 173, 129 Rn. 33 f. das sog. Durchführungsverbot des Art. 108 III 3 AEUV, das sich nur an die EU-Mitgliedstaaten und nicht auch an die Beihilfeempfänger wendet – zweifelnd insoweit allerdings der BGH –, als gesetzliches Verbot i. S. v. § 134 BGB qualifiziert; ebenso *Maurer*, § 14 Rn. 43 a.
[82] *Kopp/Ramsauer*, § 59 Rn. 12 f. m. w. N. pro et contra.; vgl. auch BayVGH BayVBl. 2009, 661 Rn. 63.
[83] BVerwGE 70, 41 (45 f.); *Mann*, in: Mann/Sennekamp/Uechtritz, § 59 Rn. 58; *Maurer*, § 14 Rn. 43 a; *Erichsen*, Jura 1994, 50.
[84] Dazu bereits Rn. 759 ff.
[85] BGHZ 173, 129 Rn. 33 f.; EuZW 2011, 440 Rn. 40; EuZW 2004, 252 u. 254; EuZW 2003, 445.
[86] So *Maurer*, § 14 Rn. 43a; *Koenig*, EuZW 2006, 207 f.; *Pechstein*, EuZW 2003, 447; *Gellermann*, DVBl. 2003, 484 ff.; *Remmert*, EuR 2000, 469.

§ 11. Der öffentlich-rechtliche Vertrag nach §§ 54 ff. VwVfG

benden Unwirksamkeit des Beihilfevertrages.[87] Genehmigt die Kommission die Beihilfe, wird der Vertrag ex nunc wirksam. Verweigert sie die Genehmigung, wird der Vertrag endgültig unwirksam. Gegen eine analoge Anwendung von § 58 II VwVfG bestehen keine durchgreifende Einwände.[88] Auch die Qualifizierung von Art. 108 III 3 AEUV als gesetzliches Verbot i.S.d. § 134 BGB schließt die Annahme schwebender Unwirksamkeit eines Vertrages nicht aus. Denn die Nichtigkeit des Vertrages ist schon nach dem Wortlaut von § 134 BGB nicht zwingende Folge. Und schwebende Unwirksamkeit entspricht auch Sinn und Zweck von Art. 108 III 3 AEUV. Denn das Durchführungsverbot dieser Vorschrift gilt nur bis zu einem abschließenden Kommissionsbeschluss nach Art. 108 III 1, 2 AEUV. Erklärt die Kommission die Beihilfe für EU-rechtmäßig, darf sie vollzogen, d.h. geleistet werden.

Allerdings wirkt eine Genehmigung der Kommission nur ex nunc. Wurde die Beihilfe entgegen Art. 108 III 3 AEUV vor der Genehmigung der Kommission geleistet, haben hiervon nachteilig betroffene Konkurrenten des Begünstigten einen Anspruch gegen die Behörde auf vorläufige Rückforderung der Beihilfe. Selbst nach einer Genehmigung der Behörde durch die Kommission haben sie ggf. einen Anspruch gegen die Behörde auf Abschöpfung der ungerechtfertigten Vorteile und möglicherweise auch einen Schadensersatzanspruch.[89]

Es ist zu berücksichtigen, dass ein schwebend unwirksamer und nicht ex tunc wirksam gewordener Vertrag kein Rechtsgrund für eine vorzeitige Beihilfegewährung ist. Allerdings ist es der Behörde verwehrt, ihre Rückforderungs- und Abschöpfungsforderungen durch Verwaltungsakt geltend zu machen. Die Behörde ist vielmehr auf eine Klageerhebung beschränkt.[90]

Nichtig gem. § 59 I VwVfG i.V.m. § 134 BGB ist ein öffentlich-rechtlicher Vertrag auch dann, wenn der Vertrag als **Handlungsform** zwingend ausgeschlossen ist (weil z.B. die Handlungsform des Verwaltungsakts vorgeschrieben ist).[91] In diesem Fall ist es auch dem Bürger verwehrt, mit der Behörde einen Vertrag zu schließen.

---

[87] *Mann*, in: Mann/Sennekamp/Uechtritz, § 59 Rn. 59 ff.; *Frenz*, Handbuch Europarecht, Bd. 3, 2007, Rn. 1488 ff.; *Finck/Gurlit*, Jura 2011, 90 f., 93; *Kahl*, NVwZ 2011, 453 f.; *Rennert*, EuZW 2011, 581; *Knöbl*, JA 2010, 870 f.; *Fiebelkorn/Petzold*, EuZW 2009, 325, 328; *Goldmann*, Jura 2008, 278; *Heidenhain*, EuZW 2005, 135 ff.; *Pütz*, NJW 2004, 2199 ff.; *Quardt/Nielandt*, EuZW 2004, 201 ff.
[88] *Kahl*, NVwZ 2011, 453 f.; a.A. *Maurer*, § 14 Rn. 43a.
[89] EuGH EWS 2008, 180 Rn. 45 – *CELF/SIDE*; näher *Finck/Gurlit*, Jura 2011, 92 f.; dazu bereits Rn. 759 ff.
[90] Dazu Rn. 600, 602; BVerwG DVBl. 2006, 118 ff.; *Detterbeck*, ÖR, Rn. 893; *Frenz*, Handbuch Europarecht, Bd. 3, 2007, Rn. 1514 ff.; *Fiebelkorn/Petzold*, EuZW 2009, 327 f.
[91] Ebenso *Maurer*, § 14 Rn. 42b; *Ipsen*, Rn. 812; dazu bereits Rn. 804 f.

Unzulässig sind z.B.:[92]
- Beamternennung durch Vertrag (vgl. § 8 II BeamtStG)
- Vertragliche Gewährung einer höheren Beamtenbesoldung (vgl. § 2 II BBesG)
- Verträge über die Verpflichtung zur Aufstellung, Aufhebung oder Änderung von Bebauungsplänen (vgl. § 1 III 2, VIII BauGB)

5. Folgen der Nichtigkeit oder Unwirksamkeit

820   Aufgrund nichtiger öffentlich-rechtlicher Verträge eingegangene Verpflichtungen sind unwirksam. Ein Verwaltungsakt, der aufgrund eines nichtigen öffentlich-rechtlichen Vertrages erlassen wurde, ist grundsätzlich nur anfechtbar, nicht auch nichtig. Leistungen, die aufgrund eines nichtigen öffentlich-rechtlichen Vertrages erbracht wurden, sind nach Maßgabe der Grundsätze des **öffentlich-rechtlichen Erstattungsanspruchs**[93] zurückzugewähren. Gleiches gilt, wenn ein öffentlich-rechtlicher Vertrag **unwirksam** geworden ist.

Im Falle einer wirksamen **Kündigung** nach § 60 VwVfG oder nach § 62 S. 2 VwVfG i.V.m. den Kündigungsvorschriften des BGB erlischt der Vertrag grundsätzlich nur mit Wirkung für die Zukunft.[94] Im Falle eines **Rücktritts** nach § 62 S. 2 VwVfG i.V.m. den Rücktrittsvorschriften des BGB[95] (oder im Falle eines vertraglichen Rücktrittsrechts) wird der Vertrag nicht unwirksam, sondern wandelt sich in ein schuldrechtliches Abwicklungsverhältnis um.[96] Der Anspruch auf Rückgewährung der erbrachten Leistungen folgt deshalb im **Rücktrittsfall** aus einer entsprechenden Anwendung von § 346 BGB.

In allen Fällen darf die Behörde ihren Rückabwicklungsanspruch aber nicht durch Verwaltungsakt durchsetzen. Da sie sich auf die vertragliche Ebene begeben hat, steht ihr keine VA-Befugnis zu. Dies gilt auch im Falle eines subordinationsrechtlichen Vertrages. Die Behörde ist auf die Erhebung einer allgemeinen Leistungsklage angewiesen.[97] Eine Ausnahme gilt nur, wenn die behördliche VA-Befugnis vertraglich wirksam vereinbart wurde oder eine entsprechende gesetzliche Regelung besteht.

---

[92] Dazu auch *Kopp/Ramsauer*, § 54 Rn. 42 f.
[93] Dazu Rn. 1235 ff.
[94] Zu ausnahmsweise bestehenden Rückgewährungsansprüchen bei Äquivalenzstörungen, die schon vor der Kündigung bestanden, *Bonk/Neumann*, in: Stelkens/Bonk/Sachs, § 60 Rn. 25d.
[95] Sie sind entsprechend anwendbar, *Kopp/Ramsauer*, § 62 Rn. 24.
[96] *Palandt/Grüneberg*, vor § 346 Rn. 6 m. w. N.; dies gilt auch im öffentlichen Recht, BVerwG NVwZ-RR 2004, 413.
[97] Dazu auch Rn. 600, 602, 1255 ff.

Möglich ist auch eine **Teilnichtigkeit** öffentlich-rechtlicher Verträge. Sie führt nur unter der Voraussetzung des § 59 III VwVfG zur Gesamtnichtigkeit.

6. Abwicklung wirksamer Verträge

Die Abwicklung erfolgt unter entsprechender Anwendung der einschlägigen Vorschriften des BGB, § 62 S. 2 VwVfG. Das gilt auch für die Verletzung vertraglicher und vorvertraglicher Pflichten, § 280 ff., 311 II BGB (die auch Ansprüche aus c.i.c. einschließen).[98] **Die Behörde darf ihre vertraglichen Ansprüche grundsätzlich nicht durch Verwaltungsakt durchsetzen.** Etwas anderes gilt nur dann, wenn die Behörde hierzu von Gesetzes wegen berechtigt ist.[99] Ansonsten ist die Behörde auf die Erhebung einer verwaltungsgerichtlichen Klage, i.d.R. einer **allgemeinen Leistungsklage,** angewiesen.

821

Eine **Anpassung des Vertrages an geänderte Verhältnisse gem. § 60 VwVfG**[100] erfolgt nicht automatisch. Erforderlich ist vielmehr eine entsprechende vertragliche Vereinbarung. Lässt sie sich nicht erzielen, kann die Anpassung im Wege einer allgemeinen Leistungsklage gerichtlich erstritten werden.[101] § 313 BGB, der das Institut des Wegfalls der Geschäftsgrundlage gesetzlich regelt, stimmt im wesentlichen mit § 60 VwVfG überein. Soweit dies nicht der Fall ist und § 60 VwVfG keine Regelung getroffen hat, ist § 313 BGB gem. § 62 S. 2 VwVfG entsprechend anwendbar. Dies betrifft § 313 II BGB, da § 60 VwVfG keine vergleichbare Regelung enthält.[102]

822

7. Rechtsweg

Enthält ein Vertrag sowohl Regelungen, die als privatrechtlich zu qualifizieren sind, als auch Regelungen, die als öffentlich-rechtlich zu qualifizieren sind (gemischt öffentlich-rechtliche/privatrechtliche Verträge), bestimmt sich die Rechtsnatur des gesamten Vertrages nach dem Schwerpunkt der vertraglichen Regelung.[103] Der Gesamtcharakter des Vertrages ist

823

---

[98] Zu den Folgen des Schuldrechtsmodernisierungsgesetzes *Geis,* NVwZ 2002, 385 ff.
[99] BVerwGE 89, 345 (348 ff.); a.A. und gegen eine Sperrwirkung des öffentlich-rechtlichen Vertrages *Payandeh,* DÖV 2012, 590 ff.
[100] Dazu näher BVerwGE 143, 335 ff.
[101] BVerwGE 143, 335 Rn. 37.
[102] *Schliesky,* in: Knack/Henneke, § 60 Rn. 24; nach a.A. ist in den Fällen des § 313 II BGB dagegen § 60 S. 1 VwVfG analog anwendbar, OVG Lüneburg NVwZ 2003, 629; *Bonk/Neumann,* in: Stelkens/Bonk/Sachs, § 60 Rn. 13.
[103] Dazu bereits Rn. 786 m. N.

auch rechtswegbestimmend. Überwiegen die privatrechtlichen Elemente und ist der Vertrag deshalb als privatrechtlich zu qualifizieren, ist auch dann der Zivilrechtsweg eröffnet, wenn der Rechtsstreit eine für sich genommen öffentlich-rechtlich geprägte Bestimmung des Vertrages betrifft.[104] Nicht entscheidend für die Rechtswegabgrenzung ist danach, auf welchen Teil des Vertrages die Klage gestützt wird. Anders verfährt demgegenüber ein Teil der bundesverwaltungsgerichtlichen Rechtsprechung, die unter bestimmten Voraussetzungen zwischen öffentlich-rechtlichen und privatrechtlichen Teilen des Vertrages unterscheidet und diese dementsprechend unterschiedlich behandelt.[105]

Handelt es sich um einen schwerpunktmäßig (also insgesamt) **öffentlich-rechtlichen Vertrag**, ist wie folgt zu unterscheiden. Ansprüche des **Staates gegen den Bürger** sind nach § 40 I VwGO immer vor den Verwaltungsgerichten geltend zu machen;[106] für diese Ansprüche gilt die Ausnahmevorschrift des § 40 II 1 HS 1 VwGO nicht.

Für Ansprüche des **Bürgers gegen den Staat** ist vieles umstritten. **Erfüllungsansprüche** sind nach § 40 I 1 VwGO vor den Verwaltungsgerichten geltend zu machen.[107] **Schadensersatzansprüche** wegen Vertragsverletzung (Nichterfüllung, Schlechterfüllung, Verzug u.s.w.) gehören nach § 40 I 1 i.V.m. II 1 HS 1, 3. Var. VwGO ebenfalls vor die Verwaltungsgerichte.

Dies betrifft auch vorvertragliche Schadensersatzansprüche wegen der Verletzung von Pflichten bei der Anbahnung oder beim Abschluss öffentlich-rechtlicher Verträge analog § 280 I i.V.m. § 311 II BGB (c.i.c.), und zwar auch dann, wenn kein Vertrag zustande kam.[108] Diese vorvertraglichen Schadensersatzansprüche beruhen zwar nicht unmittelbar auf einem öffentlich-rechtlichen Vertrag. Wegen des sachlichen Zusammenhanges mit dem (beabsichtigten) Vertragsschluss fallen sie als **quasi-vertragliche Schadensersatzansprüche** aber nicht unter § 40 II 1 HS 1, 3. Var.

---

[104] BGHZ 93, 372 (375); NJW 1987, 773; OLG Schleswig NJW 2004, 1052 f.

[105] Rn. 786.

[106] BVerwGE 18, 72 (78); 37, 231 (236); DÖV 1974, 133; BGHZ 43, 269 (277); DÖV 1990, 1027 (1028); *Ehlers/Schneider,* in: Schoch/Schneider/Bier, § 40 Rn. 520 f., 537.

[107] Zu einem Ausnahmefall VGH Mannheim NJW 2005, 2636 f. (ordentliche Gerichtsbarkeit für die Erfüllung von Ansprüchen, die in einem öffentlich-rechtlichen Vergleichsvertrag geregelt sind und für die ansonsten der ordentliche Rechtsweg eröffnet ist).

[108] OVG Weimar NJW 2002, 386; *Kopp/Schenke,* § 40 Rn. 71; *Rennert,* in: Eyermann, § 40 Rn. 121; *Redeker/v. Oertzen,* § 40 Rn. 15 a; *Schlette,* Die Verwaltung als Vertragspartner, 2000, 644 ff.; *Maurer,* § 14 Rn. 57; *Haratsch,* ThürVBl. 2004, 106; *Dötsch,* NJW 2003, 1432; a.A. und für Zivilrechtsweg nach § 40 II 1 HS 1, 3. Var. VwGO BGH NJW 1986, 1110; NVwZ 1990, 1103; *Ehlers/Schneider,* in: Schoch/Schneider/Bier, § 40 Rn. 546; *Sodan,* in: Sodan/Ziekow, § 40 Rn. 566 ff. (569); *Kellner,* DVBl. 2002, 1648 ff.

VwGO. Deshalb ist nach § 40 I VwGO der Verwaltungsrechtsweg eröffnet.

Das BVerwG differenziert bei derartigen vorvertraglichen Schadensersatzansprüchen dagegen folgendermaßen.[109] Vor die Zivilgerichte gehörten solche Ansprüche, „deren Entstehungsgründe typischerweise auch Gegenstand eines Amtshaftungsanspruchs sein können, unabhängig davon, ob im Einzelfall ein solcher auch geltend gemacht wird". Vor die Verwaltungsgerichte gehörten solche vorvertraglichen Schadensersatzansprüche, bei denen die vertragsbezogenen Aspekte im Vordergrund stünden. Diese Differenzierung ist abzulehnen. Sie folgt eher dem Zufälligkeitsprinzip als der gesetzlichen Regelung des § 40 VwGO und ist mit dem Gebot der Rechtswegklarheit unvereinbar.[110]

---

[109] BVerwG DVBl. 2002, 1555f.; ebenso OVG Koblenz NJW 2002, 3724; zustimmend *Clausing,* JuS 2003, 796f.; ohne Differenzierung und allgemein für Verwaltungsrechtsweg dagegen BVerwG NVwZ 2003, 1383.

[110] Ebenso OVG Weimar NJW 2002, 386; ablehnend auch *Ehlers/Schneider,* in: Schoch/Schneider/Bier, § 40 Rn. 546: letztlich willkürlich; *Kopp/Schenke,* § 40 Rn. 71; *Sodan,* in: Sodan/Ziekow, § 40 Rn. 569; *Ehlers,* JZ 2003, 209ff.; *Dötsch,* NJW 2003, 1430ff.

§ 12. Rechtsverordnungen

Literatur: *Heintzen*, Das Rangverhältnis von Rechtsverordnung und Satzung, DV 29 (1996), 17; *Krüger*, Die Rechtsverordnung – eine Handlungsform der Verwaltung mit hoher Relevanz im Studium, VR 2015, 342; *Ossenbühl*, Rechtsverordnung, HStR V, § 103; *Peine*, Gesetz und Verordnung, ZG 1988, 121; *Pieroth*, Rechtsnormen der Exekutive, JuS 1994, L 89, JuS 1995, L 1; *Sachs*, Normsetzung (Rechtsverordnung, Satzung), in: FS U. Battis, 2014, S. 161; *Schmidt-Aßmann*, Die Rechtsverordnung in ihrem Verhältnis zu Gesetz und Verwaltungsvorschrift, in: FS K. Vogel, 2000, S. 477.

I. Begriff

824 Rechtsverordnungen sind (grundsätzlich generell-abstrakte) **Rechtsnormen**, die von **Exekutivorganen** des Bundes oder der Länder (Regierungen, Minister, Verwaltungsbehörden) zur Regelung **staatlicher Angelegenheiten** erlassen werden.[1] Von den formellen Gesetzen, die von der Legislative erlassen werden, unterscheiden sich Rechtsverordnungen primär durch den Normgeber.

Nach bundesverfassungsgerichtlicher Rechtsprechung darf der parlamentarische Gesetzgeber unter bestimmten Voraussetzungen Rechtsverordnungen dadurch ändern, dass er ein formelles Gesetz erlässt, das Vorschriften der Rechtsverordnung ändert oder neue Vorschriften in die Rechtsverordnung einfügt. Diese durch formelles Gesetz geänderten oder eingefügten Vorschriften der Rechtsverordnung haben dann nicht den Rang eines formellen Gesetzes, sondern sind als Verordnungsrecht zu qualifizieren.[2]

825 Durch das Instrument der Rechtsverordnung wird die Legislative entlastet. In Rechtsverordnungen regelt die Exekutive Details, trägt regionalen Besonderheiten Rechnung und kann auf veränderte Verhältnisse rasch und flexibel reagieren. Das Rechtsetzungsverfahren ist bei Rechtsverordnungen einfacher als bei formellen Gesetzen.

---

[1] Zum Begriff näher Rn. 90 ff.; zur Frage, ob Rechtsverordnungen zu den Handlungsformen gerade der Verwaltung gehören, *Sachs*, in: FS U. Battis, 2014, S. 161 f.

[2] BVerfGE 114, 196 (234 ff., 238) (m. abweichender Auffassung von *Osterloh* und *Gerhardt*); dieser Einheitstheorie grundsätzlich zustimmend *Ossenbühl*, in: FS D. Merten, 2007, S. 169 ff.; strikt ablehnend und für die Trennungstheorie *Bauer*, in: FS R. Schmidt, 2006, S. 237 ff.; zu den Rechtsschutzfragen unten Rn. 1409.

II. Ermächtigungsgrundlage

Rechtsverordnungen bedürfen gem. Art. 80 I 1 GG einer **formellen gesetzlichen Ermächtigungsgrundlage** – und zwar unabhängig davon, ob die Rechtsverordnung die Bürger belastet oder begünstigt. Dabei muss das **formelle Gesetz** den Anforderungen des Art. 80 I 2 GG genügen. Ist dies nicht der Fall, ist nicht nur das formelle ermächtigende Gesetz verfassungswidrig und nichtig, sondern auch die auf das Gesetz gestützte Rechtsverordnung.

Beachte: Gesetze i. S. v. Art. 80 I 1, 2 GG sind nur Bundesgesetze.[3] Daraus folgt, dass alle Bundes- und Landesrechtsverordnungen, zu deren Erlass der Bund ermächtigt,[4] auf einem formellen Bundesgesetz beruhen müssen. Für Landesrechtsverordnungen, zu deren Erlass die Länder ermächtigen, trifft Art. 80 I 1, 2 GG keine Aussage.

Die meisten Landesverfassungen enthalten aber ganz ähnliche Regelungen (Art. 61 I BaWüVerf., Art. 80 BrandbVerf., Art. 53 HambgVerf., Art. 57 MeVoVerf., Art. 43 NdsVerf., Art. 70 NRWVerf., Art. 110 RhPfVerf., Art. 104 SaarlVerf., Art. 75 SächsVerf., Art. 79 Sachs-AnhVerf., Art. 38 SHVerf.). In denjenigen Ländern, in denen die landesverfassungsrechtliche Regelung unter dem Standard des Art. 80 I GG bleibt (Art. 55 Nr. 2 BayVerf., Art. 47 BerlVerf., Art. 124 BremVerf., Art. 107, 118 HessVerf.), gelten die wichtigsten Grundsätze des Art. 80 I GG über die Homogenitätsbestimmung des Art. 28 I 1 GG.[5]

Dies sind:
- Das Erfordernis einer formell-gesetzlichen Ermächtigungsgrundlage.
- Bestimmung von Inhalt, Zweck und Ausmaß der Verordnungsermächtigung im formellen Gesetz (also Art. 80 I 2 GG).

Die Adressatenregelung des Art. 80 I 1 GG gilt über die Homogenitätsklausel des Art. 28 I 1 GG naturgemäß nicht. Zweifelhaft ist, ob auch Art. 80 I 3, 4 GG über die Homogenitätsklausel gilt.[6]

---

[3] *Mann*, in: Sachs, Art. 80 Rn. 2, 7.

[4] Bundesrechtsverordnungen können nur auf bundesrechtlicher Ermächtigung beruhen. Anders Landesrechtsverordnungen: Sie können sowohl auf einem Bundesgesetz (so Art. 80 I GG durch den Verweis auf die Landesregierungen) als auch auf einem Landesgesetz (insoweit trifft Art. 80 I GG keine Aussage) beruhen.

[5] BVerfGE 41, 251 (266); 58, 257 (277); 73, 388 (400); a. A. noch BVerfGE 34, 52 (58 ff.); HessStGH ESVGH 21, 1 (18 ff.).

[6] Verneinend *Pieroth*, in: Jarass/Pieroth, Art. 80 Rn. 4; *Maurer*, § 13 Rn. 4; vgl. zu Art. 80 I 3 GG BVerfGE 101, 1 (42 f.): „unerläßliches Element des demokratischen Rechtsstaates".

829　Ein Bundesgesetz, das zum Erlass von Bundes- oder Landesrechtsverordnungen ermächtigt, muss gem. Art. 80 I GG folgende Voraussetzungen erfüllen (für Landesgesetze, die zum Erlass von Landesrechtsverordnungen ermächtigen, gilt nach dem oben Gesagten Entsprechendes):
- Angabe von Inhalt, Zweck und Ausmaß der Verordnungsermächtigung (das **Verordnungsprogramm** muss im Gesetz selbst geregelt sein), Art. 80 I 2 GG.
- Erfüllung der allgemeinen Rechtmäßigkeitsvoraussetzungen, insbesondere Beachtung der Gesetzgebungskompetenzen, des Gesetzgebungsverfahrens, der allgemeinen Verfassungsprinzipien und der Grundrechte.

III. Formelle Rechtmäßigkeitsvoraussetzungen

1. Zuständigkeit

830　**Bundesgesetze** dürfen gem. Art. 80 I 1 GG nur die Bundesregierung, einen Bundesminister (Ministerium) oder die Landesregierung (keinen bestimmten Landesminister) ermächtigen. **Landesgesetze** dürfen auch sonstige landesrechtliche Stellen ermächtigen wie Regierungen, einzelne Minister oder auch nachrangige Landesbehörden.[7]

831　Möglich ist auch eine Zuständigkeit aufgrund von **Subdelegation** gem. Art. 80 I 4 GG. Voraussetzungen:
(1) Gesetzliche Ermächtigung des gesetzlich bestimmten primären Delegators (z.B. Landesregierung) zur Übertragung dieser Ermächtigung auf andere Behörden.
(2) Erlass einer Rechtsverordnung durch den primären Delegator, in dem eine andere Behörde zum Erlass der im Gesetz genannten Rechtsverordnung ermächtigt wird.

Beispiel: § 18 S. 1 GastG (Bundesgesetz) ermächtigt die Landesregierungen zum Erlass bestimmter Sperrzeitverordnungen (= Rechtsverordnung). § 18 S. 3 GastG berechtigt die Landesregierungen, die ihnen eingeräumte Verordnungsermächtigung durch eine selbständige Rechtsverordnung auf andere Landesbehörden zu übertragen. D.h., die Landesregierungen dürfen die Sperrzeitverordnungen selbst erlassen oder eine Rechtsverordnung erlassen, in der sie bestimmte Landesbehörden ermächtigen, die Sperrzeitverordnungen zu erlassen.

---

[7] Vgl. etwa §§ 71 ff. HSOG, wo auch Landkreise und Gemeinden zum Verordnungserlass ermächtigt sind.

2. Verfahren und Form

Das VwVfG ist auf die Verordnungsgebung nicht anwendbar (§ 9 **832** VwVfG). Z.T. bestehen besondere Verfahrensvorschriften, die etwa bestimmte Anhörungserfordernisse vorsehen (z.B. § 51 BImSchG i.V.m. den in Bezug genommenen Ermächtigungen). Zu beachten sind die in Art. 80 II GG genannten Zustimmungserfordernisse.

Ausfertigung und Verkündung von Bundesrechtsverordnungen sind in Art. 82 I 2 GG geregelt. Soweit für Landesrechtsverordnungen keine landesverfassungsrechtlichen Regelungen bestehen, gilt Art. 82 I 2 GG entsprechend.

Die Geltung der Schriftform ist auch ohne eine diesbezügliche besondere gesetzliche Regelung eine Selbstverständlichkeit.

Die behördliche **Aufhebung einer Rechtsverordnung** ist grundsätzlich nur durch Erlass einer Aufhebungsrechtsverordnung – oder einer höherrangigen Rechtsvorschrift – möglich;[8] eine solche Aufhebungsrechtsverordnung muss die für den Rechtsverordnungserlass geltenden formellen und materiellen Rechtmäßigkeitsvoraussetzungen beachten. Ein bloßer behördlicher Aufhebungsbeschluss genügt jedenfalls nicht.

3. Zitiergebot, Art. 80 I 3 GG

Art. 80 I 3 GG verlangt, dass in der Rechtsverordnung die Rechtsgrund- **833** lage, d.h. das ermächtigende nationale Gesetz[9] angegeben wird. Das BVerfG handhabt diese Bestimmung sehr streng und verlangt, dass die konkrete ermächtigende Einzelvorschrift des Gesetzes genannt wird.[10] Ein pauschaler Hinweis auf das ermächtigende Gesetz genügt danach nicht.

Das BVerfG charakterisiert Art. 80 I 3 GG als Formvorschrift.[11] Es be- **834** zeichnet das Zitiergebot als ein „unerläßliches Element des demokratischen Rechtsstaates".[12] Dies spricht dafür, dass Art. 80 I 3 GG über die Homogenitätsklausel des Art. 28 I 1 GG ggf. auch für Landesrechtsverordnungen, die aufgrund von Landesgesetzen erlassen werden, gilt.

---

[8] So OVG Schleswig NVwZ-RR 2000, 313 zu kommunalen Satzungen; dazu näher *Forsthoff*, Lehrbuch des Verwaltungsrechts, Bd. 1, 10. Aufl. 1973, S. 150f.
[9] Setzt eine Rechtsverordnung EU-Recht um, verlangt Art. 80 I 3 GG nicht die Angabe des Unionsrechts, BVerwG DÖV 2003, 721 ff.; a.A. z.B. *Nierhaus*, BK, Art. 80 Rn. 327.
[10] BVerfGE 136, 69 Rn. 99; 101, 1 (41).
[11] BVerfGE 101, 1 (42): Art. 80 I 3 GG statuiert ein „rechtsstaatliches Formerfordernis".
[12] BVerfGE 101, 1 (42f.).

IV. Materielle Rechtmäßigkeit

1. Existenz einer verfassungsmäßigen formellen gesetzlichen Ermächtigungsgrundlage

835   Eine Rechtsverordnung ist nur dann materiell rechtmäßig, wenn sie auf einem formellen Gesetz beruht, das **in jeder Hinsicht verfassungsmäßig** ist. D.h., die formelle gesetzliche Ermächtigungsgrundlage muss formell (Stichwort Gesetzgebungskompetenzen, Gesetzgebungsverfahren) und materiell (Stichwort Grundrechte, allgemeine Verfassungsprinzipien) verfassungsmäßig sein; zur materiellen Verfassungsmäßigkeit des formellen Gesetzes gehört auch die Beachtung von Art. 80 I 2 GG.

Umstritten ist, ob der nachträgliche Wegfall der gesetzlichen Ermächtigungsgrundlage zur Rechtswidrigkeit und Nichtigkeit der Rechtsverordnung führt. Das BVerfG hat diese Frage in mehreren älteren Entscheidungen verneint.[13] Zuzustimmen ist der gegenteiligen Auffassung. Nach ihr setzt die Rechtmäßigkeit einer Rechtsverordnung eine auch noch **aktuell bestehende** ausreichende formell-gesetzliche Ermächtigungsgrundlage voraus. Entfällt das ermächtigende Gesetz oder wird es in einer Weise geändert, dass es die Rechtsverordnung nunmehr nicht mehr deckt, wird die auf dem nicht mehr bestehenden Gesetz beruhende Rechtsverordnung rechtswidrig und nichtig.[14]

Allgemein anerkannt ist, dass im Zeitpunkt des Verordnungserlasses eine ausreichende formell-gesetzliche Ermächtigungsgrundlage bestanden haben muss.[15] Der nachträgliche Erlass einer Ermächtigungsgrundlage genügt nicht. Er vermag die Rechtswidrigkeit der Rechtsverordnung nicht zu hindern. Dies folgt schon aus dem Bestimmtheits- und Zitiergebot des Art. 80 I 2, 3 GG.

---

[13] BVerfGE 44, 216 (226); 31, 357 (362 f.); 12, 341 (347); 9, 3 (12); z.T. anders aber BVerfGE 78, 179 (199).

[14] *Pieroth*, in: Jarass/Pieroth, Art. 80 Rn. 15; *Maurer*, § 13 Rn. 7; *Ossenbühl*, HStR V, § 103 Rn. 77; *Rütz*, Jura 2005, 821 ff. m.w.N.; ebenso unter bestimmten Voraussetzungen BVerfGE 78, 179 (199).

[15] *Maurer*, § 13 Rn. 7; *Pieroth*, a.a.O.; ebenso BVerfGE 34, 9 (21 f.) zum Erlass eines Gesetzes aufgrund einer erst später wirksam gewordenen Grundgesetzänderung.

2. Vereinbarkeit der Rechtsverordnung mit der gesetzlichen Ermächtigungsgrundlage

Die Rechtsverordnung muss tatsächlich von der – ggf. verfassungskonform ausgelegten – gesetzlichen Ermächtigungsgrundlage gedeckt sein (Tatbestandsmäßigkeit der Rechtsverordnung). 836

3. Ermessen

Räumt das Gesetz dem Verordnungsgeber Ermessen ein, darf er beim Verordnungserlass die Ermessensgrenzen nicht überschreiten.[16] Zwischen Verordnungsermessen und Verwaltungsermessen (beim Erlass von Verwaltungsakten) bestehen allerdings strukturelle Unterschiede.[17] So ist das Verwaltungsermessen auf die Regelung von Einzelfällen gerichtet, während es beim Verordnungsermessen um generell-abstrakte Regelungen geht. Eine unreflektierte Übertragung der zum Verwaltungsermessen entwickelten Ermessensfehlerlehre[18] ist daher nicht möglich.[19] 837

Vor allem das BVerwG vertritt die Auffassung, die für die gerichtliche Kontrolle von Verwaltungsakten geltenden Ermessensfehlergrundsätze seien auf die Überprüfung von untergesetzlichen Rechtsvorschriften (Rechtsverordnungen und Satzungen) nicht übertragbar.[20] Gegenstand der rechtlichen Kontrolle sei das Ergebnis des Rechtssetzungsverfahrens, nicht die subjektiven Vorstellungen und Motive des Normsetzers.[21] Teile der Literatur sprechen sich demgegenüber für eine weitgehende Übertragung der Ermessensfehlerlehre, die für den Erlass von Verwaltungsakten entwickelt wurde, auf die Kontrolle untergesetzlicher Rechtsvorschriften aus.[22]

Die restriktive Rechtsprechung des BVerwG ist grundsätzlich zutreffend. Denn entscheidend für die Beurteilung der Rechtmäßigkeit von formellen Gesetzen und untergesetzlichen Rechtsvorschriften ist prinzipiell der objek-

---

[16] *Maurer*, § 13 Rn. 15.
[17] *Ossenbühl*, HStR V, § 103 Rn. 41 (ebenso zum Satzungsermessen § 105 Rn. 48); *Kopp/Schenke*, § 47 Rn. 117 f.; a. A. *Gerhardt/Bier*, in: Schoch/Schneider/Bier, Vorb. § 47 Rn. 5.
[18] Oben Rn. 328 ff.
[19] Ebenso *Kopp/Schenke*, § 47 Rn. 117 f.
[20] BVerwGE 125, 384 (386); GewArch. 1995, 425; Buchholz 415.1 Allg KommR Nr. 73, S. 17.
[21] BVerwGE 125, 384 (386); 70, 318 (335); GewArch. 1995, 425; ebenso BVerfGE 51, 1 (26 f.); anders dagegen BVerfGE 85, 36 (57).
[22] *Gerhardt/Bier*, in: Schoch/Schneider/Bier, § 47 Rn. 97 f.; *Kloepfer*, DVBl. 1995, 445 ff.; *Weitzel*, Justitiabilität des Rechtsetzungsermessens, 1998, passim.

tivierte Sinngehalt einer Norm und nicht der subjektive Wille des Normgebers.[23] Soweit das formelle Gesetzesrecht für den Normgeber bestimmte Abwägungs- oder Zweckvorgaben enthält, ist die Einhaltung dieser Vorgaben durch den Normgeber auch gerichtlich überprüfbar. In diesem Fall kommt es auch auf die subjektiven Vorstellungen des Normgebers an. Ermessensfehlgebräuche (Zweckverfehlung, Abwägungsdefizite, Ermessensmissbräuche) führen dann zur Rechtswidrigkeit und Nichtigkeit der Rechtsvorschrift.[24]

Beispiel: Ein Gesetz ermächtigt zum Zwecke der Gefahrenabwehr zum Erlass von Rechtsverordnungen, die die Zucht von Kampfhunden, den Handel mit Kampfhunden und das Halten von Kampfhunden beschränken. Der Verordnungsgeber erlässt aus primär fiskalischen Gründen – zur Aufbesserung der Staatsfinanzen – eine Rechtsverordnung, die den Haltern von Kampfhunden eine neben die Hundesteuer tretende hohe Halterabgabe auferlegt. Die Rechtsverordnung ist – abgesehen von anderen Gründen – schon deshalb rechtswidrig, weil sie zu einem primär gesetzesfremden Zweck erlassen wurde (vgl. *Kopp/Schenke*, § 47 Rn. 119).

Besonderheiten gelten im Planungsrecht. Insbesondere beim Erlass von Bebauungsplänen, die freilich gem. § 10 I BauGB als Satzungen erlassen werden, aber auch im Hochschulplanungsrecht sind die Grundsätze der Ermessensfehlerlehre weitgehend entsprechend anwendbar.[25]

4. Übereinstimmung mit sonstigem höherrangigen Recht

838 Die Rechtsverordnung darf nicht gegen andere formelle Gesetze oder gegen Verfassungsrecht verstoßen.

V. Rechtswidrigkeit von Rechtsverordnungen

839 Grundsatz: Rechtswidrige Rechtsverordnungen sind prinzipiell nichtig.

Das gilt nach bundesverfassungsgerichtlicher Rechtsprechung auch für Verstöße gegen das Zitiergebot des Art. 80 I 3 GG.[26]

---

[23] *Kopp/Schenke*, § 47 Rn. 117.
[24] Ebenso *Kopp/Schenke*, § 47 Rn. 119 zur Zweckverfehlung; vgl. auch BVerwGE 80, 355 (370) – sehr restriktiv.
[25] Dazu *Kopp/Schenke*, § 47 Rn. 115 f.; BVerfGE 85, 36 (56 ff.) speziell zur Bestimmung der Ausbildungskapazitäten der Hochschulen und zur Begrenzung des Zugangs zum Studium.
[26] BVerfGE 101, 1 (42 f.); dazu auch Rn. 833 f.

§ 12. Rechtsverordnungen

Ausnahmen: **840**
(1) Formelle Mängel der Rechtsverordnung sind unbeachtlich, führen also nicht zur Nichtigkeit, wenn dies ausdrücklich gesetzlich bestimmt ist.[27]
(2) **Verfahrensfehlerhaft** erlassene Rechtsverordnungen führen nach einer bundesverfassungsgerichtlichen Entscheidung nur dann zur Nichtigkeit der Rechtsverordnung, wenn der **Verfahrensverstoß evident** ist.[28]
Diese unter anderem auf Erwägungen der Rechtssicherheit und des Vertrauensschutzes gestützte Judikatur begegnet ihrerseits Bedenken im Hinblick auf den rechtsstaatlichen Grundsatz der Rechtssicherheit.[29] Denn der Begriff der Evidenz ist reichlich unbestimmt.

Umstritten ist, ob die zum Verordnungsvollzug verpflichtete Behörde **841** eine Rechtsverordnung, die sie für nichtig hält, nicht anwenden muss (bzw. sogar nicht anwenden darf) oder gleichwohl anwenden muss.[30]

Verwaltungsgerichtlicher Rechtsschutz unmittelbar gegen Rechts- **842** verordnungen besteht nur nach § 47 VwGO. Dieser Rechtsschutz ist allerdings z. T. sehr lückenhaft. Zum einen können **nur Landesrechtsverordnungen,** nicht aber auch Bundesrechtsverordnungen angegriffen werden. Zum anderen setzt der Hauptanwendungsfall des § 47 I Nr. 2 VwGO eine entsprechende landesgesetzliche Bestimmung voraus (die in Berlin, Hamburg und Nordrhein-Westfalen fehlt).[31]

Ansonsten besteht nur inzidenter, **mittelbarer** verwaltungsgerichtlicher **843** Rechtsschutz im Rahmen der anderen Klagearten, z.B. Anfechtungsklage gegen einen Verwaltungsakt, der auf die Rechtsverordnung gestützt wird, oder Klage auf gerichtliche Beantwortung (Feststellungsklage) bestimmter konkreter Rechtsfragen, die sich im Gefolge der – aus der Sicht des Bürgers – nichtigen Rechtsverordnung ergeben.[32] Teile der neueren oberverwaltungsgerichtlichen Rechtsprechung und Literatur anerkennen allerdings in bestimmten Ausnahmefällen unter Berufung auf zwei nicht eindeutige Entscheidungen des BVerfG und BVerwG unmittelbaren Rechtsschutz gegen Rechtsverordnungen im Wege einer **atypischen Feststellungsklage.**[33]

---

[27] Z.B. § 16 ThürLPlG.
[28] BVerfGE 91, 148 (175); gleiches gilt nach BVerfGE 120, 56 (79 f.); 113, 348 (367); 34, 9 (25) für formelle Gesetze.
[29] Kritisch auch *Maurer*, § 13 Rn. 17.
[30] Dazu oben Rn. 124 ff. (133 f.).
[31] Dazu die Übersicht bei *Kopp/Schenke*, § 47 Rn. 23.
[32] Siehe nur BVerwGE 111, 276 ff.; dazu etwa *Schmitt Glaeser/Horn*, Rn. 403; *Schenke*, Rn. 1064 ff.
[33] Dazu näher Rn. 1397.

§ 13. Satzungen

Literatur: *Bethge,* Parlamentsvorbehalt und Rechtsatzvorbehalt für die Kommunalverwaltung, NVwZ 1983, 577; *Funke/Papp,* Rechtsprobleme kommunaler Satzungen, JuS 2010, 395; *Ossenbühl,* Satzung, HStR V, § 105; *Petersen,* Das Satzungsrecht von Körperschaften gegenüber Externen, NVwZ 2013, 841; *Sachs,* Normsetzung (Rechtsverordnung, Satzung), in: FS U. Battis, 2014, S. 161.

Rechtsprechung: BVerwGE 148, 133 (Erfordernis einer hinreichend bestimmten formellen gesetzlichen Ermächtigung für belastende kommunale Satzungen).

I. Begriff

844 Öffentlich-rechtliche Satzungen sind Rechtsvorschriften, die von einer dem Staat zugeordneten **juristischen Person des öffentlichen Rechts** im Rahmen der ihr gesetzlich verliehenen Autonomie **zur Regelung ihrer Angelegenheiten** mit Wirkung für die ihr angehörenden und unterworfenen Personen erlassen werden.[1]

845 Anders als Rechtsverordnungen, die **staatliche Angelegenheiten** regeln, normieren Satzungen **eigene Angelegenheiten** der betreffenden juristischen Person. Eine große Bedeutung in der Praxis und in Prüfungen kommt vor allem den **kommunalen Satzungen** zu; hinzuweisen ist auch auf die universitären Satzungen.

II. Ermächtigungsgrundlage

846 Satzungen sind, ebenso wie Rechtsverordnungen, staatlich abgeleitetes Recht. Deshalb bedürfen sie ebenso wie Rechtsverordnungen einer formellen **gesetzlichen Ermächtigungsgrundlage.** Sie kann auch unmittelbar im Verfassungsrecht liegen. So folgt etwa aus Art. 28 II 1 GG das Recht der Gemeinden, ihre Angelegenheiten durch Satzungen zu regeln **(kommunales Satzungsrecht).**

847 Beachte folgende auch prüfungsrelevante Problematik: Nach dem Grundsatz vom Vorbehalt des Gesetzes[2] und der Wesentlichkeitstheorie des

---

[1] BVerfGE 33, 125 (156); dazu bereits oben Rn. 95 ff.
[2] Rn. 259 ff.

§ 13. Satzungen 317

BVerfG[3] bedarf auch der Erlass von Satzungen häufig einer **speziellen formellen gesetzlichen Ermächtigungsgrundlage**. Dies ist dann der Fall, wenn die **Satzungen in Rechte der Bürger eingreifen oder wesentliche grundrechtsrelevante Angelegenheiten betreffen**. In diesen Fällen genügt ein Gesetz, das nur ganz allgemein zum Erlass von Satzungen ermächtigt, nicht (auch Art. 28 II 1 GG genügt dann für sich genommen nicht mehr). Vielmehr ist in diesen Fällen eine hinreichend bestimmte formelle gesetzliche Ermächtigungsgrundlage – z.B. in den Gemeindeordnungen der Länder – erforderlich[4] (der Begriff „hinreichend bestimmt" ist freilich selbst sehr unbestimmt).

Beispiel: § 5 I 1 HessGO räumt den hessischen Gemeinden nur das allgemeine Satzungsrecht ein. Eine hinreichend bestimmte formelle gesetzliche **Eingriffsermächtigung** ist diese Bestimmung nicht.

§ 19 II HessGO räumt den hessischen Gemeinden ausdrücklich das Recht ein, für bestimmte gemeindliche Einrichtungen durch Satzung einen Anschluss- und Benutzungszwang vorzuschreiben. Hier handelt es sich um eine hinreichend bestimmte gesetzliche Eingriffsermächtigung.

§ 19 I HessGO berechtigt und verpflichtet die Gemeinden, die erforderlichen öffentlichen Einrichtungen bereitzustellen. Aus Art. 28 II 1 GG, § 5 I 1 i.V.m. § 19 I HessGO folgt auch das Recht der Gemeinden, die Benutzung der öffentlichen Einrichtungen durch Satzungen zu regeln und hierbei **einschränkende Nutzungsregelungen** zu treffen. Diese einschränkenden Nutzungsregelungen sind für die Nutzer keine (Grund-)Rechtseingriffe, sondern Bestandteil der Leistungsgewährung. Sie modifizieren die Leistungsgewährung. Deshalb ist eine **spezielle** formelle gesetzliche Eingriffsermächtigung entbehrlich *(Lange, Kommunalrecht, 2013, Kap. 13 Rn. 101 m.w.N.).* Es genügen die oben genannten allgemeinen Ermächtigungen zum Satzungserlass. Anders verhält es sich dagegen, wenn die Nutzungsvoraussetzungen zugleich (mittelbar faktisch) in Grundrechte von Personen eingreifen, denen es nicht nur um die Benutzung der Einrichtung geht (so BVerwGE 148, 133 Rn. 24 ff., das deshalb eine kommunale Friedhofssatzung, wonach auf dem Friedhof nur Grabmale aufgestellt werden dürfen, die nachweislich ohne ausbeuterische Kinderarmut hergestellt wurden, u.a. mangels einer hinreichend bestimmten formellen gesetzlichen Ermächtigungsgrundlage für nichtig erklärte; a.A. zum selben Fall BayVerfGH BayVBl. 2012, 234 ff. m. Anm. *Lorenzmeier).*

Die Gemeindeordnungen der anderen Länder enthalten ähnliche Regelungen.

Wichtig: Art. 80 GG – insbesondere Art. 80 I 2 GG – gilt für Satzungen weder unmittelbar noch entsprechend.[5] Grund hierfür ist der Wesensunterschied zwischen Rechtsverordnungen und Satzungen. Im Ergebnis freilich sind die Anforderungen, die der Grundsatz vom Vorbehalt des Gesetzes und die Wesentlichkeitstheorie an eine gesetzliche Satzungsermächtigung stellen, nicht geringer als die in Art. 80 I 2 GG genannten.

848

---

[3] Rn. 264 ff.
[4] BVerwGE 6, 247 (250 f.); *Funke/Papp*, JuS 2010, 398 f.
[5] BVerfGE 33, 125 (156 ff.); 49, 343 (362); BVerwGE 148, 133 Rn. 26; 125, 68 Rn. 12; *Maurer*, § 4 Rn. 26; a.A. *Mayer/Kopp*, S. 250.

III. Rechtmäßigkeitsvoraussetzungen

849 Die für Rechtsverordnungen genannten Rechtmäßigkeitsvoraussetzungen gelten im wesentlichen auch für Satzungen.
Bei der **formellen Rechtmäßigkeit** sind etwa zu beachten:[6]
- Zuständigkeiten
- Verfahren und Form (Initiativrecht, Beschlussverfahren, aufsichtsbehördliche Genehmigung, Ausfertigung und Bekanntmachung)

Diese formellen Rechtmäßigkeitsvoraussetzungen sind in den verschiedenen Organisationsgesetzen der satzungsgebenden Verwaltungsträger geregelt – z.B. in den Gemeindeordnungen oder in den Landeshochschulgesetzen.

Prüfpunkte der **materiellen Rechtmäßigkeit** sind wiederum:
- Existenz einer verfassungsmäßigen formellen gesetzlichen Ermächtigungsgrundlage
- Tatbestandsmäßigkeit der Satzung
- Fehlerfreier Gebrauch von Satzungsermessen[7]
- Übereinstimmung mit sonstigem höherrangigen Recht

Auch die Aufhebung von Satzungen ist grundsätzlich nur durch den Erlass einer formgerechten Satzung unter Beachtung der formellen und materiellen Rechtmäßigkeitsvoraussetzungen möglich.[8]

IV. Rechtswidrigkeit

850 Auch hinsichtlich der Folgen der Rechtswidrigkeit von Satzungen (grundsätzlich Nichtigkeit) und des verwaltungsgerichtlichen Rechtsschutzes (unmittelbar gegen Satzungen nur nach § 47 VwGO, ansonsten mittelbarer und inzidenter Rechtsschutz im Rahmen der anderen Klagearten) kann auf die Ausführungen zu den Rechtsverordnungen verwiesen werden.[9]

---

[6] Dazu näher *Ossenbühl*, HStR V, § 105 Rn. 51 ff.; zur Ausfertigung und Bekanntmachung: BVerwG NVwZ 2007, 334 ff.; ThürOVG ThürVBl. 2012, 79 ff.; *Swierczyna*, ThürVBl. 2004, 149 ff.; *ders.*, ThürVBl. 2006, 241 ff.

[7] Die Grundsätze zum Verordnungsermessen – Rn. 837 – gelten auch für das Satzungsermessen. Auf den Erlass von Bebauungsplänen ist die Ermessensfehlerlehre weitgehend anwendbar, vgl. nur BVerwGE 34, 301 (309); 45, 309 (314 f.); *Kopp/Schenke*, § 47 Rn. 115.

[8] OVG Schleswig NVwZ-RR 2000, 313; dazu auch Rn. 832.

[9] Oben Rn. 842 f.

§ 13. Satzungen

Bestimmte formelle und materielle Rechtsverstöße von Satzungen können aufgrund besonderer gesetzlicher Regelungen unbeachtlich sein, z.B.: **851**
- §§ 214, 215 BauGB für Bebauungspläne (diese sind gem. § 10 I 1 BauGB Satzungen). Unbeachtliche Mängel lassen die Wirksamkeit des Bebauungsplanes unberührt. Bei den beachtlichen Mängeln ist zwischen behebbaren und nichtbehebbaren Mängeln zu unterscheiden. Nichtbehebbare Mängel – sie berühren die Konzeption der Planung, den Kern der Abwägungsentscheidung – führen zur Nichtigkeit des Bebauungsplanes. Nicht derart schwerwiegende Mängel sind in einem Ergänzungsverfahren nach § 214 IV BauGB behebbar. Solche Mängel führen nur zur schwebenden Unwirksamkeit des Bebauungsplanes, nicht aber zur endgültigen Unwirksamkeit (Nichtigkeit). Der nur schwebend unwirksame Bebauungsplan darf bis zur Behebung der Fehler nicht vollzogen werden. Im Falle eines Normenkontrollverfahrens nach § 47 I Nr. 1 VwGO stellt das OVG gem. § 47 V 2 VwGO die Unwirksamkeit (nicht die Nichtigkeit) des Bebauungsplanes fest, wenn er an beachtlichen (also nichtbehebbaren, aber auch behebbaren) Mängeln leidet.[10]
- §§ 4 IV BaWüGO, 5 IV HessGO, 6 IV NdsGO, 24 VI RhPfGO für kommunale Satzungen.

---

[10] Dazu auch Rn. 1417.

§ 14. Verwaltungsvorschriften

Literatur: *Frye*, Verwaltungsvorschriften: Begriff, Funktion, Art und Wirkungen, ThürVBl. 2012, 73; *Groh*, Verwaltungsvorschriften, in: FS U. Battis, 2014, S. 221; *Jarass*, Bindungswirkung von Verwaltungsvorschriften, JuS 1999, 105; *Kautz*, Verhaltenslenkende Verwaltungsvorschriften und ihre unterschiedliche Bindungswirkung, GewArch. 2000, 230; *Ossenbühl*, Autonome Rechtsetzung der Verwaltung, HStR V, § 104; *Reimer*, Grundfragen der Verwaltungsvorschriften, Jura 2014, 678; *Remmert*, Rechtsprobleme von Verwaltungsvorschriften, Jura 2004, 728; *Sauerland*, Die Verwaltungsvorschrift im System der Rechtsquellen, 2005; *Saurer*, Die neueren Theorien zur Normkategorie der Verwaltungsvorschriften, VerwArch. 97 (2006), 249; *ders.*, Verwaltungsvorschriften und Gesetzesvorbehalt, DÖV 2005, 587; *Uerpmann*, Normkonkretisierende Verwaltungsvorschriften im System staatlicher Handlungsformen, BayVBl. 2000, 705.

Rechtsprechung: BVerwGE 34, 278 u. 36, 313 (keine Bindung an rechtswidrige VV); BVerwGE 44, 72 (Selbstbindung der Verwaltung durch VV); BVerwGE 52, 193 (Abgrenzung zwischen VV und RVO); BVerwGE 55, 250 (VV als antizipiertes Sachverständigengutachten); BVerwGE 58, 45 (gerichtl. Überprüfung von Subventionsrichtlinien); BVerwGE 72, 300 (320 f.) u. 107, 338 u. 110, 216 u. 114, 342 u. 129, 209 (normkonkretisierende VV); BVerwGE 94, 335 (VV mit unmittelbarer Außenwirkung als Rechtsvorschriften i.S.v. § 47 I Nr. 2 VwGO); BVerwGE 100, 335 (über Art. 3 I GG vermittelte Außenwirkung von VV); BVerwGE 104, 220 (Subventionsrichtlinie: über Art. 3 I GG vermittelte Außenwirkung, Veröffentlichung, Änderung); BVerwGE 110, 216 (Anwendungsvoraussetzungen normkonkretisierender VV); BVerwGE 121, 103 (VV und Gesetzesvorbehalt); BVerwGE 122, 264 (Pflicht zur Bekanntmachung von VV mit unmittelbarer Außenwirkung; Rechtsvorschriften i.S.v. § 47 I Nr. 2 VwGO); VGH Mannheim NVwZ 1999, 547 (Nichtanwendung ermessensbindender VV); BayVGH DVBl. 2001, 311 (VV kein tauglicher Gegenstand einer gerichtlichen Normenkontrolle).

I. Begriff und Rechtsnatur

852 Verwaltungsvorschriften sind generell-abstrakte Regelungen (oder Anordnungen) einer Behörde gegenüber nachgeordneten Behörden oder eines Vorgesetzten gegenüber ihm unterstellten Verwaltungsbediensteten.[1]

Beachte die Terminologie: Verwaltungsvorschriften werden auch als Richtlinien (streng zu unterscheiden von EU-Richtlinien), Verwaltungsverordnungen (streng zu unterscheiden von Rechtsverordnungen), Erlasse, Rundverfügungen, innerdienstliche Weisungen oder technische Anleitungen bezeichnet.

---

[1] Dazu bereits oben Rn. 100 ff.

> Verwaltungsvorschriften haben **grundsätzlich keine unmittelbare** 853
> **Außenwirkung** gegenüber den Bürgern, sondern regeln den verwaltungsinternen Binnenbereich. Sie sind grundsätzlich nur **verwaltungsinterne Regelungen**.[2]

Teilweise werden Verwaltungsvorschriften als **Rechtssätze** bezeichnet.[3] 854
Dafür spricht, dass sie generell-abstrakte Regelungen mit verbindlicher Wirkung für den verwaltungsinternen Bereich sind. Zum Teil werden Verwaltungsvorschriften sogar als Rechtsnormen qualifiziert.[4] Die Terminologie als solche hat indes keine rechtliche oder praktische Bedeutung.[5] Entscheidend ist vielmehr, welche Wirkung Verwaltungsvorschriften zukommt und welche Folgen dies hat. Vorher soll aber ein kurzer Überblick über die Erscheinungsformen der Verwaltungsvorschriften gegeben werden.

II. Erscheinungsformen

1. Organisations-, Verfahrens- und Dienstvorschriften

Organisatorische Verwaltungsvorschriften regeln die Organisation 855
und den Dienstbetrieb der Verwaltung. Dazu gehören vor allem die Behördengliederung, die Geschäftsverteilung, die verschiedenen behördeninternen Zuständigkeiten und der Geschäftsgang.

Derartige Verwaltungsvorschriften werden häufig als allgemeine Dienstanweisungen oder Geschäftsordnungen bezeichnet (zu unterscheiden von den parlamentarischen Geschäftsordnungen, z.B. des Bundestages, und den Regierungsgeschäftsordnungen).

856

---

[2] *Stober,* in: Wolff/Bachof I, § 24 Rn. 20; *Maurer,* § 24 Rn. 3; *Möstl,* in: Erichsen/Ehlers, § 20 Rn. 16 f.; ersichtlich auch BVerfGE 78, 214 (227); a.A. *Sauerland,* Die Verwaltungsvorschrift im System der Rechtsquellen, 2005, S. 360 f.; *Groh,* in: FS U. Battis, 2014, S. 223 (finale Außenwirkung).
[3] *Maurer,* § 24 Rn. 3 (zugleich zum möglichen Unterschied zwischen Rechtssatz und Rechtsnorm); *Stober,* in: Wolff/Bachof I, § 24 Rn. 20 (zum Unterschied zwischen Rechtssatz und Rechtsnorm § 24 Rn. 10); *Ehlers,* in: Erichsen/Ehlers, § 2 Rn 65: „Rechtssatzcharakter...allgemein anerkannt".
[4] *Ossenbühl,* in: Erichsen/Ehlers, 12. Aufl. 2002, § 6 Rn. 41 (freilich ohne Unterscheidung zwischen Rechtssatz und Rechtsnorm); offenbar auch *Ehlers,* a.a.O.; dagegen *Ipsen,* Rn. 160; ablehnend auch BVerwGE 104, 220 (222); NVwZ 2003, 92.
[5] *Bull/Mehde,* Rn. 226; vgl. auch *Bock,* JA 2000, 391.

Richten sich Verwaltungsvorschriften an Bedienstete, dürfen nur ihre **dienstlichen,** nicht auch ihre persönlichen Angelegenheiten geregelt werden. Anderenfalls handelt es sich um eine Rechtsvorschrift des Außenrechtskreises – in Betracht kommt vor allem die Rechtsverordnung –, oder aber die ausdrücklich als Verwaltungsvorschrift erlassene Regelung ist rechtswidrig.

2. Gesetzesauslegende (norminterpretierende) Verwaltungsvorschriften

857 Diese Verwaltungsvorschriften werden auch als **Auslegungsrichtlinien** oder norminterpretierende Verwaltungsvorschriften bezeichnet. Sie schreiben den gesetzesanwendenden Bediensteten vor, wie sie die Gesetze auslegen und anwenden müssen. Betroffen sind vor allem Gesetze mit unbestimmten **Rechtsbegriffen ohne Beurteilungsspielraum;**[6] denn die Auslegung dieser Rechtsbegriffe ist – trotz fehlenden behördlichen Beurteilungsspielraumes – oft schwierig.

3. Gesetzeskonkretisierende Verwaltungsvorschriften

858 Diese Verwaltungsvorschriften konkretisieren **unbestimmte Rechtsbegriffe mit Beurteilungsspielraum.**[7] Sie werden auch als normkonkretisierende Verwaltungsvorschriften bezeichnet. Verwaltungsvorschriften dieser Art finden sich vor allem im Umweltrecht: Im Bereich des technischen Sicherheitsrechts konkretisieren und bestimmen sie technische Standards und Sicherheitskriterien.

> **Beispiele:**
> - TA-Luft (Technische Anleitung zur Reinhaltung der Luft aufgrund von § 48 BImSchG)
> - TA-Lärm (Technische Anleitung zum Schutz gegen Lärm aufgrund von § 48 BImSchG)
> - Rahmen-Abwasser-Verwaltungsvorschrift aufgrund von § 7 a I 3 WHG
> - AVV Baulärm (Allgemeine Verwaltungsvorschrift zum Schutz gegen Baulärm aufgrund von § 66 II BImSchG)
>
> Die vier genannten Verwaltungsvorschriften legen bestimmte Grenzwerte (z. B. für Abwasserschadstoffe) fest, die bei Einhaltung der allgemein anerkannten Regeln der Technik bzw. des Stands der Technik eingehalten werden können und einzuhalten sind (BVerwGE 143, 249 Rn. 26; 129, 209 Rn. 12; 114, 342/344; 110, 216/218; 107, 338/343).

859 Vor allem bei den gesetzeskonkretisierenden Verwaltungsvorschriften ist umstritten, ob die Gerichte an sie gebunden sind, wenn sie behördliche

---

[6] *Möstl,* in: Erichsen/Ehlers, § 20 Rn. 22; dazu oben Rn. 354 ff.
[7] BVerwGE 107, 338 (341); dazu oben Rn. 362 ff.

Entscheidungen überprüfen, die auf der Grundlage dieser Verwaltungsvorschriften getroffen wurden.[8]

4. Ermessenslenkende Verwaltungsvorschriften

Diese Verwaltungsvorschriften schreiben den Behörden vor, wie sie im Regelfall entscheiden müssen, wenn sie Gesetze ausführen, die den Behörden **Ermessen** einräumen. Sie werden deshalb auch häufig als Ermessensrichtlinien bezeichnet. 860

5. Gesetzesvertretende Verwaltungsvorschriften

Diese Art von Verwaltungsvorschriften trifft man im Bereich der **gesetzesfreien Verwaltung** an, wenn die Behörden ohne (spezielle) gesetzliche Grundlage handeln. Am bekanntesten sind die **Subventionsrichtlinien.** Sie regeln die Vergabe von Subventionen, die nur im Haushaltsplan ausgewiesen sind und nicht aufgrund eines speziellen Gesetzes vergeben werden. 861

Die gesetzesvertretenden Verwaltungsvorschriften sind der Sache nach ermessenslenkende Verwaltungsvorschriften.[9] Denn ohne spezialgesetzliche Handlungsgrundlage liegt es in der Regel im Ermessen der Behörde, ob und wie sie handelt. 862

III. Erlass und Rechtmäßigkeit von Verwaltungsvorschriften

Verwaltungsvorschriften werden ebenso wie Rechtsverordnungen und Satzungen von der Exekutive oder von Stellen der mittelbaren Staatsverwaltung und nicht von der Legislative erlassen. Abgesehen von Ausnahmen – so etwa Art. 84 II, 85 II 1 GG, § 48 BImSchG – werden Verwaltungsvorschriften ohne besondere gesetzliche Ermächtigungsgrundlage erlassen. 863

Dies allein für sich genommen verstößt nicht gegen den Grundsatz vom Vorbehalt des Gesetzes oder gegen die Wesentlichkeitstheorie.[10] Denn Regelungen, die belasten und in subjektive öffentliche Rechte der Bürger 864

---

[8] Dazu gleich unten Rn. 878 ff.
[9] Vgl. *Maurer,* § 24 Rn. 11: fließender Übergang.
[10] Vgl. *Möstl,* in: Erichsen/Ehlers, § 20 Rn. 17 f.; *Sproll* I, § 5 Rn. 73.

eingreifen, dürfen Verwaltungsvorschriften nicht enthalten. Derartige Verwaltungsvorschriften und auf sie gestützte behördliche Entscheidungen wären rechtswidrig. In diesem Zusammenhang ist auch zu berücksichtigen, dass Verwaltungsvorschriften als bloße Innenrechtsvorschriften gegenüber den Bürgern keine unmittelbare Rechtswirkung entfalten.

865 Gegen existierendes höherrangiges Recht, insbesondere gegen Gesetze und Rechtsverordnungen, dürfen Verwaltungsvorschriften nicht verstoßen. Auch für sie gilt der **Vorrang des Gesetzes.**

866 Zum Teil ordnen Gesetze oder besondere Verwaltungsvorschriften an, dass bestimmte Verwaltungsvorschriften in Gesetz-, Verordnungs- oder Amtsblättern zu verkünden sind.[11] Im übrigen ist umstritten, ob die bloße Bekanntgabe gegenüber den betroffenen Behörden genügt[12] oder ob das Rechtsstaatsprinzip eine Bekanntgabe gegenüber dem (mittelbar) betroffenen Personenkreis verlangt.[13]

Kommt einer Verwaltungsvorschrift ausnahmsweise **unmittelbare Außenwirkung** gegenüber dem Bürger zu,[14] muss sie auch in einer Weise **bekanntgemacht** werden, dass die von ihr unmittelbar betroffenen Bürger die Möglichkeit haben, sich über ihren Inhalt rechtzeitig und umfassend zu informieren.[15] Diese Publikationspflicht folgt aus dem Rechtsstaatsprinzip (Art. 20 III, 28 I 1 GG) sowie der Garantie effektiven Rechtsschutzes (Art. 19 IV GG).[16] Fehlt eine diesen Anforderungen genügende Publikation – wobei das BVerwG offen gelassen hat, ob sie in demjenigen Publikationsorgan erfolgen muss, in dem die sonstigen Rechtsvorschriften der erlassenden Stelle veröffentlicht werden müssen –, ist die Verwaltungsvorschrift **unwirksam.**[17]

---

[11] Nach *Groh*, in: FS U. Battis, 2014, S. 234 schreiben mittlerweile alle Länder die Publikation unterschiedslos vor.

[12] So BVerwGE 104, 220 (227).

[13] So *Ossenbühl*, in: Erichsen/Ehlers, 12. Aufl. 2002, § 6 Rn. 57; nur für ermessenslenkende Verwaltungsvorschriften *Stober*, in: Wolff/Bachof I, § 24 Rn. 31; für Außenwirkung entfaltende Verwaltungsvorschriften *Maurer*, § 24 Rn. 36.

[14] Dazu Rn. 878 ff.; für eine sehr weitgehende Veröffentlichungspflicht *Kiefer*, LKRZ 2007, 212 ff.

[15] BVerwGE 122, 264 (269 f.); vgl. auch BVerfGE 40, 237.

[16] BVerwGE 122, 264 (270).

[17] BVerwGE 122, 264 (271); dazu näher *Kiefer*, LKRZ 2007, 215 f.

IV. Rechtswirkungen und Rechtsschutz

1. Der Grundsatz der fehlenden unmittelbaren Außenwirkung

Unmittelbare Adressaten von Verwaltungsvorschriften sind grundsätzlich nur **Beteiligte des verwaltungsinternen Bereichs,** nicht dagegen außenstehende Dritte wie insbesondere die Bürger. Die Amtswalter, an die sich die Verwaltungsvorschriften richten, müssen diese kraft ihrer gesetzlich begründeten Gehorsams- und Amtswahrnehmungspflicht beachten und anwenden. 867

Die Bürger sind grundsätzlich keine Adressaten der Verwaltungsvorschriften. Sie können deshalb Verwaltungsvorschriften grundsätzlich gerichtlich nicht unmittelbar angreifen. Verwaltungsvorschriften verleihen den Bürgern grundsätzlich auch keine unmittelbaren Ansprüche. Die Bürger können deshalb auch grundsätzlich nicht den Vollzug von Verwaltungsvorschriften einklagen. 868

Unmittelbar gerichtlich angreifbar sind aber die behördlichen Vollzugsakte, die auf die Verwaltungsvorschriften gestützt sind. Wegen der fehlenden unmittelbaren Außenwirkung der Verwaltungsvorschriften sind Klagen gegen auf sie gestützte Vollzugsakte aber nur dann erfolgreich, wenn der Vollzugsakt gegen Rechtsvorschriften oder Rechtsgrundsätze verstößt, die den Bürgern subjektive öffentliche Rechte einräumen. Eine Klage ist also nicht schon dann erfolgreich, wenn der Vollzugsakt nicht vom Tatbestand der Verwaltungsvorschrift gedeckt ist. 869

2. Mittelbare Außenwirkung von entscheidungslenkenden Verwaltungsvorschriften

a) Die Bedeutung von Art. 3 I GG

Unter bestimmten Voraussetzungen kann Verwaltungsvorschriften aber eine **gerichtlich durchsetzbare mittelbare Außenwirkung** zukommen. 870

Im Bereich der **gesetzesfreien Verwaltung** sowie **beim Vollzug von Gesetzen mit Ermessens- und Beurteilungsspielräumen** hat die Behörde einen gerichtlich nur eingeschränkt überprüfbaren Entscheidungsspielraum. Die Behörde ist bei ihren Entscheidungen nur an die anerkannten Grundsätze, die für die Bestimmung der Grenzen ihres Ermessens- und Beurteilungsspielraums gelten, sowie vor allem an den **allgemeinen Gleichheitssatz des Art. 3 I GG** gebunden. D. h., die Behörde muss, wenn sich erst einmal eine bestimmte **Verwaltungspraxis** gebildet hat, in den nachfolgenden Fällen ebenso wie in den vorangegangenen Fällen entscheiden.

871 Existieren nun Verwaltungsvorschriften, die den behördlichen Entscheidungsspielraum reduzieren oder gar eliminieren – dies ist bei **gesetzeskonkretisierenden, ermessenslenkenden und gesetzesvertretenden Verwaltungsvorschriften** der Fall –, und hat die Behörde bereits nach Maßgabe dieser Verwaltungsvorschriften entschieden (was sie ja tun musste), hat der Bürger einen hierauf gerichteten **Rechtsanspruch auf Gleichbehandlung.**

Freilich folgt dieser Anspruch nicht unmittelbar aus der betreffenden Verwaltungsvorschrift, sondern aus Art. 3 I GG.[18]

872 Gleiches gilt auch für das „erste Mal", wenn also die Verwaltungsvorschrift in der Vergangenheit noch nicht angewendet wurde. Auch hier steht dem Bürger ein aus Art. 3 I GG abgeleiteter Anspruch auf verwaltungsrichtlinienkonformes Verhalten der Behörde zu – allerdings im Hinblick auf die zukünftigen nach Maßgabe der Richtlinie zu entscheidenden Fälle.

Der Bürger hat einen grundrechtlichen Gleichbehandlungsanspruch darauf, dass die Behörde in seinem Fall so entscheidet, wie sie auch in Zukunft entscheiden muss und entscheiden wird – sog. **antizipierte Verwaltungspraxis.**[19]

873 Allerdings besteht der **grundrechtliche Rechtsanspruch auf Gleichbehandlung nach Maßgabe der Verwaltungsvorschrift** nur, wenn die Verwaltungsvorschrift rechtmäßig ist. Ist dies nicht der Fall, wäre eine verwaltungsrichtlinienkonforme Entscheidung ebenso wie die Verwaltungsvorschrift selbst rechtswidrig. Einen Anspruch auf eine rechtswidrige behördliche Entscheidung vermag Art. 3 I GG aber nicht zu begründen: „keine Gleichheit im Unrecht".

---

[18] Zuletzt BVerwGE 104, 220 (222 f.).
[19] BVerwGE 52, 193 (199); DVBl. 1982, 197; DÖV 1971, 748; *Kopp/Ramsauer*, § 40 Rn. 45; *Funke/Waidhas*, JA 2014, 444; ebenso VGH Mannheim NVwZ-RR 2015, 148 f. zur Überlassung kommunaler Einrichtungen nach Maßgabe eines Widmungsbeschlusses der Gemeindevertretung, dem keine unmittelbare Außenwirkung zukommt; differenzierend *Sachs*, in: Stelkens/Bonk/Sachs, § 40 Rn. 117; *Maurer*, § 24 Rn. 22; kritisch *Ossenbühl*, HStR V, § 104 Rn. 58; gegen die Anwendung des Art. 3 I GG *Ruthig/Storr*, Öffentliches Wirtschaftsrecht, 4. Aufl. 2015, Rn. 797 f., die statt dessen aber auf den Vertrauensschutz abstellen, damit eine Bindung an die Verwaltungsvorschrift annehmen und zum selben Ergebnis wie hier vertreten gelangen; ebenso BVerwGE 35, 159 (161 f.).

Beispiel: Eine Subventionsrichtlinie (= Verwaltungsvorschrift) ist mit den Zweckvorgaben des Haushaltsplans, der durch Haushaltsgesetz festgestellt wurde, unvereinbar. Hier ist sowohl die Subventionsrichtlinie als auch die sich durch die Anwendung der Richtlinie gebildete Behördenpraxis rechtswidrig. Die Bürger haben keinen aus Art. 3 I GG folgenden Anspruch auf Anwendung der Subventionsrichtlinie und Beibehaltung der bisherigen Verwaltungspraxis (ThürOVG GewArch. 2002, 326 f.).

Weiterhin besteht kein grundrechtlicher Rechtsanspruch auf Gleichbehandlung nach Maßgabe der Verwaltungsvorschrift, wenn das Verwaltungshandeln nach den Grundsätzen der Wesentlichkeitstheorie einer formellen gesetzlichen Ermächtigungsgrundlage bedarf, aber nur eine Verwaltungsvorschrift existiert.[20] Die Verwaltungspraxis, die sich lediglich auf die Verwaltungsvorschrift stützt, ist dann rechtswidrig.

Beispiel: Staatliche Subventionierung der Jugendorganisationen der politischen Parteien aufgrund einer Verwaltungsvorschrift ohne formelle gesetzliche Ermächtigungsgrundlage (OVG Berlin-Brandenburg NVwZ 2012, 1265 ff.).

Beachte: Die zuständige Behörde kann Verwaltungsvorschriften aus **sachgerechten Gründen** insgesamt aufheben oder ändern.[21] Außerdem darf die verwaltungsvorschriftenanwendende Behörde in atypischen Fällen von den Verwaltungsvorschriften abweichen.[22]

874

b) Materiell-rechtliche und prozessuale Konsequenzen

(1) Soweit der Verwaltungsvorschrift nicht ausnahmsweise unmittelbare Außenwirkung zukommt,[23] gibt es für den Bürger keinen verwaltungsgerichtlichen Rechtsschutz unmittelbar gegen die Verwaltungsvorschrift. Ein Normenkontrollantrag nach § 47 I VwGO ist unzulässig, weil diese Bestimmung grundsätzlich eine Rechtsvorschrift mit Außenwirkung voraussetzt. Es kann auch nicht nach § 43 VwGO auf Feststellung der Unwirksamkeit, Rechtswidrigkeit oder der Unanwendbarkeit der Verwaltungsvorschrift geklagt werden.[24] Denn eine Rechtsvorschrift ohne Außenwirkung kann kein Rechtsverhältnis zwischen der Behörde und dem Bürger begründen, das Gegenstand oder Anlass einer Feststellungsklage sein könnte.

875

---

[20] OVG Berlin-Brandenburg NVwZ 2012, 1266.
[21] Dazu BVerwGE 104, 220 (223 f.); DÖV 2006, 867 ff.
[22] BVerwG DÖV 1979, 793; DÖV 1985, 682; dazu auch Rn. 247; zum Verhältnis zwischen Verwaltungsvorschrift und Verwaltungspraxis OVG Greifswald NVwZ-RR 2002, 406.
[23] Dazu Rn. 878 ff., 883.
[24] BayVGH BayVBl. 2009, 539.

In Betracht kommt nur mittelbarer Rechtschutz des Bürgers (dazu gleich unten).

(2) Erlässt eine Behörde, der ein **Entscheidungsspielraum** zusteht, einen **belastenden Verwaltungsakt,** der mit einer den behördlichen Entscheidungsspielraum reduzierenden und lenkenden **Verwaltungsvorschrift nicht übereinstimmt,** verstößt der Verwaltungsakt gegen Art. 3 I GG und das (Freiheits-)Recht, in das der Verwaltungsakt eingreift. Der Bürger kann sich gegen den Verwaltungsakt mit der **Anfechtungsklage** wehren.

> **Beachte:** Das Gericht prüft, ob die Behörde deshalb rechtswidrig gehandelt und gegen Rechte des Bürgers verstoßen hat, weil sie die Verwaltungsvorschrift in seinem Fall nicht oder nicht richtig angewendet hat.

(3) Erlässt eine Behörde, der ein **Entscheidungsspielraum** zusteht, einen **begünstigenden Verwaltungsakt unter Missachtung einer Verwaltungsvorschrift** und der bisherigen Verwaltungspraxis, verstößt der Verwaltungsakt gegen Art. 3 I GG in seiner Ausprägung als objektiv-rechtliches Gleichbehandlungsgebot.[25] Die Behörde kann den Verwaltungsakt deshalb nach § 48 VwVfG zurücknehmen.

876 (4) Unterlässt eine Behörde, der ein **Entscheidungsspielraum** zusteht, einen **begünstigenden Verwaltungsakt,** obwohl sie zum Erlass **aufgrund einer Verwaltungsvorschrift verpflichtet wäre,** hat der Bürger einen aus Art. 3 I GG folgenden **Anspruch auf Erlass des Verwaltungsakts.** Der Bürger kann diesen Anspruch mit der **Verpflichtungsklage** durchsetzen.

> **Beachte:** Das Gericht prüft, ob der Bürger einen aus Art. 3 I GG folgenden Anspruch auf richtlinienkonformen Erlass des begehrten Verwaltungsakts hat.

877 (5) Erlässt eine Behörde, der **kein Entscheidungsspielraum** zusteht, einen belastenden Verwaltungsakt oder unterlässt sie einen begünstigenden Verwaltungsakt, beurteilt sich die Rechtmäßigkeit des behördlichen Verhaltens ausschließlich nach Maßgabe des einschlägigen materiellen Rechts (Grundrechte, Gesetze, Verordnungen, Satzungen). Verwaltungsvorschrif-

---

[25] OVG Magdeburg NVwZ-RR 2012, 497.

ten, auch gesetzesauslegende, bleiben außer Betracht und sind auch nicht mittelbar gerichtlicher Prüfungsmaßstab.[26]

c) Unmittelbare Außenwirkung gesetzeskonkretisierender Verwaltungsvorschriften im Umweltrecht?

Auf die Bedeutung der gesetzeskonkretisierenden (nicht zu verwechseln mit den gesetzesauslegenden) Verwaltungsvorschriften im Umweltrecht (TA-Luft; TA-Lärm; Rahmen-Abwasser-Verwaltungsvorschrift) wurde bereits hingewiesen.[27] Die rechtliche Einordnung dieser **technik- und naturwissenschaftsbezogenen Verwaltungsvorschriften** ist umstritten. 878

Das BVerwG hat sie zunächst als **antizipierte Sachverständigengutachten** qualifiziert.[28] Danach sind die fraglichen Verwaltungsvorschriften **nichtförmliche Beweismittel**. Hält sich die Behörde an diese Verwaltungsvorschriften, spricht die Vermutung dafür, dass die behördliche Entscheidung den gesetzlichen Vorgaben entspricht.[29] Diese Vermutung konnte allerdings mit Hilfe anderer Sachverständigengutachten im Rahmen eines förmlichen Sachverständigenbeweises widerlegt werden. 879

Später hat das BVerwG den hier in Rede stehenden technischen Verwaltungsvorschriften eine die Gerichte unmittelbar bindende Wirkung zuerkannt: „für Gerichte verbindlich und dann wie Normen auszulegen".[30] In der Konsequenz dieser Annahme von Gerichtsbindung lag es, dass das BVerwG solchen Verwaltungsvorschriften im Rahmen ihrer normkonkretisierenden Funktion auch rechtliche Außenwirkung beigemessen hat.[31] Damit ist nichts anderes als eine auch die Bürger unmittelbar treffende Außenwirkung gemeint.[32] Voraussetzung dieser unmittelbaren Außenwirkung ist nach bundesverwaltungsgerichtlicher Rechtsprechung allerdings, dass:[33] 880

---

[26] So dezidiert etwa BVerwGE 119, 168 (170 f.).
[27] Oben Rn. 858 f.
[28] BVerwGE 55, 250 (255 ff.).
[29] Vgl. auch *Ipsen*, Rn. 156.
[30] BVerwGE 107, 338 (341) anknüpfend an BVerwGE 72, 300 (320 f.); bestätigt von BVerwGE 110, 216 (218); 114, 342 (344); 129, 209 Rn. 12.
[31] BVerwG a.a.O.
[32] *Hendler*, Rn. 402; *Schwerdtfeger/Schwerdtfeger*, Rn. 78 a. E.; a. A. *Maurer*, § 24 Rn. 25 a: nur Reduzierung der gerichtlichen Kontrolle, keine die Bürger betreffende unmittelbare rechtliche Außenwirkung.
[33] Nahezu wörtlich BVerwGE 107, 338 (341 f.).

- die Exekutive beim Erlass der Verwaltungsvorschrift höherrangigen Geboten und dem für deren Konkretisierung wesentlichen Erkenntnis- und Erfahrungsstand Rechnung getragen hat,
- die Verwaltungsvorschrift nicht durch Erkenntnisfortschritte in Wissenschaft und Technik überholt ist und
- dem Erlass der Verwaltungsvorschrift ein umfangreiches Beteiligungsverfahren vorausgegangen ist, dessen Zweck es war, vorhandene Erfahrungen und den Stand der wissenschaftlichen Erkenntnis auszuschöpfen.

881 Die Stimmen in der Literatur reichen von Zustimmung bis zu entschiedener Ablehnung.[34] Das BVerfG hat sich zurückhaltend geäußert und die Frage, ob es verfassungsrechtlich zulässig ist, Verwaltungsvorschriften eine unmittelbare Außenwirkung zuzuerkennen, ausdrücklich offengelassen.[35]

882 In rechtsdogmatischer Hinsicht ist die Rechtsprechung des BVerwG kaum haltbar. Entscheidend für die verfassungsrechtliche Bewertung dürfte auch sein, wie weit die Prüfungsbefugnis der Verwaltungsgerichte im Hinblick auf die vom BVerwG genannten Voraussetzungen der Bindungswirkung der Verwaltungsvorschriften[36] reicht.[37]

Der EuGH hat die bundesverwaltungsgerichtliche Rechtsprechung z. T. dadurch konterkariert, dass er Verwaltungsvorschriften unter Hinweis auf deren fehlende unmittelbare Außenwirkung als ungeeignetes Mittel zur Umsetzung von EU-Richtlinien bezeichnet hat.[38]

883 Unmittelbare Außenwirkung hat das BVerwG aber nicht nur den genannten umweltrechtlichen Verwaltungsvorschriften zuerkannt, sondern auch bestimmten gesetzeskonkretisierenden Verwaltungsvorschriften im Sozialrecht (Festsetzung der Regelsätze für laufende Leistungen zum Lebensunterhalt).[39]

Kommt Verwaltungsvorschriften tatsächlich unmittelbare Außenwirkung gegenüber den Bürgern zu, setzt ihre Wirksamkeit eine **ordnungsgemäße Bekanntmachung** voraus.[40] Außerdem sind derartige landesrechtliche Verwaltungsvorschriften Rechtsvorschriften i.S.v. § 47 I Nr. 2 VwGO und

---

[34] Zustimmend: *Ossenbühl*, in: Erichsen/Ehlers, 12. Aufl. 2002, § 6 Rn. 53; *Hill*, NVwZ 1989, 402 ff.; *Erbguth*, DVBl. 1989, 478 ff.; *Di Fabio*, DVBl. 1992, 1342 ff.; ablehnend: *Ehlers*, in: Erichsen/Ehlers, § 2 Rn. 69; *Möstl*, ebenda, § 20 Rn. 19; *Bull/Mehde*, Rn. 238 f.; *Ipsen*, Rn. 155 ff.; *Frye*, ThürVBl. 2012, 78; *Saurer*, VerwArch. 97 (2006), 262 ff.
[35] BVerfGE 80, 257 (265); siehe auch BVerfGE 78, 214 (217).
[36] Oben Rn. 880.
[37] Dazu auch *Bull/Mehde*, Rn. 238.
[38] EuGH Slg. 1991, I-2567 (2596 Rn. 16 ff.) u. Slg. 1991, I-2607 (2626 Rn. 19 ff.) – jeweils TA-Luft; Slg. 1991, I-826 (881 Rn. 72 f.) – Grundwasser; Slg. 1995, I-2311 (2318 Rn. 20) – Vergaberichtlinien.
[39] BVerwGE 122, 264 ff. m. abl. Anm. *Lange*, BayVBl. 2006, 413 ff.; BVerwGE 94, 335 f.
[40] Rn. 866.

§ 14. Verwaltungsvorschriften

können unmittelbar mit einem Normenkontrollantrag nach § 47 VwGO angegriffen werden.[41]

Übersicht 24:

Verwaltungsvorschriften

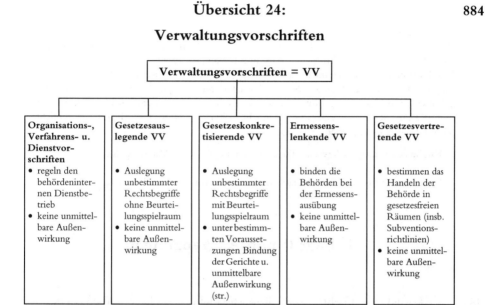

---

[41] BVerwGE 122, 264 (265 ff.); 94, 335 (337 f.); die fehlende ordnungsgemäße Publikation derartiger Verwaltungsvorschriften und ihre hieraus resultierende Unwirksamkeit steht der Zulässigkeit eines Normenkontrollantrages nach § 47 VwGO nicht entgegen, dieser kann vielmehr gerade auch auf diesen Rechtsmangel gestützt werden.

§ 15. Realakte

Literatur: *Beckmann*, Die Klassifizierung von Eingriffsnormen als Verwaltungsakt und Realakt, NVwZ 2011, 842; *Hochhuth*, Vor schlichthoheitlichem Verwaltungseingriff anhören?, NVwZ 2003, 30; *Kersten*, Realakte und Praxen, in: FS U. Battis, 2014, S. 239; *Rasch*, Der Realakt insbesondere im Polizeirecht, DVBl. 1992, 207; *Remmert*, Schlichtes Verwaltungshandeln, Jura 2007, 736; *Scherer*, Realakte mit „Doppelnatur", NJW 1989, 2724; *Schliesky*, Veröffentlichung von Warentests durch eine Landwirtschaftskammer, JA 1997, 284; *Schulte*, Schlichtes Verwaltungshandeln, 1995; *U. Siems*, Der Begriff des schlichten Verwaltungshandelns, 1999.

Rechtsprechung: BVerwGE 100, 262 (Herausgabe eines Mietspiegels).

Lit. u. Rspr. zur Rechtsproblematik staatlicher Warnungen vor Rn. 256.

I. Begriff und Abgrenzungen

885   Realakte (schlichtes Verwaltungshandeln, schlichthoheitliches Handeln) sind solche Handlungen von Hoheitsträgern, die **nicht auf die Herbeiführung einer Rechtsfolge gerichtet** sind.

Hierdurch unterscheiden sie sich von den auf die Herbeiführung von Rechtsfolgen gerichteten Rechtsakten (Gesetze, Rechtsverordnungen, Satzungen, Verwaltungsakte, öffentlich-rechtliche Verträge).

Beispiele: Auszahlung von Geld, Teilnahme am Straßenverkehr, Auskünfte, Belehrungen, Warnungen, Mitteilungen, körperliche Tätigkeiten.

886   Realakte werden auch als Tathandlungen, tatsächliches, faktisches oder **schlichtes Verwaltungshandeln** sowie als **schlichthoheitliches Handeln** bezeichnet.

Zu beachten ist, dass die **behördliche Entscheidung,** ob ein Realakt ausgeführt wird oder nicht, ein Verwaltungsakt sein kann.[1] Die Abgrenzung ist nicht zuletzt deshalb wichtig, weil von ihr die Bestimmung der einschlägigen Klageart abhängt. Anfechtungs- und Verpflichtungsklage sind

---

[1] Ablehnend *Beckmann*, NVwZ 2011, 843, 845 f.

nur dann statthaft, wenn es um einen Verwaltungsakt geht. Ansonsten ist die allgemeine Leistungsklage einschlägig.

Faustformelartig kann danach abgegrenzt werden, worauf **bei lebensnaher Betrachtungsweise das Schwergewicht** des behördlichen Handelns liegt: Auf der Entscheidung, die grundsätzlich jedem Realakt vorausgeht, oder eben auf der tatsächlichen Ausführung. Ein weiteres, damit zusammenhängendes Kriterium bildet folgende Frage: 887

Setzt die Entscheidung, ob die in Rede stehende Handlung vorgenommen wird, eine nur **einfache Rechtsprüfung** voraus, handelt es sich also um eine **Routineangelegenheit?** Falls ja, spricht dies für einen Realakt. Erfordert die behördliche Entscheidung dagegen eine **aufwendige rechtliche Prüfung,** sind insbesondere schwierige Rechtsfragen zu beantworten, spricht alles für einen Verwaltungsakt.[2]

Die Abgrenzung zwischen öffentlich-rechtlichen und privatrechtlichen Realakten ist bisweilen schwierig. Denn rein tatsächliches Handeln wie z.B. das Fahren mit dem Auto oder der Bau einer Straße ist als solches rechtlich neutral. Abzustellen ist auf die **Rechtsgrundlage des Realakts** oder auf den **Gesamtzusammenhang:** 888

Ist der Realakt Vollzug einer öffentlich-rechtlichen Vorschrift, handelt es sich um einen öffentlich-rechtlichen Realakt. Besteht zwischen dem Realakt und einem (unzweifelhaft) als öffentlich-rechtlich zu beurteilenden Verhalten oder einem öffentlich-rechtlichen Sachverhalt ein enger Zusammenhang, ist auch der Realakt öffentlich-rechtlich zu qualifizieren.[3]

II. Rechtmäßigkeit und Rechtsschutz

Realakte dürfen nicht gegen Rechtsvorschriften oder allgemeine Rechtsgrundsätze verstoßen. Greifen sie in Rechte des Bürgers ein oder betreffen sie wesentliche grundrechtsrelevante Angelegenheiten, bedürfen sie einer formell-gesetzlichen Ermächtigungsgrundlage.[4] Ansonsten gilt dieses Erfordernis nicht. 889

Beispiele:
- Anwendung unmittelbaren polizeilichen Zwangs, etwa Hieb mit dem Schlagstock (z.T. wird hierin sogar ein Verwaltungsakt gesehen): Ermächtigungsgrundlage erforderlich, da Rechtseingriff.

---

[2] BVerwGE 31, 301 (306 f.); siehe aber auch BVerwG JZ 1998, 243 m. Anm. *Hendler.*
[3] Dazu ausführlich Rn. 1325.
[4] Zur sog. Warnungsproblematik ausführlich oben Rn. 297 ff.

- Bloße Teilnahme am Straßenverkehr zu dienstlichen Zwecken: keine Ermächtigungsgrundlage erforderlich, da weder Rechtseingriff noch Grundrechtsrelevanz.
- Inanspruchnahme von Sonderrechten im Straßenverkehr (z.B. Blaulicht, Martinshorn): Ermächtigungsgrundlage erforderlich (vgl. §§ 35, 38 StVO), da Eingriffe in die Rechte der anderen Verkehrsteilnehmer.

Im übrigen ist auch bei Realakten (wie bei Verwaltungsakten) zwischen der formellen und materiellen Rechtsmäßigkeit zu unterscheiden.[5]

890 Ansprüche auf die **Vornahme von Realakten** sind mit der allgemeinen Leistungsklage durchzusetzen (Verpflichtungsklage nur, wenn die Vornahme den Erlass eines Verwaltungsakts voraussetzt). Gegen drohende rechtswidrige Realakte steht die Unterlassungsklage (Unterfall der allgemeinen Leistungsklage) zur Verfügung. Wird die Beseitigung eines rechtswidrigen Zustandes verlangt, der durch einen Realakt verursacht wurde, stehen wiederum allgemeine Leistungsklage und Verpflichtungsklage (wenn die Beseitigung den Erlass eines Verwaltungsakts voraussetzt) zur Verfügung. Schließlich kann ggf. auch auf Feststellung der Rechtswidrigkeit des Realakts geklagt werden.

---

[5] Dazu und zu den Konsequenzen etwa BVerwG NJW 2005, 2332.

§ 16. Pläne

Literatur: *Erbguth/Oebbecke/Rengeling/Schulte* (Hrsg.), Planung, in: FS W. Hoppe, 2000; *Hoppe*, Planung, HStR IV, § 77; *ders.*, Grundfragen des Planungsrechts. Ausgewählte Veröffentlichungen, 1998; *Köck*, Pläne, GrlVwR II, § 37; *Roellecke*, Ein Rechtsbegriff der Planung, DÖV 1994, 1024.

Ein wichtiges und in der Praxis häufig anzutreffendes Handlungsinstrument ist der Plan. Sinn und Zweck eines jeden Planes ist es, künftiges Verhalten des Staates und/oder der Bürger zu steuern und zu beeinflussen. Das gilt allerdings für alle anderen generell-abstrakten Regelungen und die meisten anderen staatlichen Akte auch. Kennzeichnend gerade für den Plan ist ein besonderes Maß an Zukunftsorientierung. Planungsgrundlage sind vor allem Prognosen, Erwartungen und nicht exakt messbare Daten. Ihnen haftet naturgemäß das Risiko der Instabilität an. **891**

Eine gesetzliche Definition des Planes existiert nicht. Verschiedentlich wird Planung als „vorausschauendes Setzen von Zielen und gedankliches Vorwegnehmen der zu ihrer Verwirklichung erforderlichen Verhaltensweisen" definiert.[1] Der Plan ist dann das Produkt dieser Tätigkeit. Eine juristisch aussagekräftige Definition ist dies freilich nicht. Vielmehr handelt es sich nur um eine sehr weitgefasste, vage Umschreibung. **892**

Obwohl der Begriff des Planes in zahlreichen Gesetzesbestimmungen verwendet wird,[2] ist der Plan keine rechtlich selbständige Erscheinungsform. Vielmehr handelt es sich nur um einen Oberbegriff für ganz unterschiedliche rechtliche Handlungsformen. Es muss versucht werden, den einzelnen Plan einer der geläufigen Handlungsformen zuzuordnen, soweit dies möglich ist. **893**

Beispiele:
- Der **Haushaltsplan** (Art. 110 I GG) wird durch das Haushaltsgesetz (= formelles Bundesgesetz) festgestellt (Art. 110 II 1 GG). Er wird dadurch zu einem **formellen Bundesgesetz**.
- Das **niedersächsische Landes-Raumordnungsprogramm** Teil I ist ein **formelles Landesgesetz** (§ 5 IV NROG), Teil II ist dagegen eine **Rechtsverordnung** (§ 5 V NROG).
- Der **hessische Landesentwicklungsplan** (§ 7 HLPG) ist eine Rechtsverordnung (§ 8 IV 1 HLPG).

---

[1] *Müller*, in: Wolff/Bachof I, § 56 Rn. 11; *Maurer*, § 16 Rn. 14.
[2] Dazu die unten genannten Beispiele.

336   Kapitel 2. Handlungsformen der Verwaltung

- **Regionalpläne:** Wenn sie nicht schon aufgrund besonderer Bestimmung als Rechtsverordnungen oder Satzungen erlassen werden, sind die in ihnen enthaltenen Ziele der Raumordnung Rechtsvorschriften eigener Art und mit der Normenkontrolle nach § 47 I Nr. 2 VwGO angreifbar, so BVerwGE 119, 217 ff. zum Regionalplan Südhessen 2000 (die nach §§ 9 ff. HLPG zu erlassenden Regionalpläne sind weder Rechtsverordnung noch Satzung); zur Antragsbefugnis nach § 47 II 1 VwGO BVerwG NVwZ 2007, 229.
- **Regionale Raumordnungsprogramme** in Mecklenburg-Vorpommern sind **Rechtsverordnungen** (§ 9 V MeVoLPlG).
- **Bebauungspläne** sind **Satzungen** (§ 10 I BauGB). Gleiches gilt für **Regionalpläne** in Baden-Württemberg (§ 9 VI BaWüLPlG).
- Der **Planfeststellungsbeschluss,** durch den das Planfeststellungsverfahren (§§ 72 ff. VwVfG) abgeschlossen wird (§ 74 I 1 VwVfG), ist ein **Verwaltungsakt.**
- **Behördliche Dienstpläne,** Vertretungspläne u. ä. sind **Verwaltungsvorschriften;** ebenso **Krankenhausbedarfspläne** (BVerwGE 62, 86/96; 72, 38/45; *Battis,* S. 302).
- **Flächennutzungspläne** (§ 5 BauGB) werden zwar in einem gesetzlich geregelten Verfahren unter Beteiligung der Bürger aufgestellt (§§ 2–4 b BauGB), bedürfen der Genehmigung der höheren Verwaltungsbehörde (§ 6 BauGB) und werden mit der Bekanntgabe „wirksam" (§ 6 V 2 BauGB). Obwohl sie z. T. als „nur-formelle Satzung" qualifiziert werden (*Maurer,* § 16 Rn. 24; demgegenüber z. B. *Battis,* S. 302: Verwaltungsvorschrift; *Hendler,* Rn. 241: hoheitliche Maßnahme eigener Art), wurde ihnen von der früher ganz h. M. unmittelbare Außenwirkung gegenüber den Bürgern und damit die Rechtsvorschriftsqualität i.S.v. § 47 I VwGO abgesprochen (s. nur *Maurer,* § 16 Rn. 24). Demgegenüber billigt ihnen das BVerwG nunmehr unmittelbare Außenwirkung im Anwendungsbereich von § 35 III 3 BauGB zu (BVerwGE 117, 287/303; 119, 217/225); insoweit für die Statthaftigkeit einer Normenkontrolle analog § 47 I Nr. 1 VwGO BVerwGE 128, 382 Rn. 11; für die Anwendbarkeit von § 47 I Nr. 2 VwGO OVG Koblenz NVwZ 2006, 1442; zum Rechtsschutz gegen Flächennutzungspläne ausführlich *Herrmann,* NVwZ 2009, 1185 ff.; *Scheidler,* DÖV 2008, 766 ff.; *Schenke,* NVwZ 2007, 134 ff.).
- Die Rechtsnatur der **Zielvereinbarungen** zwischen dem Ministerium und den Hochschulen einerseits (z. B. § 7 HHG) und den Fachbereichen und der Hochschulleitung andererseits (z. B. § 7 III HHG) ist umstritten; für **öffentlich-rechtlichen Vertrag** i. S. v. § 54 VwVfG bei den zuerst genannten Zielvereinbarungen *Trute,* WissR 33 (2000), 148 ff.; näher zur Rechtsnatur und zu Rechtsfragen von Zielvereinbarungen im Verwaltungsrecht: *Fehling* in: Fehling/Kastner/Störmer, § 54 VwVfG Rn. 78 ff.; *Bauer/Kretschmer,* in: FS D. H. Scheuing, 2011, S. 245 ff.; im Kommunalrecht: *Sensburg,* Der kommunale Verwaltungskontrakt, 2004.
- Der **Jahreswirtschaftsbericht** der Bundesregierung gem. § 2 StWG ist **schlichtes Verwaltungshandeln** (*Müller,* in: Wolff/Bachof I, § 56 Rn. 26).

894 Ob und in welcher Form Rechtsschutz gegen Pläne besteht, hängt von der Rechtsnatur und den Wirkungen des jeweiligen Planes ab.[3] Gleiches gilt für die damit zusammenhängenden materiell-rechtlichen Ansprüche wie vor allem Plangewährleistungs- und Planausgleichs- sowie Planentschädigungsansprüche.[4]

---

[3] Dazu auch Rn. 1410.
[4] Dazu *Maurer,* § 16 Rn. 26 ff.; *Detterbeck,* in: Detterbeck/Windthorst/Sproll, §§ 29, 30.

§ 17. Privatisierung der Verwaltung – privatrechtliches Handeln

I. Privatisierung der Verwaltung

Literatur: *Bultmann*, Public-Private Partnership, in: FS U. Battis, 2014, S. 369; *Burgi*, Privatisierung, HStR IV, § 75; *ders.*, Privatisierung öffentlicher Aufgaben – Gestaltungsmöglichkeiten, Grenzen, Regelungsbedarf, Gutachten D zum 67. DJT, 2008; *Geisz*, Die Grenzen der Privatisierung kommunaler öffentlicher Einrichtungen, 2015; *Gersdorf*, Privatisierung öffentlicher Aufgaben – Gestaltungsmöglichkeiten, Grenzen, Regelungsbedarf, JZ 2008, 831 ff.; *Kästner*, Privatisierung kommunaler Einrichtungen, in: FS W.-R. Schenke, 2011, S. 863; *Kahl/Weißenberger*, Kommunale Selbstverwaltungspflicht und Verbot materieller Privatisierung kraft Richterrechts?, LKRZ 2010, 81; *dies.*, Die Privatisierung kommunaler öffentlicher Einrichtungen: Formen – Grenzen – Probleme, Jura 2009, 194; *Katz*, Verantwortlichkeiten und Grenzen bei „Privatisierung" kommunaler Aufgaben, NVwZ 2010, 405; *G. Kirchhof*, Rechtsfolgen der Privatisierung, AöR 132 (2007), 215; *Sellmann*, Privatisierung mit oder ohne gesetzliche Ermächtigung, NVwZ 2008, 817; *Schoch*, Das gemeindliche Selbstverwaltungsrecht gemäß Art. 28 Abs. 2 Satz 1 GG als Privatisierungsverbot?, DVBl. 2009, 1533; *ders.*, Rechtliche Steuerung der Privatisierung staatlicher Aufgaben, Jura 2008, 672; *ders.*, Gewährleistungsverwaltung: Stärkung der Privatrechtsgesellschaft?, NVwZ 2008, 241; *Stober*, Privatisierung öffentlicher Aufgaben, NJW 2008, 2301; *Thiele*, Art. 33 Abs. 4 GG als Privatisierungsschranke, Der Staat 49 (2010), 274.

Rechtsprechung: BVerfGE 130, 76 (formelle Privatisierung des Maßregelvollzuges in psychiatrischen Einrichtungen); BVerwG NVwZ 2009, 1305 (verfassungsrechtliche Grenzen der materiellen Privatisierung kommunaler Aufgaben).

Erfüllt der Staat bestimmte Aufgaben nicht mehr durch öffentlich-rechtlich organisierte Funktionseinheiten (Behörden, juristische Personen des öffentlichen Rechts), sondern überträgt er diese Aufgaben auf Private oder privatrechtlich organisierte Einrichtungen (z.B. GmbH, AG), spricht man von Privatisierung der Verwaltung. Hierbei werden **vier Grundtypen** unterschieden: 895

(1) **Organisationsprivatisierung (formelle Privatisierung):** Der Staat überträgt bestimmte öffentliche Aufgaben auf eine juristische Person des Privatrechts, die sich entweder vollständig in seiner Hand befindet oder auf die er dauerhaft einen bestimmenden Einfluss ausübt.

Beispiele:
- Ein Land gründet oder übernimmt eine AG und hält sämtliche Aktien. Die AG betreibt ein Kohlekraftwerk.

- Verschiedene Städte gründen eine Fernseh-GmbH. Die Gesellschafter sind ausschließlich die Städte.
- Eine Stadt gründet eine Straßenbahn-AG und veräußert 30 % der Aktien, die restlichen 70% behält sie.
- Eine Stadt überträgt die bislang vom städtischen Bauhof verrichteten Tätigkeiten auf eine von Privatleuten errichtete GmbH. Nach dem Gesellschaftsvertrag sind alle für die GmbH bedeutsamen Entscheidungen von der Stadt zu treffen; Geschäftsführer der GmbH ist ein städtischer Mandatsträger.
- Eine GmbH, an der das Land sämtliche Anteile hält, wird im Wege der Beleihung mit dem Betrieb eines psychiatrischen Krankenhauses beauftragt; die Angestellten der GmbH üben im Krankenhaus hoheitliche Befugnisse aus (BVerfGE 130, 76).
- Zu den Eisenbahngesellschaften i.S.v. Art. 87e III 2 GG Rn. 198.

896 In all diesen Fällen – auch in denjenigen, in denen der Staat nicht sämtliche oder die Mehrzahl der Anteile hält, aber sich zumindest den bestimmenden Einfluss vorbehält –[1] werden die nach wie vor öffentlichen Aufgaben von einer juristischen Person des Privatrechts wahrgenommen. Dadurch, dass der Staat diese juristischen Personen des Privatrechts beherrscht, verbleiben die von ihnen wahrgenommenen öffentlichen Aufgaben aber in staatlicher Verantwortung. Der Staat bedient sich lediglich der privatrechtlichen **Organisationsformen** – nicht nur der privatrechtlichen Handlungsform –, um öffentliche Aufgaben zu erfüllen. Auch der Beliehene[2] wird zum Bereich der Organisationsprivatisierung gerechnet,[3] obwohl er eigenverantwortlich tätig und nicht vom Staat beherrscht wird.

897 **(2) Funktionale Privatisierung:** Der Staat bedient sich zur Erfüllung bestimmter öffentlicher Aufgaben Privater, denen er zwar im Einzelfall Weisungen erteilen darf oder die zumindest seiner Aufsicht unterliegen, die aber nicht dauerhaft vom Staat beherrscht werden. Die Verantwortung für die konkrete Aufgabenerledigung trägt (auch) der Staat.

Beispiele:
- Einsatz von Verwaltungshelfern wie Schülerlotsen.
- Einschaltung Privater aufgrund privatrechtlicher Vereinbarung wie z.B. Beauftragung eines Abschleppunternehmers durch die Polizei oder Beauftragung eines Bauunternehmens mit dem Bau einer Straße.

898 **(3) Aufgabenprivatisierung (materielle Privatisierung):** Der Staat zieht sich aus bestimmten Bereichen der öffentlichen Verwaltung zurück und überlässt dieses Feld den Privaten. Für deren Handeln ist er nicht mehr verantwortlich.

---

[1] *Burgi*, in: Erichsen/Ehlers, § 10 Rn. 11, 14.
[2] Rn. 192 ff.
[3] *Burgi*, in: Erichsen/Ehlers, § 10 Rn. 25; *Schoch*, Jura 2008, 677.

§ 17. Privatisierung der Verwaltung – privatrechtliches Handeln

Beispiele:
- Der Staat stellt die in Kriegs- und Nachkriegszeiten übliche Ausgabe von Lebensmittelkarten durch Behörden ein und überlässt die Lebensmittelversorgung der Bevölkerung den Privaten.
- Eine Gemeinde verkauft das von ihr betriebene Schwimmbad an einen Privaten, der es völlig selbständig und gewinnorientiert betreibt, ohne dass die Gemeinde besondere Mitspracherechte hat (zur Frage der Zulässigkeit Rn. 901; dazu auch der Übungsfall von *Szczekalla*, NdsVBl. 2010, 84 ff.).
- Eine Gemeinde hatte jahrelang einen Weihnachtsmarkt veranstaltet und die verschiedenen privaten Inhaber von Ständen (Marktbeschicker) ausgewählt. Nunmehr hat sie durch Vertrag die gesamte Durchführung einschließlich der Auswahl der Marktbeschicker auf einen Privaten übertragen. Die Gemeinde hat keinerlei Mitentscheidungsbefugnisse mehr (zur Frage der Zulässigkeit Rn. 901).
- Der Staat zieht sich sukzessive aus den Bereichen Eisenbahn, Post und Telekommunikation zurück. Die entsprechenden Dienstleistungen werden teils von Privaten erbracht, die in keinerlei Beziehung zum Staat stehen, teils von Nachfolgeunternehmen ehemals staatlicher Institutionen (Deutsche Post AG, Deutsche Postbank AG und Deutsche Telekom AG als Nachfolgeunternehmen der Deutschen Bundespost), wobei der Staat auf diese Nachfolgeunternehmen keinen bestimmenden Einfluss mehr ausübt.

(4) Vermögensprivatisierung: Der Staat veräußert staatliches Eigentum wie Grundstücke oder Aktien.

Eine trennscharfe Abgrenzung zwischen diesen vier Bereichen ist nicht möglich. So kann etwa der Verkauf eines kommunalen Schwimmbades sowohl dem Bereich der Vermögensprivatisierung als auch dem Bereich der Aufgabenprivatisierung zugerechnet werden. Die sog. **Public-Private-Partnership** ist keine eigenständige Privatisierungsform. Vielmehr handelt es sich lediglich um ganz unterschiedliche Erscheinungsformen des Zusammenwirkens von Staat und Privaten zum Zwecke der Erfüllung öffentlicher Aufgaben.[4]

Zulässigkeit und Grenzen der Verwaltungsprivatisierung können sich sowohl aus den einfachen Gesetzen als auch aus dem Verfassungsrecht ergeben.[5] So nennen z.B. die Gemeindeordnungen besondere Voraussetzungen für die Errichtung privatrechtlicher Gesellschaften oder die Beteiligung an ihnen. Das Grundgesetz enthält spezielle Vorgaben für die Luftverkehrsverwaltung, für das Eisenbahnwesen des Bundes und für die Post und Telekommunikation (Art. 87 d–f). Unzulässig ist die Privatisierung von Bereichen, die dem **staatlichen Gewaltmonopol** unterliegen wie insbesondere die Polizei, das Militär und die Justiz. Dies schließt es allerdings nicht aus, dass einzelne Aufgaben, die zu einem dieser Bereiche gehören, durch Private oder mit Hilfe Privater erfüllt werden.

---

[4] *Schoch*, Jura 2008, 677; dazu im einzelnen *Bultmann*, in: FS U. Battis, 2014, S. 369 ff.
[5] Näher *Kästner*, in: FS W.-R. Schenke, 2011, S. 875 ff., 884 ff.; *Schoch*, Jura 2008, 678 ff.

Beispiele:
- Die Polizei beauftragt einen Privatunternehmer mit der Beseitigung eines Verkehrshindernisses.
- Die Verpflegung der Soldaten wird in den Kasernen durch Privatküchen sichergestellt.
- Die Justiz lässt ihre EDV von einer Privatfirma warten.

901 Der **Funktionsvorbehalt für das Berufsbeamtentum** nach Art. 33 IV GG setzt der Privatisierung öffentlicher Aufgaben Grenzen.[6] Zwar weist Art. 33 IV GG dem Staat keine bestimmten Hoheitsbefugnisse zu, die grundsätzlich von Beamten ausgeübt werden müssen. Ein Verbot, nicht hoheitlich tätig zu werden, lässt sich nicht der Vorschrift des Art. 33 IV GG, sondern nur anderen Verfassungsbestimmungen und verfassungsrechtlichen Grundsätzen entnehmen. Übt der Staat aber hoheitliche Befugnisse aus, muss er sich in der Regel seiner Beamten bedienen. Der Beamtenvorbehalt des Art. 33 IV GG gilt aber auch, wenn der Staat die Wahrnehmung hoheitlicher Aufgaben auf Private überträgt.[7] Dies ist jedenfalls dann der Fall, wenn der Staat Private ermächtigt, durch Befehl und Zwang in Grundrechte Dritter einzugreifen. Die Privatisierung hoheitsrechtlicher Befugnisse muss nach dem Wortlaut des Art. 33 IV GG („in der Regel") die Ausnahme sein und bedarf der besonderen Rechtfertigung.[8]

Aus der **kommunalen Selbstverwaltungsgarantie** des Art. 28 II 1 GG lässt sich entgegen dem BVerwG[9] kein weitgehendes Verbot der materiellen Privatisierung von Aufgaben, die eine besondere soziale, kulturelle und traditionelle Prägung aufweisen, entnehmen. Art. 28 II 1 GG garantiert den Gemeinden, dass sie derartige Aufgaben wahrnehmen dürfen. Art. 28 II 1 GG begründet aber keine Besitzstandsgarantie der Gemeindeeinwohner auf den Fortbestand traditioneller kommunaler öffentlicher Einrichtungen und Veranstaltungen.[10] Die Gemeinden sind nicht verpflichtet, Weih-

---

[6] BVerfGE 130, 76 (111 ff.); *Wiegand*, DVBl. 2012, 1134 ff.; *Kästner*, in: FS W.-R. Schenke, 2011, S. 877 f.; a.A. *Schoch*, Jura 2008, 681.

[7] BVerfGE 130, 76 (111 ff.).

[8] So BVerfGE 130, 76 (114 ff., 118 ff.) zur formellen Privatisierung des Maßregelvollzuges in psychiatrischen Einrichtungen; anders die Bewertung von *Waldhoff*, JZ 2012, 685; dazu näher *Hippeli*, DVBl. 2014, 1281 ff.; *Wiegand*, DVBl. 2012, 1134 ff.

[9] BVerwG NVwZ 2009, 1305 ff. m. ablehnender Anm. *Ehlers*, DVBl. 2009, 1456 ff.; ablehnend auch *Kästner*, a.a.O., S. 886 ff.; *Lange*, LKRZ 2010, 201: „rechtsdogmatische Bombe"; *Kahl/Weißenberger*, LKRZ 2010, 81 ff., 84: „Pervertierung" des kommunalen Selbstverwaltungsrechts; *Szczekalla*, NdsVBl. 2010, 84 ff. (Übungsfall); *Schoch*, DVBl. 2009, 1533 ff.; *Winkler*, JZ 2009, 1169 ff. („bizarr", „methodisch unhaltbar"); zustimmend *Schönleiter*, GewArch. 2009, 486 f.; grundsätzlich zustimmend auch *Katz*, NVwZ 2010, 405 ff.

[10] VGH München NVwZ-RR 2013, 494 Rn. 10; *Schoch*, DVBl. 2009, 1533 ff.; *Ehlers*, DVBl. 2009, 1456; für eine **objektivrechtliche** Wahrnehmungspflicht der Gemeinden *Winkler*, JZ 2009, 1170; speziell dazu *Stepanek*, Verfassungsunmittelbare Pflichtaufgaben der Gemeinde, 2014, S. 87 ff.

§ 17. Privatisierung der Verwaltung – privatrechtliches Handeln 341

nachtsmärkte, Volksfeste, Alten- oder Kindernachmittage zu veranstalten. Dann aber sind sie verfassungsrechtlich auch nicht gezwungen, derartige traditionelle Veranstaltungen fortzuführen.[11] Sie dürfen sie einstellen oder materiell privatisieren.[12]

Die Gemeinden können zwar nach den landesgesetzlichen Vorschriften ihrer Gemeindeordnung verpflichtet sein, die erforderlichen wirtschaftlichen, sozialen, sportlichen und kulturellen öffentlichen Einrichtungen bereitzustellen (so § 19 I HGO). Bei der Entscheidung, was wirklich erforderlich ist, haben die Gemeinden aber einen weiten Einschätzungsspielraum.[13] Dies gilt in besonderem Maße, wenn der gesetzliche Auftrag ausdrücklich nur in den Grenzen der gemeindlichen Leistungsfähigkeit besteht (so etwa § 19 I HGO). Die einschlägigen Vorschriften der Gemeindeordnungen sind zudem nur objektives Recht. Sie gewähren den Bürgern nicht einmal einen Anspruch auf ermessens- bzw. beurteilungsfehlerfreie Entscheidung der Gemeinde.[14]

Im Bereich der **Organisationsprivatisierung und der funktionalen** 902 **Privatisierung** trägt der Staat entweder per definitionem oder von Gesetzes wegen die Verantwortung für die Rechtmäßigkeit des Handelns derjenigen Privaten, deren er sich zur Erfüllung seiner Aufgaben bedient. Im Bereich der **Aufgabenprivatisierung** erfüllt der Staat keine öffentlichen Aufgaben mehr – auch nicht durch Private. Gleichwohl trifft ihn eine unterschiedlich stark ausgeprägte **Gewährleistungsverantwortung**.[15] Danach ist der Staat objektivrechtlich verpflichtet, dafür Sorge zu tragen, dass die nunmehr den Privaten obliegenden (nach wie vor öffentlichen)[16] Aufgaben gefahrlos und den Bedürfnissen des Gemeinwohls Rechnung tragend erfüllt werden. Teilweise sind Art und Ausmaß der staatlichen Gewährleistung verfassungsrechtlich (Art. 87 e IV, 87 f I GG) oder einfachgesetzlich (z.B. im Post- und Telekommunikationssicherstellungsgesetz,[17] im Postgesetz oder im Telekommunikationsgesetz) normiert. Soweit spezielle Rege-

---

[11] VGH München NVwZ-RR 2013, 494 Rn. 10; a. A. offenbar BVerwG NVwZ 2009, 1305 Rn. 36.
[12] VGH München NVwZ-RR 2013, 494 Rn. 10; HessVGH LKRZ 2008, 262 ff.
[13] *Bennemann*, in: Bennemann/Daneke u.a., Kommunalverfassungsrecht Hessen, 32. Lfg. 2013, § 19 HGO Rn. 18 („Ermessensentscheidung"); *Kahl/Weißenberger*, LKRZ 2010, 84 f.; *Ehlers*, DVBl. 2009, 1457.
[14] VGH München NVwZ-RR 2013, 494 Rn. 8; vgl. HessVGH HSGZ 1984, 39; VGH München NVwZ 1982, 120; *Schmidt/Kneip*, HGO, 2. Aufl. 2008, § 19 Rn. 1; *Bennemann*, a.a.O.
[15] Dazu schon Rn. 10 m. w. N.
[16] *Burgi*, HStR IV, § 75 Rn. 2.
[17] Sart. Erg. Nr. 905.

lungen fehlen, kann auf die grundrechtlichen Schutzpflichten des Staates abgestellt werden.[18]

II. Privatrechtliches Handeln der Verwaltung

Literatur: *Bader,* Anspruch einer Partei auf Nutzung kommunaler Einrichtungen, Jura 2009, 940; *Detterbeck,* Rechtswegprobleme im Wirtschaftsverwaltungsrecht, in: FS W. Frotscher, 2007, S. 399; *ders.*, Die kommunale Heiratsvermittlung, JuS 2001, 1199 (Examensklausur); *Kramer,* Die Privatisierung der Schulen und ihre Folgen, JuS 2005, 1015 (Examensklausur); *Kramer/Bayer/Fiebig/Freudenreich,* Die Zweistufentheorie im Verwaltungsrecht oder: Die immer noch bedeutsame Frage nach dem Ob und Wie, JA 2011, 810; *Goldhammer,* Grundrechtsberechtigung und -verpflichtung gemischtwirtschaftlicher Unternehmen, JuS 2014, 891; *Gusy,* Freiheit der Formenwahl und Rechtsbindung der Verwaltung, Jura 1985, 578; *Kempen,* Die Formenwahlfreiheit der Verwaltung, 1989; *W. Nassauer,* Verwaltung und Privatrechtsform, Diss. Marburg 1980; *Röhl,* Verwaltung und Privatrecht – Verwaltungsprivatrecht?, VerwArch. 86 (1995), 531; *Rossi,* Verwaltungsprivatrecht, in: FS U. Battis, 2014, S. 267; *Schnapp,* Öffentliche Verwaltung und privatrechtliche Handlungsformen, DÖV 1990, 826; *U. Stelkens,* Verwaltungsprivatrecht, 2005; *Unruh,* Kritik des privatrechtlichen Verwaltungshandelns, DÖV 1997, 653; *Weißenberger,* Die Zweistufentheorie im Wirtschaftsverwaltungsrecht, GewArch. 2009, 417 u. 465.

Rechtsprechung: Verwaltungsgerichtlicher Rechtsschutz gegen privatrechtliche wirtschaftliche Betätigung der öffentlichen Hand: BVerwGE 39, 329; BVerwG NJW 1978, 1539; BVerwG NJW 1995, 2938; VGH Kassel NVwZ 1996, 816; OVG Münster DVBl. 2004, 133. Zivilrechtlicher Rechtsschutz gegen privatrechtliche wirtschaftliche Betätigung der öffentlichen Hand: BGHZ 82, 375; BGHZ – GmSOGB – 102, 280; BGHZ 150, 343; BGH DÖV 1993, 573; BGH NVwZ 2003, 246. Bindung der privatrechtlich handelnden Verwaltung an Grundrechte und öffentliches Recht: BVerfGE 128, 226 (Fraport-Entscheidung); BGHZ 52, 325; BGHZ 91, 84 (96 ff.); BGHZ 155, 166 (175). Zur Zweistufentheorie: VGH München NJW 2013, 249.

Vgl. auch die Lit.- u. Rspr.-Nw. vor Rn. 1319; s. auch vor Rn. 936.

1. Erscheinungsformen und typologische Besonderheiten

903 Sieht man vom Realakt ab, der als rein tatsächliches Handeln für sich genommen rechtlich neutral ist, kann von den oben dargestellten Handlungsformen nur die Verwaltung Gebrauch machen. Sie handelt dann zwingend **öffentlich-rechtlich.** Die Verwaltung kann sich aber auch auf die **Ebene des Privatrechts** begeben und ebenso wie der Bürger **privatrechtlich** handeln, also z.B. einen Kaufvertrag i.S.v. § 433 BGB abschließen. Das

---

[18] *Schoch,* NVwZ 2008, 244.

§ 17. Privatisierung der Verwaltung – privatrechtliches Handeln   343

Recht der **Formenwahlfreiheit der Verwaltung** besteht grundsätzlich nach wie vor.[19]

In diesem Zusammenhang sind **drei Fragen** streng voneinander zu unterscheiden:[20]
1. Hat die Verwaltung privatrechtlich gehandelt?
2. Durfte sie privatrechtlich handeln?
3. Welchen rechtlichen Bindungen unterliegt die Verwaltung, wenn sie privatrechtlich handelt?

Zur ersten Frage: Die Abgrenzung von öffentlich-rechtlichem und privatrechtlichem Handeln bereitet nur dann Schwierigkeiten, wenn die Verwaltung Verträge abschließt, Willenserklärungen abgibt oder wenn rein tatsächliches Handeln – z.B. Teilnahme am Straßenverkehr, Auskunftserteilung, Auszahlung von Geld – in Rede steht. Denn nur in diesen Fällen kann die Verwaltung sowohl öffentlich-rechtlich als auch privatrechtlich handeln. Insoweit wird auf die Ausführungen zur Abgrenzung zwischen öffentlich-rechtlichen und privatrechtlichen Streitigkeiten verwiesen.[21]

904

Zur zweiten Frage: Einer besonderen Ermächtigung zum privatrechtlichen Handeln bedarf es nicht. Die Verwaltung hat grundsätzlich ein Wahlrecht, ob sie öffentlich-rechtlich oder privatrechtlich handelt. Etwas anderes gilt nur dann, wenn die Rechtsform gesetzlich vorgeschrieben ist oder sich aus allgemeinen Rechtsgrundsätzen ergibt. So kann und darf ein Beamtenverhältnis nur durch Ernennung = Verwaltungsakt begründet werden, vgl. § 10 I Nr. 1 BBG.

Zur dritten Frage: Hier geht es um die im einzelnen sehr umstrittene Frage, ob die Verwaltung auch dann an die Grundrechte und sonstigen öffentlich-rechtlichen Vorschriften gebunden ist, wenn sie privatrechtlich handelt. In diesem Zusammenhang unterscheidet man **drei Bereiche privatrechtlichen Handelns.**

(1) **Verwaltungsprivatrecht.** Der Bereich des Verwaltungsprivatrechts ist eröffnet, wenn die Verwaltung **unmittelbar** Verwaltungsaufgaben in der Rechtsform des Privatrechts erfüllt.[22] Die Verwaltung

905

---

[19] BVerwGE 92, 56 (64); 94, 229 (231 f.); 96, 71 (73 f.); NVwZ 2007, 820 Rn. 8; BGH NJW 1985, 200; *Ibler*, in: Maunz/Dürig, Art. 86 Rn. 80 ff.; *Rennert*, in: Eyermann, § 40 Rn. 45; *Stober*, in: Wolff/Bachof I, § 23 Rn. 6 f., 38; *Ipsen*, Rn. 195; ablehnend *Bull/Mehde*, Rn. 247 f.; *Kempen*, Die Formenwahlfreiheit der Verwaltung, 1989, S. 127 f.; *W. Nassauer*, Verwaltung und Privatrechtsform, Diss. Marburg 1980, S. 122.
[20] Vgl. *Rennert*, in: Eyermann, § 40 Rn. 45.
[21] Rn. 1323 ff.
[22] So etwa BGH NVwZ 2007, 246 Rn. 20, 22; NJW 2003, 2452 sub 2b aa; VGH München NJW 2013, 249 Rn. 38; *Ibler*, in: Maunz/Dürig, Art. 86 Rn. 80; *Höfling*, in: Sachs, Art. 1 Rn. 106; für einen weiter gefassten Begriff *U. Stelkens*, Verwaltungsprivatrecht, 2005,

> hat ein Wahlrecht, ob sie öffentlich-rechtlich oder privatrechtlich handelt. Um Verwaltungsprivatrecht geht es nur, wenn sie **tatsächlich** privatrechtlich gehandelt hat.

Zahlreiche Anwendungsfälle finden sich auf den Gebieten der Daseinsvorsorge und Leistungsverwaltung, wie z.B. die Verkehrs-, Wasser-, Gas- und Stromversorgung, die Gewährung von Darlehen zum Zwecke der Wirtschaftsförderung oder die Führung von Girokonten durch die öffentlich-rechtlichen Sparkassen.[23]

Gerade weil die Verwaltung unmittelbar öffentliche Aufgaben erfüllt, **unterliegt sie trotz der Inanspruchnahme des Privatrechts den spezifischen öffentlich-rechtlichen Bindungen. So ist sie insbesondere unmittelbar und in vollem Umfang an die Grundrechte gebunden.**[24]

Weiterhin besteht eine Bindung an die öffentlich-rechtliche Zuständigkeitsordnung und an die allgemeinen Grundsätze des Verwaltungshandelns.[25] Das auf diese Weise öffentlich-rechtlich überlagerte und gebundene Privatrecht bezeichnet man als Verwaltungsprivatrecht.

906 Den öffentlich-rechtlichen Bindungen im Bereich des Verwaltungsprivatrechts unterliegt aber nicht nur die Verwaltung selbst (einschließlich ihrer Eigenbetriebe).[26] In gleicher Weise gebunden sind auch die von der

---

S. 23 ff. (auch zur Entstehungsgeschichte dieses Begriffs); *Rossi*, in: FS U. Battis, 2014, S. 271 f.

[23] Dazu BVerfGE 75, 192 (199 f.); BVerfGK 15, 484 (489); JZ 2009, 1069 Rn. 17; BVerwGE 41, 195 (196 f.); BGHZ 154, 146 (150); NJW 2005, 1720; NJW 2003, 2452.

[24] BGHZ 155, 166 (175); 154, 146 (150) zur unmittelbaren Grundrechtsbindung der Sparkassen als Anstalten des öffentlichen Rechts bei der Kündigung eines (privatrechtlichen) Girovertrages; für eine nur eingeschränkte Bindung an sonstige öffentlich-rechtliche Vorschriften und Rechtsgrundsätze BGHZ 155, 166 (175); dazu auch BGHZ 91, 84 (96 ff.); für die Anwendbarkeit von § 49 III VwVfG auf einen zivilrechtlichen Subventionsvertrag BGH NVwZ 2007, 246 Rn. 20 ff.

[25] Dazu etwa BGH NVwZ 2010, 531 Rn. 9, 29 ff. (§§ 49 III 2, 48 IV VwVfG sind auf den privatrechtlichen Vertrag, der dem Verwaltungsprivatrecht unterliegt, aber schon deshalb nicht anwendbar, weil diese Vorschriften nur für Verwaltungsakte und nicht einmal für öffentlich-rechtliche Verträge gelten); dazu auch *Rossi*, in: FS U. Battis, 2014, S. 277, 280 f.

[26] Eigen**betriebe** sind wirtschaftliche und teilweise auch nichtwirtschaftliche Unternehmen der Gemeinden. Sie sind (anders als die Regiebetriebe) von ihren Trägergemeinden zwar organisatorisch und finanzwirtschaftlich getrennt, besitzen aber keine eigene Rechtspersönlichkeit. Die Handlungen der Eigenbetriebe (wie auch der Regiebetriebe) werden daher den Trägergemeinden zugerechnet. Davon zu unterscheiden sind die Eigen**gesellschaften**. Sie sind eigenständige juristische Personen des Privatrechts, an denen der Staat sämtliche Gesellschaftsanteile hält. Dazu näher *Lange*, Kommunalrecht, 2013, Kap. 14 Rn. 167 ff.

§ 17. Privatisierung der Verwaltung – privatrechtliches Handeln 345

Verwaltung gegründeten und beherrschten – konsequenterweise auch die übernommenen – **privatrechtlich verfassten Rechtssubjekte,** deren sich die Verwaltung zur Erfüllung öffentlicher Aufgaben bedient.[27] Ein solches Beherrschungsverhältnis ist jedenfalls dann anzunehmen, wenn der Staat mehr als die Hälfte der Anteile der juristischen Person des Privatrechts hält **(gemischtwirtschaftliches Unternehmen).**[28] Dies gilt auch, wenn verschiedene Träger öffentlicher Gewalt (Bund, Länder, Gemeinden) zusammen genommen mehr als die Hälfte der Anteile halten. Sowohl das Handeln des Staates als auch das Handeln der von ihm beherrschten juristischen Personen des Privatrechts gilt als vollziehende Gewalt i.S.v. Art. 1 III GG.

Beispiel: Der Bund und verschiedene Länder erwerben zusammen mehr als 50 % der Aktien einer Flughaften AG. Durch die Beförderung der Fluggäste wird eine öffentliche Aufgabe erfüllt.

Der Bürger kann sich in solchen Fällen sowohl gegenüber dem Staat als auch gegenüber der juristischen Person des Privatrechts auf die Grundrechte berufen.[29] Gegenüber der juristischen Person des Privatrechts besteht ein Grundrechtsanspruch auf grundrechtskonformes Verhalten. Gegenüber dem Staat besteht ein Grundrechtsanspruch darauf, dass der Staat die juristische Person zu einem grundrechtskonformen Verhalten veranlasst **(Einwirkungsanspruch).**

Dagegen können sich weder der Staat noch die von ihm beherrschten juristischen Personen des Privatrechts auf Grundrechte berufen.[30]

Umstritten ist, ob all dies auch bei Privatrechtssubjekten gilt, die aufgrund von Verträgen mit einem Verwaltungsträger in die Erfüllung öffentlicher Aufgaben eingebunden sind und vertraglich dessen Weisungen unterliegen.[31] Außerdem war und ist z.T. umstritten, ob die Deutsche Post AG, die Deutsche Postbank AG, die Deutsche Telekom AG und die Deutsche Bahn AG unmittelbar an Grundrechte gebunden sind.[32]

---

[27] BVerfGE 128, 226 (245 ff.); BVerwG NJW 1990, 134; VGH Kassel NVwZ 2003, 875; BGHZ 155, 166 (173 f.); 91, 84 (97); NJW 2005, 1720; vgl. auch BGH NJW 2006, 1054.
[28] Näher *Goldhammer,* JuS 2014, 891 ff.
[29] BVerfGE 128, 226 (246 f.)
[30] BVerfGE 128, 226 (247); BVerfGK 15, 484 (488).
[31] Dafür offenbar *Stober,* in: Wolff/Bachof I, § 23 Rn. 63; *Harries,* in: FS W. Werner, 1984, S. 214; ablehnend *Henke,* Das Recht der Wirtschaftssubventionen, 1979, S. 91 f.; offen gelassen von BGH NJW 2003, 2453.
[32] Für Grundrechtsbindung der Deutschen Post AG, solange der Staat die Anteilsmehrheit hält, BVerwGE 113, 208 (211); für Grundrechts**berechtigung** der Deutschen Telekom AG unter Hinweis auf den nunmehr fehlenden beherrschenden Einfluss des Staates BVerfGE 115, 205 (227 f.); ebenso im Ergebnis BVerwGE 114, 160 (189).

907 (2) **Fiskalische Hilfsgeschäfte (Bedarfsdeckungsgeschäfte).**[33] Von fiskalischen Hilfsgeschäften spricht man, wenn die Verwaltung Rechtsgeschäfte tätigt, um sich in den Stand zu setzen, (später) öffentliche Aufgaben zu erfüllen (deshalb auch die Bezeichnung „Hilfsgeschäfte"). Fiskalische Hilfsgeschäfte dürfen prinzipiell nur in der Form des Privatrechts getätigt werden.[34] Denn wenn die Verwaltung keine unmittelbaren öffentlichen Aufgaben erfüllt,[35] ist ihr die Inanspruchnahme öffentlich-rechtlicher Handlungsformen grundsätzlich verwehrt.

Beispiele: Kauf von Büromaterial, Vergabe von Aufträgen für den Straßenbau, Waffenkäufe der Bundeswehr, Beschäftigung von **Angestellten und Arbeitern im öffentlichen Dienst** (beachte: nur das **Beamtenverhältnis** ist ein **öffentlich-rechtliches Dienstverhältnis,** das durch Verwaltungsakt (Ernennung) begründet wird).

Im Unterschied zum Bereich des Verwaltungsprivatrechts werden durch die fiskalischen Hilfsgeschäfte nicht unmittelbar öffentliche Aufgaben erfüllt. So versetzt etwa der Kauf von Büromaterial die Verwaltung erst in die Lage, mit Hilfe der angeschafften Gegenstände öffentliche Aufgaben zu erfüllen. Es besteht nur ein **mittelbarer Bezug zu den öffentlichen Aufgaben.**

Vor allem deshalb lehnt eine zivilgerichtliche Rechtsprechung in diesem Bereich eine uneingeschränkte Grundrechtsbindung ab.[36] Das BVerfG und große Teile der Literatur nehmen auch hier eine uneingeschränkte Grundrechtsbindung an:[37] Grundrechtsgebunden nach Art. 1 III GG ist jedwedes staatliche Handeln, unabhängig von seiner Funktion und seinem Bereich. Gleiches gilt für die vom Staat beherrschten juristischen Personen des Privatrechts.

Beispiel: Die staatliche Universität U verstößt gegen Art. 3 I GG, wenn der für die Beschaffung zuständige Beamte deshalb nicht bei einem Schreibwarenhändler bestellt, weil

---

[33] Diese Rechtsfigur strikt ablehnend und für eine Zuordnung dieses Bereichs zum Verwaltungsprivatrecht *Ipsen,* Rn. 199.
[34] *Faber,* Verwaltungsrecht, 4. Aufl. 1995, S. 148; *Sproll* I, § 1 Rn. 51; vgl. auch BVerwG DVBl. 2010, 1037 Rn. 20 f., wonach Bedarfsdeckungsgeschäfte per se keinen öffentlich-rechtlichen Charakter haben.
[35] Dies ist bei fiskalischen Hilfsgeschäften im Unterschied zum Bereich des Verwaltungsprivatrechts gerade nicht der Fall.
[36] BGHZ 36, 91 (95 ff.); 97, 312 (316); dies als herkömmliche Auffassung bezeichnend *Graf von Kielmansegg,* JuS 2009, 221.
[37] BVerfGE 128, 226 (244 ff.); 98, 365 (395); *Höfling,* in: Sachs, Art. 1 Rn. 107 m. w. N.

§ 17. Privatisierung der Verwaltung – privatrechtliches Handeln   347

dieser Anhänger des „feindlichen" Fußballvereins ist. Zum selben Ergebnis gelangt indes auch die oben genannte Zivilrechtsprechung. Sie leitet aus der mittelbaren Bindung der Fiskalverwaltung an Art. 3 I GG ein Willkürverbot ab, das vor allem über die Generalvorschriften der §§ 138, 242, 826 BGB zur Geltung gebracht wird, vgl. BGH NJW 1977, 629 f.

(3) **Erwerbswirtschaftliche Tätigkeit.** Dieser Bereich des privatrechtlichen Handelns des Staates ist dadurch gekennzeichnet, dass sich der Staat primär nach wirtschaftlichen Grundsätzen und in der Absicht der Gewinnerzielung betätigt. In diesem Bereich darf die Verwaltung nur privatrechtlich handeln.   908

Beispiele: Betrieb staatlicher Unternehmen wie Bierbrauereien oder Banken, Unterhaltung von landwirtschaftlichen Gütern und Staatsforsten, Beteiligung des Landes Niedersachsen an der Volkswagen AG, Verkauf staatlichen Eigentums (Privatisierungserlöse).

Auch die privatwirtschaftliche Nutzung von Vermögensgegenständen der Verwaltung gehört in diesen Bereich.[38]

Beispiel: Vermietung von städtischem Grund als Parkraum.

Auch wenn mit der erwerbswirtschaftlichen Betätigung bestimmte öffentliche Zwecke mitverfolgt werden, wie z.B. Arbeitsmarkt- und sozialpolitische Zielsetzungen, besteht nur noch ein **marginaler Bezug zur Wahrnehmung öffentlicher Aufgaben.** Deshalb wird eine unmittelbare Grundrechtsbindung des Staates von Teilen der Literatur abgelehnt.[39] Das BVerfG und Teile der Literatur befürworten dagegen auch hier eine uneingeschränkte Grundrechtsbindung des Staates und der von ihm beherrschten juristischen Personen des Privatrechts.[40]

Teilweise wird vertreten, das Grundgesetz habe sich für eine grundsätzlich staatsfreie Wirtschaft entschieden. Dies folge vor allem aus Art. 12 I, 2 I GG. Eine **ausschließlich** erwerbswirtschaftliche Betätigung des Staates sei verfassungswidrig.[41]

Jedenfalls verbieten die Grundrechte kein Handeln des Staates und seiner wirtschaftlichen Unternehmen, das sich an marktrelevanten Kriterien wie

---

[38] Für einen eigenen Bereich der „Vermögensverwaltung" *Hendler*, Rn. 490 f., aber in enger Beziehung zur erwerbswirtschaftlichen Tätigkeit.
[39] Stellvertretend *Sproll* I, § 1 Rn. 62; differenzierend *Zippelius/Würtenberger*, Deutsches Staatsrecht, 32. Aufl. 2008, § 18 Rn. 12 f.
[40] BVerfGE 128, 226 (244, 248); *Höfling*, in: Sachs, Art. 1 Rn. 108; *Cremer*, DÖV 2003, 923 ff.; vgl. auch BVerfGE 116, 135 (153); 98, 365 (395); *Dreier*, in: Dreier I, Art. 1 III Rn. 68 m. w. N. pro et contra.
[41] *R. Schmidt*, in: FS K. Stern, 2012, S. 1476 f., 1480; so im Ergebnis auch *Rossi*, in: FS U. Battis, 2014, S. 273 f.

Produktqualität, Zuverlässigkeit und Zahlungsfähigkeit anderer orientiert, um eine möglichst wirtschaftliche und gewinnorientierte Marktteilnahme zu ermöglichen.[42]

Bei der Zuordnung zu einer der drei Gruppen ist zu berücksichtigen, dass eine genaue Abgrenzung schwierig sein kann. Dies zeigt sich z.B. am Kauf von Geschäftsanteilen (Aktien) an notleidenden Wirtschaftsunternehmen und Banken, die der Staat in ganz erheblichem Umfang getätigt hat, um unabsehbare Gefahren zu bekämpfen, die der Volkswirtschaft und dem gesamten Staat im Zuge der Finanzkrise drohen.

2. Die Zweistufentheorie

a) Grundidee

909   Eine große Bedeutung – sowohl in der Praxis als auch in Prüfungsarbeiten – hat nach wie vor die Zweistufentheorie.[43] **Ausgangspunkt der Zweistufentheorie** sind folgende zwei Erwägungen:

(1) Die Verwaltung kann ihre Aufgaben auch in der Rechtsform des Privatrechts erfüllen **(Formenwahlfreiheit der Verwaltung)**.[44]
(2) Die Verwaltung kann **öffentlich-rechtliche Entscheidungen** auch **durch privatrechtliches Handeln** unter Inanspruchnahme des Privatrechts **umsetzen.**

Dieser zweite Gesichtspunkt führt dazu, dass es **Rechtsverhältnisse gibt, die teils öffentlich-rechtlich, teils privatrechtlich strukturiert** sind. Hier setzt nun die Zweistufentheorie an.

910   Die Zweistufentheorie unterscheidet bei bestimmten Rechtsverhältnissen zwischen zwei Stufen (Verfahrensabschnitten):
1. Stufe (Frage des Ob): Die Entscheidung der Verwaltung, **ob** sie handelt, ist öffentlich-rechtlich.

---

[42] BVerfGE 128, 226 (248).
[43] Siehe nur BVerwGE 1, 308 ff.; 7, 180 ff.; 13, 47 ff.; 13, 307 ff.; 35, 170 ff.; 45, 13 (14); VGH München NJW 2013, 249 ff. (zum Verhältnis der Stufen zueinander); NVwZ-RR 2002, 465 f.; BGHZ 40, 206 (210); 52, 155 (160 ff.); 61, 296 (299). BGH NJW 2000, 1042 f. betrifft einen interessanten, hier aber nicht unmittelbar einschlägigen Sonderfall. Sehr übersichtlich *Rennert*, in: Eyermann, § 40 Rn. 45 ff.; *Stober*, in: Wolff/Bachof I, § 22 Rn. 54 ff.; ausführlich zur Zweistufentheorie *Kramer/Bayer/Fiebig/Freudenreich*, JA 2011, 810 ff.; *Weißenberger*, GewArch. 2009, 417 ff. u. 465 ff.; speziell zum Kommunalrecht *Ehlers*, Jura 2012, 692 ff., 849 ff.
[44] Dazu bereits Rn. 903.

2. Stufe (Frage des Wie): Die Art und Weise, **wie** die Verwaltung handelt, kann öffentlich-rechtlich oder privatrechtlich sein.

Beachte: Die Zweistufentheorie besagt nicht, dass bei allen Rechtsverhältnissen zwischen zwei Stufen unterschieden werden muss. Sie besagt auch nicht, dass bei zweistufigen Rechtsverhältnissen die zweite Stufe immer privatrechtlich ist (das ist vielmehr nur eine Möglichkeit).[45] Vor allem aber ist die Zweistufentheorie keine Theorie, nach der allgemein öffentliches Recht von privatem Recht abgegrenzt werden kann.[46]

b) Anwendungsbereiche

aa) Subventionswesen

Die Zweistufentheorie gelangt vor allem in zwei Bereichen zur Anwendung:[47] Im **Subventionswesen** und bei der **Benutzung kommunaler öffentlicher Einrichtungen.**
Zu unterscheiden ist zwischen zwei Grundkonstellationen: Der Vergabe **verlorener (d. h. nicht rückzahlbarer) Zuschüsse** und der Vergabe (zinsgünstiger) **Darlehen.** Daneben gibt es noch weitere, z. T. noch problematischere Subventionsarten.[48]

(1) Verlorene Zuschüsse

Verlorene Zuschüsse werden von den Behörden **immer öffentlich-rechtlich** gewährt: Entweder einseitig durch Verwaltungsakt oder aufgrund eines öffentlich-rechtlichen Vertrages, der zwischen Behörde und Subventionsempfänger geschlossen wird. Die **Bewilligung** erfolgt durch Verwaltungsakt oder öffentlich-rechtlichen Vertrag, hieran schließt sich die **Auszahlung** an.
Die Auszahlung ist lediglich der Vollzug der Bewilligung. Auch die Auszahlung ist im Verhältnis Behörde-Bürger öffentlich-rechtliches Handeln, nämlich schlichtes Verwaltungshandeln.[49] Dies gilt selbst dann, wenn die Auszahlung auf Veranlassung der Behörde hin durch eine **Privatbank** erfolgt. Die Privatbank fungiert dann nur als **Zahlstelle der Behörde.**
Konsequenzen: Das gesamte Subventionsrechtsverhältnis zwischen Bürger und Behörde ist öffentlich-rechtlich ausgestaltet. Obwohl rechts-

---

[45] Ausdrücklich BGH ZIP 1996, 2125; VGH München NJW 2013, 249 Rn. 38 f.
[46] *Stober*, in: Wolff/Bachof I, § 22 Rn. 55.
[47] Dazu die zahlreichen Anwendungsbeispiele bei *Kopp/Schenke*, § 40 Rn. 16, 20.
[48] Dazu *Maurer*, § 17 Rn. 30 f.; zu den Hermes-Bürgschaften unten Rn. 915.
[49] Zum Begriff Rn. 885 ff.

technisch zwischen zwei Stufen unterschieden werden kann – nämlich der Bewilligung und der Auszahlung –, gelangt die Zweistufentheorie nicht zur Anwendung.[50]

Klagen des Bürgers auf Subventionsgewährung – auf Erlass eines Verwaltungsakts oder auf Abschluss eines öffentlich-rechtlichen Vertrages – sind vor den Verwaltungsgerichten zu erheben. Gleiches gilt, wenn eine Subvention zwar bewilligt wurde, dann aber nicht ausbezahlt wird. Auch für diesbezügliche Zahlungsklagen ist der Verwaltungsrechtsweg nach § 40 I VwGO eröffnet, weil es sich um eine öffentlich-rechtliche Streitigkeit handelt.

Übersicht 25:

Subventionen in Form verlorener Zuschüsse

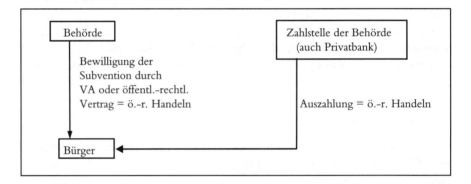

(2) Darlehen

913   Völlig anders verhält es sich nach Auffassung der Rechtsprechung und Teilen der Literatur, wenn die Behörden **Subventionsdarlehen** vergeben.[51] Hier wird zwischen **zwei rechtlich selbständigen Stufen** unterschieden.

Auf der **ersten Stufe** wird entschieden, ob das beantragte Darlehen bewilligt wird. Diese Entscheidung – Bewilligung oder Nichtbewilligung – ist ein **Verwaltungsakt**. Auf der ersten Stufe geht es um das **Ob**; sie wird auch als **Grundverhältnis** bezeichnet.[52]

---

[50] BVerwG NJW 1969, 809; VGH BW NJW 1978, 2050; BGHZ 57, 130 (136); *Maurer*, § 17 Rn. 29; *Hendler*, Rn. 499; a. A. *Schlarmann/Krappel*, in: FS U. Battis, 2014, S. 264.

[51] BVerwGE 1, 308 ff.; 7, 180 ff.; 13, 47 ff.; 13, 307 ff.; 35, 170 ff.; 45, 13 (14); DVBl. 2006, 118 ff.; BGHZ 40, 206 (210); 52, 155 (160 ff.); 61, 296 (299); *Kühling/el-Barudi*, Jura 2006, 675 ff.; *Ipsen*, VVDStRL 25 (1967), 298 f.; *Jarass*, JuS 1988, 118.

[52] *Hendler*, Rn. 497.

§ 17. Privatisierung der Verwaltung – privatrechtliches Handeln 351

Auf der **zweiten Stufe** wird ein **privatrechtlicher Darlehensvertrag** nach § 488 BGB zwischen der Behörde und dem Bürger oder zwischen einer von der Behörde beauftragten Privatbank und Bürger geschlossen. Auf der zweiten Stufe geht es um die Darlehensmodalitäten und die Abwicklung des Darlehens, also um das **Wie; s**ie wird auch als **Abwicklungsverhältnis** bezeichnet. Nach der oben genannten Auffassung ist die zweite Stufe aber stets privatrechtlich ausgestaltet.

Konsequenz: Klagen auf **Gewährung** eines Subventionsdarlehens sind **öffentlich-rechtliche Streitigkeiten;** für sie ist der Verwaltungsrechtsweg nach § 40 I VwGO eröffnet. Klagen, die die **zweite Stufe** betreffen (z.B. Klage auf Auszahlung des Dahrlehensbetrages), sind **privatrechtliche Streitigkeiten,** die vor den Zivilgerichten auszutragen sind.

Übersicht 26: 914

Subventionen in Form von Darlehen

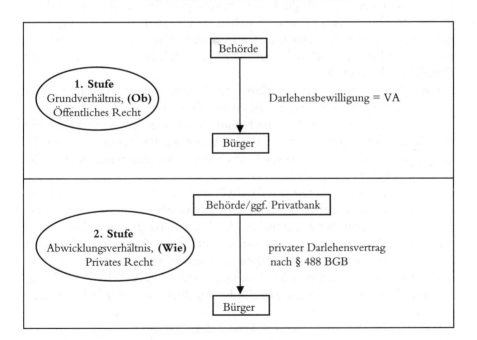

(3) *Hermes-Bürgschaften*

Die Bundesrepublik Deutschland übernimmt Ausfuhrbürgschaften zu- 915 gunsten deutscher Unternehmer, die in das Ausland exportieren. Danach begleicht die Bundesrepublik Forderungen des deutschen Unternehmers gegen den ausländischen Schuldner, wenn dieser nicht zahlt.

Die Entscheidung der Bundesrepublik (vertreten durch die Hermes-Kreditversicherungs-AG), eine Hermes-Bürgschaft zugunsten des deutschen Unternehmers zu gewähren, ist öffentlich-rechtlich (1. Stufe). Der Vertrag zwischen der Bundesrepublik und dem deutschen Unternehmer (entweder Gewährleistungsvertrag gem. § 311 I BGB oder Versicherungsvertrag) ist privatrechtlich (2. Stufe).[53]

(4) Kritik

916 Die Anwendung der Zweistufentheorie im Subventionsrecht wird schon seit Jahrzehnten heftig kritisiert.[54] Erstens sei die Annahme eines selbständigen privaten Darlehensvertrages häufig eine reine Fiktion. Dieser Vorwurf ist berechtigt, wenn die Behörde das beantragte Darlehen durch einen schriftlichen Bescheid (= Verwaltungsakt) bewilligt und in diesem Bescheid die einzelnen Darlehensmodalitäten wie Laufzeit und Zinsen festlegt. Als zweites wird gegen die Zweistufentheorie eingewendet, sie spalte einen einheitlichen Vorgang in zwei verschiedene Rechtsverhältnisse auf, für die zwei verschiedene Gerichtsbarkeiten zuständig seien. Schließlich, und das ist der dritte Einwand, könne zwischen den beiden Stufen häufig nicht genau getrennt werden. Auch dieser Einwand ist berechtigt. So wird und muss häufig bereits die Darlehensgewährung auch inhaltliche Aussagen zum Darlehen selbst enthalten.

917 Umstritten ist auch das Verhältnis der beiden Stufen zueinander: Was gilt, wenn die Behörde „ein Darlehen bewilligt" hat, im Anschluss hieran aber keine Einigung über die Darlehensmodalitäten erzielt wird? Wie wirkt es sich auf den abgeschlossenen Darlehensvertrag aus, wenn der Bewilligungsbescheid (= Verwaltungsakt) durch das Verwaltungsgericht oder die Behörde aufgehoben wurde?

Nach einer Entscheidung des BVerwG darf die Behörde, die ein Darlehen durch Verwaltungsakt bewilligt hat und auf der Grundlage dieses Verwaltungsakts einen privatrechtlichen Darlehensvertrag abgeschlossen hat, die ausbezahlte Darlehenssumme auch dann nicht durch Verwaltungsakt zurückfordern, wenn der Verwaltungsakt unwirksam geworden ist (z.B. durch Eintritt einer auflösenden Bedingung oder behördliche Aufhebung) und der Darlehensvertrag gekündigt oder angefochten wurde.[55] Die Rück-

---

[53] So BGH ZIP 1996, 2125; zustimmend *Bork,* EWiR 1997, 308.
[54] *Henke,* Das Recht der Wirtschaftssubventionen als öffentliches Vertragsrecht, 1979, S. 11 f.; *Rüfner,* Formen öffentlicher Verwaltung im Bereich der Wirtschaft, 1967, S. 372 ff.; *Maurer,* § 17 Rn. 14 ff.; ebenso nunmehr im Kommunalrecht *Lange,* Kommunalrecht, 2013, Kap. 13 Rn. 57 ff.; die Kritik zurückweisend *Schlarmann/Krappel,* in: FS U. Battis, 2014, S. 257 ff.
[55] BVerwG DVBl. 2006, 118 ff.; dazu und zu entsprechenden Konkurrentenklagen einschließlich EU-rechtlicher Implikationen *Rennert,* EuZW 2011, 579 f.; dazu auch Rn. 602.

forderung des Darlehens und ihre Durchsetzung beurteile sich vielmehr nach Zivilrecht.

Auch bei der Benutzung kommunaler öffentlicher Einrichtungen können sich erhebliche Probleme stellen. So wird etwa vertreten, dass die Gemeinde ein auf längere Zeit angelegtes privatrechtliches Nutzungsverhältnis (z.B. Besuch einer kommunalen Kindertageseinrichtung) nicht lediglich durch die Kündigung des privatrechtlichen Nutzungsvertrages beenden könne. Erforderlich sei zusätzlich die Aufhebung des Verwaltungsakts, durch den über die Zulassung zur Nutzung entschieden worden sei.[56]

Auf die zahlreichen Probleme kann hier nicht weiter eingegangen werden. Genannt seien nur die von der Literatur vorgeschlagenen Alternativen zur Zweistufentheorie. Allen liegt ein einstufiges Rechtsverhältnis zugrunde:

- Verwaltungsakt mit Bedingungen und Auflagen hinsichtlich der Geldleistung
- Öffentlich-rechtlicher Vertrag
- Privatrechtlicher Vertrag

Auch die Einschaltung einer Privatbank spricht nicht gegen die drei genannten Varianten, solange die Bank über keinen eigenen Entscheidungsspielraum verfügt, sondern als bloße Zahlstelle der Behörde fungiert. Anders verhält es sich jedoch, wenn die Behörde die Darlehensgewährung generell bewilligt, die einzelnen Konditionen dann aber zwischen der Bank und dem Bürger ausgehandelt und vereinbart werden. In diesem Fall ist die Unterscheidung zwischen zwei verschiedenen Stufen zwingend.

Trotz all der zum großen Teil berechtigten Einwände gegen die Zweistufentheorie im Subventionsrecht ist ihre Anwendung wegen ihrer Griffigkeit in Klausuren nach wie vor empfehlenswert.

bb) Benutzung kommunaler öffentlicher Einrichtungen

Kommunale öffentliche Einrichtungen sind solche Einrichtungen, die von der Gemeinde im öffentlichen Interesse unterhalten und durch Widmungsakt (z.B. Satzung, Verwaltungsakt, ständige Praxis, konkludent) ihren Einwohnern zugänglich gemacht werden.[57]

Beispiele: Schwimmbäder, Museen, Bibliotheken, Stadthallen, Kindergärten, Jugendzentren, Friedhöfe, öffentliche Wasserversorgung, Abwasserbeseitigung, Stromversorgung, gemeindliche Volksfeste; auch Zuchtbullen (VGHBW ESVGH 22, 129); Oberammergauer Passionsspiele (VGH München NJW 1991, 1498).

---

[56] VGH München NJW 2013, 249 ff.; *U. Stelkens,* Verwaltungsprivatrecht, 2005, S. 1009.
[57] BayVGH BayVBl. 1969, 102; HessVGH ESVGH 25, 59 (70); *Gern,* Deutsches Kommunalrecht, 3. Aufl. 2003, Rn. 528.

Öffentliche Einrichtungen können sowohl öffentlich-rechtlich als auch privatrechtlich organisiert werden.[58]

Beispiele:
- Die Gemeinde betreibt ein Schwimmbad selbst (öffentlich-rechtliche Organisationsform).
- Die Gemeinde gründet eine GmbH, deren alleinige Gesellschafterin sie ist; diese GmbH betreibt das Schwimmbad (privatrechtliche Organisationsform).

Bei Rechtsstreitigkeiten zwischen Gemeinde und Bürger unterscheidet man zwischen zwei Stufen.

920 **Die erste Stufe betrifft die Zulassung zur öffentlichen Einrichtung.** Hier geht es um das **Ob,** ob also überhaupt ein Zulassungsanspruch besteht. Die Beantwortung dieser Frage richtet sich **immer nach öffentlichem Recht;** einschlägig sind vor allem die entsprechenden Vorschriften in den Gemeindeordnungen über die Benutzung öffentlicher Einrichtungen, § 10 II BaWüGO, Art. 21 I BayGO, § 20 I HessGO, § 8 II NRWGO.

> Zulassungsansprüche gegen die Gemeinde sind deshalb vor den Verwaltungsgerichten geltend zu machen.

Die zweite Stufe betrifft das Benutzungsverhältnis. Hier geht es um die Modalitäten der Nutzung, um das **Wie,** z.B. Dauer, Entgelt, Verhaltenspflichten. Das Benutzungsverhältnis ist entweder öffentlich-rechtlich oder privatrechtlich ausgestaltet.[59] Die Gemeinde hat die **Formenwahlfreiheit.**

Von einer **öffentlich-rechtlichen Organisationsform der Einrichtung als solcher** (z.B. unselbständige Anstalt des öffentlichen Rechts, Regiebetrieb, Eigenbetrieb) darf nicht auf eine öffentlich-rechtliche Ausgestaltung des Benutzungsverhältnisses geschlossen werden.[60] Ist die Einrichtung dagegen **privatrechtlich organisiert**, kann auch das Benutzungsverhältnis nur privatrechtlicher Natur sein.

---

[58] Dazu näher Rn. 923 ff.
[59] Unrichtig insoweit VGH München NJW 2013, 249 Rn. 38; das Nutzungsverhältnis betrifft gerade die Ausgestaltung und die Abwicklung der Nutzung.
[60] Zur kommunalen Wahlfreiheit hinsichtlich Organisationsform und Nutzungsverhältnis näher *Lange*, Kommunalrecht, 2013, Kap. 13 Rn. 21 ff.

§ 17. Privatisierung der Verwaltung – privatrechtliches Handeln

Steht die Rechtsform des Benutzungsverhältnisses nicht eindeutig fest **921** (insbes. durch entsprechende Sachverhaltsvermerke), ist sie durch Auslegung zu ermitteln.[61]

Kriterien für öffentlich-rechtliche Ausgestaltung:
- gemeindliche Benutzungssatzung
- Erhebung von Benutzungsgebühren
- Hinweis auf öffentlich-rechtliche Rechtsbehelfe

Kriterien für privatrechtliche Ausgestaltung:
- Hinweis auf allgemeine Benutzungsbedingungen (AGB)
- Entrichtung eines privaten Entgelts

Das in der Regel genannte Kriterium „Abschluss öffentlich-rechtlicher oder privatrechtlicher Verträge" ist nicht sonderlich hilfreich. Auch wenn feststeht, dass Benutzungsverträge abgeschlossen werden, ist es gerade die Frage, ob es sich um öffentlich-rechtliche oder privatrechtliche Verträge handelt.

> Wenn nicht eindeutig festgestellt werden kann, dass das Benutzungsverhältnis privatrechtlich ausgestaltet ist, ist von einem öffentlich-rechtlichen Benutzungsverhältnis auszugehen **(Vermutung für öffentliches Recht).**[62]

922

Ist das **Benutzungsverhältnis öffentlich-rechtlich** ausgestaltet, sind entsprechende Streitigkeiten (auf der zweiten Stufe) zwischen Bürger und Gemeinde vor den **Verwaltungsgerichten** auszutragen. Für Streitigkeiten, die ein **privatrechtlich ausgestaltetes Benutzungsverhältnis** betreffen, sind die **Zivilgerichte** zuständig.

Sonderproblem: Die Gemeinden dürfen auch juristische Personen des **923** Privatrechts gründen oder sich an ihnen beteiligen, um diese juristische Person des Privatrechts (insbes. GmbH, AG) mit dem Betrieb einer öffentlichen Einrichtung zu betrauen.

Beispiel: Die Stadt S gründet eine GmbH, die wiederum eine von der Stadt errichtete Stadthalle betreibt (BVerwG NJW 1990, 134 ff.) = Stadthallen-GmbH. Zu weiteren Möglichkeiten der Einschaltung privater Dritter (Privatisierung) SächsOVG SächsVBl. 2005, 14 ff.

---

[61] Dazu *Gern,* Deutsches Kommunalrecht, 3. Aufl. 2003, Rn. 535.
[62] *Lange,* a.a.O., Kap. 13 Rn. 23 m.w.N.; vgl. (allgemein) OLG Naumburg NVwZ 2001, 354f.: Vermutung für öffentlich-rechtliches Handeln; *Ehlers/Schneider,* in: Schoch/Schneider/Bier, § 40 Rn. 245 m. N.

356 Kapitel 2. Handlungsformen der Verwaltung

> Um eine öffentliche Einrichtung handelt es sich auch dann, wenn die Einrichtung von einer rechtlich selbständigen juristischen Person des Privatrechts betrieben wird.

Hinzu kommen muss, dass die Gemeinde entweder **sämtliche Anteile** an der juristischen Person des Privatrechts hält (Ein-Mann-GmbH, Gemeinde als Alleinaktionär) oder einen **bestimmenden Einfluss** ausübt (z. B. als Mehrheitsaktionär oder aufgrund vertraglicher Regelung).[63] Außerdem müssen die sonstigen oben genannten Voraussetzungen einer kommunalen öffentlichen Einrichtung erfüllt sein.

Wählt die Gemeinde eine solche **privatrechtliche Organisationsform,** ist auch das **Benutzungsverhältnis zwingend privatrechtlich ausgestaltet.** Wird die öffentliche Einrichtung von einer juristischen Person des Privatrechts betrieben, gelangt die Zweistufentheorie wie folgt zur Anwendung.

924 **Erste Stufe (Zulassung):** Zulassungsansprüche können unmittelbar gegen die **juristische Person des Privatrechts** geltend gemacht werden.[64] Sie ist zwar unmittelbar an die Grundrechte gebunden.[65] Sie kann aber nur – abgesehen vom Ausnahmefall der Beleihung – privatrechtlich handeln.[66] Ihre Zulassungsentscheidung ist deshalb **privatrechtlicher Natur.** Deshalb handelt es sich nach überwiegender, aber abzulehnender Auffassung um eine **privatrechtliche Streitigkeit,** über die die Zivilgerichte entscheiden.[67]

Daneben hat der Bürger aber auch unmittelbar **gegen die Gemeinde** einen **öffentlich-rechtlichen Verschaffungsanspruch (Einwirkungsanspruch).** Die Gemeinde muss ihren Einfluss auf den privaten Rechtsträger dahingehend ausüben, dass dieser die öffentliche Einrichtung zur Ver-

---

[63] HessVGH ESVGH 25, 59 (70); SächsOVG SächsVBl. 2005, 15 f.; 2003, 147; siehe auch BVerfG NJW 2011, 1201 Rn. 53 f.; BVerwG NJW 1990, 135; dazu auch *v. Danwitz,* JuS 1995, 1 ff.

[64] BVerwG NVwZ 1991, 59; *Gern,* Deutsches Kommunalrecht, 3. Aufl. 2003, Rn. 537; *Geis,* Kommunalrecht, 3. Aufl. 2014, Rn. 27; *Birkenfeld,* Kommunalrecht, 5. Aufl. 2011, Rn. 203; dazu näher *Lange,* Kommunalrecht, 2013, Kap. 13 Rn. 62 f.

[65] BVerfG NJW 2011, 1201 Rn. 49; dazu Rn. 905 ff.

[66] Dazu Rn. 197.

[67] BVerwG NVwZ 1991, 59; NVwZ 1990, 754; VG Hannover NdsVBl. 2003, 305; BGH NVwZ 2003, 506; DVBl. 2000, 557; *Rennert,* in: Eyermann, § 40 Rn. 56, 58; *Kopp/Schenke,* § 40 Rn. 16; *Ehlers,* Jura 2012, 857; a. A. (öffentlich-rechtliche Streitigkeit) BVerwGE 37, 243 (244 f.); OVG Koblenz DÖV 1986, 153; dazu näher Rn. 934.

§ 17. Privatisierung der Verwaltung – privatrechtliches Handeln 357

fügung stellt.⁶⁸ Dieser öffentlich-rechtliche Verschaffungsanspruch ist ein umgewandelter Zulassungsanspruch. Der Verschaffungsanspruch ist Folge des in den Kommunalgesetzen geregelten Zulassungsanspruchs und hat dort seine gesetzliche Grundlage. Wird der Verschaffungsanspruch klageweise geltend gemacht, handelt es sich um eine öffentlich-rechtliche Streitigkeit, für die der Verwaltungsrechtsweg gem. § 40 I VwGO eröffnet ist.

Zweite Stufe: Streitigkeiten über Nutzungsmodalitäten betreffen das privatrechtlich ausgestaltete Nutzungsverhältnis. Diesbezügliche Ansprüche des Bürgers sind gegen den privaten Betreiber zu richten. Hier handelt es sich um privatrechtliche Streitigkeiten, die in die Zuständigkeit der Zivilgerichte fallen. **925**

Die Frage, ob der Bürger auch insoweit (hinsichtlich der Nutzungsmodalitäten) gegen die Gemeinde einen Einwirkungsanspruch hat – etwa zur Verschaffung günstiger vertraglicher Konditionen –, wird nur selten gestellt.⁶⁹ Für eine Ablehnung eines solchen Einwirkungsanspruchs ist kein zwingender Grund ersichtlich. Allerdings handelt es sich insoweit um einen privatrechtlichen Anspruch. Betreibt eine Gemeinde eine öffentliche Einrichtung selbst und gestaltet sie das Benutzungsverhältnis privatrechtlich aus, sind Ansprüche des Bürgers, die das Benutzungsverhältnis betreffen, privatrechtlicher Natur. Hieran kann sich nichts ändern, wenn die Gemeinde die Einrichtung durch ein Privatunternehmen betreiben lässt.⁷⁰

Beachte in diesem Zusammenhang: Die Gemeindeordnungen der Länder räumen den Gemeinden das Recht ein, für bestimmte öffentliche Einrichtungen einen **Anschluss- und Benutzungszwang** anzuordnen (z.B. Wasserversorgung, Abwasserbeseitigung, Müllabfuhr).⁷¹ Auch hier kann das Benutzungsverhältnis privatrechtlich ausgestaltet sein.⁷² Die Einrichtung kann sogar von einer juristischen Person des Privatrechts betrieben werden.⁷³ Von der öffentlich-rechtlichen Natur des Anschluss- und Benutzungszwangs darf nicht auf eine öffentlich-rechtliche Organisation der **926**

---

⁶⁸ BVerwG NJW 1990, 135; VG Stuttgart VBlBW 2009, 233 ff. (sehr lesenswert); *Gern*, Deutsches Kommunalrecht, 3. Aufl. 2003, Rn. 537; vgl. zum Wahlrecht des Bürgers auch VGH BW VBlBW 2013, 95.

⁶⁹ Der HessVGH spricht von einer Pflicht der Gemeinde, den Benutzern angemessene Benutzungsbedingungen zu gewährleisten, ESVGH 25, 59 (60 Leitsatz 7), 71 ff.

⁷⁰ Siehe aber auch OVG Münster NVwZ-RR 2006, 223: Dahingehende Einwirkung der Gemeinde auf eine von ihr beherrschte GmbH, dass diese mit einem privaten Dritten keinen privatrechtlichen Vertrag abschließt, ist öffentlich-rechtliches Handeln der Gemeinde; der Anspruch gegen die Gemeinde auf Einwirkung auf die GmbH ist deshalb nicht im ordentlichen, sondern im Verwaltungsrechtsweg geltend zu machen.

⁷¹ Siehe z.B. Art. 24 I Nr. 2 BayGO, § 19 II HessGO.

⁷² BGH BayVBl. 1985, 27; OVG Lüneburg NVwZ 1999, 566 f.; *Hendler*, Rn. 504.

⁷³ HessVGH ESVGH 25, 59 (71 f.); SächsOVG SächsVBl. 2005, 15 f.; 2003, 146 f.

Einrichtung oder auf eine öffentlich-rechtliche Ausgestaltung des Benutzungsverhältnisses geschlossen werden.

cc) Sonstige Anwendungsfälle

927 Die Anwendung der Zweistufentheorie kommt auch in anderen Fällen privatrechtlichen Handelns der Verwaltung in Betracht.

Beispiele:
- Entscheidung der Polizei, an ein bestimmtes privates Abschleppunternehmen einen Auftrag zu vergeben bzw. nicht zu vergeben (für öffentlich-rechtliches Handeln in der Tat OVG Münster DVBl. 1971, 115; a. A. BVerwGE 5, 325/326; DÖV 1973, 244 f.), oder Entscheidung der Polizei, ein Unternehmen in die Liste der von ihr regelmäßig beauftragten Abschleppunternehmen aufzunehmen oder zu streichen (für privatrechtliches Handeln BGH NJW 1967, 1911; OLG Karlsruhe NVwZ 1982, 397; a. A. *Kopp/Ramsauer*, § 35 Rn. 76: öffentlich-rechtlich bei Aufnahme, privatrechtlich bei Ausschluss).
- Entscheidung der Behörde, mit einem bestimmten Kfz-Händler einen Kaufvertrag über einen PKW abzuschließen.
- Entscheidung der Behörde, eine bestimmte Person als Angestellten in den öffentlichen Dienst einzustellen.
- Entscheidung der Gemeinde, mit einem Privatmann einen Mietvertrag über einen leerstehenden Raum im Rathaus zum Zwecke des Betriebes einer Gastwirtschaft („Bürgerbräu") abzuschließen.

Eine ausnahmslose Anwendung der Zweistufentheorie mit der Konsequenz, zwischen der behördlichen Entscheidung, ob und mit wem das **private** Rechtsgeschäft[74] abgeschlossen wird (1. Stufe = öffentlich-rechtlich und in der Regel Verwaltungsakt), und dem nachfolgenden Vertragsabschluss (2. Stufe = privatrechtlich) zu trennen, ist konstruktiv möglich, vielleicht sogar naheliegend.[75] Eine generelle und undifferenzierte Anwendung der Zweistufentheorie ist jedoch abzulehnen. Geboten ist eine differenzierte Betrachtung.

928 Zwar ist es zutreffend, dass der Staat unmittelbar an das öffentliche Recht, insbesondere an die Grundrechte, gebunden sein kann, wenn er eine Entscheidung trifft, **ob** er ein bestimmtes privates Rechtsgeschäft schließt. Das private Rechtsgeschäft als solches ist aber schon per definitionem privatrechtliches Handeln. Es beurteilt sich auch dann nach Privatrecht, wenn die staatlichen Vorfeldentscheidungen öffentlich-rechtliches Handeln sind. Die zentrale Frage lautet deshalb, wann die staatliche Vor-

---

[74] Zu öffentlich-rechtlichen Verträgen Rn. 784.
[75] VGH Kassel NVwZ 2003, 238; der Sache nach *Röhl*, VerwArch. 86 (1995), 535 f. – dies mit der Konsequenz einer uneingeschränkten Grundrechtsbindung der Verwaltung bei ihrer Entscheidung über das „Ob" (S. 577 f.) und der Eröffnung des Verwaltungsrechtsweges für Streitigkeiten über das „Ob" (S. 560 ff.).

§ 17. Privatisierung der Verwaltung – privatrechtliches Handeln 359

feldentscheidung – die Entscheidung „über das Ob" – öffentlich-rechtliches Handeln ist. Die Rechtsform des Handelns (privat- oder öffentlich-rechtlich) ist zwar nicht zwingend rechtswegbestimmend.[76] Sie ist aber ein nur schwer zu widerlegendes Indiz für den Rechtsweg.[77] Daraus ergibt sich folgendes:

> Ist die Entscheidung des Staates, ob und mit wem er ein privatrechtliches Rechtsgeschäft abschließt, öffentlich-rechtliches Handeln, sind Rechtsstreitigkeiten im Zusammenhang mit dieser Frage öffentlich-rechtliche Streitigkeiten, über die nach § 40 I VwGO die Verwaltungsgerichte entscheiden. Ist diese Entscheidung dagegen privatrechtliches Handeln, urteilen über entsprechende Streitigkeiten in aller Regel die Zivilgerichte. Über Streitigkeiten, die das später abgeschlossene privatrechtliche Rechtsgeschäft zum Gegenstand haben, entscheiden immer die Zivilgerichte.

Die Beantwortung der Frage, ob die staatliche Vorfeldentscheidung öffentlich- oder privatrechtliches Handeln ist, hängt davon ab, **welche Rechtsvorschriften** dieses Handeln bestimmen und **in welcher Eigenschaft der Staat** durch diese Rechtsvorschriften gebunden ist (Sonderrechtstheorie).[78] 929

Ist die staatliche Vorfeldentscheidung durch Grundrechte oder sonstige speziell den Staat betreffende Rechtsvorschriften determiniert, bedeutet dies aber noch nicht, dass damit zwingend öffentlich-rechtliches Handeln anzunehmen ist. Öffentlich-rechtliches Handeln darf vielmehr nur dann angenommen werden, wenn der Staat durch Rechtsvorschriften gebunden ist, die in jedem denkbaren Anwendungsfall an den Staat gerichtet sind **und den Staat in spezifisch hoheitlicher Funktion** binden, d.h. in einem Bereich, in dem der Staat kraft hoheitlicher Befugnisse handelt.[79] Eben dies ist bei den **fiskalischen Hilfs- oder Bedarfsdeckungsgeschäften** nicht der Fall. Hier wird der Staat nicht in spezifisch hoheitlicher Eigenschaft und Funktion tätig.[80] Vielmehr begibt er sich auf die Ebene des Privatrechts – d.h. er handelt privatrechtlich, um erst die Voraussetzungen für die Erfül-

---

[76] BVerwGE 87, 115 (119); *Ehlers/Schneider*, in: Schoch/Schneider/Bier, § 40 Rn. 210.

[77] BVerwGE 129, 9 Rn. 8; OVG Lüneburg NVwZ-RR 2008, 850; VG Leipzig SächsVBl. 2005, 301; *Sodan*, in: Sodan/Ziekow, § 40 Rn. 271; *Kopp/Schenke*, § 40 Rn. 8, 11.

[78] Rn. 27 ff., 1324.

[79] Näher *Ehlers/Schneider*, in: Schoch/Schneider/Bier, § 40 Rn. 222 ff.; *Sodan*, in: Sodan/Ziekow, § 40 Rn. 302 ff.

[80] BVerfGE 116, 135 (149 ff.) zur Vergabe öffentlicher Aufträge.

lung hoheitlicher Aufgaben zu schaffen.[81] Deshalb handelt der Staat in diesen Fällen auch dann privatrechtlich, wenn seine Entscheidung, ob und mit wem er das privatrechtliche Rechtsgeschäft abschließt, durch Rechtsvorschriften gelenkt wird, die speziell den Staat betreffen. Diese öffentlich-rechtlichen Vorschriften binden den Staat nämlich gerade nicht in spezifisch hoheitlicher Funktion, sondern als Nachfrager von privaten Leistungen.[82] Dies gilt auch für die Grundrechte, an die der Staat nach der bundesverfassungsgerichtlichen Rechtsprechung unmittelbar gebunden ist, wenn er fiskalische Hilfs- und Bedarfsdeckungsgeschäfte tätigt.[83]

930 Die **Zweistufentheorie** gelangt bei den **fiskalischen Hilfs- und Bedarfsdeckungsgeschäften** deshalb nicht zur Anwendung. Das gesamte staatliche Handeln ist privatrechtlich. Sämtliche Rechtsstreitigkeiten im Zusammenhang mit einem fiskalischen Hilfs- oder Bedarfsdeckungsgeschäft sind deshalb privatrechtlicher Natur.[84] Über sie entscheiden die Zivilgerichte, soweit nicht eine spezielle Rechtsvorschrift die Streitigkeit der Verwaltungsgerichtsbarkeit zuweist (aufdrängende Sonderzuweisung zur Verwaltungsgerichtsbarkeit), was in aller Regel nicht der Fall ist. Gleiches gilt im Bereich der erwerbswirtschaftlichen Tätigkeit[85] des Staates, obwohl er auch hier nach der bundesverfassungsgerichtlichen Rechtsprechung unmittelbar an die Grundrechte gebunden ist.[86] In den oben genannten Beispielsfällen[87] handelt der Staat deshalb durchgängig privatrechtlich. Bestehen keine zur Verwaltungsgerichtsbarkeit aufdrängenden gesetzlichen Sonderzuweisungen, entscheiden über sämtliche Rechtsstreitigkeiten die Zivilgerichte.

931 Hieran ändert sich nichts, wenn der Staat zugleich Nebenzwecke verfolgt, die in besonderen, nur ihn bindenden Gesetzen geregelt sind.[88]

---

[81] Rn. 907.
[82] BVerfGE 116, 135 (149 ff.).
[83] BVerfG NJW 2011, 1201 Rn. 47; dazu Rn. 907.
[84] GmSOGB NJW 1986, 2359 f.; NJW 1988, 2298; BGHZ 36, 91 (96); DÖV 1977, 530; BVerwGE 129, 9 ff.; 35, 103 (105 f.); 5, 325 (326); DVBl. 2010, 1037 Rn. 20 ff.; DÖV 1973, 244 f.; OVG Lüneburg NVwZ-RR 2008, 850 f.; VGH München NVwZ-RR 2002, 465 f.; *Stober*, in: Wolff/Bachof I, § 22 Rn. 31 ff.; *Siegel*, DVBl. 2007, 942 ff.; *Dörr*, DÖV 2001, 1023 f.; siehe auch BayVGH BayVBl. 2005, 443; sehr interessant auch OVG Greifswald NVwZ 2001, 447.
[85] Dazu Rn. 908.
[86] BVerfGE 128, 226 (244, 248); dazu Rn. 908.
[87] Rn. 927.
[88] BVerwGE 14, 65 (67 ff.); *Maurer*, § 17 Rn. 31; *Detterbeck*, in: FS W. Frotscher, 2007, S. 412 f.; *Dörr*, DÖV 2001, 1024; *Binder*, ZZP 113 (2000), 216; a.A. und für Verwaltungsrechtsweg BVerwGE 34, 213 (214 f.); 7, 89 (91); NJW 1990, 1436; DÖV 1976, 860; DÖV 1970, 866; OVG Münster NJW 2001, 698 ff.; *Kopp/Schenke*, § 40 Rn. 25a; *Stober*, in: Wolff/Bachof I, § 22 Rn. 35.

§ 17. Privatisierung der Verwaltung – privatrechtliches Handeln 361

Beispiel: Eine Behörde berücksichtigt beim Abschluss privatrechtlicher Beschaffungsverträge (z.B. über den Kauf von Arbeitskleidung) vorrangig Blindenwerkstätten, weil sie hierzu aufgrund einer besonderen gesetzlichen Regelung verpflichtet ist.

Auch in derartigen Fällen verfolgt der Staat – wie in vergleichbaren Fällen auch die Privaten – einen primär fiskalischen Zweck. Er schließt keinen Vertrag, um den gesetzlich vorgegebenen Nebenzweck zu erfüllen, sondern er deckt seinen Bedarf.

Anders verhält es sich dagegen im Bereich des **Verwaltungsprivatrechts**. Hier erfüllt der Staat unmittelbar **spezifische öffentliche Aufgaben**. Die von ihm hierbei zu beachtenden öffentlich-rechtlichen Vorschriften (Grundrechte und andere öffentlich-rechtliche Vorschriften) binden ihn deshalb in spezifisch hoheitlicher Funktion. Die Entscheidung des Staates, **ob er überhaupt tätig wird und mit wem er ein privatrechtliches Rechtsgeschäft abschließt,** ist deshalb **öffentlich-rechtliches Handeln**. Für Rechtsstreitigkeiten um diese staatlichen Vorfeldentscheidungen ist der Verwaltungsrechtsweg eröffnet.[89] Entscheidend ist, ob der konkrete Fall dem Bereich des Verwaltungsprivatrechts (dann öffentlich-rechtliche Streitigkeit) oder den Bereichen der fiskalischen oder erwerbswirtschaftlichen Betätigung der öffentlichen Hand (dann privatrechtliche Streitigkeit) zugeordnet wird. Die Zuordnung ist aber häufig problematisch.

932

Beispiele:
- Klage gegen die Gemeinde auf Zutrittsgewährung zu einem **von ihr privatrechtlich** betriebenen Schwimmbad: Öffentlich-rechtliche Streitigkeit, weil die Gemeinde durch den Schwimmbadbetrieb eine öffentliche Aufgabe erfüllt.
- Klage gegen die Gemeinde auf Einstellung eines **von ihr privatrechtlich** betriebenen Eheanbahnungsinstituts: Öffentlich-rechtliche Streitigkeit, wenn die kommunale Ehevermittlung als öffentliche Aufgabe qualifiziert wird, z.B. weil die Einwohnerzahl stabilisiert werden soll (so *Detterbeck*, JuS 2001, 1199 ff.).
- Klage gegen die Gemeinde auf Einstellung der **von ihr privatrechtlich** betriebenen kommunalen Wohnungsvermittlung: Privatrechtliche Streitigkeit, wenn die Wohnungsvermittlung als erwerbswirtschaftliche Tätigkeit qualifiziert wird (so *Ossenbühl/Cornils*, S. 29); vorzuziehen ist die Qualifizierung als öffentliche Aufgabe.
- Klage eines Bürgers gegen den beabsichtigten Abschluss **eines privatrechtlichen Vertrages** zwischen einer Stadt und einem anderen Bürger über den Betrieb eines **öffentlichen** Parkhauses durch den anderen Bürger: Öffentlich-rechtliche Streitigkeit, weil die Zurverfügungstellung von Parkraum eine öffentliche Aufgabe ist (Daseinsvorsorge) und weil sich die Gemeinde im Vertrag weitreichende Kontroll- und Einwirkungsbefugnisse vorbehält, also ihre öffentliche Aufgabe nur funktional und nicht vollständig, d.h. materiell, privatisiert hat (so OVG Münster NVwZ 2006, 1083 f.).

---

[89] BVerwG NJW 1995, 2938; NJW 1978, 1539; NdsOVG DÖV 2008, 1008; VGH Kassel NVwZ 1996, 816; VGH Mannheim NJW 1984, 251; VGH München BayVBl. 1976, 628 f.; *Kopp/Schenke*, § 40 Rn. 30; *Hufen*, § 11 Rn. 31; *Detterbeck*, in: FS W. Frotscher, 2007, S. 416 f.; a.A. und für Zivilrechtsweg BGHZ 102, 280 ff.; 82, 375 ff.; 67, 85 ff.; 66, 232 ff.

- Klage eines Bürgers gegen den beabsichtigten Abschluss **eines privatrechtlichen Vertrages** zwischen einer Stadt und einem anderen Bürger über die Bewirtschaftung einer Leichenhalle, die bisher von der Stadt und nunmehr durch den anderen Bürger betrieben werden soll: Öffentlich-rechtliche Streitigkeit, weil der Betrieb der Leichenhalle eine öffentliche Aufgabe ist und weil sich die Stadt im Vertrag weitreichende Kontroll- und Einwirkungsbefugnisse vorbehält, ihre Aufgabe also wie im vorherigen Beispielsfall nicht vollständig privatisiert (so VG Münster NWVBl. 2007, 319 ff.).
- Klage eines Bürgers gegen eine kommunale Sparkasse auf Abschluss eines Girovertrages (Vertrag über die Eröffnung und Führung eines Girokontos), den die Sparkasse unter Hinweis auf eine politisch extreme Einstellung des Bürgers abgelehnt hatte: Öffentlich-rechtliche Streitigkeit (VG Berlin, 5.4.2012, 4 K 384.11, juris Rn. 6; VG Gießen, 31.5.2011, 8 K 1139/10. G, juris Rn. 11; VG Frankfurt, 16.12.2010, 1 K 1711/10. F, juris Rn. 21; a.A. VG Düsseldorf, 5.11.2004, 1 L 3081/04, juris; dazu weiterführend *Goldhammer,* DÖV 2013, 416 ff.), weil die Sparkasse eine juristische Person (Anstalt) des öffentlichen Rechts ist und ihre Tätigkeit zur Daseinsvorsorge gehört (BVerfGE 75, 192/199 f.; BVerwGE 41, 195/196 f.; BGHZ 154, 146/150) und weil die Einrichtung von Girokonten (1. Stufe) die unmittelbare Erfüllung einer öffentlichen Aufgabe ist mit der Folge, dass der Bereich des Verwaltungsprivatrechts betroffen ist. Der Girovertrag selbst ist ein privatrechtlicher Vertrag. Streitigkeiten, die einen abgeschlossenen Girovertrag betreffen – auch Kündigungsstreitigkeiten –, sind deshalb trotz der unmittelbaren Grundrechtsbindung der Sparkasse privatrechtlicher Art und vor den Zivilgerichten auszutragen (BGHZ 154, 146 ff.).

933 Über Rechtsstreitigkeiten, die das später getätigte **privatrechtliche** Rechtsgeschäft als solches betreffen, entscheiden demgegenüber die Zivilgerichte. Insoweit steht privatrechtliches Handeln in Rede, das primär durch privatrechtliche Rechtsvorschriften geprägt ist,[90] auch wenn das BVerfG eine unmittelbare Grundrechtsbindung annimmt.[91] Im Bereich des Verwaltungsprivatrechts gelangt damit die Zweistufentheorie zur Anwendung, wenn ein zweistufiges Handeln des Staates feststellbar ist.

934 Weiterhin gelangt die Zweistufentheorie im Bereich des Verwaltungsprivatrechts auch dann zur Anwendung, wenn der Staat zum Zwecke der Erfüllung seiner spezifischen öffentlichen Aufgaben juristische Personen des Privatrechts, die von ihm **beherrscht** werden, einschaltet. Zwar handeln juristische Personen des Privatrechts grundsätzlich nur privatrechtlich; eine Ausnahme gilt, wenn sie als Beliehene tätig werden. Deshalb ist die Entscheidung einer juristischen Person des Privatrechts, ob und gegenüber wem sie auf dem Gebiet des Verwaltungsprivatrechts tätig wird, auch dann privatrechtliches Handeln, wenn diese Vorfeldentscheidung von spezifisch öffentlich-rechtlichen Vorschriften determiniert und unmittelbar an Grund-

---

[90] Vgl. OVG Greifswald NVwZ 2001, 446, wobei die Qualifizierung des Vertrages als öffentlich- oder privatrechtlich problematisch ist.
[91] BVerfGE 128, 226 (244 ff.).

§ 17. Privatisierung der Verwaltung – privatrechtliches Handeln 363

rechte gebunden ist.[92] Da die diesbezüglichen (Vorfeld-) Streitigkeiten dann aber von Rechtsvorschriften geprägt sind, die sich an den Staat in spezifisch hoheitlicher Funktion wenden[93] – die vom Staat beherrschten juristischen Personen des Privatrechts sind nur **staatliche Werkzeuge** –, sind sie **öffentlich-rechtlicher Natur,** obwohl sie ein privatrechtliches Verhalten der juristischen Person des Privatrechts zum Gegenstand haben. Insoweit ist der Verwaltungsrechtsweg auch für Klagen gegen die juristische Person des Privatrechts eröffnet.[94] Gleiches gilt auch für Klagen gegen den Staat auf Einflussnahme gegenüber seiner juristischen Person des Privatrechts (**öffentlich-rechtlicher Einwirkungsanspruch).**[95] Der Verwaltungsrechtsweg kann sogar für Rechtsstreitigkeiten zwischen Organwaltern einer juristischen Person des Privatrechts, die vom Staat beherrscht wird, eröffnet sein.[96]

Schließlich ist auch noch auf § 17 II GVG hinzuweisen. Danach entscheidet das Gericht, wenn der Rechtsweg zu ihm erst einmal eröffnet ist, den Rechtsstreit unter allen rechtlichen Gesichtspunkten. Das Zivilgericht muss also auch öffentlich-rechtliche Vorschriften anwenden, wenn sie eine Rolle spielen. Entsprechendes gilt umgekehrt für die Verwaltungsgerichte (Ausnahme: § 17 II 2 GVG).

935

---

[92] So zur Grundrechtsbindung BVerfGE 128, 226 (245 ff.).
[93] BVerwG NJW 1990, 134; VGH Kassel NVwZ 2003, 875; BGHZ 91, 84 (97 f.); NJW 2005, 1720; NJW 2003, 2452 f.
[94] BVerwGE 37, 243 (244 f.); insoweit (nicht im übrigen) zutreffend auch VG Meiningen ThürVBl. 2007, 197; die von mir in JuS 2001, 1204 vertretene gegenteilige Auffassung wird aufgegeben; vgl. auch OVG Berlin-Brandenburg NVwZ-RR 2015, 437: Eröffnung des Verwaltungsrechtswegs für Streitigkeit zwischen zwei Privatrechtssubjekten um Anwendung und Auslegung einer öffentlich-rechtlichen Rechtsvorschrift; noch weitergehend BGH NVwZ-RR 2010, 502 ff., wonach eine privatrechtliche Organisation, die vom Staat nicht beherrscht wird, öffentlich-rechtlich handelt, wenn ihr vom Staat durch öffentlich-rechtlichen Vertrag **hoheitliche Aufgaben** (hier der Gefahrenabwehr) übertragen werden, ohne dass es auf die Qualifizierung als Verwaltungshelfer oder Beliehener ankommt; Ansprüche des beauftragten Privaten für erbrachte Leistungen an andere Private sind danach im Verwaltungsrechtsweg geltend zu machen (rettungsdienstliche Notfallversorgung durch private Rettungsdienste); **a.A. und für Zivilrechtsweg** bei Klagen gegen vom Staat beherrschte juristische Personen des Privatrechts BVerwG NVwZ 1991, 59; *Sodan*, in: Sodan/Ziekow, § 40 Rn. 317; *Rennert*, in: Eyermann, § 40 Rn. 56, 88; *Ehlers/Schneider*, in: Schoch/Schneider/Bier, § 40 Rn. 207, 272, 301 Fn. 1282; *Ehlers*, Jura 2012, 857; vgl. auch BVerwG NVwZ-RR 2009, 308 Rn. 4, wonach der Verwaltungsrechtsweg für Streitigkeiten zwischen zwei Privatrechtssubjekten außer im Falle einer Beleihung grundsätzlich ausgeschlossen ist; ebenso schon BVerwGE 61, 222 (224).
[95] OVG Münster NVwZ-RR 2006, 223 (in diesem Fall ging es aber um ein fiskalisches Hilfsgeschäft und nicht, wie das Gericht meint, um Verwaltungsprivatrecht; deshalb war in Wahrheit der Zivilrechtsweg eröffnet); VG Stuttgart VBlBW 2009, 233 ff. (sehr lesenswert); *Detterbeck*, JuS 2001, 1199 f.
[96] OVG Rh.-Pf. LKRZ 2008, 261 f.

3. Die Vergabe öffentlicher Aufträge

Literatur: *Bulba/Schneider,* Das novellierte Vergaberecht zwischen Beschleunigungsgrundsatz und effektivem Bieterschutz, VergabeR 2011, 653; *Burgi,* Von der Zweistufentheorie zur Dreiteilung des Rechtsschutzes im Vergaberecht, NVwZ 2007, 737; *Detterbeck,* Rechtswegprobleme im Wirtschaftsverwaltungsrecht, in: FS W. Frotscher, 2007, S. 399; *Druschel,* Rechtswegfragen am Beispiel des Vergaberechts, JA 2008, 514; *Englisch,* Effektiver Primärrechtsschutz bei Vergabe öffentlicher Aufträge, VerwArch. 98 (2007), 410; *Gröning,* Primärer Vergaberechtsschutz außerhalb des Vierten Teils des GWB auf dem Verwaltungsrechtsweg?, ZWeR 2005, 276; *Gundel,* Rechtsschutz und Rechtsweg bei der Vergabe öffentlicher Aufträge unterhalb der „Schwellenwerte", Jura 2008, 288; *Hausmann,* Systematik und Rechtsschutz des Vergaberechts, GewArch. 2012, 107; *Özfırat-Skubinn,* Der Rechtsweg im Rechtsstreit über die Rechtmäßigkeit einer öffentlichen Auftragsvergabe im Unterschwellenbereich, DÖV 2011, 1005; *Probst/Winters,* Einführung in das Vergaberecht, JuS 2015, 121.

Rechtsprechung: EuGH NVwZ 2005, 74 (EU-Rechtswidrigkeit bei de-facto-Vergabe); BVerfGE 116, 135 (Rechtsschutz bei unterschwelligen Aufträgen); BGHZ 146, 202 (kein primärer Rechtsschutz gegen die Vergabeentscheidung nach Zuschlagserteilung); BGHZ 148, 55 (Begriff des öffentlichen Auftrags); BGH NZBau 2005, 290 (Nichtigkeit von Verträgen bei de-facto-Vergabe); Zivilrechtsweg für unterschwelligen Vergaberechtsschutz: BVerwGE 129, 9; OVG Bln.-Bbg. DVBl. 2006, 1250 m. Anm. *Rennert;* OVG Lüneburg NVwZ-RR 2006, 843; VGH Bad.-Württ. VBlBW 2007, 147; Verwaltungsrechtsweg für unterschwelligen Vergaberechtsschutz (Zweistufentheorie): OVG Münster NVwZ-RR 2006, 842; NVwZ-RR 2006, 223; NWVBl. 2006, 343; OVG Bautzen NZBau 2006, 393; OVG Rh.-Pf. DVBl. 2005, 988 m. Anm. *Schneider/Häfner.*

936   Bei der **Vergabe öffentlicher Aufträge** ist die Zweistufentheorie nicht anwendbar. Die Vergabe öffentlicher Aufträge gehört nicht zum Verwaltungsprivatrecht, sondern zum Gebiet der fiskalischen Hilfs- oder Bedarfsdeckungsgeschäfte. Der Staat erteilt Aufträge in den Bereichen Bauwesen, Wasser-, Energie- und Verkehrsversorgung sowie Telekommunikation und Dienstleistungen, um auf der Grundlage und mittels dieser ihm erbrachten Leistungen öffentliche Aufgaben zu erfüllen. Die öffentlichen Aufträge sind auf den Abschluss **privatrechtlicher Verträge** gerichtet.

Beispiele:
- Die Behörden kaufen neue Computeranlagen.
- Die Landesverwaltung erwirbt eine Software-Lizenz.
- Die Landesverwaltung schließt Wartungsverträge zur EDV-Pflege.
- Die Polizei kauft neue Einsatzfahrzeuge.
- Eine Gemeinde schließt einen Vertrag über den Bau eines Schwimmbads.

937   Bei der Vergabe öffentlicher Aufträge, die den ganz überwiegenden Teil der fiskalischen Hilfs- oder Bedarfsdeckungsgeschäfte betreffen, besteht

§ 17. Privatisierung der Verwaltung – privatrechtliches Handeln   365

folgende Besonderheit: Überschreitet der Auftrag einen bestimmten Nettoschwellenwert,[97] muss die öffentliche Hand ein spezielles Vergabeverfahren durchführen.[98] Dieses **oberschwellige Vergabeverfahren**[99] ist in den §§ 97 ff. GWB, in der aufgrund der §§ 7 VI, 127 GWB erlassenen Vergabeverordnung (VgV) und in den verschiedenen Verdingungsordnungen[100] geregelt.

Bei der Vergabe oberschwelliger Aufträge treten keine Rechtswegprobleme auf. Das GWB weist den gerichtlichen Rechtsschutz den **Zivilgerichten** zu, §§ 116 ff. GWB. Dies betrifft sowohl den primären Rechtsschutz – z.B. Klage auf Feststellung der Unwirksamkeit einer Zuschlagserteilung, durch die der privatrechtliche Vertrag zustande kommt, und damit auf Feststellung der Nichtigkeit des Vertrags oder Antrag auf vorläufige Untersagung der Zuschlagserteilung und damit des Vertragsschlusses – als auch auf Schadensersatz gerichteten sekundären Rechtsschutz wegen eines Verstoßes gegen Vergabegrundsätze.

Allerdings besteht die Besonderheit, dass der zivilgerichtlichen Entscheidung ein **behördliches Überprüfungsverfahren** vorausgeht,[101] in dem gem. § 114 III 1 GWB durch Verwaltungsakt entschieden wird. Dies ändert aber nichts an der nachfolgenden Eröffnung des Zivilrechtswegs für sämtliche Rechtsstreitigkeiten im Zusammenhang mit der Vergabe oberschwelliger öffentlicher Aufträge.

Auch die Vergabe öffentlicher Aufträge **unterhalb der Schwellenwerte** darf nicht beliebig erfolgen. Auch ihr muss eine öffentliche Ausschreibung und die Durchführung eines Vergabeverfahrens vorausgehen; dies bestimmen insbesondere § 55 I BHO und die entsprechenden Vorschriften der Landeshaushaltsordnungen sowie die zu ihnen erlassenen Verwaltungsvorschriften. Auch die Durchführung der unterschwelligen Vergabeverfahren richtet sich nach den A-Teilen der Verdingungsordnungen – wobei

938

---

[97] Festgesetzt in einer von der EU-Kommission alle zwei Jahre angepassten EU-VO: 5.186.000 €; Liefer- u. Dienstleistungsaufträge der obersten u. oberen Bundesbehörden: 134.000 €; sonstige Liefer- u. Dienstleistungsaufträge: 207.000 €.
[98] Dazu im einzelnen *Franßen*, NWVBl. 2010, 41 ff.; *Kühling/Lemberg*, Jura 2009, 835 ff.; *Egidy*, DÖV 2009, 835 ff.
[99] Zum Rechtsschutz *Kramer/André*, JuS 2009, 906 ff.
[100] Für Bauleistungen: VOB/A; für Leistungen oder Lieferungen: VOL/A; für freiberufliche Leistungen: VOF. Die Verdingungsordnungen sind privatrechtliche Vorschriften, die von privatrechtlichen Verdingungsausschüssen erstellt worden sind. Sie werden aber von der öffentlichen Hand als Verwaltungsvorschriften übernommen, *Ruthig/Storr*, Öffentliches Wirtschaftsrecht, 4. Aufl. 2015, Rn. 1007. Berechtigte Kritik an der sog. vergaberechtlichen Kaskadenlösung (dazu *Ruthig/Storr*, a.a.O., Rn. 1015) üben *Röhl*, JuS 2002, 1054 („an der Grenze zu einem Verstoß gegen das Gebot der Normenklarheit") u. *Dreher*, NVwZ 1999, 1265.
[101] Dazu ausführlich *Germelmann*, DÖV 2013, 50 ff.

diese für oberschwellige und unterschwellige Aufträge verschiedene Vorschriften enthalten. Nur der Vergabe von Bagatellaufträgen muss kein Vergabeverfahren vorausgehen.

Bei der Vergabe unterschwelliger öffentlicher Aufträge ist die Rechtswegfrage heftig umstritten. Das GWB ist nicht anwendbar. Eine spezialgesetzliche Rechtswegzuweisung zur ordentlichen Gerichtsbarkeit besteht deshalb nicht. Eine oberverwaltungsgerichtliche Rechtsprechung qualifiziert das Vergabeverfahren und damit die behördliche Entscheidung, ob und mit wem der privatrechtliche Vertrag geschlossen wird, als öffentlich-rechtlich. Zur Begründung wird auf die öffentlich-rechtlichen Bindungen hingewiesen, denen der Staat bei der Durchführung des Vergabeverfahrens unterliege. Verwiesen wird auf § 55 Abs.1 BHO und die entsprechenden Vorschriften der Landeshaushaltsordnungen sowie auf die im Vergabeverfahren anzuwendenden Teile A der Verdingungsordnungen. Bisweilen wird zusätzlich auf die Grundrechtsbindung der öffentlichen Hand auch im Falle privatrechtlichen Handelns hingewiesen,[102] die nunmehr auch das BVerfG uneingeschränkt befürwortet.[103] Dieser ersten Stufe folge dann die zweite Stufe. Sie bestehe in der Zuschlagserteilung, durch die ein privatrechtlicher Vertrag zustande komme.[104] In der Konsequenz dieser Auffassung liegt es, Rechtsbehelfe gegen eine beabsichtigte Zuschlagserteilung und überhaupt alle Streitigkeiten zwischen dem öffentlichen Auftraggeber und einem potentiellen privaten Auftragnehmer bei unterschwelligen Anträgen der Verwaltungsgerichtsbarkeit zuzuweisen.[105] Rechtsstreitigkeiten, die den abgeschlossenen Vertrag betreffen, wären durch die Zivilgerichte zu entscheiden.

939 Diese Auffassung ist nach den oben dargelegten Grundsätzen indes verfehlt. Die öffentlich-rechtlichen Vorschriften, die der Staat auch bei der Vergabe unterschwelliger Aufträge beachten muss, richten sich an ihn **nicht in spezifisch hoheitlicher Funktion**. Sie binden den Staat vielmehr als Nachfrager von Gütern und Leistungen auf dem privaten Wirtschaftsmarkt.[106] Das gesamte Handeln des Staates ist privatrechtlich. Es gibt keine zwei Stufen. Da die Rechtsstreitigkeiten, die unterschwellige Auftrā-

---

[102] *Ehlers/Schneider*, in: Schoch/Schneider/Bier, § 40 Rn. 265, 311.
[103] BVerfGE 128, 226 (244, 248); dazu Rn. 907 f.
[104] OVG Koblenz DVBl. 2005, 988; OVG Münster NVwZ-RR 2006, 223 verweist ausdrücklich auf die Zweistufentheorie; ebenso OVG Münster NVwZ-RR 2006, 843; OVG Bautzen NZBau 2006, 393 f.
[105] Grundlegend OVG Koblenz DVBl. 2005, 988 ff.; zustimmend OVG Bautzen NZBau 2006, 393 f.; OVG Münster NVwZ-RR 2006, 842 f.; NVwZ-RR 2006, 223; NWVBl. 2006, 343; *Sodan*, in: Sodan/Ziekow, § 40 Rn. 340; *Özfirat-Skubinn*, DÖV 2011, 1005 ff.; *Weißenberger*, GewArch. 2009, 420 ff.; *Braun*, SächsVBl. 2006, 256 ff.; *Rennert*, DVBl. 2006, 1252 ff.
[106] BVerfGE 116, 135 (149 f.).

§ 17. Privatisierung der Verwaltung – privatrechtliches Handeln

ge betreffen, nicht durch besondere gesetzliche Vorschriften den Verwaltungsgerichten zugewiesen sind, entscheiden wie bei den oberschwelligen Aufträgen ebenfalls die Zivilgerichte.[107]

---

[107] BVerwGE 129, 9 ff.; VGH Bad.-Württ. VBlBW 2007, 147; OVG Bln.-Bbg. DVBl. 2006, 1250; OVG Lüneburg NVwZ-RR 2006, 843; VG Leipzig SächsVBl. 2005, 301 ff.; *Detterbeck*, in: FS W. Frotscher, 2007, S. 406 ff.; *Gröning*, ZWeR 2005, 276 ff.; siehe auch BVerfGE 116, 135 (149), wonach die behördliche Vergabeentscheidung keine Ausübung öffentlicher Gewalt i.S.v. Art. 19 IV GG ist.

Kapitel 3. Das Verwaltungsverfahren

§ 18. Grundzüge

Literatur: *Appel/Singer*, Verfahrensvorschriften als subjektive Rechte, JuS 2007, 913; *Axer*, Die Konzentrationswirkung der Plangenehmigung, DÖV 1995, 495; *Brandt*, Präklusion im Verwaltungsverfahren, NVwZ 1997, 233; *Kahl*, 35 Jahre Verwaltungsverfahrensgesetz – 35 Jahre Europäisierung des Verwaltungsverfahrensrechts, NVwZ 2011, 449; *Hufen/Siegel*, Fehler im Verwaltungsverfahren, 5. Aufl. 2013; *Leist/Tams*, Schwerpunktbereich – Einführung in das Planfeststellungsrecht, JuS 2007, 995, 1093; *Pietzcker,* Verfahrensrechte und Folgen von Verfahrensfehlern, in: FS H. Maurer, 2001, S. 695; *Ronellenfitsch*, Die Planfeststellung bei Verkehrsvorhaben, in: FS G. Püttner, 2006, S. 75; *Schoch*, Das rechtliche Gehör Beteiligter im Verwaltungsverfahren (§ 28 VwVfG), Jura 2006, 833; *Skrobotz*, Das elektronische Verwaltungsverfahren – Die elektronische Signatur im E-Government, 2005; *Sydow*, Europäisierte Verwaltungsverfahren, JuS 2005, 97, 202; *Will*, Verwaltungsverfahren, förmliches, LdR, 9/1990 (2007).

S. auch die Lit.-Angaben zu § 4; zum Vor- bzw. Widerspruchsverfahren vor Rn. 1354.

I. Begriff und Bedeutung

940 Das Verwaltungsverfahren ist der Weg, auf dem die Verwaltung ihre Produkte (Rechtsakte) herstellt. Rechtmäßig muss nicht nur das „Endprodukt" sein. Auch der Herstellungsprozess – eben der Verfahrensablauf – muss rechtsstaatlichen Anforderungen genügen. Die Bürger haben nicht nur einen Anspruch auf Aufhebung materiell rechtswidriger Verwaltungshandlungen, die sie betreffen. Unter bestimmten Voraussetzungen haben sie auch einen Anspruch auf Aufhebung verfahrensfehlerhafter (formell rechtswidriger) Rechtsakte der Verwaltung.[1]

Das Verwaltungsverfahren ist in ganz verschiedenen Gesetzen geregelt. Vorschriften für die **Bundesverwaltung** enthalten – neben mehreren Spezialgesetzen – vor allem

- das Verwaltungsverfahrensgesetz (VwVfG)
- die Abgabenordnung (AO)[2]

---

[1] Dazu bereits oben Rn. 629 ff.

[2] Da die Landesverwaltungsverfahrensgesetze Vorschriften enthalten, die der Bestimmung des § 2 II 1 Nr. 1 VwVfG entsprechen, gilt die AO auch für die Landesfinanzbehörden, dazu näher *Ule/Laubinger*, § 8 Rn. 21; zur Geltung der AO für die Erhebung von Kommunalabgaben durch die Gemeinden *Maurer*, § 5 Rn. 22 f.

- das Sozialgesetzbuch I u. X (SGB I u. X).[3]

Für die **Landesverwaltungen** gelten vor allem die Landesverwaltungsverfahrensgesetze. Sie stimmen zum großen Teil mit dem Verwaltungsverfahrensgesetz des Bundes wörtlich überein.

Die folgenden Ausführungen beschränken sich auf das Verwaltungsverfahrensgesetz des Bundes und damit zugleich auf die Landesverwaltungsverfahrensgesetze. Nur diesen Gesetzen kommt Prüfungsrelevanz zu.

Die Frage, ob im Einzelfall das Bundes- oder das Landesverwaltungsverfahrensgesetz anwendbar ist, wurde bereits oben erörtert.[4] Nochmals kurz zur Wiederholung:

> Hat eine Bundesbehörde gehandelt, gilt das Bundes-VwVfG. Hat eine Landes- oder Kommunalbehörde gehandelt, gilt das Landes-VwVfG des jeweiligen Bundeslandes.

Verwaltungsverfahren im Sinne des VwVfG ist nach der **Legaldefinition des § 9 VwVfG** nur die Tätigkeit der Behörden im Zusammenhang mit dem **Erlass eines Verwaltungsaktes** oder dem **Abschluss eines öffentlich-rechtlichen Vertrages**. Nur für diese Behördentätigkeit gelten die meisten Vorschriften des VwVfG – nämlich die §§ 9–78 VwVfG.

941

Für den Erlass von Rechtsverordnungen und Satzungen, für schlichthoheitliches und verwaltungsinternes Handeln gelten diese Vorschriften nicht, jedenfalls nicht unmittelbar. Anwendbar sind allerdings die §§ 4–8 und §§ 81 ff. VwVfG.

Außerdem gilt das VwVfG nicht oder nicht uneingeschränkt für folgende Sachgebiete:
- Verwaltungszustellung (hier gelten das Verwaltungszustellungsgesetz des Bundes, VwZG, und die Verwaltungszustellungsgesetze der Länder)
- Verwaltungsvollstreckung (hier gelten das Verwaltungsvollstreckungsgesetz des Bundes, VwVG, und die Verwaltungsvollstreckungsgesetze der Länder)
- Widerspruchsverfahren (hier gelten die §§ 68 ff. VwGO, das VwVfG gilt gem. § 79 VwVfG nur subsidiär)[5]

---

[3] Da die Landesverwaltungsverfahrensgesetze Vorschriften enthalten, die der Bestimmung des § 2 II Nr. 4 VwVfG entsprechen, gilt das SGB I u. X auch für die Sozialbehörden der Länder, dazu näher *Ule/Laubinger*, § 8 Rn. 24.
[4] Oben Rn. 173 f.
[5] Dazu näher Rn. 1354 ff.

II. Verfahrensarten des VwVfG

1. Nichtförmliches (einfaches) Verwaltungsverfahren

942 Im **Normalfall** ist das nichtförmliche Verwaltungsverfahren durchzuführen. Dies folgt aus § 10 VwVfG. Danach ist das Verwaltungsverfahren an bestimmte Formen nicht gebunden, außer wenn Rechtsvorschriften eine besondere Form vorschreiben.

Bei der Durchführung des nichtförmlichen Verwaltungsverfahrens sind die Behörden sehr frei. Gem. § 10 S. 2 VwVfG haben sie das Verfahren einfach, zweckmäßig und zügig durchzuführen. Neben den allgemeinen Verfahrensvorschriften des VwVfG[6] gelten ergänzend vor allem ungeschriebene rechtsstaatliche Grundsätze.

2. Förmliches Verwaltungsverfahren

943 Das förmliche Verwaltungsverfahren[7] ist gem. § 63 I VwVfG nur durchzuführen, wenn dies durch besondere Rechtsvorschriften ausdrücklich angeordnet ist. In diesem Fall gelten gem. § 63 II VwVfG die §§ 63–71 ff. VwVfG und subsidiär die übrigen Vorschriften des VwVfG. **Beachte:** Die Fälle, in denen das förmliche Verwaltungsverfahren durchzuführen ist, sind nicht im VwVfG, sondern in den Gesetzen des Besonderen Verwaltungsrechts genannt.

Beispiele für eine solche gesetzliche Anordnung:
- § 21 Sortenschutzgesetz
- § 160 IV BBergG
- Art. 23 BayEnteignG (hier wird auf das förmliche Verwaltungsverfahren nach Art. 63 ff. BayVwVfG verwiesen)

Kennzeichnend für das förmliche Verwaltungsverfahren sind vor allem besondere Regelungen über:
- Mitwirkung von Zeugen und Sachverständigen (§ 65 VwVfG)
- Durchführung einer mündlichen Verhandlung (§§ 67 f. VwVfG)
- Erlass verfahrensabschließender Verwaltungsakte (§ 69 VwVfG) und deren Anfechtung (§ 70 VwVfG)

---

[6] Dazu unten Rn. 947 ff.
[7] Dazu näher *Will*, LdR, 9/1990 (2007).

3. Planfeststellungsverfahren

Das Planfeststellungsverfahren ist ein Spezialfall des förmlichen Verwaltungsverfahrens. Gem. § 72 I VwVfG ist es nur durchzuführen, wenn dies durch besondere Rechtsvorschriften (außerhalb des VwVfG) ausdrücklich angeordnet ist. In diesem Fall gelten die §§ 73–78 VwVfG und subsidiär die übrigen Vorschriften des VwVfG mit Ausnahme der §§ 51, 71a–71e VwVfG.

944

Die Durchführung des Planfeststellungsverfahrens wird in der Regel angeordnet, wenn Behörden **verbindliche Pläne zur Realisierung raumbedeutsamer Vorhaben** aufstellen müssen.

Beispiele:
- Planung und Bau von Bundesfernstraßen, § 17 FernStrG
- Planung und Bau von Flughäfen, § 8 LuftVG
- Planung und Errichtung von Abfalldeponien, § 31 II KrW-/AbfG
- Planung und Errichtung von Zwischenlagern für radioaktive Abfälle, § 9b I 1 AtomG

Kennzeichnend für das Planfeststellungsverfahren sind vor allem besondere Regelungen über:
- das Anhörungsverfahren, § 73 VwVfG
- den Ausschluss von nicht fristgerechten Einwänden, § 73 IV 3 VwVfG
- die Unbeachtlichkeit von Abwägungsmängeln, § 75 I a VwVfG

Verläuft das Planfeststellungsverfahren für den Vorhabenträger positiv, wird es durch einen behördlichen **Planfeststellungsbeschluss** abgeschlossen (§ 74 I 1 VwVfG). Der Planfeststellungsbeschluss ist ein Verwaltungsakt. Er kann mit der Anfechtungsklage (§ 42 VwGO) angegriffen werden. Verwaltungsakt ist auch die behördliche Ablehnung der Planfeststellung.[8] Ansprüche auf Planfeststellung können mit der Verpflichtungsklage (§ 42 VwGO) verfolgt werden.[9]

945

Die – z.T. auch prüfungsrelevante – Besonderheit des Planfeststellungsbeschlusses besteht in seinen **Rechtswirkungen:** Er stellt die Zulässigkeit des Vorhabens im Hinblick auf alle von ihm berührten öffentlichen Belange fest.

> Der Planfeststellungsbeschluss ersetzt gem. § 75 I VwVfG alle behördlichen Genehmigungen, Erlaubnisse, Bewilligungen und Zustimmungen, die ansonsten nach anderen gesetzlichen Vorschriften erforderlich wären wie z.B. Baugenehmigungen, wasserrechtliche Bewilligungen oder Zustimmung der Naturschutzbehörde. Dies bezeichnet man als **Konzentrationswirkung** des Planfeststellungsbeschlusses.

---

[8] *Kopp/Ramsauer*, § 74 Rn. 125.
[9] *Neumann*, in: Stelkens/Bonk/Sachs, § 74 Rn. 266.

946 In einfach gelagerten Fällen kann unter den Voraussetzungen des § 74 VI 1 VwVfG an Stelle eines Planfeststellungsbeschlusses eine **Plangenehmigung** erteilt werden. Sie ist ein Verwaltungsakt und hat im wesentlichen die gleiche Wirkung (Konzentrationswirkung) wie der Planfeststellungsbeschluss (§ 74 VI 2 VwVfG). Die übrigen Vorschriften über das Planfeststellungsverfahren sind nicht anwendbar (§ 74 VI 2 VwVfG).

Gem. § 74 VII VwVfG ergeht unter den dort genannten Voraussetzungen in Fällen von unwesentlicher Bedeutung kein Planfeststellungsbeschluss und keine Plangenehmigung. Die behördliche Entscheidung, in einem unwesentlichen Fall von der Durchführung eines Planungsverfahrens abzusehen, ist ein Verwaltungsakt.[10]

III. Verfahrensablauf

1. Einleitung des Verfahrens

947 § 22 VwVfG unterscheidet zwischen zwei Formen der Verfahrenseinleitung:
(1) Behördlicherseits von Amts wegen (Offizialprinzip), wobei weiter zwischen behördlichem Handlungsermessen (Opportunitätsprinzip) und behördlicher Handlungspflicht (Legalitätsprinzip) unterschieden wird.
(2) Auf Antrag hin (Antragsprinzip), wobei auch hier wieder zwischen behördlichem Handlungsermessen und behördlicher Handlungspflicht unterschieden wird.

Die Behörde muss für die Angelegenheit zuständig sein (örtlich, sachlich, instantiell, funktionell).[11]

2. Verfahren vor der behördlichen Sachentscheidung

a) Die Beteiligten

948 § 11 VwVfG bestimmt, wer **generell** an einem Verwaltungsverfahren **beteiligt sein kann** (Beteiligungsfähigkeit).

§ 13 VwVfG bestimmt, wer von den generell Beteiligungsfähigen am konkreten Verwaltungsverfahren **tatsächlich beteiligt ist** (Beteiligte).

§ 12 VwVfG regelt, wer in Verwaltungsverfahren generell fähig ist, **Verfahrenshandlungen** (z. B. Anträge stellen) vorzunehmen (Handlungsfähigkeit).

---

[10] *Schink,* in: Knack/Henneke, § 74 Rn. 290 m.w.N.; dieser Verwaltungsakt stellt aber nicht die Zulässigkeit des Vorhabens fest, *Kopp/Ramsauer,* § 74 Rn. 231; *Schink,* a.a.O., § 74 Rn. 292; a.A. BVerwGE 64, 325 (328 f.) zum vergleichbaren § 17 II FStrG a.F. = § 17 S. 3 i.V.m. § 17b I Nr. 4 u. 7 FStrG i.V.m. § 74 VII VwVfG.
[11] Dazu oben Rn. 571 ff.

§ 18. Grundzüge 373

Gem. § 20 VwVfG sind bestimmte Amtswalter vom Verfahren ausgeschlossen. Sie dürfen für die Behörde nicht tätig werden. Gleiches gilt für befangene Amtswalter (dazu § 21 VwVfG).

b) Untersuchungsgrundsatz

Die Behörde muss gem. § 24 VwVfG den Sachverhalt **von Amts wegen ermitteln** (Untersuchungsgrundsatz). An das Vorbringen und an Beweisanträge der Beteiligten ist sie nicht gebunden. 949

Zwar sollen die Beteiligten gem. § 26 II VwVfG bei der Sachverhaltsermittlung mitwirken. Weigern sie sich, können jedoch keine Sanktionen verhängt werden. Bleibt allerdings eine Tatsache trotz behördlicher Ermittlungsbemühung unaufgeklärt, geht dies zu Lasten desjenigen, der sich auf diese Tatsache beruft (der aus der behaupteten Tatsache eine ihm günstige Rechtsfolge ableiten möchte); ihn trifft die materielle Beweislast.

c) Wichtige Verfahrensrechte der Beteiligten

aa) Anhörungsrecht, § 28 VwVfG

Vor Erlass eines **belastenden Verwaltungsakts**[12] muss die Behörde dem Betroffenen, wenn er Verfahrensbeteiligter i. S. v. § 13 VwVfG ist, **Gelegenheit geben,** sich zu den entscheidungserheblichen Tatsachen zu äußern. Außerdem verpflichtet § 28 I VwVfG die Behörde, die Äußerungen der Beteiligten zur Kenntnis zu nehmen und sie ernsthaft in Erwägung zu ziehen.[13] 950

Umstritten ist, ob auch die **Ablehnung eines begünstigenden Verwaltungsakts** unter § 28 I VwVfG fällt.[14] Hier ist allerdings zunächst zu beachten, dass der Bürger, der den begehrten Verwaltungsakt beantragt, Gelegenheit hat, zu allen ihm wesentlich erscheinenden Fragen Stellung zu nehmen. Damit ist dem Anhörungserfordernis des § 28 I VwVfG Genüge getan. Nur wenn die Behörde jetzt die Antragsablehnung auf Umstände stützt, zu denen sich der Antragsteller noch nicht geäußert hatte, ist § 28 I VwVfG wegen seiner rechtsstaatlichen Funktion zumindest analog anwendbar.[15]

Fakultative und obligatorische **Ausnahmen vom Anhörungserfordernis** nennt § 28 II, III VwVfG.

---

[12] Dazu Rn. 504.
[13] BVerwGE 66, 111 (114); NVwZ 1991, 337.
[14] Verneinend BVerwGE 66, 184 (186); bejahend *Ritgen*, in: Knack/Henneke, § 28 Rn. 26; *Kopp/Ramsauer*, § 28 Rn. 26.
[15] Vgl. OVG Münster NVwZ 1983, 746.

> **Klausurhinweis:** Schweigt der Sachverhalt zur Anhörung, ist die ordnungsgemäße Anhörung zu unterstellen. Keinesfalls darf ein Unterbleiben der Anhörung unterstellt werden.

bb) Recht auf Akteneinsicht, § 29 VwVfG

951　Ein Recht auf Akteneinsicht haben gem. § 29 I VwVfG nur die **Beteiligten (§ 13 VwVfG) eines laufenden Verwaltungsverfahrens**. Dieses Recht ist gem. § 29 I 1 VwVfG auf solche Akten beschränkt, deren Kenntnis zur Geltendmachung oder Verteidigung von rechtlichen Interessen des Beteiligten erforderlich ist. Ausnahmen vom Akteneinsichtsrecht nennt § 29 II VwVfG. Ob die Behörde **Nichtverfahrensbeteiligten** die Akteneinsichtnahme gestattet, liegt im **behördlichen Ermessen**. Ein **subjektives öffentliches Recht auf fehlerfreie Ausübung** dieses behördlichen Ermessens besteht nur im Falle eines **berechtigten Interesses** an der Einsichtnahme.[16]

952　Nach dem **Informationsfreiheitsgesetz** (IFG) vom 5.9.2005 (BGBl. 2005-I, S. 2722) hat ab dem 1.1.2006 jeder Bürger gegen jede **Bundesbehörde** und jede andere Stelle, die für den **Bund** Verwaltungstätigkeit ausübt, einen Anspruch auf Zugang zu amtlichen Informationen (§ 1 I IFG).[17] Für **Landesbehörden** gilt das IFG nicht. Ansprüche auf Akteneinsichtnahme gegen Landesbehörden richten sich deshalb nach § 29 des jeweiligen Landesverwaltungsverfahrensgesetzes. In einigen Bundesländern existieren zudem spezielle Akteneinsichts- und Informationsgesetze, die entsprechende Ansprüche gegen Stellen der Landesverwaltung gewähren.[18]

953　Eine ganz ähnliche Regelung gilt im **Umweltrecht** nach Maßgabe des Umweltinformationsgesetzes (UIG). Auch hier hat jedermann – auch außerhalb laufender Verwaltungsverfahren – einen Anspruch auf freien Zugang zu Informationen über die Umwelt (§ 3 I 1 UIG).[19] Der Anspruch richtet sich nur gegen informationspflichtige Stellen des **Bundes** und bundesunmittelbare juristische Personen des öffentlichen Rechts (§ 1 II i.V.m. 2 I UIG), nicht gegen Stellen der Landesverwaltung. Hier gilt das entsprechende Landesinformationsgesetz.

---

[16] BVerwGE 61, 15 (22 f.); vgl. auch BVerwGE 67, 300 (304 f.).

[17] Dazu näher *Schoch*, Jura 2012, 203 ff.; der Informationsanspruch richtet sich auch gegen die Bundesministerien – selbst wenn es nicht nur um Verwaltungs-, sondern um Regierungstätigkeit geht, dazu und zu den Grenzen des Informationsanspruchs BVerwG DVBl. 2012, 176 ff. u. 180 ff. m. Anm. *H.-P. Roth*; zu Ansprüchen gegen den Bundestag (Bundestagsverwaltung) *Greve/Schärdel*, VR 2012, 96 ff. (Klausurfall).

[18] Dazu näher *Ritgen*, in: Knack/Henneke, § 29 Rn. 35.

[19] Umweltinformationsgesetz, Sartorius Nr. 294; dazu näher BVerwGE 130, 223 ff.; *Ritgen*, in: Knack/Henneke, § 29 Rn. 135 ff.; *Fluck*, DVBl. 2006, 1406 ff.

Weitreichende Auskunfts- und Informationsansprüche räumt das **Verbraucherinformationsgesetz** (VIG) vom 5.11.2007 ein.[20] Anspruchsberechtigt sind alle Bürger und juristischen Personen des Privatrechts. Der Informationsanspruch erstreckt sich auf verschiedene verbraucherrelevante Vorgänge. Sie sind in § 1 I 1 VIG enumerativ aufgezählt. In der Praxis steht der Lebensmittelsektor im Vordergrund. Auskunftsverpflichtet sind diejenigen Bundes- und Landesbehörden, die öffentliche Aufgaben auf den in § 1 I 1 VG genannten Gebieten erfüllen oder auf ihnen tätig werden. In der Praxis handelt es sich hierbei um sog. Untersuchungsämter. Nach § 1 II VIG stehen ihnen Private gleich, die entsprechende Aufgaben erfüllen und behördlich beaufsichtigt werden.

Das Verhältnis der verschiedenen Informationsgesetze zueinander ist unübersichtlich und umstritten.[21] Im Interesse der Bürger ist ein einheitliches Informationszugangsgesetz unabdingbar.

cc) Beratungs- und Auskunftsrecht, § 25 VwVfG

§ 25 S. 1 VwVfG statuiert eine behördliche **Beratungspflicht** gegenüber den Verfahrensbeteiligten.[22] Eine umfassende Beratungspflicht besteht nicht, vielmehr ist sie sachlich sehr beschränkt.

954

§ 25 S. 2 VwVfG statuiert eine ebenfalls in sachlicher Hinsicht beschränkte behördliche **Auskunftspflicht** gegenüber den Verfahrensbeteiligten.

Verletzt die Behörde ihre Beratungs- und Auskunftspflichten, können den Geschädigten unter Umständen Amtshaftungsansprüche nach § 839 BGB, Art. 34 GG zustehen.

dd) Wiedereinsetzung in den vorigen Stand, § 32 VwVfG

Der Wiedereinsetzung in den vorigen Stand kommt eine große praktische Bedeutung zu. Hat jemand ohne Verschulden eine **gesetzliche Frist** versäumt, hat ihm die Behörde gem. § 32 I VwVfG **auf Antrag** die Wiedereinsetzung in den vorigen Stand zu gewähren. Der Wiedereinsetzungsantrag ist innerhalb von **zwei Wochen** nach Wegfall des Hindernisses, das für die Fristversäumung verantwortlich war, zu stellen (§ 32 II 1 VwVfG). Innerhalb dieser Frist muss auch die versäumte Handlung (z.B. Antragstellung) nachgeholt werden (§ 32 II 3 VwVfG). Wurde die versäumte Handlung innerhalb dieser Zweiwochenfrist ohne vorherigen Wiedereinsetzungsantrag nachgeholt, kann die Behörde (Ermessen) die Wiedereinsetzung auch ohne Antrag gewähren (§ 32 II 4 VwVfG).

955

---

[20] BGBl. 2007-I S. 2558; dazu näher *Schoch*, NJW 2010, 2241 ff.
[21] Dazu ausführlich *Ehlers/Vorbeck*, Jura 2013, 1124 ff. u. Jura 2014, 34 ff.; *Wohlfahrt*, LKRZ 2013, 494 ff.; *Gurlit*, DV 44 (2011), 75 ff.; *Sittard/Ulbrich*, JA 2008, 205 ff.; *Schomerus/Tolkmitt*, DÖV 2007, 985 ff.
[22] *Kopp/Ramsauer*, § 25 Rn. 4 f.

Verschulden eines Vertreters (z. B. Prozessbevollmächtigter) muss sich der Vertretene zurechnen lassen (§ 32 I 2 VwVfG). Das Verschulden von (Hilfs-)Personal (z. B. Sekretärin, Mitarbeiter, Bürobote) eines Vertreters muss sich dieser – und damit der Vertretene – nur zurechnen lassen, wenn der Vertreter sein Personal nicht sorgfältig ausgewählt, angeleitet oder überwacht hat oder wenn die Fristversäumung auf einer unzweckmäßigen Büroorganisation beruht.[23]

956 § 32 VwVfG gilt für alle **gesetzlichen Fristen** (nicht für behördliche oder vertragliche)[24] **innerhalb und außerhalb eines laufenden Verwaltungsverfahrens.** Für in besonderen Vorschriften genannte gesetzliche **Ausschlussfristen** gilt § 32 VwVfG nicht (§ 32 V VwVfG). Allerdings ist der Begriff der Ausschlussfrist umstritten.[25]

Auf die nachträgliche Beseitigung formeller Mängel einer zwar fristgerechten, aber fehlerhaften Verfahrenshandlung (z. B. mündlicher statt schriftlicher Antrag) ist § 32 VwVfG zumindest analog anwendbar.[26]

d) Verfahren über eine einheitliche Stelle

957 In besonderen Rechtsvorschriften außerhalb des VwVfG kann angeordnet werden, dass bestimmte Verwaltungsverfahren über eine einheitliche Stelle abgewickelt werden können, § 71a I VwVfG.[27] Die einheitliche Stelle ist eine Behörde, über die der Bürger das gesamte Verwaltungsverfahren abwickeln kann. Der Bürger braucht sich dann nicht mehr an verschiedene zuständige Behörden zu wenden, sondern kann sich auf die einheitliche Stelle als Ansprechpartner beschränken.

Diese fungiert lediglich als **Verfahrensmittlerin,** trifft aber in der Regel nicht die verfahrensabschließende Sachentscheidung. Sie gibt dem Bürger die erforderlichen Informationen (§ 71c VwVfG), nimmt alle erforderlichen Anträge entgegen und leitet sie an die zuständigen Behörden weiter (§ 71b VwVfG). Grundsätzlich gibt die einheitliche Stelle die Sachentscheidungen, die von den zuständigen Behörden getroffen werden, dem Bürger bekannt (arg. e. contrario § 71b V 2 VwVfG).

958 Beispiel für eine Rechtsvorschrift, die die Abwicklung des Verwaltungsverfahrens über eine einheitliche Stelle zulässt, ist § 5 b HwO.[28] Wer als

---

[23] *Kopp/Ramsauer,* § 32 Rn. 37 m. w. N.
[24] Dazu *Ritgen,* in: Knack/Henneke, § 32 Rn. 12.
[25] Dazu *Becher,* in: Obermayer/Funke-Kaiser, § 32 Rn. 48 ff.; *Kopp/Ramsauer,* § 31 Rn. 8 f., § 32 Rn. 6.
[26] *Kopp/Ramsauer,* § 32 Rn. 9; *Ritgen,* in: Knack/Henneke, § 32 Rn. 10.
[27] Zur einheitlichen Stelle etwa *Schmitz/Prell,* NVwZ 2009, 1 ff.; *Ernst,* DVBl. 2009, 953 ff.; *Röckinghausen,* NWVBl. 2009, 464 ff.
[28] Weitere Beispiele nennt *Huck,* in: Bader/Ronellenfitsch, § 71 a Rn. 20 ff.

einheitliche Stelle fungiert, muss in der Regel der Landesgesetzgeber bestimmen.[29]

Der Bürger muss nicht die einheitliche Stelle in Anspruch nehmen. Er kann sich statt dessen auch wie bisher an die zuständigen Behörden wenden, § 71 a II VwVfG.[30]

3. Verfahrensabschluss

Das Verwaltungsverfahren wird beendet mit dem Erlass oder der Ablehnung des Verwaltungsakts bzw. mit dem Abschluss oder Nichtabschluss des öffentlich-rechtlichen Vertrages. Unter den Voraussetzungen des § 42a VwVfG gilt ein Verwaltungsakt auch im Falle behördlicher Untätigkeit als erlassen (fiktiver Verwaltungsakt).[31]   **959**

Die ausdrückliche Ablehnung des Erlasses eines beantragten Verwaltungsakts ist ein selbständiger Verwaltungsakt. Die Entscheidung, einen öffentlich-rechtlichen Vertrag zu schließen oder nicht zu schließen, ist dagegen kein Verwaltungsakt.[32] Da eine solche behördliche Entscheidung nichts regelt und ihr das Merkmal der Unmittelbarkeit der Rechtswirkung fehlt, ist sie nur schlichthoheitliches Handeln.

IV. Rechtswidrigkeit und Rechtsschutz

Rechtswidrige Verfahrenshandlungen können mit Rechtsbehelfen gem. § 44a VwGO grundsätzlich nicht isoliert angegriffen werden. In der Regel kann nur die abschließende Sachentscheidung angegriffen werden – und zwar mit der Begründung, die Sachentscheidung sei deshalb rechtswidrig, weil sie verfahrensfehlerhaft ergangen sei.   **960**

In diesem Zusammenhang sind die §§ 45, 46 VwVfG zu beachten:[33] Nach § 45 VwVfG können bestimmte Verfahrensversäumnisse (die nicht zur Nichtigkeit des Verwaltungsakts geführt haben) bis zum Abschluss des verwaltungsgerichtlichen Verfahrens nachgeholt werden. Der Verwaltungsakt wird dann insoweit rechtmäßig, seine Aufhebung kann insoweit nicht mehr verlangt werden.

---

[29] Dazu mit Beispielen *Heiß/Jedlitschka*, ThürVBl. 2009, 268 f.
[30] Mit „der zuständigen Behörde" ist nicht die einheitliche Stelle gemeint.
[31] Dazu Rn. 537.
[32] Dazu m.w.N. auch zur a.A. Rn. 784; zum Abschluss privatrechtlicher Verträge Rn. 927 ff.
[33] Dazu näher oben Rn. 629 ff.

Gem. § 46 VwVfG sind Verfahrensverstöße – auch wenn keine Heilung gem. § 45 VwVfG erfolgt ist – unter den genannten Voraussetzungen unbeachtlich. D. h., der Verwaltungsakt ist dann zwar rechtswidrig, seine Aufhebung kann aber nicht wegen des Verfahrensverstoßes verlangt werden.

Kapitel 4. Recht der öffentlichen Sachen

§ 19. Grundzüge

Literatur: *Axer,* Der Anliegergebrauch an Straßen, DÖV 2014, 323; *ders.*, Die Widmung als Grundlage der Nutzung kommunaler öffentlicher Einrichtungen, NVwZ 1996, 114; *Dietz,* Grundrechtskollisionen im öffentlichen Raum – Gemeingebrauch, Anliegergebrauch und Sondernutzung als Beispiele grundrechtsgeprägter Erlaubnisverfahren, AöR 133 (2008), 556; *Erbguth,* Recht der öffentlichen Sachen, Jura 2008, 193; *Germann,* Die „gesetzlose" Widmung von Sachen für öffentliche Zwecke, AöR 128 (2003), 458; *Kment/Weber,* Recht der öffentlichen Sachen, JA 2013, 119; *Mayer/Sokol,* Gemeingebrauch im Recht der öffentlichen Sachen, Jura 2012, 913; *Papier,* Recht der öffentlichen Sachen, 3. Aufl. 1998; *Rebler,* Das Verhältnis zwischen Straßenrecht und Straßenverkehrsrecht, BayVBl. 2005, 394; *Sauthoff,* Zusammenspiel straßenrechtlicher und straßenverkehrsrechtlicher Erlaubnisse, VerwArch. 106 (2015), 322; *Schaks,* Aktenvortrag zum Straßenrecht und Straßenverkehrsrecht, Jura 2015, 396 (Übungsfall); *Siegel,* Zur Relevanz des straßenrechtlichen Nutzungsregimes, NVwZ 2013, 479; *U. Stelkens,* Das Recht der öffentlichen Sachen, DV 46 (2013), 493; *Stuchlik,* Straßenrechtliche Sondernutzungen, GewArch. 2004, 134; *Wernecke,* Die öffentliche Sache im Widerstreit privater und allgemeiner Belange, AcP 195 (1995), 445.

I. Begriff der öffentlichen Sache

Öffentliche Sachen sind Vermögensgegenstände, die
(1) unmittelbar einem **öffentlichen Zweck** dienen **(Gemeinwohlfunktion)** und
(2) durch **besonderen Rechtsakt** einen öffentlich-rechtlichen Status erhalten haben, mit dem die Sachherrschaft eines Hoheitsträgers verbunden ist **(Widmung),** und
(3) **tatsächlich in Dienst gestellt** wurden **(Indienststellung).**

Beispiele: Straßen, Wege, Plätze, Wasserläufe, Eisenbahnen, Untergrundbahnen, Flugplätze, Häfen, Kinderspielplätze, Schwimmbäder, Krankenhäuser, Schulen, Kasernen, Kläranlagen, Müllverbrennungsanlagen, Verwaltungs- und Regierungsgebäude.

Sachen im Sinne des bürgerlichen Rechts sind nach § 90 BGB nur körperliche Sachen. Für öffentliche Sachen gilt § 90 BGB nach h.M. aber nicht.[1] Danach können z.B. auch der Luftraum, das offene Meer oder der elektrische Strom zu den öffentlichen Sachen gehören.

---

[1] *Kluth,* in: Wolff/Bachof II, § 74 Rn. 4; *Peine,* Rn. 1319; *Häde,* JuS 1993, 113; a.A. *Papier,* in: Erichsen/Ehlers, § 38 Rn. 4.

963 Die §§ 93–95 BGB gelten nach allgemeiner Meinung für die öffentlichen Sachen nicht. D. h., dass auch einzelne wesentliche Bestandteile einer privaten Sache öffentliche Sachen sein können.

Beispiele:
- Verkehrsampel (öffentliche Sache) auf einem privaten Grundstück
- Öffentliche Straße, die über mehrere Privatgrundstücke verläuft

Nicht zu den öffentlichen Sachen gehören:
- **Tatsächliche öffentliche Sachen:** Sie gehören einem Privateigentümer und werden allein von diesem der Öffentlichkeit zugänglich gemacht, z. B. private Krankenhäuser, private Museen, private Verkehrsflächen. Hier fehlt die öffentlich-rechtliche Widmung.
- **Gegenstände des Finanzvermögens:** Sie dienen nur mittelbar einem öffentlichen Zweck, z. B. Liegenschaften ohne öffentliche Zweckbestimmung, erwerbswirtschaftliche Unternehmen der öffentlichen Hand wie Brauereien, Mietshäuser, Aktienanteile. Hier fehlen sowohl die unmittelbare öffentliche Zweckbindung als auch die öffentlich-rechtliche Widmung.

II. Entstehung, Aufhebung und Änderung öffentlicher Sachen

1. Entstehung

964 Ein Gegenstand wird zur öffentlichen Sache, wenn er (anknüpfend an die oben genannte Begrifflichkeit, Rn. 961).
(1) durch einen **öffentlich-rechtlichen Rechtsakt** einem **unmittelbaren öffentlichen Zweck gewidmet**[2] und
(2) **tatsächlich in Dienst gestellt** wird.

965 Die **Widmung** (öffentliche Zweckbestimmung) muss durch einen öffentlich-rechtlichen Rechtsakt erfolgen. Als Rechtsakte kommen in Betracht:
- **formelles Gesetz**, z. B. § 5 BWaStrG – Bundeswasserstraßen
- **Rechtsverordnung**, z. B. aufgrund von Art. 2 I Nr. 2, 3 I BayWaG – Gewässer 2. Ordnung
- **Satzung**, z. B. Schwimmbadsatzung (aufgrund der einschlägigen kommunalrechtlichen Bestimmungen), die den Zugang zum Schwimmbad und dessen Benutzung regelt
- **Verwaltungsakt**, z. B. aufgrund von § 2 I FStrG – Widmung von Bundesfernstraßen; es handelt sich um eine Allgemeinverfügung i. S. v. § 35

---

[2] Die beiden oben in Rn. 961 genannten Begriffsmerkmale wurden hier zusammengefasst.

S. 2, 3. Alt. VwVfG (dinglicher Verwaltungsakt).³ Der Verwaltungsakt kann auch konkludent erlassen werden, z.B. durch Zurverfügungstellung eines Rathausbalkons für örtliche kommunale Wahlkampfveranstaltungen. Die Widmung bedarf nur dann einer **gesetzlichen Grundlage,** wenn mit ihr Eingriffe in Rechte Dritter verbunden sind. Das ist indes grundsätzlich nur bei einer Widmung fremder Sachen gegen den Willen des Eigentümers der Fall. Allein der durch die Widmung begründete öffentlich-rechtliche Status, der etwa den gutgläubigen Erwerb öffentlicher Sachen verhindern kann, ist kein Eingriff in (Grund-)Rechte Dritter, der nach den Grundsätzen des Vorbehalts des Gesetzes und der Wesentlichkeitsrechtsprechung nur auf gesetzlicher Grundlage erfolgen dürfte.⁴

Zur Widmung, die ein Rechtsakt ist, muss noch die rein tatsächliche Indienststellung der Sache hinzukommen. Die **Indienststellung ist ein Realakt.**⁵

Beispiele:
- Verkehrsübergabe von Straßen
- Eröffnung eines neuen Schwimmbades

Die Indienststellung kann mit der Widmung zusammenfallen, sie kann ihr aber auch nachfolgen.⁶

2. Aufhebung

Eine öffentliche Sache verliert ihren öffentlich-rechtlichen Status durch **Entwidmung** und die **Beendigung der tatsächlichen Indienststellung.** Die Entwidmung erfolgt grundsätzlich in derselben Rechtsform wie die Widmung (actus contrarius).

Die Entwidmung und Beendigung der Indienststellung öffentlicher Straßen bezeichnet man als **Einziehung.**

3. Änderung

Soll die öffentliche Zweckbestimmung geändert werden, insbesondere eingeschränkt oder erweitert, muss eine Umwidmung (Änderungswidmung) erfolgen. Auch sie erfolgt grundsätzlich in derselben Rechtsform wie die Widmung.

---

³ *Kluth,* in: Wolff/Bachof II, § 75 Rn. 12 ff.; *Papier,* in: Erichsen/Ehlers, § 40 Rn. 8.
⁴ Dazu Rn. 971 m.w.N. pro et contra.
⁵ *Kluth,* in: Wolff/Bachof II, § 75 Rn. 21.
⁶ Vgl. *Kluth,* a.a.O.; ob die Widmung bis zur Indienststellung der Sache aber wirklich schwebend unwirksam ist, erscheint sehr fraglich.

Beispiele:
- Die Widmung einer öffentlichen Straße wird durch Umwidmung auf den Fußgängerverkehr begrenzt, die Straße wird so zur Fußgängerzone.
- Abstufung von Straßen (Zuordnung zu einer niedrigeren Straßengruppe, z. B. Bundesautobahn zur Bundesstraße) oder Aufstufung von Straßen (Zuordnung zu einer höheren Straßengruppe, z. B. Kreisstraße zur Landesstraße).

In diesem Zusammenhang ist darauf hinzuweisen, dass die Frage, auf welchem rechtlichen Weg Fußgängerzonen, verkehrsberuhigte oder geschwindigkeitsbeschränkte Bereiche und Anwohnerparkzonen eingerichtet werden können, umstritten ist: Durch **straßenrechtliche** (Um-)Widmung nach Maßgabe des Straßen- und Wegerechts oder durch **straßenverkehrsrechtliche** Maßnahmen nach Maßgabe der StVO?[7]

III. Rechtliche Bedeutung und Einordnung der öffentlichen Sache

1. Modifiziertes Privateigentum

a) Geltung der Privatrechtsordnung

969 Soweit an der öffentlichen Sache privatrechtliches Eigentum möglich ist (nicht an unkörperlichen Sachen wie z. B. Luft, Strom, offenes Meer), unterliegt sie der im BGB ausgeformten Eigentumsordnung.[8]

> Die öffentlichen Sachen sind grundsätzlich Gegenstände privatrechtlichen Eigentums.

Dies gilt gerade für den Normalfall, dass ein Träger öffentlicher Gewalt Eigentümer ist. Auch Träger öffentlicher Gewalt haben **Privateigentum an den öffentlichen Sachen.**

b) Öffentlich-rechtlicher Status

970 Durch den Widmungsakt wird der **öffentlich-rechtliche Status** begründet. Er verdrängt das Privateigentum an der Sache nicht, sondern schränkt es nur ein.

---

[7] Dazu *Kluth,* in: Wolff/Bachof II, § 75 Rn. 41 f.; *Dannecker,* DVBl. 1999, 143 ff.; *Hillgruber,* VerwArch. 89 (1998), 93 ff.

[8] OLG Schleswig NJW 2001, 1074; *Kluth,* in: Wolff/Bachof II, § 76 Rn. 3, 18 ff.

> Die Widmung begründet eine **öffentlich-rechtliche Dienstbarkeit,** die auf dem Privateigentum lastet (dualistische Rechtskonstruktion).

Es ist auch möglich, dass die öffentliche Sache im Eigentum eines Privaten steht, aber durch Widmung zur öffentlichen Sache geworden ist.[9]

Beispiel: Eine öffentliche Straße führt über ein Grundstück, das einem Bauern gehört.

Die Veräußerung öffentlicher Sachen richtet sich grundsätzlich nach den bürgerlich-rechtlichen Vorschriften.[10] Denn es geht hier um die Übertragung des Privateigentums an der öffentlichen Sache. Die öffentlich-rechtliche Dienstbarkeit geht aber im Falle der Eigentumsübertragung mit über. Ein gutgläubiger lastenfreier Erwerb ist grundsätzlich nicht möglich.[11] Das BVerwG und große Teile der Literatur anerkennen eine solche Wirkung des öffentlich-rechtlichen Status, die sich zum Nachteil Dritter auswirken kann (nicht muss), nur, wenn eine entsprechende formelle gesetzliche Grundlage – wie etwa im Straßenrecht – existiert. Gebe es dagegen keine solche gesetzliche Grundlage, richte sich das Recht des Verwaltungsträgers an der Sache ausschließlich nach bürgerlichem Recht.[12]

971

Diese Auffassung ist indes abzulehnen. Allein der öffentlich-rechtliche Status der öffentlichen Sache, der durch die Widmung begründet wird, ist kein Eingriff in Grundrechte Dritter: Es wird weder in die Eigentumsgarantie des Art. 14 I 1 GG eingegriffen – Art. 14 I 1 GG schützt nur das schon bestehende Eigentum, nicht den Erwerb – noch in die durch Art. 12 I GG oder Art. 2 I GG geschützte Erwerbsfreiheit; die beiden zuletzt genannten Grundrechte gewähren keinen Anspruch darauf, dass bestimmte Sachen verkehrsfähig sind.[13] Die durch Widmung begründete privatrechtsmodifizierende Bindung der Sache für öffentliche Zwecke (öffentlich-rechtliche Dienstbarkeit) setzt deshalb keine besondere formelle gesetzliche Ermächtigungsgrundlage voraus.[14] Etwas anderes gilt freilich bei der Inanspruchnahme fremder Sachen gegen den Willen des Eigentümers.

---

[9] BayVGH BayVBl. 2012, 504 Rn. 15; näher *Kluth,* in: Wolff/Bachof II, § 76 Rn. 8; *Peine,* Rn. 1325 ff.
[10] *Kluth,* in: Wolff/Bachof II, § 76 Rn. 18.
[11] VGH München BayVBl. 1994, 442; *Peine,* Rn. 1327.
[12] BVerwG NJW 1980, 2540; NJW 1994, 144 f.; OVG Münster DÖV 1993, 869 ff.; *Kluth,* in: Wolff/Bachof II, § 76 Rn. 22; *Wertenbruch,* BGB Allgemeiner Teil, 3. Aufl. 2014, § 4 Rn. 20; *Papier,* Recht der öffentlichen Sachen, 3. Aufl. 1998, S. 14 ff., 50 f.; *U. Stelkens,* DV 46 (2013), 499 ff.
[13] So zutreffend *Germann,* AöR 128 (2003), 479 f.
[14] Ausführlich *Germann,* AöR 128 (2003), 458 ff., 471 ff., 482; ebenso VGH München BayVBl. 1994, 442.

2. Öffentliches Eigentum

972 Kraft ausdrücklicher gesetzlicher Regelung (auch des Landesgesetzgebers)[15] ist auch die Einführung öffentlichen Eigentums möglich.[16] So besteht in Hamburg gem. § 4 I HambWegeG an allen öffentlichen Wegen, Straßen und Plätzen der Stadt, die dem Gemeingebrauch gewidmet sind, öffentliches Eigentum. Solange und soweit aber der Gesetzgeber dieses öffentliche Eigentum nicht durch spezifische öffentlich-rechtliche Regelungen ausgestaltet, handelt es sich um ein unfertiges Rechtsinstitut, das durch Rückgriff auf allgemeine Grundsätze des Verwaltungsrechts konturiert werden muss. Ordnet der Gesetzgeber sogar eine entsprechende Geltung der bürgerlichrechtlichen Vorschriften an (wie in § 5 S. 1 BaWüWaG), handelt es sich um eine bloße Worthülse.[17]

IV. Arten der öffentlichen Sachen

1. Öffentliche Sachen im Gemeingebrauch

a) Begriff

973 Öffentliche Sachen im Gemeingebrauch sind solche öffentlichen Sachen, die
(1) durch öffentlich-rechtliche Widmung
(2) einer unbeschränkten Öffentlichkeit unmittelbar und ohne besondere Zulassung zur zweckbestimmten Benutzung zugänglich gemacht wurden.

Beispiele:
- öffentliche Straßen, Wege und Plätze (§ 7 I FernStrG, §§ 2, 14 HessStrG)
- Gewässer als Verkehrswege (§§ 5, 6 BWaStrG, § 35 HessWaG)
- Luftraum (§ 1 I LuftVG), str.

Widmung und Zweckbestimmung erfolgen durch oder aufgrund eines Gesetzes.

974 **Unentgeltlichkeit** der Nutzung der öffentlichen Sachen durch die Allgemeinheit ist kein Begriffsmerkmal des Gemeingebrauchs. Die Freigabe

---
[15] BVerfGE 24, 367 (385 ff.); 42, 20 (28 ff.).
[16] Dazu näher *Papier*, in: Erichsen/Ehlers, § 38 Rn. 11 ff., der sich zu Sinn und Zweck sehr kritisch äußert.
[17] *Papier*, in: Erichsen/Ehlers, § 38 Rn. 17 spricht sogar von „Etikettenschwindel".

zur Benutzung erst nach Entrichtung einer allgemeinen Benutzungsgebühr ist keine besondere Zulassung, die dem Wesen des Gemeingebrauchs in der Tat widerspräche. Hiervon geht auch § 7 I 4 FernStrG aus, wonach die Erhebung von Gebühren für den Gemeingebrauch aufgrund einer besonderen gesetzlichen Regelung zulässig ist.

Ebenfalls vereinbar mit dem Wesen des Gemeingebrauchs ist es, wenn die öffentliche Sache durch Private geplant, finanziert, gebaut, unterhalten und betrieben wird, wie es im Fernstraßenbauprivatfinanzierungsgesetz vom 30. 8. 1994[18] vorgesehen ist.[19]

> Gemeingebrauch bedeutet, dass jedermann die öffentliche Sache im Rahmen der öffentlich-rechtlichen Widmung ohne besondere Zulassung benutzen darf.

975

Übertragen auf die in der Praxis bedeutsamste Erscheinungsform des Gemeingebrauchs, nämlich den **Gemeingebrauch von öffentlichen Straßen,** bedeutet dies: Der Gebrauch der öffentlichen Straßen ist jedermann im Rahmen der Widmung und der Verkehrsvorschriften zum Verkehr gestattet (vgl. § 7 I FernStrG).

b) Sondernutzung von Sachen im Gemeingebrauch

aa) Begriff und Bedeutung

Sachen im Gemeingebrauch können auch einer **Sondernutzung** unterliegen. Sondernutzung ist anzunehmen, wenn die Sache über den widmungsgemäßen Gemeingebrauch hinaus genutzt wird. Wegen der besonderen Bedeutung der öffentlichen Straßen beschränken sich die folgenden Ausführungen auf die straßenrechtliche Problematik.[20]

976

Der straßenrechtliche Gemeingebrauch ist auf die Straßennutzung zum Zwecke des Verkehrs, d.h. der Fortbewegung, beschränkt. Kein Gemeingebrauch, sondern **Sondernutzung** ist demnach anzunehmen, wenn die Straße nicht vorwiegend zum Verkehr, sondern zu anderen Zwecken benutzt wird (§§ 7 I 3, 8 I 1 FernStrG), oder wenn die Straße in einer Weise genutzt wird, die nicht mehr der bau- und verkehrstechnischen Beschaffenheit der Straße entspricht.

977

---

[18] BGBl. 1994 I, S. 2243.
[19] Dazu m.w.N. *Kluth*, in: Wolff/Bachof II, § 74 Rn. 18 f.
[20] Dazu umfassend und übersichtlich *Stuhlik*, GewArch. 2004, 143 ff.; zur Abgrenzung zwischen Gemeingebrauch und Sondernutzung *Siegel*, NVwZ 2013, 479 ff.

978 Die Sondernutzung ist nur aufgrund einer **besonderen Erlaubnis** zulässig. Vor allem deshalb ist die Abgrenzung von erlaubnisfreiem Gemeingebrauch und erlaubnispflichtiger Sondernutzung wichtig.

Hierzu haben Rechtsprechung und Literatur eine umfängliche Kasuistik entwickelt. Die wichtigsten Fallgruppen[21] werden im Überblick dargestellt.

bb) Fallgruppen

979 **Ruhender Verkehr** gehört zum **Gemeingebrauch;**[22] auch Dauerparken und Abstellen eines Wohnwagens;[23] ebenso in der Regel das Abstellen eines mit einer Verkaufsofferte versehenen Fahrzeuges auf einer öffentlichen Straße, die auch zum Parken zugelassen ist (anders, wenn die Straße ausschließlich oder vorwiegend als langfristige Ausstellungsfläche und damit nicht mehr primär zu Verkehrszwecken genutzt wird);[24] zum Gemeingebrauch gehört es auch, wenn ein gewerblicher Fahrradvermieter Mietfahrräder, an denen Werbetafeln angebracht sind, auf dem Gehweg abstellt, ohne dass dadurch die Fußgänger in ihrem Gemeingebrauch unzumutbar beeinträchtigt werden;[25] **Sondernutzung** ist dagegen das Abstellen eines nicht zum Verkehr zugelassenen Kraftfahrzeuges.[26]

980 **Straßennutzung zu gewerblichen Zwecken:** Eine Straßennutzung, mit der ausschließlich oder überwiegend gewerbliche Zwecke (Verkauf, Werbung) verfolgt werden, ist in der Regel **Sondernutzung, z. B.** Verteilung von Werbezetteln auf Bürgersteigen[27] oder Verkauf von (Sonntags-) Zeitungen in Fußgängerzonen oder auf Bürgersteigen.[28] Gleiches gilt, wenn gemeinnützige Vereine unter Einsatz von Informationsständen Spenden sammeln und bei den Passanten dafür werben, Fördermitgliedschaften einzugehen. Trotz des gemeinnützigen Zwecks steht der finanzielle Aspekt im Vordergrund.[29] Wegen des kommunikativen Charakters speziell von Fußgängerzonen ist die Rechtsprechung hier aber zum Teil großzügig.[30]

Die **übermäßige Nutzung einer Straße** durch Schwerkraftverkehr durch einzelne Baufirmen überschreitet die faktische Grenze der techni-

---

[21] Dazu näher *Kluth*, in: Wolff/Bachof II, § 77 Rn. 16 ff.; *Dietz*, AöR 133 (2008), 556 ff.; *Stuchlik*, GewArch. 2004, 148 ff.
[22] BVerwGE 34, 320 ff.
[23] BVerwG NJW 1986, 337; a. A. noch BVerwGE 44, 193 ff.
[24] OVG Münster NVwZ 2002, 218 ff.
[25] OVG Hamburg NVwZ-RR 2010, 34 ff.
[26] OVG Münster NVwZ-RR 2004, 885.
[27] BVerwGE 35, 326 ff.
[28] BVerfGK NVwZ 2007, 1306.
[29] VGH München NVwZ-RR 2010, 830 f.
[30] Verteilung von Werbeprospekten (OLG Stuttgart DJ 1996, 68) und Bauchladenverkauf (OLG Köln NVwZ 1992, 100) als Gemeingebrauch.

schen Zweckbestimmung der Straße. Diese den Gemeingebrauch der Straße beeinträchtigende Nutzung – z.B. übermäßige Abnutzung der Straße oder übermäßige Erschwerung des Begegnungsverkehrs – ist Sondernutzung.[31]

Politische Kommunikation wird in weitem Umfang dem **Gemeingebrauch** zugerechnet. Wegen der besonderen Bedeutung der Meinungsfreiheit des Art. 5 I 1 GG wird das Straßen- und Wegerecht in Fällen politischer Kommunikation gemeingebrauchsfreundlich ausgelegt und angewendet.[32] Man spricht hier vom „kommunikativen Verkehr",[33] der noch Gemeingebrauch und keine erlaubnispflichtige Sondernutzung ist.[34] Zum Gemeingebrauch zählen insbesondere 981

- das Verteilen von Flugblättern
- das Tragen von Plakaten
- der Verkauf politischer Schriften (nicht dagegen der Aufbau von Verkaufsständen).

Straßenkunst: Obwohl auch die Kunstfreiheit des Art. 5 III 1 GG, die im Unterschied zur Meinungsfreiheit sogar vorbehaltlos garantiert ist, bei der Auslegung und Anwendung des Straßenrechts zu berücksichtigen ist, verfährt die Rechtsprechung hier weniger großzügig als bei der politischen Kommunikation. So wird die Darbietung von Straßenmusik (selbst durch Einzelpersonen) als **Sondernutzung** qualifiziert.[35] Gleiches gilt für das Anfertigen und den Verkauf von Profilschattenbildern.[36] Allerdings kann das behördliche Ermessen bei der Erteilung einer Sondernutzungserlaubnis wegen der Bedeutung von Art. 5 III 1 GG auf Null reduziert sein. 982

Religiöse und weltanschauliche Nutzung: Trotz des hohen Ranges der Glaubensfreiheit des Art. 4 I, II GG ist die Rechtsprechung restriktiv. So wird etwa der Verkauf religiöser oder weltanschaulicher Schriften sowie das Anbieten entgeltlicher Persönlichkeitstests zum Zwecke der Glaubenswerbung nicht als kommunikativer Verkehr, der Gemeingebrauch ist, qualifiziert, sondern als erlaubnispflichtige **Sondernutzung**.[37] Auch hier 983

---

[31] OVG Saarlouis NVwZ-RR 2008, 275 ff. m.w.N.
[32] BVerwG NVwZ 1992, 53.
[33] BVerwGE 84, 71 (73); VGH München NVwZ-RR 2010, 831.
[34] Näher *v. Danwitz*, in: Schmidt-Aßmann/Schoch, Besonderes Verwaltungsrecht, 14. Aufl. 2008, 7. Kap. Rn. 60; *Schwerdtfeger/Schwerdtfeger*, Rn. 385.
[35] BVerwG NJW 1987, 1836; VGH Mannheim NJW 1987, 1841 f.
[36] BVerwGE 84, 71 ff.
[37] BVerwG NJW 1997, 406 f.; OVG Lüneburg NVwZ-RR 2004, 884 f.; ausführlich VGH Mannheim NVwZ-RR 2003, 240 ff. zum Verkauf von Büchern und Broschüren der Scientology-Vereinigung in Fußgängerzonen und verkehrsberuhigten Bereichen.

kommt eine Reduzierung des behördlichen Ermessens auf Null in Betracht, wenn die Erteilung einer Sondernutzungserlaubnis beantragt wird.[38]

984 **Stilles Betteln** auf öffentlichen Straßen und Plätzen wurde als **Gemeingebrauch** an einer Straße und nicht als Sondernutzung qualifiziert.[39]

985 **Anliegergebrauch (prüfungsrelevant):**[40] Eine angemessene Nutzung der Grundstücke (einschließlich Wohngebäude) und der Gewerbebetriebe erfordert häufig eine verstärkte Inanspruchnahme der anliegenden Straßen. Soweit diese **gesteigerte Inanspruchnahme** zur angemessenen Nutzung des Grundstücks oder des Gewerbebetriebs **erforderlich, ortsüblich und gemeinverträglich** ist, fällt sie in den Schutzbereich der Eigentumsgarantie des Art. 14 I 1 GG und ist erlaubnisfrei gestattet.[41] Man spricht dann vom **gesteigerten Gemeingebrauch.**[42]

> Zum **gesteigerten Gemeingebrauch** gehört z.B.:
> - vorübergehendes Ablagern von Baumaterialien, vorübergehendes Aufstellen von Bauzäunen und Baugeräten auf dem Gehweg/am Straßenrand (BGHZ 23, 235 ff.)
> - Aufstellen von Mülltonnen, Bereitstellen von Sperrmüll (OVG Münster NJW 1975, 2224)
> - Anbringung von nach außen ragenden Hinweis- und Werbeschildern zu gewerblichen Zwecken – nicht dagegen bei Fremdreklame (BVerwG NJW 1979, 440; BGH NJW 1978, 2201)
> - Be- und Entladen vor dem Geschäft
>
> **Sondernutzung** ist z.B.:
> - Aufstellen von Warenautomaten (BVerwG NJW 1975, 357)
> - Aufstellen von Kisten und Regalen mit Waren vor Geschäften
> - Aufstellen von Tischen und Stühlen vor Gaststätten

Beeinträchtigt die gesteigerte Inanspruchnahme der Straße den Gemeingebrauch anderer erheblich, ist sie nicht mehr gemeinverträglich. Sie ist dann kein erlaubnisfreier Anliegergebrauch mehr, sondern eine erlaubnispflichtige Sondernutzung.[43]

986 Art. 14 I 1 GG garantiert dem Eigentümer von Grundstücken und Gebäuden (gleiches muss wegen der Anerkennung des Besitzrechts des Mieters als Eigentum i.S.v. Art. 14 I 1 GG auch für den Mieter gelten) die Zugänglichkeit zum öffentlichen Straßennetz. Dies wird als **Anliegerrecht** bezeichnet.

---

[38] Im konkreten Fall (Antrag auf Erteilung einer Sondernutzungserlaubnis für die Aufstellung zweier Zelte der Scientology-Vereinigung auf einem belebten Großstadtplatz) verneinend VGH München NVwZ-RR 2003, 244 ff.

[39] VGH Mannheim NVwZ 1999, 560 f.

[40] Dazu näher *Papier*, in: Erichsen/Ehlers, § 41 Rn. 19 ff., 64 ff.; *Axer*, DÖV 2014, 323 ff.; *Stuchlik*, GewArch. 2004, 144 f.

[41] BVerwGE 94, 136 (138); 32, 222 (225); 30, 235 (239); a. A. VGH München NVwZ-RR 2004, 887; offenbar auch BVerwG DVBl. 1999, 1513.

[42] Dazu weiterführend *Axer*, DÖV 2014, 325 f.; *Hobe*, DÖV 1997, 323 ff.

[43] Dazu SächsOVG SächsVBl. 2013, 146 ff.

Wird der Zugang zum öffentlichen Straßennetz auf Dauer unterbrochen 987
oder in einer Weise erschwert, dass der Grundstücks-, Wohn- oder Geschäftswert erheblich gemindert ist, bedeutet dies einen Eingriff in Art. 14
I 1 GG.[44] Soweit das Anliegerrecht durch einfachgesetzliche Vorschriften
näher ausgestaltet ist (z.B. § 8a IV, V, VII FernStrG, § 39 II–IV RhPfLStrG), soll ein unmittelbarer Rückgriff auf Art. 14 GG unzulässig sein.[45]

Das Anliegerrecht hat einen anderen Inhalt als der Anliegergebrauch (ge- 988
steigerter Gemeingebrauch).[46] Letzterer ist nur auf eine (gesteigerte) Nutzung der **vorhandenen** Straßen gerichtet. Allerdings wird nicht von allen
terminologisch unterschieden.[47]

cc) Erteilung von Sondernutzungserlaubnissen

Es ist zu unterscheiden:

(1) **Beeinträchtigt die Sondernutzung den Gemeingebrauch,** wo- 989
bei geringfügige Beeinträchtigungen genügen,[48] ist sie nur zulässig, wenn
eine **behördliche öffentlich-rechtliche Sondernutzungserlaubnis** erteilt wird. Die Erteilung liegt im behördlichen Ermessen.[49] Es kann, vor
allem wenn die Sondernutzung zugleich Grundrechtsausübung ist, auf Null
reduziert sein, wenn der Gemeingebrauch nicht unverhältnismäßig beeinträchtigt ist.

Beispiel: Anspruch auf Erteilung einer Sondernutzungserlaubnis zum Verkauf von Zeitungen in einer Fußgängerzone, wenn der Gemeingebrauch der Fußgängerzone durch den Verkauf nicht unverhältnismäßig erschwert wird. Unter dieser Voraussetzung ist das behördliche Ermessen deshalb auf Null reduziert, weil der Zeitungsverkauf vom Grundrecht der Pressefreiheit des Art. 5 I 2 GG erfasst wird.

Die Ablehnung der Erteilung einer straßenrechtlichen Sondernutzungserlaubnis darf nur auf straßenrechtliche Erwägungen wie die Sicherheit und
Leichtigkeit des (Straßen-)Verkehrs oder das Straßen- und Stadtbild gestützt
werden. Auf immissionsschutz-, umwelt-, sicherheitsrechtliche oder andere
Belange, die keinen spezifischen straßenrechtlichen Bezug aufweisen, darf
die Behörde ihre Entscheidung nicht stützen.

---

[44] BVerwGE 32, 222 ff.; 94, 136 (138); BGHZ 57, 359 (362); OLG Brandenburg NVwZ-RR 2000, 78; a.A. VGH München NVwZ-RR 2004, 887.
[45] BVerwG DVBl. 1999, 1513.
[46] *Hendler,* Rn. 618.
[47] So z.B. nicht von BVerwGE 94, 136 (138 f.); *Papier,* in: Erichsen/Ehlers, § 41 Rn. 64 (65 ff.).
[48] BVerwG DVBl. 1996, 925; BayVGH BayVBl. 2009, 661 Rn. 45.
[49] Dazu *Stuchlik,* GewArch. 2004, 147 f.; OVG Koblenz NVwZ-RR 2015, 281 ff.; zu Fällen rechtswidriger Ermessensausübung BayVGH NVwZ-RR 2010, 830 ff.; BayVBl. 2009, 661 ff.; VGH Mannheim NVwZ-RR 2006, 835 f.

Beispiele:
- Eine Sondernutzungserlaubnis zum Verkauf von Zeitungen in einer Fußgängerzone darf nicht zum Schutze anderer Gewerbetreibender (insbesondere von Zeitungsgeschäften in der Fußgängerzone) versagt werden (BVerfGK NVwZ 2007, 1306).
- Einem Tierschutzverein darf eine Sondernutzungserlaubnis zum Spendensammeln und zum Werben für Fördermitgliedschaften nicht deshalb vorenthalten werden, weil die Passanten vor psychischem Druck sowie voreiligen Spenden und Mitgliedschaften geschützt werden sollen (VGH München NVwZ-RR 2010, 830 ff.).

Die **Sondernutzungsberechtigung** aufgrund einer erteilten Sondernutzungserlaubnis ist zum Gemeingebrauch streng akzessorisch:[50] Ist der Gemeingebrauch an einer Straße vorübergehend ausgeschlossen – z.B. durch Straßenbauarbeiten –, gilt dies automatisch auch für die Sondernutzung. Denn die Sondernutzungserlaubnis schließt kein Recht auf den Fortbestand des Gemeingebrauchs ein. Wehrt sich ein Dritter gegen die einem anderen erteilte Sondernutzungserlaubnis unter Hinweis darauf, dass die Erteilung rechtswidrig sei, ist genau zu prüfen, ob die für die Erteilung der Sondernutzungserlaubnis maßgeblichen Rechtsvorschriften drittschützend sind.[51] Ist dies nicht der Fall, kann der Dritte die Rechtswidrigkeit der Erlaubniserteilung nicht mit Erfolg geltend machen.

Für die Erteilung der Sondernutzungsberechtigung kann eine **Gebühr** erhoben werden, wenn dies in einer Gebührenregelung (zumeist Satzung), die aufgrund eines formellen Gesetzes (den einschlägigen Straßengesetzen) erlassen wurde, bestimmt ist.[52]

990 **(2) Beeinträchtigt die Sondernutzung nicht den Gemeingebrauch,** handelt es sich um eine Sondernutzung privatrechtlicher Positionen.

Beispiel: Nutzungen in der Tiefe des Straßenkörpers wie vor allem das Verlegen von Versorgungsleitungen.

Auch diese Art der Sondernutzung ist nur zulässig, wenn eine entsprechende Sondernutzungserlaubnis erteilt wird. Allerdings richtet sich die Erteilung nach **Privatrecht** (siehe nur § 8 X FernStrG, Art. 22 BayStrWG, § 23 NRWStrWG). Sie ist vom **Straßeneigentümer** zu erteilen. Man spricht hier von einer **privatrechtlichen Gestattung.** Dies gilt sowohl für den Fall, dass Straßeneigentümer eine Privatperson ist (selten), als auch für den Regelfall, dass Straßeneigentümer ein Träger öffentlicher Gewalt ist.

Auch im zuletzt genannten Fall richtet sich die Gestattung nach Privatrecht. In Betracht kommen schuldrechtliche Verträge wie Miete oder Pacht, aber auch die Einräumung dinglicher Rechte wie Grunddienstbarkeiten oder beschränkte persönliche Dienstbarkeiten.

---

[50] OVG Münster NVwZ-RR 2003, 311 ff.
[51] Dazu VGH München NVwZ-RR 2004, 886 f.
[52] Dazu OVG Saarlouis NVwZ-RR 2008, 276 f. zur übermäßigen Straßennutzung.

991 Die Unterscheidung zwischen öffentlich-rechtlicher Sondernutzungserlaubnis und privatrechtlicher Gestattung ist letztlich Konsequenz der Qualifizierung des Rechtsstatus der öffentlichen Sachen als öffentlich-rechtlich modifiziertes Privateigentum.

2. Öffentliche Sachen im Sondergebrauch

992 Öffentliche Sachen im Sondergebrauch sind derzeit[53] die **Gewässer, soweit es um ihre wasserwirtschaftliche Nutzung geht.**

Gemeint ist insbesondere das Entnehmen und Ableiten von Wasser, das Aufstauen und Absenken von Gewässern sowie das Einleiten von Stoffen in Gewässer (§ 3 I WHG). Die Nutzung der Gewässer zu derartigen wasserwirtschaftlichen Zwecken ist gem. § 2 I WHG in der Regel nur aufgrund einer behördlichen Erlaubnis oder Bewilligung zulässig. Die Erteilung richtet sich nach § 6 WHG.

993 Die Gewässer lassen sich zwei Gruppen öffentlicher Sachen zuordnen: Soweit es um ihre Nutzung als Verkehrswege geht (nur schiffbare Gewässer), handelt es sich um Sachen im Gemeingebrauch (vgl. z.B. § 35 HessWaG). Soweit es um wasserwirtschaftliche Nutzung geht, handelt es sich um Sachen im Sondergebrauch.

994 Die Nutzung von Sachen im Sondergebrauch darf nicht mit der oben behandelten Sondernutzung von Sachen im Gemeingebrauch[54] verwechselt werden, obwohl materiell viele Gemeinsamkeiten bestehen.[55]

3. Öffentliche Sachen im Anstaltsgebrauch

995 Öffentliche Sachen im Anstaltsgebrauch sind solche öffentliche Sachen, die **aufgrund einer besonderen Zulassung** (= Verwaltungsakt) **im Rahmen ihrer hoheitlich festgelegten Zweckbestimmung** (Widmung, durch Verwaltungsakt, Satzung etc.) benutzt werden können.

Beachte: Es muss nicht um öffentlich-rechtliche Anstalten im organisatorischen Sinn[56] gehen. Der Anstaltsbegriff im öffentlichen Sachenrecht ist viel weiter.

---

[53] Der Gesetzgeber kann grundsätzlich auch andere öffentliche Sachen einbeziehen.
[54] Rn. 976 ff.
[55] *Mayer/Kopp*, S. 399: weitgehende Übereinstimmung.
[56] Dazu oben Rn. 188 f.

Beispiele für öffentliche Sachen im Anstaltsgebrauch: Schwimmbäder, Sportplätze, Schulen, Museen, Theater, Kanalisationsanlagen.

996 Von den Sachen im Gemeingebrauch unterscheiden sich die Sachen im Anstaltsgebrauch vor allem dadurch, dass letztere nicht ohne weiteres, sondern eben **nur aufgrund einer besonderen Zulassung** benutzt werden können. Z.T. wird als Begriffsmerkmal sogar die Beschränkung des Nutzerkreises genannt.[57] Auf der anderen Seite werden z.T. auch solche Einrichtungen als öffentliche Sachen im Anstaltsgebrauch bezeichnet, zu denen jedermann freien Zutritt hat wie z.B. Parks.[58] Hier ist freilich unklar, worin die besondere Zulassung – und sei sie auch nur konkludent – bestehen soll.

997 Kommunale öffentliche Einrichtungen wie z.B. Schwimmbäder, Museen oder Theater sind (häufig) zugleich öffentliche Sachen im Anstaltsgebrauch. Es ist umstritten, ob diese sachenrechtliche Einordnung voraussetzt, dass das Benutzungsverhältnis der Einrichtung öffentlich-rechtlich ausgestaltet ist (z.B. durch Satzung).[59] Praktische Auswirkungen dürfte dieser Meinungsstreit indes kaum haben.

998 Möchte ein Bürger die öffentliche Sache im Rahmen der durch die Widmung festgelegten Zweckbestimmung nutzen (dazu muss er auch zum festgelegten Benutzerkreis gehören), hat er einen Anspruch auf ermessensfehlerfreie Entscheidung über seine Zulassung zur Benutzung;[60] hierbei ist vor allem Art. 3 I GG mit der Möglichkeit einer Ermessensreduzierung auf Null zu beachten.

Beispiel: Eine Universität stellt ihren Sportplatz verschiedenen ortsansässigen Sportvereinen für Sportveranstaltungen zur Verfügung. In dieser ständigen Praxis ist eine entsprechende konkludente Widmung zu sehen (die allerdings aufgehoben werden kann). Einen gesetzlich oder satzungsmäßig geregelten Benutzungsanspruch haben die Sportvereine nicht, sondern nur einen Anspruch auf ermessensfehlerfreie Entscheidung.

Z.T. bestehen gesetzlich geregelte Zulassungsansprüche, wie im Falle der kommunalen öffentlichen Einrichtungen.

999 Liegt eine **Nutzung außerhalb des Anstaltszwecks** (hierzu gehört auch der durch die Widmung festgelegte Benutzer- und Personenkreis) oder überschreitet die Nutzung das übliche, dem Anstaltszweck entsprechende Maß erheblich, spricht man von einer Sonder*benutzung* (nicht zu

---

[57] *Mayer/Kopp*, S. 400: „beschränkte Öffentlichkeit".
[58] So *Hendler*, Rn. 636.
[59] So z.B. *Papier*, in: Erichsen/Ehlers, § 38 Rn. 31 f.; *Peine*, Rn. 1332; a.A. (auch bei privatrechtlicher Benutzungsregelung) z.B. *Hendler*, Rn. 638; *Mayer/Kopp*, S. 400, 410. Zur Möglichkeit und zu den Konsequenzen einer öffentlich-rechtlichen oder privatrechtlichen Ausgestaltung des Nutzungsverhältnisses oben Rn. 919 ff.
[60] BVerwGE 39, 235 (237).

verwechseln mit der Sondernutzung öffentlicher Sachen im Gemeingebrauch).

Beispiele:
- Im oben genannten Sportplatzfall (Rn. 998) möchte ein Sportverein der Nachbarstadt den universitären Sportplatz nutzen (Nutzung außerhalb des personellen Anstaltszwecks).
- Eine politische Partei möchte auf dem universitären Sportplatz eine Wahlkampfveranstaltung abhalten (Nutzung außerhalb des sachlichen Anstaltszwecks).
- Ein örtlicher Sportverein möchte den universitären Sportplatz für eine mehrtägige Veranstaltung nutzen (übermäßige Nutzung).

Auf eine Zulassung der Sonderbenutzung besteht kein Anspruch, auch kein Anspruch auf ermessensfehlerfreie Entscheidung.[61]

Die Benutzung öffentlicher Sachen im Anstaltsgebrauch kann auch durch öffentlich-rechtliche Vorschriften zur Pflicht gemacht werden. 1000

Beispiel: Anschluss- und Benutzungszwang für die Abwasserentsorgung oder für die Abfallentsorgung.

4. Öffentliche Sachen im Verwaltungsgebrauch

Öffentliche Sachen im Verwaltungsgebrauch sind Sachen, die dem Gebrauch der Verwaltung zur Erfüllung ihrer Aufgaben dienen. 1001

Beispiele:
- Verwaltungsgebäude
- Büroeinrichtungen
- Dienstwagen.

Die öffentlichen Sachen im Verwaltungsgebrauch dienen primär dem verwaltungsinternen Gebrauch. Weil die Verwaltung durch den Gebrauch dieser Sachen ihre öffentlichen Aufgaben erfüllt, kommt die Nutzung aber auch der Allgemeinheit zugute.

Die Verwaltungsgebäude stehen in der Regel dem **Publikumsverkehr** offen. Allerdings haben die Bürger **keinen originären Zutrittsanspruch.** Einen Anspruch auf Zutritt haben sie nur, wenn sie das Verwaltungsgebäude zur Erledigung von Verwaltungsangelegenheiten betreten wollen. Der 1002

---

[61] BVerwGE 39, 235 (237f.); *Peine,* Rn. 1356; *Schwerdtfeger/Schwerdtfeger,* Rn. 366; a.A. BVerwGE 91, 135 (139 f.); VGH Mannheim DÖV 2002, 1000f.; zustimmend *Fehling,* JuS 2003, 248; differenzierend *Wittmann,* DVBl. 2012, 791.

Zutrittsanspruch ist damit ein **derivativer Anspruch:** Annex zum Recht, Verwaltungsangelegenheiten zu verfolgen und zu erledigen.[62]

Beispiele:
- Ein Obdachloser betritt das Verwaltungsgebäude der Universität, um dort eine Dose Bier zu trinken (kein Zutrittsrecht).
- Ein Student betritt das universitäre Verwaltungsgebäude, um sich für das kommende Semester einzuschreiben (Zutrittsrecht).

Umstritten und **prüfungsrelevant** ist die Frage, welche Rechtsqualität ein Hausverbot hat, das gegenüber einer Privatperson ausgesprochen wird: öffentlich-rechtliches Hausverbot (Verwaltungsakt) oder privatrechtliches Hausverbot?[63]

1003

Übersicht 27:
Öffentliche Sachen

Sachen im Gemeingebrauch	Sachen im Sondergebrauch	Sachen im Anstaltsgebrauch	Sachen im Verwaltungsgebrauch	Res sacrae (Sachen im innerkirchlichen Gebrauch)
• unbeschränkter Nutzerkreis • keine besondere Nutzungszulassung – außer bei Sondernutzung	• Gewässer, soweit wasserwirtschaftliche Nutzung • nur aufgrund besonderer behördlicher Zulassung	• Nutzungsmöglichkeit auch im Rahmen der Zweckbestimmung nur aufgrund besonderer Zulassung	• dienen dem verwaltungsinternen Gebrauch • nur derivative Nutzungsrechte der Bürger	• dienen den spezifischen Zwecken öffentlich-rechtlicher Religionsgemeinschaften

1004

Hinweis: Res sacrae sind Gegenstände, die den öffentlich-rechtlichen Religionsgemeinschaften (vgl. Art. 140 GG i.V.m. Art. 137 V WRV) gehören und zum Zwecke der öffentlich-rechtlich geordneten Funktionen genutzt werden – wie z.B. Kirchengebäude, Kirchenglocken, sakrale Gegenstände (Gebetsbücher, Kelch, Heiligenfiguren); ein kirchlicher Kindergarten z.B. gehört nicht zu den res sacrae, weil hier ein innerkirchlicher Bezug fehlt. Obwohl auch die res sacrae zu den öffentlichen Sachen gerechnet werden, handelt es sich um eine sehr umstrittene Sondermaterie,[64] auf die hier nicht näher eingegangen wird.

---

[62] *Peine,* Rn. 1358; *Papier,* in: Erichsen/Ehlers, § 31 Rn. 49.
[63] Dazu oben Rn. 26.
[64] Dazu etwa *Papier,* in: Erichsen/Ehlers, § 39 Rn. 54 ff.; *Renck,* DÖV 1990, 333 ff.; *ders.,* NVwZ 1990, 38 ff.; *Müller-Volbehr,* NVwZ 1991, 142 ff.; *Mainausch,* Die öffentlichen Sachen der Religions- und Weltanschauungsgemeinschaften, 1995; gegen die Zuordnung zu den öffentlichen Sachen *Kromer,* Sachenrecht des Öffentlichen Rechts, 1985, S. 31 ff., 131.

Kapitel 5. Verwaltungsvollstreckung

§ 20. Grundzüge

Literatur: *App,* Einführung in das Verwaltungsvollstreckungsrecht, JuS 2004, 786; *App/Wettlaufer,* Praxishandbuch Verwaltungsvollstreckungsrecht, 5. Aufl. 2011; *Brühl,* Die Prüfung der Rechtmäßigkeit des Verwaltungszwangs im gestreckten Verfahren, JuS 1997, 926, 1021, JuS 1998, 65; *Enders,* Der Verwaltungsakt als Titel für die Anforderung der Kosten seiner Vollstreckung, NVwZ 2009, 122; *Engelhardt/App,* Verwaltungs-Vollstreckungsgesetz, Verwaltungszustellungsgesetz (Kommentar), 10. Aufl. 2014; *Heckmann,* Der Sofortvollzug rechtswidriger polizeilicher Verfügungen, VBlBW 1993, 41; *Hong,* Altes und Neues zum Abschleppen und zur Bekanntgabe und Anfechtung von Verwaltungsakten, Jura 2012, 473 (Übungsfall); *Horn,* Verwaltungsvollstreckung, Jura 2004, 447 u. 597; *Labrenz,* Keine Erledigung durch Vollziehung – Eine vollstreckungsrechtliche Entscheidung des BVerwG und ihre Folgen für die Effektivität des Rechtsschutzes, NVwZ 2010, 22; *Muckel,* Verwaltungsvollstreckung in der Klausur, JA 2012, 272, 355; *Pietzcker,* Der „Rechtswidrigkeitszusammenhang" beim Verwaltungszwang, in: FS W.-R. Schenke, 2011, S. 1045; *Sadler,* Verwaltungs-Vollstreckungsgesetz, Verwaltungszustellungsgesetz (Kommentar), 9. Aufl. 2014; *Weber,* Rechtsschutz im Verwaltungsvollstreckungsverfahren, VR 2004, 253; *ders.,* Fälle zum Verwaltungsvollstreckungsrecht, VR 2004, 181; *Weiß,* Gibt es einen Rechtswidrigkeitszusammenhang in der Verwaltungsvollstreckung?, DÖV 2001, 275.

Rechtsprechung: BVerfG NVwZ 1999, 290/292 (Verfassungsmäßigkeit eines Wasserwerfereinsatzes – Rechtmäßigkeit der Grundverfügung keine Rechtmäßigkeitsvoraussetzung der Vollstreckungsmaßnahme); BVerwGE 26, 161 (Unmittelbarer Zwang als Verwaltungsakt); BVerwGE 90, 189 (Abschleppen eines PKW); BVerwG NVwZ 2009, 122 (Rechtsschutz gegen die Erhebung der Kosten für die Vollstreckung eines sofort vollziehbaren Verwaltungsakts); BVerwG NJW 1984, 2591 (nur Wirksamkeit, nicht Rechtmäßigkeit der Grundverfügung als Rechtmäßigkeitsvoraussetzung nachfolgender Vollstreckungsmaßnahmen); BVerwG DVBl. 1989, 362 (Androhung als Verwaltungsakt); BVerwG NJW 1997, 1021 (Abschleppen eines PKW bei nachträglich aufgestelltem Verkehrsschild); VGH Mannheim DÖV 1996, 792 (unzulässige Beitreibung eines festgesetzten Zwangsgelds bei Erledigung des Verwaltungsakts); BVerwG NVwZ 2009, 122 (keine Erledigung des Verwaltungsakts durch Vollstreckung).

I. Begriff und Bedeutung

Verwaltungsvollstreckung ist die **zwangsweise Durchsetzung öffentlich-rechtlicher Verpflichtungen durch die Behörde** in einem besonderen Verwaltungsverfahren. 1005

In aller Regel geht es um Ansprüche der Behörde gegen Bürger oder privatrechtliche Vereinigungen. Vollstreckungsmaßnahmen einer Behörde gegen andere Behörden oder gegen juristische Personen des öffentlichen Rechts sind grundsätzlich unzulässig, vgl. § 17 VwVG.

1006 Möchte der Bürger Forderungen gegen andere Bürger oder gegen Behörden durchsetzen, darf er selbst – von Ausnahmen abgesehen – keinen Zwang anwenden. Er muss sich an die Gerichte und dann an den Gerichtsvollzieher wenden. Anders die Behörden:

> Behörden können ihre Forderungen gegen die Bürger unter bestimmten Voraussetzungen selbst durchsetzen, nämlich im Verwaltungsvollstreckungsverfahren.

Darum geht es im folgenden.

II. Rechtsgrundlagen

1007 Vollstreckt eine Bundesbehörde, ist das Verwaltungs-Vollstreckungsgesetz (VwVG)[1] anzuwenden.

Hinzuweisen ist ferner auf das Gesetz über den unmittelbaren Zwang bei Ausübung öffentlicher Gewalt durch Vollzugsbeamte des Bundes (UZwG)[2] und auf das Gesetz über die Anwendung unmittelbaren Zwanges und die Ausübung besonderer Befugnisse durch Soldaten der Bundeswehr und verbündeter Streitkräfte sowie zivile Wachpersonen (UZwGBw).[3]

1008 Vollstreckt eine Landesbehörde, ist das Verwaltungsvollstreckungsgesetz des entsprechenden Landes anzuwenden. Hier gibt es allerdings spezialgesetzliche Regelungen, die den Verwaltungsvollstreckungsgesetzen vorgehen. Dies gilt vor allem für das **Polizei- und Ordnungsrecht** (z.B. Art. 53ff. BayPAG, §§ 47ff. HSOG), aber auch z.B. für das Ausländerrecht (§§ 57ff. AufenthG).

Sowohl für Bundes- als auch für Landesfinanzbehörden sind gem. § 1 I AO die §§ 249ff. AO vorrangig.

Den folgenden Ausführungen liegen im wesentlichen die Vorschriften des VwVG zugrunde.

---

[1] Sartorius Nr. 112.
[2] Sartorius Nr. 115.
[3] Sartorius Nr. 117.

III. Allgemeine Vollstreckungsvoraussetzungen

Im Verwaltungsvollstreckungsverfahren – also nicht in einem gerichtlichen Vollstreckungsverfahren – werden **in aller Regel nur Verwaltungsakte** zwangsweise durchgesetzt. **1009**

> Vollstreckbar sind aber nur befehlende Verwaltungsakte (enthalten ein Gebot oder Verbot).

Beispiele:
- Zahlungsbescheid
- Abrissverfügung
- polizeiliche Anordnung eines bestimmten Verhaltens
- Einberufungsbescheid

Nicht vollstreckungsfähig (abgesehen von den festgesetzten Kosten) sind feststellende und gestaltende Verwaltungsakte. **1010**

Beispiele:
- Feststellung, dass eine bestimmte Prüfung nicht bestanden wurde
- Feststellung, dass für ein bestimmtes Vorhaben eine Baugenehmigung erforderlich ist
- Entlassung aus dem Beamtendienst (gestaltender VA)
- Exmatrikulationsbescheid (gestaltender VA)

Ausnahmen vom Erfordernis eines vollstreckbaren Verwaltungsakts: **1011**
(1) **Gefahr im Verzug:** Gem. § 6 II VwVG kann unter den dort genannten Voraussetzungen ohne vorausgehenden Verwaltungsakt Verwaltungszwang angewendet werden = **Sofortvollzug.**
(2) **Unterwerfung unter die sofortige Vollstreckung** aus einem öffentlich-rechtlichen Vertrag, § 61 VwVfG.
(3) **Verwaltungsvollstreckung** bestimmter öffentlich-rechtlicher und privatrechtlicher Geldforderungen aufgrund besonderer gesetzlicher Regelung, z.B. § 66 I, III 2 HessVwVG, § 71 I, II HS 2 RhPflVwVG.

Ist die Behörde nicht berechtigt, ihre Ansprüche durch Verwaltungsakt geltend zu machen, muss sie wie der Bürger das zuständige Gericht anrufen, sich einen vollstreckbaren Titel beschaffen (z.B. ein Urteil) und dann die Zwangsvollstreckung unter Inanspruchnahme der Gerichte betreiben, vgl. §§ 167 ff. VwGO (beachte: diese Vorschriften regeln die Vollstreckung aus **verwaltungsgerichtlichen Titeln,** nicht das behördliche Vollstreckungsverfahren). **1012**

Beispiel: Die Behörde macht einen Anspruch auf Zahlung aus einem öffentlich-rechtlichen Vertrag geltend. Hat sich der Bürger nicht der sofortigen Vollstreckung unterworfen (§ 61 VwVfG), darf die Behörde ihren Anspruch nicht durch Verwaltungsakt geltend machen und dann zwangsweise durchsetzen. Sie muss vielmehr das Verwaltungsgericht im Wege der allgemeinen Leistungsklage anrufen und kann erst vollstrecken, wenn sie ein obsiegendes Urteil des Verwaltungsgerichts erstritten hat.

Eine andere Frage ist es, was gilt, wenn die Behörde ihren Zahlungsanspruch doch durch Verwaltungsakt festsetzt und zwangsweise durchsetzen will. Hier hat der Bürger die Möglichkeit, den dann rechtswidrigen Verwaltungsakt anzufechten.

1013 Im weiteren ist zu unterscheiden zwischen
(1) der **Vollstreckung von Geldforderungen** (= Beitreibung) gem. §§ 1–5 VwVG und
(2) der **Erzwingung von Handlungen, Duldungen und Unterlassungen** (= Verwaltungszwang) gem. §§ 6–18 VwVG.

IV. Vollstreckung von Geldforderungen

1. Vollstreckungsverfahren

1014 **Voraussetzungen der Vollstreckung** sind gem. § 3 II, III VwVG:
(1) **Leistungsbescheid (= Verwaltungsakt),** durch den der Bürger zur Zahlung aufgefordert worden ist.
(2) **Fälligkeit** der **Zahlung.**
(3) **Ablauf einer Wochenfrist** seit Bekanntgabe des Leistungsbescheides (bzw. seit Eintritt der Fälligkeit der Zahlung).
(4) Nach Ablauf der Wochenfrist **Mahnung** des Bürgers unter Setzung einer weiteren Wochenfrist gem. § 3 III VwVG; es handelt sich um eine Soll-Bestimmung. Die Mahnung ist kein Verwaltungsakt.

1015 Sind die genannten Voraussetzungen erfüllt, erlässt die Behörde, die den Anspruch geltend machen darf (Anordnungsbehörde), gem. § 3 I 1, IV VwVG die **Vollstreckungsanordnung.** Diese Vollstreckungsanordnung richtet sich nicht gegen den Bürger, sondern gegen die Vollstreckungsbehörde, die die Vollstreckung durchzuführen hat (siehe § 4 VwVG). Die Vollstreckungsanordnung ist kein Verwaltungsakt.[4] Sind Anordnungs- und Vollstreckungsbehörde verschieden, handelt es sich um einen verwaltungsinternen Vorgang; sind die Behörden identisch, handelt es sich um einen behördeninternen Vorgang. Auf jeden Fall fehlt die Außenwirkung.

1016 Das weitere Vollstreckungsverfahren richtet sich nach den Vorschriften der Abgabenordnung (§ 5 I VwVG). Hier wird – wie in der Zivilpro-

---

[4] BVerwG NJW 1961, 332f.

zessordnung – zwischen der Vollstreckung in bewegliche Sachen, in Forderungen oder andere Vermögensrechte und in das unbewegliche Vermögen (insbesondere Grundstücke) unterschieden.

2. Rechtsschutz

Beim Rechtsschutz im Zusammenhang mit der Vollstreckung von Geldforderungen ist **streng zu unterscheiden:** 1017
(1) Einwendungen des Bürgers und Rechtsschutz gegen den **Leistungsbescheid (Grundverfügung),** der der Vollstreckung zugrunde liegt.
(2) Einwendungen des Bürgers und Rechtsschutz gegen **einzelne Vollstreckungsmaßnahmen.**

a) Rechtsschutz gegen den Leistungsbescheid (Grundverfügung)

Ist der Bürger der Auffassung, der Leistungsbescheid sei rechtswidrig, muss er sich **direkt gegen den Leistungsbescheid** wehren: Widerspruch nach § 68 I VwGO und Anfechtungsklage nach § 42 I VwGO (innerhalb der Fristen der §§ 70, 74 I VwGO). 1018

Wenn die Behörde mit dem Leistungsbescheid öffentliche Abgaben und Kosten (§ 80 II 1 Nr. 1 VwGO) geltend macht oder die sofortige Vollziehung des Leistungsbescheides angeordnet hat (§ 80 II 1 Nr. 4 VwGO), hat der Rechtsbehelf allerdings **keine aufschiebende Wirkung.** D.h., die Vollstreckung der Geldforderung ist auch dann rechtmäßig, wenn der Leistungsbescheid rechtswidrig sein sollte. Der Bürger muss also zahlen. Ist der Widerspruch oder die Anfechtungsklage gegen den Leistungsbescheid erfolgreich, kann der Bürger seine Leistung von der Behörde zurückverlangen. 1019

Liegt kein Fall des § 80 II VwGO vor, hat ein Rechtsbehelf gegen den Leistungsbescheid gem. § 80 I 1 VwGO **aufschiebende Wirkung.** Die Behörde darf dann ihre Geldforderung bis zur Entscheidung über den Rechtsbehelf nicht vollstrecken. Tut sie es doch, kann sich der Bürger gegen die Vollstreckungsmaßnahmen wehren. 1020

b) Rechtsschutz gegen Vollstreckungsmaßnahmen

Mit einem Rechtsbehelf gegen einzelne Vollstreckungsmaßnahmen kann der Bürger insbesondere geltend machen: 1021
• Die Voraussetzungen der Vollstreckung[5] lägen nicht vor.

---

[5] Rn. 1014.

- Die einzelne Vollstreckungsmaßnahme (z. B. Sachpfändung oder Grundstücksversteigerung) oder die Art und Weise der Vollstreckung sei rechtswidrig.

1022 Ist die Vollstreckungsmaßnahme ein Verwaltungsakt, kann der Bürger Widerspruch (§ 68 I VwGO) einlegen und Anfechtungsklage (§ 42 I VwGO) erheben.

Beispiel: Die Sachpfändung durch die Vollstreckungsbehörde ist ein Verwaltungsakt (BVerwGE 54, 314/316; NJW 1961, 332 f.).

1023 Gegen Vollstreckungsmaßnahmen, die von einem ordentlichen Gericht oder einem Gerichtsvollzieher verhängt werden, stehen die Rechtsbehelfe nach Maßgabe der ZPO zur Verfügung.

Beispiel: Grundstücksversteigerung.

1024 Schließlich ist im Anwendungsbereich der §§ 4, 5 VwVG auch an Rechtsbehelfe nach Maßgabe der Abgabenordnung und der Finanzgerichtsordnung zu denken.[6]

1025 **Beachte:** Sind die oben genannten Vollstreckungsvoraussetzungen[7] erfüllt, ist die Vollstreckung auch dann rechtmäßig, wenn der Leistungsbescheid rechtswidrig ist **(vollstreckungsrechtliches Trennungsgebot);**[8] der Bürger muss sich deshalb gegen den Leistungsbescheid wehren. Etwas anderes gilt bei nichtigen Verwaltungsakten. Maßnahmen zur Vollstreckung nichtiger Verwaltungsakte sind stets rechtswidrig.

Ist der **Leistungsbescheid bestandskräftig,** kann sich der Bürger grundsätzlich weder gegen den Leistungsbescheid noch gegen die Vollstreckung wehren.

1026 Problematisch ist der Fall, dass der Leistungsbescheid zunächst rechtmäßig war, **nach seinem Erlass** aber Umstände eingetreten sind, durch die der Leistungsbescheid rechtswidrig geworden ist oder die **Einwände gegen die Geldforderung,** die durch den Verwaltungsakt geltend gemacht wird, begründen.

---

[6] Dazu *Würtenberger*, Rn. 782 f.
[7] Rn. 1014.
[8] BVerfGK NVwZ 1999, 292; BVerwG NVwZ 2009, 122 Rn. 12; NJW 1984, 2592; *Würtenberger*, Rn. 814; *Kopp/Schenke*, § 167 Rn. 19a m. w. N. in Fn. 28; *Horn*, Jura 2004, 449; a. A. VGH Mannheim VBlBW 1986, 303; *Pietzcker*, in: FS W.-R. Schenke, 2011, S. 1045 ff.; *Sattler*, in: FS V. Götz, 2005, S. 415 ff.

§ 20. Grundzüge   401

Beispiele:
- Der Bürger hat gezahlt oder die Aufrechnung erklärt.
- Die Behörde hat die Forderung gestundet oder erlassen.

Dass dem Bürger in diesen Fällen ausreichender Rechtsschutz zur Verfügung stehen muss, wenn die Behörde trotzdem vollstrecken möchte, gebietet Art. 19 IV GG und ist unstreitig. Umstritten ist allerdings die **Art des Rechtsschutzes.** Folgende Möglichkeiten kommen in Betracht und werden vertreten:[9] 1027

(1) Verwaltungsgerichtliche Vollstreckungsgegenklage gem. § 767 ZPO i.V.m. § 173 VwGO.[10] Diese Auffassung ist abzulehnen, weil § 173 VwGO den Vorrang der Regelungen der VwGO statuiert[11] und ausreichender Rechtsschutz nach Maßgabe der VwGO zur Verfügung steht.

(2) Verwaltungsgerichtliche Klagen gegen die Vollstreckungsmaßnahmen – insbesondere Anfechtungsklage.[12] Gegen diese Auffassung spricht, dass die Rechtmäßigkeit des Leistungsbescheids grundsätzlich keine Zulässigkeitsvoraussetzung der Vollstreckung ist.

(3) Vorbeugende Unterlassungsklage (Unterfall der verwaltungsgerichtlichen allgemeinen Leistungsklage) gegen die drohende Vollstreckung;[13] Einwand wie oben zu (2).

(4) Klage auf gerichtliche Feststellung, dass die Vollstreckung aus dem Leistungsbescheid unzulässig ist;[14] Einwand wie oben zu (2).

(5) Klage auf gerichtliche Feststellung, dass die mit dem Leistungsbescheid geltend gemachte Forderung nicht mehr besteht[15] bzw. derzeit nicht geltend gemacht werden darf. Dies ist ein gangbarer prozessualer Weg.

(6) Verpflichtungsklage auf behördliche Unzulässigerklärung der Vollstreckung. Diese Möglichkeit setzt eine spezialgesetzliche Ermächtigung der Behörde zum Erlass eines solchen Verwaltungsakts voraus – wie in Art. 21 BayVwZVG und § 16 II RhPfLVwVG geschehen.[16]

(7) Verpflichtungsklage gerichtet auf Aufhebung des Leistungsbescheides vom Zeitpunkt seines Rechtswidrigwerdens an[17] – ggf. zusätzlich analog § 113 I 2 VwGO oder analog § 113 IV VwGO Anfechtungsklage gegen etwaige Vollstreckungsakte und Antrag auf Rückgängigmachung der

---

[9] Siehe auch die Übersicht von *Hendler,* Rn. 555; *Pietzner,* in: Schoch/Schneider/Bier, § 167 Rn. 60ff.
[10] OVG Berlin NVwZ-RR 1989, 510; VG Freiburg NVwZ-RR 1989, 514.
[11] Dazu BVerwGE 27, 141 (142).
[12] *Schenke/Baumeister,* NVwZ 1993, 11.
[13] *Engelhardt/App,* VwVG, VwZG, 10. Aufl. 2014, § 18 VwVG Rn. 13.
[14] VGH Mannheim NVwZ 1993, 72f.; *Hendler,* Rn. 555 a.E.
[15] *Maurer,* § 20 Rn. 11.
[16] Dazu *Hendler,* Rn. 555 m.w.N.
[17] *Kopp/Schenke,* § 113 Rn. 177, § 167 Rn. 19a m.w.N. Beachte: Eine Anfechtungsklage gegen den Leistungsbescheid scheidet deshalb aus (anders u. U. bei einer Aufrechnung), weil ihr Erfolg voraussetzt, dass der Verwaltungsakt im Zeitpunkt seines Erlasses rechtswidrig war.

Vollstreckung. Dieser Weg erscheint zunächst etwas konstruiert und unübersichtlich, ist aber prozessual durchaus gangbar.

V. Die Erzwingung von Handlungen, Duldungen oder Unterlassungen

1. Vollstreckungsverfahren

a) Allgemeine Voraussetzungen

1028 Nochmals: Im Regelfall geht es um die **Vollstreckung von Verwaltungsakten,** die zur Vornahme einer Handlung (außer Zahlung von Geld), Duldung oder Unterlassung verpflichten (§ 6 I VwVG).

In Ausnahmefällen kann ein Verhalten des Bürgers (außer Zahlung von Geld) auch ohne vorausgehenden Verwaltungsakt erzwungen werden (§ 6 II VwVG).

1029 Voraussetzungen der Vollstreckung von Verwaltungsakten im obigen Sinn sind gem. § 6 I VwVG:

(1) **Unanfechtbarkeit** des Verwaltungsakts oder
(2) **keine aufschiebende Wirkung** eines gegen den Verwaltungsakt eingelegten oder einlegbaren Rechtsbehelfs (unabhängig davon, ob tatsächlich ein Rechtsbehelf eingelegt wurde):
- falls gem. § 80 II 1 Nr. 4, § 80a I Nr. 1, II, III VwGO sofortige Vollziehbarkeit des Verwaltungsakts angeordnet wurde oder
- falls einem Rechtsbehelf gem. § 80 II 1 Nr. 1–3 VwGO keine aufschiebende Wirkung zukommt

> **Beachte:** Sind die Vollstreckungsvoraussetzungen erfüllt und ist der zu vollstreckende Verwaltungsakt nicht nichtig, sondern wirksam, hängt die Rechtmäßigkeit der Vollstreckungsmaßnahmen nicht von der Rechtmäßigkeit des zu vollstreckenden Verwaltungsakts ab.[18] Sind die Vollstreckungsvoraussetzungen erfüllt, ist die Vollstreckung selbst dann rechtmäßig, wenn der vollstreckte Verwaltungsakt rechtswidrig ist **(vollstreckungsrechtliches Trennungsgebot).**

---

[18] BVerfGK NVwZ 1999, 292; BVerwG NVwZ 2009, 122 Rn. 12; NJW 1984, 2592; OVG Münster NVwZ 2001, 231; *Weiß,* DÖV 2001, 280; *Schenke/Baumeister,* NVwZ 1993, 2; a. A. *Schoch,* JuS 1995, 309; *Heckmann,* VBlBW 1993, 44.

Davon zu unterscheiden ist die Frage, ob gegen die Auferlegung von Kosten für die Vollstreckung die Rechtswidrigkeit des vollstreckten Verwaltungsakts geltend gemacht werden kann.[19]

b) Zwangsmittel

§ 9 I VwVG nennt folgende **Zwangsmittel** (Vollstreckungsmittel): 1030
- **Ersatzvornahme**
- **Zwangsgeld**
- **unmittelbarer Zwang**

(1) **Ersatzvornahme** (§ 9 I a, § 10 VwVG): Ersatzvornahme ist die Vornahme einer **vertretbaren Handlung,** die dem Pflichtigen obliegt, durch einen Dritten im Auftrag der Behörde. Zwischen der Behörde und dem Dritten wird ein **privatrechtlicher Vertrag** geschlossen, durch den sich der Dritte zur Vornahme dieser Handlung verpflichtet. Die der Behörde dadurch entstehenden Kosten muss der Pflichtige tragen. 1031

Vertretbar sind Handlungen, die nicht nur höchstpersönlich vom Pflichtigen vorgenommen werden können (z.B. Preisgabe von Wissen, Abgabe einer Einverständniserklärung), sondern generell auch von Dritten ausgeführt werden können (z.B. Abriss eines Hauses, Entfernen eines falsch parkenden Fahrzeugs).

Übersicht 28: 1032

Ersatzvornahme

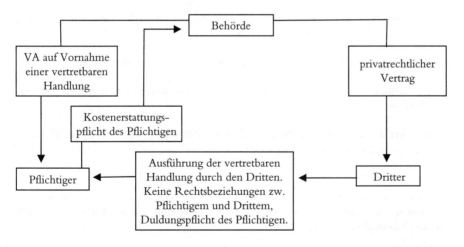

---

[19] Dazu Rn. 1050.

1033 (2) **Zwangsgeld** (§ 9 I b, § 11 VwVG): Die Verhängung von Zwangsgeld erfolgt zur Erzwingung unvertretbarer Handlungen, Duldungen oder Unterlassungen (§ 11 I 1, II VwVG). Nach § 11 I 2 VwVG kann **ausnahmsweise auch zur Erzwingung einer vertretbaren Handlung** ein Zwangsgeld verhängt werden.

1034 Das Zwangsgeld beträgt gem. § 11 III VwVG bis zu 25.000 €. Es kann gem. § 13 VI 1 VwVG auch mehrfach verhängt werden. Kann das Zwangsgeld nicht beigetrieben werden (etwa weil der Pflichtige vermögenslos ist), kann gem. § 16 VwVG **Ersatzzwangshaft** angeordnet werden.

1035 (3) **Unmittelbarer Zwang** (§ 9 I c, § 12 VwVG): Unmittelbarer Zwang kann gem. § 12 VwVG angewendet werden, wenn die Ersatzvornahme oder das Zwangsgeld erfolglos geblieben sind oder von Anfang an nicht erfolgversprechend sind.

1036 Unmittelbarer Zwang ist gem. § 2 I UZwG[20] die Einwirkung auf Personen oder Sachen durch:
(1) körperliche Gewalt (§ 2 II UZwG)
(2) Hilfsmittel der körperlichen Gewalt wie vor allem Fesseln, Wasserwerfer, Diensthunde, Dienstfahrzeuge (§ 2 III UZwG)
(3) Waffen, d. h. die dienstlich zugelassenen Hieb- und Schusswaffen, Reizstoffe und Explosivmittel (§ 2 UZwG)

1037 § 12 VwVG unterscheidet zwischen **zwei Arten unmittelbaren Zwangs:**
(1) Der Pflichtige wird durch die Anwendung unmittelbaren Zwangs zur Handlung, Duldung oder Unterlassung gezwungen.

Beispiele: Gegen Demonstranten werden Wasserwerfer oder Reizstoffe eingesetzt, um sie zum Verlassen eines bestimmten Ortes zu zwingen.

(2) Die Behörde nimmt die Handlung selbst vor (Selbstvornahme).

Beispiel: Die Beamten halten eine Person fest und nehmen ihr unter Gewaltanwendung eine Waffe ab.

Der **Gebrauch von Schusswaffen** ist nur unter sehr strengen Voraussetzungen zulässig (§§ 9 ff. UZwG).

---

[20] Gesetz über den unmittelbaren Zwang bei Ausübung öffentlicher Gewalt durch Vollzugsbeamte des Bundes, Sartorius I Nr. 115.

c) Dreistufiger Ablauf des Zwangsverfahrens

Beachte: Der Verfahrensablauf ist im **Landesrecht** häufig anders als im hier zugrundegelegten **Bundesrecht** geregelt. Dies betrifft vor allem die Androhung und Fristsetzung der Zwangsmittel.

(1) **Androhung** (§ 13 VwVG): Das **konkrete Zwangsmittel** muss vor seiner Anwendung unter Setzung einer **bestimmten Frist** (Aufforderung zu „unverzüglichem Handeln" genügt nicht) **schriftlich angedroht** werden. Die Androhung kann auch schon mit dem Verwaltungsakt, der vollstreckt werden soll, verbunden werden.

Gem. § 13 I 1 UZwG gilt die Abgabe eines Warnschusses als Androhung des Schusswaffengebrauchs.

Im Falle des **Sofortvollzuges** (§ 6 II VwVG) unterbleibt die Androhung (§ 13 I 1 VwVG).

(2) **Festsetzung** (§ 14 VwVG): Befolgt der Pflichtige den Verwaltungsakt nicht innerhalb der in der Androhung genannten Frist, wird das angedrohte Zwangsmittel förmlich festgesetzt.[21]

Die Festsetzung kann entgegen dem Wortlaut des § 14 I 1 VwVG unterbleiben, wenn sicher ist, dass der Pflichtige den Verwaltungsakt nicht befolgt[22] (etwa wenn er dies glaubhaft und endgültig erklärt). Außerdem unterbleibt die Festsetzung gem. § 14 S. 2 VwVG beim Sofortvollzug.

(3) **Anwendung des Zwangsmittels** (§ 15 VwVG): Nach der Festsetzung wird das Zwangsmittel angewendet.

1038

1039

1040

d) Sofortiger Vollzug (§ 6 II VwVG)

Der in § 6 II VwVG genannte **sofortige Vollzug** wird auch als **Sofortvollzug, unmittelbare Ausführung oder sofortiger Zwang** bezeichnet.

Häufig ist der Erlass eines Verwaltungsakts sowie die Durchführung eines nachfolgenden dreistufigen Vollstreckungsverfahrens viel zu langwierig oder gar nicht möglich, um drohende Gefahren abzuwehren.

1041

Beispiele:
- Auf der Fahrbahn befindet sich ein brennendes Fahrzeug, das vom Fahrer gerade noch rechtzeitig verlassen wurde. Die anwesende Polizei schiebt es sofort an den Straßenrand.
- Eine Person sticht mit einem Messer auf einen Passanten ein. Ein zufällig anwesender Polizist in Zivil fällt dem Messerstecher in den Arm und überwältigt ihn.

---

[21] Zur Festsetzung ausführlich *Malmendier*, VerwArch. 94 (2003), 25 ff.
[22] BVerwG NVwZ 1997, 381 f.

1042 Sofortiger Vollzug bedeutet, dass die Zwangsmittel (in Betracht kommen nur Ersatzvornahme gem. § 10 VwVG und unmittelbarer Zwang gem. § 12 VwVG) ohne vorausgehenden Verwaltungsakt (Grundverfügung), also sofort angewendet werden dürfen. Grundverfügung sowie Androhung und Festsetzung eines Zwangsmittels unterbleiben. Der **sofortige Vollzug** ohne vorausgehenden Verwaltungsakt ist von der **sofortigen Vollziehung** (besser: Vollziehbarkeit) eines Verwaltungsakts nach § 80 II 1 Nr. 4 VwGO zu unterscheiden.

1043 Zulässigkeitsvoraussetzungen des sofortigen Vollzuges gem. § 6 II VwVG sind:
(1) **Verhinderung einer rechtswidrigen Tat,** die einen Straf- oder Bußgeldtatbestand verwirklicht, oder
(2) **Abwehr einer drohenden Gefahr** und
(3) **Notwendigkeit des Sofortvollzuges,** d.h., der Zweck der Maßnahme kann durch den Erlass einer Grundverfügung mit nachfolgendem dreistufigen Vollstreckungsverfahren nicht erreicht werden, und
(4) Vorliegen der rechtlichen **Voraussetzungen der unterbliebenen Grundverfügung.**
Schließlich müssen die **rechtlichen Voraussetzungen des sofort angewendeten Zwangsmittels** erfüllt sein.

1044 Die Behörde kann auch **nach Erlass der Grundverfügung auf den Sofortvollzug umschwenken,** wenn seine oben genannten Voraussetzungen erfüllt sind.[23]

Wenn die Behörde gem. § 6 II VwVG auf den Erlass der Grundverfügung verzichten darf, darf sie **in Eilfällen** erst recht auf einzelne Vollstreckungsverfahrensakte zur Durchsetzung einer Grundverfügung verzichten.

1045 **Beachte: Im Landesrecht** werden z.T. die Begriffe **sofortiger Vollzug und unmittelbare Ausführung nebeneinander** verwendet (z.B. Art. 53 II, 9 I BayPAG, §§ 50 III, 6 I RhPfPOG, §§ 8, 47 II HSOG). In beiden Fällen geht es dann zwar um sofortiges Handeln der Behörde ohne vorgeschaltete Grundverfügung. Im übrigen besteht aber **folgender Unterschied:**[24]
(1) **Sofortiger Vollzug** = Gebrauch eines Zwangsmittels **gegen**

---

[23] *Maurer,* § 20 Rn. 27; *Sadler,* VwVG, VwZG, 9. Aufl. 2014, § 6 VwVG Rn. 287 ff.
[24] *Maurer,* § 20 Rn. 25.

§ 20. Grundzüge 407

> den tatsächlichen oder vermuteten **Willen** des Pflichtigen.
> (2) **Unmittelbare Ausführung** = Behördliches Handeln **im tatsächlichen oder vermuteten Einverständnis** des Pflichtigen.

2. Rechtsschutz

Auch bei der Erzwingung von Handlungen, Duldungen und Unterlassungen ist wie bei der Vollstreckung von Geldforderungen wieder zwischen Rechtsbehelfen gegen die Grundverfügung und Rechtsbehelfen gegen nachfolgende Vollstreckungsmaßnahmen zu unterscheiden.[25] Die entsprechenden Ausführungen gelten größtenteils auch hier. Hinzuweisen ist auf folgendes: 1046

Die **Androhung eines Zwangsmittels** (§ 13 VwVG) kann gem. § 18 I 1 VwVG selbständig mit der **Anfechtungsklage** angegriffen werden. Die im übrigen umstrittene Frage, ob die Androhung ein Verwaltungsakt ist,[26] kann offen bleiben. 1047

Die **Festsetzung eines Zwangsmittels** (§ 14 VwVG) ist ein **Verwaltungsakt**.[27] Auch die Festsetzung kann deshalb **angefochten** werden. 1048

Die **Anwendung des Zwangsmittels** wird überwiegend als **Realakt** qualifiziert.[28] Hier kommen **vorbeugende Unterlassungsklage** (Unterfall der allgemeinen Leistungsklage) und nach erfolgter Zwangsanwendung **Feststellungsklage** in Betracht.

Die Rechtsnatur des **sofortigen Vollzugs** (§ 6 II VwVG) ist umstritten. Z.T. wird er als (zusammengesetzter) Verwaltungsakt qualifiziert.[29] Die inzwischen überwiegende Auffassung nimmt dagegen – wie bei der Anwendung eines konkreten Zwangsmittels – zu Recht einen **Realakt** an.[30] Gleichwohl sind nach § 18 II VwVG diejenigen Rechtsbehelfe statthaft, die ansonsten nur gegen Verwaltungsakte zur Verfügung stehen (Anfechtungsklage und Fortsetzungsfeststellungsklage analog § 113 I 4 VwGO). Eine andere Auffassung verweist trotz § 18 II VwVG auf die **gegen Realakte gegebenen Rechtsbehelfe** (allgemeine Leistungsklage, Feststellungskla- 1049

---

[25] Dazu oben Rn. 1017 ff.
[26] Bejahend BVerwGE 82, 242 (245 f.); NVwZ 1998, 393; *Kopp/Ramsauer*, § 35 Rn. 113; *Engelhardt/App*, VwVG, VwZG, 10. Aufl. 2014, § 13 VwVG Rn. 8; verneinend VGH Kassel DVBl. 1984, 794; differenzierend *Kopp/Schenke*, Anh. § 42 Rn. 32.
[27] Dazu m.w.N. *Malmendier*, VerwArch. 94 (2003), 34 ff.
[28] *Maurer*, § 20 Rn. 24; *Erichsen/Rauschenberg*, Jura 1998, 46; *Gusy*, JA 1990, 302.
[29] BayVGH BayVBl. 1988, 563; OVG Münster DVBl. 1973, 924.
[30] VGH Kassel NVwZ 1987, 907; *U. Stelkens*, in: Stelkens/Bonk/Sachs, § 35 Rn. 93 f.; *Maurer*, § 20 Rn. 26.

ge).³¹ Diese Auffassung erscheint zwar sympathisch, ist aber mit dem eindeutigen Wortlaut von § 18 II VwVG nicht vereinbar.

1050 Die **Kosten der Verwaltungsvollstreckung** werden nach § 19 VwVG dem Vollstreckungsschuldner auferlegt. Für den besonders praxis- und klausurrelevanten Fall der Ersatzvornahme enthält § 10 VwVG eine diesbezügliche Sonderregelung. Die Frage ist, ob der Kostenpflichtige gegenüber dem Kostenbescheid einwenden kann, der vollstreckte (ggf. fiktive) Grund-Verwaltungsakt sei rechtswidrig. Nach dem überwiegend vertretenen **vollstreckungsrechtlichen Trennungsgebot**, wonach die Rechtmäßigkeit der Vollstreckung nicht davon abhängt, ob der vollstreckte (ggf. fiktive) Grund-Verwaltungsakt rechtmäßig ist, könnte dem Kostenbescheid der Einwand der Rechtswidrigkeit des Grund-Verwaltungsakts nicht entgegengehalten werden.

Schon aus Gründen der Effektivität des Rechtsschutzes (Art. 19 IV GG) – im Falle der Vollstreckung eines nur fiktiven Verwaltungsaktes besteht kein Primärrechtsschutz, im Falle des sofortigen Vollzuges eines Verwaltungsaktes kann primärer Rechtsschutz gegen den Grund-Verwaltungsakt dessen Vollstreckung häufig nicht verhindern, auch wenn er rechtswidrig ist – gilt das oben genannte vollstreckungsrechtliche Trennungsgebot auf der Kostenebene nur sehr eingeschränkt. Es ist zwischen der vollstreckungsrechtlichen Primärebene und der kostenrechtlichen Sekundärebene zu unterscheiden.³²

Erfolgte die Vollstreckung ohne anfechtbaren Grund-Verwaltungsakt (Durchsetzung eines fiktiven Grund-Verwaltungsakts), kann gegenüber einem Kostenbescheid auch die Rechtswidrigkeit des fiktiven Grund-Verwaltungsakts geltend gemacht werden (so vor allem mittels Anfechtungsklage gegen einen Bescheid über die Kosten einer Ersatzvornahme ohne vorherigen Grund-Verwaltungsakt).³³ Wurde dagegen ein Grund-Verwaltungsakt erlassen und ist dieser bestandskräftig geworden, kann dessen Rechtswidrigkeit gegen den Kostenbescheid nicht mehr eingewendet werden. Denn ansonsten würden die Rechtsbehelfsfristen hinsichtlich des Grund-Verwaltungsakts unterlaufen werden (so auch die Wertung von § 18 I 3 VwVG). Ist der Grund-Verwaltungsakt noch nicht bestandskräftig, muss der Kostenschuldner Einwände gegen die Rechtmäßigkeit des Grund-Verwaltungsakts mit einem Rechtsbehelf unmittelbar gegen diesen geltend machen. Außerdem muss der Kostenbescheid angegriffen werden. Wird nur ein Rechtsbehelf gegen den Kostenbescheid eingelegt, kann dies als

---

³¹ *Maurer*, § 20 Rn. 26.
³² *Bull/Mehde*, Rn. 984 f., 990; zum Polizei- und Ordnungsrecht *Ossenbühl/Cornils*, S. 503 ff.; siehe auch Rn. 1300 ff.
³³ *Maurer*, § 20 Rn. 26; vgl. *Bull/Mehde*, Rn. 990, allerdings nur zur Erledigung des Grund-Verwaltungsakts.

gleichzeitige Rechtsbehelfseinlegung gegen den Grund-Verwaltungsakt ausgelegt werden (§ 88 VwGO). Wird der Grund-Verwaltungsakt aufgrund des eingelegten Rechtsbehelfs aufgehoben, entfällt die Grundlage des Kostenbescheides. Auch er muss aufgehoben werden. Insoweit schlägt die Rechtswidrigkeit des Grund-Verwaltungsakts auf den Kostenbescheid durch.

Zu beachten ist, dass sich nach einer bundesverwaltungsgerichtlichen Entscheidung der Grund-Verwaltungsakt mit dessen Vollstreckung nicht erledigt. Denn auch ein vollstreckter Grund-Verwaltungsakt sei Grundlage des nachfolgenden Kostenbescheides.[34] Danach kann sich der Kostenschuldner nicht auf den Standpunkt stellen, ein Grund-Verwaltungsakt, der vor Eintritt seiner Bestandskraft vollstreckt worden sei, habe sich in offener Rechtsbehelfsfrist erledigt, könne nunmehr mittels Widerspruchs oder Anfechtungsklage nicht mehr angegriffen werden und deshalb könne die Rechtswidrigkeit des Grund-Verwaltungsakts isoliert gegenüber dem Kostenbescheid geltend gemacht werden.[35] Nach Maßgabe der genannten bundesverwaltungsgerichtlichen Entscheidung muss der Kostenschuldner Einwände gegen die Rechtmäßigkeit des Grund-Verwaltungsakts auch nach seiner Vollstreckung unmittelbar gegen diesen selbst per Rechtsbehelf fristgemäß geltend machen.

---

[34] BVerwG NVwZ 2009, 122 Rn. 13; dazu *Labrenz*, NVwZ 2010, 22 ff.; *Enders*, NVwZ 2009, 958 ff.; ablehnend *Jäckel*, NVwZ 2014, 1625 ff.; dazu auch unten Rn. 1422.
[35] Hiervon noch ausgehend *Bull/Mehde*, Rn. 990.

1051

Übersicht 29:

Verwaltungsvollstreckung

```
                    ┌─────────────────────────────┐
                    │  Verwaltungsvollstreckung   │
                    └─────────────────────────────┘
                                   │
                   ┌───────────────┴───────────────┐
```

von Geldforderungen (§§ 1 ff. VwVG) (Beitreibung) ↓	**Erzwingung von Handlungen, Duldungen oder Unterlassungen** (§§ 6 ff. VwVG) ↓
Leistungsbescheid (Zahlungsaufforderung, vgl. § 3 II VwVG) ↓	Grundverfügung (vgl. § 6 I VwVG) ↓
Vollstreckungsanordnung (§ 3 VwVG) • kein VA ↓	dreistufiges Vollstreckungsverfahren • Androhung (§ 13 VwVG) • Festsetzung (§ 14 VwVG)
Vollstreckung nach Maßgabe • der Abgabenordnung (§ 5 I VwVG) oder • des Landesvollstreckungsrechts (§ 5 II VwVG)	• Anwendung der Zwangsmittel (§ 15 VwVG) – Ersatzvornahme (§ 10 VwVG) – Zwangsgeld (§ 11 VwVG) – unmittelbarer Zwang (§ 12 VwVG)
	Ausnahme: Sofortiger Vollzug (§ 6 II VwVG) • Anwendung der Zwangsmittel ohne Grundverfügung und dreistufiges Vollstreckungsverfahren • Anwendung der Zwangsmittel nach Grundverfügung, aber ohne (vollständiges) dreistufiges Vollstreckungsverfahren

Kapitel 6. Staatshaftung

Literatur: *Ahrens*, Staatshaftungsrecht, 2009; *Baldus/Grzeszick/Wienhues*, Staatshaftungsrecht, 4. Aufl. 2013; *Detterbeck/Windthorst/Sproll*, Staatshaftungsrecht, 2000; *Durner*, Grundfälle zum Staatshaftungsrecht, JuS 2005, 793 u. 900; *Lühmann*, Die staatshaftungsrechtlichen Besonderheiten in den neuen Ländern, NJW 1998, 3001; *Ossenbühl/Cornils*, Staatshaftungsrecht, 6. Aufl. 2013; *Sauer*, Staatshaftungsrecht. Eine Systematisierung für die Fallbearbeitung, JuS 2012, 694, 800; *Schmalz*, Staatshaftungsrecht – Fälle und Lösungen –, 2000; *Thiele*, Staatshaftungsrecht, 2. Aufl. 2013.

Im Kapitel Staatshaftung geht es um Schadensersatz-, Ausgleichs- und Wiederherstellungsansprüche vor allem des Bürgers gegen den Staat (und seine Untergliederungen) für Eingriffe in seine Rechte und Rechtspositionen. Das Staatshaftungsrecht ist **äußerst prüfungsrelevant.**

Einen allumfassenden Staatshaftungsanspruch, der alle möglichen Rechtseingriffe des Staates abdeckt, gibt es nicht. Das System der staatlichen Ersatzleistungen besteht vielmehr aus ganz unterschiedlichen Haftungsinstituten (Anspruchsgrundlagen). Sie sind nur zum geringen Teil gesetzlich geregelt. Überwiegend handelt es sich um gewohnheitsrechtlich anerkannte und/oder richterrechtlich geprägte Grundsätze. Im folgenden werden nur die wichtigsten Haftungsinstitute erläutert. Daneben gibt es aber auch noch andere Haftungsinstitute, wie z.B. den sozialrechtlichen Herstellungsanspruch,[1] die allerdings nicht zum Pflichtstoff des ersten Staatsexamens zählen.

---

[1] Dazu etwa *Schmidt/Schmidt*, Jura 2005, 372 ff.

§ 21. Amtshaftungsanspruch, § 839 BGB, Art. 34 GG

Literatur: *Baumeister/Ruthig,* Staatshaftung wegen Vollzugs nichtiger Normen, JZ 1999, 117; *Czybulka/Jeand'Heur,* Das Amtshaftungsrecht in der Fallbearbeitung, JuS 1992, 396; *Detterbeck,* Staatshaftung bei normativem Unrecht, JA 1991, 7; *ders.,* Der Schokoladenfall, Jura 1997, 379 (Übungsfall); *ders.,* Ende eines Diensttages, JuS 2000, 574 (Examensklausur); *Greim/Michl,* Grundfälle zur Staatshaftung im Baurecht, Jura 2012, 373; *Hartmann/Tieben,* JA 2014, 401, Amtshaftung; *Kümper,* Amtshaftung auf Verdienstausfall wegen Nichterfüllung des Anspruchs auf einen Kindertagesstättenplatz?, NVwZ 2015, 1739; *Meysen,* Der haftungsrechtliche Beamtenbegriff am Ziel? – BGH, NJW 1996, 2431, in: JuS 1998, 404; *Pietzcker,* Rechtsprechungsbericht zur Staatshaftung, AöR 132 (2007), 394; *Schenke/Guttenberg,* Rechtsprobleme einer Haftung bei normativem Unrecht, DÖV 1991, 945; *Schoch,* Amtshaftung, Jura 1988, 585, 648; *Thiele,* Welche Körperschaft hat für Amtspflichtverletzungen eines Beamten im haftungsrechtlichen Sinne („jemand" im Sinne des Art. 34 GG) einzustehen?, DÖD 1984, 260; *Wittreck/Wagner,* Der Amtshaftungsanspruch nach Art. 34 S. 1 GG/ § 839 I 1 BGB, Jura 2013, 1213; *Wurm,* Drittgerichtetheit und Schutzzweck der Amtspflicht als Voraussetzung für die Amtshaftung, JA 1992, 1.

Rechtsprechung: BGHZ 34, 99 (grds. nur Geldersatz); BGHZ 53, 217 u. 87, 202 (Passivlegitimation); Haftung für rechtswidrige Bebauungspläne: BGHZ 84, 292 (298 ff.); 92, 34 (51 ff.); 106, 323; 108, 224; 123, 363. BGHZ 113, 17 (Amtshaftung für rechtswidrigen Verwaltungsakt trotz Bestandskraft); BGHZ 121, 161; BGH NJW 2014, 2577 (Amtshaftung für Handeln eines beauftragten privaten Abschleppunternehmers); BGHZ 139, 200 (Amtshaftung für rechtswidrige Prüfungsentscheidung); BGHZ 146, 365 (drittgerichtete Amtspflicht einer verwaltungsintern beauftragten Behörde gegenüber dem Bürger); BGHZ 170, 260 (Amtspflicht zur raschen Sachentscheidung, behördliche Organisationsmängel); BGHZ 187, 51 (keine gemeindliche Amtshaftung für rechtswidrige Verweigerung des Einvernehmens nach § 36 BauGB); BGH NJW 2003, 1308 (Amtshaftung öffentlich-rechtlicher Religionsgemeinschaften für rechtswidrige Äußerungen ihrer Sektenbeauftragten); grds. keine Amtshaftung für den Erlass rechtswidriger Rechtsvorschriften: BGHZ 102, 350 (367 f.); 134, 30 (32); NJW 1989, 101; NVwZ 1993, 601.

I. Begriff und Bedeutung

1053 Nach § 839 I 1 BGB hat ein Beamter dem Bürger Schadensersatz zu leisten, wenn er vorsätzlich oder fahrlässig eine ihm dem Bürger gegenüber bestehende Amtspflicht verletzt. Art. 34 S. 1 GG bestimmt, dass die Verantwortlichkeit grundsätzlich den Staat trifft, wenn **jemand** für ihn gehandelt hat und dabei **in Ausübung eines öffentlichen Amtes** die ihm einem Dritten gegenüber obliegende Amtspflicht verletzt.

Wird deshalb ein Bürger durch jemanden geschädigt, der für den Staat (oder einen Träger öffentlicher Gewalt) gehandelt hat, kommt ein Amtshaftungsanspruch gem. § 839 BGB, Art. 34 GG in Betracht. § 839 BGB i.V.m. Art. 34 GG beschränkt den Amtshaftungsanspruch aber nicht auf das

Staat-Bürger-Verhältnis. Amtshaftungsansprüche können auch im Verhältnis zwischen Trägern öffentlicher Gewalt bestehen.[2]

> Hierbei ist auf folgendes **eindringlich hinzuweisen:** Anspruchsgrundlage ist weder § 839 BGB allein für sich genommen noch Art. 34 GG. **Beide Vorschriften müssen zusammen geprüft werden.**

1054

Hieraus ergeben sich die nachfolgenden Anspruchsvoraussetzungen eines Amtshaftungsanspruchs **(zugleich Prüfungsaufbau).**

II. Anspruchsvoraussetzungen

1. Handeln (Unterlassen) in Ausübung eines öffentlichen Amtes

Erforderlich ist, dass „jemand" (so die Terminologie des Art. 34 S. 1 GG) **für den Staat oder einen Träger öffentlicher Gewalt** (z. B. für eine Gemeinde, staatliche Universität, öffentlich-rechtliche Rundfunkanstalt, aber auch eine öffentlich-rechtliche Religionsgemeinschaft)[3] gehandelt hat. Dieser jemand muss **kein Beamter im statusrechtlichen Sinne** (so § 839 I 1 BGB) sein. Art. 34 S. 1 GG geht als Verfassungsrecht dem § 839 I 1 BGB vor. Jemand kann auch ein Tarifbeschäftigter oder sonstwie Beauftragter des Staates sein; auch die Abgeordneten im Bundestag und in den Landtagen fallen unter den Begriff „jemand". Man spricht insoweit vom Beamten im haftungsrechtlichen Sinn. Sonderlich hilfreich ist diese (im Gesetz nicht verwendete) Bezeichnung allerdings nicht.[4]

1055

Entscheidend ist, dass **öffentlich-rechtlich** gehandelt wurde.[5] Dieses Erfordernis folgt aus der Formulierung des Art. 34 S. 1 GG „in Ausübung eines ihm anvertrauten öffentlichen Amtes". Insoweit braucht auf den Begriff des „jemand" gar nicht mehr eingegangen zu werden.[6] Steht nämlich

1056

---

[2] Dazu im einzelnen *Hoppenstedt*, Die amtshaftungsrechtlichen Beziehungen zwischen juristischen Personen des Öffentlichen Rechts, 2010.
[3] BGH NJW 2003, 1308.
[4] Kritisch auch *Maurer*, § 26 Rn. 14.
[5] Ebenso BGH NJW 2003, 1308, der betont, dass kein staatliches oder hoheitliches Handeln vorliegen müsse; OLG Naumburg NVwZ-RR 2007, 122; *Bonk/Detterbeck*, in: Sachs, Art. 34 Rn. 57; ablehnend *Ossenbühl/Cornils*, S. 30 f.
[6] Ebenso *Wittreck/Wagner*, Jura 2013, 1215.

öffentlich-rechtliches Handeln in Rede, hat zwangsläufig irgend jemand für einen Träger öffentlicher Gewalt gehandelt.

> **Beachte die Konsequenz:** Steht privatrechtliches Handeln in Rede, scheidet ein Amtshaftungsanspruch aus § 839 BGB, Art. 34 GG von vornherein aus.[7]

Dem „Jemand-Begriff" kommt jedoch insoweit Bedeutung zu, als von der Person des amtspflichtwidrig Handelnden die Bestimmung der Körperschaft, die nach Art. 34 S. 1 GG haftet, abhängt. Da nach Art. 34 S. 1 GG grundsätzlich diejenige öffentlich-rechtliche Körperschaft haftet, in deren Dienst der Handelnde steht, muss die Person des Handelnden zumindest in einer Weise bestimmt werden, die eine körperschaftliche Zuordnung ermöglicht. Die Bestimmung der verantwortlichen Person ist auch deshalb wichtig, weil diese Person auch weitere Tatbestandsmerkmale des Amtshaftungsanspruchs verwirklichen muss wie insbesondere das Verschulden (§ 839 I 1 BGB).[8] „Jemand" (Beamter im haftungsrechtlichen Sinn) kann immer nur eine natürliche Person sein, nicht dagegen eine juristische Person (des öffentlichen oder privaten Rechts).[9]

Beispiele: Eine bestimmte amtspflichtwidrige behördliche Maßnahme setzte eine Mehrheitsentscheidung eines Gremiums voraus. Hier muss (und kann in der Regel auch) nicht genau bestimmt werden, welche Gremiumsmitglieder für die in Rede stehende Maßnahme gestimmt haben. Vielmehr genügt der allgemeine Hinweis auf „diejenigen Gremiumsmitglieder, die für die Maßnahme gestimmt haben".

Geht es um den Beschluss eines verfassungswidrigen formellen Bundesgesetzes, genügt der Hinweis auf diejenigen Bundestagsabgeordneten, die für das Gesetz gestimmt haben. Beamte im haftungsrechtlichen Sinn sind auch die Bundestagsabgeordneten (*Maurer*, § 26 Rn. 51; zur Amtshaftung für rechtswidrige Rechtsvorschriften näher Rn. 1069 ff.).

1057 Z. T. sehr problematisch ist, ob im Einzelfall öffentlich-rechtliches oder privatrechtliches Handeln vorliegt.

> Falsch ist es jedenfalls, öffentlich-rechtliches Handeln allein deshalb zu bejahen, weil ein Beamter gehandelt hat. Beamte und andere für die öffentliche Hand tätig werdende Personen können nämlich auch privatrechtlich handeln.[10] Entscheidend für die Bestimmung der

---

[7] Zu den Konsequenzen unten Rn. 1103 ff.
[8] Zu „Mehrpersonenfällen" etwa BGH JZ 2007, 686 ff. m. Anm. *Ossenbühl*.
[9] BGH NVwZ 2006, 966 Rn. 7.
[10] Dazu näher Rn. 903 ff.

§ 21. Amtshaftungsanspruch, § 839 BGB, Art. 34 GG

> Rechtsnatur der Amtshandlung (öffentlich-rechtlich oder privatrechtlich) ist zudem nicht die Rechtsnatur des Innenverhältnisses zwischen Dienstherrn und Handelndem, sondern die **Rechtsnatur des Außenverhältnisses** zwischen dem für den Staat Handelnden und dem geschädigten Dritten.

Beispiele:
- Ein Polizist ist beim Waffenreinigen unvorsichtig und verletzt einen Kollegen (öffentlich-rechtlich wegen des engen Zusammenhangs mit der öffentlich-rechtlichen Erfüllung der Dienstpflicht).
- Die Polizei beauftragt ein Privatunternehmen, ein falsch parkendes Fahrzeug abzuschleppen (die **Beauftragung** ist ein fiskalisches Hilfsgeschäft und ist damit privatrechtlicher Natur: Werkvertrag, §§ 631 ff. BGB).
- Ein von der Polizei beauftragter privater Abschleppunternehmer verletzt bei der Bergung eines verunglückten Fahrzeugs einen unbeteiligten anderen Verkehrsteilnehmer oder beschädigt das abgeschleppte Fahrzeug (öffentlich-rechtliches Handeln des Abschleppunternehmers, der für die Polizei eine Aufgabe erfüllt, die in den Bereich der öffentlich-rechtlich geprägten Eingriffsverwaltung fällt – BGHZ 121, 161 ff.; NJW 2014, 2577 Rn. 6; dazu der Klausurfall von *Detterbeck,* JuS 2000, 574 ff.).
- Ein vom Gericht bestellter Sachverständiger erstattet ein unrichtiges Gutachten. Das Gericht stützt sich auf dieses Gutachten und trifft eine Entscheidung, die deshalb falsch ist und die unterlegene Partei schädigt. Ein Amtshaftungsanspruch gegen den Rechtsträger des Gerichts – die Richter könnten amtspflichtwidrig gehandelt haben – scheidet in aller Regel wegen § 839 II BGB aus. Wird auf den Sachverständigen abgestellt, ergibt sich folgendes: Zwar sind die Innenrechtsbeziehungen zwischen ihm und dem Gericht öffentlich-rechtlicher Natur. Er übt im Regelfall aber keine hoheitliche Gewalt aus und handelt gegenüber den Prozessparteien nicht öffentlich-rechtlich (BGH NVwZ-RR 2003, 401; *Palandt/Sprau,* 75. Aufl. 2016, § 839a Rn. 2). Anders verhält es sich, wenn die Sachverständigen **Amtsträger** sind, zu deren gesetzlichem oder beruflichem Pflichtenkreis die Erstattung von Sachverständigengutachten unabhängig von einer entsprechenden gerichtlichen Beauftragung gehört. In einem solchen Fall ist die Gutachtertätigkeit auch im Falle einer gerichtlichen Beauftragung öffentlich-rechtliches Handeln (BGH NVwZ-RR 2003, 401). Ebenso (erst recht) verhält es sich, wenn Sachverständige im oben genannten Sinn (Amtsträger) von einer Behörde beauftragt werden (dazu BGHZ 146, 365 ff.). Zur Haftung für einen Gutachter, der kein Amtsträger im oben genannten Sinn ist, aber für eine öffentlich-rechtlich handelnde **Behörde** tätig geworden ist, BGH NJW 2001, 3115 ff.

Soweit ersichtlich wird in allen Lehrbüchern und Abhandlungen zum Amtshaftungstatbestand auf das in Art. 34 S. 1 GG genannte Merkmal „in Ausübung" gesondert eingegangen. Dieses Tatbestandsmerkmal bedeutet, dass die schadensverursachende Handlung **nicht nur bei Gelegenheit** einer öffentlich-rechtlichen Tätigkeit erfolgt sein darf. Zwischen der schädigenden Handlung und der öffentlich-rechtlichen Tätigkeit muss vielmehr ein **äußerer und innerer Zusammenhang** bestehen.[11] Nur dann ist die schädigende Handlung Teil der öffentlich-rechtlichen Tätigkeit und damit öffentlich-rechtlicher Natur.

1058

---

[11] Etwa BGH NJW 2009, 3509 Rn. 33; *Hartmann/Tieben,* JA 2014, 403 m. Bsp.

1059 Der **äußere Zusammenhang** besteht schon dann, wenn die schädigende Handlung räumlich-zeitlich in den öffentlich-rechtlichen Tätigkeitsbereich eingebettet ist.

> **Beispiele:**
> - Der sich nicht im Dienst befindliche Beamte trifft sich mit seiner Ehefrau im Dienstgebäude und verletzt dort einen zudringlichen Dritten. Die Verletzung des Dritten ist nicht in den öffentlich-rechtlichen Tätigkeitsbereich des Beamten eingebettet, deshalb besteht kein äußerer Zusammenhang.
> - Polizist P entwendet anlässlich einer Hausdurchsuchung die wertvolle Briefmarkensammlung des Hauseigentümers. Der Diebstahl ist in den öffentlich-rechtlichen Tätigkeitsbereich von P eingebettet, deshalb besteht ein äußerer Zusammenhang (der innere Zusammenhang ist sehr fraglich, aber wohl zu bejahen; dazu gleich im folgenden).

Besteht schon kein äußerer Zusammenhang, fehlt (erst recht) auch der innere Zusammenhang. Besteht der äußere Zusammenhang, ist damit noch nichts gewonnen, weil zusätzlich der innere Zusammenhang gegeben sein muss. Auf das Erfordernis des äußeren Zusammenhanges kann deshalb verzichtet werden.

1060 Der **innere Zusammenhang** zwischen schädigender Handlung und der öffentlich-rechtlichen Tätigkeit setzt voraus, dass **Schädigung und öffentlich-rechtliche Aufgabenerfüllung als einheitlicher Lebenssachverhalt** erscheinen, der vom hoheitlichen Aufgabencharakter geprägt wird.[12] Der BGH legt den Begriff des inneren Zusammenhangs weit aus.[13]

> **Beispiele:**
> - Polizist zielt beim Waffenreinigen (= öffentlich-rechtliches Handeln) auf seinen Kollegen und erschießt ihn dabei versehentlich (innerer Zusammenhang zwischen dem Waffenreinigen und Zielen).
> - Der im Amt für Investitions- und Unternehmensberatung beschäftigte Sachbearbeiter S rät dem Unternehmer U zum Kauf eines dem Bruder des S gehörenden Grundstücks, um seinem Bruder einen Vorteil zu verschaffen. Das Grundstück ist für das Vorhaben des U ungeeignet (innerer Zusammenhang zwischen der allgemeinen öffentlich-rechtlichen Beratertätigkeit des S und der Falschinformation).
> - Wachpersonal, das Plünderungen vermeiden soll, beteiligt sich an den Plünderungen. Der innere Zusammenhang zwischen der eigentlichen öffentlich-rechtlichen Tätigkeit des Wachpersonals und den Plünderungen wurde bejaht von RGZ 104, 304 (aber sehr zweifelhaft); zustimmend BGH NJW 2002, 3173.
> - Eine Polizeibeamtin wird durch ihren Vorgesetzten wegen dessen frauenfeindlicher Grundhaltung systematisch und fortgesetzt beleidigt und schikaniert (Mobbing). BGH NJW 2002, 3172 ff. hat den inneren Zusammenhang zwischen der Verhaltensweise des Vorgesetzten und dessen öffentlich-rechtlichen Dienstausübung bejaht.
> - Bundeswehrsoldat S tötet einen Offizier aus Wut und Rache plötzlich durch einen mittels einer Maschinenpistole abgegebenen Feuerstoß. Hier wurde von BGHZ 11, 181 ff. der innere Zusammenhang zwischen der Tat und der öffentlich-rechtlichen Dienstausübung des Soldaten verneint (BGH NJW 2002, 3173 hat auf diese Entscheidung im vorhin genannten Beispielsfall ausdrücklich Bezug genommen).

---

[12] BGH NJW 1992, 1227 (1228); NJW 1992, 1310; NJW 2002, 3172 f.
[13] So ausdrücklich BGH NJW 2002, 3173.

Das Merkmal „in Ausübung" ist damit schon Bestandteil des Tatbestandsmerkmals „öffentlich-rechtliche Tätigkeit".[14] Öffentlich-rechtlich muss nämlich die unmittelbar zum Schaden führende Handlung sein. Im Soldatenfall ist das Töten privatrechtliches Handeln des S, eben **weil** der innere Zusammenhang mit der ansonsten öffentlich-rechtlich zu qualifizierenden Tätigkeit des S fehlt. 1061

Beachte: Allein mit dem Hinweis auf die Rechtswidrigkeit des Handelns darf nicht der innere Zusammenhang bzw. öffentlich-rechtliches Handeln verneint werden; gleiches gilt sogar für vorsätzliches Handeln (vgl. § 839 I 1 BGB, Art. 34 S. 2 GG). Denn für rechtswidriges Verhalten seiner Beamten soll der Staat ja gerade haften. Etwas anderes gilt nur bei einem Verhalten, das ausschließlich oder überwiegend durch sachfremde persönliche Gründe motiviert ist (so etwa im Soldatenfall, der ebenso wie der Mobbingfall an der Grenze liegt). 1062

Auch ein **Unterlassen** kann Amtshaftungsansprüche auslösen. Dies folgt schon aus § 839 II 2 BGB. 1063

Beispiele:
- Die Behörde bearbeitet einen Antrag des Bürgers nicht.
- Der Dienstherr weist einen bei ihm beschäftigten Beamten oder einen außenstehenden Bürger nicht auf bestimmte rechtliche Umstände hin.

Die Frage, ob eine Pflicht zum Tätigwerden bestand, stellt sich erst beim nächsten Tatbestandsmerkmal (Bestehen einer Amtspflicht).

2. Verletzung einer drittgerichteten Amtspflicht

Sowohl § 839 I 1 BGB als auch Art. 34 S. 1 GG setzen voraus, dass der Amtsträger „die ihm einem Dritten gegenüber obliegende Amtspflicht" verletzt hat. Dieses Tatbestandsmerkmal besteht aus den drei Elementen: 1064
- Amtspflicht
- Drittrichtung der Amtspflicht
- Verstoß gegen die Amtspflicht

Eine Prüfung genau in dieser Reihenfolge ist aber nicht erforderlich.

---

[14] Vgl. BGH NJW 2009, 3509 Rn. 33; *Windthorst*, in: Detterbeck/Windthorst/Sproll, § 9 Rn. 49 f.

a) Amtspflicht

1065 Amtspflichten sind Pflichten, die dem Handelnden (jemand) **gegenüber seinem Dienstherrn** obliegen. Es geht also (zunächst) um Pflichten im **Innenverhältnis** zwischen dem Staat und seinem Bediensteten (interne Amtspflichten). Hierbei kommen alle durch Rechtsnormen oder verwaltungsinterne Regelungen auferlegte Pflichten in Betracht.

Beispiele:
- Pflicht, Entscheidungen nicht grundlos hinauszuzögern (BGHZ 170, 260 ff.; dazu den Übungsfall von *Shirvani*, Jura 2009, 66 ff.)
- Pflicht zu ermessensfehlerfreien Entscheidungen
- Pflicht zur Beachtung anerkannter Prüfungsgrundsätze bei der Bewertung von Prüfungsleistungen (OLG München NJW 2007, 1005 f.)
- Verbot, unerlaubte Handlungen zu begehen, insbesondere keine absoluten Rechte der Bürger zu verletzen
- Pflicht zur Erteilung richtiger Rechtsauskünfte (OLG Zweibrücken, NVwZ-RR 2001, 79 ff.)
- Pflicht zu rechtmäßigem Verhalten

Umstritten ist, ob auch die (vor-)vertraglichen Pflichten aus (angestrebten) öffentlich-rechtlichen Verträgen Amtspflichten sind; ob also neben Schadensersatzansprüchen aus § 62 S. 2 VwVfG i.V.m. §§ 241, 280 I, 311 II Nr. 1 BGB entsprechend (p.V.V. u. c.i.c.)[15] auch Amtshaftungsansprüche in Betracht kommen. Der BGH hat dies mit dem Argument, die Vorschriften und Grundsätze für schuldrechtliche Ansprüche wegen Leistungsstörungen seien spezieller als das Amtshaftungsrecht, verneint.[16]

b) Drittrichtung der Amtspflicht

1066 Es genügt nicht, dass die Amtspflicht ausschließlich im Innenverhältnis zwischen dem Handelnden und seinem Dienstherrn besteht.

> Es ist erforderlich, dass die Amtspflicht auch dem Geschädigten gegenüber besteht und seinen Schutz vor dem erlittenen Schaden bezweckt.

1067 **Faustformelartig** lässt sich sagen, dass die subjektiven öffentlichen Rechte der Bürger, insbesondere die Grundrechte, drittgerichtete Amts-

---

[15] Dazu Rn. 1266.
[16] BGHZ 87, 9 (18 f.); zustimmend *Kopp/Ramsauer*, § 62 Rn. 26; a.A. *Papier*, in: Maunz/Dürig, Art. 34 Rn. 162; *Schlette*, Die Verwaltung als Vertragspartner, 2000, S. 590 f.; a.A. und die Möglichkeit von Amtshaftungsansprüchen bejahend OVG Lüneburg BRS 40, 79 f.

pflichten begründen. Auch hier gibt es aber wieder sehr problematische Fälle.

Andererseits ist zu beachten, dass eine drittgerichtete Amtspflicht kein einklagbares subjektives öffentliches Recht auf Befolgung der Amtspflicht voraussetzt.[17] Auch **Verwaltungsvorschriften,** die grundsätzlich nur behördeninterne Rechtsvorschriften ohne unmittelbare Außenwirkung sind, können drittgerichtete Amtspflichten begründen (zur Frage der Amtshaftung für den Erlass rechtswidriger Verwaltungsvorschriften Rn. 1071). Dies wird bei solchen Verwaltungsvorschriften angenommen, die auch im Interesse bestimmter außenstehender Bürger erlassen worden sind.[18] Ein Wertungswiderspruch zur herrschenden Schutznormtheorie, wonach eine Rechtsvorschrift nur dann ein einklagbares subjektives öffentliches Recht gewährt, wenn sie zumindest auch dem Schutz von Individualinteressen zu dienen bestimmt ist,[19] und zur prinzipiellen Ablehnung von unmittelbarer Außenwirkung von Verwaltungsvorschriften,[20] ist freilich unverkennbar.[21]

Bei der Prüfung, ob es um eine drittgerichtete Amtspflicht geht, ist – jedenfalls in problematischen Fällen – zu prüfen:[22] **1068**
(1) Hat die Amtspflicht **generell Drittrichtung?**
(2) Gehört der **Geschädigte zum geschützten Personenkreis?**
(3) Wird das **beeinträchtigte Interesse oder Rechtsgut des Geschädigten von der Drittrichtung der verletzten Amtspflicht erfasst?**

Beispiele:
- Fünf kräftige Polizisten schauen tatenlos zu, wie vor dem Schulgebäude zwei Schüler den Mitschüler M verprügeln. M macht einen Amtshaftungsanspruch geltend. Hier bestand für die Polizisten aufgrund der polizeilichen Generalklausel eine Pflicht zum Einschreiten, um die Gefahren für Leib und Leben des Schülers abzuwehren; die drei oben genannten Voraussetzungen sind erfüllt.
- Es existiert eine behördeninterne Dienstanweisung, Anträge auf Gewährung von Subventionen, die innerhalb der gesetzten Frist gestellt werden, in alphabetischer Reihenfolge und nicht in der zeitlichen Reihenfolge der Antragstellung zu bearbeiten und zu bescheiden. Der zuständige Beamte bearbeitet die Anträge weisungswidrig in ihrer zeitlichen Reihenfolge. Dadurch geht der Antragsteller A leer aus. Hätte der Beamte die Anträge in ihrer alphabetischen Reihenfolge bearbeitet, hätte A eine Subvention erhalten. A macht

---

[17] BGHZ 195, 276 Rn. 15; *Papier,* in: Maunz/Dürig, Art. 34 Rn. 182; näher *Kümper,* NVwZ 2015, 1741 f.
[18] BGH NJW 2001, 3056 sub 6; NVwZ-RR 2000, 747 (r. Sp.); VersR 1961, 513; OLG Hamm NJW 1993, 1210; *Ossenbühl/Cornils,* S. 45.
[19] Dazu oben Rn. 394 ff.
[20] Dazu oben Rn. 852 ff.
[21] Vgl. zum Verhältnis zwischen dem Bestehen subjektiver öffentlicher Rechte und der Drittrichtung von Amtspflichten *v. Danwitz,* in: v. Mangoldt/Klein/Starck II, Art. 34 Rn. 85 ff.
[22] Dazu BGH NVwZ 2001, 1074 f. (Änderung der bisherigen Rechtsprechung, vgl. BGH NVwZ 1991, 707 ff.; dazu die Besprechung von *Detterbeck,* JuS 2002, 127 ff.); DÖV 1998, 972; *Hartmann/Tieben,* JA 2014, 404 m. Bsp.; *Wurm,* JA 1992, 1 ff.

einen Amtshaftungsanspruch geltend. Die Amtspflicht, die Anträge in ihrer alphabetischen Reihenfolge zu bearbeiten, bestand aber nur im behördlichen Interesse, ihr kam keine Drittrichtung zu.
- Der zuständige Bauinspektor versäumte es, ein schadhaftes Brückengeländer in Stand zu setzen; eine aus der umzäunten Weide ausgebrochene Kuh fiel die Brücke herunter und kam zu Tode. Der Eigentümer (E) der Kuh verlangt Schadensersatz wegen Amtspflichtverletzung. Auch hier bestand eine Pflicht des Bauinspektors zum Tätigwerden, aber nur zum Schutze der Benutzer der Brücke. E hat die Brücke nicht benutzt, er gehört deshalb nicht zum geschützten Personenkreis (*Otto Mayer*, Deutsches Verwaltungsrecht, Bd. I, 3. Aufl. 1924 (Nachdruck 1969), S. 187 Fn. 11).
- Der amtlich anerkannte TÜV-Sachverständige S – ein Beliehener – erteilte einem Kfz im Rahmen der nach § 29 StVZO durchzuführenden Hauptuntersuchung die Prüfplakette, obwohl das Fahrzeug infolge einer unsachgemäß ausgeführten Reparatur der Hinterachse verkehrsunsicher war. Nach der Hauptuntersuchung wird das Fahrzeug vom Halter an den Käufer K weiterverkauft; K zahlt in Unkenntnis der schadhaften Hinterachse einen überhöhten Kaufpreis. K verursacht mit dem Fahrzeug einen Verkehrsunfall, bei dem der Verkehrsteilnehmer D verletzt wird. Ursächlich für den Unfall ist die nicht sachgerecht reparierte Hinterachse. S hat seine Amtspflicht verletzt, dafür zu sorgen, dass verkehrsuntaugliche Fahrzeuge unter Verweigerung einer neuen Prüfplakette von der weiteren Teilnahme am Verkehr ausgeschlossen werden. Er hätte dem Fahrzeug keine neue Prüfplakette erteilen dürfen. Diese Amtspflicht dient indes nicht dem Schutz vor **Vermögensschäden,** die ein Käufer dadurch erleidet, dass er trotz Erteilung der Prüfplakette ein mangelhaftes Fahrzeug erwirbt (BGH NJW 2004, 3484; 1973, 458). S hat deshalb gegenüber K insoweit keine drittgerichtete Amtspflicht verletzt. Demgegenüber sollen die übrigen Verkehrsteilnehmer, die vor dem Schadensfall – anders als der Käufer – keine Beziehung zu dem im Rahmen der Hauptuntersuchung überprüften Fahrzeug haben, durch das Erfordernis der regelmäßigen Hauptuntersuchung von Kfz vor den Gefahren, die von verkehrsunsicheren Fahrzeugen ausgehen, geschützt werden. Ihnen gegenüber obliegt dem TÜV-Prüfer eine drittgerichtete Amtspflicht zur Verweigerung der TÜV-Plakette für verkehrsunsichere Kfz (OLG Koblenz NJW 2003, 297 ff.). Gegenüber D hat S deshalb eine drittgerichtete Amtspflicht verletzt. Fraglich ist, ob K insoweit zum geschützten Personenkreis gehört, als die Hauptuntersuchung Gefahren abwehren soll, die den Rechtsgütern der Verkehrsteilnehmer durch verkehrsunsichere Kfz drohen, wenn also K z. B. eine unfallbedingte Körperverletzung davongetragen hätte. Diese Frage ist zu bejahen. Im Ausgangsfall hat K eine mangelhafte Sache erworben, sein dadurch beeinträchtigtes Interesse wird von der verletzten Amtspflicht des S nicht erfasst. In der Fallabwandlung wird dagegen ein selbständiges, unvorbelastetes Rechtsgut, nämlich die Gesundheit des K beschädigt. Dieses Rechtsgut wird von der verletzten Amtspflicht des S erfasst, insoweit gehört K auch zum geschützten Personenkreis.
- Grundstückseigentümer E möchte sein Grundstück verkaufen und beantragt bei seiner Gemeinde G die hierfür erforderliche Genehmigung. Nach den einschlägigen Bestimmungen darf G die Genehmigung verweigern, wenn der vereinbarte Kaufpreis über dem tatsächlichen Verkehrswert des Grundstücks liegt. G beauftragt, ohne hierzu verpflichtet zu sein, eine staatliche Behörde mit der Wertermittlung des Grundstücks. Die Behörde ermittelt fahrlässig einen weitaus zu niedrigen Verkehrswert. Daraufhin versagt G die Genehmigung für den Grundstücksverkauf, wodurch E ein erheblicher Schaden entsteht. Die den Beamten der beauftragten Behörde obliegende Amtspflicht zur zutreffenden Wertermittlung besteht nicht nur gegenüber ihrem Dienstherrn (dem Land) und ihrem Auftraggeber (G), sondern auch gegenüber E. Denn bei der Wertermittlung war „in qualifizierter und zugleich individualisierbarer Weise auf schutzwürdige Interessen eines erkennbar abgegrenzten Kreises Rücksicht zu nehmen", und E gehört zu diesem Kreis

(BGHZ 146, 365 ff.; dazu die Aufbereitung von *Detterbeck,* JuS 2002, 127 ff.; ebenso BGH BayVBl. 2003, 411 f. zu einem ähnlichen Fall).
- Aus den im vorherigen Beispiel genannten Gründen verletzt auch eine Gemeinde gegenüber dem Bürger eine Amtspflicht, wenn sie ihr gemeindliches Einvernehmen rechtswidrig verweigert, das nach § 36 BauGB gegenüber der Baugenehmigungsbehörde erteilt werden muss, damit diese wiederum dem Bürger die Baugenehmigung erteilen darf (BGHZ 118, 263/265). Der Annahme einer **drittgerichteten** gemeindlichen Amtspflicht steht insbesondere nicht entgegen, dass die Erteilung oder Versagung des Einvernehmens ein bloßes Verwaltungsinternum ohne Außenwirkung gegenüber dem Bürger ist (BVerwGE 22, 342/345; NVwZ 1986, 556) und dass deshalb eine verwaltungsgerichtliche Klage gegen die Gemeinde auf Erteilung ihres Einvernehmens unzulässig ist. Nach der gefestigten Rechtsprechung des BGH gilt aber folgendes: Der Gemeindebedienstete, der das Einvernehmen rechtswidrig verweigert, verletzt nur dann eine drittgerichtete Amtspflicht gegenüber dem Bürger, der bei der Baugenehmigungsbehörde eine Baugenehmigung beantragt hat, wenn die Baugenehmigungsbehörde wegen des fehlenden gemeindlichen Einvernehmens die Baugenehmigung nicht erteilen darf. Kann die Baugenehmigungsbehörde das gemeindliche Einvernehmen dagegen ersetzen, verletzt nach der Auffassung des BGH die gemeindliche Verweigerung ihres Einvernehmens keine drittgerichtete Amtspflicht (BGHZ 187, 51 Rn. 10 ff.; NVwZ 2013, 167 Rn. 17 – BGH DÖV 2003, 295 f. ist damit überholt; ebenso *Bohnert,* VBlBW 2015, 369 ff.; *Schlarmann/Krappel,* NVwZ 2011, 217; *Desens,* DÖV 2009, 197 ff.; die neue BGH-Rspr. strikt ablehnend *Singbartl/Wehowsky,* NVwZ 2013, 1525 ff.; dazu auch *Greim/Michl,* Jura 2012, 374 ff.). Dies soll sogar dann gelten, wenn die Gemeinde die Verweigerung ihres Einvernehmens auf einen nichtigen Bebauungsplan stützt und die Baugenehmigungsbehörde diesen Bebauungsplan nicht einfach außer Anwendung lassen darf, sondern zunächst geeignete Schritte zu seiner Ungültigerklärung unternehmen muss, bevor sie das gemeindliche Einvernehmen ersetzen darf (BGH NVwZ 2013, 167 Rn. 18 ff.; insoweit ablehnend *Bohnert,* VBlBW 2015, 373 ff.; *Michl,* BayVBl. 2013, 448 ff.; *Singbartl/Wehowsky,* NVwZ 2013, 1527 f.; zur damit zusammenhängenden Frage der behördlichen Kompetenz zur Nichtanwendung nichtiger Rechtsvorschriften Rn. 124 ff.).

Fast alle Länder haben eine **besondere** gesetzliche landesrechtliche Regelung getroffen, nach der diejenige Behörde, die auch für die Erteilung der Baugenehmigung zuständig ist, das rechtswidrig versagte gemeindliche Einverständnis nach § 36 II 3 BauGB ersetzen kann. Erteilt die Baugenehmigungsbehörde die Baugenehmigung nicht, obwohl der Bürger hierauf einen Rechtsanspruch hat und die Baugenehmigungsbehörde das fehlende gemeindliche Einvernehmen ersetzen kann, haftet nach der oben genannten BGH-Rechtsprechung nur der Rechtsträger der Baugenehmigungsbehörde.

Kann das fehlende gemeindliche Einvernehmen dagegen nur im Wege der Kommunalaufsicht ersetzt werden, haftet der Rechtsträger der **Kommunalaufsicht** (das Land) bei einer unterlassenen Ersetzung des gemeindlichen Einvernehmens dagegen nicht nach Amtshaftungsrecht; denn die Ausübung der Kommunalaufsicht besteht im Allgemeininteresse und kann deshalb keine drittgerichteten Amtspflichten verletzen, BGHZ 118, 263 (273 f.); DÖV 1979, 867. Jedenfalls hier verletzt die Gemeinde, die ihr Einvernehmen rechtswidrig verweigert hat, eine drittgerichtete Amtspflicht und haftet allein nach Amtshaftungsrecht.

Ein – prüfungsrelevantes – Sonderproblem ist der **Erlass rechtswidriger Rechtsnormen** (formelle Gesetze, Rechtsverordnungen, 1069

Satzungen).²³ Der BGH verneint in ständiger Rechtsprechung die Verletzung einer **drittgerichteten Amtspflicht** – und zwar auch dann, wenn die fragliche Rechtsnorm gegen Grundrechte oder EU-Recht verstößt.²⁴

Dies überrascht zunächst. Denn gerade die Grundrechte sind doch Abwehrrechte des Bürgers gegen den Staat. Den Beamten im haftungsrechtlichen Sinn und damit auch den Normsetzern obliegt die Amtspflicht, nicht gegen Grundrechte zu verstoßen. Aus diesem Grunde **bejahen große Teile der Literatur die Verletzung einer drittgerichteten Amtspflicht, wenn Rechtsnormen erlassen werden, die gegen Grundrechte verstoßen.**²⁵

1070 Der BGH verneint die Drittrichtung der (in der Tat) verletzten Amtspflicht mit folgender Argumentation: Der Normgeber werde beim Erlass von Rechtsnormen grundsätzlich nur im **Allgemeininteresse** und nicht auch im Interesse bestimmter Personen oder Personengruppen tätig. **Die Pflicht zum Erlass rechtmäßiger Rechtsnormen bestehe deshalb grundsätzlich nur im Allgemeininteresse.** Nur in Ausnahmefällen, etwa bei sogenannten Maßnahme- oder Einzelfallgesetzen, könnten Belange bestimmter einzelner Personen unmittelbar berührt werden, so dass sie als Dritte i. S. v. § 839 BGB angesehen werden könnten.²⁶

Dem BGH ist zuzustimmen. Denn der Amtshaftungstatbestand des § 839 BGB i. V. m. Art. 34 GG setzt eine **„individualisierte Beziehung"**²⁷ zwischen der verletzten Amtspflicht (und damit auch dem Handelnden) und dem Geschädigten voraus. Ein derartiges **Näheverhältnis** besteht beim Erlass generell-abstrakter Rechtsnormen in der Regel gerade nicht.

Art. 46 I GG schließt eine Amtshaftung für verfassungswidrige formelle Gesetze nicht aus.²⁸ Zwar darf nach dieser Vorschrift der Staat²⁹ die Bun-

---

²³ Zur Amtshaftung für rechtswidrige Verwaltungsvorschriften Rn. 1071.
²⁴ BGHZ 134, 30 (32); 102, 350 (367 f.); 87, 321 (335); 84, 292 (299 f.); 56, 40 (44 ff.); NVwZ 1993, 601; NJW 1989, 101 f.
²⁵ Z. B. *Maurer*, § 26 Rn. 51; *Windthorst*, in: Detterbeck/Windthorst/Sproll, § 9 Rn. 157 ff.; *Hartmann/Jansen*, DVBl. 2015, 755 ff. (757).
²⁶ BGHZ 102, 350 (367 f.); 134, 30 (32); NVwZ 1993, 601.
²⁷ *Ossenbühl/Cornils*, S. 106; BGHZ 108, 224 (227); NJW 2005, 74 („besondere Beziehung"); NVwZ 2001, 1074.
²⁸ So aber offenbar *Wallerath*, § 17 Rn. 11.
²⁹ Vor nichtstaatlichen Sanktionen schützt Art. 46 I GG nach der zutreffenden h.M. dagegen nicht, *Schulze-Fielitz*, in: Dreier II, Art. 46 Rn. 20 m. w. N.

destagsabgeordneten für ihr Abstimmungsverhalten im Bundestag und damit auch für den Beschluss verfassungswidriger Gesetze nicht zur Verantwortung ziehen. Dies schließt auch zivilgerichtliche Schadensersatzklagen aus.[30] Zutreffend ist es auch, dass keine Haftung nach Art. 34 S. 1 GG auf den Staat übergeleitet werden kann, wenn schon der Amtsträger (hier die Abgeordneten) nicht haften.

Jedoch schließt Art. 46 I GG nur die **staatliche** und damit **zivilgerichtliche** Verfolgung der Abgeordneten aus, nicht aber die **Entstehung** von Schadensersatzansprüchen.[31] Die Schadensersatzansprüche, die demzufolge den Bürgern gegen die Abgeordneten, die für den Beschluss des verfassungswidrigen Gesetzes gestimmt hatten, zustünden, richteten sich dann nach Art. 34 S. 1 GG gegen die Bundesrepublik Deutschland und könnten gegen diese zivilgerichtlich geltend gemacht werden. Außerdem könnte auch auf die anderen am Gesetzgebungsverfahren Beteiligten abgestellt werden, die keinen Indemnitätsschutz nach Art. 46 I GG genießen (Mitglieder des Bundesrates; Bundespräsident, Bundeskanzler, Bundesminister bei der Gegenzeichnung und Ausfertigung der Gesetze nach Art. 58, 82 I GG).

Die für den Erlass rechtswidriger Rechtsnormen geltenden Grundsätze **1071** wendet der BGH auch auf **Verwaltungsvorschriften** an. Eine Amtshaftung für den Erlass rechtswidriger Verwaltungsvorschriften scheide in der Regel aus, da auch sie grundsätzlich nur im Allgemeininteresse erlassen würden; deshalb verletze der Erlass rechtswidriger Verwaltungsvorschriften keine drittgerichteten Amtspflichten.[32]

Dieser Rechtsprechung ist zuzustimmen. Beim Erlass von Verwaltungsvorschriften besteht noch viel weniger das erforderliche individualisierte Staat-Bürger-Verhältnis als beim Erlass außenwirksamer Rechtsvorschriften. Denn Verwaltungsvorschriften entfalten abgesehen von Ausnahmen keine unmittelbare Rechtswirkung gegenüber den Bürgern. Auch das Argument, Verwaltungsvorschriften seien eine Summe von Einzelanweisungen,[33] schlägt nicht durch. Insoweit besteht kein Unterschied zu Rechtsverordnungen, die den Gesetzesvollzug näher regeln. Auch der Erlass rechtswidriger Rechtsverordnungen dieser Art verstößt nicht gegen drittgerichtete Amtspflichten.

Aus den oben genannten Gründen verletzt auch ein amtspflichtwidriges **1072** Untätigbleiben des Normgebers **(Unterlassen von Rechtsnormen)** in

---

[30] *Schulze-Fielitz*, in: Dreier II, Art. 46 Rn. 18.
[31] In diese Richtung *Magiera*, in: Sachs, Art. 46 Rn. 10; im Ergebnis *Morlok*, GrlVwR III, § 52 Rn. 101.
[32] BGHZ 102, 350 (368); 91, 243 (249); NJW 1971, 1699 f.; zustimmend *Ossenbühl/Cornils*, S. 62, 108; a. A. *Leisner-Egensperger*, DÖV 2004, 65 ff.
[33] *Leisner-Egensperger*, DÖV 2004, 68.

der Regel keine drittgerichteten Amtspflichten.[34] Denn Rechtsvorschriften werden grundsätzlich nur im Allgemeininteresse, nicht aber im drittgerichteten Individualinteresse erlassen. Deshalb ist eine Rechtspflicht zum Erlass von Rechtsvorschriften grundsätzlich keine drittgerichtete Amtspflicht. Darauf, dass wegen des Gestaltungsspielraumes des Normgebers prinzipiell keine Rechtspflicht zum Erlass einer Rechtsvorschrift mit einem ganz bestimmten Inhalt besteht,[35] kommt es deshalb gar nicht mehr an.[36]

1073 **Etwas anderes gilt vor allem beim Erlass rechtswidriger Bebauungspläne**; gem. § 10 BauGB sind sie Satzungen. Bebauungspläne gelten in der Regel nur für bestimmte Teilgebiete der Gemeinde. Hier ist der Kreis der Betroffenen weitaus kleiner als bei anderen Rechtsvorschriften; die Plan- und Normadressaten sind individualisierbar. Aus diesem Grunde sind beim Erlass von Bebauungsplänen auch drittgerichtete Amtspflichten zu beachten, deren Verletzung Amtshaftungsansprüche auslösen kann.[37]

Beispiele:
- Amtspflicht, im Rahmen der bauleitplanerischen Abwägung (§ 1 VI BauGB) in qualifizierter und zugleich individualisierbarer Weise auf schutzwürdige Interessen eines erkennbar abgegrenzten Kreises Dritter Rücksicht zu nehmen.[38]
- Amtspflicht, keine Flächen zu Wohnzwecken auszuweisen, von denen Gesundheitsgefahren ausgehen können (§ 1 VI Nr. 1 BauGB).[39]

1074 In diesem Zusammenhang ist folgendes zu beachten: Selbst wenn die Verletzung einer drittgerichteten Amtspflicht bejaht wird, dürfte häufig das nach § 839 I 1 BGB erforderliche Verschulden derjenigen Personen (z. B. Abgeordnete), deren Handeln für den Normerlass kausal war, zu verneinen sein – jedenfalls wenn es um den Erlass verfassungswidriger formeller Gesetze geht.[40]

Vollzieht ein Amtsträger eine rechtswidrige Vorschrift (formelle Gesetze, untergesetzliche Rechtsvorschriften), besteht die vom BGH verlangte individualisierte Beziehung des vollziehenden Amtsträgers zum Bürger. Der Amtshaftungsanspruch scheitert deshalb nicht schon am Erfordernis der Drittrichtung der Amtspflicht.[41] Insoweit besteht ein grundle-

---

[34] BGHZ 134, 30 (32); NVwZ 1993, 601.
[35] Dazu *Windthorst,* in: Detterbeck/Windthorst/Sproll, § 9 Rn. 161.
[36] Dazu in diesem Zusammenhang *Detterbeck,* VerwArch. 85 (1994), 163 f.
[37] BGHZ 84, 292 (300); 92, 34 (51 ff.); 106, 323 (331 f.); 108, 224 (227 f.); NJW 1984, 2519; speziell zur Drittbezogenheit von Amtspflichten im Baurecht *Hebeler,* VerwArch. 98 (2007), 136 ff.
[38] BGH NJW 1984, 2519.
[39] BGHZ 113, 367 (369 f.).
[40] Ebenso *Maurer,* § 26 Rn. 51.
[41] *Bonk/Detterbeck,* in: Sachs, Art. 34 Rn. 76; *Gurlit,* in: v. Münch/Kunig I, Art. 34 Rn. 27; *Ossenbühl/Cornils,* S. 108 f.; *Baumeister/Ruthig,* JZ 1999, 117 ff.

gender Unterschied zum **Anspruch aus enteignungsgleichem Eingriff.** Er ist nach der Rechtsprechung in Fällen **legislativen Unrechts,** es ist auf verfassungswidrige formelle Gesetze und deren Einzelvollzug beschränkt, von vornherein ausgeschlossen.[42] Amtshaftungsansprüche für den Vollzug rechtswidriger Rechtsvorschriften scheitern dagegen in aller Regel am fehlenden Verschulden des vollziehenden Amtsträgers oder schon vorher daran, dass dieser gegen keine Amtspflicht verstößt.[43]

Drittgerichtete Amtspflichten können auch **gegenüber anderen Verwaltungsträgern** bestehen. Voraussetzung ist, dass die beiden Verwaltungsträger bei der Erfüllung der in Rede stehenden öffentlichen Aufgabe **nicht gleichgerichtet zusammenwirken,** sondern sich **gegenüberstehen.**[44]

1075

Beispiele:
- Landkreis und Landesversicherungsanstalt wirken bei der Erfüllung ihrer rentenversicherungsrechtlichen Aufgaben gleichgerichtet zusammen. Den Mitarbeitern des Landkreises obliegen in diesem Zusammenhang keine drittgerichteten Amtspflichten gegenüber der Landesversicherungsanstalt (BGHZ 26, 232).
- Die ordnungsgemäße Erfüllung der öffentlichen Aufgaben des Fernmeldewesens durch die früher öffentlich-rechtlich organisierte Bundespost war auch eine drittgerichtete Amtspflicht gegenüber den Gemeinden (BGHZ 85, 121/126 f.).
- Stellt die Einstellungsbehörde des Bundeslandes A die gesundheitliche Eignung eines Beamtenbewerbers mit Wohnsitz im Bundesland A nicht selbst fest, sondern nimmt ein Gesundheitsamt des Bundeslandes A in Anspruch, arbeiten beide Behörden auf dasselbe Ziel hin, nämlich die Erhebung eines zutreffenden Gesundheitsbefundes als Eignungsvoraussetzung. Gleiches gilt, wenn die Einstellungsbehörde des Bundeslandes A zur Feststellung der gesundheitlichen Eignung eines Bewerbers mit Wohnsitz im Bundesland B ein Gesundheitsamt des Bundeslandes B in Anspruch nimmt. Stellt das Gesundheitsamt ein unzutreffendes amtsärztliches Zeugnis aus, verletzt es keine drittgerichtete Amtspflicht gegenüber der Einstellungsbehörde (BGH DVBl. 2001, 1609 ff. m. kritischer Anm. von *Quantz).*
- Eine Gemeinde beantragte bei ihrer Rechtsaufsichtsbehörde die Genehmigung eines privatrechtlichen Vertrages. Die Aufsichtsbehörde erteilte die beantragte Genehmigung, obwohl der Vertrag für die Gemeinde wirtschaftlich nicht tragbar war und deshalb nicht hätte genehmigt werden dürfen. Dem die Rechtsaufsicht führenden Beamten oblag gegenüber seinem Dienstherrn die Amtspflicht zur rechtmäßigen Ausübung der Rechtsaufsicht. Diese Amtspflicht wurde durch die Genehmigungserteilung verletzt. Der BGH maß dieser Amtspflicht aber auch Drittrichtung gegenüber der beaufsichtigten Gemeinde bei

---

[42] Dazu Rn. 1148 ff.
[43] *Ossenbühl/Cornils,* S. 109; dazu mit z.T. a. A. ausführlich *Baumeister/Ruthig,* JZ 1999, 117 ff.; s. auch Rn. 124 ff.
[44] BGHZ 116, 312 (315); 148, 139 (147); NVwZ 2014, 389 Rn. 7 ff. (Amtshaftung des Landes gegenüber dem Bund auch nicht durch Art. 104a II, V 1 GG ausgeschlossen); im einzelnen *Hoppenstedt,* Die amtshaftungsrechtlichen Beziehungen zwischen juristischen Personen des Öffentlichen Rechts, 2010; gegen eine Staatshaftung zwischen Verwaltungsträgern *U. Stelkens,* DVBl. 2003, 22 ff.; dagegen wiederum *v. Komorowski,* VerwArch. 93 (2002), 71 ff.; zu Amtshaftungsansprüchen von Gemeinden gegen die Rechts- und Fachaufsicht *Brinktrine,* DV 43 (2010), 273 ff.

und sprach ihr einen Amtshaftungsanspruch zu (BGH NJW 2003, 1318f.; dazu ablehnend *v. Mutius/Groth,* NJW 2003, 1278ff.; vgl. auch *Brinktrine,* DV 43 (2010), 273 ff.).

c) Verstoß gegen die Amtspflicht

1076 Die **Rechtswidrigkeit** der schädigenden Handlung des Amtsträgers ist kein Tatbestandsmerkmal des Amtshaftungsanspruchs. Erforderlich ist (nur) die Amtspflichtwidrigkeit, d.h. der Verstoß gegen die Amtspflicht. Freilich sind Rechtswidrigkeit und Amtspflichtwidrigkeit **in der Regel** deckungsgleich. Es gibt jedoch Ausnahmen.

Beispiel: Ein Beamter erlässt aufgrund einer rechtswidrigen Anweisung seines Vorgesetzten einen Verwaltungsakt. Der Verwaltungsakt ist unstreitig rechtswidrig. Umstritten ist allerdings, ob sich der Beamte, der die Anweisung befolgt hat, amtspflichtwidrig verhalten hat (dafür *Ossenbühl/Cornils,* S. 57; dagegen BGH NJW 1977, 713f.; NVwZ 1985, 682f.; VersR 1986, 372ff.; *Windthorst,* in: Detterbeck/Windthorst/Sproll, § 9 Rn. 92; *Wittreck/Wagner,* Jura 2013, 1217). Richtigerweise ist zu differenzieren. Zwar ist der Beamte nach § 35 S. 2 BeamtStG und den gleichlautenden landesbeamtenrechtlichen Bestimmungen verpflichtet (Amtspflicht), die Anordnungen seiner Vorgesetzten auszuführen. Allerdings werden diese beamtenrechtlichen Bestimmungen durch § 36 BeamtStG und die gleichlautenden landesbeamtenrechtlichen Vorschriften ergänzt. Nach ihnen trägt der Beamte für die Rechtmäßigkeit seiner dienstlichen Handlungen die volle persönliche Verantwortung (§ 36 I BeamtStG) – und zwar auch dann, wenn er eine rechtswidrige Anweisung seines Vorgesetzten ausführt. Diese Regelung ist Ausdruck der Amtspflicht eines jeden einzelnen Beamten zu rechtmäßigem Verhalten. Zwischen der in § 35 S. 2 BeamtStG geregelten Befolgungspflicht (Weisungsgebundenheit) des angewiesenen Beamten und der in § 36 I BeamtStG normierten Rechtmäßigkeitsverantwortung auch des angewiesenen Beamten besteht zwar ein Spannungsverhältnis, aber kein Widerspruch. Denn nach § 36 II BeamtStG hat der angewiesene Beamte Bedenken gegen die Rechtmäßigkeit dienstlicher Anordnungen bei seinen Vorgesetzten geltend zu machen (Remonstration). Tut er dies nicht, etwa weil er die Handlung, zu der er angewiesen wurde, für rechtmäßig hält, handelt er sowohl rechtswidrig als auch amtspflichtwidrig, wenn er die rechtswidrige Anweisung ausführt. Dies ist Folge von § 36 I BeamtStG. Allerdings hat der Beamte nicht schuldhaft i.S.v. § 839 I 1 BGB gehandelt, wenn er die Remonstration nicht in persönlich vorwerfbarer Weise unterlassen hat. Hat der Beamte dagegen ordnungsgemäß remonstriert und der zuständige Vorgesetzte die Anweisung bestätigt, muss sie der Beamte – von Ausnahmen abgesehen – befolgen; von der eigenen Verantwortung für die Rechtmäßigkeit seiner Amtshandlung ist er gem. § 36 II 2 BeamtStG befreit. Nur im zuletzt genannten Fall handelt der Beamte zwar rechtswidrig, aber amtspflichtgemäß; amtspflichtwidrig handelt aber der anweisende Vorgesetzte. Die genaue Unterscheidung zwischen dem angewiesenen und dem anweisenden Beamten ist im Hinblick auf die haftende Körperschaft (Art. 34 S. 1 GG) vor allem dann unabdingbar, wenn die beiden Beamten verschiedene Dienstherren haben (vgl. auch *Ossenbühl/Cornils,* S. 57 mit Fn. 341). Zur ganz ähnlich gelagerten Problematik der Pflicht des Beamten zur **Anwendung oder Nichtanwendung von für rechtswidrig erachteten Rechtsvorschriften** Rn. 124 ff.

Beachte: Auf Verschulden kommt es an dieser Stelle nicht an. Zu prüfen ist nur, ob der Amtsträger **objektiv amtspflichtwidrig** gehandelt hat. Die Tatbestandsmerkmale Amtspflichtwidrigkeit und Verschulden dürfen nicht miteinander vermengt werden.

1077

Anders als der Schadensersatzanspruch aus § 823 I BGB setzt ein Amtshaftungsanspruch aus § 839 BGB, Art. 34 GG nicht den Eingriff in ein absolutes Recht voraus. Vielmehr genügt die Verletzung einer drittgerichteten Amtspflicht, auch wenn sie nicht dem Schutz absoluter oder subjektiver öffentlicher Rechte des Geschädigten dient; es genügt, wenn durch die Amtspflicht das Vermögen des Geschädigten als solches geschützt ist.

1078

3. Verschulden

a) Allgemeines

Nach § 839 I 1 BGB setzt ein Amtshaftungsanspruch voraus, dass der Amtsträger schuldhaft (vorsätzlich oder fahrlässig) gegen seine Amtspflicht verstoßen hat. Abzustellen ist nicht auf den konkret handelnden Amtsträger. Entscheidend ist vielmehr, welche Anforderungen im konkreten Fall gelten (**objektivierter Verschuldensmaßstab** des § 276 II BGB). Abzustellen ist auf den sog. **pflichtgetreuen Durchschnittsbeamten.**[45]

1079

Das Verschulden muss sich nur auf die Amtspflichtverletzung beziehen, nicht auch auf den eingetretenen Schaden und die Kausalität der Amtspflichtverletzung für den Schaden.[46]

1080

Beachte: § 839 I 2 BGB spielt an dieser Stelle noch keine Rolle.

b) Besonderheiten

aa) Zweifelhafte Rechtslage

Ist die Rechtslage **zweifelhaft oder umstritten,** trifft einen objektiv amtspflichtwidrig handelnden Amtsträger **kein Verschulden,** wenn er die

1081

---

[45] Weiterführend BVerwG NVwZ 2009, 787 Rn. 22 f.
[46] BGH NJW 2003, 1312.

Rechtslage sorgfältig geprüft hat und einer vertretbaren Rechtsauffassung folgt.

bb) Bestätigung durch ein Kollegialgericht

1082 Hat ein aus mehreren Berufsrichtern bestehendes Kollegialgericht – in Betracht kommen vor allem Verwaltungs- und Zivilgerichte – das Verhalten des Amtsträgers als **rechtmäßig oder amtspflichtgemäß** (also nicht lediglich als schuldlos) beurteilt, darf ein anderes Gericht (z. B. die nächsthöhere Instanz), das hiervon abweichend von der Amtspflichtwidrigkeit ausgeht,[47] grundsätzlich kein Verschulden des Amtsträgers bejahen (sog. **Kollegialgerichts-Richtlinie**). Denn von einem Amtsträger darf nicht verlangt werden, dass er klüger ist als ein Gericht, das sich aus mehreren rechtskundigen Personen zusammensetzt.[48] Diese Kollegialgerichts-Richtlinie gilt indes nur, wenn der Amtsträger eine zweifelhafte und nicht leicht zu beurteilende Rechtsfrage beantworten musste.[49] Außerdem gilt sie vor allem dann nicht (kein Verschuldensausschlussgrund), wenn die Entscheidung des Kollegialgerichts, die das Handeln des Amtsträgers gebilligt hat,

- evident falsch ist,[50]
- wesentliche rechtliche Gesichtspunkte nicht berücksichtigt hat oder auf einer unzureichenden tatsächlichen und rechtlichen Bewertungsgrundlage beruht,[51]
- nach lediglich summarischer Prüfung erfolgt ist (insbesondere gem. §§ 80 V, 123 VwGO)[52] oder
- wenn vom handelnden Beamten besonderer Sachverstand zu verlangen ist.[53]

cc) Organisationsverschulden

1083 **Behördeninterne Organisationsmängel** können dazu führen, dass der Amtswalter zwar amtspflichtwidrig, aber schuldlos gehandelt hat. Hier muss

---

[47] Sofern dem die Rechtskraft des vorangegangenen Urteils nicht entgegensteht.
[48] BGHZ 117, 240 (250); 97, 97 (107); VGH München NVwZ-RR 2015, 929 Rn. 28; dazu z.T. kritisch *Cloeren/Itzel*, LKRZ 2010, 50 f.; beachte: Es genügt nicht, wenn das Kollegialgericht lediglich schuldhaftes Verhalten verneint hat, BGH NJW 2009, 3509 Rn. 20 f.
[49] BGH JZ 2011, 471 Rn. 37.
[50] BGH NJW 1980, 1679.
[51] BVerwG NVwZ 2006, 212 Rn. 30; BGH NJW 2003, 1311.
[52] BGHZ 117, 240 (250); NJW 1986, 2954; anders wenn das Gericht eine eingehende Prüfung vorgenommen hat, BVerwG NVwZ 2006, 212 Rn. 29.
[53] BVerwG NVwZ 2006, 212 Rn. 28; VGH Kassel NVwZ 2012, 1351; OLG Koblenz NVwZ 2002, 765.

geprüft werden, ob der für die behördeninterne Organisation verantwortliche Amtsträger amtspflichtwidrig und schuldhaft gehandelt hat.

Beispiele:
- wesentliche rechtliche Gesichtspunkte nicht berücksichtigt hat oder auf einer Ein Beamter wird von seinem Vorgesetzten übermäßig mit Arbeiten eingedeckt. Dies kann dazu führen, dass der Beamte aufgrund der unzumutbaren Arbeitsbelastung zwar falsch und damit objektiv amtspflichtwidrig entscheidet, aber schuldlos handelt. Hier kommt amtspflichtwidriges und schuldhaftes Verhalten des Vorgesetzten in Betracht.
- Der zuständige Sachbearbeiter der Gemeinde lehnt einen Antrag auf Vergabe eines Kita-Platzes, auf den ein gesetzlicher Anspruch besteht, ab, weil die Gemeinde über keine freien Plätze mehr verfügt. Den Sachbearbeiter trifft jedenfalls kein Verschulden, weil er für die Bereitstellung einer ausreichenden Anzahl an Plätzen nicht zuständig ist. Schuldhaft gegen ihre Amtspflichten haben aber diejenigen gemeindlichen Amtsträger verstoßen, die in Erfüllung ihrer drittgerichteten gesetzlichen Kita-Bereitstellungspflicht eine ausreichende Anzahl von Plätzen organisieren müssen, dazu OLG Dresden, 26.8.2015, 1 U 319/15, juris Rn. 41, das einen Amtshaftungsanspruch deshalb ablehnte, weil der gesetzliche Kita-Platz-Anspruch nur den Kindern zustehe und die Eltern nicht geschützte Dritte der entsprechenden Amtspflicht seien; a. A. die Vorinstanz LG Leipzig, 2.2.2015, 7 O 2439/14, juris; dazu näher *Kümper*, NVwZ 2015, 1739 ff.; *Pernice-Warnke*, FamRZ 2015, 905 ff.; vgl. auch Rn. 1221, 1264.

4. Schaden

Der Anspruchsteller muss einen Schaden erlitten haben. In der Regel **1084** wird es sich um einen Vermögensschaden handeln (z. B. Reparaturkosten, Verdienstausfall, entgangener Gewinn, Arztkosten). In Betracht kommt aber auch ein Nichtvermögensschaden (= immaterieller Schaden, z. B. Minderung des Ansehens als Folge einer Ehrverletzung oder erlittene Schmerzen als Folge einer Körperverletzung).

Beachte: Die Frage, welcher Schaden tatsächlich **ersatzfähig** ist (Art und Umfang des Schadensersatzes), stellt sich erst später.[54]

5. Kausalität

Die Amtspflichtverletzung muss für den eingetretenen Schaden kausal **1085** sein. Danach besteht keine Kausalität, wenn der Schaden auch bei pflichtgemäßem Verhalten eingetreten wäre. Im übrigen genügt nicht jedwede Kausalität. Vielmehr muss die Amtspflichtverletzung **adäquat kausal** für den Schaden sein **(Adäquanztheorie).** Die Amtspflichtverletzung ist für solche Schäden nicht adäquat kausal, die zwar Folge der Amtspflichtverletzung sind – die also ohne die Amtspflichtverletzung nicht eingetreten wä-

---

[54] Rn. 1093 f.

ren (Äquivalenztheorie) –, deren Eintritt aber außerhalb jeglicher Lebenserfahrung liegt.[55]

Im Falle einer **fehlerhaften Ermessensentscheidung** darf Kausalität nur dann bejaht werden, wenn feststeht, dass der Schaden nicht eingetreten wäre, wenn der Amtsträger pflichtgemäß gehandelt hätte.[56]

Besteht die Amtspflichtverletzung in einem **Unterlassen**, darf Schadensursächlichkeit nur dann angenommen werden, wenn der Schaden bei amtspflichtgemäßem Verhalten **mit an Sicherheit grenzender Wahrscheinlichkeit** nicht eingetreten wäre.[57]

Bei der Beantwortung der Kausalitätsfrage sind bisweilen hypothetische Feststellungen über die Folgen eines amtspflichtgemäßen Verhaltens zu treffen (wäre der Schaden im Falle amtspflichtgemäßen Verhaltens nicht entstanden?). Dem Geschädigten können Beweiserleichterungen zukommen, verbleibende Zweifel können zu Lasten des beklagten Rechtsträgers gehen.[58]

6. Kein Haftungsausschluss

a) Subsidiaritätsklausel (Verweisungsprivileg) des § 839 I 2 BGB

1086 Ein Amtshaftungsanspruch ist nach § 839 I 2 BGB ausgeschlossen, wenn
(1) der Amtsträger nur fahrlässig gehandelt hat und
(2) der Verletzte auf andere Weise, also von einem Dritten Ersatz zu erlangen vermag und
(3) der anderweitige Ersatzanspruch in zumutbarer Weise tatsächlich durchgesetzt werden kann (das ist z. B. nicht der Fall, wenn der Dritte unbekannt oder vermögenslos ist).

1087 **Beachte:** § 839 I 2 BGB, der gerade die persönliche Haftung der Beamten und nicht die Haftung ihrer Dienstherren begrenzen sollte, wird heute sehr restriktiv angewendet. In folgenden vier Fällen ist nach ständiger Rechtsprechung die **Subsidiaritätsklausel des § 839 I 2 BGB nicht anwendbar** (d. h., der Amtshaftungsanspruch ist nicht ausgeschlossen):
(1) Der anderweitige Ersatzanspruch (z. B. Anspruch aus enteignungsgleichem Eingriff) richtet sich **gegen denselben oder einen anderen**

---

[55] BGH NJW 2003, 1312.
[56] BVerwG NVwZ 1989, 1156; BGH NVwZ 1985, 682; VersR 1982, 275; vgl. aber auch BGH NVwZ 2009, 787 Rn. 24: Maßgeblichkeit des **voraussichtlichen** hypothetischen Kausalverlaufs.
[57] BGH NJW 2005, 71.
[58] So OLG München NJW 2007, 1007 f.

Hoheitsträger.[59] Die öffentliche Hand wird als **Haftungseinheit** angesehen.

(2) Der anderweitige Ersatzanspruch richtet sich **gegen eine gesetzliche oder private Versicherung und beruht auf eigenen Leistungen** (Arbeitsaufwand, Geldleistungen) des **geschädigten** Anspruchstellers (z. B. Anspruch auf Lohnfortzahlung, Krankenversicherung, Lebensversicherung, Kaskoversicherung).[60] Solche Versicherungsansprüche, die der **Geschädigte** erworben hat, sollen den Geschädigten absichern und nicht den Schädiger begünstigen. Ist der Schaden dagegen gleichzeitig durch eine Amtspflichtverletzung eines Beamten und einen haftpflichtversicherten privaten Dritten verursacht worden, kann sich der vom Geschädigten in Anspruch genommene Hoheitsträger auf § 839 I 2 BGB berufen und auf die Haftung des Dritten bzw. dessen Haftpflichtversicherung verweisen; denn den Anspruch auf die Versicherungsleistungen hat sich in diesem Fall nicht der Geschädigte, sondern der schädigende Dritte erkauft.[61]

(3) Ein Amtsträger verursacht bei **hoheitlicher Teilnahme am Straßenverkehr** einen Verkehrsunfall.[62] Hat der Geschädigte gleichzeitig Ansprüche gegen einen Dritten (insbesondere gem. §§ 823, 253 BGB), ist der Amtshaftungsanspruch nicht gem. § 839 I 2 BGB ausgeschlossen. Es gilt der Grundsatz der haftungsrechtlichen Gleichbehandlung aller Verkehrsteilnehmer; dadurch ist eine Privilegierung des Staates ausgeschlossen. Etwas anderes gilt, wenn der Amtswalter Sonderrechte nach §§ 35, 38 StVO (insbes. Blaulicht, Martinshorn) in Anspruch nimmt.[63]

(4) Der Amtshaftungsanspruch beruht auf einer **schuldhaften Verletzung einer öffentlich-rechtlichen Straßenverkehrssicherungspflicht**[64] (z. B. tiefes ungesichertes Loch in der Straße). Hat der Geschädigte zugleich Ersatzansprüche gegen einen privaten Dritten, ist der Amtshaftungsanspruch nicht gem. § 839 I 2 BGB ausgeschlossen.

b) Richterspruchprivileg des § 839 II 1 BGB

Beruht die Amtspflichtverletzung auf einem **fehlerhaften gerichtlichen Urteil**, besteht nach § 839 II 1 BGB ein Amtshaftungsanspruch nur, wenn 1088

---

[59] BGHZ 13, 88 (101 ff.); 50, 271 (273); 62, 394 (396 ff.); DÖV 2003, 253 f.
[60] BGHZ 62, 380 (383 f.); 79, 26 (31 ff.); 79, 35 (36 f.); 85, 230 (232 ff.).
[61] BGHZ 91, 48 (54); der schädigende Beamte nahm auch nicht am allgemeinen Straßenverkehr teil und verletzte auch keine (Straßen-)Verkehrssicherungspflicht, sondern eine andere Amtspflicht, BGHZ 91, 48 (52 ff.).
[62] BGHZ 68, 217 (219 ff.).
[63] BGHZ 85, 225 (228); 113, 164 (167 ff.).
[64] BGHZ 75, 134 (136 ff.); 118, 368 (370 f.); 123, 102 (105 f.).

die **Pflichtverletzung zugleich eine Straftat** ist (Richterbestechlichkeit, § 332 II StGB, und Rechtsbeugung, § 339 StGB). § 839 II 1 BGB bezweckt die Sicherung der Rechtskraft gerichtlicher Entscheidungen.[65] Sachlich erstreckt sich diese Vorschrift deshalb nicht nur auf Urteile im rechtstechnischen Sinn, sondern auch auf andere **gerichtliche Entscheidungen, die rechtskraftfähig sind.** Dies gilt nicht nur für sog. urteilsvertretende Beschlüsse, sondern auch für Beschlüsse in Verfahren des vorläufigen Rechtsschutzes (§§ 80, 80a, 123 VwGO).[66] Auch solche Beschlüsse sind rechtskraftfähig.[67] § 839 II 1 BGB gilt schließlich auch für solche richterliche Maßnahmen, die die Grundlage für eine solche Entscheidung schaffen sollen, wie z. B. Beweisbeschlüsse oder das Verlesen von Schriftstücken, die den Angeklagten eines Strafverfahrens betreffen.[68]

1089 Andere richterliche Maßnahmen, die keinen derartigen inneren Zusammenhang mit einer rechtskraftfähigen Entscheidung aufweisen wie z. B. Entscheidungen im Kostenfestsetzungsverfahren oder über Prozesskostenhilfeanträge oder die pflichtwidrige Nichtbearbeitung von Gerichtsakten (dazu § 839 II 2 BGB), sind nicht durch § 839 II 1 BGB privilegiert.[69] Verletzt ein Richter durch eine derartige Maßnahme seine Amtspflichten, haftet er bzw. die hinter ihm stehende Körperschaft schon bei Fahrlässigkeit. Der Hinweis auf die in Art. 97 I GG garantierte Unabhängigkeit der Richter vermag eine Haftungsbeschränkung auf Fälle grob fahrlässiger Amtspflichtverletzungen nicht zu begründen.[70]

---

[65] BVerfGK NJW 2013, 3630 Rn. 35; *Ossenbühl/Cornils,* S. 102; *Windthorst,* in: Detterbeck/Windthorst/Sproll, § 10 Rn. 42; verfehlt EuGH NJW 2003, 3540 Rn. 39.

[66] So auch BGH JZ 2005, 679 m. zust. Anm. *Schenke* zu einstweiligen Anordnungen nach § 123 VwGO sowie Arrestbeschlüssen und einstweiligen Verfügungen nach §§ 922, 935 f. ZPO; zustimmend auch *Ossenbühl/Cornils,* S. 103; *Meyer,* NJW 2005, 864 f.; a. A. BGHZ 155, 306 ff. zu einer einstweiligen Anordnung nach §§ 70h, 69 f I FGG; *Wollweber,* DVBl. 2004, 511.

[67] Dazu *Detterbeck,* Streitgegenstand und Entscheidungswirkungen im Öffentlichen Recht, 1995, S. 297, 300.

[68] Dazu BGH NJW 2011, 1072 Rn. 13; billigend BVerfGK NJW 2013, 3630 Rn. 34 f.

[69] OLG Dresden SächsVBl. 2009, 293, das einen Regressanspruch des Dienstherrn gegen den Richter nach Art. 34 S. 2 GG bejahte; *Ossenbühl/Cornils,* S. 103; kritisch und a. A. für Entscheidungen im Prozesskostenhilfeverfahren *Tombrink,* NJW 2002, 1324 ff.

[70] So aber BGHZ 155, 306 (309 f.) – freilich zu einem Gerichtsbeschluss, der nach hier vertretener Auffassung unter § 839 II 1 BGB fällt; BGH NJW 2011, 1072 Rn. 14; OLG Frankfurt NJW 2001, 3270 f. unter Hinweis auf BGH NJW-RR 1992, 919 f.; NJW 1987, 225; dagegen zu Recht *Brüning,* NJW 2011, 1077; *Zuck,* JZ 2011, 477; *Schlaeger,* NJW 2001, 3244; vgl. auch BVerfGK NJW 2013, 3630 Rn. 35.

c) Nichtergreifen von Rechtsmitteln, § 839 III BGB

Der Amtshaftungsanspruch ist gem. § 839 III BGB ausgeschlossen, wenn es der Geschädigte in vorwerfbarer Weise (vorsätzlich oder fahrlässig) versäumt hat, den Schaden durch **Gebrauch eines Rechtsmittels** abzuwenden.[71]

1090

Zu denken ist vor allem an einen Widerspruch und an verwaltungsgerichtliche Klagen. Ob auch die Verfassungsbeschwerde nach Art. 93 I Nr. 4a GG zu den Rechtsmitteln i. S. v. § 839 III BGB zählt, ist umstritten.[72] Die Einlegung eines Rechtsmittels muss aber **zumutbar** sein.[73] Außerdem muss die Nichteinlegung eines Rechtsmittels kausal für den Schadenseintritt sein.[74]

Beachte: Unter Rechtsmittel i. S. v. § 839 III BGB fallen alle förmlichen Rechtsbehelfe, aber auch nichtförmliche wie Dienstaufsichtsbeschwerden, Gegenvorstellungen oder Erinnerungen.[75] Erforderlich ist aber nur, dass **ein** geeignetes Rechtsmittel ergriffen wird. Der Geschädigte darf sich aber nicht mit einem schwächeren und ineffektiveren Rechtsbehelf begnügen.[76]

1091

Eine Rechtswegerschöpfung, wie sie § 90 II 1 BVerfGG vorsieht, verlangt § 839 III BGB nicht.

---

[71] Näher *Hoppe*, JA 2011, 167 ff.
[72] Dafür z. B. *Maurer*, § 26 Rn. 51 a. E.; dagegen BGHZ 30, 18 (28); *Ossenbühl/Cornils*, S. 96.
[73] BGH NJW 2002, 3172 (3174) hat die Zumutbarkeit der Verweisung eines verbeamteten Mobbing-Opfers auf Rechtsbehelfe gegen den mobbenden Dienstvorgesetzten verneint, weil die Einlegung eines Rechtsbehelfs zu einer deutlichen Verschlechterung der Situation geführt hätte; äußerst bedenklich BGH NJW 2013, 3176 Rn. 20; NJW 2003, 1313, wonach die Zumutbarkeit nicht erst bei geringen, sondern bereits bei **zweifelhaften Erfolgsaussichten des Rechtsmittels** verneint werden kann.
[74] *Wittreck/Wagner*, Jura 2013, 1221; bei der Prüfung der Kausalität kommt es nach Auffassung des BGH nicht ausschließlich darauf an, wie die nicht angerufene Behörde oder das nicht angerufene Gericht nach Maßgabe des einschlägigen Rechts hätte entscheiden müssen; zu berücksichtigen sei auch, wie die Behörde oder das Gericht möglicherweise tatsächlich entschieden hätte, BGH NJW 1986, 1924; NJW 2003, 1313; NJW 2004, 1242; dazu kritisch *Wißmann*, NJW 2003, 3455 ff.
[75] BGH NJW 2013, 3237 Rn. 18; *Ossenbühl/Cornils*, S. 95; dagegen *Windthorst*, in: Detterbeck/Windthorst/Sproll, § 10 Rn. 63.
[76] BGH NJW 2013, 3176 Rn. 22.

§ 839 III BGB schließt den Amtshaftungsanspruch vollständig aus und nicht nur wie im Falle des § 254 BGB anteilsmäßig entsprechend dem Verursachungsbeitrag.[77]

1092 Der Rechtsbehelf muss sich unmittelbar gegen die Amtspflichtverletzung richten.[78] Rechtsbehelfe, die auf die Beseitigung eines bereits eingetretenen Schadens gerichtet sind, fallen deshalb nicht unter § 839 III BGB. Dies gilt insbesondere für die Geltendmachung eines Folgenbeseitigungsanspruchs.[79] Er kann sich zwar auch gegen eine amtspflichtwidrige Handlung (z. B. einen Verwaltungsakt) richten, ist aber primär ein Anspruch auf Beseitigung der rechtswidrigen Folgen öffentlich-rechtlichen Handelns. Ein Amtshaftungsanspruch ist also nicht gem. § 839 III BGB ausgeschlossen, wenn der Geschädigte keinen Folgenbeseitigungsanspruch zur Beseitigung eines bereits eingetretenen Schadens geltend macht.[80]

7. Art und Umfang des Schadensersatzes

1093 Wegen der besonderen Konstruktion des Amtshaftungstatbestandes kommt grundsätzlich[81] nur **Schadensersatz in Geld** in Betracht.

Ein Anspruch auf die Vornahme einer Amtshandlung (z. B. Erlass eines Verwaltungsakts oder öffentlich-rechtlicher Widerruf einer amtlichen Tatsachenbehauptung) besteht nicht. Denn wegen der bloßen Überleitung der persönlichen Haftung des Beamten auf den Staat gem. Art. 34 S. 1 GG haftet der Staat nur insoweit, wie der Amtswalter als **Privatperson** haften kann. Als Privatperson kann er aber nicht öffentlich-rechtlich handeln. Hierzu ist dann aber auch der Staat nach Amtshaftungsgrundsätzen nicht verpflichtet.[82]

§ 253 II BGB ist anwendbar. D. h., ein Amtshaftungsanspruch kann auch auf die Zahlung von **Schmerzensgeld** gerichtet sein (Ersatz eines immateriellen Schadens).

1094 Soweit nicht schon § 839 III BGB anwendbar ist, muss auch § 254 BGB beachtet werden. D. h., **Mitverschulden des Geschädigten** bei der Scha-

---

[77] BGH NJW 2013, 3176 Rn. 25.
[78] BGHZ 28, 104 (106); 123, 1 (7); NJW 2013, 3237 Rn. 18.
[79] Dazu im einzelnen unten Rn. 1201 ff.
[80] BGH NJW 2013, 3237 Rn. 17 ff., 23 ff. (auch zum sozialrechtlichen Herstellungsanspruch); *Windthorst*, in: Detterbeck/Windthorst/Sproll, § 10 Rn. 58 ff. (59); *Ossenbühl/Cornils*, S. 397.
[81] Zu einem Sonderfall BVerfG NJW 2006, 1580 f.; BGHZ 161, 33 ff.: Kein Geldausgleich bei Verstoß gegen die Menschenwürde, wenn schon die gerichtliche Feststellung der Rechtswidrigkeit des behördlichen Handelns einen ausreichenden Ausgleich bewirkt.
[82] Grundlegend BGHZ 34, 99 ff.

densentstehung und Schadensentwicklung führt zur Minderung oder sogar zum Ausschluss des Schadensersatzanspruchs.

8. Verjährung

Die Verjährungsvorschriften der §§ 194 ff. BGB gelten unmittelbar.[83] Nach § 195 BGB gilt eine dreijährige Verjährungsfrist. Sie beginnt gem. § 199 I BGB aber erst mit dem Ende des Jahres, in dem der Anspruch entstanden ist (d. h. objektiv im Wege der Klage geltend gemacht werden kann)[84] **und** der Geschädigte Kenntnis von dem Umständen, die den Amtshaftungsanspruch begründen, sowie von der Person des Schädigers erlangt hat oder ohne grobe Fahrlässigkeit hätte erlangen müssen.[85] Die Dreijahresfrist des § 195 BGB wird deshalb häufig erst sehr viel später als drei Jahre nach Begehung der Amtspflichtverletzung abgelaufen sein.

Für Amtshaftungsansprüche, die auf der Verletzung des Lebens, des Körpers, der Gesundheit oder der Freiheit[86] beruhen, gilt die **absolute Verjährungsfrist** des § 199 II BGB. D. h., die Frist beginnt ohne Rücksicht auf Kenntnis oder grob fahrlässige Unkenntnis des Geschädigten zu laufen. Für sonstige, also nicht unter § 199 II BGB fallende Amtshaftungsansprüche gilt die **absolute Verjährungsfrist** des § 199 III BGB. Trotz der Formulierung „und" beträgt sie nach § 199 III 1 Nr. 1 BGB entweder zehn Jahre (gerechnet von der Anspruchsentstehung und daher mit der Schadensentstehung an) **oder** nach § 199 III 1 Nr. 2 BGB 30 Jahre (gerechnet von der Amtspflichtverletzung an). Entscheidend ist nach § 199 III 2 BGB die **im konkreten Fall** früher endende Frist.

Beispiel: Durch eine 2002 begangene Amtspflichtverletzung entsteht dem Bürger B 2033 ein Schaden. Die eigentlich kürzere Frist des § 199 III 1 Nr. 1 BGB endet erst mit Ablauf von 2043. Die eigentlich längere Frist des § 199 III 1 Nr. 2 BGB ist aber 2032 abgelaufen. Deshalb ist der Amtshaftungsanspruch nach § 199 III 2 BGB **spätestens** mit Ablauf des Jahres 2032 verjährt (*Palandt/Ellenberger,* § 199 Rn. 47 mit einem weiteren Beispiel).

1095

9. Der haftende Hoheitsträger

Gem. Art. 34 S. 1 GG haftet der „Staat oder die Körperschaft", in deren Dienst der Amtsträger steht. Der Begriff der **Körperschaft** wird untechnisch verstanden und weit ausgelegt. Erfasst sind alle juristischen

1096

---

[83] Speziell zum Amtshaftungsrecht *Dötsch,* NWVBl. 2001, 387 f.
[84] *Palandt/Ellenberger,* § 199 Rn. 3.
[85] Vgl. dazu auch *Palandt/Ellenberger,* § 199 Rn. 35 ff.
[86] Womit insbesondere nicht die allgemeine Handlungsfreiheit des Art. 2 I GG gemeint ist, sondern nur die Entziehung der körperlichen Bewegungsfreiheit oder die Nötigung zu einer Handlung durch Drohung, Zwang oder Täuschung, *Palandt/Sprau,* § 823 Rn. 6.

Personen des **öffentlichen Rechts,** auch rechtsfähige Anstalten und Stiftungen.[87]

> Eine **persönliche** Haftung des Amtsträgers ist dadurch grundsätzlich ausgeschlossen. Die **deliktische** Eigenhaftung des Amtsträgers für öffentlich-rechtliches Handeln wird nach Art. 34 S. 1 GG auf den Staat verlagert.[88] **Schuldrechtliche** Ansprüche gegen den Amtsträger kommen in aller Regel schon deshalb nicht in Betracht, weil dieser für den Staat handelt und deshalb zwischen Amtsträger und Geschädigtem grundsätzlich kein Schuldverhältnis besteht.[89] Konkurrierende Ansprüche gegen den nach Art. 34 S. 1 GG haftenden Rechtsträger sind allerdings möglich.[90]

Nach der früher vertretenen **Anstellungstheorie** haftet diejenige Körperschaft, die den Amtswalter angestellt hat[91] – und zwar unabhängig davon, ob der Amtswalter im konkreten Fall auch Aufgaben seiner Körperschaft wahrgenommen hat.

Nach der ebenfalls früher vertretenen **Funktionstheorie** haftet derjenige Hoheitsträger, dessen Aufgaben der Amtswalter im konkreten Fall wahrgenommen hat.[92]

Nach der heute zu Art. 34 S. 1 GG überwiegend vertretenen **Anvertrauenstheorie** (Amtsübertragungstheorie) haftet derjenige Hoheitsträger, der dem Amtsträger das Amt anvertraut (übertragen) hat (Amt ist hier nicht die konkrete Aufgabe oder Funktion, sondern das Amt im abstrakten Sinn). Dies ist **in der Regel die Anstellungskörperschaft.**[93] Die Rechtsprechung des BGH ist aber alles andere als klar und überzeugend, wie die folgenden Sonderfälle belegen.

---

[87] *Dagtoglou*, BK, Art. 34 (1970) Rn. 232; *Maurer*, § 26 Rn. 40.
[88] BGH, NJW 2014, 2577 Rn. 7.
[89] Siehe nur BGH NVwZ 2006, 381 ff.; vgl. aber BGH, NJW 2014, 2577 Rn. 8 ff., 15, wonach schuldrechtliche und andere Ansprüche unmittelbar gegen den Amtsträger (aus Vertrag zugunsten Dritter und aus § 7 StVG) nicht durch Art. 34 S. 1 GG von vornherein ausgeschlossen sind.
[90] Rn. 1001.
[91] BGHZ 2, 350 (352 ff.); 6, 215 (219); 7, 75 (76).
[92] RGZ 158, 95 (99) zu einem Sonderfall.
[93] BGHZ 53, 217 (218 f.); 99, 326 (330); BGH NVwZ 1992, 298; auf die im Regelfall haftende Anstellungskörperschaft abstellend auch BGH JZ 2011, 471 Rn. 10.

Sonderfälle:[94]

1097

(1) Ein Bediensteter einer Gemeinde erfüllt eine Aufgabe des übertragenen Wirkungskreises (also eine **staatliche** Aufgaben, die das Land den Gemeinden übertragen hat) und schädigt einen Dritten. Nach der **Funktionstheorie** haftet das Land, weil der Gemeindebedienstete eine staatliche Aufgabe erfüllt hat. Nach der **Anvertrauenstheorie** (und auch nach der **Anstellungstheorie**) haftet dagegen die Gemeinde, weil diese dem Bediensteten sein Amt übertragen hat. Dieses Ergebnis ist zutreffend. Es ist zudem deckungsgleich mit der Bestimmung des richtigen Beklagten in Verwaltungsprozessen: Wird gegen die Maßnahme des Gemeindebediensteten geklagt, etwa im Wege der Anfechtungsklage, ist richtige Beklagte die Gemeinde (§ 78 I Nr. 1 VwGO) und nicht das Land.[95]

(2) Hat der amtspflichtwidrig Handelnde keinen Dienstherrn oder mehrere Dienstherren, **versagt die Anstellungstheorie**. So verhält es sich etwa bei den **Beliehenen** (z. B. den amtlich anerkannten Kfz-Sachverständigen) und **Verwaltungshelfern,** die zwar jeweils bestimmte hoheitliche Aufgaben erfüllen, aber keinen Dienstherrn haben, und bei **Beamten mit echter Doppelstellung,** die zwei Dienstherren haben. Letzteres ist der Fall, wenn ein Beamter zu einem anderen Dienstherrn abgeordnet wird – er behält seinen alten Dienstherrn und erhält einen neuen hinzu – oder wenn er ein zweites Haupt- oder Nebenamt ausübt.

Beispiel: Ein Hochschullehrer (Dienstherr ist das Land) ist im zweiten Hauptamt als Bundesrichter tätig (Dienstherr ist der Bund), *Behrens,* Beamtenrecht, 2. Aufl. 2001, § 1 Rn. 7.

Auch in derartigen Fällen wendet der BGH die **Anvertrauenstheorie** an und gelangt zum zutreffenden Ergebnis: Es haftet diejenige Körperschaft, die dem Handelnden das Amt, bei dessen Ausübung er amtspflichtwidrig gehandelt hat, übertragen hat.[96] Hat also der Hochschullehrer in der Vorlesung einen unbotmäßigen Studenten geohrfeigt, haftet das Land; hat derselbe Hochschullehrer, der zugleich das Amt eines Bundesrichters ausübt, eine falsche richterliche Entscheidung getroffen, haftet unter den Voraussetzungen des § 839 II BGB der Bund. Bei **Beliehenen und Verwaltungshelfern** haftet nicht etwa ein vorhandener privater Rechtsträger (z. B. der TÜV als eingetragener Verein für den Kfz-Sachverständigen, der ein Beliehener ist), sondern die öffentlich-rechtliche Körperschaft, die dem Beliehenen oder dem Verwaltungshelfer sein öffentliches Amt übertragen hat.[97]

Anders verhält es sich dagegen bei **verwaltungsgerichtlichen Klagen** gegen Handlungen des Beliehenen bzw. bei Klagen auf Vornahme solcher Handlungen. Hier ist die Klage gegen den Beliehenen zu richten.[98] Geht es um Handlungen eines Verwaltungshelfers, ist die verwaltungsgerichtliche Klage (ebenso wie eine Amtshaftungsklage) wiederum gegen die Körperschaft zu richten, die den Verwaltungshelfer mit der Aufgabenwahrnehmung betraut hat.[99]

(3) Problematisch und umstritten sind diejenigen Fälle, in denen der Handelnde zwar nur einen Dienstherrn hat, aber als **Organ zwei verschiedener Körperschaften** handelt. So verhält es sich vor allem bei Kreisbediensteten und Landräten. Sie erfüllen zum einen kom-

---

[94] Dazu auch *Pietzcker,* AöR 132 (2007), 463 ff.
[95] BVerwG DÖV 1993, 1053; *Kopp/Schenke,* § 78 Rn. 7; *Brenner,* in: Sodan/Ziekow, § 78 Rn. 19; *Meissner,* in: Schoch/Schneider/Bier, § 78 Rn. 34.
[96] BGHZ 87, 202 (204 f.); 99, 326 (330 f.); 122, 85 (87, 93); NVwZ-RR 2001, 147.
[97] BGHZ 161, 6 (10); 147, 169 (171 ff.); BVerwG NVwZ 2011, 368 Rn. 21.
[98] *Kopp/Schenke,* § 78 Rn. 3; *Meissner,* in: Schoch/Schneider/Bier, § 78 Rn. 32; *Brenner,* in: Sodan/Ziekow, § 78 Rn. 16.
[99] Vgl. *Kopp/Schenke,* § 78 Rn. 3.

munale Aufgaben des Kreises und handeln insoweit als **Kreisorgane**. Zum anderen handeln sie in bestimmten gesetzlich ausdrücklich geregelten Fällen als (bzw. für) Behörden der Landesverwaltung und damit als **Landesorgane**. Beachte: Der zuletzt genannte Fall darf nicht schon dann angenommen werden, wenn der Kreis staatliche Aufgaben des Landes erfüllt. Durch die bloße Erfüllung staatlicher Aufgaben wird die handelnde Stelle noch nicht zum Staatsorgan. So handeln die in Fallgruppe (1) genannten Gemeindeorgane auch dann als Organe der Gemeinde und nicht des Landes, wenn sie staatliche Aufgaben erfüllen. Der hessische Kreisausschuss handelt auch dann als Kreisorgan und nicht als Landesorgan, wenn er gem. § 52 I 1 Nr. 1 b HBO als untere Bauaufsichtsbehörde und deshalb nach § 53 I HBO Aufgaben des Staates wahrnimmt. Vielmehr bleibt er „die Verwaltungsbehörde des Landkreises" (§ 41 S. 1 HKO).

Anders ist es nur dann, wenn ein Gemeinde- oder Kreisorgan kraft ausdrücklicher gesetzlicher Regelung **„als Behörde der Landesverwaltung"** handelt. So verhält es sich z. B. beim hessischen Landrat in den in § 55 HKO und § 136 III HGO geregelten Fällen („Der Landrat als Behörde der Landesverwaltung"), beim nordrhein-westfälischen Landrat in den Fällen des § 59 NRWKrO („Der Landrat als untere staatliche Verwaltungsbehörde") oder bei den bayerischen Landratsämtern in den in Art. 37 I 2 BayLKrO genannten Fällen („ist es Staatsbehörde"). Hier handeln die Kommunalorgane im Wege der **Organleihe als Landesorgane**.[100] Ähnlich gelagert ist die Rechtslage in den Fällen des § 32 c II 2 Zollfahndungsdienstgesetz. Das Handeln der unterstützenden Beamten wird ggf. einem fremden Rechtsträger zugerechnet. **Bei verwaltungsgerichtlichen Klagen** gegen Handlungen oder auf Vornahme von Handlungen dieser Organe ist die Klage gegen diejenige Körperschaft zu richten, für die das Organ im konkreten Fall gehandelt hat bzw. handeln soll. Geht es um eine Handlung eines hessischen oder nordrhein-westfälischen Landrats oder eines bayerischen Landratsamtes, die als Handlung der Landesbehörde vorzunehmen ist, richtet sich die Klage gegen das Land und nicht gegen den Kreis.[101]

Anders verhält es sich in den genannten Fällen der Organleihe dagegen nach Maßgabe der Rechtsprechung des BGH in **Amtshaftungsprozessen.** Im Ausgangspunkt zutreffend stellt der BGH nicht auf die handelnde Behörde oder das Organ, sondern auf den handelnden einzelnen Amtswalter ab. Zutreffend ist auch die Aussage, der konkret Handelnde habe nur einen Dienstherrn. Hieraus folgert der BGH dann aber, dass der Handelnde keine Doppelstellung im haftungsrechtlichen Sinne (wie in Fallgruppe 2) habe.[102] Deshalb hafte „diejenige Körperschaft, die das Anstellungsverhältnis begründet hat, und zwar unabhängig davon, in welchem Aufgabenbereich die Amtspflichtverletzung begangen wurde".[103] Hat ein Kreisbediensteter gehandelt, haftet nach BGH der Kreis, hat ein Landesbediensteter gehandelt, haftet das Land;[104] gegen die jeweilige Körperschaft ist dann die Amtshaftungsklage zu erheben. Ist der Landrat ein Kreisbeamter, wie in Hessen oder Baden-Württemberg,[105]

---

[100] *Papier,* in: Maunz/Dürig, Art. 34 Rn. 297; *Hermes,* in: Hermes/Reimer, Landesrecht Hessen, 8. Aufl. 2015, § 3 Rn. 12.

[101] *Hermes,* a.a.O; *Kopp/Schenke,* § 78 Rn. 3; sehr aufschlussreich *Meissner,* in: Schoch/Schneider/Bier, § 78 Rn. 33 f.

[102] BGHZ 87, 202 (205); 99, 326 (331); DÖV 2007, 386 Rn. 8; dem Landrat wird vom BGH entgegen *Ossenbühl/Cornils,* S. 114, gerade keine Doppelstellung zugebilligt; zutreffend die Rechtsprechungsauswertung von *v. Mutius/Groth,* NJW 2003, 1283.

[103] BGHZ 87, 202 (205); 99, 326 (332).

[104] BGHZ 99, 326 (332); DÖV 2007, 386 Rn. 8.

[105] § 37 II 1 BaWüKrO.

§ 21. Amtshaftungsanspruch, § 839 BGB, Art. 34 GG

haftet danach stets der Kreis.[106] Nach Maßgabe dieser Rechtsprechung müsste der Dienstherr des handelnden Polizeivollzugsbeamten auch dann haften, wenn dessen Handeln nach § 32 c II 2 Zollfahndungsdienstgesetz als Handeln einer Behörde eines anderen Rechtsträgers und damit Dienstherrn gilt. Etwas anders gilt nur, wenn der Gesetzgeber die Haftung einer anderen Körperschaft ausdrücklich anordnet: So ist der bayerische Landrat gem. Art. 31 I 1 BayLKrO zwar ein Beamter des Landkreises. Soweit er aber als Staatsbehörde handelt, haftet für Amtspflichtverletzungen gem. Art. 35 III 1 BayLKrO das Land; ebenso verhält es sich nach § 53 II 1 BaWüKrO, § 111 IV 4 ThürKO und nach § 55 VI 2 RhPflRO.[107] In diesem Zusammenhang ist auch § 56 II HKO zu sehen.

Der Sache nach wendet der BGH in den oben genannten Fällen die Anstellungstheorie an,[108] wobei freilich nicht übersehen werden darf, dass hier die Anstellungskörperschaft dem Handelnden sein abstraktes Amt übertragen hat und dass deshalb eine formalistische Anwendung der Anvertrauenstheorie zum selben Ergebnis führen würde.

Die Rechtsprechung des BGH ist gleichwohl abzulehnen. Sie führt nicht nur zu einem bürgerunfreundlichen Auseinanderfallen der Passivlegitimation in Amtshaftungsprozessen einerseits und verwaltungsgerichtlichen Primärrechtsstreitigkeiten andererseits,[109] sondern ist auch inkonsequent: In anderen Fällen der Organleihe hat sich der BGH nämlich für die Haftung derjenigen Körperschaft ausgesprochen, die im Wege der Organleihe durch Personal einer anderen Körperschaft gehandelt hat.[110] Hier stellt der BGH darauf ab, wem die Handelnden „funktional zugeordnet" sind.[111] Um Organleihe geht es aber unstreitig auch in den oben genannten „Landkreisfällen". Wird ein Bediensteter einer bestimmten Körperschaft im Wege der Organleihe für eine andere Körperschaft tätig, tritt die Bedeutung des Anstellungsverhältnisses völlig in den Hintergrund. Entscheidend sind die Aufgaben, die erfüllt werden. Hier ist die Anwendung der **Funktionstheorie** gerechtfertigt. Danach haftet diejenige Körperschaft, deren Aufgaben im Wege der Organleihe erfüllt werden.[112]

Beachte: Nach der vom BGH vertretenen Anvertrauenstheorie haftet abgesehen von ganz seltenen Ausnahmefällen immer die An-

---

[106] BGH DÖV 2007, 386 Rn. 8; so auch OLG Brandenburg LKV 2002, 389 ff.; dies ausblendend *Stehle*, VBlBW 2010, 146 f.; ablehnend gegenüber der Rspr. *Kaden*, LKV 2002, 362 ff.

[107] Speziell zu § 53 II BaWüKrO *Stehle*, VBlBW 2010, 146 ff.; zu § 55 VI 2 RhPfLKrO *Cloeren/Itzel*, LKRZ 2010, 47 f.

[108] So die Bewertung von v. *Mutius/Groth*, NJW 2003, 1283; ganz deutlich auch OLG Brandenburg LKV 2002, 390.

[109] So wie z.B. in manchen Fällen des § 32 c Zollfahndungsdienstgesetz. Beim Beliehenen ist diese Konsequenz freilich unvermeidlich.

[110] BGH NVwZ 1989, 395 unter ausdrücklicher Bezugnahme auf die Organleihe; ebenso BGHZ 117, 240 (249).

[111] BGH NVwZ 1989, 395; auch in BGHZ 53, 217 (220 f.) wurde letztlich auf die staatliche Funktion des kommunalen Ehrenbeamten abgestellt und eine Haftung des Staates angenommen.

[112] Ebenso *Papier*, in: Maunz/Dürig, Art. 34 Rn. 297; *Meyer/Stolleis*, Staats- und Verwaltungsrecht für Hessen, 5. Aufl. 2000, S. 356 (zu § 85 I Nr. 3 HSOG a.F.; nach § 85 I 1 Nr. 3 i.V.m. S. 2 HSOG n.F. wird der Landrat nicht mehr im Wege der Organleihe tätig; es haftet deshalb unstr. der Kreis); *Brinktrine*, DV 43 (2010), 286 ff.; *v. Mutius/Groth*, NJW 2003, 1283 f.; *Kaden*, LKV 2002, 363 f.; der Sache nach auch *Maurer*, § 26 Rn. 42; vgl. auch *Bickel*, DÖV 1981, 583 f.

stellungskörperschaft. Nach Art. 34 S. 1 GG kann nur der Staat oder eine andere Körperschaft, also nur eine juristische Person des öffentlichen Rechts haften. Privatpersonen oder juristische Personen des Privatrechts scheiden aus. Anspruchsgegner und Beklagte können im Amtshaftungsprozess und im Verwaltungsprozess verschieden sein.

III. Prozessuale Anschlussfragen
1. Zivilrechtsweg

1098   Amtshaftungsansprüche sind gem. Art. 34 S. 3 GG, § 40 II 1 HS 1, 3. Var. VwGO im Zivilrechtsweg geltend zu machen. Nach § 17 II 2 GVG ist auf Amtshaftungsansprüche § 17 II 1 GVG nicht anwendbar. Gem. § 71 II Nr. 2 GVG sind die Landgerichte in erster Instanz zuständig.

2. Prüfungsumfang des Zivilgerichts

1099   Hat ein **Verwaltungsgericht** die Rechtmäßigkeit oder Rechtswidrigkeit des Verhaltens des Amtsträgers rechtskräftig festgestellt, ist das Zivilgericht, vor dem der Geschädigte nachfolgend einen Amtshaftungsanspruch geltend macht, an diese verwaltungsgerichtliche Feststellung gem. § 121 VwGO gebunden und darf zu keinem abweichenden Ergebnis gelangen.[113]

1100   Umstritten ist folgende Konstellation: Ein **Verwaltungsakt ist bestandskräftig** geworden, weil der Bürger keinen Rechtsbehelf eingelegt hat. Nunmehr macht der Bürger aber in einem Amtshaftungsprozess mit dem Argument einen Schadensersatzanspruch geltend, der Verwaltungsakt sei rechtswidrig, deshalb sei sein Erlass amtspflichtwidrig gewesen. Darf das Zivilgericht ein klagestattgebendes Urteil auf die Rechtswidrigkeit des Verwaltungsakts stützen, oder steht dem die Bestandskraft des Verwaltungsakts entgegen?

Nach der Rechtsprechung des BGH ist die zivilgerichtliche Prüfungskompetenz nicht durch die Bestandskraft des Verwaltungsakts eingeschränkt.[114] Für die Auffassung des BGH kann ins Feld geführt werden, dass zwischen der Rechtskraft eines gerichtlichen Urteils, das die Rechtmäßigkeit eines Verwaltungsakts bejaht hat, und der bloßen Bestandskraft von Verwaltungsakten ein grundlegender Unterschied besteht. Weiterhin kann

---

[113] Vgl. BGHZ 9, 129 (132f.); 15, 17 (19); 97, 97 (103); 113, 17 (20); 134, 268 (273f.).
[114] BGHZ 113, 17 ff.; zustimmend *Beaucamp*, DVBl. 2004, 352 ff. mit umfassender Aufbereitung des Meinungsstreits; dazu die Fallbearbeitung von *Bethge/Rozek*, JuS 1995, 806 ff.; kritisch zur Rspr. *Windthorst*, in: Detterbeck/Windthorst/Sproll, § 11 Rn. 25 ff.

aus § 839 III BGB gefolgert werden, dass die Rechtswidrigkeit eines bestandskräftigen Verwaltungsakts in einem Amtshaftungsprozess nur dann nicht mehr geltend gemacht werden darf, wenn die Nichtergreifung von Rechtsbehelfen gegen den Verwaltungsakt vorsätzlich oder fahrlässig war – ansonsten aber schon.

IV. Konkurrenzen

Amtshaftungsansprüche nach § 839 BGB, Art. 34 GG schließen deliktische Ansprüche nach §§ 823, 831, 826 BGB grundsätzlich[115] aus. Die Kraftfahrzeughalterhaftung nach § 7 StVG (Gefährdungshaftung) ist nicht verdrängt.[116] Verdrängt ist dagegen die Fahrerhaftung nach § 18 StVG (Verschuldenshaftung).[117]

Entschädigungsansprüche aus enteignungsgleichem Eingriff, aus Aufopferung, Schadensersatzansprüche aus verwaltungsrechtlichem Schuldverhältnis, Folgenbeseitigungs- und Erstattungsansprüche sowie Ausgleichsansprüche nach den Bestimmungen der Polizei-, Ordnungs- und Sicherheitsgesetze der Länder sind durch einen Amtshaftungsanspruch nicht ausgeschlossen[118] und schließen auch keinen Amtshaftungsanspruch aus.

Übersicht 30:
Amtshaftung, § 839 BGB, Art. 34 GG (Prüfschema)

1. **Handeln (Unterlassen) eines Amtsträgers in Ausübung eines öffentlichen Amtes:**
   Jedes öffentlich-rechtliche Handeln (Unterlassen)
   - Beamtenstatus ist nicht erforderlich.
   - Das Merkmal „in Ausübung" verlangt einen äußeren und inneren Zusammenhang zwischen der konkret schädigenden Handlung und der öffentlich-rechtlichen Tätigkeit (Handeln nur bei Gelegenheit der öffentlich-rechtlichen Tätigkeit genügt nicht). Damit ist das Merkmal „in Ausübung" aber bereits Bestandteil des Merkmals öffentlich-rechtliches Handeln. Denn Handeln

---

[115] BGH NJW 2014, 2577 Rn. 7; zu Ausnahmen BGH NJW 1996, 3208 f.; *Ossenbühl/Cornils*, S. 118.
[116] BGHZ 121, 161 (168); NJW 2014, 2577 Rn. 15; *Windthorst*, in: Detterbeck/Windthorst/Sproll, § 11 Rn. 35.
[117] BGHZ 121, 161 (167); *Windthorst*, a.a.O.
[118] *Windthorst*, in: Detterbeck/Windthorst/Sproll, § 11 Rn. 30 ff.; *Ossenbühl/Cornils*, S. 118 f.

nur bei Gelegenheit einer öffentlich-rechtlichen Tätigkeit ist privatrechtliches Handeln.

2. **Verletzung einer drittgerichteten Amtspflicht**
   a) Amtspflicht
   - Alle durch Rechtsnormen oder verwaltungsinterne Regelungen auferlegte Pflichten des Amtsträgers (insbes. Verbot, andere zu schädigen oder rechtswidrig zu handeln).

   b) Drittgerichtetheit der Amtspflicht
   - Die Amtspflicht darf nicht nur im Interesse der Allgemeinheit bestehen, sondern muss zumindest auch den Schutz des Geschädigten bezwecken:
     – Hat die Amtspflicht generell Drittwirkung?
     – Gehört der Geschädigte zum geschützten Personenkreis?
     – Wird das beeinträchtigte Interesse oder Rechtsgut des Geschädigten von der Drittrichtung der verletzten Amtspflicht erfasst?

   c) Verstoß gegen die (drittgerichtete) Amtspflicht

3. **Verschulden** des Amtsträgers, § 839 I 1 BGB (Vorsatz/Fahrlässigkeit)
   - Muss sich nur auf die Amtspflichtverletzung beziehen, nicht auf den Schaden oder die Kausalität.

4. Vorliegen eines **Schadens**

5. **Kausalität** zwischen Amtspflichtverletzung und Schaden
   - Ggf. Adäquanztheorie beachten

6. **Kein Haftungsausschluss** insbes. aufgrund
   a) Subsidiaritätsklausel, § 839 I 2 BGB, sehr restriktive Handhabung
   b) Richterspruchprivileg, § 839 II BGB
   c) Schuldhaftes Nichtergreifen von möglichen Rechtsbehelfen, § 839 III BGB

7. **Art und Umfang des Schadensersatzes**
   - §§ 249 ff. BGB, aber nur Geldersatz; gem. § 253 II BGB auch Schmerzensgeld
   - Berücksichtigung von Mitverschulden, § 254 BGB

8. **Verjährung** (§§ 194 ff. BGB)

9. **Haftender Hoheitsträger**
   - Die Anvertrauenstheorie führt in aller Regel zur Haftung der Anstellungskörperschaft
   - Beachte: Keine Eigenhaftung des öffentlich-rechtlich handelnden Amtsträgers

10. Rechtsweg
- Zivilrechtsweg gem. Art. 34 S. 3 GG, § 40 II 1 HS 1, 3. Var. VwGO (gem. § 71 II Nr. 2 GVG die Landgerichte)

V. Haftung bei privatrechtlichem Handeln von Trägern öffentlicher Gewalt

Hat ein Hoheitsträger privatrechtlich gehandelt, scheiden Amtshaftungsansprüche gem. § 839 BGB, Art. 34 GG aus. Ist in einer Prüfungsarbeit ausdrücklich nach Amtshaftungsansprüchen gefragt, ist die Prüfung beendet. **1103**

Amtshaftungsansprüche sind nur Ansprüche aus § 839 BGB, Art. 34 GG, nicht auch zivilrechtliche Ansprüche.[119]

Handelt ein Hoheitsträger privatrechtlich, sind ausschließlich die privatrechtlichen Haftungsinstitute und Haftungsvorschriften anwendbar, insbesondere §§ 31, 89, 278, 280 ff., 823, 826, 839 BGB. **1104**

Die privatrechtlichen Haftungsvorschriften gelangen in folgenden Bereichen zur Anwendung:[120] **1105**
- erwerbswirtschaftliche Betätigung der öffentlichen Hand
- fiskalische Hilfsgeschäfte (Bedarfsdeckungsgeschäfte)
- Verwaltungsprivatrecht[121]

Zu unterscheiden ist im folgenden zwischen der **Eigenhaftung derjenigen Person, die für den Hoheitsträger gehandelt hat** – beachte: bei öffentlich-rechtlichem Handeln ist die Eigenhaftung des Amtsträgers nach Art. 34 S. 1 GG ausgeschlossen (Art. 34 S. 2 GG betrifft nur den Rückgriff des Hoheitsträgers auf den Amtsträger, nicht die Haftung des Amtsträgers gegenüber dem Bürger) –, und der **Haftung des Hoheitsträgers.** Weiterhin ist zu unterscheiden zwischen **schuldrechtlichen Ansprüchen und deliktischen Ansprüchen;** diese Unterscheidung ist übrigens auch bei öffentlich-rechtlichem Handeln eines Hoheitsträgers zu treffen (dazu die folgende Übersicht). Die verschiedenen in Betracht kommenden Konstellationen und Anspruchsgrundlagen[122] werden in der folgenden Übersicht dargestellt. Zur Verdeutlichung und Abgrenzung wird auch der Bereich des öffentlich-rechtlichen Handelns miteinbezogen. **1106**

---

[119] *Maurer,* § 26 Rn. 55; *Windthorst,* in: Detterbeck/Windthorst/Sproll, § 8 Rn. 1, 8, 11.
[120] Dazu näher oben Rn. 905 ff.
[121] Nach einer Mindermeinung sind hier trotz privatrechtlichen Handelns § 839 BGB, Art. 34 GG anwendbar, *Ossenbühl/Cornils,* S. 30 f.; *Windthorst,* in: Detterbeck/Windthorst/Sproll, § 9 Rn. 32; dagegen zu Recht *Maurer,* § 26 Rn. 56.
[122] Dazu die Fallbearbeitung von *Rozek,* Jura 1994, 378 ff.

1107   **Übersicht 31:**

Haftung bei Pflichtverletzungen von Amtsträgern

> A. **Öffentlich-rechtliches Handeln (des Beamten, Angestellten, Arbeiters u. s. w.)**
>   I. **Ansprüche gegen die Anstellungskörperschaft**
>   1. **Schuldrechtliche Ansprüche**
>   • Bei öffentlich-rechtlichen Schuldverhältnissen (unten Rn. 1262 ff.)
>   a) §§ 280 ff. BGB i. V. m. §§ 31, 89 BGB (analog) bei Handeln eines verfassungsmäßig berufenen Vertreters (so BVerwGE 25, 138/146; *Schlette*, Die Verwaltung als Vertragspartner, 2000, S. 429 m. Fn. 105; *Ossenbühl/Cornils*, S. 30 Fn. 127 Nr. 1a; *H. Meyer*, NJW 1977, 1712 f.; vgl. auch *Grzeszick*, in: Erichsen/Ehlers, § 44 Rn. 41; a.A. die zivilrechtl. Lit., z.B. *Palandt/Ellenberger*, § 89 Rn. 1 f., *Palandt/Grüneberg*, § 280 Rn. 10: nicht §§ 31, 89 BGB analog, sondern § 278 BGB analog; im Ergebnis aber kein Unterschied)
>   Verfassungsmäßig berufene Vertreter sind Personen, denen wesensmäßige Funktionen der Anstellungskörperschaft zur selbständigen und eigenverantwortlichen Erfüllung zugewiesen sind (z.B. höhere Beamte, leitende Angestellte).
>   b) §§ 280 ff. BGB i. V. m. § 278 BGB (analog) bei Handeln sonstiger Personen für die Anstellungskörperschaft
>   Frage: warum nicht § 839 BGB, Art. 34 GG? → nur bei deliktischem Handeln anwendbar
>   2. **Deliktische Ansprüche**
>   • § 839 BGB i. V. m. Art. 34 GG
>   II. **Ansprüche gegen den Handelnden (Beamten, Angestellten, Arbeiter)**
>   1. **Schuldrechtliche Ansprüche**
>   • (–), da zwischen dem Geschädigten und dem Han-

delnden keine schuldrechtlichen Beziehungen bestehen.

2. Deliktische Ansprüche
- (−), da nach Art. 34 GG eine Eigenhaftung des Handelnden („jemand") gegenüber dem Geschädigten ausgeschlossen ist.

B. Privatrechtliches Handeln (des Beamten, Angestellten, Arbeiters u.s.w.)
I. Ansprüche gegen die Anstellungskörperschaft
1. Schuldrechtliche Ansprüche
a) §§ 280 ff. BGB i.V.m. §§ 31, 89 BGB bei verfassungsmäßig berufenem Vertreter
b) §§ 280 ff. BGB i.V.m. § 278 BGB bei sonstigen Personen

2. Deliktische Ansprüche
a) § 823 BGB i.V.m. §§ 31, 89 BGB bei verfassungsmäßig berufenem Vertreter
- Nicht § 839 BGB i.V.m. §§ 31, 89 BGB, denn §§ 31, 89 BGB setzen die Verletzung einer allgemeinen Schadensnorm voraus (wie z.B. § 823 BGB), § 839 BGB ist jedoch eine Sondervorschrift für Beamte.
- Vor allem nicht § 823 BGB i.V.m. § 278 BGB, denn § 278 BGB gilt nur für schuldrechtliche Ansprüche.

b) § 831 BGB bei sonstigen Personen
- Die Anstellungskörperschaft hat die Exkulpationsmöglichkeit nach § 831 S. 2 BGB.

II. Ansprüche gegen den Handelnden
1. Schuldrechtliche Ansprüche
- (−), da zwischen dem Geschädigten und dem Handelnden keine schuldrechtlichen Beziehungen bestehen.

2. Deliktische Ansprüche
a) § 839 BGB bei Beamten im statusrechtlichen Sinne
- Die §§ 823 ff. BGB sind auf Beamte im statusrechtlichen Sinn nicht anwendbar, § 839 BGB ist eine Sondervorschrift (BGHZ 34, 99/104).
- Die Anwendbarkeit des § 839 BGB setzt aber voraus, dass der Betreffende als Beamter und nicht nur als Privatmann gehandelt hat. Auch hier ist ein äußerer

und innerer Sachzusammenhang mit der Beamtentätigkeit erforderlich. Fehlt er, haftet der Beamte als Privatmann nach § 823 BGB.
- Beachte: Der Beamte kann den Geschädigten nach § 839 I 2 BGB auf die Haftung der Anstellungskörperschaft (oben B I) verweisen.

b) § 823 BGB bei sonstigen Personen
- Beachte: keine Verweisungsmöglichkeit des persönlich Haftenden

§ 22. Entschädigungsansprüche für Eigentumseingriffe

Literatur: *v. Arnauld*, Enteignender und enteignungsgleicher Eingriff heute, VerwArch. 93 (2002), 394; *Bethge/Detterbeck*, Rembrandt als Pflichtexemplar, JuS 1994, 229 (Examensklausur); *Eschenbach*, Die ausgleichspflichtige Inhaltsbestimmung, Jura 1998, 401; *Kischel*, Entschädigungsansprüche für Eigentumsbeeinträchtigungen, VerwArch. 97 (2006), 450; *Papier*, Die Weiterentwicklung der Rechtsprechung zur Eigentumsgarantie des Art. 14 GG, DVBl. 2000, 1398; *Schenke*, Entschädigungsansprüche bei legislativem Unrecht unter dem Aspekt des enteignungsgleichen Eingriffs, NJW 1988, 857; *Schoch*, Die Eigentumsgarantie des Art. 14 GG, Jura 1989, 111; *ders.*, Die Haftungsinstitute des enteignungsgleichen und enteignenden Eingriffs im System des Staatshaftungsrechts, Jura 1989, 529; *ders.*, Die Haftung aus enteignungsgleichem und enteignendem Eingriff, Jura 1990, 140; *ders.*, Rechtliche Konsequenzen der neuen Eigentumsdogmatik für die Entschädigungsrechtsprechung des BGH, in: FS K. Boujong, 1996, S. 655; *Stüer/Thorand*, Abschied von salvatorischen Klauseln im Denkmal- und Naturschutzrecht, NJW 2000, 3737.

Rechtsprechung: BVerfGE 58, 137 (Pflichtexemplar-Entscheidung, ausgleichspflichtige Inhaltsbestimmung); BVerfGE 58, 300 (Nassauskiesungs-Entscheidung, formaler Enteignungsbegriff); BVerfGE 104, 1/10 (Baulandumlegung – Enteignung als Güterbeschaffungsvorgang); BVerwGE 94, 1/5 (Abgrenzung zwischen Enteignung und Inhalts- und Schrankenbestimmung: Überwindungstheorie); BGHZ 78, 41 (enteignungsgleicher Eingriff durch Rechtsverordnung); BGHZ 90, 17 (Fortbestand des enteignungsgleichen Eingriffs); BGHZ 91, 20 (Fortbestand des enteignenden Eingriffs); BGHZ 92, 34 (enteignungsgleicher Eingriff durch Bebauungsplan). Keine Haftung aus enteignungsgleichem Eingriff für den Erlass rechtswidriger Gesetze und deren Vollzug (legislatives Unrecht): BGHZ 100, 136/145 (Kleingarten-Entscheidung); BGHZ 102, 350/359, 361 f. (Waldschäden-Entscheidung, auch keine Haftung aus enteignendem Eingriff bei massenhaft auftretenden Schäden aufgrund legislativen Handelns); BGHZ 111, 349/353 (Schokoladenfall); BGHZ 125, 27/39 f. (Irak-Embargo); BGHZ 134, 30/33 u. BGH NVwZ 1993, 601 (Brasserie du Pêcheur, EU-rechtswidrige Gesetze); BGH NJW 1989, 102 (Investitionshilfegesetz) BGH NVwZ 2015, 1309 (Verbot des Betriebs einer Sportwettenannahmestelle – legislatives Unrecht).

1108 Für bestimmte – nicht für alle – Eingriffe in grundrechtlich geschütztes Eigentum stehen dem betroffenen Eigentümer Ausgleichs- und Entschädigungsansprüche zu. Hierbei handelt es sich um selbständige, zumeist auf Geld gerichtete Ansprüche. Sie stehen neben dem oben beschriebenen Amtshaftungsanspruch und weisen eine ganz andere Tatbestandsstruktur auf als dieser.

1109 Zu unterscheiden sind folgende vier Haftungsinstitute (Anspruchsgrundlagen):

- Anspruch auf Enteignungsentschädigung
- Anspruch aus enteignungsgleichem Eingriff
- Anspruch aus enteignendem Eingriff
- Ausgleichsanspruch aus Inhalts- und Schrankenbestimmung

I. Anspruch auf Enteignungsentschädigung

1110 Ein Anspruch auf Enteignungsentschädigung setzt eine **Enteignung i. S. v. Art. 14 III GG** und eine **einfachgesetzliche Entschädigungsregelung** gem. Art. 14 III 2 GG voraus.

Wichtig ist folgendes: Bei der Abgrenzung zwischen Enteignung i. S. v. Art. 14 III GG und Inhalts- und Schrankenbestimmung i. S. v. Art. 14 I 2 GG kommt es auf die Unterscheidung zwischen rechtmäßig und rechtswidrig nicht an. Es gibt rechtmäßige und rechtswidrige Enteignungen **(weiter staatsrechtlicher Enteignungsbegriff)**[1] sowie rechtmäßige und rechtswidrige Inhalts- und Schrankenbestimmungen.

Ein Anspruch auf Enteignungs**entschädigung** setzt dagegen eine **rechtmäßige Enteignung** voraus **(enger entschädigungsrechtlicher Enteignungsbegriff)**.[2] Ist der Eigentumseingriff aus irgendeinem Grund rechtswidrig, besteht kein Anspruch auf Enteignungsentschädigung.[3] In Betracht kommt dann nur noch ein Anspruch aus enteignungsgleichem Eingriff (sowie ein Amtshaftungsanspruch aus § 839 BGB, Art. 34 GG).

1111 Gerade weil ein Anspruch auf Enteignungsentschädigung eine rechtmäßige Enteignung (sowie eine entsprechende einfachgesetzliche Entschädigungsregelung) voraussetzt, besteht er in Prüfungsarbeiten in aller Regel nicht. Gleichwohl sollte auf ihn (kurz) eingegangen werden, wenn nach Entschädigungs- oder Ausgleichsansprüchen nachteilig betroffener Eigentümer gefragt ist. Ein Anspruch auf Enteignungsentschädigung besteht (nur) unter den folgenden Voraussetzungen.

---

[1] BVerfGE 56, 249 (260 f.); *Jarass,* in: Jarass/Pieroth, Art. 14 Rn. 76; *Sieckmann,* in: Friauf/Höfling, GG, Art. 14 Rn. 111; *Maurer,* § 27 Rn. 54; *Dietlein,* in: Stern, Das Staatsrecht der Bundesrepublik Deutschland, Bd. IV/1, 2006, S. 2265; *Rozek,* Die Unterscheidung von Eigentumsbindung und Enteignung, 1998, S. 159 f.; a. A. *Papier,* in: Maunz/Dürig, Art. 14 Rn. 544 ff.: nur rechtmäßige Eigentumseingriffe.

[2] Jedenfalls terminologisch verfehlt dagegen *Ossenbühl/Cornils,* S. 211: enger verfassungsrechtlicher Enteignungseingriff des Art. 14 III GG, der keine rechtswidrigen Eigentumseingriffe erfasst, und staatshaftungsrechtlicher Enteignungsbegriff, der sich auch auf rechtswidrige Eigentumseingriffe erstreckt.

[3] *Bonk/Detterbeck,* in: Sachs, Art. 34 Rn. 33; *Wieland,* in: Dreier I, Art. 14 Rn. 78; *Maurer,* § 27 Rn. 54; *Erbguth,* § 39 Rn. 15 f., 30; *Ipsen,* Rn. 1380; *Baldus/Grzeszick/Wienhues,* Staatshaftungsrecht, 4. Aufl. 2013, Rn. 626 (missverständlich Rn. 401); *Hendler,* Rn. 764 f.; *Sproll,* in: Detterbeck/Windthorst/Sproll, § 16 Rn. 40 f.; *Rozek,* a.a.O., S. 160; a.A. *Lege,* Jura 2011, 834; offenbar auch *Depenheuer,* in: v. Mangoldt/Klein/Starck I, Art. 14 Rn. 466.

1. Öffentlich-rechtliches Handeln

Zunächst muss öffentlich-rechtliches Handeln[4] in Rede stehen. Bloßes Unterlassen oder privatrechtliches Handeln kann keinen Anspruch auf Enteignungsentschädigung auslösen. **1112**

2. Eigentumseingriff

Das öffentlich-rechtliche Handeln muss in eine vermögenswerte, von Art. 14 I 1 GG geschützte Rechtsposition eingreifen. **1113**
Eigentum i. S. v. Art. 14 GG ist jedes vermögenswerte Recht, jedenfalls des Privatrechts, z. B.:
- Eigentum an beweglichen und unbeweglichen Sachen
- Hypotheken, Grundschulden, Pfandrechte
- Besitzrecht des Mieters am Wohnraum[5]
- Patent- und Urheberrechte
- privatrechtliche Forderungen
- Nutzung, Verfügung und Veräußerung von Eigentum[6]
- Bebaubarkeit von Grundstücken, wenn sie nach Maßgabe des einfachen Rechts bebaubar sind[7]
- eingerichteter und ausgeübter Gewerbebetrieb (jedes wirtschaftliche Unternehmen),[8] aber nur Schutz der betrieblichen Substanz (der betrieblichen Grundlagen)

Öffentlich-rechtliche vermögenswerte Rechte sind nur Eigentum, wenn sie auf nicht unerheblichen Eigenleistungen des Bürgers beruhen. **1114**

Das **Vermögen als solches** ist kein Eigentum i. S. v. Art. 14 I 1 GG.[9] Deshalb greift die Auferlegung von Geldleistungspflichten wie Abgaben, Beiträgen, Gebühren oder Steuern (außer im Falle einer Erdrosselungs- **1115**

---

[4] Vgl. dazu BGH NJW 2003, 1308: nur **staatliches** Handeln (der unmittelbaren oder mittelbaren Staatsverwaltung).

[5] BVerfGE 89, 1 (7).

[6] BVerfGE 42, 263 (294) und BVerfGE 50, 290 (339): Verfügung; BVerfGE 52, 1 (31): Verkauf; BVerfGE 88, 366 (377): Nutzung; BVerfG NJW 2000, 1472: Nutzung, Verkauf und Erzielung eines vertraglichen Nutzungsentgelts; BVerwGE 92, 322 (327): Verkauf; BGHZ 134, 316 (319), BGHZ 136, 182 (185) und BGH JZ 2007, 689: Grundstücksverkauf.

[7] Der Entzug der baulichen Nutzungsmöglichkeit ist ein Eingriff in Art. 14 I GG, BVerfG DÖV 2003, 376.

[8] BVerwGE 62, 224 (226); BGHZ 67, 190 (192); 81, 21 (33); 92, 34 (37); NVwZ-RR 2000, 744f.; *Papier*, in: Maunz/Dürig, Art. 14 Rn. 95ff.; *Jarass*, in: Jarass/Pieroth, Art. 14 Rn. 9; ausdrücklich offen gelassen von BVerfGE 66, 116 (145); 68, 193 (222f.); JZ 1998, 353.

[9] BVerfGE 78, 232 (243); 81, 108 (122); 91, 207 (220); unklar BVerfGE 93, 121 ff. (Vermögenssteuer-Entscheidung); a. A. *Sproll*, in: Detterbeck/Windthorst/Sproll, § 14 Rn. 32.

steuer) nicht in den Schutzbereich von Art. 14 I 1 GG, sondern in den der allgemeinen Handlungsfreiheit des Art. 2 I GG ein.

1116 Bloße **Gewinn- und Erwerbschancen** sind nicht Eigentum i. S. v. Art. 14 I 1 GG. Werden sie beeinträchtigt oder vereitelt, wird nicht in Art. 14 I 1 GG, sondern ggf. in Art. 12 I 1, 2 I, 3 I GG eingegriffen.

> **Beispiele** für Beeinträchtigung von Gewinn- und Erwerbschancen:
> - Verbot der Herstellung bestimmter Produkte (vgl. BGHZ 111, 349/356 ff.)
> - Verhinderung einer Betriebserweiterung (BGHZ 98, 341 ff.; 132, 181/187)
> - Beeinträchtigung der bestehenden Geschäftsverbindungen oder des Kundenstammes (kein Eingriff in den eingerichteten und ausgeübten Gewerbebetrieb, sondern nur Beeinträchtigung von Gewinnchancen und tatsächlichen Gegebenheiten, so BVerfGE 77, 84/118; BSG NJW 1991, 1254/1255; anders noch und für Grundrechtsschutz aus Art. 14 GG BGHZ 76, 387/392 ff.; NJW 1983, 1663; *Wendt*, in: Sachs, Art. 14 Rn. 48 f.)

3. Hoheitlicher Rechtsakt mit Enteignungscharakter

1117 Der Eigentumseingriff muss durch ein formelles Gesetz **(Legalenteignung)** oder durch einen sonstigen hoheitlichen Rechtsakt (Verwaltungsakt, Rechtsverordnung, Satzung) aufgrund eines formellen Gesetzes **(Administrativenteignung)** erfolgen.

1118 Es muss sich um einen **gezielten Eingriff** in Art. 14 I 1 GG **zum Zwecke der vollständigen oder teilweisen Entziehung einer konkreten subjektiven Rechtsposition** i. S. v. Art. 14 I 1 GG handeln. An dieser Stelle ist zwischen Inhalts- und Schrankenbestimmung i. S. v. Art. 14 I 2 GG (auch diese greifen in aller Regel gezielt in Art. 14 I 1 GG ein) und Enteignung i. S. v. Art. 14 III GG zu unterscheiden. Für bloße Inhalts- und Schrankenbestimmungen – auch nicht für ausgleichspflichtige[10] – erhält der Eigentümer keine Enteignungsentschädigung i. S. v. Art. 14 III 2, 3 GG. Eine weitere Feinunterscheidung zwischen Inhaltsbestimmungen einerseits und Schrankenbestimmungen andererseits ist nicht erforderlich[11] und letztlich auch gar nicht möglich.

1119 Die Abgrenzung zwischen Inhalts- und Schrankenbestimmung auf der einen Seite und Enteignung auf der anderen Seite ist im Grundsätzlichen und im Einzelfall äußerst umstritten. Auf Einzelheiten kann hier nicht eingegangen werden.[12] Es müssen einige wenige grundsätzliche Aussagen

---

[10] Dazu unten Rn. 1176 ff.

[11] *Bryde*, in: v. Münch, GG I, Art. 14 Rn. 48; *Papier*, in: Maunz/Dürig, Art. 14 Rn. 307; so verfährt auch BVerfGE 126, 331 (359 f.); 104, 1 (10 f.); 50, 290 (339 ff.); a. A. *Wendt*, in: Sachs, Art. 14 Rn. 55; *Sachs*, in: FS R. Wendt, 2015, S. 385 ff.

[12] Dazu etwa *Bryde*, in: v. Münch/Kunig I, Art. 14 Rn. 49 ff.; *Papier*, in: Maunz/Dürig, Art. 14 Rn. 343 ff.; *Detterbeck*, ÖR, Rn. 515 ff.; *Rozek*, Die Unterscheidung von Eigentumsbindung und Enteignung, 1998.

§ 22. Entschädigungsansprüche für Eigentumseingriffe 451

genügen. Bei der Abgrenzung ist immer auf das formelle Gesetz abzustellen, also nicht etwa auf den behördlichen Ausführungsakt.

Ist das zum Eigentumseingriff ermächtigende formelle Gesetz eine Inhalts- und Schrankenbestimmung, gilt dies auch für die einzelnen behördlichen Ausführungsakte.

Inhalts- und Schrankenbestimmung ist die **generelle und abstrakte Festlegung** von Rechten und Pflichten durch den Gesetzgeber hinsichtlich solcher Rechtsgüter, die Eigentum i.S.v. Art. 14 I 1 GG sind. Zweck derartiger Gesetze ist es, Inhalt und Schranken des Eigentums für die Zukunft in allgemeiner Form neu zu bestimmen.[13] 1120

Enteignung ist die vollständige oder teilweise Entziehung konkreter subjektiver, durch Art. 14 I 1 GG gewährleisteter Rechtspositionen zur Erfüllung öffentlicher Aufgaben.[14] In neueren Entscheidungen beschränkt das BVerfG die Enteignung auf Fälle, in denen Güter zur Durchführung konkreter Vorhaben, die der Erfüllung öffentlicher Aufgaben dienen, hoheitlich beschafft werden **(Güterbeschaffungsvorgang)**.[15] 1121

Um eine bloße Inhalts- und Schrankenbestimmung handelt es sich auch dann, wenn durch ein formelles generell-abstraktes Gesetz **bestehende Eigentumspositionen abgeschafft werden**.[16] Eine Inhalts- und Schrankenbestimmung kann selbst dann in Rede stehen, wenn ein generell-abstraktes Gesetz Eigentümer dazu zwingt, **Eigentum aufzugeben** oder **Eigentum auf den Staat zu übertragen**.[17] 1122

In solchen schwierigen Grenzfällen empfiehlt sich folgende Formel des BVerwG:[18] 1123

---

[13] So nahezu wörtlich BVerfGE 52, 1 (27).
[14] BVerfGE 52, 1 (27); 74, 264 (280); 79, 174 (191); 104, 1 (9 f.); diese bundesverfassungsgerichtliche Rechtsprechung zur Abgrenzung zwischen Inhalts- und Schrankenbestimmung und Enteignung strikt ablehnend *Wilhelm,* JZ 2000, 909 ff.
[15] BVerfGE 126, 331 (359); 104, 1 (10); BVerfGK DÖV 2003, 375; vgl. auch BVerfGE 115, 97 (112); offen lassend BVerfG E 134, 242 Rn. 162; strikt ablehnend z.B. *Wendt,* in: Sachs, Art. 14 Rn. 80 m.w.N. pro et contra.
[16] BVerfGE 83, 201 (211 f.); 100, 226 (240); 102, 1 (16); NVwZ 2002, 1365; NJW 1998, 367 f.; siehe auch *Ossenbühl,* JZ 1999, 900.
[17] So etwa im Pflichtexemplar-Fall BVerfGE 58, 137 ff.; dazu die Fallösung von *Bethge/Detterbeck,* JuS 1994, 230.
[18] BVerwGE 94, 1 (5); NVwZ 1997, 890; ebenso *Rozek,* Die Unterscheidung von Eigentumsbindung und Enteignung, 1998, S. 212 ff., 295.

> Eine **Inhalts- und Schrankenbestimmung** liegt dann vor, wenn das formelle Gesetz (nach seinem objektiven Sinn und Zweck) auf eine prinzipiell alle Eigentümer treffende **(Um-)Gestaltung der Eigentumsordnung** gerichtet ist.
>
> Um eine **Enteignung** handelt es sich dagegen, wenn das Gesetz **die bestehende Eigentumsordnung ausnahmsweise durchbricht** und Eigentumspositionen der Eigentümer überwindet (oder entsprechende behördliche Vollzugsakte zulässt).

Nach der früheren bundesverfassungsgerichtlichen Rechtsprechung setzte eine Enteignung nicht notwendig einen **Güterbeschaffungsvorgang** voraus. Entscheidendes Merkmal einer Enteignung war der Entzug des Eigentums, nicht aber die Übertragung des entzogenen Objekts.[19] Ohne ausdrückliche Abkehr von dieser Rechtsprechung beschränkt das BVerfG in neueren Entscheidungen die Enteignung „auf solche Fälle, in denen Güter hoheitlich beschafft werden, mit denen ein konkretes, der Erfüllung öffentlicher Aufgaben dienendes Vorhaben durchgeführt werden soll".[20] Dies schließt das Erfordernis ein, dass das entzogene Eigentumsrecht auf einen anderen übertragen wird **(Rechtsübertragung)**.[21]

> Durch das Abstellen auf einen Güterbeschaffungsvorgang als eine entscheidende Voraussetzung einer Enteignung ist das BVerfG zum klassischen Enteignungsbegriff zurückgekehrt.[22]

1124 Für Enteignungen bleibt letztlich nur noch ein sehr schmales Anwendungsfeld (so vor allem bei den speziellen und als solchen bezeichneten Enteignungsgesetzen der Länder). Fast immer wird es sich um bloße Inhalts- und Schrankenbestimmungen handeln.

---

[19] BVerfGE 83, 201 (211).
[20] BVerfGE 126, 331 (359); 104, 1 (10); BVerfGK DÖV 2003, 375 ff.; ablehnend *Krappel*, DÖV 2012, 640 ff.; kritisch *Ossenbühl/Cornils*, S. 207 ff.; den Terminus Güterbeschaffungsvorgang nicht verwendend BVerfGE 114, 1 (59); 112, 93 (109); 101, 239 (259).
[21] Hiervon gehen auch diejenigen aus, die das Kriterium des Güterbeschaffungsvorgangs ablehnen, z.B. *Wendt*, in: Sachs, Art. 14 Rn. 80.
[22] So auch die Einschätzung von *Papier*, in: Maunz/Dürig, Art. 14 Rn. 361.

§ 22. Entschädigungsansprüche für Eigentumseingriffe   453

4. Gemeinwohlinteresse

Der Eigentumseingriff muss tatsächlich dem Wohle der Allgemeinheit   1125
dienen, Art. 14 III 1 GG (z.B. Entzug des Eigentums an einem Grundstück
zum Zwecke des Straßenbaus). Dient der Eigentumseingriff nicht dem Gemeinwohl, ist er rechtswidrig. In diesem Fall besteht kein Anspruch auf
Enteignungsentschädigung. Der Eigentümer kann sich dann gegen den
Eingriff gerichtlich wehren und hat ggf. einen Anspruch aus enteignungsgleichem Eingriff.

5. Gesetzliche Entschädigungsregelung

Das Gesetz, das die Enteignung selbst anordnet (Legalenteignung) oder   1126
zulässt (Administrativenteignung), muss eine Entschädigungsregelung enthalten (**Junktimklausel** des Art. 14 III 2 GG). Fehlt eine solche einfachgesetzliche Entschädigungsregelung, besteht kein Anspruch auf eine Enteignungsentschädigung. Die Voraussetzungen, unter denen eine Enteignungsentschädigung zu zahlen ist, müssen im Gesetz näher bestimmt sein.

Eine **salvatorische Entschädigungsklausel** genügt den Anforderungen   1127
des Art. 14 III 2, 3 GG i.V.m. dem Bestimmtheitsgrundsatz nicht.[23]

Beispiel für eine unzulässige salvatorische Entschädigungsklausel: Sofern eine Maßnahme nach diesem Gesetz eine Enteignung darstellt, ist Entschädigung zu leisten.

6. Rechtmäßigkeit des Eigentumseingriffs im übrigen

Der Eigentumseingriff muss auch im übrigen rechtmäßig sein. So muss   1128
das Enteignungsgesetz etwa formell verfassungsmäßig und **verhältnismäßig** (auch im Hinblick auf die Entschädigungshöhe) sein. Auch der behördliche Enteignungsakt, der auf das formelle Gesetz gestützt wird (Administrativenteignung), muss für sich genommen verhältnismäßig sein.

Beachte: Ist der Eigentumseingriff aus irgendeinem Grund rechtswidrig,   1129
besteht kein Anspruch auf eine Enteignungsentschädigung.[24]

Der Eigentümer kann sich in diesem Fall gegen den Eigentumseingriff
wehren (z.B. Anfechtungsklage, Verfassungsbeschwerde). Unter Umständen besteht auch ein Entschädigungsanspruch aus enteignungsgleichem
Eingriff.[25]

---

[23] BVerwGE 84, 364 ff.; dazu näher *Sproll,* in: Detterbeck/Windthorst/Sproll, § 15 Rn. 28 ff.
[24] Rn. 1110 m.w.N.
[25] Dazu Rn. 1133 ff.

7. Art und Umfang der Entschädigung

1130   Es besteht kein Anspruch auf Schadensersatz (hier wäre der Geschädigte so zu stellen, wie er stünde, wenn das schädigende Ereignis nicht eingetreten wäre). Vielmehr besteht nur ein Entschädigungsanspruch unter gerechter Abwägung der Interessen der Allgemeinheit und der Beteiligten, Art. 14 III 3 GG.[26] Der Entschädigungsanspruch ist grundsätzlich auf den Ersatz des Substanzwertes des Eigentumsgegenstandes sowie auf Ersatz der **unmittelbaren** Folgeschäden gerichtet.[27] Die Abgrenzung zu nur mittelbaren Folgeschäden ist allerdings schwierig.[28] Ein Anspruch auf Ersatz des entgangenen Gewinns wird abgelehnt. In aller Regel ist der Entschädigungsanspruch auf Geld gerichtet. Es kommen aber auch andere Entschädigungsformen in Betracht, etwa Ersatzgrundstücke oder Wertpapiere.

Nochmals: Anspruchsgrundlage ist immer (nur) das Entschädigungsgesetz i. S. v. Art. 14 III 2 GG.

8. Verjährung

Es gilt grundsätzlich die Dreijahresfrist analog § 195 BGB i. V. m. § 199 I BGB.[29] Ohne Rücksicht auf die in § 199 I BGB genannten subjektiven Umstände gilt eine absolute Zehnjahresfrist analog § 199 IV BGB, die freilich nur in seltenen Ausnahmefällen in Betracht kommen dürfte. Die vor dem Inkrafttreten des Schuldrechtsmodernisierungsgesetzes anwendbare Dreißigjahresfrist gilt nicht gewohnheitsrechtlich fort.

9. Anspruchsgegner

1131   Zur Leistung der Entschädigung ist derjenige (Verwaltungsträger) verpflichtet, der durch die Enteignung begünstigt wurde (oder dessen Aufga-

---

[26] Dazu im einzelnen *Gelzer/Busse/Fischer*, Entschädigungsanspruch aus Enteignung und enteignungsgleichem Eingriff, 3. Aufl. 2010.
[27] S. nur OLG Karlsruhe NVwZ-RR 2014, 334.
[28] Dazu *Maurer*, § 27 Rn. 65 ff.; OLG Karlsruhe NVwZ-RR 2014, 334.
[29] Ebenso *Axer*, in: Epping/Hillgruber, GG, 2. Aufl. 2013, Art. 14 Rn. 132; *Stein/Itzel/Schwall*, Praxishandbuch des Amts- und Staatshaftungsrechts, 2. Aufl. 2012, Rn. 809; *Erbguth*, § 39 Rn. 19; so auch zum enteignungsgleichen Eingriff BGH DÖV 2007, 386 Rn. 37; a.A. *Dötsch*, DÖV 2004, 279; *Heselhaus*, DVBl. 2004, 417: drei Jahre ab positiver Kenntnis der anspruchsbegründenden Umstände – ansonsten 30 Jahre (Rechtsgedanke des § 54 BGSG, jetzt § 54 BPolG); zur mittlerweile widersprüchlichen Rspr. des BVerwG zum Erstattungsanspruch Rn. 1254.

§ 22. Entschädigungsansprüche für Eigentumseingriffe   455

ben durch die Enteignung erfüllt wurden).[30] Wurde ein Privater durch die Enteignung begünstigt, ist dieser entschädigungspflichtig.[31]

10. Rechtsweg

Ansprüche auf **Enteignungsentschädigung** sind vor den **Zivilgerichten** geltend zu machen, Art. 14 III 4 GG. Dies gilt trotz des insoweit nicht eindeutigen Wortlauts von Art. 14 III 4 GG auch für die Frage, ob überhaupt ein Anspruch auf Enteignungsentschädigung besteht. 1132

Wehrt sich der Eigentümer gegen den **Eigentumseingriff,** steht verwaltungs- und/oder verfassungsgerichtlicher Rechtsschutz zur Verfügung.

II. Anspruch aus enteignungsgleichem Eingriff

1. Begriff und Rechtsgrundlage

Nach der früheren Rechtsprechung des BGH stand dem Eigentümer in analoger Anwendung von Art. 14 III GG ein Anspruch aus enteignungsgleichem Eingriff zu, wenn der Staat rechtswidrig in sein von Art. 14 I 1 GG geschütztes Eigentum eingriff: Wenn der Staat schon für bestimmte rechtmäßige Eigentumseingriffe eine Enteignungsentschädigung leisten müsse, sei er hierzu erst recht im Falle vergleichbarer rechtswidriger Eigentumseingriffe verpflichtet.[32] 1133

> Kennzeichnend für den enteignungsgleichen Eingriff ist die **Rechtswidrigkeit des Eigentumseingriffs.**

Im berühmten Nassauskiesungsbeschluss[33] entschied das BVerfG, dass eine Enteignungsentschädigung nach Art. 14 III GG eine **rechtmäßige** Enteignung und insbesondere eine rechtmäßige einfachgesetzliche Entschädigungsregelung gem. Art. 14 III 2 GG voraussetze; die vom Grundgesetz vorgesehene Folge eines rechtswidrigen Eigentumseingriffs sei die Aufhebung des Eingriffsaktes und eben nicht die Gewährung einer Entschädigung. Entgegen anfänglichen anderslautenden Stimmen in der Literatur halten der BGH und die ganz überwiegende Auffassung der Literatur je- 1134

---

[30] BGHZ 72, 211 (213); 90, 17 (20).
[31] *Maurer,* § 27 Rn. 72; *Ossenbühl/Cornils,* S. 257.
[32] Siehe nur BGHZ 7, 296; 13, 88; 32, 208; 37, 44.
[33] BVerfGE 58, 300 ff.

doch am Institut des enteignungsgleichen Eingriffs fest. Denn es gibt immer wieder Fälle, in denen der (Primär-)Rechtsschutz unmittelbar gegen den Eigentumseingriff nicht ausreichend ist.

1135 Rechtsgrundlage des enteignungsgleichen Eingriffs ist aber nicht mehr Art. 14 III GG in analoger Anwendung, sondern der **allgemeine Aufopferungsgrundsatz der §§ 74, 75 Einl. PrALR** (Einleitung zum Allgemeinen Landrecht für die preußischen Staaten von 1794) **in seiner richterrechtlichen Ausprägung**.[34] Gut vertretbar ist auch die Auffassung, das Rechtsinstitut des enteignungsgleichen Eingriffs sei inzwischen **gewohnheitsrechtlich** anerkannt.[35]

Existiert eine spezialgesetzliche Ausformung des enteignungsgleichen Eingriffs, ist der enteignungsgleiche Eingriff verdrängt und gelangt nicht zur Anwendung.[36] Spezialgesetzliche Regelungen in diesem Sinn sind vor allem die Vorschriften der Polizei-, Sicherheits- und Ordnungsgesetze der Länder über Entschädigungsansprüche für rechtswidrige behördliche Handlungen. Der Amtshaftungsanspruch nach § 839 BGB, Art. 34 GG geht indes nicht vor; hier ist Idealkonkurrenz möglich.

1136 **Hinweis für Prüfungsarbeiten:** Begriff und Rechtsgrundlage des enteignungsgleichen Eingriffs sind vor der Anspruchsprüfung **kurz** zu erläutern.

Im folgenden werden die einzelnen Prüfungspunkte eines Anspruchs aus enteignungsgleichem Eingriff dargestellt.

2. Öffentlich-rechtliches Handeln (Unterlassen)

1137 Grundvoraussetzung eines Entschädigungsanspruchs aus enteignungsgleichem Eingriff ist öffentlich-rechtliches Handeln.[37] **Privatrechtliches Handeln** des Staates löst keine derartigen Ansprüche aus. Es kommen sämtliche öffentlich-rechtlichen Handlungsformen in Betracht, auch formelle Gesetze und Realakte wie z. B. Straßenbauarbeiten.

1138 Auch bloße **Untätigkeit** kann anspruchsbegründend sein; die weiteren Spezifika werden von Rechtsprechung und Literatur erst beim Merkmal „Eingriff" diskutiert. Als **öffentlich-rechtlich** ist ein Unterlassen zu quali-

---

[34] BGHZ 90, 17 (30f.); 91, 20 (27f.); 99, 24 (29); ebenso zum enteignenden Eingriff BVerfG NJW 1998, 3264.
[35] So z.B. OLG Karlsruhe NVwZ-RR 2014, 332; OLG Brandenburg NVwZ-RR 2000, 78.
[36] *Sproll*, in: Detterbeck/Windthorst/Sproll, § 17 Rn. 50; *Ossenbühl/Cornils*, S. 322.
[37] BGH NJW 2003, 1308 verlangt **staatliches** Handeln (der unmittelbaren oder mittelbaren Staatsverwaltung).

§ 22. Entschädigungsansprüche für Eigentumseingriffe

fizieren, wenn der Staat, wäre er aktiv geworden, öffentlich-rechtlich gehandelt hätte.

Beispiele:
- Über den Antrag auf Erteilung einer Baugenehmigung wird nicht entschieden.
- Der zuständige formelle Gesetzgeber setzt die in einer EU-Richtlinie enthaltenen Vorgaben nicht in deutsches Gesetzesrecht um.

3. Eigentumseingriff

Anspruchsvoraussetzung ist ein Eingriff in eine Rechtsposition, die Eigentum i. S. v. Art. 14 I 1 GG darstellt. Insoweit wird auf die Ausführungen zur Enteignungsentschädigung verwiesen.[38] Nochmals: Die Vereitelung bloßer Erwerbs- und Gewinnchancen ist kein Eigentumseingriff. 1139

Unterlassen bedeutet nach der Rechtsprechung des BGH grundsätzlich keinen Eingriff. Etwas anderes gilt nur bei sog. **qualifiziertem Unterlassen,** wobei dessen Voraussetzungen umstritten sind. Qualifiziertes Unterlassen hat der BGH z. B. angenommen, wenn eine beantragte Bauerlaubnis oder eine bestimmte gewerberechtliche Erlaubnis förmlich versagt (insoweit steht aber sogar Handeln in Rede) oder faktisch vorenthalten wurde.[39] Hinzu kommen muss aber, dass nur **ein ganz bestimmtes Verhalten** in Betracht kommt, zu dem die öffentliche Hand verpflichtet ist.[40] Gerade dieser zuletzt genannte Gesichtspunkt ist bei Unterlassen des Gesetzgebers zu beachten. Denn er hat in aller Regel mehrere Möglichkeiten, wie er eine bestehende Handlungspflicht erfüllt. 1140

4. Unmittelbarkeit des Eingriffs und der Eingriffsfolgen

Anders als beim Enteignungstatbestand setzen Ansprüche aus enteignungsgleichem Eingriff keinen zielgerichteten Eigentumseingriff voraus. Es genügt, wenn auf Eigentumsrechte **unmittelbar** eingewirkt wurde. 1141

Voraussetzung ist aber, dass zunächst der **Eigentumseingriff selbst unmittelbar durch öffentlich-rechtliches Handeln erfolgte** (haftungsbegründende Kausalität). Außerdem müssen auch die Eingriffsfolgen, wenn für sie eine Entschädigung verlangt wird, **unmittelbar durch den Eigentumseingriff verursacht** worden sein (haftungsausfüllende Kausalität). 1142

---

[38] Oben Rn. 1113 ff.
[39] BGHZ 102, 350 (364); dazu der Übungsfall von *Shirvani*, Jura 2009, 66 ff. (69).
[40] BGHZ 125, 27 (39); ebenso BGHZ 102, 350 (365 sub b); DÖV 2007, 386 Rn. 34; ebenso OLG Hamm NVwZ 2002, 380 f.; qualifiziertes Unterlassen hat der BGH aber auch in einem Fall verzögerter Bearbeitung von Anträgen auf Grundbucheintragung bejaht, BGH JZ 2007, 689 m. Anm. *Ossenbühl*.

1143 Nach zutreffender Ansicht des BGH verlangt das Tatbestandsmerkmal der Unmittelbarkeit, dass die Auswirkungen auf das Eigentum gerade auf der Eigenart des öffentlich-rechtlichen Handelns beruhen.[41]

> Die im öffentlich-rechtlichen Handeln angelegten typischen Gefahren für das Eigentum müssen sich verwirklicht haben. Es darf sich nicht um nur zufällige Begleiterscheinungen handeln.

Beispiele:
- Verkehrsunfall als unmittelbare Folge des Versagens einer Verkehrsampel (BGHZ 99, 249/254f.; OLG Karlsruhe NVwZ-RR 2014, 331 ff.;anders noch BGHZ 54, 332/338).
- Durch den Betrieb einer kommunalen Mülldeponie werden Krähen und Möwen angelockt, die die Aussaat der nahegelegenen Felder vernichten. Die Vernichtung der Aussaat ist eine unmittelbare Folge des Betriebes der Mülldeponie (BGH NJW 1980, 770).
- Die Polizei schleppt ein Kfz ab und stellt es auf einem ordnungsgemäß überwachten Parkplatz der Polizei ab. Dennoch beschädigen unbekannte Täter das Kfz auf dem Polizeiparkplatz. Die Beschädigung des Kfz ist keine unmittelbare Folge des Abschleppens des Kfz (das Abschleppen ist aber ein unmittelbarer öffentlich-rechtlicher Eigentumseingriff), BGHZ 100, 335 (338f.).

Nach einer weitergehenden Auffassung muss das öffentlich-rechtliche Handeln sich zwangsläufig und ohne Hinzutreten weiterer Umstände auf das Eigentum auswirken.[42] Danach wird die Unmittelbarkeit des Eigentumseingriffs verneint, wenn das öffentlich-rechtliche Handeln zwar kausal für die in Rede stehenden Eigentumsbelastungen ist, diese Belastungen aber erst durch weiteres **eigenverantwortliches Handeln Dritter** hervorgerufen wurden.

Beispiel: Die Ausweisung eines Baugebietes im Bebauungsplan (öffentlich-rechtliches Handeln) zieht Bautätigkeit und erhöhten Schwerlastverkehr (eigenverantwortliches privatrechtliches Handeln Dritter) auf einer öffentlichen Straße nach sich. Der Schwerlastverkehr verursacht Erschütterungen auf einem Anliegergrundstück, wodurch Schäden an einem Haus entstehen (OLG Hamm NVwZ 2002, 379 ff.).

Die Verneinung eines unmittelbar durch öffentlich-rechtliches Handeln verursachten Eigentumseingriffs im genannten Beispielsfall mag zwar im Ergebnis zutreffend sein. Das Ausschlusskriterium des eigenverantwortlichen Handelns Dritter schränkt die Haftung des Staates aber zu weit ein und ist deshalb abzulehnen.

1144 Sind der Eigentumseingriff und/oder die Eingriffsfolgen sogar beabsichtigt, liegt Finalität vor. Weil dies mehr ist, als das Merkmal der Unmittelbarkeit verlangt, darf diese dann nicht mehr zusätzlich geprüft werden.

---

[41] BGHZ 92, 34 (41f.); 100, 335 (338f.); 102, 350 (352).
[42] OLG Hamm NVwZ 2002, 380 unter Berufung auf *Aust/Jacobs/Pasternak,* Die Enteignungsentschädigung, 6. Aufl. 2007, Rn. 192.

5. Rechtswidrigkeit

Das öffentlich-rechtliche Handeln muss **rechtswidrig** sein. Geht es um 1145
einen Vollzugsakt (z.B. Verwaltungsakt), der auf ein formelles Gesetz gestützt wird, muss auch geprüft werden, ob das Gesetz verfassungsmäßig ist. Denn im Falle der (formellen oder materiellen) Verfassungswidrigkeit des Gesetzes ist zwangsläufig auch ein hierauf gestützter Vollzugsakt rechtswidrig.

> **Beachte:** Verschulden des Handelnden ist nicht erforderlich.

6. Sonderopfer

Ansprüche aus enteignungsgleichem Eingriff setzen ein Sonderopfer der 1146
nachteilig betroffenen Eigentümer voraus. Allerdings **indiziert die Rechtswidrigkeit das Sonderopfer.** Abgesehen von Ausnahmefällen bedeutet allein schon die Rechtswidrigkeit des Eigentumseingriffs für den Eigentümer ein Sonderopfer.[43]

7. Gemeinwohlbezug

Der Eigentumseingriff muss **durch das Gemeinwohl motiviert** sein. 1147
Durch dieses Tatbestandsmerkmal werden vor allem solche öffentlich-rechtlichen Maßnahmen von der Entschädigungspflicht ausgenommen, die **ausschließlich** dem Interesse Privater dienen.

Beispiel: Die staatliche Vollstreckung einer privaten Forderung ist auch dann kein enteignungsgleicher Eingriff, wenn sie rechtswidrig ist und unmittelbar in das Eigentum des Vollstreckungsschuldners eingreift (BGHZ 30, 123/125 f.). Denn die Vollstreckung dient nur dem Interesse des privaten Vollstreckungsgläubigers; gegen diese Einschränkung *Rüfner,* in: Friauf/Höfling, GG, Art. 34 Rn. 95; *Ossenbühl/Cornils,* S. 314 f.

Der fehlende Gemeinwohlbezug des Eigentumseingriffs bedeutet allerdings nicht, dass kein Verstoß gegen Art. 14 I 1 GG anzunehmen wäre. Dem Eigentümer steht primärer Rechtsschutz zur Verfügung.[44] Auch kommen anderweitige Schadensersatz- und Entschädigungsansprüche in Betracht.

---

[43] *Sproll,* in: Detterbeck/Windthorst/Sproll, § 17 Rn. 33 f.; *Maurer,* § 27 Rn. 94; zu den Ausnahmen *Ossenbühl/Cornils,* S. 311 ff. (314).
[44] BVerfGK 15, 8 (12 ff.).

8. Anspruchsausschluss für legislatives Unrecht

1148 Nach ständiger Rechtsprechung des BGH sind Entschädigungsansprüche aus enteignungsgleichem Eingriff im Falle legislativen Unrechts ausgeschlossen.[45] Dies gilt auch, wenn der Eigentumseingriff (Eingriff in Art. 14 I 1 GG) gerade deshalb rechtswidrig ist, weil das Gesetz gegen EU-Recht verstößt.[46]

Wichtig in diesem Zusammenhang ist, dass legislatives Unrecht nicht nur dann angenommen wird, wenn ein **formelles** Gesetz selbst in verfassungswidriger Weise in Art. 14 I 1 GG eingreift. Vielmehr geht der BGH auch dann von legislativem Unrecht aus, wenn ein **Ausführungsakt** gerade deshalb rechtswidrig in Art. 14 I 1 GG eingreift, weil er auf einem **rechtswidrigen formellen Gesetz beruht**.[47] Die Rechtswidrigkeit des Ausführungsaktes muss also gerade aus der Rechtswidrigkeit des formellen Gesetzes folgen **(Fehleridentität)**.[48]

Fehleridentität ist nicht nur dann anzunehmen, wenn das rechtswidrige Gesetz der vollziehenden Behörde keinen Entscheidungsspielraum (Ermessens- oder Beurteilungsspielraum) einräumt. Vielmehr handelt es sich auch um Fehleridentität, wenn die Behörde einen Entscheidungsspielraum hat, ob oder wie sie das Gesetz anwendet, das behördliche Handeln aber keine Ermessens- oder Beurteilungsfehler aufweist und deshalb vollständig vom Gesetz gedeckt ist.[49] Auch in einem solchen Fall ist das behördliche Handeln ausschließlich deshalb rechtswidrig, weil das Gesetz rechtswidrig ist. Fehleridentität besteht nur dann nicht, wenn das behördliche Handeln an einem eigenen Rechtsfehler leidet, also selbst im Falle der Rechtmäßigkeit des Gesetzes rechtswidrig wäre.

1149 Zur Begründung des Anspruchsausschlusses für legislatives Unrecht führt der BGH an: Die Zuerkennung von Entschädigungsansprüchen auch für Eigentumsverletzungen durch formelle Gesetze (oder aufgrund formeller Gesetze) sprenge den Rahmen eines lediglich **richterrechtlich geprägten und ausgeformten Haftungsinstituts**. Derartige Entschädigungsansprüche bedürften der Regelung in einem formellen Gesetz. Eine Haftung für rechtswidrige formelle Gesetze würde zudem die **Staatskasse erheblich belasten**. Derart finanzwirksame Angelegenheiten unterlägen der **Haus-**

---

[45] BGHZ 100, 136 (145 ff.); 102, 350 (359); 111, 349 (353); 125, 27 (39 f.); 134, 30 (33); DVBl. 1993, 717 f.; NVwZ 1993, 601 f.; NJW 1989, 102; NVwZ 2015, 1309 Rn. 34.
[46] BGHZ 134, 30 (33 ff.); NVwZ 2015, 1309 Rn. 38.
[47] BGHZ 100, 136 (145); 102, 350 (359); 111, 349 (353); NVwZ 2015, 1309 Rn. 41 f.
[48] Der Sache nach zutreffend, aber terminologisch völlig verfehlt OLG Koblenz, 22.8.2013, 1 U 551/12, juris Rn. 46 f.
[49] BGH NVwZ 2015, 1309 Rn. 32 f.; a. A. *Hartmann/Jansen*, DVBl. 2015, 866, 868 a. E.

§ 22. Entschädigungsansprüche für Eigentumseingriffe 461

haltsprärogative des Parlaments. Sie dürften nicht richterrechtlich bewältigt werden.

Nach dieser Rechtsprechung ist der **Anwendungsbereich des Instituts des enteignungsgleichen Eingriffs sehr stark eingeschränkt.** 1150
Entschädigungsansprüche sind nur noch in folgenden Fällen denkbar:
(1) Rechtswidriges Handeln der Verwaltung ohne formelle gesetzliche Ermächtigungsgrundlage.
(2) Eine verfassungsmäßige formelle gesetzliche Ermächtigungsgrundlage wird rechtswidrig vollzogen.[50]
(3) Die formelle gesetzliche Ermächtigungsgrundlage ist zwar verfassungswidrig, die Rechtswidrigkeit des Vollzugsaktes folgt aber nicht gerade aus der Verfassungswidrigkeit des Gesetzes (der Vollzugsakt ist z. B. für sich genommen unverhältnismäßig).

Legislatives Unrecht vom Anwendungsbereich des enteignungsgleichen 1151
Eingriffs von vornherein auszunehmen, ist dogmatisch nicht zu rechtfertigen.[51] Betrifft ein formelles Gesetz, aber auch eine andere Rechtsvorschrift, einen unüberschaubar großen und nicht individuell abgrenzbaren Personenkreis, belastet die Rechtsvorschrift jedoch nur die Allgemeinheit. Ansprüche aus enteignungsgleichem Eingriff für die Rechtsvorschrift und ihren Vollzug scheitern dann am Erfordernis des Sonderopfers.[52]

Ungeachtet dogmatischer Einwände gegen die Rechtsprechung ist eine schematische Anwendung ihrer Grundsätze jedenfalls in zwei Fällen abzulehnen:
(1) **Individualgesetze:**[53] Solche Gesetze betreffen nicht die Allgemeinheit, 1152
sondern nur eine **kleine, klar abgrenzbare Personengruppe.** Hier sind mit einer Zuerkennung von Entschädigungsansprüchen keine schwerwiegenden Gefahren für die Staatsfinanzen verbunden. Anders als bei Gesetzen, die die Allgemeinheit betreffen, wird den Adressaten eines rechtswidrigen Individualgesetzes zudem ein echtes Sonderopfer auferlegt.
(2) **Verstecktes legislatives Unrecht:** Gemeint sind Gesetze, die zum 1153
einen eine Entschädigungsregelung enthalten und zum anderen keinen Anlass zu Zweifeln an ihrer Verfassungsmäßigkeit bieten.

Beispiel: Es existiert ein formelles Gesetz, das verschiedene Enteignungstatbestände sowie die entsprechenden Entschädigungen normiert. Aufgrund dieses Gesetzes enteignet die zuständige Behörde den Eigentümer E und setzt eine bestimmte Entschädigung fest. Anlass,

---
[50] BGHZ 111, 349 (353); 100, 136 (147).
[51] *Ossenbühl/Cornils*, S. 282 f.; *Detterbeck*, JA 1991, 9 f.; *Hartmann/Jansen*, DVBl. 2015, 757 f.; dem BGH jedenfalls im Ergebnis zustimmend *Sproll*, in: Detterbeck/Windthorst/Sproll, § 17 Rn. 13; *Maurer*, § 27 Rn. 91.
[52] *Detterbeck*, JA 1991, 9 f.; vgl. *Schack*, DÖV 1971, 447.
[53] Für die Zuerkennung von Entschädigungsansprüchen auch *Maurer*, § 27 Rn. 91; *Ossenbühl/Cornils*, S. 283; offenbar auch *Sproll*, in: Detterbeck/Windthorst/Sproll, § 17 Rn. 13.

an der Verfassungsmäßigkeit des Gesetzes zu zweifeln, bestand für sämtliche Beteiligte nicht. E klagt allerdings auf eine höhere Entschädigung. Das Gericht folgt der Auffassung des E und möchte ihm eigentlich die eingeklagte Entschädigung zusprechen. Allerdings hält es das Gesetz für formell verfassungswidrig (Verstoß gegen die grundgesetzlichen Vorschriften über das Gesetzgebungsverfahren). Darf das Gericht der Klage des E stattgeben?

Bei einer schematischen Anwendung des Grundsatzes „Haftungsausschluss für legislatives Unrecht" nicht: Wenn das Gesetz tatsächlich verfassungswidrig wäre, bestünde die nach Art. 14 III 2 GG erforderliche verfassungsmäßige Entschädigungsregelung nicht. Das Gericht müsste das Gesetz deshalb nach Art. 100 I GG dem BVerfG vorlegen. Würde das Gesetz vom BVerfG für verfassungswidrig und nichtig erklärt, müsste die Klage des E abgewiesen werden, weil für den von ihm geltend gemachten Anspruch die gesetzliche Grundlage fehlte. Folgte man der oben dargelegten Rechtsprechung des BGH zum Haftungsausschluss für legislatives Unrecht (Rn. 1148 f.), hätte E auch keinerlei Ansprüche aus enteignungsgleichem Eingriff, denn die Enteignung des E beruht auf einem formellen Gesetz. E könnte lediglich gegen die Enteignung als solche vorgehen. Einen darüber hinausgehenden Entschädigungsanspruch aus enteignungsgleichem Eingriff hätte er auch dann nicht, wenn die Ergreifung von Rechtsbehelfen gegen die Enteignung unzumutbar war, weil – wie hier – kein Anlass bestand, an der Verfassungsmäßigkeit des zugrundeliegenden Gesetzes zu zweifeln.

Auch hier kann einem Anspruchsausschluss wegen legislativen Unrechts wieder (ebenso wie in der Fallgrupe 1) entgegengehalten werden, dass keine schwerwiegenden Gefahren für die Staatsfinanzen ersichtlich sind. Hinzu kommt, dass hier der Gesetzgeber sogar eine Entschädigungsregelung getroffen hat, dass er also die Zuerkennung von Entschädigungsansprüchen gewollt hat. Die Ablehnung von Entschädigungsansprüchen in solchen **Extremfällen** stößt an die Grenze der Rechtsstaatlichkeit.[54] Sollte der Eigentümer trotz alledem auf den Primärrechtsschutz gegen den Eigentumseingriff verwiesen werden, muss ihm als Minimum jedenfalls ein Entschädigungsanspruch für denjenigen Schaden, den er auch durch Inanspruchnahme von Primärrechtsschutz nicht abwehren kann (Begleitschaden), zuerkannt werden.[55] Auch dieser Begleitschaden ist freilich Folge legislativen Unrechts.

Beachte: **Amtshaftungsansprüche** aus § 839 BGB, Art. 34 für den Erlass und Nichterlass von Rechtsvorschriften (sowohl formelle Gesetze als auch untergesetzliche Rechtsvorschriften) scheitern nach der Rechtsprechung abgesehen von seltenen Ausnahmen an der fehlenden Drittrichtung einer Amtspflicht.[56] Für den **Einzelvollzug von Rechtsvorschriften** gilt dies nicht. Diesbezügliche Amtshaftungsansprüche scheitern aber in aller Regel am fehlenden Verschulden des vollziehenden Amtsträgers.[57]

---

[54] Für die Zuerkennung von Entschädigungsansprüchen in solchen Fällen dezidiert *Wilhelm*, JZ 2000, 912 mit Fn. 56; ebenso ganz allgemein für „Extremfälle" *Ossenbühl/Cornils*, S. 283.
[55] Vgl. *Wilhelm*, JZ 2000, 912 Fn. 55.
[56] Rn. 1069 ff.
[57] Rn. 1074.

9. Rechtsgedanke des § 254 BGB

a) Vorrang des Primärrechtsschutzes

Ansprüche aus enteignungsgleichem Eingriff sind nach dem Rechtsgedanken des § 254 BGB ausgeschlossen, wenn es der Eigentümer **schuldhaft** versäumt hat, den Eigentumseingriff und seine Folgen durch **geeignete Rechtsbehelfe** abzuwehren.[58] In Betracht kommen vor allem verwaltungsgerichtliche Klagen. Erfolgt der Eigentumseingriff unmittelbar durch ein formelles Gesetz und wird ein Entschädigungsanspruch nicht schon mit dem Hinweis auf den Anspruchsausschluss für legislatives Unrecht verneint, ist auch an die Erhebung einer Verfassungsbeschwerde zu denken.

1154

Voraussetzung für einen Anspruchsausschluss wegen Missachtung der Obliegenheit, den Schaden abzuwehren, ist jedoch, dass die Inanspruchnahme von Rechtsschutz **zumutbar war und den eingetretenen Schaden hätte verhindern können**. Zumutbar ist das Ergreifen von Rechtsbehelfen nur dann, wenn der Eigentümer die Rechtswidrigkeit des Eigentumseingriffs erkannte oder wenn begründete Zweifel an seiner Rechtmäßigkeit bestanden.[59] Es gehört nicht zur Obliegenheit des Eigentümers, Rechtsbehelfe auf Verdacht hin zu ergreifen.[60]

1155

Beispiele:
- Die Baubehörde ordnet den Abriss eines dem E gehörenden Gebäudes an. Obwohl dieser Verwaltungsakt erkennbar rechtswidrig ist, reißt E das Gebäude ab. Später verlangt er Entschädigung aus enteignungsgleichem Eingriff. E hat keinen Entschädigungsanspruch, weil die Einlegung eines Widerspruchs sowie die Erhebung einer Anfechtungsklage gegen den Verwaltungsakt zumutbar gewesen wären.
- Die Abrissverfügung wird unmittelbar nach Bekanntgabe an E von der Behörde sofort vollzogen. Hier konnte E den Schaden durch Rechtsbehelfe nicht abwehren.
- Die Baubehörde lehnt die Erteilung einer Baugenehmigung ab. Grundstückseigentümer E erstreitet die beantragte Baugenehmigung im Wege der Verpflichtungsklage. Das Bauvorhaben hat sich inzwischen verteuert. Die Ablehnung der Baugenehmigung ist für E ein enteignungsgleicher Eingriff, der Entschädigungsanspruch ist auf Ausgleich des eingetretenen, nicht abwehrbaren Verzögerungsschadens gerichtet.

---

[58] BVerfGE 58, 300 (324); BGHZ 90, 17 (31 ff.).
[59] Dazu etwa OLG Brandenburg NVwZ-RR 2000, 78 f.
[60] *Maurer*, § 27 Rn. 99; viel zu großzügig allerdings BGHZ 99, 24 (29); 105, 15 (16 f.); kritisch deshalb zu Recht *Ossenbühl*, JZ 1989, 191; *Axer*, DVBl. 2001, 1327; *Hermes*, NVwZ 1990, 733 f.

b) Sonstiges Mitverschulden

1156 Der Entschädigungsanspruch des Eigentümers ist nach dem Rechtsgedanken des § 254 BGB insoweit gemindert, wie den Eigentümer an der Schadensentstehung und Schadensentwicklung ein Mitverschulden trifft.

> **Beispiel:** Bei einer Gebäudebesichtigung verursacht ein Beamter einen Zimmerbrand, weil er eine brennende Zigarette auf den Teppichboden fallen lässt. Eigentümer E, der den Zimmerbrand bemerkt, unternimmt nichts, obwohl er den Brand gefahrlos hätte löschen können.

10. Art und Umfang der Entschädigung

1157 Es gelten die zur Enteignungsentschädigung dargestellten Grundsätze.[61]

11. Verjährung

1158 Auch hinsichtlich der Verjährung kann auf die zur Enteignungsentschädigung dargelegten Grundsätze verwiesen werden.[62] D. h., es gilt eine Dreijahresfrist analog § 195 i. V. m. § 199 I BGB.[63] Die absolute Verjährungsfrist beträgt zehn Jahre analog § 199 IV BGB.[64] Da es sich um einen Entschädigungs- und keinen Schadensersatzanspruch handelt, ist § 199 II, III BGB nicht entsprechend anwendbar.

12. Anspruchsgegner

1159 Nach der Rechtsprechung ist der vom Eigentumseingriff unmittelbar **begünstigte Hoheitsträger** zur Zahlung der Entschädigung verpflichtet. Ist eine Begünstigung nicht feststellbar, soll derjenige Hoheitsträger haftbar sein, dessen Aufgaben wahrgenommen worden sind.[65] Überzeugender ist es aber, mit einem Teil der Literatur stets auf denjenigen Hoheitsträger abzustellen, dessen Organ gehandelt hat.[66] Hat sich das Handeln zweier Ho-

---

[61] Oben Rn. 1130.
[62] Oben Rn. 1130.
[63] BGH DÖV 2007, 386 Rn. 37.
[64] Eine analoge Anwendung von § 54 BGSG (nunmehr § 54 BPolG), so *Kellner*, NVwZ 2002, 400; zustimmend *Heselhaus*, DVBl. 2004, 417; *Dötsch*, DÖV 2004, 279, ist abzulehnen. Diese Vorschrift regelt die Verjährung von Aufopferungsansprüchen in einem kleinen, eher entlegenen Rechtsgebiet in besonderer Weise; vgl. auch Rn. 1254 zur mittlerweile widersprüchlichen Rspr. des BVerwG zum Erstattungsanspruch.
[65] BGHZ 76, 387 (396 f.); 134, 316 (321); OLG Karlsruhe NVwZ-RR 2014, 332.
[66] *Maurer*, § 27 Rn. 101; *Ossenbühl/Cornils*, S. 318 f.; *Ipsen*, Rn. 1325; vgl. auch *Cloeren/Itzel*, LKRZ 2010, 48 f.

heitsträger nachteilig auf Eigentum ein und derselben Person ausgewirkt, ist eine kumulative Haftung beider Hoheitsträger aus enteignungsgleichem Eingriff möglich.[67] Private sind jedenfalls keine Anspruchsgegner, auch wenn sie durch das rechtswidrige öffentlich-rechtliche Handeln begünstigt wurden.[68]

13. Rechtsweg

Entschädigungsansprüche aus enteignungsgleichem Eingriff sind vor den **Zivilgerichten** geltend zu machen, § 40 II 1 HS 1, 1. Var. VwGO (Ansprüche aus Aufopferung) – nicht Art. 14 III 4 GG analog. 1160

14. Konkurrenzen

Ansprüche, die auf Rückgängigmachung des rechtswidrigen Eigentumseingriffs gerichtet sind, insbesondere Folgenbeseitigungs- und öffentlich-rechtlicher Erstattungsanspruch, schließen Ansprüche aus enteignungsgleichem Eingriff aus;[69] dies gilt auch, wenn entsprechende Ansprüche schuldhaft nicht geltend gemacht wurden und nunmehr nicht mehr bestehen. Gleiches gilt für alle **gesetzlich geregelten Ansprüche auf Entschädigung** für rechtswidriges staatliches Handeln wie insbesondere nach dem Polizei-, Sicherheits- und Ordnungsrecht der Länder. Amtshaftungsanspruch und Schadensersatzanspruch aus öffentlich-rechtlichem Schuldverhältnis stehen neben dem Entschädigungsanspruch aus enteignungsgleichem Eingriff.

III. Anspruch aus enteignendem Eingriff

1. Begriff und Rechtsgrundlage

Von einem enteignenden Eingriff spricht man, wenn durch **rechtmäßiges** öffentlich-rechtliches Handeln unmittelbar in Eigentum eingegriffen wird und der Eingriff und seine Folgen für den betroffenen Eigentümer ein Sonderopfer bedeuten. Der Eigentümer hat dann einen Entschädigungsanspruch, **obwohl eine einfachgesetzliche Entschädigungsregelung fehlt.** Der wesentliche Unterschied zum enteignungsgleichen Eingriff ist, 1161

---

[67] BGH JZ 1997, 557 ff. m. Anm. *Ossenbühl*.
[68] BGHZ 23, 157 (169); 40, 49 (53).
[69] Rn. 1154 f.

dass dieser rechtswidriges Handeln voraussetzt, während der enteignende Eingriff **rechtmäßiges öffentlich-rechtliches Handeln** verlangt. Von der Enteignung unterscheidet sich der enteignende Eingriff vor allem dadurch, dass nicht gezielt in Eigentum eingegriffen wird und dass eine gesetzliche Entschädigungsregelung fehlt.

1162 In der Regel, freilich nicht immer, handelt es sich beim enteignenden Eingriff um **atypische und unvorhersehbare schädigende Nebenfolgen** rechtmäßigen öffentlich-rechtlichen Handelns. Insoweit spricht man auch von **Zufallsschäden.**

> **Beispiele:**
> - Ordnungsgemäß durchgeführte Straßenbauarbeiten verursachen aufgrund unvermeidbarer Straßensperrungen bei einem Geschäftsinhaber einen unzumutbaren Umsatzrückgang.
> - Ordnungsgemäß durchgeführte Straßenbauarbeiten führen aufgrund außergewöhnlicher tektonischer Gegebenheiten zu Rissbildungen an einem benachbarten Haus.
> - Von einer rechtmäßig betriebenen kommunalen Mülldeponie werden Möwen und Krähen angelockt, die die Aussaat auf den benachbarten Äckern vernichten.

1163 Rechtsgrundlage des (gesetzlich nicht geregelten) Entschädigungsanspruchs sind – ebenso wie im Falle des Anspruchs aus enteignungsgleichem Eingriff – die **aufopferungsrechtlichen Grundsätze** der §§ 74, 75 Einl. PrALR von 1794 in ihrer richterrechtlichen Ausprägung.[70] Man kann auch von **Gewohnheitsrecht** sprechen. In Prüfungsarbeiten ist auf die Rechtsgrundlage **kurz** einzugehen.

Auch hier ist zu beachten, dass spezialgesetzliche Ausformungen des enteignenden Eingriffs vorgehen und eine Anwendung des allgemeinen Instituts des enteignenden Eingriffs ausschließen.[71]

2. Öffentlich-rechtliches Handeln, Eigentumseingriff, Unmittelbarkeit des Eigentumseingriffs

1164 In vielem besteht Übereinstimmung mit den Tatbestandsvoraussetzungen eines Anspruchs aus enteignungsgleichem Eingriff. Das betrifft zunächst die Merkmale „öffentlich-rechtliches Handeln", „Eigentumseingriff" und „Unmittelbarkeit des Eingriffs".

1165 An dieser Stelle soll nochmals auf die Problematik des Eigentumseingriffs und der Unmittelbarkeit hingewiesen werden. Der Eigentumseingriff muss unmittelbar durch öffentlich-rechtliches Handeln erfolgen. Dies ist aber nicht nur dann der Fall, wenn das öffentlich-rechtliche Handeln gezielt oder direkt in Eigentum eingreift, sondern auch, wenn es sich um unmit-

---

[70] BVerfG NJW 1998, 3264; BGHZ 91, 20 (26 ff.).
[71] VGH Bad.-Württ. DÖV 2005, 790 (791); *Ossenbühl/Cornils*, S. 346; vgl. auch Rn. 1135.

§ 22. Entschädigungsansprüche für Eigentumseingriffe

telbare Folgen eines öffentlich-rechtlichen Verhaltens handelt, das für sich genommen in Eigentum gar nicht eingreift.

Beispiele: Im oben genannten Mülldeponie-Fall (Rn. 1162) greift das öffentlich-rechtliche Handeln (das Betreiben der Mülldeponie) für sich genommen nicht in das Eigentum an der Aussaat ein. Die Unmittelbarkeit des Eigentumseingriffs ergibt sich vielmehr erst dadurch, dass die **Folgen** des Betriebes der Mülldeponie – die angelockten Möwen und Krähen – sich **unmittelbar** auf das Eigentum auswirken. Öffentlich-rechtliches Handeln und seine unmittelbaren Folgen werden insoweit als Einheit behandelt, so dass man letztlich doch sagen kann, der Betrieb der Mülldeponie greift unmittelbar in das Eigentum an der Aussaat ein.

Problematisch ist das Erfordernis der Unmittelbarkeit des Eigentumseingriffs auch in folgender Hinsicht: Der BGH verlangt bisweilen, dass sich die in der Eigenart des öffentlich-rechtlichen Handelns angelegten typischen Gefahren verwirklicht haben.[72] Mit der weithin verbreiteten Umschreibung des enteignenden Eingriffs als Haftungsinstitut zum Ausgleich meist atypischer Nebenfolgen rechtmäßiger hoheitlicher Maßnahmen[73] ist dies kaum vereinbar. **1166**

3. Rechtmäßigkeit des öffentlich-rechtlichen Handelns

Das öffentlich-rechtliche Handeln muss rechtmäßig sein. Hier besteht folgende Besonderheit und zugleich auch Schwierigkeit: Ein Anspruch aus enteignendem Eingriff setzt voraus, dass die unmittelbaren Folgen des öffentlich-rechtlichen Handelns für den betroffenen Eigentümer ein unzumutbares Sonderopfer bedeuten.[74] Handelt aber ein Träger öffentlicher Gewalt, obwohl vorauszusehen ist, dass dadurch Eigentümer unzumutbar belastet werden, handelt er rechtswidrig, wenn die Folgen durch zumutbare Vorkehrungen vermeidbar waren.[75] **1167**

Beispiele: Im oben genannten ersten Fall (Rn. 1162) waren die Straßenbauarbeiten nur deshalb rechtmäßig, weil die Straßensperrungen unvermeidbar waren.
Im zweiten Fall wären die Straßenbauarbeiten rechtswidrig gewesen, wenn die Rissbildungen vorhersehbar und vermeidbar gewesen wären. Waren sie nicht vorhersehbar, ist allerdings die Annahme von Unmittelbarkeit (typische Folgen) problematisch.
Im dritten Fall ist der Betrieb der Mülldeponie nur dann rechtmäßig, wenn der Betreiber der Mülldeponie alle zumutbaren Vorkehrungen gegen die schädigenden Folgen ergriffen hat.

---

[72] BGHZ 100, 335 (338).
[73] So etwa *Ossenbühl/Cornils*, S. 337, die freilich in Fn. 1 darauf hinweisen, dass diese Atypik keine Anspruchsvoraussetzung ist.
[74] Unten Rn. 1170f.
[75] Vgl. dazu auch *Ossenbühl/Cornils*, S. 327f., 331 ff.; *Hendler*, Rn. 809f.

1168 Teile der Literatur argumentieren auch wie folgt: Wenn für die öffentliche Hand vorhersehbar sei, dass ihr Handeln Eigentümer unzumutbar belaste, verhalte sie sich rechtswidrig, wenn sie keine (gesetzlichen) Ausgleichsansprüche gewähre. Der Anwendungsbereich des enteignenden Eingriffs wird dadurch stark eingeschränkt.[76] Die Problematik soll an dieser Stelle jedoch nicht vertieft werden.

1169 Zur Rechtmäßigkeit des öffentlich-rechtlichen Handelns gehört es auch, dass es vom Gemeinwohl motiviert ist.

4. Sonderopfer

1170 Beim **enteignungsgleichen** Eingriff indiziert die Rechtswidrigkeit das Sonderopfer. Weil der **enteignende** Eingriff **rechtmäßiges** öffentlich-rechtliches Handeln voraussetzt, muss hier das Sonderopfer anders begründet werden.

1171 Es empfiehlt sich, auf die vom BVerwG vertretene **Schweretheorie** abzustellen. Nach ihr ist ein Sonderopfer dann anzunehmen, wenn der Eigentumseingriff und seine unmittelbaren Folgen für den Eigentümer derart schwerwiegend sind, dass eine entschädigungslose Hinnahme unzumutbar ist. Kurz: Wenn die **Zumutbarkeitsgrenze (Opfergrenze)** überschritten ist.[77]

5. Anspruchsausschluss für legislative Folgen

1172 Jedenfalls dann, wenn es um **massenhaft** auftretende Schäden geht, die durch Handeln des **formellen Gesetzgebers** verursacht worden sind, verneint der BGH Ansprüche aus enteignendem Eingriff.[78] Hier gelten dieselben Erwägungen wie beim Haftungsausschluss für legislatives Unrecht.[79] In derartigen Fällen kann aber auch gesagt werden, der Gesetzgeber habe rechtswidrig gehandelt. Denn wenn die Schäden schon nicht durch geeignete Vorkehrungen des Gesetzgebers abgewehrt werden können, so müssen zumindest **gesetzliche** Ausgleichs- oder Entschädigungsansprüche eingeräumt werden. Schließlich kann auch das Sonderopfer verneint werden. Denn wenn alle betroffenen Eigentümer in vergleichbarer Art und Weise betroffen sind, und sei dies auch schwerwiegend, kann kaum noch von einem **Sonderopfer** gesprochen werden.

---

[76] Dazu ablehnend *Ossenbühl/Cornils*, S. 331 ff.
[77] Dazu etwa OLG Rostock NVwZ 2000, 475.
[78] BGHZ 102, 350 (361 f.).
[79] Oben Rn. 1148 ff.

§ 22. Entschädigungsansprüche für Eigentumseingriffe   469

Ob Ansprüche aus enteignendem Eingriff bestehen, wenn ein Gesetz **im** 1173
Einzelfall zu Eigentumseinbußen führt, die Ausnahmecharakter tragen und
nur unter besonderen Umständen entstehen, hat der BGH ausdrücklich
offengelassen.[80] Die Frage ist aber zu bejahen.

6. Rechtsgedanke des § 254 BGB

Auch bei Ansprüchen aus enteignendem Eingriff ist dem Eigentümer 1174
vorwerfbares Mitwirken bei der Schadensentstehung und Schadensentwicklung anspruchsmindernd zu berücksichtigen. Freilich sind Rechtsbehelfe
des Eigentümers unmittelbar gegen das öffentlich-rechtliche Handeln von
vornherein ausgeschlossen. Denn rechtmäßiges Handeln muss der Eigentümer dulden. In Betracht kommt deshalb nur ein Verstoß des Eigentümers
gegen seine Schadensminderungspflicht, wenn er es also unterlässt, den
Schaden durch zumutbare Maßnahmen möglichst gering zu halten.

7. Sonstige Anspruchsvoraussetzungen und Rechtsfolgen

Hinsichtlich Art und Umfang der Entschädigung, der Verjährung, des 1175
Anspruchsgegners und des Rechtsweges gelten die Ausführungen zum
enteignungsgleichen Eingriff entsprechend.
Gesetzliche Entschädigungs- und Ausgleichsregelungen schließen Entschädigungsansprüche aus enteignendem Eingriff grundsätzlich aus.[81]

IV. Anspruch aufgrund ausgleichspflichtiger Inhalts- und Schrankenbestimmung

Inhalts- und Schrankenbestimmungen i.S.v. Art. 14 I 2 GG, **die be-** 1176
stimmte Eigentümer unverhältnismäßig belasten, müssen Ausgleichsansprüche gewähren. Anderenfalls sind sie (teilweise) verfassungswidrig.[82]
Das heißt: Enthalten diese ausgleichspflichtigen Inhalts- und Schranken- 1177
bestimmungen tatsächlich die erforderlichen gesetzlichen Ausgleichsregelungen, ist Rechtsgrundlage für einen entsprechenden Ausgleichsanspruch

---

[80] BGHZ 102, 350 (361).
[81] Dazu und zu manchen sehr umstrittenen Einzelfragen *Ossenbühl/Cornils*, S. 346 ff.
[82] Dazu BVerfGE 58, 137 (149 ff.); 100, 226 (244 ff.); VGH Mannheim VBlBW 2012, 267; *Sproll*, in: Detterbeck/Windthorst/Sproll, § 15 Rn. 10 ff.

eben die jeweilige gesetzliche Ausgleichsregelung. Besteht keine derartige gesetzliche Ausgleichsregelung, obwohl sie verfassungsrechtlich geboten ist, ist die Inhalts- und Schrankenbestimmung (teilweise) verfassungswidrig und nichtig. Ein Anspruch auf einen Ausgleich – etwa Entschädigung in Geld – besteht nicht. Es handelt sich dann nämlich um einen Fall legislativen Unrechts. Die Eigentümer können sich nur gegen die gesetzliche Inhalts- und Schrankenbestimmung sowie gegen etwaige behördliche Ausführungsakte wehren.

1178 **Beachte:** Einen eigenständigen Anspruch aufgrund ausgleichspflichtiger Inhalts- und Schrankenbestimmung ohne eine entsprechende gesetzliche Regelung gibt es nicht.

Entsprechende gesetzliche Ausgleichsregelungen können Entschädigungsansprüche in Geld gewähren; sie können aber auch einen anderweitigen Ausgleich vorsehen, z.B. Übergangs- oder Ausnahmebestimmungen. Die Bestandsgarantie des Art. 14 I 1 GG verlangt, dass der Gesetzgeber von der Möglichkeit der zuletzt genannten anderweitigen Ausgleichsregelungen vorrangig Gebrauch macht.[83]

1179 40 II 1 HS 2 VwGO bestimmt nunmehr, dass derartige Ausgleichsansprüche im Verwaltungsrechtsweg geltend zu machen sind.

1180

Übersicht 32:

Entschädigungsansprüche für Eigentumseingriffe (Prüfschema)

I. Anspruch auf Enteignungsentschädigung
1. Öffentlich-rechtliches Handeln
2. Eingriff in vermögenswerte, von Art. 14 I 1 GG geschützte Rechtspositionen
3. **Gezieltes** hoheitliches Handeln durch Gesetz oder aufgrund eines Gesetzes (RVO, Satzung, VA) mit Enteignungsabsicht (im Unterschied zur Inhalts- und Schrankenbestimmung oder zum enteignenden Eingriff)
4. Gemeinwohlinteresse
5. Rechtmäßige gesetzliche Entschädigungsregelung

---

[83] BVerfGE 100, 226 (245); DÖV 2003, 376.

6. Rechtmäßigkeit des Eingriffs (z.B. formelle Verfassungsmäßigkeit des Gesetzes; Verhältnismäßigkeit des Eingriffs; im Falle der Rechtswidrigkeit bestehen keine Ansprüche auf Enteignungsentschädigung)
7. Rechtsweg
Bei Streitigkeiten über Entschädigungsfragen: Zivilgerichte, Art. 14 III 4 GG

II. Entschädigungsanspruch aus enteignungsgleichem Eingriff

1. Rechtsgrundlage: gewohnheitsrechtlich anerkannter allgemeiner Aufopferungsgrundsatz der §§ 74, 75 EinlPrALR von 1794
2. Öffentlich-rechtliches Handeln
3. Eingriff in Eigentum i.S.v. Art. 14 I 1 GG
4. Unmittelbarkeit des Eigentumseingriffs und der Folgen (die im öffentlich-rechtlichen Handeln angelegten typischen Gefahren müssen sich verwirklicht haben)
5. **Rechtswidrigkeit** des öffentlich-rechtlichen Handelns
6. Sonderopfer (nach h.M. folgt aus der Rechtswidrigkeit grundsätzlich das Sonderopfer)
7. Gemeinwohlbezug
8. Haftungsausschluss für legislatives Unrecht
9. Vorrang des Primärrechtsschutzes
10. Rechtsweg
    a) Gegen das öffentlich-rechtliche Handeln:
    Verwaltungsrechtsweg, § 40 I VwGO; ggf. auch Verfassungsbeschwerde gem. Art. 93 I Nr. 4a GG
    b) Bei Streitigkeiten über Entschädigungsfragen:
    Zivilgerichte, § 40 II 1 HS 1, 1. Var. VwGO (nicht Art. 14 III 4 GG analog)

III. Entschädigungsanspruch aus enteignendem Eingriff

Rechtsgrundlage wie beim enteignungsgleichem Eingriff
Seine Voraussetzungen unterscheiden sich von denjenigen eines enteignungsgleichen Eingriffs dadurch, dass das öffentlich-rechtliche Handeln **rechtmäßig** ist und zumeist ungewollte sowie unvermeidbare unmittelbare Auswirkungen auf das Eigentum hat. Das **Sonderopfer** muss allerdings genauer begründet werden.
Folge: Entschädigungsanspruch. Der Betroffene kann sich gegen das entsprechende öffentlich-rechtliche Handeln nicht zur Wehr setzen, da aufgrund seiner Rechtmäßigkeit eine Duldungspflicht besteht. Anspruchsausschluss für **legislative Folgen,** soweit Massenschäden.
Rechtsweg für Entschädigungsansprüche wie oben II 10b.

IV. Anspruch aufgrund ausgleichspflichtiger Inhalts- und Schrankenbestimmung i. S. v. Art. 14 I 2 GG
Nur wenn und soweit eine verfassungsmäßige gesetzliche Regelung besteht.
Rechtsweg: Verwaltungsrechtsweg, § 40 II 1 HS 2 VwGO.

§ 23. Aufopferungsanspruch

Literatur: *Brüning*, Die Aufopferung im Spannungsfeld von verfassungsrechtlicher Eigentumsgarantie und richterrechtlicher Ausgestaltung, JuS 2003, 2 ff.; *Ferschl*, Der öffentlich-rechtliche Aufopferungsanspruch, 1995; *Haack*, Entschädigungspflichtige Grundrechtseingriffe außerhalb des Eigentumsschutzes, DVBl. 2010, 1475; *Ossenbühl*, Die Struktur des Aufopferungsanspruchs, JuS 1970, 276; *Schenke*, Staatshaftung und Aufopferung – Der Anwendungsbereich des Aufopferungsanspruchs, NJW 1991, 1777; *Schmitt-Kammler*, Der Aufopferungsgedanke, JuS 1995, 473.

Rechtsprechung: BGHZ 9, 83 (Impfschäden); BGHZ 45, 58 (rechtswidrige Strafhaft); BGHZ 46, 327 (Turnunterricht und allgemeines Lebensrisiko); BGHZ 60, 302 (Verletzung eines Häftlings durch anderen Häftling).

I. Begriff

1181 Der Aufopferungsanspruch ist ein Entschädigungsanspruch für vom Gemeinwohl motivierte unmittelbare öffentlich-rechtliche Eingriffe in bestimmte immaterielle Rechtsgüter, die dem Betroffenen ein Sonderopfer, das in einem Vermögensschaden besteht, auferlegen.

Die Verwandtschaft mit dem enteignungsgleichen und enteignenden Eingriff ist erkennbar: Ansprüche aus enteignungsgleichem und enteignendem Eingriff setzen einen **Eigentumseingriff** voraus; Aufopferungsansprüche sind an **Eingriffe in immaterielle (nicht vermögenswerte) Rechtsgüter** geknüpft. Im übrigen besteht in vielem Übereinstimmung.

1182 Z. T. wird auch beim Aufopferungsanspruch zwischen rechtmäßigen und rechtswidrigen Eingriffen unterschieden und bei rechtmäßigen Eingriffen von Aufopferungsansprüchen, bei rechtswidrigen Eingriffen dagegen von aufopferungsgleichen Eingriffen gesprochen.[1] Der BGH und große Teile der Literatur unterscheiden in sprachlicher Hinsicht nicht, sondern sprechen in beiden Fällen vom Aufopferungsanspruch.[2]

1183 Der Aufopferungsanspruch ist vielfach spezialgesetzlich geregelt.

Beispiele: Entschädigung für erlittene Impfschäden gem. §§ 60 ff. IfSG.

---

[1] So *Mayer/Kopp*, S. 483 f.; *Brüning*, JuS 2003, 6.
[2] Dazu ablehnend *Ossenbühl/Cornils*, S. 135 f.

Entschädigungsansprüche für Personenschäden aufgrund polizeilicher Inanspruchnahme gem. den einschlägigen polizei- und sicherheitsrechtlichen Bestimmungen, z.B. Art. 70 BayPAG, § 64 HSOG, § 41 NWPolG.

1184 Derartige spezialgesetzlich geregelte Aufopferungs- und Entschädigungsansprüche gehen dem hier behandelten allgemeinen Aufopferungsanspruch vor.

II. Rechtsgrundlage

1185 Rechtsgrundlage des Aufopferungsanspruchs ist der Aufopferungsgedanke der §§ 74f. Einl. PrALR von 1794 i.V.m. den Grundrechten. Es kann auch auf seine gewohnheitsrechtliche Anerkennung verwiesen werden.

III. Tatbestandsvoraussetzungen und Rechtsfolge

1. Öffentlich-rechtliches Handeln

1186 Grundvoraussetzung ist öffentlich-rechtliches Handeln. Zielgerichtetes Handeln ist nicht erforderlich. Auch ein Unterlassen kommt in Betracht.

2. Eingriff in ein immaterielles Recht

1187 Die Rechtsprechung setzt einen Eingriff in ganz bestimmte immaterielle Rechte voraus. Sie lässt nur Eingriffe in die Grundrechte des Art. 2 II GG genügen, d.h. Eingriffe in
- das Leben
- die Gesundheit
- die persönliche Freiheit (körperliche Bewegungsfreiheit).[3]

1188 Für Eingriffe in andere immaterielle Rechte wie z.B. das **allgemeine Persönlichkeitsrecht** oder die **Berufsfreiheit** werden keine Aufopferungsansprüche gewährt.[4] In der Literatur wird dies z.T. kritisiert. Das BVerfG hat eine Ausdehnung des Anwendungsbereichs des Aufopferungs-

---

[3] Nur bei Beschränkungen des Bürgers auf einen begrenzten Raum, nicht auch bei bloßer Beeinträchtigung der allgemeinen Fortbewegungsfreiheit (Art. 2 I GG).
[4] BGH NJW 1994, 1468.

anspruchs auch auf andere immaterielle Rechtsgüter indes nicht für verfassungsrechtlich geboten erachtet.⁵

Nach einhelliger Auffassung genügt es für die Annahme eines Eingriffs, wenn vom öffentlich-rechtlichen Handeln ein psychischer Zwang (Gewissenszwang oder psychologisches Abfordern) ausgeht.⁶ **1189**

Beispiel: Freiwillige Teilnahme an einer Impfung, für die die Behörden geworben hatten.

Bloßes Unterlassen ist ein Eingriff, wenn eine Rechtspflicht zu einem ganz bestimmten Handeln besteht (qualifiziertes Unterlassen).

3. Unmittelbarkeit des Eingriffs und der Eingriffsfolgen

Eingriff und Eingriffsfolgen müssen gerade auf der **Eigenart des öffentlich-rechtlichen Handelns beruhen.**⁷ Dieser Aspekt wird aber auch z. T. beim Sonderopfer berücksichtigt.⁸ **1190**

4. Gemeinwohlbezug des Eingriffs

Der Eingriff darf nicht überwiegend im Interesse privater Dritter erfolgen. Zweck des Eingriffs muss vielmehr sein, dem Gemeinwohl zu dienen. **1191**

Beispiel: Viele Impfungen dienen zwar auch dem Interesse des einzelnen, aber mindestens ebenso dem Gemeinwohl (Verhinderung der Ausbreitung ansteckender Krankheiten).

5. Vermögensschaden

Folge des Eingriffs in das **immaterielle Recht** muss ein **Vermögensschaden** sein (z. B. Verdienstausfall, Arztkosten, Pflegekosten). **1192**

6. Sonderopfer

Die Rechtswidrigkeit eines Eingriffs bedeutet für den Betroffenen in der Regel ein Sonderopfer.⁹ Ansonsten muss **der eingetretene Schaden –** **1193**

---

⁵ BVerfGK NVwZ 1998, 271 f.; zustimmend *Haack*, DVBl. 2010, 1475 ff., 1483; kritisch *Sproll*, in: Detterbeck/Windthorst/Sproll, § 16 Rn. 67.
⁶ BGHZ 24, 45 (47); 31, 187 (191 f.); *Ossenbühl/Cornils*, S. 139 f.
⁷ *Ossenbühl/Cornils*, S. 138 f.; *Hendler*, Rn. 828, 792; dazu oben Rn. 1141 ff.
⁸ BGHZ 46, 327 (330 f.); dazu *Ossenbühl/Cornils*, S. 138 f.

nicht schon der Eingriff als solcher – für den Betroffenen ein besonderes, wegen seiner Schwere unzumutbares Opfer darstellen. Belastungen, die **vom Gesetz gewollt** sind oder im **üblichen Rahmen** des Eingriffs liegen, bedeuten kein Sonderopfer.

> **Beispiele:**
> - Übelkeit oder leichtes Fieber sind keine außergewöhnlichen und unzumutbaren Impffolgen. Sie sind kein Sonderopfer.
> - Gleiches gilt für Verstauchungen als Folgen von Turnübungen im Schulsport; selbst bei einer schweren Verletzung im Turnunterricht hat der BGH einen Aufopferungsanspruch mit dem Argument abgelehnt, diese Art von Verletzungen könne auch beim Spielen außerhalb der Schule auftreten und sei deshalb nur Ausdruck des allgemeinen Lebensrisikos (BGHZ 46, 327/330 f.).
> - Schwerwiegende Impffolgen wie Querschnittslähmungen oder Gelenkversteifungen bedeuten ein Sonderopfer.

7. Rechtsgedanke des § 254 BGB

1194 Etwaiges Mitverschulden des Betroffenen hinsichtlich des Eingriffs und der Eingriffsfolgen ist nach dem Rechtsgedanken des § 254 BGB anspruchsmindernd zu berücksichtigen,[10] wenn nicht schon aus diesem Grund der Rechtseingriff verneint wurde.

Im Falle rechtswidriger Eingriffe in immaterielle Rechte gilt wiederum der Grundsatz des Vorrangs des Primärrechtsschutzes.[11]

8. Haftungsausschluss für legislative Folgen?

1195 Aufopferungsansprüche infolge des rechtmäßigen Vollzuges **rechtmäßiger** formeller Gesetze sind in Rechtsprechung und Literatur anerkannt.[12] Zur Frage des Aufopferungsanspruchs für legislatives Unrecht[13] hat sich der BGH noch nicht geäußert.

Richtiger Ansatzpunkt ist in allen Fällen das Sonderopfer: Eingriffsfolgen (Schäden), die vom Gesetz gewollt sind oder massenhaft auftreten, bedeuten kein Sonderopfer. Dies gilt unabhängig davon, ob ein rechtmäßiges oder rechtswidriges Gesetz vollzogen wird. Ein Sonderopfer sind nur die echten „Ausreißer".

---

[9] *Ossenbühl/Cornils*, S. 142; siehe aber auch Rn. 1195.
[10] BGHZ 45, 290 (294 ff.).
[11] *Ossenbühl/Cornils*, S. 136; dazu näher oben Rn. 1154 f.
[12] BGHZ 9, 83 ff.; 25, 238 ff.; *Ossenbühl/Cornils*, S. 137.
[13] Dazu oben Rn. 1148 ff.

9. Art und Umfang der Entschädigung

Es besteht (nur) ein Anspruch auf eine angemessene Entschädigung in Geld und kein Anspruch auf vollen Schadensersatz. Einen Anspruch auf Schmerzensgeld lehnt der BGH in ständiger Rechtsprechung ab.[14] **1196**

10. Verjährung

Aufopferungsansprüche verjähren analog § 195 i.V.m. § 199 I BGB grundsätzlich nach drei Jahren.[15] Die absolute Verjährungsfrist beträgt analog § 199 IV BGB zehn Jahre. § 199 II, III BGB ist nicht entsprechend anwendbar.[16] **1197**

11. Anspruchsgegner

Entschädigungspflichtig ist in der Regel der durch den Rechtseingriff begünstigte Hoheitsträger. Im Falle eines rechtmäßigen Rechtseingriffs kommt – wie bei einer Enteignung – aber auch ein begünstigter Privater in Betracht.[17] Im Falle eines rechtswidrigen Eingriffs sollte dagegen – wie schon zum enteignungsgleichen Eingriff vorgeschlagen – immer auf den eingreifenden Hoheitsträger abgestellt werden.[18] **1198**

12. Rechtsweg

Aufopferungsansprüche sind gem. § 40 II 1 HS 1, 1. Var. VwGO im ordentlichen Rechtsweg vor den Zivilgerichten geltend zu machen. **1199**

IV. Konkurrenzen

Spezialgesetzliche Aufopferungsansprüche – dazu gehören auch Ausgleichsansprüche nach den polizei-, ordnungs- und sicherheitsrechtlichen Vorschriften der Länder – verdrängen den allgemeinen Aufopferungsan-

---

[14] BGHZ 20, 61 (68); 22, 43 (45); dazu kritisch *Ossenbühl/Cornils*, S. 147 f.
[15] Ebenso *Maurer*, § 28 Rn. 16.
[16] So aber *Kellner*, NVwZ 2002, 399 (auf S. 400 plädiert er dann für eine analoge Anwendung von § 54 BGSG – nunmehr § 54 BPolG); für eine analoge Anwendung von § 54 BGSG (BPolG) *Dötsch*, DÖV 2004, 279 mit Fn. 28, 29.
[17] Vgl. *Hendler*, Rn. 839.
[18] *Ossenbühl/Cornils*, S. 146; *Maurer*, § 28 Rn. 16.

spruch.[19] Gleiches gilt für sonstige gesetzlich geregelte Ausgleichsansprüche.[20] Amtshaftungs-, Schadensersatzansprüche aus öffentlich-rechtlichem Schuldverhältnis und Aufopferungsansprüche stehen selbständig nebeneinander.

1200

Übersicht 33:

Aufopferungsanspruch (Prüfschema)

1. Fehlen einer spezialgesetzlichen Regelung
2. Rechtsgrundlage: Aufopferungsgedanke der §§ 74 f. Einl. PrALR von 1794 i.V.m. den Grundrechten oder Gewohnheitsrecht
3. Öffentlich-rechtliches Handeln
4. Eingriff in ein immaterielles Recht (Leben, Gesundheit oder persönliche Freiheit)
5. Unmittelbarkeit des Eingriffs und der Eingriffsfolgen
6. Gemeinwohlbezug des Eingriffs
7. Vermögensschaden
8. Sonderopfer
9. Rechtsgedanke des § 254 BGB
10. Haftungsausschluss für legislative Folgen?
11. Anspruchsgegner
12. Rechtsweg, § 40 II 1 HS 1, 1. Var. VwGO (Zivilgerichte)

---

[19] Rn. 1183 f.
[20] *Ossenbühl/Cornils*, S. 150.

§ 24. Folgenbeseitigungsanspruch

Literatur: *Bethge/Detterbeck,* Das folgenschwere Bardepot, Jura 1991, 550 (Examensklausur); *Brosius-Gersdorf,* Vollzugsfolgenbeseitigung, JA 2010, 41; *Brugger,* Gestalt und Begründung des Folgenbeseitigungsanspruchs, JuS 1999, 625; *Bumke,* Der Folgenbeseitigungsanspruch, JuS 2005, 22; *Detterbeck,* Die Obdachloseneinweisung mit Folgen, Jura 1990, 38 (Übungsfall); *Erbguth,* Vom Folgenbeseitigungsanspruch zum Folgenentschädigungsanspruch?, VGH München, NVwZ 1999, 1237, in: JuS 2000, 336; *Faber,* Folgenbeseitigungsanspruch nach ehrverletzenden Meinungsäußerungen, NVwZ 2003, 159; *Hain,* Folgenbeseitigung und Folgenentschädigung, VerwArch. 95 (2004), 498; *Pietzko,* Der materiellrechtliche Folgenbeseitigungsanspruch, 1994; *Tobias Schneider,* Folgenbeseitigung im Verwaltungsrecht, 1994; *Schoch,* Der Folgenbeseitigungsanspruch im Spiegel der Rechtsprechung der letzten 25 Jahre, DV 44 (2011), 397; *Zöller,* Die Tatbestandsstruktur des Folgenbeseitigungsanspruchs, SächsVBl. 1997, 197.

Rechtsprechung: BVerwGE 69, 366 (Rechtsnatur und Reichweite des FBA); BVerwGE 81, 197 (Abwehranspruch gegen Sportplatzlärm); BVerwGE 82, 24 (Anspruch auf Zahlung eines Ausgleichsbetrags); Bad.-Württ. VGH VBlBW 1983, 141 (Anspruch nur auf Herstellung eines gleichwertigen Zustandes); VGH Mannheim NVwZ 1987, 1101 (Anspruch auf Räumung einer beschlagnahmten Wohnung); VGH München NVwZ 1999, 1237 (Umwandlung eines FBA in Anspruch auf Geldausgleich im Falle der Unzumutbarkeit der Wiederherstellung); BGHZ 130, 332 (FBA auf Exmittierung von Obdachlosen, Amtshaftung bei Nichterfüllung).

I. Begriff und Differenzierung

1201 Der Folgenbeseitigungsanspruch (FBA) ist auf die Beseitigung der unmittelbaren rechtswidrigen Folgen öffentlich-rechtlichen Handelns gerichtet und damit auf die **Wiederherstellung des ursprünglichen oder eines vergleichbaren Zustandes.**

1202 Es wird zwischen dem Vollzugsfolgenbeseitigungsanspruch und dem allgemeinen Folgenbeseitigungsanspruch unterschieden. Der **Vollzugsfolgenbeseitigungsanspruch** ist gegeben, wenn es um die **Beseitigung der Folgen des Vollzuges eines Verwaltungsakts** geht.[1] Von einem Vollzugsfolgenbeseitigungsanspruch spricht man in zwei Fällen:
- Der Verwaltungsakt existiert noch und muss erst aufgehoben werden. Diesen Fall des Vollzugsfolgenbeseitigungsanspruchs regelt prozessual § 113 I 2 VwGO.

---

[1] *Ossenbühl/Cornils,* S. 354; *Sproll,* in: Detterbeck/Windthorst/Sproll, § 12 Rn. 12.

- Der Verwaltungsakt, dessen Folgen nunmehr beseitigt werden sollen, existiert nicht mehr, z.B. weil ihn die Behörde schon aufgehoben hat oder weil er sich durch Fristablauf erledigt hat.[2] Allerdings ist auf diesen Fall des Vollzugsfolgenbeseitigungsanspruchs § 113 I 2 VwGO jedenfalls nicht unmittelbar anwendbar.[3]

1203 Der **allgemeine Folgenbeseitigungsanspruch** ist gegeben, wenn es um die Beseitigung der Folgen von öffentlich-rechtlichem Handeln, das keinen Verwaltungsakt darstellt, geht. Dies kann schlichthoheitliches Handeln (z.B. eine amtliche Äußerung), aber auch Normsetzung sein.[4]

II. Rechtsgrundlage

1204 Die Rechtsgrundlage des FBA ist nach wie vor umstritten. Unstreitig ist lediglich, dass § 113 I 2 VwGO nur eine prozessuale Regelung, aber keine Rechtsgrundlage des FBA ist.

Der FBA wird teilweise auf das Rechtsstaatsprinzip, die Grundrechte oder auf eine analoge Anwendung der §§ 12, 862, 1004 BGB gestützt. Das BVerwG verweist inzwischen auch auf „durch Richterrecht geprägte, gewohnheitsrechtliche Gesichtspunkte".[5] In einer Klausur darf der Meinungsstreit nicht (mehr) ausgebreitet werden. Hier genügt der Hinweis, dass der FBA als solcher einhellig anerkannt ist und überwiegend aus dem Rechtsstaatsprinzip und den Grundrechten abgeleitet wird.

III. Tatbestandsvoraussetzungen und Rechtsfolgen

1. Öffentlich-rechtliches Handeln

1205 Jeder FBA setzt öffentlich-rechtliches Handeln voraus. Es kommt jede öffentlich-rechtliche Handlungsform in Betracht. Auf den Aspekt des legislativen Unrechts sollte an dieser Stelle noch nicht eingegangen werden.[6]

---

[2] Für einen Vollzugsfolgenbeseitigungsanspruch nur im zuerst genannten Fall *Kopp/Schenke*, § 113 Rn. 85; freilich handelt es sich insoweit nur um eine terminologische Frage.

[3] Für die Möglichkeit einer analogen Anwendung von § 113 I 2 VwGO auf den Fall einer Fortsetzungsfeststellungsklage OVG Lüneburg NJW 1992, 1980; OVG Münster NWVBl. 1989, 144; BayVGH BayVBl. 1978, 184; a.A. zu Recht *Kopp/Schenke*, § 113 Rn. 85; *Gerhardt*, in: Schoch/Schneider/Bier, § 113 Rn. 61.

[4] Jedenfalls wenn es sich um eine Rechtsverordnung oder Satzung handelt, *Ossenbühl/Cornils*, S. 375.

[5] BVerwGE 94, 100 (103); ebenso BayVGH BayVBl. 2013, 473 Rn. 10.

[6] Dazu unten Rn. 1223 ff.

§ 24. Folgenbeseitigungsanspruch   481

Falls Ausführungsakte eines Gesetzes in Rede stehen, empfiehlt es sich allerdings, nicht auf das Gesetz, sondern auf den Ausführungsakt abzustellen.

Hat die Verwaltung privatrechtlich gehandelt, kommen nur privatrechtliche Anspruchsgrundlagen in Betracht (z.B. § 1004 BGB).

Sowohl schlichtes (bloßes Untätigbleiben) als auch qualifiziertes **Unterlassen** (insbesondere förmliche Ablehnung eines Antrages)[7] scheiden aus.[8] Der Grund hierfür besteht darin, dass der FBA nur auf die Wiederherstellung desjenigen Zustandes gerichtet ist, der vor dem gerügten Verhalten der öffentlichen Hand bestand.[9] Der FBA kann deshalb nicht auf Erfüllung eines Leistungsanspruchs gerichtet sein. Denn damit wird die Schaffung eines Zustandes verlangt, der vor dem Untätigbleiben oder der förmlichen Ablehnung eines Antrages noch nicht bestand: Vor diesem Verhalten hatte der Antragsteller noch nichts, was ihm hätte genommen werden können und was im Wege eines FBA zurückzugeben wäre.[10] Weil damit ein FBA schon dem Grunde nach ausscheidet,[11] kann er auch nicht auf die Beseitigung weiterer Folgen öffentlich-rechtlichen Unterlassens gerichtet sein. Unterlassen kann deshalb keinen FBA auslösen. Dies gilt auch, wenn ein Anspruch rechtsförmlich abgelehnt wird.

Beispiel: Die Stadt S lehnt einen Antrag der Mutter M auf Zurverfügungstellung eines kostenfreien Kita-Platzes für ihr dreijähriges Kind, auf den ein gesetzlicher Anspruch besteht, durch Verwaltungsakt ab, weil keine freien Plätze mehr vorhanden sind. M engagiert eine Tagesmutter und macht die ihr dadurch entstandenen Kosten geltend. Ein hierauf gerichteter FBA besteht nicht. Die Antragsablehnung verletzt M zwar in ihren Rechten. Auch ist der FBA auf Beseitigung einer noch andauernden Rechtsverletzung gerichtet. Diese Beseitigung bestünde in der Zurverfügungstellung des beantragten Kita-Platzes. Hierauf ist der FBA aber nicht gerichtet, weil M vor der Antragsablehnung noch keinen Kita-Platz hatte. Weil damit schon dem Grunde nach kein FBA existiert, hat M auch keinen FBA auf Beseitigung der weiteren Folgen der Antragsablehnung, die hier in den Aufwendungen für die Tagesmutter bestehen – unabhängig davon, ob es sich hierbei um unmittelbare Folgen (dazu Rn. 1207 f.) handelt (verneinend und jedenfalls deshalb einen FBA ablehnend OVG Rh-Pf., 25.10.2012, 7 A 10671/12, juris Rn. 24); zur Frage eines Folgenentschädigungsanspruchs und anderen Ansprüchen Rn. 1221).

2. Rechtseingriff

Das öffentlich-rechtliche Handeln muss in ein subjektives öffentliches **1206** Recht eingreifen. Neben einfachgesetzlich begründeten Rechten kommen

---

[7] Dazu Rn. 1140.
[8] *Ossenbühl/Cornils*, S. 377 f.
[9] Rn. 1201, 1211.
[10] *Maurer*, § 30 Rn. 9.
[11] *Schoch*, DV 44 (2011), 402: strukturell kein Fall der Folgenbeseitigung.

vor allem auch Grundrechte in Betracht. Rechtseingriffe durch Unterlassen und Ablehnung von Anträgen scheiden aus dem oben genannten Grund aus.[12]

3. Unmittelbarkeit der Folgen des öffentlich-rechtlichen Handelns

1207 Der FBA ist nur auf die Beseitigung der **unmittelbaren Folgen** des öffentlich-rechtlichen Handelns gerichtet. Nur mittelbare Folgen werden nicht erfasst.

Das Merkmal der Unmittelbarkeit hat eine haftungsbeschränkende Funktion. Im übrigen sind seine Konturen aber unscharf und umstritten. Nach der Rspr. des BVerwG erfasst der FBA die Folgen einer Amtshandlung, auf die sie nicht unmittelbar gerichtet war, jedenfalls dann nicht, wenn diese Folgen erst durch ein Verhalten des Betroffenen oder eines Dritten verursacht worden sind, das auf seiner **eigenen Entschließung** beruhte.[13]

1208 Einigkeit besteht darüber, dass jedenfalls solche Folgen unmittelbar sind, die das öffentlich-rechtliche Handeln bezweckte. Hinsichtlich der anderen Folgen bietet es sich an, auf diejenigen Kriterien abzustellen, die zur Bestimmung der Unmittelbarkeit beim enteignungsgleichen und enteignenden Eingriff herangezogen werden.[14] Danach werden der öffentlichen Gewalt nur die Folgen – als unmittelbare – zugerechnet, die mit dem öffentlich-rechtlichen Handeln **typischerweise** verbunden sind. Die Folgen müssen sich als **Verwirklichung der im öffentlich-rechtlichen Handeln angelegten typischen Gefahren** darstellen.

Beispiele:
- Die mutwillige Beschädigung der Wohnung durch einen in die Wohnung behördlicherseits eingewiesenen Obdachlosen ist keine unmittelbare Folge der behördlichen Einweisung (*Detterbeck*, Jura 1990, 43; anders aber, wenn die Wohnung nur abgewohnt ist).
- Nach Ablauf einer befristeten Obdachloseneinweisung hält sich der Eingewiesene rechtswidrig in der Wohnung auf, wenn er sie nicht verlässt. Dieser Zustand ist eine unmittelbare Folge der behördlichen Einweisung (*Detterbeck*, Jura 1990, 41; nach Maßgabe der oben genannten Rspr. des BVerwG kann Unmittelbarkeit verneint werden, weil der Obdachlose nach Fristablauf die Wohnung aufgrund eigener Entscheidung nicht verlässt).

---

[12] Rn. 1205.
[13] BVerwGE 69, 366 (373 f.); *Maurer*, § 30 Rn. 9; *Schoch*, DV 44 (2011), 402 f. mit der zutreffenden Ausnahme, dass dem (pflichtwidrigen) Unterlassen anderweitiges aktives Handeln vorausgegangen ist; dagegen Unterlassen in einem obiter dictum erwähnend BVerwGE 69, 366 (367); BVerwG DÖV 2001, 733; ebenso OVG Rh-Pf., 25.10.2012, 7 A 10671/12 – juris Rn. 24; *Bethge/Detterbeck*, Jura 1991, 555.
[14] Ebenso *Schoch*, DV 44 (2011), 411.

§ 24. Folgenbeseitigungsanspruch 483

- Ein Unternehmer, der einen Bankkredit aufnahm, wurde deshalb von der Behörde zur Leistung eines zinslosen Bardepots bei der Bundesbank verpflichtet. Der Unternehmer konnte seiner Pflicht nur durch die Aufnahme eines weiteren Bankkredits nachkommen. Die hieraus entstandenen Zinsaufwendungen hat das BVerwG als nur mittelbare Folgen der Bardepotpflicht qualifiziert, weil die weitere Kreditaufnahme eigenverantwortliches Handeln des Unternehmers ist.[15]

4. Rechtswidrigkeit der Folgen

Nicht die Rechtswidrigkeit des öffentlich-rechtlichen Handelns ist erforderlich, sondern die **Rechtswidrigkeit des hierdurch geschaffenen Zustandes,** also der Folgen.[16] Ein FBA kann auch dann bestehen, wenn das öffentlich-rechtliche Handeln (zunächst) rechtmäßig war, aber zu einem rechtswidrigen Zustand geführt hat. 1209

Beispiel: Der in die Wohnung eingewiesene Obdachlose hält sich dort nach Ablauf der rechtmäßigen befristeten Einweisung rechtswidrig auf.

In der Regel kann allerdings von der Rechtswidrigkeit des Handelns auf die Rechtswidrigkeit der Folgen geschlossen werden.

5. Rechtsgrundlosigkeit der Folgen

Die Folgen des öffentlich-rechtlichen Handelns müssen nicht nur rechtswidrig, sondern auch **rechtsgrundlos** sein. Dem Erfordernis der Rechtsgrundlosigkeit kommt beim Vollzug von Verwaltungsakten besondere Bedeutung zu.[17] Wird die Beseitigung der Folgen eines zwar rechtswidrigen, aber wirksamen (also nicht nichtigen, aufgehobenen oder sonstwie erledigten) Verwaltungsakts geltend gemacht, besteht erst dann ein FBA, wenn der Verwaltungsakt aufgehoben wird (durch das Gericht im Wege der Anfechtungsklage oder durch die Behörde). 1210

Ein wirksamer Verwaltungsakt ist ein Rechtsgrund für den durch ihn verursachten Zustand und schließt einen FBA aus.

---

[15] BVerwGE 69, 366 (373 f.); im Ergebnis zustimmend *Ossenbühl/Cornils*, S. 369 ff.; für Unmittelbarkeit der Folgen *Bethge/Detterbeck*, Jura 1991, 555, weil der Unternehmer zur weiteren Kreditaufnahme gezwungen war.
[16] BVerwGE 82, 76 (95).
[17] Auch *Ossenbühl/Cornils*, S. 380 sprechen von einem weiteren Tatbestandselement; ebenso in der Sache *Maurer*, § 30 Rn. 10.

Beispiele:
- Ist die behördliche Beschlagnahme (= Verwaltungsakt) eines Gegenstandes rechtswidrig, besteht ein auf Herausgabe gerichteter FBA erst nach der Aufhebung der Beschlagnahme.
- Ein FBA, der auf Rückzahlung des aufgrund eines rechtswidrigen Gebührenbescheides geleisteten Geldbetrages gerichtet ist, besteht erst dann, wenn der Gebührenbescheid aufgehoben wird.

1211 Auf das Tatbestandsmerkmal der Rechtsgrundlosigkeit ist außer beim Verwaltungsakt nur noch beim öffentlich-rechtlichen Vertrag einzugehen. Auch ein rechtswidriger, aber nicht nichtiger öffentlich-rechtlicher Vertrag ist Rechtsgrund seiner Folgen (insbesondere für die Erbringung der vertraglich geschuldeten Leistungen). Ein FBA besteht deshalb erst dann, wenn der öffentlich-rechtliche Vertrag aufgehoben oder auf andere Weise unwirksam (geworden) ist.[18] Allerdings dürfte ein FBA in der Regel schon aus einem anderen Grund ausscheiden: Fordert ein Bürger von einer Behörde Leistungen zurück, die er aufgrund eines rechtswidrigen öffentlich-rechtlichen Vertrages erbracht hat, beruht dieser rechtswidrige Zustand nicht auf einem öffentlich-rechtlichen Handeln der Behörde, das in Rechte des Bürgers eingreift.

1212 Andere (rechtswidrige) öffentlich-rechtliche Handlungen (abgesehen von rechtskräftigen gerichtlichen Entscheidungen) sind kein Rechtsgrund, der den durch sie geschaffenen, rechtswidrigen Zustand rechtfertigt. Dies gilt vor allem für rechtswidrige Gesetze. Sie sind nichtig.

6. Möglichkeit der Folgenbeseitigung

1213 Ein FBA ist ausgeschlossen, wenn die Wiederherstellung des **ursprünglichen oder eines vergleichbaren Zustandes** tatsächlich oder rechtlich unmöglich ist.

1214 **Tatsächliche Unmöglichkeit** ist z. B. gegeben, wenn die beschlagnahmte Sache irreparabel zerstört wurde. In Fällen der Beschädigung oder Zerstörung von Sachen besteht aber ein FBA, wenn ein **gleichwertiger Zustand** geschaffen werden kann.[19]

Beispiel: FBA gerichtet auf Wiederherstellung einer abgerissenen Mauer (a. A. VGH Mannheim NVwZ-RR 1990, 449, für den Fall, dass die Bestandteile des Mauerwerks nicht mehr vorhanden sind).

---

[18] Z. B. durch Kündigung, Anfechtung oder im Falle von Nichtigkeit nach § 59 VwVfG.
[19] OVG Hamburg NJW 1978, 658 f.; *Sproll*, in: Detterbeck/Windthorst/Sproll, § 12 Rn. 52; *Gerhardt*, in: Schoch/Schneider/Bier, Vorb. § 113 Rn. 9; der Sache nach auch BVerwGE 38, 336 (346); a. A. VGH München BayVBl. 1992, 147 (nur identischer Zustand); VGH Mannheim NVwZ-RR 1990, 449.

§ 24. Folgenbeseitigungsanspruch

Um einen auch prüfungsrelevanten Fall von tatsächlicher Unmöglichkeit handelt es sich, wenn der Widerruf eines (persönlichkeits- und ehrverletzenden) **Werturteils** verlangt wird.[20] **Tatsachenbehauptungen** haben etwas Geschehenes zum Gegenstand. Sie sind einer objektiven Klärung in tatsächlicher und rechtlicher Hinsicht zugänglich: Das Geschehen, das ihren Inhalt ausmacht, kann Gegenstand einer Beweiserhebung sein. Ist die fragliche Behauptung unwahr, kann sie zwar nicht mehr ungeschehen gemacht werden. Wird die Tatsachenbehauptung widerrufen, werden aber der Wahrheitsanspruch der Behauptung und der speziell auf der Behauptung der unwahren Tatsachen beruhende rechtswidrige Zustand beseitigt.

Damit wird ein Zustand hergestellt, der demjenigen gleicht, der vor der Tatsachenbehauptung bestand. Deshalb kann der **Folgenbeseitigungsanspruch auf den Widerruf von Tatsachenbehauptungen** gerichtet sein.

Im Unterschied zu Tatsachenbehauptungen sind **Werturteile keinem Wahrheitsbeweis zugänglich**. Sie können nur akzeptiert oder abgelehnt werden. Deshalb kann ein Anspruch auf Widerruf nicht auf die Behauptung gestützt werden, das Werturteil sei **unzutreffend**.[21] Gleiches gilt indes auch für einen Anspruch auf Widerruf eines Werturteils, das gegen das vom Staat zu beachtende Gebot der Sachlichkeit verstößt und deshalb **unverhältnismäßig und rechtswidrig** ist. Die mit einer solchen (etwa diffamierenden) Äußerung verbundene Verletzung des allgemeinen Persönlichkeitsrechts kann durch einen Widerruf nicht beseitigt werden. Hat ein Polizist einen am Unfallort anwesenden Passanten als „sensationslüsternen Gaffer" bezeichnet, kann die hierdurch erfolgte Ehrverletzung durch eine Erklärung des Rechtsträgers der Polizei, die Behauptung, der Passant sei ein „sensationslüsterner Gaffer", werde widerrufen, nicht beseitigt werden.[22] Ein Anspruch auf Widerruf von Werturteilen ist ausgeschlossen.[23]

Das heißt jedoch nicht, dass bei rechtswidrigen Werturteilen ein Folgenbeseitigungsanspruch insgesamt ausgeschlossen ist. Kann die noch andauernde Rechtsverletzung durch geeignete Erklärungen der Behörde, z.B. dass das behördliche Verhalten rechtswidrig war, tatsächlich beseitigt wer-

---

[20] Ebenso *Ossenbühl/Cornils,* S. 384.
[21] So BVerwG NJW 1984, 2591.
[22] Dazu die Fallösung von *Detterbeck,* JuS 2000, 574 ff., 578.
[23] OVG NRW NWVBl. 2012, 320 (323): „Niemand kann im Wege der Zwangsvollstreckung gezwungen werden, eine Überzeugung aufzugeben oder eine Würdigung zurückzunehmen"; VGH München BayVBl. 1991, 405 f.; NVwZ-RR 1990, 214; NVwZ 1986, 327; OVG Münster NJW 1983, 2403; *Ossenbühl/Cornils,* S. 372, 384.

den, kommt ein hierauf gerichteter Folgenbeseitigungsanspruch in Betracht.[24]

Insoweit kann auch eine Parallele zu folgendem Fall gezogen werden: Das Bundesinnenministerium hatte eine politische Vereinigung ohne die hierfür erforderliche gesetzliche Ermächtigungsgrundlage in den Verfassungsschutzbericht aufgenommen und als Vereinigung bezeichnet, die sich rechtsextremer verfassungsfeindlicher Bestrebungen verdächtig gemacht habe. Das BVerwG hat der Vereinigung einen Folgenbeseitigungsanspruch zuerkannt, gerichtet auf Richtigstellung im nächsten Verfassungsschutzbericht, dass die Aufnahme der Vereinigung in den Bericht unzulässig gewesen sei.[25]

Sowohl bei rechtswidrigen Tatsachenbehauptungen als auch bei Werturteilen kommen **Unterlassungsansprüche** in Betracht. Bei persönlichkeitsrechtsverletzenden Werturteilen ist zudem an einen auf Zahlung von Schmerzensgeld gerichteten Amtshaftungsanspruch zu denken.[26]

Die Abgrenzung zwischen Tatsachenbehauptungen und Werturteilen ist oft schwierig, die Grenzen sind fließend. Entscheidend ist, worauf das Schwergewicht der Äußerung liegt.

1215 **Rechtliche Unmöglichkeit** ist gegeben, wenn der FBA nur durch eine rechtswidrige behördliche Handlung erfüllt werden könnte.

Beispiel: Nach Ablauf einer befristeten Einweisung eines Obdachlosen in eine leerstehende Wohnung hat der Wohnungseigentümer einen FBA gegen die Behörde, der auf Exmittierung des Obdachlosen gerichtet ist.[27] Der Erlass einer behördlichen Räumungsverfügung wäre aber rechtswidrig, wenn durch sie Gesundheit oder Leben des Obdachlosen bedroht wären, weil z. B. kein angemessener Ersatzwohnraum zur Verfügung steht.

Ist der FBA darauf gerichtet, dass die Behörde in Rechte eines Dritten eingreift – so im oben genannten Beispielsfall –, besteht kein FBA, wenn die Behörde gegenüber dem Dritten keine gesetzliche Eingriffsermächtigung besitzt. Der FBA ist ein materiell-rechtlicher Anspruch gegen die Behörde und keine behördliche Eingriffsermächtigung.[28] Nach dem Vorbehalt des Gesetzes benötigt die Behörde eine gesetzliche Eingriffsermäch-

---

[24] Vgl. BVerwGE 38, 336 (345 f.); 102, 304 (316); NJW 1996, 210 (212); eingehend und weitergehend *Faber,* NVwZ 2003, 159 ff.; vgl. auch *dies.,* Der Schutz der Ehre und des Rufes vor herabsetzenden Äußerungen des Staates, 1999.
[25] BVerwG NVwZ 2014, 233 Rn. 11, 26 (neben einem Unterlassungsanspruch).
[26] Dazu *Faber,* Der Schutz der Ehre und des Rufes vor herabsetzenden Äußerungen des Staates, 1999, S. 221.
[27] BGHZ 130, 332 (334 ff.); a. A. VGH Mannheim NVwZ 1987, 1101.
[28] So aber *Stober,* in: Wolff/Bachof I, § 52 Rn. 34; *Schenke,* DVBl. 1990, 328 ff.; vgl. auch *Will,* JuS 2004, 705.

§ 24. Folgenbeseitigungsanspruch

tigung.[29] Dies können – wie im Obdachlosenfall – auch die polizei- und sicherheitsrechtlichen Generalklauseln des Landesrechts sein.[30] Räumt die einschlägige gesetzliche Eingriffsermächtigung der Behörde ein Ermessen ein, ist es wegen der behördlichen Folgenbeseitigungspflicht auf Null reduziert.[31]

7. Zumutbarkeit der Folgenbeseitigung

Ein FBA ist ausgeschlossen, „wenn damit ein unverhältnismäßig hoher Aufwand verbunden ist, der zu dem erreichbaren Erfolg ... in keinem vernünftigen Verhältnis mehr steht".[32] Insoweit ist § 275 II BGB entsprechend anwendbar.[33] **1216**

Beispiel: FBA gerichtet auf Teilabbruch einer Turnhalle, weil die gesetzlich vorgeschriebene Abstandsfläche geringfügig unterschritten wurde.[34]

Das Kriterium der Zumutbarkeit ist Ausdruck des Verhältnismäßigkeitsprinzips.[35]

Wie jeder Anspruch ist auch der FBA ausgeschlossen, wenn seine Durchsetzung **unzulässige Rechtsausübung** wäre; der die unzulässige Rechtsausübung ausschließende Grundsatz von Treu und Glauben zählt zu den allgemeinen Grundsätzen des Verwaltungsrechts.[36] Die Durchsetzung des FBA wäre unzulässige Rechtsausübung, wenn die Legalisierung des rechtswidrigen Zustandes unmittelbar bevorsteht.[37] Die nur abstrakte Möglichkeit der Legalisierung reicht aber nicht aus.[38] **1217**

Die unzulässige Rechtsausübung wird zumeist als eigenständiger Ausschlussgrund (negatives Tatbestandsmerkmal) qualifiziert.[39] Es spricht allerdings nichts dagegen, sie als Kriterium der Zumutbarkeit zu begreifen.[40] **1218**

---

[29] BGHZ 130, 332 (335); VGH Kassel NVwZ 1995, 301 f.; *Baldus/Grzeszick/Wienhues*, Staatshaftungsrecht, 4. Aufl. 2013, Rn. 59; *Thiele*, Staatshaftungsrecht, 2. Aufl. 2013, S. 149f.
[30] Dazu *Detterbeck*, Jura 1990, 42.
[31] *Voßkuhle/Kaiser*, JuS 2012, 1081 f.; insoweit auch *Kopp/Schenke*, § 113 Rn. 83; vgl. BGHZ 130, 332 (335 f.); VGH Mannheim NJW 1990, 2771.
[32] BVerwGE 94, 100 (117); NVwZ 2004, 1511; VGH München NVwZ 1999, 1238.
[33] BayVGH BayVBl. 2013, 473 Rn. 12.
[34] OVG Münster NWVBl. 1994, 417 (419).
[35] VGH München NVwZ 1999, 1238; *Ossenbühl/Cornils*, S. 387 (auch zur Kritik in der Literatur am Tatbestandsmerkmal der Zumutbarkeit).
[36] BVerwGE 55, 337 (339); NJW 1998, 3135; DÖV 2000, 1050 (1053).
[37] BVerwGE 94, 100 (111).
[38] *Sproll*, JuS 1996, 223 unter Ablehnung der offenbar a.A. von OVG Berlin NVwZ 1992, 902; VGH München DÖV 1978, 767.
[39] Siehe nur *Ossenbühl/Cornils*, S. 388.

8. Rechtsgedanke des § 254 BGB

1219 Mitwirkendes Verschulden des Betroffenen ist nach dem allgemeinen Rechtsgedanken, der in § 254 BGB zum Ausdruck gekommen ist, auch beim FBA zu berücksichtigen.

> Ist der FBA auf eine **unteilbare Leistung** gerichtet und trifft den Anspruchsinhaber eine ins Gewicht fallende Mitverantwortlichkeit am rechtswidrigen Zustand, tritt nach dem Rechtsgedanken des § 251 I BGB an die Stelle des auf Wiederherstellung gerichteten FBA ein auf Geldersatz gerichteter Ausgleichsanspruch. Die Mitverantwortlichkeit ist **anspruchsmindernd** zu berücksichtigen.

Beispiel: Die Behörde lässt eine Stützmauer abreißen. Der Eigentümer hätte den rechtswidrigen Abriss durch einen entsprechenden Hinweis verhindern können.

Das BVerwG weist in diesem Zusammenhang in seiner Leitentscheidung auf die §§ 251 I BGB, 17 IV 2 FernStrG a.F., 74 II 3 VwVfG hin.[41] Nach diesen Vorschriften steht dem Anspruchsberechtigten ein Geldersatzanspruch zu. Außerdem lässt es das BVerwG ausdrücklich offen, ob ein allgemeiner Ausgleichsanspruch in Form eines Folgenentschädigungsanspruchs anzuerkennen sei.[42] Diese Umstände lassen den Schluss darauf zu, dass das BVerwG in Fällen der hier in Rede stehenden Art dem Betroffenen einen Ausgleichsanspruch in Geld zuerkennen will.[43]

1220 Nach Teilen der Literatur ist dagegen die Mitverantwortlichkeit des Anspruchsinhabers dadurch zu berücksichtigen, dass er sich entsprechend dem Maße seiner Mitverursachung an den Kosten der Folgenbeseitigung beteiligt.[44] Soweit diese Auffassung überhaupt eine Begründung gibt, verweist sie ebenfalls auf das BVerwG, das in seiner Leitentscheidung auch § 3 III des Staatshaftungsgesetzes vom 26.6.1981[45] nennt.[46] Diese Bestimmung sah

---

[40] So *Sproll,* in: Detterbeck/Windthorst/Sproll, § 12 Rn. 48 Fn. 85.

[41] BVerwGE 82, 24 (27 f.).

[42] BVerwGE 82, 24 (29).

[43] Ebenso die Deutung von *Ossenbühl/Cornils,* S. 390; *Enders,* GrlVwR III, § 53 Rn. 44; *Grzeszick,* in: Erichsen/Ehlers, § 44 Rn. 129; *Schwerdtfeger/Schwerdtfeger,* § 18 Rn. 291; *Erbguth,* § 41 Rn. 11; *Sproll,* in: Detterbeck/Windthorst/Sproll, § 12 Rn. 51; *Schoch,* DV 44 (2011), 416; vgl. auch VGH München NVwZ 1999, 1237 f.

[44] *Maurer,* § 30 Rn. 18; *Wallerath,* § 19 Rn. 33; *Durner,* JuS 2005, 900; *Hain,* VerwArch. 95 (2004), 506 ff. mit ausführlicher Begründung.

[45] BGBl. I – 1981, S. 553.

[46] BVerwGE 82, 24 (28).

§ 24. Folgenbeseitigungsanspruch

in der Tat eine Kostenbeteiligungspflicht des Anspruchsinhabers vor. Indes hat das BVerfG das Staatshaftungsgesetz für nichtig erklärt.[47] Zur Lösung aktueller Rechtsprobleme vermag es daher kaum beizutragen.

Allerdings verhält sich die Behörde treuwidrig, wenn der Bürger die Wiederherstellung des ursprünglichen oder eines vergleichbaren Zustandes verlangt und eine seiner Mitverantwortlichkeit entsprechende Kostenbeteiligung anbietet, die Behörde dies aber ablehnt (und nur zur Zahlung eines gekürzten Ausgleichsbetrages bereit ist).[48] Der Anspruchsinhaber hat damit ein Wahlrecht.[49]

9. Prinzipieller Ausschluss von Folgenentschädigung

Der FBA ist auf die **Wiederherstellung des ursprünglichen oder eines gleichwertigen Zustandes** gerichtet. Er ist kein allgemeiner Wiedergutmachungsanspruch. Er gewährt dem Bürger grundsätzlich nichts, was er vor dem Eingriff nicht hatte.[50] Der FBA ist insoweit nicht auf die Herstellung des Zustandes gerichtet, der bestünde, wenn der Rechtseingriff nicht erfolgt wäre.[51] Deshalb gewährt er auch grundsätzlich keine Ausgleichs- oder Entschädigungsansprüche in Form von Geld.[52]

1221

Beispiele:
- Aufgrund einer behördlichen Falschauskunft versäumt der Bürger die für einen Subventionsantrag geltende Ausschlussfrist. Hätte er den Antrag fristgerecht gestellt, hätte er die Subvention erhalten. Der Bürger hat gegen die Behörde **keinen FBA** darauf, dass diese von der Fristeinhaltung absieht oder die Subvention trotz Fristversäumung gewährt oder Schadensersatz bzw. Entschädigung als Ausgleich für die entgangene Subvention leistet (VGH Kassel NVwZ-RR 2011, 442 ff.). In Betracht kommt allerdings ein Amtshaftungsanspruch nach § 839 BGB i.V.m. Art. 34 GG.
- Eine Stadt stellt entgegen ihrer gesetzlichen Pflicht den Eltern keinen kostenlosen Kinderbetreuungsplatz zur Verfügung (dazu bereits ausführlich Rn. 1205). Die Eltern haben keinen **Folgenentschädigungsanspruch** gegen die Stadt auf Ersatz der Aufwendungen für die Unterbringung ihres Kindes in einer privaten Einrichtung (OVG Rh-Pf., 25.10.2012 – 7 A 10671/12 – juris Rn. 25; a. A. VG Mainz LKRZ 2012, 334 ff.; *Rixen*,

---

[47] BVerfGE 61, 149 ff.
[48] So *Maurer*, § 30 Rn. 18 a.E.
[49] So deutet *Schoch*, Jura 1993, 486 auch das BVerwG.
[50] VGH Kassel NVwZ-RR 2011, 443.
[51] *Baldus*, in: Baldus/Grzeszick/Wienhues, Staatshaftungsrecht, 4. Aufl. 2013, Rn. 21; *Sproll*, in: Detterbeck/Windthorst/Sproll, § 12 Rn. 53; *Ossenbühl/Cornils*, S. 368; *Voßkuhle/Kaiser*, JuS 2012, 1081; insoweit unrichtig OVG Rh-Pf., 25.10.2012, 7 A 10671/12, juris Rn. 23.
[52] So BVerwGE 140, 34 Rn. 20 a. E.; DÖV 2001, 732 f.; VGH Mannheim NVwZ-RR 2015, 307 Rn. 95; ebenso *Stober*, in: Wolff/Bachof I, § 52 Rn. 38 f.; *Maurer*, § 30 Rn. 17; *Masing*, DÖV 1999, 577; großzügiger *Ossenbühl/Cornils*, S. 388 u. *Gerhardt*, in: Schoch/Schneider/Bier, Vorb. § 113 Rn. 9; viel zu weitgehend VG Mainz LKRZ 2012, 334 ff.; *Rixen*, NJW 2012, 2841 f.

NJW 2012, 2841 f.). Denn der FBA ist kein – zumal verschuldensunabhängiger – Schadens- oder Entschädigungsanspruch. Die Argumentation, der FBA sei auf die Rückgängigmachung der rechtswidrigen Vorenthaltung des Kita-Platzes gerichtet, dies sei durch Zeitablauf unmöglich geworden (für die Vergangenheit kann in der Tat kein Kita-Platz zur Verfügung gestellt werden), deshalb wandele sich der FBA in einen Folgenentschädigungsanspruch um (VG Mainz, a. a. O.; *Rixen*, a. a. O.), ist schon im Ausgangspunkt verfehlt. Der FBA geht nicht über den status quo ante hinaus. Weil die Eltern vor der Antragstellung keinen Kita-Platz hatten, besteht kein FBA auf Bereitstellung eines Kita-Platzes. Es gibt deshalb keinen FBA, der sich in einen Folgenentschädigungsanspruch umwandeln könnte (zutreffend *Schoch*, DV 44 (2011), 402 f.: kein FBA gerichtet auf Ersatz von Verzögerungsschäden, die durch Nichterfüllung von Leistungsansprüchen entstehen). Auch hier kommt aber ein Amtshaftungsanspruch nach § 839 BGB, Art. 34 GG in Betracht; dazu und zu anderen möglichen Ersatzansprüchen wie insbesondere GoA ablehnend *Pauly/Beutel*, DÖV 2013, 445 ff.; gute Fallbearbeitung von *Kötter/Schulze*, NWVBl. 2013, 461 ff.; für einen Schadensersatzanspruch analog § 311a II bzw. § 280 I, 283 oder § 280 I, III, 281 BGB sehr ausführlich *Mayer*, VerwArch. 104 (2013), 379 ff.; ein solcher Schadensersatzanspruch scheitert indes daran, dass allein der Antrag bei der Stadt, den gesetzlich vorgeschriebenen Betreuungsplatz zur Verfügung zu stellen, entgegen *Mayer*, VerwArch. 104 (2013), 367 kein öffentlich-rechtliches Schuldverhältnis zwischen dem Antragsteller und der Stadt begründet; ebenso OLG Dresden, 26.8.2015, 1 U 319/15, juris Rn. 76 ff.; *Kümper*, NVwZ 2015, 1743; dazu auch Rn. 1264. LG Leipzig, 2.2.2015, 7 O 2439/14, juris hat einen Amtshaftungsanspruch nach § 839 BGB, Art. 34 GG zuerkannt; a. A. das Berufungsgericht OLG Dresden, 26.8.2015, 1 U 319/15, juris Rn. 44 ff.; dazu auch Rn. 1083, 1264. BVerwGE 148, 13 ff. hat einen Ersatzanspruch analog § 36a III 1 SGB VIII zuerkannt; dazu *Schübel-Pfister*, NJW 2014, 1216 ff. Dieser Ersatzanspruch ist ein besonderes Rechtsinstitut des Sozialrechts. Auf ihn wird deshalb nicht näher eingegangen.

Eine Ausnahme von diesem Grundsatz gilt nach bundesverwaltungsgerichtlicher Rechtsprechung, wenn der FBA auf eine unteilbare Leistung gerichtet ist und der Anspruchsinhaber für den rechtswidrigen Zustand **mitverantwortlich** ist.[53] Gleiches gilt nach einer oberverwaltungsgerichtlichen Entscheidung im Falle der **Unzumutbarkeit der Wiederherstellung** des ursprünglichen Zustandes (wenn die Beseitigung des rechtswidrigen Zustandes mit unverhältnismäßigen, vernünftigerweise nicht zumutbaren Aufwendungen verbunden wäre). Hier soll sich der FBA in entsprechender Anwendung von § 251 II 1 BGB in einen Anspruch auf Ausgleich in Geld umwandeln.[54] Ob dies auch im Falle **tatsächlicher und rechtlicher Unmöglichkeit** der Wiederherstellung des ursprünglichen Zustandes gilt und sich der FBA in entsprechender Anwendung von § 251 I BGB in einen Folgenentschädigungsanspruch umwandelt, ist umstritten.[55]

---

[53] BVerwGE 82, 24 (28); dazu oben Rn. 1219 f.
[54] VGH München NVwZ 1999, 1237 f.; dem zuneigend auch BVerwGE 94, 100 (117); zustimmend *Schoch*, DV 44 (2011), 410; ablehnend *Haack*, DVBl. 2010, 1482 f.
[55] Ablehnend z.B. *Haack*, DVBl. 2010, 1482 f.; *Hain*, VerwArch. 95 (2004), 506. Diese Frage ist in der Rspr. des BVerwG keinesfalls geklärt, wie VGH München NVwZ 1999,

Völlig anders verhält es sich dagegen, wenn die Behörde einen Bürger 1222
rechtswidrig zur Zahlung von Geld heranzieht und der Bürger die Rückzahlung des geleisteten Geldbetrages verlangt. In diesem Fall ist die Wiederherstellung des ursprünglichen Zustandes gerade nur durch die Leistung von Geld möglich. Mit dem grundsätzlich abzulehnenden Folgenentschädigungsanspruch hat diese Fallgestaltung nichts zu tun.

10. Normatives Unrecht

Der FBA ist auch auf die **Beseitigung der Folgen eines Ausfüh-** 1223
rungsaktes gerichtet, der aufgrund eines verfassungswidrigen formellen Gesetzes erlassen wurde (allerdings ist Art. 100 I GG zu beachten). Nach der Rechtsprechung des BGH zum enteignungsgleichen Eingriff handelt es sich hier um **legislatives Unrecht**.[56] Gleichwohl schließt dies einen FBA nicht aus.[57]

Im Unterschied zum enteignungsgleichen Eingriff ist der FBA nicht auf Entschädigung gerichtet. Das Argument, die Zuerkennung von Entschädigungsansprüchen aus enteignungsgleichem Eingriff für legislatives Unrecht sei auch deshalb ausgeschlossen, weil ansonsten der Staatshaushalt gefährdet sei, ist deshalb auf den FBA insoweit nicht übertragbar. Im übrigen ist die Anfechtung eines Verwaltungsakts, der auf einem verfassungswidrigen Gesetz beruht, und die Klage auf Beseitigung der Folgen des Vollzuges des Verwaltungsakts von der gesetzlichen Regelung des § 113 I 1, 2 VwGO erfasst.

Vor einer ausufernden Inanspruchnahme im Wege eines FBA ist die öffentliche Gewalt durch das Rechtsinstitut der Bestandskraft von Verwaltungsakten geschützt: Ein Anspruch auf Beseitigung von Folgen rechtswidriger, aber bestandskräftiger Verwaltungsakte ist nur unter den erschwerten Voraussetzungen der §§ 48, 51 VwVfG möglich;[58] hinzuweisen ist in diesem Zusammenhang auch auf § 79 II 1 BVerfGG.

Ob ein FBA auch auf die Beseitigung von Folgen gerichtet sein kann, die unmittelbar durch ein verfassungswidriges formelles Gesetz verursacht worden sind, also nicht erst durch einen Ausführungsakt, wurde bislang erst

---

1237 unter Hinweis auf BVerwGE 82, 24 (28) meint. Die in Bezug genommene Entscheidung des BVerwG betrifft ausschließlich und ausdrücklich nur den Fall mitwirkenden Verschuldens des Anspruchsinhabers. BVerwGE 140, 34 Rn. 18 lässt ausdrücklich offen, ob sich der FBA in einen Folgenentschädigungsanspruch umwandelt, wenn die Wiederherstellung des ursprünglichen (oder eines vergleichbaren) Zustandes nicht mehr möglich ist.

[56] Dazu oben Rn. 1148 ff.
[57] *Pietzko,* Der materiell-rechtliche Folgenbeseitigungsanspruch, 1994, S. 236.
[58] Dazu Rn. 673 ff., 766 ff., 1230.

vereinzelt diskutiert.[59] In der Praxis hat sich diese Frage bislang offenbar noch nicht gestellt.

1224 Geht es um die Beseitigung von Folgen eines Ausführungsaktes, der aufgrund einer rechtswidrigen Rechtsverordnung oder Satzung erlassen wurde, oder um die Beseitigung von Folgen, die unmittelbar durch eine Rechtsverordnung oder Satzung verursacht wurden, handelt es sich nicht mehr um legislatives Unrecht (anders nur, wenn die Rechtsverordnung oder Satzung auf einem verfassungswidrigen formellen Gesetz beruhen). Hier ist kein Grund für einen generellen Ausschluss eines FBA ersichtlich.[60]

11. Verjährung

1225 Folgenbeseitigungsansprüche unterliegen der dreijährigen Regelverjährung analog § 195 i.V.m. § 199 I BGB. Die absolute Verjährungsfrist beträgt analog § 199 IV BGB zehn Jahre.[61]

12. Anspruchsgegner

1226 Anspruchsgegner ist derjenige Hoheitsträger, der rechtlich befugt ist, den ursprünglichen Zustand wiederherzustellen.[62] Dies ist in der Regel der eingreifende Hoheitsträger.

IV. Prozessuale Durchsetzung

1227 Wird die Beseitigung von Folgen eines noch anfechtbaren Verwaltungsakts geltend gemacht (Fall eines Vollzugsfolgenbeseitigungsanspruchs), ist § 113 I 2 VwGO zu beachten. Es gilt folgendes: Zunächst muss der Verwaltungsakt angefochten werden, § 42 I i.V.m. § 113 I 1 VwGO. Mit der Anfechtungsklage kann gem. § 113 I 2 VwGO zugleich der Antrag gestellt werden, das Gericht möge den Beklagten verurteilen, auch die Folgen des Verwaltungsakts zu beseitigen.

Nach der in der Literatur mittlerweile überwiegend vertretenen Auffassung handelt es sich um zwei selbständige Klagen: Zum einen Anfech-

---

[59] Ausführlich und ablehnend *Pietzko*, a.a.O., S. 225 ff. (228); ebenso *Ossenbühl/Cornils*, S. 375; vgl. auch BVerwGE 69, 366 (371): „vollziehende Gewalt".

[60] Für einen FBA auch *Pietzko*, a.a.O., S. 230 ff.; *Ossenbühl/Cornils*, S. 375.

[61] *Erbguth*, § 41 Rn. 15; *Schoch*, DV 44 (2011), 417 f.; *Kellner*, NVwZ 2002, 399; *Dötsch*, DÖV 2004, 281; a. A. und für die Geltung einer 30-jährigen Verjährungsfrist (allgemeiner Rechtsgrundsatz) *Kopp/Schenke*, § 113 Rn. 81; a.A. auch *Heselhaus*, DVBl. 2004, 417; die Rspr. des BVerwG zum öffentlich-rechtlichen Erstattungsanspruch ist mittlerweile widersprüchlich, dazu Rn. 1254.

[62] *Ossenbühl/Cornils*, S. 390; *Sproll*, in: Detterbeck/Windthorst/Sproll, § 12 Rn. 66.

tungsklage gegen den Verwaltungsakt, zum anderen Klage auf Beseitigung der Folgen des Vollzuges des Verwaltungsakts (auf Wiederherstellung des ursprünglichen Zustandes). Diese zweite Klage kann nach dieser Auffassung – je nach Klageziel – eine allgemeine Leistungsklage, aber auch eine Verpflichtungsklage sein. § 113 I 2 VwGO regelt danach einen besonderen Fall der (privilegierten) **objektiven Klagenhäufung**.[63] Nach anderer Auffassung regelt § 113 I 2 VwGO keinen Fall der Klagenhäufung, sondern lediglich einen im Rahmen der Anfechtungsklage zu erhebenden **unselbständigen Annexantrag**.[64]

Dogmatisch richtig ist die zuerst genannte Auffassung.[65] Im Ergebnis bestehen zwischen den beiden Auffassungen aber keine Unterschiede. Denn auch nach der zuerst genannten Auffassung (objektive Klagenhäufung) brauchen die besonderen Zulässigkeitsvoraussetzungen der zweiten Klage (z.B. Frist, Vorverfahren) außer ihrer Statthaftigkeit nicht erfüllt zu sein;[66] sie sind deshalb auch nicht zu prüfen.

Der FBA und damit der Annexantrag nach § 113 I 2 VwGO kann auf die Vornahme jedweden öffentlich-rechtlichen Handelns gerichtet sein, also auch auf den Erlass eines Verwaltungsakts. **1228**

> **Beachte:** § 113 I 2 VwGO knüpft an § 113 I 1 VwGO an und setzt damit einen noch aufhebbaren Verwaltungsakt voraus. § 113 I 2 VwGO ist unmittelbar nur dann anwendbar, wenn der Kläger die Beseitigung der Vollzugsfolgen eines **anfechtbaren Verwaltungsakts** verlangt. Geht es um die Beseitigung von Folgen eines Verwaltungsakts, den die Behörde schon selbst aufgehoben hat oder der sich anderweitig erledigt hat (z.B. durch Zeitablauf im Falle eines befristeten Verwaltungsakts), oder wird die Beseitigung der Folgen öffentlich-rechtlichen Handelns, das kein Verwaltungsakt ist, verlangt, ist § 113 I 2 VwGO nicht einschlägig. **1229**

---

[63] *Pietzcker*, in: Schoch/Schneider/Bier, § 42 Abs. 1 Rn. 155; *Gerhardt*, ebenda, § 113 Rn. 57; *Kopp/Schenke*, § 113 Rn. 84 (Stufenklage); *Emmenegger*, in: Fehling/Kastner/Störmer, § 113 VwGO Rn. 73 (Stufenklage); *Wolff*, in: Sodan/Ziekow, § 113 Rn. 187; *Peine*, Klausurenkurs im Verwaltungsrecht, 5. Aufl. 2013, Rn. 111, 955; *Bethge/Rozek*, JuS 1995, 807; offenbar auch BVerwGE 80, 178 (183): gestufte Klage.

[64] *Redeker/v. Oertzen*, § 113 Rn. 21; *Gersdorf*, Rn. 29 ff.; offenbar auch *Knauff*, in: Gärditz, § 113 Rn. 30: „prozessuale Nebenentscheidung"; *Pietzner/Ronellenfitsch*, Rn. 1088 f.; *Erbguth*, § 20 Rn. 35; *Schmalz*, Rn. 973, 976; vgl. auch BVerwGE 22, 314 (315 f.).

[65] *Detterbeck*, Streitgegenstand und Entscheidungswirkungen im Öffentlichen Recht, 1995, S. 282 f.

[66] VGH Kassel NVwZ 1995, 300 f.; *Kopp/Schenke*, § 113 Rn. 93.

1230 § 113 I 2 VwGO ist analog anzuwenden, wenn der Kläger von der Behörde die Aufhebung eines bestandskräftigen Verwaltungsakts gem. §§ 48 ff. VwVfG sowie die Beseitigung der Folgen dieses Verwaltungsakts verlangt. In diesem Fall ist eine **Verpflichtungsklage mit Annexantrag analog § 113 I 2 VwGO** zu erheben.[67] Freilich ist diese Klage nur erfolgreich, wenn der Kläger einen strikten Anspruch auf Aufhebung des Verwaltungsakts hat, wenn das Aufhebungsermessen der Behörde also auf Null reduziert ist. Ansonsten ist der FBA nicht spruchreif, vgl. § 113 I 3 VwGO.

1231 Ist keine (Anfechtungs-)Klage mit Annexantrag nach § 113 I 1, 2 VwGO statthaft, richtet sich die einschlägige Klageart nach dem Begehren des Klägers. Verlangt der Kläger von der Behörde eine schlichthoheitliche Handlung, steht die allgemeine Leistungsklage zur Verfügung.

> **Beispiel:** Die Behörde stellt eine unwahre Tatsachenbehauptung auf. Der hiervon Betroffene hat einen FBA, der auf Widerruf dieser Äußerung gerichtet ist. Der Widerruf einer Tatsachenbehauptung ist eine schlichthoheitliche Handlung. Statthaft ist deshalb eine allgemeine Leistungsklage.

1232 Richtet sich der FBA auf Erlass eines Verwaltungsakts, ohne dass vorher ein anderer Verwaltungsakt aufgehoben werden muss, ist die Verpflichtungsklage statthaft.

> **Beispiel:** Der Wohnungseigentümer verlangt von der Behörde den Erlass einer Räumungsverfügung gegen einen Obdachlosen, nachdem die befristete Einweisung wegen Fristablaufs unwirksam (§ 43 II VwVfG) geworden ist.

1233 § 113 IV VwGO ist keine prozessuale Regelung des Vollzugs-FBA. Zwar setzt auch diese Vorschrift ebenso wie § 113 I 2 VwGO voraus, dass die in Rede stehende Leistung erst dann verlangt werden kann, wenn vorher ein Verwaltungsakt aufgehoben wurde. Auch der Vorschrift des § 113 IV VwGO kann deshalb eine FBA-Konstellation zugrundeliegen. Anders als bei § 113 I 2 VwGO geht es bei § 113 IV VwGO aber nicht um die Beseitigung von Folgen des Vollzuges eines Verwaltungsakts.

> **Anwendungsbeispiele zu § 113 IV VwGO:**
> - Ein Beamter wurde durch Verwaltungsakt entlassen. Der Beamte ficht den Verwaltungsakt an und klagt gleichzeitig auf Gehaltsnachzahlung (BayVGH BayVBl. 1982, 593). Die

---

[67] *Kopp/Schenke,* § 113 Rn. 86; vgl. auch OVG Lüneburg NJW 1992, 1980; OVG Münster NWVBl. 1989, 144; a. A. *Gerhardt,* in: Schoch/Schneider/Bier, § 113 Rn. 61; *Wolff,* in: Sodan/Ziekow, § 113 Rn. 191; weshalb speziell in der hier im Text genannten Konstellation kein mit der Anfechtungssituation vergleichbares Bedürfnis für eine analoge Anwendung des § 113 I 2 VwGO bestehen sollte, ist unerfindlich; nach der hier abgelehnten Auffassung müsste eine Verpflichtungsklage und eine zweite Klage auf Beseitigung der Folgen des aufzuhebenden Verwaltungsakts erhoben werden. Dies wäre eine objektive Klagenhäufung nach § 44 VwGO, die § 113 I 2 VwGO im Falle einer Anfechtungsklage spezialgesetzlich zulässt, *Wolff,* a.a.O., Rn. 187.

§ 24. Folgenbeseitigungsanspruch   495

Einstellung der Gehaltszahlungen ist kein Vollzug des Entlassungsbescheides. Anwendbar auf die Klagen des Beamten ist deshalb nicht § 113 I 2 VwGO, sondern § 113 IV VwGO.
- Die Behörde lehnt die Vornahme eines Realakts ausdrücklich und rechtsverbindlich in einem mit einer Rechtsbehelfsbelehrung versehenen Bescheid ab. In diesem Fall ist die Ablehnung ein Verwaltungsakt. Sind nach dem Erlass des Verwaltungsakts keine neuen Umstände eingetreten, wäre eine allgemeine Leistungsklage auf Vornahme des Realakts nicht erfolgreich. Vielmehr muss zunächst der ablehnende Bescheid angefochten werden. Zugleich kann gem. § 113 IV VwGO beantragt werden, die Behörde zur Leistungserbringung zu verurteilen (*Kopp/Schenke,* § 42 Rn. 41, Anh. § 42 Rn. 42, § 113 Rn. 172; vgl. auch *Pietzcker,* in: Schoch/Schneider/Bier, § 42 Abs. 1 Rn. 32, 156). Hier ist aber auch an die Erhebung einer Verpflichtungsklage, gerichtet auf Erlass eines positiven Verwaltungsakts zu denken. Um einen Anwendungsfall von § 113 I 2 VwGO handelt es sich jedenfalls nicht. Die Nichtvornahme ist kein Vollzug des ablehnenden Verwaltungsakts.

Die praktische Bedeutung von § 113 IV VwGO ist sehr gering. Wichtig ist vor allem, dass diese Vorschrift nicht anwendbar ist, wenn § 113 I 2 VwGO einschlägig ist **(Vorrang von § 113 I 2 VwGO).**[68]

V. Konkurrenzen

Zwischen Folgenbeseitigungsanspruch und öffentlich-rechtlichem Erstattungsanspruch besteht Idealkonkurrenz.[69] Amtshaftungsansprüche, Schadensersatzansprüche aus öffentlich-rechtlichen Schuldverhältnissen sowie Ausgleichs- und Entschädigungsansprüche nach den polizei-, ordnungs- und sicherheitsrechtlichen Bestimmungen der Länder, aus enteignungsgleichem Eingriff und aus Aufopferung stehen neben dem Folgenbeseitigungsanspruch.[70]

---

[68] *Kopp/Schenke,* § 113 Rn. 172; *Gerhardt,* in: Schoch/Schneider/Bier, § 113 Rn. 57.
[69] *Detterbeck,* in: Detterbeck/Windthorst/Sproll, § 26 Rn. 6 ff.
[70] Zum Verhältnis zwischen dem vergleichbaren öffentlich-rechtlichen Erstattungsanspruch und (beamtenrechtlichen) Schadensersatzanspruch BGH NJW 2006, 3225 Rn. 15; zum Verhältnis zum Amtshaftungsanspruch Rn. 1092; *Ossenbühl/Cornils,* S. 397 (siehe aber auch S. 118); zum Verhältnis zu Ansprüchen aus enteignungsgleichem Eingriff und aus Aufopferung *Ossenbühl/Cornils,* S. 397 f.

1234 **Übersicht 34:**

Folgenbeseitigungsanspruch (Prüfschema)

1. Rechtsgrundlage: Rechtsstaatsprinzip i. V. m. den Grundrechten
2. Öffentlich-rechtliches Handeln
3. Rechtseingriff
4. Unmittelbarkeit der Folgen
5. Rechtswidrigkeit und Rechtsgrundlosigkeit der Folgen
6. Möglichkeit und Zumutbarkeit der Folgenbeseitigung
7. Rechtsgedanke des § 254 BGB
8. Prozessuale Durchsetzung
    a) Anfechtungsklage mit Annexantrag (§ 113 I 1, 2 VwGO), falls Folgen auf einem anfechtbaren Verwaltungsakt beruhen
    b) Falls keine Folgen eines anfechtbaren Verwaltungsakts, i. d. R. allgemeine Leistungsklage, in bestimmten Fällen auch Verpflichtungsklage

§ 25. Öffentlich-rechtlicher Erstattungsanspruch

Literatur: *Lorenz,* Verbindungslinien zwischen öffentlichrechtlichem Erstattungsanspruch und zivilrechtlichem Bereicherungsausgleich, in: FS P. Lerche, 1993, S. 929; *Ossenbühl,* Der öffentlich-rechtliche Erstattungsanspruch, NVwZ 1991, 513; *Schoch,* Der öffentlich-rechtliche Erstattungsanspruch, Jura 1994, 82; *Weber,* Der öffentlichrechtliche Erstattungsanspruch, JuS 1986, 29.

Rechtsprechung: BVerwGE 71, 85 (Rechtsgrundlage, Wegfall der Bereicherung, Vertrauensschutz); BVerwGE 89, 345 (Wegfall der Bereicherung); BVerwGE 107, 304 (Erstattung gezogener Nutzungen); BVerwGE 111, 162 (zum Anspruchsausschluss nach dem Grundsatz von Treu und Glauben); BVerwG NVwZ 2003, 993 (keine Anwendung der §§ 814, 817 S. 2 BGB); BVerwG DÖV 2005, 650 (Berücksichtigung staatlicher Gegenleistungen); BVerwG NVwZ 2008, 212 u. DÖV 2008, 822 (entsprechende Anwendbarkeit der §§ 812 ff. BGB); VGH Bad.-Württ. VBlBW 2004, 52 (Anwendbarkeit der Saldotheorie).

I. Begriff

Der öffentlich-rechtliche Erstattungsanspruch ist auf den Ausgleich rechtsgrundloser Vermögensverschiebungen im öffentlichen Recht gerichtet.   **1235**

Er kann von den Bürgern gegen die Behörden, aber auch von den Behörden gegen die Bürger geltend gemacht werden; selbst im Verhältnis verschiedener Hoheitsträger zueinander ist er denkbar.

Beispiel: Ein Bürger zahlt an eine Behörde versehentlich mehr, als von ihm im Zahlungsbescheid (= Verwaltungsakt) verlangt wurde.
Die Behörde zahlt an den Bürger versehentlich mehr, als ihm im Leistungsbescheid zuerkannt wurde.

Entscheidend ist nicht die Rechtswidrigkeit, sondern die Rechtsgrundlosigkeit der Vermögensverschiebung. Hierin und in der Anspruchsrichtung besteht der wesentliche Unterschied zum FBA. Der FBA setzt einen rechtswidrigen (und rechtsgrundlosen) Zustand voraus und steht den Behörden nicht gegenüber Bürgern zu.   **1236**

Obwohl FBA und öffentlich-rechtlicher Erstattungsanspruch häufig auf dasselbe Ziel gerichtet sind, handelt es sich um zwei **selbständige Ansprüche,** die nebeneinander geltend gemacht werden können.[1]   **1237**

---

[1] Dazu näher *Detterbeck,* in: Detterbeck/Windthorst/Sproll, § 26 Rn. 6 ff.

II. Rechtsgrundlage

1238 Die Parallele des öffentlich-rechtlichen Erstattungsanspruchs zu den §§ 812 ff. BGB ist offensichtlich. Dennoch handelt es sich um ein eigenständiges Institut des öffentlichen Rechts.[2] Z. T. gibt es spezialgesetzliche Regelungen. An erster Stelle ist § 49a VwVfG zu nennen. In dieser Vorschrift geht es allerdings nur um Erstattungsansprüche der Behörden gegen die Bürger.[3]

1239 Fehlt eine spezielle gesetzliche Regelung, kommt nur ein allgemeiner öffentlich-rechtlicher Erstattungsanspruch in Betracht. Er folgt aus dem **Grundsatz der Gesetzmäßigkeit der Verwaltung**[4] sowie auch aus den **Grundrechten** (wenn es um Ansprüche der Bürger gegen Behörden geht). Der allgemeine öffentlich-rechtliche Erstattungsanspruch ist ein allgemeiner Grundsatz des Verwaltungsrechts.[5] Z. T. wird auch bereits von **Gewohnheitsrecht** gesprochen.[6] Trotz der Eigenständigkeit des allgemeinen öffentlich-rechtlichen Erstattungsanspruchs sind auf ihn die **§§ 812 ff. BGB entsprechend anwendbar**.[7] Etwas anderes gilt nur, soweit öffentlich-rechtliche Besonderheiten entgegenstehen.[8]

III. Tatbestandsvoraussetzungen und Rechtsfolgen

1. Vorrang spezieller Vorschriften

1240 Vorschriften, die den Ausgleich von Vermögensverschiebungen oder den Ersatz von Aufwendungen regeln, schließen den allgemeinen öffentlich-

---

[2] Zuletzt BVerwGE 131, 153 Rn. 13; NVwZ 2008, 212 Rn. 12; BSG NVwZ-RR 2014, 230 Rn. 26.
[3] Dazu genauer oben Rn. 729 ff.
[4] BVerwGE 131, 153 Rn. 13; 107, 304 (307); 71, 85 (89); NVwZ 2008, 212 Rn. 12.
[5] BVerwGE 131, 153 Rn. 13; 48, 279 (286); NVwZ 2008, 212 Rn. 12.
[6] *Ossenbühl/Cornils*, S. 537 f.
[7] BVerwG NVwZ 2008, 212 Rn. 11 f., wonach der allgemeine öffentlich-rechtliche Erstattungsanspruch auf der entsprechenden Anwendung der §§ 812 ff. BGB beruht; NVwZ 2000, 433; OVG Greifswald NordÖR 2015, 397; *Hufen*, § 28 Rn. 5; vgl. auch BVerwGE 131, 153 Rn. 13; BSG NVwZ-RR 2014, 230 Rn. 26; gegen eine Analogie zu den §§ 812 ff. BGB *Ossenbühl/Cornils*, S. 538; *Schoch*, Jura 1994, 84; *Morlok*, DV 25 (1992), 373 f.
[8] BVerwGE 131, 153 Rn. 13; NVwZ 2008, 212 Rn. 12; BSG NVwZ-RR 2014, 230 Rn. 26; nicht entsprechend anwendbar sind nach BVerwGE 71, 85 (88 f.) die §§ 818 III, IV, 819 I BGGB und nach BVerwG NVwZ 2003, 994 die §§ 814, 817 S. 2 BGB.

rechtlichen Erstattungsanspruch aus.[9] Dies gilt auch dann, wenn die tatbestandlichen Voraussetzungen dieser Vorschriften im konkreten Fall nicht erfüllt sind.[10] Vorschriften in diesem Sinn sind insbesondere § 49a VwVfG und die entsprechenden landesrechtlichen Bestimmungen. In Betracht kommen aber auch besondere Regelungen im Polizei- und Sicherheitsrecht sowie im Verwaltungsvollstreckungsrecht.[11]

2. Vermögensverschiebung

Zwischen Anspruchsteller und Anspruchsgegner muss eine Vermögensverschiebung stattgefunden haben. Der Anspruchsgegner muss bereichert sein. Als Gegenstand der Vermögensverschiebung kommt nicht nur Geld, sondern auch jeder andere Vermögensgegenstand in Betracht, z.B. Grundstücke, aber auch Dienstleistungen. 1241

3. Öffentlich-rechtliche Rechtsbeziehung

Zwischen Anspruchsteller und Anspruchsgegner muss eine **öffentlich-rechtliche Rechtsbeziehung** bestehen, in deren Rahmen die Vermögensverschiebung erfolgt ist. Bei **zivilrechtlichen Rechtsbeziehungen** kommen bürgerlich-rechtliche Bereicherungsansprüche gem. §§ 812 ff. BGB in Betracht. 1242

Beispiele:
- Auszahlung von Geld aufgrund eines Verwaltungsakts, der nichtig war oder später aufgehoben wurde.
- Erbringung einer Leistung, die in einem nichtigen öffentlich-rechtlichen Vertrag vereinbart war.

In derartigen Fällen kann von der **öffentlich-rechtlichen Natur des später weggefallenen** (aufgehobener Bewilligungsbescheid) **oder vermeintlichen Rechtsgrundes** (nichtiger öffentlich-rechtlicher Vertrag) auf die öffentlich-rechtliche Natur des zwischen den Beteiligten bestehenden Rechtsverhältnisses geschlossen werden.[12] Ebenso verhält es sich, wenn eine Leistung in der irrigen Annahme erbracht wird, dem Leistungsempfän- 1243

---

[9] Dazu näher *Detterbeck,* in: Detterbeck/Windthorst/Sproll, § 26.
[10] VGH Mannheim NJW 2003, 1066.
[11] Z. B. §§ 1, 3 BadWürttPolG i. V. m. § 31 BadWürttVwVG, dazu VGH Mannheim NJW 2003, 1066 f.
[12] Ebenso *Windthorst/Sproll,* Staatshaftungsrecht, 1994, § 17 Rn. 8 f. In diesem Zusammenhang kann auch auf die actus-contrarius-Theorie abgestellt werden, so etwa *Schoch,* Jura 1994, 87; der Sache nach auch BVerwGE 89, 7 (9).

1244 Dies bedeutet andererseits aber nicht, dass die Annahme einer öffentlich-rechtlichen Beziehung immer dann ausscheidet, wenn mit der Vermögensverschiebung gegenüber dem Bereicherten kein öffentlich-rechtlicher Zweck verfolgt wird.

> **Beispiele:**
> - Der Dienstherr überweist Dienstbezüge irrtümlich auf das Konto der Ehefrau des anspruchsberechtigten Beamten.
> - Nach dem Tode des ursprünglich Berechtigten werden auf dessen Konto ohne entsprechende Rechtspflicht Dienstbezüge, Renten oder Beihilfen weiterbezahlt; die Zahlungen kommen den Erben zugute.

1245 In beiden Fällen erfolgte die Vermögensverschiebung ebenfalls aufgrund einer vermeintlich bestehenden öffentlich-rechtlichen Verpflichtung, aber eben nicht im Verhältnis zum Bereicherten.

Entscheidend ist, nach welchem Recht sich die Maßnahme, auf der die Vermögensverschiebung beruht, beurteilt.[14] Erfolgte die vermögensverschiebende Maßnahme auf der Grundlage öffentlichen Rechts, handelt es sich um eine öffentlich-rechtliche Vermögensverschiebung.

1246 In den oben genannten Beispielsfällen erfolgten die Zahlungen in Anwendung öffentlich-rechtlicher Vorschriften und stellten damit öffentlich-rechtliche Vermögensverschiebungen dar. Ein Ausgleich dieser Vermögensverschiebungen kann deshalb nur im Wege des öffentlich-rechtlichen Erstattungsanspruchs verlangt werden.[15]

4. Ohne Rechtsgrund

1247 Die gegenwärtige Vermögenslage darf nicht durch einen Rechtsgrund gerechtfertigt sein. Gleichgültig ist es, ob ein Rechtsgrund für die Vermögensverschiebung von Anfang an gefehlt hat oder erst später weggefallen ist, z. B. im Wege der behördlichen oder gerichtlichen Aufhebung.

---

[13] Insoweit zutreffend BVerwGE 84, 274 (278); gegen die Maßgeblichkeit der subjektiven Vorstellungen des Leistenden *Windthorst/Sproll*, Staatshaftungsrecht, 1994, § 18 Rn. 7; *Windthorst*, JuS 1996, 897.

[14] So *Hendler*, Rn. 935; *Schoch*, Jura 1994, 87; *Maurer*, JZ 1990, 864.

[15] *Hendler*, Rn. 935; *Schoch*, Jura 1994, 897; *Frohn*, BayVBl. 1992, 7 ff.; *Hänlein*, JuS 1992, 562; *Maurer*, JZ 1990, 863 ff.; *Bethge*, NJW 1978, 1801 f.; zutreffend auch BVerwG, NVwZ 1991, 168; a. A. BGHZ 73, 202 ff.; 71, 180 ff.; OLG Koblenz NVwZ 1989, 93; OLG Frankfurt NVwZ 1989, 797; BSGE 61, 11 ff.

§ 25. Öffentlich-rechtlicher Erstattungsanspruch   501

Ist die Vermögensverschiebung durch einen **bestehenden Rechts-** 1248
grund legitimiert, ist ein öffentlich-rechtlicher Erstattungsanspruch ausgeschlossen. Als Rechtsgrund kommt in Betracht:
- Ein wirksamer (nicht notwendig auch ein rechtmäßiger) Verwaltungsakt
- Ein nicht nichtiger öffentlich-rechtlicher Vertrag
- Wirksame, d.h. grundsätzlich nur rechtmäßige gesetzliche Vorschriften

5. Erstattungsumfang

Der Bereicherte muss den Vermögensgegenstand sowie prinzipiell alle 1249
durch die Vermögensverschiebung erlangten Vermögensvorteile herausgeben.[16] Ggf. ist nach dem Rechtsgedanken von § 818 II BGB Wertersatz zu leisten.[17]

6. Ausschluss des öffentlich-rechtlichen Erstattungsanspruchs

Umstritten ist, ob und unter welchen Voraussetzungen sich der zunächst 1250
Bereicherte auf den Wegfall der Bereicherung berufen kann.

> Die §§ 818 III, IV, 819 BGB sind nicht, auch nicht analog anwendbar[18] (anders als bei § 49a II 1 VwVfG[19]).

Es ist zu unterscheiden zwischen Erstattungsansprüchen des Staates gegen 1251
den Bürger und Erstattungsansprüchen des Bürgers gegen den Staat. Ein
Träger öffentlicher Gewalt kann sich auf den Wegfall der Bereicherung nicht berufen. Dies wäre mit rechtsstaatlichen Grundsätzen unvereinbar.
Bei Erstattungsansprüchen des Staates gegen den Bürger ist zunächst an § 49a I, II 2 VwVfG zu denken. Die §§ 48 ff. VwVfG sind aber nur anwendbar, wenn die behördliche Leistung auf einem zunächst wirksamen Verwaltungsakt beruht. Ist dies nicht der Fall – beruht die Leistung z.B. auf einem nichtigen Verwaltungsakt oder auf einem nichtigen öffentlich-rechtlichen Vertrag –, gilt folgendes: Bürger können sich auf den **Grund-**

---

[16] Dazu näher *Detterbeck,* in: Detterbeck/Windthorst/Sproll, § 25 Rn. 1 ff.
[17] BVerwG DÖV 2005, 650.
[18] BVerwGE 71, 85, 88 f.; 131, 153 Rn. 30 (zu § 818 III BGB).
[19] Dies setzt allerdings die Anwendbarkeit von § 49a VwVfG voraus. Das ist zum einen bei Ansprüchen des Bürgers gegen den Staat nicht der Fall und zum anderen auch nicht für Ansprüche des Staates gegen den Bürger, wenn die Vermögensverschiebung nicht durch Verwaltungsakt erfolgte.

satz des Vertrauensschutzes berufen. Er folgt aus dem Rechtsstaatsprinzip und den Grundrechten.

Hat ein nicht mehr bereicherter Bürger auf den Fortbestand der Vermögensverschiebung vertraut und ist sein **Vertrauen schutzwürdig**, ist dadurch ein öffentlich-rechtlicher Erstattungsanspruch der Behörde ausgeschlossen. Schutzwürdig ist das Vertrauen des Bürgers jedenfalls dann nicht, wenn er die Rechtsgrundlosigkeit der Vermögensverschiebung kannte oder infolge grober Fahrlässigkeit nicht kannte.[20] Hier kann § 49a II 2 VwVfG entsprechend angewendet werden. Im übrigen können auch die Wertungen des § 48 II VwVfG berücksichtigt werden.

1252 Grundsätzlich anwendbar ist die Saldotheorie.[21] Nach ihr kann der Bereicherungsgläubiger nicht die Herausgabe der von ihm erbrachten Leistung verlangen, wenn er nicht seinerseits zur Rückgabe der ihm erbrachten Leistung im Stande ist.

> **Beispiel:** A verkauft dem B eine seltene Briefmarke für 20.000 €. Der Kaufvertrag ist nichtig. B verlangt von A die Rückzahlung des Kaufpreises, kann die Briefmarke aber nicht zurückgeben, weil er sie versehentlich in den Reißwolf gesteckt hatte.

Haben Staat und Bürger jeweils einen Erstattungsanspruch, der auf demselben Rechtsgrund beruht, werden die beiden Erstattungsansprüche verrechnet (saldiert), **wenn die beiden Erstattungsansprüche verrechenbar sind.**[22]

> **Beispiel:** Eine Behörde erbringt dem Bürger aufgrund eines nichtigen öffentlich-rechtlichen Vertrages eine bestimmte Dienstleistung, die objektiv einen Wert von 10.000 € hat; der Bürger hatte sich zur Zahlung von 15.000 € verpflichtet. Der Bürger kann von der Behörde 5.000 € zurückverlangen (vgl. BGH Bad.-Württ. VBlBW 2004, 52/56).

1253 Sind die beiden Leistungen dagegen nicht verrechenbar und kann der Bürger die ihm von der Behörde erbrachte Leistung aus tatsächlichen Gründen nicht zurückgewähren, findet die Saldotheorie keine Anwendung.

> **Beispiel:** Die Gemeinde G ändert, wie vertraglich vereinbart, ihren Bebauungsplan, um dem Bürger B den Bau eines Hauses zu ermöglichen, wofür B an die Gemeinde 50.000 € bezahlt. Nach Fertigstellung des Baus verlangt B von der Gemeinde das Geld zurück, weil der Vertrag wegen Verstoßes gegen § 1 III 2 BauGB nichtig ist. B kann die von der Gemeinde erbrachte Leistung nicht zurückgewähren. Die gemeindliche Leistung hat auch

---

[20] BVerwGE 81, 85 (89 ff.).
[21] VGH Bad.-Württ. VBlBW 2004, 52 (56); vgl. auch BVerwG DÖV 2005, 650 f.; allgemein zur Saldotheorie *Röthel*, Jura 2015, 1287 ff.
[22] *Ossenbühl/Cornils*, S. 550 f.; an der Verrechenbarkeit fehlte es in dem Fall, der BVerwGE 111, 162 ff. zugrundelag – im Unterschied zum Fall, der Gegenstand von VGH Bad.-Württ. VBlBW 2004, 52 ff. war.

keinen bezifferbaren Wert. Die Leistungen von B und G sind deshalb nicht verrechenbar (Fall nach BVerwGE 111, 162 ff.).

Die Anwendung der Saldotheorie im letzten Beispielsfall zugunsten der Gemeinde würde dazu führen, dass sie die von B erbrachte Leistung behalten dürfte. In diesem Beispielsfall ist die Saldotheorie aber nicht anwendbar. Denn sie würde letztlich dazu führen, dass sich die Behörde auf den Wegfall ihrer Bereicherung beruhen kann (§ 818 III BGB), was indes ausgeschlossen ist.[23]

Dem Rückforderungsanspruch des Bürgers kann aber der **Grundsatz von Treu und Glauben** entgegenstehen, der auch im Veraltungsrecht gilt.[24] In diesem Zusammenhang ist aber zu beachten, dass der öffentlich-rechtliche Erstattungsanspruch des Bürgers nicht schon allein deshalb nach dem Grundsatz von Treu und Glauben ausgeschlossen ist, weil er die ihm von der Behörde erbrachte Leistung aus rechtlichen oder tatsächlichen Gründen nicht zurückgewähren kann.[25] Der Erstattungsanspruch des Bürgers ist nur ausgeschlossen, wenn zusätzlich besondere Umstände den Vorwurf der Treuwidrigkeit seines Rückforderungsverlangens rechtfertigen.

Nach bundesverwaltungsgerichtlicher Rechtsprechung sind § 814 BGB (kein Erstattungsanspruch bei Leistung trotz Kenntnis der Nichtschuld) und § 817 S. 2 BGB (kein Erstattungsanspruch, wenn beide Parteien gegen ein gesetzliches Verbot oder die guten Sitten verstoßen haben) weder unmittelbar noch entsprechend anwendbar.[26]

7. Verjährung

Der allgemeine öffentlich-rechtliche Erstattungsanspruch unterliegt der dreijährigen Regelverjährung analog § 195 i.V.m. § 199 I BGB,[27] soweit keine anderweitigen speziellen Regelungen bestehen.[28] Die absolute Verjährungsfrist beträgt analog § 199 IV BGB zehn Jahre.[29] Nach einer neuen bundesverwaltungsgerichtlichen Rechtsprechung zu gesetzlich geregelten

1254

---

[23] Vgl. BVerwG DÖV 2005, 650 unter Hinweis auf BVerwGE 71, 85 (89 f.).
[24] BVerwGE 111, 162 (172); NVwZ 2003, 994.
[25] BVerwGE 111, 162 (274); DVBl. 2009, 782 Rn. 17; NVwZ 2003, 994.
[26] BVerwG NVwZ 2003, 994.
[27] BVerwGE 131, 153 Rn. 27; NJW 2006, 3225 Rn. 19; OVG Greifswald NordÖR 2015, 394 ff., das allerdings allgemeinen öffentlich-rechtlichen Erstattungsanspruch und Erstattungsanspruch nach § 49 a VwVfG miteinander vermengt; *Maurer*, § 29 Rn. 30; *Erbguth*, § 42 Rn. 11; *Stober*, in: Wolff/Bachof I, § 55 Rn. 39.
[28] Z.B. nach § 228 AO (fünf Jahre), wenn das Kommunalabgabenrecht der Länder betroffen ist und das Kommunalabgabenrecht auf § 228 AO verweist, SächsOVG SächsVBl. 2013, 173 f. m. w. N.
[29] *Kellner*, NVwZ 2002, 399; *Dötsch*, DÖV 2004, 281; a.A. *Heselhaus*, DVBl 2004, 417.

Erstattungsansprüchen gilt eine Dreißigjahresfrist als Ausdruck eines allgemeinen Rechtsgedankens.[30] Die Begründung ist auf den allgemeinen (gesetzlich nicht geregelten) Erstattungsanspruch indes übertragbar.[31] Auf die gegenläufige eigene Rechtsprechung hat das BVerwG nicht hingewiesen. Wurde der Erstattungsanspruch durch Verwaltungsakt festgesetzt, ist § 53 VwVfG zu beachten.

IV. Prozessuale Durchsetzung

1255 Macht der **Bürger** einen öffentlich-rechtlichen Erstattungsanspruch **gegen die Behörde** geltend, muss unterschieden werden. Beruht die Vermögensverschiebung auf einem wirksamen, aber (noch) anfechtbaren Verwaltungsakt, muss zunächst der Verwaltungsakt angefochten werden. Zusammen mit der Anfechtungsklage kann **analog § 113 I 2 VwGO** Annexantrag auf gerichtliche Anordnung der Rückgängigmachung der Vermögensverschiebung gestellt werden.[32]

Beruht die Vermögensverschiebung nicht auf einem wirksamen Verwaltungsakt, kann der öffentlich-rechtliche Erstattungsanspruch im Wege der Verpflichtungsklage geltend gemacht werden, wenn die Rückgängigmachung der Vermögensverschiebung den Erlass eines Verwaltungsakts voraussetzt. Ist lediglich ein tatsächliches Handeln der Behörde erforderlich, ist die allgemeine Leistungsklage statthaft.

1256 Umstritten ist die Rechtslage, wenn die **Behörde gegen den Bürger** einen öffentlich-rechtlichen Erstattungsanspruch durchsetzen möchte. In Betracht kommt der Erlass eines Erstattungsbescheides (= Verwaltungsakt), der den Bürger zur Rückerstattung des Erlangten verpflichtet. Dieser Erstattungsbescheid ist aber ein belastender Verwaltungsakt und bedarf deshalb nach dem Grundsatz vom Vorbehalt des Gesetzes einer formell-gesetzlichen Grundlage. Hierbei geht es nicht um die Frage, ob der Behörde der Erstattungsanspruch materiell-rechtlich zusteht. Problematisch ist vielmehr, ob die Behörde berechtigt ist, ihren Anspruch gerade durch Verwaltungsakt durchzusetzen – sog. VA-Befugnis.[33] § 49a I 2 VwVfG und die inhaltsgleichen landesrechtlichen Bestimmungen enthalten eine solche Ermächti-

---

[30] BVerwGE 132, 324 Rn. 10 ff. (Herausgabeanspruch nach § 8 IV 2 VZOG); NVwZ 2011, 949 Rn. 14 ff., 17 (Erstattungsanspruch nach § 49a VwVfG); ausdrücklich offen lassend BVerwG, 24.7.2008, 7 A 2/07, juris Rn. 18 f.; gegen diese Rspr. ausführlich und überzeugend ThürOVG ThürVBl. 2012, 61 ff.; vgl. auch SächsOVG SächsVBl. 2013, 121 f.; dazu auch Rn. 733.

[31] So *Ossenbühl/Cornils*, S. 551.

[32] *Kopp/Schenke*, § 113 Rn. 82; *Gerhardt*, in: Schoch/Schneider/Bier, § 113 Rn. 58; *Detterbeck*, in: Detterbeck/Windthorst/Sproll, § 27 Rn. 2.

[33] Dazu näher Rn. 592 ff., 600, 602.

§ 25. Öffentlich-rechtlicher Erstattungsanspruch

gungsgrundlage. Problematisch wird es aber, wenn diese Vorschriften nicht einschlägig sind und keine andere ausdrückliche Ermächtigungsgrundlage existiert.

Das BVerwG räumt der Behörde die Befugnis zum Verwaltungsakt-Erlass ein, wenn das Rechtsverhältnis zwischen Behörde und Bürger insgesamt ein subordinationsrechtliches Gepräge aufweist wie z.B. im Beamtenverhältnis.[34] Große Teile der Literatur lehnen diese Rechtsprechung ab.[35] Sie verweisen die Behörde auf die Erhebung einer allgemeinen Leistungsklage, wenn ihr die VA-Befugnis gesetzlich nicht eingeräumt wurde. 1257

Vorzugswürdig ist folgende Differenzierung: Steht der Behörde die Befugnis zur Aufhebung des Verwaltungsakts, auf dessen Grundlage die Vermögensverschiebung erfolgt ist, zu, dann schließt diese VA-Aufhebungsbefugnis auch die VA-Befugnis zum Erlass eines Erstattungsbescheids ein (Kehrseitentheorie).[36] Denn die eigentliche Belastung des Bürgers besteht in der Aufhebung des Verwaltungsakts, der den Rechtsgrund der Vermögensverschiebung bildet.[37] Allerdings sind diese Fälle in der Regel schon von § 49a I VwVfG erfasst; anders verhält es sich, wenn das VwVfG von vornherein nicht anwendbar ist (§ 2 VwVfG und die z.T. weiter gefassten Vorschriften der LVwVfG). Hat die Behörde dagegen nicht durch Verwaltungsakt gehandelt wie bei der Rückabwicklung öffentlich-rechtlicher Verträge oder bei der Rückgängigmachung von Vermögensverschiebungen aufgrund schlichthoheitlichen Handelns, ist sie auf die Erhebung einer allgemeinen Leistungsklage angewiesen.[38] 1258

Hat die Behörde die Befugnis, ihren Erstattungsanspruch durch Verwaltungsakt geltend zu machen, besteht für die Erhebung einer allgemeinen Leistungsklage kein **Rechtsschutzbedürfnis**. Etwas anderes gilt aber dann, wenn der Bürger zu erkennen gibt, dass er den Verwaltungsakt anfechten werde. In diesem Fall würde der Erlass eines Verwaltungsakts einen nachfolgenden Prozess nur hinauszögern. Die Behörde darf deshalb sofort eine allgemeine Leistungsklage erheben.[39] 1259

Bei all diesen Fragen geht es wohlgemerkt nicht darum, ob die Behörde einen öffentlich-rechtlichen Erstattungsanspruch gegen den Bürger hat.

---

[34] BVerwGE 71, 354 (357); 40, 237 (238f.).

[35] *Gurlit*, in: Erichsen/Ehlers, § 35 Rn. 31; *Stober*, in: Wolff/Bachof I, § 55 Rn. 41, 161; *Windthorst*, JuS 1996, 900; *Osterloh*, JuS 1983, 284f.; ablehnend auch OVG Lüneburg NVwZ 1989, 880f.; VGH München NVwZ 1983, 550f.

[36] BVerwGE 25, 72 (76 ff.); BVerwG DVBl. 1999, 537f.

[37] BVerwG DVBl. 1978, 213.

[38] Vgl. *Ossenbühl/Cornils*, S. 552; *Schoch*, Jura 1994, 89f.; siehe auch *Maurer*, § 29 Rn. 30; dazu auch oben Rn. 602, 820.

[39] So zu vergleichbaren Fällen BVerwGE 115, 390; 80, 164 (165f.); siehe auch Rn. 1393.

Vielmehr geht es nur darum, wie sie ihren (angeblichen) Erstattungsanspruch geltend machen darf.

V. Konkurrenzen

1260 Spezialgesetzliche Regelungen des Erstattungsanspruchs schließen einen allgemeinen Erstattungsanspruch aus.[40] Ansprüche aus berechtigter GoA schließen Erstattungsansprüche deshalb aus, weil die berechtigte Geschäftsführung einen Rechtsgrund für die Vermögensverschiebung darstellt; im übrigen besteht zwischen GoA-Ansprüchen und Erstattungsanspruch Idealkonkurrenz.[41]

Durch den Amtshaftungstatbestand des § 839 BGB, Art. 34 GG ist der allgemeine öffentlich-rechtliche Erstattungsanspruch jedoch nicht ausgeschlossen. Gleiches gilt für Schadensersatzansprüche aus der Verletzung von Pflichten aus öffentlich-rechtlichen Schuldverhältnissen[42] analog § 280 BGB. Diese (deliktischen und schuldrechtlichen) Vorschriften regeln nicht den Ausgleich von Vermögensverschiebungen oder den Ersatz von Aufwendungen.[43] Durch den – gesetzlich nicht geregelten – FBA ist der allgemeine öffentlich-rechtliche Erstattungsanspruch ebenfalls nicht ausgeschlossen.[44]

---

[40] Rn. 1240.
[41] *Detterbeck*, in: Detterbeck/Windthorst/Sproll, § 26 Rn. 12; vgl. *Ossenbühl/Cornils*, S. 540.
[42] Dazu näher unten Rn. 1262 ff.
[43] Zum Verhältnis zwischen öffentlich-rechtlichem Erstattungsanspruch und (beamtenrechtlichen) Schadensersatzanspruch BGH NJW 2006, 3225 Rn. 15; vgl. zur insoweit vergleichbaren Konkurrenzproblematik im Bereicherungsrecht der §§ 812 ff. BGB *Stadler*, in: Jauernig, BGB, 16. Aufl. 2015, vor § 812 Rn. 80 ff.
[44] *Detterbeck*, in: Detterbeck/Windthorst/Sproll, § 26 Rn. 6 ff.

Übersicht 35:
Allgemeiner öffentlich-rechtlicher Erstattungsanspruch (Prüfschema)

1261

1. Vorrang spezieller Ausgleichs- und Erstattungsvorschriften wie § 49a VwVfG
2. Rechtsgrundlage: Rechtsstaatsprinzip i. V. m. den Grundrechten
3. Vermögensverschiebung zw. Anspruchsteller und Anspruchsgegner
4. Öffentlich-rechtliche Rechtsbeziehung zw. Anspruchsteller und Anspruchsgegner
5. Rechtsgrundlosigkeit der **bestehenden** Vermögenslage
6. Kein Anspruchsausschluss
   Insbes. kein Wegfall der Bereicherung (beachte: keine analoge Anwendung der §§ 818 III, IV, 819 BGB – außer in den Fällen des § 49a II VwVfG)
7. Prozessuale Durchsetzung
   a) Bürger gegen Staat
      aa) Anfechtungsklage mit Annexantrag analog § 113 I, 2 VwGO, falls Vermögensverschiebung auf einem wirksamen Verwaltungsakt beruht
      bb) Verpflichtungs- oder allgemeine Leistungsklage, falls Vermögensverschiebung auf keinem wirksamen Verwaltungsakt beruht
   b) Staat gegen Bürger
      Erlass eines Erstattungsbescheids (Rückforderungsbescheids), wenn zwischen Staat und Bürger ein Subordinationsverhältnis besteht (BVerwG), oder Erhebung einer allgemeinen Leistungsklage (Lit.)

§ 26. Schadensersatzansprüche aus öffentlich-rechtlichen Schuldverhältnissen

Literatur: *Bamberger,* Grundfälle zum Recht der Geschäftsführung ohne Auftrag im öffentlichen Recht, JuS 1998, 706; *ders.,* Staatsbürgerhaftung im Gewande des Staatshaftungsrechts, KritV 84 (2001), 211; *Blas,* Der Aufwendungsersatzanspruch aus öffentlich-rechtlicher GoA, JA 1989, 514; *Glasmacher,* Die Leiden einer Katze, Jura 2014, 526 (Übungsfall: Aufwendungsersatzanspruch aus ö-r GoA); *Gries/Willebrand,* Entstehung der auf Leistung oder Nutzung gerichteten verwaltungsrechtlichen Schuldverhältnisse, JuS 1990, 193; *R. Keller,* Vorvertragliche Schuldverhältnisse im Verwaltungsrecht, 1997; *Kellner,* Fallgruppen der culpa in contrahendo im Verwaltungsrecht, DÖV 2011, 26; *Kischel,* Handle und liquidiere? – Keine Geschäftsführung ohne Auftrag im öffentlichen Recht –, VerwArch. 90 (1999), 391; *Knapp,* Geschäftsführung ohne Auftrag bei Beteiligung von Trägern öffentlicher Verwaltung, 1999; *Linke,* Privatrechtliche Geschäftsführung ohne Auftrag durch Ordnungsbehörden?, DVBl. 2006, 148; *Murach,* Die Haftung der öffentlichen Hand im Verwaltungsschuldverhältnis, 2002; *ders.,* Rechtswegzuständigkeit bei Ersatzansprüchen aus verwaltungsrechtlichen Schuldverhältnissen nichtvertraglicher Art, BayVBl. 2001, 682; *Schoch,* Geschäftsführung ohne Auftrag im Öffentlichen Recht, Jura 1994, 241; *U. Stelkens,* Schadensersatzansprüche des Staates gegenüber Privaten, DVBl. 1998, 300; *Windthorst,* Staatshaftungsrecht – Das öffentlichrechtliche Schuldverhältnis, JuS 1996, 605.

Rechtsprechung: BGHZ 21, 214 (ö-r Schuldverhältnis, Grundsatzentscheidung); BGHZ 59, 303 (Lieferung verunreinigten Wassers); BGHZ 61, 7 (Schlachthofbenutzung); BGHZ 109, 8 und BGHZ 115, 141/146 f. (gemeindl. Regenwasserkanalisation); BGHZ 156, 394 (keine behördlichen Aufwendungsersatzansprüche gegen den Bürger aus GoA bei abschließender gesetzlicher Sonderregelung); BGH NJW 2007, 1061 (Kanalbenutzungsverhältnis; Anwendung der Regeln über Verträge mit Schutzwirkung zu Gunsten Dritter; weite Auslegung des Begriffs des Erfüllungsgehilfen); BGH, 18.2.2014, VI ZR 383/12, juris (Entstehung eines ö-r Verwahrungsverhältnisses zw. der Stadt und dem Kfz-Halter bei Abschleppen des Kfz durch den von der Stadt beauftragten Abschleppunternehmer); BVerwGE 13, 17 (beamtenrechtl. Fürsorgepflicht, Grundsatzentscheidung); BVerwGE 52, 247 (beamtenrechtl. Fürsorgepflicht, ö-r Verwahrung); BVerwGE 80, 123 (Verletzung einer in einem ö-r Dienstverhältnis wurzelnden (quasi-vertraglichen) Verbindlichkeit); BVerwGE 80, 170 (ö-r GoA eines Bürgers gegenüber dem Staat, Grundsatzentscheidung); BVerwGE 123, 175/188 f. (kein Schadensersatzanspruch aus c.i.c. bei Abschluss eines nichtigen öffentlich-rechtlichen Vertrages); BVerwG DÖV 1986, 285; OVG Münster DVBl. 1986, 784; 12.9.2013 – 20 A 433/11 – juris (jew. ö-r GoA einer Behörde gegenüber einer anderen Behörde); BVerwG NJW 1995, 2303 (Kanalbenutzungsverhältnis).

I. Begriff und Rechtsgrundlagen

Begibt sich die Verwaltung auf die Ebene des Privatrechts und schließt sie hier privatrechtliche Verträge ab oder geht sie privatrechtliche Schuldverhältnisse ein, gilt für sie auch das privatrechtliche Haftungsrecht. 1262

Schuldrechtliche oder schuldrechtsähnliche Beziehungen zwischen der Verwaltung und den Bürgern sowie im Verhältnis verschiedener Verwaltungsrechtsträger zueinander gibt es aber auch auf dem Gebiet des öffentlichen Rechts. Zu nennen sind der öffentlich-rechtliche Vertrag, die öffentlich-rechtliche Verwahrung, die öffentlich-rechtliche Geschäftsführung ohne Auftrag, öffentlich-rechtliche Benutzungs- und Leistungsverhältnisse (z.B. im Falle der Lieferung von Wasser,[1] Gas oder Fernwärme oder der Benutzung öffentlicher Einrichtungen) sowie das Beamten-, Zivil- und Wehrdienstverhältnis.

Derartige öffentlich-rechtliche Schuldverhältnisse sind im Gesetz entweder überhaupt nicht oder nur zum Teil geregelt. 1263

Die spezifisch öffentlich-rechtlichen Haftungsinstitute wie vor allem der **Amtshaftungstatbestand, die Enteignung, der enteignungsgleiche und enteignende Eingriff sowie der Folgenbeseitigungsanspruch** gelangen zwar auch im Rahmen der **öffentlich-rechtlichen Schuldverhältnisse und Sonderverbindungen zur Anwendung.** Diese Haftungsinstitute wurden aber in Teilbereichen als unzureichend erachtet. Deshalb und wegen der vielfach offenkundigen Nähe der einzelnen öffentlich-rechtlichen Schuldverhältnisse zu ihren privatrechtlichen Nachbarinstituten wird **auf die privatrechtlichen Haftungsregelungen zurückgegriffen. Sie werden analog angewendet.**

Die Voraussetzungen, unter denen ein öffentlich-rechtliches Schuldverhältnis besteht, sind im einzelnen sehr umstritten.[2]

Als **Faustformel** kann gelten: Öffentlich-rechtliche Schuldverhältnisse sind besonders enge öffentlich-rechtliche Rechtsbeziehungen

---

[1] Dazu der klausurrelevante Fall von BGH NJW 2007, 1061 f.
[2] Dazu näher *Detterbeck,* in: Detterbeck/Windthorst/Sproll, § 19 Rn. 15 ff., 21 ff.; *Stober,* in: Wolff/Bachof I, § 55 Rn. 3 ff.

> zwischen Verwaltungsträgern und Bürgern (oder zwischen verschiedenen Verwaltungsträgern).[3]

Fehlen **spezielle** gesetzliche Regelungen, die den Schadensausgleich im Falle von Pflichtverletzungen regeln, sind die zentralen BGB-Vorschriften des vertraglichen Schuldrechts anwendbar.

1264 Unbestritten ist, dass das **allgemeine Staat-Bürger-Verhältnis** kein öffentlich-rechtliches Schuldverhältnis ist. Insbesondere wird ein öffentlich-rechtliches Schuldverhältnis nicht schon durch den Antrag auf Erlass eines Verwaltungsakts begründet.

Beispiel: Der Antrag bei der zuständigen Behörde, einen gesetzlich vorgeschriebenen Kinderbetreuungsplatz (durch Verwaltungsakt) zur Verfügung zu stellen, begründet kein öffentlich-rechtliches Schuldverhältnis zwischen Antragsteller und (Rechtsträger der) Behörde; a. A. *Mayer,* VerwArch. 104 (2013), 367; es entsteht erst, wenn der Betreuungsplatz tatsächlich zur Verfügung gestellt wird (so auch OLG Dresden, 26.8.2015, 1 U 319/15, juris Rn. 76 ff.; *Kümper,* NVwZ 2015, 1743); dazu schon Rn. 1083, 1221.

Zunächst einmal ist auf die allgemein anerkannten Fallgruppen öffentlich-rechtlicher Schuldverhältnisse[4] abzustellen.

1265 Grundsätzlich auf alle anerkannten öffentlich-rechtlichen Schuldverhältnisse analog anwendbar sind die folgenden zivilrechtlichen Vorschriften und Rechtsinstitute:[5]

- §§ 194 ff. BGB: Verjährung[6]
- § 241 BGB: Pflichten aus dem Schuldverhältnis
- § 254 BGB: Grundsatz des anspruchsmindernden und anspruchsausschließenden Mitverschuldens; Ausschluss von Schadensersatzansprüchen für rechtswidriges staatliches Verhalten, wenn es der Geschädigte vorsätzlich oder fahrlässig unterlassen hat, den Schaden durch Gebrauch eines Rechtsbehelfs gegen das rechtswidrige staatliche Verhalten abzuwenden (Vorrang von Primärrechts-

---

[3] BGHZ 166, 268 Rn. 17; 21, 214 (218); NVwZ-RR 2012, 54 Rn. 20; NJW 2007, 1061.

[4] Dazu Rn. 1266 ff.

[5] Siehe auch *Stober,* in: Wolff/Bachof I, § 55 Rn. 139 ff.

[6] *Dötsch,* DÖV 2004, 281; zur analogen Geltung der Verjährungsvorschriften nach dem Schuldrechtsmodernisierungsgesetz im öffentlichen Recht *Kellner,* NVwZ 2002, 395 ff.; *Geis,* NVwZ 2002, 389 f.; *Stumpf,* NVwZ 2003, 1198 ff.; *Heselhaus,* DVBl. 2004, 411 ff.

§ 26. Schadensersatzansprüche aus Schuldverhältnissen

- § 275 BGB:
- § 276 BGB:
- §§ 31, 89, 278 BGB:
- §§ 280, 311 BGB:

schutz analog § 254 II 1 BGB – Parallele zu § 839 III BGB)[7]
Ausschluss der Leistungspflicht bei Unmöglichkeit der Leistungserbringung
Haftung nur bei Verschulden
Haftung für Hilfspersonen[8]
Schadensersatz wegen Pflichtverletzung (§ 280 I BGB umfasst nicht nur die positive Vertrags- bzw. Forderungsverletzung – p.V.V. –, sondern nach § 311 II BGB auch die culpa in contrahendo – c.i.c.)

II. Fallgruppen

1. Öffentlich-rechtlicher Vertrag

Der öffentlich-rechtliche Vertrag ist durch die §§ 54 ff. VwVfG näher geregelt.[9] § 62 S. 2 VwVfG verweist im übrigen ausdrücklich auf die Vorschriften des BGB. Anerkannt ist, dass unter den Voraussetzungen von § 62 S. 2 VwVfG i.V.m. §§ 280, 241, 311 II BGB entsprechend Schadensersatzansprüche wegen Nicht- oder Schlechterfüllung und Verschuldens bei Vertragsabschluss entstehen können. **1266**

Die Bestimmung der vertraglichen und vorvertraglichen Nebenpflichten ist allerdings nicht unproblematisch. Nicht jede Verletzung einer **gesetzlichen** Pflicht beim Abschluss eines öffentlich-rechtlichen Vertrages oder bei seiner Erfüllung ist auch eine Verletzung einer **(vor-)vertraglichen** Pflicht. Wenn die gesetzliche Pflicht nicht auch vertraglich vereinbart worden ist, darf nur dann eine schuldrechtliche Pflicht angenommen werden, wenn die verletzte Pflicht auch im Interesse des Vertragspartners besteht.[10]

Schließt die Behörde z.B. mit dem Bürger einen **nichtigen öffentlich-rechtlichen Vertrag,** kommt zwar ein Schadensersatzanspruch aus § 62 S. 2 VwVfG i.V.m. §§ 241 II, 280 I, 311 II Nr. 1 BGB entsprechend in Be- **1267**

---

[7] Zuletzt OVG Greifswald NJW 2003, 3148 f. (bestätigt von BVerwG NJW 2003, 3149 in der Abweisung der Nichtzulassungsbeschwerde); vgl. auch BVerfG NJW 2000, 1402; BVerwGE 107, 29 (31).

[8] Analog anwendbar sind auch die §§ 31, 89 BGB, BVerwGE 25, 138 (146); *Schlette*, Die Verwaltung als Vertragspartner, 2000, S. 429 mit Fn. 105; *R. Keller*, Vorvertragliche Schuldverhältnisse im Verwaltungsrecht, 1997, S. 171 ff.; *H. Meyer*, NJW 1977, 1712 f.; a. A. die zivilrechtliche Lit., z.B. *Palandt/Ellenberger*, § 89 Rn. 1 f., *Palandt/Grüneberg*, § 280 Rn. 10: nur § 278 BGB analog.

[9] Dazu Rn. 783 ff.

[10] *Geis*, NVwZ 2002, 388.

tracht (c.i.c.).[11] Die Behörde darf schon von Rechtsstaats wegen keine nichtigen Verträge abschließen.[12] Ein schuldrechtlicher Schadensersatzanspruch setzt aber voraus, dass eine Pflicht verletzt wurde, die dem Geschädigten gegenüber besteht. Die behördliche Pflicht, keine nichtigen Verträge abzuschließen, besteht aber in ihrem eigenen und dem Allgemeininteresse und nicht auch gegenüber ihrem Vertragspartner.[13]

Allerdings kann ein schuldrechtlicher Schadensersatzanspruch wegen Verletzung einer behördlichen Pflicht, den Bürger auf mögliche Nichtigkeitsgründe des Vertrages hinzuweisen, bestehen **(Verletzung einer behördlichen Aufklärungspflicht).**[14] Eine solche behördliche Aufklärungspflicht besteht aber nur, wenn der Nichtigkeitsgrund auch den Vertragspartner der Behörde schützen soll. Außerdem obliegt der Behörde eine Aufklärungspflicht nur hinsichtlich solcher Nichtigkeitsgründe, die ihrer Sphäre entstammen. Darüber hinaus muss die Behörde den Bürger informieren, wenn sie selbst an der Wirksamkeit des Vertrages zweifelt.[15]

1268 Allein das **überlegene Wissen der Verwaltung** begründet keine allgemeine Aufklärungspflicht gegenüber dem Bürger.[16] Dies widerspräche dem Wesen des öffentlich-rechtlichen Vertrages. Er kommt nicht durch einseitiges behördliches Handeln, sondern durch einvernehmliches und **eigenverantwortliches** Handeln beider Seiten zustande.

Zu beachten ist auch die allerdings z.T. kritisierte Rechtsprechung des BGH, wonach die speziellen Vorschriften und Grundsätze über die Verletzung (vor-)vertraglicher Pflichten den (allgemeinen) Amtshaftungstatbestand ausschließen sollen.[17]

2. Öffentlich-rechtliche Benutzungs- und Leistungsverhältnisse

1269 Hier geht es in aller Regel um die Nutzung kommunaler öffentlicher Einrichtungen (mit oder ohne Benutzungszwang), z.B.

---

[11] BVerwGE 123, 175 (188); DÖV 1974, 133 (134); OVG Bremen NordÖR 2003, 310; OVG Lüneburg BRS 40, 76, das allerdings nicht p.V.V., sondern c.i.c. hätte prüfen müssen; OVG Münster DÖV 1971, 276 ff.
[12] *Schlette*, Die Verwaltung als Vertragspartner, 2000, S. 425.
[13] OVG Bremen NordÖR 2003, 310.
[14] BVerwGE 123, 175 (188); OVG Bremen NordÖR 2003, 310; *M. Kellner*, Haftungsprobleme bei informellem Verwaltungshandeln, 2004, S. 131 m.w.N.; *ders.*, DÖV 2011, 29.
[15] VG Bremen NordÖR 1999, 245.
[16] Zutreffend VG Bremen NordÖR 1999, 245; vgl. auch BVerwGE 123, 175 (188 f.).
[17] BGHZ 87, 9 (18 f.); zustimmend *Kopp/Ramsauer*, § 62 Rn. 26; a.A. *Papier*, in: Maunz/Dürig, Art. 34 Rn. 162; *Schlette*, a.a.O., S. 590 f.

§ 26. Schadensersatzansprüche aus Schuldverhältnissen

- kommunale Wasserversorgung[18]
- kommunale Kanalisation[19]
- kommunale Schlachthöfe[20]
- Schwimmbäder

> Wichtig ist, dass ein **öffentlich-rechtliches** Benutzungs- und Leistungsverhältnis nur dann angenommen werden darf, wenn die Nutzung der fraglichen Einrichtung (das Benutzungs- und Leistungsverhältnis) **öffentlich-rechtlich geregelt** ist.

Die öffentliche Hand kann das Benutzungs- und Leistungsverhältnis nämlich auch privatrechtlich ausgestalten. Es ist sogar möglich, dass ein öffentlich-rechtlich angeordneter Anschluss- und Benutzungszwang besteht, das entsprechende Benutzungsverhältnis aber privatrechtlich geregelt ist.[21] Ist das Benutzungs- und Leistungsverhältnis privatrechtlich ausgestaltet, gelangen die bürgerlich-rechtlichen Vorschriften unmittelbar zur Anwendung.

Sicheres Anzeichen für eine öffentlich-rechtliche Ausgestaltung des Benutzungs- und Leistungsverhältnisses ist es, wenn die Benutzung und die Leistungsgewährung durch **Satzung geregelt** und wenn **Gebühren erhoben** werden.

Soweit keine öffentlich-rechtlichen Sonderregelungen bestehen (wie meistens), geht es häufig um die Anwendung der Grundsätze von § 280 BGB i. V. m. § 278 BGB.

Beispiele:
- Die Gemeinde liefert verunreinigtes Leitungswasser, wodurch dem Abnehmer ein Schaden entsteht (BGHZ 59, 303; 17, 191).
- Tiere eines Schlachthofbenutzers oder der Benutzer selbst werden verletzt, weil die den Schlachthof betreibende Gemeinde ihre öffentlich-rechtlich geregelte Verkehrssicherungspflicht verletzt hat (BGHZ 61, 7; NJW 1974, 1816).
- In einem Keller entstehen Rückstauschäden, weil die städtische Kanalisation nicht ordnungsgemäß gewartet wurde (BGHZ 54, 299; DVBl. 1992, 368; DVBl. 1978, 108); in Betracht kommen auch Ansprüche nach § 2 I 1 HaftPlG, aus Amtshaftung und aus enteignungsgleichem Eingriff, dazu OLG Bamberg BayVBl. 2008, 766 ff.
- Die Gemeinde lässt in unmittelbarer Nähe eines Abwasserkanals durch einen Privatunternehmer Bauarbeiten durchführen. Durch die Bauarbeiten wird der Abwasserkanal fast vollständig verschlossen, was nach starken Regenfällen bei den Mietern eines an den Ab-

---

[18] BGHZ 59, 303 ff.; VGH Mannheim VBlBW 1982, 369.
[19] BGHZ 54, 299 ff.; NJW 1984, 615 ff.; VGH Mannheim NVwZ-RR 1992, 656; NVwZ-RR 1991, 325.
[20] BGHZ 61, 7 ff.; NJW 1974, 1816.
[21] BVerwG BayVBl. 2006, 313 (dazu *Tolkmitt*, SächsVBl. 2005, 249 ff.); VGH Kassel ESVGH 25, 59 (72); BGH MDR 1984, 558.

wasserkanal angeschlossenen Hauses zu Überschwemmungsschäden führt. Die Gemeinde haftet den Mietern wegen der Verletzung von Schutz- und Obhutspflichten, die aus dem Kanalbenutzungsverhältnis (öffentlich-rechtliches Schuldverhältnis) folgen. Die Mieter sind in den Schutzbereich dieses Schuldverhältnisses einbezogen. Der Privatunternehmer ist Erfüllungsgehilfe der Gemeinde. Diese hatte sich des Privatunternehmers zur Erfüllung ihrer gegenüber dem Hauseigentümer und dessen Mietern obliegenden Schutz- und Obhutspflichten bedient und haftet deshalb für ihn in entsprechender Anwendung des § 278 BGB (BGH NJW 2007, 1061 f.); zu weiteren möglichen Ersatzansprüchen obiges Fallbeispiel.

- Ein Bürger leitet unzulässigerweise schadstoffhaltiges Wasser in die städtische Kanalisation ein, wodurch die städtische Kläranlage beschädigt wird (VGH Mannheim NVwZ-RR 1992, 656; **beachte:** hier ging es um einen Schadensersatzanspruch der öffentlichen Hand gegen den Bürger).

1271 Ein **Standardproblem** ist die Frage, ob die öffentliche Hand ihre Haftung **durch Satzung ausschließen** kann. § 276 III BGB, dessen entsprechende Anwendung in Betracht kommt, untersagt nur einen Ausschluss der Haftung für Vorsatz; nach § 278 S. 2 BGB kann sogar die Haftung für vorsätzliches Verhalten von Hilfspersonen ausgeschlossen werden. Rechtsprechung und überwiegende Literatur bejahen die **Zulässigkeit eines satzungsmäßigen Haftungsausschlusses unter folgenden Voraussetzungen:**[22]
(1) Kein Haftungsausschluss für Vorsatz und grobe Fahrlässigkeit (hier kann eine Parallele zu § 309 Nr. 7 b BGB gezogen werden)[23]
(2) Sachliche Rechtfertigung der Haftungsbeschränkung
(3) Erforderlichkeit und Verhältnismäßigkeit der Haftungsbeschränkung
(4) Kein Widerspruch der Haftungsbeschränkung zu den allgemeinen fürsorgerischen Aufgaben der Verwaltung (kann auch bei den Punkten (2) und/oder (3) berücksichtigt werden)
Auch bei den Punkten (2)–(4) können Parallelen zu den §§ 305 ff. BGB (Vorschriften über Allgemeine Geschäftsbedingungen, vor Inkrafttreten des Schuldrechtsmodernisierungsgesetzes AGBG) gezogen werden.

Zu beachten ist, dass sich eine satzungsmäßige Haftungsbeschränkung nur auf die **schuldrechtliche Haftung** erstreckt. Die parallel bestehende **Amtshaftung** kann allein durch Satzung nicht beschränkt werden.[24] Die nach Art. 34 S. 1 GG „grundsätzlich" bestehende Amtshaftung kann nur durch ein **formelles Gesetz** oder aufgrund eines besonderen formellen Gesetzes beschränkt werden.

---

[22] Dazu BGHZ 61, 7 (12 f.); *Ossenbühl/Cornils*, S. 440 ff.; *Heintzen*, NVwZ 1992, 857 ff.
[23] Zur Frage der analogen Geltung der §§ 305 ff. BGB (früher AGBG) im öffentlichen Recht *Geis*, NVwZ 2002, 386.
[24] BGHZ 61, 7 (14); NJW 1984, 617; *Maurer*, § 26 Rn. 39; *Windthorst*, JuS 1995, 993; *Rozek*, BayVBl. 1989, 762; a. A. VGH München DVBl. 1985, 903 f.; differenzierend *Reiter*, BayVBl. 1990, 771 ff.

3. Öffentlich-rechtliche Verwahrung

Ein öffentlich-rechtliches Verwahrungsverhältnis besteht, wenn eine Behörde eine bewegliche Sache kraft öffentlichen Rechts in Besitz genommen und den an der Sache Berechtigten von der Einwirkung ausgeschlossen hat. 1272
  Gleiches gilt bei Inbesitznahme staatlicher beweglicher Sachen durch Private kraft öffentlichen Rechts – z.B. Aufbewahrung der militärischen Grundausstattung durch Reservisten gem. § 24 VI 1 Nr. 4 WPflG.
  Die öffentlich-rechtliche Verwahrung kann durch Verwaltungsakt, Realakt (tatsächliches Ansichnehmen) oder öffentlich-rechtlichen Vertrag begründet werden.
  Nicht jede behördliche Inbesitznahme von Sachen begründet ein öffentlich-rechtliches Verwahrungsverhältnis. Voraussetzung ist, dass den Berechtigten keine eigenen Obhuts- und Sicherungsobliegenheiten treffen und insoweit entsprechende behördliche Fürsorgepflichten bestehen.[25] 1273

Beispiele:
- Beschlagnahme von Sachen im Strafverfahren (BGHZ 1, 369).
- Entgegennahme abgegebener Fundsachen durch die Polizei (BGH NJW 1990, 1230).
- Polizeiliche Sicherstellung und Verwahrung von Sachen (zu eng OLG Hamm NJW 2001, 376); die einschlägigen polizei- und sicherheitsrechtlichen Vorschriften (z.B. Art. 25f. BayPAG, §§ 40f. HSOG, §§ 43f. NWPolG) enthalten nur eine bruchstückhafte Regelung.
- Abschleppen eines Kfz durch einen privaten Abschleppunternehmer, der im Auftrag der Behörde das Kfz abgeschleppt und auf dem Behördenparkplatz abgestellt hat; das öffentlich-rechtliche Verwahrungsverhältnis besteht zwischen dem Kfz-Halter und dem Rechtsträger der Behörde (BGH NJW 2014, 2577 Rn. 12).

Auf die öffentlich-rechtlichen Verwahrungsverhältnisse sind die §§ 688 ff. BGB entsprechend anwendbar. Häufig geht es um Fälle, in denen die verwahrte Sache zerstört oder beschädigt wurde. Hier sind vor allem die §§ 275, 278, 280 BGB entsprechend anwendbar.

4. Öffentlich-rechtliche Geschäftsführung ohne Auftrag (GoA)

a) Begriff

Nach § 677 BGB ist GoA gegeben, wenn jemand (der Geschäftsführer) ein Geschäft für einen anderen (den Geschäftsherrn) besorgt, ohne von diesem beauftragt oder ihm gegenüber sonst dazu berechtigt zu sein. 1274

---

[25] Vgl. BGH NJW 1988, 1258; OLG Köln NVwZ 1994, 618; *Maurer*, JuS 1994, 1015 ff.; vgl. auch BVerwGE 94, 163 (167).

Nach § 683 BGB ist sie **zulässig (berechtigt),** wenn die Übernahme der Geschäftsführung dem Interesse und dem wirklichen oder dem mutmaßlichen Willen des Geschäftsherrn entspricht oder der Erfüllung einer im öffentlichen Interesse liegenden Pflicht dient (§ 679 BGB). Sind die oben genannten Voraussetzungen nicht erfüllt, handelt es sich um eine **unzulässige (unberechtigte) GoA.**

1275 Im Falle **berechtigter GoA** hat der Geschäftsführer nach § 683 BGB einen Anspruch auf **Ersatz seiner Aufwendungen.** Im Falle **unberechtigter GoA** ist der Geschäftsführer dem Geschäftsherrn zum Schadensersatz verpflichtet; hinzuweisen ist auch auf § 684 BGB. Kommen Ansprüche aus öffentlich-rechtlicher GoA in Betracht, geht es in aller Regel nicht um Schadensersatzansprüche, sondern um Aufwendungsersatzansprüche des Geschäftsführers gegen den Geschäftsherrn.

Nach der Rechtsprechung und der ganz überwiegenden Literatur gibt es auch eine **öffentlich-rechtliche GoA,** auf die die §§ 677ff. BGB analog anwendbar sind.[26] Dem Grunde nach anerkannt ist auch, dass es im **Verhältnis Staat-Bürger eine privatrechtliche GoA** geben kann, für die die §§ 677ff. BGB unmittelbar gelten (gleiches gilt auch für das Verhältnis verschiedener Verwaltungsträger zueinander).

b) Fallgruppen

1276 GoA-Ansprüche kommen in folgenden Fallgruppen in Betracht:

(1) *Ein Hoheitsträger handelt für einen anderen Hoheitsträger*

Beispiel: Die Polizei löscht einen brennenden städtischen Papierkorb. Der Rechtsträger der Polizei, nämlich das Land, verlangt von der Stadt die Erstattung der durch die Löschung entstandenen Kosten.[27]

(2) *Ein Hoheitsträger handelt für einen Bürger*

Beispiele:
Die Polizei lässt ein verunglücktes Kfz durch ein privates Abschleppunternehmen bergen und abtransportieren. Das Land verlangt als Rechtsträger der Polizei vom Halter des Kfz Ersatz desjenigen Geldbetrages, den das Land dem Abschleppunternehmen schuldet.

---

[26] Siehe nur BVerwGE 80, 170 (172f.); 48, 279 (285); 18, 429 (436); NVwZ 2000, 433; NVwZ 1992, 264; OVG NRW NWVBl. 2013, 325 ff.; 12.9.2013, 20 A 433/11, juris; BayVGH BayVBl. 2012, 504 Rn. 11; BayVBl. 2012, 468 Rn. 18; OVG Lüneburg NVwZ-RR 1999, 742f.; BGH NJW 2004, 514; *Habermehl,* Jura 1987, 199ff.; *Blas,* JA 1989, 514ff.; *Schoch,* Jura 1994, 241f.; *Bamberger,* JuS 1998, 707ff.; *Glasmacher,* Jura 2014, 526 ff. (Übungsfall).

[27] OVG Münster NJW 1986, 2526; vergleichbarer Fall OVG Münster, 12.9.2013, 20 A 433/11, juris.

(3) Ein Bürger handelt für einen Hoheitsträger   1277

Beispiele:
- Firma F betreibt auf einem Ufergrundstück ein Tanklager. Der das Ufergrundstück sichernde Deich ist brüchig geworden, es droht eine Überschwemmung des Ufergrundstückes. Gefährdet ist nicht nur das Tanklager, sondern auch das Flusswasser (Ölverunreinigungen). Nachdem F die Bundeswasserstraßenverwaltung wiederholt vergeblich aufgefordert hatte, den Deich abzusichern, lässt F den Deich auf eigene Kosten ausbessern. F verlangt von der Bundesrepublik Deutschland Kostenerstattung (BVerwGE 80, 170 ff. – Leitentscheidung).
- Die Eltern organisieren für ihr Kleinkind auf eigene Kosten eine Kinderbetreuung, weil die Stadt ihre gesetzliche Pflicht nicht erfüllt, einen Betreuungsplatz zur Verfügung zu stellen. Die Eltern verlangen von der Stadt Aufwendungsersatz analog §§ 677, 683, 670 BGB (für einen solchen Ersatzanspruch: *Lakies*, in: Münder/Meysen/Trenczek, SGB VIII, 7. Aufl. 2012, § 24 Rn. 28; *Kaiser*, in: Kunkel, SGB VIII, 4. Aufl. 2011, § 24 Rn. 17; *Georgii*, NJW 1996, 690 f.; dagegen *Mayer*, VerwArch. 104 (2013), 367 ff.; *Pauly/Beutel*, DÖV 2013, 449 f.; *Kötter/Schulze*, NWVBl. 2013, 465; dazu auch Rn. 1221).

(4) Ein Bürger handelt für einen anderen Bürger

Beispiel: Grundstückseigentümer E weigert sich, seiner in der Gemeindesatzung geregelten Räumpflicht nachzukommen und den vor seinem Grundstück liegenden Gehweg von Eis und Schnee zu befreien. Rentner R (Nachbar des E) hatte wiederholt auf die hierdurch ihm und anderen Passanten drohenden Gesundheitsgefahren hingewiesen. Schließlich beauftragt R ein Privatunternehmen mit der Räumung des Gehweges und verlangt von E Kostenerstattung.

c) Anwendbarkeit der GoA-Regeln

Bevor zwischen öffentlich-rechtlicher und privatrechtlicher GoA abge-   1278
grenzt wird, stellt sich die Frage, ob die GoA-Regeln überhaupt (unmittelbar oder analog) angewendet werden dürfen.[28] Die GoA-Grundsätze sind unstreitig nicht anwendbar, wenn spezielle Vorschriften eine Regelung über die Erstattung von Kosten und Auslagen treffen, wie z.B. § 25 SGB XII, § 43 II SGB I, § 8 VwVfG.[29] Im übrigen gilt nach ganz überwiegender Auffassung in der Literatur (a.A. aber die Rspr.): Ist ein Hoheitsträger am Rechtsverhältnis beteiligt, scheidet die Anwendbarkeit der GoA-Regeln zumeist aus.

---

[28] Beachte: In der Fallbearbeitung hängt der Prüfungsaufbau von der Fallfrage ab: Ist nach den Erfolgsaussichten einer Klage auf Aufwendungsersatz gefragt, darf bei der Rechtswegprüfung nicht die Anwendbarkeit der GoA-Regeln diskutiert werden. In diesem Fall muss sofort auf die Rechtsnatur des geltend gemachten „GoA-Anspruches" eingegangen werden, die Anwendbarkeit der GoA-Regeln ist dann eine Frage der Begründetheit der Klage.

[29] BGH GewArch. 2013, 93 Rn. 22 m.w.N.; str. kann aber sein, ob das der Fall ist, siehe nur OVG Münster, 12.9.2013, 20 A 433/11, juris Rn. 37 ff.

1279 *(1) Ein Hoheitsträger handelt für einen anderen Hoheitsträger*

Die jeweiligen Kompetenzen und die Befugnisse zur Wahrnehmung der öffentlichen Aufgaben sind **gesetzlich geregelt**. Ließe man **zusätzlich** eine Berufung auf die §§ 677 ff. BGB zu, bedeutete dies eine vom Gesetzgeber nicht gewollte Durchbrechung dieser gesetzlichen Kompetenzordnung.[30] Denn die Annahme berechtigter GoA löst nicht nur Aufwendungsersatzansprüche aus, sondern legitimiert die Geschäftsführung und wirkt dadurch **kompetenzbegründend**. Sind beide Hoheitsträger zuständig, führt der handelnde Hoheitsträger ein eigenes Geschäft und nicht ein auch fremdes Geschäft des anderen Hoheitsträgers.[31]

> Eine unmittelbare oder entsprechende Anwendung der §§ 677 ff. BGB ist damit nur in gesetzlich nicht geregelten echten Notfällen zulässig.[32]

1280 *(2) Ein Hoheitsträger handelt für einen Bürger*

Handelt ein Träger öffentlicher Gewalt aufgrund **gesetzlicher Ermächtigung**, ist er dem Bürger gegenüber „sonst berechtigt" i. S. v. § 677 BGB; außerdem fehlt der Fremdgeschäftsführungswille des Handelnden.[33] GoA scheidet dann aus. Fehlt die erforderliche gesetzliche Ermächtigungsgrundlage, vermögen auch die §§ 677 ff. BGB das Handeln nicht zu rechtfertigen, dies gilt insbesondere für die Eingriffsverwaltung. Denn die §§ 677 ff. BGB, insbesondere § 679 BGB, bilden keine (hinreichend bestimmte) Eingriffsermächtigung im Staat-Bürger-Verhältnis. Außerdem würde die Zuerkennung von Aufwendungsersatzansprüchen analog §§ 683, 670 ff. BGB die in speziellen Gesetzen geregelte Kostenverteilung unterlaufen.[34]

---

[30] *Berger*, DÖV 2014, 662 ff.

[31] A. A. OVG Münster, 12.9.2013, 20 A 433/11, juris Rn. 51 ff.; ablehnend zu Recht *Berger*, DÖV 2014, 665 f.

[32] *Beuthien*, in: Soergel, BGB, Bd. 10, 13. Aufl. 2012, vor §§ 677 ff. Rn. 19; vgl. auch BayVGH BayVBl. 2012, 504 Rn. 13; *Bamberger*, JuS 1998, 708; vgl. *Schoch*, Jura 1994, 244; *Habermehl*, Jura 1987, 203; *Gusy*, JA 1979, 70.

[33] Zutreffend OLG Bamberg OLGR 2003, 321 f.; *Sodan*, in: Sodan/Ziekow, § 40 Rn. 380; *Schoch*, Jura 1994, 248; *Beuthien*, JuS 1987, 848; *Staake*, JA 2004, 803. Nach BGHZ 65, 384 u. VGH Mannheim NVwZ-RR 2004, 473 f. soll GoA wegen der Berechtigung zur Ausführung des Geschäfts des Bürgers nur dann ausscheiden, wenn die Behörde dem Bürger die Ausführung des Geschäfts vorher unter Inanspruchnahme einer öffentlich-rechtlichen Rechtsgrundlage aufgegeben hatte.

[34] So auch BGH NJW 2004, 514; NdsOVG DÖV 2004, 963 (965).

Zulässig ist eine unmittelbare oder entsprechende Anwendung der §§ 677 ff. BGB nur, wenn eine gesetzliche Regelung fehlt und nach den Grundsätzen der Wesentlichkeitstheorie auch nicht erforderlich ist.[35]

(3) *Ein Bürger handelt für einen Hoheitsträger* 1281

Träger öffentlicher Gewalt erfüllen ihre Aufgaben nach Maßgabe gesetzlicher Kompetenzregelungen. Mit dieser spezialgesetzlichen Aufgabenverteilung wäre es grundsätzlich unvereinbar, wenn Private ohne Beauftragung der an sich zuständigen Stelle Aufgaben von Hoheitsträgern erfüllen und hierfür auch noch Ersatz ihrer Aufwendungen und Kosten verlangen dürften.[36]

Eine unmittelbare oder entsprechende Anwendung der §§ 677 ff. BGB ist nur in echten Nothilfe- und Dringlichkeitsfällen zulässig.[37]

(4) *Ein Bürger handelt für einen anderen Bürger* 1282

Die Zulässigkeit der unmittelbaren Anwendung der §§ 677 ff. BGB versteht sich von selbst. Soweit öffentlich-rechtliche GoA überhaupt in Betracht kommt, ist auch eine analoge Anwendung der §§ 677 ff. BGB unproblematisch.

d) Unterscheidung zwischen öffentlich-rechtlicher und privatrechtlicher GoA

Zusammengefasst werden drei Auffassungen vertreten: 1283
(1) **Maßgeblichkeit der Geschäftsführung:** Handelt der Geschäftsführer öffentlich-rechtlich, ist auch die GoA öffentlich-rechtlich.[38]

---

[35] *Maurer,* § 29 Rn. 11; *Stober,* in: Wolff/Bachof I, § 55 Rn. 16 ff.; vgl. auch *Beuthien,* in: Soergel, BGB, Bd. 10, 13. Aufl. 2012 vor §§ 677 ff. Rn. 20; a.A. und weitaus großzügiger BGHZ 65, 384 ff.; 65, 354 ff.; 40, 28 ff.

[36] Zutreffend SächsOVG SächsVBl. 2015, 140 Rn. 34: Tätigwerden des Bürgers stellt sich aus Sicht der öffentlichen Verwaltung „als unerbetener Eingriff in ihre Rechtssphäre dar", die §§ 677 ff. BGB sind deshalb nicht entsprechend anwendbar.

[37] Zu einem solchen Fall schulmäßig und sehr lesenswert OVG NRW NWBVBl. 2013, 325 ff.; *Glasmacher,* Jura 2014, 526 ff.; vgl. auch SächsOVG SächsVBl. 2015, 140 ff., das ein Recht des Bürgers, für die Verwaltung tätig zu werden und damit einen GoA-Anspruch ablehnt (Rn. 34), und stattdessen auf die Inanspruchnahme (vorläufigen) primären Rechtsschutzes gegen die Verwaltung verweist (Rn. 36 ff.).

(2) **Maßgeblichkeit des fiktiven Rechtsgeschäfts des Geschäftsherrn:** Wäre das vom Geschäftsherrn selbst geführte Rechtsgeschäft öffentlich-rechtlich, ist auch die GoA öffentlich-rechtlich.[39]

(3) **Maßgeblichkeit des Handlungszusammenhangs:**[40] Teils wird auf das Rechtsverhältnis zwischen Geschäftsherrn und Geschäftsführer, teils auf die Rechtsnatur der Handlungsberechtigung oder Handlungspflicht, teils auf die Rechtsnatur der Befugnis der handelnden Behörde abgestellt.

1284 Richtiger Auffassung nach ist die **Rechtsnatur des Rechtsverhältnisses, aus dem der Anspruch abgeleitet wird,** maßgeblich:[41] Ist der Geschäftsführer ein Träger öffentlicher Gewalt, kann auf die Rechtsnatur seiner Handlung abgestellt werden;[42] hat ein Privater für einen Träger öffentlicher Gewalt gehandelt, kann auf die Rechtsnatur der Handlungspflicht des Hoheitsträgers abgestellt werden. GoA im Verhältnis Privater zueinander ist von ganz seltenen Ausnahmefällen abgesehen immer privatrechtlicher Natur.[43]

Völlig verfehlt ist jedenfalls diejenige Auffassung, wonach bei öffentlich-rechtlichem Handeln der öffentlichen Gewalt gegenüber einem Bürger neben öffentlich-rechtlicher GoA („GoA im öffentlichen Recht") zusätzlich privatrechtliche GoA („unmittelbare Anwendung der §§ 677 ff. BGB") in Betracht kommt.[44] Ein und dieselbe Handlung kann nicht sowohl dem öffentlichen als auch dem privaten Recht zugeordnet werden.[45]

> **Beachte:** All diese Abgrenzungsfragen stellen sich erst, wenn überhaupt eine unmittelbare oder entsprechende Anwendung der GoA-Vorschriften zulässig ist (oder wenn GoA im Rahmen eines

---

[38] Vor allem früher vertreten, BVerwG DVBl. 1956, 376; OVG Lüneburg OVGE 11, 307 (312); neuerdings wieder *Bamberger,* JuS 1998, 707; *Staake,* JA 2004, 802; vgl. auch BGH NJW 2004, 515.

[39] Heute h. M., BVerwG DÖV 1973, 491; OVG Lüneburg Die Gemeinde (Schl.-H.) 1990, 260; *Rennert,* in: Eyermann, § 40 Rn. 76 m. N. Umstritten ist allerdings, ob auf die Rechtsnatur der fiktiven Handlung des Geschäftsherrn oder auf die Rechtsnatur seiner Handlungspflicht abzustellen ist, dazu m. w. N. *Detterbeck,* in: Detterbeck/Windthorst/Sproll, § 21 Rn. 35.

[40] *Hendler,* Rn. 895; *Schoch,* Jura 1994, 247; *Oldiges,* JuS 1989, 620.

[41] Allgemein und nicht speziell zur GoA, BVerwGE 87, 115 (119); *Kopp/Schenke,* § 40 Rn. 6; speziell zur GoA *Detterbeck,* in: Detterbeck/Windthorst/Sproll, § 21 Rn. 43 ff; der Sache nach *Ehlers/Schneider,* in: Schoch/Schneider/Bier, § 40 Rn. 463.

[42] Vgl. auch BGH NJW 2004, 515.

[43] Dazu *Detterbeck,* in: Detterbeck/Windthorst/Sproll, § 21 Rn. 40.

[44] So aber VGH Mannheim NVwZ-RR 2004, 473; ausdrücklich ablehnend auch BGH NJW 2004, 515.

[45] BGH NJW 2004, 515; *Maurer,* § 29 Rn. 12.

Hilfsgutachtens geprüft wird). Dies ist nach der hier vertretenen Auffassung in der Regel nicht der Fall.

5. Beamtenverhältnis und sonstige personenbezogene Schuldverhältnisse

a) Beamtenverhältnis

Zwischen dem Beamten und seinem Dienstherrn besteht eine Vielzahl allgemeiner und besonderer Rechte und Pflichten, die in den beamtenrechtlichen Vorschriften des Bundes und der Länder z. T. näher ausgestaltet und konkretisiert sind. Gerade weil das Beamtenverhältnis durch Nähe und Fürsorge geprägt ist, wird es dem Grunde nach als öffentlich-rechtliches Schuldverhältnis anerkannt.[46]

1285

Werden Pflichten, die im Beamtenverhältnis wurzeln, verletzt, kommen schuldrechtsähnliche **Schadensersatzansprüche aus Verletzung des Beamtenverhältnisses** in entsprechender Anwendung der Regeln des privaten Schuldrechts in Betracht.[47] Diese Schadensersatzansprüche stehen neben etwaigen Amtshaftungsansprüchen.

Soweit allerdings eine abschließende Regelung im Beamtenrecht besteht, ist ein Rückgriff auf das Zivilrecht unzulässig. Die **Schadensersatzpflicht des Beamten gegenüber seinem Dienstherrn** ist in § 48 BeamtStG sowie in den Beamtengesetzen der Länder ausdrücklich und abschließend geregelt – unter Beschränkung auf vorsätzliche und grob fahrlässige Pflichtverletzungen. Hier scheiden schuldrechtsähnliche Schadensersatzansprüche des Dienstherrn aus.

1286

Die Schadensersatzpflicht des Dienstherrn gegenüber dem Beamten ist im Beamtenrecht dagegen nicht geregelt. Hier kommen schuldrechtsähnliche Schadensersatzansprüche in Betracht. Sie setzen ein Verschulden des Dienstherrn voraus.[48]

---

[46] Grundlegend BVerwGE 13, 17 ff.; zuletzt BVerwG DÖV 2001, 733; BGHZ 43, 178 (184) unter Aufgabe der gegenteiligen Auffassung in BGHZ 29, 310 (312 f.); *Maurer*, § 29 Rn. 3; *Ossenbühl/Cornils*, S. 424; *Windthorst*, JuS 1996, 608.

[47] Möglich sind auch Schadensersatzansprüche wegen der Verletzung von Pflichten bei der Anbahnung eines Beamtenverhältnisses, so zutreffend *Kellner*, Die sogenannte culpa in contrahendo im Beamtenrecht, DVBl. 2004, 207 ff.

[48] Zuletzt BVerwG DÖV 2001, 733.

Beispiele:
- Rechtswidrige Entlassung (BVerwGE 13, 17 ff.)
- Verstoß gegen die aus Art. 33 II GG folgende Pflicht, nur nach Eignung, Befähigung und fachlicher Leistung **einzustellen und zu befördern,** BVerwGE 145, 185 Rn. 9; 141, 361 Rn. 15; 136, 140 Rn. 22; 107, 29 (31 f.); 80, 123 (125) ; NVwZ 2015, 1686 ff.
- Verletzung von Beratungspflichten
- Beschädigung oder Verlust von Sachen, die der Beamte seinem Dienstherrn zur Verwahrung gegeben hat (BVerwGE 94, 163 ff. – Schadensersatzanspruch im konkreten Fall abgelehnt)

1287 Das BVerwG differenziert wie folgt:[49]

(1) Verletzung von Pflichten, die in **besonderen beamtenrechtlichen Vorschriften** geregelt sind = **Verletzung spezifischer Pflichten:** Hier spricht das BVerwG von einem Schadensersatzanspruch „wegen der schuldhaften **Verletzung einer eigenen, in einem öffentlich-rechtlichen Dienstverhältnis wurzelnden (quasi-vertraglichen) Verbindlichkeit"**.[50]

Beispiel: Verstoß gegen das in § 7 LBG NW geregelte Prinzip der Bestenauslese bei der Beförderung.

(2) Verletzung der **allgemeinen beamtenrechtlichen Fürsorgepflicht** (geregelt in § 78 BBG, § 45 BeamtStG und den entsprechenden landesrechtlichen Bestimmungen): Hier spricht das BVerwG von einem Schadensersatzanspruch wegen **Verletzung der Fürsorgepflicht** gem. § 45 BeamtStG bzw. gem. der entsprechenden landesrechtlichen Bestimmung.[51]

Beispiele:
- Verletzung der aus der allgemeinen Fürsorgepflicht des § 85 LBG NW abgeleiteten Pflicht, dem Beamten und den von ihm in den Dienst eingebrachten Gegenständen keinen Schaden zuzufügen.
- Ein Polizist verletzt beim Waffenreinigen aus Unachtsamkeit seinen Kollegen. Der Verletzte hat gegen seinen Dienstherrn (das Land, in dessen Dienst die Polizisten stehen) einen schuldrechtlichen Schadensersatzanspruch wegen Verletzung der Fürsorgepflicht. Der Dienstherr muss sich das Handeln des unachtsamen Polizisten entsprechend § 278 BGB zurechnen lassen. Daneben kann auch ein Amtshaftungsanspruch bestehen.
- Verletzung der aus der allgemeinen Fürsorgepflicht des § 78 BBG abgeleiteten Pflicht des Dienstherrn, das allgemeine Persönlichkeitsrecht seiner Beamten vor rechtswidrigen Angriffen durch Vorgesetzte und andere Mitarbeiter (Mobbing) zu schützen, VGH München NVwZ 2014, 894 Rn. 8.

---

[49] Seit BVerwGE 80, 123 (124 f.).
[50] BVerwGE 80, 123 (125) – Hervorhebung vom Autor; 107, 29 (31 f.); NVwZ 2015, 1686 Rn. 9: „quasivertragliches Institut".
[51] BVerwGE 112, 308 (309); 94, 163 (163 f.).

§ 26. Schadensersatzansprüche aus Schuldverhältnissen 523

Im Ergebnis dürfte sich diese Unterscheidung zwischen Verletzung spezieller Pflichten und Verletzung der allgemeinen Fürsorgepflicht nicht auswirken. In beiden Fällen geht es letztlich um die entsprechende Anwendung von § 280 I BGB (früher p.V.V.) auf das Beamtenverhältnis. In den drei zuletzt genannten Beispielsfällen kann deshalb ein Schadensersatzanspruch aus § 280 I BGB analog i.V.m. § 7 LBG NW bzw. i.V.m. § 85 LBG NW geprüft werden.[52] 1288

In nachfolgenden Entscheidungen differenziert das BVerwG bei Missachtung des **aus Art. 33 II GG folgenden Bewerbungsverfahrensanspruchs** wie folgt: Rechtsgrundlage eines schuldrechtlichen Schadensersatzanspruchs wegen Verletzung des Bewerbungsverfahrensanspruchs (Art. 33 II GG) von **Beförderungsbewerbern** sei das schon bestehende Beamtenverhältnis.[53] Rechtsgrundlage eines schuldrechtlichen Schadensersatzanspruchs wegen Verletzung des Bewerbungsverfahrensanspruchs von **Einstellungsbewerbern** sei unmittelbar Art. 33 II GG.[54] Richtigerweise ist Rechts- bzw. Anspruchsgrundlage das Beamtenverhältnis (bei Beförderungsbewerbern) bzw. das Bewerberverhältnis (bei Einstellungsbewerbern) i.V.m. § 280 I BGB analog, Art. 33 II GG.

Zwischen den schuldrechtlichen beamtenrechtlichen Schadensersatzansprüchen und Amtshaftungsansprüchen aus § 839 BGB, Art. 34 besteht Idealkonkurrenz. Der Rechtsgedanke des § 839 III BGB gilt aber auch für die schuldrechtlichen beamtenrechtlichen Ansprüche.[55]

Zu beachten ist folgende **Rechtswegproblematik: Schuldrechtsähnliche Schadensersatzansprüche** aus Verletzung des Beamtenverhältnisses sind nach §§ 126 I BBG, 54 I BeamtStG, 40 II 2 VwGO **im Verwaltungsrechtsweg** geltend zu machen. Über ggf. konkurrierende **Amtshaftungsansprüche** entscheiden dagegen nach Art. 34 S. 3 GG, § 40 II 1 HS 1, 3. Var. VwGO die Zivilgerichte. 1289

Ruft der Kläger das Zivilgericht an, darf und muss es nach § 17 II 1 GVG auch über einen etwaigen schuldrechtsähnlichen Schadensersatzspruch mitentscheiden. Ruft der Kläger das Verwaltungsgericht an, darf es nach § 17 II 2 GVG über einen etwaigen Amtshaftungsanspruch nicht mitentscheiden; vielmehr bleibt es bei der Rechtswegaufspaltung.

---

[52] Näher zur Anspruchsprüfung *Detterbeck*, in: Detterbeck/Windthorst/Sproll, § 21 Rn. 20 ff.
[53] BVerwGE 145, 185 Rn. 9; 141, 361 Rn. 15; NVwZ 2015, 1686 Rn. 11.
[54] BVerwGE 136, 140 Rn. 22.
[55] BVerwGE 107, 29 (31 f.); NVwZ 2015, 1686 Rn. 11 f.; insoweit könnte aber auch § 254 I BGB analog angewendet werden.

b) Sonstige personenbezogene Schuldverhältnisse

1290 Als weitere personenbezogene öffentlich-rechtliche Schuldverhältnisse sind anerkannt:
- das Zivildienstverhältnis[56]
- das Wehrdienstverhältnis[57]
- Das Beamtenbewerberverhältnis[58]

Hier gelten die zum Beamtenverhältnis dargelegten Grundsätze.

Nicht zu den personenbezogenen öffentlich-rechtlichen Schuldverhältnissen gehören nach der Rechtsprechung:
- das Strafgefangenenverhältnis[59]
- das Schulverhältnis[60]

Diese restriktive Rechtsprechung ist weder rechtsdogmatisch noch sonstwie sachlich gerechtfertigt.[61]

6. Rechtsweg

1291 Die Frage, in welchem Rechtsweg Ansprüche aus öffentlich-rechtlichen Schuldverhältnissen geltend zu machen sind, ist z. T. sehr umstritten. Auszugehen ist zunächst von folgenden weithin anerkannten Grundsätzen:

> 1. Für sämtliche Klagen des Staates (oder eines sonstigen Verwaltungsträgers) gegen den Bürger ist der Verwaltungsrechtsweg nach § 40 I VwGO eröffnet.[62] Für solche Staat-Bürger-Klagen gilt § 40 II 1 VwGO nicht.

2. Vermögensrechtliche Ansprüche der Bürger aus **öffentlich-rechtlicher Verwahrung** sind nach § 40 II 1 HS 1, 2. Var. VwGO vor den ordentlichen Gerichten geltend zu machen. Dies gilt sowohl für den Anspruch auf Herausgabe der verwahrten Sache[63] als auch für Schadensersatzansprüche.

---

[56] BGH DÖV 1990, 1027.
[57] BVerwGE 52, 247 ff.
[58] BVerwGE 136, 140 ff.
[59] BGHZ 21, 214 (220 f.).
[60] BGH NJW 1963, 1828 f.; DVBl. 1964, 584; z. T. a. A. BGH DVBl. 1964, 813 f.
[61] Ablehnend auch *Ossenbühl/Cornils,* S. 428 ff.; *Windthorst,* JuS 1996, 608; dazu näher *Detterbeck,* in: Detterbeck/Windthorst/Sproll, § 21 Rn. 27 ff.
[62] Siehe nur *Ehlers/Schneider,* in: Schoch/Schneider/Bier, § 40 Rn. 520 f. m. w. N.
[63] OVG Münster NVwZ-RR 2005, 512; *Ehlers/Schneider,* in: Schoch/Schneider/Bier, § 40 Rn. 538; *Kopp/Schenke,* § 40 Rn. 64; a. A. *Haack,* in: Gärditz, § 40 Rn. 136.

§ 26. Schadensersatzansprüche aus Schuldverhältnissen   525

3. Für sämtliche Klagen aus dem **Beamtenverhältnis** ist gem. §§ 126 I BBG, 54 I BeamtStG, 40 II 2 VwGO der Verwaltungsrechtsweg eröffnet (Ausnahme: Amtshaftungsansprüche).
4. Sämtliche **Erfüllungsansprüche aus öffentlich-rechtlichen Schuldverhältnissen** fallen unter § 40 I VwGO mit der Konsequenz, dass der Verwaltungsrechtsweg eröffnet ist, wenn keine abdrängende gesetzliche Sonderzuweisung besteht.[64]
Ausnahme: Zivilrechtsweg für Ansprüche aus öffentlich-rechtlicher Verwahrung, oben sub 2.

> **Beispiele für Erfüllungsansprüche:**
> - Erfüllungsansprüche aus öffentlich-rechtlichem Vertrag
> - Anspruch auf Zulassung zu öffentlich-rechtlichen Einrichtungen
> - Aufwendungsersatzansprüche aus öffentlich-rechtlicher GoA

Die Frage, in welchem Rechtsweg **Schadensersatzansprüche des Bürgers gegen den Staat** wegen der Verletzung von Pflichten aus öffentlich-rechtlichen Schuldverhältnissen geltend zu machen sind, ist dagegen heftig umstritten (**Beachte:** Für Ansprüche des **Staates** gegen den Bürger gilt unstr. § 40 I VwGO; bei beamtenrechtlichen Schadensersatzansprüchen: §§ 126 I BBG, 54 I BeamtStG i. V. m. § 40 II 2 VwGO). Abgesehen von Schadensersatzansprüchen aus öffentlich-rechtlicher Verwahrung, dazu oben sub 2., ist folgende Rechtswegentscheidung vorzugswürdig: 1292
1. Schadensersatzansprüche wegen Verletzung **öffentlich-rechtlicher Verträge** (z.B. Nichterfüllung, Verzug, Verletzung von Nebenpflichten: § 280 BGB analog) fallen nicht unter § 40 II 1 HS 1, 3. Var. VwGO. Sie sind nach § 40 I VwGO im Verwaltungsrechtsweg geltend zu machen. Gleiches gilt entgegen anderslautenden Auffassungen für die quasivertraglichen Ansprüche wegen Verletzung vorvertraglicher Pflichten (früher c. i. c.).[65]
2. Für sämtliche Schadensersatzansprüche aus der Verletzung von Pflichten aus sonstigen **öffentlich-rechtlichen Schuldverhältnissen,** die nicht im Zusammenhang mit einem öffentlich-rechtlichen Vertrag oder einem Beamtenverhältnis stehen, ist nach dem eindeutigen Wortlaut von § 40 II 1 HS 1, 3. Var. VwGO der Zivilrechtsweg eröffnet.[66]

---

[64] Dazu etwa BGH NJW 1990, 1604.
[65] Dazu näher Rn. 823 m. w. N.
[66] BGHZ 59, 305; NJW 1984, 617; NVwZ 1983, 571; DVBl. 1978, 109; VGH Mannheim DVBl. 1981, 266; *Kopp/Schenke,* § 40 Rn. 72; *Maurer,* § 29 Rn. 9; nach a. A. ist der Verwaltungsrechtsweg nach § 40 I VwGO eröffnet, weil es sich um vertragsähnliche Ansprüche handele, die nicht unter § 40 II 1 HS 1, 3. Var. VwGO fielen, so VGH Mannheim NJW 2003, 1066 (ohne Erwähnung von VGH Mannheim DVBl. 1981, 266: „Denn der Verwaltungsrechtsweg wäre auch bei vertragsähnlichen Beziehungen nicht gegeben."); ebenso *Redeker/v. Oertzen,* § 40 Rn. 16; *Rennert,* in: Eyermann, § 40 Rn. 121.

III. Konkurrenzen

1293 Zwischen Schadensersatzansprüchen wegen Verletzung von Pflichten aus öffentlich-rechtlichen Schuldverhältnissen sowie den anderen öffentlich-rechtlichen Schadensersatz-, Entschädigungs- und sonstigen Ersatzansprüchen besteht Idealkonkurrenz.

§ 27. Polizei- und ordnungsrechtlicher Ausgleichsanspruch

Literatur: *Hartmann/Jansen*, Haftung der Verwaltung in Beruhensfällen am Beispiel der Regulierung von Sportwetten und Spielhallen unter dem GlüStV 2012, DVBl. 2015, 861; *Ossenbühl/Cornils*, Staatshaftungsrecht, 6. Aufl. 2013, S. 484; *Pieroth/Schlink/Kniesel*, Polizei- und Ordnungsrecht, 8. Aufl. 2014, § 26; *Rachor*, in: Lisken/Denninger, Handbuch des Polizeirechts, 5. Aufl. 2012, Kapitel M; *Schenke*, Polizei- und Ordnungsrecht, 8. Aufl. 2013, § 13; *Sydow*, Entschädigungsansprüche im Polizei- und Ordnungsrecht, Jura 2007, 7; *Wehr*, Examens-Repetitorium Polizeirecht, 2. Aufl. 2012, § 11; *Will*, Ausgleichs- und Entschädigungsansprüche im Polizei- und Ordnungsrecht am Beispiel von §§ 64 ff. HSOG, VerwArch. 106 (2015), 55.

I. Anwendungsbereich

Die Polizei- und Ordnungsgesetze der Länder enthalten spezielle Vorschriften, die regeln, unter welchen Voraussetzungen Bürgern Ausgleichsansprüche für Schäden zustehen, die durch Handeln der Polizei- und Ordnungsbehörden verursacht worden sind. Diese Vorschriften sind nur anwendbar, wenn die Behörden präventiv zum Zwecke der Gefahrenabwehr tätig geworden sind. 1294

Nach mehreren BGH-Entscheidungen gelangen diese Vorschriften nicht nur zur Anwendung, wenn die Behörden ihr Handeln auf das Polizei- und Ordnungsgesetz stützen, sondern auch dann, wenn ihr gefahrenabwehrendes Handeln auf spezielle Gesetze gestützt wird. Dies betraf insbesondere baubehördliches Handeln aufgrund des Landesbauordnungsrechts.[1] Zum Teil wird vertreten, die Schadensausgleichsvorschriften der Polizei- und Ordnungsgesetze seien auf jedwedes gefahrenabwehrbehördliches Handeln anwendbar,[2] wie z.B. die Ausweisung eines Ausländers durch die Ausländerbehörden, das Aufstellen von Verkehrszeichen durch die Straßenverkehrsbehörden oder die behördliche Stilllegung von Gewerbebetrieben. Diese in Rechtsprechung und Literatur vertretene weite Auffassung ist abzulehnen. Die speziellen Schadensausgleichsregelungen der Polizei- und Ordnungsgesetze sind nur anwendbar, wenn die Gefahrenabwehrbehörde ihr Handeln auch auf Vorschriften dieser Gesetze gestützt hat.[3]

---

[1] BGHZ 123, 91; 122, 317 (Bauvorbescheid); NJW 1994, 2087; NVwZ 1992, 1122.
[2] *Ossenbühl/Cornils*, S. 513 ff., mit Ausnahme von Rheinland-Pfalz; *Rumpf*, NVwZ 1992, 250.
[3] *Rachor*, in: Lisken/Denninger, Handbuch des Polizeirechts, 5. Aufl. 2012, M Rn. 3 ff.; OLG Bremen, 13.2.2013, 1 U 6/08, juris Rn. 102 f.; offenbar auch BGHZ 125, 258 (263); NJW 1996, 3151.

Hieran ändert sich auch nichts, wenn eine Vorschrift des Polizei- und Ordnungsgesetzes die subsidiäre Geltung dieses Gesetzes neben den speziellen Vorschriften anderer Gesetze anordnet,[4] das Polizei- und Ordnungsgesetz im konkreten Fall aber nicht als Handlungsermächtigung herangezogen wurde.

II. Die Unterscheidung zwischen rechtmäßigem und rechtswidrigem Handeln

1295 Die meisten Gesetze unterscheiden zwischen rechtmäßigem und rechtswidrigem Handeln der Polizei- und Ordnungsbehörden.[5] Weiterhin wird zwischen der Inanspruchnahme nicht verantwortlicher Personen (Nichtstörer) und Maßnahmen gegen Personen unterschieden. Soweit die Polizei- und Ordnungsgesetze diese Unterscheidungen treffen, ergibt sich folgende Zweiteilung:

1. Schadensausgleich für die **rechtmäßige Inanspruchnahme von Nichtstörern**
2. Schadensausgleich für **rechtswidrige Maßnahmen gegen Personen**

In beiden Fällen ist der Ausgleichsanspruch verschuldensunabhängig. Zwischen den beiden Ausgleichsansprüchen besteht kein Spezialitätsverhältnis. Im Vordergrund der Anspruchsprüfung steht zumeist die Frage, ob das behördliche Handeln rechtmäßig war, ob eine Gefahr bestand und ob ein Störer oder ein Nichtstörer in Anspruch genommen wurde.

1296 Die Unterscheidung zwischen rechtmäßigem und rechtswidrigem behördlichen Handeln kann problematisch sein. **Abzustellen ist auf die behördliche Maßnahme und damit auf das Handlungsunrecht und nicht das Erfolgsunrecht.**[6] War das behördliche Handeln von den Tatbestandsvoraussetzungen und den Rechtsfolgevorgaben der einschlägigen Vorschriften gedeckt, bleibt es auch dann rechtmäßig, wenn es zu nicht gewollten schädigenden Nebenfolgen führt.

---

[4] Z. B. § 3 I 3 HSOG, § 1 NWOBG, § 1 BbgOBG; ein relevanter Bedeutungsunterschied zwischen der zuerst genannten und den beiden zuletzt genannten Vorschriften ist nicht wirklich erkennbar; a.A. *Rachor*, a.a.O., M Rn. 6 Fn. 10 u. Rn. 10.

[5] Z. B. § 64 I 1, 2 HSOG; § 67 NWPolG; § 39 I a, b NWOBG; Nw. im einzelnen bei *Pieroth/Schlink/Kniesel*, Polizei- und Ordnungsrecht, 8. Aufl. 2014, § 26 Fn. 2, 7.

[6] *Rachor*, a.a.O., L Rn. 38; *Pieroth/Schlink/Kniesel*, a. a. O., § 26 Rn. 11; *Will*, VerwArch. 106 (2015), 64.

§ 27. Polizei- und ordnungsrechtlicher Ausgleichsanspruch 529

Beispiele:
- Die Polizei schießt unter Beachtung der einschlägigen Vorschriften auf einen Amokläufer. Eine abprallende Kugel verletzt einen Passanten. Seine Verletzung ist Folge rechtmäßigen polizeilichen Handelns.
- Die Polizei schießt auf den Amokläufer, zielt aber daneben und trifft deshalb einen Passanten. Die Abgabe des Schusses auf den Passanten war rechtswidrig. Dieses polizeiliche Handeln war von den einschlägigen Rechtsvorschriften nicht gedeckt. Auf Verschulden der Polizei kommt es nicht an.
- Die Polizei provoziert einen Stau auf der Autobahn, um eine entführte Geisel befreien zu können. Aufgrund des Staus ereignen sich Auffahrunfälle (Beispiel von *Rachor*, in: Lisken/Denninger, Handbuch des Polizeirechts, 5. Aufl. 2012, M Rn. 19). War das Herbeiführen des Staus rechtmäßig, wurden die Opfer der Auffahrunfälle durch rechtmäßiges polizeiliches Handeln geschädigt. Allerdings ist das Herbeiführen des Staus rechtswidrig, wenn mit den Auffahrunfällen zu rechnen war und nicht alle erforderlichen Sicherheitsvorkehrungen getroffen wurden.

Trotz des Grundsatzes, dass es auf die Rechtmäßigkeit der Handlung ankommt, verbleiben Zweifelsfälle. **1297**

Beispiel: Die **Polizei** schleppt ein falsch parkendes Fahrzeug ab. Die gesetzlichen Voraussetzungen sind erfüllt. Beim Abschleppen wird der Spiegel des Fahrzeugs aus Unachtsamkeit zerstört. Wird auf den Abschleppvorgang als solchen abgestellt, stellt sich der Schaden als Folge rechtmäßigen polizeilichen Handelns dar. Wird auf das Verhalten unmittelbar beim Zerstören des Spiegels abgestellt, steht rechtswidriges Handeln in Rede. Die Polizei ist nicht zu einem unachtsamen Verhalten berechtigt. Bei diesem Beispielsfall ist auch die Grenze zwischen rechtswidrigem und schuldhaftem Verhalten fließend.

Der Aspekt des **legislativen Unrechts** spielt keine Rolle. D.h., ein Ausgleichsanspruch für eine rechtswidrige behördliche Maßnahme ist nicht deshalb ausgeschlossen, weil sie auf einem verfassungswidrigen oder EU-rechtswidrigem formellen Gesetz beruht.[7] Die gegenteilige Rechtsprechung[8] argumentiert, die polizei- und ordnungsrechtlichen Regelungen der Ersatzansprüche für rechtswidrige Maßnahmen stellten Sonderfälle der Haftung aus enteignungsgleichem Eingriff dar. Ansprüche aus enteignungsgleichem Eingriff im Falle legislativen Unrechts – hierzu gehörten auch die behördlichen Beruhensfälle[9] – seien ausgeschlossen. Deshalb seien auch Ansprüche für legislatives Unrecht nach Maßgabe der polizei- und ordnungsrechtlichen Vorschriften ausgeschlossen. Diese Argumentation ver-

---

[7] *Heusch*, in: Schönenbroicher/Heusch, Ordnungsbehördengesetz Nordrhein-Westfalen, 2014, § 39 Rn. 30; dem zuneigend *Hartmann/Jansen*, DVBl. 2015, 863 f.
[8] BGH NVwZ 2015, 1309 Rn. 31 ff.; OLG Zweibrücken, 6.3.2013, 6 W 21/12, juris Rn. 3; OLG Köln, 3.5.2012, I-7 U 194/11, juris Rn. 30 f.; OLG Hamm, 3.8.2012, I-11 W 25/12, juris Rn. 38 ff.; OLG Bremen, 13.2.2013, 1 U 6/08, juris Rn. 104; *Dietlein*, in: Dietlein/Burgi/Heltermann, Öffentliches Recht in Nordrhein-Westfalen, 5. Aufl. 2014, § 3 Rn. 281 a; *Pagenkopf*, NVwZ 2015, 1266 f.; dahin tendierend auch BVerwGE 147, 47 Rn. 20.
[9] Dies ist zutreffend, dazu oben Rn. 1148.

kennt schon, dass die polizei- und ordnungsrechtlichen Ausgleichsansprüche für rechtswidrige Maßnahmen spezialgesetzliche Ausformungen des allgemeinen Aufopferungsgedankens und nicht nur des enteignungsgleichen Eingriffs sind.[10] Vor allem aber werden Ansprüche aus enteignungsgleichem Eingriff bei legislativem Unrecht von der Rechtsprechung primär deshalb nicht gewährt, weil hierfür eine gesetzliche Regelung fehlt.[11] Die polizei- und ordnungsrechtlichen Ansprüche für rechtswidrige Maßnahmen sind aber gesetzlich geregelt. Diese gesetzlichen Regelungen erfassen behördliche Maßnahmen, die auf verfassungswidrigen formellen Gesetzen beruhen, ebenso, wie dies beim Amtshaftungstatbestand des § 839 BGB, Art. 34 GG der Fall ist.[12]

III. Unmittelbarkeit der Folgen

1298 Unabhängig davon, ob die Polizei- und Ordnungsbehörde rechtmäßig oder rechtswidrig handelt, haftet ihr Rechtsträger nur für die unmittelbaren Folgen des behördlichen Handelns. In Zweifelsfällen ist die vom BGH im Eigentumsentschädigungsrecht verwendete Formel heranzuziehen. Danach ist Unmittelbarkeit anzunehmen, wenn sich die im behördlichen Handeln angelegten typischen Gefahren verwirklicht haben.[13]

Beispiele:
- In den oben genannten Fällen der abirrenden Kugel und des zerstörten Autospiegels hat sich eine typische Gefahr des polizeilichen Handelns verwirklicht.
- Die oben genannten **Auffahrunfälle** aufgrund des von der Polizei provozierten Autobahnstaus sind keine unmittelbaren Folgen des polizeilichen Handelns (a.A. *Rachor*, in: Lisken/Denninger, Handbuch des Polizeirechts, 5. Aufl. 2012, M Rn. 20). Zwar ist der Stau eine unmittelbare Folge des polizeilichen Handelns; hierauf war es gerichtet. Anders verhält es sich aber mit den Auffahrunfällen. Sie gehören zum allgemeinen Lebensrisiko der Verkehrsteilnehmer. Sie müssen immer damit rechnen, dass sie bei Verkehrsstaus durch nicht angepasstes und sorgfaltswidriges Verhalten anderer Verkehrsteilnehmer geschädigt werden. Der durch den Auffahrunfall Geschädigte ist gehalten, beim auffahrenden Verkehrsteilnehmer Schadensersatz zu erlangen. Manche Polizei- und Sicherheitsgesetze sehen einen Billigkeitsausgleich für nicht unmittelbar verursachte Schäden vor (z.B. § 65 I 2 HSOG). Im genannten Beispielsfall ist es nicht unbillig, den Geschädigten auf den auffahrenden Verkehrsteilnehmer zu verweisen.
- Infolge eines polizeilichen Rettungseinsatzes auf der Autobahn bildet sich auf der Gegenfahrbahn durch sog. Gaffer ein Stau, und es ereignen sich Auffahrunfälle. Hier ist bereits zweifelhaft, ob der Stau eine unmittelbare Folge des polizeilichen Handelns ist. Hierauf war es zwar nicht gerichtet. Durch Gaffer verursachte Staus sind aber eine

---

[10] Siehe nur *Rachor*, a. a. O., M Rn. 1.
[11] Dazu Rn. 1148 f. m. N.
[12] Rn. 1074.
[13] Dazu Rn. 1143.

häufige Folge von Rettungseinsätzen. Den Rettungskräften sind aber aus den im vorherigen Beispielsfall genannten Gründen die Auffahrunfälle nicht zuzurechnen.

IV. Das Kriterium der Zielrichtung behördlichen Handelns

Soweit die Polizei- und Ordnungsgesetze zwischen rechtmäßigem und rechtswidrigem behördlichen Handeln unterscheiden, ist auf folgendes zu achten: Ausgleichsansprüche für rechtmäßiges Handeln haben nur Nichtstörer. Diese müssen zudem in Anspruch genommen worden sein. Dies wiederum setzt zielgerichtetes Handeln gegen den Nichtstörer voraus.[14] Das folgt zudem aus den allgemeinen polizei- und ordnungsrechtlichen Vorschriften über die Inanspruchnahme nicht verantwortlicher Personen (Nichtstörer). Sie regeln, unter welchen Voraussetzungen die Polizei- und Ordnungsbehörden Maßnahmen gegen Nichtstörer richten dürfen.[15] Werden Personen durch unbeabsichtigte Folgen polizeilichen Handelns geschädigt, werden sie nicht (zielgerichtet) als Nichtstörer in Anspruch genommen. Gleiches gilt für fehlgeleitetes polizeiliches Handeln.

1299

Beispiel: Die Polizei möchte auf einen Geiselnehmer schießen, trifft aber versehentlich einen Danebenstehenden. Er wurde nicht zielgerichtet in Anspruch genommen. Außerdem ist das polizeiliche Handeln rechtswidrig.

Bei **rechtswidrigem** polizei- und ordnungsbehördlichem Handeln gelten diese Einschränkungen nicht. Hier genügt die (unmittelbare) Schadensverursachung durch eine **rechtswidrige Maßnahme.** Sie muss nicht zielgerichtet gegen eine Person ergriffen worden sein. Der Begriff der Maßnahme wird weit ausgelegt. Er umfasst rechtliches und tatsächliches Handeln, rechtseingreifendes und nicht rechtseingreifendes Handeln sowie auch den Erlass von Rechtsvorschriften (kein Haftungsausschluss bei normativem Unrecht).[16]

---

[14] *Rachor*, in: Lisken/Denninger, Handbuch des Polizeirechts, 5. Aufl. 2012, M Rn. 33; *Will*, VerwArch. 106 (2015), 59; zu einem insoweit problematischen Fall *Wehr*, Examens-Repetitorium Polizeirecht, 2. Aufl. 2012, Rn. 537.

[15] Z. B. § 9 I HSOG.

[16] *Pieroth/Schlink/Kniesel*, Polizei- und Ordnungsrecht, 8. Aufl. 2014, § 26 Rn. 22; *Will*, VerwArch. 106 (2015), 66 f.

V. Anscheins-, Verdachtsstörer und unbeteiligter Dritter

Umstritten ist die Einordnung des Anscheinstörers, des Verdachtsstörers und des unbeteiligten Dritten.[17]

1. Anscheins- und Verdachtsstörer

1300 Der Anscheinsstörer erweckt bei einem pflichtgetreuen Durchschnittsbeamten den Eindruck, dass er tatsächlich für eine Gefahr verantwortlich ist. Nach dem polizeilichen Handeln stellt sich heraus, dass dieser Eindruck unzutreffend war.[18]

> **Beispiel:** X sieht einem mittels polizeilichen Phantombildes gesuchten Kindesentführer sehr ähnlich. Die Polizei hält X für den Entführer und nimmt ihn fest, um den Aufenthaltsort des entführten Kindes ausfindig machen zu können. Nach mehreren Tagen stellt sich heraus, dass X an der Kindesentführung völlig unbeteiligt ist. X verlangt Ersatz des hierdurch erlittenen Verdienstausfalls. Obwohl X den Anschein der Gefahr nicht verursacht hat, ist er Anscheinsstörer, wenn die Polizei ex ante betrachtet davon ausgehen durfte, dass X der Entführer ist (vgl. VGH Mannheim DÖV 1991, 165; a.A. *Rachor*, in: Lisken/Denninger, Handbuch des Polizeirechts, 5. Aufl. 2012, M Rn. 51, wonach Anscheinsstörer nur derjenige ist, der den Anschein der Gefahr verursacht hat).

1301 Der Verdachtsstörer erweckt bei einem pflichtgetreuen Durchschnittsbeamten den Verdacht, dass möglicherweise eine Gefahr besteht, für die er verantwortlich ist.[19]

> **Beispiel:** Nachbar N beobachtet, wie X eine größere Menge übel riechender gelber Flüssigkeit in den Gulli vor seinem Haus gießt, und verständigt die Polizei, weil in der Zeitung über unzulässige Entsorgung giftiger Chemikalien über die Abwasserkanalisation berichtet worden war. Die Polizei hat den Verdacht, dass X derartige Chemikalien entsorgt hat, nimmt aus der Kanalisation Proben und beschlagnahmt bei X weitere Flüssigkeiten, die er in seiner Garage gelagert hat. Es stellt sich heraus, dass die Flüssigkeit völlig ungefährlich war und in die Kanalisation gegossen werden durfte. Auch die beschlagnahmten Substanzen sind ungefährlich. X hätte diese Substanzen veräußern können, was nunmehr, da das Haltbarkeitsdatum abgelaufen ist, nicht mehr möglich ist. Hierfür verlangt er Ersatz.

1302 Im Zeitpunkt des polizeilichen Handelns sind Anscheins- und Verdachtsstörer (normale) Verhaltens- oder Zustandsstörer. Ihre Inanspruchnahme durch die Gefahrenabwehrbehörden ist rechtmäßig, wenn die weiteren

---

[17] Dazu (auch zu den Begrifflichkeiten) *Pieroth/Schlink/Kniesel*, a.a.O., § 9 Rn. 74 ff., § 4 Rn. 50 ff., § 26 Rn. 11 f., 15 ff.; *Rachor*, in: Lisken/Denninger, Handbuch des Polizeirechts, 5. Aufl. 2012, M Rn. 35 ff., 42 ff.

[18] So zur Anscheinsgefahr VGH BW VBlBW 2014, 57.

[19] So zum Gefahrenverdacht VGH BW VBlBW 2014, 57.

§ 27. Polizei- und ordnungsrechtlicher Ausgleichsanspruch   533

gesetzlichen Voraussetzungen erfüllt sind. Denn auf dieser sog. Primärebene ist die ex ante Betrachtung maßgeblich.[20]

Auf der **Sekundärebene,** auf der es um Kostenerstattungsansprüche der Behörde gegen den Inanspruchgenommenen und um Schadensausgleichsansprüche des Inanspruchgenommenen gegen die Behörde geht, ist dagegen die **ex post Betrachtung** entscheidend.[21] Stellt sich danach heraus, dass tatsächlich keine Gefahr bestand, wurde der Anscheins- oder Verdachtsstörer als **Nichtstörer** in Anspruch genommen.[22]

Für die Beurteilung der Rechtmäßigkeit im übrigen gilt indes die ex ante Betrachtung.[23] Ansonsten wäre die Inanspruchnahme des Anscheins- oder Verdachtsstörers ex post betrachtet mangels Gefahr stets rechtswidrig.

Wurde der Anscheins- oder Verdachtsstörer rechtmäßig in Anspruch genommen, sind für etwaige Schadensausgleichsansprüche die **Vorschriften über die rechtmäßige Inanspruchnahme des Nichtstörers unmittelbar einschlägig.**[24] Ein Schadensausgleichsanspruch entfällt, soweit der Anscheins- oder Verdachtsstörer den Anschein oder den Verdacht der Gefahr **verschuldet** hat.[25] Die polizei- und ordnungsgesetzlichen Vorschriften über die Berücksichtigung des Mitverschuldens des Anspruchsberechtigten (z.B. § 65 V 2, 3 HSOG) sind unmittelbar anwendbar.

2. Unbeteiligter Dritter

Unbeteiligter Dritter ist, wer durch unbeabsichtigte Nebenfolgen behördlichen Handelns geschädigt wird.   **1303**

Beispiel: Ein Passant wird durch eine abprallende Kugel eines polizeilichen Schusses auf einen flüchtenden Entführer verletzt.

Der unbeteiligte Dritte wird nicht als Nichtstörer in Anspruch genommen, weil die Gefahrenabwehrbehörde nicht gezielt gegen ihn oder seine Sachen vorgeht.[26] Weil das Handlungsunrecht maßgeblich ist, muss auf das

---

[20] BGHZ 117, 303 (306).
[21] BGHZ 126, 279 (283 ff.); 117, 303 (307); OLG Karlsruhe DVBl. 2013, 1207 f.; ausführlich *Ossenbühl/Cornils,* S. 505 ff.; *Will,* VerwArch. 106 (2015), 62 f.
[22] OLG Karlsruhe DVBl. 2013, 1207.
[23] *Rachor,* in: Lisken/Denninger, Handbuch des Polizeirechts, 5. Aufl. 2012, M Rn. 43 a. E.; hiervon ausgehend auch OLG Karlsruhe DVBl. 2013, 1207.
[24] BGHZ 117, 303 Rn. 22; für eine analoge Anwendung BGHZ 126, 279 Rn. 12; *Ossenbühl/Cornils,* S. 508 m. Fn. 106; *Will,* VerwArch. 106 (2015), 63; *Sydow,* Jura 2007, 10.
[25] *Rachor,* a.a.O., M Rn. 45 ff.; *Pieroth/Schlink/Kniesel,* Polizei- und Ordnungsrecht, 8. Aufl. 2014, § 26 Rn. 16; *Will,* VerwArch. 106 (2015), 63; auf „Verantwortlichkeit" abstellend BGHZ 126, 279 (285); 117, 303 (308); *Ossenbühl/Cornils,* S. 509 f.
[26] *Ossenbühl/Cornils,* S. 499 f.; *Will,* VerwArch. 106 (2015), 64.

behördliche Handeln abgestellt werden. Ist es für sich genommen rechtmäßig und sind die Nebenfolgen (im Beispielsfall die abprallende Kugel) der Behörde nicht vorwerfbar, steht rechtmäßiges Handeln in Rede.

Besteht keine spezialgesetzliche Regelung,[27] sind die Vorschriften über die Inanspruchnahme des Nichtstörers analog anwendbar.[28] Wenn schon dem rechtmäßig in Anspruch genommenen Nichtstörer ein Ausgleichsanspruch zusteht, muss dies erst recht für den unbeteiligten Dritten, dem durch rechtmäßiges behördliches Handeln ein Schaden zugefügt wird, gelten.

Der BGH gewährt statt dessen Aufopferungsansprüche und Ansprüche aus enteignendem Eingriff.[29] Dies kann den unbeteiligten Dritten jedoch schlechter stellen. Denn derartige Ansprüche setzen einen Eingriff in Leben, körperliche Unversehrtheit, Freiheit oder Eigentum voraus. Außerdem setzen sie anders als die gesetzlich geregelten Ausgleichsansprüche ein Sonderopfer voraus.[30] Die Anspruchsvoraussetzungen sind deshalb enger als diejenigen der polizei- und ordnungsrechtlichen Rechtmäßigkeitshaftung.

Wurde der unbeteiligte Dritte dagegen durch rechtswidriges Verhalten geschädigt, sind die polizei- und ordnungsrechtlichen Vorschriften über die Unrechtshaftung unmittelbar anwendbar. Denn sie setzen keine Inanspruchnahme und damit kein gezieltes behördliches Handeln voraus.

VI. Konkurrenzen

1304   Soweit der Anwendungsbereich der polizei- und ordnungsrechtlichen Ausgleichsansprüche reicht, sind die nicht gesetzlich geregelten Haftungsinstitute der Aufopferung, des enteignungsgleichen und enteignenden Eingriffs verdrängt. Zu den anderen Haftungsinstituten, insbesondere zur Amtshaftung, besteht Idealkonkurrenz, vgl. z.B. § 64 IV HSOG.

---

[27] Z. B. Art. 70 II 1 BayPAG.
[28] *Würtenberger/Heckmann*, Polizeirecht in Baden-Württemberg, 6. Aufl. 2005, Rn. 870; *Schoch*, JuS 1995, 509.
[29] BGH NJW 2011, 3157 Rn.13; ebenso *Ossenbühl/Cornils*, S. 501 f.; *Rachor*, a.a.O., M Rn. 39; *Will*, VerwArch. 106 (2015), 64 f.
[30] Hieran scheiterte nach BGH, NJW 2011, 3157 Rn. 13 ff. der Entschädigungsanspruch des unbeteiligten Dritten.

Übersicht 36:
Polizei- und ordnungsrechtliche Ausgleichsansprüche gem. §§ 64 ff. HSOG (Prüfschema)

I. Schadensausgleichsanspruch für rechtmäßige Inanspruchnahme eines Nichtverantwortlichen, § 64 I 1 HSOG

1. Handeln einer Gefahrenabwehrbehörde (§ 1 HSOG) in Anwendung des HSOG (nach abzulehnender Auffassung auch bei Anwendung anderer Rechtsvorschriften zur Gefahrenabwehr, insbes. Bauordnung)
2. Inanspruchnahme einer nichtverantwortlichen Person i.S.v. § 9 HSOG: kein Verhaltens- oder Zustandsstörer nach §§ 6, 7 HSOG
   a) Nichtstörer
   b) Anscheinsstörer (falls bei **ex post** Betrachtung Nichtstörer)
   c) Verdachtsstörer (falls bei **ex post** Betrachtung Nichtstörer)
   d) Polizeihelfer, § 64 III HSOG
   e) unbeteiligter Dritter: analoge Anwendung von § 64 I 1 HSOG (nach BGH Aufopferungsanspruch und Anspruch aus enteignendem Eingriff)
3. Rechtmäßigkeit des Handelns
4. Unmittelbare Schadensverursachung
   • bei mittelbarer Schadensverursachung: § 65 I 2 HSOG
5. Kein Anspruchsausschluss, § 64 II HSOG (Handeln im Interesse des Geschädigten)
6. Inhalt und Umfang des Anspruchs, § 65 HSOG
   a) Entschädigung
   b) § 65 V 2, 3 HSOG i.V.m. § 254 BGB
7. Anspruchsgegner: § 68 I HSOG (Anstellungskörperschaft), § 68 II HSOG (beauftragende, anfordernde Körperschaft)
8. Ordentlicher Rechtsweg, § 70 HSOG

II. Schadensausgleichsansprüche für rechtswidrige Maßnahmen, § 64 I 2 HSOG

1. Handeln einer Gefahrenabwehrbehörde (§ 1 HSOG) in Anwendung des HSOG (nach abzulehnender Auffassung auch bei Anwendung anderer Rechtsvorschriften zur Gefahrenabwehr, insbes. Bauordnung)
2. Maßnahme
   • weite Auslegung (rechtliches und tatsächliches Handeln)
   • zielgerichtetes Handeln gegenüber dem Geschädigten nicht erforderlich

3. Rechtswidrigkeit der Maßnahme
4. Unmittelbare Schadensverursachung
   • bei mittelbarer Schadensverursachung: § 65 I 2 HSOG
5. Kein Anspruchsausschluss, § 64 II HSOG (Handeln im Interesse des Geschädigten)
6. Inhalt und Umfang des Anspruchs, § 65 HSOG
   a) Entschädigung
   b) § 65 V 2, 3 HSOG i.V.m. § 254 BGB
7. Anspruchsgegner: § 68 I, II HSOG (wie oben I 7)
8. Ordentlicher Rechtsweg, § 70 HSOG

Beachte: Verschulden der Behörde nicht erforderlich

III. Konkurrenzen

- Vorrangig gegenüber Ansprüchen aus Aufopferung, aus enteignungsgleichem und enteignendem Eingriff
- Idealkonkurrenz zu anderen Staatshaftungsansprüchen, § 64 IV HSOG

§ 28. EU-rechtlicher Staatshaftungsanspruch

Literatur: *Baumeister,* Legislativ- und Exekutivunrecht im Fall Brasserie du pêcheur, BayVBl. 2000, 225; *Detterbeck,* Haftung der Europäischen Gemeinschaft und gemeinschaftsrechtlicher Staatshaftungsanspruch, AöR 125 (2000), 202; *C. Dörr,* Der unionsrechtliche Staatshaftungsanspruch in Deutschland zwanzig Jahre nach Francovich, EuZW 2012, 86; *Frenz/Götzkes,* Die gemeinschaftsrechtliche Staatshaftung, JA 2009, 759; *Gundel,* Die Bestimmung des richtigen Anspruchsgegners der Staatshaftung für Verstöße gegen Gemeinschaftsrecht, DVBl. 2001, 95; *Kischel,* Gemeinschaftsrechtliche Staatshaftung zwischen Europarecht und nationaler Rechtsordnung, EuR 2005, 441; *Kling,* Die Haftung der Mitgliedstaaten der EG bei Verstößen gegen das Gemeinschaftsrecht, Jura 2005, 298; *Schöndorf-Haubold,* Die Haftung der Mitgliedstaaten für die Verletzung von EG-Recht durch nationale Gerichte, JuS 2006, 112; *Tietjen,* Das System des gemeinschaftsrechtlichen Staatshaftungsrechts, 2010; *Wegener/Held,* Die Haftung der Mitgliedstaaten für die Verletzung von EG-Recht durch nationale Gerichte, Jura 2004, 479.

Rechtsprechung: EuGH Slg. 1991, 5357 = NJW 1992, 165 *(Francovich);* EuGH Slg. 1996, 1029 = NJW 1996, 1267 (Brasserie du Pêcheur et Factortame); EuGH Slg. 1999, 3099 = EuZW 1999, 635 *(Konle);* EuGH DVBl. 2000, 1272 *(Haim II);* EuGH Slg. 2003, 10239 = NJW 2003, 3539 – *Köbler* u. NJW 2006, 3337 – *Traghetti* (EU-rechtlicher Staatshaftungsanspruch bei offenkundig EU-rechtswidrigen Gerichtsentscheidungen); EuGH NVwZ 2009, 771 – *Danske Slagterier* (Verjährung, Anwendbarkeit von § 839 III BGB); EuGH NZA 2011, 53 – *Fuß* (Anspruchsverpflichteter, Vorrang des Primärrechtsschutzes, Art und Umfang des Ersatzes); BGHZ 134, 30 (Brasserie du Pêcheur); BGHZ 146, 153 (EU-rechtlicher Staatshaftungsanspruch und Amtshaftungsanspruch für Verstoß gegen EU-Recht); BGH DVBl. 2005, 371 (Passivlegitimation nach Art. 34 S. 1 GG); BGH EuZW 2009, 865 (Verjährung); BGH EuZW 2013, 194 (EU-Rechtswidrigkeit des deutschen Sportwettenmonopols nicht hinreichend qualifiziert).

I. Ausgangssituation

Hinweis: Auf die Anmerkung vor Rn. 141 zur geänderten Zitierweise nach dem Lissabonner Vertrag wird verwiesen.

Die deutsche Staatsgewalt muss nicht nur das sie bindende deutsche Recht beachten. Sie darf auch nicht gegen das Europäische Unionsrecht (insbesondere nicht gegen die Bestimmungen des EUV, AEUV, Verordnungen und Richtlinien) verstoßen. Verstößt nun ein Träger deutscher öffentlicher Gewalt gegen EU-Recht und entsteht dadurch einem Bürger ein Schaden, hat dieser nach Maßgabe der oben dargestellten Haftungsinstitute des **deutschen Rechts** einen Ersatzanspruch. Allerdings sind in bestimmten Fällen die Tatbestandsvoraussetzungen eines **deutschen** Staatshaftungsanspruchs von vornherein nicht erfüllt.

Beispiele:
(1) Eine EU-Richtlinie, die den Schutz der Arbeitnehmer im Falle der Arbeitgeberinsolvenz bezweckt, wird nicht in das nationale formelle Gesetzesrecht umgesetzt. Ein Arbeitnehmer, dessen Arbeitgeber insolvent geworden ist, erleidet einen Schaden, der im Falle der Umsetzung der EU-Richtlinie jedenfalls in dieser Form nicht eingetreten wäre (EuGH Slg. 1991, 5357 ff. = NJW 1992, 165 ff. – *Francovich*).

(2) Durch die Nichtanpassung eines deutschen formellen Gesetzes an einschlägige Bestimmungen des AEUV und durch die Anwendung des EU-rechtswidrigen deutschen Gesetzes erleidet ein französischer Bierbrauer einen Schaden (EuGH Slg. 1996, 1029 ff. = NJW 1996, 1267 ff. – *Brasserie du Pêcheur*; BGHZ 134, 30 ff.).

1306 EU-Richtlinien müssen grundsätzlich durch formelle Gesetze umgesetzt werden. Unterlässt dies der deutsche Gesetzgeber (vgl. Beispiel 1) oder erlässt er ein Gesetz, das die Vorgaben der EU-Richtlinie nur unzureichend umsetzt, scheiden zunächst Amtshaftungsansprüche aus. Der Gesetzgeber handelt prinzipiell nur im Interesse der Allgemeinheit. Deshalb verstößt der Nichterlass eines Gesetzes oder der Erlass eines unzureichenden Gesetzes grundsätzlich nicht gegen eine drittgerichtete Amtspflicht.[1] Ansprüche aus enteignungsgleichem Eingriff scheitern nach Maßgabe der Rechtsprechung des BGH am Grundsatz des Haftungsausschlusses für legislatives Unrecht.[2]

1307 Ebenso verhält es sich im Falle der Nichtanpassung bestehender deutscher Gesetze an EU-Recht (Beispiel 2). Auch wenn deutsche Behörden ein EU-rechtswidriges deutsches Gesetz vollziehen (insbesondere durch Verwaltungsakt), besteht eine Haftungslücke. Amtshaftungsansprüche scheitern in aller Regel jedenfalls am Verschuldenserfordernis, weil die Behörden grundsätzlich zum Vollzug der deutschen Gesetze verpflichtet sind. Ansprüche aus enteignungsgleichem Eingriff scheiden (jedenfalls) deshalb aus, weil auch der Vollzug rechtswidriger formeller Gesetze legislatives Unrecht darstellt.[3]

II. Begriff und Rechtsgrundlage

1308 Gerade weil die EU-Mitgliedstaaten für Verstöße gegen EU-Recht nach Maßgabe ihres nationalen Rechts gegenüber den EU-Bürgern nicht oder nur unzureichend haften, hat der EuGH einen EU-rechtlichen Staatshaftungsanspruch entwickelt.

Nach ständiger Rechtsprechung des EuGH ist es ein **allgemeiner Grundsatz des EU-Rechts,** dass die Mitgliedstaaten zum Ersatz der

---

[1] Dazu Rn. 1069 ff.
[2] Dazu Rn. 1148 ff.
[3] BGHZ 100, 136 (145) ; 102, 350 (359) ; 111, 349 (353).

§ 28. EU-rechtlicher Staatshaftungsanspruch

Schäden verpflichtet sind, die dem einzelnen durch Verstöße gegen das EU-Recht entstehen, die diesen Staaten zurechenbar sind.[4]

Im EU-Recht ausdrücklich geregelt ist dieser Haftungsanspruch nicht. Dennoch sagt der EuGH, dass es sich um einen Entschädigungsanspruch handelt, der „seine Grundlage unmittelbar im Gemeinschaftsrecht findet".[5] Als Rechtsgrundlage nennt der EuGH die in Art. 4 III EUV genannten Grundsätze des effet utile und der Unionstreue. Danach sei die **volle Wirksamkeit des EU-Rechts** sicherzustellen. Dies schließe auch eine Haftung der Mitgliedstaaten für Verstöße gegen Unionsrecht ein. Außerdem greift der EuGH auf Art. 340 II AEUV zurück und wendet die zur **außervertraglichen Haftung der EU entwickelten Grundsätze entsprechend** an.[6] Schließlich verweist der EuGH auch auf Art. 19 I 2 EUV und seine dort genannte Aufgabe und Kompetenz zur Wahrung des Rechts bei der Auslegung und Anwendung des EU-Rechts.[7] 1309

Die Rechtsnatur des vom EuGH entwickelten Staatshaftungsanspruchs ist umstritten. Nach der einen Auffassung handelt es sich um ein **EU-rechtliches Haftungsinstitut**.[8] Nach der anderen Auffassung handelt es sich um einen EU-rechtlich geforderten und in Teilen EU-rechtlich geformten **nationalen Anspruch**.[9] 1310

Nur die zuerst genannte Auffassung entspricht der Rechtsprechung des EuGH: „Grundlage unmittelbar im Gemeinschaftsrecht".[10] Auch der BGH vertritt die zuerst genannte Auffassung: „Die unmittelbare Herleitung des Staatshaftungsanspruchs aus dem Gemeinschaftsrecht"[11] – „gemeinschaftsrechtlicher Staatshaftungsanspruch".[12] Gleiches gilt für das BVerwG: „Der unionsrechtliche Staatshaftungsanspruch";[13] auf § 839 BGB, Art. 34 GG, auch nicht auf Art. 34 S. 3 GG, geht das BVerwG im weiteren mit keinem 1311

---

[4] EuGH Slg. 1991, 5357 (5415 Rn. 37) – *Francovich;* Slg. 1996, 1029 (1141 Rn. 17) – *Brasserie du Pêcheur.*
[5] EuGH Slg. 1996, 1029 (1153 Rn. 67) – *Brasserie du Pêcheur.*
[6] EuGH Slg. 1996, 1029 (1144 Rn. 28 f., 1146 Rn. 40 ff.) – *Brasserie du Pêcheur.*
[7] EuGH Slg. 1996, 1029 (1144 Rn. 27) – *Brasserie du Pêcheur.*
[8] *Ossenbühl/Cornils,* S. 494, 522 ff.; *Kluth,* in: Wolff/Bachof II, § 70 Rn. 5; *Hidien,* Die gemeinschaftsrechtliche Staatshaftung der EU-Mitgliedstaaten, 1999, S. 37 f., 56; *Detterbeck,* in: Detterbeck/Windthorst/Sproll, § 6 Rn. 17; *Kischel,* EuR 2005, 461 (im Kern gemeinschaftsrechtlich).
[9] *Maurer,* § 31 Rn. 9; *Frenz/Götzkes,* JA 2009, 764; *Schoch,* in: FS H. Maurer, 2001, S. 772; *Streinz,* Jura 1995, 10; *St. Kopp,* DÖV 1994, 205; *Nettesheim,* DÖV 1992, 999.
[10] EuGH Slg. 1996, 2553 (2614 Rn. 31) – *Lomas;* Slg. 1996, 1029 (1153 Rn. 67) – *Brasserie du Pêcheur;* NZA 2011, 53 Rn. 62 – *Fuß;* etwas anderes folgt auch nicht aus EuGH Slg. 1999, 3099 (3139 Rn. 58 ff.) – *Konle* (dazu *Weber,* NVwZ 2001, 287 ff.).
[11] BGHZ 134, 30 (36).
[12] BGH NVwZ 2001, 466.
[13] BVerwGE 143, 381 Rn. 15; 147, 47 Rn. 18: „Amtshaftungsanspruch nach Art. 34 Satz 1 GG, § 839 BGB oder ein unionsrechtlicher Staatshaftungsanspruch".

Wort ein.¹⁴ Ginge das BVerwG von einem Anspruch des deutschen Rechtskreises aus, der lediglich durch das EU-Recht modifiziert ist, hätte es Art. 34 S. 3 GG anwenden müssen und über den EU-rechtlichen Staatshaftungsanspruch nicht gem. § 17 II 1 GVG zusammen mit einem anderen öffentlich-rechtlichen Ausgleichsanspruch entscheiden dürfen.¹⁵

III. Anspruchsstruktur

1312   **Drei Tatbestandsvoraussetzungen** des EU-rechtlichen Staatshaftungsanspruchs leitet der EuGH unmittelbar aus dem EU-Recht ab:¹⁶
(1) Verstoß gegen eine Rechtsnorm des EU-Rechts, die bezweckt, dem einzelnen Rechte zu verleihen
(2) Hinreichend qualifizierter Rechtsverstoß
(3) Unmittelbare Kausalität zwischen dem EU-Rechtsverstoß und dem entstandenen Schaden

Die Folgen des verursachten Schadens sind nach der Rechtsprechung des EuGH im Rahmen des nationalen Haftungsrechts zu beheben.¹⁷ **Der vom EuGH entwickelte EU-rechtliche Staatshaftungsanspruch wird damit durch das deutsche Haftungsrecht ergänzt.** Insoweit kann grundsätzlich auf alle deutschen Haftungsinstitute zurückgegriffen werden. Ganz im Vordergrund steht jedoch der Haftungsrahmen des § 839 BGB i. V. m. Art. 34 GG.¹⁸

IV. Konkurrenzen

1313   Der EU-rechtliche Staatshaftungsanspruch ist nach der hier vertretenen Auffassung trotz seiner Anreicherung durch das nationale Recht EU-rechtlicher Natur.¹⁹ Unter anderem deshalb besteht zwischen dem EU-

---

¹⁴ Ebenso BVerwG SächsVBl. 2015, 107 Rn. 22 ff.
¹⁵ Dazu auch Rn. 1315 letzte Fn.
¹⁶ Zuletzt EuGH NJW 2003, 3541 Rn. 51 – *Köbler*.
¹⁷ EuGH Slg. 1996, 1029 (1153 Rn. 67) – *Brasserie du Pêcheur*.
¹⁸ Anders verfährt BVerwGE 143, 381 Rn. 15 ff. Das BVerwG prüft ausschließlich die drei vom EuGH genannten Anspruchsvoraussetzungen und greift auf keinerlei weiteren Vorgaben und Regelungen des nationalen Haftungsrechts zurück.
¹⁹ Rn. 1310 f.

rechtlichen Staatshaftungsanspruch und den deutschen Staatshaftungsansprüchen Idealkonkurrenz.[20]

V. Tatbestandsvoraussetzungen und Anspruchsaufbau

Verstößt ein Träger deutscher öffentlicher Gewalt gegen EU-Recht, ist folgender Prüfungsaufbau eines EU-rechtlichen Staatshaftungsanspruchs **in den Strukturen des Amtshaftungstatbestandes** (EU-rechtlicher Amtshaftungsanspruch) denkbar (die Einzelheiten sind z. T. äußerst umstritten).[21] 1314

Übersicht 37: 1315
EU-rechtlicher Staatshaftungsanspruch (Prüfschema)

1. **Rechtsgrundlage**
   Effet utile des EU-Rechts (Art. 4 III EUV), Analogie zu Art. 340 II AEUV, Kompetenz des EuGH zur Auslegung des EU-Rechts nach Art. 19 I 2 EUV.

2. **Handeln für einen Träger öffentlicher Gewalt**
   Diese Voraussetzung ist auf jeden Fall dann erfüllt, wenn öffentlich-rechtlich gehandelt wird; in Betracht kommt Handeln oder Unterlassen der Legislative, Exekutive und Judikative.[22] Möglicherweise genügt auch privatrechtliches Handeln.[23] Art. 340 II AEUV, den der EuGH analog heranzieht, deckt nämlich auch privatrechtliches Handeln ab.

3. **Verstoß gegen eine Rechtsnorm des EU-Rechts, die bezweckt, dem einzelnen Rechte zu verleihen**
   In Betracht kommen vor allem Vorschriften des AEUV, aber auch Verordnungen und unmittelbar wirkende Richtlinien.[24] Wird eine nicht unmittelbar wirkende Richtlinie nicht umgesetzt, liegt es nahe, auf diese Richtlinie i. V. m. Art. 288 III AEUV abzustel-

---

[20] BGHZ 134, 30 (32 ff.); *Ossenbühl/Cornils,* S. 629; *Hidien,* Die gemeinschaftsrechtliche Staatshaftung der EU-Mitgliedstaaten, 1999, S. 76. Nach a.A. gibt es keinen selbständigen EU-rechtlichen Staatshaftungsanspruch. Danach müssen die deutschen Anspruchsgrundlagen EU-rechtskonform ausgelegt oder zurechtgestutzt werden, damit sie das gegen EU-Recht verstoßende Verhalten des Staates unmittelbar erfassen, so z.B. *Bull/Mehde,* Rn. 1163; die Konkurrenzfrage stellt sich dann gar nicht mehr.
[21] Dazu näher *Detterbeck,* in: Detterbeck/Windthorst/Sproll, § 6 Rn. 24 ff., 58 ff.
[22] EuGH NZA 2011, 53 Rn. 46 – *Fuß;* NJW 2003, 3539 Rn. 31 ff. – *Köbler;* dazu *Schöndorf-Haubold,* JuS 2006, 112 ff.
[23] Dafür *Frenz/Götzkes,* JA 2009, 765.
[24] Dazu Rn. 150 ff.

len. Die Richtlinie muss inhaltlich nicht so hinreichend bestimmt sein, dass insoweit die Voraussetzungen für eine unmittelbare Wirkung erfüllt wären.[25] Zugleich kann auch behördliches Handeln, das der nicht umgesetzten Richtlinie widerspricht, gegen Grundfreiheiten des AEUV verstoßen.[26]

4. Hinreichend qualifizierter Rechtsverstoß

Nicht jeder Verstoß gegen EU-Recht, das die unter 3. genannten Voraussetzungen erfüllt, löst einen EU-rechtlichen Staatshaftungsanspruch aus. Der EuGH verlangt einen hinreichend qualifizierten, d. h. einen offenkundigen und schwerwiegenden Rechtsverstoß. Bei der Prüfung, ob dieses Kriterium erfüllt ist, sind folgende Aspekte (Hilfskriterien) zu berücksichtigen:

- das Maß an Klarheit und Genauigkeit der verletzten Rechtsvorschrift
- der Umfang des Ermessensspielraums des Mitgliedstaates und seiner Organe hinsichtlich der Anwendung und des Vollzugs der verletzten Rechtsvorschrift des EU-Rechts[27]
- die Frage, ob der Verstoß vorsätzlich oder fahrlässig begangen wurde, und das Ausmaß der Fahrlässigkeit
- die Frage, ob der Schaden vorsätzlich oder nur fahrlässig verursacht wurde
- die Entschuldbarkeit oder Unentschuldbarkeit eines etwaigen Rechtsirrtums
- etwaige Mitverursachung des Rechtsverstoßes durch ein Verhalten eines EU-Organs

Je nach Fallgestaltung kann das Vorliegen bzw. Nichtvorliegen eines oder mehrerer dieser **Hilfskriterien** zur Bejahung bzw. Verneinung eines hinreichend qualifizierten Rechtsverstoßes führen. **Wichtig:** Der EU-rechtliche Staatshaftungsanspruch ist nach der Rechtsprechung des EuGH **verschuldensunabhängig.**[28] Verschulden darf nur noch als Hilfskriterium berücksichtigt werden.

5. Vorliegen eines Schadens

6. Unmittelbare Kausalität zwischen dem Rechtsverstoß und dem Schadenseintritt

Der Schadenseintritt darf nicht außerhalb jeder Wahrscheinlichkeit gelegen haben (Adäquanztheorie).

---

[25] Insoweit zu streng KG NVwZ 2009, 1445 ff.
[26] EuGH NVwZ 2009, 771 Rn. 26 – *Danske Slagterier*; BGH EuZW 2009, 865 Rn. 18 f.; NVwZ 2007, 362 Rn. 15.
[27] Dazu EuGH EuZW 2007, 182 Rn. 63, 70 ff.
[28] EuGH Slg. 1996, 1029 (1156 Rn. 79) – *Brasserie du Pêcheur;* NZA 2011, 53 Rn. 67 – *Fuß.*

7. Kein Haftungsausschluss

a) § 839 I 2 BGB (Verweisungsprivileg) ist unanwendbar (str.), weil es sich beim EU-rechtlichen Staatshaftungsanspruch um eine unmittelbare und nicht um eine auf den Staat nur übergeleitete Staatshaftung handelt.[29]

b) § 839 II BGB ist nach Maßgabe der Rechtsprechung des EuGH nicht anwendbar. Nach ihr haftet der Staat für eine **letztinstanzliche** Gerichtsentscheidung bereits dann, wenn das Gericht **offenkundig** gegen EU-Recht verstoßen hat.[30]

c) § 839 III BGB ist anwendbar.[31]

8. Berücksichtigung von Mitverschulden, § 254 BGB

§ 254 BGB gilt auch für verschuldensunabhängige Ansprüche. EU-rechtliche Vorgaben schließen die Anwendbarkeit von § 254 BGB nicht aus.[32]

9. Art und Umfang des Ersatzes

Es ist voller Schadensersatz zu leisten (auch Ersatz entgangenen Gewinns).[33] Da es sich um eine unmittelbare und nicht nur um eine übergeleitete Staatshaftung handelt, kann auch Naturalrestitution (z. B. Widerruf einer unwahren Tatsachenbehauptung) verlangt werden.[34]

10. Anspruchsgegner

Es haftet gem. Art. 34 S. 1 GG derjenige Hoheitsträger (Bund, Land, Gemeinde oder sonstige juristische Person des öffentlichen Rechts), der gegen das EU-Recht verstoßen hat.[35] Eine **Garantiehaftung des Bundes,** wie sie von der früher überwiegenden

---

[29] EuGH NJW 2003, 3540 Rn. 42 – *Köbler.*

[30] EuGH NJW 2003, 3541 Rn. 53 – *Köbler;* NJW 2006, 3337 Rn. 30 ff. – *Traghetti* (dazu kritisch *Lindner,* BayVBl. 2006, 696 f.); siehe auch *Grzeszick,* in: Erichsen/Ehlers, § 47 Rn. 23: kein offenkundiger und damit hinreichender Verstoß der Judikative gegen EU-Recht, wenn die fragliche Rechtsfrage weder nach den Normen des EU-Rechts noch nach Maßgabe der Rechtsprechung des EuGH (oder des EuG erster Instanz) zweifelsfrei zu beantworten war; ausführlich *Zantis,* Das Richterspruchprivileg in nationaler und gemeinschaftsrechtlicher Hinsicht, 2010; die EuGH-Rspr. aufgreifend BGH NJW 2005, 747.

[31] BGH EuZW 2009, 865 Rn. 23 ff.; NVwZ 2007, 362 Rn. 49; NJW 2004, 1241 f.; gebilligt von EuGH NVwZ 2009, 771 Rn. 58 ff. (64) – *Danske Slagterier;* den Zumutbarkeitsvorbehalt betonend EuGH NZA 2011, 53 Rn. 75 ff. – *Fuß.*

[32] BGH NJW 2004, 1241 f.

[33] EuGH EuZW 2007, 480 Rn. 94 f. – *AMG.*

[34] *Streinz,* VVDStRL 61 (2002), 351; vgl. auch EuGH NZA 2011, 53 Rn. 91 ff. – *Fuß;* a. A. z.B. *Frenz/Götzkes,* JA 2009, 767 (nur Geldersatz).

[35] BGH DVBl. 2005, 371 f.; *Burger,* DVBl. 2012, 207 ff.

Auffassung in der Literatur vertreten wurde, verlangt der EuGH ausdrücklich nicht.[36]

11. Verjährung

Teils wird auf die je nach Fallgestaltung unterschiedlichen Verjährungsfristen der §§ 194 ff. BGB abgestellt, teils auf die einheitliche Fünfjahresfrist des Art. 46 EuGH-Satzung.[37] Der EuGH hat die Anwendung der deutschrechtlichen Dreijahresfrist nicht beanstandet.[38] BVerwG und BGH wenden die dreijährige Regelverjährung nach §§ 194 ff. BGB an.[39]

12. Rechtsweg und Gerichtszuständigkeit

Der EU-rechtliche Amtshaftungsanspruch ist gem. Art. 34 S. 3 GG,[40] § 40 II 1 HS 1, 3. Var. VwGO (Verletzung öffentlich-rechtlicher Pflichten) im Zivilrechtsweg geltend zu machen. Nach § 71 II Nr. 2 GVG sind die Landgerichte sachlich zuständig.

---

[36] EuGH Slg. 1999, 3099 (3140 Rn. 63 f.) – *Konle*; DVBl. 2000, 1273 Rn. 29 ff.; ebenso *Detterbeck*, in: Detterbeck/Windthorst/Sproll, § 6 Rn. 73 ff. m. w. N.; zustimmend *Burger*, DVBl. 2012, 211 f.; *Frenz/Götzkes*, JA 2009, 768.

[37] Dazu ausführlich *Armbrüster/Kämmerer*, NJW 2009, 3601 ff. m. w. N.

[38] EuGH NVwZ 2009, 771 Rn. 29 ff. (34) – *Danske Slagterier*.

[39] BVerwGE 143, 381 Rn. 42 ff.; BGH EuZW 2009, 865 Rn. 46; für Altfälle vor dem 1.1.2002 soll dagegen die 30-Jahresfrist des § 195 BGB a.F. gelten; die Anwendung von § 195 BGB a. F. wurde von wirklich niemandem vertreten; sie ist abzulehnen; ablehnend insoweit auch *Armbrüster/Kämmerer*, NJW 2009, 3604; nach BGH NVwZ 2007, 362 Rn. 23 sollte für Altfälle die Dreijahresfrist analog § 852 I BGB a.F. gelten.

[40] Ebenso *Berg*, in: J. Schwarze, EU-Kommentar, 3. Aufl. 2012, Art. 340 Rn. 94; *Hartmann*, Öffentliches Haftungsrecht, 2013, S. 302; *Hidien*, Die gemeinschaftsrechtliche Staatshaftung der EU-Mitgliedstaaten, 1999, S. 74; ebenso diejenigen, nach denen es keinen eigenständigen EU-rechtlichen Staatshaftungsanspruch gibt, sondern die deutschen Haftungsinstitute lediglich EU-rechtskonform anzuwenden sind, so z. B. *Maurer*, § 31 Rn. 9, 17; nach a. A. ist Art. 34 S. 3 GG nicht anwendbar, sondern lediglich § 40 II 1 HS 1, 3. Var. VwGO; dies hat zur Konsequenz, dass zwar ebenfalls der Rechtsweg zu den Zivilgerichten eröffnet ist, dass aber die Verwaltungsgerichte nach § 17 II 1 GVG – § 17 II 2 GVG steht dann nicht mehr entgegen – über den EU-rechtlichen Staatshaftungsanspruch mitentscheiden müssen, wenn zugleich ein anderer öffentlich-rechtlicher Ersatzanspruch geltend gemacht wird, für den nach § 40 I VwGO der Verwaltungsrechtsweg eröffnet ist, so *Tietjen*, Das System des gemeinschaftsrechtlichen Staatshaftungsrechts, 2010, S. 249 ff.; *Beljin*, Staatshaftung im Europarecht, 2000, S. 239 ff.; so verfährt auch BVerwGE 143, 381 ff., das einen EU-rechtlichen Staatshaftungsanspruch und einen beamtenrechtlichen Ausgleichsanspruch prüft; auf dieser Linie auch BVerwGE 150, 234 Rn. 22 ff.: Prüfung eines EU-rechtlichen Staatshaftungsanspruchs (und eines Entschädigungsanspruchs nach § 15 II i. V. m. § 24 Nr. 1 AGG) im Rahmen einer beamtenrechtlichen Streitigkeit, für die nach § 54 I BeamtStG der Verwaltungsrechtsweg eröffnet ist, obwohl dies nach Art. 34 S. 3 GG nicht für Amtshaftungsansprüche gilt und über die deshalb trotz § 54 I BeamtStG die ordentlichen Gerichte entscheiden müssen.

Kapitel 7. Verwaltungsprozessrecht

§ 29. Einführung

Literatur: *Ehlers/Schoch,* Rechtsschutz im Öffentlichen Recht, 2009; *Gersdorf,* Verwaltungsprozessrecht, 4. Aufl. 2009; *Hufen,* Verwaltungsprozessrecht, 9. Aufl. 2013; *Lorenz,* Verwaltungsprozessrecht, 2000; *Mann/Wahrendorf,* Verwaltungsprozessrecht, 5. Aufl. 2013; *Schenke,* Verwaltungsprozessrecht, 14. Aufl. 2014; *Schmitt Glaeser/Horn,* Verwaltungsprozessrecht, 15. Aufl. 2000; *Stern/Blanke,* Verwaltungsprozessuale Probleme in der Klausur, 9. Aufl. 2008; *Uerpmann-Wittzack/Edenharter,* Neuere Entwicklungen im Verwaltungsprozessrecht, JA 2013, 561; *Würtenberger,* Verwaltungsprozessrecht, 3. Aufl. 2011.

Im Kapitel „Verwaltungsprozessrecht" geht es primär um die Frage, wie Ansprüche im Bürger-Staat-Verhältnis gerichtlich durchgesetzt werden können. **1316**

Beispiele: Ein Bürger klagt gegen einen Verwaltungsakt, der ihn belastet. Er klagt auf Erlass eines bestimmten Verwaltungsakts, nachdem die Behörde einen entsprechenden Antrag abgelehnt hat. Ein Bürger klagt gegen eine Rechtsverordnung oder gegen eine gemeindliche Satzung.

Klagen sind aber auch im umgekehrten Verhältnis möglich.

Beispiel: Ein Bundesland klagt gegen einen Bürger auf Rückzahlung einer Subvention.

Hier geht es um **verwaltungsrechtliche** Streitigkeiten (deshalb auch die Bezeichnung „Verwaltungsprozessrecht"). Das Verfahren vor den Verwaltungsgerichten, wenn es also zum Prozess kommt, ist in der **Verwaltungsgerichtsordnung (VwGO)** geregelt. Dort ist vor allem bestimmt, unter welchen Voraussetzungen Klagen und sonstige Anträge auf gerichtlichen Rechtsschutz zulässig und begründet sind.

Eine Klage (Entsprechendes gilt für sonstige Anträge) ist **erfolgreich**, wenn das Gericht im Sinne des Klägers entscheidet, wenn es also etwa den angefochtenen Verwaltungsakt aufhebt oder den Beklagten zum Erlass des vom Kläger beantragten Verwaltungsakts verurteilt. Die Klage ist dann begründet.

Bevor das Verwaltungsgericht (VG) über die Begründetheit einer Klage entscheiden darf, müssen aber bestimmte Zulässigkeitsvoraussetzungen erfüllt sein. Sind sie nicht erfüllt, ergeht jedenfalls keine Sachentscheidung; d.h., das VG prüft dann nicht, ob der vom Kläger geltend gemachte Anspruch z.B. auf Erlass eines Verwaltungsakts besteht.

1317 Es ist deshalb **streng zwischen der Zulässigkeit und der Begründetheit einer Klage zu unterscheiden**. Ist in einer Prüfungsarbeit nach den **Erfolgsaussichten** einer Klage gefragt, ist **folgender Aufbau** zwingend vorgegeben:
Zunächst ist die **Zulässigkeit der Klage** zu prüfen. Erst wenn sämtliche Zulässigkeitsvoraussetzungen bejaht worden sind, darf die **Begründetheit der Klage** geprüft werden. Hier geht es dann um das materielle Recht, also z. B. um die Frage, ob ein Verwaltungsakt gegen (Grund-)Rechte des Klägers verstößt.

> **Beachte:** Ist in einer Prüfungsarbeit nach den Erfolgsaussichten einer Klage gefragt und sind im Sachverhalt materiell-rechtliche Probleme (der Begründetheit der Klage) angelegt, muss die Begründetheit der Klage **hilfsweise** geprüft werden, wenn ihre Zulässigkeit verneint wurde. Anderenfalls läuft der Bearbeiter Gefahr, dass er sich durch die – möglicherweise sogar unzutreffende – Verneinung der Zulässigkeit der Klage wesentliche Probleme des Falles „abschneidet".

Wichtig ist folgender **Hinweis:** Häufig ist nur nach der Zulässigkeit von Klagen oder Rechtsbehelfen gefragt. In einem solchen Fall darf unter keinen Umständen, auch nicht hilfsweise, die Begründetheit geprüft werden.

Für sämtliche Klagen gelten allgemeine und besondere Zulässigkeitsvoraussetzungen (Sachentscheidungsvoraussetzungen). Bei den **allgemeinen Zulässigkeitsvoraussetzungen** handelt es sich um solche Voraussetzungen, die jede verwaltungsgerichtliche Klage(-art) erfüllen muss. Die **besonderen Zulässigkeitsvoraussetzungen** gelten nur für bestimmte Klagearten und müssen zusätzlich zu den allgemeinen (gemeinsamen) Zulässigkeitsvoraussetzungen erfüllt sein.

Ist eine Zulässigkeitsvoraussetzung der Klage nicht erfüllt, muss das Gericht die Klage als unzulässig abweisen, wenn das Gesetz keine andere Entscheidung vorschreibt.[1] Jedenfalls darf das Gericht nicht in der Sache entscheiden – ob der Kläger also Recht oder Unrecht hat. Deshalb werden die Zulässigkeitsvoraussetzungen auch als **Sachentscheidungsvoraussetzungen** bezeichnet.

---

[1] Das gilt vor allem, wenn der Rechtsweg zu den Verwaltungsgerichten nicht eröffnet ist: Nach § 17 II 1 GVG darf die Klage nicht als unzulässig abgewiesen werden, sondern sie muss an das zuständige Gericht des zulässigen Rechtsweges verwiesen werden. Gleichwohl ist die verwaltungsgerichtliche Klage unzulässig, und es darf keine Sachentscheidung ergehen, dazu auch Rn. 1319.

> Ist eine Zulässigkeitsvoraussetzung im Zeitpunkt der Klageerhebung nicht erfüllt, darf die Klage in der Regel nicht sofort als unzulässig abgewiesen werden. Denn die Zulässigkeitsvoraussetzungen müssen grundsätzlich erst im Zeitpunkt der letzten mündlichen Verhandlung des Gerichts erfüllt sein.[2] Kann der Zulässigkeitsmangel noch behoben werden, muss das Gericht den Kläger hierauf hinweisen und ihm die Gelegenheit geben, die Klage noch zulässig zu machen.[3] Dies gebietet § 86 III VwGO, der hier zumindest analog anwendbar ist.

Im folgenden werden zunächst die allgemeinen Zulässigkeitsvoraussetzungen dargestellt. Im Anschluss hieran werden die einzelnen Klagearten vorgestellt. Hierbei werden zunächst die besonderen, nur für die jeweilige Klageart geltenden Zulässigkeitsvoraussetzungen behandelt. Zuletzt wird auf die Begründetheit der Klage eingegangen. Die Stoffpräsentation orientiert sich damit am Prüfungsaufbau der verschiedenen verwaltungsgerichtlichen Klagen. **1318**

Beachte: Einen gesetzlich oder sonstwie zwingend vorgegebenen Prüfungsaufbau gibt es nicht. Prüfungsreihenfolge und Prüfungsschemata der verschiedenen einschlägigen Lehrbücher weichen deshalb z. T. erheblich voneinander ab.

Der verwaltungsprozessuale Teil dieses Buches trägt den Grundanforderungen in öffentlich-rechtlichen Prüfungsarbeiten Rechnung. Die Kenntnis der letzten verwaltungsprozessualen Detailprobleme, wie sie die meisten oben genannten Lehrbücher vermitteln, wird in Prüfungsarbeiten nicht verlangt. Jedenfalls in der Ersten Juristischen Prüfung genügen nach den Prüfungsordnungen der Länder Kenntnisse der Grundzüge des Verwaltungsprozessrechts.

---

[2] Näher *Kopp/Schenke*, Vorb. § 40 Rn. 11; *Schenke*, Rn. 60 ff.
[3] *Ehlers*, in: Schoch/Schneider/Bier, Vorb. § 40 Rn. 22.

§ 30. Allgemeine (gemeinsame) Zulässigkeitsvoraussetzungen

Literatur: *Antweiler,* Öffentlich-rechtliche Unterlassungsansprüche gegen kommunale Wirtschaftstätigkeit, NVwZ 2003, 1466 ff.; *Bethge,* Das Phantom der doppelten Verfassungsunmittelbarkeit, JuS 2001, 1100; *Brohm,* Wirtschaftstätigkeit der öffentlichen Hand und Wettbewerb, NJW 1994, 281; *v. Danwitz,* Die Benutzung kommunaler öffentlicher Einrichtungen – Rechtsformenwahl und gerichtliche Kontrolle, JuS 1995, 1; *Detterbeck,* Die kommunale Heiratsvermittlung, JuS 2001, 1199 (Examensklausur); *Ehlers,* Allgemeine Sachentscheidungsvoraussetzungen verwaltungsgerichtlicher Rechtsschutzanträge (Teil I), Jura 2007, 830, Jura 2008, 183 (Teil II), 359 (Teil III), 506 (Teil IV); *ders.,* Die Zulässigkeit einer erwerbswirtschaftlichen Betätigung der öffentlichen Hand, Jura 1999, 212; *Faßbender,* Rechtsschutz privater Konkurrenten gegen kommunale Wirtschaftsbetätigung, DÖV 2005, 89; *Finger,* Der Zugang zur deutschen Verwaltungsgerichtsbarkeit unter gemeinschaftsrechtlichem Einfluß, JA 2005, 228; *Hübschle,* Wettbewerbsrechtliche Abwehransprüche gegen die unternehmerische Betätigung der öffentlichen Hand, GewArch. 2000, 186; *Kelm,* Das begehrte Hallenbad, JA 1999, 217 (Übungsfall); *Leisner,* Die Unterscheidung zwischen privatem und öffentlichem Recht, JZ 2006, 869; *Otting,* Die Aktualisierung öffentlich-rechtlicher Schranken kommunalwirtschaftlicher Betätigung durch das Wettbewerbsrecht, DÖV 1999, 549; *Pünder/Dittmar,* Die wirtschaftliche Betätigung von Gemeinden, Jura 2005, 760; *Püttner,* Öffentliches und privates Recht, in: FS H. Maurer, 2001, S. 713; *Rozek,* Verwirrspiel um § 78 VwGO? – Richtiger Klagegegner, passive Prozessführungsbefugnis und Passivlegitimation, JuS 2007, 601; *Scheidler,* Die Gerichtszuständigkeiten im Verwaltungsprozess, Jura 2011, 813; *Schliesky,* Der Rechtsweg bei wettbewerbsrelevantem Staatshandeln, DÖV 1994, 114; *Schoch,* Doppelfunktionale Maßnahmen der Polizei, Jura 2013, 1115; *Thiel/Garcia-Scholz,* Die Eröffnung des Verwaltungsrechtswegs, JA 2001, 957.

Rechtsprechung: BVerwGE 35, 103 (behördliche Hausverbote); BVerwGE 39, 239 (wirtschaftliche Betätigung der Gemeinden auf dem Gebiet des Bestattungswesens); BVerwGE 68, 62 (Angelus-Läuten); BVerwG NJW 1988, 2396 (störende Feuerwehrsirene); BVerwG NJW 1991, 59 (Anspruch auf Zulassung zur Deutschlandhalle gegen privatrechtlichen Betreiber); BVerwG NJW 1995, 2938 (Maklertätigkeit einer privaten städtischen Gesellschaft); VGH München NJW 1990, 2014 (Anspruch auf Mitwirkung an den Oberammergauer Passionsspielen); VGH Kassel NVwZ 1996, 816 u. OVG Münster DVBl. 2004, 133 m. Anm. *Schliesky* (Rechte privater Konkurrenten bei wirtschaftlicher Betätigung der Gemeinde); OLG Naumburg NVwZ 2001, 354 (Vermutung für öffentlich-rechtliches Handeln); VGH Kassel NVwZ 2003, 238 (Klage gegen die Vergabe von Räumen durch den Landkreis an einen privaten Kfz-Schilderprägebetrieb); OVG Münster NVwZ-RR 2006, 223 (öffentlich-rechtlicher Einwirkungsanspruch); OVG Berlin-Brandenburg NVwZ-RR 2015, 437 (Verwaltungsrechtsweg bei Streit zwischen zwei Privatrechtssubjekten um öffentliches Recht); weitere Entscheidungen zur wirtschaftlichen Betätigung der öffentlichen Hand und zur Erfüllung öffentlicher Aufgaben in der Form des Privatrechts: BGHZ 150, 343; 121, 126; 102, 280; 91, 84; 82, 375; 66, 229; 52, 325; NVwZ 2003, 246; NJW 1987, 60 u. 62; OLG München NVwZ 2000, 835; OLG Düsseldorf DVBl. 2000, 284; NWVBl. 1997, 353; OLG Hamm NJW 1998, 3504.

Vgl. auch die Lit. u. Rsp. vor Rn. 903.

§ 30. Allgemeine (gemeinsame) Zulässigkeitsvoraussetzungen   549

I. Zulässigkeit des Verwaltungsrechtsweges

Grundvoraussetzung der Zulässigkeit eines jeden verwaltungsgerichtlichen Rechtsbehelfs ist, dass für die konkrete Streitigkeit der **Rechtsweg zu den (allgemeinen) Verwaltungsgerichten eröffnet** ist. Die Eröffnung des Verwaltungsrechtswegs ist entgegen einer in der Literatur vertretenen Mindermeinung[1] eine Voraussetzung der Zulässigkeit der Klage.[2] Die Verwaltungsgerichte – ebenso wie alle anderen Gerichte wie z.B. Zivil-, Straf-, aber auch Verfassungsgerichte – dürfen nicht über alle Rechtsstreitigkeiten, sondern nur über ihnen ausdrücklich zugewiesene entscheiden.

1319

1. Aufdrängende Sonderzuweisungen

§ 40 I VwGO bestimmt ganz **allgemein,** unter welchen Voraussetzungen der Verwaltungsrechtsweg eröffnet ist. Daneben gibt es aber auch noch **spezielle Vorschriften,** die anordnen, dass für ganz bestimmte Rechtsstreitigkeiten unabhängig von den Voraussetzungen des § 40 I VwGO der Verwaltungsrechtsweg eröffnet ist. Diese Vorschriften werden auch als **aufdrängende Sonderzuweisungen** bezeichnet. Sie sind vor § 40 I VwGO zu prüfen. Sind die Voraussetzungen einer solchen Sonderzuweisung erfüllt, darf auf § 40 I VwGO selbstverständlich nicht mehr eingegangen werden.

Aufdrängende Sonderzuweisungen sind z.B.:
- § 54 I BeamtStG, § 126 I BBG: Nach diesen Vorschriften entscheiden die Verwaltungsgerichte über beamtenrechtliche Streitigkeiten.
- § 82 SG: Danach ist für Klagen der Soldaten, der Soldaten im Ruhestand und der weiteren genannten Personen der Verwaltungsrechtsweg eröffnet.
- § 40 II 1, HS 2 VwGO: Nach dieser Vorschrift ist für Streitigkeiten über Ausgleichsansprüche im Rahmen des Art. 14 I 2 GG (ausgleichspflichtige Inhalts- und Schrankenbestimmungen) der Verwaltungsrechtsweg eröffnet.

2. Die allgemeine Rechtswegbestimmung des § 40 I VwGO

In nahezu jeder verwaltungsprozessualen Prüfungsarbeit geht es auch um § 40 I VwGO. Das heißt freilich nicht, dass diese Vorschrift stets breit und

1320

---

[1] *Hufen,* § 10 Rn. 1; *Ipsen,* Rn. 1164 ff.
[2] *Schenke,* Rn. 62, 65; *Lorenz,* § 10 Rn. 1; *Rozek,* JuS 1996, 87 f.; *Bethge/v. Coelln,* JuS 2002, 365; *Geiger,* VBlBW 2004, 336 f.; (ausführlich) *Heidebach,* Jura 2009, 172 ff.; *Fischer,* Jura 2003, 748 ff.; dazu auch Rn. 1330.

ausladend geprüft werden sollte. Auch hier besteht die Kunst darin, nur die im konkreten Fall problematischen Punkte genau zu behandeln und das Übrige kurz abzuhandeln.

§ 40 I VwGO nennt **drei Tatbestandsvoraussetzungen:**
- Öffentlich-rechtliche Streitigkeit
- Nichtverfassungsrechtliche Streitigkeit
- Fehlen einer gesetzlichen Zuweisung an ein anderes Gericht, das nicht zur allgemeinen Verwaltungsgerichtsbarkeit gehört (abdrängende Sonderzuweisung)

a) Öffentlich-rechtliche Streitigkeit

aa) Eindeutige Fälle

1321   Der Verwaltungsrechtsweg ist nur für Streitigkeiten auf dem Gebiet des öffentlichen Rechts eröffnet. Streitigkeiten auf dem Gebiet des Privatrechts (Zivilrechts) fallen nicht unter § 40 I VwGO. Über sie entscheiden grundsätzlich die ordentlichen Gerichte und zwar die Zivilgerichte, § 13 GVG (bürgerliche Rechtsstreitigkeiten).

1322   Eine allgemeingültige Formel, die definiert, wann eine öffentlich-rechtliche Streitigkeit vorliegt, gibt es nicht. Es existiert eine ganze Vielzahl von Theorien.

Auf gar keinen Fall dürfen in einer Prüfungsarbeit (möglichst) sämtliche Theorien dargestellt und angewendet werden. Häufig ist es ganz offensichtlich, dass eine öffentlich-rechtliche Streitigkeit vorliegt. In diesem Fall genügt oft ein Satz der Begründung, ohne dass auf eine der Theorien eingegangen werden müsste. So verhält es sich etwa, wenn **unzweideutig ein Verwaltungsakt, eine Rechtsverordnung oder eine Satzung** eines Trägers öffentlicher Gewalt in Rede steht und vom Kläger angegriffen wird. In derartigen Fällen liegt immer eine öffentlich-rechtliche Streitigkeit vor.[3]

Beispiele: Ein Polizist spricht einen Platzverweis aus (an eine Person gerichtetes Gebot, sich von einem bestimmten Ort zu entfernen). Eine Behörde erlässt einen Gebührenbescheid oder fordert eine Person unter Beifügung einer Rechtsbehelfsbelehrung auf, einen bestimmten Geldbetrag zu bezahlen. Hier genügt der Hinweis, der Kläger wehre sich gegen

---

[3] OVG Münster NVwZ-RR 2010, 587 f. zum Verwaltungsakt.

einen Verwaltungsakt i.S.v. § 35 S. 1 VwVfG, deshalb liege eine öffentlich-rechtliche Streitigkeit vor.

Wichtig ist aber, dass bei der Rechtswegprüfung nicht **im einzelnen** untersucht werden darf, ob ein Verwaltungsakt, eine Rechtsverordnung oder eine öffentlich-rechtliche Satzung vorliegt. Denn dies ist keine zwingende Voraussetzung einer öffentlich-rechtlichen Streitigkeit.

Kann eine öffentlich-rechtliche Streitigkeit nicht so eindeutig bejaht werden oder ist ihr Bestehen im konkreten Fall gar problematisch, muss ein größerer Begründungsaufwand betrieben werden. Aber selbst dann dürfen nicht alle möglichen Theorien ausgebreitet werden. Vielmehr genügt es, diejenige Theorie anzuwenden, die auf den konkreten Fall am besten passt, d.h. den Besonderheiten des Falles am besten gerecht wird.

bb) Abgrenzungstheorien

Zur Abgrenzung zwischen öffentlichem und privatem Recht ist eine Vielzahl von Theorien entwickelt worden.[4] Am verbreitetsten und praktikabelsten sind zwei Theorien. Ihnen lassen sich – trotz aller Unterschiede im Detail – letztlich auch viele andere Theorien zuordnen, die in bestimmter Hinsicht nur Varianten sind.

1323

(1) *Subordinationstheorie (Über-Unterordnungs-Theorie)*

Die Subordinationstheorie wird primär herangezogen, wenn die Rechtsnatur einer behördlichen Handlung oder einer Rechtsstreitigkeit zwischen Bürger und Staat bestimmt werden muss. Zur Qualifizierung von gesetzlichen Vorschriften und Rechtssätzen ist sie weniger geeignet.[5]

Die Subordinationstheorie stellt auf das (Rechts-)Verhältnis zwischen den Beteiligten ab. Dabei wird diese Theorie fast nur noch angewandt, wenn sich Staat (Behörde) und Bürger gegenüberstehen.

Besteht zwischen Staat (Behörde) und Bürger im konkreten Fall ein Über-Unterordnungs-Verhältnis (Subordinationsverhältnis), sind staatliche Maßnahmen oder Rechtsakte, die zu diesem Rechtsverhältnis gehören, öffentlich-rechtlicher Natur. Gleiches gilt für Rechtsstreitigkeiten, die dieses Rechtsverhältnis betreffen. Besteht zwischen Staat und Bürger ein Gleichordnungsverhältnis, sind hierzu gehörende staatliche Maßnahmen sowie Rechtsstreitigkeiten privatrechtlicher Natur.

---

[4] Dazu näher etwa *Stober*, in: Wolff/Bachof I, § 22 Rn. 14 ff.; sehr informativ nach wie vor *Mayer/Kopp*, S. 81 ff.; kritisch gegenüber sämtlichen Abgrenzungstheorien *Leisner*, JZ 2006, 869 ff.

[5] Siehe aber auch *Hendler*, Rn. 45; *Mayer/Kopp*, S. 83.

Beispiele:
- Ein Polizist spricht gegen einen Bürger einen Platzverweis aus (an eine Person gerichtetes Gebot, sich von einem bestimmten Ort zu entfernen). Hier besteht zwischen der Polizei und dem Bürger ein Über-Unterordnungs-Verhältnis. Der Platzverweis ist eine öffentlich-rechtliche Maßnahme.
- Eine Behörde erlässt gegen einen Bürger einen Gebührenbescheid oder fordert ihn unter Beifügung einer Rechtsbehelfsbelehrung auf, einen bestimmten Geldbetrag zu bezahlen. Auch hier besteht ein Über-Unterordnungs-Verhältnis, die behördlichen Maßnahmen sind öffentlich-rechtlicher Natur.
- Öffentlich-rechtlich sind demzufolge auch Rechtsstreitigkeiten, die diese Rechtsverhältnisse betreffen.

Die Subordinationstheorie hat aber **Schwächen**: Zum einen können die Behörden auch im Rahmen solcher Rechtsverhältnisse öffentlich-rechtlich handeln, in denen der Bürger dem Staat nicht eindeutig untergeordnet ist.

Beispiele:
- Gewährung staatlicher Leistungen wie etwa Subventionen. Über die Gewährung von Subventionen wird häufig durch Verwaltungsakt (§ 35 S. 1 VwVfG) entschieden.
- Abschluss öffentlich-rechtlicher Verträge (§§ 54 ff. VwVfG). Subordinationsrechtliche Verträge (§ 54 S. 2 VwVfG) werden zwar in Über-Unterordnungs-Verhältnissen geschlossen. Auch solche öffentlich-rechtliche Verträge werden aber wie privatrechtliche Verträge durch Angebot und Annahme geschlossen. Schließlich gibt es auch öffentlich-rechtliche Verträge zwischen Staat und Bürger in Gleichordnungsverhältnissen (koordinationsrechtliche Verträge).

Zum anderen kann die Behörde auch privatrechtlich handeln, wenn zwischen ihr und dem Bürger ein Über-Unterordnungs-Verhältnis besteht.

Beispiel: Ein frierender Bürger betritt im Winter ein Rathaus, um sich dort aufzuwärmen. Im Rathaus pöbelt er einen Bediensteten an, weil ihm dessen Gesichtsausdruck missfällt. Der herbeieilende Bürgermeister erteilt dem (jetzt nicht mehr frierenden) Bürger ein Hausverbot. Hier handelt es sich nach Maßgabe einer umstrittenen Rspr. um ein **privatrechtliches Hausverbot** (BVerwGE 35, 103 ff.; BGHZ 33, 230 ff.). Ein **öffentlichrecht-liches Hausverbot** (Verwaltungsakt) wäre nach dieser Rspr. anzunehmen, wenn der Bürger das Rathaus mit einer öffentlich-rechtlichen Zielsetzung betreten hätte, z. B. zum Zwecke der Beantragung eines Personalausweises (vgl. etwa OVG Bremen NordÖR 2013, 264; OVG Münster NJW 1998, 1425). Nach einer vordringenden Auffassung hängt die Rechtsnatur des Hausverbots nicht vom Zweck ab, den der Störer verfolgt, sondern vom Zweck des Hausverbots. Diene es der Sicherstellung eines ordnungsgemäßen öffentlich-rechtlichen Verwaltungsablaufs, sei es stets öffentlich-rechtlicher Natur (OVG Münster NJW 2011, 2379; OVG SchlH NJW 2000, 3441; VGH Kassel NJW 1990, 1250; VGH München NJW 1980, 2722). Soweit eine spezialgesetzliche Ermächtigungsgrundlage für die Erteilung eines Hausverbots fehlt, stellt das BVerwG auf Gewohnheitsrecht ab (BVerwG NJW 2011, 2531). Zur Rechtsproblematik des Hausrechts der öffentlichen Hand etwa *Ramm*, DVBl. 2011, 1506 ff.; *U. Stelkens*, in: Stelkens/Bonk/Sachs, § 35 Rn. 131 ff.; *ders.*, Jura 2010, 363 ff.; *Mißling*, NdsVBl. 2008, 267 ff.; *Klenke*, NWVBl. 2006, 84 ff.

§ 30. Allgemeine (gemeinsame) Zulässigkeitsvoraussetzungen

(2) Sonderrechtstheorie (Zuordnungstheorie, modifizierte Subjektstheorie)

Weit verbreitet ist die (neuere oder auch modifizierte) **Subjektstheorie**. 1324
Sie wird auch als **Zuordnungs-** oder **Sonderrechtstheorie**[6] bezeichnet.

> Die **Sonderrechtstheorie** stellt auf die Rechtsnatur der **streitentscheidenden** (der im konkreten Fall maßgeblichen) **Rechtsvorschriften** ab. Handelt es sich hierbei um **öffentlich-rechtliche Vorschriften,** wird eine **öffentlich-rechtliche Streitigkeit** angenommen. Dreht es sich um **privatrechtliche Vorschriften**, wird von einer **privatrechtlichen Streitigkeit** ausgegangen.

> Öffentlich-rechtlich sind solche Vorschriften, die **in jedem denkbaren Anwendungsfall** einen Träger öffentlicher Gewalt (Staat im weitesten Sinn) berechtigen **oder** verpflichten. Andere Rechtsvorschriften gehören zum privaten Recht.

Wichtig: Eine öffentlich-rechtliche Vorschrift liegt nicht schon dann vor, wenn sie im konkreten Fall einen Träger öffentlicher Gewalt berechtigt oder verpflichtet. Vielmehr muss dies **in allen denkbaren Fällen** so sein.

Vorsicht ist auch vor einer Berufung auf Grundrechte geboten. In fast allen Prüfungsarbeiten geht es um Klagen eines Bürgers gegen den Staat bzw. gegen einen Träger öffentlicher Gewalt. Derartige Streitigkeiten weisen zumeist auch einen Grundrechtsbezug auf. Grundrechte sind zwar öffentlich-rechtliche Vorschriften. Hieraus folgt aber nicht zwingend eine öffentlich-rechtliche Streitigkeit. Es ist nämlich zu berücksichtigen, dass der Staat bzw. die Träger öffentlicher Gewalt auch dann unmittelbar an die Grundrechte gebunden sind, wenn sie privatrechtlich handeln.[7] Handelt ein Träger öffentlicher Gewalt aber privatrechtlich, sind nach der traditionellen Auffassung diesbezügliche Rechtsstreitigkeiten grundsätzlich auch dann privatrechtlicher Natur, wenn er an Grundrechte oder an andere öffentlich-rechtliche Vorschriften gebunden ist.[8]

---

[6] Begründet von *Hans J. Wolff*, AöR 76 (1950/51), 205 ff.
[7] Rn. 905 ff.
[8] BVerwG DVBl. 2010, 1037 Rn. 20 ff.; NVwZ 1991, 59; VGH München NVwZ-RR 2002, 465 f.; *Ehlers/Schneider*, in: Schoch/Schneider/Bier, § 40 Rn. 207, 272; vgl. demgegenüber BVerwGE 37, 243 (244 f.); OVG Berlin-Brandenburg NVwZ-RR 2015, 437 ff.: Eröffnung des Verwaltungsrechtsweges für Streitigkeit zwischen zwei Privatrechtssubjekten, wobei der Bekl. vom Staat beherrscht wird, um Auslegung und Anwendung

Die Sonderrechtstheorie verlangt **zwei Denkschritte:** Zunächst muss entschieden werden, welche Vorschriften streitentscheidend sind. Erst dann darf geprüft werden, ob es sich dabei um öffentlich-rechtliche Vorschriften handelt.

Beispiele:
- Eine Polizeidienststelle (P) kauft beim Schreibwarenhändler (S) Bleistifte für den Dienstbetrieb. Da die Bleistifte ständig abbrechen, weigert sich P, die in Gebrauch genommenen, aber noch nicht bezahlten Bleistifte zu bezahlen. S klagt auf Kaufpreiszahlung. Liegt eine öffentlich-rechtliche oder eine privatrechtliche Streitigkeit vor?
- Die hessische Stadt S betreibt ein Schwimmbad. Der Bademeister verweist den ortsansässigen Badegast B wegen ungebührlichen Verhaltens des Schwimmbades und untersagt ihm bis auf weiteres den Zutritt. B wird am nächsten Tag der Zutritt verwehrt. B verlangt von S die Zutrittsgewährung und reicht beim Verwaltungsgericht eine entsprechende Klage ein. Liegt eine öffentlich-rechtliche oder eine privatrechtliche Streitigkeit vor?

Im **Bleistiftfall** müssen zunächst die streitentscheidenden Vorschriften bestimmt werden **(1. Schritt).** Dies sind die §§ 433 ff., 474 ff. BGB. Nach ihnen bestimmt sich, ob P den (vollen) Kaufpreis bezahlen muss. Erst jetzt darf geprüft werden, ob es sich um öffentlich-rechtliche oder um privatrechtliche Vorschriften handelt **(2. Schritt).** Hier ist zwar P – und damit ein Träger öffentlicher Gewalt – möglicherweise gem. § 433 II BGB verpflichtet, den Kaufpreis zu bezahlen. Möglicherweise stehen P gem. §§ 437 ff. BGB „Gegenrechte" zu. Das ist aber eben nur im konkreten Fall so. Es gibt jedoch unzählig viele Fälle, in denen die §§ 433 ff., 474 ff. BGB keinen Träger öffentlicher Gewalt berechtigen oder verpflichten, nämlich in allen Rechtsverhältnissen zwischen Privaten. §§ 433 II, 474 ff. BGB sind damit privatrechtliche Vorschriften. Deshalb handelt es sich um eine privatrechtliche Streitigkeit.

Im **Schwimmbadfall** ist die streitentscheidende Vorschrift § 20 I HessGO **(1. Schritt).** Nach dieser Vorschrift sind alle Gemeindeeinwohner berechtigt, die öffentlichen Einrichtungen der Gemeinde zu benutzen. Sie haben also einen Zulassungsanspruch. § 20 I HessGO berechtigt zwar die Bürger. In jedem denkbaren Anwendungsfall ist aber ein Träger öffentlicher Gewalt verpflichtet, nämlich eine hessische Gemeinde. Gegen die Gemeinden richtet sich der Zulassungsanspruch. Deshalb ist § 20 I HessGO eine öffentlich-rechtliche Vorschrift **(2. Schritt).** Damit handelt es sich im Schwimmbadfall um eine öffentlich-rechtliche Streitigkeit.

Hinzu kommen muss aber, dass die öffentlich-rechtlichen Vorschriften im konkreten Fall den Staat in **spezifisch hoheitlicher Funktion** binden. Das ist nicht immer der Fall, wenn der Staat öffentlich-rechtliche Vorschriften zu beachten hat.

Beispiele:
- Der Staat schließt mit einem Bauunternehmen einen privatrechtlichen Vertrag über die Errichtung eines Behördenzentrums ab. Auch wenn der Staat unmittelbar an Grundrechte und sonstige öffentlich-rechtliche Vorschriften gebunden ist (Rn. 907), handelt er nicht in spezifisch hoheitlicher Funktion. Denn bei der Errichtung von Behördengebäuden ist er in derselben Situation wie ein privater Unternehmer. Der Staat wird in derartigen Fällen

einer öffentlich-rechtlichen Rechtsvorschrift; VGH Kassel NVwZ 2003, 238; dazu auch Rn. 928 ff.

§ 30. Allgemeine (gemeinsame) Zulässigkeitsvoraussetzungen

nur tätig, um sich in die Lage zu versetzen, später – auf der Grundlage seines vorherigen Handelns – öffentliche Aufgaben zu erfüllen (fiskalische Hilfsgeschäfte, dazu Rn. 907). Diesbezügliche Streitigkeiten sind deshalb auch dann **privatrechtlicher Natur**, wenn der Staat unmittelbar an öffentlich-rechtliche Vorschriften gebunden ist (zu dieser mittlerweile sehr umstrittenen Problematik näher Rn. 909 ff., 936 ff.).

- Übt der Staat in den Polizei- und Sicherheitsgesetzen der Bundesländer geregelte polizeiliche Befugnisse aus, geht es **unmittelbar** um die Erfüllung öffentlicher Aufgaben, die in spezifischer Weise dem Staat zugewiesen sind. Diesbezügliche Rechtsstreitigkeiten sind öffentlich-rechtlicher Natur.

Ein **Haupteinwand** gegen die Sonderrechtstheorie ist, dass sie nur praktikabel ist, wenn eindeutig ist, welche Rechtsvorschriften streitentscheidend sind. Zur Beantwortung der bisweilen umstrittenen Frage, auf welche Rechtsvorschriften im Streitfall abzustellen ist, trägt die Sonderrechtstheorie nämlich nichts bei.

> **Beachte:** Sind sowohl öffentlich-rechtliche als auch privatrechtliche Vorschriften rechtswegbestimmend, hat der Kläger grundsätzlich ein Wahlrecht.[9] Er kann das Verwaltungsgericht anrufen, das dann nach § 17 II GVG den Rechtsstreit auch unter Berücksichtigung der privatrechtlichen Vorschriften entscheidet. Er kann statt dessen aber auch das Zivilgericht anrufen, das dann nach § 17 II GVG neben den privatrechtlichen auch die öffentlich-rechtlichen Vorschriften heranziehen muss. Etwas anderes gilt nur dann, wenn der Kläger seinen Anspruch auf eine Anspruchsgrundlage stützt, die offensichtlich nicht einschlägig ist. In einem solchen Fall steht dem Kläger der Rechtsweg, in dem ansonsten über die offensichtlich nicht einschlägige Anspruchsgrundlage zu entscheiden wäre, nicht offen.[10]

Beispiel: Der Kläger macht gegen die Behörde einen Anspruch auf Widerruf einer bestimmten Äußerung geltend. Den Widerrufsanspruch stützt er sowohl auf Folgenbeseitigung als auch auf Amtshaftung und beschreitet den Zivilrechtsweg. Zwar entscheiden über Amtshaftungsansprüche gem. Art. 34 S. 3 GG, § 40 II 1 HS 1, 3. Var. VwGO die Zivilgerichte; stützt der Kläger sein Begehren sowohl auf einen Amtshaftungs- als auch auf einen Folgenbeseitigungsanspruch, entscheidet das Zivilgericht nach § 17 II 1 GVG grundsätzlich über den ansonsten im Verwaltungsrechtsweg geltend zu machenden Folgenbeseitigungsanspruch mit. Da aber ein Amtshaftungsanspruch von vornherein nicht auf Widerruf von Äußerungen gerichtet ist,[11] kann der Kläger im hier genannten Beispielsfall seinen Widerrufsanspruch nicht im Zivilrechtsweg verfolgen.

---

[9] BVerwG NVwZ 1993, 358 f.; OVG NRW NWVBl. 2013, 186 f.; OVG Bremen NordÖR 2011, 199; OLG Rostock NVwZ-RR 2006, 223 f.; *Ehlers/Schneider*, in: Schoch/Schneider/Bier, § 40 Rn. 268, 301; vgl. auch BVerwG NJW 2002, 2894 Rn. 12.
[10] BVerwG NVwZ 1993, 358 f.; OVG Münster NVwZ-RR 2004, 795.
[11] Rn. 1093.

(3) Interessentheorie

Die älteste Theorie ist die Interessentheorie.[12] Sie wird deshalb in allen Lehrbüchern genannt. Zur Lösung praktischer Fälle wird sie allerdings nicht mehr herangezogen.

Nach dieser Theorie gehören diejenigen Rechtsvorschriften, die dem öffentlichen Interesse dienen, zum öffentlichen Recht. Zum Privatrecht gehören dagegen die Rechtsvorschriften, die dem Individualinteresse (des einzelnen Bürgers) dienen.

Diese Theorie ist schon deshalb nicht praktikabel,[13] weil viele unstreitig privatrechtliche Vorschriften auch dem öffentlichen Interesse dienen (z. B. viele familienrechtliche Vorschriften des BGB).

Jedenfalls in Klausuren – in aller Regel aber auch in Hausarbeiten – sollte die Interessentheorie gar nicht mehr erwähnt werden.

cc) Problematische Fälle

(1) Tatsächliches Handeln

1325 Problematisch sind häufig Fälle, in denen nur tatsächliches Handeln des Staates in Rede steht.

> **Beispiele:**
> (1) Polizist P verursacht auf einer Dienstfahrt mit dem Dienstfahrzeug einen Unfall, ohne von Sonderrechten Gebrauch gemacht zu haben (z. B. Blaulicht, Martinshorn). Hat P den Unfall durch öffentlich-rechtliches Handeln verursacht? Nur dann kommt ein **Amtshaftungsanspruch** des Geschädigten nach § 839 BGB, Art. 34 GG in Betracht.
> (2) Anlässlich von Verkaufsgesprächen behauptet Behördenleiter B über den Vertreter für Büromöbel (V) Tatsachen, die unwahr sind. Hat B öffentlich-rechtlich gehandelt? Nur dann kommt ein **öffentlich-rechtlicher Widerrufsanspruch** in Betracht, über den die Verwaltungsgerichte entscheiden. Liegt privatrechtliches Handeln vor, kommt ein **bürgerlich-rechtlicher Widerrufsanspruch** in Betracht, über den die Zivilgerichte entscheiden (zu einem ganz ähnlichen Fall zuletzt OLG Dresden NVwZ-RR 1998, 343 f.).
> (3) In einer Sendung einer öffentlich-rechtlichen Rundfunkanstalt stellt der Moderator ehrverletzende Behauptungen über eine Privatperson auf. Ist die Ausstrahlung der Sendung eine öffentlich-rechtliche Tätigkeit der Rundfunkanstalt? Nur dann kommt ein **öffentlich-rechtlicher Unterlassungsanspruch** in Betracht, über den die Verwaltungsgerichte entscheiden. Bei privatrechtlicher Sendetätigkeit kommt ein **bürgerlich-rechtlicher Unterlassungsanspruch** in Betracht, über den die Zivilgerichte entscheiden.
> (4) Nach dem Tode eines Beamten werden die Beamtenbezüge ohne rechtliche Verpflichtung versehentlich weiterhin auf dessen Konto überwiesen. Die Zahlungen kommen (zunächst) dem Erben zugute. Hat der Staat einen **bürgerlich-rechtlichen Bereiche-**

---

[12] Zurückgehend auf den römischen Juristen *Ulpian* (170–228 n. Chr.).
[13] A. A. zuletzt (nur) noch *Eyermann/Fröhler*, VwGO, 9. Aufl. 1988, § 40 Rn. 5.

§ 30. Allgemeine (gemeinsame) Zulässigkeitsvoraussetzungen 557

rungsanspruch gem. §§ 812 ff. BGB oder einen **öffentlich-rechtlichen Erstattungsanspruch?**

In den genannten Beispielsfällen geht es um tatsächliches Handeln, das als solches zunächst einmal nicht eindeutig dem Bereich des öffentlichen oder privaten Rechts zugeordnet werden kann. Allein der Umstand, dass ein Träger öffentlicher Gewalt gehandelt hat, ist kein zwingendes Argument für öffentlich-rechtliches Handeln. Denn der Staat kann auch privatrechtlich handeln.

In den Beispielsfällen (1)–(3) helfen weder die Subordinations- noch die Sonderrechtstheorie weiter. Dass zwischen Staat und den von staatlichem Handeln betroffenen Bürgern kein Über-Unterordnungs-Verhältnis besteht, ist offensichtlich. Öffentlich-rechtliche Vorschriften, die die Voraussetzungen der in Rede stehenden Tätigkeiten speziell regeln, existieren nicht. Deshalb versagt auch die Sonderrechtstheorie.

Abzustellen ist auf den **Zweck,** der mit der Tätigkeit verfolgt wird, und auf den **Gesamtzusammenhang der Tätigkeit.** In Fall (1) wird die Fahrt zu dienstlichen Zwecken unternommen. Hier spricht jedenfalls die **Vermutung für öffentlich-rechtliches Handeln.**[14] Dafür, dass die dienstliche Aufgabe gerade in der Rechtsform des privaten Rechts erfüllt werden sollte – was prinzipiell möglich ist (Stichwort Verwaltungsprivatrecht)[15] –, ist nichts ersichtlich. Deshalb hat P den Unfall durch eine öffentlich-rechtliche Tätigkeit verursacht.[16]

In Fall (2) behauptet B die unwahren Tatsachen anlässlich von Vertragsverhandlungen. Hier wird über den Abschluss eines bürgerlich-rechtlichen Kaufvertrages verhandelt (der Kauf von Büromaterial zählt zu den fiskalischen Hilfsgeschäften, die nur in der Rechtsform des privaten Rechts getätigt werden).[17] Wegen des engen Zusammenhanges mit dieser privatrechtlichen Tätigkeit von B ist auch seine Tatsachenbehauptung privatrechtliches

---

[14] Erfüllt eine Behörde unmittelbar öffentliche Aufgaben, spricht im Zweifel eine Vermutung für öffentlich-rechtliches Handeln, OVG Naumburg NVwZ 2001, 354 f.; *Ehlers/Schneider,* in: Schoch/Schneider/Bier, § 40 Rn. 254; *Bull/Mehde,* Rn. 78.

[15] Dazu näher unten Rn. 905 f.

[16] Die Rechtsprechung stellt nach wie vor auf den Zweck der Teilnahme am Straßenverkehr ab (dazu die umfangreichen Nw. bei *Ossenbühl/Cornils,* S. 36 ff.; siehe auch *Maurer,* § 3 Rn. 30, der diese Rspr. ablehnt und sich grundsätzlich für eine privatrechtliche Qualifizierung ausspricht). Eine andere Frage ist, dass der nach § 839 BGB, Art. 34 GG haftende Hoheitsträger aus Gründen der haftungsrechtlichen Gleichbehandlung aller Straßenverkehrsteilnehmer sich nicht auf § 839 I 2 BGB berufen kann, dazu Rn. 1087. Im Falle der Inanspruchnahme von Sonderrechten (Blaulicht, Martinshorn) sind die §§ 35, 38 StVO einschlägig. Hierbei handelt es sich um öffentlich-rechtliche Vorschriften. Es kann auf die Sonderrechtstheorie abgestellt werden.

[17] Dazu näher unten Rn. 907.

Handeln. In Betracht kommt deshalb nur ein bürgerlich-rechtlicher Widerrufsanspruch von V.

Im Fall (3) spricht alles für öffentlich-rechtliches Handeln der Rundfunkanstalt. Organisation und Tätigkeit, auch die Sendetätigkeit, der öffentlich-rechtlichen Rundfunkanstalten sind in öffentlich-rechtlichen Vorschriften geregelt (Rundfunkgesetze, Rundfunkstaatsverträge usw.). Deshalb ist die Sendetätigkeit öffentlich-rechtlicher Rundfunkanstalten öffentlich-rechtliches Handeln.[18] Insoweit kann auf die Sonderrechtstheorie abgestellt werden. Widerrufs- und Unterlassungsansprüche sind deshalb öffentlich-rechtlicher Natur.

Demgegenüber ordnet das BVerwG Widerrufs- und Unterlassungsansprüche gegen ehrverletzende Äußerungen im öffentlich-rechtlichen Rundfunk dem privaten Recht zu.[19] Zwar geht auch das BVerwG von öffentlich-rechtlicher Sendetätigkeit aus. Weil aber der Ehrenschutz im Zusammenhang mit der Ausstrahlung von Rundfunk- und Fernsehsendungen nicht durch spezielle öffentlich-rechtliche Vorschriften geregelt sei – was zutrifft –, müsse auf die für jedermann geltenden privatrechtlichen Vorschriften abgestellt werden.

Diese Argumentation ist schon deshalb verfehlt, weil öffentlich-rechtliche Folgenbeseitigungsansprüche (hierzu gehört auch der öffentlich-rechtliche Widerrufsanspruch) und öffentlich-rechtliche Unterlassungsansprüche in aller Regel nicht durch besondere öffentlich-rechtliche Vorschriften geregelt sind. Grundvoraussetzung für diese gleichwohl einhellig anerkannten öffentlich-rechtlichen Ansprüche ist jedoch öffentlich-rechtliches Handeln. Die Sendetätigkeit der öffentlich-rechtlichen Rundfunkanstalten ist aber öffentlich-rechtliches Handeln.

In Fall (4) kann auf die Sonderrechtstheorie abgestellt werden. Die Dienstbezüge wurden in Anwendung öffentlich-rechtlicher Vorschriften ausbezahlt. Zwar bestand keine in öffentlich-rechtlichen Vorschriften geregelte Pflicht zur Weiterzahlung der Dienstbezüge. Das ändert aber nichts daran, dass die Zahlungen in, wenn auch unzutreffender, Anwendung öffentlich-rechtlicher Vorschriften erfolgten. Damit liegt in Fällen dieser Art eine rechtsgrundlose öffentlich-rechtliche Vermögensverschiebung vor. Sie ist im Wege des öffentlich-rechtlichen Erstattungsanspruchs rückgängig zu machen.[20]

---

[18] Ebenso VGH München DVBl. 1994, 642 ff.; *Frotscher*, JuS 1978, 508; *Bettermann*, NJW 1977, 513 ff.; *Bethge*, NJW 1973, 1508 f.

[19] BVerwG DVBl. 1994, 1245 = BayVBl. 1995, 216 m. sehr krit. Anm. *Schwabe*; ebenso BGHZ 66, 182 (185 ff.); JZ 1987, 414; NJW 1992, 1312; NJW 1994, 2500.

[20] *Detterbeck*, in: Detterbeck/Windthorst/Sproll, § 24 Rn. 11 ff.; ebenso im Ergebnis BVerwG NVwZ 1991, 168; *Hendler*, Rn. 935; *Maurer*, JZ 1990, 863 ff.; *Bethge*, NJW 1978, 1801 f.; a. A. BGHZ 71, 180 ff.; 73, 202 ff.; a. A. in einem ähnlich gelagerten Fall auch BVerwGE 84, 274 ff.

(2) Rechtshandlungen

Zuordnungsprobleme bestehen nicht nur bei faktischem staatlichen Handeln. Auch die Einordnung von Rechtshandlungen kann schwierig sein.

Beispiel: Die hessische Gemeinde G gründet in der Rechtsform der GmbH eine kommunale Partnerschaftsvermittlung (Herzblatt-GmbH). Der private Betreiber des Partnerschaftsinstituts Amor (A) verlangt von G die Einstellung der kommunalen Partnerschaftsvermittlung, weil sie schon gar nicht habe gegründet werden dürfen. Handelt es sich um eine öffentlich-rechtliche Streitigkeit, über die nach § 40 I VwGO die Verwaltungsgerichte entscheiden, oder um eine von den Zivilgerichten zu entscheidende privatrechtliche Streitigkeit (dazu *Detterbeck,* JuS 2001, 1199 ff.)?

A macht einen Unterlassungsanspruch geltend. Handelt es sich um einen **öffentlich-rechtlichen Unterlassungsanspruch,** ist der Rechtsweg zu den Verwaltungsgerichten gem. § 40 I VwGO eröffnet. Im Falle eines **zivilrechtlichen Unterlassungsanspruchs** entscheiden gem. § 13 GVG die Zivilgerichte. Die Subordinationstheorie hilft hier offensichtlich nicht weiter. Auch die Sonderrechtstheorie ist nicht unmittelbar anwendbar. Denn eine Regelung des Unterlassungsanspruchs in speziellen öffentlich-rechtlichen Vorschriften existiert nicht.

Auch hier ist wieder auf den Gesamtzusammenhang der kommunalen Partnerschaftsvermittlung und des hierauf gerichteten Unterlassungsanspruchs abzustellen.

Für die Annahme eines **zivilrechtlichen Unterlassungsanspruchs** sprechen folgende Erwägungen:
- Die Gründung der GmbH richtet sich nach privatrechtlichen Vorschriften, nämlich nach dem GmbHG.
- Privatrechtlich ist nicht nur die Rechtsform der GmbH, sondern auch ihre gesamte Tätigkeit.

Überzeugender ist allerdings die Annahme eines **öffentlich-rechtlichen Unterlassungsanspruchs:** Ob Gemeinden wirtschaftliche Unternehmen – und um ein solches handelt es sich bei der GmbH – gründen und betreiben dürfen, ist in besonderen öffentlich-rechtlichen Gesetzen, nämlich den Gemeindeordnungen geregelt (in Hessen: §§ 121 f. HessGO). Gerade um diese Frage geht es hier. Verstieß die Gründung der GmbH tatsächlich gegen öffentlich-rechtliche Vorschriften, ist auch ein hierauf abstellender Unterlassungsanspruch öffentlich-rechtlicher Natur. Über ihn haben gem. § 40 I VwGO die Verwaltungsgerichte zu entscheiden.[21]

---

[21] So in vergleichbaren Fällen BVerwGE 39, 329 (330 f.); VGH München BayVBl. 1976, 628 f.; VGH Mannheim NJW 1984, 251; Der Städtetag 1994, 835; OVG Münster DÖV 1986, 339; DVBl. 2004, 133; a. A. und für eine privatrechtliche Streitigkeit BGHZ-

Der **Rechtsnatur der Handlung,** gegen die sich die Klage richtet oder auf deren Vornahme die Klage gerichtet ist, kommt eine kaum zu widerlegende Indizwirkung zu: Geht es um eine öffentlich-rechtliche Handlung, insbesondere um einen Verwaltungsakt oder um einen öffentlich-rechtlichen Vertrag, ist die Streitigkeit in aller Regel öffentlich-rechtlicher Natur. Geht es um eine privatrechtliche Handlung, ist die Streitigkeit in aller Regel privatrechtlicher Natur.[22]

Ein **grober Fehler,** der in Prüfungsarbeiten immer wieder begangen wird, ist folgende Argumentation: Da ein Träger öffentlicher Gewalt gehandelt habe, liege eine öffentlich-rechtliche Streitigkeit vor. Dieser Schluss ist nicht zwingend. Auch Träger öffentlicher Gewalt können nämlich privatrechtlich handeln.[23]

In Zweifelsfällen darf aber von einer **Vermutung für öffentlich-rechtliches Handeln** ausgegangen werden.[24] Zwingen keine besonderen Umstände zur Annahme privatrechtlichen Handelns, ist davon auszugehen, dass der Staat von seinen spezifisch öffentlich-rechtlichen Befugnissen Gebrauch macht, also öffentlich-rechtlich handelt.

dd) Zweistufentheorie

1326   Die Zweistufentheorie[25] wird auf bestimmte Sachverhalte angewendet, die sowohl öffentlich-rechtlich als auch privatrechtlich geregelt sind. Weithin anerkannt ist sie aber nur in zwei Fällen: Der Bürger klagt auf **Gewährung einer Subvention (außer bei der Vergabe verlorener Zuschüsse: Bewilligung und Auszahlung sind immer öffentlich-rechtliches Handeln)** oder auf **Zulassung zu einer kommunalen öffentlichen Einrichtung.**

Beispiele für kommunale öffentliche Einrichtungen: Schwimmbäder, Museen, Stadthallen, Kindergärten, Jugendzentren, Frauenhäuser.

> Die **Zweistufentheorie** unterscheidet zwischen folgenden zwei Stufen:
> **1. Stufe (Frage des Ob):** Die Entscheidung der Behörde, ob sie eine Subvention gewährt oder ob sie den Zutritt zu einer kommunalen öffentlichen Einrichtung gewährt, ist immer **öffentlich-rechtlich.**

GmSOGB-102, 208 ff.; 82, 375 ff.; DÖV 1993, 573. BGHZ-GmSOGB-108, 284 ff. betrifft einen Sonderfall. Zum ganzen auch Rn. 932.

[22] Dazu Rn. 928 m.w.N.; zu einem umstrittenen Ausnahmefall Rn. 934.

[23] Dazu Rn. 903 ff.

[24] So z.B. OVG Naumburg NVwZ 2001, 355; *Ehlers/Schneider,* in: Schoch/Schneider/Bier, § 40 Rn. 245; *Bull/Mehde,* Rn. 78.

[25] Näher Rn. 602, 909 ff., 919 ff., 927 ff., 938.

§ 30. Allgemeine (gemeinsame) Zulässigkeitsvoraussetzungen 561

> **2. Stufe (Frage des Wie):** Die einzelnen **Subventionsbedingungen** sind privatrechtlich geregelt (außer bei der Vergabe verlorener Zuschüsse), die **Benutzungsbedingungen** (kommunale öffentliche Einrichtungen) können privatrechtlich oder öffentlich-rechtlich geregelt sein.

Konsequenz der Zweistufentheorie:

> **Rechtsstreitigkeiten über das Ob** (die Vergabe von Subventionen, die Zulassung zu einer kommunalen öffentlichen Einrichtung) **sind öffentlich-rechtlich.**

Rechtsstreitigkeiten über das Wie (die Modalitäten) sind im **Subventionsrecht** privatrechtlich (außer bei verlorenen Zuschüssen), bei der Benutzung **kommunaler öffentlicher Einrichtungen** privatrechtlich oder öffentlich-rechtlich.

Beachte: Die Zweistufentheorie ist nur im Subventionsrecht und im Kommunalrecht (öffentliche Einrichtungen) allgemein anerkannt. Sie ist keine Theorie zur allgemeinen Abgrenzung von öffentlichem und privatem Recht.[26]

b) Nichtverfassungsrechtliche Streitigkeit

Die in § 40 I 1 VwGO genannte Voraussetzung einer **nichtverfassungsrechtlichen Streitigkeit**[27] kann in Prüfungsarbeiten meist, freilich nicht immer, unproblematisch bejaht werden. Hier empfiehlt es sich umgekehrt zu prüfen und zu fragen, ob eine verfassungsrechtliche Streitigkeit vorliegt. Der Verwaltungsrechtsweg ist dann nicht eröffnet.

Weitverbreitet ist die Faustformel[28] der sog. **doppelten Verfassungsunmittelbarkeit.**[29] Nach dieser Formel liegt jedenfalls dann eine verfassungsrechtliche Streitigkeit vor, wenn die **Streitbeteiligten unmittelbar am Verfassungsleben** (des Bundes oder der Länder) **teilnehmen** und wenn es **im Kern um die Anwendung und Auslegung von Verfassungsrecht** (des Bundes oder der Länder) geht. Beide Voraussetzungen

1327

---

[26] Dazu näher Rn. 927 ff.
[27] Dazu ausführlich *Haack*, DVBl. 2014, 1566 ff.
[28] So nunmehr auch die Terminologie von BayVerfGH BayVBl. 2015, 154 Rn. 39.
[29] Dazu zu Recht kritisch *Bethge*, JuS 2001, 1100 f.: „Das Phantom der doppelten Verfassungsunmittelbarkeit"; ablehnend auch *Schenke*, AöR 131 (2006), 120 ff., dessen Vorschlag allerdings nicht der Rechtspraxis und ganz überwiegenden Lehre entspricht; dazu auch *Sodan*, in: FS W.-R. Schenke, 2011, S. 1259 ff.

müssen gleichzeitig erfüllt sein (deshalb die Bezeichnung „doppelte" Verfassungsunmittelbarkeit). Ist eine Voraussetzung nicht erfüllt, handelt es sich in aller Regel um eine Streitigkeit nichtverfassungsrechtlicher Art.

In der Regel scheitert die Annahme einer verfassungsrechtlichen Streitigkeit an der ersten Voraussetzung der oben genannten Formel. **Unmittelbar am Verfassungsleben nehmen nur solche Beteiligte teil, die ihre rechtliche Existenz direkt aus dem Verfassungsrecht ableiten.** Das sind auf Bundesebene die obersten Bundes- und Verfassungsorgane wie der Bundespräsident, der Bundestag, der Bundesrat, die Bundesregierung, Teile dieser Organe (z.B. Fraktionen) und sonstige Beteiligte, die ihre Existenz dem Verfassungsrecht verdanken, wie z.B. der einzelne Bundestagsabgeordnete in eben dieser spezifisch verfassungsrechtlichen Eigenschaft (insoweit agiert er nicht als natürliche Person). Entsprechendes gilt für die obersten Landes-(Verfassungs-)Organe.

1328 **Wichtig ist nun folgendes:** Der Bürger kann sich zwar auf Grundrechte berufen. Er ist aber keine Schöpfung des Verfassungsrechts. Damit ist er kein Beteiligter, der unmittelbar am Verfassungsleben teilnimmt. Ist deshalb ein **Bürger Kläger oder Beklagter,** was meistens der Fall ist, **kann im Regelfall von einer nichtverfassungsrechtlichen Streitigkeit ausgegangen werden.**

Von diesem Regelfall gibt es aber **Ausnahmen.** Es gibt auch Fälle, in denen der Streit derart vom Verfassungsrecht geprägt ist, dass auch dann eine verfassungsrechtliche Streitigkeit anzunehmen ist, wenn ein Bürger am Streit beteiligt ist. So verhält es sich, wenn ein **formelles Gesetz unmittelbar angegriffen** wird, wenn also die Feststellung der Verfassungswidrigkeit beantragt wird.[30] Eben deshalb – weil es sich um eine materiell verfassungsrechtliche Streitigkeit handelt – gibt es **unmittelbar** gegen formelle Gesetze auch keinen Rechtsweg i.S.v. § 90 II 1 BVerfGG. Anders verhält es sich dagegen bei **Rechtsverordnungen und Satzungen.** Werden sie direkt angegriffen, wird also die gerichtliche Feststellung ihre Ungültigkeit (Nichtigkeit) beantragt, handelt es sich um eine nichtverfassungsrechtliche Streitigkeit.[31]

Wehrt sich ein Bürger gegen die ihn betreffende Einsetzung eines parlamentarischen Untersuchungsausschusses, geht es um eine materiell verfassungsrechtliche Streitigkeit, über die nur die Verfassungsgerichte entscheiden dürfen.[32] Wehrt er sich gegen einen Beweisbeschluss eines Untersu-

---

[30] Vgl. BVerfGE 70, 35 (55); 76, 107 (115); *Sodan*, in: FS W.-R. Schenke, 2011, S. 1267; a.A. z.B. *Schmitt Glaeser/Horn*, Rn. 56 a.E.
[31] Rn. 1406 m.w.N.
[32] BayVerfGH BayVBl. 2015, 154 Rn. 39 m. w. N.; auch nicht der BGH, nach § 36 I PUAG, vgl. § 36 II PUAG; vgl. *Geis*, HStR III, § 55 Rn. 64; a.A. *Hebeler/Schulz*, JuS 2010, 974.

§ 30. Allgemeine (gemeinsame) Zulässigkeitsvoraussetzungen

chungsausschusses, handelt es sich um eine nichtverfassungsrechtliche Streitigkeit.[33]

c) Keine anderweitige gesetzliche Zuweisung

Öffentlich-rechtliche Streitigkeiten nichtverfassungsrechtlicher Art können durch Bundes- oder Landesgesetz auch Gerichten, die nicht zur Verwaltungsgerichtsbarkeit gehören, zugewiesen werden, § 40 I 1, 2 VwGO **(abdrängende Sonderzuweisung).** Zu nennen sind hier in erster Linie Art. 14 III 4, Art. 34 S. 3 GG, § 40 II 1 HS 1 VwGO und der in der Praxis wichtige **§ 23 EGGVG.**[34] Nach der zuletzt genannten Vorschrift entscheiden die ordentlichen Gerichte (Zivil- und Strafgerichte) über Klagen gegen Amtshandlungen von Justizbehörden. Diese Amtshandlungen werden auch als Justizverwaltungsakte bezeichnet. Unter den Begriff des Justizverwaltungsakts fallen nicht nur Verwaltungsakte i.S.v. § 35 VwVfG, sondern auch schlicht hoheitliches Handeln und rechtsrelevantes Unterlassen.

Beispiel: Bei der **Verfolgung** von Straftaten fungieren die Polizeibehörden als Justizbehörden. Bei polizeilichen Verhören im Auftrag der Staatsanwaltschaft wird die Polizei **repressiv** als Strafverfolgungsbehörde (Justizbehörde) tätig. Insoweit ist nach § 23 EGGVG die Zuständigkeit der ordentlichen Gerichtsbarkeit eröffnet. Trifft die Polizei dagegen eine Maßnahme, um die Begehung einer Straftat zu verhindern, handelt sie **präventiv** und nicht als Justizbehörde. Hier ist der Verwaltungsrechtsweg eröffnet. Bei Überschneidungen von repressiver und präventiver Tätigkeit (dazu mit Fällen Schoch, Jura 2013, 1115 ff.) ist bei der Rechtswegprüfung auf das Schwergewicht der polizeilichen Tätigkeit abzustellen (dazu näher OVG Münster NVwZ-RR 2014, 863 f.; NWVBl. 2012, 364 f.; Stern/Blanke, Rn. 192 ff.; für ein Rechtswegwahlrecht dagegen Schoch, Jura 2013, 1122; Schenke, NJW 2011, 2841 f., 2844; vgl. OVG Münster NVwZ-RR 2014, 863; für den Verwaltungsrechtsweg im Zweifelsfall OVG Lüneburg NVwZ-RR 2014, 327 f.). Die strafgerichtliche Rechtsprechung wendet auf repressive polizeiliche Maßnahmen indes nicht die §§ 23 ff. EGGVG an, sondern – über seinen sehr engen Wortlaut hinaus – § 98 II 2 StPO analog (BGHSt 28, 160/161; 28, 57/58; NJW 1999, 3653; NJW 1999, 730; zustimmend z.B. Götz, Allgemeines Polizei- und Ordnungsrecht, 15. Aufl. 2013, § 19 Rn. 19 ff.; Pieroth/Schlink/Kniesel, Polizei- und Ordnungsrecht, 8. Aufl. 2014, § 2 Rn. 14; vgl. auch BVerfG NJW 1997, 2165; dagegen zu Recht z.B. Ehlers/Schneider, in: Schoch/Schneider/Bier, § 40 Rn. 592 f.; Schenke, NJW 2011, 2838 ff. m.w.N. pro et contra). Auf die Beantwortung der Rechtswegfrage wirkt sich dieser Meinungsstreit nicht aus. Es bleibt beim Rechtsweg zu den ordentlichen Gerichten. Ist § 23 EGGVG anwendbar, sind allerdings nach § 25 EGGVG die OLG zuständig.

---

[33] BayVerfGH BayVBl. 2015, 154 Rn. 36; a. A. VG Saarland LKRZ 2010, 314 f.; vgl. auch BGH DVBl. 2010 Rn. 12, wonach über Streitigkeiten im Zusammenhang mit der Tätigkeit eines Untersuchungsausschusses des **Bundes** grundsätzlich der BGH nach § 36 I PUAG entscheidet; dazu ablehnend Gärditz, DVBl. 2010, 1314 ff.
[34] Dazu näher Kopp/Schenke, § 179 Rn. 1 ff.

Eine sehr große Bedeutung in der Praxis haben auch die §§ 62 I 1, 68 OWiG. Bußgeldbescheide, die von den Verwaltungsbehörden nach den §§ 35 ff., 65 f. OWiG erlassen werden, sind ihrer Rechtsnatur nach Verwaltungsakte, die deshalb vor den Verwaltungsgerichten angefochten werden könnten. Die §§ 62 I 1, 68 OWiG weisen die gerichtliche Entscheidung über Rechtsbehelfe (Einspruch) aber den ordentlichen Gerichten (Amtsgerichten) zu.

Kommt in **Prüfungsarbeiten** eine abdrängende Sonderzuweisung nicht in Betracht, genügt der Hinweis, eine abdrängende gesetzliche Zuweisung sei nicht ersichtlich.

1330 Ist der Verwaltungsrechtsweg nicht eröffnet, darf die Klage nicht als unzulässig abgewiesen werden. Vielmehr muss nach § 17a II 1 GVG an das zuständige Gericht des zulässigen Rechtsweges verwiesen werden. Das ändert aber nichts daran, dass die Klage vor dem VG unzulässig ist und dass das VG keine Sachentscheidung treffen darf. Eben deshalb ist die Eröffnung des Verwaltungsrechtsweges eine Frage der Zulässigkeit einer verwaltungsgerichtlichen Klage.[35]

§ 17a II 1 GVG gilt nicht für verfassungsrechtliche Streitigkeiten. Eine nach § 17a II 3 GVG bindende Rechtswegverweisung etwa zum BVerfG ist nicht möglich.

II. Gerichtszuständigkeiten

Hinweis: Auf die Gerichtszuständigkeiten[36] ist in **Prüfungsarbeiten** nur einzugehen, wenn sie problematisch sind. Der nachfolgende Überblick soll das Bild der allgemeinen Zulässigkeitsvoraussetzungen nur vervollständigen.

1. Sachliche Zuständigkeit

1331 Die **sachliche Zuständigkeit** betrifft die Frage, welches Gericht innerhalb der Verwaltungsgerichtsbarkeit den Rechtsstreit **in erster Instanz** zu entscheiden hat. Nach § 45 VwGO entscheidet in erster Instanz grundsätzlich das **Verwaltungsgericht**.

Von diesem Grundsatz abweichend entscheidet das **Oberverwaltungsgericht in erster Instanz** gem. § 47 I VwGO in den dort genannten

---

[35] Dazu bereits Rn. 1319 m. N. pro et contra.
[36] Dazu näher *Scheidler*, Jura 2011, 813 ff.

§ 30. Allgemeine (gemeinsame) Zulässigkeitsvoraussetzungen   565

Normenkontrollverfahren und gem. § 48 VwGO in den dort genannten Angelegenheiten (z.B. über atomrechtliche Streitigkeiten).

Nach § 50 VwGO ist das **BVerwG** für die dort genannten Streitigkeiten in **erster Instanz zuständig** (z.B. für öffentlich-rechtliche Streitigkeiten **nichtverfassungsrechtlicher Art** zwischen Bund und Ländern und zwischen verschiedenen Ländern).[37]

2. Örtliche Zuständigkeit

§ 52 VwGO bestimmt, welches von den verschiedenen sachlich zuständigen Verwaltungsgerichten den konkreten Rechtsstreit entscheidet. § 52 VwGO regelt nur die örtliche Zuständigkeit der Verwaltungsgerichte. Die örtliche Zuständigkeit der Oberverwaltungsgerichte und des BVerwG versteht sich von selbst: Ein OVG ist für das gesamte Landesgebiet örtlich zuständig, das BVerwG für das gesamte Bundesgebiet.   1332

III. Richtiger Beklagter

1. § 78 VwGO als Regelung der passiven Prozessführungsbefugnis

§ 78 VwGO bestimmt, gegen wen die **Anfechtungs- oder Verpflichtungsklage** zu richten ist. § 61 VwGO ist insoweit nicht einschlägig. Diese Vorschrift regelt nur, wer generell Kläger und Beklagter im Verwaltungsprozess sein kann.   1333

Beispiel: Gemeinde G erlässt gegen Bürger B einen Abgabenbescheid. B erhebt Anfechtungsklage – aber nicht gegen G, sondern gegen das Land L. § 61 VwGO steht der Zulässigkeit der Klage nicht entgegen. L ist nach § 61 Nr. 1, 2. Alt. VwGO beteiligtenfähig. Dass die Klage nicht gegen L, sondern gegen G (bzw. deren handelnde Behörde) zu richten ist, bestimmt § 78 I VwGO.

Die nähere rechtliche Einordnung von § 78 VwGO ist umstritten. Nach ganz überwiegender Rechtsprechung und großen Teilen der Literatur regelt § 78 I Nr. 1 VwGO die **Passivlegitimation**.[38] Passivlegitimiert ist derjenige, gegen den sich der vom Kläger geltend gemachte Anspruch – z.B. ein Anspruch auf Erlass eines Verwaltungsakts, auf Zahlung einer   1334

---

[37] BVerwG NVwZ 1998, 500: „instanziell zuständig".
[38] BVerwGE 45, 29 (43 f.); 31, 233 (236); unmissverständlich BVerwG NVwZ-RR 1990, 44; BayVGH BayVBl. 1988, 628 (630); BayVBl. 1990, 312; OVG Thüringen GewArch. 2002, 326; *Happ*, in: Eyermann, § 78 Rn. 1 ff.; *Brenner*, in: Sodan/Ziekow, § 78 Rn. 1 ff.; *Schmitt Glaeser/Horn*, Rn. 238; *Würtenberger*, Rn. 596 ff.; *Rozek*, JuS 2007, 602.

Geldsumme oder auf Aufhebung eines Verwaltungsakts – nach materiellem Recht richtet.[39] Im oben genannten Beispielsfall der Klage gegen das Land anstatt gegen die Gemeinde ist das Land nicht passivlegitimiert. Weil es den Verwaltungsakt nicht erlassen hat, richtet sich der vom Anfechtungskläger geltend gemachte Aufhebungsanspruch nicht gegen das Land, sondern gegen die Gemeinde. Die Frage der Passivlegitimation gehört unstreitig zur **Begründetheit einer Klage.**

1335 Nach großen Teilen der Literatur und auch Teilen der Rechtsprechung regelt § 78 I Nr. 1 VwGO nicht die Passivlegitimation des Beklagten, sondern die **passive Prozessführungsbefugnis** und damit eine **Zulässigkeitsvoraussetzung.**[40] Damit ist die Befugnis des tatsächlich Beklagten gemeint, den Prozess auch im eigenen Namen, also als beklagte Partei führen zu dürfen.[41] Nach ebenfalls unbestrittener Auffassung ist die (passive) Prozessführungsbefugnis eine Frage der **Zulässigkeit der Klage.** Der Passivlegitimierte und der passiv Prozessführungsbefugte sind zumeist identisch. So ist im oben genannten Beispielsfall Gemeinde G sowohl passivlegitimiert als auch passiv prozessführungsbefugt. Etwas anderes gilt nur in denjenigen Bundesländern, die von der Ermächtigung des § 78 I Nr. 2 VwGO Gebrauch gemacht und den einzelnen Behörden die Beklagteneigenschaft zugesprochen haben.[42] Auch in diesen Ländern sind nicht die einzelnen Behörden passivlegitimiert, sondern deren Rechtsträger (also z. B. das Land oder die Gemeinden). Behörden haben keine eigenen Rechte. In den Fällen des § 78 I Nr. 2 VwGO wird der Prozess aber auf der Beklagtenseite nicht vom Rechtsträger, sondern von seiner Behörde geführt. Obwohl das vom Kläger geltend gemachte Recht sich nicht gegen die Behörde, sondern ihren Rechtsträger richtet und die Behörde deshalb nicht passivlegitimiert ist, ist die Behörde prozessführungsbefugt, also Beklagte und Partei. Sie macht ein fremdes Recht – nämlich das ihres Rechtsträgers – im eigenen Namen geltend. Dies wird als **Prozessstandschaft** bezeichnet.

1336 Nach zutreffender Auffassung regelt § 78 VwGO nicht die Passivlegitimation, sondern die passive Prozessführungsbefugnis. Dafür spricht schon der Wortlaut dieser Vorschrift. Sie formuliert „die Klage ist zu richten gegen …". Nach ihr bestimmt sich also der richtige Beklagte. Die Frage des

---

[39] *Happ*, in: Eyermann, § 78 Rn. 1; *Schilken*, Zivilprozessrecht, 7. Aufl. 2014, Rn. 76; *Musielak*, Grundkurs ZPO, 12. Aufl. 2014, Rn. 120.

[40] *Meissner*, in: Schoch/Schneider/Bier, § 78 Rn. 4 ff.; *Krausnick*, in: Gärditz, § 78 Rn. 14 f.; *Kopp/Schenke*, § 78 Rn. 1; *Pietzner/Ronellenfitsch*, § 7 Rn. 24; *Hufen*, § 12 Rn. 29 ff.; *Ipsen*, Rn. 1083; *Stern/Blanke*, Rn. 242; *Ehlers*, Jura 2006, 356; *ders.*, in: FS F. Menger, 1985, S. 381 ff.; ebenso OVG Lüneburg NVwZ-RR 2013, 465; VGH Kassel NVwZ-RR 2005, 519; OVG Münster NVwZ 1986, 761; NJW 1982, 670.

[41] *Krausnick*, in: Gärditz, § 78 Rn. 12.

[42] Dazu die Aufzählung in Rn. 1340.

§ 30. Allgemeine (gemeinsame) Zulässigkeitsvoraussetzungen   567

richtigen Beklagten ist aber eine Frage der Zulässigkeit der Klage (und nicht der Passivlegitimation).[43] Aber auch Systematik und Struktur von § 78 I VwGO sprechen dafür, dass diese Vorschrift eine Zulässigkeitsvoraussetzung regelt.

§ 78 VwGO steht in engem Zusammenhang mit den anderen **Zulässigkeitsvoraussetzungen,** die der 8. Abschnitt der VwGO nennt. Vor allem aber sind § 78 I Nr. 1 VwGO und § 78 I Nr. 2 VwGO dergestalt aufeinanderbezogen, dass Nr. 1 den Normalfall und Nr. 2 den Ausnahmefall regelt.[44] Dass Nr. 2 einen Fall der passiven Prozessstandschaft und damit der passiven Prozessführungsbefugnis regelt, erkennen ausdrücklich auch die meisten derjenigen an, die § 78 I Nr. 1 VwGO als Regelung der Passivlegitimation bezeichnen.[45]

Regelt § 78 I Nr. 1 VwGO die passive Prozessführungsbefugnis, ist die **1337** Klage als unzulässig abzuweisen, wenn sie sich gegen den falschen Beklagten richtet. Regelt § 78 I Nr. 1 VwGO die Passivlegitimation, ist eine Klage gegen den falschen Beklagten als unbegründet abzuweisen. Zwar fehlt dem nicht Passivlegitimierten außer im Falle der Prozessstandschaft (§ 78 I Nr. 2 VwGO) zugleich die passive Prozessführungsbefugnis.[46] Versteht man § 78 I Nr. 1 VwGO als Regelung der Passivlegitimation, wird diese im Rahmen der Zulässigkeitsprüfung aber zunächst als gegeben unterstellt und erst im Rahmen der Begründetheitsprüfung erörtert, so dass die Klage nicht als unzulässig abzuweisen ist, wenn ein falscher Beklagter (ein Nichtpassivlegitimierter) verklagt wird.

2. Hinweise für die Fallbearbeitung

In der **Fallbearbeitung** empfiehlt sich folgende Vorgehensweise: Ist der **1338** tatsächlich Beklagte vorgegeben, ist § 78 VwGO in der Zulässigkeitsstation unter dem Prüfungspunkt „richtiger Beklagte" vor dem Punkt „Beteiligungsfähigkeit" (§ 61 VwGO) zu prüfen. Ist der tatsächlich Beklagte dagegen nicht vorgegeben, sondern nur nach den Erfolgsaussichten einer Klage gegen einen bestimmten Verwaltungsakt gefragt, empfiehlt sich der Einleitungssatz, „in Betracht kommt eine verwaltungsgerichtliche Klage gegen …"; hier ist dann, ausgehend vom richtigen Ergebnis, der nach § 78 VwGO richtige Beklagte zu benennen, freilich ohne Erwähnung von § 78 VwGO. Auf diese Vorschrift ist dann erst unter dem Punkt „richtiger Beklagter" einzugehen.

---

[43] BVerwGE 124, 47 (55).
[44] *Meissner,* in: Schoch/Schneider/Bier, § 78 Rn. 10; vgl. *Krausnick,* in: Gärditz, § 78 Rn. 14.
[45] Z. B. *Würtenberger,* Rn. 600; *Rozek,* JuS 2007, 602 f.; ebenso BVerwGE 117, 228 (232).
[46] So ausdrücklich *Happ,* in: Eyermann, § 78 Rn. 3; *Brenner,* in: Sodan/Ziekow, 78 Rn. 3.

1339 Die Frage der Passivlegitimation muss im Rahmen der Begründetheitsprüfung nicht mehr angesprochen werden.[47] Besteht keine landesrechtliche Regelung i. S. v. § 78 I Nr. 2 VwGO, ist die nach § 78 I Nr. 1 VwGO richtige beklagte Körperschaft zugleich passivlegitimiert. Existiert eine landesgesetzliche Regelung i. S. v. § 78 I Nr. 2 VwGO, ist die richtige beklagte Behörde zwar nicht passivlegitimiert. Dies steht der Begründetheit der Klage aber nicht entgegen, weil die Behörde die Rechte ihres passivlegitimierten Rechtsträgers im Wege der Prozesstandschaft geltend macht. Ein ausdrücklicher Hinweis auf dieses Auseinanderfallen von passiver Prozessführungsbefugnis und Passivlegitimation trägt zur Fallösung indes nichts bei und ist deshalb entbehrlich.

1340 Wird auf die Frage des richtigen Beklagten dagegen erst unter dem Punkt Passivlegitimation zu Beginn der Begründetheitsprüfung eingegangen und ist der tatsächlich Beklagte im Sachverhalt nicht vorgegeben, muss auch hier bereits im Rahmen der Zulässigkeitsprüfung auf den richtigen Beklagten abgestellt werden.[48] Es würde nichts bringen, die Zulässigkeit der Klage gegen einen in Wahrheit falschen Beklagten im einzelnen durchzuprüfen, zu bejahen und dann die Begründetheit zu verneinen, um erst dann eine Klage gegen den richtigen Beklagten zu prüfen.

> Falsch wäre es, § 78 VwGO doppelt zu prüfen: Im Rahmen der Zulässigkeit der Klage unter dem Punkt richtiger Beklagter (passive Prozessführungsbefugnis) und dann im Rahmen der Begründetheit unter dem Punkt Passivlegitimation.[49]

Gem. § 78 I Nr. 2 VwGO kann durch **spezielles Landesrecht** bestimmt werden, dass die Klage gegen die Behörde und nicht gegen ihren Rechtsträger zu richten ist. Von der Möglichkeit des § 78 I Nr. 2 VwGO wie auch des § 61 Nr. 3 VwGO[50] haben in z. T. unterschiedlicher Weise Gebrauch gemacht:[51]

- Brandenburg, § 8 BbgVwGG
- Mecklenburg-Vorpommern, § 14 GOrgG M-V
- Niedersachsen, § 8 NdsVwGG
- Saarland, § 19 SaarlAGVwGO
- Sachsen-Anhalt, § 8 AGVwGO LSA
- Schleswig-Holstein, § 6 AGVwGO SH

---

[47] A. A. *Hufen*, § 25 Rn. 2.
[48] *Rozek*, JuS 2007, 604.
[49] Dazu und zu anderen Fehlern *Rozek*, JuS 2007, 605.
[50] Dazu Rn. 1346.
[51] Kritisch zu Sinn und Zweck von § 78 I Nr. 2 VwGO sowie weiterführend *Desens*, NVwZ 2013, 471 ff.; *Klenke*, NWVBl. 2004, 85 ff.

§ 30. Allgemeine (gemeinsame) Zulässigkeitsvoraussetzungen 569

In denjenigen Ländern, die von der Möglichkeit des § 78 I Nr. 2 VwGO **1341**
Gebrauch gemacht haben, geht diese Bestimmung der allgemeinen Regelung des § 78 I Nr. 1 VwGO vor. Die Klage ist deshalb gegen die Behörde und nicht gegen ihren Rechtsträger zu richten.[52]

> Zu beachten ist aber, dass nur Landesbehörden, nicht dagegen auch Bundesbehörden Klagegegner sein können.[53]

3. Der Anwendungsbereich von § 78 VwGO

> § 78 VwGO gilt unmittelbar nur für Anfechtungs- und Verpflichtungsklagen. **1342**

Dieser beschränkte unmittelbare Geltungsbereich von § 78 VwGO folgt aus dem Gesetzeswortlaut der Vorschrift sowie aus der Stellung im 8. Abschnitt der VwGO, der nur für Anfechtungs- und Verpflichtungsklagen gilt.

> Auf Klagen und andere Rechtsbehelfe, die sich gegen **Verwaltungsakte** oder den Nichterlass von Verwaltungsakten richten, ist § 78 VwGO – **auch § 78 I Nr. 2 VwGO** – analog anwendbar.[54] Gleiches gilt auch für die landesrechtlichen Regelungen i.S.v. § 78 I Nr. 2 VwGO, nach denen (Anfechtungs- und Verpflichtungs-)Klagen gegen die Behörde zu richten sind. § 78 VwGO gilt damit für folgende Rechtsbehelfe analog:
> - Fortsetzungsfeststellungsklage bei Erledigung vor Klageerhebung (§ 113 I 4 VwGO analog)
> - Nichtigkeitsfeststellungsklage (§ 43 I VwGO)
> - Rechtsbehelfe auf Gewährung vorläufigen Rechtsschutzes nach §§ 80, 80a, 123 VwGO, wenn in der Hauptsache eine Anfechtungs- oder Verpflichtungsklage einschlägig wäre

---

[52] *Meissner,* in: Schoch/Schneider/Bier, § 78 Rn. 14, 38; *Brenner,* in: Sodan/Ziekow, § 78 Rn. 28.
[53] BVerwGE 14, 330 (331 f.); *Meissner,* in: Schoch/Schneider/Bier, § 78 Rn. 39.
[54] *Meissner,* in: Schoch/Schneider/Bier, § 78 Rn. 16 ff., 46 ff.; differenzierend *Krausnick,* in: Gärditz, § 78 Rn. 4 ff. a. A. *Happ,* in: Eyermann, § 78 Rn. 9 (nur auf Versagungsgegenklage), 12.

Besonderheiten gelten in den verwaltungsrechtlichen Organstreitverfahren.[55]

1343 Bei allen anderen Klagearten ist bei der Bestimmung des richtigen Beklagten auf das Rechtsträgerprinzip abzustellen, von dem auch § 78 I Nr. 1 VwGO ausgeht. Auch hier ist wiederum auf den Rechtsträger (Bund, Land oder Körperschaft) der Behörde, die gegenüber dem Kläger agiert, abzustellen. Deshalb spricht nichts gegen eine analoge Anwendung von § 78 I **Nr. 1** VwGO.[56] Dies betrifft vor allem auch § 78 I Nr. 1 HS 2 VwGO,[57] wonach für eine Klage, die gegen einen Rechtsträger zu richten ist, die Angabe der Behörde, die im fraglichen Fall gehandelt hat, genügt.

Auf andere Rechtsbehelfe als die oben genannten darf § 78 I **Nr. 2** VwGO nicht analog angewendet werden. D. h., Behörden können auch dann nicht verklagt werden, wenn eine landesgesetzliche Regelung i. S. v. § 78 I Nr. 2 VwGO besteht.[58]

IV. Beteiligungsfähigkeit

1344 § 63 VwGO bestimmt, wer **tatsächlich** am gerichtlichen Verfahren beteiligt ist. Das sind gem. § 63 Nr. 1 u. 2 VwGO vor allem der Kläger und Beklagte. Insoweit bestimmt der Kläger bzw. in einer Prüfungsarbeit der Aufgabensteller oder – falls dies nicht geschehen ist – der Fallbearbeiter, gegen wen sich die Klage tatsächlich richtet, wer also Beklagter ist.

Beachte: § 63 VwGO braucht in der Fallbearbeitung nicht genannt zu werden. Im Vordergrund steht § 61 VwGO. Nach dieser Vorschrift bestimmt sich, ob die nach § 63 VwGO tatsächlich am Prozess Beteiligten auch **rechtlich** am Prozess beteiligt sein **dürfen.** Ist dies nicht der Fall, ist die Klage unzulässig.

1345 Nach § 61 Nr. 1, 1. Alt. VwGO sind alle **natürlichen Personen,** also auch Minderjährige und Geschäftsunfähige beteiligtenfähig.

Nach § 61 Nr. 1, 2 Alt. VwGO sind alle **juristischen Personen** beteiligtenfähig. In **Prüfungsarbeiten** richten sich die verwaltungsgerichtlichen Klagen in der Regel entweder gegen die Bundesrepublik Deutschland, ein Bundesland oder eine Gemeinde (Stadt). Hierbei handelt es sich um juristische Personen des öffentlichen Rechts. Beispiel für eine juristische Person des privaten Rechts: eingetragener Verein, GmbH.

Greift ein Bürger eine Handlung eines Beamten oder einer Behörde an, z. B. einen Verwaltungsakt, ist auf den **Rechtsträger,** für den der Beamte

---

[55] Dazu Rn. 1453 ff.
[56] Ebenso *Hufen,* § 12 Rn. 31; a. A. *Krausnick,* in: Gärditz, § 78 Rn. 6 ff. m. w. N.
[57] Ebenso *Kopp/Schenke,* § 78 Rn. 9; *Meissner,* in: Schoch/Schneider/Bier, § 78 Rn. 57.
[58] Aufzählung in Rn. 1340.

oder die Behörde gehandelt hat, abzustellen. Dies ist aber eine juristische Person des öffentlichen Rechts (i. d. R. Bund, Land oder Gemeinde). Gegen diese ist die Klage zu richten, sie ist nach § 61 Nr. 1, 2. Alt. VwGO beteiligtenfähig. Ein schlimmer Fehler wäre es, den Beamten oder die Behörde selbst als juristische Person zu bezeichnen.

Beteiligtenfähig gem. § 61 Nr. 2 VwGO sind auch nicht vollrechtsfähige Vereinigungen, soweit ihnen ein Recht zustehen kann.

Beispiele: Bürgerinitiative als Veranstalterin einer Demonstration; nicht rechtsfähiger Orts- oder Kreisverband einer politischen Partei (BVerwGE 56, 56/57; 32, 333/334); die (nicht) rechtsfähigen Bundesparteien sind nach § 3 S. 1 PartG beteiligtenfähig, ihre (nicht) rechtsfähigen Landesverbände nach § 3 S. 2 PartG.

Umstritten ist, ob die Vereinigung schon dann beteiligtenfähig nach § 61 Nr. 2 VwGO ist, wenn ihr **in demjenigen Rechtsverhältnis**, in dem sie dem Beklagten gegenübersteht, überhaupt Rechte zustehen können **(abstrakte Betrachtungsweise),**[59] oder ob § 61 Nr. 2 VwGO voraussetzt, dass der Vereinigung im konkreten Fall das von ihr behauptete Recht tatsächlich zustehen kann **(konkrete Betrachtungsweise).**[60] Die konkrete Betrachtungsweise vermengt § 42 II VwGO mit § 61 Nr. 2 VwGO. Vorzugswürdig ist deshalb die abstrakte Betrachtungsweise.

Durch **spezielles Landesrecht** kann bestimmt werden, dass die (einzelne) Behörde anstatt ihres Rechtsträgers beteiligtenfähig ist, § 61 Nr. 3 VwGO;[61] diese Behörde handelt dann als Prozessstandschafterin für die Körperschaft (Land), der sie angehört.[62] In den anderen Bundesländern sind Behörden nicht beteiligtenfähig.

1346

In Fallbearbeitungen, in denen es meistens um Klagen eines Bürgers gegen eine Behörde oder gegen einen Träger öffentlicher Gewalt geht, ist allerdings folgendes zu beachten: Selbst wenn nach Maßgabe einer landesgesetzlichen Regelung die Landesbehörden beteiligtenfähig sind, heißt dies nicht, dass sie vom Bürger in jedem Fall verklagt werden können.

Nach § 78 I Nr. 2 VwGO können Behörden nur im Falle einer Anfechtungs- oder Verpflichtungsklage verklagt werden (gleiches gilt auch für die Nichtigkeitsfeststellungsklage nach § 43 I VwGO, die Fortsetzungsfeststellungsklage nach § 113 I 4 VwGO und be-

---

[59] BVerwGE 90, 304 (305); *Czybulka*, in: Sodan/Ziekow, § 61 Rn. 29; *Kopp/Schenke*, § 61 Rn. 8; *Schenke*, Rn. 462a; nicht ausreichend ist es auch nach dieser Auffassung, dass der Vereinigung gegenüber dem Beklagten losgelöst vom konkreten Fall irgendein Recht zustehen kann.

[60] *Bier*, in: Schoch/Schneider/Bier, § 61 Rn. 6; *Lange*, in: FS W.-R. Schenke, 2011, S. 962 f.; *Schoch*, Jura 2008, 832; *Ehlers*, NVwZ 1990, 110; *v. Mutius*, Jura 1988, 472.

[61] Dazu die Auflistung in Rn. 1340.

[62] BVerwGE 117, 228 (232).

stimmte Rechtsbehelfe auf Gewährung vorläufigen Rechtsschutzes).[63] Alle anderen Klagen müssen nach dem Rechtsträgerprinzip auch dann gegen den Rechtsträger der Behörde gerichtet werden, wenn der Landesgesetzgeber die Landesbehörden für beteiligtenfähig erklärt hat.[64] In einem solchen Fall ist beim Punkt Beteiligungsfähigkeit auch dann auf den Rechtsträger der Behörde abzustellen, wenn diese nach Maßgabe des Landesrechts beteiligtenfähig ist.

V. Prozessfähigkeit und Prozessvertretung

1347 **Prozessfähigkeit** ist die rechtliche Fähigkeit, selbst oder durch einen Bevollmächtigten wirksam Prozesshandlungen (z. B. Klageeinreichung, Antragstellung) vorzunehmen. Die in § 62 VwGO geregelte **Prozessfähigkeit** ist von der Beteiligungsfähigkeit streng zu unterscheiden. Nicht jeder Beteiligungsfähige ist auch prozessfähig. Beispiel: neugeborenes Kind. Wer nicht selbst prozessfähig ist, muss sich vertreten lassen. Wer vertreten kann oder darf, ist nicht in der VwGO, sondern anderweitig bestimmt, z. B. im BGB oder in den Gemeindeordnungen.

Ist der **Kläger** prozessunfähig und nicht ordnungsgemäß vertreten, ist die Klage unzulässig; allerdings wird die Klage zulässig, wenn der **gesetzliche Vertreter** (nicht zu verwechseln mit dem rechtsgeschäftlichen Vertreter wie z. B. dem Rechtsanwalt) ihre Erhebung genehmigt. Die Prozessfähigkeit des Klägers bzw. seine ordnungsgemäße Vertretung durch seinen gesetzlichen Vertreter ist deshalb eine Zulässigkeitsvoraussetzung der Klage. Anders verhält es sich beim Beklagten. Ist er prozessunfähig oder nicht ordnungsgemäß gesetzlich vertreten, wird dadurch die Klage nicht unzulässig. Seine Prozesshandlungen sind allerdings (schwebend) unwirksam.[65] Gleichwohl sollte in Prüfungsarbeiten kurz auf die zumeist unproblematische Frage der Prozessfähigkeit sowohl des Klägers als auch des Beklagten eingegangen werden. Im folgenden werden lediglich die beiden prüfungsrelevanten Bestimmungen des § 62 VwGO vorgestellt.

1348 Gem. **§ 62 I Nr. 1 VwGO** sind die nach BGB **Geschäftsfähigen** prozessfähig. Geschäftsfähig sind volljährige Personen, § 2 BGB, deren Geistestätigkeit nicht krankhaft gestört ist, § 104 Nr. 2 BGB. Geht es in einer Prüfungsarbeit um natürliche Personen, ist von der Geschäftsfähigkeit und damit der Prozessfähigkeit als dem Normalfall auszugehen. Gegenteiliges müsste im Sachverhalt vermerkt sein. Für Minderjährige, die nicht unter

---

[63] Dazu oben Rn. 1342.
[64] *Czybulka*, in: Sodann/Ziekow, § 61 Rn. 3, 36.
[65] Vgl. *Hufen*, § 12 Rn. 25.

§ 62 I Nr. 2 VwGO fallen, handeln die gesetzlichen Vertreter, d. h. im Regelfall die beiden Eltern oder der allein sorgeberechtigte Elternteil (§ 1629 BGB).

Vereinigungen und Behörden (selbst wenn sie beteiligtenfähig sollten) als solche sind nicht selbst prozessfähig, § 62 III VwGO. Sie werden durch ihren gesetzlichen Vertreter vertreten.

Wichtig: Vereinigungen i. S. v. § 62 III VwGO sind auch juristische Personen und damit die Bundesrepublik Deutschland (der Bund), die Länder und Gemeinden. Sie müssen sich durch ihre gesetzlichen Vertreter oder besonders Beauftragte **vertreten** lassen. Nähere Ausführungen hierzu sind jedenfalls in einer Klausur nicht erforderlich.

Einen **speziellen Vertretungszwang** ordnet § 67 IV VwGO für das Verfahren vor dem BVerwG und dem OVG an. Prüfungsrelevant ist diese Vorschrift allerdings nicht.

VI. Allgemeines Rechtsschutzbedürfnis

Es ist ein **ungeschriebener, allgemeiner Grundsatz des gesamten Prozessrechts,** dass die Inanspruchnahme der Gerichte nur dann zulässig ist, wenn der Kläger bzw. Antragsteller hieran ein von der Rechtsordnung anzuerkennendes Interesse hat (allgemeines Rechtsschutzbedürfnis bzw. Rechtsschutzinteresse). Sind die gesetzlich normierten Zulässigkeitsvoraussetzungen einer Klage erfüllt, besteht in aller Regel auch das allgemeine Rechtsschutzbedürfnis. Nur in (seltenen) Ausnahmefällen darf es verneint werden.

Folgende Fallgruppen sind dem Grunde nach weithin anerkannt:
- Der Kläger kann sein Ziel **einfacher als durch Klageerhebung** erreichen. Beispiel: Die öffentliche Hand klagt gegen einen Bürger, obwohl sie ihren Anspruch auch durch Verwaltungsakt geltend machen kann, etwa § 49 a I 2 VwVfG.
- Die **Klage ist sinnlos** oder nützt dem Kläger nichts. Beispiel: Klage auf Notenverbesserung, wenn der Note keinerlei praktische Bedeutung mehr zukommt.
- **Missbräuchliche Klageerhebung,** die ausschließlich den Zweck verfolgt, den Beklagten zu schädigen.
- Der Kläger hat sein dem Grunde nach bestehendes Klagerecht durch Untätigbleiben **verwirkt.** Beispiel: Der Kläger greift eine ihm nicht ordnungsgemäß bekanntgegebene Baugenehmigung seines Nachbarn erst 15 Monate nach Kenntniserlangung vom Baubeginn an.[66]

---

[66] Dazu näher oben Rn. 559 ff.

Wichtig: Ausführungen zum allgemeinen Rechtsschutzbedürfnis sind nur dann geboten, wenn es im konkreten Fall problematisch ist. Ansonsten ist es wie selbstverständlich als erfüllt zu unterstellen.

§ 31. Die Klagearten und ihre besonderen Zulässigkeitsvoraussetzungen – Begründetheit

Literatur: *Barczak,* Klageänderung, Klagerücknahme und Erledigung des Rechtsstreits im verwaltungsgerichtlichen Verfahren, JA 2014, 778; *Baumeister,* Der maßgebliche Zeitpunkt im Verwaltungsrecht und Verwaltungsprozessrecht, Jura 2005, 655; *Deckenbrock/Patzer,* Grundfälle zur Widerspruchs- und Klagefrist im Verwaltungsprozess, Jura 2003, 476; *Engelbrecht,* Obersätze der Begründetheitsprüfung in der verwaltungsrechtlichen Klausur, JA 2006, 789; *Gärditz/Orth,* Der maßgebliche Zeitpunkt für die Beurteilung der Sach- und Rechtslage im Verwaltungsprozess, Jura 2013, 1100; *Geiger,* Die Konkurrentenklage im Verwaltungsprozessrecht, BayVBl. 2010, 517; *Groß,* Die Klagebefugnis als gesetzliches Regulativ des Kontrollzugangs, DV 43 (2010), 349; *Hipp/Hufeld,* Grundfälle zur Klagebefugnis im Verwaltungsprozeß, JuS 1998, 802, 898; *Hösch,* Probleme der wirtschaftsverwaltungsrechtlichen Konkurrentenklage, DV 30 (1997), 211; *Hufeld,* Klagearten und Urteilstypen im Verwaltungsprozeß, JA 1998, 520; *Schlette,* Die Klagebefugnis – § 42 II VwGO, Jura 2004, 90.

I. Die Anfechtungsklage

Literatur: *Dawin,* Der Gegenstand der Anfechtungsklage nach § 79 I Nr. 1 VwGO, NVwZ 1987, 872; *Ehlers,* Die verwaltungsgerichtliche Anfechtungsklage, Jura 2004, 30 u. 176; *Frenz,* Die Anfechtungsklage, JA 2011, 433; *Graf v. Kielmannsegg,* Die Begründetheitsprüfung bei der Anfechtungsklage, JuS 2013, 312; *Renck,* Verwaltungsakt und Anfechtungsklage, NVwZ 1989, 117.

1. Besondere Zulässigkeitsvoraussetzungen

a) Statthaftigkeit

Die Zulässigkeit einer jeden verwaltungsgerichtlichen Klage setzt ihre Statthaftigkeit voraus. **Statthaftigkeit einer Klage** meint, dass die konkrete Klage von ihrem Wesen her überhaupt passt, dass also das vom Kläger angestrebte Ziel gerade mit der in Rede stehenden Klage erreicht werden kann. **1350**

Wichtig: Ist die vom Fallbearbeiter geprüfte Klage nicht statthaft, heißt dies auf keinen Fall, dass damit die Prüfung beendet ist. Vielmehr muss dann weitergeprüft werden, ob eine andere Klageart statthaft ist.

> Die Anfechtungsklage ist nur statthaft, wenn der Kläger die **gerichtliche** (nicht die behördliche!) Aufhebung eines Verwaltungsakts anstrebt. Der Kläger muss sich also gegen einen tatsächlich bestehenden Verwaltungsakt[1] wehren.

In der Fallbearbeitung ist deshalb zu prüfen, ob ein Verwaltungsakt existiert. Dies kann auch ein nichtiger Verwaltungsakt sein (das folgt aus § 43 II 2 VwGO).

b) Klagebefugnis

1351 Die Anfechtungsklage ist nur zulässig, wenn der Kläger geltend macht, durch den Verwaltungsakt in seinen Rechten verletzt zu sein, § 42 II VwGO.

Diese als **Klagebefugnis** bezeichnete Zulässigkeitsvoraussetzung verlangt aber weitaus mehr als die bloße Behauptung des Klägers, durch den Verwaltungsakt in seinen Rechten verletzt zu sein. Vielmehr muss der Kläger diese Möglichkeit substantiiert darlegen. **Die Rechtsverletzung muss danach tatsächlich möglich erscheinen (Möglichkeitstheorie).**

In der **Fallbearbeitung** genügt auf gar keinen Fall der häufig anzutreffende Satz, der Kläger müsse die Möglichkeit der Rechtsverletzung darlegen. Vielmehr ist es **Aufgabe des Fallbearbeiters,** diese Möglichkeit **näher zu begründen.**

Auf der anderen Seite darf nicht geprüft werden, ob der Kläger durch den Verwaltungsakt tatsächlich in seinen eigenen Rechten verletzt ist. Dies ist nämlich eine Frage der Begründetheit der Klage, § 113 I 1 VwGO. Die Prüfung der Klagebefugnis darf nicht zu einer vorweggenommenen Begründetheitsprüfung ausarten.[2]

1352 Es ist z.B. kurz darzulegen, dass der angefochtene Verwaltungsakt möglicherweise unverhältnismäßig ist oder von der gesetzlichen Ermächtigungsgrundlage nicht gedeckt ist und deshalb gegen (Grund-)Rechte des Klägers, in die er eingreift, verstößt. Die Prüfung der Klagebefugnis kann sich auch an § 113 I 1 VwGO orientieren. Danach besteht die Klagebefugnis, wenn der Verwaltungsakt möglicherweise rechtswidrig und der Kläger dadurch möglicherweise in seinen Rechten verletzt ist.

Häufig kann auch auf die sog. **Adressatentheorie** abgestellt werden: Nach ihr ist der **Adressat eines belastenden Verwaltungsakts** in der Regel möglicherweise in eigenen Rechten verletzt. Die Adressatentheorie geht von der zutreffenden Grundannahme aus, dass der Adressat eines

---
[1] Dazu Rn. 537.
[2] Näher BVerwG NVwZ 2014, 1675 Rn. 18 f. m. Anm. *Heusch.*

§ 31. Die Klagearten und besondere Zulässigkeitsvoraussetzungen 577

belastenden Verwaltungsakts zumindest in seiner allgemeinen Handlungsfreiheit aus Art. 2 I GG beeinträchtigt ist.[3] Daraus allein folgt freilich noch nicht die Möglichkeit einer Rechtsverletzung. Denn Rechtseingriffe sind nicht schon per se Rechtsverletzungen. Der bloße Hinweis auf die Adressatentheorie ersetzt deshalb nicht eine kurze Begründung, weshalb der Verwaltungsakt möglicherweise auch rechtswidrig ist.[4] Die Adressatentheorie erklärt lediglich, weshalb ein möglicherweise **rechtswidriger** Verwaltungsakt den Adressaten möglicherweise auch in seinen eigenen Rechten verletzt.

Die Klagebefugnis ist nur dann keine Zulässigkeitsvoraussetzung der Klage, wenn dies ausdrücklich gesetzlich geregelt ist (§ 42 II VwGO). So bestimmt etwa § 64 BNatSchG, dass die (behördlich) anerkannten Naturschutzvereinigungen Rechtsbehelfe einlegen können, ohne in eigenen Rechten verletzt zu sein. Die Zulässigkeit einer Anfechtungsklage setzt deshalb **insoweit** keine Klagebefugnis voraus. Allerdings entfällt im genannten Beispielsfall das Erfordernis der Klagebefugnis nicht insgesamt. § 64 I BNatSchG bestimmt vielmehr, dass die Klage nur zulässig ist, wenn der klagende Verband die in dieser Vorschrift genannten Rechtsverstöße geltend macht. § 64 BNatSchG schwächt die Voraussetzungen des § 42 II VwGO deshalb lediglich ab. 1353

c) Vorverfahren

Literatur: *Engst,* Das Widerspruchsverfahren als ein- oder zweistufiges Verwaltungsverfahren, Jura 2006, 166; *Exner/Richter-Hopprich,* Die Erledigung im Widerspruchsverfahren, JuS 2015, 521; *Geis/Hinterseh,* Grundfälle zum Widerspruchsverfahren, JuS 2001, 1074, 1176, JuS 2002, 34; *Jäde,* Verwaltungsverfahren, Widerspruchsverfahren, Verwaltungsprozess, 6. Aufl. 2011; *Juhnke,* Prozessuale Probleme der reformatio in peius im Widerspruchsverfahren, BayVBl. 1991, 136; *Kahl/Hilbert,* Die reformatio in peius, Jura 2011, 660; *Kintz,* Der elektronische Widerspruch, NVwZ 2004, 1429; *Klüsener,* Die Bedeutung der Zweckmäßigkeit neben der Rechtmäßigkeit in § 68 I 1 VwGO, NVwZ 2002, 816; *Moench,* Das Widerspruchsverfahren – Ein Plädoyer für die Beibehaltung, in: FS U. Battis, 2014, S. 449; *Pache/Knauff,* Zum Verhältnis von Ausgangs- und Widerspruchsbehörde nach den Regelungen der VwGO, DÖV 2004, 656; *Schoch,* Entbehrlichkeit des Vorverfahrens nach der VwGO kraft Richterrechts, in: FS W.-R. Schenke, 2011, S. 1207; *ders.,* Das Widerspruchsverfahren nach §§ 68 ff. VwGO, Jura 2003, 752.

---

[3] So etwa BVerwG DVBl. 2004, 518.
[4] So wohl auch *Scherzberg,* in: Erichsen/Ehlers, § 12 Rn. 30; a.A. *Hufen,* § 14 Rn. 60; *Schenke,* Rn. 510; kritisch gegenüber der Adressatentheorie *Hipp/Hufeld,* JuS 1998, 805; *Gurlit,* DV 28 (1995), 449 ff.

aa) Das Vorverfahren als Prozessvoraussetzung

1354 Eine Anfechtungsklage ist grundsätzlich nur dann zulässig, wenn vor ihrer Erhebung das **Vorverfahren gem. §§ 68 ff. VwGO ordnungsgemäß, aber erfolglos** durchgeführt wurde. Weil es mit der Erhebung des Widerspruchs zu laufen beginnt (§ 69 VwGO) und in den Fällen des § 73 VwGO mit dem Erlass eines Widerspruchsbescheids endet, wird es auch als **Widerspruchsverfahren** bezeichnet.

Weil es aber in der Regel genügt, wenn die Zulässigkeitsvoraussetzungen einer Klage im Zeitpunkt der letzten mündlichen Verhandlung des Gerichts erfüllt sind,[5] kann ein fehlendes, aber erforderliches Vorverfahren auch noch nach Klageerhebung nachgeholt werden. Hierzu hat das Gericht dem Kläger Gelegenheit zu geben, wenn ein Widerspruch noch zulässig sein kann, wenn also vor allem die Widerspruchsfrist noch nicht abgelaufen ist.[6]

Sinn und Zweck des Vorverfahrens besteht in folgendem: Vor der Klageerhebung soll der Verwaltung die Möglichkeit gegeben werden, den Verwaltungsakt nochmals zu überprüfen und ihn im Falle der **Unzweckmäßigkeit** oder gar **Rechtswidrigkeit** aufzuheben (dies ist aber wohlgemerkt kein Fall der §§ 48 ff. VwVfG). Das Vorverfahren liegt aber auch im Interesse des Klägers. Bietet es doch die Möglichkeit, die Aufhebung des Verwaltungsakts ohne Einschaltung der Gerichte zu erreichen.

1355 Nach § 68 I 2 VwGO **entfällt das Vorverfahren** in folgenden Fällen:[7]

- Gesetzliche Entbehrlicherklärung (§ 68 I 2, 1. Alt. VwGO). **Beachte:** Die Länder machen von dieser Möglichkeit durch entsprechende Regelungen in ihren **Ausführungsgesetzen zur VwGO** umfangreich Gebrauch. Das Vorverfahren ist in manchen Ländern zur Ausnahmeerscheinung geworden.[8]
- Erlass des angefochtenen Verwaltungsakts von einer obersten Bundes- oder Landesbehörde, z.B. von einem Ministerium (§ 68 I 2 Nr. 1 VwGO)

---

[5] Rn. 1317 a.E.

[6] Dazu näher BVerwG 1984, 91 f.; *Dolde/Porsch*, in: Schoch/Schneider/Bier, Vorb. § 68 Rn. 3, § 68 Rn. 35; *Geis*, in: Sodan/Ziekow, § 68 Rn. 117; vgl. auch BVerwG NVwZ 2011, 501 Rn. 20: Aussetzung des Klageverfahrens analog § 75 S. 3 VwGO oder analog § 94 VwGO.

[7] Zur Heilung durch rügeloses Einlassen der Widerspruchsbehörde auf einen verfristeten Widerspruch oder des Beklagten auf die Klage ohne vorherige Durchführung des Widerspruchsverfahrens Rn. 1357. Außerdem hält das BVerwG in seltenen Ausnahmefällen das Widerspruchsverfahren über die Regelungen des § 68 I VwGO hinaus für entbehrlich, BVerwGE 138, 1 Rn. 24 ff. = NVwZ 2011, 501 ff. m. abl. Anm. *Schoch*.

[8] Nach Art. 15 BayAGVwGO besteht in bestimmten Bereichen des bayerischen Verwaltungsrechts die freie Wahl zwischen Widerspruchseinlegung und sofortiger Klageerhebung; in den anderen Verwaltungsbereichen entfällt das Widerspruchsverfahren.

§ 31. Die Klagearten und besondere Zulässigkeitsvoraussetzungen   579

- Anfechtung eines Abhilfe- oder Widerspruchsbescheides, der den Anfechtenden erstmalig beschwert (§ 68 I 2 Nr. 2 VwGO)

Ansonsten ist – in groben Zügen – folgendes Verfahren durchzuführen: **1356**
Bei der Behörde, die den Verwaltungsakt erlassen hat (Ausgangsbehörde), oder bei der Widerspruchsbehörde ist **binnen eines Monats** nach Bekanntgabe des Verwaltungsakts **Widerspruch** zu erheben, § 70 I VwGO. Umstritten ist, nach welchen Vorschriften die Monatsfrist berechnet wird. Nach der einen Auffassung ist § 57 VwGO i.V.m. § 222 ZPO, §§ 187ff. BGB anwendbar.[9] Nach einer anderen Auffassung ist § 31 VwVfG i.V.m. §§ 187ff. BGB einschlägig.[10] Im praktischen Ergebnis besteht freilich kein Unterschied. Deshalb kann der Meinungsstreit offen bleiben.

In Fällen der Fristversäumung ist an die Möglichkeit einer Wiedereinsetzung in den vorigen Stand nach § 60 VwGO, auf den § 70 II VwGO verweist, zu denken.[11]

> **Beachte:** Die Monatsfrist beginnt nur zu laufen, wenn der Verwaltungsakt eine schriftliche ordnungsgemäße Rechtsbehelfsbelehrung enthält. Ansonsten gilt eine Jahresfrist, §§ 70 II, 58 I, II VwGO. Betrifft ein Verwaltungsakt mehrere Personen und wurde er einzelnen Personen überhaupt nicht bekanntgegeben, läuft diesen gegenüber überhaupt keine Frist. Sie können ihr Widerspruchsrecht (und Klagerecht) aber verwirken.[12]

Hält die **Ausgangsbehörde** den Widerspruch für zulässig und begründet – hält sie den Verwaltungsakt also für unzweckmäßig oder für rechtswidrig und bejaht sie zumindest eine rechtliche Betroffenheit des Widerspruchsführers –, erlässt sie gem. § 72 VwGO einen **Abhilfebescheid**. D.h., sie hebt den Verwaltungsakt auf. Hält sie den Widerspruch nur teilweise für begründet, muss sie den Verwaltungsakt teilweise aufheben.[13] Hilft die Ausgangsbehörde dem Widerspruch nicht ab, muss sie ihn grundsätzlich der **nächsthöheren Behörde** vorlegen, § 73 I 2 Nr. 1 VwGO.[14] Diese erlässt einen **Widerspruchsbescheid**. In den Fällen des § 73 I 2

---

[9] *Kopp/Schenke,* § 70 Rn. 6 m.w.N.
[10] *Hufen,* § 6 Rn. 28; *Schmitt Glaeser/Horn,* Rn. 197.
[11] Dazu näher *Hufen,* § 6 Rn. 33ff.
[12] Dazu näher Rn. 559ff.
[13] *Dolde/Porsch,* in: Schoch/Schneider/Bier, § 72 Rn. 12; die a.A., wonach die Ausgangsbehörde zu einer Teilabhilfe nur berechtigt, aber nicht verpflichtet sei, so z.B. *Sodan/Ziekow,* GKÖR, § 93 Rn. 11, ist mit dem Prinzip der Gesetzmäßigkeit der Verwaltung unvereinbar.
[14] Als Ausgangsbehörde darf sie den Widerspruch nicht als unzulässig oder unbegründet zurückweisen.

Nr. 2, 3 VwGO und des § 73 I 3 VwGO erlässt die Ausgangsbehörde den Widerspruchsbescheid. In ihm wird der Widerspruch entweder zurückgewiesen (ablehnender oder negativer Widerspruchsbescheid), oder der Verwaltungsakt wird aufgehoben (stattgebender oder positiver Widerspruchsbescheid).

Beachte: Anders als die Widerspruchsbehörde[15] darf die Ausgangsbehörde den Verwaltungsakt nicht zum Nachteil des Widerspruchsführers ändern.[16] Abhelfen darf sie dem Widerspruch aber auch noch, wenn sie ihn der Widerspruchsbehörde vorgelegt hat.[17]

Beachte außerdem: Das Widerspruchsverfahren nach §§ 68 ff. VwGO und das Rücknahmeverfahren nach § 48 VwVfG sind zwei verschiedene Verwaltungsverfahren. Dennoch hat die Ausgangsbehörde ein Wahlrecht, ob sie dem Widerspruch stattgibt (Erlass eines Abhilfebescheides nach § 72 VwGO) oder den angegriffenen Verwaltungsakt nach § 48 I VwVfG zurücknimmt. Da die Kostenfrage für den Bürger unterschiedlich sein kann, muss die Behörde ihr Auswahlermessen pflichtgemäß ausüben.

1357 Wurde das Vorverfahren nicht fristgerecht durchgeführt und weist die Widerspruchsbehörde den Widerspruch deshalb zurück, ist eine Anfechtungsklage nach h. M. unzulässig. Denn das Vorverfahren wurde zwar erfolglos, aber eben nicht ordnungsgemäß durchgeführt.

Zu beachten ist **folgende Besonderheit:** Wurde das Vorverfahren nicht fristgerecht oder überhaupt nicht durchgeführt, lässt sich die Widerspruchsbehörde aber auf den verspäteten Widerspruch oder der Beklagte auf die ohne vorheriges Vorverfahren erhobene Anfechtungsklage **in der Sache** ein, gilt dieser Mangel nach bundesverwaltungsgerichtlicher Rechtsprechung als geheilt.[18] Grund: Die Widerspruchsbehörde sei Herrin des Widerspruchsverfahrens, der Beklagte könne auf seine Durchführung verzichten.

---

[15] Dazu Rn. 1374.
[16] *Dolde/Porsch*, in: Schoch/Schneider/Bier, § 72 Rn. 13 m.w.N. auch der nur selten vertretenen a. A.
[17] BVerwGE 82, 336 (338); NVwZ 1987, 225; a. A. VGH München BayVBl. 1976, 691.
[18] BVerwGE 40, 25 (28 ff.); 64, 325 (330); 66, 39 (41); 68, 121 (123); NJW 2011, 1527 Rn. 13; sehr str.; große Teile der Literatur halten die Vorgaben des § 68 VwGO für zwingend und lehnen die Auffassung des BVerwG ab, z.B. *Dolde/Porsch*, in: Schoch/Schneider/Bier, § 68 Rn. 29; *Geis*, in: Sodan/Ziekow, § 68 Rn. 162; *Kopp/Schenke*, Vorb. § 68 Rn. 11.

§ 31. Die Klagearten und besondere Zulässigkeitsvoraussetzungen 581

Diese „Heilungsmöglichkeit" besteht allerdings nicht, wenn ein Dritter durch den bestandskräftigen Verwaltungsakt eine gesicherte Rechtsposition erlangt hat.[19]

Beispiel: A wird eine Baugenehmigung erteilt. Nach Eintritt der Bestandskraft der Baugenehmigung erhebt Nachbar N Widerspruch und Anfechtungsklage. Hier hat A nach Eintritt der Bestandskraft der Baugenehmigung eine gesicherte Rechtsposition erlangt. Die Anfechtungsklage des N wird auch dann nicht zulässig, wenn die Baubehörde sich auf den verspätet eingelegten Widerspruch in der Sache einlässt. Gegenüber N beginnt die Monatsfrist des § 70 I VwGO allerdings erst zu laufen, wenn ihm die Baugenehmigung bekannt gegeben wurde. Ist dies erfolgt, wurde N aber nicht ordnungsgemäß über den einschlägigen Rechtsbehelf belehrt, gilt für ihn nach §§ 70 II, 74 I, 58 II VwGO eine Rechtsbehelfsfrist von einem Jahr (dazu BVerwG NJW 2010, 1686 ff.; dazu bereits oben Rn. 560 f.).

Wird **in offener Widerspruchsfrist** Anfechtungsklage gegen einen Verwaltungsakt erhoben, ist hierin grundsätzlich nicht gleichzeitig eine Widerspruchseinlegung zu sehen;[20] der behördliche Antrag auf Klageabweisung beinhaltet auch nicht den ablehnenden Widerspruchsbescheid. Eine Ausnahme besteht nur, wenn im Klageschriftsatz hinreichend deutlich zum Ausdruck kommt, dass zugleich Widerspruch erhoben werden soll.

Wurde ordnungsgemäß Widerspruch eingelegt, hat aber die Behörde über ihn ohne zureichenden Grund nicht in angemessener Frist entschieden, muss der Betroffene nicht weiter zuwarten. Er kann dann, frühestens nach Ablauf von drei Monaten seit der Widerspruchseinlegung, auch ohne Durchführung des Vorverfahrens Anfechtungsklage erheben, § 75 VwGO. **1358**

bb) Das Vorverfahren als Verwaltungsverfahren

Obwohl § 68 VwGO die Durchführung des Vorverfahrens als Voraussetzung der Zulässigkeit einer Anfechtungs- oder Verpflichtungsklage (§ 68 II VwGO) normiert, handelt es sich der Sache nach um ein behördliches **Verwaltungsverfahren.** Gleichwohl gilt gem. § 79 HS 1 VwVfG für das Vorverfahren die VwGO. Denn der Widerspruch (§ 69 VwGO), der das Vorverfahren einleitet, ist ein förmlicher Rechtsbehelf gegen Verwaltungsakte i.S.v. § 79 HS 1 VwVfG. Nach § 79 HS 2 VwVfG gelten aber die Vorschriften des VwVfG für das Vorverfahren subsidiär, d.h. soweit die VwGO keine spezielle Regelung trifft. **1359**

Aus diesem z.T. komplizierten Ineinandergreifen von VwGO und VwVfG ergibt sich der nachfolgende Prüfungsaufbau. In diesem Zusam-

---

[19] BVerwG NJW 2010, 1686 Rn. 21 ff.
[20] *Kopp/Schenke,* vor § 68 Rn. 11, § 70 Rn. 3; *Dolde/Porsch,* in: Schoch/Schneider/Bier, § 68 Rn. 35; ausführlich *Frank,* VBlBW 2011, 174 ff.; a.A. BVerwGE 68, 121 (123); OVG Hamburg NVwZ-RR 1996, 399.

menhang ist darauf hinzuweisen, dass in Prüfungsarbeiten bisweilen nach den Erfolgsaussichten eines Widerspruchs (also eines Vorverfahrens nach § 68 VwGO) gefragt wird. Wie bei der Prüfung der Erfolgsaussichten einer verwaltungsgerichtlichen Klage ist auch beim Widerspruch zwischen der Zulässigkeit und Begründetheit zu unterscheiden.

(1) *Zulässigkeit des Widerspruchs*

(a) *Eröffnung des Verwaltungsrechtswegs analog § 40 I VwGO*

1360   Ein Widerspruch ist nur zulässig, wenn für eine nachfolgende Klage der Verwaltungsrechtsweg nach § 40 I VwGO eröffnet wäre. Denn § 68 VwGO nennt das Vorverfahren als Prozessvoraussetzung einer nachfolgenden Anfechtungs- oder Verpflichtungsklage, deren Zulässigkeit ihrerseits die Eröffnung des Verwaltungsrechtswegs nach § 40 I VwGO voraussetzt.[21]

> Ein Widerspruch ist **analog** § 40 I VwGO nur zulässig, wenn der nachfolgende Prozess eine öffentlich-rechtliche Streitigkeit nichtverfassungsrechtlicher Art wäre und keine abdrängende gesetzliche Zuweisung bestünde.

Beachte: Sind die Voraussetzungen analog § 40 I VwGO nicht erfüllt, muss der Widerspruch als unzulässig abgewiesen werden. Eine analoge Anwendung von § 17a II GVG (Verweisung an das zuständige Gericht des zulässigen Rechtsweges) ist von vornherein ausgeschlossen.[22]

(b) *Statthaftigkeit des Widerspruchs*

1361   Ein Widerspruch ist in der Regel nur **statthaft,** wenn er sich gegen einen Verwaltungsakt richtet. Ein Verwaltungsakt ist auch die behördliche Ablehnung eines beantragten Verwaltungsakts (Fall des § 68 II VwGO, sog. Verpflichtungswiderspruch). Ist die Behörde trotz Antrags untätig geblieben, existiert kein belastender Verwaltungsakt. Ein Widerspruch wäre unzulässig. Möglich ist statt dessen gem. § 75 VwGO eine Verpflichtungsklage ohne vorheriges Vorverfahren (Untätigkeitsklage).

Wird der Verwaltungsakt nach der Widerspruchseinlegung unwirksam i.S.v. § 43 II VwVfG, muss das Widerspruchsverfahren **eingestellt** werden.[23] Die Zulässigkeit eines Widerspruchs und eines Widerspruchsverfahrens setzt voraus, dass im Zeitpunkt der letzten behördlichen Entscheidung

---

[21] Vgl. *Hufen,* § 6 Rn. 2.
[22] *Hufen,* § 6 Rn. 2.
[23] BVerwGE 81, 226 (228 f.); NJW 1989, 2486.

§ 31. Die Klagearten und besondere Zulässigkeitsvoraussetzungen 583

über den Widerspruch ein wirksamer Verwaltungsakt existiert. Einen **Fortsetzungswiderspruch bzw. Fortsetzungswiderspruchsbescheid** nach Art der Fortsetzungsfeststellungsklage gem. § 113 I 4 VwGO kennt die VwGO nicht.[24]

In beamtenrechtlichen Streitigkeiten setzt die Statthaftigkeit eines Widerspruchs dagegen keinen Verwaltungsakt und keinen vorherigen (Leistungs-)Antrag voraus.[25] Dies folgt aus der Sonderregelung des § 126 II BBG und § 54 II BeamtStG. Danach ist jede Klage aus dem Beamtenverhältnis gegen den Dienstherrn (auch eine allgemeine Leistungs- oder Feststellungsklage) nur zulässig, wenn vorher ein Vorverfahren nach § 68 ff. VwGO durchgeführt wurde. 1362

(c) *Widerspruchsbefugnis*

§ 70 S. 1 VwGO setzt voraus, dass der Widerspruchsführer durch den Verwaltungsakt, den er angreift, beschwert ist. Deshalb ist es einhellige Auffassung, dass der Widerspruchsführer **analog § 42 II VwGO widerspruchsbefugt** sein muss. Dies ist der Fall, wenn der angegriffene Verwaltungsakt möglicherweise rechtswidrig und der Widerspruchsführer dadurch möglicherweise in seinen Rechten verletzt ist (Anfechtungswiderspruch nach § 68 I VwGO) oder wenn der Widerspruchsführer möglicherweise einen Anspruch auf Erlass des abgelehnten Verwaltungsakts hat (Verpflichtungswiderspruch nach § 68 II VwGO). 1363

Zwar richtet sich der Verpflichtungswiderspruch gegen den antragsablehnenden Verwaltungsakt. Gleichwohl empfiehlt sich der sog. „Anspruchsaufbau"[26] und nicht die am Anfechtungswiderspruch orientierte Prüfung. Denn der Verpflichtungswiderspruch ist nicht (nur) auf die bloße Aufhebung des antragsablehnenden Verwaltungsakts, sondern auf den Erlass des beantragten Verwaltungsakts gerichtet.

Das Vorverfahren dient nach § 68 I 1 VwGO nicht nur der Rechtmäßigkeits-, sondern auch der **Zweckmäßigkeitskontrolle.** Eine Zweckmäßigkeitskontrolle ist allerdings nur möglich, wenn der Behörde, die den angegriffenen Verwaltungsakt erlassen hat, ein Ermessens- oder Beurteilungsspielraum zusteht. In einem solchen Fall ist der Widerspruchsführer auch dann widerspruchsbefugt, wenn er durch den angegriffenen Verwaltungsakt **in eigenen Rechten beeinträchtigt** ist – beachte: auf die Möglichkeit einer Rechts**verletzung** kommt es gerade nicht an – und wenn die Behörde **möglicherweise zweckwidrig** gehandelt hat.[27] 1364

---

[24] A.A. *Kopp/Schenke,* § 73 Rn. 9; *Dreier,* NVwZ 1987, 474.
[25] BVerwGE 114, 350 (354 ff.).
[26] Dazu auch unten Rn. 1382, 1389, 1420.
[27] Siehe nur *Hufen,* § 6 Rn. 22.

(d) *Beteiligungsfähigkeit*

1365 Die **Beteiligungsfähigkeit** im Vorverfahren richtet sich nicht nach § 61 VwGO analog, sondern nach § 11 VwVfG. Allerdings gleicht diese Vorschrift im wesentlichen § 61 VwGO. Die Ausführungen zu § 61 VwGO[28] gelten deshalb für die Beteiligungsfähigkeit im Vorverfahren entsprechend. Der einzige sachliche Unterschied zwischen § 61 VwGO und § 11 VwVfG besteht darin, dass nach § 11 Nr. 3 VwVfG Behörden stets beteiligtenfähig sind. Allerdings agieren sie im Verwaltungsverfahren für ihren Rechtsträger wie ein Prozessstandschafter im Prozess.[29]

(e) *Handlungsfähigkeit*

1366 Der Widerspruchsführer muss **handlungsfähig** nach § 12 VwVfG sein. Die in § 12 VwVfG geregelte Handlungsfähigkeit entspricht im wesentlichen der in § 62 VwGO normierten Prozessfähigkeit. Die Ausführungen zur Prozessfähigkeit[30] sind weitgehend übertragbar. Die gesetzliche Vertretung handlungsunfähiger natürlicher Personen – z.B. die Vertretung von geschäftsunfähigen Minderjährigen durch ihre Eltern nach § 1629 BGB – ist von der rechtsgeschäftlichen Vertretung nach § 14 VwVfG (das prozessuale Gegenstück ist § 67 VwGO) zu unterscheiden.

(f) *Widerspruchsfrist*

Für die Widerspruchseinlegung gilt nach § 70 I VwGO eine Monatsfrist.[31]

(g) *Zuständige Behörde*

1367 Der Widerspruchsbescheid kann entweder bei der Ausgangsbehörde (§ 70 I 1 VwGO) oder bei der Widerspruchsbehörde (§ 70 I 2 VwGO) eingelegt werden. Wer zuständige Widerspruchsbehörde ist, regelt § 73 I 2, II VwGO.[32] Wird der Widerspruch bei einer unzuständigen Behörde eingelegt, ist der Widerspruch nicht allein deshalb unzulässig. Vielmehr muss die unzuständige Behörde den Widerspruch an die zuständige Behörde weiterleiten. Allerdings trägt der Widerspruchsführer in diesem Fall das Fristrisiko: Erfolgt die Weiterleitung nicht innerhalb der Widerspruchsfrist, hat der Widerspruchsführer die Frist versäumt. Der Widerspruch ist dann aus diesem Grund unzulässig.[33]

---

[28] Rn. 1344 ff.
[29] *Kopp/Ramsauer*, § 11 Rn. 14.
[30] Rn. 1347 f.
[31] Dazu Rn. 1356.
[32] Dazu näher *Hufen*, § 6 Rn. 42 ff.
[33] Dazu *Kopp/Schenke*, § 79 Rn. 16.

(2) Begründetheit des Widerspruchs

Der **Anfechtungswiderspruch**[34] ist analog § 113 I 1 VwGO begründet, wenn der angegriffene Verwaltungsakt rechtswidrig und der Widerspruchsführer dadurch in seinen Rechten verletzt ist. Stand der Ausgangsbehörde ein Ermessens- oder Beurteilungsspielraum zu, ist der Anfechtungswiderspruch außerdem begründet, wenn der angegriffene Verwaltungsakt den Widerspruchsführer in seinen Rechten beeinträchtigt (nicht verletzt, dies fällt bereits unter die oben genannte Variante) und nicht zweckmäßig ist.

1368

Diese zweite Begründetheitsvariante ergibt sich aus der in § 68 I 1 VwGO genannten Zweckmäßigkeitskontrolle. Auch sie eröffnet allerdings nicht die Möglichkeit eines Popularwiderspruchs. Aus § 70 I 1 VwGO folgt, dass der Widerspruchsführer durch den angegriffenen Verwaltungsakt zumindest beschwert, d.h. in seinen Rechten beeinträchtigt sein muss. Zu beachten ist freilich, dass die Zweckwidrigkeit eines Verwaltungsakts zugleich einen Ermessens- oder Beurteilungsfehler (insbesondere einen Verstoß gegen das Verhältnismäßigkeitsprinzip) bedeuten kann und dann schon unter die erste Begründetheitsvariante fällt.

Ist der Widerspruch begründet, hebt die Widerspruchsbehörde (oder vorher die Ausgangsbehörde) den angegriffenen Verwaltungsakt auf. Die **Ausgangsbehörde** hat ein Wahlrecht. Sie kann den Verwaltungsakt durch Erlass eines Abhilfebescheides (§ 72 VwGO) aufheben. Sie kann aber auch in das Rücknahmeverfahren wechseln und den Verwaltungsakt nach § 48 VwVfG aufheben. Hierbei handelt es sich um zwei verschiedene Wege. Die Widerspruchsbehörde hat ein andersgeartetes Wahlrecht. Sie kann den Verwaltungsakt durch Erlass eines positiven Widerspruchsbescheides aufheben (§ 73 I 1 VwGO) oder die Ausgangsbehörde zur Rücknahme nach § 48 VwVfG anweisen, wenn sie zugleich Aufsichtsbehörde der Ausgangsbehörde ist.[35]

1369

Das Vorverfahren bietet grundsätzlich die Möglichkeit einer doppelten Überprüfung der angegriffenen behördlichen Ausgangsentscheidung. Zum einen durch die Ausgangsbehörde im Abhilfeverfahren nach § 72 VwGO, das Teil des Vorverfahrens ist. Zum anderen durch die Widerspruchsbehörde nach § 73 VwGO, wenn die Ausgangsbehörde dem Widerspruch nicht abgeholfen hat.

1370

In den Fällen des § 73 I 2 Nr. 2 und des § 73 I 3 VwGO ist die Ausgangsbehörde allerdings zugleich die Widerspruchsbehörde. Hier erfolgt nur eine einmalige Überprüfung des Ausgangsbescheids. Gleiches gilt in den praxis- und prüfungsrelevanten Fällen des § 73 I 2 Nr. 3 VwGO, wenn

---

[34] Zum Verpflichtungswiderspruch Rn. 1385.
[35] Dazu Rn. 714.

die dort genannte Selbstverwaltungsbehörde zugleich die Ausgangsbehörde ist. Zwar muss dies nicht so sein. Selbstverwaltungsbehörde im Sinne dieser Vorschrift kann nach Maßgabe der organisationsrechtlichen Bestimmungen der jeweiligen Selbstverwaltungskörperschaft auch eine andere Behörde dieser Selbstverwaltungskörperschaft sein.[36] Existieren aber keine besonderen gesetzlichen oder innerorganisationsrechtlichen Zuständigkeitsregelungen, ist die Ausgangsbehörde auch die Selbstverwaltungs- und damit Widerspruchsbehörde i. S. v. § 73 I 2 Nr. 3 VwGO.

1371 Zu beachten ist weiterhin, dass die Prüfungskompetenz der Widerspruchsbehörde eingeschränkt ist, wenn sie in Selbstverwaltungsangelegenheiten der Ausgangsbehörde entscheidet und einen anderen Rechtsträger als die Ausgangsbehörde hat.[37] In einem solchen Fall darf die Widerspruchsbehörde keine Zweckmäßigkeitskontrolle vornehmen, weil sie ansonsten das Selbstverwaltungsrecht des Rechtsträgers der Ausgangsbehörde verletzen würde. Die Widerspruchsbehörde ist deshalb auf eine reine Rechtskontrolle beschränkt, wobei die Zweckwidrigkeit von Verwaltungsakten einen Ermessens- oder Beurteilungsfehler (insbesondere Unverhältnismäßigkeit) zur Folge haben kann und insoweit der Kontrolle der Widerspruchsbehörde unterliegt. Gleiches kann auch in Prüfungsverfahren gelten.[38] Die hier angesprochene Problematik stellt sich freilich nicht, wenn Ausgangs- und Widerspruchsbehörde identisch sind, was in Selbstverwaltungsangelegenheiten der Normalfall ist, § 73 I 2 Nr. 3 VwGO.

1372 Hinzuweisen ist schließlich noch auf folgendes: Hält der Widerspruchsführer seinen Widerspruch deshalb für begründet, weil der Ausgangsbescheid zweckwidrig sei, lehnt aber die Widerspruchsbehörde die Aufhebung des Ausgangsbescheides bzw. den Erlass des beantragten Verwaltungsakts gleichwohl ab, weil sie die Entscheidung der Ausgangsbehörde für zweckmäßig hält, kann der Widerspruchsführer zwar das Verwaltungsgericht anrufen (im Wege der Anfechtungs- oder Verpflichtungsklage). Das Verwaltungsgericht ist aber nach § 113 I 1, V VwGO auf eine bloße Rechtmäßigkeitskontrolle beschränkt. Eine Zweckmäßigkeitsprüfung ist ihm verwehrt. Das heißt, eine verwaltungsgerichtliche Klage, die sich auf die bloße Zweckwidrigkeit behördlicher Entscheidungen stützt, bleibt ohne Erfolg. Etwas anderes gilt nur, wenn die Zweckwidrigkeit der behördlichen Entscheidung auch ihre Rechtswidrigkeit bedingt oder wenn die Behörden im Vorverfahren keine Zweckmäßigkeitserwägungen angestellt haben, obwohl sie hierzu verpflichtet waren. Auch im zuletzt genannten Fall ist die behördliche Entscheidung rechtswidrig.

---

[36] *Dolde/Porsch*, in: Schoch/Schneider/Bier, § 73 Rn. 15; *Geis*, in: Sodan/Ziekow, § 73 Rn. 12; *Pietzner/Ronellenfitsch*, § 37 Rn. 12.
[37] *Hufen*, § 7 Rn. 9 f.
[38] Dazu *Hufen*, § 7 Rn. 11.

§ 31. Die Klagearten und besondere Zulässigkeitsvoraussetzungen   587

(3) *Reformatio in peius*

Äußerst umstritten ist, ob die Widerspruchsbehörde die Befugnis hat, **1373** den angegriffenen Verwaltungsakt **zum Nachteil des Widerspruchsführers** zu ändern; man bezeichnet dies als **reformatio in peius** oder – sprachlich missraten – als Verböserung des Verwaltungsakts. Die überwiegende Rechtsprechung und Literatur räumt der Widerspruchsbehörde grundsätzlich dieses Recht ein.[39] Unproblematisch und unstreitig steht ihr diese Befugnis zu, wenn sie ihr ausdrücklich gesetzlich eingeräumt wurde, was allerdings nur selten geschehen ist.[40]

Die Zulässigkeit der reformatio in peius in den anderen Fällen ergibt sich nicht aus den §§ 68 I 2 Nr. 2, 71, 79 I Nr. 2, II 1 VwGO. Diese Vorschriften treffen zwar prozessuale Regelungen auch für den Fall einer reformatio in peius, besagen aber nichts über ihre materiell-rechtliche Zulässigkeit.[41] Dass der Bürger vor einer Verschlechterung seine Rechtslage nach Erlass eines ihn begünstigenden Verwaltungsakts nicht geschützt ist, belegen die §§ 48 I 2, 49 II VwVfG, die sogar eine Aufhebung bestandskräftiger Verwaltungsakte zulassen. Der Grundsatz der Gesetzmäßigkeit der Verwaltung verpflichtet die Behörde zu rechtmäßigem Handeln und zur Wiederherstellung rechtmäßiger Zustände.

Für den Widerspruchsführer spricht vor allem der Grundsatz des Vertrauensschutzes, der aus dem Rechtsstaatsprinzip i.V.m. den Grundrechten folgt und einfachgesetzlich u.a. in den §§ 48 I 2, II–IV, 49 II–IV, VI VwVfG geregelt ist.[42] Soweit der mit dem Widerspruch angegriffene Verwaltungsakt kein dahingehendes überwiegendes Vertrauen des Widerspruchsführers begründet, dass die durch den Verwaltungsakt geschaffene Rechtslage nicht zu seinen Ungunsten geändert wird, ist eine reformatio in peius nicht ausgeschlossen.

Beispiele:
(1) A beantragt die Gewährung einer Subvention in Höhe von 100.000 €. Die Behörde bewilligt lediglich 70.000 €. A legt gegen die Entscheidung, nicht mehr als 70.000 € zu bewilligen, Widerspruch ein. Die Widerspruchsbehörde weist den Widerspruch zurück und kürzt die gewährte Subvention auf 50.000 €, weil ihm nicht mehr zustünde.
(2) A legt Widerspruch gegen einen Zahlungsbescheid in Höhe von 1.000 € ein. Die Widerspruchsbehörde weist den Widerspruch zurück und setzt die Zahlungspflicht des A auf 1.200 € fest.

---

[39] BVerwGE 115, 259 (265 f.); 65, 313 (319); 51, 310 (312 ff.); 14, 175 (178 ff.); NVwZ 1997, 26; NVwZ 1987, 215; *Dolde/Porsch*, in: Schoch/Schneider/Bier, § 68 Rn. 47 ff.; *Geis*, in: Sodan/Ziekow, § 68 Rn. 221 ff.; *Leichsenring*, BayVBl. 2009, 263 ff.; ablehnend z.B. *Hufen*, § 9 Rn. 17; *Ule/Laubinger*, § 46 Rn. 5.
[40] So z.B. durch § 42 II 2 BDiszG; § 337 II LAG; § 367 II 2 AO.
[41] BVerwGE 51, 310 (313 f.).
[42] Eine Auflistung der verschiedenen Argumente findet sich bei *Hufen*, § 9 Rn. 16 f.

(3) A erhält eine Baugenehmigung unter der Auflage, dass er die Außentreppe mit einem Handlauf sichert. A legt gegen diese Auflage Widerspruch ein. Die Widerspruchsbehörde weist den Widerspruch zurück und ordnet zusätzlich die Anbringung eines Fallnetzes unter der Treppe an.

(4) Gegen A wird ein Verbot ausgesprochen, sein Gartenhaus zu nutzen. Die Widerspruchsbehörde weist den hiergegen eingelegten Widerspruch ab und ordnet den Abriss des Gartenhauses an.

(5) A erhält eine Baugenehmigung. Nachbar B legt Widerspruch ein und verlangt die Erteilung einer Auflage (§ 36 II Nr. 4 VwVfG). Die Widerspruchsbehörde fügt in die Baugenehmigung die Auflage ein.

Im Fall (4) handelt es sich um keine reformatio in peius im eigentlichen Sinn.[43] Die Abrissverfügung ist im Vergleich zum Nutzungsverbot ein Aliud, ein völlig neuer Verwaltungsakt. Er ist nur rechtmäßig, wenn die Widerspruchsbehörde nach Maßgabe des formellen Rechts insbesondere zuständig für den Erlass einer Abrissverfügung ist und auch nach Maßgabe des materiellen Rechts eine Regelung dieses Inhalts zulässig ist. Auch im Fall (5) handelt es sich um keine reformatio in peius, sondern um eine den Widerspruchsführer begünstigende Entscheidung.[44] In den Fällen (1)–(3) bewegt sich bei wertender Betrachtungsweise die neue Belastung des A noch im Rahmen des Gegenstandes des Verwaltungsverfahrens.[45] Es handelt sich deshalb um Fälle echter reformatio in peius.

1374 Bei der Prüfung der Rechtmäßigkeit der reformatio in peius muss wie sonst auch zwischen der **formellen und materiellen Rechtmäßigkeit** unterschieden werden.[46] Zur formellen Rechtmäßigkeit gehört vor allem die **Zuständigkeit der Widerspruchsbehörde** zum Erlass der nachteiligen Regelung. Soweit die Widerspruchsbehörde nicht zugleich auch die Ausgangsbehörde ist oder über ein ausdrücklich eingeräumtes Selbsteintrittsrecht verfügt, ist sie (instantiell) zuständig, wenn sie gesetzlich befugt wäre, die Ausgangsbehörde zum Erlass der nachteiligen Regelung anzuweisen.[47] Außerdem setzt nach § 71 VwGO die formelle Rechtmäßigkeit der reformatio in peius die vorherige Anhörung des Widerspruchsführers voraus.[48] Nach Abschluss des Widerspruchsverfahrens ist eine reformatio in

---

[43] *Kopp/Schenke*, § 68 Rn. 10.
[44] *Dolde/Porsch*, in: Schoch/Schneider/Bier, § 68 Rn. 47 a. E. m.w.N.
[45] Zu diesen drei Fallgruppen *Geis*, in: Sodan/Ziekow, § 68 Rn. 230 ff.
[46] Sehr übersichtlich *Kastner*, in: Fehling/Kastner/Störmer, § 68 VwGO Rn. 34.
[47] *Dolde/Porsch*, in: Schoch/Schneider/Bier, § 68 Rn. 51 m. w. N.; allein der Devolutiveffekt des § 73 I 2 Nr. 1 VwGO begründet ihre Zuständigkeit nicht, *Geis*, in: Sodan/Ziekow, § 68 Rn. 229; *Dolde/Porsch*, a.a.O. m. N. pro et contra.
[48] Aus der Formulierung „soll" in § 71 VwGO folgt, dass nur in atypischen Fällen (zu denken ist an Fälle des § 28 II Nr. 1, III VwVfG) die Anhörung unterbleiben darf, BVerwG NVwZ 1999, 1219.

§ 31. Die Klagearten und besondere Zulässigkeitsvoraussetzungen 589

peius durch die Behörde – etwa im verwaltungsgerichtlichen Klageverfahren – unzulässig.[49]

Voraussetzung der **materiellen Rechtmäßigkeit** der reformatio in peius ist, dass die im Widerspruchsbescheid getroffene Regelung mit dem einschlägigen materiellen Recht – also z.B. dem Subventions- oder Baurecht – vereinbar ist. Das Spezifikum der reformatio in peius besteht nun aber gerade darin, dass der Widerspruchsbescheid im Vergleich zum ursprünglichen Verwaltungsakt für den Widerspruchsführer ungünstiger ist. **Insoweit** wird durch den Widerspruchsbescheid ein Verwaltungsakt, der den Widerspruchsführer begünstigt, aufgehoben. Die Aufhebung eines belastenden Verwaltungsakts und seine Ersetzung durch einen noch stärker belastenden Verwaltungsakt stellt sich für den Adressaten als Aufhebung eines begünstigenden Verwaltungsakts dar.[50] Die materielle Rechtmäßigkeit der reformatio in peius wäre deshalb in der Regel nach Maßgabe von § 48 I 2 VwVfG zu beurteilen – falls der mit dem Widerspruch angegriffene Verwaltungsakt tatsächlich rechtswidrig ist, soweit er für den Widerspruchsführer günstiger als der Widerspruchsbescheid ist.

Eine unmittelbare Anwendung von § 48 VwVfG scheidet allerdings deshalb aus, weil sich der Erlass des Widerspruchsbescheids nicht nach den §§ 48 ff. VwVfG, sondern nach den §§ 68 ff. VwGO richtet.[51] Soweit der Widerspruchsbescheid belastender ist als der angegriffene Ausgangsbescheid (Beispielsfälle 2 und 3), ist aber eine analoge Anwendung der Vertrauensschutzvorschriften des § 48 I 2, II–IV VwVfG geboten.[52] Ist das Vertrauen des Widerspruchsführers darauf, dass die Widerspruchsbehörde keine ungünstigere Regelung als die des Ausgangsbescheides trifft, schutzwürdig, überwiegt es also das öffentliche Interesse an der reformatio in peius, ist diese entweder unzulässig oder nur gegen die Zuerkennung eines Ausgleichs rechtmäßig.[53] Selbst EU-Recht begründet keine Verpflichtung zur Anwendung einer EU-rechtlichen Vorschrift, wenn dadurch das Verbot der reformatio in peius durchbrochen würde.[54]

---

[49] ThürOVG ThürVBl. 2015, 221 (der Hinweis auf § 88 VwGO geht allerdings fehl, weil sich diese Vorschrift nur an das Gericht wendet).
[50] Dazu Rn. 687 m. N. pro et contra.
[51] *Dolde/Porsch*, in: Schoch/Schneider/Bier, § 68 Rn. 49; dazu auch oben Rn. 741.
[52] *Sachs*, in: Stelkens/Bonk/Sachs, § 48 Rn. 71 (mit Ausnahme des § 48 III VwVfG); *Geis*, in: Sodan/Ziekow, § 68 Rn. 231; *Kopp/Schenke*, § 68 Rn. 10c; *Ipsen*, Rn. 1080 b; offenbar auch BVerwGE 65, 313 (319); die Auffassung, die Vertrauensschutzregelungen der §§ 48, 49 VwVfG setzten einen **bestandskräftigen** Verwaltungsakt voraus – so *Kastner*, in: Fehling/Kastner/Störmer, § 68 VwGO Rn. 32; vgl. auch *Dolde/Porsch*, in: Schoch/Schneider/Bier, § 68 Rn. 49 a.E. –, ist unzutreffend.
[53] Gegen eine (analoge) Anwendung von § 48 III VwVfG *Sachs*, a.a.O.; *Dolde/Porsch*, a.a.O.
[54] EuGH EuZW 2009, 92 Rn. 46 f. – *Heemskerk BV*; zustimmend *Lindner*, DVBl. 2009, 224 ff.

Zu beachten ist, dass der Widerspruch ausdrücklich oder konkludent auf einen Teil des Ausgangsbescheids beschränkt werden kann, wenn dieser teilbar ist (**Teilwiderspruch**). In einem solchen Fall ist die Kompetenz zur Widerspruchsentscheidung auf diesen Teil des Ausgangsbescheids beschränkt.[55] Der nicht angegriffene Teil darf nur gem. §§ 48 ff. VwVfG aufgehoben werden. Im Beispielsfall (1) wurde lediglich gegen die im Ausgangsbescheid enthaltene Entscheidung, nicht mehr als 70.000 € zu bewilligen, Widerspruch eingelegt, nicht gegen die Bewilligung der 70.000 €. Eine Kürzung um 20.000 € ist deshalb nicht im Wege der reformatio in peius zulässig, sondern nur in unmittelbarer Anwendung des § 48 II VwVfG (Teilrücknahme).[56]

Nimmt der Widerspruchsführer seinen Widerspruch nach einem Hinweis der Widerspruchsbehörde auf die Möglichkeit einer reformatio in peius (§ 71 VwGO) zurück,[57] darf die Widerspruchsbehörde keinen Widerspruchsbescheid mehr erlassen. Sie muss das Widerspruchsverfahren einstellen. Eine reformatio in peius ist insoweit ausgeschlossen. Allerdings kann die Widerspruchsbehörde die Ausgangsbehörde ggf. anweisen, den Ausgangsbescheid gem. § 48 f. VwVfG (teilweise) aufzuheben und durch einen noch stärker belastenden Verwaltungsakt zu ersetzen.

1375
Übersicht 38:
Erfolgsaussichten eines Widerspruchs (Prüfschema)

I. **Zulässigkeit des Widerspruchs**
1. **Eröffnung des Verwaltungsrechtsweges** (insbes. analog § 40 I VwGO)
2. **Statthaftigkeit des Widerspruchs**
3. **Widerspruchsbefugnis** analog § 42 II VwGO
4. **Beteiligungsfähigkeit,** § 11 VwVfG
5. **Handlungsfähigkeit,** § 12 VwVfG
6. **Widerspruchsfrist,** § 70 I VwGO
7. **Behördenzuständigkeit,** § 70 I VwGO

II. **Begründetheit des Widerspruchs**
1. **Anfechtungswiderspruch**
    Falls der angegriffene Verwaltungsakt rechtswidrig und der Widerspruchsführer dadurch in seinen Rechten verletzt ist (§ 113

---

[55] OVG Münster NWVBl. 2013, 442 f.; *Dolde/Porsch,* in: Schoch/Schneider/Bier, § 68 Rn. 47.
[56] So OVG Münster NWVBl. 2013, 442 f. in einem gleichgelagerten Fall.
[57] Vgl. dazu BVerwG NVwZ 1999, 1219.

I 1 VwGO analog) oder falls der angegriffene Verwaltungsakt unzweckmäßig und der Widerspruchsführer dadurch in seinen Rechten beeinträchtigt ist (vgl. §§ 68 I 1, 70 I 1 VwGO).
2. **Verpflichtungswiderspruch**
Falls der Widerspruchsführer einen Anspruch auf Erlass des beantragten Verwaltungsakts hat (§ 113 V 1 VwGO analog) oder falls der Erlass des beantragten Verwaltungsakts zweckmäßig ist und im rechtlichen Interesse des Widerspruchsführers liegt.

Beachte: Auf den Gesichtspunkt der Zweckmäßigkeit darf nur eingegangen werden, wenn die Ausgangsbehörde einen Ermessens- oder Beurteilungsspielraum besitzt und wenn die Zweckwidrigkeit ihrer Entscheidung nicht schon eine Verletzung von Rechten des Widerspruchsführers bedingt.

d) Klagefrist

§ 74 I VwGO bestimmt folgendes: Die Anfechtungsklage muss innerhalb eines Monats nach Zustellung des Widerspruchsbescheids erhoben werden. Ist gem. § 68 VwGO ein Vorverfahren entbehrlich, muss die Klage innerhalb eines Monats nach Bekanntgabe des Verwaltungsakts, und zwar gegenüber dem Kläger, erhoben werden.

Beachte: Nach § 58 I VwGO beginnt die Monatsfrist nur zu laufen, wenn der Widerspruchs- bzw. der Ausgangsbescheid eine ordnungsgemäße, d.h. auch inhaltlich zutreffende Rechtsbehelfsbelehrung enthält. Anderenfalls gilt nach § 58 II VwGO eine Jahresfrist. Wurde der Widerspruchs- bzw. der Ausgangsbescheid **gegenüber dem Kläger** überhaupt nicht bekannt gegeben, sondern nur gegenüber einem Dritten, wird für den Kläger keine Anfechtungsfrist in Gang gesetzt. Er kann sein Anfechtungsrecht allerdings verwirken.[58]

2. Begründetheit

Die Anfechtungsklage ist begründet, soweit der angefochtene **Verwaltungsakt tatsächlich rechtswidrig ist und den Kläger in seinen Rechten verletzt, § 113 I 1 VwGO.** Der **Prüfungsaufbau**[59] orientiert sich an den Vorgaben von § 113 I 1 VwGO: (formelle und materielle) Rechtmäßigkeit des Verwaltungsakts und Verletzung des Klägers in eige-

---

[58] Dazu näher Rn. 559 ff.
[59] Dazu Graf v. Kielmannsegg, JuS 2013, 312 ff.

nen, d.h. subjektiven öffentlichen Rechten. Zur materiellen Rechtmäßigkeit des Verwaltungsakts gehört auch die Frage, ob der Verwaltungsakt gegen Grundrechte und andere subjektive öffentliche Rechte verstößt. Ist der Kläger Adressat des Verwaltungsakts, bleibt für die Prüfung, ob er durch den rechtswidrigen Verwaltungsakt auch in eigenen Rechten verletzt ist, kein Raum mehr. Auch wenn ein Verwaltungsakt nur formell rechtswidrig ist, verstößt er gegen das (Grund-)Recht des Adressaten, in das er eingreift;[60] etwas anderes gilt nur, wenn der Rechtsverstoß geheilt wurde (§ 45 VwVfG) oder unbeachtlich ist (§ 46 VwVfG).

1378 **Beachte:** Die Frage der formellen Rechtmäßigkeit des Verwaltungsakts hängt häufig von der einschlägigen Ermächtigungsgrundlage ab. Diese ist deshalb vorab zu bestimmen. Die Prüfung der Rechtmäßigkeit von Verwaltungsakten wurde bereits ausführlich dargestellt.[61]

Ist die Anfechtungsklage begründet, hebt das **Gericht** den angefochtenen Verwaltungsakt (in Gestalt des Widerspruchsbescheides, § 79 I Nr. 1 VwGO) auf.

II. Verpflichtungsklage

Literatur: *Ehlers*, Die verwaltungsgerichtliche Verpflichtungsklage, Jura 2004, 310; *Frenz*, Die Verpflichtungsklage, JA 2011, 917.

1. Besondere Zulässigkeitsvoraussetzungen

a) Statthaftigkeit

1379 Die Verpflichtungsklage ist statthaft, wenn sie auf die Verurteilung des Beklagten zum Erlass eines abgelehnten oder unterlassenen Verwaltungsakts gerichtet ist, § 42 I VwGO. Ziel des Klägers muss also der Erlass eines (ihn begünstigenden) Verwaltungsakts sein.

Unterschieden wird zwischen der **Versagungsgegenklage** und der **Untätigkeitsklage.** Das sind freilich keine verschiedenen Klagearten, sondern ganz normale Verpflichtungsklagen. Von einer **Versagungsgegenklage** spricht man, wenn die Behörde den Erlass des beantragten Verwaltungsakts **ausdrücklich abgelehnt** hat (§ 42 I 2. HS, 1. Alt. VwGO). Von einer **Untätigkeitsklage** spricht man, wenn der Kläger bei der Behörde den Erlass des Verwaltungsakts zwar beantragt hat, die Behörde aber – ohne den

---

[60] BVerwG NJW 2005, 2332 m.w.N.
[61] Rn. 569 ff. (Prüfschema Rn. 610).

§ 31. Die Klagearten und besondere Zulässigkeitsvoraussetzungen 593

Antrag abzulehnen – **untätig geblieben** ist, § 42 I 2. HS, 2. Alt. i.V.m. § 75 S. 1 VwGO.

Im Falle der Versagungsgegenklage richtet sich die Verpflichtungsklage automatisch gegen die antragsablehnende Entscheidung der Behörde. Ist die Verpflichtungsklage erfolgreich, verurteilt das Gericht den Beklagten zum Erlass des beantragten Verwaltungsakts, § 113 V 1 VwGO. In dieser Verurteilung liegt zwangsläufig die **Aufhebung der antragsablehnenden Behördenentscheidung,** selbst wenn dies vom Gericht nicht ausdrücklich ausgesprochen wird. Eine Anfechtung der antragsablehnenden Behördenentscheidung wäre zwar statthaft. Denn für sich genommen ist sie ein Verwaltungsakt. Allerdings wäre sie unzulässig, weil für eine solche **isolierte Anfechtung** das Rechtsschutzbedürfnis fehlt.[62] 1380

Eine Verpflichtungsklage steht auch dann in Rede, wenn der Kläger keinen Anspruch auf Erlass eines Verwaltungsakts mit einem ganz bestimmten Inhalt geltend macht, sondern nur eine (nochmalige) **ermessens- oder beurteilungsfehlerfreie Entscheidung der Behörde** begehrt. Auch hier verlangt der Kläger von der Behörde den Erlass eines Verwaltungsakts. Da im Erfolgsfall das Gericht die Behörde nur zur (nochmaligen) Bescheidung des Klägers unter Beachtung der gerichtlichen Rechtsauffassung verurteilt (§ 113 V 2 VwGO), spricht man von einer **Verpflichtungsklage mit Bescheidungsantrag.** Da es ein **Bescheidungsurteil** gibt (§ 113 V 2 VwGO), spricht nichts gegen die Bezeichnung „**Bescheidungsklage**".[63] Auch sie ist freilich keine selbständige Klageart, sondern eine Verpflichtungsklage. 1381

b) Klagebefugnis

Die Verpflichtungsklage ist nur zulässig, wenn der Kläger (substantiiert) geltend macht, durch die Ablehnung oder Unterlassung des Verwaltungsakts in seinen Rechten verletzt zu sein, § 42 II VwGO. Der Wortlaut dieser Vorschrift ist missverständlich. Entscheidend für den Erfolg einer Verpflichtungsklage sind nicht die Rechtswidrigkeit der antragsablehnenden Behördenentscheidung und die hierauf beruhende Verletzung des Klägers in seinen Rechten. Gleiches gilt für den entsprechenden Wortlaut des § 113 V 1 VwGO. Entscheidend ist vielmehr, ob der Kläger einen **Anspruch auf Erlass** des beantragten Verwaltungsakts hat. Deshalb sollte in der Fallbearbeitung besser geprüft werden, ob der Kläger möglicherweise einen solchen Anspruch hat. Kann der VA-Erlassanspruch nicht offensichtlich ausgeschlossen werden, ist die Klagebefugnis zu bejahen. Die Adressatentheorie[64] ist unanwendbar. Denn selbst wenn der antragsablehnende Verwaltungsakt den Kläger in seinen Rechten verletzt, bedeutet dies nicht 1382

---

[62] Zur isolierten Anfechtungsklage näher *Pasemann,* VR 2005, 181 ff.
[63] So z.B. *Hufen,* § 15 Rn. 15; *Schmitt Glaeser/Horn,* Rn. 303 a.E.
[64] Dazu Rn. 1352.

zwingend, dass er einen Anspruch auf Erlass des beantragten Verwaltungsakts hat.

Nichts anderes gilt für Bescheidungsklagen. Auch hier ist darzulegen, dass der Kläger möglicherweise einen Anspruch auf eine (nochmalige) behördliche Verbescheidung hat. Dies verlangt die Darlegung einer Rechtsnorm, die dem Kläger möglicherweise einen Anspruch auf eine ermessens- bzw. beurteilungsfehlerfreie behördliche Entscheidung einräumt. Hat die Behörde bereits eine dem Kläger ungünstige Entscheidung getroffen, muss außerdem dargetan werden, dass diese Entscheidung ermessens- bzw. beurteilungsfehlerhaft war.

1383 Bei der Prüfung der Klagebefugnis ist sowohl auf das einfache Gesetzesrecht als auch auf das Verfassungsrecht abzustellen. Es sind Vorschriften zu nennen, aus denen der vom Kläger geltend gemachte Anspruch folgen kann.

Beispiel: Ein Bundesgesetz sieht die Vergabe von Subventionen vor. Der Kläger behauptet, die Vergabevoraussetzungen zu erfüllen. Die Behörde bestreitet dies. Erfolgt die Subventionsvergabe lediglich auf der Grundlage von Verwaltungsvorschriften, ist auf Art. 3 I GG abzustellen. Hinsichtlich der Anforderungen, die an das Geltendmachen des Anspruches zu stellen sind, kann auf die Ausführungen zur Klagebefugnis bei der Anfechtungsklage verwiesen werden.[65]

c) Vorverfahren

1384 Das grundsätzliche Erfordernis des Vorverfahrens gilt gem. § 68 II VwGO auch für die Verpflichtungsklage. Widerspruch ist gegen die **antragsablehnende Behördenentscheidung** einzulegen. Dass der Bürger zunächst bei der Behörde einen Antrag auf Erlass des begehrten Verwaltungsakts stellt, wird in §§ 68 II, 74 II VwGO vorausgesetzt. Wurde der Antrag durch die Behörde abgelehnt, ist innerhalb eines Monats nach Bekanntgabe der Antragsablehnung (= Verwaltungsakt) gegen diese Entscheidung Widerspruch einzulegen, § 70 VwGO.

Hat die Behörde auf den Antrag oder auf den Widerspruch nicht innerhalb angemessener Frist reagiert (beachte den Unterschied: das eine Mal reagiert die Behörde auf den Antrag nicht, das andere Mal lehnt sie zwar den Antrag ab, reagiert aber auf den Widerspruch nicht), kann gem. § 75 S. 1 VwGO ohne vollständige Durchführung des Vorverfahrens Verpflichtungsklage erhoben werden (frühestens drei Monate nach Antragstellung bzw. nach Einlegung des Widerspruchs, § 75 S. 2 VwGO). Hinsichtlich der weiteren Einzelheiten zum Vorverfahren kann auf die Ausführungen zur Anfechtungsklage verwiesen werden.

---

[65] Rn. 1351 ff.

Der **Verpflichtungswiderspruch** ist analog § 113 V 1 VwGO begründet, wenn der Widerspruchsführer einen Rechtsanspruch auf Erlass des beantragten Verwaltungsakts hat. Stand der Ausgangsbehörde ein Ermessens- oder Beurteilungsspielraum zu, ist der Verpflichtungswiderspruch aus den oben genannten Gründen außerdem begründet, wenn der Erlass des beantragten Verwaltungsakts im rechtlichen Interesse des Widerspruchsführers liegt und zweckmäßig ist.

1385

Ist der Verpflichtungswiderspruch begründet, erlässt die Widerspruchsbehörde (oder vorher die Ausgangsbehörde) den beantragten Verwaltungsakt. Eine Aufhebung der ablehnenden Entscheidung der Ausgangsbehörde unter gleichzeitiger Verpflichtung der Ausgangsbehörde zur nochmaligen Entscheidung über den Antrag auf Erlass des Verwaltungsakts (**Bescheidungswiderspruchsbescheid**) ist der Widerspruchsbehörde nur gestattet, wenn der Ausgangsbehörde ein Ermessens- oder Beurteilungsspielraum zusteht und die Widerspruchsbehörde insoweit ausnahmsweise nur eine beschränkte Kontrollkompetenz hat.[66]

Beispiel: Der Ausgangsbehörde steht bei einer Bewertung einer Prüfung ein Beurteilungsspielraum zu. Die Widerspruchsbehörde stellt einen Verstoß gegen allgemeine Prüfungsgrundsätze fest: Ein vertretbares Ergebnis wurde als falsch bewertet. Hier darf die mit der Ausgangsbehörde nicht identische Widerspruchsbehörde die Prüfungsnote nicht selbständig festsetzen, sondern muss unter Aufhebung des Prüfungsbescheides an die Ausgangsbehörde zum Zwecke der Neubewertung zurückverweisen.

Demgegenüber räumt die überwiegende Auffassung der Widerspruchsbehörde generell die Befugnis ein, einen bloßen Bescheidungswiderspruchsbescheid zu erlassen.[67]

d) Klagefrist

Gem. § 74 II VwGO gilt auch für die Verpflichtungsklage die Monatsfrist des § 74 I VwGO. Ist nach § 68 I 2 VwGO kein Vorverfahren erforderlich, beginnt die Monatsfrist mit Bekanntgabe der antragsablehnenden Behördenentscheidung zu laufen. Ist ein Vorverfahren erforderlich, beginnt die Monatsfrist mit Zustellung des Widerspruchsbescheids zu laufen. Fehlt eine ordnungsgemäße Rechtsbehelfsbelehrung, gilt die Jahresfrist des § 58 II VwGO.

1386

---

[66] *Hufen*, § 9 Rn. 10, 12; *Dolde/Porsch*, in: Schoch/Schneider/Bier, § 73 Rn. 38 f.
[67] BVerwGE 37, 47 (52 f.); 21, 142 ff.; NVwZ 1982, 116 f.; DÖV 1979, 791 f.; *Geis*, in: Sodan/Ziekow, § 73 Rn. 37 m. w. N. in Fn. 6; *Erichsen*, Jura 1992, 653.

2. Begründetheit

1387 Die Verpflichtungsklage ist begründet, **wenn der Kläger tatsächlich einen Anspruch auf Erlass des beantragten Verwaltungsakts hat, § 113 V 1 VwGO.** Steht fest, dass der Kläger einen Anspruch auf Erlass eines Verwaltungsakts mit einem ganz bestimmten Inhalt hat (die Sache ist dann „spruchreif"), verurteilt das Gericht die zuständige Behörde zum Erlass dieses Verwaltungsakts, § 113 V 1 VwGO. **Beachte:** Nicht das Gericht erlässt den Verwaltungsakt.

1388 Hat der Kläger keinen Anspruch auf Erlass eines Verwaltungsakts mit einem ganz bestimmten Inhalt, sondern nur einen Anspruch auf (nochmalige) behördliche ermessens- oder beurteilungsfehlerfreie Entscheidung und hat die Behörde diesen Anspruch noch nicht erfüllt – weil sie entweder noch gar nicht oder nur rechtsfehlerhaft entschieden hat –, verurteilt das Gericht die Behörde zur (nochmaligen) Bescheidung des Klägers unter Berücksichtigung der Rechtsauffassung des Gerichts, § 113 V 2 VwGO. Dies wird auch als **Bescheidungsurteil** bezeichnet.[68]

Erhebt der Kläger in einem solchen Fall eine normale, unbeschränkte Verpflichtungsklage, unterliegt er teilweise – die Behörde wird ja nicht zum Erlass eines ganz bestimmten Verwaltungsakts verurteilt – und muss einen Teil der Kosten tragen. Es ist ihm deshalb zu raten, Verpflichtungsklage mit Bescheidungsantrag (Bescheidungsklage) zu erheben.

1389 Trotz der Formulierung von § 113 V 1 VwGO – Rechtswidrigkeit der Ablehnung oder Unterlassung des Verwaltungsakts und Verletzung des Klägers in seinen Rechten – ist ein hieran orientierter Prüfungsaufbau nicht empfehlenswert. Denn der Sache nach geht es um die Frage, ob der Kläger einen Anspruch auf Erlass des begehrten Verwaltungsakts (§ 113 V 1 VwGO) oder zumindest einen Anspruch auf nochmalige fehlerfreie behördliche Entscheidung hat (§ 113 V 2 VwGO). Deshalb empfiehlt sich der im Prüfschema Nr. 39[69] gewählte **Anspruchsaufbau.** Ein streng an § 113 V 1 VwGO orientierter Aufbau ist zwar nicht unüblich, aber nur mit Einschränkungen möglich.[70]

III. Allgemeine Leistungsklage

Literatur: *Ehlers,* Die allgemeine verwaltungsgerichtliche Leistungsklage, Jura 2006, 351; *Geis/Meier,* Grundfälle zur allgemeinen Leistungsklage, JuS 2013, 28; *Steiner,* Die allgemeine Leistungsklage im Verwaltungsprozeß, JuS 1984, 853.

---

[68] Dazu Rn. 391 ff., 1381.
[69] Rn. 1420.
[70] Vgl. etwa den insoweit zutreffenden Prüfungsaufbau von *Hufen,* § 26 Rn. 3 ff. (26).

1. Besondere Zulässigkeitsvoraussetzungen

a) Statthaftigkeit

Die allgemeine Leistungsklage ist in der VwGO nicht näher geregelt. Ihre Existenz wird z.B. in § 43 II 1 VwGO vorausgesetzt. Es ist deshalb nicht richtig zu sagen, wie in Prüfungsarbeiten gelegentlich zu lesen ist, „die allgemeine Leistungsklage gemäß § 43 II 1 VwGO". 1390

> Die allgemeine Leistungsklage ist statthaft, wenn der Kläger eine **Handlung begehrt, die nicht im Erlass eines Verwaltungsakts besteht,** oder wenn er die **Unterlassung von Handlungen** begehrt.

Der Terminus **„allgemeine"** Leistungsklage kennzeichnet den Unterschied zur Verpflichtungsklage. Sie ist ebenfalls eine Leistungsklage, aber eine „besondere", weil sie auf den Erlass eines Verwaltungsakts gerichtet ist.

Bei der allgemeinen Leistungsklage geht es im Regelfall, nämlich wenn auf der Beklagtenseite ein Träger öffentlicher Gewalt steht, um die Vornahme oder Unterlassung einer **öffentlich-rechtlichen Handlung.** Das muss aber nicht so sein.

> Die allgemeine Leistungsklage steht auch dann zur Verfügung, wenn der Staat den Bürger verklagt.

Beispiel: Klage einer Gemeinde gegen einen Bürger auf Erbringung der in einem öffentlich-rechtlichen Vertrag vereinbarten Leistung.

Die **Klage auf Unterlassung von Handlungen** wird im Abschnitt „vorbeugender Rechtsschutz" behandelt.[71] Im folgenden geht es um die Klage auf Vornahme von Handlungen, die nicht im Erlass eines Verwaltungsakts bestehen. In der Regel handelt es sich um Klagen des Bürgers gegen den Staat auf **schlichthoheitliches Verwaltungshandeln** (tatsächliches Handeln, Vornahme von Realakten). 1391

Beispiele: Erteilung von Auskünften; Beratungen; Widerruf von Tatsachenbehauptungen; Erteilung von Schulunterricht; Auszahlung von Geld; Rücknahme innerdienstlicher Rechtsakte, die nicht auf Außenwirkung gerichtet sind und die deshalb keine Verwaltungsakte sind (Beispiel: Umsetzung eines Beamten).

---

[71] Rn. 1443 ff.

Stets ist aber zu prüfen, ob die Vornahme der begehrten Handlung den **Erlass eines Verwaltungsakts voraussetzt** (z. B. Erlass eines Bescheides, der die Auszahlung eines bestimmten Geldbetrages bewilligt). Ist dies der Fall, ist die Verpflichtungsklage statthaft. Die Beantwortung dieser Frage ist häufig nicht leicht und umstritten.

Das Erfordernis eines Verwaltungsakts, der der begehrten Leistung vorausgeht, kann gesetzlich bestimmt sein, z. B. § 48 III 4 VwVfG. Es kann sich aber auch aus allgemeinen Erwägungen ergeben, wenn etwa die Leistungsgewährung eine **eingehende behördliche Prüfung der Rechtslage** voraussetzt.

In **Prüfungsarbeiten** sind beide Auffassungen – also Verpflichtungsklage oder allgemeine Leistungsklage – in der Regel gleichwertig vertretbar. Es kommt vor allem auf Problemsicht und Argumentation an.

b) Klagebefugnis

1392   Wegen der **strukturellen Ähnlichkeit** von Verpflichtungsklage und allgemeiner Leistungsklage und **zur Vermeidung VwGO-atypischer Popularklagen** setzt nach ganz h. M. die Zulässigkeit einer allgemeinen Leistungsklage **Klagebefugnis analog § 42 II VwGO** voraus.[72]

Die Klagebefugnis ist gegeben, wenn der Kläger **möglicherweise einen Anspruch auf die begehrte Leistung** (oder Unterlassung) hat. Die Ausführungen zur Anfechtungsklage[73] und zur Verpflichtungsklage[74] gelten entsprechend.

Auch allgemeine Leistungsklagen des Staates gegen den Bürger sind nur zulässig, wenn der Staat klagebefugt analog § 42 II VwGO ist.[75] Das Argument der Gegenauffassung, unter § 42 II VwGO fielen nur subjektive öffentliche Rechte und diese könnten nur dem Bürger gegenüber dem Staat zustehen und nicht umgekehrt, ist unzutreffend. Zum einen ist schon der Begriff des subjektiven öffentlichen Rechts umstritten. Zum Teil werden auch die dem Staat gegenüber dem Bürger zustehenden Rechte als subjektiv-öffentlich qualifiziert.[76]

---

[72] BVerwGE 36, 192 (199); 100, 262 (271); *Kopp/Schenke*, § 42 Rn. 62 m. w. N.; a. A. z. B. *Erichsen,* Jura 1992, 386; *ders.,* Jura 1994, 482.

[73] Rn. 1351 ff.

[74] Rn. 1382 f.

[75] *Wahl/Schütz,* in: Schoch/Schneider/Bier, § 42 Abs. 2 Rn. 103; a. A. *Würtenberger,* Rn. 388; *Schmitt Glaeser/Horn,* Rn. 395.

[76] *Scherzberg,* in: Erichsen/Ehlers, § 12 Rn. 27; *Bauer,* DVBl. 1986, 208 ff.; vgl. zum Problemkreis auch *Kopp/Schenke,* § 42 Rn. 80.

§ 31. Die Klagearten und besondere Zulässigkeitsvoraussetzungen 599

Vor allem aber sind die Rechte, die § 42 II VwGO meint, identisch mit den Rechten und Ansprüchen des Klägers, die im Rahmen der Begründetheit der allgemeinen Leistungsklage zu prüfen sind. Deshalb ist es konsequent, auch Rechte des Staates gegen den Bürger als Rechte i.S.v. § 42 II VwGO zu begreifen. Anderenfalls dürften diese Rechte auch bei der Begründetheitsprüfung nicht berücksichtigt werden – mit der Konsequenz, dass Staat-Bürger-Klagen letztlich stets keinen Erfolg haben könnten. Problematisch bei Staat-Bürger-Klagen ist indes nicht die Klagebefugnis, sondern vor allem das Rechtsschutzbedürfnis.[77]

Beachte in der Fallbearbeitung: In aller Regel ist Klagebefugnis analog § 42 II VwGO ohne weiteres gegeben. In einem solchen Fall darf der Meinungsstreit, ob § 42 II VwGO auf die allgemeine Leistungsklage analog anwendbar ist, auf keinen Fall breit dargelegt werden. Besteht Klagebefugnis analog § 42 II VwGO, kommt es auf den Meinungsstreit nicht an. Er kann deshalb auf sich beruhen.

c) Sonstige Zulässigkeitsvoraussetzungen

Weitere besondere Zulässigkeitsvoraussetzungen gelten für eine allgemeine Leistungsklage nicht. Unstreitig muss kein Vorverfahren durchgeführt werden, und es gilt auch keine Klagefrist. Möglich ist allerdings die **Verwirkung** des Klagerechts durch Zeitablauf.[78] Bei beamtenrechtlichen Streitigkeiten ist allerdings nach § 126 II BBG, § 54 II BeamtStG ein Vorverfahren durchzuführen und damit auch die Klagefrist nach § 74 VwGO einzuhalten.

1393

Umstritten ist, ob dem Kläger das **Rechtsschutzbedürfnis** für eine allgemeine Leistungsklage fehlt, wenn er die begehrte Leistung nicht vor Klageerhebung bei der Behörde beantragt hat.[79] Ein derartiges Antragserfordernis ist trotz der strukturellen Ähnlichkeit von Verpflichtungsklage und allgemeiner Leistungsklage abzulehnen. Aus § 156 VwGO folgt, dass eine Klage selbst dann zulässig und sogar begründet sein kann, wenn der Beklagte durch sein Verhalten keine Veranlassung zur Klageerhebung geboten hat;[80] dies ist aber gerade dann der Fall, wenn der Kläger eine Leistung einklagt, ohne sie vorher beim Beklagten beantragt oder angemahnt zu haben. Da § 156 VwGO unmittelbar nur für die allgemeine

---

[77] Dazu Rn. 1393.
[78] BVerwGE 44, 294 (298).
[79] Dafür: *Würtenberger*, Rn. 393; *Schmitt Glaeser/Horn*, Rn. 388; *Hufen*, § 17 Rn. 11; *Bethge/Rozek*, JuS 1995, 808; so der Sache nach auch BVerwG NJW 1996, 1978; vgl. auch BVerwGE 114, 350 (356), wonach zwar kein allgemeines Antragserfordernis besteht, ohne vorherigen Antrag aber das allgemeine Rechtsschutzbedürfnis fehlen kann (nicht muss); ebenso BVerwG NVwZ 2009, 1314 Rn. 4.
[80] *Schenke*, Rn. 363; *Ehlers*, Jura 2006, 356; insoweit auch BVerwGE 114, 350 (356).

Leistungsklage und Feststellungsklage gilt, liefe diese Vorschrift leer, wenn aus dem allgemeinen Rechtsschutzbedürfnis ein generelles Antragserfordernis abgeleitet würde.[81] Dass eine **Verpflichtungsklage** ohne vorherige Beantragung des VA-Erlasses unzulässig ist, folgt aus der gesetzlichen Regelung in §§ 68 II, 75 S. 1 VwGO.

Problematisch kann das Rechtsschutzbedürfnis auch bei Klagen des Staates gegen den Bürger sein.[82] Der Staat hat grundsätzlich kein Rechtsschutzbedürfnis für Klagen gegen den Bürger, wenn er seinen Anspruch ohne Klageerhebung durchsetzen kann. So verhält es sich, wenn der Staat die Befugnis hat, seinen Anspruch durch Verwaltungsakt (ggf. mit anschließender Verwaltungsvollstreckung)[83] durchzusetzen. Besteht diese Möglichkeit, ist das Rechtsschutzbedürfnis für eine Klageerhebung der Behörde aber gleichwohl nur dann ausgeschlossen, wenn durch den Erlass eines Verwaltungsakts tatsächlich ein Prozess vermieden werden könnte. Dies ist nicht der Fall, wenn der Bürger deutlich zu erkennen gegeben hat, dass er sich gegen einen etwaigen Verwaltungsakt gerichtlich wehren würde. Dann ist es der Behörde nicht verwehrt, vom Erlass eines Verwaltungsakts abzusehen und sogleich verwaltungsgerichtliche Klage zu erheben.[84] Gleiches gilt erst recht, wenn zweifelhaft ist, ob die Behörde überhaupt die Befugnis hat, ihren Anspruch gerade durch Verwaltungsakt durchzusetzen (VA-Befugnis).[85]

2. Begründetheit

1394 Für die allgemeine Leistungsklage gilt im Prinzip das Gleiche wie für die Verpflichtungsklage. Deshalb spricht nichts gegen eine analoge Anwendung von § 113 V VwGO.[86] Die allgemeine Leistungsklage ist begründet, wenn der Kläger einen Anspruch auf die begehrte Leistung oder Unterlassung hat.

Besteht ein Anspruch auf die begehrte Leistung oder Unterlassung, wird die zuständige Behörde des Beklagten zur Leistungserbringung oder Unterlassung verurteilt. Hat sich die Behörde zwar rechtswidrig verhalten und den Kläger in seinen Rechten verletzt, steht aber dennoch nicht fest, dass der Kläger einen Anspruch auf die begehrte Leistung hat – weil der Behörde z. B. noch ein Entscheidungsspielraum verbleibt –, ergeht ein Beschei-

---

[81] Insoweit auch BVerwGE 114, 350 (356).
[82] Dazu bereits Rn. 1256 ff.
[83] Rn. 1005 ff.
[84] So in vergleichbaren Fällen BVerwGE 115, 390; 80, 164 (165 f.); ablehnend *Ehlers*, Jura 2006, 357.
[85] NdsOVG NdsVBl. 2008, 227; zur VA-Befugnis Rn. 592 ff.
[86] *Kopp/Schenke*, § 113 Rn. 2; vgl. auch *Wolff*, in: Sodan/Ziekow, § 113 Rn. 6.

dungsurteil. D.h., die zuständige Behörde wird zum Tätigwerden unter Beachtung der Rechtsauffassung des Gerichts verurteilt. § 113 V 2 VwGO gilt entsprechend.[87]

IV. Feststellungsklage

Literatur: *Ehlers,* Verwaltungsgerichtliche Feststellungsklage, Jura 2007, 179; *Fellenberg/Karpenstein,* Festellungsklagen gegen den Normgeber, NVwZ 2006, 1133; *Geis,* Die Feststellungsklage als Normenkontrolle zwischen suchender Dialektik und dogmatischer Konsistenz, in: FS W.-R. Schenke, 2011, S. 709; *Geis/Schmidt,* Grundfälle zur verwaltungsprozessualen Feststellungsklage (§ 43 VwGO), JuS 2012, 599; *Klenke,* Zur sogenannten Subsidiarität der Feststellungsklage (§ 43 Abs. 2 S. 1 VwGO), NWVBl. 2003, 170; *Marsch/Rademacher,* „Verbot der Beförderung von Kindern in Fahrradanhängern", Jura 2015, 863 (Übungsfall, u. a. atypische Feststellungsklage gegen Rechtsverordnung von lediglich mittelbar betroffenen Dritten); *Selb,* Die verwaltungsgerichtliche Feststellungsklage, 1997; *Sodan,* Die verwaltungsprozessuale Feststellungsfähigkeit von vergangenen und zukünftigen Rechtsverhältnissen, VerwArch. 94 (2003), 3; *Weidemann,* Nochmals: Feststellungsklagen gegen den Normgeber, NVwZ 2006, 1259; *Wöckel,* Das Rechtsverhältnis im Sinne von § 43 I VwGO, JA 2015, 205.

Rechtsprechung: BVerfGE 115, 81; BVerwG 111, 276; VGH Kassel NVwZ 2006, 1195; OVG Berlin-Brandenburg ZUR 2006, 146; OVG Hamburg NVwZ-RR 2007, 97 – jeweils zum Rechtsschutz gegen (Bundes-)Rechtsverordnungen; BVerwGE 129, 199 (Unzulässigkeit der atypischen Feststellungsklage); BVerwGE 136, 54 (ausnahmsweise Zulässigkeit der atypischen Feststellungsklage).

1. Besondere Zulässigkeitsvoraussetzungen

a) Statthaftigkeit

Die Feststellungsklage ist in § 43 VwGO geregelt. Sie ist in zwei Fällen **1395** statthaft:
- Wenn sie auf Feststellung des Bestehens oder Nichtbestehens eines **Rechtsverhältnisses** gerichtet ist.
- Wenn sie auf Feststellung der **Nichtigkeit eines Verwaltungsakts** gerichtet ist **(Nichtigkeitsfeststellungsklage)**.

Beachte: Wegen der sehr strengen Voraussetzungen des § 44 VwVfG, unter denen ein Verwaltungsakt nichtig ist, kommt der Nichtigkeitsfeststellungsklage in der Praxis und vor allem in Prüfungen keine große Bedeutung zu. Primär sollte an eine Anfechtungsklage gedacht werden.

Zunächst zur ersten Fallgruppe: Statthaft ist die Feststellungsklage nur, wenn es tatsächlich um ein **Rechtsverhältnis i. S. v. § 43 I VwGO** geht.

---

[87] *Hufen,* § 28 Rn. 18.

Ein Rechtsverhältnis i. S. v. § 43 I VwGO wird allgemeinhin definiert als die aus einem **konkreten Sachverhalt aufgrund einer Rechtsnorm des öffentlichen Rechts** sich ergebenden rechtlichen Beziehungen einer Person zu einer anderen (natürlichen oder juristischen) Person oder zu einer Sache, aufgrund deren Streit darüber besteht, was eine der beteiligten Personen tun muss, kann, darf oder nicht tun muss.[88] Es muss also um ein **konkretes,**[89] **umstrittenes**[90] **Rechtsverhältnis** gehen. Viel gewonnen ist mit dieser Standarddefinition freilich nicht. Sie ist viel zu allgemein und vage.[91] Jedenfalls in Prüfungsarbeiten lässt sich mit ihr wenig anfangen.

Wichtig sind **folgende Merkposten:** Gegenstand einer Feststellungsklage können auch selbständige Teile eines Rechtsverhältnisses sein, insbesondere einzelne Pflichten oder Berechtigungen, deren Bestand zwischen den Prozessparteien umstritten ist.[92] **Letztlich geht es immer um Rechtsfragen.**[93] Da es sich laut obiger Definition um einen **konkreten** Sachverhalt handeln muss, muss eine **konkrete, umstrittene Rechtsfrage** in Rede stehen.

> Für den Regelfall kann man von folgender Faustformel ausgehen: Eine Feststellungsklage ist statthaft, wenn der Kläger **die gerichtliche Beantwortung einer zwischen ihm und der Behörde streitigen konkreten Rechtsfrage** begehrt.

Abzugrenzen ist dann vor allem zwischen **abstrakten Rechtsfragen, die nicht feststellungsfähig sind,** und konkreten Rechtsfragen.

1396 Zur Konkretheit einer Rechtsfrage gehört es, dass sie sich auf einen **fest umrissenen und überschaubaren Sachverhalt** bezieht. Außerdem muss die Beantwortung der **Rechtsfrage zwischen den Prozessparteien streitig** sein.

Um konkrete Rechtsfragen handelt es sich insbesondere dann, wenn zwischen Bürger und Behörde **einzelne Rechte oder Pflichten, die**

---

[88] BVerwGE 100, 262 (264 f.) m. w. N.; NVwZ 2012, 162 Rn. 12; *Hufen,* § 18 Rn. 4; näher zum Rechtsverhältnis *Pietzcker,* in: Schoch/Schneider/Bier, § 43 Rn. 5 ff.; *Wöckel,* JA 2015, 205 ff.
[89] BVerwGE 89, 327 (329); 77, 207 (211); 71, 318 (319); NVwZ 2014, 1666 Rn. 20 ff. (sehr informativ).
[90] BVerwGE 136, 54 Rn. 26, 36; 100, 262 (265); 89, 327 (329); 77, 207 (211); nach *Kopp/Schenke,* § 43 Rn. 17 handelt es sich dagegen um eine Frage des Rechtsschutzbedürfnisses.
[91] Vgl. *Hufen,* § 18 Rn. 4: „denkbar weit".
[92] BVerwGE 36, 218 (225 f.); *Hufen,* § 18 Rn. 10; *Wöckel,* JA 2015, 206.
[93] Siehe nur BVerwG NVwZ 2002, 1506; BayVGH BayVBl. 2012, 763.

§ 31. Die Klagearten und besondere Zulässigkeitsvoraussetzungen   603

sich aus einer Rechtsvorschrift (auch aus einem formellen Gesetz) **ergeben,** umstritten sind.

Beispiel: Im Bundesland A wird durch formelles Landesgesetz eine Studiengebühr eingeführt. Student S ist der Meinung, das Gesetz verstoße gegen Art. 12 I GG, sei verfassungswidrig, und er müsse deshalb keine Studiengebühr bezahlen. Zwischen der für die Erhebung der Studiengebühr zuständigen Behörde B und S besteht Streit über die Zahlungspflicht von S. B erlässt aber keinen Gebührenbescheid. Hier kann S auf Feststellung klagen, dass er keine Studiengebühr bezahlen muss. Beachte: Das Verwaltungsgericht hat bei seiner Entscheidung auch Art. 100 I GG zu berücksichtigen.

Weiteres Beispiel: Die Handwerkskammer H (juristische Person des öffentlichen Rechts) wirft dem Handwerksmeister M vor, ständig seinen Lehrling (L) zu züchtigen. H droht M mit dem Ausschluss aus der Handwerkskammer. M stellt den Vorgang in Abrede. Hilfsweise trägt er vor, schließlich betreibe er ein Handwerk und dürfe L deshalb auch züchtigen.

M möchte Feststellungsklage erheben und gerichtlich feststellen lassen, dass:
M den L nicht gezüchtigt hat: Unstatthaft, da es sich um keine Rechtsfrage, sondern um eine tatsächliche Frage handelt.
M zur Züchtigung von L berechtigt ist: Statthaft, da konkrete Rechtsfrage.
Ein Ausschluss aus der Handwerkskammer unzulässig ist: Unstatthaft, da abstrakte Rechtsfrage („ein Ausschluss").
M wegen der Züchtigung des L nicht aus der Handwerkskammer ausgeschlossen werden darf: Statthaft, da konkrete Rechtsfrage.
M noch Mitglied der Handwerkskammer ist: Unstatthaft, da keine streitige Rechtsfrage. Die derzeitige Mitgliedschaft des M ist unbestritten.

Die Frage der Rechtmäßigkeit eines Verwaltungsakts ist abstrakter Natur. Sie kann deshalb nicht Gegenstand einer Feststellungsklage sein.[94] Möglich ist aber eine Fortsetzungsfeststellungsklage nach oder analog § 113 I 4 VwGO. Ob ein Verwaltungsakt den Kläger in seinen Rechten verletzt, ist dagegen eine konkrete Rechtsfrage.[95]

Verbieten oder gebieten ein Gesetz, eine Rechtsverordnung oder eine Satzung eine bestimmte Tätigkeit und halten die hiervon Betroffenen diese Rechtsvorschrift für nichtig, können sie auf Feststellung klagen, dass sie die **verbotene Tätigkeit ausüben dürfen** bzw. die gesetzlich gebotene Tätigkeit **nicht ausüben müssen.**[96]

1397

---

[94] Im Ergebnis ebenso VGH Kassel LKRZ 2009, 458; *Kopp/Schenke,* § 43 Rn. 7b, vgl. auch § 113 Rn. 99; siehe aber auch *Pietzcker,* in: Schoch/Schneider/Bier, § 43 Rn. 14.

[95] Vgl. BVerwGE 81, 258 (262) zu einer behördlichen Maßnahme, die kein Verwaltungsakt ist.

[96] BVerfGK NVwZ 2004, 977 (979 m.w.N.); NVwZ-RR 2000, 473; HessStGH NVwZ-RR 2009, 589; BVerwGE 129, 199 (201 i.V.m. Rn. 16); 124, 47 (53 f.); *Michl,* BayVBl. 2013, 292 f.; so auch der Feststellungsantrag in OVG Berlin NUR 2006, 146; ähnlich BVerfGE 74, 69 (76); BVerfGK 4, 113 (114); BVerwG NJW 1983, 2208 f.; BerlVerfGH NVwZ 2001, 1267.

Derartige Feststellungsklagen sind keine prinzipalen Normenkontrollen.[97] Zwar ist die Feststellungsklage nur erfolgreich, wenn die Rechtsvorschrift ungültig ist. Die Ungültigkeit der Rechtsvorschrift ist aber nicht die Haupt-, sondern eine bloße (wenn auch streitentscheidende) **Vorfrage** im Prozess.[98] Nicht anders verhält es sich, wenn auf Feststellung geklagt wird, dass eine Rechtsvorschrift **auf den Kläger** nicht anwendbar ist oder dass sie ihn in **seinen** Rechten verletzt.[99] Auch hier ist die Frage der Rechtmäßigkeit und Gültigkeit der Rechtsvorschrift eine bloße Vorfrage. Von ihrer Beantwortung hängt die Entscheidung ab, ob die Rechtsvorschrift auf den Kläger anwendbar ist oder ob er durch sie in seinen Rechten verletzt ist.[100]

Nicht statthaft ist eine Klage auf Feststellung, dass eine (untergesetzliche) Rechtsvorschrift rechtswidrig oder ungültig ist.[101] Denn sie ist auf die Feststellung einer nur **abstrakten** Rechtsfrage gerichtet und umgeht zudem unzulässigerweise § 47 VwGO.

1398 Zentrale Zulässigkeitsvoraussetzung von Feststellungsklagen, die der Sache nach auf Rechtsschutz gegen Rechtsvorschriften abzielen, ist, dass zwischen dem Kläger und dem Beklagten **Streit über ein konkretes Rechtsverhältnis** besteht, dass also zwischen ihnen **eine konkrete Rechtsfrage umstritten** ist. Richtiger Auffassung nach kann nur zwischen dem Kläger und der Behörde, die die Rechtsvorschrift ihm gegenüber vollzieht oder im Rahmen der Überwachung durchsetzt, Streit über eine konkrete Rechtsfrage bestehen. Zwischen dem Kläger und der normerlassenden Stelle (bei Rechtsverordnungen und Satzungen eine Behörde, bei formellen Gesetzen ein Parlament) ist das grundsätzlich nicht möglich.[102] Denn wenn überhaupt, dann berücksichtigt nur die normvollziehende oder normüberwachende Behörde die Einzelumstände und individuelle rechtliche Befindlichkeit gerade des Klägers. Ein solches (Nähe-)Verhältnis besteht zwischen dem Kläger und dem Normgeber dagegen grundsätzlich nicht, und zwar auch dann nicht, wenn der Kläger vor oder nach Erlass der

---

[97] Siehe demgegenüber BVerfGK 16, 396 (402): Feststellungsklage nach § 43 VwGO „gegen § 3 SeeAnlV".

[98] BVerwGE 111, 276 (278); *Michl*, BayVBl. 2013, 292.

[99] BVerfGE 115, 81 (95); BVerwGE 136, 54 Rn. 25; 119, 245 (247f.); ablehnend gegenüber derartigen Feststellungsanträgen *Kopp/Schenke*, § 43 Rn. 8g m.w.N.; *Geis*, in: FS W.-R. Schenke, 2011, S. 716: „Taschenspielertrick".

[100] BVerfGE 115, 81 (95).

[101] BVerwGE 129, 199 Rn. 20; OVG Hamburg NVwZ-RR 2007, 100; OVG Bremen GewArch. 2000, 490; *Kopp/Schenke*, § 43 Rn. 8g, 14, § 47 Rn. 9; a.A. BVerfGK NVwZ-RR 2002, 2.

[102] BVerwGE 129, 199 Rn. 21 f.; *Geis*, in: FS W.-R. Schenke, 2011, S. 716; *Hufen*, in: FS W.-R. Schenke, 2011, S. 805 f.; a.A. *Kopp/Schenke*, § 43 Rn. 8h zu untergesetzlichen Rechtsvorschriften; *Kares*, Das Rechtsverhältnis i.S.v. § 43 I Alt. 1 VwGO, 2011, S. 152 ff. (176, 183) sowohl bei nicht vollziehbaren untergesetzlichen Rechtsnormen als auch bei nicht vollziehbaren formellen Gesetzen; *Marsch/Rademacher*, Jura 2015, 853 ff.

§ 31. Die Klagearten und besondere Zulässigkeitsvoraussetzungen

Rechtsnorm mit dem Normgeber Kontakt aufnimmt und von diesem verlangt, die Rechtsnorm nicht zu erlassen oder wieder aufzuheben. Denn der Normgeber wird grundsätzlich nur im Allgemeininteresse, nicht dagegen gerade im Interesse einzelner Personen tätig.[103] Anders verhält es sich in seltenen Ausnahmefällen, wenn der Kreis der betroffenen Normadressaten klein und hinreichend individualisiert abgrenzbar ist oder der Kläger am Normerlassverfahren in besonderer Weise beteiligt war.

> Ein feststellungsfähiges konkretes, umstrittenes Rechtsverhältnis (konkrete, umstrittene Rechtsfrage) besteht grundsätzlich nur zwischen der normvollziehenden oder normüberwachenden Behörde und dem Kläger. **Klagegegner** ist deshalb analog § 78 I Nr. 1 VwGO oder nach dem in dieser Vorschrift zum Ausdruck gelangten Rechtsträgerprinzip der Rechtsträger derjenigen Behörde, mit der Streit über die Anwendung der Rechtsnorm auf den Kläger besteht.[104] Feststellungsklagen gegen den **Normgeber** (dessen Rechtsträger) sind grundsätzlich unzulässig.[105] Auf diese Unterscheidung kommt es **im Ergebnis** nicht an (sondern nur für seine Begründung), wenn der Normgeber und die normvollziehende bzw. normüberwachende Behörde denselben Rechtsträger (Bund, Land, Kreis, Gemeinde) haben.

Auch das **BVerwG** lehnt ein feststellungsfähiges Rechtsverhältnis zwischen dem Normgeber und dem Kläger ab, wenn die Rechtsnorm von einer Behörde vollzogen oder überwacht wird.[106] Eine Feststellungsklage gegen den Rechtsträger des Normgebers hält es indes **ausnahmsweise** für zulässig, wenn die Rechtsvorschrift unmittelbar Rechte und Pflichten des Klägers begründet, ohne dass eine Konkretisierung oder Individualisierung durch behördlichen Vollzug – hierzu gehört auch die behördliche Überwachung – vorgesehen oder möglich ist (sog. **atypische Feststellungsklage**).[107] Weshalb nur in diesem Fall, nicht aber auch im Normalfall der vollziehbaren Rechtsnormen ein feststellungsfähiges Rechtsverhältnis zwischen dem Normgeber und dem Kläger bestehen soll, sagt das BVerwG

---

[103] Vgl. die Parallele zur Drittrichtung der Amtspflicht beim Amtshaftungsanspruch nach § 839 BGB, Art. 34 GG, Rn. 1069 f.
[104] BVerwGE 129, 199 Rn. 22; *Hufen*, in: FS W.-R. Schenke, 2011, S. 805 f.
[105] A. A. BVerfGK 16, 396 (402); *Marsch/Rademacher*, Jura 2015, 856.
[106] BVerwGE 129, 199 Rn. 21 ff.; 124, 47 (54).
[107] BVerwGE 136, 54 Rn. 26 ff., 30, 34; generell ablehnend *Geis*, in: FS W.-R. Schenke, 2011, S. 709 ff.

indes nicht.[108] Immerhin lehnt es die Auffassung einer Kammer des BVerfG, einiger Oberverwaltungsgerichte und von Teilen der Literatur zutreffend ab, wonach sich die Feststellungsklage zumindest auch oder sogar primär gegen den Normgeber (dessen Rechtsträger) richten könne, wenn es um die Frage gehe, ob der Kläger das in der Norm statuierte Ge- oder Verbot befolgen müsse.[109]

Erst recht ist eine Feststellungsklage **gegen den Normgeber** (dessen Rechtsträger) mangels feststellungsfähigen konkreten, umstrittenen Rechtsverhältnisses (konkrete, umstrittene Rechtsfrage) unzulässig, wenn es um die Frage der Anwendbarkeit eines formellen Gesetzes geht.[110] Richtet sich eine Klage direkt gegen den formellen Gesetzgeber, handelt es sich stets um eine verfassungsrechtliche Streitigkeit,[111] für die schon der Verwaltungsrechtsweg nicht eröffnet ist; § 40 I 1 VwGO verlangt eine nichtverfassungsrechtliche Streitigkeit.

Feststellungsklagen gegen den untergesetzlichen Normgeber (dessen Rechtsträger) sind nach verbreiteter Auffassung im Ausnahmefall einer Normerlassklage statthaft.[112] Auch hier fehlt indes ein feststellungsfähiges konkretes, umstrittenes Rechtsverhältnis zwischen Kläger und Normgeber (konkrete, umstrittene Rechtsfrage). Statthaft ist deshalb nur eine allgemeine Leistungsklage.

Steht verwaltungsgerichtlicher Rechtsschutz im Einzelfall nicht zur Verfügung, müssen die Verfassungsgerichte effektiven Rechtsschutz im Rahmen von Verfassungsbeschwerden gewähren.[113] Rechtsweg i.S.v. Art. 19 IV 1 GG und des allgemeinen Justizgewährungsanspruchs aus Art. 2 I i.V.m. Art. 20 III GG ist auch der Rechtsweg zur Verfassungsgerichtsbarkeit mittels Verfassungsbeschwerde.[114] Art. 19 IV GG garantiert zwar kei-

---

[108] Kritisch insoweit auch *Krumm*, DVBl. 2011, 1012, der dem BVerwG aber im Ergebnis zustimmt.

[109] BVerfGK 16, 396 (406); VGH Bad.-Württ. DÖV 2007, 478f.; OVG Hamburg NVwZ-RR 2007, 100f.; VGH Kassel NVwZ 2006, 1198f.; *Kopp/Schenke*, § 43 Rn. 8 h; *Fellenberg/Karpenstein*, NVwZ 2006, 1133ff.; *Marsch/Rademacher*, Jura 2015, 853 ff., die sogar Klagen auf Feststellung, dass **Dritten** das in der Norm verbotene Verhalten erlaubt sei, für zulässig halten.

[110] A. A. *Kares*, Das Rechtsverhältnis i.S.v. § 43 I Alt. 1 VwGO, 2011, S. 177ff.

[111] Dies gilt nicht nur, wenn ein formelles Gesetz direkt angegriffen wird (dazu BVerfGE 70, 35/55; 76, 107/115), sondern auch für andere Klagen unmittelbar gegen den formellen Gesetzgeber; die Formel der doppelten Verfassungsunmittelbarkeit (dazu Rn. 1327f.) erfasst diese Fälle nicht.

[112] Dazu Rn. 1441 m.w.N.; einen solchen Ausnahmefall betrifft auch BVerfGE 115, 81 (95) – dazu die Aufbereitung von *Muckel*, JA 2007, 76ff.; diese Entscheidung kann deshalb nicht als Beleg für die Statthaftigkeit einer atypischen Feststellungsklage gegen den Normgeber mit dem Ziel, eine von ihm erlassene Rechtsvorschrift anzugreifen, angeführt werden.

[113] *Kopp/Schenke*, § 47 Rn. 11.

[114] *Schenke*, in: BK, Art. 19 Abs. 4 Rn. 89ff.; *Sachs*, in: ders., Art. 19 Rn. 134; *P.M. Huber*, in: v. Mangoldt/Klein/Starck I, Art. 19 Rn. 448; *Geis*, in: FS W.-R. Schenke, 2011,

§ 31. Die Klagearten und besondere Zulässigkeitsvoraussetzungen 607

nen verfassungsgerichtlichen Rechtsschutz gegen die Exekutive.[115] Effektiver verfassungsgerichtlicher Rechtsschutz genügt aber der Rechtsschutzgarantie des Art. 19 IV GG. Die einschlägigen verfassungsprozessualen Vorschriften können zur Vermeidung von Rechtsschutzlücken rechtsschutzintensiv interpretiert werden.[116] Verbleiben gleichwohl Rechtsschutzlücken, die mit Art. 19 IV 1 GG unvereinbar sind,[117] kann nur mit einer gegen den Normgeber gerichteten **Feststellungsklage sui generis**[118] geholfen werden. Dieser Notbehelf erscheint ehrlicher und dogmatisch erträglicher als eine einzelfallmotivierte Perversion der allgemeinen Feststellungsklage.

Eine **Nichtigkeitsfeststellungklage** ist statthaft, wenn objektiv ein Verwaltungsakt erlassen wurde und die Feststellung seiner **Nichtigkeit** beantragt wird. **Beachte:** Nichtigkeit ist mehr als bloße Rechtswidrigkeit.[119] Ob der Verwaltungsakt tatsächlich nichtig ist, ist erst eine Frage der Begründetheit der Feststellungsklage.

b) Subsidiarität

Gem. § 43 II 1 VwGO kann die Feststellung nicht begehrt werden, soweit der Kläger seine Rechte durch Gestaltungs- oder Leistungsklage verfolgen kann oder hätte verfolgen können. **Gestaltungsklage** i. S. dieser Vorschrift ist die Anfechtungsklage; **Leistungsklage** ist die Verpflichtungsklage (= besondere Leistungsklage) und die allgemeine Leistungsklage. Gegenüber diesen Klagearten ist die Feststellungsklage **subsidiär**.[120] D. h., wenn der Kläger die Möglichkeit hat, sein Ziel, das er mit der Feststellungsklage verfolgt, mit einer anderen Klageart zu erreichen, ist die Feststellungsklage unzulässig. Gleiches gilt, wenn er dieses Ziel früher mit einer anderen Klageart hätte erreichen können, die entsprechende Klage nunmehr aber unzulässig ist.

1399

In **Prüfungsarbeiten** empfiehlt es sich, zunächst die anderen in Betracht kommenden Klagearten zu prüfen. Erst wenn keine andere Klageart zulässig ist, sollte auf die Feststellungsklage eingegangen werden.

Gem. § 43 II 2 VwGO gilt die Subsidiaritätsbestimmung des § 43 II 1 VwGO nicht für die Nichtigkeitsfeststellungsklage. Nichtige Verwaltungs-

---

S. 718; a. A. BVerfGE 79, 365 (367); vgl. auch BVerfGE 115, 81 (92, 95 f.); 107, 395 (414 f.); der in diesen Entscheidungen genannte Grundsatz der Subsidiarität der Verfassungsbeschwerde gebietet indes keinen (möglichst effektiven) verwaltungsgerichtlichen Rechtsschutz, sondern beruht auf ihm.

[115] *Bethge*, in: FS W.-R. Schenke, 2011, S. 73 ff.
[116] *P. M. Huber*, a.a.O.
[117] Dazu im Falle von BVerwGE 136, 54 ff. *Krumm*, DVBl. 2011, 1011.
[118] Zur Klage sui generis Rn. 1437.
[119] Dazu Rn. 613 ff.
[120] Dazu ausführlich *Skolik*, VerwArch. 106 (2015), 378 ff.

akte können wahlweise angefochten oder im Wege der Feststellungsklage angegriffen werden.

1400 Die Subsidiaritätsklausel des § 43 II 1 VwGO gilt außerdem nicht, wenn eine andere Klageart zwar zulässig, aber **weniger rechtsschutzintensiv** als die Feststellungsklage ist.

> **Beispiel:** A ist der Meinung, nicht Mitglied der verfassten Studentenschaft zu sein und deshalb auch keine Semesterbeiträge zahlen zu müssen. Hier kann A den Erlass eines entsprechenden Beitragsbescheids abwarten und ihn dann anfechten. Die Anfechtungsklage ist begründet, wenn A tatsächlich nicht Mitglied ist. A kann aber auch auf Feststellung klagen, dass er nicht Mitglied ist und deshalb auch keine Beiträge zahlen muss. Nur durch die Feststellungsklage wird die Frage seiner Mitgliedschaft und Beitragspflicht rechtskräftig entschieden. Im Falle einer begründeten Anfechtungsklage wird nur der angefochtene Beitragsbescheid aufgehoben. A wäre deshalb nicht davor geschützt, dass im nächsten Semester ein neuer Beitragsbescheid erlassen wird. Denn die Frage seiner Mitgliedschaft und generellen Beitragspflicht wird im Anfechtungsprozess nicht rechtskräftig entschieden.

1401 **Nach ständiger Rechtsprechung des BVerwG gilt § 43 II 1 VwGO generell nicht, wenn sich die Feststellungsklage gegen einen Träger öffentlicher Gewalt richtet**[121] – und eben dies ist der Regelfall; allerdings dürfen dadurch die besonderen Zulässigkeitsvoraussetzungen wie insbes. Fristen der anderen zur Verfügung stehenden Klagearten nicht unterlaufen werden.

Begründung dieser restriktiven Anwendung von § 43 II 1 VwGO: Bei einem Träger öffentlicher Gewalt sei davon auszugehen, dass er auch ein bloßes Feststellungsurteil (das abgesehen von den Kosten nicht vollstreckbar ist) befolgen werde.

Diese Auffassung ist mit großen Teilen der Literatur abzulehnen.[122] Erstens gibt es genügend Fälle, in denen sich die öffentliche Hand nicht an ein Feststellungsurteil gehalten hat, und zweitens steht der bundesverwaltungsgerichtlichen Rechtsprechung der klare und eindeutige Wortlaut von § 43 II 1 VwGO entgegen.

c) Feststellungsinteresse

1402 Die Zulässigkeit der Feststellungsklage setzt voraus, dass der Kläger ein **berechtigtes Interesse an der baldigen Feststellung hat (Feststellungsinteresse)**, § 43 I VwGO. Damit besteht das Feststellungsinteresse aus einem subjektiven Element (berechtigtes Interesse) und einem **zeitlichen Element** (baldige Feststellung).

---

[121] BVerwGE 77, 207 (211); 51, 69 (75); 36, 179 (181); NVwZ 2002, 1506; a. A. SächsOVG NVwZ-RR 2013, 243 f.
[122] Z.B. *Hufen*, § 18 Rn. 6; *Schenke*, Rn. 420, 565; *Skolik*, VerwArch. 106 (2015), 390 ff.; *Erichsen*, Jura 2006, 351.

In Betracht kommt ein **rechtliches, wirtschaftliches oder ideelles Interesse**.[123]

Beispiele:
Rechtliches Interesse: Klage auf Feststellung, dass der Kläger nicht Mitglied einer bestimmten Handwerkskammer ist oder dass er für ein bestimmtes Vorhaben nicht die von der Behörde behauptete Erlaubnis benötigt.
Wirtschaftliches Interesse: Klage auf Feststellung, dass der Dienstposten des Klägers in einer bestimmten Art und Weise zu bewerten ist (hiervon hängt die Besoldung ab).
Ideelles Interesse: Klage auf Feststellung, dass die Mitnahme des Klägers zur Polizeiwache unzulässig war oder dass die Einkesselung von Demonstranten durch die Polizei unzulässig war.

Eine klare Abgrenzung zwischen den verschiedenen Fallgruppen ist häufig nicht möglich und auch gar nicht erforderlich.

Das Interesse an einer **baldigen** Feststellung ist gegeben, wenn die gerichtliche Beantwortung der in Rede stehenden Rechtsfrage jetzt erforderlich ist.

d) Sonstige Zulässigkeitsvoraussetzungen

Das BVerwG hält in ständiger Rechtsprechung die Feststellungsklage nur **1403** dann für zulässig, wenn die **Klagebefugnis analog § 42 II VwGO** gegeben ist.[124] Das BVerwG verlangt, dass es dem Kläger um die **Verwirklichung (Durchsetzung) seiner Rechte** gehen müsse.[125] Diese Rechtsprechung wird von großen Teilen der Literatur abgelehnt.[126] Der Meinungsstreit darf indes nur dann ausgebreitet werden, wenn im konkreten Fall keine Klagebefugnis analog § 42 II VwGO gegeben ist. Das wird aber nur sehr selten der Fall sein. Wenn der Kläger ein Feststellungsinteresse nach § 43 I VwGO hat, geht es ihm in aller Regel auch um die Verwirklichung eigener Rechte. In einem solchen Fall kommt es auf den Meinungsstreit um die analoge Geltung von § 42 II VwGO nicht an. Er kann dann auf sich beruhen.

Weitere besondere Zulässigkeitsvoraussetzungen gelten für die Feststellungsklage nicht. Insbesondere muss kein Vorverfahren durchgeführt und keine Klagefrist eingehalten werden. Dies ist nur bei beamtenrechtlichen Streitigkeiten der Fall. Hier sind § 126 II BBG, § 54 II BeamtStG zu beachten.

---

[123] BVerwGE 100, 262 (271).
[124] BVerwGE 130, 52 Rn. 14; 111, 276 (279); 100, 262 (271); 99, 64 (66).
[125] BVerwG NVwZ 2015, 984 Rn. 12.
[126] Z.B. *Hufen*, § 18 Rn. 17 ff.; *Schenke*, Rn. 410; *Schmitt Glaeser/Horn*, Rn. 341; zustimmend mit ausführlicher Begründung *Brüning*, JuS 2004, 884 f.; ebenso *Ehlers*, Jura 2007, 188 f.

2. Begründetheit

1404 Die Feststellungsklage ist begründet, wenn die **umstrittene Rechtsfrage im Sinne des Klägers** zu entscheiden ist. Wie die umstrittene Rechtsfrage zu entscheiden ist, richtet sich nach materiellem Recht, so etwa nach Art. 4 I, II GG, ob ein Medizinstudent nur dann einen bestimmten Leistungsnachweis erhält, wenn er an Tierversuchen teilnimmt.

Folgt man dem BVerwG und wendet im Rahmen der Zulässigkeitsprüfung § 42 II VwGO analog an,[127] setzt die Begründetheit außerdem voraus, dass die vom Kläger begehrte Feststellung der Verwirklichung (Durchsetzung) seiner Rechte dient.[128] In aller Regel ist dies der Fall, wenn die umstrittene Rechtsfrage im Sinne des Klägers zu beantworten ist. Deshalb kann auch bei der Begründetheitsprüfung zumeist offen bleiben, ob dies tatsächlich eine Voraussetzung der Begründetheit ist. Die an § 43 I VwGO orientierte übliche Formulierung, nach der die Feststellungsklage begründet ist, wenn das vom Kläger behauptete Rechtsverhältnis besteht bzw. wenn das von ihm verneinte Rechtsverhältnis nicht besteht,[129] ist viel zu vage und ermöglicht keine sachgerechte Fallprüfung.[130]

Eine Nichtigkeitsfeststellungsklage ist begründet, wenn der angegriffene Verwaltungsakt tatsächlich nichtig ist. Die umstrittene Rechtsfrage wird vom Gericht rechtskräftig entschieden.

V. Normenkontrolle nach § 47 VwGO

Literatur: *Bickenbach*, § 47 V 2 VwGO n.F. und die Unwirksamkeit von Rechtsvorschriften, NVwZ 2006, 178; *Ehlers*, Die verwaltungsgerichtliche Normenkontrolle, Jura 2005, 171; *ders.*, Die Befugnis natürlicher und juristischer Personen zur Beantragung einer verwaltungsgerichtlichen Normenkontrolle, in: FS W. Hoppe, 2000, S. 1041; *Gril*, Verwaltungsgerichtliche Normenkontrolle bei identischem Inhalt von Satzung und Gesetz (VGH Mannheim, NVwZ 1998, 643), JuS 1999, 442.

1. Allgemeines

1405 Über die **Gültigkeit bestimmter Rechtsvorschriften** (Satzungen, Rechtsverordnungen) entscheiden gem. § 47 I VwGO die Oberverwal-

---

[127] Dazu Rn. 1403.
[128] So ausdrücklich BVerwG NVwZ 2015, 984 Rn. 12: „Auf die Verletzung subjektiver Rechte beschränkt sich auch die materiell-rechtliche Prüfung. Insofern decken sich Zulässigkeit und Begründetheit der Klage" (zur Feststellungsklage); diese Konsequenz zieht auch *Gersdorf*, Rn. 127; vgl. *Hufen*, § 29 Rn. 4.
[129] Siehe nur *Hufen*, § 29 Rn. 3; *Schenke*, Rn. 870.
[130] Dazu bereits Rn. 1396.

§ 31. Die Klagearten und besondere Zulässigkeitsvoraussetzungen 611

tungsgerichte (OVG); in manchen Bundesländern werden sie auch als Verwaltungsgerichtshöfe (VGH) bezeichnet.

Auch bei einer solchen Normenkontrolle müssen die allgemeinen Zulässigkeitsvoraussetzungen erfüllt sein. Insbesondere muss der **Verwaltungsrechtsweg** eröffnet sein. Dies folgt nicht zuletzt aus der Formulierung in § 47 I VwGO: „im Rahmen seiner Gerichtsbarkeit".[131]

Wird eine **untergesetzliche Rechtsvorschrift** angegriffen, ist der Verwaltungsrechtsweg eröffnet, wenn sich aus der Anwendung der angegriffenen Rechtsvorschrift Rechtsstreitigkeiten ergeben, die im Verwaltungsrechtsweg auszutragen sind.[132]

Beispiele:
- In einer gemeindlichen Satzung werden die zuständigen Behörden zur Gebührenerhebung ermächtigt. Die Anwendung der Satzung führt zum Erlass von Gebührenbescheiden, die Verwaltungsakte sind und im Über-Unterordnungs-Verhältnis ergehen. Aus der Anwendung der Gebührensatzung können sich deshalb öffentlich-rechtliche Streitigkeiten ergeben, die zudem nichtverfassungsrechtlicher Art und auch keiner anderen Gerichtsbarkeit zugewiesen sind.
- Eine kommunale Satzung regelt den Zugang zu einer gemeindlichen öffentlichen Einrichtung und ihre Benutzung. Der Kreis der nutzungsberechtigten Personen ist beschränkt. Ein Nichtzugangsberechtigter klagt gegen die Satzung, weil er sie für gleichheitswidrig hält. Die Anwendung der Satzung durch die vollziehende Stelle führt zum Ausschluss des Klägers von der Nutzung der gemeindlichen Einrichtung. Sowohl der konkrete Nutzungsausschluss des Klägers als auch die allgemeine Frage, ob die Beschränkung des Kreises der Nutzungsberechtigten rechtmäßig ist, betrifft eine öffentlich-rechtliche Streitigkeit nichtverfassungsrechtlicher Art, die keiner anderen Gerichtsbarkeit zugewiesen ist.

Wird ein **formelles Gesetz** direkt angegriffen, handelt es sich immer um eine verfassungsrechtliche Streitigkeit, für die der Verwaltungsrechtsweg nicht eröffnet ist.[133] Im Normenkontrollverfahren nach § 47 VwGO können freilich nur untergesetzliche Rechtsvorschriften, also nichtformelle Gesetze, angegriffen werden. Solche Streitigkeiten sind nichtverfassungs- **1406**

---

[131] BVerwGE 99, 88 (96).
[132] BVerwGE 99, 88 (96f.); VGH Mannheim VBlBW 2012, 275 (allerdings dürfte es sich hier wohl schon um keine öffentlich-rechtliche gemeindliche Satzung handeln); nach BVerwG DVBl. 2013, 979 bedeutet „im Rahmen seiner Gerichtsbarkeit" folgendes: Zunächst müsse der Verwaltungsrechtsweg für die Entscheidung über die angegriffene Rechtsvorschrift eröffnet sein. Streitigkeiten um die Gültigkeit einer von der Verwaltung erlassenen Rechtsvorschrift seien grundsätzlich öffentlich-rechtlicher Natur. Zusätzlich zu dieser Eröffnung des Verwaltungsrechtsweges müssten sich aus der Anwendung der Rechtsvorschrift Rechtsstreitigkeiten ergeben, für die ebenfalls der Verwaltungsrechtsweg eröffnet sei; insoweit handele es sich (auch) um die Frage der sachlichen Zuständigkeit des OVG, BVerwG DVBl. 2013, 979 Rn. 11. Näher *Gerhardt/Bier*, in: Schoch/Schneider/Bier, § 47 Rn. 32 f.
[133] Vgl. BVerfGE 70, 35 (55); 76, 107 (115); a.A. *Schmitt Glaeser/Horn*, Rn. 56 a.E.: nichtverfassungsrechtliche Streitigkeit.

rechtlicher Art.¹³⁴ Abdrängende Sonderzuweisungen i.S.v. § 40 I VwGO, wonach andere Gerichte über die Gültigkeit der untergesetzlichen Rechtsvorschrift entscheiden, existieren nicht.

Die Normenkontrolle nach § 47 VwGO wird nicht als Klage bezeichnet. Sie wird durch einen **Antrag** eingeleitet. Man spricht deshalb auch von der Zulässigkeit und Begründetheit eines Normenkontrollantrages bzw. einer Normenkontrolle. Der Sache nach bestehen aber zu einer Klage keine Unterschiede mehr. Es spricht deshalb nichts gegen die Bezeichnung als Normenkontrollklage.¹³⁵

2. Besondere Zulässigkeitsvoraussetzungen

a) Statthaftigkeit

1407 Ein Normenkontrollantrag nach § 47 VwGO ist in zwei Fällen statthaft:

§ 47 I Nr. 1 VwGO: Gegen Satzungen, die nach den Vorschriften des Baugesetzbuchs erlassen worden sind, sowie gegen Rechtsverordnungen aufgrund des § 246 II BauGB.

Beispiele:
- Bebauungspläne nach § 10 BauGB einschließlich Änderungen und Ergänzungen (= Satzungen)
- Satzungen über Veränderungssperren nach §§ 16 I, 14 BauGB
- Erschließungssatzungen nach § 132 BauGB
- Sanierungssatzungen nach § 142 BauGB
- Erhaltungssatzungen nach § 172 BauGB
- Rechtsverordnungen der Stadtstaaten Berlin, Hamburg und Bremen, die nach § 246 II BauGB an die Stelle der im BauGB vorgesehenen Satzungen treten.

§ 47 I Nr. 2 VwGO: Gegen andere im Rang unter dem Landesgesetz stehende Rechtsvorschriften, sofern das Landesrecht dies bestimmt.

1408 **Beachte:** Normenkontrollanträge gem. § 47 I Nr. 2 VwGO sind nur möglich, wenn der Landesgesetzgeber in einem speziellen Landesgesetz bestimmt hat, dass das OVG (bzw. der VGH) des betreffenden Landes über Normenkontrollen nach § 47 I Nr. 2 VwGO überhaupt entscheidet.

Landesgesetze in diesem Sinne sind: Art. 5 BayAGVwGO; § 4 BaWüAGVwGO; § 4 I BrandbVwGG; Art. 7 BremAGVwGO; § 15 HessAGVwGO; § 13 MeVoAGGerSTrG; § 7 NdsAGVwGO; § 4 RhPfAGVwGO; § 18 SaarlAGVwGO; § 24 SächsJG; § 10 SachsAnhAGVwGO; § 5 SchlHAGVwGO; § 4 ThürAGVwGO.

---

¹³⁴ BVerwGE 80, 355 (358 f.); NVwZ 2002, 1506; *Gerhardt/Bier*, in: Schoch/Schneider/Bier, § 47 Rn. 4; *Hufen*, § 19 Rn. 5; *Ipsen*, Rn. 1147; a.A. vor allem *Ziekow*, in: Sodan/Ziekow, § 47 Rn. 8 f.; *Schenke*, Rn. 131: verfassungsrechtliche Streitigkeit.

¹³⁵ So *Hufen*, § 19 Rn. 4.

§ 31. Die Klagearten und besondere Zulässigkeitsvoraussetzungen 613

In **Berlin, Hamburg und Nordrhein-Westfalen** existiert keine entsprechende landesgesetzliche Bestimmung. In diesen Bundesländern ist ein verwaltungsgerichtlicher Normenkontrollantrag gegen Normen, die unter § 47 I Nr. 2 VwGO fallen, nicht statthaft.

Neben bundes- und landesverfassungsgerichtlichen Rechtsbehelfen unmittelbar gegen diese Rechtsnormen kommen in allen Bundesländern auch **verwaltungsgerichtliche Rechtsbehelfe,** die zu einer **inzidenten (vorfrageweisen) Überprüfung** dieser Rechtsnormen führen, in Betracht. Zu denken ist vor allem an eine Anfechtungs- oder Feststellungsklage.[136]

Beispiele:
- Eine kommunale Satzung sieht die Erhebung bestimmter Abgaben vor. Die Abgabenbescheide (= Verwaltungsakte) können mit der Begründung angefochten werden, sie seien deshalb rechtswidrig und verletzten den Kläger in seinen Rechten, weil die Satzung rechtswidrig sei.
- Eine Landesrechtsverordnung schreibt vor, dass bestimmte Hunde (nämlich Kampfhunde) nicht gezüchtet und gehalten werden dürfen. Neben einer Anfechtungsklage gegen behördliche Ausführungsakte (z.B. behördliche Zuchtverbote) kommt auch eine **Klage auf Feststellung** in Betracht, dass bestimmte Hunde (die unter die Rechtsverordnung fallen) gezüchtet und gehalten werden dürfen. Der Erfolg einer solchen Feststellungsklage hängt primär von der Gültigkeit der Rechtsverordnung ab, über deren Rechtmäßigkeit deshalb vorfrageweise zu entscheiden ist.

Die formellen Bundes- und Landesgesetze sowie bundesrechtlichen Rechtsverordnungen und Satzungen werden im soeben beschriebenen Weg einer **inzidenten verwaltungsgerichtlichen Normenkontrolle** unterzogen. Bei formellen Gesetzen ist allerdings Art. 100 I GG zu beachten.

Im **Range unter dem Landesgesetz** meint Rechtsvorschriften unterhalb des formellen Landesrechts. **Bundes**recht (auch Rechtsverordnungen) und **formelle Landesgesetze** fallen deshalb nicht unter § 47 I Nr. 2 VwGO. **Angriffsgegenstand können vor allem landesrechtliche Satzungen und landesrechtliche Rechtsverordnungen sein:** Satzungen und Rechtsverordnungen, die von einer Landesbehörde oder einem Verwaltungsträger eines Landes (z.B. Gemeinde, Stadt) erlassen worden sind.

Beachte: Maßgeblich ist die erlassende Stelle, nicht das zugrundeliegende formelle Gesetz. Erlässt eine Landesbehörde eine Rechtsverordnung aufgrund eines Bundesgesetzes, handelt es sich dennoch um eine Landesrechtsverordnung.

1409

---

[136] Dazu im einzelnen Rn. 1397.

Das BVerfG hatte in einem Ausnahmefall die Normenkontrolle nach § 47 VwGO für statthaft erklärt, obwohl sie sich gegen ein **formelles Landesgesetz** richtete: Es handelte sich um einen Bebauungsplan, der ausnahmsweise nicht in der Form einer Satzung (§ 10 I BauGB), sondern (Hamburg) in Form eines parlamentarischen Landesgesetzes beschlossen wurde.[137]

Nach einer bundesverfassungsgerichtlichen Grundsatzentscheidung[138] darf unter bestimmten Voraussetzungen der parlamentarische Gesetzgeber **durch ein formelles Gesetz Rechtsverordnungen** ändern oder ergänzen (neue Vorschriften einfügen). Die ergänzte oder eingefügte Vorschrift wird dann (insgesamt) als Rechtsverordnung qualifiziert.[139] Handelt es sich um eine Landesrechtsverordnung, ist danach gegen die entsprechende Vorschrift dieser Rechtsverordnung ein Normenkontrollantrag nach § 47 I Nr. 2 VwGO zulässig[140] – nicht aber gegen das formelle Änderungsgesetz.

1410 Unter § 47 I Nr. 2 VwGO fallen aber nicht nur Rechtsverordnungen und Satzungen (des Landesrechts), sondern auch **andere landesrechtliche Normen, denen Außenwirkung gegenüber den Bürgern zukommt oder die sich an Träger organschaftlicher Kompetenzen wenden**. Hierbei ist für jede einzelne Vorschrift und Bestimmung eines größeren Regelungskomplexes gesondert zu prüfen, ob sie eine Rechtsvorschrift i. S. v. § 47 I Nr. 2 VwGO ist.[141] Freilich ist vieles umstritten.[142]

Beispiele:
- Geschäftsordnungen der Gemeindevertretungen: Rechtsvorschriften i. S. v. § 47 I Nr. 2 VwGO (BVerwG NVwZ 1988, 1119; VGH Kassel NVwZ 2007, 108; VGH München BayVBl. 1990, 53); zwar grds. keine Außenwirkung gegenüber den Bürgern, aber verbindliche Regelungen für die innergemeindlichen Kompetenzträger (Mitglieder der Gemeindevertretungen); ebenso zu Geschäftsordnungen kommunaler Fraktionen *Michl*, BayVBl. 2013, 290 f.; dazu auch Rn. 1467 ff.; zu Geschäftsordnungen mit Innen- und Außenwirkung HessVGH LKRZ 2014, 22 f.
- Flächennutzungspläne nach § 5 BauGB: Statthaftigkeit einer Normenkontrolle analog § 47 I Nr. 1 VwGO im Anwendungsbereich von § 35 III 3 BauGB, BVerwGE 128, 382 ff.; dazu näher Rn. 893 m.w.N.
- Regionalpläne: Zumindest die Ziele der Raumordnung sind Rechtsvorschriften i.S.v. § 47 I Nr. 2 VwGO, dazu Rn. 893.

---

[137] Nach BVerfGE 70, 35 (57) fallen solche Gesetze unter § 47 I Nr. 1 VwGO; zu Recht ablehnend *Schenke*, DVBl. 1985, 1368; *Ehlers*, Jura 2005, 172.

[138] BVerfGE 114, 196 ff.

[139] BVerfGE 114, 196 (238; abweichende Auffassung *Osterloh* u. *Gerhardt*, 250 ff.).

[140] BVerfGE 114, 196 (239); ebenso schon vorher BVerwGE 117, 313 ff.; dazu *Sendler*, DVBl. 2005, 423 ff.; *Kreiner*, BayVBl. 2005, 106 ff.; *Uhle*, DVBl. 2004, 1272 ff.

[141] BVerwGE 119, 217 (222).

[142] Dazu ausführlich *Ziekow*, in: Sodan/Ziekow, § 47 Rn. 85–127.

§ 31. Die Klagearten und besondere Zulässigkeitsvoraussetzungen 615

- Verwaltungsvorschriften: Grundsätzlich keine Rechtsvorschriften i. S. v. § 47 I Nr. 2 VwGO, weil ihnen prinzipiell keine Außenwirkung gegenüber den Bürgern oder anderen selbständigen Trägern von Rechten zukommt; Rechtsvorschrift i.S.v. § 47 I Nr. 2 VwGO aber dann, wenn der Verwaltungsvorschrift ausnahmsweise unmittelbare Außenwirkung zukommt (BVerwGE 122, 264/265 f.; 94, 335 ff.; dazu *Kopp/Schenke*, § 47 Rn. 29 ff.; oben Rn. 883).

Umstritten ist, ob auch außer Kraft getretene oder außer Kraft gesetzte Rechtsvorschriften noch Gegenstand eines Normenkontrollverfahrens sein können. Möglich ist in einem solchen Fall nur die gerichtliche Feststellung, dass die Rechtsvorschrift unwirksam **war**. Diese Tenorierung sieht § 47 V 1 VwGO nicht vor. Eine mit § 113 I 4 VwGO vergleichbare Regelung enthält § 47 VwGO nicht. Dennoch können nach überwiegender Auffassung auch nicht mehr in Kraft befindliche Rechtsvorschriften noch Gegenstand eines Normenkontrollverfahrens sein.[143] Diese Auffassung ist zutreffend. Denn auch durch eine nicht mehr in Kraft befindliche Rechtsvorschrift kann der Antragsteller noch aktuell in seinen Rechten beeinträchtigt sein. Da das Normenkontrollverfahren nach § 47 VwGO auch dem Rechtsschutz des Antragstellers dient,[144] muss es ihm zur Abwehr noch andauernder Rechtsverletzungen zur Verfügung stehen. Eine analoge Anwendung von § 113 I 4 VwGO ist indes abzulehnen.[145] Denn die Anfechtungs- und Fortsetzungsfeststellungsklage dient – grundlegend anders als das Normenkontrollverfahren – ausschließlich dem Individualinteresse des Klägers. Für eine analoge Anwendung des § 113 I 4 VwGO besteht auch kein Bedürfnis. Denn die Möglichkeit, auch nicht mehr in Kraft befindliche Rechtsvorschriften mittels der Normenkontrolle anzugreifen, folgt unmittelbar aus § 47 II 1 VwGO.[146] Deshalb ist es auch verfehlt, auf ein berechtigtes Interesse oder ein besonderes Rechtsschutzinteresse des Antragstellers abzustellen.[147] Jedenfalls darf durch ein solches Kriterium der Anwendungsbereich des § 47 II VwGO nicht erweitert werden.

---

[143] BVerwGE 68, 12 ff.; NVwZ 2004, 1122; NVwZ-RR 2002, 152; OVG Rh.-Pf. LKRZ 2013, 149 ff.; *Gerhardt/Bier*, in: Schoch/Schneider/Bier, § 47 Rn. 116; *Kopp/Schenke*, § 47 Rn. 26, 90; *Ziekow*, in: Sodan/Ziekow, § 47 Rn. 71 f.; *Giesberts*, in: Posser/Wolff, § 47 Rn. 47 f.; a. A. *Hahn*, JuS 1983, 679.

[144] BVerwGE 68, 12 (14); NVwZ-RR 2002, 152.

[145] *Gerhardt/Bier*, in: Schoch/Schneider/Bier, § 47 Rn. 116; *Ziekow*, in: Sodan/Ziekow, § 47 Rn. 71; a. A. *Kopp/Schenke*, § 47 Rn. 90.

[146] BVerwGE 68, 12 (15); NVwZ 2004, 1122.

[147] So aber BVerwGE 68, 12 (15); 56, 172 (177); NVwZ 2004, 1122; OVG Rh.-Pf. LKRZ 2013, 149 ff.; dagegen *Ziekow*, in: Sodan/Ziekow, § 47 Rn. 72.

b) Antragsgegner

1411   Nach § 47 II 2 VwGO, der § 78 I Nr. 1 VwGO gleicht, ist der Antrag gegen die Körperschaft (insbesondere Länder und Gemeinden), Anstalt oder Stiftung zu richten, welche die angegriffene Rechtsvorschrift erlassen hat. Antragsgegnerin ist also nicht die handelnde Behörde – auch nicht wenn eine landesrechtliche Regelung i.S.v. § 61 Nr. 3 VwGO besteht –, sondern deren Rechtsträger.

c) Beteiligtenfähigkeit, Prozessfähigkeit und Prozessvertretung

1412   Auch bei der Normenkontrolle richtet sich die Beteiligten- und Prozessfähigkeit grundsätzlich nach §§ 61, 62 VwGO.[148] Allerdings ist zusätzlich § 47 II 1 VwGO zu beachten. Diese Vorschrift enthält z.T. Sonderregelungen: **Antragsteller** und damit beteiligtenfähig können nicht nur natürliche und juristische Personen sein, sondern auch „jede Behörde". Eine landesrechtliche Bestimmung i.S.v. § 61 Nr. 3 VwGO ist nicht erforderlich.

Die Prozessfähigkeit richtet sich ausschließlich nach § 62 VwGO. Hinzuweisen ist auf das in § 67 IV VwGO geregelte Vertretungserfordernis.

d) Antragsbefugnis

1413   Wird der Antrag wie im Regelfall von einer natürlichen oder einer juristischen Person gestellt, muss der Antragsteller durch die angegriffene Rechtsvorschrift oder deren Anwendung **möglicherweise in seinen eigenen Rechten verletzt sein** oder **in absehbarer Zeit** verletzt werden. Insoweit besteht Übereinstimmung mit der Klagebefugnis des § 42 II VwGO.[149]

Die Antragsbefugnis ist auch dann gegeben, wenn der **Vollzug** der angegriffenen Rechtsvorschrift (z.B. Erlass eines Verwaltungsakts) den Antragsteller möglicherweise in seinen Rechten verletzt. Anders als im Falle einer Verfassungsbeschwerde muss der Antragsteller durch die Rechtsvorschrift nicht unmittelbar beschwert sein.

Ausreichend ist es, wenn die Möglichkeit der Rechtsverletzung in **absehbarer Zeit** besteht; d.h., wenn sie bei dem vorhersehbaren Entwicklungsverlauf in der nächsten Zeit zu erwarten ist, so dass die Antragstellung schon jetzt als vernünftig erscheint.[150]

---

[148] HessVGH LKRZ 2014, 23; *Ipsen*, Rn. 1151; *Stern/Blanke*, Rn. 519; siehe aber auch *Hufen*, § 19 Rn. 8 (nur subsidiär).

[149] Dazu Rn. 1351 ff.

[150] *Kopp/Schenke*, § 47 Rn. 43.

§ 31. Die Klagearten und besondere Zulässigkeitsvoraussetzungen 617

Die Antragsbefugnis der nach § 47 II 1 VwGO **antragsberechtigten** 1414
Behörden ist nach dem Gesetzeswortlaut voraussetzungslos gegeben. Insbesondere setzt sie keine Möglichkeit der Verletzung eigener Rechte voraus. Diese Möglichkeit wäre auch von vornherein ausgeschlossen, weil Behörden keine eigene Rechte haben. Sie handeln nur für juristische Personen des öffentlichen Rechts, sind von diesen aber streng zu unterscheiden.[151]

Da Popularklagen und Popularanträge der VwGO fremd sind, gibt es aber auch keine „Behörden-Popularklage"[152] nach § 47 II 1 VwGO. Eine Behörde ist deshalb nur dann antragsbefugt, **wenn die angegriffene Rechtsvorschrift möglicherweise rechtswidrig ist und von der Behörde bei der Wahrnehmung ihrer Aufgaben zu beachten ist.**[153] Nicht erforderlich ist es, dass die Behörde die Rechtsvorschrift auch vollziehen muss.[154]

Konsequenz der Antragsberechtigung – nicht zu verwechseln mit der Antragsbefugnis – sowohl der juristischen Person des öffentlichen Rechts als auch ihrer Behörden und der unterschiedlichen Voraussetzungen der jeweiligen Antragsbefugnis kann sein, dass ein Antrag der juristischen Person deshalb unzulässig ist, weil sie durch die angegriffene Rechtsvorschrift nicht in eigenen Rechten betroffen ist, dass aber ein Antrag ihrer Behörde zulässig ist, weil diese die Rechtsvorschrift beachten muss.[155]

e) Frist

Der Normenkontrollantrag muss gem. § 47 II 1 VwGO innerhalb **eines** 1415
Jahres nach Bekanntmachung der Rechtsvorschrift gestellt werden.[156] Nach Ablauf dieser Jahresfrist können nur noch Ausführungsakte aufgrund der Rechtsvorschrift angegriffen werden (Anfechtungsklage). Möglich ist aber auch eine Feststellungsklage, die auf Beantwortung konkreter, aus der Rechtsvorschrift folgender Rechtsfragen gerichtet ist.

---

[151] Vgl. Rn. 199 ff.; unrichtig deshalb BVerwGE 81, 307 (309); 114, 301 (308); dagegen auch *Gerhardt/Bier,* in: Schoch/Schneider/Bier, § 47 Rn. 78, 82.

[152] *Schmitt Glaeser/Horn,* Rn. 428; *Gerhardt/Bier,* in: Schoch/Schneider/Bier, § 47 Rn. 78.

[153] BVerwGE 81, 307 (310); *Gerhardt/Bier,* in: Schoch/Schneider/Bier, § 47 Rn. 78.

[154] So aber z.B. *Hufen,* § 19 Rn. 33; wie hier *Gerhardt/Bier,* a.a.O.

[155] Vgl. dazu BVerwGE 81, 307 (309f.); 114, 301 (303f., 308).

[156] Auf den Zeitpunkt der Bekanntmachung ist auch dann abzustellen, wenn geltend gemacht wird, die angegriffene Rechtsvorschrift sei erst später rechtswidrig geworden, so jedenfalls zu Normenkontrollanträgen nach § 47 I Nr. 2 VwGO BVerwG NVwZ 2015, 1542 f. m. Anm. *Steiner,* NVwZ 2013, 1547 Rn. 10 ff.; a.A. *Kopp/Schenke,* § 47 Rn. 85; *Gerhardt/Bier,* in: Schoch/Schneider/Bier, § 47 Rn. 38; *Schenke,* NVwZ 2014, 341 ff.

f) Rechtsschutzbedürfnis

1416 Das Rechtsschutzbedürfnis für die Inanspruchnahme des OVG fehlt, wenn der Antragsteller die Ungültigerklärung auf einfachere Weise als durch die Inanspruchnahme des OVG erreichen kann. Kann eine antragstellende juristische Person des öffentlichen Rechts oder Behörde die angegriffene Rechtsnorm selbst aufheben, spricht dies dafür, dass ihr das Rechtsschutzbedürfnis fehlt.[157]

3. Begründetheit

1417 Der Antrag ist begründet, wenn die angegriffene Rechtsvorschrift tatsächlich **ungültig** oder zumindest **unanwendbar** ist. Dies ist dann der Fall, wenn sie gegen höherrangiges Recht verstößt. **Prüfungsmaßstab** des OVG ist das gesamte Bundesverfassungsrecht, sonstiges Bundesrecht, Landesrecht und grundsätzlich auch das Landesverfassungsrecht. Auch Europarecht kommt als Prüfungsmaßstab in Betracht.[158]

Beachte: Es ist keine Voraussetzung der Begründetheit eines Normenkontrollantrages, dass die angegriffene Rechtsnorm gegen eine Rechtsvorschrift verstößt, die dem Antragsteller eigene Rechte einräumt. Es genügt auch ein Verstoß gegen nur objektives Recht. **Auf die subjektivrechtliche Betroffenheit des Antragstellers kommt es nur bei der Antragsbefugnis an.**

Verstößt die angegriffene Rechtsvorschrift gegen höherrangiges Recht, ist sie von seltenen Ausnahmen abgesehen[159] nichtig und damit ungültig. Das OVG stellt in diesem Fall nach § 47 V 2 VwGO die **Unwirksamkeit** der Rechtsvorschrift fest (nicht mehr wie früher die Nichtigkeit). Dies gilt auch für solche seltenen Fälle, dass ein Rechtsmangel der Rechtsvorschrift zwar beachtlich, aber behebbar ist (z.B. nach § 214 BauGB[160]). Auch in diesen Fällen ist die Rechtsvorschrift ungültig, allerdings nur schwebend (schwebende Unwirksamkeit). Ob die Rechtsvorschrift endgültig oder nur schwebend unwirksam ist, ergibt sich allerdings nicht aus dem Entschei-

---

[157] BVerwGE 81, 307 (310); *Ziekow*, in: Sodan/Ziekow, § 47 Rn. 269; *Kopp/Schenke*, § 47 Rn. 94 a. E.; *Gerhardt/Bier*, in: Schoch/Schneider/Bier, § 47 Rn. 79 (auch zu den Einschränkungen); a. A. *Hufen*, § 19 Rn. 36.

[158] BVerwG NVwZ-RR 1995, 359; VGH Kassel GewArch. 1996, 237 f.; *Kopp/Schenke*, § 47 Rn. 99; *Gerhardt/Bier*, in: Schoch/Schneider/Bier, § 47 Rn. 89; *Burgi*, Verwaltungsprozessrecht und Europarecht, 1996, S. 34 f.; *Schöbener*, WiVerw. 2006, 304 ff.; differenzierend *Jeremias*, NVwZ 2014, 495 f.; a. A. VGH München BayVBl. 1996, 243; *Schmidt*, in: Eyermann, § 47 Rn. 38; *Rinze*, NVwZ 1996, 459.

[159] Dazu Rn. 840, 851.

[160] Dazu Rn. 851.

§ 31. Die Klagearten und besondere Zulässigkeitsvoraussetzungen 619

dungstenor, sondern nur aus den Entscheidungsgründen.[161] Die Unwirksamkeitsfeststellung ist gem. § 47 V 2 VwGO allgemeinverbindlich, d.h. sie gilt für und gegen jedermann, also auch für und gegen die nicht am Normenkontrollverfahren beteiligten Personen, Behörden und Gerichte.

Es gibt auch Fälle, in denen Rechtsvorschriften gegen höherrangiges Recht verstoßen, aber dennoch nicht ungültig und unwirksam sind, ohne dass gesetzliche Vorschriften die Unbeachtlichkeit des Rechtsverstoßes[162] anordnen. So verhält es sich, wenn deutsches Recht mit EU-Recht unvereinbar ist und deshalb im Kollisionsfall nicht angewendet werden darf.[163] Denkbar sind auch Fälle, in denen eine Rechtsvorschrift trotz ihrer Rechtswidrigkeit weiter angewendet werden darf (muss), weil ansonsten ein Zustand einträte, der mit höherrangigem Recht noch weniger vereinbar wäre als die vorübergehende Anwendung der rechtswidrigen Vorschrift. 1418

Beispiel: Aufgrund einer landesrechtlichen Rechtsverordnung wird in bestimmten Notlagen finanzielle Hilfe gewährt. Die Rechtsverordnung verstößt gegen Art. 3 I GG, weil sie bestimmte Personen gleichheitswidrig von der Hilfeleistung ausschließt. Die Unwirksamkeitserklärung würde dazu führen, dass die Rechtsverordnung überhaupt nicht mehr anwendbar wäre. Würde dies zu einem unerträglichen Zustand führen, wäre die Nichtanwendung der Rechtsverordnung mit dem höherrangigen Recht noch weniger vereinbar als ihre vorübergehende Anwendung.

In diesen Ausnahmefällen ist eine **Nichtanwendbarerklärung**[164] der entsprechenden Rechtsvorschrift (Fall der Unvereinbarkeit von deutschem Recht mit EU-Recht[165]) oder die bloße **Feststellung ihrer Rechtswidrigkeit** analog § 47 V 2 VwGO zulässig.[166]

Geht es um die Frage, ob die angegriffene Rechtsvorschrift mit **Landesverfassungsrecht** übereinstimmt, ist § 47 III VwGO zu beachten. Nach dieser Vorschrift prüft das OVG die Vereinbarkeit mit **Landesrecht** nicht, **soweit** gesetzlich vorgesehen ist, dass die Rechtsvorschrift **ausschließlich** durch das Landesverfassungsgericht nachprüfbar ist. Ein landesverfassungsgerichtlicher Vorbehalt in diesem Sinne ist jedenfalls Art. 132 HessVerf.[167] 1419

Ob dies auch für Art. 98 S. 4 BayVerf. gilt, ist umstritten.[168] Nach dieser Vorschrift hat der BayVerfGH bayerische Gesetze und Verordnungen für nichtig zu erklären, die ein Grundrecht der BayVerf. verletzen. Art. 98 S. 4 BayVerf. i.V. m. Art. 55 I 1 BayVerfGHG ermöglicht insoweit eine Popularklage zum BayVerfGH. Indes begründen diese Vorschriften

---

[161] Dazu (kritisch) *Kopp/Schenke*, § 47 Rn. 120; *Bickenbach*, NVwZ 2006, 178 ff.
[162] Dazu Rn. 851.
[163] Dazu Rn. 161.
[164] Das ist etwas anderes als eine Unwirksamkeitsfeststellung.
[165] *Jeremias*, NVwZ 2014, 495 f.; *Schöbener*, WiVerw. 2006, 305 f.
[166] Ebenso *Kopp/Schenke*, § 47 Rn. 99, 125 f.; zweifelnd *Ehlers*, Jura 2005, 174; *Schmitt Glaeser/Horn*, Rn. 438.
[167] *Ziekow*, in: Sodan/Ziekow, § 47 Rn. 322.
[168] Dafür BayVerfGH BayVBl. 1984, 460 ff., 235 ff.; BayVGH BayVBl. 1986, 48 f.

lediglich die **Zuständigkeit** des BayVerfGH. Sie bestimmen aber nicht, dass ausschließlich der BayVerfGH prüft, ob bayerische Rechtsvorschriften mit den Grundrechten der BayVerf. übereinstimmen. Art. 98 S. 4 BayVerf., Art. 55 I 1 BayVerfGHG sind deshalb keine Vorschriften i. S. v. § 47 III VwGO.[169] Allerdings darf der BayVGH die angegriffene bayerische Rechtsvorschrift nicht nach § 47 V 2 VwGO für ungültig erklären, wenn er sie wegen eines Verstoßes gegen bayerisches Verfassungsrecht für nichtig hält. Vielmehr muss er sie gem. Art. 92 BayVerf. i. V. m. Art. 50 BayVerfGHG dem BayVerfGH vorlegen. Diese Vorschriften weisen dem BayVerfGH das Verwerfungsmonopol für alle bayerischen Rechtsvorschriften – auch für Rechtsverordnungen und Satzungen – im Falle eines Verstoßes gegen die BayVerf. zu. Die Vorlagepflicht nach Art. 92 BayVerf. i.V.m. Art. 50 BayVerfGHG bezieht sich auch auf solche Rechtsvorschriften, die Gegenstand einer Normenkontrolle nach § 47 VwGO sind.[170] Gleiches gilt nach Art. 64 II HambVerf. i.V.m. §§ 44 ff. HambVerfGG und nach Art. 142 BremVerf., wenn eine landesrechtliche Rechtsverordnung vor dem OVG Hamburg oder dem OVG Bremen angegriffen wird. Im Falle der Landesverfassungswidrigkeit ist die Richtervorlage zum Hamburgischen Verfassungsgericht bzw. zum Bremischen Staatsgerichtshof (über den Senat) vorgesehen.

1420

Übersicht 39:
Aufbau einer verwaltungsgerichtlichen Klage (Prüfschema)

A. Zulässigkeit einer Klage (oder: Sachentscheidungsvoraussetzungen)

- Die Prüfungsreihenfolge nach I ist nicht vorgeschrieben.

  I. Eröffnung des Verwaltungsrechtswegs
  1. **Aufdrängende Sonderzuweisung**
     - Z.B. § 54 I BeamtStG, § 126 I BBG
  2. **Verwaltungsrechtsweg gem. § 40 I VwGO**

     a) **Öffentlich-rechtliche Streitigkeit**
     Theorien zur Abgrenzung zur privatrechtl. Streitigkeit:
     - **Subordinationstheorie:** Öffentl.-rechtl. Streitigkeit, wenn zwischen den Parteien ein Über-Unterordnungs-Verhältnis besteht.
     - **Sonderrechtstheorie:** Öffentl.-rechtl. Streitigkeit, wenn die Streitentscheidung im Kern von der Anwendung öffentl.-rechtl. Vorschriften abhängt. Öffentl.-rechtl. Vorschrift, wenn Berechtigter oder Verpflichteter aus der Vorschrift **stets** ein Träger öffentl. Rechts ist.

---

[169] Ebenso *Ziekow*, in: Sodan/Ziekow, § 47 Rn. 317; *Schmitt Glaeser/Horn*, Rn. 441; *Wolff*, BayVBl. 2003, 321 ff.
[170] *Kopp/Schenke*, § 47 Rn. 107; *Wolff*, BayVBl. 2003, 324 f.; vgl. auch BVerfGE 69, 112 (117 f.) zu Art. 100 I GG.

§ 31. Die Klagearten und besondere Zulässigkeitsvoraussetzungen

b) Streitigkeit nichtverfassungsrechtlicher Art
Eine verfassungsrechtliche Streitigkeit liegt in der Regel nur vor, wenn es im Kern um die Anwendung und Auslegung des GG geht und die Streitbeteiligten unmittelbar am Verfassungsleben teilnehmen. Außer: Wird ein formelles Gesetz direkt angegriffen, handelt es sich immer um eine verfassungsrechtliche Streitigkeit.

c) Keine Zuweisung der Streitigkeit an ein anderes Gericht durch Bundes- oder Landesgesetz
- Z.B. Art. 14 III 4, 34 S. 3 GG, § 40 II 1 HS 1 VwGO, § 23 EGGVG

II. Klageart
  1. **Anfechtungsklage, § 42 I VwGO**
     a) **Statthaftigkeit**
        - Der angegriffene Akt muss ein VA sein.
     b) **Klagebefugnis, § 42 II VwGO**
        - Möglichkeit, dass der Kläger durch den VA in seinen Rechten verletzt ist.
     c) **Ordnungsgemäße und erfolglose Durchführung des Vorverfahrens, § 68 I VwGO**
        - Einhaltung der Monatsfrist des § 70 VwGO
        - Entbehrlichkeit gem. §§ 68 I 2, 75 VwGO
     d) **Klagefrist (1 Monat), § 74 I VwGO**
  2. **Verpflichtungsklage, § 42 I VwGO**
     a) **Statthaftigkeit**
        - Der vom Kläger begehrte Akt muss ein VA sein.
     b) **Klagebefugnis, § 42 II VwGO**
        - Dem Kläger muss der geltend gemachte Anspruch auf Erlass des beantragten VA möglicherweise zustehen.
     c) **Ordnungsgemäße und erfolglose Durchführung des Vorverfahrens, § 68 II, I VwGO**
        - Der begehrte VA muss bei der zuständigen Behörde beantragt worden sein (folgt aus § 68 II VwGO).
        - Widerspruch gegen den antragsablehnenden Bescheid (= VA) der Behörde innerhalb der Monatsfrist des § 70 VwGO
        - Entbehrlichkeit gem. §§ 68 II, I 2, 75 VwGO
     d) **Klagefrist (1 Monat), § 74 II VwGO**
  3. **Allgemeine Leistungsklage** (Existenz u. a. in § 43 II 1 VwGO vorausgesetzt)
     a) **Statthaftigkeit**

- Kläger muss die Vornahme einer Handlung, die kein VA ist, oder eine Unterlassung begehren.

  Beachte: Die allgemeine Leistungsklage kann sich auch gegen den beabsichtigten Erlass eines VA oder einer untergesetzlichen Rechtsnorm richten (vorbeugende Unterlassungsklage).

b) **Klagebefugnis analog § 42 II VwGO**
- Dem Kläger muss der geltend gemachte Anspruch möglicherweise zustehen.

  Beachte: Keine unmittelbare oder analoge Geltung der §§ 68 ff. (Vorverfahren), 74 VwGO (Klagefrist) – anders bei beamtenrechtlichen Streitigkeiten, § 126 II BBG, § 54 II BeamtStG.

4. **Feststellungsklage, § 43 I VwGO**
   a) **Statthaftigkeit**
   - Der Kläger beantragt die gerichtliche Feststellung, dass ein Rechtsverhältnis besteht oder nicht besteht, d. h. die gerichtliche **Beantwortung einer** zwischen ihm und dem Beklagten **umstrittenen konkreten Rechtsfrage.**
   - Der Kläger beantragt die Feststellung der Nichtigkeit eines VA (Nichtigkeitsfeststellungsklage).

   b) **Subsidiarität** gegenüber Anfechtungs-, Verpflichtungs- und allgemeiner Leistungsklage, § 43 II 1 VwGO.

   c) **Feststellungsinteresse, § 43 I VwGO**
   - Rechtliches, wirtschaftliches oder ideelles Interesse an einer baldigen gerichtlichen Entscheidung.

   d) **Klagebefugnis analog § 42 II VwGO (str.)**
   - Dem Kläger muss es um die Verwirklichung (Durchsetzung) seiner Rechte gehen.

     Beachte: Vorverfahren und Klagefristen entfallen – anders bei beamtenrechtlichen Streitigkeiten, § 126 II BBG, § 54 II BeamtStG.

5. **Normenkontrollverfahren, § 47 VwGO**
   a) **Statthaftigkeit**
   - Angriffsgegenstand können nur Rechtsvorschriften i. S. v. § 47 I Nr. 1, 2 VwGO sein, d. h. grundsätzlich nur Rechtsverordnungen und Satzungen des Landesrechts (kein Bundesrecht und keine formellen Landesgesetzes); § 47 I Nr. 2 VwGO setzt eine entsprechende landesgesetzliche Bestimmung voraus, die es nicht in allen Bundesländern gibt.

§ 31. Die Klagearten und besondere Zulässigkeitsvoraussetzungen 623

b) Antragsbefugnis, § 47 II 1 VwGO
- Natürliche oder juristische Personen müssen durch die angegriffene Rechtsvorschrift oder deren Vollzug möglicherweise in ihren Rechten verletzt sein.
- Behörden müssen die angegriffene Rechtsvorschrift, die möglicherweise rechtswidrig sein muss, bei der Wahrnehmung ihrer Aufgaben zu beachten haben.

c) Frist, § 47 II 1 VwGO
- Ein Jahr

III. Gerichtszuständigkeiten
- Nur erörtern, wenn der Sachverhalt Anhaltspunkte bietet.

1. Sachliche Zuständigkeit, §§ 45 ff. VwGO
2. Örtliche Zuständigkeit, § 52 VwGO

IV. Richtiger Beklagter (passive Prozessführungsbefugnis)

1. Anfechtungs- und Verpflichtungsklage
- § 78 I Nr. 1 VwGO: Rechtsträger der handelnden Behörde.
- § 78 I Nr. 2 VwGO: Behörde, falls entsprechende landesrechtliche Regelung (Vorrang vor § 78 I Nr. 1 VwGO).

2. Allgemeine Leistungsklage und Feststellungsklage
- Rechtsträgerprinzip als allgemeiner Grundsatz des Verwaltungsrechts oder § 78 I Nr. 1 VwGO analog: Rechtsträger der handelnden Behörde.
- Nicht § 78 I Nr. 2 VwGO (analog) – auch nicht, falls landesrechtliche Regelung i.S.v. § 61 Nr. 3 VwGO existiert.

3. Normenkontrollverfahren
- § 47 II 2 VwGO: normerlassender Verwaltungsrechtsträger bzw. Rechtsträger der normerlassenden Behörde.

V. Beteiligungs- und Prozessfähigkeit

1. Beteiligungsfähigkeit, § 61 VwGO
Für Kläger und Beklagten zu prüfen.
- Bund, Länder und Gemeinden sind juristische Personen des öffentlichen Rechts und fallen unter Nr. 1.
- Behörden fallen nicht unter Nr. 1 – abzustellen ist auf den unter Nr. 1 fallenden Rechtsträger (insbes. Bund, Land, Gemeinde).

- In vielen Ländern existiert eine landesrechtliche Bestimmung i.S.d. Nr. 3, dann sind auch Behörden beteiligtenfähig.
- Bei der Normenkontrolle ist § 47 II 1 VwGO zu beachten.

2. Prozessfähigkeit, § 62 VwGO (ggf. auch § 67 VwGO)
- Abs. 1, falls Kläger oder Beklagter natürliche Person ist.
- Abs. 3, falls Kläger oder Beklagter jurist. Person (insbes. Gemeinde, Land, Bund) oder Behörde ist.

VI. Allgemeines Rechtsschutzbedürfnis
- Nur erörtern, wenn der Sachverhalt Anhaltspunkte für das Fehlen bietet.
- Im Normenkontrollverfahren hat die antragstellende juristische Person des öffentlichen Rechts oder Behörde grundsätzlich kein Rechtsschutzbedürfnis, wenn sie die angegriffene Rechtsvorschrift selbst aufheben kann.

B. Begründetheit der Klage

I. Anfechtungsklage
- Wenn der angefochtene VA (in Gestalt des Widerspruchsbescheids, § 79 I 1 VwGO) rechtswidrig und der Kläger in seinen Rechten verletzt ist, § 113 I 1 VwGO.

1. Rechtsgrundlage des VA
- Nur wenn Anlass zu Zweifeln besteht: Rechtmäßigkeit (Verfassungsmäßigkeit) der Rechtsgrundlage prüfen.

2. Rechtmäßigkeit des VA (dazu Rn. 569 ff.)
a) Formelle Rechtmäßigkeit
b) Materielle Rechtmäßigkeit
- Beachtung des einfachen Rechts (Gesetze, Rechtsverordnungen, Satzungen)
- Beachtung von Verfassungsrecht (insbes. Grundrechte)
- Beachtung von EU-Recht

3. Verletzung des Klägers in subjektiven öffentlichen Rechten
- Falls Kläger Adressat des VA ist, kann auf Punkt I 2 b verwiesen werden.

II. Verpflichtungsklage
- Die Klage ist begründet, wenn der Kläger einen Anspruch auf Erlass des beantragten VA hat: Entweder auf Erlass ei-

nes VA mit einem ganz bestimmten Inhalt (§ 113 V 1 VwGO) oder nur auf eine (nochmalige) behördliche Entscheidung (= VA) unter Beachtung der gerichtlichen Rechtsauffassung (§ 113 V 2 VwGO).
- Prüfung der einschlägigen Anspruchsgrundlagen (Gesetze, Rechtsverordnungen, Satzungen, Grundrechte – z. B. Art. 3 I GG –, EU-Recht, öffentlich-rechtlicher Vertrag):
- **Beachte:** Das Gericht verurteilt die Behörde zum Erlass des beantragten VA bzw. zur (nochmaligen) Entscheidung über den gestellten Antrag unter Aufhebung der antragsablehnenden behördlichen Entscheidung (in Gestalt des Widerspruchsbescheids, § 79 I Nr. 1 VwGO analog).

III. Allgemeine Leistungsklage
- Die Klage ist begründet, wenn der Kläger einen Anspruch auf die Leistungserbringung oder Unterlassung hat (§ 113 V 1 VwGO analog) oder wenn der Kläger einen Anspruch auf (nochmalige) behördliche Entscheidung – die kein Verwaltungsakt ist – unter Beachtung der gerichtlichen Rechtsauffassung hat (§ 113 V 2 VwGO).
- Prüfung der einschlägigen Anspruchsgrundlagen (Gesetze, Rechtsverordnungen, Satzungen, Grundrechte, EU-Recht, öffentlich-rechtlicher Vertrag).

IV. Feststellungsklage
- Die Klage ist begründet, wenn die umstrittene Rechtsfrage im Sinne des Klägers zu entscheiden ist und wenn die von ihm begehrte Feststellung der Verwirklichung (Durchsetzung) seiner Rechte dient (str.).

V. Normenkontrollverfahren
- Der Antrag ist begründet, wenn die angegriffene Rechtsvorschrift nichtig (ungültig) oder unvereinbar mit höherrangigem Recht ist.

§ 32. Sonderformen des Rechtsschutzes

I. Die Fortsetzungsfeststellungsklage

Literatur: *Deckenbrock/Dötsch,* Die Erledigung in der Hauptsache im Verwaltungsprozess, JuS 2004, 489; *Glaser,* Die nachträgliche Feststellungsklage, NJW 2009, 1043; *Heinze/Sahan,* Der verbliebene Anwendungsbereich der Fortsetzungsfeststellungsklage nach § 113 I 4 VwGO, JA 2007, 805; *Ingold,* Die Fortsetzungsfeststellungsklage in der Fallbearbeitung, JA 2009, 711; *Mehde,* Die Rechtsprechung zur Fortsetzungsfeststellungsklage, VerwArch. 100 (2009), 432; *Ph. Reimer,* Die Erledigung des Verwaltungsakts, DV 48 (2015), 259; *Rozek,* Grundfälle zur verwaltungsgerichtlichen Fortsetzungsfeststellungsklage, JuS 1995, 414, 598, 697; *ders.,* Die Vortragsveranstaltung der Ewiggestrigen, Jura 1995, 492 (Übungsfall); *ders.,* Neues zur Fortsetzungsfeststellungsklage – Fortsetzung folgt? – BVerwGE 109, 203, in: JuS 2000, 1162; *Ruffert,* Die Erledigung von Verwaltungsakten „auf andere Weise", BayVBl. 2003, 33; *R. P. Schenke,* Die Neujustierung der Fortsetzungsfeststellungsklage, JuS 2007, 697; *A. Thiele,* Das Fortsetzungsfeststellungsinteresse bei Grundrechtseingriffen in der neueren Rechtsprechung des BVerwG, DVBl. 2015, 954; *F. Weber,* Die erweiterte Fortsetzungsfeststellungsklage, BayVBl. 2003, 488; *Wehr,* Abschied von der Fortsetzungsfeststellungsklage analog § 113 Abs. 1 Satz 4 VwGO, DVBl. 2001, 785.

Rechtsprechung: BVerwGE 109, 203 (Rechtsnatur der FFK, Klagefrist); BVerwGE 146, 303 (allein ein tiefgreifender Eingriff in Grundrechte oder EU-Grundfreiheiten begründet kein Fortsetzungsfeststellungsinteresse); BVerwG, 5.1.2012 – 8 B 62/11 – juris (gleichzeitige Anfechtungs- und Fortsetzungsfeststellungsklage bei VA mit Dauerwirkung); NVwZ 2015, 986 (Zulässigkeit einer FFK auf Feststellung, dass Behörde zum VA-Erlass verpflichtet war – grds. Unzulässigkeit einer FFK auf Feststellung, dass die Antragsablehnung rechtswidrig war).

1. Besondere Zulässigkeitsvoraussetzungen

a) Statthaftigkeit

1421 Ficht ein Bürger einen Verwaltungsakt an und wird dieser Verwaltungsakt während des Prozesses unwirksam (man spricht dann von „Erledigung", § 43 II VwVfG), wird die Anfechtungsklage unzulässig, weil kein aufhebbarer Verwaltungsakt mehr vorliegt. Häufig hat der Kläger aber ein Interesse daran, dass das Gericht feststellt, dass der Verwaltungsakt rechtswidrig war. Diesem Interesse trägt § 113 I 4 VwGO Rechnung. Er ordnet an, dass das Gericht unter bestimmten Voraussetzungen die Rechtswidrigkeit des Verwaltungsakts feststellt. Der Kläger muss einen entsprechenden Antrag stellen. Die entsprechende Klage wird Fortsetzungsfeststellungsklage genannt.

Statthaft ist eine Fortsetzungsfeststellungsklage gem. § 113 I 4 VwGO, wenn sich der angefochtene Verwaltungsakt **nach** Erhebung der Anfechtungsklage erledigt hat (wenn der Verwaltungsakt unwirksam geworden ist). Dies folgt aus dem systematischen Zusammenhang des § 113 I 4 VwGO.[1] Das in dieser Vorschrift enthaltene Wort „vorher" meint vor der gerichtlichen Aufhebung des Verwaltungsakts nach Erhebung der Anfechtungsklage. Hat sich der Verwaltungsakt **vor** Klageerhebung erledigt, ist § 113 I 4 VwGO nicht unmittelbar anwendbar. Es besteht aber die gleiche Interessenlage wie bei einer Erledigung nach Klageerhebung. Deshalb ist die Fortsetzungsfeststellungsklage **analog** § 113 I 4 VwGO statthaft.[2] Vertretbar ist stattdessen auch die Annahme einer Feststellungsklage nach § 43 VwGO.[3] Für eine Feststellungsklage gelten aber z.T. andere Zulässigkeitsvoraussetzungen als für eine Fortsetzungsfeststellungsklage. Die jeweils zu erfüllenden Zulässigkeitsvoraussetzungen hängen dann von der Zufälligkeit des Erledigungszeitpunktes ab. Überzeugend ist die Annahme einer Feststellungsklage deshalb nicht.

Der **Begriff der Erledigung** ist gesetzlich nicht bestimmt. § 113 I 4 VwGO und § 43 II VwVfG nennen nur einige Beispielsfälle. **1422**

> Faustformelartig kann man sagen, ein Verwaltungsakt hat sich dann erledigt, wenn die mit ihm verbundene **Beschwer** (Belastung für die Bürger) weggefallen ist und die gerichtliche Aufhebung des Verwaltungsakts sinnlos wäre.[4] Dies kann aus **rechtlichen,** aber auch aus **tatsächlichen** Gründen der Fall sein, wobei die Grenzen z.T. fließend sind.

Rechtliche Gründe:
- Behördliche Aufhebung des Verwaltungsakts
- Eintritt einer auflösenden Bedingung (im Verwaltungsakt ist bestimmt, dass er im Falle des Eintritts eines bestimmten Ereignisses seine Wirkung verliert)

---

[1] *Schenke*, Rn. 321.
[2] BVerwGE 12, 87 (90); 56, 24 (26); NJW 1991, 581; ausführlich *Kopp/Schenke*, § 113 Rn. 99; *Rozek*, JuS 1995, 415; *ders.*, JuS 2000, 1165 f.; *Ehlers*, Jura 2001, 417 f.
[3] *Gerhardt*, in: Schoch/Schneider/Bier, § 113 Rn. 99; *Glaser*, NJW 2009, 1043 ff.; *Finger*, VR 2004, 145 ff.; *Lange*, SächsVBl. 2002, 57 ff.; *Wehr*, DVBl. 2001, 787 ff.; *Fechner*, NVwZ 2000, 127 ff.; in diese Richtung auch BVerwGE 109, 203 (208 f.), aber letztlich offen gelassen.
[4] BVerwGE 66, 75 (77); VBlBW 2009, 55 (bei Wegfall der rechtlichen Wirkungen oder der Steuerungsfunktion); *Kopp/Schenke*, § 113 Rn. 101 ff. m. Bsp.; näher zu den einzelnen Fallgruppen *Rozek*, JuS 1995, 417 f.; *Deckenbrock/Dötsch*, JuS 2004, 489 f.

- Fristablauf (im Verwaltungsakt ist bestimmt, dass seine Regelung nur für eine bestimmte Zeit gilt)

Tatsächliche Gründe:
- Wegfall des Regelungsobjekts (das Gebäude wird, wie durch Verwaltungsakt angeordnet, abgerissen; der falsch parkende PKW wird, wie durch polizeiliche Verfügung angeordnet, vom Fahrer weggefahren)
- Zeitablauf (das Verbot, eine bestimmte Versammlung/Demonstration an einem bestimmten Tag abzuhalten, erledigt sich nach Ablauf dieses Tages)

Beachte: Vollzug, Vollstreckung und freiwillige Befolgung eines Verwaltungsakts führen häufig nicht zu seiner Erledigung, nämlich dann nicht, wenn der Verwaltungsakt Rechtsgrund für die andauernde Belastung ist.[5]

Beispiele:
- Der Bürger bezahlt den im Verwaltungsakt angegebenen Geldbetrag. Hier kommen ein Folgenbeseitigungsanspruch und eine entsprechende Anfechtungsklage mit Annexantrag nach § 113 I 2 VwGO in Betracht.
- Gegen den Eigentümer eines illegal errichteten Gebäudes ergeht eine Abrissverfügung. Weil E dieser Verfügung nicht nachkommt, ordnet die Behörde die Ersatzvornahme an und lässt das Gebäude vollständig beseitigen. Durch Kostenbescheid werden E die Kosten der Ersatzvornahme (Gebäudebeseitigung) auferlegt. Abrissverfügung und Anordnung der Ersatzvornahme haben sich nicht erledigt. Denn die Fortwirkung der Abrissverfügung – nicht ihre Rechtmäßigkeit – ist Voraussetzung für die Rechtmäßigkeit der Anordnung der Ersatzvornahme, deren Wirksamkeit wiederum Voraussetzung für die Rechtmäßigkeit ihrer Durchführung und des Kostenbescheides ist (BVerwG NVwZ 2009, 122; VGHBW VBlBW 2008, 305 unter Aufgabe der bisherigen a.A. zur Erledigung; *Kopp/Schenke*, § 113 Rn. 102 m.w.N.; differenzierend *Enders*, NVwZ 2009, 960 ff.; dazu auch *Labrenz*, NVwZ 2010, 22 ff.; siehe auch Rn. 1050).

1423 Analog anwendbar ist § 113 I 4 VwGO nicht nur im Falle der Erledigung des Verwaltungsakts vor Erhebung der Anfechtungsklage, sondern auch im Falle der Erledigung eines **Verpflichtungsbegehrens** (der Kläger hatte den Erlass eines Verwaltungsakts beantragt) vor oder nach Klageerhebung.[6] Hier kann auf Feststellung geklagt werden, dass der (ursprüngliche) Nichterlass des Verwaltungsakts rechtswidrig war oder dass ein Anspruch auf Erlass des Verwaltungsakts bestand.[7]

Beispiel: Ein Karussellbetreiber beantragt die Zulassung (= Verwaltungsakt) zu einem Volksfest, das am 1.10. stattfindet. Die Behörde bleibt untätig. Nach dem 1.10. hat sich das Verpflichtungsbegehren erledigt.

---

[5] Näher BVerwG NVwZ 2009, 122; speziell zu dieser Entscheidung und ihren Folgen *Jäckel*, NVwZ 2014, 1625 ff.; *Labrenz*, NVwZ 2010, 22 ff.; *Enders*, NVwZ 2009, 960 ff.
[6] BVerwGE 129, 27 (29 f.); NVwZ 2015, 986 Rn. 13, 21 m. N.
[7] Dazu näher Rn. 1425, 1435.

§ 32. Sonderformen des Rechtsschutzes

Genaugenommen wird § 113 I 4 VwGO **doppelt analog** angewendet, wenn der Kläger auf Feststellung klagt, dass die antragsablehnende Entscheidung der Behörde (Fall einer ursprünglichen Versagungsgegenklage) oder die Weigerung der Behörde, den Verwaltungsakt zu erlassen (Fall einer ursprünglichen Untätigkeitsklage), rechtswidrig war: Das erste Mal, weil § 113 I 4 VwGO unmittelbar nur die Anfechtungssituation betrifft, das zweite Mal, weil § 113 I 4 VwGO zudem nur für die Erledigung nach Klageerhebung unmittelbar gilt.

Z. T. wird § 113 I 4 VwGO auch dann (doppelt) analog angewendet, wenn sich ein Leistungs- oder Unterlassungsbegehren, das mit der allgemeinen Leistungsklage verfolgt wurde oder hätte verfolgt werden können, nach oder vor der Erhebung der allgemeinen Leistungsklage erledigt hat.[8]

Beispiele:
- Der Kläger verlangt von der Behörde den Widerruf einer bestimmten Tatsachenbehauptung. Noch vor Klageerhebung widerruft die Behörde ihre Behauptung.
- Der Kläger verlangt von der Behörde die Zahlung von Geld. Nach der Erhebung einer allgemeinen Leistungsklage zahlt die Behörde.

Hat sich hoheitliches Handeln ohne Verwaltungsaktqualität erledigt, ist § 113 I 4 VwGO nicht analog anwendbar.[9] Die ursprünglich statthafte allgemeine Leistungsklage weist keinen Verwaltungsaktbezug auf. Deshalb fehlt der systematische Zusammenhang mit § 113 I 1 VwGO, der eine analoge Anwendung von § 113 I 4 VwGO rechtfertigen würde.[10] Statthaft ist vielmehr eine Feststellungsklage nach § 43 VwGO.

Mit einer Fortsetzungsfeststellungsklage kann nicht die gerichtliche Feststellung begehrt werden, der Verwaltungsakt sei aus einem ganz bestimmten Grund rechtswidrig gewesen bzw. der Verwaltungsakt hätte aus einem ganz bestimmten Grund erlassen werden müssen. Eine derartig rechtlich beschränkte Fortsetzungsfeststellungsklage ist unstatthaft.[11] Denn nach dem im Verwaltungsprozess geltenden Untersuchungsprozess geltenden Untersuchungsgrundsatz (§ 86 I VwGO) kann der Kläger den gerichtlichen Prüfungsmaßstab nicht auf bestimmte rechtliche Gesichtspunkte beschränken.

1424

---

[8] VGH München NVwZ-RR 1991, 519; BayVBl. 1992, 310; *Hufen,* § 18 Rn. 44 f.
[9] OVG Münster NJW 1994, 1673; OVG Hamburg NVwZ 1995, 1136; *Schenke,* Rn. 337; *Ipsen,* 1141.
[10] So *Schenke,* Rn. 337.
[11] VGH Kassel LKRZ 2009, 457 f.

b) Klagebefugnis

1425 Weil die Fortsetzungsfeststellungsklage die ursprünglich statthafte Anfechtungsklage fortsetzen soll, ist sie nur dann zulässig, wenn der Kläger geltend machen kann, **dass der erledigte Verwaltungsakt** ihn in seinen Rechten verletzt habe, § 42 II VwGO.

Überwiegend wird § 42 II VwGO unmittelbar angewendet.[12] Richtigerweise ist § 42 II VwGO analog anzuwenden.[13] Denn die Fortsetzungsfeststellungsklage ist der Sache nach eine Feststellungsklage. Außerdem setzt § 42 II VwGO einen (noch) existenten Verwaltungsakt voraus.

Geht es um die Fortsetzung bzw. Ersetzung einer ursprünglich statthaften **Verpflichtungsklage,** hängt die Prüfung der Klagebefugnis vom Feststellungsantrag des Klägers ab. Er kann auf Feststellung klagen, dass die **behördliche Weigerung,** den Verwaltungsakt zu erlassen (Situation der Versagungsgegenklage), oder die Unterlassung des Verwaltungsakts (Situation der Untätigkeitsklage) rechtswidrig waren.[14] Es kann aber auch auf Feststellung geklagt werden, dass ein **Anspruch auf Erlass des beantragten Verwaltungsakts** bestand oder dass die Behörde zum Erlass des Verwaltungsakts verpflichtet war.[15] Hat die Behörde den Erlass des beantragten Verwaltungsakts förmlich abgelehnt (Situation der Versagungsgegenklage), kann entgegen mehreren bundesverwaltungsgerichtlichen Entscheidungen auch auf Feststellung geklagt werden, dass die **behördliche Antragsablehnung rechtswidrig war.**[16] Denn die ursprüngliche Verpflichtungsklage richtete sich auch (automatisch) gegen die Antragsablehnung.[17]

---

[12] BVerwG NJW 1982, 2514; BayVGH BayVBl. 1993, 430 f.; *Wolff,* in: Sodan/Ziekow, § 113 Rn. 286; *Kopp/Schenke,* § 113 Rn. 125; *Hufen,* § 18 Rn. 54; *Würtenberger,* Rn. 651.

[13] *Decker,* in: Posser/Wolff, § 113 Rn. 94; differenzierend: *Knauff,* in: Gärditz, § 113 Rn. 53 ff.

[14] BVerwGE 89, 354 (356); NVwZ 2015, 986 Rn. 21; NVwZ-RR 1994, 234; *Rozek,* JuS 1995, 416.

[15] BVerwGE 77, 164 (166); NVwZ 2015, 986 f.; *Wolff,* in: Sodan/Ziekow, § 113 Rn. 314; *Gerhardt,* in: Schoch/Schneider/Bier, § 113 Rn. 103.

[16] *Wolff,* in: Sodan/Ziekow, § 113 Rn. 304 („Rechtswidrigkeit der Ablehnung"); *Kopp/Schenke,* § 113 Rn. 109 f.; *Schenke,* Rn. 330; *Hufen,* § 18 Rn. 43; *Rozek,* JuS 1995, 416 („Versagung des beantragten Verwaltungsakts"); ebenso BVerwG NVwZ-RR 1994, 234 („Versagung oder Unterlassung"); NJW 1988, 926; a. A. für den Regelfall BVerwGE 129, 27 Rn. 17 f.; 89, 354 (356); NVwZ 2015, 986 Rn. 17 f. mit dem Hinweis auf die in der Regel unterschiedlichen Zeitpunkte, die für die Frage maßgeblich seien, ob die behördliche Antragsablehnung rechtmäßig war (einerseits) oder ob der Kläger einen Anspruch auf Erlass des Verwaltungsakts hatte (andererseits); vgl. auch *Gerhardt,* in: Schoch/Schneider/Bier, § 113 Rn. 100, 103; gegen dieses Argument bereits *Detterbeck,* Streitgegenstand und Entscheidungswirkungen im Öffentlichen Recht, 1995, S. 294 f.

[17] Rn. 1380.

§ 32. Sonderformen des Rechtsschutzes

War die Sache noch nicht spruchreif, weil der Behörde ein Ermessens- oder Beurteilungsspielraum zustand, kann auf Feststellung geklagt werden, dass ein Anspruch auf Bescheidung bestand bzw. dass die Behörde zur Bescheidung des Klägers verpflichtet war,[18] oder dass die Ablehnung oder Unterlassung des Verwaltungsakts rechtswidrig waren. § 113 I 4 VwGO, der lediglich von der Rechtswidrigkeit des Verwaltungsakts spricht, steht dem nicht entgegen. Denn er wird nur analog angewendet und lässt deshalb auch andere Anträge und gerichtliche Tenorierungen im Falle eines erledigten Verpflichtungsbegehrens zu. Ein Antrag auf Feststellung der bloßen Rechtswidrigkeit empfiehlt sich vor allem dann, wenn der Kläger keinen Anspruch auf Erlass eines ganz bestimmten Verwaltungsakts hatte, weil der Behörde noch ein Ermessens- oder Beurteilungsspielraum zustand.[19]

Beantragt der Kläger eine Anspruchsfeststellung, ist er **klagebefugt,** wenn ihm der Anspruch auf Erlass des beantragten Verwaltungsakts möglicherweise zustand. Beantragt er nur die Rechtswidrigkeitsfeststellung, ist er klagebefugt, wenn die Antragsablehnung bzw. Untätigkeit der Behörde möglicherweise rechtswidrig war **und ihn möglicherweise in seinen Rechten verletzte.**[20]

Die Möglichkeit einer Rechtsverletzung setzt indes voraus, dass der Kläger möglicherweise einen Anspruch auf Erlass des begehrten Verwaltungsaktes hatte. Scheidet diese Möglichkeit von vornherein aus, kann der Kläger selbst durch eine formell rechtswidrige Antragsablehnung nicht in seinen Rechten verletzt sein. Eine Fortsetzungsfeststellungsklage ist dann mangels Klagebefugnis unzulässig.

Dies beruht darauf, dass die vor Erledigung einschlägige Verpflichtungsklage auf den Erlass eines Verwaltungsaktes gerichtet war und nicht auf die Unterlassung einer rechtswidrigen Antragsablehnung. Obwohl der Kläger im Falle einer rechtswidrigen Antragsablehnung Adressat eines rechtswidrigen Verwaltungsakts ist, darf die sog. Adressatentheorie[21] in dieser Fallkonstellation nicht angewendet werden.

---

[18] BVerwGE 72, 38 (41 f.); NVwZ 1987, 229.
[19] Vgl. *Hufen,* § 18 Rn. 43, § 29 Rn. 17.
[20] Obwohl über die Frage der Verletzung des Klägers in seinen Rechten in einem (Fortsetzungs-)Feststellungsurteil nicht rechtskräftig entschieden wird – im Unterschied zur Frage der Rechtswidrigkeit des behördlichen Verhaltens –, handelt es sich gleichwohl um eine Voraussetzung sowohl der Zulässigkeit als auch der Begründetheit einer Fortsetzungsfeststellungsklage; dazu Rn. 1435.
[21] Dazu Rn. 1352.

c) Feststellungsinteresse

1426 § 113 I 4 VwGO verlangt ein **berechtigtes Interesse** des Klägers an der Rechtswidrigkeitsfeststellung. Es ist (jedenfalls) in folgenden Fällen[22] anzunehmen:

aa) Wiederholungsgefahr

Sie besteht, wenn konkrete Anhaltspunkte dafür vorliegen, dass die Verwaltung **in Zukunft einen ähnlichen Verwaltungsakt** erlässt (Beispiel: mögliche Versammlungsverbote für ähnliche Versammlungen desselben Veranstalters) bzw. wiederum untätig bleibt.

bb) Rehabilitationsinteresse

1427 Von dem erledigten Verwaltungsakt bzw. der behördlichen Untätigkeit geht eine **anhaltende diskriminierende Wirkung** aus.

Beispiele:
- Ein Demonstrationsteilnehmer wird von der Polizei als Störer behandelt (etwa Hieb mit dem Schlagstock).
- Versagung einer Gaststättenerlaubnis wegen Unzuverlässigkeit.

cc) Vorbereitung einer Amtshaftungs- oder Entschädigungsklage

Wenn der Kläger, der durch den inzwischen erledigten Verwaltungsakt wirtschaftliche Nachteile erlitten hat, auf **Schadensersatz oder Entschädigung klagen** will, muss er die Zivilgerichte anrufen, vgl. Art. 34 S. 3 GG, § 40 II 1 VwGO. Deshalb hat er häufig ein Interesse daran, dass das Verwaltungsgericht vorher die Rechtswidrigkeit des erledigten Verwaltungsakts feststellt. Denn an diese Feststellung ist das Zivilgericht dann später gebunden, § 121 VwGO.

In diesem Zusammenhang ist aber folgendes zu beachten: Das Feststellungsinteresse ist hier nur dann gegeben, wenn sich der Verwaltungsakt **nach** Erhebung der Anfechtungsklage erledigt hat und wenn eine nachfolgende zivilgerichtliche Klage nicht offensichtlich aussichtslos wäre.[23] Hat sich der Verwaltungsakt bereits **vor** Erhebung der verwaltungsgerichtlichen Klage erledigt, besteht kein anerkennenswertes Interesse des Klägers, zwei Prozesse zu führen (einen vorbereitenden Verwaltungsprozess und einen nachfolgenden Zivilprozess). Vielmehr kann er sofort Klage zum Zivilgericht erheben. Gleiches gilt in Fällen erledigten Verpflichtungsbegehrens.

---

[22] Die Aufzählung ist nicht abschließend, *Hufen*, § 18 Rn. 53.
[23] Zum Kriterium der Aussichtslosigkeit VGH Kassel NVwZ 2012, 1351.

dd) Verwaltungsakte, die sich typischerweise kurzfristig erledigen

Ein berechtigtes Feststellungsinteresse ist auch dann anzunehmen, wenn sich Verwaltungsakte dieser Art (oder: Verpflichtungsbegehren) **typischerweise so kurzfristig erledigen**, dass sie ansonsten in keinem gerichtlichen Hauptsacheverfahren überprüft werden könnten.[24] So verhält es sich etwa bei einem Schlag mit dem polizeilichen Gummiknüppel.

ee) Tiefgreifende Grundrechtseingriffe

Nach Teilen der Literatur besteht auch in Fällen besonders schwerwiegender, tiefgreifender erledigter Grundrechtseingriffe ein berechtigtes Feststellungsinteresse, ohne dass weitere Voraussetzungen hinzukommen müssen.[25] Das BVerwG lehnt diese Auffassung ausdrücklich ab.[26] Nach der st. Rspr. des BVerfG ist die Annahme eines berechtigten Feststellungsinteresses in Fällen tiefgreifender Grundrechtseingriffe nur dann verfassungsrechtlich geboten (Art. 19 IV 1 GG), wenn sich die Eingriffe typischerweise kurzfristig erledigen (Fallgruppe dd).[27]

Dem BVerwG ist zuzustimmen. Es besteht kein Bedürfnis, den tiefgreifenden Grundrechtseingriff als eigenständige Fallgruppe des berechtigten Feststellungsinteresses anzuerkennen. Sind nicht zugleich die Voraussetzungen einer der oben genannten Fallgruppen erfüllt – in der Regel dürfte ein Rehabilitationsinteresse bestehen[28] –, ist nicht ersichtlich, weshalb der vom erledigten schwerwiegenden Grundrechtseingriff nicht mehr nachteilig Betroffene ein anzuerkennendes Fortsetzungsfeststellungsinteresse besitzen sollte.

d) Vorverfahren

Die Frage, ob eine Fortsetzungsfeststellungsklage nur zulässig ist, wenn ein Vorverfahren nach §§ 68 ff. VwGO durchgeführt wurde, ist umstritten. **Hierbei handelt es sich um einen auch prüfungsrelevanten Meinungsstreit.** Selbstverständlich stellt er sich nicht, wenn das Vorverfahren nach § 68 I 2 VwGO entbehrlich war. Ausgangspunkt ist folgende unstreitige Überlegung: Da die Fortsetzungsfeststellungsklage eine ursprünglich

1428

---

[24] BVerwGE 146, 303 Rn. 32.
[25] *Kopp/Schenke*, § 113 Rn. 146 a. E.; *Knauff*, in: Gärditz, § 113 Rn. 60; *Würtenberger*, Rn. 655.
[26] BVerwGE 146, 303 Rn. 29 ff.; zustimmend *Unterreitmeier*, NVwZ 2015, 25 ff.; ablehnend *Thiele*, DVBl. 2015, 954 ff.; *Lindner*, NVwZ 2014, 180 ff.; *P. Lange*, NdsVBl. 2014, 120 ff.
[27] BVerfGE 110, 77 (86); 104, 220 (233); 96, 27 (40).
[28] *Rozek*, JuS 1995, 599.

statthafte Anfechtungs- oder Verpflichtungsklage fortführen oder ersetzen soll, darf sie nicht an die Stelle einer unzulässigen Anfechtungs- oder Verpflichtungsklage treten. Deshalb ist eine Fortsetzungsfeststellungsklage unzulässig, wenn eine Anfechtungs- oder Verpflichtungsklage im Zeitpunkt der Erledigung des Verwaltungsakts bzw. des Verpflichtungsbegehrens unzulässig war oder gewesen wäre. Daraus ergibt sich folgendes:

1429 Hat sich der Verwaltungsakt bzw. das Verpflichtungsbegehren **nach Ablauf der Widerspruchsfrist** des § 70 VwGO erledigt, muss das Vorverfahren ordnungsgemäß, d.h. in zulässiger Weise **eingeleitet** worden sein.[29] Ist dies nicht geschehen, ist bzw. wäre eine im Zeitpunkt der Erledigung erhobene Anfechtungs- oder Verpflichtungsklage unzulässig. Dann ist aber auch eine Fortsetzungsfeststellungsklage unzulässig. Auf die häufig anzutreffende Unterscheidung zwischen der Erledigung vor und nach der Erhebung einer Anfechtungs- oder Verpflichtungsklage kommt es nicht an.

Bei der Berechnung der Widerspruchsfrist ist § 70 II i.V.m. § 58 VwGO zu beachten. Danach beginnt die Monatsfrist des § 70 I VwGO nur zu laufen, wenn der Betroffene über die Widerspruchsmöglichkeit richtig und **schriftlich** belehrt worden ist, § 58 II VwGO. Geht es um einen mündlich oder konkludent erlassenen Verwaltungsakt, der sich erledigt hat, fehlt in aller Regel eine derartige Rechtsbehelfsbelehrung. In einem solchen Fall der fehlenden wie auch der unrichtigen Rechtsbehelfsbelehrung gilt nach § 70 II i.V.m. § 58 II VwGO eine Jahresfrist.[30]

1430 Hat sich der Verwaltungsakt bzw. das Verpflichtungsbegehren **vor Ablauf der Widerspruchsfrist** erledigt, braucht und darf nach h.M. ein

---

[29] Das Vorverfahren muss allerdings nicht, wie häufig gesagt wird, ordnungsgemäß **durchgeführt** worden sein. Hat sich der Verwaltungsakt nach der zulässigen Einlegung des Widerspruchs erledigt, ohne dass die Behörde über den Widerspruch schon entschieden hatte, führt dies unstreitig nicht zur Unzulässigkeit einer Fortsetzungsfeststellungsklage. Denn der Kläger hat alles getan, was die VwGO von ihm verlangt.

[30] BVerwG JZ 1991, 511; VGH Mannheim VBlBW 1998, 109; *Würtenberger*, Rn. 659. Zu weitgehend ist allerdings die Auffassung, dass unter Zugrundelegung der bundesverwaltungsgerichtlichen Rechtsprechung, nach der nach Erledigung ein Vorverfahren nicht mehr durchgeführt werden könne, auch dann die Jahresfrist gem. § 70 II i.V.m. § 58 II VwGO gelte, wenn sich ein Verwaltungsakt, der **ordnungsgemäß über die Möglichkeit eines Widerspruchs belehrt** habe, vor Widerspruchseinlegung erledigt habe, weil dann die Rechtsbehelfsbelehrung wegen der nunmehrigen Unstatthaftigkeit eines Widerspruchs unrichtig sei, so *Uerpmann-Wittzack*, Allgemeines Verwaltungsrecht mit Verwaltungsprozessrecht, 5. Aufl. 2013, Rn. 271. Hat sich in diesem Fall der Verwaltungsakt **nach Ablauf der Monatsfrist** des § 70 I VwGO erledigt, ist die Rechtsbehelfsbelehrung nicht unrichtig, weil sie zutreffend über den richtigen Rechtsbehelf bis zum Ablauf der Monatsfrist belehrt hat. Die fehlende Belehrung über die Unstatthaftigkeit eines Widerspruchs bei Erledigung innerhalb der Monatsfrist macht die Rechtsbehelfsbelehrung nicht unrichtig, wenn dieser Fall tatsächlich gar nicht eingetreten ist.

Vorverfahren nicht mehr durchgeführt oder fortgesetzt zu werden.³¹ Ein gleichwohl eingelegter Widerspruch sei nicht statthaft (unzulässig); ein in zulässiger Weise eingeleitetes Widerspruchsverfahren sei nach Erledigung des angegriffenen Verwaltungsakts einzustellen. Nach einer beachtlichen Mindermeinung ist auch gegen erledigte Verwaltungsakte ein Widerspruch statthaft.³² Seine fristgerechte Einlegung sei Zulässigkeitsvoraussetzung einer Fortsetzungsfeststellungsklage.

Der h. M. ist zuzustimmen. Eine behördliche Aufhebung des erledigten Verwaltungsakts ist nicht mehr möglich. Eine **behördliche** Feststellung der Rechtswidrigkeit (erledigter) Verwaltungsakte sieht die VwGO nicht vor. Ein **Feststellungswiderspruchsverfahren** und einen **Feststellungswiderspruchsbescheid** kennt sie nicht. Erledigt sich ein Verwaltungsakt, fehlt nicht nur das taugliche Objekt einer Anfechtungsklage, sondern auch eines Widerspruchs. Beide Rechtsbehelfe sind deshalb unzulässig. Umstritten ist, ob für beamtenrechtliche Fortsetzungsfeststellungsklagen gem. § 126 II BBG, § 54 II BeamtStG ein Vorverfahren durchzuführen ist.³³

1431

Wurde Anfechtungsklage erhoben, ohne ein erforderliches Vorverfahren durchgeführt zu haben, und erledigt sich dann der Verwaltungsakt **in offener Widerspruchsfrist**, kann der Kläger nach § 113 I 4 VwGO die Klage auf eine Fortsetzungsfeststellungsklage umstellen. Die Anfechtungsklage hätte im Zeitpunkt der Erledigung des Verwaltungsakts nicht als unzulässig abgewiesen werden dürfen. Denn das Vorverfahren hätte vor der Erledigung auch noch im Anfechtungsprozess nachgeholt werden können.³⁴

Zusammengefasst gilt deshalb folgendes: Hat sich der Verwaltungsakt oder das Verpflichtungsbegehren in **offener Widerspruchsfrist** erledigt – war also im Zeitpunkt der Erledigung ein Widerspruch zulässig –, ist kein Vorverfahren mehr durchzuführen. Hat sich der Verwaltungsakt **nach Ablauf der Widerspruchsfrist** erledigt, ist eine Fortsetzungsfeststellungsklage nur zulässig, wenn vor der Erledigung ordnungs- und fristgemäß Widerspruch eingelegt wurde. Bei der Berechnung der Widerspruchsfrist ist § 70 II i. V. m. § 58 VwGO zu beachten.

---

³¹ BVerwGE 26, 161 (165); 56, 24 (26); 81, 226 (229); *Hufen*, § 18 Rn. 55; *Würtenberger*, Rn. 648; *Exner/Richter-Hopprich*, JuS 2015, 523; *Ehlers*, Jura 2001, 420; *Rozek*, JuS 1995, 698; *ders.*, JuS 2000, 1163.
³² *Schenke*, Rn. 666; *Pietzner/Ronellenfitsch*, § 31 Rn. 30; *R. P. Schenke*, JuS 2007, 699 f.
³³ Dafür z. B. *Battis*, BBG, 4. Aufl. 2009, § 126 Rn. 12; dagegen z. B. *Geis*, in: Sodan/Ziekow, § 68 Rn. 111.
³⁴ Dazu näher Rn. 1317 a. E, 1354.

e) Klagefrist

1432 Auch die Frage einer **Fristbindung der Fortsetzungsfeststellungsklage** ist umstritten. Hier ist zu unterscheiden. Eine Fortsetzungsfeststellungsklage ist unstreitig unzulässig, wenn **im Zeitpunkt der Erledigung des Verwaltungsakts oder des Verpflichtungsbegehrens** eine bereits anhängige Anfechtungs- oder Verpflichtungsklage unzulässig war (weil die Frist für ein erforderliches Vorverfahren oder die nach § 74 VwGO einzuhaltende Klagefrist versäumt wurde) oder die Erhebung einer Anfechtungs- bzw. Verpflichtungsklage auch ohne Erledigung nicht mehr zulässig wäre. Grund hierfür ist wieder die Überlegung, dass an die Stelle einer unzulässigen Anfechtungs- oder Verpflichtungsklage keine zulässige Fortsetzungsfeststellungsklage treten darf.

1433 Umstritten ist der Fall, dass **im Zeitpunkt der Erledigung des Verwaltungsakts oder des Verpflichtungsbegehrens eine Anfechtungs- bzw. Verpflichtungsklage zwar noch nicht anhängig war, aber in zulässiger Weise hätte erhoben werden können.** Hier sind vor allem zwei Konstellationen denkbar: Das Vorverfahren wurde noch nicht durchgeführt, hätte aber ohne Erledigung noch durchgeführt werden können. Oder das Vorverfahren wurde bereits erfolglos durchgeführt, ohne Erledigung hätte aber – weil die Klagefrist des § 74 VwGO noch nicht abgelaufen war – Anfechtungs- oder Verpflichtungsklage erhoben werden können.

Nach einer in Rechtsprechung und Literatur vertretenen Auffassung ist eine Fortsetzungsfeststellungsklage in beiden Fällen **fristgebunden.** Teils wird eine unmittelbare, teils eine analoge Anwendung von § 74 VwGO befürwortet.[35] Nicht einheitlich wird auch die Frage beantwortet, auf welches Ereignis bei der Fristberechnung abzustellen ist[36] (auf den Zeitpunkt der Bekanntgabe des Verwaltungsakts bzw. des Widerspruchsbescheids oder auf den Zeitpunkt der Erledigung); auch hier ist dann wiederum auf die Jahresfrist nach § 58 II VwGO wegen des in aller Regel unterbliebenen Hinweises auf die Möglichkeit der Erhebung einer Fortsetzungsfeststellungsklage hinzuweisen.

1434 Diese Auffassung ist abzulehnen. Die Fortsetzungsfeststellungsklage ist nach ihrer Rechtsnatur keine Anfechtungs- oder Verpflichtungsklage, son-

---

[35] VGH Mannheim DVBl. 1998, 836; OVG Koblenz NJW 1982, 1301; *Rennert,* in: Eyermann, § 74 Rn. 2; *Meissner,* in: Schoch/Schneider/Bier, § 74 Rn. 11 ff.; *Würtenberger,* Rn. 658; *Schenke,* Rn. 703; *R. P. Schenke,* JuS 2007, 700.

[36] Dazu eingehend *Meissner,* in: Schoch/Schneider/Bier, § 74 Rn. 27 ff. – die Vielzahl der zu unterscheidenden Konstellationen verdeutlicht auch die völlige Unpraktikabilität einer Fristbindung der Fortsetzungsfeststellungsklage, die deshalb auch rechtsstaatlich bedenklich ist; abzulehnen ist jedenfalls VGH Mannheim DVBl. 1998, 835 f., der auf die „zuverlässige Kenntnis vom erledigenden Ereignis" abstellt.

dern eine Feststellungsklage.[37] Feststellungsklagen sind aber nicht fristgebunden. Deshalb gelten auch für die Fortsetzungsfeststellungsklage keine Fristen, wenn der Verwaltungsakt im Zeitpunkt seiner Erledigung noch nicht bestandskräftig war[38] bzw. wenn das Verpflichtungsbegehren mit ordentlichen Rechtsbehelfen (Widerspruch, Verpflichtungsklage) noch hätte verfolgt werden können. Hinzu kommt, dass auch keine Gründe des Vertrauensschutzes oder der Rechtssicherheit dafür sprechen, gegen erledigte Verwaltungsakte, die noch nicht bestandskräftig waren, nur fristgebundene Rechtsbehelfe zuzulassen.

> Mit der Erledigung des Verwaltungsakts laufen keine Klagefristen mehr. War im Zeitpunkt der Erledigung des Verwaltungsakts eine vorher in Gang gesetzte Klagefrist abgelaufen, ist auch eine Fortsetzungsfeststellungsklage unzulässig. Im Falle eines Verpflichtungsbegehrens ist eine Fortsetzungsfeststellungsklage nur zulässig, wenn der Kläger sein Verpflichtungsbegehren im Zeitpunkt dessen Erledigung noch mit einem zulässigen Rechtsbehelf hätte verfolgen können.

Bei „späten" Fortsetzungsfeststellungsklagen ist zu prüfen, ob das erforderliche Feststellungsinteresse mittlerweile entfallen ist; zu denken ist auch an die Möglichkeit der Verwirkung des Klagerechts.[39]

> Die Problematik des Vorverfahrens und der Klagefrist zusammenfassend gilt: Die Zulässigkeit einer Fortsetzungsfeststellungsklage scheitert nicht am Vorverfahren oder der Klagefrist, wenn der Kläger im Zeitpunkt der Erledigung (des Verwaltungsakts oder des Verpflichtungsbegehrens) sein Ziel mit einem Rechtsbehelf (Widerspruch, Anfechtungs- oder Verpflichtungsklage), der in diesem Zeitpunkt noch zulässig war bzw. zulässig gewesen wäre, verfolgt hat bzw. hätte verfolgen können.
> **Kurzfassung:** Eine Fortsetzungsfeststellungsklage ist **unzulässig,** wenn der vor der Erledigung einschlägige Rechtsbehelf im Zeitpunkt der Erledigung unzulässig war bzw. gewesen wäre.

---

[37] BVerwGE 26, 161 (165 f.); BayVBl. 1992, 52; *Detterbeck,* Streitgegenstand und Entscheidungswirkungen im Öffentlichen Recht, 1995, S. 291 f.; a. A. z.B. OVG Lüneburg NVwZ-RR 2009, 789.
[38] BVerwGE 109, 203 (207); VGH München NVwZ-RR 1992, 219; BayVBl. 1997, 594; *Detterbeck,* a.a.O., S. 293; *Rozek,* JuS 1995, 700; ders., JuS 2000, 1163 ff.; *Ehlers,* Jura 2001, 422.
[39] BVerwGE 109, 203 (208).

2. Begründetheit

1435 In der **Anfechtungssituation** ist die Fortsetzungsfeststellungsklage begründet, wenn der **Verwaltungsakt rechtswidrig war und den Kläger in seinen Rechten verletzte.**

Beachte: Obwohl das Gericht gem. § 113 I 4 VwGO nur die **Rechtswidrigkeit** des erledigten Verwaltungsakts feststellt, setzt die Begründetheit der Fortsetzungsfeststellungsklage nicht nur die Rechtswidrigkeit des Verwaltungsakts, sondern auch die Verletzung des Klägers in seinen Rechten voraus.[40] Denn die Fortsetzungsfeststellungsklage ersetzt die ursprünglich statthafte Anfechtungsklage. Deshalb darf eine ursprünglich unzulässige oder unbegründete Anfechtungsklage nicht zu einer zulässigen oder begründeten Fortsetzungsfeststellungsklage mutieren.

In der **Verpflichtungssituation** ist die Fortsetzungsfeststellungsklage begründet, wenn die Weigerung der Behörde, den Verwaltungsakt zu erlassen, rechtswidrig war und den Kläger in seinen Rechten verletzte bzw. wenn die behördliche Antragsablehnung rechtswidrig war und den Kläger in seinen Rechten verletzte[41] (Situation der Versagungsgegenklage) bzw. wenn die Untätigkeit der Behörde rechtswidrig war und den Kläger in seinen Rechte verletzte (Situation der Untätigkeitsklage).

Eine Rechtsverletzung des Klägers ist aber auch in dieser Konstellation nur gegeben, wenn er einen Anspruch auf Erlass des beantragten Verwaltungsakts hatte (gebundene behördliche Entscheidung) oder wenn er einen Anspruch auf eine ermessensfehlerfreie behördliche Entscheidung hatte und **dieser** Anspruch nicht erfüllt wurde (behördliche Ermessensentscheidung) oder wenn er einen Anspruch auf behördliches Tätigwerden hatte (Fall der behördlichen Untätigkeit).[42]

Hat der Kläger demgegenüber die Anspruchsfeststellung beantragt,[43] ist die Fortsetzungsfeststellungsklage begründet, wenn er einen Anspruch auf Erlass des beantragten Verwaltungsakts hatte bzw. einen Anspruch auf Bescheidung durch die Behörde.

Die Frage, welcher Zeitpunkt für die Beurteilung der Sach- und Rechtslage maßgeblich ist – Zeitpunkt des VA-Erlasses, der letzten behördlichen

---

[40] BVerfG NVwZ 1998, 606; BVerwGE 65, 167 (170f.); 77, 70 (73); VGH München NVwZ-RR 2003, 771; *Hufen*, § 29 Rn. 16; *Schenke*, Rn. 862a.
[41] Zu dieser umstr. Variante Rn. 1425.
[42] Vgl. dazu bereits Rn. 1425.
[43] Dazu bereits oben Rn. 1425.

Entscheidung, der Erledigung, der gerichtlichen Entscheidung –, ist umstritten.[44]

Übersicht 40: 1436
Fortsetzungsfeststellungsklage (Prüfschema)

A. Zulässigkeit

  I. Eröffnung des Verwaltungsrechtswegs
   1. Aufdrängende Sonderzuweisung
      - z.B. §§ 126 I BBG, § 54 I BeamtStG
   2. Verwaltungsrechtsweg gem. § 40 I VwGO

  II. Statthaftigkeit einer Fortsetzungsfeststellungsklage
   - Klage auf Feststellung der Rechtswidrigkeit eines VA, der sich nach Erhebung der Anfechtungsklage erledigt hat, § 113 I 4 VwGO.
   - Klage auf Feststellung der Rechtswidrigkeit eines VA, der sich vor der Klageerhebung erledigt hat, § 113 I 4 VwGO analog.
   - Klage auf Feststellung der Rechtswidrigkeit einer behördlichen Antragsablehnung oder behördlichen Untätigkeit (oder Klage auf Feststellung, dass ein Anspruch auf Erlass des beantragten VA bestand) im Falle der Erledigung des Verpflichtungsbegehrens nach Erhebung der Verpflichtungsklage, § 113 I 4 VwGO analog.
   - Klage auf Feststellung der Rechtswidrigkeit einer behördlichen Antragsablehnung oder behördlichen Untätigkeit (oder Klage auf Feststellung, dass ein Anspruch auf Erlass des beantragten VA bestand) im Falle der Erledigung des Verpflichtungsbegehrens vor Erhebung einer Verpflichtungsklage, § 113 I 4 VwGO doppelt analog.

  III. Klagebefugnis, § 42 II VwGO (analog)
   - Möglichkeit, dass der Kläger durch den erledigten VA in seinen Rechten verletzt wurde (Anfechtungssituation).
   - Möglichkeit, dass der Kläger durch die Ablehnung oder Unterlassung des VA in seinen Rechten verletzt war oder dass der Kläger einen Anspruch auf Erlass des beantragten VA hatte (Verpflichtungssituation).

---

[44] Dazu näher BVerwGE 72, 38 (43); NVwZ 2015, 986 Rn. 18 ff.; OVG Münster NWVBl. 1992, 437; NWVBl. 1992, 326; *Schenke,* Rn. 863, 865; *Rozek,* JuS 1995, 700.

IV. Feststellungsinteresse, § 113 I 4 VwGO (ggf. analog)
- Wiederholungsgefahr
- Rehabilitationsinteresse
- Vorbereitung einer Amtshaftungs- oder Entschädigungsklage
- Verwaltungsakte (oder: Verpflichtungsbegehren), die sich typischerweise kurzfristig erledigen

V. Vorverfahren, §§ 68 ff. VwGO
- Durchführung nicht erforderlich, aber der VA, dessen Rechtswidrigkeit festgestellt werden soll, darf im Zeitpunkt seiner Erledigung nicht bestandskräftig gewesen sein (kein Ablauf der Widerspruchs- oder Klagefrist), bzw. der Erlass des beantragten VA musste im Zeitpunkt der Erledigung des Verpflichtungsbegehrens noch mit ordentlichen Rechtsbehelfen (Widerspruch, Verpflichtungsklage) durchsetzbar gewesen sein.

VI. Klagefrist
- Keine unmittelbare oder analoge Geltung von § 74 VwGO, aber der VA, dessen Rechtswidrigkeit festgestellt werden soll, darf im Zeitpunkt seiner Erledigung nicht bestandskräftig gewesen sein (kein Ablauf der Widerspruchs- oder Klagefrist), bzw. der Erlass des beantragten VA musste im Zeitpunkt der Erledigung des Verpflichtungsbegehrens noch mit ordentlichen Rechtsbehelfen (Widerspruch, Verpflichtungsklage) durchsetzbar gewesen sein.

VII. Gerichtszuständigkeiten
1. Sachliche Zuständigkeit, §§ 45 ff. VwGO
2. Örtliche Zuständigkeit, § 52 VwGO

VIII. Richtiger Beklagter (passive Prozessführungsbefugnis), § 78 VwGO analog
- § 78 I Nr. 1 VwGO analog: Rechtsträger der handelnden Behörde
- § 78 I Nr. 2 VwGO analog: Behörde, falls entsprechende landesrechtliche Regelung (Vorrang vor § 78 I Nr. 1 VwGO)

IX. Beteiligungs- und Prozessfähigkeit
1. Beteiligungsfähigkeit, § 61 VwGO
   - Beachte: § 61 Nr. 3 VwGO setzt eine entsprechende landesrechtliche Bestimmung voraus; falls diese fehlt,

ist mit der Konsequenz des § 61 Nr. 1, 2. Alt. VwGO auf den Rechtsträger der Behörde abzustellen.
2. Prozessfähigkeit, § 62 VwGO (u. ggf. § 67 VwGO)

B. Begründetheit

I. Anfechtungssituation
- Wenn der erledigte VA rechtswidrig und der Kläger in seinen Rechten verletzt war.

II. Verpflichtungssituation
- Im Falle der bloßen Rechtswidrigkeitsfeststellung, wenn die Weigerung oder Ablehnung (str.) des Erlasses des VA bzw. die behördliche Untätigkeit rechtswidrig und der Kläger in seinen Rechten verletzt war – letzteres setzt voraus, dass der Kläger einen Anspruch auf Erlass des beantragten VA oder zumindest auf eine ermessensfehlerfreie Entscheidung über den VA-Erlass hatte. Im Falle der Anspruchsfeststellung, wenn der Kläger einen Anspruch auf Erlass des beantragten VA hatte.

II. Klage sui generis

Nach einer Entscheidung des BVerwG sind die in der VwGO genannten oder zumindest vorausgesetzten Klagearten **abschließend**.[45] Andere Klagearten gibt es nach dieser Auffassung nicht. Nach der überwiegenden Auffassung in der Literatur müssen die Verwaltungsgerichte dagegen dann eine Klageart **sui generis** (eigener Art, die nicht in der VwGO genannt ist) zur Verfügung stellen, wenn keine der in der VwGO genannten Klagen statthaft ist. Dies sei zwingende Folge von Art. 19 IV GG und § 40 VwGO.[46]

1437

Ist der Verwaltungsrechtsweg aber erst einmal eröffnet, ist fast immer eine in der VwGO genannte Klageart statthaft.[47] Die Frage der Existenz und Statthaftigkeit einer Klage sui generis stellt sich nur in ganz besonderen Konstellationen, insbesondere bei den verwaltungsrechtlichen Organstreitigkeiten.[48]

---

[45] BVerwG NJW 1996, 2046; ebenso VGH Kassel DVBl. 1978, 822.
[46] *Hufen,* § 22 Rn. 1 ff.; *Brüning,* JuS 2004, 882.
[47] Vgl. *Schmitt Glaeser/Horn,* Rn. 26.
[48] Unten Rn. 1453 ff. (1461 ff.); siehe auch Rn. 1440.

> **Beachte:** In Prüfungsarbeiten darf auf eine Klage sui generis nur dann eingegangen werden, wenn die regulären Klagearten nicht statthaft sind. Es ist ein schwerer Aufbaufehler, wenn zunächst die Statthaftigkeit einer Klage sui generis geprüft und befürwortet wird und im Anschluss daran die Statthaftigkeit und Vorrangigkeit einer regulären Klage bejaht wird.

III. Normerlassklage

Literatur: *Duken,* Normerlaßklage und fortgesetzte Normerlaßklage, NVwZ 1993, 546; *Gleixner,* Die Normerlaßklage, 1993; *Hufen,* Eine Brücke über die Lücke: Die Normerlassklage im System verwaltungsgerichtlicher Klagearten, in: FS Th. Würtenberger, 2013, S. 873; *Reid,* Der Rechtsanspruch auf Erlaß von untergesetzlichen Normen, DVBl. 2000, 602; *Robbers,* Anspruch auf Normerlaß, JuS 1988, 949; *ders.,* Anspruch auf Normergänzung, JuS 1990, 978; *Sodan,* Der Anspruch auf Rechtsetzung und seine prozessuale Durchsetzbarkeit, NVwZ 2000, 601.

1438 Die Problematik der sog. Normerlassklage stellt sich dann, wenn ein Bürger **auf Erlass einer bestimmten Rechtsvorschrift oder auf Ergänzung einer bestehenden Rechtsvorschrift** klagt.

> **Beispiele:**
> (1) Im Hochschulgesetz des Landes X ist bestimmt, dass für alle Fachbereiche einer jeden Universität eine Promotionsordnung (Satzung) bestehen muss. Für den Fachbereich F der Universität U existiert keine Promotionsordnung. Der promotionswillige Student S klagt auf Verurteilung des Fachbereichs zum Erlass einer Promotionsordnung.
> (2) In einer Satzung der Gemeinde G ist bestimmt, dass berufstätige Gemeinderatsmitglieder eine Entschädigung erhalten, wenn sie aufgrund von Sitzungsteilnahmen Verdienstausfälle erleiden. Hausfrau H, die Gemeinderatsmitglied ist, klagt auf dahingehende Ergänzung der Satzung, dass auch Nichtberufstätige in die Entschädigungsregelung einzubeziehen sind.

1439 Im folgenden geht es nur um den Erlass bzw. die Ergänzung von **Rechtsverordnungen und Satzungen,** nicht dagegen von formellen Gesetzen. Für eine verwaltungsgerichtliche Klage auf Erlass oder Ergänzung eines **formellen Gesetzes** ist schon der Verwaltungsrechtsweg nicht eröffnet. Denn hierbei handelt es sich um eine **verfassungsrechtliche Streitigkeit.**[49] Zu denken ist allerdings an eine verwaltungsgerichtliche Klage auf Feststellung (§ 43 VwGO) eines Anspruchs nach Maßgabe einer künfti-

---

[49] *Sodan,* in: FS W.-R. Schenke, 2011, S. 1268; vgl. BVerwGE 80, 355 (358); 75, 330 (334 f.).

gen gesetzlichen Regelung, zu deren Erlass der Gesetzgeber von Grundgesetzes wegen verpflichtet sei.[50]

Diese Möglichkeit kommt in Betracht, wenn der Gesetzgeber aus der Sicht des Klägers eine nur unzureichende Teilregelung getroffen hat. Im Rahmen der oben genannten Feststellungsklage ist das Verwaltungsgericht nach bundesverfassungsgerichtlicher Rechtsprechung gem. Art. 100 I GG zur Vorlage der gesetzlichen Teilregelung verpflichtet, wenn es meint, dieses Gesetz sei deshalb verfassungswidrig, weil es den Kläger von der begehrten Leistungsgewährung ausschließe.[51]

Eine derartige Feststellungsklage ist allerdings nicht unmittelbar auf ein Tätigwerden des Gesetzgebers gerichtet. Um eine echte Normerlassklage handelt es sich deshalb nicht. Die Klage unmittelbar auf Erlass oder Ergänzung einer öffentlich-rechtlichen Satzung oder Rechtsverordnung betrifft dagegen eine **nichtverfassungsrechtliche Streitigkeit,** für die der Verwaltungsrechtsweg eröffnet ist.[52]

Die sog. Normerlassklage ist keine eigenständige Klageart, die neben den in der VwGO genannten Klagearten steht. Sie ist auch keine Klageart sui generis. Vielmehr handelt es sich nur um einen **Sammelbegriff,** der für alle Klagen, die auf Erlass oder Ergänzung von Rechtsnormen gerichtet sind, verwendet wird. Es muss deshalb in jedem Einzelfall geprüft werden, welche Klageart statthaft ist. **1440**

Zu unterscheiden sind zwei Fälle. Im ersten Fall ist der Normgeber überhaupt noch nicht tätig geworden (oben 1. Beispielsfall). Im zweiten Fall hat der Normgeber zwar eine Regelung getroffen. Aus der Sicht des Klägers ist sie aber unvollständig und muss ergänzt werden (oben 2. Beispielsfall). Teile der Literatur bezeichnen den ersten Fall als **echtes (absolutes) Unterlassen** und den zweiten Fall als **unechtes (relatives) Unterlassen.**[53] Freilich ist die Terminologie uneinheitlich.[54] Vor allem aber darf von ihr nicht die Beantwortung materieller Fragen abhängig gemacht werden.

Klagt ein Bürger unmittelbar auf Erlass oder auf Ergänzung einer Rechtsvorschrift, kommen drei Klagearten in Betracht: **1441**
(1) **Normenkontrollantrag analog § 47 VwGO**[55]

---

[50] BVerwGE 79, 154 (156 f.).
[51] BVerfGE 64, 158 (167 f.); 75, 40 (55); dazu näher *Detterbeck,* DÖV 1990, 862 f. m. w. N.
[52] BVerwGE 80, 355 (358 f.); NVwZ 2002, 1506; a. A. vor allem *Schenke,* Rn. 347, 1083.
[53] Z. B. *Schmitt Glaeser/Horn,* Rn. 332.
[54] Dazu etwa *Würtenberger,* Rn. 690 ff. m. Fn. 123; *Hufen,* in: FS Th. Würtenberger, 2013, S. 877 f.
[55] BayVGH BayVBl. 1980, 211; VGH Mannheim DVBl. 1986, 630 f.; vgl. BayVGH BayVBl. 2003, 433 ff.; dazu ablehnend BVerwG NVwZ-RR 2010, 578; VGH BW DVBl. 2014, 179; *Grünebaum,* BayVBl. 2005, 11 ff.

Diese Auffassung ist abzulehnen[56] und wird heute auch kaum noch vertreten. Die Normenkontrolle nach § 47 VwGO dient ausschließlich der Kontrolle **existierender** Rechtsnormen.

(2) **Feststellungsklage nach § 43 VwGO**[57]

Die Feststellungsklage ist jedoch gegenüber einer allgemeinen Leistungsklage subsidiär, § 43 II 1 VwGO, und auch weniger rechtsschutzintensiv, weil die Feststellung, dass der Beklagte zum Normerlass oder zur Normergänzung verpflichtet ist, nicht vollstreckbar ist.[58] Das BVerwG wendet den Subsidiaritätsgrundsatz des § 43 II 1 VwGO bei Feststellungsklagen gegen einen Träger öffentlicher Gewalt allerdings grundsätzlich nicht an.[59]

(3) **Allgemeine Leistungsklage**[60]

Gegen die Statthaftigkeit einer allgemeinen Leistungsklage wird unter anderem eingewendet, sie ziele nur auf Einzelentscheidungen ab.[61] Diese Aussage kann der VwGO jedoch nicht entnommen werden. Teilweise lehnt die bundesverwaltungsgerichtliche Rechtsprechung eine allgemeine Leistungsklage deshalb ab, weil ein Leistungsurteil in unzulässiger Weise in die Entscheidungsfreiheit des normsetzenden Organs eingreife.[62] Sollte der Normgeber ausnahmsweise tatsächlich einmal zum Erlass einer Rechtsvorschrift mit einem ganz bestimmten Inhalt verpflichtet sein, hat er aber keine Entscheidungsfreiheit mehr, die durch ein zum Normerlass verpflichtendes Urteil verletzt werden könnte.

Ist der Normgeber materiell-rechtlich zwar nicht zum Erlass einer ganz bestimmten Rechtsvorschrift, aber immerhin zur Normgebung verpflichtet, die auch in der Aufhebung einer gleichheitswidrigen Rechtsvorschrift bestehen kann, hat ein entsprechendes Bescheidungsurteil zu ergehen, das der Entscheidungsfreiheit des Normgebers Rechnung trägt. Ein solches Bescheidungsurteil verstößt nicht gegen die Entscheidungsfreiheit des Normgebers. Letztlich spricht nichts gegen die Statthaftigkeit einer allgemeinen Leistungsklage.[63]

---

[56] BVerwG NVwZ 2015, 984 Rn. 5.
[57] BVerwGE 130, 52 Rn. 13; 111, 276 (279); NVwZ 2015, 984 Rn. 12; NVwZ-RR 2010, 578; *Ziekow*, in: Sodan/Ziekow, § 47 Rn. 69; *Schmitt Glaeser/Horn*, Rn. 332.
[58] Ebenso *Hufen*, § 20 Rn. 8.
[59] So zuletzt im Falle einer Normergänzungsklage BVerwG NVwZ 2002, 1506; dazu oben Rn. 1401.
[60] VGH Mannheim DÖV 2000, 784; OVG Bremen GewArch. 2000, 490; *Pietzcker*, in: Schoch/Schneider/Bier, § 42 Abs. 1 Rn. 160; *Hufen*, § 20 Rn. 8; *ders.*, in: FS *Th. Würtenberger*, 2013, S. 878 ff.; *Duken*, NVwZ 1993, 548.
[61] *Ziekow*, in: Sodan/Ziekow, § 47 Rn. 68; *Robbers*, JuS 1988, 952.
[62] BVerwGE 130, 52 Rn. 13; 111, 276 (279); Buchholz 415.1 (7.9.1989), S. 56 („eher dem Gewaltenteilungsgrundsatz entsprechend").
[63] Ausdrücklich offen gelassen vom BVerwG NVwZ 2002, 1506.

Egal ob man sich für eine Feststellungsklage oder eine allgemeine Leistungsklage entscheidet, es ist immer sorgfältig zu prüfen, ob der Kläger überhaupt einen Anspruch gegen den Normgeber auf Tätigwerden hat. Dies ist nur ganz selten der Fall, nämlich dann, wenn das Untätigbleiben **schlechterdings unvertretbar oder unverhältnismäßig** ist.[64] Im Regelfall ist die Klage deshalb unzulässig – scheidet schon von vornherein die Möglichkeit eines Anspruchs aus, fehlt die Klagebefugnis –, jedenfalls aber unbegründet.

Aber selbst wenn der Kläger einmal einen Anspruch gegen den Normgeber auf Tätigwerden hat, besitzt er nur in absoluten Ausnahmefällen einen Anspruch auf Erlass einer Rechtsnorm **mit einem ganz bestimmten Inhalt**. Besteht kein solcher strikter Rechtsanspruch, sondern nur ein Anspruch auf Tätigwerden des Normgebers, darf nur ein sog. **Bescheidungsurteil** ergehen.[65]

Unzulässig ist eine allgemeine Leistungsklage, die auf Verurteilung des Beklagten zur Aufhebung einer untergesetzlichen Rechtsvorschrift oder eines ihrer Teile gerichtet ist.[66] Hier ist die Normenkontrolle nach § 47 VwGO vorrangig. Würde man auch die nicht fristgebundene allgemeine Leistungsklage für zulässig halten, könnte hierdurch die Einjahresfrist des § 47 II 1 VwGO ausgehebelt werden.

1442

Unzulässig ist eine allgemeine Leistungsklage auch dann, wenn der Landesgesetzgeber von der Möglichkeit des § 47 I Nr. 2 VwGO keinen Gebrauch gemacht hat oder wenn es sich um eine bundesrechtliche Vorschrift handelt. Insoweit folgt aus der Systematik der VwGO, dass der Gesetzgeber keinen unmittelbar gegen die Rechtsvorschrift gerichteten Rechtsbehelf zur Verfügung stellen wollte.[67] Zulässig sind in diesen Fällen nur Klagen, die sich gegen den Vollzug der rechtswidrigen Rechtsvorschrift richten oder der Beantwortung von Rechtsfragen, die im Gefolge der rechtswidrigen Rechtsvorschrift auftreten, dienen.[68] Auf Feststellung der (Teil-)Unwirksamkeit der Rechtsvorschrift kann indes nicht geklagt werden.[69]

---

[64] Zuletzt BVerwGE 130, 52 Rn. 33.
[65] *Hufen*, in: FS Th. Würtenberger, 2013, S. 882.
[66] OVG Bremen GewArch. 2000, 490, das das Rechtsschutzbedürfnis verneint.
[67] *Kopp/Schenke*, § 47 Rn. 10 zur Klage auf Feststellung der Unwirksamkeit einer Rechtsvorschrift.
[68] *Kopp/Schenke*, § 43 Rn. 8; oben Rn. 1408.
[69] Rn. 1408 m. N.

IV. Vorbeugender Rechtsschutz

Literatur: *Dreier*, Vorbeugender Verwaltungsrechtsschutz, JA 1987, 415; *ders.*, Präventive Klagen gegen hoheitliche Handlungen im Gewerberecht, NVwZ 1988, 1073; *Geislinger*, Unterlassungsansprüche Drittbetroffener gegen rechtswidrig formlos errichtete Anlagen der öffentlichen Hand, BayVBl. 1994, 72; *Laubinger*, Der öffentlich-rechtliche Unterlassungsanspruch, VerwArch. 80 (1989), 261; *Peine*, Vorbeugender Rechtsschutz im Verwaltungsprozeß, Jura 1983, 285.

1. Besondere Zulässigkeitsvoraussetzungen

a) Statthaftigkeit

1443   Wendet sich der Kläger gegen **zukünftiges Verwaltungshandeln**, steht vorbeugender (präventiver) Rechtsschutz in Rede. Auch hier gibt es – ebenso wie im Falle der oben behandelten Normerlassklage – keine spezielle Rechtsschutzform oder Klageart. Vielmehr muss auf die in der VwGO genannten Klagearten zurückgegriffen werden.

> **Beispielsfälle:**
> (1) Der Gewerbetreibende G rechnet mit einer behördlichen Gewerbeuntersagung nach § 35 I GewO (= Verwaltungsakt).
> (2) Der Allgemeine Studentenausschuss (AStA) der Studentenschaft der Universität U äußert sich ständig zu einer bestimmten allgemeinpolitischen Frage, die keinen universitären Bezug aufweist, und will sich auch in Zukunft hierzu äußern.
> (3) Die Promotionsordnung (= Satzung) eines bestimmten Fachbereichs der Universität U soll dahingehend geändert werden, dass – anders als bisher – nur noch derjenige promoviert werden darf, der eine bestimmte Prüfung mit der Note sehr gut bestanden hat.

1444   Nicht statthaft und damit unzulässig ist nach einhelliger Auffassung eine (vorbeugende) Anfechtungsklage – und zwar auch dann, wenn der Erlass eines drohenden Verwaltungsakts verhindert werden soll. Grund hierfür ist, dass eine Anfechtungsklage immer einen **bestehenden Verwaltungsakt** voraussetzt.

In den oben genannten Beispielsfällen ist eine **vorbeugende Unterlassungsklage** statthaft. Sie ist eine **Erscheinungsform der allgemeinen Leistungsklage**. Die allgemeine Leistungsklage kann nicht nur auf die **Unterlassung schlichthoheitlichen Handelns** (2. Beispielsfall) gerichtet sein, sondern auch auf die **Unterlassung eines Verwaltungsakts** (1. Beispielsfall). Ebenso kann sie sich aber auch gegen einen bevorstehenden Erlass (oder eine bevorstehende Änderung) **untergesetzlicher Normen**

(Satzungen, Rechtsverordnungen) wenden (3. Beispielsfall).[70] Auch hier ist der Einwand, die allgemeine Leistungsklage könne nur auf die Vornahme oder Unterlassung behördlicher **Einzel**entscheidungen gerichtet sein,[71] nicht begründbar. Unstatthaft ist jedenfalls eine vorbeugende Normenkontrolle nach § 47 VwGO. Dieses Verfahren setzt eine **bestehende** Rechtsvorschrift voraus.

Von weiten Teilen der Literatur und auch vom BVerwG[72] wird, wenn nicht sogar ausschließlich, so doch zumindest wahlweise eine **vorbeugende Feststellungsklage** für statthaft erachtet; und dies in allen drei Beispielsfällen: Klage auf Feststellung, dass die Behörde eine bestimmte Handlung nicht vornehmen darf. Auch dies ist aber wieder unvereinbar mit § 43 II 1 VwGO.[73]

Beachte: § 43 II 1 VwGO steht jedenfalls dann der Erhebung einer vorbeugenden Feststellungsklage nicht entgegen, wenn sie rechtsschutzintensiver als eine vorbeugende Unterlassungsklage ist.[74]

Beispiel: Klage auf Feststellung, dass sich der AStA zu allgemeinpolitischen Fragen, die keinen Bezug zu universitären oder studentischen Belangen aufweisen, nicht äußern darf, statt Klage auf Unterlassung ganz bestimmter Äußerungen. Hier kommt es allerdings auf den Einzelfall an.

Schließlich noch ein Hinweis zur **Terminologie:** Große Teile der Literatur[75] sprechen von einer **vorbeugenden** Unterlassungsklage bzw. **vorbeugenden** Feststellungsklage nur dann, wenn **erstmaliges** behördliches Handeln (Beispielsfälle 1 und 3) droht. Wehrt sich der Kläger gegen eine künftige **Wiederholungshandlung** (Beispielsfall 2), wird das Adjektiv vorbeugend weggelassen und eine „normale" Unterlassungsklage für einschlägig erachtet.

Das BVerwG trifft diese Unterscheidung nicht. Es spricht immer von einer vorbeugenden Unterlassungs- oder Feststellungsklage, wenn künftiges behördliches Handeln abgewehrt werden soll – und zwar auch dann, wenn es um die Abwehr künftiger Wiederholungsakte geht.[76] Letztlich kann die

---

[70] *Hufen,* § 16 Rn. 11; *Erichsen,* Jura 2006, 354; a.A. *Würtenberger,* Rn. 711: Normenunterlassungsklage als Unterfall der vorbeugenden Feststellungsklage; für vorbeugende Feststellungs- oder Unterlassungsklage OVG Lüneburg NordÖR 2015, 456.
[71] Rn. 1441 m. w. N.
[72] BVerwGE 40, 323 (326).
[73] Dazu Rn. 1401.
[74] Dazu auch oben Rn. 1400.
[75] Z.B. *Pietzcker,* in: Schoch/Schneider/Bier, § 42 Abs. 1 Rn. 162; *Würtenberger,* Rn. 486; *Schmitt Glaeser/Horn,* Rn. 378 f.; *Hufen,* § 16 Rn. 9.
[76] BVerwGE 34, 69 (73); 64, 298 (300): „Wenn weitere Rechtsverletzungen zu besorgen sind, ist eine vorbeugende Unterlassungsklage gegeben." Dies betont auch BVerwGE 40, 323 (326); siehe auch BVerwGE 102, 304 (306, 315).

Frage der richtigen Terminologie aber auf sich beruhen. Denn materiellrechtliche Konsequenzen sind mit ihr nicht verbunden.

b) Klagebefugnis

1447 Im Falle einer (vorbeugenden) Unterlassungsklage gilt § 42 II VwGO wie bei jeder allgemeinen Leistungsklage analog. Der Kläger ist klagebefugt, wenn die Möglichkeit besteht, dass er durch das künftige Verwaltungshandeln in seinen Rechten verletzt ist. Oder kurz: Wenn der Kläger möglicherweise tatsächlich einen Unterlassungsanspruch hat. **Der öffentlichrechtliche Unterlassungsanspruch setzt voraus, dass die konkrete Gefahr des Verwaltungshandelns besteht (Erstbegehungs- oder Wiederholungsgefahr) und dass dieses Verwaltungshandeln rechtswidrig in Rechte des Klägers eingreift.**[77] Für die Klagebefugnis genügt deshalb die nicht von vornherein auszuschließende **Möglichkeit** des (künftigen) Verwaltungshandelns und der dadurch bewirkten Verletzung des Klägers in eigenen Rechten.[78]

1448 Ob **tatsächlich** eine konkrete Gefahr des Verwaltungshandelns besteht, gehört dagegen zur Frage, ob die Unterlassungsklage begründet ist;[79] denn es handelt sich hierbei um eine Anspruchsvoraussetzung. Nach der älteren bundesverwaltungsgerichtlichen Rechtsprechung ist dies dagegen eine Frage des besonderen Rechtsschutzbedürfnisses und damit der Zulässigkeit der Klage.[80] Auf das Ergebnis wirken sich die beiden unterschiedlichen Auffassungen jedoch nicht aus.

Wird § 42 II VwGO auf die allgemeine Feststellungsklage analog angewendet,[81] gelten die obigen Ausführungen auch für die (vorbeugende) Feststellungsklage. Auf jeden Fall muss bei einer (vorbeugenden) Feststellungsklage (zusätzlich) das Feststellungsinteresse nach § 43 I VwGO bestehen; auch dieses setzt die Möglichkeit von Begehungsgefahr voraus.

c) Besonderes Rechtsschutzbedürfnis

1449 Die VwGO geht im Prinzip von der Gewährung nur **repressiven, also nachträglichen Rechtsschutzes** aus. Die Gewährung präventiven, also

---

[77] BVerwG NVwZ-RR 2015, 425 Rn. 11; NJW 2006, 1303 f.
[78] BayVGH BayVBl. 1985, 499; DVBl. 1975, 666.
[79] VG Hannover NdsVBl. 2014, 292 (295); *Sproll*, in: Detterbeck/Windthorst/Sproll, § 13 Rn. 20; ebenso für das Zivilrecht BGH NJW 2013, 1681 Rn. 31; BAG JZ 1988, 108; NJW 1986, 86.
[80] BVerwGE 77, 207 (212 ff.); 71, 183 (189); 64, 298 (300); 34, 69 (73); ebenso *Pietzcker*, in: Schoch/Schneider/Bier, § 42 Abs. 1 Rn. 163.
[81] Rn. 1403.

vorbeugenden Rechtsschutzes ist dagegen die Ausnahme. Deshalb verlangt **jedweder präventiver Rechtsschutz,** egal ob in Form einer (vorbeugenden) Unterlassungs- oder Feststellungsklage, ein **besonderes Rechtsschutzbedürfnis.**[82] Es darf nicht – wie im Normalfall das allgemeine Rechtsschutzbedürfnis – unterstellt werden, sondern muss immer besonders geprüft und begründet werden.

Die Verweisung auf repressiven (nachträglichen) Rechtsschutz, z. B. eine Anfechtungsklage, muss für den Kläger unzumutbar sein.[83] Dies ist der Fall, wenn die Gefahr besteht, dass der Beklagte durch sein Verhalten **vollendete Tatsachen** schafft oder dass sein Verhalten **Folgen** hat, **die nicht oder nur noch schwer rückgängig** zu machen sind. Bei künftigen **Verwaltungsakten oder Rechtsnormen** wird diese Voraussetzung nur selten erfüllt sein. Hier ist die Verweisung auf eine nachfolgende Anfechtungsklage oder einen nachfolgenden Normenkontrollantrag meistens zumutbar.[84] Insoweit ist auch an die Möglichkeit der Inanspruchnahme vorläufigen Rechtsschutzes gem. §§ 80 f., 47 VI VwGO zu denken. Es gibt allerdings Ausnahmen.

Anders verhält es sich bei rein **tatsächlichem Verhalten.** Hier ist repressiver Rechtsschutz häufiger unzureichend:[85] So sind z.B. **Werturteile** einem Widerruf nicht zugänglich. Tatsachenbehauptungen können zwar widerrufen, aber eben nicht ungeschehen gemacht werden.

> Geht es um die Abwehr der **Wiederholung schlichthoheitlichen Handelns** – die Behörde hat also in der Vergangenheit bereits gehandelt –, hält das BVerwG die Verweisung auf nachträglichen Rechtsschutz grundsätzlich für unzumutbar.[86]

2. Begründetheit

Die (vorbeugende) Unterlassungsklage ist begründet, wenn tatsächlich die konkrete Gefahr des Verwaltungshandelns besteht (Erstbegehungs- oder Wiederholungsgefahr), dieses Verwaltungshandeln rechtswidrig und der Kläger in seinen Rechten verletzt wäre. Gleiches gilt für eine (vorbeugen-

---

[82] BVerwGE 77, 207 (212); 40, 323 (326); DVBl. 2000, 636 (637); DVBl. 2009, 44 Rn. 26; *Rennert*, in: Eyermann, vor §§ 40-53 Rn. 25; *Hufen*, § 16 Rn. 17; einschränkend VG Gera ThürVBl. 2013, 239: nur im Falle künftiger Verwaltungsakte.
[83] BVerwG DVBl. 2009, 44 Rn. 26; näher *Pietzcker*, in: Schoch/Schneider/Bier, § 42 Abs. 1 Rn. 164 ff.; *Würtenberger*, Rn. 489 ff.
[84] *Rennert*, in: Eyermann, vor §§ 40-53 Rn. 25.
[85] *Rennert*, a.a.O.
[86] BVerwGE 34, 69 (73); 64, 298 (300); ebenso *Schmitt Glaeser/Horn*, Rn. 380.

de) **Feststellungsklage**, wenn sich der Kläger gegen künftiges behördliches Handeln (auch Rechtsnormen) wehrt.[87] Der Anspruchsaufbau ist zwar ebenfalls möglich, aber nicht empfehlenswert.[88] Nach dem Anspruchsaufbau ist eine (vorbeugende) Unterlassungsklage begründet, wenn der Kläger einen Anspruch auf die begehrte Unterlassung hat. Das ist der Fall, wenn die bevorstehende Handlung rechtswidrig und der Kläger in seinen Rechten verletzt wäre.

1452

Übersicht 41:
(Vorbeugende) Unterlassungs- und Feststellungsklage
(Prüfschema)

A. Zulässigkeit
  I. Eröffnung des Verwaltungsrechtswegs
   1. **Aufdrängende Sonderzuweisung**
      - z. B. § 126 I BBG, § 54 I BeamtStG
   2. **Verwaltungsrechtsweg gem. § 40 I VwGO**

  II. Statthaftigkeit einer (vorbeugenden) Unterlassungs- oder Feststellungsklage
   1. **(Vorbeugende) Unterlassungsklage**
      - Der Kläger verlangt die Unterlassung zukünftigen Handelns.
      - In Betracht kommen sämtliche Handlungsformen der Verwaltung, nicht nur schlichthoheitliches Handeln, sondern auch VA, Rechtsverordnung, Satzung oder öffentlich-rechtlicher Vertrag.

   2. **(Vorbeugende) Feststellungsklage**
      - Der Kläger begehrt die Feststellung, dass die Verwaltung eine oder mehrere bestimmte Handlungen nicht vornehmen darf.

  III. Subsidiarität der (vorbeugenden) Feststellungsklage, § 43 II 1 VwGO
      - Auch Subsidiarität gegenüber der (vorbeugenden) Unterlassungsklage, a. A. BVerwG in ständiger Rspr.

---

[87] *Hufen*, § 29 Rn. 8.
[88] Umgekehrt *Hufen*, § 27 Rn. 1.

IV. Klagebefugnis, § 42 II VwGO analog
- Die drohende Handlung wäre rechtswidrig und würde den Kläger in seinen Rechten verletzen. Bei Wiederholungsakten kann auf die vorherige Handlung abgestellt werden. Außerdem muss die Möglichkeit der Begehungsgefahr (erstmaliges oder wiederholtes Handeln) bestehen.

V. Feststellungsinteresse, § 43 I VwGO
- Nur bei der (vorbeugenden) Feststellungsklage

VI. Besonderes Rechtsschutzbedürfnis
1. **Erstbegehungs- oder Wiederholungsgefahr**
2. **Unzumutbarkeit der Verweisung auf nachträgelichen Rechtsschutz**
   - Bei der Abwehr drohender **schlichthoheitlicher** Wiederholungshandlungen ist die Verweisung auf nachträglichen Rechtsschutz in der Regel unzumutbar.

VII. Richtiger Beklagter (passive Prozessführungsbefugnis)
- Rechtsträgerprinzip als allgemeiner Grundsatz des Verwaltungsprozessrechts oder § 78 I Nr. 1 VwGO analog: Rechtsträger der handelnden Behörde.
- Nicht § 78 I Nr. 2 VwGO (analog) – auch nicht, falls landesrechtliche Regelung i. S. v. §§ 61 Nr. 3, 78 I Nr. 2 VwGO existiert.

VIII. Beteiligungs- und Prozessfähigkeit
1. **Beteiligungsfähigkeit, § 61 VwGO**
2. **Prozessfähigkeit, § 62 VwGO (ggf. auch § 67 VwGO)**

IX. Gerichtszuständigkeiten, §§ 45 ff., 52 VwGO

B. Begründetheit
- Die (vorbeugende) Unterlassungs- oder Feststellungsklage ist begründet, wenn tatsächlich eine konkrete Begehungsgefahr besteht und die bevorstehende Handlung rechtswidrig und der Kläger in seinen Rechten verletzt wäre.

V. Verwaltungsrechtliche Organklagen

Literatur: *Erichsen/Biermann,* Der Kommunalverfassungsstreit, Jura 1997, 157; *Franz,* Der Kommunalverfassungsstreit, Jura 2005, 156; *A. Gern,* Deutsches Kommunalrecht, 3. Aufl. 2003, Rn. 784 (Das Kommunalverfassungsstreitverfahren); *Greim/Michl,* Kommunalverfassungsrechtliche Drittanfechtung?, NVwZ 2013, 775; *Hartmann/Engel,* Examensübungsklausur: Ausschluss aus der Ratsfraktion, NWVBl. 2013, 505; *Lange,* Der Kommunalverfassungsstreit, in: FS W.-R. Schenke, 2011, S. 659; *Lerche,* Strukturfragen des verwaltungsgerichtlichen Organstreits, in: FS F. Knöpfle, 1996, S. 171; *Martensen,* Grundfälle zum Kommunalverfassungsstreit, JuS 1995, 989; *Müller,* Zu den Abwehrrechten des Ratsmitglieds gegenüber organisationsrechtswidrigen Eingriffen in seine Mitwirkungsrechte, NVwZ 1994, 120; *Meister,* Der Kommunalverfassungsstreit, JA 2004, 414; *Ogorek,* Der Kommunalverfassungsstreit im Verwaltungsprozess, JuS 2009, 511; *Rausch,* Beteiligtenfähigkeit und Passivlegitimation bei der Kommunalverfassungsstreitigkeit, JZ 1994, 696; *W. Roth,* Verwaltungsrechtliche Organstreitigkeiten, 2001; *Schoch,* Der verwaltungsgerichtliche Organstreit, Jura 2008, 826.

1. Begriff und Bedeutung

1453 Im Verfassungsprozessrecht stellt das Organstreitverfahren keine Besonderheit dar. Auf Bundesebene ist es in Art. 93 I Nr. 1 GG i.V.m. §§ 63ff. BVerfGG geregelt. Es ist dadurch gekennzeichnet, dass sich zwei oberste Bundesorgane oder Teile um ihre grundgesetzlichen Rechte streiten (§ 64 I BVerfGG).

Im Verwaltungs- und Verwaltungsprozessrecht wurde demgegenüber früher die Auffassung vertreten, Organe ein und desselben Verwaltungsträgers – etwa einer Gemeinde, einer staatlichen Universität oder einer öffentlich-rechtlichen Rundfunkanstalt – könnten keinen Prozess gegeneinander führen. Die Organe handelten für ihren Verwaltungsträger, eine juristische Person des öffentlichen Rechts, und machten seine Rechte geltend. Ein Rechtsstreit zwischen Organen desselben Verwaltungsträgers sei deshalb ein unzulässiger Prozess mit sich selbst – ein **Insichprozess.**

Diese Auffassung beruhte zudem auf dem Gedanken der Impermeabilität der Verwaltungsträger. Diese seien eigenständige Rechtssubjekte mit einklagbaren Rechten und Pflichten (Außenrechte) im Verhältnis zu anderen Rechtssubjekten, insbesondere zu den Bürgern. Klagbare Innenrechte innerhalb der Verwaltungsträger wurden demgegenüber nicht anerkannt **(Impermeabilitätstheorie).**[89]

1454 Diese Auffassung ist mittlerweile überholt und wird auch nicht mehr vertreten. Schon ein Blick in die einschlägigen Gesetze zeigt, dass den Organen und Organteilen der verschiedenen Verwaltungsträger eigene Kompetenzen und Befugnisse gegenüber den anderen Organen und Or-

---

[89] Dazu ausführlich *W. Roth,* Verwaltungsrechtliche Organstreitigkeiten, 2001, S. 165 ff.

ganteilen eingeräumt werden. So grenzen etwa die Gemeindeordnungen[90] der Bundesländer die Kompetenzen der verschiedenen Gemeindeorgane – z.B. Bürgermeister, Gemeindevorstand, Gemeindevertretung, Gemeinderat – voneinander ab.[91] Ebenso verhält es sich bei den Hochschulgesetzen der Bundesländer, in denen die Kompetenzen der verschiedenen Hochschulorgane – z.B. Präsident (Rektor), Präsidium, Senat – geregelt sind, oder in den Landesrundfunkgesetzen, die die Kompetenzen der Organe der Landesrundfunkanstalten regeln. Dass diese Kompetenzen auch gerichtlich einklagbar sind, ist unbestritten.

Zu beachten ist allerdings, dass es sich bei diesen Kompetenzen um **keine individuellen Außenrechte natürlicher Personen** handelt. In Rede stehen vielmehr **organschaftliche Kompetenzen im Binnenrechtsraum juristischer Personen des öffentlichen Rechts**. Gleichwohl spricht nichts dagegen, diese Kompetenzen und Befugnisse als Rechte des Organs oder Organteils zu bezeichnen (so auch § 64 I BVerfGG bei den Bundesorganen).

Weil die VwGO aber auf Außenrechtsstreitigkeiten zwischen einzelnen Rechtssubjekten, insbesondere zwischen Bürgern und Verwaltungsträgern zugeschnitten ist, ist die Anwendung der einschlägigen VwGO-Bestimmungen auf die Innenrechtsstreitigkeiten (verwaltungsrechtliche Organstreitigkeiten) nicht ohne weiteres möglich. Auf die Besonderheiten dieser verwaltungsrechtlichen Organstreitigkeiten wird vor allem am prüfungsrelevanten Beispiel des sog. **Kommunalverfassungsstreits** eingegangen. Die gleichen Probleme stellen sich aber auch bei anderen verwaltungsrechtlichen Organstreitigkeiten wie etwa im Hochschul- oder Rundfunkverfassungsstreit.

Terminologisch kann wie folgt unterschieden werden: Geht es um einen Streit zwischen zwei Organen – z.B. zwischen dem Bürgermeister oder dem Gemeindevorstand und der Gemeindevertretung –, spricht man von einem **Interorganstreitverfahren**. Geht es um einen Streit zwischen einem Organteil und seinem Organ – z.B. zwischen einem Mitglied der Gemeindevertretung (Gemeinderatsmitglied) und der Gemeindevertretung (Gemeinderat) –, spricht man von einem **Intraorganstreitverfahren**.

1455

1456

2. Eröffnung des Verwaltungsrechtsweges

Die Prüfung des Verwaltungsrechtsweges (§ 40 I VwGO) wirft zumeist keine Schwierigkeiten auf. Früher wurde die Frage problematisiert, ob die hier in Rede stehenden Streitigkeiten überhaupt **Rechtsstreitigkeiten**

1457

---

[90] Es handelt sich um formelle Landesgesetze.
[91] Für die Möglichkeit eigener Rechte auch von Behörden und Ämtern ein und derselben Gemeinde BayVGH BayVBl. 2005, 405.

i. S. v. § 40 I VwGO sind. Dies wurde z. T. mit dem Hinweis auf die Unzulässigkeit sog. Insichprozesse verneint. Dass diese Auffassung überholt ist, wurde bereits dargelegt.

1458 Auch die Voraussetzung „**öffentlich-rechtliche Streitigkeit**" ist in aller Regel unproblematisch erfüllt. So geht es bei den kommunalen Organklagen um das Kommunalrecht, das als Sonderrecht der kommunalen Verwaltungsträger öffentliches Recht ist. Schwierigkeiten bereitet allerdings die rechtliche Zuordnung ehrverletzender Äußerungen in den Sitzungen der Gemeindevertretungen (des Gemeinderats). Ist eine Äußerung eines Mitglieds der Gemeindevertretung gegenüber einem anderen Gemeindevertretungsmitglied so sehr Ausdruck der persönlichen Meinung, dass kein innerer Zusammenhang mit dem kommunalen Mandat mehr besteht, handelt es sich um eine private Äußerung. Rechtsstreitigkeiten im Zusammenhang mit dieser Äußerung, z. B. Klagen auf Unterlassung, sind dann privatrechtliche Streitigkeiten.[92] Die Rechtsprechung bietet allerdings ein höchst uneinheitliches Bild.[93]

1459 Auch Rechtsstreitigkeiten innerhalb der **Fraktionen** der Gemeindevertretungen sind grundsätzlich öffentlich-rechtlicher Natur. Diese kommunalen Fraktionen sind keine privaten Zusammenschlüsse, sondern Zusammenschlüsse kommunaler Mandatsträger und Untergliederungen des Gemeindeorgans „Gemeindevertretung".[94]

1460 Trotz der weitverbreiteten Terminologie „**Kommunalverfassungsstreit**" handelt es sich bei den kommunalen Organstreitigkeiten – wie auch bei allen anderen verwaltungsrechtlichen Organklagen – um **nichtverfassungsrechtliche** Streitigkeiten i. S. v. § 40 I 1 VwGO. Durch die missverständliche Terminologie Kommunal-, Hochschul- oder Rundfunkverfassungsstreit soll lediglich zum Ausdruck gebracht werden, dass diese Streitigkeiten die organisationsrechtlichen Grundlagen der jeweiligen Verwaltungsträger betreffen.

3. Klageart

1461 Die verwaltungsrechtliche Organklage ist **keine besondere Klageart**. Die in Rede stehende Streitigkeit muss einer der VwGO-Klagearten zuge-

---

[92] Vgl. *Frotscher*, JuS 1978, 506; *Hufen*, § 21 Rn. 4.
[93] Dazu der Überblick von *Faber*, Der Schutz der Ehre und des Rufes vor herabsetzenden Äußerungen des Staates, 1999, S. 32 f. (siehe auch S. 36 f.).
[94] *Hufen*, § 21 Rn. 5; für öffentlich-rechtliche Streitigkeit auch OVG Münster NJW 1989, 1105; OVG Lüneburg DÖV 1993, 1101; VGH Kassel NVwZ 1999, 1369; für privatrechtliche Streitigkeit dagegen VGH München NJW 1988, 2754. Vgl. zu den Bundestagsfraktionen die missratenen Vorschriften des § 46 I, III AbgG, wonach sie rechtsfähige Vereinigungen, die keine öffentliche Gewalt ausüben, mithin privatrechtliche Vereinigungen sind; ebenso *Maurer*, Staatsrecht I, 6. Aufl. 2010, § 13 Rn. 108.

ordnet werden. Erst wenn keine dieser Klagearten „passt", darf an eine Klage sui generis gedacht werden.[95]

Eine **Anfechtungs- oder Verpflichtungsklage** ist nur statthaft, wenn das klagende Organ oder Organteil einen Verwaltungsakt angreift bzw. den Erlass eines Verwaltungsakts begehrt. Dies ist jedoch grundsätzlich nicht der Fall. Bei sämtlichen verwaltungsrechtlichen Organklagen geht es **nicht um individuelle Rechte,** die dem Kläger als **natürlicher Person** zustehen, sondern um **apersonale organschaftliche Kompetenzen und Befugnisse,** die dem jeweiligen Organ oder Organteil eingeräumt wurden, um die Funktionsfähigkeit des Verwaltungsträgers zu gewährleisten. Deshalb sind die beteiligten Organe und Organteile als Glieder der Verwaltungsorganisation und nicht in ihrer persönlichen Rechtsstellung (als natürliche Person) betroffen. Es fehlt deshalb die **Außenwirkung.**[96] Z.T. wird auch zusätzlich die Behördeneigenschaft des handelnden Organs verneint.[97]

Wenn die in Rede stehende Maßnahme nach ihrem objektiven Sinngehalt **darauf gerichtet ist,** den Organwalter in seiner Eigenschaft als **natürliche Person** zu treffen,[98] kommt ihr Außenwirkung und damit VA-Qualität i.S.v. § 35 VwVfG zu.[99] Dies betrifft jedenfalls die Begründung, Änderung oder Aufhebung der Rechtsstellung eines Bürgers als Inhaber eines Amtes.[100] Derartige kommunalrechtliche Status-Regelungen betreffen primär das Verhältnis zwischen Gemeinde und Bürger und haben deshalb Außenwirkung. Diesbezügliche Streitigkeiten sind deshalb keine Kommunalverfassungsstreitigkeiten, sondern normale Staat-Bürger-Streitigkeiten.[101] Die Abgrenzung ist aber bisweilen problematisch.

1462

Beispiele:
- Der Bürgermeister entzieht einem Gemeinderatsmitglied das Wort: Keine Außenwirkung, das Gemeinderatsmitglied ist nur in seinen organschaftlichen Kompetenzen, die ihm ein Rederecht einräumen, betroffen. Ebenso wie das Rederecht der Bundestagsabgeordneten nicht aus dem Grundrecht der Meinungsfreiheit des Art. 5 I 1 GG, sondern aus der Kompetenzbestimmung des Art. 38 I 2 GG folgt (BVerfGE 60, 374/380), ist das Rederecht der Mitglieder der Gemeindevertretung durch die einschlägigen kompetenzrechtlichen Vorschriften der Gemeindeordnungen und nicht durch Art. 5 I 1 GG gewährleistet

---

[95] *Hartmann/Engel,* NWVBl. 2013, 506.
[96] So die Rspr. und überwiegende Literatur, *Pietzcker,* in: Schoch/Schneider/Bier, Vorb. § 42 Abs. 1 Rn. 18 m.w.N.; *Sodan,* in: Sodan/Ziekow, § 42 Rn. 231 m.w.N.; *Würtenberger,* Rn. 680; *Schoch,* Jura 2008, 833; *Erichsen/Biermann,* Jura 1997, 161; *Grupp,* in: FS G. Lüke, 1997, S. 215; a.A. *Kopp/Schenke,* vor § 40 Rn. 7.
[97] Z.B. *Würtenberger,* Rn. 672, 680.
[98] Dazu bereits oben Rn. 487 ff.
[99] Kritisch *Sodan,* in: Sodan/Ziekow, § 42 Rn. 231; einen nur schwer einzuordnenden Sonderfall betrifft BayVGH BayVBl. 2005, 405 ff.
[100] *Sodan,* in: Sodan/Ziekow, § 42 Rn. 232; *Lange,* in: FS W.-R. Schenke, 2011, S. 960 f.
[101] *Lange,* a.a.O., S. 959 ff.

(BVerwG NVwZ 1988, 837; *A. Gern,* Deutsches Kommunalrecht, 3. Aufl. 2003, Rn. 791, 794). Auf Art. 5 I 1 GG kann sich ein Mitglied der Gemeindevertretung allerdings dann berufen, wenn es sich in der Sitzung nicht zu einem Tagesordnungspunkt, sondern als Privatmann äußert (BVerwG NVwZ 1988, 837; ähnliche Differenzierung von BVerwGE 104, 323/326 ff., 329; vgl. auch *Hufen,* § 21 Rn. 20; kritisch *Lange,* in: FS W.-R. Schenke, 2011, S. 961).

- Sitzungsausschluss eines Mitglieds der Gemeindevertretung: Keine Außenwirkung, da Eingriff in die organschaftlichen Kompetenzen (VGH Mannheim VBlBW 1983, 342; VGH München BayVBl. 1976, 753 f.).
- Einem Mitglied der Gemeindevertretung wird die Akteneinsicht verweigert: Keine Außenwirkung, da nur organschaftliche Kompetenzen betroffen sind.
- Verhängung von Ordnungsgeld gegenüber einem Mitglied der Gemeindevertretung: Außenwirkung, weil die Zahlung aus dem Privatvermögen zu leisten ist; die Zahlungspflicht betrifft das Mitglied in seiner persönlichen Rechtsstellung, und die Ordnungsmaßnahme ist auch ihrem objektiven Sinngehalt hierauf gerichtet (vgl. auch *A. Gern,* Deutsches Kommunalrecht, 3. Aufl. 2003, Rn. 477; a. A. *Waechter,* Kommunalrecht, 3. Aufl. 1997, Rn. 331 a. E.).
- Abwahl eines hauptamtlichen Bürgermeisters durch die Gemeindevertretung (Stadtrat): Außenwirkung (*Sodan,* in: Sodan/Ziekow, § 42 Rn. 232 Fn. 341).
- Verhängung eines Rauchverbots: Außenwirkung, weil die Verhängung nach ihrem objektiven Sinngehalt nicht nur auf die Gewährleistung eines reibungslosen Sitzungsablaufs und damit auf die Gewährleistung einer ordnungsgemäßen Ausübung organschaftlicher Befugnisse gerichtet ist (insoweit keine Außenwirkung), sondern auch, wenn nicht gar primär, auf die Abwehr von Gefahren für die Gesundheit der Nichtraucher; insoweit betrifft die Weigerung, ein Rauchverbot zu erlassen, die Nichtraucher in ihrer persönlichen Rechtsstellung, d. h. in ihrem Grundrecht auf Gesundheit aus Art. 2 II 1 GG, sehr str. (wie hier *Waechter,* Kommunalrecht, 3. Aufl. 1997, Rn. 347; für VA-Qualität aus Sicht der Raucher *A. Gern,* Deutsches Kommunalrecht, 3. Aufl. 2003, Rn. 477 – die Nichtraucher sollen sich demgegenüber nicht auf Art. 2 II 1 GG berufen können, Rn. 794; offen lassend *v. Mutius,* Kommunalrecht, 1996, Rn. 758 ff., 767 f.; a. A. OVG Münster NVwZ 1991, 260; OVG Koblenz NVwZ-RR 1990, 98: Rauchen als „innerorganisatorische Störung").

VA-Qualität hat eine Maßnahme aber auch dann, wenn sie zwar nicht den klagenden Organwalter als natürliche Person betrifft, aber einen außerhalb der Verwaltung stehenden Dritten und dies auch Zweck der Maßnahme ist. Greift der Organwalter diese Maßnahme an, wehrt er sich gegen einen Verwaltungsakt.[102] Statthafte Klage ist die Anfechtungsklage. Eine ganz andere Frage ist es, ob der Organwalter auch in eigenen Rechten beeinträchtigt und damit klagebefugt nach § 42 II VwGO ist.[103]

Beispiel: Die Gemeindevertretung (Gemeinderat) schließt die Öffentlichkeit von der Sitzung aus. Gegenüber den Ausgeschlossenen ist dies ein Verwaltungsakt.

---

[102] Derartige Maßnahmen haben nach zutreffender Auffassung keine Doppelnatur, Rn. 494 f.
[103] Dazu Rn. 1496.

§ 32. Sonderformen des Rechtsschutzes

In verwaltungsrechtlichen Organstreitigkeiten ist häufig die **allgemeine** **Leistungsklage** statthaft. Wie sonst auch setzt ihre Statthaftigkeit voraus, dass eine Handlung, die kein Verwaltungsakt ist, oder ein Unterlassen verlangt wird.

1463

Beispiele:
- Klage auf Ladung zu einer Sitzung der Gemeindevertretung
- Klage auf Aufnahme eines bestimmten Gegenstandes in die Tagesordnung (dazu VGH Kassel LKRZ 2008, 420 ff.; *vom Rath*, LKRZ 2009, 410 ff.)
- Klage auf Streichung eines bestimmten Gegenstandes von der Tagesordnung oder auf Unterlassung der Aufnahme in die Tagesordnung
- Klage auf Gewährung von Akteneinsicht
- Klage gegen den Bürgermeister auf Abgabe einer Erklärung in einer öffentlichen Sitzung der Gemeindevertretung (VG Sigmaringen NVwZ-RR 2005, 428)

Wendet sich ein Organmitglied gegen belastende Beschlüsse seines Organs oder eines anderen Organs – z.B. ein Mitglied der Gemeindevertretung gegen seinen Ausschluss von künftigen Sitzungen –, stellen sich im Hinblick auf eine allgemeine Leistungsklage folgende Probleme: Eine allgemeine Leistungsklage, die auf eine **gerichtliche Aufhebung** des Beschlusses abzielt, ist nicht statthaft. Die allgemeine Leistungsklage ist lediglich auf **Verurteilung des Beklagten** zur Vornahme einer Handlung oder zu einer Unterlassung gerichtet. Eine **kassatorische Leistungsklage** kennt die VwGO nicht.[104] In Betracht kommt aber eine allgemeine Leistungsklage, die auf Verurteilung des Beklagten zur Aufhebung des Beschlusses gerichtet ist.

1464

Allerdings sind rechtswidrige Beschlüsse, denen keine VA-Qualität zukommt, grundsätzlich unwirksam, d.h. nichtig;[105] etwas anderes gilt nur in Ausnahmefällen, in denen dies gesetzlich bestimmt ist.[106] Nichtige Rechtsakte können aber nicht aufgehoben werden. Möglich ist nur die Feststellung ihrer Unwirksamkeit oder Nichtigkeit,[107] wie dies etwa § 47 V 2

1465

---

[104] *Würtenberger*, Rn. 266 Fn. 2, Rn. 679; *Schoch*, Jura 2008, 834 f.; *Ehlers*, NVwZ 1990, 106; *Papier*, DÖV 1980, 299; für ihre Anerkennung im Kommunalverfassungsstreit VGH München BayVBl. 1976, 753; BayVBl. 1985, 339; *Hufen*, § 22 Rn. 1; *Lange*, in: FS W.-R. Schenke, 2011, S. 965 ff. Für die Anerkennung der Statthaftigkeit einer allgemeinen Gestaltungsklage besteht kein Bedürfnis; die in der VwGO geregelte Form der Gestaltungsklage ist die Anfechtungsklage, dazu näher *Pietzcker*, in: Schoch/Schneider/Bier, Vorb. § 42 Abs. 1 Rn. 19 f. m. w. N.

[105] *Würtenberger*, Rn. 266 Fn. 2, Rn. 678; *Schoch*, Jura 2008, 835; *Papier*, DÖV 1980, 298 f.; a. A. *Grupp*, in: FS G. Lüke, 1997, S. 216 f.

[106] Dazu *Schwarplys*, Die allgemeine Gestaltungsklage als Rechtsschutzform gegen verwaltungsinterne Regelungen, 1996, S. 44 f.; *Erichsen*, in: FS Chr.-F. Menger, 1985, S. 232; *Ehlers*, NVwZ 1990, 107 f.

[107] *Würtenberger*, Rn. 266 Fn. 2, Rn. 269; *Schoch*, Jura 2008, 835; ebenso OVG Lüneburg NordÖR 2014, 237 zu einer Bestimmung einer kommunalen Geschäftsordnung eines Rates; das gilt auch im Falle der Anfechtung nichtiger Verwaltungsakte, die nach der Systematik

VwGO oder §§ 78 S. 1, 95 III BVerfGG ausdrücklich anordnen. Insoweit ist die Feststellungsklage nach § 43 I VwGO statthaft.[108]

Klagt ein Organ oder Organteil in Verkennung dieser Problematik gleichwohl auf Verurteilung des Beklagten zur Aufhebung eines nichtigen Beschlusses,[109] ist an eine Umdeutung dieses Aufhebungsbegehrens in ein Begehren auf Feststellung der Unwirksamkeit des Beschlusses durch den Klagegegner (nicht das Gericht) zu denken. Auch eine solche Feststellung durch den Klagegegner ist eine schlichthoheitliche Handlung, auf die eine allgemeine Leistungsklage gerichtet sein kann.

1466 Statthaft ist in vielen Fällen die **Feststellungsklage**. Sie kann auf die **gerichtliche** Feststellung der Unwirksamkeit von Beschlüssen des Beklagten, der Zulässigkeit eines bestimmten Verhaltens des Beklagten oder der Verletzung eigener organschaftlicher Rechte durch ein Verhalten des Beklagten gerichtet sein.

Die Auffassung, ein Beschluss des Beklagten sei kein feststellungsfähiges Rechtsverhältnis, sondern begründe erst ein solches Rechtsverhältnis, deshalb könne die Feststellung der Unwirksamkeit (Nichtigkeit) eines bestimmten Beschlusses nicht beantragt werden,[110] ist abzulehnen. So besteht z. B. zwischen dem Gemeinderatsmitglied, das vom Bürgermeister von einer Gemeinderatssitzung ausgeschlossen wurde, und dem Bürgermeister ein konkretes organschaftliches Rechtsverhältnis. Die Frage, ob der Bürgermeister das Gemeinderatsmitglied rechtmäßig und wirksam von der Sitzung ausgeschlossen hat, ist Folge dieses Rechtsverhältnisses und kann deshalb Gegenstand einer Feststellungsklage sein.[111]

Eine Klage auf gerichtliche Feststellung der Nichtigkeit eines Beschlusses (§ 43 I VwGO) ist gegenüber einer allgemeinen Leistungsklage auf Verurteilung des Beklagten zur Feststellung der Nichtigkeit dieses Beschlusses nicht nach § 43 I VwGO subsidiär. Dies folgt schon aus dem Rechtsgedan-

---

des § 43 II VwGO möglich ist; auch hier hat das Gericht nur die Nichtigkeit des Verwaltungsakts festzustellen, *Pietzcker,* in: Schoch/Schneider/Bier, § 42 Abs. 1 Rn. 18; a. A. OVG Koblenz NVwZ 1987, 899; a. A. auch BVerwGE 102, 304 (306 f.) zu rechtswidrigen Beschlüssen eines universitären Gremiums.

[108] Insoweit auch *Lange,* in: FS W.-R. Schenke, 2011, S. 968 ff.; ebenso OVG Lüneburg NordÖR 2014, 237 zu Vorschriften kommunaler Geschäftsordnungen, wenn nicht die Möglichkeit des § 47 I Nr. 2 VwGO besteht.

[109] BVerwGE 102, 304 (306 f.) hat eine solche allgemeine Leistungsklage sogar für zulässig und begründet erachtet.

[110] *Laubinger,* VerwArch. 82 (1991), 487; *Ehlers,* NVwZ 1990, 107.

[111] *Pietzcker,* in: Schoch/Schneider/Bier, Vorb. § 42 Abs. 1 Rn. 18; *Würtenberger,* Rn. 677, 680; *Schoch,* Jura 2008, 834 m. w. N. Beachte BVerwGE 109, 203 (209), das auch eine Klage auf gerichtliche Feststellung der Rechtswidrigkeit eines vorprozessual erledigten Verwaltungsakts nach § 43 I VwGO für möglich hält; vgl. dazu *Schenke,* Rn. 325 m. Fn. 12; ablehnend *Rozek,* JuS 2000, 1165 f.

ken des § 43 II 2 VwGO; unmittelbar anwendbar ist diese Vorschrift hier freilich nicht.

Die Statthaftigkeit einer **Fortsetzungsfeststellungsklage** nach oder analog § 113 I 4 VwGO setzt VA-Qualität des erledigten Verhaltens, dessen Rechtswidrigkeit festgestellt werden soll, voraus. Fehlt es hieran, kommt nur eine Feststellungsklage nach § 43 I VwGO in Betracht[112] – gerichtet auf Feststellung der Rechtswidrigkeit des erledigten Verhaltens.

Statthaft kann auch ein **Normenkontrollantrag** nach § 47 VwGO sein. Als Antrags- und Angriffsgegenstand kommen insbesondere Bestimmungen **kommunaler Geschäftsordnungen** (von Gemeinden, Landkreisen oder kommunalen Fraktionen) in Betracht, die die Rechte von Mitgliedern kommunaler Vertretungsorgane in abstrakt-genereller Weise regeln.[113] Die Statthaftigkeit eines Normenkontrollantrages nach § 47 I Nr. 2 VwGO setzt keine Außenrechtssätze im Staat-Bürger-Verhältnis voraus.

1467

4. Klagebefugnis

Auch eine verwaltungsrechtliche Organklage in Gestalt einer allgemeinen Leistungs- oder Feststellungsklage setzt Klagebefugnis analog § 42 II VwGO voraus;[114] im Falle einer Feststellungsklage allerdings nur dann, wenn man dem BVerwG folgt, wonach § 42 II VwGO auch auf Feststellungsklagen analog anwendbar ist.[115] Weil der Kläger nicht als natürliche Person, d.h. nicht in seiner persönlichen Rechtsstellung, sondern in seiner spezifischen Funktion als Organ oder Organteil betroffen ist, **scheidet eine Berufung auf Grundrechte aus.**[116] Juristische Personen des öffentlichen Rechts und damit auch ihre Organe sind prinzipiell nicht grundrechtsfähig.

1468

Als möglicherweise verletzte Rechte oder möglicherweise bestehende Ansprüche des Klägers kommen dann nur die einfachgesetzlich normierten organschaftlichen Befugnisse oder Kompetenzen in Betracht, z.B. das Recht des Mitglieds einer Gemeindevertretung auf Sitzungsteilnahme und das Rede- und Fragerecht.[117] Fehlt eine ausdrückliche gesetzliche Regelung, kann – wie sonst auch – auf allgemeine Rechtsgrundsätze abgestellt

---

[112] *Würtenberger*, Rn. 680; *Schenke*, Rn. 337 f.; für eine Anwendung von § 113 I 4 VwGO: *Hufen*, § 18 Rn. 44 f., § 21 Rn. 12; *Ehlers*, NVwZ 1990, 107.
[113] BVerwG NVwZ 1988, 1119; HessVGH LKRZ 2007, 262 f.; NVwZ 2007, 108; *Michl*, BayVBl. 2013, 290 ff. zu Fraktionsgeschäftsordnungen.
[114] Dazu ausführlich *Hufen*, § 21 Rn. 15 ff.
[115] Dazu näher oben Rn. 1403.
[116] SächsOVG SächsVBl. 2009, 238 f. zu einer Fraktion.
[117] Dazu die Auflistung von *A. Gern*, Deutsches Kommunalrecht, 3. Aufl. 2003, Rn. 793 f.

werden, die den einschlägigen gesetzlichen Bestimmungen z.B. der Gemeindeordnung zugrunde liegen oder aus ihnen abgeleitet werden.[118]

1469 Wichtig ist, dass es sich um Kompetenzen und Befugnisse gerade des klagenden Organs oder Organteils handeln muss. Ein Verstoß gegen objektives Recht oder Kompetenzen eines anderen Organs oder Organteils genügt nicht. Auch bei den verwaltungsgerichtlichen Organstreitigkeiten gibt es keinen allgemeinen Anspruch auf rechtmäßiges Verhalten der anderen Organe.[119] Auch hier ist eine Popularklage unzulässig.

Dies gilt auch im Falle eines **Normenkontrollantrages** für die nach § 47 II 1 VwGO erforderliche **Antragsbefugnis**.

Geht es um eine **Feststellungsklage,** setzt das nach § 43 I VwGO erforderliche Feststellungsinteresse **organschaftliche Interessen** rechtlicher, ideeller oder wirtschaftlicher Art voraus. Ganz im Vordergrund stehen die aus den einschlägigen organschaftlichen Kompetenzen folgenden rechtlichen Interessen. Wird § 42 II VwGO analog angewendet, muss die Feststellungsklage der Verteidigung organschaftlicher Kompetenzen und Befugnisse dienen. Ein substantieller Unterschied zum Feststellungsinteresse nach § 43 I VwGO dürfte kaum einmal bestehen.

1470 Es ist denkbar, dass ein und dieselbe Maßnahme den Kläger sowohl in organschaftlichen Befugnissen als auch in seiner persönlichen Rechtsstellung betrifft, ohne dass die in Rede stehende Maßnahme nach ihrem **objektiven Sinngehalt** letzteres bezweckte.[120]

Beispiele:
- Anordnung eines Rauchverbots, um einen ordnungsgemäßen Sitzungsablauf zu gewährleisten. Diese Anordnung schützt zugleich die Sitzungsteilnehmer in ihrem Grundrecht auf Gesundheit aus Art. 2 II 1 GG und beeinträchtigt die Raucher in ihrem Grundrecht der allgemeinen Handlungsfreiheit aus Art. 2 I GG.
- Verbot des plakativen Zurschaustellens religiöser oder weltanschaulicher Symbole während der Sitzung nach Erlass einer entsprechenden formellen gesetzlichen Ermächtigungsgrundlage (vgl. dazu BVerfGE 108, 282 ff.) zur Gewährleistung eines reibungslosen Sitzungsablaufs. Dieses Verbot schützt zugleich die negative Glaubens- und Bekenntnisfrei-

---

[118] Vgl. SächsOVG SächsVBl. 2009, 237; *Hufen,* § 21 Rn. 18.
[119] Die in den Gemeindeordnungen enthaltenen Vorschriften über die Sitzungsöffentlichkeit räumen den Mitgliedern der Gemeindevertretung kein Recht auf Sitzungsöffentlichkeit ein. Verstößt ein Ausschluss der Öffentlichkeit gegen diese Vorschriften, verletzt dies keine Befugnisse oder Kompetenzen der einzelnen Mitglieder der Gemeindevertretung, OVG Rh.-Pf. NVwZ-RR 1996, 685; VGH Mannheim NVwZ-RR 1992, 373; a.A. HessVGH LKRZ 2009, 22; OVG Münster NVwZ-RR 2002, 135; *Lange,* in: FS W.-R. Schenke, 2011, S. 964.
[120] Dann wäre die Maßnahme ein Verwaltungsakt.

§ 32. Sonderformen des Rechtsschutzes   661

heit der anderen Sitzungsteilnehmer nach Art. 4 I, II GG, schränkt aber auch die Glaubens- und Bekenntnisfreiheit der vom Verbot betroffenen Sitzungsteilnehmer ein.
- Verbot des Stadtratsvorsitzenden gegenüber einem Ratsmitglied, während der Stadtratssitzung ein bestimmtes politisches Symbol zu tragen. Dieses Verbot greift (rechtswidrig) in die Meinungsfreiheit des Ratsmitglieds aus Art. 5 I 1 GG ein (VG Gera ThürVBl. 2013, 239 ff.)

Ist in diesen oder ähnlichen Fällen eine eindeutige Abgrenzung nach dem Schwerpunkt der Maßnahme nicht möglich, kann das nachteilig betroffene Organ bzw. Organteil sowohl die organschaftlichen Befugnisse als auch die ihm als natürliche Person zustehenden (Grund-)Rechte geltend machen.[121]

5. Richtiger Beklagter (passive Prozessführungsbefugnis)

Nach der zutreffenden ganz h. M. gilt in verwaltungsgerichtlichen Organklagen weder § 78 I Nr. 1 VwGO noch das Rechtsträgerprinzip analog. Weil es sich um einen Rechtsstreit zwischen Organen ein und derselben juristischen Person handelt, also um einen Rechtsstreit innerhalb einer juristischen Person, richtet sich die Klage **gegen das Organ(-Teil)**, gegenüber dem das vom Kläger behauptete Organrecht bestehen soll.[122] Wäre richtiger Beklagter der Rechtsträger des gegnerischen Organs, wäre auch nur dieser klageberechtigt, d. h. der richtige Kläger.[123]

1471

Im Falle eines **Normenkontrollantrages** ist deshalb § 47 II 2 VwGO unanwendbar. Der Antrag ist gegen dasjenige Organ zu richten, das die angegriffene Rechtsvorschrift erlassen hat.[124]

6. Beteiligungs- und Prozessfähigkeit

Dass Organe und Organteile beteiligtenfähig sind, ist unstreitig. Umstritten ist lediglich, nach welcher Vorschrift sie es sind. Im wesentlichen werden folgende Auffassungen vertreten:[125]
(1) § 61 Nr. 1, 1. Alt. VwGO **unmittelbar,** wenn ein **monokratisches** („Einpersonen-")Organ oder Organteil in Rede steht, z. B. der Bürger-

1472

---

[121] Ebenso *Hufen,* § 21 Rn. 20.
[122] BVerwG DVBl. 1988, 792; OVG Münster NVwZ 1990, 188; VGH Mannheim NVwZ-RR 1990, 370; *Kopp/Schenke,* § 78 Rn. 2 m. w. N.; *Hufen,* § 21 Rn. 8; nach a. A. ist die Klage gegen den Rechtsträger zu richten, so VGH München BayVBl. 1987, 239; NVwZ-RR 1990, 99.
[123] So in der Tat BayVGH BayVBl. 2005, 405, der folgerichtig von einem – im vorliegenden Fall zulässigen – Insichprozess spricht.
[124] HessVGH LKRZ 2007, 263; a. A. mit nicht tragfähiger Begründung SächsOVG SächsVBl. 2011, 286 (Anwendbarkeit von § 47 II 2 VwGO).
[125] Dazu näher *W. Roth,* Verwaltungsrechtliche Organstreitigkeiten, 2001, S. 908 ff.

meister oder ein Mitglied der Gemeindevertretung.[126] Soweit sich überhaupt eine Begründung findet, wird gesagt, der Kläger bleibe auch dann eine natürliche Person, wenn er als (Organ-)Teil klage.[127]

(2) § 61 Nr. 1, 1. Alt. VwGO **analog,** wenn es um **monokratische** (Organ-)Teile geht.[128] Denn der Kläger mache keine Rechte, die ihm als natürliche Person zustünden, geltend. Vielmehr gehe es um die Verteidigung seiner apersonalen organschaftlichen Kompetenzen.

(3) § 61 Nr. 2 VwGO **unmittelbar,** wenn es um **Kollegialorgane** geht,[129] z.B. die Gemeindevertretung (Gemeinderat) oder den Gemeindevorstand in Hessen.

(4) § 61 Nr. 2 VwGO **analog** sowohl bei monokratischen als auch bei Kollegialorganen, da es nicht um personale Rechte im Außenrechtsverhältnis gehe.[130] Bei monokratischen (Organ-)Teilen wird z.T. eine doppelte Analogie zu § 61 Nr. 2 VwGO gebildet, weil sie keine Vereinigungen seien.[131]

Überzeugend ist folgende Differenzierung: § 61 VwGO ist insgesamt nur auf Außenrechtsstreitigkeiten zugeschnitten. Eine unmittelbare Anwendung auf verwaltungsrechtliche Organstreitigkeiten scheidet deshalb aus.[132] Geht es um monokratische Organe oder Organteile (Einpersonen-Organe), ist § 61 Nr. 1, 1. Alt. VwGO analog anwendbar. Geht es dagegen um Kollegialorgane bzw. Kollegialorganteile, ist § 61 Nr. 2 VwGO analog anwendbar.[133] Die im einzelnen **umstrittene Handhabung von § 61 Nr. 2 VwGO** wurde bereits oben skizziert.[134] Bei Normenkontrollanträgen nach § 47 VwGO empfiehlt es sich, auf monokratische Organe oder Or-

---

[126] OVG Münster OVGE 28, 208 (211); OVG Koblenz AS 9, 335 (343); VGH Mannheim DÖV 1980, 573.

[127] So *Hufen,* 6. Aufl. 2005, § 21 Rn. 8; *Meister,* JA 2004, 416.

[128] *A. Gern,* Deutsches Kommunalrecht, 3. Aufl. 2003, Rn. 795; *Kisker,* JuS 1975, 705 Fn. 6; *Backhaus,* VBlBW 1985, 236; *Franz,* Jura 2005, 160.

[129] ThürOVG DVBl. 2000, 935; OVG Hamburg NVwZ-RR 1994, 587; HessVGH NVwZ 1986, 328; VGH Mannheim DÖV 1983, 862.

[130] SächsOVG NVwZ-RR 1997, 665; OVG Münster NVwZ 1983, 486; *Kopp/Schenke,* § 61 Rn. 5; *Czybulka,* in: Sodan/Ziekow, § 61 Rn. 37–39; *Würtenberger,* Rn. 670; *Schmitt Glaeser/Horn,* Rn. 94; *Schoch,* Jura 2008, 832; *Bethge,* DVBl. 1980, 824; OVG Münster GewArch. 2004, 255 wendet § 61 Nr. 2 VwGO auf ein monokratisches Teilorgan sogar direkt an.

[131] *Bier,* in: Schoch/Schneider/Bier, § 61 Rn. 7 m.w.N. zum Meinungsstand; *Hartmann/Engel,* NWVBl. 2013, 506.

[132] Ebenso *Bethge,* HkWP 1, § 28 Rn. 50 f.; a. A. zu § 61 Nr. 2 VwGO *Ogorek,* JuS 2009, 516.

[133] So auch die Differenzierung von *A. Gern,* Deutsches Kommunalrecht, 3. Aufl. 2003, Rn. 795; *Franz,* Jura 2005, 160.

[134] Rn. 1345.

ganteile § 47 I 1, 1. Var. VwGO und auf Kollegialorgane oder –organteile § 61 Nr. 2 VwGO[135] analog anzuwenden.

Auch § 62 VwGO ist nur auf Außenrechtsstreitigkeiten zugeschnitten. Auf verwaltungsrechtliche Organklagen ist er deshalb nur analog anwendbar.[136] Die Prozessfähigkeit eines monokratischen Organ(-Teils) bestimmt sich nach § 62 I Nr. 1 VwGO **analog.** Ein Kollegialorgan(-Teil) muss sich analog § 62 III VwGO durch den nach dem einschlägigen (Geschäftsordnungs-)Recht hierzu Berufenen vertreten lassen.[137]

**Übersicht 42:
Verwaltungsrechtliche Organklagen (Prüfschema)**

A. Zulässigkeit einer verwaltungsgerichtlichen Klage

I. Eröffnung des Verwaltungsrechtswegs
- Eine aufdrängende Sonderzuweisung dürfte kaum in Betracht kommen.
- § 40 I VwGO

II. Statthafte Klageart
1. Anfechtungs- und Verpflichtungsklagen
- Nur in denjenigen Ausnahmefällen, in denen ein VA in Rede steht.

2. Allgemeine Leistungsklage
- Falls vom gegnerischen Organ(-Teil) ein Tun (kein VA) oder Unterlassen verlangt wird.
- Keine kassatorische Leistungsklage, gerichtet auf gerichtliche Aufhebung von Rechtsakten des gegnerischen Organ(-Teils).
- Keine Klage auf Verurteilung des gegnerischen Organ(-Teils) zur Aufhebung rechtswidriger Beschlüsse; rechtswidrige Beschlüsse sind prinzipiell nichtig und nicht aufhebbar.

---

[135] Dazu, dass § 47 II 1 VwGO keine mit § 61 Nr. 2 VwGO vergleichbare Regelung enthält, *Ziekow,* in: Sodan/Ziekow, § 47 Rn. 261.

[136] *Schoch,* Jura 2008, 833; *Franz,* Jura 2005, 160; für eine unmittelbare Anwendbarkeit *Hufen,* § 21 Rn. 7; *Czybulka,* in: Sodan/Ziekow, § 62 Rn. 61 (zum hochschulinternen Organstreit).

[137] Für eine analoge Anwendung von § 62 III VwGO in allen Fällen *Hartmann/Engel,* NWVBl. 2013, 506; *Schoch,* Jura 2008, 833.

3. Feststellungsklage
- Gerichtet auf gerichtliche Beantwortung streitiger konkreter Rechtsfragen.
- Gerichtliche Feststellung der Rechtswidrigkeit und Nichtigkeit von Beschlüssen des gegnerischen Organ(-Teils).

4. Normenkontrollen nach § 47 VwGO
- Gerichtet auf Ungültigerklärung untergesetzlicher Rechtsvorschriften, insbesondere von Geschäftsordnungen (§ 47 I Nr. 2 VwGO).

5. Fortsetzungsfeststellungsklage analog § 113 I 4 VwGO
- Statthaft nur bei VA-Qualität der erledigten Maßnahme des gegnerischen Organ(-Teils), ansonsten Feststellungsklage nach § 43 VwGO.

6. Klage sui generis
- Kein Bedürfnis, auch nicht einer allgemeinen Gestaltungsklage, da die Standardklagen ausreichen.

III. Klagebefugnis analog § 42 II VwGO
- Geltendmachung organschaftlicher Kompetenzen und Befugnisse
- Berufung auf Grundrechte nur in Ausnahmefällen möglich
- Kein allgemeiner Anspruch auf rechtmäßiges Verhalten des gegnerischen Organ(-Teils) – keine Popularklage

IV. Feststellungsinteresse, § 43 I VwGO
- Organschaftliche Interessen rechtlicher, ideeller oder wirtschaftlicher Art

V. Antragsbefugnis, § 47 II 1 VwGO
- Wie Klagebefugnis analog § 42 II VwGO

VI. Richtiger Beklagter (passive Prozessführungsbefugnis)
- § 78 I Nr. 1 VwGO weder unmittelbar noch analog
- § 47 II 2 VwGO weder unmittelbar noch analog
- Keine Geltung des Rechtsträgerprinzips
- Richtiger Beklagter ist dasjenige Organ(-Teil), dessen Verhalten angegriffen wird.

VII. Beteiligungsfähigkeit, § 61 VwGO analog
- § 61 Nr. 1, 1. Alt. VwGO analog bei monokratischen Organ(-Teilen) = Einmannorgan(-Teile)
- § 61 Nr. 2 VwGO analog bei Kollegialorgan(-Teilen)

§ 32. Sonderformen des Rechtsschutzes

VIII. Prozessfähigkeit, § 62 VwGO analog
- § 62 I Nr. 1 VwGO analog bei monokratischen Organ (-Teilen)
- § 62 III VwGO analog bei Kollegialorgan(-Teilen)

IX. Gerichtszuständigkeiten, §§ 45 ff., 52 VwGO

B. Begründetheit
- Richtet sich nach der einschlägigen Klageart, dazu näher dort.

§ 33. Vorläufiger Rechtsschutz

Literatur: *Budroweit/Wuttke,* Der vorläufige Rechtsschutz bei Verwaltungsakten mit Drittwirkung (§§ 80, 80a VwGO), JuS 2006, 876; *Erbguth,* Einstweiliger Rechtsschutz gegen Verwaltungsakte, JA 2008, 357; *Finkelnburg/Dombert/Külpmann,* Vorläufiger Rechtsschutz im Verwaltungsstreitverfahren, 6. Aufl. 2011; *Hong,* Verbot der endgültigen und Gebot der vorläufigen Vorwegnahme der Hauptsache im verwaltungsgerichtlichen Eilverfahren, NVwZ 2012, 468; *Hummel,* Der vorläufige Rechtsschutz im Verwaltungsprozess, JuS 2011, 317, 413, 502; *Loos,* Vorläufiger Rechtsschutz im Verwaltungsrecht: Das Verfahren nach § 80 V VwGO, JA 2001, 698; *ders.,* Vorläufiger Rechtsschutz im Verwaltungsrecht: Das Verfahren nach § 123 VwGO, JA 2001, 871; *Mückl,* Die einstweilige Anordnung nach § 123 VwGO im System des vorläufigen Rechtsschutzes, JA 2000, 329; *Rozek,* Ein Internet-Konkurrentenstreit, Jura 1998, 544 (Übungsfall); *Schenke,* Probleme der Vollziehungsanordnung gemäß § 80 Abs. 2 Satz 1 Nr. 4, § 80a Abs. 1 Nr. 1 und Abs. 2 VwGO, VerwArch. 91 (2000), 587; *Schoch,* Der verwaltungsprozessuale vorläufige Rechtsschutz, Jura 2001, 670, Jura 2002, 37, 318; *Zacharias,* Grundfragen des vorläufigen Rechtsschutzes im Verwaltungsprozess, JA 2002, 345.

1475 Die oben dargestellten Klagearten und Rechtsschutzformen dienen einer **abschließenden und endgültigen Klärung** des Rechtsstreits. Daneben stellt die VwGO aber auch noch Rechtsschutzformen zur Verfügung, die den von behördlichen Entscheidungen und Maßnahmen Betroffenen zunächst einmal vorläufigen Rechtsschutz bis zur endgültigen (gerichtlichen) Entscheidung ermöglichen.

In der Praxis spielt der vorläufige Rechtsschutz eine große Rolle. Gleiches gilt für Prüfungsarbeiten. Hier genügen aber in aller Regel Grundkenntnisse über den vorläufigen Rechtsschutz. Detailwissen zu den bisweilen sehr schwierigen und umstrittenen Sonderproblemen wird jedenfalls in Klausuren nicht vorausgesetzt.

I. Vorläufiger Rechtsschutz gegen Verwaltungsakte

1. Aufschiebende Wirkung von Widerspruch und Anfechtungsklage

a) Begriff der aufschiebenden Wirkung

1476 Wird ein wirksamer belastender Verwaltungsakt erlassen, muss er vom Adressaten befolgt werden und kann von der Behörde zwangsweise durchgesetzt werden, wenn bestimmte Voraussetzungen erfüllt sind. Erhebt der Betroffene gegen den Verwaltungsakt Widerspruch oder Anfechtungsklage, kommt diesen Rechtsbehelfen nach § 80 I 1 VwGO **aufschiebende Wirkung (Suspensiveffekt)** zu. D. h., der Verwaltungsakt braucht zunächst nicht befolgt zu werden, und die Behörde darf ihn nicht zwangsweise durchsetzen; § 80 I 2 VwGO stellt klar, dass die aufschiebende Wirkung auch bei Rechtsbehelfen gegen rechtsgestaltende und feststellende Verwaltungsakte sowie gegen Verwaltungsakte mit Doppelwirkung (§ 80a VwGO) eintritt. Diese aufschiebende Wirkung ist eine Form vorläufigen Rechtsschutzes.

Umstritten ist, was der Suspensiveffekt genau bewirkt. Nach der kaum noch vertretenen **strengen Wirksamkeitstheorie**[1] beseitigt die aufschiebende Wirkung des § 80 I 1 VwGO die in § 43 I 1 VwVfG genannte Wirksamkeit des Verwaltungsakts. Erst wenn der gegen den Verwaltungsakt eingelegte Rechtsbehelf endgültig (dazu und zu den Ausnahmen § 80b I VwGO) abgewiesen worden sei, werde der Verwaltungsakt **von diesem Zeitpunkt** an wieder wirksam.

1477

Nach der **eingeschränkten Wirksamkeitstheorie**[2] bewirkt der Suspensiveffekt des § 80 I 2 VwGO die **schwebende Unwirksamkeit des Verwaltungsakts.** Nach der endgültigen Abweisung des Rechtsbehelfs, der gegen den Verwaltungsakt eingelegt wurde (dazu und zu den Ausnahmen § 80b I VwGO),[3] werde der Verwaltungsakt **rückwirkend** wieder wirksam.

Nach der vor allem von der Rechtsprechung vertretenen **Vollziehbarkeitstheorie**[4] hemmt die aufschiebende Wirkung des § 80 I 1 VwGO nur den Vollzug des Verwaltungsakts. Erst nach der endgültigen Abweisung (dazu und zu den Ausnahmen § 80b I VwGO) des Rechtsbehelfs entfalle die Vollzugshemmung **rückwirkend.**

1478

Zutreffend ist die Vollziehbarkeitstheorie. § 43 II VwVfG bestimmt, wie lange und inwieweit ein Verwaltungsakt wirksam bleibt. Die aufschiebende Wirkung des § 80 I 1 VwGO ist als Erlöschens- oder Hinderungsgrund nicht genannt. In der Praxis bestehen zwischen der eingeschränkten Wirksamkeitstheorie und der Vollziehbarkeitstheorie indes kaum Unterschiede.[5] Wichtig ist folgendes:

Nach allen drei Theorien ist es während der Dauer der **aufschiebenden Wirkung** nicht nur der Behörde verboten, den Verwaltungsakt durchzusetzen. Auch die Bürger dürfen vom Verwaltungsakt

1479

---

[1] *Erichsen/Klenke,* DÖV 1976, 833 ff.
[2] *Schoch,* in: Schoch/Schneider/Bier, § 80 Rn. 92; *Schenke,* Rn. 953.
[3] Näher *Schmitt Glaeser/Horn,* Rn. 259.
[4] BVerfGE 35, 263 (264); BVerwGE 13, 1 (5 ff.); 66, 218 (222); 89, 357 (361); 99, 109 (112 f.); zustimmend z.B. *Hufen,* § 32 Rn. 3 f.; *Schmitt Glaeser/Horn,* Rn. 250; *Ipsen,* Rn. 1204; *Stern/Blanke,* Rn. 574 ff.
[5] Dazu und zu den Ausnahmen *Schoch,* in: Schoch/Schneider/Bier, § 80 Rn. 95 ff.

keinen Gebrauch machen. Aus Gründen der Effektivität auch des vorläufigen Rechtsschutzes, den Art. 19 IV GG gebietet, darf der **Begriff der Vollziehung** nicht eng ausgelegt werden. An den Verwaltungsakt dürfen vorläufig keine weiteren Folgen geknüpft werden.

Beispiele:
- Die dem Bauherrn erteilte Baugenehmigung wird vom Nachbarn angefochten; das Gericht ordnet nach § 80 V 1 VwGO die aufschiebende Wirkung des Rechtsbehelfs, die gem. § 80 II 1 Nr. 3 VwGO i. V. m. § 212a BauGB nicht eingetreten ist, an. Der Bauherr darf nicht mit dem Bau beginnen bzw. den Bau nicht fortsetzen.
- Ein Beamter wird aus dem Beamtendienst entlassen. Der Beamte ficht den Entlassungsbescheid an. Dem Beamten müssen während der Dauer der aufschiebenden Wirkung die Dienstbezüge weitergezahlt werden (dazu weiterführend *Schenke,* Rn. 952).
- Ein Studiengebührengesetz schreibt die Erhebung von Studiengebühren vor. Falls die durch Verwaltungsakt festgesetzte Gebühr nicht bezahlt wird, muss der Student exmatrikuliert werden. Der Gebührenbescheid ist gem. § 80 II 1 Nr. 1 VwGO sofort vollziehbar. Setzt die Behörde die Vollziehung des Gebührenbescheides aus (§ 80 IV 1 VwGO) oder ordnet das Gericht die aufschiebende Wirkung eines gegen den Gebührenbescheid eingelegten Rechtsbehelfs an (§ 80 V 1 VwGO), braucht der Student die festgesetzte Studiengebühr vorläufig nicht zu bezahlen, die Behörde darf nicht vollstrecken. Da der Begriff der Vollziehung aus Gründen der Effektivität des vorläufigen Rechtsschutzes weit auszulegen ist, darf der Student vorläufig auch nicht exmatrikuliert werden, obwohl die Exmatrikulation keine Vollziehung des Gebührenbescheides im rechtstechnischen Sinn ist (BVerfGK NJW 2006, 3551 f.).

Die aufschiebende Wirkung des § 80 I 1 VwGO tritt mit der Einlegung des Rechtsbehelfs **rückwirkend auf den Zeitpunkt des Erlasses des Verwaltungsakts** ein.[6] Vollzugsmaßnahmen, die vor der Rechtsbehelfseinlegung getroffen worden sind, müssen grundsätzlich rückgängig gemacht werden. Allerdings ist der Grundsatz der Verhältnismäßigkeit zu beachten.[7] Im oben genannten Beispiel der Baugenehmigung braucht der Bauherr, der nach Erhalt der Baugenehmigung mit dem Bau begonnen hatte, die baulichen Maßnahmen prinzipiell nicht zu beseitigen.

b) Voraussetzungen der aufschiebenden Wirkung

1480 Der Eintritt des Suspensiveffekts nach § 80 I 1 VwGO ist an folgende Voraussetzungen geknüpft:
(1) *Existenz eines nicht bestandskräftigen und nicht erledigten Verwaltungsakts.* Kann gegen den Verwaltungsakt Widerspruch oder Anfechtungsklage wegen Fristablaufs nicht mehr eingelegt werden, kommt einem gleichwohl eingelegten Rechtsbehelf keine aufschiebende Wirkung zu.[8] Hat sich der Verwaltungsakt erledigt, fehlt das Angriffsobjekt. Widerspruch und An-

---

[6] Dazu näher *Schmitt Glaeser/Horn,* Rn. 254 ff.
[7] Dazu näher *Kopp/Schenke,* § 80 Rn. 54.
[8] Vgl. auch § 80b I 1 VwGO.

fechtungsklage gingen ins Leere. **Nichtige Verwaltungsakte** sind zwar nach § 43 III VwVfG unwirksam und dürfen nicht vollzogen werden. Ob ein Verwaltungsakt nichtig ist, kann aber zweifelhaft sein. Deshalb lösen auch Widerspruch oder Anfechtungsklage gegen nichtige Verwaltungsakte den Suspensiveffekt aus,[9] der freilich nur deklaratorisch wirkt.

(2) *Erhebung eines Widerspruchs oder einer Anfechtungsklage.*

(3) *Keine offensichtliche Unzulässigkeit des Rechtsbehelfs.* Die Begründetheit des eingelegten Rechtsbehelfs ist keine Voraussetzung für den Eintritt der aufschiebenden Wirkung.[10] Gleiches gilt grundsätzlich auch für die Zulässigkeit. Die gegenteilige Mindermeinung,[11] die Zulässigkeit des Rechtsbehelfs verlangt, ist mit Art. 19 IV 1 GG, der auch effektiven vorläufigen Rechtsschutz gebietet, unvereinbar. Ist die Einlegung des Rechtsbehelfs dagegen **evident unzulässig,** kommt ihm keine aufschiebende Wirkung zu.[12] Der Anerkennung von aufschiebender Wirkung auch evident unzulässiger Rechtsbehelfe steht das Rechtsmissbrauchsverbot entgegen.[13]

1481

Die differenzierende Auffassung, wonach die aufschiebende Wirkung einerseits nur dann nicht eintritt, wenn bestimmte Zulässigkeitsvoraussetzungen nicht erfüllt sind (Verwaltungsrechtsweg, Klagebefugnis, Fristen), dass dies aber andererseits auch bei nicht evidenter Unzulässigkeit der Fall sei,[14] ist abzulehnen. § 80 I 1 VwGO verlangt nur die Einlegung des Rechtsbehelfs, nicht dessen Zulässigkeit. Lediglich das Rechtsmissbrauchsverbot setzt Grenzen.

Verneint die Behörde unter Hinweis auf die angebliche evidente Unzulässigkeit des Rechtsbehelfs die aufschiebende Wirkung, kann der Bürger analog § 80 V VwGO beim Gericht die Feststellung der aufschiebenden Wirkung und ggf. analog § 80 V 3 VwGO die Anordnung der Aufhebung (Rückgängigmachung) einer bereits erfolgten Vollziehung des Verwaltungsakts beantragen.[15]

---

[9] VGH Mannheim NVwZ 1991, 1195f.; *Kopp/Schenke,* § 80 Rn. 5, 16; a.A. OVG Münster NVwZ-RR 1993, 234; *Puttler,* in: Sodan/Ziekow, § 80 Rn. 20.

[10] *Schmitt Glaeser/Horn,* Rn. 249 Fn. 122.

[11] OVG Münster NJW 1975, 794ff.; HessVGH NVwZ 1982, 690; *Lücke,* NJW 1978, 83; *Schmaltz,* DVBl. 1992, 231; vgl. auch OVG Münster NVwZ-RR 2008, 487.

[12] VGH München BayVBl. 1994, 408; OVG Hamburg NVwZ 1987, 1002; VGH Mannheim NJW 2004, 2690 f. (bei zweifelsfrei verfristetem Widerspruch); NVwZ 1984, 255; VBlBW 1990, 137; *Schmitt Glaeser/Horn,* Rn. 248f.; *Würtenberger,* Rn. 505.

[13] *Schmitt Glaeser/Horn,* Rn. 249.

[14] *Schoch,* in: Schoch/Schneider/Bier, § 80 Rn. 79ff.; *Hufen,* § 32 Rn. 6 (nur bei Fristablauf); vgl. auch *Kopp/Schenke,* § 80 Rn. 50.

[15] *Schmitt Glaeser/Horn,* Rn. 249.

c) Ausnahmen vom Eintritt der aufschiebenden Wirkung

1482 Nach § 80 II VwGO lösen Widerspruch oder Anfechtungsklage in folgenden Fällen **keine aufschiebende Wirkung** aus:
- Geltendmachung öffentlicher Abgaben und Kosten, § 80 II 1 Nr. 1 VwGO: insbesondere Steuern, Gebühren, öffentliche Beiträge.
- Unaufschiebbare Anordnungen und Maßnahmen von Polizeivollzugsbeamten, § 80 II 1 Nr. 2 VwGO: wegen der Funktionsgleichheit auch Verkehrszeichen, die Gebote oder Verbote nach § 41 StVO aussprechen, und (abgelaufene) Parkuhren.[16]
- Andere bundes- und landesgesetzlich bestimmte Fälle, § 80 II 1 Nr. 3, § 80 II 2 VwGO: z.B. § 212a BauGB.
- Anordnung der sofortigen Vollziehung durch die Ausgangs- oder Widerspruchsbehörde, § 80 II 1 Nr. 4 VwGO. Diesem Fall kommt eine gewisse **Prüfungsrelevanz** zu. Die Vollziehungsanordnung nach § 80 II 1 Nr. 4 VwGO ist nach ganz überwiegender Auffassung **kein selbständiger Verwaltungsakt**. Sie ist Bestandteil (Nebenentscheidung) des Hauptverwaltungsakts,[17] denn sie setzt einen Verwaltungsakt voraus und regelt nur die Vollziehung dieses Verwaltungsakts.[18] Dies gilt sogar dann, wenn die Vollziehbarkeitsanordnung erst nach Erlass des Verwaltungsakts ergeht. Gegen die behördliche Anordnung der sofortigen Vollziehung kann sich der Bürger wehren: Er kann bei der **Behörde** nach § 80 IV 1 VwGO die Aussetzung der Vollziehung beantragen, und er kann beim **Gericht** nach § 80 V 1 VwGO die Wiederherstellung der aufschiebenden Wirkung beantragen.

2. Die behördliche Anordnung der sofortigen Vollziehung und die behördliche Aussetzung der Vollziehung

a) Anordnung der sofortigen Vollziehung nach § 80 II 1 Nr. 4 VwGO

Nach § 80 II 1 Nr. 4 VwGO kann die Behörde die sofortige Vollziehung von Verwaltungsakten unter den folgenden Voraussetzungen anordnen.

---

[16] BVerwG NVwZ 1988, 624; a.A. *Kopp/Schenke*, § 80 Rn. 64.
[17] BVerwGE 24, 92 (94); *Kopp/Schenke*, § 80 Rn. 78 m.w.N. auch zur a.A.
[18] BVerwGE 24, 92 (94).

§ 33. Vorläufiger Rechtsschutz   671

aa) Formelle Rechtmäßigkeitsvoraussetzungen

(1) Behördenzuständigkeit

Zur Anordnung der sofortigen Vollziehbarkeit ist sowohl die Ausgangs- als auch die Widerspruchsbehörde zuständig. Die Zuständigkeit der Widerspruchsbehörde besteht unabhängig von der Einlegung eines Widerspruchs gegen den Verwaltungsakt.[19] Dies folgt unter anderem aus der Streichung der früheren Formulierung in § 80 IV 1 VwGO „Nach Einlegung des Widerspruchs kann die Widerspruchsbehörde ..." durch Gesetz vom 17. 12. 1990.[20] Wenn die Widerspruchsbehörde nach § 80 IV 1 VwGO bereits vor der Widerspruchseinlegung eine gem. § 80 II VwGO bestehenden oder angeordnete sofortige Vollziehbarkeit aussetzen darf, muss Entsprechendes für die Anordnung der sofortigen Vollziehbarkeit nach § 80 II 1 Nr. 4 VwGO gelten.[21]

1483

Die Anordnung der sofortigen Vollziehbarkeit kann sowohl auf Antrag eines Verfahrensbeteiligten als auch von Amts wegen ergehen.

(2) Kein Anhörungserfordernis

Eine behördliche Anhörung des von der sofortigen Vollziehbarkeit nachteilig Betroffenen vor ihrer Anordnung ist nicht erforderlich.[22] § 28 VwVfG ordnet eine Anhörung nur vor Erlass des Grundverwaltungsakts an – und auch das nicht uneingeschränkt. Mit der Möglichkeit der Anordnung der sofortigen Vollziehbarkeit muss grundsätzlich gerechnet werden.[23]

1484

(3) Begründung der Anordnung der sofortigen Vollziehbarkeit, § 80 III 1 VwGO

Die Behörde muss die Anordnung der sofortigen Vollziehbarkeit nach § 80 III 1 VwGO **schriftlich begründen.** Wichtig ist, dass gerade das öffentliche Interesse oder das Interesse des Verfahrensbeteiligten (vgl. § 80

1485

---

[19] OVG Münster UPR 1993, 317; VGH Mannheim NVwZ-RR 1992, 349; VGH München BayVBl. 1988, 152; *Hufen,* § 32 Rn. 15; *Würtenberger,* Rn. 518a; *Schmitt Glaeser/Horn,* Rn. 266; a.A. (erst nach Widerspruchseinlegung): *Kopp/Schenke,* § 80 Rn. 81; *Grigoleit,* Die Anordnung der sofortigen Vollziehbarkeit, 1997, S. 109; *Zacharias,* JA 2002, 346.
[20] BGBl. 1990, I – S. 2809.
[21] So *Schoch,* in: Schoch/Schneider/Bier, § 80 Rn. 239.
[22] VGH Mannheim NVwZ-RR 1995, 175; OVG Berlin NVwZ 1993, 198; OVG Lüneburg DVBl. 1989, 887; *Würtenberger,* Rn. 518a; *Schoch,* in: Schoch/Schneider/Bier, § 80 Rn. 257 f.; differenzierend *Kopp/Schenke,* § 80 Rn. 82; für Anhörung unmittelbar nach oder analog § 28 VwVfG VGH Kassel DÖV 1988, 1023; VGH München BayVBl. 1990, 211; OVG Lüneburg NVwZ-RR 1993, 586; *Grigoleit,* Die Anordnung der sofortigen Vollziehbarkeit, 1997, S. 122 ff.; *Hufen,* § 32 Rn. 16.
[23] VGH Mannheim NVwZ 1995, 293; *Schoch,* in: Schoch/Schneider/Bier, § 80 Rn. 259 m.w.N.

II 1 Nr. 4 VwGO) **an der sofortigen Vollziehbarkeit** begründet werden muss. Dieses Vollzugsinteresse ist mit dem bloßen Interesse am Erlass des Verwaltungsakts nicht identisch. Formelhafte oder abstrakt gehaltene Begründungen genügen nicht,[24] zumal wenn sie nicht über die Begründung des Erlassinteresses hinausgehen.

Im Falle einer fehlenden oder unzureichenden Begründung der sofortigen Vollziehbarkeit ist ihre Anordnung rechtswidrig und verletzt den Adressaten des belastenden Grundverwaltungsakts in seinen Rechten. Auf seinen Antrag hin ist die Vollziehung von der Behörde auszusetzen (§ 80 IV 1 VwGO) oder die aufschiebende Wirkung vom Gericht wiederherzustellen (§ 80 V 1 VwGO). Da die Anordnung der sofortigen Vollziehbarkeit kein Verwaltungsakt ist, kommt auch keine Heilung nach § 45 VwVfG oder ein Nachschieben von Gründen nach § 114 S. 2 VwGO in Betracht.[25] Das Begründungserfordernis entfällt lediglich in den Fällen des § 80 III 2 VwGO.

bb) Materielle Rechtmäßigkeitsvoraussetzungen

1486 Die Anordnung der sofortigen Vollziehbarkeit ist nach § 80 II 1 Nr. 4 VwGO nur rechtmäßig, wenn die sofortige Vollziehbarkeit tatsächlich im **öffentlichen Interesse** liegt oder wenn hieran ein überwiegendes Interesse eines Verfahrensbeteiligten, insbesondere des Adressaten eines begünstigenden Verwaltungsakts, besteht. Bei der Interessenabwägung ist zu berücksichtigen, dass die aufschiebende Wirkung von Rechtsbehelfen nach der Grundregel des § 80 I 1 VwGO der Normalfall, die sofortige Vollziehbarkeit dagegen die Ausnahme ist.

1487 Für die Anordnung der sofortigen Vollziehbarkeit spricht es, wenn der Verwaltungsakt dem Schutze besonders wichtiger Rechtsgüter wie Leben und Gesundheit dient; freilich ist die Errichtung einer Werteskala problematisch. Je größer die Gefahren für das in Rede stehende Rechtsgut sind, desto höher ist das Interesse an der sofortigen Vollziehbarkeit zu veranschlagen. Umgekehrt sind an die Annahme eines Interesses an der sofortigen Vollziehbarkeit um so strengere Anforderungen zu stellen, je schwerwiegender der Rechtseingriff für den hiervon nachteilig Betroffenen wiegt.

Ist der Verwaltungsakt evident rechtswidrig – dies ist er auch dann, wenn er auf einer evident rechtswidrigen Ermächtigungsgrundlage beruht –, besteht kein anzuerkennendes Interesse der sofortigen Vollziehbarkeit.[26] Bestehen erhebliche Zweifel an der Rechtmäßigkeit des Verwaltungsakts, bedarf es besonders gewichtiger Gründe, die gleichwohl eine Anordnung der sofortigen Vollziehbarkeit rechtfertigen.

---

[24] *Schmitt Glaeser/Horn*, Rn. 268.
[25] *Hufen*, § 32 Rn. 17; ausführlich *Kopp/Schenke*, § 80 Rn. 87.
[26] Vgl. *Hufen*, § 32 Rn. 19.

§ 33. Vorläufiger Rechtsschutz   673

Besteht ein **öffentliches Interesse** an der der sofortigen Vollziehbarkeit, 1488
liegt ihre Anordnung gleichwohl nur im **Ermessen der Behörde**. Besteht
dagegen ein überwiegendes Interesse eines Bürgers an der der sofortigen
Vollziehbarkeit, ist das behördliche Anordnungsermessen prinzipiell auf
Null reduziert.[27]

cc) Vollzug von EU-Recht durch deutsche Behörden

Besonderheiten sind zu beachten, wenn **EU-Recht durch deutsche** 1489
Behörden vollzogen wird. Anders als im deutschen Recht (§ 80 I
VwGO) löst weder im EU-Recht noch im Recht der meisten anderen
Mitgliedstaaten[28] ein Rechtsbehelf gegen behördliche Vollzugsakte automatisch eine aufschiebende Wirkung aus; sie muss vielmehr ausdrücklich
angeordnet werden (Art. 278 AEUV).

Ist dem EU-Recht, das im konkreten Fall von der deutschen Behörde
vollzogen wird, das Gebot des unverzüglichen Vollzuges zu entnehmen,
muss die zuständige Behörden die sofortige Vollziehbarkeit nach § 80 II 1
Nr. 4 VwGO anordnen, wenn gegen den deutschen Vollzugsakt ein
Rechtsbehelf eingelegt wurde, der den Suspensiveffekt nach § 80 I 1
VwGO ausgelöst hat.[29] Das EU-rechtlich begründete Interesse an einem
unverzüglichen Vollzug des Unionsrechts ist ein öffentliches Interesse i. S. v.
§ 80 II 1 Nr. 4 VwGO.[30]

Aus dem Anwendungsvorrang des EU-Rechts folgt, dass die deutsche
Behörde auch dann zur Anordnung der sofortigen Vollziehbarkeit des EU-Rechts verpflichtet sein kann, wenn die Anordnungsvoraussetzungen von
§ 80 II 1 Nr. 4 VwGO nach Maßgabe allein des deutschen Rechts nicht
erfüllt sind.[31] Eine generelle, unabhängig vom Einzelfall bestehende Pflicht
zur Anordnung der sofortigen Vollziehbarkeit besteht indes nicht.[32] Anders
verhält es sich allerdings, wenn aufgrund besonderer EU-rechtlicher Vorschriften oder eines bestandskräftigen Kommissionsbeschlusses (Art. 288 IV
AEUV) eine EU-rechtliche Pflicht zur sofortigen Vollziehbarkeit des EU-Rechts und damit auch des nationalen Vollzugsakts besteht.[33]

---

[27] *Kopp/Schenke*, § 80 Rn. 102 m. w. N.
[28] Das französische Recht gleicht dem deutschen, dazu EuGH EuZW 2007, 56 f. – *Scott*.
[29] So EuGH Slg. 1990, I-2899 (2906 ff.) in einem konkreten Fall; OVG Lüneburg, 9.5.2012, 10 ME 43/12, juris Rn. 10 f.; dazu sehr übersichtlich *Puttler*, in: Sodan/Ziekow, § 80 Rn. 13 ff.
[30] OVG Lüneburg, 9.5.2012, 10 ME 43/12, juris Rn. 10; *Schmitt Glaeser/Horn*, Rn. 267; *Schenke*, Rn. 985.
[31] *Puttler*, in: Sodan/Ziekow, § 80 Rn. 15; für eine EU-rechtskonforme Auslegung des § 80 II 1 Nr. 4 VwGO OVG Lüneburg, 9.5.2012, 10 ME 43/12, juris Rn. 10.
[32] Zutreffend OVG Lüneburg, 9.5.2012, 10 ME 43/12, juris Rn. 10; *Puttler*, in: Sodan/Ziekow, § 80 Rn. 15.
[33] Vgl. EuGH EuZW 2007, 56 ff. – *Scott*.

b) Behördliche Aussetzung der Vollziehung nach § 80 IV VwGO

1490 Ist ein Verwaltungsakt nach § 80 II VwGO sofort vollziehbar, können Ausgangs- und Widerspruchsbehörde auf Antrag hin oder von Amts wegen nach § 80 IV VwGO die Aussetzung der sofortigen Vollziehung anordnen, wenn bundesgesetzlich nichts anderes bestimmt ist. Die Anordnung der Vollzugsaussetzung ist – ebenso wie die Anordnung des Sofortvollzuges[34] – kein Verwaltungsakt. Die behördliche Aussetzungsanordnung setzt nicht voraus, dass gegen den Verwaltungsakt ein Rechtsbehelf eingelegt wurde.[35]

1491 Die behördliche Entscheidung über die Vollzugsaussetzung hängt von der Abwägung der im konkreten Fall bestehenden Interessen an der sofortigen Vollziehbarkeit und an einer Vollzugsaussetzung ab. Zu berücksichtigen ist auch, dass in den Fällen des § 80 II 1 Nr. 1–3, 2 VwGO die sofortige Vollziehbarkeit auf einer Grundsatzentscheidung des Gesetzgebers beruht, während sie im Falle des § 80 II 1 Nr. 4 VwGO erst behördlich angeordnet wurde.[36] Bei der Abwägung sind u.a. folgende Gesichtspunkte zu berücksichtigen:
- Wahrscheinlichkeit der Rechtswidrigkeit bzw. Rechtmäßigkeit des Verwaltungsakts
- Erfolgsaussichten eines Rechtsbehelfs, der gegen den Verwaltungsakt eingelegt wurde
- Ausmaß der Belastungen einer sofortigen Vollziehung für den nachteilig Betroffenen
- Ausmaß der Nachteile einer Aussetzungsanordnung für den von einer sofortigen Vollziehung Begünstigten
- Möglichkeit der Rückgängigmachung einer sofortigen Vollziehung

Vorgezeichnete Abwägungsergebnisse unter schematischer Berücksichtigung einzelner Kriterien gibt es nicht.[37] Etwas anderes gilt nach § 80 IV 2, 3 VwGO bei der Anforderung öffentlicher Abgaben und Kosten.

1492 Ordnet die Behörde die Aussetzung der Vollziehung an, darf der Verwaltungsakt behördlich nicht mehr vollzogen werden. Der vom Verwaltungsakt Begünstigte darf vom Verwaltungsakt keinen Gebrauch mehr machen. Diese Wirkung tritt unabhängig davon ein, ob gegen den Verwaltungsakt ein Rechtsbehelf eingelegt wurde.[38] Analog § 80 V 3 VwGO kann die Behörde auch die Rückgängigmachung von Vollzugsmaßnahmen anordnen.[39]

---

[34] Dazu oben Rn. 1482.
[35] *Schoch*, in: Schoch/Schneider/Bier, § 80 Rn. 315.
[36] BVerfG NVwZ 2004, 93.
[37] Vgl. *Kopp/Schenke*, § 80 Rn. 114.
[38] *Schoch*, in: Schoch/Schneider/Bier, § 80 Rn. 316 f.
[39] *Kopp/Schenke*, § 80 Rn. 117.

c) Verwaltungsakte mit Doppelwirkung, § 80 a VwGO

1493 Auch dann, wenn ein Verwaltungsakt den Adressaten begünstigt und einen anderen belastet – z.B. Erteilung einer Erlaubnis zum Betrieb einer Diskothek, die den Betreiber begünstigt und seinen Nachbarn wegen der Lärmbelästigung belastet –, kann die zuständige Behörde auf Antrag oder von Amts wegen die sofortige Vollziehbarkeit nach § 80 II 1 Nr. 4 VwGO anordnen. Gleiches gilt für den Fall, dass der Verwaltungsakt den Adressaten belastet und einen anderen begünstigt – z.B. Anordnung einer baurechtlichen Abrissverfügung, die den Adressaten belastet, seinen Nachbarn aber begünstigt. § 80 a VwGO regelt den Vollzug von Verwaltungsakten mit Doppelwirkung nicht abschließend, sondern ergänzt § 80 VwGO.[40]

1494 Hat dagegen die Behörde die sofortige Vollziehbarkeit nicht schon bei Erlass des Verwaltungsakts oder später nach § 80 II 1 Nr. 4 VwGO angeordnet und legt ein Dritter gegen den Verwaltungsakt einen Rechtsbehelf ein, der den Suspensiveffekt nach § 80 I 1 VwGO auslöst, darf die Behörde nach § 80 a I Nr. 1 VwGO die sofortige Vollziehbarkeit nur noch auf Antrag des vom Verwaltungsakt Begünstigten anordnen.[41] Gleiches gilt nach § 80 a II VwGO für den umgekehrten Fall, in dem der Betroffene einen ihn belastenden, aber einen Dritten begünstigenden Verwaltungsakt mit einem Rechtsbehelf angreift, der nach § 80 I 1 VwGO den Suspensiveffekt auslöst. Hier kann der vom Verwaltungsakt begünstigte Dritte nach § 80 a II VwGO die Anordnung der sofortigen Vollziehbarkeit beantragen.

1495 § 80 a I Nr. 2 VwGO regelt den Fall, dass ein Verwaltungsakt, der den Adressaten begünstigt und einen Dritten belastet, nach § 80 II VwGO sofort vollziehbar ist. Hier kann der nachteilig betroffene Dritte bei der Behörde die Aussetzung der Vollziehung beantragen, wenn er gegen den Verwaltungsakt einen Rechtsbehelf eingelegt hat.[42] Gleiches gilt analog § 80 a I Nr. 2 VwGO für den umgekehrten Fall, in dem ein Verwaltungsakt den Adressaten belastet, aber einen Dritten begünstigt und nach § 80 II VwGO sofort vollziehbar ist. Hier kann der Adressat bei der Behörde analog § 80 a I Nr. 2 VwGO die Aussetzung der Vollziehung beantragen, wenn er gegen den Verwaltungsakt einen Rechtsbehelf eingelegt hat.[43]

---

[40] Ausführlich *Kopp/Schenke,* § 80 a Rn. 1 ff.
[41] *Finkelnburg/Dombert/Külpmann,* Rn. 799; *Schmitt Glaeser/Horn,* Rn. 266; a.A. *Kopp/Schenke,* § 80 a Rn. 7: auch von Amts wegen.
[42] *Finkelnburg/Dombert/Külpmann,* Rn. 846; a.A. *Kopp/Schenke,* § 80 a Rn. 13: auch schon vor Rechtsbehelfseinlegung.
[43] *Finkelnburg/Jank,* Vorläufiger Rechtsschutz im Verwaltungsstreitverfahren, 4. Aufl. 1998, Rn. 823; a.A. *Finkelnburg/Dombert/Külpmann,* Rn. 846: § 80 IV VwGO.

3. Die gerichtliche Anordnung oder Wiederherstellung der aufschiebenden Wirkung und die gerichtliche Anordnung der sofortigen Vollziehung

a) Die gerichtliche Anordnung oder Wiederherstellung der aufschiebenden Wirkung nach § 80 V 1 VwGO

1496 Ist ein Verwaltungsakt **von Gesetzes wegen sofort vollziehbar** – Fälle des § 80 II 1 Nr. 1–3, [44] –, kann das Verwaltungsgericht auf Antrag die aufschiebende Wirkung nach § 80 V 1, 1. Alt. VwGO **anordnen**. Hat die **Behörde** die sofortige Vollziehbarkeit des Verwaltungsakts gem. § 80 II 1 Nr. 4 VwGO angeordnet, kann das Verwaltungsgericht auf Antrag die **Wiederherstellung** der aufschiebenden Wirkung nach § 80 V 1, 2. Alt. VwGO anordnen. In beiden Fällen handelt es sich um ein gerichtliches Verfahren. Wie bei einer Klage ist zu unterscheiden zwischen der Zulässigkeit und der Begründetheit eines Antrages.

aa) Zulässigkeit eines Antrages nach § 80 V 1 VwGO

1497 Zunächst muss der **Verwaltungsrechtsweg** eröffnet sein. Besteht keine aufdrängende Sonderzuweisung, richtet sich die Rechtswegprüfung nach § 40 VwGO.[45] **Statthaft** ist der Antrag nur, wenn der Antragsteller sich gegen den Vollzug eines ihn belastenden Verwaltungsakts wehrt, wenn also **aus seiner Sicht** in der Hauptsache die Anfechtungsklage statthaft wäre. Wendet sich der Antragsteller gegen den Vollzug einer **fingierten Genehmigung**, ist ein Antrag nach § 80 V VwGO ebenfalls statthaft.

Beispiel: A beantragt die Erteilung einer Baugenehmigung. Unter bestimmten Voraussetzungen und nach Ablauf einer bestimmten Frist gilt nach der einschlägigen Landesbauordnung die Genehmigung auch dann als erteilt, wenn die Baubehörde untätig geblieben ist. Die fingierte Baugenehmigung steht einem Verwaltungsakt gleich. Der von der fingierten Baugenehmigung nachteilig betroffene Nachbar N könnte deshalb Widerspruch und Anfechtungsklage erheben. Deshalb kann er auch – zusammen mit einer Widerspruchseinlegung – einen Antrag auf Anordnung der aufschiebenden Wirkung stellen. Erlässt das Gericht eine derartige Anordnung, darf A bis auf weiteres nicht bauen.

---

[44] Obwohl § 80 V VwGO die Vorschrift des § 80 II 2 VwGO nicht nennt, fällt sie gleichwohl in den Anwendungsbereich von § 80 V VwGO, vgl. *Kopp/Schenke,* § 80 Rn. 130.

[45] Umstritten ist, ob im Falle der Unzulässigkeit des Verwaltungsrechtsweges eine Verweisungspflicht des angerufenen Gerichts analog § 17a II GVG besteht; dafür: HessVGH NVwZ 2003, 238 (zur einstweiligen Anordnung); OVG Greifswald NVwZ 2001, 446; OVG Münster NJW 1998, 1578; *Schoch,* in: Schoch/Schneider/Bier, § 80 Rn. 452; ebenso zu § 17a III 1 GVG OVG RP DVBl. 2005, 988; a. A. VGH Kassel NJW 1994, 145; OVG Koblenz NVwZ 1993, 381; *Kopp/Schenke,* Anh. § 41 Rn. 2 a.

Die Zulässigkeit eines Antrages nach § 80 V VwGO setzt nach dem **1498** Wortlaut dieser Vorschrift voraus, dass der Antragsteller spätestens im Zeitpunkt der gerichtlichen Eilentscheidung nach § 80 V VwGO auch **in der Hauptsache bereits einen Rechtsbehelf eingelegt** hat.[46] Wurde weder Widerspruch noch Anfechtungsklage erhoben, gibt es keinen Rechtsbehelf, dessen aufschiebende Wirkung das Gericht anordnen oder wiederherstellen könnte. Die gerichtliche Anordnung des Suspensiveffekts liefe ins Leere.

Der hier vertretenen Auffassung steht auch nicht § 80 V 2 VwGO entgegen, wonach die Antragstellung schon vor Erhebung der Anfechtungsklage zulässig ist. Selbst wenn ein Widerspruchsverfahren gem. § 68 I 2 VwGO nicht statthaft ist, folgt aus § 80 V 2 VwGO nicht zwingend, dass eine verwaltungsgerichtliche Eilentscheidung auch schon vor Erhebung der Anfechtungsklage zulässig sein müsste. Nur in sehr seltenen Ausnahmefällen kann das grundgesetzliche Gebot effektiven Rechtsschutzes des Art. 19 IV 1 GG verlangen, dass das Verwaltungsgericht auf Antrag die **vorläufige Aussetzung der sofortigen Vollziehung des Verwaltungsakts analog § 80 V 1, 2 VwGO** vor Erhebung der Anfechtungsklage anordnet.[47] Dies ist dann der Fall, wenn die kurzfristige Erhebung einer **Anfechtungsklage** unzumutbar ist. Fälle, in denen die kurzfristige **Widerspruchseinlegung** unzumutbar sein sollte, sind dagegen kaum vorstellbar.[48] Ist ein Widerspruchsverfahren nicht statthaft, ist schon vor der Erhebung der Anfechtungsklage ein Antrag auf gerichtliche Anordnung der **Aussetzung der sofortigen Vollziehung** des Verwaltungsakts[49] analog § 80 V 1, 2 VwGO statthaft.[50] Dies ist ein Gebot des in Art. 19 IV GG verankerten Gebots effektiven Rechtsschutzes.[51]

---

[46] OVG Koblenz NJW 1995, 1043; VGH Mannheim VBlBW 1991, 194 u. 469 f.; noch strenger OVG Münster DVBl. 1996, 115: Widerspruch bzw. Anfechtungsklage müssen zumindest gleichzeitig mit dem Antrag nach § 80 V VwGO erhoben werden; *Schoch*, in: Schoch/Schneider/Bier, § 80 Rn. 460; *Schmidt*, in: Eyermann, § 80 Rn. 65; a.A. VGH Mannheim NVwZ 1995, 813; VGH München DVBl. 1988, 591; *Kopp/Schenke*, § 80 Rn. 139; *Mann/Wahrendorf*, Rn. 415; dem zuneigend *Shirvani/Heidebach*, DÖV 2010, 258 ff. m.w.N.

[47] Nicht die Anordnung bzw. Wiederherstellung der aufschiebenden Wirkung, weil der Rechtsbehelf fehlt, dem eine aufschiebende Wirkung zukommen könnte; ebenso *Shirvani/Heidebach*, DÖV 2010, 261; *Kopp*, DÖV 1967, 843 ff.; vgl. insoweit auch VGH Mannheim NVwZ 1995, 813.

[48] So aber VGH Mannheim NVwZ 1995, 813, wenn kurzfristige Erledigung des angegriffenen Verwaltungsakts droht.

[49] Nicht der Anordnung bzw. Wiederherstellung der aufschiebenden Wirkung, weil der Rechtsbehelf fehlt, dem eine aufschiebende Wirkung zukommen könnte; ebenso *Shirvani/Heidebach*, DÖV 2010, 261.

[50] *Kopp*, DÖV 1967, 843 ff.

[51] Ebenso *Shirvani/Heidebach*, DÖV 2010, 259; vgl. BVerfG NJW 1993, 3190; *Kopp/Schenke*, § 80 Rn. 139.

1499 Außerdem darf der eingelegte Rechtsbehelf nicht offensichtlich unzulässig sein. Ein offensichtlich unzulässiger Rechtsbehelf kann die aufschiebende Wirkung des § 80 I VwGO von vornherein nicht auslösen.[52] Dann aber darf das Gericht auch keine aufschiebende Wirkung eines offensichtlich unzulässigen Rechtsbehelfs anordnen oder wiederherstellen.[53] Der gegen den Verwaltungsakt eingelegte Rechtsbehelf ist insbesondere dann offensichtlich unzulässig, wenn die Rechtsbehelfsfrist eindeutig abgelaufen ist.

Die Zulässigkeit eines **gerichtlichen** Antrags nach § 80 V VwGO setzt nur in den Fällen des § 80 II 1 Nr. 1 VwGO voraus, dass vorher erfolglos ein entsprechender **behördlicher** Antrag nach § 80 IV VwGO gestellt wurde. In den anderen Fällen des § 80 II 1 Nr. 2-4 und des § 80 II 2 VwGO ist ein erfolgloser behördlicher Antrag keine Zulässigkeitsvoraussetzung.[54] Dies folgt aus § 80 VI 1 VwGO, der lediglich auf § 80 II 1 Nr. 1 VwGO verweist und eine Ausnahmevorschrift ist. Die erfolglose Durchführung eines behördlichen (Vor-)Verfahrens nach § 80 IV VwGO in allen Fällen des § 80 V, II, VwGO darf auch nicht unter Hinweis auf das allgemeine Rechtsschutzbedürfnis verlangt werden. Denn dies stünde im Wertungswiderspruch zum begrenzten Anwendungsbereich der Ausnahmevorschrift des § 80 VI VwGO.[55]

> **Beachte:** In Prüfungsarbeiten ist – anders als in der Praxis – eine nur summarische Prüfung der Zulässigkeit des eingelegten Rechtsbehelfs nicht möglich.[56] Vom Bearbeiter wird ein eindeutiges Ergebnis erwartet. Die Zulässigkeit des Rechtsbehelfs ist deshalb uneingeschränkt zu prüfen. Ist danach der Rechtsbehelf unzulässig, ist auch der Antrag auf gerichtliche Anordnung oder Wiederherstellung der aufschiebenden Wirkung des (unzulässigen) Rechtsbehelfs unzulässig.

1500 Der Antragsteller muss **analog § 42 II VwGO antragsbefugt** (nicht klagebefugt) sein. Er muss **durch den Vollzug des Verwaltungsakts** möglicherweise in seinen Rechten verletzt sein. Dies ist der Fall, wenn die Möglichkeit besteht, dass der Verwaltungsakt rechtswidrig und der Antragsteller in seinen Rechten verletzt ist.

Die **Beteiligungsfähigkeit** richtet sich nach § 61 VwGO, die **Prozessfähigkeit** nach §§ 62, 67 VwGO.

---

[52] Oben Rn. 1481.
[53] BVerwG LKV 2007, 132 Rn. 3; OVG Magdeburg NVwZ-RR 2013, 85; *Würtenberger*, Rn. 529c, 537.
[54] *Kopp/Schenke*, § 80 Rn. 138 m. N. pro et contra.
[55] *Kopp/Schenke*, a.a.O.
[56] Dazu auch näher unten Rn. 1501 ff.

§ 33. Vorläufiger Rechtsschutz

Richtiger Antragsgegner ist analog § 78 I Nr. 1 VwGO der Rechtsträger derjenigen Behörde, die die sofortige Vollziehbarkeit des Verwaltungsakts nach § 80 II 1 Nr. 4 VwGO angeordnet hat, oder – falls die aufschiebende Wirkung von Gesetzes wegen ausgeschlossen ist (§ 80 II 1 Nr. 1–3, 2 VwGO) – der Rechtsträger derjenigen Behörde, die den Verwaltungsakt erlassen hat. Besteht eine landesrechtliche Bestimmung i. S. v. § 78 I Nr. 2 VwGO,[57] ist der Antrag analog § 78 I Nr. 2 VwGO gegen die Behörde zu richten.[58] Auf die Widerspruchsbehörde bzw. deren Rechtsträger ist auch dann abzustellen, wenn nicht die Ausgangsbehörde, sondern die Widerspruchsbehörde die sofortige Vollziehbarkeit angeordnet hat und einem anderen Rechtsträger angehört als die Ausgangsbehörde.[59]

Sachlich und örtlich zuständig ist nach § 80 V 1 VwGO das Gericht der Hauptsache.

bb) Begründetheit eines Antrags nach § 80 V 1 VwGO

(1) *Die Unterscheidung zwischen der summarischen Prüfung in der gerichtlichen Praxis und der vollen Rechtsprüfung in Prüfungsarbeiten*

§ 80 V VwGO nennt keine Kriterien, nach denen sich die Begründetheitsprüfung richtet. Trotz der in § 80 V 1 VwGO verwendeten Formulierung „kann" handelt es sich um keine gerichtliche Ermessensentscheidung nach Maßgabe der für behördliche Ermessensentscheidungen geltenden Kriterien.[60]
Bei der Festlegung von Begründetheitskriterien ist zu berücksichtigen, dass das Gericht nach § 80 V VwGO nicht endgültig über den angegriffenen Verwaltungsakt entscheidet. Es trifft nur eine vorläufige Entscheidung über die Zulässigkeit des sofortigen Vollzuges des Verwaltungsakts. Es handelt sich um ein Verfahren des **vorläufigen Rechtsschutzes zur Gewährung von Eilrechtsschutz**. Eine zeitraubende, mehrere Wochen oder gar Monate dauernde Prüfung der Sach- und Rechtslage ist dem Gericht im Verfahren des vorläufigen Rechtsschutzes aber nicht zuletzt von Verfassungs wegen verwehrt: Eilrechtsschutz genügt dem aus Art. 19 IV GG folgenden Effektivitätsgebot nur, wenn er nicht zu spät kommt. Nicht eben selten bleiben dem Gericht nur wenige Stunden zur Prüfung der Sach- und

1501

---

[57] Dazu Rn. 1340.
[58] *Meissner*, in: Schoch/Schneider/Bier, § 78 Rn. 53; *Schoch*, in: Schoch/Schneider/Bier, § 80 Rn. 467.
[59] OVG Münster NJW 1995, 2242; VGH Mannheim DVBl. 1987, 697; *Schoch*, in: Schoch/Schneider/Bier, § 80 Rn. 467; *Hufen*, § 32 Rn. 37; a. A. (Ausgangsbehörde bzw. deren Rechtsträger) VGH Mannheim NVwZ 1995, 1221; VGH Kassel NVwZ 1990, 677; BayVGH BayVBl. 1988, 86; *Kopp/Schenke*, § 80 Rn. 140.
[60] *Puttler*, in: Sodan/Ziekow, § 80 Rn. 138.

Rechtslage. Hier versteht es sich von selbst, dass das Gericht die z.T. schwierigen Sach- und Rechtsfragen nicht eingehend prüfen kann. Möglich und geboten ist dann nur eine **summarische Prüfung**.[61]

1502 Gründe, die für eine Anordnung oder Wiederherstellung der aufschiebenden Wirkung sprechen, sind:[62]
- offensichtliche Rechtswidrigkeit des Verwaltungsakts
- ernstliche Zweifel an der Rechtmäßigkeit des Verwaltungsakts oder an der behördlichen Anordnung der sofortigen Vollziehung (vgl. insoweit auch die Wertung von § 80 IV 3 VwGO)
- unbillige Härte der sofortigen Vollziehung für den Antragsteller (vgl. § 80 IV 3 VwGO)
- Abwägung zwischen dem Interesse des Antragstellers am vorläufigen Nichtvollzug des Verwaltungsakts und dem öffentlichen Interesse oder dem privaten Interesse eines Dritten an der der sofortigen Vollziehung[63]

1503 Im Ausgangspunkt gilt folgender Grundsatz: Ist der Verwaltungsakt, um dessen sofortige Vollziehbarkeit es geht, eindeutig rechtswidrig und ist der Antragsteller durch den Verwaltungsakt eindeutig in seinen Rechten verletzt, besteht kein anzuerkennendes öffentliches Interesse oder privates Drittinteresse an einer sofortigen Vollziehbarkeit. Im Gegenteil: Der Vollzug und seine Folgen müssten später nach allgemeinen rechtsstaatlichen Grundsätzen rückgängig gemacht werden. Der durch den Vollzug in seinen Rechten Verletzte hat einen Folgenbeseitigungsanspruch.

Ist der Verwaltungsakt dagegen eindeutig rechtmäßig oder der Antragsteller durch den (zwar rechtswidrigen) Verwaltungsakt eindeutig nicht in seinen Rechten verletzt,[64] besteht kein anzuerkennendes Interesse des Antragstellers am Nichtvollzug des Verwaltungsakts. Im Falle einer **behördlichen** Anordnung der sofortigen Vollziehbarkeit nach § 80 II 1 Nr. 4 VwGO muss allerdings noch hinzukommen, dass die Rechtmäßigkeitsvoraussetzungen dieser Vorschrift erfüllt sind.

Lässt sich weder eine offensichtliche Rechtmäßigkeit noch eine offensichtliche Rechtswidrigkeit (und dadurch bedingte Verletzung von Rechten des Antragstellers) feststellen, erscheinen also die Erfolgsaussichten eines Rechtsbehelfs in der Hauptsache offen, muss eine Abwägung zwischen dem Interesse des Antragstellers am vorläufigen Nichtvollzug des Verwaltungsakts und dem öffentlichen Interesse oder dem privaten Interesse eines Drit-

---

[61] *Schoch,* in: Schoch/Schneider/Bier, § 80 Rn. 402; vgl. auch ThürOVG ThürVBl. 2003, 261.

[62] Dazu ausführlich *Finkelnburg/Dombert/Külpmann,* Rn. 953 ff.; *Puttler,* in: Sodan/Ziekow, § 80 Rn. 141 ff.; *Kopp/Schenke,* § 80 Rn. 140 ff.; sehr übersichtlich *Würtenberger,* Rn. 532 ff.

[63] Dazu, dass das private Interesse eine intensive gerichtliche Prüfung in tatsächlicher und rechtlicher Hinsicht erfordern kann, ThürOVG ThürVBl. 2003, 260 ff.

[64] In diesem Fall ist der Antrag nach § 80 V 1 VwGO allerdings schon mangels Antragsbefugnis unzulässig, dazu Rn. 1500.

ten an einer sofortigen Vollziehung erfolgen.⁶⁵ Überwiegt das Interesse des Antragstellers, ist sein Antrag begründet, überwiegt das Interesse an einer sofortigen Vollziehung, ist sein Antrag unbegründet.

In der **Rechtspraxis** lässt sich die Offensichtlichkeit der Rechtmäßigkeit **1504** oder Rechtswidrigkeit nicht immer feststellen – vor allem nicht in wirklichen Eilfällen. Hier ist dann auf das Kriterium der ernsthaften Zweifel, der Wahrscheinlichkeit und vor allem der Interessenabwägung abzustellen. Anders verhält es sich dagegen in **Prüfungsarbeiten**. Hier darf die Frage der Rechtmäßigkeit des Verwaltungsakts und der Rechtsverletzung des Antragstellers nicht offen bleiben. Auch wenn die Bearbeitungszeit kurz ist – für Klausuren in der Staatsprüfung beträgt sie fünf Stunden –, muss der Bearbeiter sich festlegen. Er muss eine **volle Rechtsprüfung** vornehmen – eine Sachprüfung entfällt weitestgehend, weil von den Angaben des Sachverhalts auszugehen ist – und muss sich entweder für die Rechtswidrigkeit und Verletzung des Klägers in seinen Rechten oder für die Rechtmäßigkeit und fehlende Verletzung des Klägers in seinen Rechten entscheiden.

> Es ist eine volle Rechtsprüfung vorzunehmen, die sich vom Gutachten im Hauptsacheverfahren nicht unterscheidet.⁶⁶ Wahrscheinlichkeitsprognosen und spekulative summarische Erwägungen sind völlig fehl am Platze.

Zu berücksichtigen ist auch folgender Umstand: In manchen Konstellationen können die Gerichte im Hauptsacheverfahren keinen effektiven Rechtsschutz mehr gewähren. Dies ist vor allem der Fall, wenn sich der sofort vollziehbare Verwaltungsakt vor dem Abschluss des Hauptsacheverfahrens erledigen würde. Hier übernimmt das gerichtliche Eilverfahren im wesentlichen die Schutzfunktion des Hauptsacheverfahrens. So verhält es sich häufig im Versammlungsrecht, wenn sofort vollziehbare Versamm-

---

⁶⁵ Dazu etwa *Funke-Kaiser*, in: Quaas/Zuck, Prozesse in Verwaltungssachen, 2008, § 4 Rn. 252 ff.

⁶⁶ So nachdrücklich *Peine*, Klausurenkurs im Verwaltungsrecht, 5. Aufl. 2013, Rn. 325; ebenso *Finklenburg/Dombert/Külpmann*, Rn. 959; *Uerpmann-Wittzack*, Examensrepetitorium Allgemeines Verwaltungsrecht mit Verwaltungsprozessrecht, 4. Aufl. 2013, Rn. 301 f.; vgl. für die Fallbearbeitung auch *Heintzen/Albrecht*, Jura 2009, 788, 792, die im Obersatz und im Ergebnis von einer summarischen Prüfung der Rechtmäßigkeit des Verwaltungsakts sprechen, aber gleichwohl eine uneingeschränkte und gerade keine lediglich summarische Prüfung vornehmen; vgl. *Windthorst*, Der verwaltungsgerichtliche einstweilige Rechtsschutz, 2009, S. 690: richterliche Pflicht zur weitestmöglichen Prüfung der Rechtslage; siehe auch *Schoch*, in: Schoch/Schneider/Bier, § 80 Rn. 401, wonach die Rechtsfragen grundsätzlich vollumfänglich zu klären sind und lediglich die Tatsachenfeststellung summarischer Natur sind.

lungsverbote oder sofort vollziehbare Auflagen angeordnet werden. In solchen Fällen dürfen die Gerichte im vorläufigen Rechtsschutzverfahren die Rechtmäßigkeit der behördlichen Anordnung nicht nur summarisch prüfen, soweit eine volle Rechtsprüfung möglich ist.[67]

(2) *Anträge gem. § 80 V 1, 1. Alt. VwGO gegen die sofortige Vollziehbarkeit von Verwaltungsakten nach § 80 II 1 Nr. 1–3, 2 VwGO (auf gerichtliche Anordnung der aufschiebenden Wirkung)*

1505 Bei der Begründetheitsprüfung ist zwischen Verwaltungsakten, die **nach § 80 II 1 Nr. 1–3, 2 VwGO von Gesetzes wegen sofort vollziehbar** sind, und Verwaltungsakten, die nach § 80 II 1 Nr. 4 VwGO **erst aufgrund behördlicher Anordnung sofort vollziehbar** sind, zu unterscheiden.

> Ein Antrag nach § 80 V 1, 1. Alt. VwGO auf Anordnung der aufschiebenden Wirkung ist begründet, wenn der unter § 80 II 1 Nr. 1–3, 2 VwGO fallende Verwaltungsakt rechtswidrig ist und den Antragsteller in seinen Rechten verletzt. Ist eine dieser beiden Voraussetzungen nicht erfüllt, ist der Antrag unbegründet.[68]

1506 **Beachte:** Allein die **formelle** Rechtswidrigkeit des Verwaltungsakts rechtfertigt nicht die gerichtliche Anordnung der aufschiebenden Wirkung. Die **Verletzung des Antragstellers in seinen Rechten** muss hinzukommen.[69] Ist der Antragsteller nicht in seinen Rechten verletzt, kann seine Hauptsacheklage keinen Erfolg haben. Dann aber besteht auch kein Bedürfnis, die aufschiebende Wirkung nach § 80 V 1, 1. Alt. VwGO anzuordnen. Die Frage der Verletzung des Antragstellers in seinen Rechten stellt sich vor allem bei Verwaltungsakten mit Doppelwirkung und Anträgen nach § 80 a III 1 VwGO gegen deren sofortige Vollziehbarkeit. Ist der Antragsteller Adressat des Verwaltungsakts, ist der Antrag unbegründet, wenn absehbar ist,[70] dass der formelle Rechtsverstoß des Verwaltungsakts

---

[67] BVerfGK NVwZ 2013, 570 Rn. 18.
[68] Auf die Frage der in § 80 IV 3 VwGO genannten unbilligen Härte der sofortigen Vollziehung kommt es nicht an. Die sofortige Vollziehung eines Verwaltungsakts, dessen Rechtmäßigkeit feststeht, kann keine unbillige Härte sein, wenn die sofortige Vollziehbarkeit **gesetzlich** angeordnet ist.
[69] *Schoch*, in: Schoch/Schneider/Bier, § 80 a Rn. 65.
[70] Insoweit gilt eine Ausnahme vom Grundsatz, dass Wahrscheinlichkeitsprognosen fehl am Platze sind (Rn. 1504).

geheilt werden wird (§ 45 VwVfG), oder wenn feststeht, dass der Rechtsverstoß gem. § 46 VwVfG unbeachtlich ist.⁷¹

(3) Anträge gem. § 80 V 1, 2. Alt. VwGO gegen die behördliche Anordnung der sofortigen Vollziehbarkeit von Verwaltungsakten nach § 80 II 1 Nr. 4 VwGO (auf gerichtliche Wiederherstellung der aufschiebenden Wirkung)

Ein Antrag nach § 80 V 1, 2. Alt. VwGO auf Wiederherstellung der aufschiebenden Wirkung von Rechtsbehelfen gegen Verwaltungsakte, die aufgrund behördlicher Anordnung nach § 80 II 1 Nr. 4 VwGO sofort vollziehbar sind, kann in zwei Fällen begründet sein. 1507

1. **Fallgruppe:** Die behördliche Anordnung der sofortigen Vollziehbarkeit erfüllt nicht die Voraussetzungen des § 80 II 1 Nr. 4, III VwGO, und der Antragsteller ist durch die sofortige Vollziehbarkeit in seinen Rechten beeinträchtigt. Auf die Frage der **Rechtmäßigkeit des Verwaltungsakts** kommt es dann nicht an.
2. **Fallgruppe:** Der Verwaltungsakt selbst ist rechtswidrig und verletzt den Antragsteller in seinen Rechten.

1. Fallgruppe. Die behördliche Anordnung der sofortigen Vollziehbarkeit nach § 80 II 1 Nr. 4 VwGO kann **formell rechtswidrig** sein: 1508
- Handeln einer unzuständigen Behörde (vgl. § 80 II 1 Nr. 4 VwGO).
- Fehlen einer schriftlichen Begründung des besonderen Interesses an einer **sofortigen Vollziehbarkeit** nach § 80 III 1 VwGO (beachte: nur formelhafte Begründungen oder Begründungen, die nur das Interesse am Erlass des Verwaltungsakts darlegen, genügen nicht).
- Keine Anhörung des Betroffenen vor der Anordnung der sofortigen Vollziehbarkeit nach oder analog § 28 VwVfG? Nach der hier vertretenen, aber umstrittenen Auffassung ist § 28 VwVfG nicht (analog) anwendbar.⁷²

Materiell rechtswidrig ist die behördliche Anordnung der sofortigen Vollziehbarkeit, wenn an ihr kein öffentliches Interesse oder kein überwiegendes privates Drittinteresse besteht (§ 80 II 1 Nr. 4 VwGO). Hier muss das im Sachverhalt genannte oder angelegte Interesse an der der sofortigen Vollziehbarkeit mit dem Interesse des nachteilig Betroffenen an der aufschiebenden Wirkung eines Rechtsbehelfs abgewogen werden.

Die bloße formelle oder materielle Rechtswidrigkeit der behördlichen Vollziehbarkeitsanordnung führt noch nicht zur Begründetheit des Wieder- 1509

---

⁷¹ OVG Hamburg NVwZ-RR 2007, 364.
⁷² Dazu Rn. 1484.

herstellungsantrages. Hinzu kommen muss, dass die sofortige Vollziehung (bzw. der Verwaltungsakt) auch **in Rechte des Antragstellers eingreift,** wobei diese Voraussetzung nur bei Verwaltungsakten mit Doppelwirkung (§ 80a VwGO) problematisch sein kann.

1510 Ist die behördliche Anordnung der sofortigen Vollziehbarkeit rechtswidrig und der Antragsteller in eigenen Rechten beeinträchtigt, ist der Antrag begründet. Das Verwaltungsgericht muss die aufschiebende Wirkung des vom Antragsteller eingelegten Rechtsbehelfs wiederherstellen. Ist die behördliche Vollziehbarkeitsanordnung nur **formell** rechtswidrig und der Antragsteller durch die sofortige Vollziehung des Verwaltungsakts in seinen Rechten beeinträchtigt, hat nach weitverbreiteter Auffassung das Gericht die behördliche Vollziehbarkeitsanordnung lediglich aufzuheben,[73] um der Behörde die Möglichkeit einer erneuten, nunmehr rechtmäßigen Vollziehbarkeitsanordnung offenzuhalten.[74]

Für diese in § 80 V VwGO nicht ausdrücklich vorgesehene, aber auch nicht untersagte Tenorierungsmöglichkeit besteht freilich kein praktisches Bedürfnis. Wenn das Gericht im Falle der formellen Rechtswidrigkeit der behördlichen Vollziehbarkeitsanordnung die aufschiebende Wirkung des eingelegten Rechtsbehelfs wiederherstellt, ist die Behörde an einer erneuten, nunmehr rechtmäßigen Vollziehbarkeitsanordnung nicht gehindert.[75] Die gerichtliche Wiederherstellungsentscheidung verbietet nur eine unveränderte Vollziehbarkeitsanordnung.

1511 **2. Fallgruppe.** Ist der Verwaltungsakt rechtswidrig und der Antragsteller dadurch in seinen Rechten verletzt, ist der Wiederherstellungsantrag ebenfalls begründet. Das Gericht muss die aufschiebende Wirkung des eingelegten Rechtsbehelfs gem. § 80 V 1, 2. Alt. VwGO wiederherstellen.

(4) EU-rechtliche Besonderheiten

1512 EU-Recht wird – abgesehen von wenigen Ausnahmen – nicht von EU-Organen, sondern von den nationalen Behörden der Mitgliedstaaten vollzogen. Hier geht es in der Regel um den Vollzug von **EU-Verordnungen,** die gem. Art. 288 II AEUV in jedem Mitgliedstaat **unmittelbar gelten** und deshalb von den deutschen Behörden durch den Erlass von Verwaltungsakten vollzogen werden können. Ist ein solcher Verwaltungs-

---

[73] So z.B. OVG Münster NWVBl. 1994, 425; OVG Schleswig NVwZ-RR 1996, 149; VGH Mannheim NWVBl. 1996, 298; dagegen und für die gerichtliche Wiederherstellung der aufschiebenden Wirkung *Schoch,* in: Schoch/Schneider/Bier, § 80 Rn. 442; *Kopp/Schenke,* § 80 Rn. 148.

[74] Wird die behördliche Vollziehbarkeitsanordnung vom Gericht aufgehoben, kommt einem gegen den Verwaltungsakt eingelegten Rechtsbehelf aufschiebende Wirkung nach § 80 I 1 VwGO zu.

[75] *Schoch,* in: Schoch/Schneider/Bier, § 80 Rn. 442, 532; *Kopp/Schenke,* § 80 Rn. 148.

akt nach § 80 II VwGO sofort vollziehbar[76] und wird **unter Hinweis auf die Rechtswidrigkeit der EU-Verordnung** und damit der Rechtswidrigkeit des Verwaltungsakts die gerichtliche Anordnung oder Wiederherstellung der aufschiebenden Wirkung nach § 80 V VwGO beantragt, ist eine entsprechende gerichtliche Entscheidung des deutschen Gerichts nach der Rechtsprechung des EuGH[77] nur unter folgenden Voraussetzungen EU-rechtlich zulässig:

(1) **Erhebliche Zweifel** des nationalen (deutschen) Gerichts an der Rechtmäßigkeit (Gültigkeit) der EU-rechtlichen Vorschrift (Verordnung).
(2) **Gerichtliche Vorlage** der EU-rechtlichen Vorschrift an den EuGH nach Art. 267 I b AEUV (außer wenn der EuGH bereits mit dieser Vorschrift befasst ist) – auch wenn das nationale Gericht nicht in letzter Instanz entscheidet (vgl. Art. 267 III AEUV).
(3) **Dringlichkeit** der gerichtlichen Anordnung oder Wiederherstellung der aufschiebenden Wirkung unter Berücksichtigung des Interesses der EU an einem möglichst raschen Vollzug des EU-Rechts: Diese Voraussetzung ist nur erfüllt, wenn dem Antragsteller im Falle des sofortigen Vollzuges ein **schwerer und nicht wiedergutzumachender Schaden vor der Entscheidung des EuGH** über die Gültigkeit der EU-rechtlichen Vorschrift droht.

Nur wenn diese drei Voraussetzungen erfüllt sind, darf das deutsche Gericht die aufschiebende Wirkung des gegen den Verwaltungsakt eingelegten Rechtsbehelfs anordnen oder wiederherstellen, bevor der EuGH über die Gültigkeit der EU-rechtlichen Vorschrift entschieden hat.

Der EuGH begründet seine Auffassung im wesentlichen mit dem Grundsatz des Anwendungsvorrangs des EU-Rechts vor dem nationalen Recht, dem Gebot einer möglichst wirksamen Anwendung und Durchsetzung des EU-Rechts (effet utile des EU-Rechts) und der in Art. 267 AEUV normierten alleinigen Kompetenz des EuGH zur Verwerfung rechtswidrigen EU-Rechts. Hingewiesen wird auch auf die alleinige Kompetenz des EuGH, die Aussetzung des Vollzuges von EU-Recht nach Art. 278 AEUV anzuordnen. Diese Rechtsprechung ist z.T. auf scharfe Ablehnung gestoßen; dem EuGH wurde vorgeworfen, seine Kompetenzen überschritten zu haben.[78] 1513

Die gleiche Problematik kann sich auch stellen, wenn ein sofort vollziehbarer Verwaltungsakt auf einem deutschen formellen Gesetz beruht, das eine **EU-Richtlinie** nach Art. 288 III AEUV in das deutsche Recht umge- 1514

---

[76] Dazu, dass die behördliche Anordnung der sofortigen Vollziehbarkeit nach § 80 II 1 Nr. 4 VwGO EU-rechtlich geboten sein kann, oben Rn. 1489.
[77] EuGH Slg. 1991, I-532 (542 ff.) – *Süderdithmarschen;* Slg. 1997, I-4517 (4554) – *Krüger;* dazu auch OVG Lüneburg, 9.5.2012, 10 ME 43/12, juris Rn. 12.
[78] *Schoch,* in: Schoch/Schneider/Bier, § 80 Rn. 393 ff.; *Gornig,* JZ 1992, 40; kritisch auch *Puttler,* in: Sodan/Ziekow, § 80 Rn. 18.

setzt hat. Auch hier ist es denkbar, dass Eilrechtsschutz nach § 80 V VwGO unter Hinweis auf die Rechtswidrigkeit der EU-Richtlinie und damit auf die Rechtswidrigkeit des deutschen Gesetzes und des auf ihm beruhenden Verwaltungsakts beantragt wird. In der Konsequenz der oben geschilderten Rechtsprechung des EuGH läge es, die Zulässigkeit einer solchen stattgebenden Eilrechtsentscheidung von der Beachtung der oben genannten Grundsätze abhängig zu machen – d. h. insbesondere von einer Vorlage der Richtlinie zum EuGH nach Art. 267 AEUV.[79]

Ein verwaltungsaktmäßiger Vollzug von EU-Richtlinien ohne ein entsprechendes deutsches formelles Umsetzungsgesetz dürfte kaum in Betracht kommen. Eine unmittelbare Wirkung von EU-Richtlinien zu Lasten Dritter, die Voraussetzung für allein auf die Richtlinie gestützte belastende Verwaltungsakte wäre, lehnt der EuGH nach wie vor ab.[80] Auch der verfassungsrechtliche Grundsatz vom Vorbehalt des Gesetzes steht einer solchen Umsetzung von Richtlinien prinzipiell entgegen.

Ist die deutsche Behörde aufgrund eines bestandskräftigen Kommissionsbeschlusses (Art. 288 IV AEUV) zur sofortigen Durchsetzung von EU-Recht verpflichtet, muss sie einen Verwaltungsakt, den sie zu diesem Zweck erlassen hat, nach § 80 II 1 Nr. 4 VwGO für sofort vollziehbar erklären. Erhebt der Bürger gegen diesen Verwaltungsakt Widerspruch oder Anfechtungsklage, darf das Gericht einem nach § 80 V 1 VwGO gestellten Antrag auf Wiederherstellung der aufschiebenden Wirkung nicht stattgeben.[81]

(5) *Gerichtliche Anordnung der Aufhebung einer Vollziehung*

1515 Hat die Behörde oder ein begünstigter Dritter den Verwaltungsakt schon vor der Beantragung oder Zuerkennung gerichtlichen Eilrechtsschutzes nach § 80 V 1 VwGO vollzogen, kann das Gericht, wenn es die aufschiebende Wirkung angeordnet oder wiederhergestellt hat, die Aufhebung der zuvor erfolgten Vollziehung des Verwaltungsakts anordnen. § 80 V 3 VwGO ist damit das prozessuale Pendant zu § 113 I 2 VwGO.[82] Beide Vorschriften sind eine prozessuale (Teil-)Regelung des Vollzugsfolgenbeseitigungsanspruchs.[83]

1516 Trifft das Gericht eine antragsstattgebende Eilentscheidung nach § 80 V 1 VwGO, tritt die aufschiebende Wirkung des Rechtsbehelfs, der gegen den vollzogenen Verwaltungsakt eingelegt wurde, mit ex tunc Wirkung

---

[79] Vgl. dazu die gleichgelagerte Problematik einstweiliger Anordnungen, Rn. 1537.
[80] Dazu oben. Rn. 156.
[81] Vgl. dazu EuGH EuZW 2007, 56 ff. – *Scott* mit Anm. *Rosenfeld/Sellner*.
[82] A. A. *Schoch*, in: Schoch/Schneider/Bier, § 80 Rn. 343: § 80 V 3 VwGO als materiellrechtliche Regelung.
[83] Dazu oben Rn. 1202.

ein, d.h. **rückwirkend auf den Zeitpunkt des Erlasses des Verwaltungsakts** (nicht auf den Zeitpunkt der Rechtsbehelfseinlegung).[84] Die Vollziehung des ursprünglich sofort vollziehbaren Verwaltungsakts ist damit nachträglich rechtswidrig geworden. Das Rechtsstaatsprinzip und die Grundrechte des vom Vollzug nachteilig Betroffenen gebieten deshalb die Rückgängigmachung des Vollzuges – z.B. die (vorläufige) Rückzahlung des von der Behörde eingezogenen Geldbetrages.

Trotz der in § 80 V 3 VwGO lautenden Formulierung „kann" besteht eine prinzipielle Pflicht zur gerichtlichen Anordnung der Rückgängigmachung des Vollzuges. Auch insoweit besteht kein Unterschied zu § 113 I 2 VwGO. Einer gerichtlichen Anordnung nach § 80 V 3 VwGO kann allerdings der Verhältnismäßigkeitsgrundsatz entgegenstehen.

Beispiel: Bauherr B hat von seiner gem. § 80 II 1 Nr. 3 VwGO i.V.m. § 212a BauGB sofort vollziehbaren Baugenehmigung Gebrauch gemacht und mit dem Bau begonnen. Nachbar N legt gegen die Baugenehmigung Widerspruch ein, und das Gericht ordnet nach § 80a III 2 i.V.m. § 80 V 1 VwGO die aufschiebende Wirkung an. Eine zusätzliche gerichtliche Anordnung der Aufhebung der Vollziehung nach § 80a III 2 i.V.m. § 80 V 3 VwGO, d.h. die Anordnung einer Abrissverfügung, dürfte für B in der Regel unzumutbar sein.

cc) Die analoge Anwendung von § 80 V VwGO beim (drohenden) rechtswidrigen faktischen Vollzug des Verwaltungsakts

Nicht unmittelbar von § 80 V VwGO erfasst ist der Fall, dass gegen einen Verwaltungsakt ein Rechtsbehelf, dem nach § 80 I 1 VwGO aufschiebende Wirkung zukommt, eingelegt wurde, dass aber die Behörde oder vom Verwaltungsakt begünstigte Dritte die aufschiebende Wirkung bestreiten und mit dem Vollzug des Verwaltungsakts drohen. Hier hat das Gericht auf Antrag analog § 80 V 1 VwGO festzustellen, dass der Rechtsbehelf die aufschiebende Wirkung ausgelöst hat und dass ein Vollzug des Verwaltungsakts unzulässig ist.[85]

1517

Hat die Behörde oder ein Dritter den Verwaltungsakt trotz der aufschiebenden Wirkung des gegen ihn eingelegten Rechtsbehelfs schon vollzogen, hat das Gericht auf Antrag analog § 80 V 1 VwGO festzustellen, dass dem Rechtsbehelf aufschiebende Wirkung zukommt; außerdem hat es analog § 80 V 3 VwGO grundsätzlich auch die Rückgängigmachung der (rechtswidrigen) Vollziehung anzuordnen.

---

[84] VGH München GewArch. 1993, 350f.; VGH Mannheim VBlBW 1991, 33; *Schoch*, in: Schoch/Schneider/Bier, § 80 Rn. 535; a.A. VGH Kassel GemH 1988, 159; OVG Koblenz NVwZ-RR 1989, 324.
[85] BVerwG NVwZ 1987, 64; OVG Bremen NordÖR 2009, 321; VGH Mannheim NVwZ-RR 2000, 189; OVG Hamburg NVwZ 1999, 145; OVG Koblenz NVwZ-RR 1999, 27; *Schoch*, in: Schoch/Schneider/Bier, § 80 Rn. 352; *Kopp/Schenke*, § 80 Rn. 181.

dd) Verwaltungsakte mit Doppelwirkung

1518 § 80a III VwGO bestimmt, dass das Gericht bei Verwaltungsakten mit Doppelwirkung[86] nicht nur behördliche Maßnahmen nach § 80a I, II VwGO ändern oder aufheben kann, sondern die in § 80a I, II VwGO genannten Maßnahmen **selbst anordnen** darf (also nicht darauf beschränkt ist, die Behörde hierzu zu verpflichten). Die Zulässigkeit der Anrufung des Gerichts setzt nicht voraus, dass vorher bei der Behörde entsprechende Anträge nach § 80a I, II VwGO gestellt worden sind.[87]

1519 Umstritten ist, ob bei Verwaltungsakten, die von Gesetzes wegen nach § 80 II 1 Nr. 1–3, 2 VwGO oder aufgrund behördlicher Anordnung nach § 80 II 1 Nr. 4 VwGO sofort vollziehbar sind, ein Antrag auf gerichtliche Anordnung der **Aussetzung der Vollziehung** gem. § 80a III 1, I Nr. 2 VwGO[88] oder ein Antrag auf gerichtliche **Anordnung bzw. Wiederherstellung der aufschiebenden Wirkung** eines Rechtsbehelfs gem. § 80a III 2 i.V.m. § 80 V 1 VwGO[89] statthaft ist.

Zuzustimmen ist der ersten Auffassung. Sie hat zwar die missliche terminologische Konsequenz, dass das Gericht zu einer ansonsten nur den Behörden vorbehaltenen Tenorierung (Aussetzung der Vollziehung) gezwungen ist. Sie vermeidet aber die dogmatisch unbefriedigende Konsequenz, dass dann, wenn der Antragsteller nicht nur die Anordnung bzw. Wiederherstellung der aufschiebenden Wirkung, sondern auch noch die gerichtliche Anordnung von Sicherungsmaßnahmen verlangt, neben § 80a III 2 i.V.m. § 80 V 1 VwGO zusätzlich § 80a III 1, I Nr. 2, 2. Alt. VwGO (bezüglich der Sicherungsanordnung) anzuwenden ist.[90] Nach zutreffender Auffassung deckt § 80a III 1, I Nr. 2 VwGO beide Rechtsschutzbegehren ab. § 80a III 2 i.V.m. § 80 V–VIII VwGO gelangt neben § 80a III 1, I, II VwGO nur soweit ergänzend zur Anwendung, wie diese Vorschriften keine Regelung treffen.[91]

In der Sache freilich besteht zwischen den beiden Auffassungen kein Unterschied. Die Anrufung des Gerichts nach § 80a III VwGO setzt auf jeden Fall voraus, dass ein Rechtsbehelf gegen den sofort vollziehbaren Verwal-

---

[86] Zur Bedeutung bereits oben Rn. 686, 1495.
[87] OVG Koblenz DÖV 2004, 167 f.; VGH Mannheim VBlBW 1995, 190; *Kopp/Schenke*, § 80a Rn. 21; a. A. OVG Lüneburg NdsVBl. 2004, 339; OVG Weimar ThürVBl. 1995, 65; differenzierend *Christonakis*, VR 2004, 261 ff. Etwas anderes gilt wegen des Verweises von § 80a III 2 VwGO auf § 80 VI VwGO nur für Anträge, die sich auf Abgaben oder Kosten i. S. v. § 80 II 1 Nr. 1 VwGO beziehen.
[88] VGH Mannheim NVwZ 1995, 716; BayVGH BayVBl. 1995, 762; *Schoch*, in: Schoch/Schneider/Bier, § 80a Rn. 50 m.w.N.
[89] BVerwG NVwZ 1995, 903 f.; BayVGH NJW 1994, 2717; *Schenke*, Rn. 990.
[90] So *Schenke*, Rn. 990; vgl. auch *Kopp/Schenke*, § 80a Rn. 17 a.E.
[91] VGH Mannheim NVwZ 1992, 277; *Schoch*, in: Schoch/Schneider/Bier, § 80a Rn. 50.

tungsakt eingelegt worden ist.[92] Entweder folgt dies aus dem Wortlaut von § 80a I VwGO („legt ein Dritter einen Rechtsbehelf ein") oder aus § 80 V 1 VwGO, wonach denknotwendigerweise nur die Anordnung der Wiederherstellung der aufschiebenden Wirkung bereits eingelegter Rechtsbehelfe möglich ist.[93]

b) Die gerichtliche Anordnung der sofortigen Vollziehbarkeit

Lehnt die Behörde den Antrag eines Adressaten eines begünstigenden Verwaltungsakts auf Anordnung der sofortigen Vollziehbarkeit nach § 80 II 1 Nr. 4 VwGO ab, steht gegen diese behördliche Entscheidung zunächst kein gerichtlicher Rechtsbehelf zur Verfügung.[94] Der vom Verwaltungsakt Begünstigte kann jedoch vom Verwaltungsakt Gebrauch machen, ihn also gewissermaßen selbst vollziehen. Legt nun ein Dritter gegen den Verwaltungsakt einen Rechtsbehelf ein, dem nach § 80 I VwGO aufschiebende Wirkung zukommt, kann der vom Verwaltungsakt Begünstigte beim Gericht einen Antrag auf Anordnung der sofortigen Vollziehbarkeit nach § 80a III 1 i.V.m. §§ 80a I Nr. 1, 80 II 1 Nr. 4 VwGO stellen.[95]

1520

Beispiel: A erhält eine Genehmigung zur Veranstaltung eines Straßenfests. Einen Antrag auf sofortige Vollziehbarkeit der Genehmigung nach § 80 II 1 Nr. 4 VwGO lehnt die Behörde ab. A beginnt mit den Vorbereitungen für das Straßenfest. Zwei Tage vor der geplanten Veranstaltung legt Anwohner X gegen die Genehmigung Widerspruch ein, dem aufschiebende Wirkung nach § 80 I VwGO zukommt; A darf das Straßenfest während der Dauer der aufschiebenden Wirkung nicht veranstalten. Auf Antrag des A kann das Verwaltungsgericht nach § 80a III 1 i.V.m. §§ 80a I Nr. 1, 80 II 1 Nr. 4 VwGO die sofortige Vollziehbarkeit der Genehmigung anordnen; A darf dann das Straßenfest veranstalten.

Ebenso verhält es sich, wenn der Adressat eines Verwaltungsakts, der ihn belastet, aber einen Dritten begünstigt, einen Rechtsbehelf einlegt, dem nach § 80 I VwGO aufschiebende Wirkung zukommt. Hier kann der Dritte beim Gericht einen Antrag auf Anordnung der sofortigen Vollziehbarkeit des Verwaltungsakts nach § 80a III 1 i.V.m. §§ 80a II, 80 II 1 Nr. 4 VwGO stellen.

1521

---

[92] *Schoch*, in: Schoch/Schneider/Bier, § 80a Rn. 50; a.A. *Schenke*, Rn. 990.
[93] Dazu bereits Rn. 1498.
[94] BVerwG NJW 1969, 202 f.; *Puttler*, in: Sodan/Ziekow, § 80 Rn. 93; gerichtlicher Rechtsschutz ist nur nach Maßgabe von § 80a III 1 VwGO möglich – die Erhebung einer allgemeinen Leistungsklage (gerichtet auf Verurteilung der Behörde zur Anordnung der sofortigen Vollziehung) wäre zudem wegen ihrer zu langen Verfahrensdauer völlig unpraktikabel.
[95] Außerdem ist ein – freilich nur wenig Erfolg versprechender – Antrag bei der Behörde auf Anordnung der sofortigen Vollziehung nach § 80a I Nr. 1 VwGO möglich.

690 Kapitel 7. Verwaltungsprozessrecht

Beispiel: A hat auf seinem Grundstück ein Gebäude ohne Baugenehmigung errichtet und dabei den nach der Bauordnung vorgeschriebenen Abstand zum Nachbargrundstück nicht eingehalten. Eine behördliche Dispenserteilung ist wegen der erheblichen Unterschreitung des Grenzabstandes nicht möglich. Auf Anregung des Nachbarn N erlässt die Baubehörde gegenüber A eine Abrissverfügung. A legt gegen die Abrissverfügung Widerspruch ein, der nach § 80 I VwGO aufschiebende Wirkung auslöst. N kann beim Verwaltungsgericht beantragen, nach § 80a III 1 i.V.m. §§ 80a II, 80 II 1 Nr. 4 VwGO die sofortige Vollziehbarkeit der Abrissverfügung anzuordnen.

1522
Übersicht 43:
Antrag auf gerichtliche Anordnung oder Wiederherstellung der aufschiebenden Wirkung nach §§ 80 V 1, 80a III 2 VwGO (Prüfschema)

A. Zulässigkeit des Antrags

I. Eröffnung des Verwaltungsrechtswegs
- falls keine aufdrängende Sonderzuweisung, § 40 I VwGO

II. Statthaftigkeit des Antrags
1. **Statthaftigkeit einer Anfechtungsklage in der Hauptsache (Abgrenzung zur einstweiligen Anordnung, § 123 V VwGO)**
2. **Antragsarten**
    a) Antrag nach § 80 V 1 VwGO auf gerichtliche Anordnung der aufschiebenden Wirkung eines gegen den Verwaltungsakt eingelegten Rechtsbehelfs, wenn diesem Rechtsbehelf gem. § 80 II 1 Nr. 1–3, 2 VwGO keine aufschiebende Wirkung zukommt. Ggf. zusätzlich Antrag nach § 80 V 3 VwGO auf gerichtliche Anordnung der Aufhebung (Rückgängigmachung) einer bereits erfolgten Vollziehung.
    b) Antrag nach § 80 V 1 VwGO auf gerichtliche Wiederherstellung der aufschiebenden Wirkung eines gegen den Verwaltungsakt eingelegten Rechtsbehelfs, wenn diesem Rechtsbehelf gem. § 80 II 1 Nr. 4 VwGO keine aufschiebende Wirkung zukommt. Ggf. zusätzlich Antrag nach § 80 V 3 VwGO (oben a).
    c) Antrag nach § 80a III 1, I Nr. 2 VwGO auf gerichtliche Anordnung der Aussetzung der Vollziehung bei Verwaltungsakten mit Doppelwirkung.
    d) Antrag analog § 80 V 1 VwGO auf gerichtliche Feststellung, dass einem gegen den Verwaltungsakt einge-

§ 33. Vorläufiger Rechtsschutz 691

legten Rechtsbehelf aufschiebende Wirkung nach § 80 I VwGO zukommt (bei drohendem oder erfolgtem faktischen Vollzug des Verwaltungsakts entgegen § 80 I VwGO). Ggf. zusätzlich Antrag analog § 80 V 3 VwGO (wie oben sub a).

III. Einlegung eines nicht offensichtlich unzulässigen Rechtsbehelfs (spätestens im Zeitpunkt der gerichtlichen Eilentscheidung)
- Das Gericht kann nur die aufschiebende Wirkung eines gegen den Verwaltungsakt tatsächlich eingelegten Rechtsbehelfs anordnen oder wiederherstellen.
- Der eingelegte Rechtsbehelf darf nicht offensichtlich unzulässig sein, insbesondere darf die Widerspruchs- bzw. Anfechtungsfrist nicht abgelaufen sein.
- In Prüfungsarbeiten ist die Zulässigkeit des eingelegten Rechtsbehelfs uneingeschränkt zu prüfen. Ist danach der Rechtsbehelf unzulässig, ist auch der Antrag auf gerichtliche Anordnung oder Wiederherstellung der aufschiebenden Wirkung des (unzulässigen) Rechtsbehelfs unzulässig.

IV. Gerichtszuständigkeit
- Gericht der Hauptsache, § 80 V 1 VwGO

V. Antragsbefugnis analog § 42 II VwGO
- Möglichkeit der Rechtswidrigkeit des Vollzugs (bzw. des Verwaltungsakts) und der Verletzung von Rechten des Antragstellers

VI. Richtiger Antragsgegner (passive Prozessführungsbefugnis)
- § 78 I Nr. 1 VwGO analog: Rechtsträger der handelnden Behörde
- § 78 I Nr. 2 VwGO analog: Behörde, falls entsprechende landesrechtliche Regelung (Vorrang vor § 78 I Nr. 1 VwGO analog)

VII. Beteiligungsfähigkeit nach § 61 VwGO
- § 61 Nr. 3 VwGO nur, falls eine entsprechende landesrechtliche Bestimmung existiert

VIII. Prozessfähigkeit nach §§ 62, 67 VwGO

B. Begründetheit des Antrags

In der **gerichtlichen Praxis** erfolgt lediglich eine summarische Prüfung. Danach ist der Antrag begründet, wenn nach einer summarischen Prüfung das Interesse des Antragstellers an einer gerichtlichen Anordnung oder Wiederherstellung der aufschiebenden Wirkung das besondere öffentliche oder private Interesse an einer sofortigen Vollziehung des Verwaltungsakts überwiegt. Im Falle eines nach § 80 II 1 Nr. 4 VwGO sofort vollziehbaren Verwaltungsakts ist der Antrag außerdem begründet, wenn die behördliche Anordnung der sofortigen Vollziehbarkeit rechtswidrig ist und den Kläger in seinen Rechten beeinträchtigt.

In **Prüfungsarbeiten** ist eine lediglich summarische Prüfung kaum möglich. Weil vom Bearbeiter eindeutige Ergebnisse verlangt werden, empfiehlt sich eine **uneingeschränkte Prüfung.** Danach ist der Antrag bei einem unter **§ 80 II 1 Nr. 4 VwGO fallenden Verwaltungsakts** in zwei Fällen begründet:

(1) **Rechtswidrigkeit der behördlichen Vollzugsanordnung und Beeinträchtigung des Antragstellers durch eine sofortige Vollziehung in seinen Rechten**
- formelle Rechtswidrigkeit der behördlichen Vollzugsanordnung (Handeln einer unzuständigen Behörde, keine ausreichende schriftliche Begründung des besonderen Interesses an der sofortigen Vollziehbarkeit nach § 80 III VwGO) **und/oder**
- materielle Rechtswidrigkeit der behördlichen Vollzugsanordnung (kein besonderes Interesse an der sofortigen Vollziehbarkeit, § 80 II 1 Nr. 4 VwGO)
- Beeinträchtigung des Antragstellers durch eine sofortige Vollziehung in seinen Rechten (diese Voraussetzung muss zu den oben genannten hinzutreten)

(2) **Rechtswidrigkeit des Verwaltungsakts und Verletzung des Antragstellers in seinen Rechten**

Beachte: Ist die Voraussetzung (1) erfüllt, muss das Gericht dem Antrag stattgeben. Im Rahmen eines Rechtsgutachtens ist aber dennoch zu prüfen, ob zusätzlich die Voraussetzung (2) erfüllt ist.

Bei einem unter **§ 80 II 1 Nr. 1–3, 2 VwGO** fallenden Verwaltungsakt ist der Antrag begründet, wenn der **Verwaltungsakt rechtswidrig** und der **Antragsteller in seinen Rechten verletzt** ist.

Ist der Antrag begründet und wurde zusätzlich ein Antrag nach § 80 V 3 VwGO gestellt, hat das Gericht grundsätzlich die Aufhebung (Rückgängigmachung) einer bereits erfolgten Vollziehung anzuordnen. Die Anordnung darf aber für den Adressaten nicht unverhältnismäßig sein.

Im Falle einer drohenden oder tatsächlich erfolgten Vollziehung eines Verwaltungsakts **trotz aufschiebender Wirkung** eines eingelegten Rechtsbehelfs nach § 80 I VwGO (faktischer Vollzug) kann das Gericht analog § 80 V 1 VwGO feststellen, dass dem Rechtsbehelf aufschiebende Wirkung zukommt, und analog § 80 V 3 VwGO die Aufhebung (Rückgängigmachung) einer bereits erfolgten Vollziehung anordnen. Bei Verwaltungsakten mit Doppelwirkung kann das Gericht nach § 80a III 1, I Nr. 2, 2. Alt. VwGO auch Sicherungsmaßnahmen treffen.

II. Die einstweilige Anordnung nach § 123 VwGO

1. Begriff und Bedeutung der einstweiligen Anordnung

Durch den Erlass einstweiliger Anordnungen stellt das Verwaltungsgericht sicher, dass dem Antragsteller nicht dadurch unzumutbare Nachteile entstehen, dass die gerichtliche Gewährung von Rechtsschutz im Klagewege zeitaufwendig ist und deshalb zu spät kommen kann. Besteht diese Gefahr nicht rechtzeitigen Rechtsschutzes in der Hauptsache, muss das Gericht auf Antrag des Klägers Eilrechtsschutz in Form einer einstweiligen (= vorläufigen) Anordnung gewähren. 1523

Wehrt sich der Kläger **gegen einen Verwaltungsakt,** kann er vorläufigen Rechtsschutz (Eilrechtsschutz) nach §§ 80, 80a VwGO in Anspruch nehmen. Vorläufiger Rechtsschutz nach § 123 VwGO steht in denjenigen Fällen zur Verfügung, in denen sich der Antragsteller nicht gegen einen Verwaltungsakt und dessen Vollzug oder gegen den Vollzug einer landesrechtlichen Satzung oder Rechtsverordnung – hier ist § 47 VI VwGO einschlägig – wendet. 1524

2. Zulässigkeit eines Antrags

a) Eröffnung des Verwaltungsrechtswegs

Ein Antrag auf Erlass einer einstweiligen Anordnung nach § 123 VwGO ist nur zulässig, wenn für die Hauptsacheklage der Verwaltungsrechtsweg 1525

Kapitel 7. Verwaltungsprozessrecht

eröffnet ist. Besteht keine aufdrängende Sonderzuweisung, ist § 40 VwGO zu prüfen.[96]

b) Statthaftigkeit des Antrags

1526 Die **Statthaftigkeit** eines Antrages setzt nach § 123 V VwGO voraus, dass in der Hauptsache keine Anfechtungsklage einschlägig wäre. Außerdem dürfte in der Hauptsache auch keine Normenkontrolle nach § 47 VwGO gegeben sein; in diesem Fall wäre eine einstweilige Anordnung nach § 47 VI VwGO möglich. Diese Negativabgrenzung genügt. Es besteht kein Bedürfnis, die in der Hauptsache tatsächlich einschlägige Klageart zu bestimmen[97] – Verpflichtungs-, allgemeine Leistungs- oder Feststellungsklage.

Unter dem Punkt Statthaftigkeit des Antrages empfiehlt sich die Entscheidung, welche Art der einstweiligen Anordnung einschlägig ist. § 123 I VwGO unterscheidet nämlich zwischen der **Sicherungsanordnung** (§ 123 I 1 VwGO) und der **Regelungsanordnung** (§ 123 I 2 VwGO).

1527 Geht es dem Antragsteller um die **Sicherung eines von ihm behaupteten bestehenden Rechts** gegenüber einer drohenden tatsächlichen oder rechtlichen Veränderung des bestehenden Zustandes, ist die Sicherungsanordnung einschlägig. **Die Sicherungsanordnung ist defensiv.**

> **Beispiele:**
> - Der Antragsteller wehrt sich gegen eine drohende Veröffentlichung eines Buches, in dem er negativ dargestellt wird: Abwehr von Angriffen auf sein allgemeines Persönlichkeitsrecht aus Art. 2 I i. V. m. Art. 1 I GG.
> - Der Antragsteller wehrt sich gegen eine drohende Inanspruchnahme seines Grundstücks für den Straßenbau: Abwehr von Eingriffen in sein Eigentumsgrundrecht aus Art. 14 I 1 GG.
> - Der Antragsteller bewirbt sich auf eine bestimmte Beamtenstelle. Er wird abgelehnt, und die Einstellungsbehörde kündigt an, die Stelle mit einem anderen Bewerber zu besetzen. Der Antragsteller wehrt sich gegen die Besetzung der Stelle mit seinem Konkurrenten und beantragt die vorläufige Nichtbesetzung der Stelle: Sicherung seines aus Art. 33 II GG folgenden Anspruchs auf beurteilungsfehlerfreie Entscheidung über seinen Einstellungsantrag.

1528 Bezweckt der Antragsteller die **Erweiterung seines Rechtskreises**, ist eine **Regelungsanordnung** nach § 123 I 2 VwGO einschlägig.

Die Regelungsanordnung ist offensiv. Die in § 123 I 2 VwGO verwendete Formulierung „Regelung eines vorläufigen Zustands in bezug auf

---

[96] Auch hier ist umstritten, ob das im unzulässigen Rechtsweg angerufene Gericht nach § 17a II GVG verweisen muss. Dafür z. B. VGH Kassel NVwZ 2003, 238; OVG Münster NJW 2001, 698; OVG Hamburg NVwZ-RR 2000, 842; *Würtenberger*, Rn. 542; *Hufen*, § 33 Rn. 3; a. A. OVG Koblenz NVwZ 1993, 381; *Kopp/Schenke*, § 123 Rn. 17.

[97] Anders die Empfehlung von *Hufen*, § 33 Rn. 6.

ein streitiges Rechtsverhältnis" ist demgegenüber diffus und ermöglicht keine praktikable Abgrenzung zur Sicherungsanordnung.

Beispiele:
- Antrag auf vorläufige Gewährung von Sozialhilfe.
- Antrag eines abgelehnten Bewerbers auf vorläufige Zulassung zum Studium.
- Antrag eines von der Gemeinde abgelehnten Schaustellers auf vorläufige Zulassung zu einem Jahrmarkt.
- Antrag eines Mitglied der Gemeindevertretung, das von den nächsten Sitzungen ausgeschlossen wurde, auf vorläufige Zulassung zur nächsten Sitzung. Gegen die Annahme einer Regelungsanordnung spricht freilich, dass ein Anspruch auf Sitzungsteilnahme besteht, wenn der Sitzungsausschluss rechtswidrig ist. Insoweit geht es um die Verteidigung eines bestehenden Rechts. Ebensogut vertretbar ist deshalb die Annahme einer Sicherungsanordnung.

Gerade das zuletzt genannte Beispiel zeigt, dass eine eindeutige Abgrenzung zwischen Sicherungs- und Regelungsanordnung nicht immer möglich ist. Da sich die Abgrenzung auf die weitere Zulässigkeit und Begründetheit eines Antrages auf Erlass einer einstweiligen Anordnung nicht auswirkt, geht die gerichtliche Praxis zunehmend dazu über, die Entscheidung offen zu lassen.[98] In **Prüfungsarbeiten** wird vom Bearbeiter erwartet, dass er sich entscheidet.

c) Antragsbefugnis analog § 42 II VwGO

Der Antragsteller muss analog § 42 II VwGO antragsbefugt sein. Die einzelnen Voraussetzungen der Klagebefugnis analog § 42 II VwGO sind umstritten; teilweise werden verschiedene der im folgenden genannten Voraussetzungen erst in der Begründetheitsstation geprüft. Vorzugswürdig erscheint die nachfolgende Differenzierung.

aa) Möglichkeit eines Anordnungsanspruchs

Dem Antragsteller muss der geltend gemachte Anspruch, den es im Falle einer Sicherungsanordnung vorläufig zu sichern gilt bzw. den es im Falle einer Regelungsanordnung vorläufig zu regeln gilt, möglicherweise zustehen. Insoweit besteht kein Unterschied zur Prüfung der Klagebefugnis bei einer Verpflichtungs- oder allgemeinen Leistungsklage.

Beispiele:
- Es besteht die Möglichkeit, dass der Antragsteller durch eine Buchveröffentlichung in seinem allgemeinen Persönlichkeitsrecht verletzt wird. Er hat deshalb möglicherweise einen Unterlassungsanspruch.

---

[98] Ohne Abgrenzung allgemein auf § 123 I VwGO bzw. auf § 123 VwGO verweisend z.B. BVerwG NVwZ 1982, 194; VGH Kassel NVwZ-RR 1996, 105; OVG Hamburg NVwZ-RR 1992, 669; dazu m.w.N. und kritisch *Schoch*, in: Schoch/Schneider/Bier, § 123 Rn. 49f.

- Der antragstellende Beamtenbewerber ist für die ausgeschriebene Stelle möglicherweise besser geeignet als sein Konkurrent, mit dem die Stelle besetzt werden soll. Der Antragsteller hat deshalb möglicherweise einen Anspruch auf eine nochmalige fehlerfreie Auswahlentscheidung und möglicherweise einen Anspruch auf vorläufige Nichtbesetzung der Stelle.
- Der Antragsteller hat möglicherweise einen Anspruch auf Gewährung von Sozialhilfe.
- Der Ausschluss des Mitglieds der Gemeindevertretung von den Sitzungen war möglicherweise rechtswidrig. Es hat deshalb möglicherweise einen Anspruch auf Sitzungsteilnahme.

Beachte: Die analog § 42 II VwGO erforderliche **Geltendmachung** des Anordnungsanspruchs darf nicht mit der nach § 123 III VwGO i. V. m. §§ 920 II, 294 ZPO erforderlichen **Glaubhaftmachung** des Anordnungsanspruchs verwechselt werden. Die Glaubhaftmachung ist eine Voraussetzung der Begründetheit.

bb) Möglichkeit eines Anordnungsgrundes

1531 Eine einstweilige Anordnung darf nur ergehen, wenn neben dem Anordnungsanspruch auch ein Anordnungsgrund besteht. Ein **Anordnungsgrund** ist im Falle von **Eilbedürftigkeit** einer vorläufigen gerichtlichen Entscheidung gegeben. Antragsbefugnis analog § 42 II VwGO setzt deshalb auch die **Möglichkeit eines Anordnungsgrundes,** d. h. die Möglichkeit von Eilbedürftigkeit voraus.

Im Falle einer Sicherungsanordnung nach § 123 I 1 VwGO muss der Antragsteller (in Prüfungsarbeiten der Bearbeiter) Umstände vortragen, aus denen die Möglichkeit folgt, dass die **Gefahr der Vereitelung oder Erschwerung der Durchsetzung des zu sichernden Anspruchs** besteht. Im Falle einer Regelungsanordnung nach § 123 I 2 VwGO müssen Umstände vorgetragen werden, aus denen die **Möglichkeit wesentlicher Nachteile** für den Antragsteller, **drohender Gewalt** oder sonstiger Gründe, die für die Eilbedürftigkeit sprechen, folgt.

Beispiele:
- Die Veröffentlichung des Buches, in dem der Antragsteller negativ geschildert wird, ist für die nächste Woche angekündigt. Ist das Buch erst einmal veröffentlicht, kann eine mögliche Verletzung des allgemeinen Persönlichkeitsrechts des Antragstellers nicht mehr vollständig rückgängig gemacht werden.
- Der Antragsteller trägt Umstände vor, die auf seine völlige Mittellosigkeit hindeuten. Wird ihm nicht vorläufig Sozialhilfe gewährt, besteht die Gefahr, dass er Hunger und Not leiden muss.

Beachte: Sowohl im Falle einer Sicherungs- als auch im Falle einer Regelungsanordnung ist ein Anordnungsgrund gegeben, wenn die Gefahr besteht, dass der vom Antragsteller geltend gemachte **Anordnungsan-**

§ 33. Vorläufiger Rechtsschutz

spruch durch Zeitablauf verloren gehen oder irreparabel beeinträchtigt werden könnte.

d) Sonstige Zulässigkeitsvoraussetzungen

Bei der Bestimmung des richtigen Antragsgegners (passive Prozessführungsbefugnis) ist zu unterscheiden: 1532
Ist in der **Hauptsache eine Verpflichtungsklage** einschlägig, bestimmt sich der richtige Antragsgegner **analog § 78 VwGO**. Besteht eine landesrechtliche Regelung i.S.v. § 78 I Nr. 2 VwGO, ist der Antrag gegen die Behörde zu richten, die den beantragten Verwaltungsakt nicht erlassen hat. Besteht keine landesrechtliche Regelung i.S.v. § 78 I Nr. 2 VwGO, gilt § 78 I Nr. 1 VwGO (Rechtsträgerprinzip) analog.

Ist in der **Hauptsache keine Verpflichtungsklage einschlägig,** ist der richtige Antragsgegner nach dem **Rechtsträgerprinzip** zu bestimmen. Dies gilt auch dann, wenn eine landesrechtliche Regelung i.S.v. § 78 I Nr. 2 VwGO existiert.

Beachte: Auch wenn der Antragsteller von der Behörde ein Einschreiten gegen einen Dritten verlangt, ist Antragsgegner nur die Behörde bzw. deren Rechtsträger, nicht auch der Dritte.

Beispiel: A verlangt von der zuständigen Behörde, dass diese dem Nachbarn N vorläufig untersagt, die Bauarbeiten an einem nicht genehmigten und nicht den baurechtlichen Vorschriften entsprechenden Bauvorhaben fortzuführen. Antragsgegner ist die Behörde bzw. ihr Rechtsträger, nicht N.

Die **Beteiligungs- und Prozessfähigkeit** richtet sich unmittelbar nach § 61 VwGO bzw. §§ 62, 67 VwGO. Insoweit kann auf obige Ausführungen verwiesen werden.[99] 1533

Es gelten keine Antragsfristen. Der Antrag kann nach § 123 I 1 VwGO vor Einlegung des Hauptsacherechtsbehelfs (Widerspruch, Klage) gestellt werden. Die Gerichtszuständigkeit ist in § 123 II VwGO geregelt. Auf das allgemeine Rechtsschutzbedürfnis[100] ist nur dann einzugehen, wenn der Sachverhalt Hinweise für das Fehlen enthält. Entgegen weitverbreiteter Ansicht setzt das Rechtsschutzbedürfnis nicht voraus, dass der Antragsteller sich mit seinem Anliegen vor der Antragstellung an die Behörde gewendet hat.[101] Dies folgt aus der analogen Anwendung von § 156 VwGO auf das

---

[99] Rn. 1344 ff., 1347 f.
[100] Dazu näher Rn. 1349.
[101] So aber VGH München BayVBl. 1990, 565; VGH Kassel NVwZ 1989, 1184; VGH Mannheim DVBl. 1989, 1198; *Hufen,* § 33 Rn. 8; differenzierend *Würtenberger,* Rn. 544; wie hier dagegen OVG Schwerin LKV 1994, 225; SächsOVG SächsVBl. 1994, 114; vgl. auch *Schoch,* in: Schoch/Schneider/Bier, § 123 Rn. 121.

Anordnungsverfahren[102] und der in dieser Vorschrift genannten Möglichkeit eines sofortigen Anerkenntnisses des Anordnungsanspruchs durch den Antragsgegner.[103]

3. Begründetheit eines Antrages

1534 Der Antrag ist nach § 123 III VwGO i. V. m. §§ 920 II, 294 ZPO begründet, wenn der Antragsteller **einen Anordnungsanspruch und Anordnungsgrund glaubhaft macht**[104] und die gerichtliche Anordnung mit dem vom Antragsteller begehrten Inhalt ergehen darf.

Beachte: Aus der Verweisung von § 123 III VwGO auf die §§ 920 II, 294 ZPO folgt, dass die **Glaubhaftmachung** von Anordnungsanspruch und Anordnungsgrund genügt; in Betracht kommt z. B. eine Versicherung an Eides Statt (§ 294 ZPO). Anordnungsanspruch und Anordnungsgrund müssen nicht tatsächlich gegeben sein. Dies erklärt sich aus dem Charakter des Anordnungsverfahrens als eines gerichtlichen Eilverfahrens. In der gerichtlichen Praxis erfolgt deshalb häufig nur eine summarische Prüfung.[105]

In Prüfungsarbeiten muss dagegen eine volle und uneingeschränkte Rechtsprüfung erfolgen, die sich in nichts von der Prüfung einer Hauptsacheklage unterscheidet.[106] D. h., es muss geprüft werden, ob dem Antragsteller der von ihm behauptete Anordnungsanspruch tatsächlich zusteht. Ebenso muss geprüft werden, ob ein Anordnungsgrund gegeben ist, ob also tatsächlich Eilbedürftigkeit besteht.

Auch den Verwaltungsgerichten ist eine nur summarische Prüfung verwehrt, wenn gerichtlicher Rechtsschutz im nachfolgenden Hauptsacheverfahren nicht mehr effektiv wäre, wie es häufig im Versammlungsrecht der Fall ist. Die Gerichte müssen dann im Eilverfahren eine volle Rechtsprüfung durchführen, soweit es ihnen möglich ist.[107]

---

[102] *Olbertz,* in: Schoch/Schneider/Bier, § 156 Rn. 2.
[103] Dazu oben Rn. 1393.
[104] Zu Anordnungsanspruch und Anordnungsgrund bereits Rn. 1530 f.
[105] BVerwG DVBl. 1994, 119; OVG Kassel NVwZ 1988, 1150; *Wollenschläger,* in: Gärditz, § 123 Rn. 118 ff.; *Hufen,* § 33 Rn. 16; *Würtenberger,* Rn. 548 f.; dazu ablehnend *Happ,* in: Eyermann, § 123 Rn. 48; kritisch *Schoch,* in: Schoch/Schneider/Bier, § 123 Rn. 122 m. w. N.; *Funke-Kaiser,* in: Quaas/Zuck, Prozesse in Verwaltungssachen, 2008, § 4 Rn. 444; vgl. auch ThürOVG ThürVBl. 2009, 36 ff., das den Anordnungsanspruch ausgreifend und uneingeschränkt prüft; in bestimmten Fällen ist eine uneingeschränkte Rechtsprüfung sogar verfassungsrechtlich geboten, BVerfGK LKRZ 2009, 453 ff.; vgl. auch *Windthorst,* Der verwaltungsgerichtliche einstweilige Rechtsschutz, 2009, S. 690: richterliche Pflicht zur weitestmöglichen Prüfung der Rechtslage.
[106] *Finkelnburg/Dombert/Külpmann,* Rn. 116 ff., 313 f.; *Gersdorf,* Rn. 214; offenbar auch *Peine,* Klausurenkurs im Verwaltungsrecht, 5. Aufl. 2013, Rn. 350; insoweit gilt Entsprechendes wie zur Prüfung eines Antrages nach § 80 V 1 VwGO (Rn. 1503 f. m. w. N.).
[107] BVerfGK NVwZ 2013, 570 Rn. 18; dazu oben Rn. 1504.

§ 33. Vorläufiger Rechtsschutz   699

Eine **Interessenabwägung** – wie stellt sich einerseits die Situation dar, wenn keine einstweilige Anordnung ergeht, dem Antragsteller der geltend gemachte materielle Anspruch aber zusteht, und wie stellt sich andererseits die Situation dar, wenn eine einstweilige Anordnung ergeht, dem Antragsteller der geltend gemachte Anspruch aber nicht zusteht – findet ausschließlich im Rahmen der Prüfung des Anordnungsgrundes statt. Für eine darüber hinausgehende gesonderte Interessenabwägung ist entgegen einer anderslautenden Auffassung[108] kein Raum mehr.[109]

In der Praxis dürften zwischen der hier vertretenen und der gegenteiligen Auffassung – umfängliche Interessenabwägung – allerdings kaum große Unterschiede bestehen. Hier richtet sich der Grad der Glaubhaftmachung und damit der Wahrscheinlichkeit von Anordnungsanspruch und Anordnungsgrund nach den Gesamtumständen des Falles wie der Gewichtigkeit des vom Antragsteller geltend gemachten materiellen Rechts, dem Ausmaß der dem Antragsteller drohenden Nachteile oder der dem Gericht für eine Rechts- und Sachprüfung zur Verfügung stehenden Zeit.[110]

Sind nach den oben genannten Kriterien Anordnungsanspruch und Anordnungsgrund glaubhaft gemacht, muss eine einstweilige Anordnung ergehen. Dem Gericht steht trotz der Formulierungen „kann" (§ 123 I 1 VwGO) und „sind zulässig" (§ 123 I 2 VwGO) **kein Ermessen** zu. Diese Formulierungen räumen dem Gericht eine Handlungskompetenz ein. Dem Gericht steht lediglich ein **Auswahlermessen** hinsichtlich des Inhalts der einstweiligen Anordnung zu.[111]

Aus dem Wesen des Anordnungsverfahrens als Verfahren zur Gewährleistung nur vorläufigen (und nicht endgültigen) Rechtsschutzes sowie auch aus der in § 123 VwGO verwendeten Formulierung „einstweilige Anordnung" folgt eine zweifache Begrenzung des Inhalts der gerichtlichen einstweiligen Anordnung.   1535

(1) **Verbot der Vorwegnahme der Hauptsache:** Von Ausnahmen abgesehen darf dem Antragsteller nicht das zugesprochen werden, worum es ihm in der Hauptsache geht – was er also erst **mit dem Hauptsacherechtsbehelf endgültig erreichen** kann.[112]

Beispiele:
• Endgültige Zulassung zum Studium

---

[108] BVerfGE 51, 268 (280 f.) – diese Auffassung wurde später nicht mehr bekräftigt; *Hufen*, § 33 Rn. 16; *Schmitt Glaeser/Horn*, Rn. 321; *Schenke*, Rn. 1033; *Würtenberger*, Rn. 549.
[109] *Kopp/Schenke*, § 123 Rn. 23; *Wollenschläger*, in: Gärditz, § 123, Rn. 102; *Happ*, in: Eyermann, § 123 Rn. 45, 48, 50; *Redeker/v. Oetzen*, § 123 Rn. 17; *Windthorst*, Der verwaltungsgerichtliche einstweilige Rechtsschutz, 2009, S. 272 f.; *Stern/Blanke*, Rn. 636 ff. (639); vgl. auch *Finkelnburg/Dombert/Külpmann*, Rn. 141.
[110] *Kopp/Schenke*, § 123 Rn. 24.
[111] *Kopp/Schenke*, § 123 Rn. 23, 28.
[112] Dazu näher *Hong*, NVwZ 2012, 468 ff.

- Dauerhafter Bezug von Sozialhilfe
- Nochmalige, nunmehr fehlerfreie Auswahlentscheidung der Einstellungsbehörde
- Zulassung zum Jahrmarkt als Schausteller

(2) **Verbot einer überschießenden einstweiligen Anordnung:** Von Ausnahmen abgesehen darf dem Antragsteller **nicht mehr zugesprochen** werden, als er mit dem Hauptsacherechtsbehelf erreichen kann.

Beispiele:
- Der ausländische Antragsteller klagt auf Erteilung einer auf ein Jahr befristeten Aufenthaltsgenehmigung. Im Wege einer einstweiligen Anordnung darf ein vorläufiges Abschiebeverbot ausgesprochen werden; die Behörde könnte auch zur vorläufigen Duldung des Antragstellers verpflichtet werden. Das Gericht dürfte die Behörde aber nicht zur Erteilung einer auf zwei Jahre befristeten vorläufigen Aufenthaltsgenehmigung verurteilen.
- Schausteller A beantragt die Zulassung zu einem von der Stadt S veranstalteten Volksfest. Da die Standplätze für Schausteller begrenzt sind und die Nachfrage die zur Verfügung stehenden Plätze übersteigt, muss S eine Auswahlentscheidung treffen. A wird wenige Tage vor dem Beginn des Volksfestes abgelehnt. Er kann glaubhaft machen, dass seine Ablehnung und damit die Auswahlentscheidung rechtswidrig war, und beantragt den Erlass einer einstweiligen Anordnung. Es kommen folgende gerichtliche Anordnungen in Betracht:
(1) Verpflichtung von S zur **Entscheidung über eine vorläufige Zulassung** von A (vorläufige Auswahlentscheidung) vor Beginn des Volksfestes. Eine solche einstweilige Anordnung wäre weder eine Vorwegnahme der Hauptsache noch eine überschießende Anordnung.
(2) Verpflichtung von S zur **endgültigen Entscheidung über die Zulassung** von A vor Beginn des Volksfestes. Eine solche einstweilige Anordnung **nähme die Hauptsache vorweg.** Ist der Auswahlspielraum von S nicht dahingehend auf Null reduziert, dass sie A zulassen muss, könnte A in der Hauptsache nur eine Verurteilung von S zur nochmaligen Entscheidung über seinen Antrag erreichen (§ 113 V 2 VwGO).
(3) Verpflichtung von S zur **vorläufigen Zulassung** des A zum Volksfest. Dies wäre eine **überschießende einstweilige Anordnung.** Ist das Auswahlermessen von S nicht auf Null reduziert, könnte A in einem Hauptsacheverfahren seine Zulassung zum Volksfest nicht erreichen.

1536 Vom grundsätzlichen Verbot der Vorwegnahme der Hauptsache und des Erlasses überschießender einstweiliger Anordnungen gibt es **grundgesetzlich gebotene Ausnahmen.** Verbietet das Gericht im oben genannten Ausländerfall der Behörde die Abschiebung bis zur endgültigen Entscheidung des Gerichts, längstens für die Dauer von einem Jahr, ist dies in Anbetracht der üblichen gerichtlichen Verfahrensdauer im Ergebnis eine Vorwegnahme der Hauptsache, in der um die Frage einer auf ein Jahr befristeten Aufenthaltsgenehmigung gestritten wird. Drohen dem Antragsteller im Falle einer Abschiebung schwerwiegende Gefahren für Leib und Leben, ist die Vorwegnahme der Hauptsache aber durch Art. 2 II 1 GG und das aus Art. 19 IV 1 GG folgende Gebot effektiven Rechtsschutzes geboten.

Ebenso verhält es sich im oben genannten Volksfestfall. Steht hier das Volksfest unmittelbar bevor – etwa am nächsten Tag – und ist wegen der

Kürze der zur Verfügung stehenden Zeit oder aus anderen Gründen nicht zu erwarten, dass die Stadt eine rechtmäßige (vorläufige) Auswahlentscheidung trifft, muss das Gericht aus Gründen der Effektivität des Eilrechtsschutzes und aus sonstigen grundrechtlichen Erwägungen (z. B. Art. 12 I, 3 I GG) die Stadt verpflichten, A (vorläufig) zum Volksfest zuzulassen. Es muss also eine überschießende einstweilige Anordnung ergehen.

Beachte: Will der Antragsteller im Hauptsacheverfahren die Vornahme einer behördlichen Handlung erreichen, darf das Gericht im Anordnungsverfahren diese oder eine vergleichbare Handlung nicht selbst vornehmen.

Beispiel: Im oben genannten Volksfestfall darf das Gericht die Stadt nur dazu verurteilen (verpflichten), A vorläufig zum Volksfest zuzulassen. Das Gericht darf aber nicht selbst A zulassen.

Besonderheiten gelten, wenn eine einstweilige Anordnung erlassen werden soll, die deshalb den drohenden **Vollzug von EU-Recht** durch deutsche Behörden vorläufig verhindern soll oder anderweitig EU-rechtlichen Vorgaben widerspricht, weil das Gericht das einschlägige EU-Recht für ungültig hält.

Beispiele:
- Nach einer EU-Verordnung sind die deutschen Behörden verpflichtet, bestimmte Genehmigungen nicht mehr zu erteilen, die nach deutschem Recht bislang erteilt werden durften. A beantragt die vorläufige Erteilung einer nach der EU-Verordnung unzulässigen Genehmigung und macht u. a. die Ungültigkeit dieser Verordnung geltend.
- Nach einer EU-Verordnung sind die deutschen Behörden verpflichtet, bestimmte Abgabenbescheide zu erlassen. A beantragt den Erlass einer einstweiligen Anordnung, die es der Behörde vorläufig untersagt, einen Abgabenbescheid zu erlassen. A begründet seinen Antrag u. a. mit der Ungültigkeit der EU-Verordnung.
- Eine deutsche Rechtsverordnung bestimmt, dass Mischfuttermittel nur noch in den Verkehr gebracht werden darf, wenn auf der Verpackung genaue Angaben über die verwendeten Inhaltsstoffe abgedruckt sind. Diese Rechtsverordnung wurde zur Umsetzung einer gleichlautenden EU-Richtlinie erlassen. Ein deutscher Produzent beantragt beim OVG den Erlass einer einstweiligen Anordnung, die es ihm erlaubt, das von ihm hergestellte Mischfutter vorläufig ohne die in der Rechtsverordnung vorgeschriebenen Angaben in den Verkehr bringen zu dürfen. Die Verpflichtung zur genauen Deklaration der von ihm verwendeten Inhaltsstoffe zwinge ihn zur Preisgabe von Betriebsgeheimnissen, was gegen Art. 12 und 14 GG verstoße (Fall nach BVerfGK 3, 331 ff.).

Der EuGH hat die Befugnis nationaler Gerichte zum Erlass einstweiliger Anordnungen, die mit den Vorgaben sekundären EU-Rechts kollidieren, an die gleichen Voraussetzungen geknüpft, die er für die Befugnis zur Gewährung vorläufigen Rechtsschutzes gegen nationale Rechtsakte (Verwaltungsakte) zum Vollzug von EU-Recht (nach § 80 V VwGO) aufgestellt hat.[113] Danach darf eine einstweilige Anordnung nur unter den folgenden Voraussetzungen ergehen:[114]

(1) **Erhebliche Zweifel** des nationalen (deutschen) Gerichts an der Rechtmäßigkeit (Gültigkeit) der EU-rechtlichen Vorschrift (Verordnung).

(2) **Gerichtliche Vorlage** der EU-rechtlichen Vorschrift an den EuGH nach Art. 267 I b AEUV.

(3) **Dringlichkeit** der einstweiligen Anordnung (Vermeidung schwerer und nicht wiedergutzumachender Schäden des Antragstellers) unter angemessener Berücksichtigung des Interesses der EU am Vollzug des EU-Rechts.

(4) Beachtung der Entscheidungen des EuGH und des EuG in Bezug auf die in Rede stehende EU-rechtliche Vorschrift.

Diese drei Voraussetzungen gelten nicht, wenn durch den Antrag auf Erlass einer einstweiligen Anordnung zwar der Vollzug von EU-Recht verhindert werden soll, der Antrag aber nicht auf die Ungültigkeit des vollzogenen EU-Rechts, sondern ausschließlich auf die Rechtswidrigkeit des deutschen Vollzugsakts gestützt wird und diese behauptete Rechtswidrigkeit nicht gerade auf EU-rechtlichen Vorgaben beruht.[115]

Beispiel: Eine EU-Richtlinie verpflichtet die Mitgliedstaaten, durch geeignete Maßnahmen sicherzustellen, dass die Feinstaubkonzentration im Jahresdurchschnitt einen bestimmten Grenzwert nicht überschreitet. Daraufhin ordnet der Bundesgesetzgeber an, dass Kfz ohne Rußfilter nicht mehr in Betrieb genommen werden dürfen. Kfz-Halter H klagt auf Feststellung, dass er seinen Pkw auch ohne Rußfilter in Betrieb nehmen darf. Zugleich beantragt er den Erlass einer einstweiligen Anordnung, die es ihm gestattet, seinen Pkw bis zur Entscheidung in der Hauptsache ohne Rußfilter in Betrieb nehmen zu dürfen. Seine Klage und seinen Antrag auf Erlass der einstweiligen Anordnung begründet er im wesentlichen damit, das Betriebsverbot verstoße gegen seine Eigentumsgarantie aus Art. 14 GG. Hier gelten die drei oben genannten Voraussetzungen nicht. Die EU-Richtlinie verlangt nicht die Anordnung von Betriebsverboten, sondern überlässt den Mitgliedstaaten die Wahl der Mittel, durch die das Richtliniengebot erreicht werden kann, z.B. eingeschränkte Fahrverbote für Pkw ohne Rußfilter. Das im Gesetz angeordnete absolute Betriebsverbot ist dagegen nicht EU-rechtlich vorgeschrieben.

---

[113] Rn. 1512.
[114] EuGH Slg. 1995, I-3761 (3791) – *Atlanta I*; dazu kritisch *Schoch*, in: Schoch/Schneider/Bier, § 123 Rn. 68; die EuGH-Rspr. billigend BVerfGK 3, 331 ff.
[115] Vgl. BVerfGK 3, 331 (334).

Übersicht 44: 1538
Antrag auf Erlass einer einstweiligen Anordnung nach § 123 VwGO (Prüfschema)

A. **Zulässigkeit des Antrags**
   I. **Eröffnung des Verwaltungsrechtsweges**
      - Falls keine aufdrängende Sonderzuweisung, § 40 I VwGO
   II. **Statthaftigkeit des Antrags**
      1. **Keine Anfechtungsklage oder Normenkontrolle in der Hauptsache** (§ 123 V VwGO: Vorrang der §§ 80, 80a VwGO; auch Vorrang von § 47 VI VwGO)
      2. **Unterscheidung zwischen Sicherungs- und Regelungsanordnung**
         a) **Sicherungsanordnung, § 123 I 1 VwGO**
            - Sicherung eines behaupteten bestehenden Rechts (defensiv)
         b) **Regelungsanordnung, § 123 I 2 VwGO**
            - Erweiterung des Rechtskreises (offensiv)
   III. **Antragsbefugnis, § 42 II VwGO analog**
      1. **Möglichkeit eines Anordnungsanspruchs**
         - Möglichkeit des vorläufig zu sichernden bzw. zu regelnden Anspruchs (Rechts)
      2. **Möglichkeit eines Anordnungsgrundes**
         Darlegung von Umständen, aus denen sich die Eilbedürftigkeit einer vorläufigen gerichtlichen Entscheidung ergibt
         - Möglichkeit, dass Gefahr der Vereitelung oder Erschwerung der Durchsetzung des zu sichernden Anspruchs besteht (§ 123 I 1 VwGO)
         - Möglichkeit wesentlicher Nachteile für den Antragsteller, drohender Gewalt oder anderweitiger Eilbedürftigkeit (§ 123 I 2 VwGO)
   IV. **Richtiger Antragsgegner (passive Prozessführungsbefugnis)**
      - § 78 VwGO analog (auch § 78 I Nr. 2 VwGO im Falle einer entsprechenden landesrechtlichen Regelung), falls in der Hauptsache eine Verpflichtungsklage einschlägig wäre

- Rechtsträgerprinzip, falls in der Hauptsache keine Verpflichtungsklage einschlägig wäre

V. **Beteiligten- und Prozessfähigkeit**
- § 61 VwGO
- §§ 62, 67 VwGO

VI. **Gerichtszuständigkeit, § 123 II VwGO**

VII. **Allgemeines Rechtsschutzbedürfnis**
- Nur zu erörtern, falls im Sachverhalt Anhaltspunkt für das Fehlen

B. **Begründetheit des Antrags**
Antrag begründet, wenn der Antragsteller Anordnungsanspruch und Anordnungsgrund glaubhaft gemacht hat, § 123 III VwGO i.V.m. §§ 920 II, 294 ZPO, und die gerichtliche Anordnung mit dem beantragten Inhalt ergehen darf
- In der gerichtlichen Praxis wegen der Eilbedürftigkeit nur summarische Prüfung
- In **Prüfungsarbeiten** volle und uneingeschränkte Rechtsprüfung (insbesondere hinsichtlich des Anordnungsanspruchs)
- Grundsätzliches Verbot der Vorwegnahme der Hauptsache (Ausnahmen nur, wenn vom Grundsatz der Effektivität des Rechtsschutzes, Art. 19 IV GG, geboten)
- Grundsätzliches Verbot überschießender Anordnungen (Ausnahmen s.o.)

III. Vorläufiger Rechtsschutz gegen Rechtsverordnungen und Satzungen nach § 47 VI VwGO

1. Abgrenzung

1539 § 47 VI VwGO regelt den vorläufigen Rechtsschutz gegen Rechtsverordnungen und Satzungen in besonderer Weise. Hier ist zu unterscheiden: Gegen einzelne Vollzugsakte ist vorläufiger Rechtsschutz nach §§ 80, 80a VwGO gegeben, wenn die Vollzugsakte Verwaltungsakte sind. Erfolgt der Normvollzug nicht durch den Erlass von Verwaltungsakten, sondern durch sonstiges Verwaltungshandeln, ist § 123 VwGO einschlägig.

> § 47 VI VwGO regelt dagegen den vorläufigen Rechtsschutz unmittelbar gegen Rechtsvorschriften, die unter § 47 I VwGO fallen.

Sind die Voraussetzungen von § 47 VI VwGO erfüllt, kann das Gericht das vorläufige Nichtinkrafttreten, den vorläufigen Nichtvollzug oder die vorläufige Nichtanwendung der Rechtsvorschrift anordnen. Auch hier erlässt das Gericht eine einstweilige Anordnung; sie richtet sich aber nicht gegen einzelne Vollzugsakte, sondern unmittelbar gegen die Rechtsvorschrift.

2. Zulässigkeit eines Antrags nach § 47 VI VwGO

Grundvoraussetzung ist die **Eröffnung des Verwaltungsrechtsweges**. Hier kann auf die Ausführungen zur Normenkontrolle nach § 47 VwGO verwiesen werden.[116]

Die **Statthaftigkeit** eines Antrages nach § 47 VI VwGO setzt voraus, dass es um eine Rechtsvorschrift geht, die unter § 47 I VwGO fällt. D.h., es muss sich um (landesrechtliche) Satzungen i.S.v. § 47 I Nr. 1 VwGO handeln oder um landesrechtliche Rechtsverordnungen oder Satzungen i.S.v. § 47 I Nr. 2 VwGO. Letzteres wiederum setzt eine landesrechtliche Bestimmung im Sinne dieser Vorschrift voraus.[117] Bundesrechtliche Rechtsverordnungen oder Satzungen scheiden aus. Außerdem muss es sich um eine schon existierende, d. h. veröffentlichte Rechtsnorm handeln.[118] Wird die gerichtliche Anordnung beantragt, eine Rechtsvorschrift vorläufig nicht zu erlassen oder die Geltungsdauer einer nur befristet geltenden Rechtsvorschrift vorläufig nicht zu verlängern, ist § 123 VwGO einschlägig. Dies gilt auch, wenn die künftige Rechtsvorschrift in den Anwendungsbereich des § 47 I VwGO fiele.[119]

Der Antragsteller muss analog § 47 II 1 VwGO **antragsbefugt** sein. Anders als im Anordnungsverfahren nach § 123 VwGO wird im Verfahren nach § 47 VI VwGO im allgemeinen nicht zwischen Anordnungsanspruch und Anordnungsgrund differenziert.[120] Dies beruht darauf, dass die Begründetheit eines Normenkontrollantrags nach § 47 I, II VwGO, anders als die anderen Hauptsacheklagen, nicht voraussetzt, dass der Antragsteller in eigenen Rechten verletzt ist bzw. einen materiell-rechtlichen Anspruch hat.

1540

1541

---

[116] Rn. 1405 f.
[117] Dazu oben Rn. 1408.
[118] VGH München NVwZ-RR 2000, 469; VGH Mannheim NVwZ 1998, 527; *Kopp/Schenke*, § 47 Rn. 149 a. E.
[119] Unzutreffende Argumentation deshalb von OVG Lüneburg NordÖR 2015, 456.
[120] Anders soweit ersichtlich lediglich *Schoch*, in: Schoch/Schneider/Bier, § 47 Rn. 159 ff.

Die Verwendung des Terminus „Anordnungsanspruch" empfiehlt sich daher nicht. In der Sache besteht freilich kein Unterschied zur Prüfung der Antragsbefugnis im Anordnungsverfahren nach § 123 VwGO. Denn auch im Verfahren nach § 47 VI VwGO ist die analog § 47 II 1 VwGO erforderliche Antragsbefugnis nur unter den beiden nachfolgend genannten Voraussetzungen gegeben.

1542 (1) Ist der Antragsteller **eine natürliche oder juristische Person,** muss er durch die Rechtsvorschrift selbst oder durch ihren Vollzug (in absehbarer Zeit) möglicherweise in seinen Rechten verletzt sein. Stellt eine **Behörde** den Antrag – hierzu ist sie analog § 47 II 1 VwGO berechtigt –, genügt es, wenn die angegriffene Rechtsvorschrift möglicherweise rechtswidrig ist und die Behörde die Rechtsvorschrift bei der Wahrnehmung ihrer Aufgaben beachten muss.

(2) Zum anderen muss der Antragsteller Umstände vortragen, die belegen, dass der Erlass einer einstweiligen Anordnung zur Abwehr schwerer Nachteile oder aus anderen wichtigen Gründen dringend geboten ist. Diese zweite Voraussetzung der Antragsbefugnis folgt aus dem Wortlaut von § 47 VI VwGO und entspricht dem **Anordnungsgrund**.[121]

1543 Richtiger Antragsgegner (passive Prozessführungsbefugnis) ist analog § 47 II 2 VwGO die Körperschaft, Anstalt oder Stiftung, die die Rechtsvorschrift erlassen hat, **nicht dagegen die vollziehende Behörde.**[122] Die weitergehende Auffassung, wonach Antragsgegner auch die vollziehenden Behörden sein können,[123] verkennt, dass sich die einstweilige Anordnung nach § 47 VI VwGO nicht gegen die einzelnen behördlichen Vollzugsakte, sondern gegen die Rechtsnorm als solche richtet. § 78 VwGO ist nicht, auch nicht analog anwendbar; dies gilt insbesondere für § 78 I Nr. 2 VwGO.

1544 Die Beteiligungs- und Prozessfähigkeit richtet sich zwar grundsätzlich nach §§ 61, 62, 67 VwGO.[124] Zu beachten ist allerdings § 47 II 1, 2 VwGO, der sich auch auf die Beteiligungsfähigkeit auswirkt.

Zuständig ist das Gericht der Hauptsache, dies ist das örtlich zuständige OVG. Eine Zuständigkeit des BVerwG kommt grundsätzlich nicht in

---

[121] Ebenso *Schoch,* in: Schoch/Schneider/Bier, § 47 Rn. 160, der den Antragsgrund allerdings nur als Kriterium der Begründetheit und nicht der Antragsbefugnis (vgl. Rn. 148) nennt; auch nach *Finkelnburg/Dombert/Külpmann,* Rn. 561 genügt die Möglichkeit einer Rechtsverletzung.

[122] *Finkelnburg/Dombert/Külpmann,* Rn. 562; *Schoch,* in: Schoch/Schneider/Bier, § 47 Rn. 150.

[123] VGH Mannheim NJW 1977, 1212; *Schmitt Glaeser/Horn,* Rn. 451 Rn. 21; *Bickel,* NJW 1977, 1934f.

[124] Für die Anwendbarkeit der §§ 61, 62 VwGO ausdrücklich auch *Hufen,* § 34 Rn. 5.

§ 33. Vorläufiger Rechtsschutz

Betracht, weil ein Rechtsbehelf gegen Beschlüsse des OVG nach § 47 VI VwGO ausgeschlossen ist, §§ 132 I, 152 I VwGO.[125]

Ein Antrag nach § 47 VI VwGO ist zwar grundsätzlich nicht fristgebunden. Ist aber die Jahresfrist des § 47 II 1 VwGO für einen Normenkontrollantrag gegen die Rechtsvorschrift abgelaufen, kann auch kein Antrag nach § 47 VI VwGO mehr gestellt werden.[126]

Die Zulässigkeit eines Antrags nach § 47 VI VwGO setzt nicht voraus, dass bereits ein Normenkontrollantrag nach § 47 I VwGO gestellt worden ist.[127]

Die Voraussetzungen des **allgemeinen Rechtsschutzbedürfnisses** sind umstritten. Zum Teil wird das allgemeine Rechtsschutzbedürfnis verneint, wenn der Antragsteller sich gegen die einzelnen Vollzugsakte der Rechtsvorschrift nach §§ 80, 80a VwGO bzw. nach § 123 VwGO (insbesondere gegen bevorstehende Vollzugsakte) wehren kann.[128] Diese Auffassung ist abzulehnen. Ebenso wie die Möglichkeit der Anfechtungsklage gegen einzelne Vollzugsakte nicht das Rechtsschutzbedürfnis für einen Normenkontrollantrag gegen die vollzogene Rechtsvorschrift ausschließt, steht die Möglichkeit vorläufigen Rechtsschutzes nach §§ 80, 80a, 123 VwGO gegen den konkreten Normenvollzug nicht dem Rechtsschutzbedürfnis für einen Antrag nach § 47 VI VwGO entgegen.[129]

1545

---

[125] Das BVerwG ist auch nicht zuständig, wenn es in der Revisionsinstanz über ein Urteil des OVG im Normenkontrollverfahren nach § 47 I VwGO entscheidet und erst dann ein Antrag auf Erlass einer einstweiligen Anordnung gestellt wird, *Schoch*, in: Schoch/Schneider/Bier, § 47 Rn. 174; ebenso zur früheren Vorlage zum BVerwG nach § 47 V VwGO a.F. BVerwGE 58, 179 (180); a.A. BVerwG NVwZ 1998, 1065; *Kopp/Schenke*, § 47 Rn. 158; *Schmidt*, in: Eyermann, § 47 Rn. 110; *Finkelnburg/Dombert/Külpmann*, Rn. 573; das BVerwG ist nur dann zuständig, wenn es aufgrund besonderer Bestimmungen zum Normenkontrollgericht erklärt worden ist, dazu *Schoch*, a.a.O., Rn. 175.

[126] *Finkelnburg/Dombert/Külpmann*, Rn. 566.

[127] *Schoch*, in: Schoch/Schneider/Bier, § 47 Rn. 146 m.w.N.; *Finkelnburg/ Dombert/Külpmann*, Rn. 567.

[128] Z.B. VGH München BayVBl. 1996, 732; OVG Münster DVBl. 1981, 687; *Hufen*, § 34 Rn. 8.

[129] VGH München BayVBl. 2007, 145; NVwZ-RR 2000, 417; OVG Lüneburg NVwZ 2002, 109; VGH Kassel DVBl. 1989, 887; *Schoch*, in: Schoch/Schneider/Bier, § 47 Rn. 151; *Kopp/Schenke*, § 47 Rn. 149; nach *Finkelnburg/Dombert/Külpmann*, Rn. 589 ist zwar das Rechtsschutzbedürfnis nicht ausgeschlossen, es kann aber der Anordnungsgrund („schwerer Nachteil") entfallen.

3. Begründetheit eines Antrags nach § 47 VI VwGO

1546 Überwiegende Rechtspraxis und h.M. verfahren wie folgt:[130] Ist bzw. wäre ein Normenkontrollantrag offensichtlich unzulässig oder offensichtlich unbegründet, ist der Antrag nach § 47 VI VwGO unbegründet. Ist bzw. wäre ein Normenkontrollantrag nicht offensichtlich unzulässig oder unbegründet, wird eine reine **Folgenabwägung** vorgenommen. Danach ist der Antrag nach § 47 VI VwGO begründet, wenn die Folgen, die voraussichtlich einträten, wenn keine einstweilige Anordnung erginge, für den Antragsteller einen schweren Nachteil bedeuteten. Schließlich soll der Antrag auch ohne derartige schwere Nachteile für den Antragsteller begründet sein, wenn eine einstweilige Anordnung aus anderen wichtigen Gründen dringend geboten ist. Diese Voraussetzung wird vor allem im Falle der offensichtlichen Rechtswidrigkeit der Rechtsvorschrift bejaht.[131]

1547 Dieses Abwägungsmodell, das zudem rechtlichen Bedenken begegnet,[132] ist jedenfalls in **Prüfungsarbeiten** kaum praktikabel. Die Frage der Rechtmäßigkeit der in Rede stehenden Rechtsvorschrift darf nicht offenbleiben. Andererseits kann man in einer Prüfungsarbeit kaum sagen, die Rechtsvorschrift sei zwar rechtswidrig, dies sei aber nicht offensichtlich, deshalb müsse nunmehr eine im einzelnen zudem sehr komplizierte Folgenabwägung vorgenommen werden.

In Prüfungsarbeiten empfiehlt sich folgendes Modell: Ist die Rechtsvorschrift rechtswidrig[133] und droht dem Antragsteller im Falle des Nichterlasses ein schwerer Nachteil – d.h. Folgen, die später nicht oder nur unter unzumutbaren Schwierigkeiten rückgängig gemacht werden können –, ist der Antrag begründet. Ist die Rechtsvorschrift dagegen rechtmäßig, ist der Antrag unbegründet.

Beachte: Die Begründetheit einer Normenkontrolle nach § 47 VwGO setzt nicht voraus, dass der Antragsteller durch die angegriffene Rechtsvorschrift in eigenen Rechten verletzt ist. Gleiches gilt deshalb auch für die Begründetheit eines Antrags nach § 47 VI VwGO.

---

[130] Dazu mit vielen w.N. *Schoch,* in: Schoch/Schneider/Bier, § 47 Rn. 153 f.; *Finkelnburg/Dombert/Külpmann,* Rn. 590 ff.; vgl. auch BayVGH BayVBl. 2007, 146; (zu) restriktiv VGH Kassel NVwZ 2007, 108.

[131] *Finkelnburg/Dombert/Külpmann,* Rn. 601, 604.

[132] Kritik üben vor allem *Schoch,* in: Schoch/Schneider/Bier, § 47 Rn. 155 ff.; *Finkelnburg/Dombert/Külpmann,* Rn. 598 ff.

[133] Insoweit ist auch die Beschränkung des Prüfungsmaßstabes nach § 47 III VwGO zu beachten.

§ 34. Rechtsmittel und Wiederaufnahme des Verfahrens

Literatur: *Gaier*, Verfassungsrechtliche Vorgaben für die Zulassung der Berufung im Verwaltungsstreitverfahren, NVwZ 2011, 385; *Geis/Thirmeyer*, Die Berufung im Verwaltungsprozess, JuS 2013, 517; *dies.*, Revision und Beschwerde im Verwaltungsprozess, JuS 2013, 799; *Széchényi*, Grundfälle zu den Rechtsmitteln nach der VwGO, JA 2013, 220.

Rechtsmittel sind förmliche Rechtsbehelfe, durch die **gerichtliche Entscheidungen** vor Eintritt der Rechtskraft vor eine **höhere gerichtliche Instanz** zur Überprüfung gebracht werden können. Rechtsmittel in diesem Sinn sind die **Berufung** (§§ 124 ff. VwGO), die **Revision** (§§ 132 ff. VwGO) und die **Beschwerde** (§§ 146 ff. VwGO). 1548

Die **Berufung**[1] ist nur gegen **Urteile der Verwaltungsgerichte** statthaft. Zuständig für die Entscheidung über die Berufung ist das OVG. Die Berufung ist nur zulässig, wenn sie vorher vom Verwaltungsgericht oder vom OVG zugelassen wurde, § 124 I VwGO **(Zulassungsberufung)**: Die Zulassungsgründe sind in § 124 II VwGO genannt (vgl. aber auch die Einschränkung in § 124a I 1 VwGO). Eine zulässige Berufung führt zu einer umfassenden Überprüfung des angegriffenen Urteils in **tatsächlicher** und **rechtlicher** Hinsicht.

Die **Revision** ist grundsätzlich nur gegen Urteile des OVG und dessen Normenkontrollentscheidungen nach § 47 VwGO statthaft, § 132 I VwGO. Unter den Voraussetzungen des § 134 VwGO kann auch gegen das Urteil eines Verwaltungsgerichts Revision zum BVerwG eingelegt werden. Die Berufung wird dann übersprungen **(Sprungrevision)**. Zuständig für die Entscheidung über die Revision ist das BVerwG. Auch die Revision ist nur zulässig, wenn sie vorher vom OVG oder vom VG zugelassen wurde, §§ 132 I, 134 I VwGO **(Zulassungsrevision)**. Die Zulassungsgründe nennt § 132 II VwGO. Anders als im Falle der Nichtzulassung der Berufung durch das OVG (lässt das VG die Berufung nicht zu, kann Zulassungsantrag gestellt werden, über den nach § 124a V VwGO das OVG entscheidet) kann gegen die Nichtzulassung der Revision aber Beschwerde zum BVerwG erhoben werden, §§ 132 I, 133 VwGO. Auf diese **Nichtzulassungsbeschwerde** hin kann das BVerwG die Revision zulassen. Eine zulässige Revision führt nur zu einer **rechtlichen** Überprüfung der angegriffenen Entscheidung durch das BVerwG. Eine Überprüfung der Tatsachenfeststellungen erfolgt nicht. 1549

---

[1] Dazu näher *Niesler*, JuS 2007, 728 ff.

1550 Die **Beschwerde** ist grundsätzlich nur gegen **Beschlüsse** der Verwaltungsgerichte statthaft, § 146 VwGO (gegen Entscheidungen des OVG ist die Beschwerde nur in den Fällen des § 152 VwGO statthaft). Hilft ihr das Verwaltungsgericht nicht ab, entscheidet das OVG. Eine zulässige Beschwerde führt zu einer umfassenden **tatsächlichen und rechtlichen** Überprüfung der angegriffenen Entscheidung.

Rügt eine Partei einen Verstoß gegen den Anspruch auf rechtliches Gehör (Art. 103 I GG) und kann diese Rüge mit einem anderen in der VwGO vorgesehenen Rechtsbehelf (Berufung, Revision, Beschwerde) nicht geltend gemacht werden – dies gilt insbesondere für Entscheidungen des BVerwG –, ist nach § 152a VwGO die Anhörungsrüge zum Ausgangsgericht möglich. Unzulässig ist die Anhörungsrüge allerdings dann, wenn der Verstoß gegen den Anspruch auf rechtliches Gehör mit einem anderen Rechtsbehelf hätte gerügt werden können, dies aber vom Betroffenen versäumt wurde und der andere Rechtsbehelf nun deshalb nicht mehr zulässig ist.

1551 Die **Wiederaufnahme des Verfahrens (= Wiederaufnahmeklage)** nach § 153 VwGO – nicht zu verwechseln mit dem Wiederaufgreifen des (Verwaltungs-)Verfahrens nach § 51 VwVfG – ist kein klassisches Rechtsmittel, sondern ein **außerordentlicher Rechtsbehelf.** Er ermöglicht die Korrektur bereits **rechtskräftiger** gerichtlicher Entscheidungen. § 153 I VwGO verweist auf die §§ 578–591 ZPO. Das Gesetz (s. § 153 II VwGO) unterscheidet zwischen Nichtigkeits- und Restitutionsklage.

Mit der **Nichtigkeitsklage** (Erscheinungsform der Wiederaufnahmeklage) nach § 153 II VwGO i.V.m. § 579 ZPO können die in § 579 ZPO genannten schwerwiegenden Verfahrensmängel geltend gemacht werden. Liegt ein solcher Mangel vor, muss die angegriffene Entscheidung ohne Rücksicht auf die Ursächlichkeit des Rechtsverstoßes für den Inhalt der Entscheidung aufgehoben werden; die Hauptsache ist dann neu zu entscheiden, § 153 I VwGO i.V.m. § 590 I ZPO.

Mit der **Restitutionsklage** (Erscheinungsform der Wiederaufnahmeklage) nach § 153 II VwGO i.V.m. § 580 ZPO kann eine Aufhebung der angegriffenen Entscheidung und Neuentscheidung der Hauptsache erreicht werden, soweit ein in § 580 ZPO genannter Restitutionsgrund vorliegt und sich auf den Inhalt der angegriffenen Entscheidung ausgewirkt hat.

Die Gerichtszuständigkeit bestimmt sich nach § 153 I VwGO i.V.m. § 584 ZPO. Gegen die Entscheidung über die Wiederaufnahmeklage sind die Rechtsbehelfe der Berufung und Revision statthaft, § 153 I VwGO i.V.m. § 591 ZPO.

Sachverzeichnis

Die Zahlen beziehen sich auf die jeweiligen Randnummern

Abhilfebescheid 1356
Adressatentheorie 1352
Akte wertender Erkenntnis 372 ff.
– gerichtliche Kontrolle 372 ff.
Akteneinsichtsrecht 951 f.
Allgemeinverfügungen 464 ff.
– Arten 470 ff.
  – benutzungsregelnde 471
  – personenbezogene 468 f.
  – sachbezogene 470
– Bedeutung 467
– Begriff 466
– Sammelverwaltungsakt, Abgrenzung zum 469
Amt 204 ff.
Amtshaftung 1053 ff.
– Amtspflicht 1065 ff.
– Amtspflichtverletzung 1076 ff.
– Art und Umfang des Schadensersatzes 1093 f.
– Ausübung eines öffentlichen Amtes 1055 ff.
– Beamter im haftungsrechtlichen Sinn 1055
– Bebauungspläne, rechtswidrige 1073
– bestandskräftiger Verwaltungsakt 1100 f.
– Drittrichtung der Amtspflicht 1066 ff.
– gegenüber anderen Verwaltungsträgern 1075
– gerichtlicher Prüfungsumfang 1099 ff.
– haftender Hoheitsträger 1096 ff.
– Haftungsausschluss 1086 ff.
– Kausalität 1085
– Kollegialgerichts-Richtlinie 1082
– Nichtergreifen von Rechtsmitteln, § 839 III BGB 1090 ff.
– normatives Unrecht 1069 ff.
– öffentlich-rechtliches Handeln 1056 ff.
– Passivlegitimation 1096 f.
– privatrechtliches Handeln 1056 ff., 1103 ff.
– Rechtsgrundlage 1054
– Rechtsweg 1098
– Richterspruchprivileg, § 839 II BGB 1088
– Sachverständigenhaftung 1057, 1068
– Schaden 1084
– Subsidiaritätsklausel (Verweisungsprivileg), § 839 I 2 BGB 1086 f.
– Unterlassen 1063
– Verjährung 1095
– Verschulden 1079 ff.
  – objektivierter Verschuldensmaßstab 1079
  – Organisationsverschulden 1083
– Verwaltungsvorschriften
  – Haftung für Erlass von 1071
  – Haftung für Verstoß gegen 1067
Amtswalter 205
Anfechtungsklage 1350 ff.
– Begründetheit 1377 f.
– Beklagter, richtiger 1333 ff.
– Beteiligungsfähigkeit 1344 ff.
– Frist 1376
– isolierte 1380
– Klagebefugnis 1351 ff.
– Prozessfähigkeit 1347 f.
– Statthaftigkeit 1350
– Vorverfahren 1354 ff. (s. Widerspruchsverfahren)
Anhörung 950
– Nachholen 634
Anhörungsrüge 1550
Anliegergebrauch 985
Anliegerrecht 986 ff.
Anschluss- und Benutzungszwang 1269
Anstalten des öffentlichen Rechts 188 f.
– bundesunmittelbare 216 f.
– landesunmittelbare 223
Anstaltsgebrauch 995 ff.
antizipierte Verwaltungspraxis 872
Antragsprinzip 947

Anwendungsvorrang des Unionsrechts 161 ff.
Aufhebung von Verwaltungsakten 673 ff.
Auflage 651 ff., 720
– modifizierende 657 ff., 665
Auflagenvorbehalt 654
Aufopferungsansprüche 1181 ff.
– Anspruchsgegner 1198
– Anspruchsvoraussetzungen 1186 ff.
– Art und Umfang der Entschädigung 1196
– aufopferungsgleicher Eingriff 1182
– Begriff 1181
– Eingriff in immaterielle Rechte 1187 ff.
– Gemeinwohlbezug 1191
– legislative Folgen 1195
– Mitverschulden 1194
– Rechtsgrundlage 1185
– Rechtsweg 1199
– Sonderopfer 1193
– Unmittelbarkeit 1191
– Unterlassen 1186, 1189
– Verjährung 1197
– Vermögensschaden 1192
Aufrechnung 456
aufschiebende Wirkung 1476 ff.
– Ausnahmen vom Eintritt 1482
– behördliche Aussetzung der Vollziehung 1490 f.
– Eintritt 1479
– gerichtliche Anordnung oder Wiederherstellung der a. W. 1496 ff.
 (s. näher sofortige Vollziehung, gerichtl. Anordnung)
– Folgen 1479
– Vollziehbarkeitstheorie 1478
– Voraussetzungen 1480 f.
– Wirksamkeitstheorie 1477 f.
Aufträge, öffentliche
– Vergabe 936 ff.
Auskunft 524
– Auskunftsrecht 954
Aussetzung der sofortigen Vollziehung
– behördliche 1490 ff.
 (s. näher sofortige Vollziehbarkeit, behördl. Aussetzung)
– gerichtliche 1496 ff.

 (s. näher sofortige Vollziehbarkeit, gerichtl. Anordnung oder Wiederherstellung der a. W.)
Austauschverträge 799 ff.
– hinkende 799

beamtenrechtliche Eignungs- und Leistungsbeurteilungen 371
– gerichtliche Kontrolle 371
Beamtenverhältnis 1285 ff.
– Beamtenbewerberverhältnis 1290
– Fürsorgepflichtverletzung 1287
– Schadensersatzansprüche 1285 ff.
 – Rechtsweg 1289
Bedingung 647 ff.
– auflösende 648
– aufschiebende 647
– Potestativbedingung 649
Befristung 646
Behörde 199 ff., 206 f., 209, 211
– Bundesmittelbehörden 213
– Bundesoberbehörden 214
– Bundesunterbehörden 213
– höhere oder obere Landesbehörden 220
– im formell-organisatorischen Sinn 202 f.
– im materiellen (funktionellen) Sinn 200 f.
– Landesoberbehörden 222
– Oberste Bundesbehörden 213
– Oberste Landesbehörden 220
– Sonderbehörden 221
– untere Landesbehörden 220
Beihilfen (EU) 749 ff.
Beitreibung 1013
Beklagter, richtiger 1333 ff.
– Organstreit 1471
Beliehene 192 ff., 210, 1097
Benutzungs- und Leistungsverhältnisse 1269 ff.
– Haftungsausschluss 1271
– Schadensersatzansprüche 1270
Beratung
– Recht auf 954
Berufung 1548
Bescheidungsklage 393, 1381
Bescheidungsurteil 345, 1381
Beschwerde 1550
besondere Gewaltverhältnisse 293 ff.
– Grundrechtsgeltung 293 ff.

Sachverzeichnis

- und Vorbehalt des Gesetzes 293 ff.
- Rechtsschutz 486 ff.

Bestandskraft von Verwaltungsakten 563 ff.

Bestimmtheitsgrundsatz 227 f., 607

Beteiligungsfähigkeit
- im Verwaltungsprozess 1344 ff.
- im Verwaltungsverfahren 948

Betriebsverhältnis 488

Beurteilungsfehler 378 f.

beurteilungsfehlerfreie Entscheidung 390 ff.
- Anspruch auf 390 ff.
- formelles subjektives öffentliches Recht 391 f.

Beurteilungsspielraum 351 ff.
- Beurteilungsfehler 378 f.
- beurteilungsfehlerfreie Entscheidung, Anspruch auf 390 ff.
- Einräumung 357 ff., 361 ff.
- Fallgruppen 361 ff.
  - beamtenrechtliche Eignungs- und Leistungsbeurteilungen 371
  - höchstpersönliche Akte wertender Erkenntnis 372 ff.
  - Prognose- und Risikoentscheidungen 376
  - prüfungs- und prüfungsähnliche Entscheidungen 362 ff.
- gerichtliche Kontrolle 356, 377
- Mischtatbestände (Koppelungsvorschriften) 380 ff.
- normative Ermächtigungslehre 357

Beweislast, materielle 949

Bundesverwaltung 178, 213 ff.
- mittelbare 216 ff.
- unmittelbare 213 ff.

Bußgeldbescheid 1329

Darlehen 913 ff.
Daseinsvorsorge 10
Demonstration, Auflösungsverfügung
- als Allgemeinverfügung 459, 461, 468

Dienstplan 893

Dritt- oder Doppelwirkung (s. auch Verwaltungsakt: Dritt- oder Doppelwirkung) 241 f.

Durchführungsverbot (Art. 108 III 3 AEUV) 759 ff., 818

Effizienzgebot 255
Eigenbetrieb 906 Fn. 27
Eigengesellschaft 906 Fn. 27
Eingriffsverwaltung 10, 589 f.
einheitliche Stelle 957 f.
Einheitstheorie 786
Einrichtung, öffentlich-rechtliche 919 ff., 997, 1269 ff.

einstweilige Anordnung (§ 123 VwGO) 1523 ff.
- Anordnungsanspruch 1530
- Anordnungsgrund 1531
- Antragsbefugnis 1529 ff.
- Begründetheit eines Antrages 1534 ff.
- EU-Recht, widersprechendes 1537
- Glaubhaftmachung 1534
- Rechtsschutzbedürfnis 1533
- Regelungsanordnung 1528
- Sicherungsanordnung 1527
- Statthaftigkeit 1526 ff.
- überschießende Anordnung 1535 f.
- Vorwegnahme der Hauptsache 1535 f.
- Zulässigkeit eines Antrages 1525 ff.

einstweilige Anordnung (§ 47 VwGO) 1539 ff.
- Antragsbefugnis 1541 f.
- Antragsgegner 1543
- Begründetheit eines Antrages 1546 f.
- Rechtsschutzbedürfnis 1545
- Statthaftigkeit 1540
- Zulässigkeit eines Antrages 1540 ff.

Einvernehmen, gemeindliches 507, 509, 511, 1068

Einwirkungsanspruch 924 f., 934

Einziehung öffentlicher Straßen 967

Endiviensalat-Fall 468

enteignender Eingriff, Entschädigung 1161 ff.
- Anspruchsvoraussetzungen 1164 ff.
- Begriff 1161 f.
- Eigentumseingriff 1165 f.
- legislative Folgen 1172 f.
- Mitverschulden 1174
- Rechtmäßigkeit des öffentlich-rechtlichen Handelns 1167 ff.
- Rechtsgrundlage 1163
- Sonderopfer 1170 f.
- Unmittelbarkeit des Eigentumseingriffs 1165 f.

Enteignung, Enteignungsentschädigung 1110 ff.

- Abgrenzung zur Inhalts- und Schrankenbestimmung 1118 ff.
- Anspruchsgegner 1131
- Anspruchsvoraussetzungen 1112 ff.
- Art und Umfang der Entschädigung 1130
- Eigentumsbegriff 1113 ff.
- Eigentumseingriff 1113 ff.
- Enteignungsbegriff 1121, 1123
  - entschädigungsrechtlicher 1110
  - staatsrechtlicher 1110
- Gemeinwohlinteresse 1125
- gesetzliche Entschädigungsregelung 1126 f.
- Güterbeschaffungsvorgang 1123
- Rechtsweg 1132
- salvatorische Entschädigungsklausel 1127
- Verjährung 1130

enteignungsgleicher Eingriff, Entschädigung 1133 ff.
- Anspruchsgegner 1159
- Anspruchsvoraussetzungen 1137 ff.
- Begriff 1133
- Eigentumseingriff 1139 f.
- Gemeinwohlbezug 1147
- legislatives Unrecht 1148 ff.
- Mitverschulden 1156
- öffentlich-rechtliches Handeln 1137 f.
- Rechtsgrundlage 1133 ff.
- Rechtsweg 1160
- Rechtswidrigkeit des Eingriffs 1145
- Sonderopfer 1146
- Unmittelbarkeit des Eingriffs u. der Eingriffsfolgen 1141 ff.
- Unterlassen 1138, 1140
- Verjährung 1158
- Vorrang des Primärrechtsschutzes 1154 f.

Erledigung von VA 1422

Ermessen 311 ff.
- Auswahlermessen 315
- Begriff u. gesetzliche Einordnung 311 ff.
- Einräumung 316 ff.
- Entschließungsermessen 314 f.
- Ermessensfehler 328 ff.
  - Ermessensfehlgebrauch 330 ff.
    - Abwägungsdefizit 332
    - Ermessensmissbrauch 333
    - Zweckverfehlung 331
  - Ermessensnichtgebrauch 328

- Ermessensüberschreitung 329
- Ermessensunterschreitung 328
- Folgen 337 ff.
  - Anfechtungsklage 337 ff.
  - im Planungsrecht, 344
  - mehrfach begründete Ermessensentscheidungen 342
  - Verpflichtungsklage 345 ff.
  - Verstöße gegen Grundrechte und allgemeine Rechtsgrundsätze 334 f.
- ermessensfehlerfreie Entscheidung, Anspruch auf 390 ff.
- Ermessensreduzierung auf Null 336, 338
- freies 325
- Grenzen 324 ff.
- intendiertes 322 f.
- Mischtatbestände (Koppelungsvorschriften) 380 ff.
- pflichtgemäßes 325
- Sollvorschriften 320 f.

ermessensfehlerfreie Entscheidung 390 ff.
- Anspruch auf 390 ff.
- formelles subjektives öffentliches Recht 391 f.

Ersatzvornahme 1031 f.

Ersatzzwangshaft 1034

Erstattungsanspruch, öffentlich-rechtlicher 1235 ff.
- Annexantrag (§ 113 I 2 VwGO analog) 1255
- Anspruchsvoraussetzungen 1240 ff.
- Begriff 1235
- Erstattungsumfang 1249
- Konkurrenzen 1240
- nach § 49a VwVfG 729 ff.
- öffentlich-rechtliche Rechtsbeziehung 1242 ff.
- prozessuale Durchsetzung 1255 ff.
- Rechtsgrundlage 1238 f.
- Rechtsgrundlosigkeit 1247 f.
- Saldotheorie 1252 f.
- Treu und Glauben 1253
- VA-Befugnis der Behörde 1256 ff.
- Verhältnis zum Folgenbeseitigungsanspruch 1236 f.
- Verjährung 733, 1254
- Vermögensverschiebung 1241
- Wegfall der Bereicherung 1250 ff.

– zu Unrecht überwiesene Beamtenbezüge 1244 ff.
Erstattungsbescheid 733
erwerbswirtschaftliche Tätigkeit des Staates 908
EU-rechtlicher Staatshaftungsanspruch 1305 ff.
– Anspruchsstruktur 1312 ff.
– Anspruchsvoraussetzungen 1314 f.
– Begriff und Rechtsgrundlage 1309 f.
– Rechtsnatur 1310 f.
europäisches Unionsrecht (EU-Recht) 141 ff.
– allgemeine Rechtsgrundsätze 144
– Anwendungsvorrang 134 ff., 161 ff.
– Beschlüsse 158
– Empfehlungen und Stellungnahmen 159
– EU-rechtlicher Staatshaftungsanspruch (s. auch dort) 1305 ff.
– primäres 143 ff.
– Rangordnung 160
– Richtlinien 148 ff. (s. auch dort)
– sekundäres 146 ff.
– Verhältnis zum nationalen Recht 134 ff., 161 ff.
– Verordnungen 147

Feststellungsklage 1395 ff.
– atypische 1398
– Begründetheit 1404
– Beklagter, richtiger 1342 f.
– Feststellungsinteresse 1402
– Klagebefugnis 1403
– Nichtigkeitsfeststellungsklage 1395, 1398, 1399
– Rechtsverhältnis 1395 f.
– Statthaftigkeit 1395 ff.
– Subsidiarität 1399 ff.
– vorbeugende 1445
 – Begründetheit 1451
 – Klagebefugnis 1447
 – Rechtsschutzbedürfnis, besonderes 1448 ff.
 – Subsidiarität 1445
Fiktiver Verwaltungsakt 433, 537
fiskalische Hilfsgeschäfte 907
Flächennutzungsplan 893, 1410
Folgenbeseitigungsanspruch 1201 ff.
– allgemeiner Folgenbeseitigungsanspruch 1203

– Annexantrag (§ 113 I 2 VwGO) 1227 ff.
– Anspruchsgegner 1226
– Anspruchsvoraussetzungen 1205 ff.
– Begriff 1201
– Folgenentschädigung 1221 f.
– Geldersatz 1219 f.
– gleichwertiger Zustand 1214
– Mitverschulden 1219 f.
– normatives Unrecht 1223 f.
– öffentlich-rechtliches Handeln 1205
– prozessuale Durchsetzung 1227
– Rechtseingriff 1206
– Rechtsgrundlage 1204
– Rechtsgrundlosigkeit der Folgen 1210 ff.
– Rechtswidrigkeit der Folgen 1209
– Tatsachenbehauptungen 1214, 1231
– Unmittelbarkeit der Folgen 1207 f.
– Unmöglichkeit der Folgenbeseitigung 1213 ff.
– Unterlassen 1205
– Verjährung 1225
– Verhältnis zum öffentlich-rechtlichen Erstattungsanspruch 1236 f.
– Vollzugsfolgenbeseitigungsanspruch 1202
– Werturteile 1214
– Zumutbarkeit der Folgenbeseitigung 1216 ff.
formelles subjektives öffentliches Recht 391 f.
– auf ermessens- bzw. beurteilungsfehlerfreie Entscheidung 391 f.
Formenwahlfreiheit der Verwaltung 903, 920
förmliches Verwaltungsverfahren 943
Fortsetzungsfeststellungsklage 1421 ff.
– Begründetheit 1435
– Beklagter, richtiger 1342
– Feststellungsinteresse 1426 f.
– Klagebefugnis 1425
– Klagefrist 1432 ff.
– Statthaftigkeit 1421 ff.
– Vorverfahren 1428 ff.

Gemeingebrauch von öffentlichen Sachen 973 ff.
– gesteigerter 985
– kommunikativer (Verkehr) 981

- Sondernutzung von Sachen im Gemeingebrauch 976 ff.
Gemeinwohlbezug 252 ff.
Genehmigungsfiktion 537
Gerichtszuständigkeiten 1331 f.
- örtliche 1332
- sachliche 1331
Geschäftsführung ohne Auftrag, öffentlich-rechtliche 1274 ff.
- Anwendbarkeit der bürgerlich-rechtlichen GoA-Vorschriften 1278 ff.
- Begriff 1274
- Fallgruppen 1275 ff.
- Unterscheidung zur privatrechtlichen GoA 1283 f.
Gesetze
- formelle 88
- materielle 89 ff.
- Rechtsfolgenseite 311
- self-executing 303
- Tatbestand 311
gesetzesakzessorische Verwaltung 10
gesetzesfreie Verwaltung 10
Gesetzmäßigkeit der Verwaltung 256 ff.
- Vorbehalt des Gesetzes 259 ff.
- Vorrang des Gesetzes 257 f.
Gestaltungsklage, allgemeine 1464 Fn. 96
Gestattung 990 f.
Gewährleistungsverwaltung 10
Gewässer 992 f.
Gewohnheitsrecht 105 ff.
Gleichbehandlungsgrundsatz 246 f.
- neue Formel 247
Grundrechte
- Abwehrrechte 403
- in mehrpoligen Rechtsverhältnissen 406 ff.
- Leistungsansprüche 404
- staatliche Schutzpflichten 405
grundrechtliche Gesetzesvorbehalte 262
Grundverhältnis 489
Güterbeschaffungsvorgang 1123

Handlungsfähigkeit 948
Handlungsformen 419 ff.
Handlungsgrundsätze 226 ff.
- Bestimmtheit 227 f.
- Effizienzgebot 255

- Gemeinwohlbezug 252 ff.
- Koppelungsverbot 251
- Treu und Glauben 248
- Verbot unzulässiger Rechtsausübung 248
- Verhältnismäßigkeit 229 ff.
- Vertrauensschutz 249 f.
- Willkürverbot 246
Hausrecht (Hausverbot) 1323
Heilung von Verfahrens- und Formfehlern 629 ff.
Hermes-Bürgschaften 915

Impermeabilitätstheorie 1453
Informationsfreiheitsgesetz 952
Inhalts- und Schrankenbestimmung
- ausgleichspflichtige 1176 ff.
- Begriff 1120, 1122 f.
- Rechtsweg 1179
Insichprozess 1453
Interessentheorie 1324
Interorganstreit 1456
Intraorganstreit 1456

Jahreswirtschaftsbericht 893
juristische Personen des öffentlichen Rechts 180 ff.
- Anstalten 188 f.
- Körperschaften 182 ff.
- Stiftungen 190
Justizverwaltungsakt 1329

Kehrseitentheorie 602
Klage sui generis 1437
Kollegialgerichts-Richtlinie 1082
Kommunalverfassungsstreit s. Organklagen, verwaltungsrechtliche
Kommunikativer Verkehr (Gemeingebrauch) 981
Konzentrationswirkung 945
Koppelungsverbot 251, 801
Koppelungsvorschriften (Mischtatbestände) 380 ff.
Körperschaften des öffentlichen Rechts 182 ff.
- bundesunmittelbare 216 f.
- Gebietskörperschaften 183
- landesunmittelbare 223
- Personalkörperschaften 184
- Realkörperschaften 185
- Verbandskörperschaften 186

- voll- und teilrechtsfähige Körperschaften 187
Krankenhausbedarfsplan 893

Landesverwaltung 178, 219 ff.
- allgemeine 220
- mittelbare 223 ff.
- unmittelbare 219 ff.

Legalitätsprinzip 947
Legislatives Unrecht (s. normatives Unrecht)
Leistungsklage, allgemeine 1390 ff.
- Begründetheit 1394
- Beklagter, richtiger 1342 f.
- kassatorische 1464
- Klagebefugnis 1391
- Rechtsschutzbedürfnis 1393
- Staat-Bürger-Klage 1390, 1392 f.
- Statthaftigkeit 1390 f.
- Unterlassungsklage (s. auch dort) 1444 ff.

Leistungsverwaltung 10, 591, 598
- und Vorbehalt des Gesetzes 285 ff.

Mischtatbestände (Koppelungsvorschriften) 380 ff.

Nachholen der Begründung (gem. § 45 I Nr. 2 VwVfG) 634
Nachschieben von Gründen (im Verwaltungsprozess) 634
Nassauskiesungsbeschluss 1134
Nebenbestimmungen zu Verwaltungsakten 643 ff.
- Akzessorietät 656
- Auflage 651 ff., 720
  - modifizierende 657 ff., 665
- Auflagenvorbehalt 654
- Bedingung 647 ff.
  - auflösende 648
  - aufschiebende 647
  - Potestativbedingung 649
- Befristung 646
- Rechtsnatur 655
- Rechtsschutz 665 ff.
- Widerrufsvorbehalt 650, 719
- Zulässigkeit 660 ff.

neue Formel 247
nichtförmliches (einfaches) Verwaltungsverfahren 942
Nichtigkeitsfeststellungsklage 1395
- Beklagter, richtiger 1342

- Statthaftigkeit 1395, 1398
- Subsidiarität, keine 1399

Nichtigkeitsklage 1551
Nichtigkeitstheorie 121
Nichtzulassungsbeschwerde 1549
normative Ermächtigungslehre 357
normatives/legislatives Unrecht (Verhalten)
- Amtshaftung 1069 ff.
- Aufopferungsanspruch 1195
- enteignender Eingriff 1172 f.
- enteignungsgleicher Eingriff 1148 ff.
- Folgenbeseitigungsanspruch 1223 ff.
- unionsrechtlicher Staatshaftungsanspruch 1305 ff.
- verstecktes 1153

Normenhierarchie 115 ff.
Normenkollision 118 ff.
- Nichtigkeitstheorie 121
- Vernichtbarkeitstheorie 122

Normenkontrolle (§ 47 VwGO) 1405 ff.
- Antragsbefugnis 1413 f.
- Antragsgegner 1411
- Antragsteller 1412
- Begründetheit 1417 ff.
- Beteiligtenfähigkeit 1412
- Frist 1415
- Prozessfähigkeit 1412
- Rechtsschutzbedürfnis 1416
- Statthaftigkeit 1407 ff.
- Verwaltungsrechtsweg 1405 f.

Normenpyramide 115 ff.
Normerlassklage 1438 ff.
Noten
- als Verwaltungsakt 453

Notifizierung 750 ff.

objektives Recht 394
öffentliche Einrichtungen
- Anschluss- und Benutzungszwang 926
- Begriff 919
- Betrieb durch juristische Personen des Privatrechts 923 ff.
- Zweistufentheorie 920 ff.

öffentliche Sache 961 ff.
- Anliegergebrauch 985
- Anliegerrecht 986 ff.
- Anstaltsgebrauch 995 ff.
- Aufhebung 967

- Begriff 961 ff.
- Dienstbarkeit, öffentlich-rechtliche 970 f.
- Einziehung 967
- Entstehung 964 ff.
- Finanzvermögen 963
- Gemeingebrauch von öffentlichen Sachen 973 ff.
  - gesteigerter 985
- Gestattung 990
- Gewässer 992 f.
- Indienststellung 966
- modifiziertes Privateigentum 969
- öffentlich-rechtlicher Status 970
- öffentliches Eigentum 972
- res sacrae 1003 f.
- Sonderbenutzung 999
- Sondergebrauch 992 ff.
- Sondernutzung von Sachen im Gemeingebrauch 976 ff.
- Sondernutzungserlaubnis 989 ff.
- Straßen (öffentliche) 976 ff.
- tatsächliche öffentliche Sachen 963
- Umwidmung 968
- Veräußerung 971
- Verwaltungsgebrauch 1001 f.
- Widmung 965, 970

öffentliches Eigentum 972

öffentliches Recht
- Abgrenzung zum Privatrecht 1321 ff.
  - Interessentheorie 1324
  - Sonderrechtstheorie 1324
  - Subordinationstheorie 1323
  - tatsächliches Handeln 1325
  - Zweistufentheorie 909 ff., 938, 1326

öffentlich-rechtlicher Vertrag nach §§ 54 ff. VwVfG 775 ff.
- Abgrenzungen 775 ff.
  - Staatskirchenverträge 782
  - Staatsverträge 777, 778
  - verfassungsrechtliche Verträge 778 f.
  - Verwaltungsabkommen 782
  - völkerrechtliche Verträge 776 f.
- Abwicklung 821 f.
- Anpassung an geänderte Verhältnisse 822
- Austauschverträge 799 ff.
- Begriffsmerkmale 784 ff.
  - auf dem Gebiet des öffentlichen Rechts 785 f.

- Begründung, Änderung oder Aufhebung eines Rechtsverhältnisses 787
- Vertrag 784
- Entscheidung über den Vertragsabschluss 784
- hinkende Verträge 799
- koordinationsrechtliche Verträge 794
- Koppelungsverbot 801
- Nichtigkeit 812 ff.
  - § 59 I VwVfG 815 ff.
  - § 59 II VwVfG 814
  - Folgen 820
  - Verstoß gegen EU-Recht 818
  - Verstoß gegen gesetzliche Verbote (§ 134 BGB) 816 ff.
- Rechtmäßigkeitsvoraussetzungen 803 ff.
  - Form 807 f.
  - materielle Rechtmäßigkeit 810 f.
  - Zulässigkeit der Vertragsform 804 f.
  - Zuständigkeiten 806
  - Zustimmung 809
- Rechtsweg 823
- Rechtswidrigkeit (Rechtsfolgen) 812 ff.
  - Anfechtbarkeit 812
  - Nichtigkeit 813 ff.
- subordinationsrechtliche Verträge 789 ff.
- Vergleichsverträge 795 ff.
- Vertragsarten 788 ff.
- Vertragsformverbot 804 f.
- verwaltungsrechtliche Verträge 783
- Verzicht auf die behördliche Beachtung von Rechtsvorschriften 811
- Zustandekommen 784

Offizialprinzip 947
Opportunitätsprinzip 947
Organ 208 ff.
organisationsrechtliche Gesetzesvorbehalte 263
Organklagen, verwaltungsrechtliche 1453 ff.
- Anfechtungsklage 1461 f.
- Begriff 1453 ff.
- Beklagter, richtiger 1471
- Beteiligungsfähigkeit 1472
- Feststellungsklage 1466, 1469
- Interorganstreit 1456

- Intraorganstreit 1456
- Klageart 1461 ff.
- Klagebefugnis 1468 ff.
- Kommunalverfassungsstreit 1455, 1460
  - Äußerungen, ehrverletzende 1458
  - Fraktionen 1459
  - Ordnungsgeld 1462
  - Rauchverbot 1462, 1470
  - Rederecht 1462
  - religiöse Symbole 1470
  - Sitzungsausschluss 1462
- Leistungsklage
  - allgemeine 1463 ff.
  - kassatorische 1464
- Normenkontrolle 1467
- Prozessfähigkeit 1473
- Verpflichtungsklage 1461 f.
- Verwaltungsrechtsweg 1457 ff.

Organwalter 212

Parlamentsvorbehalt 272 ff.
Passivlegitimation 1334 f.
Pläne 891 ff.
- Bebauungsplan 893
- Dienstplan 893
- Flächennutzungsplan 893
- Haushaltsplan 893
- Jahreswirtschaftsbericht 893
- Krankenhausbedarfsplan 893
- Planfeststellungsbeschluss 893
- Raumordnungsprogramm 893
- Regionalplan 893, 1410
- Zielvereinbarungen 893

Planfeststellungsverfahren 944 ff.
Plangenehmigung 946
Planungsermessen 386
Polizei- und ordnungsrechtlicher Ausgleichsanspruch 1294 ff.
- Anwendungsbereich 1294
- Anscheinsstörer 1300, 1302
- Konkurrenzen 1304
- rechtmäßiges und rechtswidriges Handeln 1295 ff.
- unbeteiligter Dritter 1303
- Unmittelbarkeit der Folgen 1298
- Verdachtsstörer 1301 f.
- Zielrichtung behördlichen Handelns 1299

Potestativbedingung 649
Privatisierung der Verwaltung 895 ff.

Privatrecht, privatrechtliches Handeln der Verwaltung 903 ff.
- Abgrenzung zum öffentlichen Recht 1323 ff.
- Befugnis zum privatrechtlichen Handeln 904
- erwerbswirtschaftliche Tätigkeit 908
- fiskalische Hilfsgeschäfte 907
- Formenwahlfreiheit der Verwaltung 903, 920
- Grundrechtsbindung 904 ff.
- Rechtswegfragen 909 ff.
- Vergabe öffentlicher Aufträge 936 ff.
- Verwaltungsprivatrecht 905 f., 932 ff.
- Zweistufentheorie 909 ff.
  - Anwendbarkeit bei der Subventionsvergabe und bei der Benutzung kommunaler Einrichtungen 911 ff., 919 ff.

Prognose- und Risikoentscheidungen
- gerichtliche Kontrolle 376

Prozessfähigkeit 1347 f.
Prozessführungsbefugnis
- passive 1333 ff.

Prozesstandschaft 1335
Prozessvertretung 1347 f.
Prüfungsentscheidungen
- gerichtliche Kontrolle 362 ff.

Prüfungskompetenz der Verwaltung 125

Realakte 450 ff., 885 ff.
- Begriff und Abgrenzungen 450 ff., 885 ff.
- Rechtmäßigkeit 889
- Rechtsschutz 890

Rechtsmittel 1548 ff.
Rechts- und Pflichtennachfolge 417 f.
Rechtsquellen des Verwaltungsrechts 86 ff.
Rechtsreflex 396
Rechtsschutzbedürfnis
- allgemeines 1349
- besonderes 1449 f.

Rechtsträgerprinzip 1343
Rechtsverhältnis 413 ff.
- Feststellungsklage 1396 f.
- s. auch Verwaltungsrechtsverhältnis

Rechtsverordnungen 90 ff., 824 ff.
- Aufhebung 832
- Begriff 90 ff., 824 f.

- Ermächtigungsgrundlage 826 ff., 835
- Rechtmäßigkeitsvoraussetzungen 830 ff.
  - Beachtung von Ermessensgrenzen 837
  - Rechtsgrundlage 835
  - Tatbestandsmäßigkeit der Rechtsverordnung 836
  - Verfahren und Form 832
  - Zitiergebot 833 f.
  - Zuständigkeit 830 f.
- Rechtsschutz 842 f.
- Rechtswidrigkeit 839 ff.
- Verordnungsermessen 387, 837

reformatio in peius 1373 f.
Regierung 4 ff.
Regierungsabkommen 777
Regionalpläne 893, 1410
res sacrae 1003 f.
Restitutionsklage 1551
Revision 1549
Richterrecht 112 ff.
Richtlinien, EU 148 ff.
- Begriff 148
- richtlinienkonforme Auslegung 157
- unmittelbare Wirkung 150 ff.
  - horizontale Direktwirkung 152, 154
  - objektive 155
  - subjektive 152 ff.
  - vertikale Direktwirkung 152 f.

Rücknahme von Verwaltungsakten 678 ff.
- Anspruch auf 692, 763 ff.
- Ausgleichsanspruch nach § 48 III VwVfG 707 ff.
- belastende – begünstigende Verwaltungsakte 684 ff.
- EU-rechtswidrige Verwaltungsakte 749 ff.
- Erstattungspflicht nach § 49 a VwVfG 729 ff.
- im Rechtsbehelfsverfahren (§ 50 VwVfG) 743 ff.
- rechtmäßige – rechtswidrige Verwaltungsakte 680 ff.
- Rechtsschutz 734 ff.
- rechtswidrige begünstigende Verwaltungsakte 694 ff.
- rechtswidrige belastende Verwaltungsakte 690 ff.

- Rücknahmefrist 712
- Rücknahmeverbot gem. § 48 II VwVfG 695 ff.
- Verhältnis zum Widerspruchsverfahren 714, 1356 a.E.
- Verwaltungsakte mit Drittwirkung 686, 739 ff.
- Zuständigkeit 714

Sachverständigenhaftung 1057, 1068
salvatorische Entschädigungsklausel 1127
Sammelverwaltungsakt 469
Satzungen 94 ff., 844 ff.
- Aufhebung 849
- Begriff 94 ff., 844 f.
- Ermächtigungsgrundlage 846 ff.
- Rechtmäßigkeitsvoraussetzungen 849
- Rechtswidrigkeit 850 f.
- Satzungsermessen 387, 849

Saldotheorie 1252 f.
Schuldverhältnisse, öffentlich-rechtliche 1262 ff.
- Arten 1262, 1266 ff.
- Beamtenverhältnis (s. auch dort) 1285 ff.
- Begriff 1263
- Benutzungs- und Leistungsverhältnisse (s. auch dort) 1269 ff.
- Geschäftsführung ohne Auftrag (s. auch dort) 1274 ff.
- Haftung aus 1263
  - anwendbare Vorschriften 1263, 1265
- personenbezogene Schuldverhältnisse 1290
- Rechtsweg 1291 f.
- Verwahrung (s. auch dort) 1272 f.
- Voraussetzungen 1263 f.

Schutznormtheorie 399
Sofortige Vollziehung (Vollziehbarkeit) 1482 ff.
- behördliche Anordnung 1483 ff.
  - Anhörung 1484
  - Behördenzuständigkeit 1483
  - Begründung 1485
  - Rechtsnatur 1482
  - VA mit Doppelwirkung 1493 ff.
  - Vollzug von EU-Recht 1489
  - Vollzugsinteresse 1485 ff.
- behördliche Aussetzung 1490 ff.

Sachverzeichnis

- VA mit Doppelwirkung 1495
- gerichtliche Anordnung der Aufhebung einer Vollziehung 1515 f.
- gerichtliche Anordnung der sofortigen Vollziehung 1520 f.
- gerichtliche Anordnung oder Wiederherstellung der aufschiebenden Wirkung, 1496 ff.
  - Anordnung der Aufhebung einer Vollziehung 1515 f.
  - Aufhebung der behördlichen Vollzugsanordnung 1510
  - Begründetheit eines Antrages 1501 ff.
  - EU-Recht 1489, 1512 f.
  - faktischer Vollzug 1517
  - summarische Prüfung 1499, 1501 ff.
  - VA mit Doppelwirkung 1518 f.
  - Zulässigkeit eines Antrages 1497 ff.

sofortiger Vollzug (Sofortvollzug) 1041 ff., 1049
Soll-Vorschriften 320 f., 327
Sonderbenutzung 999
Sondergebrauch von öffentlichen Sachen 992 ff.
Sondernutzung von Sachen im Gemeingebrauch 976 ff.
Sondernutzungserlaubnis 989 ff.
Sonderrechtstheorie 1324
Sonderrechtsverbindung, verwaltungsrechtliche 293 f., 486 ff.
Sprungrevision 1549
Staatsaufsicht
- kein Anspruch auf Tätigwerden 392

Staatskirchenverträge 782
Staatsverträge 779
Staatsverwaltung, unmittelbare und mittelbare 175 ff.
Statthaftigkeit von Klagen
- Begriff 1350

Stiftungen des öffentlichen Rechts 190
- bundesunmittelbare 216 f.
- landesunmittelbare 223

Straßen (öffentliche) 976 ff.
- Anliegergebrauch 985
- Anliegerrecht 986 ff.
- Gemeingebrauch 977 ff.
- Gestattung 990
- Sondernutzung 977 ff.

subjektives öffentliches Recht 394 ff., 622 ff.

- formelles 391
- und Grundrechte 403 ff., 624 f.

Subordinationstheorie 1323
Subventionen
- Darlehen 913 ff.
- Durchführungsverbot 759 ff., 818
- EU-rechtswidrige, Rücknahme 749 ff.
- Hermes-Bürgschaften 915
- im Dreiecksverhältnis (Konkurrentenfälle) 408, 739 ff.
- Notifizierung 750 ff.
- Rückforderung und VA-Befugnis 602
- verlorene Zuschüsse 912
- Vorbehalt des Gesetzes 285 ff.
- Widerruf wegen zweckwidriger Verwendung 725 ff.
- Zweistufentheorie 602, 909 ff.

Suspensiveffekt 1476 ff. (s. näher aufschiebende Wirkung)

Tatsachenbehauptungen
- Widerrufsanspruch 1214, 1231

Teilgenehmigung 527
Totalvorbehalt 284, 286
Treu und Glauben 248, 1253

Umdeutung rechtswidriger Verwaltungsakte 640 ff.
Umsetzung 295, 491
Umweltinformationsgesetz 953
unbestimmter Rechtsbegriff 348 ff.
- Begriff 348 ff.
- gesetzliche Einordnung 352 f.
- mit Beurteilungsspielraum 351, 355 ff., 361 ff.
- ohne Beurteilungsspielraum 351, 354 ff.

unmittelbarer Zwang 1035 ff.
Unmöglichkeit
- der Befolgung von Verwaltungsakten 608 f.

Untätigkeitsklage 1361, 1379
Unterlassungsanspruch
- gegen öffentlich-rechtliche Rundfunkanstalten 33 ff.
- gegen Tatsachenbehauptungen 1214, 1231
- gegen wirtschaftliche Betätigung von Gemeinden 42 ff.

Unterlassungsklage (vorbeugende) 1444 ff.
- Begründetheit 1451

- Klagebefugnis 1447
- Rechtsschutzbedürfnis, besonderes 1449 f.

Untersuchungsgrundsatz 949
unzulässige Rechtsausübung, Verbot der 248

Verbote
- repressives Verbot mit Befreiungsvorbehalt (Ausnahmebewilligung) 504
- präventives Verbot mit Erlaubnisvorbehalt (Kontrollerlaubnis) 504

Verbraucherinformationsgesetz 953
Verfahrensbeteiligte 948
Verfahrens- und Formfehler, Unerheblichkeit von 629 ff., 635 ff.
Verfahrenshandlungen
- gerichtliche Angreifbarkeit 454 f., 960

Verfassungsrecht
- formelles 87
- ungeschriebenes 108
- Verfassungsgewohnheitsrecht 106, 108

verfassungsrechtliche Verträge 778 f.
Vergabe öffentlicher Aufträge 936 ff.
- Zuschlag 938

Vergleichsverträge 795 ff.
Verhältnismäßigkeit 229 ff.
- Angemessenheit 239 ff.
- Erforderlichkeit 236 ff.
- Geeignetheit 234 f.
- Zweckprüfung 232 f.

Verkehrszeichen 471, 562
verlorene Zuschüsse 912
Vernichtbarkeitstheorie 122
Verpflichtungsklage 1379 ff.
- Begründetheit 1387 ff.
- Beklagter, richtiger 1333 ff.
- Frist 1386
- Klagebefugnis 1382 f.
- Statthaftigkeit 1379 ff.
- Vorverfahren 1384 f.
  (s. Widerspruchsverfahren)

Versagungsgegenklage 1379 f.
Verschaffungsanspruch 924 f., 934
Versetzung 295
Vertrag, öffentlich-rechtlicher 775 ff.
- näher siehe dort

Vertrauensschutzprinzip 249 f.
Verwahrung, öffentlich-rechtliche 1272 f.
- anwendbare Vorschriften 1273

- Begriff 1272

Verwaltung
- Begriff 1 ff.
  - im formellen Sinn 9
  - im funktionellen Sinn 8
  - im materiellen Sinn 8 f.
  - im organisatorischen Sinn 9
- Bundesverwaltung 178, 213 ff.
- Eingriffsverwaltung 589 f.
- Ermessensverwaltung 313
- Formenwahlfreiheit 903, 920
- gebundene und nichtgebundene 305 f., 310, 313
- gesetzesabhängige (gesetzesakzessorische) 309 f.
- gesetzesfreie 308, 310
  - behördlicher Entscheidungsspielraum 388
- Gesetzmäßigkeit (s. auch dort) 256 ff.
- Landesverwaltung 178, 219 ff.
- Leistungsverwaltung 591, 598
- Organisation 175 ff.
- Privatrechtliches Handeln 903 ff.
- Privatisierung der 895 ff.
- Prüfungskompetenz 125
- Staatsverwaltung, unmittelbare und mittelbare 175 ff.
- Verwaltungsaufbau 213 ff.
- Verwaltungsträger 175 ff.
- Verwerfungs- und Nichtanwendungskompetenz 124 ff.

Verwaltungsabkommen 780 ff.
Verwaltungsakt 420 ff.
- Allgemeinverfügungen (s. auch dort) 464 ff.
- Anfechtbarkeit 621 ff.
- Anhörung 942 ff.
  - Nachholen 634
- Arten (Erscheinungsformen) 497 ff.
  - befehlende 498
  - begünstigende 503
  - belastende 503
  - Dauerverwaltungsakte 516
  - dingliche 512
  - einseitige 506
  - einstufige 507
  - feststellende 500 ff.
  - fiktiver 433, 537
  - gebundene 514
  - mehrstufige 507 ff.

Sachverzeichnis

- mit Dritt- oder Doppelwirkung 505, 686, 739 ff., 771 ff., 1495, 1518 f.
- mitwirkungsbedürftige 506
- Nicht-Verwaltungsakte 537 ff.
- personenbezogene 512
- rechtsgestaltende 499
- Scheinverwaltungsakte 538
- vollstreckbare 515
- vorläufige 528 ff.
- vorsorgliche 536
- Aufhebbarkeit 626
- Aufhebung 673 ff.
- Auflagen 651 ff., 720
  - modifizierende 657 ff., 665
- Auflagenvorbehalt 654
- Aussetzung der sofortigen Vollziehung 1490 ff. (s. näher sofortige Vollziehung)
- Bedeutung 420 ff.
- Bedingung 647 ff.
  - auflösende 648
  - aufschiebende 647
  - Potestativbedingung 649
- Befristung 646
- Begriffsmerkmale 425 ff.
  - auf dem Gebiet des öffentlichen Rechts 438 f., 443 f.
  - Außenwirkung 483 ff.
    - innerdienstliche Weisungen 486 ff.
  - Behörde 427 ff.
  - Einzelfall 458 ff.
  - hoheitliche Maßnahme 431 ff.
    - hoheitlich 435 ff.
    - Maßnahme 433 f.
  - Regelung 445 ff.
    - abstrakt-generell 462
    - abstrakt-individuell 474 ff.
    - konkret-generell 461, 463, 464 f.
    - konkret-individuell 458 ff., 465
- Begründung 584 f.
  - Nachholen 634
- Bekanntgabe 551 ff., 581 ff.
  - elektronische 555
  - fehlerhafte 556 ff.
  - Formen 554 ff.
  - öffentliche 555
- Bestandskraft 563 ff.
- Betriebsverhältnis 488
- Bindungswirkung 544
- Dauerverwaltungsakte 516

- Doppelnatur 494 f.
- Dritt- oder Doppelwirkung (s. auch dort) 505, 688, 739 ff., 771 ff.
- Erlass 540 f.
- Erledigung 1422
- EU-rechtswidrige 161
  - Rücknahme 749 ff.
- Existenz 537 ff.
- feststellender Verwaltungsakt 500 ff.
- Feststellungswirkung 545
- fiktiver 537
- Form 580
- Grundverhältnis 489
- Heilung von Verfahrens- und Formfehlern 629 ff.
- Justizverwaltungsakt 1329
- keine Verwaltungsakte
  - behördliche Willenserklärungen 456 f.
  - Realakte 450 ff.
  - vorbereitende Maßnahmen und Teilakte 453 ff.
- Maßgeblichkeit der äußeren Form 480
- Nebenbestimmungen (s. auch dort) 643 ff.
- Nichtigkeit 613 ff.
- Nicht-Verwaltungsakt 537 ff., 551
- Noten 453
- Rechtmäßigkeitsvoraussetzungen 569 ff.
  - formelle 573 ff.
  - materielle 588 ff.
- Rechtsbehelfsbelehrung 586 f.
- Rechtswidrigkeit 611 ff.
- Rücknahme (s. auch dort) 679 ff.
- Sammelverwaltungsakt 469
- sofortige Vollziehung 1482 ff. (s. näher dort)
- Scheinverwaltungsakt 538
- Tatbestandsmäßigkeit 603
- Tatbestandswirkung 544
- Teilbarkeit 628
- Teilgenehmigung 527
- Teilrechtswidrigkeit 627 f.
- Umdeutung 640 ff.
- Unerheblichkeit von Verfahrens- und Formfehlern 629 ff., 635 ff.
- Unmöglichkeit der Befolgung 608 f.
- Verfahren 940 ff., 947 ff.
- Verwaltungsaktbefugnis 592 ff.
- Vorbescheid 525 f.

- vorsorglicher 536
- vorläufiger 528 ff.
- Widerruf (s. auch dort) 679 ff.
- Widerrufsvorbehalt 650, 719
- Wiederaufgreifen des Verfahrens 766 ff.
- wiederholende Verfügung 772 ff.
- Wirksamkeit 542 ff.
  - äußere 546 f.
  - innere 546 f.
- Zuständigkeiten 574 ff.
  - funktionelle 577
  - instantielle 576
  - örtliche 574
  - sachliche 575
- Zustellung 555
- Zweitbescheid 773 f.

Verwaltungsaktbefugnis 592 ff.
- und Beamtenrechtsverhältnisse 601
- und öffentlich-rechtliche Verträge 600
- und Subventionen 602

Verwaltungsaufbau 213 ff.

Verwaltungsgebrauch von öffentlichen Sachen 1001

Verwaltungshelfer 194

Verwaltungsprivatrecht 905 f.

verwaltungsrechtliche Verträge (s. öffentlich-rechtliche Verträge) 783 ff.

Verwaltungsrecht
- allgemeine Grundsätze 109 ff.
  allgemeines 12
- besonderes 13 f.
- Rechtsquellen 86 ff.
- Teilgebiet des öffentlichen Rechts 11 ff.

Verwaltungsrechtsverhältnis 413 ff.
- Bedeutung 415
- Begriff 413
- Erscheinungsformen 414

Verwaltungsrechtsweg 1319 ff.
- abdrängende Sonderzuweisung 1329 f.
- als Zulässigkeitsvoraussetzung 1319, 1330
- aufdrängende Sonderzuweisung 1319
- nichtverfassungsrechtliche Streitigkeit 1327 f.
- öffentlich-rechtliche Streitigkeit 1321 ff.
  - Interessentheorie 1324
  - Sonderrechtstheorie 1324
  - Subordinationstheorie 1323
  - tatsächliches Handeln 1325

- Vermutung für öffentlich-rechtliches Handeln 1325
- Zweistufentheorie 909 ff., 938, 1326

Verwaltungsträger 175 ff.
- Beliehene 192 ff.
- juristische Personen des öffentlichen Rechts 180 ff.
- privatrechtlich organisierte 196 ff.

Verwaltungsverfahren (s. auch Verwaltungsverfahrensgesetze) 940 ff.
- Akteneinsichtsrecht 951 f.
- Anhörungsrecht 950
- Antragsprinzip 947
- Auskunftsrecht 954
- Begriff 941
- Beratungsrecht 954
- Beteiligungsfähigkeit 948
- Beweislast, materielle 949
- einheitliche Stelle 957 f.
- Handlungsfähigkeit 948
- Legalitätsprinzip 947
- Offizialprinzip 947
- Opportunitätsprinzip 947
- Rechtsschutz 960
- Rechtswidrigkeit 960
- Untersuchungsgrundsatz 949
- Verfahrensablauf 947 ff.
- Verfahrensarten 942 ff.
  - förmliches Verwaltungsverfahren 943
  - nichtförmliches (einfaches) Verwaltungsverfahren 942
  - Planfeststellungsverfahren 944 ff.
- Verfahrensbeteiligte 948
- Verfahrenseinleitung 947
- Verfahrenshandlungen (Anfechtbarkeit) 960
- Wiedereinsetzung in den vorigen Stand 955 f.

Verwaltungsverfahrensgesetze (s. auch Verwaltungsverfahren) 164 ff.
- VwVfG des Bundes 166
  - Anwendungsbereich 167, 941
- VwVfG der Länder 166 ff.

Verwaltungsvollstreckung 1005 ff.
- Androhung 1038, 1047
- Begriff und Bedeutung 1005 f.
- Beitreibung 1013
- Ersatzvornahme 1031 f.
- Ersatzzwangshaft 1034

Sachverzeichnis

- Erwirkung von Handlungen, Duldungen oder Unterlassungen 1028 ff.
  - dreistufiger Ablauf 1038 ff.
  - Rechtsschutz 1046 ff.
  - Vollstreckungsvoraussetzungen 1028 f.
  - Zwangsmittel 1030 ff.
- Festsetzung 1039, 1048
- Geldforderungen 1014 ff.
  - Rechtsschutz 1017 ff.
  - Vollstreckungsvoraussetzungen 1014
- Grundverfügung 1017 ff.
- Leistungsbescheid 1014, 1017 ff.
- Mahnung 1014
- Rechtsgrundlagen 1007 f.
- Rechtsschutz 1017 ff., 1046 ff.
- sofortiger Zwang 1041, 1049
- Sofortvollzug 1011, 1038, 1041 ff., 1049
- unmittelbare Ausführung 1041
- unmittelbarer Zwang 1035 ff.
- Verwaltungszwang 1013
- Vollstreckungsanordnung 1015
- Vollstreckungsvoraussetzungen (allgemeine) 1009 ff.
- Zwangsgeld 1033 f.

Verwaltungsvorschriften 100 ff., 852 ff.
- und Amtshaftung 1067
- antizipierte Verwaltungspraxis 872
- antizipiertes Sachverständigengutachten 879
- Begriff 100 ff., 852 ff.
- Bekanntgabe 866
- Erlass und Rechtmäßigkeitsvoraussetzungen 863 ff.
- Erscheinungsformen 855 ff.
  - ermessenslenkende VV 860
  - gesetzesauslegende, norminterpretierende VV (Auslegungsrichtlinien) 857
  - gesetzeskonkretisierende VV 858 ff.
    - unmittelbare Außenwirkung? 878 ff.
  - gesetzesvertretende VV 861 f.
  - Organisations-, Verfahrens- u. Dienstvorschriften 855 f.
- Rechtsschutz 875 ff., 883
- Rechtswirkungen
  - Grundsatz der fehlenden unmittelbaren Außenwirkung 867 ff.

- mittelbare Außenwirkung entscheidungslenkender VV 870 ff.
- unmittelbare Außenwirkung 878 ff.
- Terminologie 852

Verwaltungszwang 1013
Verwerfungs- und Nichtanwendungskompetenz der Verwaltung 124 ff.
Völkerrecht 137 ff.
völkerrechtliche Verträge 776 f.
Vollstreckung (s. Verwaltungsvollstreckung) 1005 ff.
Vollziehbarkeitstheorie 1478
Vollziehungsanordnung 1482
Vorbehalt des Gesetzes 259 ff.
- Abgrenzungen 262 ff.
- Begriff 259 f.
- Herleitung 260
- Reichweite und Regelungsdichte 276 ff.
- Sachgebiete 285 ff.
  - behördliche Warnungen 297 ff.
  - Leistungsverwaltung 285 ff.
  - Verwaltungsorganisation und Verwaltungsverfahren 301 ff.
  - verwaltungsrechtliche Sonderbeziehungen 293 ff.
- Totalvorbehalt 284, 286

Vorbescheid 525 f.
Vorbeugender Rechtsschutz 1443 ff.
- Begründetheit 1451
- Klagearten, statthafte 1444 ff.
- Klagebefugnis 1447
- Rechtsschutzbedürfnis, besonderes 1448 ff.
- Terminologie 1446

Vorläufiger Rechtsschutz 1476 ff.
- Anordnung der sofortigen Vollziehung 1483 ff. (s. auch dort)
- aufschiebende Wirkung 1476 ff. (s. auch dort)
- gegen Verwaltungsakte 1476 ff.
- Vollziehbarkeitstheorie 1478
- Vollziehungsanordnung 1482
- Wirksamkeitstheorie 1477 f.

Vorrang des Gesetzes 257
Vorverfahren gem. §§ 68 ff. VwGO 675 f., 1354 ff., 1384 f.
- s. Widerspruchsverfahren

Warnungen
- behördliche, und Vorbehalt des Gesetzes 297 ff.
- regierungsamtliche, als Verwaltungstätigkeit 5

Weisungen, innerdienstliche 486 ff.

Werturteile
- kein FBA (Widerrufsanspruch) 1214

Wesentlichkeitstheorie 264 ff.

Widerruf von Verwaltungsakten 678 ff.
- belastende – begünstigende Verwaltungsakte 684 ff.
- Entschädigungsanspruch nach § 49 VI VwVfG 724
- Erstattungspflicht nach § 49 a VwVfG 729 ff.
- im Rechtsbehelfsverfahren (§ 50 VwVfG) 743 ff.
- rechtmäßige – rechtswidrige Verwaltungsakte 680 ff.
- rechtmäßige begünstigende Verwaltungsakte 718 ff.
- rechtmäßige belastende Verwaltungsakte 715 ff.
- Rechtsschutz 734 ff.
- rechtswidrige Verwaltungsakte 728
- Verwaltungsakte mit Drittwirkung 686, 739 ff.
- Widerruf gem. § 49 III VwVfG 725 ff.

Widerrufsanspruch
- gegen Äußerungen anlässlich fiskalischer Hilfsgeschäfte 33 ff.
- gegen Tatsachenbehauptungen 1214, 1231
- gegen Werturteile 1214

Widerrufsvorbehalt 650, 719

Widerspruch (s. Widerspruchsverfahren)

Widerspruchsverfahren 1354 ff., 1384 f.
- als Prozessvoraussetzung 1354 ff.
- als Verwaltungsverfahren 1359 ff.
- Anfechtungswiderspruch 1368
- Begründetheit 1368 ff.; 1384 f.
- Bescheidungswiderspruch 1373
- Beteiligungsfähigkeit 1365
- Frist 1356
- Handlungsfähigkeit 1366 f.
- Statthaftigkeit 1361 f.
- Verhältnis zur Rücknahme nach § 48 VwVfG 714, 1356 a.E.
- Verpflichtungswiderspruch 1385
- Verwaltungsrechtsweg 1360
- Widerspruchsbefugnis 1363 f.
- Widerspruchsbehörde 1367
- Widerspruchsbescheid 1356
- Zulässigkeit 1360 ff.
- Zweckmäßigkeitskontrolle 1364, 1368, 1371

Widmung
- öffentlicher Sachen 965

Wiederaufgreifen des Verfahrens 766 ff.
- begünstigende Verwaltungsakte mit belastender Drittwirkung 771
- Rechtsschutz 774
- Verhältnis zu §§ 48 f. VwVfG 770

Wiederaufnahmeklage 1551

Wiedereinsetzung in den vorigen Stand 955 f.

wiederholende Verfügung 772

Willenserklärung
- behördliche 456 f.
- öffentlich-rechtliche 784

Willkürverbot 246

Wirksamkeitstheorie 1477 f.

Zielvereinbarungen 893
Zollfahndungsdienstgesetz 1097
Zulassungsberufung 1548
Zulassungsrevision 1549
Zusage 517, 521 ff.
Zuschlag 921
Zusicherung 518 ff.
Zustellung 555
Zwangsgeld 1033 f.
Zweistufentheorie 602, 909 ff., 1326
- Benutzung kommunaler Einrichtungen 919 ff.
- keine allgemeine Anwendbarkeit 927 ff.
- öffentlich-rechtliche Streitigkeit 1326
- Subventionsvergabe 911 ff.
- Vergabe öffentlicher Aufträge 938

Zweitbescheid 773